BECK'SCHE TEXTAUSGABEN

Steuergesetze

Steuergesetze

203. Ergänzungslieferung Dezember 2020

(Anschluss an die Ergänzungslieferung Juni 2020)

Verlag C. H. BECK München

Anweisung zum Einordnen der Ergänzungslieferung Dezember 2020

Herauszunehmen:	Zahl der Blätter	Einzufügen:	Zahl der Blätter
Titelblatt–Geleitwort	2	**Titelblatt–Geleitwort**	2
vor T1–T3 1–**aT3** 190	220	**vor T1–T3** 1–**aT3** 228	244
		Hinweis: Legen Sie die CD mit dem ab 1.1.2021 geltenden Berechnungsprogramm in eine der Einstecktaschen des Ordners	
Insgesamt herauszunehmen:	222	Insgesamt einzufügen:	246

STEUERGESETZE

Einkommen- und Lohnsteuer, Körperschaftsteuer,
Umwandlungssteuer, Bewertung, Erbschaftsteuer, Realsteuern,
Umsatzsteuer, sonstige Verkehrsteuern, Förderungsgesetze,
Abgabenordnung, Finanzverwaltungsvorschriften

Textsammlung
mit Verweisungen und Sachverzeichnis

Stand: 1. Juni 2020 (Texte)
1. Januar 2021 (Tabellen)
(203. Ergänzungslieferung)

C.H.BECK

Dieses Titelblatt stammt aus der 203. Ergänzungslieferung Dezember 2020.

Die Ergänzungslieferung Dezember 2020 schließt an die
Ergänzungslieferung Juni 2020 an.

Redaktioneller Hinweis
Paragraphenüberschriften in eckigen Klammern sind nicht amtlich. Sie sind ebenso wie die Fußnoten urheber- und wettbewerbsrechtlich geschützt.
Die Angaben zum Stand der Sammlung auf dem Titelblatt beziehen sich auf das Verkündungsdatum der maßgeblichen Gesetz-, Verordnungs- und Amtsblätter.
Verbesserungsvorschläge und mögliche Fehlerhinweise sind jederzeit willkommen.

Verlag C. H. Beck oHG
Wilhelmstraße 9, 80801 München
Fax: (0 89) 3 81 89-3 98 · Internet: www.beck.de
E-Mail: bestellung@beck.de

www.beck.de

Grundwerk (zur Fortsetzung) 978 3 406 45605 3
Grundwerk (ohne Fortsetzung) 978 3 406 66000 9 ergänzt bis 978 3 406 75180 6

Wilhelmstraße 9, 80801 München
Druck: Druckerei C. H. Beck, Nördlingen
(Adresse wie Verlag)

Gedruckt auf säurefreiem, alterungsbeständigem Papier
(hergestellt aus chlorfrei gebleichtem Zellstoff)

Geleitwort

Mit der 203. Ergänzungslieferung werden die neuen *Lohnsteuertabellen 2021* (Allgemeine: Jahr/Monat/Woche/Tag, Besondere: Jahr/Monat) in die Sammlung eingestellt.

Lohnsteuertabellen 2021: Die zur *manuellen* Berechnung der Lohnsteuer erstellten Lohnsteuertabellen wurden auf der Basis des gem. § 51 Abs. 4 Nr. 1a EStG vom BMF veröffentlichten Programmablaufplans vom 9.11.2020 für die Erstellung der Lohnsteuertabellen 2021 berechnet. Unabhängig von der maschinellen Berechnung der Lohnsteuer nach dem sog. Formeltarif ist die manuelle Berechnung der Lohnsteuer nach dem sog. **Stufentarif** zulässig; es kommt allerdings zu geringfügigen Abweichungen gegenüber der Berechnung nach dem sog. Formeltarif, also der elektronischen Berechnung. Beide Berechnungsarten werden von der Finanzverwaltung ausdrücklich gebilligt. Durch das Bürgerentlastungsgesetz Krankenversicherung wurde ab 1.1.2010 eine verbesserte steuerliche Berücksichtigung von Vorsorgeaufwendungen (Kranken- und Pflegeversicherungsbeiträge) eingeführt. Diese Entlastung ist in den Lohnsteuertabellen enthalten. Beachten Sie bitte die Berechnungsbeispiele unter *Vorbemerkungen T 2* S. 4f.

Zur *genauen* Berechnung der **Lohnsteuer 2021** nach dem Formeltarif benutzen Sie bitte das beigefügte **Berechnungsprogramm** auf CD. Eine Programmanleitung finden Sie unter den *Vorbemerkungen T 2* ab Seite 10ff.

Einkommensteuertabellen 2021: Die Berechnung der Einkommensteuer wird exakt für den sich bei der Steuerveranlagung jeweils ergebenden Einzelwert berechnet. Eine jeden Einzelwert berücksichtigende Einkommensteuertabelle ist somit aus Umfangsgründen nicht mehr abdruckbar. Die unter **T 1a** und **T 1b** abgedruckten Einkommensteuer-Grund- und Splittingtabellen gelten weiterhin; sie geben Ihnen jedoch für die zwischen den ausgewiesenen Einkommensbeträgen liegenden Werte nur Annäherungswerte.

Soweit Sie *keine elektronische Berechnung* mit dem beiliegenden CD-Berechnungsprogramm vornehmen, können Sie den Wert Ihrer Einkommensteuer innerhalb der ausgewiesenen Einkommensbeträge zumindest annäherungsweise schätzen.

Die *genaue Berechnung* der Einkommensteuer kann nur mit Hilfe des dieser Lieferung beiliegenden CD-Berechnungsprogramms vorgenommen werden.

München, im Dezember 2020 — Verlag C. H. BECK

Geleitwort

vor T 1–T 3
Einkommensteuertabellen 2021
Lohnsteuertabellen Dezember 2021
Übergangstabellen Solidaritätszuschlag 2021

Die in dieser Sammlung enthaltenen Einkommensteuertabellen wurden nach den in § 32a EStG i. d. F. des Gesetzes zur steuerlichen Entlastung der Familien sowie zur Anpassung weiterer steuerlicher Regelungen (Zweites Familienentlastungsgesetz – 2. FamEntlastG) vorgegebenen Berechnungsgrundlagen ermittelt. Für die Berechnung der Einkommensteuer kommt der stufenlose Steuertarif zur Anwendung. Zur Anwendung der Tabellen siehe die Vorbemerkungen zu T 1.

Die in dieser Sammlung enthaltenen Lohnsteuertabellen beruhen auf den in § 39b EStG vorgeschriebenen Berechnungsgrundlagen und sind auf Basis des vom BMF am 9.11.2020 bekannt gemachten geänderten Programmablaufplans für die Erstellung von **Lohnsteuertabellen 2021** erstellt worden.

Zur Anwendung der Tabellen siehe die Vorbemerkungen zu T 2.

Hinweis: *Die Zahlen der Tabellen sind nach amtlichen Unterlagen ermittelt. Ihre Wiedergabe erfolgt ohne Gewähr.*

Vorbemerkung

Die Berechnung der Einkommensteuer erfolgt nach einem stufenlosen Steuertarif. Dies bedeutet, dass die Einkommensteuer exakt für den sich bei der Steuerveranlagung jeweils ergebenden Einzelwert berechnet wird.

Eine jeden Einzelwert berücksichtigende Einkommensteuertabelle ist somit aus Umfangsgründen nicht mehr möglich, so dass die nach der Einkommensteuertabelle manuell abgelesene Einkommensteuer mit Ausnahme des ausgewiesenen zu versteuernden Einkommens grundsätzlich höher ist als die aufgrund eines Tabellenberechnungsprogramms nach den Formeltarifen elektronisch errechnete Einkommensteuer. Die genaue Berechnung der Einkommensteuer kann deshalb nur mit Hilfe des auf der CD beiliegenden Berechnungsprogramms vorgenommen werden. Die nachstehenden Einkommensteuer-, Grund- und Splittingtabellen geben Ihnen für die zwischen den ausgewiesenen zu versteuernden Einkommen liegenden Werte nur Annäherungswerte. Den Wert Ihrer Einkommensteuer können Sie aber, soweit Sie keine elektronische Berechnung vornehmen, innerhalb der ausgewiesenen zu versteuernden Einkommen zumindest annäherungsweise schätzen.

Die Höhe der **Einkommensteuer** bestimmt sich für 2020 allgemein nach dem **Einkommensteuertarif,** der in § 32a EStG i. d. F. des Familienentlastungsgesetzes vorgeschrieben ist.

Dieser Einkommensteuertarif hat folgenden **Aufbau:**

a) Null-Zone (Grundfreibetrag) für zu versteuernde Einkommen von 0 bis 9744 Euro,

b) Untere Zone mit einem ansteigenden Steuersatz von 14 v. H. bis 23,97 v. H. für zu versteuernde Einkommen von 9745 bis 14 753 Euro,

c) Progressionszone mit einem ansteigenden Steuersatz von 23,97 v. H. bis 42 v. H. für zu versteuernde Einkommen von 14 754 bis 57 918 Euro,

d) Proportionalzone mit einem Steuersatz von 42 v. H. für zu versteuernde Einkommen von 57 919 bis 274 612 Euro und einem Steuersatz von 45 v. H. für zu versteuernde Einkommen von 274 613 Euro an.

Dieser Einkommensteuertarif gilt für alle Personen, für die nicht das Splitting-Verfahren anzuwenden ist, d. h. grundsätzlich für alle nicht verheirateten Personen, für die getrennt lebenden und für die getrennt zu veranlagenden Ehegatten.

Ehegatten können zwischen der Einzelveranlagung (§ 26a EStG) und der Zusammenveranlagung (§ 26b EStG) wählen, wenn beide unbeschränkt einkommensteuerpflichtig sind und nicht dauernd getrennt leben, diese Voraussetzungen zu Beginn des Veranlagungszeitraums vorgelegen haben oder im Laufe des Veranlagungszeitraums eingetreten sind und keiner der Ehegatten die Einzelveranlagung wählt. Ehegatten werden zusammen veranlagt, wenn beide Ehegatten die Zusammenveranlagung wählen. Die Wahl wird für den betreffenden Veranlagungszeitraum durch Angabe in der Steuererklärung getroffen.

Bei der Zusammenveranlagung wird das Splitting-Verfahren angewendet. Die Einkünfte der Ehegatten werden zusammengerechnet, den Ehegatten gemeinsam zugerechnet und die Ehegatten sodann gemeinsam als Steuerpflichtige behandelt.

Bei dem Splitting-Verfahren wird die Einkommensteuer für die Hälfte des gemeinsam zu versteuernden Einkommens beider Ehegatten nach dem Einkommensteuertarif gem. § 32a EStG berechnet und der ermittelte Steuerbetrag sodann verdoppelt.

Das **Splitting-Verfahren** ist auch anzuwenden

a) bei einem verwitweten Steuerpflichtigen für den Veranlagungszeitraum, der dem Kalenderjahr folgt, in dem sein Ehegatte verstorben ist, wenn der Steuerpflichtige und sein verstorbener Ehegatte am Todestag unbeschränkt steuerpflichtig waren und nicht dauernd getrennt gelebt haben (§ 32a Abs. 6 EStG),

b) bei einem Steuerpflichtigen, dessen Ehe in dem Kalenderjahr, in dem er sein Einkommen bezogen hat, aufgelöst worden ist, wenn in diesem Kalenderjahr
   - der Steuerpflichtige und sein bisheriger Ehegatte unbeschränkt steuerpflichtig waren und nicht dauernd getrennt gelebt haben,
   - der bisherige Ehegatte wieder geheiratet hat und er sowie sein neuer Ehegatte ebenfalls unbeschränkt steuerpflichtig sind und nicht dauernd getrennt leben.

In den Fällen zu b) ist das Splitting-Verfahren allerdings dann nicht anzuwenden, wenn der Steuerpflichtige selber wieder geheiratet hat und getrennt oder wie ein Unverheirateter zur Einkommensteuer veranlagt wird.

Bemessungsgrundlage für die tarifliche Einkommensteuer ist das zu versteuernde Einkommen. Das zu versteuernde Einkommen ist wie folgt zu ermitteln:

Summe der Einkünfte aus den Einkunftsarten (§ 2 Abs. 1 EStG)

= **Summe der Einkünfte (§ 2 Abs. 1 EStG)**
./. Entlastungsbetrag für Alleinerziehende (§ 24b EStG)
./. Altersentlastungsbetrag (§ 24a EStG)
./. Freibetrag für Land- und Forstwirte (§ 13 Abs. 3 EStG)
\+ Hinzurechnungsbetrag (*§ 52 Abs. 3 Satz 5 EStG*[1] sowie § 8 Abs. 5 Satz 2 AIG)

= **Gesamtbetrag der Einkünfte (§ 2 Abs. 3 EStG)**
./. Verlustabzug nach § 10d EStG
./. Sonderausgaben (§§ 10, 10a, 10b, 10c EStG)
./. außergewöhnliche Belastungen (§§ 33 bis 33b EStG)
./. Steuerbegünstigung der zu Wohnzwecken genutzten Wohnungen, Gebäude und Baudenkmale sowie der schutzwürdigen Kulturgüter (§§ 10e bis 10i und § 52 Abs. 21 Satz 6 EStG i. d. F. vom 16.4.1997, BGBl. I S. 821 und § 7 FördG)
\+ Erstattungsüberhänge (§ 10 Abs. 4b Satz 3 EStG)
\+ zuzurechnendes *Einkommen* gemäß § 15 Abs. 1 AStG[2]

= **Einkommen (§ 2 Abs. 4 EStG)**
./. Freibeträge für Kinder (§§ 31 und 32 Abs. 6 EStG)
./. Härteausgleich nach § 46 Abs. 3 EStG, § 70 EStDV

= **zu versteuerndes Einkommen (§ 2 Abs. 5 EStG)**

---

[1] Jetzt § 52 Abs. 2 Satz 3 EStG.
[2] Eine Hinzurechnung entfällt ab VZ 2013.

Einkommensteuertarif nach § 32a EStG:

(1) Die tarifliche Einkommensteuer bemisst sich nach dem zu versteuernden Einkommen. Sie beträgt im Veranlagungszeitraum 2019 vorbehaltlich der §§ 32b, 32d, 34, 34a, 34b und 34c jeweils in Euro für zu versteuernde Einkommen

1. bis 9744 Euro (Grundfreibetrag):
   0;
2. von 9745 Euro bis 14 753 Euro:
   (995,21 · y + 1400) · y;
3. von 14 754 Euro bis 57 918 Euro:
   (208,85 · z + 2 397) · z + 950,96;
4. von 57 919 Euro bis 274 612 Euro:
   0,42 · x – 9136,63;
5. von 274 613 Euro an:
   0,45 · x – 17 374,99.

Die Größe „y" ist ein Zehntausendstel des den Grundfreibetrag übersteigenden Teils des auf einen vollen Euro-Betrag abgerundeten zu versteuernden Einkommens. Die Größe „z" ist ein Zehntausendstel des 14 753 Euro übersteigenden Teils des auf einen vollen Euro-Betrag abgerundeten zu versteuernden Einkommens. Die Größe „x" ist das auf einen vollen Euro-Betrag abgerundete zu versteuernde Einkommen. Der sich ergebende Steuerbetrag ist auf den nächsten vollen Euro-Betrag abzurunden.

(2) bis (4) (weggefallen)

(5) Bei Ehegatten, die nach den §§ 26, 26b zusammen zur Einkommensteuer veranlagt werden, beträgt die tarifliche Einkommensteuer vorbehaltlich der §§ 32b, 32d, 34, 34a, 34b und 34c das Zweifache des Steuerbetrags, der sich für die Hälfte ihres gemeinsam zu versteuernden Einkommens nach Absatz 1 ergibt (Splitting-Verfahren).

(6) Das Verfahren nach Absatz 5 ist auch anzuwenden zur Berechnung der tariflichen Einkommensteuer für das zu versteuernde Einkommen

1. bei einem verwitweten Steuerpflichtigen für den Veranlagungszeitraum, der dem Kalenderjahr folgt, in dem der Ehegatte verstorben ist, wenn der Steuerpflichtige und sein verstorbener Ehegatte im Zeitpunkt seines Todes die Voraussetzungen des § 26 Absatz 1 Satz 1 erfüllt haben,
2. bei einem Steuerpflichtigen, dessen Ehe in dem Kalenderjahr, in dem er sein Einkommen bezogen hat, aufgelöst worden ist, wenn in diesem Kalenderjahr
   a) der Steuerpflichtige und sein bisheriger Ehegatte die Voraussetzungen des § 26 Absatz 1 Satz 1 erfüllt haben,
   b) der bisherige Ehegatte wieder geheiratet hat und

c) der bisherige Ehegatte und dessen neuer Ehegatte ebenfalls die Voraussetzungen des § 26 Absatz 1 Satz 1 erfüllen.

Voraussetzung für die Anwendung des Satzes 1 ist, dass der Steuerpflichtige nicht nach den §§ 26, 26a einzeln zur Einkommensteuer veranlagt wird.

ESt-Grundtabelle T 1a

laufende Nummer	zu versteuerndes Einkommen* in €	tarifliche Einkommen-steuer* in €
1	9 744	
2	9 780	5
3	9 816	10
4	9 852	15
5	9 888	20
6	9 924	25
7	9 960	30
8	9 996	35
9	10 032	41
10	10 068	46
11	10 104	51
12	10 140	57
13	10 176	62
14	10 212	67
15	10 248	73
16	10 284	78
17	10 320	83
18	10 356	89
19	10 392	94
20	10 428	100
21	10 464	105
22	10 500	111
23	10 536	117
24	10 572	122
25	10 608	128
26	10 644	134
27	10 680	139
28	10 716	145
29	10 752	151
30	10 788	157
31	10 824	162
32	10 860	168
33	10 896	174
34	10 932	180
35	10 968	186
36	11 004	192
37	11 040	198
38	11 076	204
39	11 112	210
40	11 148	216
41	11 184	222
42	11 220	228
43	11 256	234
44	11 292	240
45	11 328	246
46	11 364	252
47	11 400	259
48	11 436	265
49	11 472	271
50	11 508	277
51	11 544	284
52	11 580	290
53	11 616	296
54	11 652	303
55	11 688	309
56	11 724	316
57	11 760	322
58	11 796	329
59	11 832	335
60	11 868	342

laufende Nummer	zu versteuerndes Einkommen* in €	tarifliche Einkommen-steuer* in €
61	11 904	348
62	11 940	355
63	11 976	362
64	12 012	368
65	12 048	375
66	12 084	382
67	12 120	388
68	12 156	395
69	12 192	402
70	12 228	409
71	12 264	415
72	12 300	422
73	12 336	429
74	12 372	436
75	12 408	443
76	12 444	450
77	12 480	457
78	12 516	464
79	12 552	471
80	12 588	478
81	12 624	485
82	12 660	492
83	12 696	500
84	12 732	507
85	12 768	514
86	12 804	521
87	12 840	528
88	12 876	536
89	12 912	543
90	12 948	550
91	12 984	558
92	13 020	565
93	13 056	572
94	13 092	580
95	13 128	587
96	13 164	595
97	13 200	602
98	13 236	610
99	13 272	617
100	13 308	625
101	13 344	632
102	13 380	640
103	13 416	648
104	13 452	655
105	13 488	663
106	13 524	671
107	13 560	679
108	13 596	686
109	13 632	694
110	13 668	702
111	13 704	710
112	13 740	718
113	13 776	726
114	13 812	734
115	13 848	742
116	13 884	750
117	13 920	758
118	13 956	766
119	13 992	774
120	14 028	782

* Die Einkommensteuer gilt nur für den ausgewiesenen Wert, Zwischenwerte sind zu schätzen — s. Vorbemerkungen

laufende Nummer	zu versteuerndes Einkommen* in €	tarifliche Einkommensteuer* in €
121	14 064	790
122	14 100	798
123	14 136	806
124	14 172	815
125	14 208	823
126	14 244	831
127	14 280	839
128	14 316	848
129	14 352	856
130	14 388	864
131	14 424	873
132	14 460	881
133	14 496	890
134	14 532	898
135	14 568	906
136	14 604	915
137	14 640	923
138	14 676	932
139	14 712	941
140	14 748	949
141	14 784	958
142	14 820	967
143	14 856	975
144	14 892	984
145	14 928	992
146	14 964	1 001
147	15 000	1 010
148	15 036	1 018
149	15 072	1 027
150	15 108	1 036
151	15 144	1 045
152	15 180	1 053
153	15 216	1 062
154	15 252	1 071
155	15 288	1 079
156	15 324	1 088
157	15 360	1 097
158	15 396	1 105
159	15 432	1 114
160	15 468	1 123
161	15 504	1 132
162	15 540	1 140
163	15 576	1 149
164	15 612	1 158
165	15 648	1 167
166	15 684	1 175
167	15 720	1 184
168	15 756	1 193
169	15 792	1 202
170	15 828	1 211
171	15 864	1 219
172	15 900	1 228
173	15 936	1 237
174	15 972	1 246
175	16 008	1 255
176	16 044	1 263
177	16 080	1 272
178	16 116	1 281
179	16 152	1 290
180	16 188	1 299
181	16 224	1 308
182	16 260	1 316
183	16 296	1 325
184	16 332	1 334
185	16 368	1 343
186	16 404	1 352
187	16 440	1 361
188	16 476	1 370
189	16 512	1 379
190	16 548	1 387
191	16 584	1 396
192	16 620	1 405
193	16 656	1 414
194	16 692	1 423
195	16 728	1 432
196	16 764	1 441
197	16 800	1 450
198	16 836	1 459
199	16 872	1 468
200	16 908	1 477
201	16 944	1 486
202	16 980	1 495
203	17 016	1 504
204	17 052	1 513
205	17 088	1 522
206	17 124	1 531
207	17 160	1 540
208	17 196	1 549
209	17 232	1 558
210	17 268	1 567
211	17 304	1 576
212	17 340	1 585
213	17 376	1 594
214	17 412	1 603
215	17 448	1 612
216	17 484	1 621
217	17 520	1 630
218	17 556	1 639
219	17 592	1 648
220	17 628	1 657
221	17 664	1 666
222	17 700	1 675
223	17 736	1 684
224	17 772	1 693
225	17 808	1 702
226	17 844	1 711
227	17 880	1 720
228	17 916	1 730
229	17 952	1 739
230	17 988	1 748
231	18 024	1 757
232	18 060	1 766
233	18 096	1 775
234	18 132	1 784
235	18 168	1 793
236	18 204	1 803
237	18 240	1 812
238	18 276	1 821
239	18 312	1 830
240	18 348	1 839

* Die Einkommensteuer gilt nur für den ausgewiesenen Wert, Zwischenwerte sind zu schätzen — s. Vorbemerkungen

laufende Nummer	zu versteuerndes Einkommen* in €	tarifliche Einkommen-steuer* in €
241	18 384	1 848
242	18 420	1 858
243	18 456	1 867
244	18 492	1 876
245	18 528	1 885
246	18 564	1 894
247	18 600	1 903
248	18 636	1 913
249	18 672	1 922
250	18 708	1 931
251	18 744	1 940
252	18 780	1 950
253	18 816	1 959
254	18 852	1 968
255	18 888	1 977
256	18 924	1 987
257	18 960	1 996
258	18 996	2 005
259	19 032	2 014
260	19 068	2 024
261	19 104	2 033
262	19 140	2 042
263	19 176	2 052
264	19 212	2 061
265	19 248	2 070
266	19 284	2 079
267	19 320	2 089
268	19 356	2 098
269	19 392	2 107
270	19 428	2 117
271	19 464	2 126
272	19 500	2 135
273	19 536	2 145
274	19 572	2 154
275	19 608	2 163
276	19 644	2 173
277	19 680	2 182
278	19 716	2 192
279	19 752	2 201
280	19 788	2 210
281	19 824	2 220
282	19 860	2 229
283	19 896	2 238
284	19 932	2 248
285	19 968	2 257
286	20 004	2 267
287	20 040	2 276
288	20 076	2 286
289	20 112	2 295
290	20 148	2 304
291	20 184	2 314
292	20 220	2 323
293	20 256	2 333
294	20 292	2 342
295	20 328	2 352
296	20 364	2 361
297	20 400	2 371
298	20 436	2 380
299	20 472	2 390
300	20 508	2 399

laufende Nummer	zu versteuerndes Einkommen* in €	tarifliche Einkommen-steuer* in €
301	20 544	2 409
302	20 580	2 418
303	20 616	2 428
304	20 652	2 437
305	20 688	2 447
306	20 724	2 456
307	20 760	2 466
308	20 796	2 475
309	20 832	2 485
310	20 868	2 494
311	20 904	2 504
312	20 940	2 513
313	20 976	2 523
314	21 012	2 533
315	21 048	2 542
316	21 084	2 552
317	21 120	2 561
318	21 156	2 571
319	21 192	2 580
320	21 228	2 590
321	21 264	2 600
322	21 300	2 609
323	21 336	2 619
324	21 372	2 629
325	21 408	2 638
326	21 444	2 648
327	21 480	2 657
328	21 516	2 667
329	21 552	2 677
330	21 588	2 686
331	21 624	2 696
332	21 660	2 706
333	21 696	2 715
334	21 732	2 725
335	21 768	2 735
336	21 804	2 744
337	21 840	2 754
338	21 876	2 764
339	21 912	2 774
340	21 948	2 783
341	21 984	2 793
342	22 020	2 803
343	22 056	2 812
344	22 092	2 822
345	22 128	2 832
346	22 164	2 842
347	22 200	2 851
348	22 236	2 861
349	22 272	2 871
350	22 308	2 881
351	22 344	2 890
352	22 380	2 900
353	22 416	2 910
354	22 452	2 920
355	22 488	2 929
356	22 524	2 939
357	22 560	2 949
358	22 596	2 959
359	22 632	2 969
360	22 668	2 979

* Die Einkommensteuer gilt nur für den ausgewiesenen Wert, Zwischenwerte sind zu schätzen — s. Vorbemerkungen

laufende Nummer	zu versteuerndes Einkommen* in €	tarifliche Einkommensteuer* in €	laufende Nummer	zu versteuerndes Einkommen* in €	tarifliche Einkommensteuer* in €
361	22 704	2 988	421	24 864	3 588
362	22 740	2 998	422	24 900	3 598
363	22 776	3 008	423	24 936	3 608
364	22 812	3 018	424	24 972	3 618
365	22 848	3 028	425	25 008	3 628
366	22 884	3 038	426	25 044	3 638
367	22 920	3 047	427	25 080	3 649
368	22 956	3 057	428	25 116	3 659
369	22 992	3 067	429	25 152	3 669
370	23 028	3 077	430	25 188	3 679
371	23 064	3 087	431	25 224	3 689
372	23 100	3 097	432	25 260	3 700
373	23 136	3 107	433	25 296	3 710
374	23 172	3 117	434	25 332	3 720
375	23 208	3 126	435	25 368	3 730
376	23 244	3 136	436	25 404	3 740
377	23 280	3 146	437	25 440	3 751
378	23 316	3 156	438	25 476	3 761
379	23 352	3 166	439	25 512	3 771
380	23 388	3 176	440	25 548	3 781
381	23 424	3 186	441	25 584	3 792
382	23 460	3 196	442	25 620	3 802
383	23 496	3 206	443	25 656	3 812
384	23 532	3 216	444	25 692	3 822
385	23 568	3 226	445	25 728	3 833
386	23 604	3 236	446	25 764	3 843
387	23 640	3 246	447	25 800	3 853
388	23 676	3 256	448	25 836	3 864
389	23 712	3 266	449	25 872	3 874
390	23 748	3 276	450	25 908	3 884
391	23 784	3 286	451	25 944	3 895
392	23 820	3 296	452	25 980	3 905
393	23 856	3 306	453	26 016	3 915
394	23 892	3 316	454	26 052	3 925
395	23 928	3 326	455	26 088	3 936
396	23 964	3 336	456	26 124	3 946
397	24 000	3 346	457	26 160	3 956
398	24 036	3 356	458	26 196	3 967
399	24 072	3 366	459	26 232	3 977
400	24 108	3 376	460	26 268	3 988
401	24 144	3 386	461	26 304	3 998
402	24 180	3 396	462	26 340	4 008
403	24 216	3 406	463	26 376	4 019
404	24 252	3 416	464	26 412	4 029
405	24 288	3 426	465	26 448	4 039
406	24 324	3 436	466	26 484	4 050
407	24 360	3 446	467	26 520	4 060
408	24 396	3 456	468	26 556	4 071
409	24 432	3 466	469	26 592	4 081
410	24 468	3 476	470	26 628	4 091
411	24 504	3 486	471	26 664	4 102
412	24 540	3 496	472	26 700	4 112
413	24 576	3 507	473	26 736	4 123
414	24 612	3 517	474	26 772	4 133
415	24 648	3 527	475	26 808	4 144
416	24 684	3 537	476	26 844	4 154
417	24 720	3 547	477	26 880	4 164
418	24 756	3 557	478	26 916	4 175
419	24 792	3 567	479	26 952	4 185
420	24 828	3 577	480	26 988	4 196

* Die Einkommensteuer gilt nur für den ausgewiesenen Wert, Zwischenwerte sind zu schätzen — s. Vorbemerkungen

laufende Nummer	zu versteuerndes Einkommen* in €	tarifliche Einkommensteuer* in €
481	27 024	4 206
482	27 060	4 217
483	27 096	4 227
484	27 132	4 238
485	27 168	4 248
486	27 204	4 259
487	27 240	4 269
488	27 276	4 280
489	27 312	4 290
490	27 348	4 301
491	27 384	4 311
492	27 420	4 322
493	27 456	4 332
494	27 492	4 343
495	27 528	4 353
496	27 564	4 364
497	27 600	4 375
498	27 636	4 385
499	27 672	4 396
500	27 708	4 406
501	27 744	4 417
502	27 780	4 427
503	27 816	4 438
504	27 852	4 449
505	27 888	4 459
506	27 924	4 470
507	27 960	4 480
508	27 996	4 491
509	28 032	4 502
510	28 068	4 512
511	28 104	4 523
512	28 140	4 534
513	28 176	4 544
514	28 212	4 555
515	28 248	4 566
516	28 284	4 576
517	28 320	4 587
518	28 356	4 598
519	28 392	4 608
520	28 428	4 619
521	28 464	4 630
522	28 500	4 640
523	28 536	4 651
524	28 572	4 662
525	28 608	4 672
526	28 644	4 683
527	28 680	4 694
528	28 716	4 705
529	28 752	4 715
530	28 788	4 726
531	28 824	4 737
532	28 860	4 748
533	28 896	4 758
534	28 932	4 769
535	28 968	4 780
536	29 004	4 791
537	29 040	4 801
538	29 076	4 812
539	29 112	4 823
540	29 148	4 834
541	29 184	4 845
542	29 220	4 855
543	29 256	4 866
544	29 292	4 877
545	29 328	4 888
546	29 364	4 899
547	29 400	4 909
548	29 436	4 920
549	29 472	4 931
550	29 508	4 942
551	29 544	4 953
552	29 580	4 964
553	29 616	4 974
554	29 652	4 985
555	29 688	4 996
556	29 724	5 007
557	29 760	5 018
558	29 796	5 029
559	29 832	5 040
560	29 868	5 051
561	29 904	5 062
562	29 940	5 072
563	29 976	5 083
564	30 012	5 094
565	30 048	5 105
566	30 084	5 116
567	30 120	5 127
568	30 156	5 138
569	30 192	5 149
570	30 228	5 160
571	30 264	5 171
572	30 300	5 182
573	30 336	5 193
574	30 372	5 204
575	30 408	5 215
576	30 444	5 226
577	30 480	5 237
578	30 516	5 248
579	30 552	5 259
580	30 588	5 270
581	30 624	5 281
582	30 660	5 292
583	30 696	5 303
584	30 732	5 314
585	30 768	5 325
586	30 804	5 336
587	30 840	5 347
588	30 876	5 358
589	30 912	5 369
590	30 948	5 380
591	30 984	5 391
592	31 020	5 402
593	31 056	5 413
594	31 092	5 424
595	31 128	5 436
596	31 164	5 447
597	31 200	5 458
598	31 236	5 469
599	31 272	5 480
600	31 308	5 491

* Die Einkommensteuer gilt nur für den ausgewiesenen Wert, Zwischenwerte sind zu schätzen – s. Vorbemerkungen

laufende Nummer	zu versteuerndes Einkommen* in €	tarifliche Einkommensteuer* in €
601	31 344	5 502
602	31 380	5 513
603	31 416	5 524
604	31 452	5 536
605	31 488	5 547
606	31 524	5 558
607	31 560	5 569
608	31 596	5 580
609	31 632	5 591
610	31 668	5 603
611	31 704	5 614
612	31 740	5 625
613	31 776	5 636
614	31 812	5 647
615	31 848	5 658
616	31 884	5 670
617	31 920	5 681
618	31 956	5 692
619	31 992	5 703
620	32 028	5 715
621	32 064	5 726
622	32 100	5 737
623	32 136	5 748
624	32 172	5 759
625	32 208	5 771
626	32 244	5 782
627	32 280	5 793
628	32 316	5 805
629	32 352	5 816
630	32 388	5 827
631	32 424	5 838
632	32 460	5 850
633	32 496	5 861
634	32 532	5 872
635	32 568	5 884
636	32 604	5 895
637	32 640	5 906
638	32 676	5 918
639	32 712	5 929
640	32 748	5 940
641	32 784	5 951
642	32 820	5 963
643	32 856	5 974
644	32 892	5 986
645	32 928	5 997
646	32 964	6 008
647	33 000	6 020
648	33 036	6 031
649	33 072	6 042
650	33 108	6 054
651	33 144	6 065
652	33 180	6 077
653	33 216	6 088
654	33 252	6 099
655	33 288	6 111
656	33 324	6 122
657	33 360	6 134
658	33 396	6 145
659	33 432	6 157
660	33 468	6 168
661	33 504	6 179
662	33 540	6 191
663	33 576	6 202
664	33 612	6 214
665	33 648	6 225
666	33 684	6 237
667	33 720	6 248
668	33 756	6 260
669	33 792	6 271
670	33 828	6 283
671	33 864	6 294
672	33 900	6 306
673	33 936	6 317
674	33 972	6 329
675	34 008	6 340
676	34 044	6 352
677	34 080	6 363
678	34 116	6 375
679	34 152	6 386
680	34 188	6 398
681	34 224	6 409
682	34 260	6 421
683	34 296	6 433
684	34 332	6 444
685	34 368	6 456
686	34 404	6 467
687	34 440	6 479
688	34 476	6 490
689	34 512	6 502
690	34 548	6 514
691	34 584	6 525
692	34 620	6 537
693	34 656	6 549
694	34 692	6 560
695	34 728	6 572
696	34 764	6 583
697	34 800	6 595
698	34 836	6 607
699	34 872	6 618
700	34 908	6 630
701	34 944	6 642
702	34 980	6 653
703	35 016	6 665
704	35 052	6 677
705	35 088	6 688
706	35 124	6 700
707	35 160	6 712
708	35 196	6 723
709	35 232	6 735
710	35 268	6 747
711	35 304	6 759
712	35 340	6 770
713	35 376	6 782
714	35 412	6 794
715	35 448	6 806
716	35 484	6 817
717	35 520	6 829
718	35 556	6 841
719	35 592	6 853
720	35 628	6 864

* Die Einkommensteuer gilt nur für den ausgewiesenen Wert, Zwischenwerte sind zu schätzen – s. Vorbemerkungen

laufende Nummer	zu versteuerndes Einkommen* in €	tarifliche Einkommensteuer* in €	laufende Nummer	zu versteuerndes Einkommen* in €	tarifliche Einkommensteuer* in €
721	35 664	6 876	781	37 824	7 592
722	35 700	6 888	782	37 860	7 604
723	35 736	6 900	783	37 896	7 616
724	35 772	6 911	784	37 932	7 629
725	35 808	6 923	785	37 968	7 641
726	35 844	6 935	786	38 004	7 653
727	35 880	6 947	787	38 040	7 665
728	35 916	6 959	788	38 076	7 677
729	35 952	6 970	789	38 112	7 689
730	35 988	6 982	790	38 148	7 701
731	36 024	6 994	791	38 184	7 713
732	36 060	7 006	792	38 220	7 726
733	36 096	7 018	793	38 256	7 738
734	36 132	7 030	794	38 292	7 750
735	36 168	7 041	795	38 328	7 762
736	36 204	7 053	796	38 364	7 774
737	36 240	7 065	797	38 400	7 786
738	36 276	7 077	798	38 436	7 799
739	36 312	7 089	799	38 472	7 811
740	36 348	7 101	800	38 508	7 823
741	36 384	7 113	801	38 544	7 835
742	36 420	7 125	802	38 580	7 847
743	36 456	7 136	803	38 616	7 860
744	36 492	7 148	804	38 652	7 872
745	36 528	7 160	805	38 688	7 884
746	36 564	7 172	806	38 724	7 896
747	36 600	7 184	807	38 760	7 909
748	36 636	7 196	808	38 796	7 921
749	36 672	7 208	809	38 832	7 933
750	36 708	7 220	810	38 868	7 945
751	36 744	7 232	811	38 904	7 958
752	36 780	7 244	812	38 940	7 970
753	36 816	7 256	813	38 976	7 982
754	36 852	7 268	814	39 012	7 994
755	36 888	7 279	815	39 048	8 007
756	36 924	7 291	816	39 084	8 019
757	36 960	7 303	817	39 120	8 031
758	36 996	7 315	818	39 156	8 044
759	37 032	7 327	819	39 192	8 056
760	37 068	7 339	820	39 228	8 068
761	37 104	7 351	821	39 264	8 080
762	37 140	7 363	822	39 300	8 093
763	37 176	7 375	823	39 336	8 105
764	37 212	7 387	824	39 372	8 117
765	37 248	7 399	825	39 408	8 130
766	37 284	7 411	826	39 444	8 142
767	37 320	7 423	827	39 480	8 154
768	37 356	7 435	828	39 516	8 167
769	37 392	7 447	829	39 552	8 179
770	37 428	7 459	830	39 588	8 192
771	37 464	7 472	831	39 624	8 204
772	37 500	7 484	832	39 660	8 216
773	37 536	7 496	833	39 696	8 229
774	37 572	7 508	834	39 732	8 241
775	37 608	7 520	835	39 768	8 253
776	37 644	7 532	836	39 804	8 266
777	37 680	7 544	837	39 840	8 278
778	37 716	7 556	838	39 876	8 291
779	37 752	7 568	839	39 912	8 303
780	37 788	7 580	840	39 948	8 315

* Die Einkommensteuer gilt nur für den ausgewiesenen Wert, Zwischenwerte sind zu schätzen – s. Vorbemerkungen

laufende Nummer	zu versteuerndes Einkommen* in €	tarifliche Einkommensteuer* in €	laufende Nummer	zu versteuerndes Einkommen* in €	tarifliche Einkommensteuer* in €
841	39 984	8 328	901	42 144	9 083
842	40 020	8 340	902	42 180	9 096
843	40 056	8 353	903	42 216	9 109
844	40 092	8 365	904	42 252	9 121
845	40 128	8 378	905	42 288	9 134
846	40 164	8 390	906	42 324	9 147
847	40 200	8 403	907	42 360	9 160
848	40 236	8 415	908	42 396	9 172
849	40 272	8 427	909	42 432	9 185
850	40 308	8 440	910	42 468	9 198
851	40 344	8 452	911	42 504	9 211
852	40 380	8 465	912	42 540	9 224
853	40 416	8 477	913	42 576	9 236
854	40 452	8 490	914	42 612	9 249
855	40 488	8 502	915	42 648	9 262
856	40 524	8 515	916	42 684	9 275
857	40 560	8 527	917	42 720	9 288
858	40 596	8 540	918	42 756	9 301
859	40 632	8 552	919	42 792	9 313
860	40 668	8 565	920	42 828	9 326
861	40 704	8 577	921	42 864	9 339
862	40 740	8 590	922	42 900	9 352
863	40 776	8 602	923	42 936	9 365
864	40 812	8 615	924	42 972	9 378
865	40 848	8 628	925	43 008	9 391
866	40 884	8 640	926	43 044	9 403
867	40 920	8 653	927	43 080	9 416
868	40 956	8 665	928	43 116	9 429
869	40 992	8 678	929	43 152	9 442
870	41 028	8 690	930	43 188	9 455
871	41 064	8 703	931	43 224	9 468
872	41 100	8 716	932	43 260	9 481
873	41 136	8 728	933	43 296	9 494
874	41 172	8 741	934	43 332	9 507
875	41 208	8 753	935	43 368	9 520
876	41 244	8 766	936	43 404	9 533
877	41 280	8 779	937	43 440	9 545
878	41 316	8 791	938	43 476	9 558
879	41 352	8 804	939	43 512	9 571
880	41 388	8 816	940	43 548	9 584
881	41 424	8 829	941	43 584	9 597
882	41 460	8 842	942	43 620	9 610
883	41 496	8 854	943	43 656	9 623
884	41 532	8 867	944	43 692	9 636
885	41 568	8 880	945	43 728	9 649
886	41 604	8 892	946	43 764	9 662
887	41 640	8 905	947	43 800	9 675
888	41 676	8 918	948	43 836	9 688
889	41 712	8 930	949	43 872	9 701
890	41 748	8 943	950	43 908	9 714
891	41 784	8 956	951	43 944	9 727
892	41 820	8 969	952	43 980	9 740
893	41 856	8 981	953	44 016	9 753
894	41 892	8 994	954	44 052	9 766
895	41 928	9 007	955	44 088	9 779
896	41 964	9 019	956	44 124	9 792
897	42 000	9 032	957	44 160	9 805
898	42 036	9 045	958	44 196	9 818
899	42 072	9 058	959	44 232	9 832
900	42 108	9 070	960	44 268	9 845

* Die Einkommensteuer gilt nur für den ausgewiesenen Wert, Zwischenwerte sind zu schätzen — s. Vorbemerkungen

laufende Nummer	zu versteuerndes Einkommen* in €	tarifliche Einkommensteuer* in €
961	44 304	9 858
962	44 340	9 871
963	44 376	9 884
964	44 412	9 897
965	44 448	9 910
966	44 484	9 923
967	44 520	9 936
968	44 556	9 949
969	44 592	9 962
970	44 628	9 976
971	44 664	9 989
972	44 700	10 002
973	44 736	10 015
974	44 772	10 028
975	44 808	10 041
976	44 844	10 054
977	44 880	10 067
978	44 916	10 081
979	44 952	10 094
980	44 988	10 107
981	45 024	10 120
982	45 060	10 133
983	45 096	10 147
984	45 132	10 160
985	45 168	10 173
986	45 204	10 186
987	45 240	10 199
988	45 276	10 213
989	45 312	10 226
990	45 348	10 239
991	45 384	10 252
992	45 420	10 266
993	45 456	10 279
994	45 492	10 292
995	45 528	10 305
996	45 564	10 319
997	45 600	10 332
998	45 636	10 345
999	45 672	10 358
1 000	45 708	10 372
1 001	45 744	10 385
1 002	45 780	10 398
1 003	45 816	10 411
1 004	45 852	10 425
1 005	45 888	10 438
1 006	45 924	10 451
1 007	45 960	10 465
1 008	45 996	10 478
1 009	46 032	10 491
1 010	46 068	10 505
1 011	46 104	10 518
1 012	46 140	10 531
1 013	46 176	10 545
1 014	46 212	10 558
1 015	46 248	10 571
1 016	46 284	10 585
1 017	46 320	10 598
1 018	46 356	10 612
1 019	46 392	10 625
1 020	46 428	10 638

laufende Nummer	zu versteuerndes Einkommen* in €	tarifliche Einkommensteuer* in €
1 021	46 464	10 652
1 022	46 500	10 665
1 023	46 536	10 679
1 024	46 572	10 692
1 025	46 608	10 705
1 026	46 644	10 719
1 027	46 680	10 732
1 028	46 716	10 746
1 029	46 752	10 759
1 030	46 788	10 773
1 031	46 824	10 786
1 032	46 860	10 799
1 033	46 896	10 813
1 034	46 932	10 826
1 035	46 968	10 840
1 036	47 004	10 853
1 037	47 040	10 867
1 038	47 076	10 880
1 039	47 112	10 894
1 040	47 148	10 907
1 041	47 184	10 921
1 042	47 220	10 934
1 043	47 256	10 948
1 044	47 292	10 961
1 045	47 328	10 975
1 046	47 364	10 988
1 047	47 400	11 002
1 048	47 436	11 015
1 049	47 472	11 029
1 050	47 508	11 043
1 051	47 544	11 056
1 052	47 580	11 070
1 053	47 616	11 083
1 054	47 652	11 097
1 055	47 688	11 110
1 056	47 724	11 124
1 057	47 760	11 138
1 058	47 796	11 151
1 059	47 832	11 165
1 060	47 868	11 178
1 061	47 904	11 192
1 062	47 940	11 206
1 063	47 976	11 219
1 064	48 012	11 233
1 065	48 048	11 246
1 066	48 084	11 260
1 067	48 120	11 274
1 068	48 156	11 287
1 069	48 192	11 301
1 070	48 228	11 315
1 071	48 264	11 328
1 072	48 300	11 342
1 073	48 336	11 356
1 074	48 372	11 369
1 075	48 408	11 383
1 076	48 444	11 397
1 077	48 480	11 411
1 078	48 516	11 424
1 079	48 552	11 438
1 080	48 588	11 452

* Die Einkommensteuer gilt nur für den ausgewiesenen Wert, Zwischenwerte sind zu schätzen — s. Vorbemerkungen

laufende Nummer	zu versteuerndes Einkommen* in €	tarifliche Einkommensteuer* in €	laufende Nummer	zu versteuerndes Einkommen* in €	tarifliche Einkommensteuer* in €
1 081	48 624	11 465	1 141	50 784	12 298
1 082	48 660	11 479	1 142	50 820	12 313
1 083	48 696	11 493	1 143	50 856	12 327
1 084	48 732	11 507	1 144	50 892	12 341
1 085	48 768	11 520	1 145	50 928	12 355
1 086	48 804	11 534	1 146	50 964	12 369
1 087	48 840	11 548	1 147	51 000	12 383
1 088	48 876	11 562	1 148	51 036	12 397
1 089	48 912	11 575	1 149	51 072	12 411
1 090	48 948	11 589	1 150	51 108	12 425
1 091	48 984	11 603	1 151	51 144	12 439
1 092	49 020	11 617	1 152	51 180	12 453
1 093	49 056	11 630	1 153	51 216	12 467
1 094	49 092	11 644	1 154	51 252	12 482
1 095	49 128	11 658	1 155	51 288	12 496
1 096	49 164	11 672	1 156	51 324	12 510
1 097	49 200	11 686	1 157	51 360	12 524
1 098	49 236	11 699	1 158	51 396	12 538
1 099	49 272	11 713	1 159	51 432	12 552
1 100	49 308	11 727	1 160	51 468	12 566
1 101	49 344	11 741	1 161	51 504	12 580
1 102	49 380	11 755	1 162	51 540	12 595
1 103	49 416	11 769	1 163	51 576	12 609
1 104	49 452	11 782	1 164	51 612	12 623
1 105	49 488	11 796	1 165	51 648	12 637
1 106	49 524	11 810	1 166	51 684	12 651
1 107	49 560	11 824	1 167	51 720	12 666
1 108	49 596	11 838	1 168	51 756	12 680
1 109	49 632	11 852	1 169	51 792	12 694
1 110	49 668	11 866	1 170	51 828	12 708
1 111	49 704	11 879	1 171	51 864	12 722
1 112	49 740	11 893	1 172	51 900	12 737
1 113	49 776	11 907	1 173	51 936	12 751
1 114	49 812	11 921	1 174	51 972	12 765
1 115	49 848	11 935	1 175	52 008	12 779
1 116	49 884	11 949	1 176	52 044	12 793
1 117	49 920	11 963	1 177	52 080	12 808
1 118	49 956	11 977	1 178	52 116	12 822
1 119	49 992	11 991	1 179	52 152	12 836
1 120	50 028	12 005	1 180	52 188	12 850
1 121	50 064	12 019	1 181	52 224	12 865
1 122	50 100	12 033	1 182	52 260	12 879
1 123	50 136	12 046	1 183	52 296	12 893
1 124	50 172	12 060	1 184	52 332	12 907
1 125	50 208	12 074	1 185	52 368	12 922
1 126	50 244	12 088	1 186	52 404	12 936
1 127	50 280	12 102	1 187	52 440	12 950
1 128	50 316	12 116	1 188	52 476	12 965
1 129	50 352	12 130	1 189	52 512	12 979
1 130	50 388	12 144	1 190	52 548	12 993
1 131	50 424	12 158	1 191	52 584	13 008
1 132	50 460	12 172	1 192	52 620	13 022
1 133	50 496	12 186	1 193	52 656	13 036
1 134	50 532	12 200	1 194	52 692	13 051
1 135	50 568	12 214	1 195	52 728	13 065
1 136	50 604	12 228	1 196	52 764	13 079
1 137	50 640	12 242	1 197	52 800	13 094
1 138	50 676	12 256	1 198	52 836	13 108
1 139	50 712	12 270	1 199	52 872	13 122
1 140	50 748	12 284	1 200	52 908	13 137

* Die Einkommensteuer gilt nur für den ausgewiesenen Wert, Zwischenwerte sind zu schätzen – s. Vorbemerkungen

laufende Nummer	zu versteuerndes Einkommen* in €	tarifliche Einkommensteuer* in €	laufende Nummer	zu versteuerndes Einkommen* in €	tarifliche Einkommensteuer* in €
1201	52944	13151	1261	55104	14023
1202	52980	13165	1262	55140	14038
1203	53016	13180	1263	55176	14053
1204	53052	13194	1264	55212	14067
1205	53088	13209	1265	55248	14082
1206	53124	13223	1266	55284	14097
1207	53160	13237	1267	55320	14111
1208	53196	13252	1268	55356	14126
1209	53232	13266	1269	55392	14141
1210	53268	13281	1270	55428	14156
1211	53304	13295	1271	55464	14170
1212	53340	13309	1272	55500	14185
1213	53376	13324	1273	55536	14200
1214	53412	13338	1274	55572	14215
1215	53448	13353	1275	55608	14229
1216	53484	13367	1276	55644	14244
1217	53520	13382	1277	55680	14259
1218	53556	13396	1278	55716	14274
1219	53592	13411	1279	55752	14289
1220	53628	13425	1280	55788	14303
1221	53664	13440	1281	55824	14318
1222	53700	13454	1282	55860	14333
1223	53736	13469	1283	55896	14348
1224	53772	13483	1284	55932	14363
1225	53808	13498	1285	55968	14377
1226	53844	13512	1286	56004	14392
1227	53880	13527	1287	56040	14407
1228	53916	13541	1288	56076	14422
1229	53952	13556	1289	56112	14437
1230	53988	13570	1290	56148	14452
1231	54024	13585	1291	56184	14466
1232	54060	13599	1292	56220	14481
1233	54096	13614	1293	56256	14496
1234	54132	13628	1294	56292	14511
1235	54168	13643	1295	56328	14526
1236	54204	13657	1296	56364	14541
1237	54240	13672	1297	56400	14556
1238	54276	13687	1298	56436	14571
1239	54312	13701	1299	56472	14585
1240	54348	13716	1300	56508	14600
1241	54384	13730	1301	56544	14615
1242	54420	13745	1302	56580	14630
1243	54456	13759	1303	56616	14645
1244	54492	13774	1304	56652	14660
1245	54528	13789	1305	56688	14675
1246	54564	13803	1306	56724	14690
1247	54600	13818	1307	56760	14705
1248	54636	13832	1308	56796	14720
1249	54672	13847	1309	56832	14735
1250	54708	13862	1310	56868	14750
1251	54744	13876	1311	56904	14765
1252	54780	13891	1312	56940	14780
1253	54816	13906	1313	56976	14795
1254	54852	13920	1314	57012	14810
1255	54888	13935	1315	57048	14825
1256	54924	13950	1316	57084	14840
1257	54960	13964	1317	57120	14855
1258	54996	13979	1318	57156	14870
1259	55032	13994	1319	57192	14885
1260	55068	14008	1320	57228	14900

* Die Einkommensteuer gilt nur für den ausgewiesenen Wert, Zwischenwerte sind zu schätzen – s. Vorbemerkungen

laufende Nummer	zu versteuerndes Einkommen* in €	tarifliche Einkommensteuer* in €
1 321	57 264	14 915
1 322	57 300	14 930
1 323	57 336	14 945
1 324	57 372	14 960
1 325	57 408	14 975
1 326	57 444	14 990
1 327	57 480	15 005
1 328	57 516	15 020
1 329	57 552	15 035
1 330	57 588	15 050
1 331	57 624	15 065
1 332	57 660	15 080
1 333	57 696	15 095
1 334	57 732	15 110
1 335	57 768	15 125
1 336	57 804	15 141
1 337	57 840	15 156
1 338	57 876	15 171
1 339	57 912	15 186
1 340	57 948	15 201
1 341	57 984	15 216
1 342	58 020	15 231
1 343	58 056	15 246
1 344	58 092	15 262
1 345	58 128	15 277
1 346	58 164	15 292
1 347	58 200	15 307
1 348	58 236	15 322
1 349	58 272	15 337
1 350	58 308	15 352
1 351	58 344	15 367
1 352	58 380	15 382
1 353	58 416	15 398
1 354	58 452	15 413
1 355	58 488	15 428
1 356	58 524	15 443
1 357	58 560	15 458
1 358	58 596	15 473
1 359	58 632	15 488
1 360	58 668	15 503
1 361	58 704	15 519
1 362	58 740	15 534
1 363	58 776	15 549
1 364	58 812	15 564
1 365	58 848	15 579
1 366	58 884	15 594
1 367	58 920	15 609
1 368	58 956	15 624
1 369	58 992	15 640
1 370	59 028	15 655
1 371	59 064	15 670
1 372	59 100	15 685
1 373	59 136	15 700
1 374	59 172	15 715
1 375	59 208	15 730
1 376	59 244	15 745
1 377	59 280	15 760
1 378	59 316	15 776
1 379	59 352	15 791
1 380	59 388	15 806
1 381	59 424	15 821
1 382	59 460	15 836
1 383	59 496	15 851
1 384	59 532	15 866
1 385	59 568	15 881
1 386	59 604	15 897
1 387	59 640	15 912
1 388	59 676	15 927
1 389	59 712	15 942
1 390	59 748	15 957
1 391	59 784	15 972
1 392	59 820	15 987
1 393	59 856	16 002
1 394	59 892	16 018
1 395	59 928	16 033
1 396	59 964	16 048
1 397	60 000	16 063
1 398	60 036	16 078
1 399	60 072	16 093
1 400	60 108	16 108
1 401	60 144	16 123
1 402	60 180	16 138
1 403	60 216	16 154
1 404	60 252	16 169
1 405	60 288	16 184
1 406	60 324	16 199
1 407	60 360	16 214
1 408	60 396	16 229
1 409	60 432	16 244
1 410	60 468	16 259
1 411	60 504	16 275
1 412	60 540	16 290
1 413	60 576	16 305
1 414	60 612	16 320
1 415	60 648	16 335
1 416	60 684	16 350
1 417	60 720	16 365
1 418	60 756	16 380
1 419	60 792	16 396
1 420	60 828	16 411
1 421	60 864	16 426
1 422	60 900	16 441
1 423	60 936	16 456
1 424	60 972	16 471
1 425	61 008	16 486
1 426	61 044	16 501
1 427	61 080	16 516
1 428	61 116	16 532
1 429	61 152	16 547
1 430	61 188	16 562
1 431	61 224	16 577
1 432	61 260	16 592
1 433	61 296	16 607
1 434	61 332	16 622
1 435	61 368	16 637
1 436	61 404	16 653
1 437	61 440	16 668
1 438	61 476	16 683
1 439	61 512	16 698
1 440	61 548	16 713

* Die Einkommensteuer gilt nur für den ausgewiesenen Wert, Zwischenwerte sind zu schätzen – s. Vorbemerkungen

laufende Nummer	zu versteuerndes Einkommen* in €	tarifliche Einkommensteuer* in €
1441	61584	16728
1442	61620	16743
1443	61656	16758
1444	61692	16774
1445	61728	16789
1446	61764	16804
1447	61800	16819
1448	61836	16834
1449	61872	16849
1450	61908	16864
1451	61944	16879
1452	61980	16894
1453	62016	16910
1454	62052	16925
1455	62088	16940
1456	62124	16955
1457	62160	16970
1458	62196	16985
1459	62232	17000
1460	62268	17015
1461	62304	17031
1462	62340	17046
1463	62376	17061
1464	62412	17076
1465	62448	17091
1466	62484	17106
1467	62520	17121
1468	62556	17136
1469	62592	17152
1470	62628	17167
1471	62664	17182
1472	62700	17197
1473	62736	17212
1474	62772	17227
1475	62808	17242
1476	62844	17257
1477	62880	17272
1478	62916	17288
1479	62952	17303
1480	62988	17318
1481	63024	17333
1482	63060	17348
1483	63096	17363
1484	63132	17378
1485	63168	17393
1486	63204	17409
1487	63240	17424
1488	63276	17439
1489	63312	17454
1490	63348	17469
1491	63384	17484
1492	63420	17499
1493	63456	17514
1494	63492	17530
1495	63528	17545
1496	63564	17560
1497	63600	17575
1498	63636	17590
1499	63672	17605
1500	63708	17620

laufende Nummer	zu versteuerndes Einkommen* in €	tarifliche Einkommensteuer* in €
1501	63744	17635
1502	63780	17650
1503	63816	17666
1504	63852	17681
1505	63888	17696
1506	63924	17711
1507	63960	17726
1508	63996	17741
1509	64032	17756
1510	64068	17771
1511	64104	17787
1512	64140	17802
1513	64176	17817
1514	64212	17832
1515	64248	17847
1516	64284	17862
1517	64320	17877
1518	64356	17892
1519	64392	17908
1520	64428	17923
1521	64464	17938
1522	64500	17953
1523	64536	17968
1524	64572	17983
1525	64608	17998
1526	64644	18013
1527	64680	18028
1528	64716	18044
1529	64752	18059
1530	64788	18074
1531	64824	18089
1532	64860	18104
1533	64896	18119
1534	64932	18134
1535	64968	18149
1536	65004	18165
1537	65040	18180
1538	65076	18195
1539	65112	18210
1540	65148	18225
1541	65184	18240
1542	65220	18255
1543	65256	18270
1544	65292	18286
1545	65328	18301
1546	65364	18316
1547	65400	18331
1548	65436	18346
1549	65472	18361
1550	65508	18376
1551	65544	18391
1552	65580	18406
1553	65616	18422
1554	65652	18437
1555	65688	18452
1556	65724	18467
1557	65760	18482
1558	65796	18497
1559	65832	18512
1560	65868	18527

* Die Einkommensteuer gilt nur für den ausgewiesenen Wert, Zwischenwerte sind zu schätzen — s. Vorbemerkungen

laufende Nummer	zu versteuerndes Einkommen* in €	tarifliche Einkommensteuer* in €
1561	65904	18543
1562	65940	18558
1563	65976	18573
1564	66012	18588
1565	66048	18603
1566	66084	18618
1567	66120	18633
1568	66156	18648
1569	66192	18664
1570	66228	18679
1571	66264	18694
1572	66300	18709
1573	66336	18724
1574	66372	18739
1575	66408	18754
1576	66444	18769
1577	66480	18784
1578	66516	18800
1579	66552	18815
1580	66588	18830
1581	66624	18845
1582	66660	18860
1583	66696	18875
1584	66732	18890
1585	66768	18905
1586	66804	18921
1587	66840	18936
1588	66876	18951
1589	66912	18966
1590	66948	18981
1591	66984	18996
1592	67020	19011
1593	67056	19026
1594	67092	19042
1595	67128	19057
1596	67164	19072
1597	67200	19087
1598	67236	19102
1599	67272	19117
1600	67308	19132
1601	67344	19147
1602	67380	19162
1603	67416	19178
1604	67452	19193
1605	67488	19208
1606	67524	19223
1607	67560	19238
1608	67596	19253
1609	67632	19268
1610	67668	19283
1611	67704	19299
1612	67740	19314
1613	67776	19329
1614	67812	19344
1615	67848	19359
1616	67884	19374
1617	67920	19389
1618	67956	19404
1619	67992	19420
1620	68028	19435
1621	68064	19450
1622	68100	19465
1623	68136	19480
1624	68172	19495
1625	68208	19510
1626	68244	19525
1627	68280	19540
1628	68316	19556
1629	68352	19571
1630	68388	19586
1631	68424	19601
1632	68460	19616
1633	68496	19631
1634	68532	19646
1635	68568	19661
1636	68604	19677
1637	68640	19692
1638	68676	19707
1639	68712	19722
1640	68748	19737
1641	68784	19752
1642	68820	19767
1643	68856	19782
1644	68892	19798
1645	68928	19813
1646	68964	19828
1647	69000	19843
1648	69036	19858
1649	69072	19873
1650	69108	19888
1651	69144	19903
1652	69180	19918
1653	69216	19934
1654	69252	19949
1655	69288	19964
1656	69324	19979
1657	69360	19994
1658	69396	20009
1659	69432	20024
1660	69468	20039
1661	69504	20055
1662	69540	20070
1663	69576	20085
1664	69612	20100
1665	69648	20115
1666	69684	20130
1667	69720	20145
1668	69756	20160
1669	69792	20176
1670	69828	20191
1671	69864	20206
1672	69900	20221
1673	69936	20236
1674	69972	20251
1675	70008	20266
1676	70044	20281
1677	70080	20296
1678	70116	20312
1679	70152	20327
1680	70188	20342

* Die Einkommensteuer gilt nur für den ausgewiesenen Wert, Zwischenwerte sind zu schätzen — s. Vorbemerkungen

laufende Nummer	zu versteuerndes Einkommen* in €	tarifliche Einkommensteuer* in €
1 681	70 224	20 357
1 682	70 260	20 372
1 683	70 296	20 387
1 684	70 332	20 402
1 685	70 368	20 417
1 686	70 404	20 433
1 687	70 440	20 448
1 688	70 476	20 463
1 689	70 512	20 478
1 690	70 548	20 493
1 691	70 584	20 508
1 692	70 620	20 523
1 693	70 656	20 538
1 694	70 692	20 554
1 695	70 728	20 569
1 696	70 764	20 584
1 697	70 800	20 599
1 698	70 836	20 614
1 699	70 872	20 629
1 700	70 908	20 644
1 701	70 944	20 659
1 702	70 980	20 674
1 703	71 016	20 690
1 704	71 052	20 705
1 705	71 088	20 720
1 706	71 124	20 735
1 707	71 160	20 750
1 708	71 196	20 765
1 709	71 232	20 780
1 710	71 268	20 795
1 711	71 304	20 811
1 712	71 340	20 826
1 713	71 376	20 841
1 714	71 412	20 856
1 715	71 448	20 871
1 716	71 484	20 886
1 717	71 520	20 901
1 718	71 556	20 916
1 719	71 592	20 932
1 720	71 628	20 947
1 721	71 664	20 962
1 722	71 700	20 977
1 723	71 736	20 992
1 724	71 772	21 007
1 725	71 808	21 022
1 726	71 844	21 037
1 727	71 880	21 052
1 728	71 916	21 068
1 729	71 952	21 083
1 730	71 988	21 098
1 731	72 024	21 113
1 732	72 060	21 128
1 733	72 096	21 143
1 734	72 132	21 158
1 735	72 168	21 173
1 736	72 204	21 189
1 737	72 240	21 204
1 738	72 276	21 219
1 739	72 312	21 234
1 740	72 348	21 249
1 741	72 384	21 264
1 742	72 420	21 279
1 743	72 456	21 294
1 744	72 492	21 310
1 745	72 528	21 325
1 746	72 564	21 340
1 747	72 600	21 355
1 748	72 636	21 370
1 749	72 672	21 385
1 750	72 708	21 400
1 751	72 744	21 415
1 752	72 780	21 430
1 753	72 816	21 446
1 754	72 852	21 461
1 755	72 888	21 476
1 756	72 924	21 491
1 757	72 960	21 506
1 758	72 996	21 521
1 759	73 032	21 536
1 760	73 068	21 551
1 761	73 104	21 567
1 762	73 140	21 582
1 763	73 176	21 597
1 764	73 212	21 612
1 765	73 248	21 627
1 766	73 284	21 642
1 767	73 320	21 657
1 768	73 356	21 672
1 769	73 392	21 688
1 770	73 428	21 703
1 771	73 464	21 718
1 772	73 500	21 733
1 773	73 536	21 748
1 774	73 572	21 763
1 775	73 608	21 778
1 776	73 644	21 793
1 777	73 680	21 808
1 778	73 716	21 824
1 779	73 752	21 839
1 780	73 788	21 854
1 781	73 824	21 869
1 782	73 860	21 884
1 783	73 896	21 899
1 784	73 932	21 914
1 785	73 968	21 929
1 786	74 004	21 945
1 787	74 040	21 960
1 788	74 076	21 975
1 789	74 112	21 990
1 790	74 148	22 005
1 791	74 184	22 020
1 792	74 220	22 035
1 793	74 256	22 050
1 794	74 292	22 066
1 795	74 328	22 081
1 796	74 364	22 096
1 797	74 400	22 111
1 798	74 436	22 126
1 799	74 472	22 141
1 800	74 508	22 156

* Die Einkommensteuer gilt nur für den ausgewiesenen Wert, Zwischenwerte sind zu schätzen – s. Vorbemerkungen

laufende Nummer	zu versteuerndes Einkommen* in €	tarifliche Einkommensteuer* in €	laufende Nummer	zu versteuerndes Einkommen* in €	tarifliche Einkommensteuer* in €
1801	74544	22171	1861	76704	23079
1802	74580	22186	1862	76740	23094
1803	74616	22202	1863	76776	23109
1804	74652	22217	1864	76812	23124
1805	74688	22232	1865	76848	23139
1806	74724	22247	1866	76884	23154
1807	74760	22262	1867	76920	23169
1808	74796	22277	1868	76956	23184
1809	74832	22292	1869	76992	23200
1810	74868	22307	1870	77028	23215
1811	74904	22323	1871	77064	23230
1812	74940	22338	1872	77100	23245
1813	74976	22353	1873	77136	23260
1814	75012	22368	1874	77172	23275
1815	75048	22383	1875	77208	23290
1816	75084	22398	1876	77244	23305
1817	75120	22413	1877	77280	23320
1818	75156	22428	1878	77316	23336
1819	75192	22444	1879	77352	23351
1820	75228	22459	1880	77388	23366
1821	75264	22474	1881	77424	23381
1822	75300	22489	1882	77460	23396
1823	75336	22504	1883	77496	23411
1824	75372	22519	1884	77532	23426
1825	75408	22534	1885	77568	23441
1826	75444	22549	1886	77604	23457
1827	75480	22564	1887	77640	23472
1828	75516	22580	1888	77676	23487
1829	75552	22595	1889	77712	23502
1830	75588	22610	1890	77748	23517
1831	75624	22625	1891	77784	23532
1832	75660	22640	1892	77820	23547
1833	75696	22655	1893	77856	23562
1834	75732	22670	1894	77892	23578
1835	75768	22685	1895	77928	23593
1836	75804	22701	1896	77964	23608
1837	75840	22716	1897	78000	23623
1838	75876	22731	1898	78036	23638
1839	75912	22746	1899	78072	23653
1840	75948	22761	1900	78108	23668
1841	75984	22776	1901	78144	23683
1842	76020	22791	1902	78180	23698
1843	76056	22806	1903	78216	23714
1844	76092	22822	1904	78252	23729
1845	76128	22837	1905	78288	23744
1846	76164	22852	1906	78324	23759
1847	76200	22867	1907	78360	23774
1848	76236	22882	1908	78396	23789
1849	76272	22897	1909	78432	23804
1850	76308	22912	1910	78468	23819
1851	76344	22927	1911	78504	23835
1852	76380	22942	1912	78540	23850
1853	76416	22958	1913	78576	23865
1854	76452	22973	1914	78612	23880
1855	76488	22988	1915	78648	23895
1856	76524	23003	1916	78684	23910
1857	76560	23018	1917	78720	23925
1858	76596	23033	1918	78756	23940
1859	76632	23048	1919	78792	23956
1860	76668	23063	1920	78828	23971

* Die Einkommensteuer gilt nur für den ausgewiesenen Wert, Zwischenwerte sind zu schätzen – s. Vorbemerkungen

ESt-Grundtabelle T 1a

laufende Nummer	zu versteuerndes Einkommen* in €	tarifliche Einkommensteuer* in €
1921	78864	23986
1922	78900	24001
1923	78936	24016
1924	78972	24031
1925	79008	24046
1926	79044	24061
1927	79080	24076
1928	79116	24092
1929	79152	24107
1930	79188	24122
1931	79224	24137
1932	79260	24152
1933	79296	24167
1934	79332	24182
1935	79368	24197
1936	79404	24213
1937	79440	24228
1938	79476	24243
1939	79512	24258
1940	79548	24273
1941	79584	24288
1942	79620	24303
1943	79656	24318
1944	79692	24334
1945	79728	24349
1946	79764	24364
1947	79800	24379
1948	79836	24394
1949	79872	24409
1950	79908	24424
1951	79944	24439
1952	79980	24454
1953	80016	24470
1954	80052	24485
1955	80088	24500
1956	80124	24515
1957	80160	24530
1958	80196	24545
1959	80232	24560
1960	80268	24575
1961	80304	24591
1962	80340	24606
1963	80376	24621
1964	80412	24636
1965	80448	24651
1966	80484	24666
1967	80520	24681
1968	80556	24696
1969	80592	24712
1970	80628	24727
1971	80664	24742
1972	80700	24757
1973	80736	24772
1974	80772	24787
1975	80808	24802
1976	80844	24817
1977	80880	24832
1978	80916	24848
1979	80952	24863
1980	80988	24878
1981	81024	24893
1982	81060	24908
1983	81096	24923
1984	81132	24938
1985	81168	24953
1986	81204	24969
1987	81240	24984
1988	81276	24999
1989	81312	25014
1990	81348	25029
1991	81384	25044
1992	81420	25059
1993	81456	25074
1994	81492	25090
1995	81528	25105
1996	81564	25120
1997	81600	25135
1998	81636	25150
1999	81672	25165
2000	81708	25180
2001	81744	25195
2002	81780	25210
2003	81816	25226
2004	81852	25241
2005	81888	25256
2006	81924	25271
2007	81960	25286
2008	81996	25301
2009	82032	25316
2010	82068	25331
2011	82104	25347
2012	82140	25362
2013	82176	25377
2014	82212	25392
2015	82248	25407
2016	82284	25422
2017	82320	25437
2018	82356	25452
2019	82392	25468
2020	82428	25483
2021	82464	25498
2022	82500	25513
2023	82536	25528
2024	82572	25543
2025	82608	25558
2026	82644	25573
2027	82680	25588
2028	82716	25604
2029	82752	25619
2030	82788	25634
2031	82824	25649
2032	82860	25664
2033	82896	25679
2034	82932	25694
2035	82968	25709
2036	83004	25725
2037	83040	25740
2038	83076	25755
2039	83112	25770
2040	83148	25785

* Die Einkommensteuer gilt nur für den ausgewiesenen Wert, Zwischenwerte sind zu schätzen — s. Vorbemerkungen

laufende Nummer	zu versteuerndes Einkommen* in €	tarifliche Einkommensteuer* in €
2 041	83 184	25 800
2 042	83 220	25 815
2 043	83 256	25 830
2 044	83 292	25 846
2 045	83 328	25 861
2 046	83 364	25 876
2 047	83 400	25 891
2 048	83 436	25 906
2 049	83 472	25 921
2 050	83 508	25 936
2 051	83 544	25 951
2 052	83 580	25 966
2 053	83 616	25 982
2 054	83 652	25 997
2 055	83 688	26 012
2 056	83 724	26 027
2 057	83 760	26 042
2 058	83 796	26 057
2 059	83 832	26 072
2 060	83 868	26 087
2 061	83 904	26 103
2 062	83 940	26 118
2 063	83 976	26 133
2 064	84 012	26 148
2 065	84 048	26 163
2 066	84 084	26 178
2 067	84 120	26 193
2 068	84 156	26 208
2 069	84 192	26 224
2 070	84 228	26 239
2 071	84 264	26 254
2 072	84 300	26 269
2 073	84 336	26 284
2 074	84 372	26 299
2 075	84 408	26 314
2 076	84 444	26 329
2 077	84 480	26 344
2 078	84 516	26 360
2 079	84 552	26 375
2 080	84 588	26 390
2 081	84 624	26 405
2 082	84 660	26 420
2 083	84 696	26 435
2 084	84 732	26 450
2 085	84 768	26 465
2 086	84 804	26 481
2 087	84 840	26 496
2 088	84 876	26 511
2 089	84 912	26 526
2 090	84 948	26 541
2 091	84 984	26 556
2 092	85 020	26 571
2 093	85 056	26 586
2 094	85 092	26 602
2 095	85 128	26 617
2 096	85 164	26 632
2 097	85 200	26 647
2 098	85 236	26 662
2 099	85 272	26 677
2 100	85 308	26 692
2 101	85 344	26 707
2 102	85 380	26 722
2 103	85 416	26 738
2 104	85 452	26 753
2 105	85 488	26 768
2 106	85 524	26 783
2 107	85 560	26 798
2 108	85 596	26 813
2 109	85 632	26 828
2 110	85 668	26 843
2 111	85 704	26 859
2 112	85 740	26 874
2 113	85 776	26 889
2 114	85 812	26 904
2 115	85 848	26 919
2 116	85 884	26 934
2 117	85 920	26 949
2 118	85 956	26 964
2 119	85 992	26 980
2 120	86 028	26 995
2 121	86 064	27 010
2 122	86 100	27 025
2 123	86 136	27 040
2 124	86 172	27 055
2 125	86 208	27 070
2 126	86 244	27 085
2 127	86 280	27 100
2 128	86 316	27 116
2 129	86 352	27 131
2 130	86 388	27 146
2 131	86 424	27 161
2 132	86 460	27 176
2 133	86 496	27 191
2 134	86 532	27 206
2 135	86 568	27 221
2 136	86 604	27 237
2 137	86 640	27 252
2 138	86 676	27 267
2 139	86 712	27 282
2 140	86 748	27 297
2 141	86 784	27 312
2 142	86 820	27 327
2 143	86 856	27 342
2 144	86 892	27 358
2 145	86 928	27 373
2 146	86 964	27 388
2 147	87 000	27 403
2 148	87 036	27 418
2 149	87 072	27 433
2 150	87 108	27 448
2 151	87 144	27 463
2 152	87 180	27 478
2 153	87 216	27 494
2 154	87 252	27 509
2 155	87 288	27 524
2 156	87 324	27 539
2 157	87 360	27 554
2 158	87 396	27 569
2 159	87 432	27 584
2 160	87 468	27 599

* Die Einkommensteuer gilt nur für den ausgewiesenen Wert, Zwischenwerte sind zu schätzen — s. Vorbemerkungen

laufende Nummer	zu versteuerndes Einkommen* in €	tarifliche Einkommensteuer* in €	laufende Nummer	zu versteuerndes Einkommen* in €	tarifliche Einkommensteuer* in €
2 161	87 504	27 615	2 221	89 664	28 522
2 162	87 540	27 630	2 222	89 700	28 537
2 163	87 576	27 645	2 223	89 736	28 552
2 164	87 612	27 660	2 224	89 772	28 567
2 165	87 648	27 675	2 225	89 808	28 582
2 166	87 684	27 690	2 226	89 844	28 597
2 167	87 720	27 705	2 227	89 880	28 612
2 168	87 756	27 720	2 228	89 916	28 628
2 169	87 792	27 736	2 229	89 952	28 643
2 170	87 828	27 751	2 230	89 988	28 658
2 171	87 864	27 766	2 231	90 024	28 673
2 172	87 900	27 781	2 232	90 060	28 688
2 173	87 936	27 796	2 233	90 096	28 703
2 174	87 972	27 811	2 234	90 132	28 718
2 175	88 008	27 826	2 235	90 168	28 733
2 176	88 044	27 841	2 236	90 204	28 749
2 177	88 080	27 856	2 237	90 240	28 764
2 178	88 116	27 872	2 238	90 276	28 779
2 179	88 152	27 887	2 239	90 312	28 794
2 180	88 188	27 902	2 240	90 348	28 809
2 181	88 224	27 917	2 241	90 384	28 824
2 182	88 260	27 932	2 242	90 420	28 839
2 183	88 296	27 947	2 243	90 456	28 854
2 184	88 332	27 962	2 244	90 492	28 870
2 185	88 368	27 977	2 245	90 528	28 885
2 186	88 404	27 993	2 246	90 564	28 900
2 187	88 440	28 008	2 247	90 600	28 915
2 188	88 476	28 023	2 248	90 636	28 930
2 189	88 512	28 038	2 249	90 672	28 945
2 190	88 548	28 053	2 250	90 708	28 960
2 191	88 584	28 068	2 251	90 744	28 975
2 192	88 620	28 083	2 252	90 780	28 990
2 193	88 656	28 098	2 253	90 816	29 006
2 194	88 692	28 114	2 254	90 852	29 021
2 195	88 728	28 129	2 255	90 888	29 036
2 196	88 764	28 144	2 256	90 924	29 051
2 197	88 800	28 159	2 257	90 960	29 066
2 198	88 836	28 174	2 258	90 996	29 081
2 199	88 872	28 189	2 259	91 032	29 096
2 200	88 908	28 204	2 260	91 068	29 111
2 201	88 944	28 219	2 261	91 104	29 127
2 202	88 980	28 234	2 262	91 140	29 142
2 203	89 016	28 250	2 263	91 176	29 157
2 204	89 052	28 265	2 264	91 212	29 172
2 205	89 088	28 280	2 265	91 248	29 187
2 206	89 124	28 295	2 266	91 284	29 202
2 207	89 160	28 310	2 267	91 320	29 217
2 208	89 196	28 325	2 268	91 356	29 232
2 209	89 232	28 340	2 269	91 392	29 248
2 210	89 268	28 355	2 270	91 428	29 263
2 211	89 304	28 371	2 271	91 464	29 278
2 212	89 340	28 386	2 272	91 500	29 293
2 213	89 376	28 401	2 273	91 536	29 308
2 214	89 412	28 416	2 274	91 572	29 323
2 215	89 448	28 431	2 275	91 608	29 338
2 216	89 484	28 446	2 276	91 644	29 353
2 217	89 520	28 461	2 277	91 680	29 368
2 218	89 556	28 476	2 278	91 716	29 384
2 219	89 592	28 492	2 279	91 752	29 399
2 220	89 628	28 507	2 280	91 788	29 414

* Die Einkommensteuer gilt nur für den ausgewiesenen Wert, Zwischenwerte sind zu schätzen — s. Vorbemerkungen

T 1a ESt-Grundtabelle

Gültig ab 1. 1. 2021

laufende Nummer	zu versteuerndes Einkommen* in €	tarifliche Einkommensteuer* in €
2 281	91 824	29 429
2 282	91 860	29 444
2 283	91 896	29 459
2 284	91 932	29 474
2 285	91 968	29 489
2 286	92 004	29 505
2 287	92 040	29 520
2 288	92 076	29 535
2 289	92 112	29 550
2 290	92 148	29 565
2 291	92 184	29 580
2 292	92 220	29 595
2 293	92 256	29 610
2 294	92 292	29 626
2 295	92 328	29 641
2 296	92 364	29 656
2 297	92 400	29 671
2 298	92 436	29 686
2 299	92 472	29 701
2 300	92 508	29 716
2 301	92 544	29 731
2 302	92 580	29 746
2 303	92 616	29 762
2 304	92 652	29 777
2 305	92 688	29 792
2 306	92 724	29 807
2 307	92 760	29 822
2 308	92 796	29 837
2 309	92 832	29 852
2 310	92 868	29 867
2 311	92 904	29 883
2 312	92 940	29 898
2 313	92 976	29 913
2 314	93 012	29 928
2 315	93 048	29 943
2 316	93 084	29 958
2 317	93 120	29 973
2 318	93 156	29 988
2 319	93 192	30 004
2 320	93 228	30 019
2 321	93 264	30 034
2 322	93 300	30 049
2 323	93 336	30 064
2 324	93 372	30 079
2 325	93 408	30 094
2 326	93 444	30 109
2 327	93 480	30 124
2 328	93 516	30 140
2 329	93 552	30 155
2 330	93 588	30 170
2 331	93 624	30 185
2 332	93 660	30 200
2 333	93 696	30 215
2 334	93 732	30 230
2 335	93 768	30 245
2 336	93 804	30 261
2 337	93 840	30 276
2 338	93 876	30 291
2 339	93 912	30 306
2 340	93 948	30 321
2 341	93 984	30 336
2 342	94 020	30 351
2 343	94 056	30 366
2 344	94 092	30 382
2 345	94 128	30 397
2 346	94 164	30 412
2 347	94 200	30 427
2 348	94 236	30 442
2 349	94 272	30 457
2 350	94 308	30 472
2 351	94 344	30 487
2 352	94 380	30 502
2 353	94 416	30 518
2 354	94 452	30 533
2 355	94 488	30 548
2 356	94 524	30 563
2 357	94 560	30 578
2 358	94 596	30 593
2 359	94 632	30 608
2 360	94 668	30 623
2 361	94 704	30 639
2 362	94 740	30 654
2 363	94 776	30 669
2 364	94 812	30 684
2 365	94 848	30 699
2 366	94 884	30 714
2 367	94 920	30 729
2 368	94 956	30 744
2 369	94 992	30 760
2 370	95 028	30 775
2 371	95 064	30 790
2 372	95 100	30 805
2 373	95 136	30 820
2 374	95 172	30 835
2 375	95 208	30 850
2 376	95 244	30 865
2 377	95 280	30 880
2 378	95 316	30 896
2 379	95 352	30 911
2 380	95 388	30 926
2 381	95 424	30 941
2 382	95 460	30 956
2 383	95 496	30 971
2 384	95 532	30 986
2 385	95 568	31 001
2 386	95 604	31 017
2 387	95 640	31 032
2 388	95 676	31 047
2 389	95 712	31 062
2 390	95 748	31 077
2 391	95 784	31 092
2 392	95 820	31 107
2 393	95 856	31 122
2 394	95 892	31 138
2 395	95 928	31 153
2 396	95 964	31 168
2 397	96 000	31 183
2 398	96 036	31 198
2 399	96 072	31 213
2 400	96 108	31 228

* Die Einkommensteuer gilt nur für den ausgewiesenen Wert, Zwischenwerte sind zu schätzen — s. Vorbemerkungen

ESt-Splittingtabelle T 1b

laufende Nummer	zu versteuerndes Einkommen* in €	tarifliche Einkommensteuer* in €
1	19 488	
2	19 560	10
3	19 632	20
4	19 704	30
5	19 776	40
6	19 848	50
7	19 920	60
8	19 992	70
9	20 064	82
10	20 136	92
11	20 208	102
12	20 280	114
13	20 352	124
14	20 424	134
15	20 496	146
16	20 568	156
17	20 640	166
18	20 712	178
19	20 784	188
20	20 856	200
21	20 928	210
22	21 000	222
23	21 072	234
24	21 144	244
25	21 216	256
26	21 288	268
27	21 360	278
28	21 432	290
29	21 504	302
30	21 576	314
31	21 648	324
32	21 720	336
33	21 792	348
34	21 864	360
35	21 936	372
36	22 008	384
37	22 080	396
38	22 152	408
39	22 224	420
40	22 296	432
41	22 368	444
42	22 440	456
43	22 512	468
44	22 584	480
45	22 656	492
46	22 728	504
47	22 800	518
48	22 872	530
49	22 944	542
50	23 016	554
51	23 088	568
52	23 160	580
53	23 232	592
54	23 304	606
55	23 376	618
56	23 448	632
57	23 520	644
58	23 592	658
59	23 664	670
60	23 736	684
61	23 808	696
62	23 880	710
63	23 952	724
64	24 024	736
65	24 096	750
66	24 168	764
67	24 240	776
68	24 312	790
69	24 384	804
70	24 456	818
71	24 528	830
72	24 600	844
73	24 672	858
74	24 744	872
75	24 816	886
76	24 888	900
77	24 960	914
78	25 032	928
79	25 104	942
80	25 176	956
81	25 248	970
82	25 320	984
83	25 392	1 000
84	25 464	1 014
85	25 536	1 028
86	25 608	1 042
87	25 680	1 056
88	25 752	1 072
89	25 824	1 086
90	25 896	1 100
91	25 968	1 116
92	26 040	1 130
93	26 112	1 144
94	26 184	1 160
95	26 256	1 174
96	26 328	1 190
97	26 400	1 204
98	26 472	1 220
99	26 544	1 234
100	26 616	1 250
101	26 688	1 264
102	26 760	1 280
103	26 832	1 296
104	26 904	1 310
105	26 976	1 326
106	27 048	1 342
107	27 120	1 358
108	27 192	1 372
109	27 264	1 388
110	27 336	1 404
111	27 408	1 420
112	27 480	1 436
113	27 552	1 452
114	27 624	1 468
115	27 696	1 484
116	27 768	1 500
117	27 840	1 516
118	27 912	1 532
119	27 984	1 548
120	28 056	1 564

* Die Einkommensteuer gilt nur für den ausgewiesenen Wert, Zwischenwerte sind zu schätzen – s. Vorbemerkungen

laufende Nummer	zu versteuerndes Einkommen* in €	tarifliche Einkommen-steuer* in €	laufende Nummer	zu versteuerndes Einkommen* in €	tarifliche Einkommen-steuer* in €
121	28 128	1 580	181	32 448	2 616
122	28 200	1 596	182	32 520	2 632
123	28 272	1 612	183	32 592	2 650
124	28 344	1 630	184	32 664	2 668
125	28 416	1 646	185	32 736	2 686
126	28 488	1 662	186	32 808	2 704
127	28 560	1 678	187	32 880	2 722
128	28 632	1 696	188	32 952	2 740
129	28 704	1 712	189	33 024	2 758
130	28 776	1 728	190	33 096	2 774
131	28 848	1 746	191	33 168	2 792
132	28 920	1 762	192	33 240	2 810
133	28 992	1 780	193	33 312	2 828
134	29 064	1 796	194	33 384	2 846
135	29 136	1 812	195	33 456	2 864
136	29 208	1 830	196	33 528	2 882
137	29 280	1 846	197	33 600	2 900
138	29 352	1 864	198	33 672	2 918
139	29 424	1 882	199	33 744	2 936
140	29 496	1 898	200	33 816	2 954
141	29 568	1 916	201	33 888	2 972
142	29 640	1 934	202	33 960	2 990
143	29 712	1 950	203	34 032	3 008
144	29 784	1 968	204	34 104	3 026
145	29 856	1 984	205	34 176	3 044
146	29 928	2 002	206	34 248	3 062
147	30 000	2 020	207	34 320	3 080
148	30 072	2 036	208	34 392	3 098
149	30 144	2 054	209	34 464	3 116
150	30 216	2 072	210	34 536	3 134
151	30 288	2 090	211	34 608	3 152
152	30 360	2 106	212	34 680	3 170
153	30 432	2 124	213	34 752	3 188
154	30 504	2 142	214	34 824	3 206
155	30 576	2 158	215	34 896	3 224
156	30 648	2 176	216	34 968	3 242
157	30 720	2 194	217	35 040	3 260
158	30 792	2 210	218	35 112	3 278
159	30 864	2 228	219	35 184	3 296
160	30 936	2 246	220	35 256	3 314
161	31 008	2 264	221	35 328	3 332
162	31 080	2 280	222	35 400	3 350
163	31 152	2 298	223	35 472	3 368
164	31 224	2 316	224	35 544	3 386
165	31 296	2 334	225	35 616	3 404
166	31 368	2 350	226	35 688	3 422
167	31 440	2 368	227	35 760	3 440
168	31 512	2 386	228	35 832	3 460
169	31 584	2 404	229	35 904	3 478
170	31 656	2 422	230	35 976	3 496
171	31 728	2 438	231	36 048	3 514
172	31 800	2 456	232	36 120	3 532
173	31 872	2 474	233	36 192	3 550
174	31 944	2 492	234	36 264	3 568
175	32 016	2 510	235	36 336	3 586
176	32 088	2 526	236	36 408	3 606
177	32 160	2 544	237	36 480	3 624
178	32 232	2 562	238	36 552	3 642
179	32 304	2 580	239	36 624	3 660
180	32 376	2 598	240	36 696	3 678

* Die Einkommensteuer gilt nur für den ausgewiesenen Wert, Zwischenwerte sind zu schätzen – s. Vorbemerkungen

laufende Nummer	zu versteuerndes Einkommen* in €	tarifliche Einkommensteuer* in €
241	36 768	3 696
242	36 840	3 716
243	36 912	3 734
244	36 984	3 752
245	37 056	3 770
246	37 128	3 788
247	37 200	3 806
248	37 272	3 826
249	37 344	3 844
250	37 416	3 862
251	37 488	3 880
252	37 560	3 900
253	37 632	3 918
254	37 704	3 936
255	37 776	3 954
256	37 848	3 974
257	37 920	3 992
258	37 992	4 010
259	38 064	4 028
260	38 136	4 048
261	38 208	4 066
262	38 280	4 084
263	38 352	4 104
264	38 424	4 122
265	38 496	4 140
266	38 568	4 158
267	38 640	4 178
268	38 712	4 196
269	38 784	4 214
270	38 856	4 234
271	38 928	4 252
272	39 000	4 270
273	39 072	4 290
274	39 144	4 308
275	39 216	4 326
276	39 288	4 346
277	39 360	4 364
278	39 432	4 384
279	39 504	4 402
280	39 576	4 420
281	39 648	4 440
282	39 720	4 458
283	39 792	4 476
284	39 864	4 496
285	39 936	4 514
286	40 008	4 534
287	40 080	4 552
288	40 152	4 572
289	40 224	4 590
290	40 296	4 608
291	40 368	4 628
292	40 440	4 646
293	40 512	4 666
294	40 584	4 684
295	40 656	4 704
296	40 728	4 722
297	40 800	4 742
298	40 872	4 760
299	40 944	4 780
300	41 016	4 798

laufende Nummer	zu versteuerndes Einkommen* in €	tarifliche Einkommensteuer* in €
301	41 088	4 818
302	41 160	4 836
303	41 232	4 856
304	41 304	4 874
305	41 376	4 894
306	41 448	4 912
307	41 520	4 932
308	41 592	4 950
309	41 664	4 970
310	41 736	4 988
311	41 808	5 008
312	41 880	5 026
313	41 952	5 046
314	42 024	5 066
315	42 096	5 084
316	42 168	5 104
317	42 240	5 122
318	42 312	5 142
319	42 384	5 160
320	42 456	5 180
321	42 528	5 200
322	42 600	5 218
323	42 672	5 238
324	42 744	5 258
325	42 816	5 276
326	42 888	5 296
327	42 960	5 314
328	43 032	5 334
329	43 104	5 354
330	43 176	5 372
331	43 248	5 392
332	43 320	5 412
333	43 392	5 430
334	43 464	5 450
335	43 536	5 470
336	43 608	5 488
337	43 680	5 508
338	43 752	5 528
339	43 824	5 548
340	43 896	5 566
341	43 968	5 586
342	44 040	5 606
343	44 112	5 624
344	44 184	5 644
345	44 256	5 664
346	44 328	5 684
347	44 400	5 702
348	44 472	5 722
349	44 544	5 742
350	44 616	5 762
351	44 688	5 780
352	44 760	5 800
353	44 832	5 820
354	44 904	5 840
355	44 976	5 858
356	45 048	5 878
357	45 120	5 898
358	45 192	5 918
359	45 264	5 938
360	45 336	5 958

* Die Einkommensteuer gilt nur für den ausgewiesenen Wert, Zwischenwerte sind zu schätzen — s. Vorbemerkungen

laufende Nummer	zu versteuerndes Einkommen* in €	tarifliche Einkommensteuer* in €	laufende Nummer	zu versteuerndes Einkommen* in €	tarifliche Einkommensteuer* in €
361	45 408	5 976	421	49 728	7 176
362	45 480	5 996	422	49 800	7 196
363	45 552	6 016	423	49 872	7 216
364	45 624	6 036	424	49 944	7 236
365	45 696	6 056	425	50 016	7 256
366	45 768	6 076	426	50 088	7 276
367	45 840	6 094	427	50 160	7 298
368	45 912	6 114	428	50 232	7 318
369	45 984	6 134	429	50 304	7 338
370	46 056	6 154	430	50 376	7 358
371	46 128	6 174	431	50 448	7 378
372	46 200	6 194	432	50 520	7 400
373	46 272	6 214	433	50 592	7 420
374	46 344	6 234	434	50 664	7 440
375	46 416	6 252	435	50 736	7 460
376	46 488	6 272	436	50 808	7 480
377	46 560	6 292	437	50 880	7 502
378	46 632	6 312	438	50 952	7 522
379	46 704	6 332	439	51 024	7 542
380	46 776	6 352	440	51 096	7 562
381	46 848	6 372	441	51 168	7 584
382	46 920	6 392	442	51 240	7 604
383	46 992	6 412	443	51 312	7 624
384	47 064	6 432	444	51 384	7 644
385	47 136	6 452	445	51 456	7 666
386	47 208	6 472	446	51 528	7 686
387	47 280	6 492	447	51 600	7 706
388	47 352	6 512	448	51 672	7 728
389	47 424	6 532	449	51 744	7 748
390	47 496	6 552	450	51 816	7 768
391	47 568	6 572	451	51 888	7 790
392	47 640	6 592	452	51 960	7 810
393	47 712	6 612	453	52 032	7 830
394	47 784	6 632	454	52 104	7 850
395	47 856	6 652	455	52 176	7 872
396	47 928	6 672	456	52 248	7 892
397	48 000	6 692	457	52 320	7 912
398	48 072	6 712	458	52 392	7 934
399	48 144	6 732	459	52 464	7 954
400	48 216	6 752	460	52 536	7 976
401	48 288	6 772	461	52 608	7 996
402	48 360	6 792	462	52 680	8 016
403	48 432	6 812	463	52 752	8 038
404	48 504	6 832	464	52 824	8 058
405	48 576	6 852	465	52 896	8 078
406	48 648	6 872	466	52 968	8 100
407	48 720	6 892	467	53 040	8 120
408	48 792	6 912	468	53 112	8 142
409	48 864	6 932	469	53 184	8 162
410	48 936	6 952	470	53 256	8 182
411	49 008	6 972	471	53 328	8 204
412	49 080	6 992	472	53 400	8 224
413	49 152	7 014	473	53 472	8 246
414	49 224	7 034	474	53 544	8 266
415	49 296	7 054	475	53 616	8 288
416	49 368	7 074	476	53 688	8 308
417	49 440	7 094	477	53 760	8 328
418	49 512	7 114	478	53 832	8 350
419	49 584	7 134	479	53 904	8 370
420	49 656	7 154	480	53 976	8 392

* Die Einkommensteuer gilt nur für den ausgewiesenen Wert, Zwischenwerte sind zu schätzen — s. Vorbemerkungen

laufende Nummer	zu versteuerndes Einkommen* in €	tarifliche Einkommen-steuer* in €
481	54 048	8 412
482	54 120	8 434
483	54 192	8 454
484	54 264	8 476
485	54 336	8 496
486	54 408	8 518
487	54 480	8 538
488	54 552	8 560
489	54 624	8 580
490	54 696	8 602
491	54 768	8 622
492	54 840	8 644
493	54 912	8 664
494	54 984	8 686
495	55 056	8 706
496	55 128	8 728
497	55 200	8 750
498	55 272	8 770
499	55 344	8 792
500	55 416	8 812
501	55 488	8 834
502	55 560	8 854
503	55 632	8 876
504	55 704	8 898
505	55 776	8 918
506	55 848	8 940
507	55 920	8 960
508	55 992	8 982
509	56 064	9 004
510	56 136	9 024
511	56 208	9 046
512	56 280	9 068
513	56 352	9 088
514	56 424	9 110
515	56 496	9 132
516	56 568	9 152
517	56 640	9 174
518	56 712	9 196
519	56 784	9 216
520	56 856	9 238
521	56 928	9 260
522	57 000	9 280
523	57 072	9 302
524	57 144	9 324
525	57 216	9 344
526	57 288	9 366
527	57 360	9 388
528	57 432	9 410
529	57 504	9 430
530	57 576	9 452
531	57 648	9 474
532	57 720	9 496
533	57 792	9 516
534	57 864	9 538
535	57 936	9 560
536	58 008	9 582
537	58 080	9 602
538	58 152	9 624
539	58 224	9 646
540	58 296	9 668

laufende Nummer	zu versteuerndes Einkommen* in €	tarifliche Einkommen-steuer* in €
541	58 368	9 690
542	58 440	9 710
543	58 512	9 732
544	58 584	9 754
545	58 656	9 776
546	58 728	9 798
547	58 800	9 818
548	58 872	9 840
549	58 944	9 862
550	59 016	9 884
551	59 088	9 906
552	59 160	9 928
553	59 232	9 948
554	59 304	9 970
555	59 376	9 992
556	59 448	10 014
557	59 520	10 036
558	59 592	10 058
559	59 664	10 080
560	59 736	10 102
561	59 808	10 124
562	59 880	10 144
563	59 952	10 166
564	60 024	10 188
565	60 096	10 210
566	60 168	10 232
567	60 240	10 254
568	60 312	10 276
569	60 384	10 298
570	60 456	10 320
571	60 528	10 342
572	60 600	10 364
573	60 672	10 386
574	60 744	10 408
575	60 816	10 430
576	60 888	10 452
577	60 960	10 474
578	61 032	10 496
579	61 104	10 518
580	61 176	10 540
581	61 248	10 562
582	61 320	10 584
583	61 392	10 606
584	61 464	10 628
585	61 536	10 650
586	61 608	10 672
587	61 680	10 694
588	61 752	10 716
589	61 824	10 738
590	61 896	10 760
591	61 968	10 782
592	62 040	10 804
593	62 112	10 826
594	62 184	10 848
595	62 256	10 872
596	62 328	10 894
597	62 400	10 916
598	62 472	10 938
599	62 544	10 960
600	62 616	10 982

* Die Einkommensteuer gilt nur für den ausgewiesenen Wert, Zwischenwerte sind zu schätzen – s. Vorbemerkungen

laufende Nummer	zu versteuerndes Einkommen* in €	tarifliche Einkommensteuer* in €	laufende Nummer	zu versteuerndes Einkommen* in €	tarifliche Einkommensteuer* in €
601	62 688	11 004	661	67 008	12 358
602	62 760	11 026	662	67 080	12 382
603	62 832	11 048	663	67 152	12 404
604	62 904	11 072	664	67 224	12 428
605	62 976	11 094	665	67 296	12 450
606	63 048	11 116	666	67 368	12 474
607	63 120	11 138	667	67 440	12 496
608	63 192	11 160	668	67 512	12 520
609	63 264	11 182	669	67 584	12 542
610	63 336	11 206	670	67 656	12 566
611	63 408	11 228	671	67 728	12 588
612	63 480	11 250	672	67 800	12 612
613	63 552	11 272	673	67 872	12 634
614	63 624	11 294	674	67 944	12 658
615	63 696	11 316	675	68 016	12 680
616	63 768	11 340	676	68 088	12 704
617	63 840	11 362	677	68 160	12 726
618	63 912	11 384	678	68 232	12 750
619	63 984	11 406	679	68 304	12 772
620	64 056	11 430	680	68 376	12 796
621	64 128	11 452	681	68 448	12 818
622	64 200	11 474	682	68 520	12 842
623	64 272	11 496	683	68 592	12 866
624	64 344	11 518	684	68 664	12 888
625	64 416	11 542	685	68 736	12 912
626	64 488	11 564	686	68 808	12 934
627	64 560	11 586	687	68 880	12 958
628	64 632	11 610	688	68 952	12 980
629	64 704	11 632	689	69 024	13 004
630	64 776	11 654	690	69 096	13 028
631	64 848	11 676	691	69 168	13 050
632	64 920	11 700	692	69 240	13 074
633	64 992	11 722	693	69 312	13 098
634	65 064	11 744	694	69 384	13 120
635	65 136	11 768	695	69 456	13 144
636	65 208	11 790	696	69 528	13 166
637	65 280	11 812	697	69 600	13 190
638	65 352	11 836	698	69 672	13 214
639	65 424	11 858	699	69 744	13 236
640	65 496	11 880	700	69 816	13 260
641	65 568	11 902	701	69 888	13 284
642	65 640	11 926	702	69 960	13 306
643	65 712	11 948	703	70 032	13 330
644	65 784	11 972	704	70 104	13 354
645	65 856	11 994	705	70 176	13 376
646	65 928	12 016	706	70 248	13 400
647	66 000	12 040	707	70 320	13 424
648	66 072	12 062	708	70 392	13 446
649	66 144	12 084	709	70 464	13 470
650	66 216	12 108	710	70 536	13 494
651	66 288	12 130	711	70 608	13 518
652	66 360	12 154	712	70 680	13 540
653	66 432	12 176	713	70 752	13 564
654	66 504	12 198	714	70 824	13 588
655	66 576	12 222	715	70 896	13 612
656	66 648	12 244	716	70 968	13 634
657	66 720	12 268	717	71 040	13 658
658	66 792	12 290	718	71 112	13 682
659	66 864	12 314	719	71 184	13 706
660	66 936	12 336	720	71 256	13 728

* Die Einkommensteuer gilt nur für den ausgewiesenen Wert, Zwischenwerte sind zu schätzen — s. Vorbemerkungen

laufende Nummer	zu versteuerndes Einkommen* in €	tarifliche Einkommensteuer* in €	laufende Nummer	zu versteuerndes Einkommen* in €	tarifliche Einkommensteuer* in €
721	71 328	13 752	781	75 648	15 184
722	71 400	13 776	782	75 720	15 208
723	71 472	13 800	783	75 792	15 232
724	71 544	13 822	784	75 864	15 258
725	71 616	13 846	785	75 936	15 282
726	71 688	13 870	786	76 008	15 306
727	71 760	13 894	787	76 080	15 330
728	71 832	13 918	788	76 152	15 354
729	71 904	13 940	789	76 224	15 378
730	71 976	13 964	790	76 296	15 402
731	72 048	13 988	791	76 368	15 426
732	72 120	14 012	792	76 440	15 452
733	72 192	14 036	793	76 512	15 476
734	72 264	14 060	794	76 584	15 500
735	72 336	14 082	795	76 656	15 524
736	72 408	14 106	796	76 728	15 548
737	72 480	14 130	797	76 800	15 572
738	72 552	14 154	798	76 872	15 598
739	72 624	14 178	799	76 944	15 622
740	72 696	14 202	800	77 016	15 646
741	72 768	14 226	801	77 088	15 670
742	72 840	14 250	802	77 160	15 694
743	72 912	14 272	803	77 232	15 720
744	72 984	14 296	804	77 304	15 744
745	73 056	14 320	805	77 376	15 768
746	73 128	14 344	806	77 448	15 792
747	73 200	14 368	807	77 520	15 818
748	73 272	14 392	808	77 592	15 842
749	73 344	14 416	809	77 664	15 866
750	73 416	14 440	810	77 736	15 890
751	73 488	14 464	811	77 808	15 916
752	73 560	14 488	812	77 880	15 940
753	73 632	14 512	813	77 952	15 964
754	73 704	14 536	814	78 024	15 988
755	73 776	14 558	815	78 096	16 014
756	73 848	14 582	816	78 168	16 038
757	73 920	14 606	817	78 240	16 062
758	73 992	14 630	818	78 312	16 088
759	74 064	14 654	819	78 384	16 112
760	74 136	14 678	820	78 456	16 136
761	74 208	14 702	821	78 528	16 160
762	74 280	14 726	822	78 600	16 186
763	74 352	14 750	823	78 672	16 210
764	74 424	14 774	824	78 744	16 234
765	74 496	14 798	825	78 816	16 260
766	74 568	14 822	826	78 888	16 284
767	74 640	14 846	827	78 960	16 308
768	74 712	14 870	828	79 032	16 334
769	74 784	14 894	829	79 104	16 358
770	74 856	14 918	830	79 176	16 384
771	74 928	14 944	831	79 248	16 408
772	75 000	14 968	832	79 320	16 432
773	75 072	14 992	833	79 392	16 458
774	75 144	15 016	834	79 464	16 482
775	75 216	15 040	835	79 536	16 506
776	75 288	15 064	836	79 608	16 532
777	75 360	15 088	837	79 680	16 556
778	75 432	15 112	838	79 752	16 582
779	75 504	15 136	839	79 824	16 606
780	75 576	15 160	840	79 896	16 630

* Die Einkommensteuer gilt nur für den ausgewiesenen Wert, Zwischenwerte sind zu schätzen — s. Vorbemerkungen

laufende Nummer	zu versteuerndes Einkommen* in €	tarifliche Einkommensteuer* in €	laufende Nummer	zu versteuerndes Einkommen* in €	tarifliche Einkommensteuer* in €
841	79 968	16 656	901	84 288	18 166
842	80 040	16 680	902	84 360	18 192
843	80 112	16 706	903	84 432	18 218
844	80 184	16 730	904	84 504	18 242
845	80 256	16 756	905	84 576	18 268
846	80 328	16 780	906	84 648	18 294
847	80 400	16 806	907	84 720	18 320
848	80 472	16 830	908	84 792	18 344
849	80 544	16 854	909	84 864	18 370
850	80 616	16 880	910	84 936	18 396
851	80 688	16 904	911	85 008	18 422
852	80 760	16 930	912	85 080	18 448
853	80 832	16 954	913	85 152	18 472
854	80 904	16 980	914	85 224	18 498
855	80 976	17 004	915	85 296	18 524
856	81 048	17 030	916	85 368	18 550
857	81 120	17 054	917	85 440	18 576
858	81 192	17 080	918	85 512	18 602
859	81 264	17 104	919	85 584	18 626
860	81 336	17 130	920	85 656	18 652
861	81 408	17 154	921	85 728	18 678
862	81 480	17 180	922	85 800	18 704
863	81 552	17 204	923	85 872	18 730
864	81 624	17 230	924	85 944	18 756
865	81 696	17 256	925	86 016	18 782
866	81 768	17 280	926	86 088	18 806
867	81 840	17 306	927	86 160	18 832
868	81 912	17 330	928	86 232	18 858
869	81 984	17 356	929	86 304	18 884
870	82 056	17 380	930	86 376	18 910
871	82 128	17 406	931	86 448	18 936
872	82 200	17 432	932	86 520	18 962
873	82 272	17 456	933	86 592	18 988
874	82 344	17 482	934	86 664	19 014
875	82 416	17 506	935	86 736	19 040
876	82 488	17 532	936	86 808	19 066
877	82 560	17 558	937	86 880	19 090
878	82 632	17 582	938	86 952	19 116
879	82 704	17 608	939	87 024	19 142
880	82 776	17 632	940	87 096	19 168
881	82 848	17 658	941	87 168	19 194
882	82 920	17 684	942	87 240	19 220
883	82 992	17 708	943	87 312	19 246
884	83 064	17 734	944	87 384	19 272
885	83 136	17 760	945	87 456	19 298
886	83 208	17 784	946	87 528	19 324
887	83 280	17 810	947	87 600	19 350
888	83 352	17 836	948	87 672	19 376
889	83 424	17 860	949	87 744	19 402
890	83 496	17 886	950	87 816	19 428
891	83 568	17 912	951	87 888	19 454
892	83 640	17 938	952	87 960	19 480
893	83 712	17 962	953	88 032	19 506
894	83 784	17 988	954	88 104	19 532
895	83 856	18 014	955	88 176	19 558
896	83 928	18 038	956	88 248	19 584
897	84 000	18 064	957	88 320	19 610
898	84 072	18 090	958	88 392	19 636
899	84 144	18 116	959	88 464	19 664
900	84 216	18 140	960	88 536	19 690

* Die Einkommensteuer gilt nur für den ausgewiesenen Wert, Zwischenwerte sind zu schätzen – s. Vorbemerkungen

laufende Nummer	zu versteuerndes Einkommen* in €	tarifliche Einkommensteuer* in €
961	88 608	19 716
962	88 680	19 742
963	88 752	19 768
964	88 824	19 794
965	88 896	19 820
966	88 968	19 846
967	89 040	19 872
968	89 112	19 898
969	89 184	19 924
970	89 256	19 952
971	89 328	19 978
972	89 400	20 004
973	89 472	20 030
974	89 544	20 056
975	89 616	20 082
976	89 688	20 108
977	89 760	20 134
978	89 832	20 162
979	89 904	20 188
980	89 976	20 214
981	90 048	20 240
982	90 120	20 266
983	90 192	20 294
984	90 264	20 320
985	90 336	20 346
986	90 408	20 372
987	90 480	20 398
988	90 552	20 426
989	90 624	20 452
990	90 696	20 478
991	90 768	20 504
992	90 840	20 532
993	90 912	20 558
994	90 984	20 584
995	91 056	20 610
996	91 128	20 638
997	91 200	20 664
998	91 272	20 690
999	91 344	20 716
1 000	91 416	20 744
1 001	91 488	20 770
1 002	91 560	20 796
1 003	91 632	20 822
1 004	91 704	20 850
1 005	91 776	20 876
1 006	91 848	20 902
1 007	91 920	20 930
1 008	91 992	20 956
1 009	92 064	20 982
1 010	92 136	21 010
1 011	92 208	21 036
1 012	92 280	21 062
1 013	92 352	21 090
1 014	92 424	21 116
1 015	92 496	21 142
1 016	92 568	21 170
1 017	92 640	21 196
1 018	92 712	21 224
1 019	92 784	21 250
1 020	92 856	21 276
1 021	92 928	21 304
1 022	93 000	21 330
1 023	93 072	21 358
1 024	93 144	21 384
1 025	93 216	21 410
1 026	93 288	21 438
1 027	93 360	21 464
1 028	93 432	21 492
1 029	93 504	21 518
1 030	93 576	21 546
1 031	93 648	21 572
1 032	93 720	21 598
1 033	93 792	21 626
1 034	93 864	21 652
1 035	93 936	21 680
1 036	94 008	21 706
1 037	94 080	21 734
1 038	94 152	21 760
1 039	94 224	21 788
1 040	94 296	21 814
1 041	94 368	21 842
1 042	94 440	21 868
1 043	94 512	21 896
1 044	94 584	21 922
1 045	94 656	21 950
1 046	94 728	21 976
1 047	94 800	22 004
1 048	94 872	22 030
1 049	94 944	22 058
1 050	95 016	22 086
1 051	95 088	22 112
1 052	95 160	22 140
1 053	95 232	22 166
1 054	95 304	22 194
1 055	95 376	22 220
1 056	95 448	22 248
1 057	95 520	22 276
1 058	95 592	22 302
1 059	95 664	22 330
1 060	95 736	22 356
1 061	95 808	22 384
1 062	95 880	22 412
1 063	95 952	22 438
1 064	96 024	22 466
1 065	96 096	22 492
1 066	96 168	22 520
1 067	96 240	22 548
1 068	96 312	22 574
1 069	96 384	22 602
1 070	96 456	22 630
1 071	96 528	22 656
1 072	96 600	22 684
1 073	96 672	22 712
1 074	96 744	22 738
1 075	96 816	22 766
1 076	96 888	22 794
1 077	96 960	22 822
1 078	97 032	22 848
1 079	97 104	22 876
1 080	97 176	22 904

* Die Einkommensteuer gilt nur für den ausgewiesenen Wert, Zwischenwerte sind zu schätzen – s. Vorbemerkungen

laufende Nummer	zu versteuerndes Einkommen* in €	tarifliche Einkommensteuer* in €	laufende Nummer	zu versteuerndes Einkommen* in €	tarifliche Einkommensteuer* in €
1 081	97 248	22 930	1 141	101 568	24 596
1 082	97 320	22 958	1 142	101 640	24 626
1 083	97 392	22 986	1 143	101 712	24 654
1 084	97 464	23 014	1 144	101 784	24 682
1 085	97 536	23 040	1 145	101 856	24 710
1 086	97 608	23 068	1 146	101 928	24 738
1 087	97 680	23 096	1 147	102 000	24 766
1 088	97 752	23 124	1 148	102 072	24 794
1 089	97 824	23 150	1 149	102 144	24 822
1 090	97 896	23 178	1 150	102 216	24 850
1 091	97 968	23 206	1 151	102 288	24 878
1 092	98 040	23 234	1 152	102 360	24 906
1 093	98 112	23 260	1 153	102 432	24 934
1 094	98 184	23 288	1 154	102 504	24 964
1 095	98 256	23 316	1 155	102 576	24 992
1 096	98 328	23 344	1 156	102 648	25 020
1 097	98 400	23 372	1 157	102 720	25 048
1 098	98 472	23 398	1 158	102 792	25 076
1 099	98 544	23 426	1 159	102 864	25 104
1 100	98 616	23 454	1 160	102 936	25 132
1 101	98 688	23 482	1 161	103 008	25 160
1 102	98 760	23 510	1 162	103 080	25 190
1 103	98 832	23 538	1 163	103 152	25 218
1 104	98 904	23 564	1 164	103 224	25 246
1 105	98 976	23 592	1 165	103 296	25 274
1 106	99 048	23 620	1 166	103 368	25 302
1 107	99 120	23 648	1 167	103 440	25 332
1 108	99 192	23 676	1 168	103 512	25 360
1 109	99 264	23 704	1 169	103 584	25 388
1 110	99 336	23 732	1 170	103 656	25 416
1 111	99 408	23 758	1 171	103 728	25 444
1 112	99 480	23 786	1 172	103 800	25 474
1 113	99 552	23 814	1 173	103 872	25 502
1 114	99 624	23 842	1 174	103 944	25 530
1 115	99 696	23 870	1 175	104 016	25 558
1 116	99 768	23 898	1 176	104 088	25 586
1 117	99 840	23 926	1 177	104 160	25 616
1 118	99 912	23 954	1 178	104 232	25 644
1 119	99 984	23 982	1 179	104 304	25 672
1 120	100 056	24 010	1 180	104 376	25 700
1 121	100 128	24 038	1 181	104 448	25 730
1 122	100 200	24 066	1 182	104 520	25 758
1 123	100 272	24 092	1 183	104 592	25 786
1 124	100 344	24 120	1 184	104 664	25 814
1 125	100 416	24 148	1 185	104 736	25 844
1 126	100 488	24 176	1 186	104 808	25 872
1 127	100 560	24 204	1 187	104 880	25 900
1 128	100 632	24 232	1 188	104 952	25 930
1 129	100 704	24 260	1 189	105 024	25 958
1 130	100 776	24 288	1 190	105 096	25 986
1 131	100 848	24 316	1 191	105 168	26 016
1 132	100 920	24 344	1 192	105 240	26 044
1 133	100 992	24 372	1 193	105 312	26 072
1 134	101 064	24 400	1 194	105 384	26 102
1 135	101 136	24 428	1 195	105 456	26 130
1 136	101 208	24 456	1 196	105 528	26 158
1 137	101 280	24 484	1 197	105 600	26 188
1 138	101 352	24 512	1 198	105 672	26 216
1 139	101 424	24 540	1 199	105 744	26 244
1 140	101 496	24 568	1 200	105 816	26 274

* Die Einkommensteuer gilt nur für den ausgewiesenen Wert, Zwischenwerte sind zu schätzen – s. Vorbemerkungen

laufende Nummer	zu versteuerndes Einkommen* in €	tarifliche Einkommensteuer* in €	laufende Nummer	zu versteuerndes Einkommen* in €	tarifliche Einkommensteuer* in €
1201	105888	26302	1261	110208	28046
1202	105960	26330	1262	110280	28076
1203	106032	26360	1263	110352	28106
1204	106104	26388	1264	110424	28134
1205	106176	26418	1265	110496	28164
1206	106248	26446	1266	110568	28194
1207	106320	26474	1267	110640	28222
1208	106392	26504	1268	110712	28252
1209	106464	26532	1269	110784	28282
1210	106536	26562	1270	110856	28312
1211	106608	26590	1271	110928	28340
1212	106680	26618	1272	111000	28370
1213	106752	26648	1273	111072	28400
1214	106824	26676	1274	111144	28430
1215	106896	26706	1275	111216	28458
1216	106968	26734	1276	111288	28488
1217	107040	26764	1277	111360	28518
1218	107112	26792	1278	111432	28548
1219	107184	26822	1279	111504	28578
1220	107256	26850	1280	111576	28606
1221	107328	26880	1281	111648	28636
1222	107400	26908	1282	111720	28666
1223	107472	26938	1283	111792	28696
1224	107544	26966	1284	111864	28726
1225	107616	26996	1285	111936	28754
1226	107688	27024	1286	112008	28784
1227	107760	27054	1287	112080	28814
1228	107832	27082	1288	112152	28844
1229	107904	27112	1289	112224	28874
1230	107976	27140	1290	112296	28904
1231	108048	27170	1291	112368	28932
1232	108120	27198	1292	112440	28962
1233	108192	27228	1293	112512	28992
1234	108264	27256	1294	112584	29022
1235	108336	27286	1295	112656	29052
1236	108408	27314	1296	112728	29082
1237	108480	27344	1297	112800	29112
1238	108552	27374	1298	112872	29142
1239	108624	27402	1299	112944	29170
1240	108696	27432	1300	113016	29200
1241	108768	27460	1301	113088	29230
1242	108840	27490	1302	113160	29260
1243	108912	27518	1303	113232	29290
1244	108984	27548	1304	113304	29320
1245	109056	27578	1305	113376	29350
1246	109128	27606	1306	113448	29380
1247	109200	27636	1307	113520	29410
1248	109272	27664	1308	113592	29440
1249	109344	27694	1309	113664	29470
1250	109416	27724	1310	113736	29500
1251	109488	27752	1311	113808	29530
1252	109560	27782	1312	113880	29560
1253	109632	27812	1313	113952	29590
1254	109704	27840	1314	114024	29620
1255	109776	27870	1315	114096	29650
1256	109848	27900	1316	114168	29680
1257	109920	27928	1317	114240	29710
1258	109992	27958	1318	114312	29740
1259	110064	27988	1319	114384	29770
1260	110136	28016	1320	114456	29800

* Die Einkommensteuer gilt nur für den ausgewiesenen Wert, Zwischenwerte sind zu schätzen – s. Vorbemerkungen

laufende Nummer	zu versteuerndes Einkommen* in €	tarifliche Einkommensteuer* in €	laufende Nummer	zu versteuerndes Einkommen* in €	tarifliche Einkommensteuer* in €
1321	114528	29830	1381	118848	31642
1322	114600	29860	1382	118920	31672
1323	114672	29890	1383	118992	31702
1324	114744	29920	1384	119064	31732
1325	114816	29950	1385	119136	31762
1326	114888	29980	1386	119208	31794
1327	114960	30010	1387	119280	31824
1328	115032	30040	1388	119352	31854
1329	115104	30070	1389	119424	31884
1330	115176	30100	1390	119496	31914
1331	115248	30130	1391	119568	31944
1332	115320	30160	1392	119640	31974
1333	115392	30190	1393	119712	32004
1334	115464	30220	1394	119784	32036
1335	115536	30250	1395	119856	32066
1336	115608	30282	1396	119928	32096
1337	115680	30312	1397	120000	32126
1338	115752	30342	1398	120072	32156
1339	115824	30372	1399	120144	32186
1340	115896	30402	1400	120216	32216
1341	115968	30432	1401	120288	32246
1342	116040	30462	1402	120360	32276
1343	116112	30492	1403	120432	32308
1344	116184	30524	1404	120504	32338
1345	116256	30554	1405	120576	32368
1346	116328	30584	1406	120648	32398
1347	116400	30614	1407	120720	32428
1348	116472	30644	1408	120792	32458
1349	116544	30674	1409	120864	32488
1350	116616	30704	1410	120936	32518
1351	116688	30734	1411	121008	32550
1352	116760	30764	1412	121080	32580
1353	116832	30796	1413	121152	32610
1354	116904	30826	1414	121224	32640
1355	116976	30856	1415	121296	32670
1356	117048	30886	1416	121368	32700
1357	117120	30916	1417	121440	32730
1358	117192	30946	1418	121512	32760
1359	117264	30976	1419	121584	32792
1360	117336	31006	1420	121656	32822
1361	117408	31038	1421	121728	32852
1362	117480	31068	1422	121800	32882
1363	117552	31098	1423	121872	32912
1364	117624	31128	1424	121944	32942
1365	117696	31158	1425	122016	32972
1366	117768	31188	1426	122088	33002
1367	117840	31218	1427	122160	33032
1368	117912	31248	1428	122232	33064
1369	117984	31280	1429	122304	33094
1370	118056	31310	1430	122376	33124
1371	118128	31340	1431	122448	33154
1372	118200	31370	1432	122520	33184
1373	118272	31400	1433	122592	33214
1374	118344	31430	1434	122664	33244
1375	118416	31460	1435	122736	33274
1376	118488	31490	1436	122808	33306
1377	118560	31520	1437	122880	33336
1378	118632	31552	1438	122952	33366
1379	118704	31582	1439	123024	33396
1380	118776	31612	1440	123096	33426

* Die Einkommensteuer gilt nur für den ausgewiesenen Wert, Zwischenwerte sind zu schätzen — s. Vorbemerkungen

laufende Nummer	zu versteuerndes Einkommen* in €	tarifliche Einkommensteuer* in €
1441	123 168	33 456
1442	123 240	33 486
1443	123 312	33 516
1444	123 384	33 548
1445	123 456	33 578
1446	123 528	33 608
1447	123 600	33 638
1448	123 672	33 668
1449	123 744	33 698
1450	123 816	33 728
1451	123 888	33 758
1452	123 960	33 788
1453	124 032	33 820
1454	124 104	33 850
1455	124 176	33 880
1456	124 248	33 910
1457	124 320	33 940
1458	124 392	33 970
1459	124 464	34 000
1460	124 536	34 030
1461	124 608	34 062
1462	124 680	34 092
1463	124 752	34 122
1464	124 824	34 152
1465	124 896	34 182
1466	124 968	34 212
1467	125 040	34 242
1468	125 112	34 272
1469	125 184	34 304
1470	125 256	34 334
1471	125 328	34 364
1472	125 400	34 394
1473	125 472	34 424
1474	125 544	34 454
1475	125 616	34 484
1476	125 688	34 514
1477	125 760	34 544
1478	125 832	34 576
1479	125 904	34 606
1480	125 976	34 636
1481	126 048	34 666
1482	126 120	34 696
1483	126 192	34 726
1484	126 264	34 756
1485	126 336	34 786
1486	126 408	34 818
1487	126 480	34 848
1488	126 552	34 878
1489	126 624	34 908
1490	126 696	34 938
1491	126 768	34 968
1492	126 840	34 998
1493	126 912	35 028
1494	126 984	35 060
1495	127 056	35 090
1496	127 128	35 120
1497	127 200	35 150
1498	127 272	35 180
1499	127 344	35 210
1500	127 416	35 240

laufende Nummer	zu versteuerndes Einkommen* in €	tarifliche Einkommensteuer* in €
1501	127 488	35 270
1502	127 560	35 300
1503	127 632	35 332
1504	127 704	35 362
1505	127 776	35 392
1506	127 848	35 422
1507	127 920	35 452
1508	127 992	35 482
1509	128 064	35 512
1510	128 136	35 542
1511	128 208	35 574
1512	128 280	35 604
1513	128 352	35 634
1514	128 424	35 664
1515	128 496	35 694
1516	128 568	35 724
1517	128 640	35 754
1518	128 712	35 784
1519	128 784	35 816
1520	128 856	35 846
1521	128 928	35 876
1522	129 000	35 906
1523	129 072	35 936
1524	129 144	35 966
1525	129 216	35 996
1526	129 288	36 026
1527	129 360	36 056
1528	129 432	36 088
1529	129 504	36 118
1530	129 576	36 148
1531	129 648	36 178
1532	129 720	36 208
1533	129 792	36 238
1534	129 864	36 268
1535	129 936	36 298
1536	130 008	36 330
1537	130 080	36 360
1538	130 152	36 390
1539	130 224	36 420
1540	130 296	36 450
1541	130 368	36 480
1542	130 440	36 510
1543	130 512	36 540
1544	130 584	36 572
1545	130 656	36 602
1546	130 728	36 632
1547	130 800	36 662
1548	130 872	36 692
1549	130 944	36 722
1550	131 016	36 752
1551	131 088	36 782
1552	131 160	36 812
1553	131 232	36 844
1554	131 304	36 874
1555	131 376	36 904
1556	131 448	36 934
1557	131 520	36 964
1558	131 592	36 994
1559	131 664	37 024
1560	131 736	37 054

* Die Einkommensteuer gilt nur für den ausgewiesenen Wert, Zwischenwerte sind zu schätzen – s. Vorbemerkungen

laufende Nummer	zu versteuerndes Einkommen* in €	tarifliche Einkommensteuer* in €
1561	131 808	37 086
1562	131 880	37 116
1563	131 952	37 146
1564	132 024	37 176
1565	132 096	37 206
1566	132 168	37 236
1567	132 240	37 266
1568	132 312	37 296
1569	132 384	37 328
1570	132 456	37 358
1571	132 528	37 388
1572	132 600	37 418
1573	132 672	37 448
1574	132 744	37 478
1575	132 816	37 508
1576	132 888	37 538
1577	132 960	37 568
1578	133 032	37 600
1579	133 104	37 630
1580	133 176	37 660
1581	133 248	37 690
1582	133 320	37 720
1583	133 392	37 750
1584	133 464	37 780
1585	133 536	37 810
1586	133 608	37 842
1587	133 680	37 872
1588	133 752	37 902
1589	133 824	37 932
1590	133 896	37 962
1591	133 968	37 992
1592	134 040	38 022
1593	134 112	38 052
1594	134 184	38 084
1595	134 256	38 114
1596	134 328	38 144
1597	134 400	38 174
1598	134 472	38 204
1599	134 544	38 234
1600	134 616	38 264
1601	134 688	38 294
1602	134 760	38 324
1603	134 832	38 356
1604	134 904	38 386
1605	134 976	38 416
1606	135 048	38 446
1607	135 120	38 476
1608	135 192	38 506
1609	135 264	38 536
1610	135 336	38 566
1611	135 408	38 598
1612	135 480	38 628
1613	135 552	38 658
1614	135 624	38 688
1615	135 696	38 718
1616	135 768	38 748
1617	135 840	38 778
1618	135 912	38 808
1619	135 984	38 840
1620	136 056	38 870
1621	136 128	38 900
1622	136 200	38 930
1623	136 272	38 960
1624	136 344	38 990
1625	136 416	39 020
1626	136 488	39 050
1627	136 560	39 080
1628	136 632	39 112
1629	136 704	39 142
1630	136 776	39 172
1631	136 848	39 202
1632	136 920	39 232
1633	136 992	39 262
1634	137 064	39 292
1635	137 136	39 322
1636	137 208	39 354
1637	137 280	39 384
1638	137 352	39 414
1639	137 424	39 444
1640	137 496	39 474
1641	137 568	39 504
1642	137 640	39 534
1643	137 712	39 564
1644	137 784	39 596
1645	137 856	39 626
1646	137 928	39 656
1647	138 000	39 686
1648	138 072	39 716
1649	138 144	39 746
1650	138 216	39 776
1651	138 288	39 806
1652	138 360	39 836
1653	138 432	39 868
1654	138 504	39 898
1655	138 576	39 928
1656	138 648	39 958
1657	138 720	39 988
1658	138 792	40 018
1659	138 864	40 048
1660	138 936	40 078
1661	139 008	40 110
1662	139 080	40 140
1663	139 152	40 170
1664	139 224	40 200
1665	139 296	40 230
1666	139 368	40 260
1667	139 440	40 290
1668	139 512	40 320
1669	139 584	40 352
1670	139 656	40 382
1671	139 728	40 412
1672	139 800	40 442
1673	139 872	40 472
1674	139 944	40 502
1675	140 016	40 532
1676	140 088	40 562
1677	140 160	40 592
1678	140 232	40 624
1679	140 304	40 654
1680	140 376	40 684

* Die Einkommensteuer gilt nur für den ausgewiesenen Wert, Zwischenwerte sind zu schätzen – s. Vorbemerkungen

laufende Nummer	zu versteuerndes Einkommen* in €	tarifliche Einkommensteuer* in €
1681	140448	40714
1682	140520	40744
1683	140592	40774
1684	140664	40804
1685	140736	40834
1686	140808	40866
1687	140880	40896
1688	140952	40926
1689	141024	40956
1690	141096	40986
1691	141168	41016
1692	141240	41046
1693	141312	41076
1694	141384	41108
1695	141456	41138
1696	141528	41168
1697	141600	41198
1698	141672	41228
1699	141744	41258
1700	141816	41288
1701	141888	41318
1702	141960	41348
1703	142032	41380
1704	142104	41410
1705	142176	41440
1706	142248	41470
1707	142320	41500
1708	142392	41530
1709	142464	41560
1710	142536	41590
1711	142608	41622
1712	142680	41652
1713	142752	41682
1714	142824	41712
1715	142896	41742
1716	142968	41772
1717	143040	41802
1718	143112	41832
1719	143184	41864
1720	143256	41894
1721	143328	41924
1722	143400	41954
1723	143472	41984
1724	143544	42014
1725	143616	42044
1726	143688	42074
1727	143760	42104
1728	143832	42136
1729	143904	42166
1730	143976	42196
1731	144048	42226
1732	144120	42256
1733	144192	42286
1734	144264	42316
1735	144336	42346
1736	144408	42378
1737	144480	42408
1738	144552	42438
1739	144624	42468
1740	144696	42498
1741	144768	42528
1742	144840	42558
1743	144912	42588
1744	144984	42620
1745	145056	42650
1746	145128	42680
1747	145200	42710
1748	145272	42740
1749	145344	42770
1750	145416	42800
1751	145488	42830
1752	145560	42860
1753	145632	42892
1754	145704	42922
1755	145776	42952
1756	145848	42982
1757	145920	43012
1758	145992	43042
1759	146064	43072
1760	146136	43102
1761	146208	43134
1762	146280	43164
1763	146352	43194
1764	146424	43224
1765	146496	43254
1766	146568	43284
1767	146640	43314
1768	146712	43344
1769	146784	43376
1770	146856	43406
1771	146928	43436
1772	147000	43466
1773	147072	43496
1774	147144	43526
1775	147216	43556
1776	147288	43586
1777	147360	43616
1778	147432	43648
1779	147504	43678
1780	147576	43708
1781	147648	43738
1782	147720	43768
1783	147792	43798
1784	147864	43828
1785	147936	43858
1786	148008	43890
1787	148080	43920
1788	148152	43950
1789	148224	43980
1790	148296	44010
1791	148368	44040
1792	148440	44070
1793	148512	44100
1794	148584	44132
1795	148656	44162
1796	148728	44192
1797	148800	44222
1798	148872	44252
1799	148944	44282
1800	149016	44312

* Die Einkommensteuer gilt nur für den ausgewiesenen Wert, Zwischenwerte sind zu schätzen – s. Vorbemerkungen

laufende Nummer	zu versteuerndes Einkommen* in €	tarifliche Einkommensteuer* in €
1801	149088	44342
1802	149160	44372
1803	149232	44404
1804	149304	44434
1805	149376	44464
1806	149448	44494
1807	149520	44524
1808	149592	44554
1809	149664	44584
1810	149736	44614
1811	149808	44646
1812	149880	44676
1813	149952	44706
1814	150024	44736
1815	150096	44766
1816	150168	44796
1817	150240	44826
1818	150312	44856
1819	150384	44888
1820	150456	44918
1821	150528	44948
1822	150600	44978
1823	150672	45008
1824	150744	45038
1825	150816	45068
1826	150888	45098
1827	150960	45128
1828	151032	45160
1829	151104	45190
1830	151176	45220
1831	151248	45250
1832	151320	45280
1833	151392	45310
1834	151464	45340
1835	151536	45370
1836	151608	45402
1837	151680	45432
1838	151752	45462
1839	151824	45492
1840	151896	45522
1841	151968	45552
1842	152040	45582
1843	152112	45612
1844	152184	45644
1845	152256	45674
1846	152328	45704
1847	152400	45734
1848	152472	45764
1849	152544	45794
1850	152616	45824
1851	152688	45854
1852	152760	45884
1853	152832	45916
1854	152904	45946
1855	152976	45976
1856	153048	46006
1857	153120	46036
1858	153192	46066
1859	153264	46096
1860	153336	46126
1861	153408	46158
1862	153480	46188
1863	153552	46218
1864	153624	46248
1865	153696	46278
1866	153768	46308
1867	153840	46338
1868	153912	46368
1869	153984	46400
1870	154056	46430
1871	154128	46460
1872	154200	46490
1873	154272	46520
1874	154344	46550
1875	154416	46580
1876	154488	46610
1877	154560	46640
1878	154632	46672
1879	154704	46702
1880	154776	46732
1881	154848	46762
1882	154920	46792
1883	154992	46822
1884	155064	46852
1885	155136	46882
1886	155208	46914
1887	155280	46944
1888	155352	46974
1889	155424	47004
1890	155496	47034
1891	155568	47064
1892	155640	47094
1893	155712	47124
1894	155784	47156
1895	155856	47186
1896	155928	47216
1897	156000	47246
1898	156072	47276
1899	156144	47306
1900	156216	47336
1901	156288	47366
1902	156360	47396
1903	156432	47428
1904	156504	47458
1905	156576	47488
1906	156648	47518
1907	156720	47548
1908	156792	47578
1909	156864	47608
1910	156936	47638
1911	157008	47670
1912	157080	47700
1913	157152	47730
1914	157224	47760
1915	157296	47790
1916	157368	47820
1917	157440	47850
1918	157512	47880
1919	157584	47912
1920	157656	47942

* Die Einkommensteuer gilt nur für den ausgewiesenen Wert, Zwischenwerte sind zu schätzen — s. Vorbemerkungen

ESt-Splittingtabelle T 1b

laufende Nummer	zu versteuerndes Einkommen* in €	tarifliche Einkommensteuer* in €	laufende Nummer	zu versteuerndes Einkommen* in €	tarifliche Einkommensteuer* in €
1921	157728	47972	1981	162048	49786
1922	157800	48002	1982	162120	49816
1923	157872	48032	1983	162192	49846
1924	157944	48062	1984	162264	49876
1925	158016	48092	1985	162336	49906
1926	158088	48122	1986	162408	49938
1927	158160	48152	1987	162480	49968
1928	158232	48184	1988	162552	49998
1929	158304	48214	1989	162624	50028
1930	158376	48244	1990	162696	50058
1931	158448	48274	1991	162768	50088
1932	158520	48304	1992	162840	50118
1933	158592	48334	1993	162912	50148
1934	158664	48364	1994	162984	50180
1935	158736	48394	1995	163056	50210
1936	158808	48426	1996	163128	50240
1937	158880	48456	1997	163200	50270
1938	158952	48486	1998	163272	50300
1939	159024	48516	1999	163344	50330
1940	159096	48546	2000	163416	50360
1941	159168	48576	2001	163488	50390
1942	159240	48606	2002	163560	50420
1943	159312	48636	2003	163632	50452
1944	159384	48668	2004	163704	50482
1945	159456	48698	2005	163776	50512
1946	159528	48728	2006	163848	50542
1947	159600	48758	2007	163920	50572
1948	159672	48788	2008	163992	50602
1949	159744	48818	2009	164064	50632
1950	159816	48848	2010	164136	50662
1951	159888	48878	2011	164208	50694
1952	159960	48908	2012	164280	50724
1953	160032	48940	2013	164352	50754
1954	160104	48970	2014	164424	50784
1955	160176	49000	2015	164496	50814
1956	160248	49030	2016	164568	50844
1957	160320	49060	2017	164640	50874
1958	160392	49090	2018	164712	50904
1959	160464	49120	2019	164784	50936
1960	160536	49150	2020	164856	50966
1961	160608	49182	2021	164928	50996
1962	160680	49212	2022	165000	51026
1963	160752	49242	2023	165072	51056
1964	160824	49272	2024	165144	51086
1965	160896	49302	2025	165216	51116
1966	160968	49332	2026	165288	51146
1967	161040	49362	2027	165360	51176
1968	161112	49392	2028	165432	51208
1969	161184	49424	2029	165504	51238
1970	161256	49454	2030	165576	51268
1971	161328	49484	2031	165648	51298
1972	161400	49514	2032	165720	51328
1973	161472	49544	2033	165792	51358
1974	161544	49574	2034	165864	51388
1975	161616	49604	2035	165936	51418
1976	161688	49634	2036	166008	51450
1977	161760	49664	2037	166080	51480
1978	161832	49696	2038	166152	51510
1979	161904	49726	2039	166224	51540
1980	161976	49756	2040	166296	51570

* Die Einkommensteuer gilt nur für den ausgewiesenen Wert, Zwischenwerte sind zu schätzen — s. Vorbemerkungen

laufende Nummer	zu versteuerndes Einkommen* in €	tarifliche Einkommensteuer* in €	laufende Nummer	zu versteuerndes Einkommen* in €	tarifliche Einkommensteuer* in €
2 041	166 368	51 600	2 101	170 688	53 414
2 042	166 440	51 630	2 102	170 760	53 444
2 043	166 512	51 660	2 103	170 832	53 476
2 044	166 584	51 692	2 104	170 904	53 506
2 045	166 656	51 722	2 105	170 976	53 536
2 046	166 728	51 752	2 106	171 048	53 566
2 047	166 800	51 782	2 107	171 120	53 596
2 048	166 872	51 812	2 108	171 192	53 626
2 049	166 944	51 842	2 109	171 264	53 656
2 050	167 016	51 872	2 110	171 336	53 686
2 051	167 088	51 902	2 111	171 408	53 718
2 052	167 160	51 932	2 112	171 480	53 748
2 053	167 232	51 964	2 113	171 552	53 778
2 054	167 304	51 994	2 114	171 624	53 808
2 055	167 376	52 024	2 115	171 696	53 838
2 056	167 448	52 054	2 116	171 768	53 868
2 057	167 520	52 084	2 117	171 840	53 898
2 058	167 592	52 114	2 118	171 912	53 928
2 059	167 664	52 144	2 119	171 984	53 960
2 060	167 736	52 174	2 120	172 056	53 990
2 061	167 808	52 206	2 121	172 128	54 020
2 062	167 880	52 236	2 122	172 200	54 050
2 063	167 952	52 266	2 123	172 272	54 080
2 064	168 024	52 296	2 124	172 344	54 110
2 065	168 096	52 326	2 125	172 416	54 140
2 066	168 168	52 356	2 126	172 488	54 170
2 067	168 240	52 386	2 127	172 560	54 200
2 068	168 312	52 416	2 128	172 632	54 232
2 069	168 384	52 448	2 129	172 704	54 262
2 070	168 456	52 478	2 130	172 776	54 292
2 071	168 528	52 508	2 131	172 848	54 322
2 072	168 600	52 538	2 132	172 920	54 352
2 073	168 672	52 568	2 133	172 992	54 382
2 074	168 744	52 598	2 134	173 064	54 412
2 075	168 816	52 628	2 135	173 136	54 442
2 076	168 888	52 658	2 136	173 208	54 474
2 077	168 960	52 688	2 137	173 280	54 504
2 078	169 032	52 720	2 138	173 352	54 534
2 079	169 104	52 750	2 139	173 424	54 564
2 080	169 176	52 780	2 140	173 496	54 594
2 081	169 248	52 810	2 141	173 568	54 624
2 082	169 320	52 840	2 142	173 640	54 654
2 083	169 392	52 870	2 143	173 712	54 684
2 084	169 464	52 900	2 144	173 784	54 716
2 085	169 536	52 930	2 145	173 856	54 746
2 086	169 608	52 962	2 146	173 928	54 776
2 087	169 680	52 992	2 147	174 000	54 806
2 088	169 752	53 022	2 148	174 072	54 836
2 089	169 824	53 052	2 149	174 144	54 866
2 090	169 896	53 082	2 150	174 216	54 896
2 091	169 968	53 112	2 151	174 288	54 926
2 092	170 040	53 142	2 152	174 360	54 956
2 093	170 112	53 172	2 153	174 432	54 988
2 094	170 184	53 204	2 154	174 504	55 018
2 095	170 256	53 234	2 155	174 576	55 048
2 096	170 328	53 264	2 156	174 648	55 078
2 097	170 400	53 294	2 157	174 720	55 108
2 098	170 472	53 324	2 158	174 792	55 138
2 099	170 544	53 354	2 159	174 864	55 168
2 100	170 616	53 384	2 160	174 936	55 198

* Die Einkommensteuer gilt nur für den ausgewiesenen Wert, Zwischenwerte sind zu schätzen – s. Vorbemerkungen

laufende Nummer	zu versteuerndes Einkommen* in €	tarifliche Einkommensteuer* in €
2 161	175 008	55 230
2 162	175 080	55 260
2 163	175 152	55 290
2 164	175 224	55 320
2 165	175 296	55 350
2 166	175 368	55 380
2 167	175 440	55 410
2 168	175 512	55 440
2 169	175 584	55 472
2 170	175 656	55 502
2 171	175 728	55 532
2 172	175 800	55 562
2 173	175 872	55 592
2 174	175 944	55 622
2 175	176 016	55 652
2 176	176 088	55 682
2 177	176 160	55 712
2 178	176 232	55 744
2 179	176 304	55 774
2 180	176 376	55 804
2 181	176 448	55 834
2 182	176 520	55 864
2 183	176 592	55 894
2 184	176 664	55 924
2 185	176 736	55 954
2 186	176 808	55 986
2 187	176 880	56 016
2 188	176 952	56 046
2 189	177 024	56 076
2 190	177 096	56 106
2 191	177 168	56 136
2 192	177 240	56 166
2 193	177 312	56 196
2 194	177 384	56 228
2 195	177 456	56 258
2 196	177 528	56 288
2 197	177 600	56 318
2 198	177 672	56 348
2 199	177 744	56 378
2 200	177 816	56 408
2 201	177 888	56 438
2 202	177 960	56 468
2 203	178 032	56 500
2 204	178 104	56 530
2 205	178 176	56 560
2 206	178 248	56 590
2 207	178 320	56 620
2 208	178 392	56 650
2 209	178 464	56 680
2 210	178 536	56 710
2 211	178 608	56 742
2 212	178 680	56 772
2 213	178 752	56 802
2 214	178 824	56 832
2 215	178 896	56 862
2 216	178 968	56 892
2 217	179 040	56 922
2 218	179 112	56 952
2 219	179 184	56 984
2 220	179 256	57 014

laufende Nummer	zu versteuerndes Einkommen* in €	tarifliche Einkommensteuer* in €
2 221	179 328	57 044
2 222	179 400	57 074
2 223	179 472	57 104
2 224	179 544	57 134
2 225	179 616	57 164
2 226	179 688	57 194
2 227	179 760	57 224
2 228	179 832	57 256
2 229	179 904	57 286
2 230	179 976	57 316
2 231	180 048	57 346
2 232	180 120	57 376
2 233	180 192	57 406
2 234	180 264	57 436
2 235	180 336	57 466
2 236	180 408	57 498
2 237	180 480	57 528
2 238	180 552	57 558
2 239	180 624	57 588
2 240	180 696	57 618
2 241	180 768	57 648
2 242	180 840	57 678
2 243	180 912	57 708
2 244	180 984	57 740
2 245	181 056	57 770
2 246	181 128	57 800
2 247	181 200	57 830
2 248	181 272	57 860
2 249	181 344	57 890
2 250	181 416	57 920
2 251	181 488	57 950
2 252	181 560	57 980
2 253	181 632	58 012
2 254	181 704	58 042
2 255	181 776	58 072
2 256	181 848	58 102
2 257	181 920	58 132
2 258	181 992	58 162
2 259	182 064	58 192
2 260	182 136	58 222
2 261	182 208	58 254
2 262	182 280	58 284
2 263	182 352	58 314
2 264	182 424	58 344
2 265	182 496	58 374
2 266	182 568	58 404
2 267	182 640	58 434
2 268	182 712	58 464
2 269	182 784	58 496
2 270	182 856	58 526
2 271	182 928	58 556
2 272	183 000	58 586
2 273	183 072	58 616
2 274	183 144	58 646
2 275	183 216	58 676
2 276	183 288	58 706
2 277	183 360	58 736
2 278	183 432	58 768
2 279	183 504	58 798
2 280	183 576	58 828

* Die Einkommensteuer gilt nur für den ausgewiesenen Wert, Zwischenwerte sind zu schätzen – s. Vorbemerkungen

laufende Nummer	zu versteuerndes Einkommen* in €	tarifliche Einkommensteuer* in €	laufende Nummer	zu versteuerndes Einkommen* in €	tarifliche Einkommensteuer* in €
2281	183648	58858	2341	187968	60672
2282	183720	58888	2342	188040	60702
2283	183792	58918	2343	188112	60732
2284	183864	58948	2344	188184	60764
2285	183936	58978	2345	188256	60794
2286	184008	59010	2346	188328	60824
2287	184080	59040	2347	188400	60854
2288	184152	59070	2348	188472	60884
2289	184224	59100	2349	188544	60914
2290	184296	59130	2350	188616	60944
2291	184368	59160	2351	188688	60974
2292	184440	59190	2352	188760	61004
2293	184512	59220	2353	188832	61036
2294	184584	59252	2354	188904	61066
2295	184656	59282	2355	188976	61096
2296	184728	59312	2356	189048	61126
2297	184800	59342	2357	189120	61156
2298	184872	59372	2358	189192	61186
2299	184944	59402	2359	189264	61216
2300	185016	59432	2360	189336	61246
2301	185088	59462	2361	189408	61278
2302	185160	59492	2362	189480	61308
2303	185232	59524	2363	189552	61338
2304	185304	59554	2364	189624	61368
2305	185376	59584	2365	189696	61398
2306	185448	59614	2366	189768	61428
2307	185520	59644	2367	189840	61458
2308	185592	59674	2368	189912	61488
2309	185664	59704	2369	189984	61520
2310	185736	59734	2370	190056	61550
2311	185808	59766	2371	190128	61580
2312	185880	59796	2372	190200	61610
2313	185952	59826	2373	190272	61640
2314	186024	59856	2374	190344	61670
2315	186096	59886	2375	190416	61700
2316	186168	59916	2376	190488	61730
2317	186240	59946	2377	190560	61760
2318	186312	59976	2378	190632	61792
2319	186384	60008	2379	190704	61822
2320	186456	60038	2380	190776	61852
2321	186528	60068	2381	190848	61882
2322	186600	60098	2382	190920	61912
2323	186672	60128	2383	190992	61942
2324	186744	60158	2384	191064	61972
2325	186816	60188	2385	191136	62002
2326	186888	60218	2386	191208	62034
2327	186960	60248	2387	191280	62064
2328	187032	60280	2388	191352	62094
2329	187104	60310	2389	191424	62124
2330	187176	60340	2390	191496	62154
2331	187248	60370	2391	191568	62184
2332	187320	60400	2392	191640	62214
2333	187392	60430	2393	191712	62244
2334	187464	60460	2394	191784	62276
2335	187536	60490	2395	191856	62306
2336	187608	60522	2396	191928	62336
2337	187680	60552	2397	192000	62366
2338	187752	60582	2398	192072	62396
2339	187824	60612	2399	192144	62426
2340	187896	60642	2400	192216	62456

* Die Einkommensteuer gilt nur für den ausgewiesenen Wert, Zwischenwerte sind zu schätzen — s. Vorbemerkungen

Vorbemerkungen

Die zur manuellen Berechnung der Lohnsteuer erstellten Lohnsteuertabellen wurden auf Basis des gem. § 51 Abs. 4 Nr. 1a EStG vom BMF veröffentlichten geänderten Programmablaufplans für die Erstellung von **Lohnsteuertabellen 2021** vom 9.11.2020 berechnet. Entgegen der maschinellen Berechnung der Lohnsteuer (sogenannter Formeltarif) kommt zur manuellen Berechnung der Lohnsteuer auch weiterhin der sogenannte **Stufentarif** zur Anwendung. Die Berechnung nach diesem Stufentarif ist auch weiterhin zulässig, es kommt allerdings zu geringfügigen Abweichungen gegenüber der Berechnung nach dem sogenannten Formeltarif, also der elektronischen Berechnung. Beide Berechnungsarten werden von der Finanzverwaltung ausdrücklich gebilligt. Zur genauen Berechnung der Lohnsteuer nach dem Formeltarif benutzen Sie bitte das beigefügte Berechnungsprogramm auf CD-ROM. Eine **Programmanleitung** ist auf den Seiten 10 ff. enthalten.

Die Lohnsteuertabellen 2021 sind aus dem Einkommensteuertarif gem. § 32a EStG abgeleitet und zwar die Steuerbeträge der Steuerklassen I, II und IV aus dem Einkommensteuertarif nach § 32a Abs. 1, die Steuerbeträge der Steuerklasse III aus dem in § 32a Abs. 5 festgelegten Splitting-Verfahren. Die Steuerbeträge der Steuerklassen V und VI sind aus dem Einkommensteuertarif in der Weise abgeleitet worden, dass für das zu versteuernde Einkommen jeweils der Betrag als Jahressteuer ermittelt worden ist (§ 39b Abs. 2 EStG), der sich aus dem Zweifachen des Unterschiedsbetrags zwischen dem Steuerbetrag für das Eineinviertelfache und dem Steuerbetrag für das Dreiviertelfache des abgerundeten zu versteuernden Jahresbetrags nach § 32a Abs. 1 EStG ergibt. Hierdurch wird im Ergebnis unterstellt, dass das nach der Steuerklasse V oder VI zu versteuernde Einkommen 40 v. H. des gesamten zu versteuernden Einkommens beträgt, das gesamte zu versteuernde Einkommen nach dem Einkommensteuer-Splittingtarif zu versteuern ist und bereits 60 v. H. des gesamten zu versteuernden Einkommens entsprechend versteuert werden. Im Übrigen ist besonders vorgeschrieben worden, dass die Steuerbeträge in den Steuerklassen V und VI mindestens 14 v. H. und höchstens 42 v. H. sowie für den 274 613 Euro übersteigenden Teil 45 v. H. des maßgebenden zu versteuernden Jahresbetrags betragen.

Die Beträge des zu versteuernden Einkommens sind durch Hinzurechnung verschiedener Beträge unter Bildung von Steuerklassen in Jahresarbeitslöhne umgerechnet worden (§ 39b Abs. 2 bis 3 EStG). Auf diese Weise sind folgende Beträge in die Jahreslohnsteuertabelle eingearbeitet worden:

- der tarifliche Grundfreibetrag (§ 32a Abs. 1 EStG) von 9744 Euro in den Steuerklassen I, II und IV, von 19488 Euro in der Steuerklasse III,
- der Arbeitnehmer-Pauschbetrag (§ 9a Satz 1 Nr. 1 Buchstabe a EStG) von 1000 Euro oder bei Versorgungsbezügen der Pauschbetrag (§ 9a Satz 1 Nr. 1 Buchstabe b) von 102 Euro in den Steuerklassen I bis V,
- der Sonderausgaben-Pauschbetrag (§ 10c Satz 1 EStG) von 36 Euro in den Steuerklassen I bis V,
- eine Vorsorgepauschale aus den Teilbeträgen
  a) für die RV bei Arbeitnehmern, die in der gesetzlichen RV pflichtversichert oder von der gesetzlichen RV nach § 6 Absatz 1 Nr. 1 SGB VI befreit sind, in den Steuerklassen I bis VI in Höhe des Betrags, der bezogen auf den Arbeitslohn 50 Prozent des Beitrags in der allgemeinen RV unter Berücksichtigung der jeweiligen Beitragsbemessungsgrenzen entspricht. Im Kalenderjahr 2021 ist der so ermittelte Betrag auf 84 v. H. begrenzt (§ 39b Abs. 4 EStG),
  b) für die KV bei Arbeitnehmern, die in der gesetzlichen KV versichert sind, in den Steuerklassen I bis VI in Höhe des Betrags, der bezogen auf den Arbeitslohn unter Berücksichtigung der Beitragsbemessungsgrenzen und den ermäßigten Beitragssatz (§ 243 SGB V) dem Arbeitnehmeranteil eines pflichtversicherten Arbeitnehmers entspricht,
  c) für die PflegeV bei Arbeitnehmern, die in der sozialen PflegeV versichert sind, in den Steuerklassen I bis VI in Höhe des Betrags, der bezogen auf den Arbeitslohn unter Berücksichtigung der Beitragsbemessungsgrenzen und den bundeseinheitlichen Beitragssatz dem Arbeitnehmeranteil eines pflichtversicherten Arbeitnehmers entspricht, erhöht um den Beitragszuschlag des Arbeitnehmers nach § 55 Absatz 3 SGB XI (Beitragszuschlag für Kinderlose), wenn die Voraussetzungen dafür vorliegen,
  d) für die KV und für die private Pflege-PflichtV bei Arbeitnehmern, die nicht unter Buchstabe b und c fallen, in den Steuerklassen I bis V in Höhe der dem Arbeitgeber mitgeteilten Beiträge im Sinne des § 10 Absatz 1 Nummer 3 EStG, etwaig vervielfältigt unter sinngemäßer Anwendung von Satz 2 auf einen Jahresbetrag, vermindert um den Betrag, der bezogen auf den Arbeitslohn unter Berücksichtigung der Beitragsbemessungsgrenzen und den ermäßigten Beitragssatz in der gesetzlichen KV sowie den bundeseinheitlichen Beitragssatz in der sozialen PflegeV dem Arbeitgeberanteil für einen pflichtversicherten Arbeitnehmer entspricht, wenn der Arbeitgeber gesetzlich verpflichtet ist, Zuschüsse zu den KV- und PflegeV-Beiträgen des Arbeitnehmers zu leisten;

- Entschädigungen im Sinne des § 24 Nummer 1 EStG sind bei Anwendung der Buchstaben a bis c nicht zu berücksichtigen; mindestens ist für die Summe der Teilbeträge nach den Buchstaben b und c oder für den Teilbetrag nach Buchstabe d ein Betrag in Höhe von 12 Prozent des Arbeitslohns, höchstens 1 900 Euro in den Steuerklassen I, II, IV, V, VI und höchstens 3 000 Euro in der Steuerklasse III anzusetzen,
- der Entlastungsbetrag für Alleinerziehende (§ 24b EStG) von 4008 Euro in der Steuerklasse II, der sich für jedes weitere Kind um 240 Euro erhöht.

Die **Monatslohnsteuertabellen,** die **Wochenlohnsteuertabellen** und die **Tageslohnsteuertabellen** sind nach § 39b Abs. 2 EStG aus den Jahreslohnsteuertabellen abgeleitet worden. Dabei sind die Anfangsbeträge der Arbeitslohnstufen und die Lohnsteuerbeträge für die Monatslohnsteuertabelle mit einem Zwölftel, für die Wochenlohnsteuertabelle mit $^{7}/_{360}$ und für die Tageslohnsteuertabelle mit $^{1}/_{360}$ der Jahresbeträge angesetzt worden. Für Lohnzahlungszeiträume, für die keine Lohnsteuertabellen bestehen, ist die Lohnsteuer aus den mit der Zahl der Kalendertage oder Wochen dieser Zeiträume vervielfachten Beträgen der maßgebenden Tageslohnsteuertabelle oder Wochenlohnsteuertabelle zu ermitteln.

Vor Ermittlung der Lohnsteuer aus der maßgebenden Lohnsteuertabelle hat der Arbeitgeber ggf. den auf den Lohnzahlungszeitraum entfallenden Anteil des **Versorgungs-Freibetrags** und des **Zuschlags zum Versorgungs-Freibetrag** (§ 19 Abs. 2 EStG) oder des **Altersentlastungsbetrags** (§ 24a EStG) und einen etwaigen als Lohnsteuerabzugsmerkmal für den Lohnzahlungszeitraum mitgeteilten Freibetrag (§ 39a Abs. 1 EStG) des Arbeitnehmers **vom Arbeitslohn abzuziehen** oder um einen etwaigen **Hinzurechnungsbetrag** (§ 39a Abs. 1 Nr. 7 EStG) zu erhöhen. Dabei ist der Versorgungs-Freibetrag mit 15,2 v. H. der Versorgungsbezüge, höchstens mit monatlich 95 Euro, wöchentlich 22,16 Euro und täglich 3,16 Euro zu berücksichtigen. Der Zuschlag zum Versorgungs-Freibetrag ist höchstens mit monatlich 28,50 Euro, wöchentlich 6,65 Euro und täglich mit 0,95 Euro anzusetzen. Der Altersentlastungsbetrag ist mit 15,2 v. H. des Arbeitslohns ohne etwaige Versorgungsbezüge, höchstens mit monatlich 60,16 Euro, wöchentlich 14 Euro und täglich 2 Euro zu berücksichtigen.

Die **besonderen Lohnsteuertabellen** gelten **für Arbeitnehmer, die** in der gesetzlichen Rentenversicherung **nicht versicherungspflichtig** sind, wie Beamte, Richter, Berufssoldaten, Arbeitnehmer der Sozialversicherungsträger und Geistliche der öffentlich-rechtlichen Religionsgemeinschaften, Bezieher von Ruhegehältern u. dgl. Für diesen Personenkreis sowie **Arbeitnehmer,** die **privat kranken- und pflegeversichert** sind (Lohnsteuerberechnung nach der allgemeinen Lohnsteuertabelle), kann die Lohnsteuer nicht mehr direkt aus den Lohnsteuertabellen entnommen werden, sondern es muss zunächst eine Zwischenrechnung vorgenommen werden. Dabei werden die nachgewiesenen Basiskranken- und Pflegeversicherungsbeiträge des Arbeitnehmers um die nach den Lohnsteuertabellen für den tatsächlichen Bruttojahresarbeitslohn berücksichtigte Mindestvorsorgepauschale (BVSP) gemindert. Von dem verbleibenden Betrag ist der typisierte Arbeitgeberzuschuss (TAGZ) zur Kranken- und Pflegeversicherung abzuziehen, wenn der Arbeitgeber verpflichtet ist, einen Zuschuss zur Kranken- und Pflegeversicherung zu zahlen. Der so ermittelte Wert ist von dem maßgeblichen Bruttoarbeitslohn abzuziehen. Die Lohnsteuer ist für den geminderten Bruttoarbeitslohn in der Tabelle abzulesen. Für diese Nebenrechnung weisen die allgemeinen und besonderen Lohnsteuertabellen für privat versicherte Arbeitnehmer den typisierten Arbeitgeberzuschuss (TAGZ) und die Mindestvorsorgepauschale (BVSP) für die Basiskranken- und Pflegepflichtversicherungsbeiträge aus.

Berechnungsbeispiele

Beispiel 1: Allgemeine Lohnsteuertabelle, private KV und PflegeV

Ein Arbeitnehmer in der Steuerklasse III (keine Kinder, Beitragsbemessungsgrenze West) erhält einen Bruttojahresarbeitslohn von 75 000 Euro. Er ist in der gesetzlichen Rentenversicherung pflichtversichert und **privat kranken- und pflegeversichert.** Seine nachgewiesenen Basiskranken- und Pflegepflichtversicherungsbeiträge betragen 10 800 Euro im Jahr. Dazu erhält er einen Zuschuss von seinem Arbeitgeber.

Die Lohnsteuer nach der **allgemeinen Lohnsteuertabelle** beträgt 11 040 Euro im Jahr, dabei ist durch die Berücksichtigung der Vorsorgepauschale ein Aufwand für eine Basiskranken- und Pflegepflichtversicherung von 5326 Euro berücksichtigt, der typisierte Arbeitgeberzuschuss beträgt in 2021 ebenfalls 5326 Euro. Um die nachgewiesenen Basiskranken- und Pflegepflichtversicherungsbeiträge zu berücksichtigen, sind in einer Nebenrechnung diese Beiträge um den nach der allgemeinen Lohnsteuertabelle berücksichtigten Aufwand für die gesetzliche Kranken- und soziale Pflegeversicherung und den typisierten Arbeitgeberzuschuss zu mindern. Es verbleiben (10 800 Euro – 5326 Euro – 5326 Euro =) 148 Euro, die den Bruttojahresarbeitslohn mindern. In diesem Fall ist die Lohnsteuer bei einem Bruttojahresarbeitslohn von (75 000 Euro – 148 Euro =) 74 852 Euro abzulesen. Die Lohnsteuer beträgt in der Steuerklasse III 10 998 Euro.

Beispiel 2: Besondere Lohnsteuertabelle, rentenversicherungsfrei und private KV und PflegeV

Ein **Beamter** in der Steuerklasse I ohne Kinder erhält einen Jahresarbeitslohn von 15 000 Euro. Seine nachgewiesenen Basiskranken-

und Pflegepflichtversicherungsbeiträge betragen 2400 Euro im Jahr. Er erhält keinen Zuschuss von seinem Arbeitgeber.

Die Lohnsteuer nach der **besonderen Lohnsteuertabelle** beträgt 398 Euro im Jahr, dabei ist durch die Berücksichtigung der Mindestvorsorgepauschale bereits ein Aufwand für eine Basiskranken- und Pflegepflichtversicherung von 1801 Euro berücksichtigt. Um die nachgewiesenen Basiskranken- und Pflegepflichtversicherungsbeiträge zu berücksichtigen, sind in einer Nebenrechnung diese Beiträge um die nach der besonderen Lohnsteuertabelle berücksichtigte Mindestvorsorgepauschale zu mindern. Es verbleiben (2400 Euro – 1801 Euro) = 599 Euro, die den Jahresarbeitslohn mindern. In diesem Fall ist die Lohnsteuer bei einem Jahresarbeitslohn von (15 000 Euro – 599 Euro =) 14 401 Euro abzulesen. Die Lohnsteuer beträgt in der Steuerklasse I 305 Euro.

Für Fälle, in denen die Lohnsteuertabellen keine Möglichkeit zur Berechnung anbieten, wird auf das beiliegende **Berechnungsprogramm auf CD** verwiesen.

Für die Ermittlung der Lohnsteuer sind die Lohnsteuerabzugsmerkmale des Arbeitnehmers maßgebend. Nach § 39 Abs. 4 EStG sind dies

1. Steuerklasse (§ 38b Absatz 1) und Faktor (§ 39f EStG),
2. Zahl der Kinderfreibeträge bei den Steuerklassen I bis IV (§ 38b Absatz 2 EStG),
3. Freibetrag und Hinzurechnungsbetrag (§ 39a EStG),
4. Höhe der Beiträge für eine private Krankenversicherung und für eine private Pflege-Pflichtversicherung (§ 39b Absatz 2 Satz 5 Nummer 3 Buchstabe d EStG) für die Dauer von zwölf Monaten, wenn der Arbeitnehmer dies beantragt,
5. Mitteilung, dass der von einem Arbeitgeber gezahlte Arbeitslohn nach einem Abkommen zur Vermeidung der Doppelbesteuerung von der Lohnsteuer freizustellen ist, wenn der Arbeitnehmer oder der Arbeitgeber dies beantragt.

Die Einreihung der Arbeitnehmer in die verschiedenen Steuerklassen ergibt sich aus § 38b EStG. In die Steuerklasse I gehören Arbeitnehmer, die unbeschränkt einkommensteuerpflichtig und ledig sind, verheiratet, verwitwet oder geschieden sind und bei denen die Voraussetzungen für die Steuerklasse III oder IV nicht erfüllt sind oder beschränkt einkommensteuerpflichtig sind. **Ehegatten,** die unbeschränkt steuerpflichtig sind, nicht dauernd getrennt leben und beide Arbeitslohn beziehen, können **wählen,** ob sie beide nach der Steuerklasse IV oder ob einer der Ehegatten nach Steuerklasse III und der andere Ehegatte nach Steuerklasse V besteuert werden sollen. Anstelle der Steuerklassenkombination III/V kann auch das **Faktorverfahren** (§ 39f EStG) bei Ehegatten angewendet werden. Bei Ehegatten, die in die Steuerklasse IV gehören (§ 38b Abs. 1 Satz 2 Nr. 4 EStG), kann auf

Antrag beider Ehegatten anstelle der Steuerklassenkombination III/V als Lohnsteuerabzugsmerkmal jeweils die Steuerklasse IV in Verbindung mit einem Faktor zur Ermittlung der Lohnsteuer berücksichtigt werden, wenn der Faktor kleiner als 1 ist. Der Faktor ist Y : X und vom Finanzamt mit drei Nachkommastellen ohne Rundung zu berechnen. „Y" ist die voraussichtliche Einkommensteuer für beide Ehegatten nach dem Splittingverfahren (§ 32a Abs. 5 EStG) unter Berücksichtigung der in § 39b Abs. 2 EStG genannten Abzugsbeträge. „X" ist die Summe der voraussichtlichen Lohnsteuer bei Anwendung der Steuerklasse IV für jeden Ehegatten. In die Bemessungsgrundlage für Y werden jeweils neben den Jahresarbeitslöhnen der ersten Dienstverhältnisse zusätzlich nur Beträge einbezogen, die nach § 39a Abs. 1 Satz 1 Nr. 1 bis 6 EStG als Freibetrag ermittelt und als Lohnsteuerabzugsmerkmal gebildet werden könnten; Freibeträge werden neben dem Faktor nicht als Lohnsteuerabzugsmerkmal gebildet. In den Fällen des § 39a Abs. 1 Satz 1 Nr. 7 EStG sind bei der Ermittlung von Y und X die Hinzurechnungsbeträge zu berücksichtigen; die Hinzurechnungsbeträge sind zusätzlich als Lohnsteuerabzugsmerkmal für das erste Dienstverhältnis zu bilden. Arbeitslöhne aus zweiten und weiteren Dienstverhältnissen (Steuerklasse VI) sind im Faktorverfahren nicht zu berücksichtigen.

Für die Einbehaltung der Lohnsteuer vom Arbeitslohn hat der Arbeitgeber Steuerklasse IV und den Faktor anzuwenden.

Bei Anwendung des Faktorverfahrens ist zwingend eine Veranlagung durchzuführen (§ 46 Abs. 2 Nr. 3a EStG), ebenso bei Vorliegen anderer Einkünfte von mehr als 410 Euro (§ 46 Abs. 2 EStG).

Die für die Ehegatten günstigste Steuerklassenkombination hängt in erster Linie von der Höhe ihrer Arbeitslöhne, vom Verhältnis dieser Arbeitslöhne zueinander und von der Inanspruchnahme eines etwaigen Freibetrags und seiner Verteilung auf die Ehegatten ab. Bei der Steuerklassenkombination III/V kann die einbehaltene Lohnsteuer im Verhältnis zur Jahressteuerschuld zu gering sein, wenn das gemeinsam zu versteuernde Einkommen der Ehegatten der progressiven Besteuerung unterliegt. Daher müssen Ehegatten, die die Steuerklassen III/V gewählt haben, in jedem Fall zur Einkommensteuer veranlagt werden.

Bei **erweiterter unbeschränkter Steuerpflicht** erhalten die Arbeitnehmer auf Antrag vom Betriebsstättenfinanzamt eine Abzugsbescheinigung und einen etwa in Betracht kommenden Freibetrag (§ 39a Abs. 1 EStG). Erweitert unbeschränkt steuerpflichtig sind zum einen deutsche Staatsangehörige, die nicht im Inland wohnen und zu einer inländischen juristischen Person des öffentlichen Rechts in einem Dienstverhältnis stehen und dafür Arbeitslohn aus einer inländischen öffentlichen Kasse beziehen sowie bestimmte zu ihrem Haushalt gehörende Angehörige (§ 1 Abs. 2 EStG). Zum anderen können auf Antrag auch andere Staatsangehörige, die nicht im Inland wohnen, als unbeschränkt steuerpflichtig behandelt werden, soweit sie inländische Einkünfte haben, die mindestens zu 90 v. H. der deutschen Einkommensteuer unterliegen oder wenn die nicht der deutschen Einkommensteuer unterliegenden Einkünfte nicht mehr als 9744 Euro betragen, wobei eine Kürzung dieses Betrages nach den Verhältnissen des Wohnsitzstaates in Betracht kommt (§ 1 Abs. 3 EStG).

Neben der allgemeinen und besonderen Lohnsteuertabelle, die der Ermittlung der vom Arbeitgeber einzubehaltenden und abzuführenden Lohnsteuer dient, ohne dass hierbei Kinderfreibeträge zu berücksichtigen sind, besteht noch eine **Lohnsteuertabelle, in der die Kinderfreibeträge eingearbeitet** sind. Sie dient aber im Rahmen des laufenden Lohnsteuerabzugs nur dazu, die Lohnsteuer zu ermitteln, die die Bemessungsgrundlage für die sog. **Annexsteuern** darstellt (§ 51a Abs. 2a EStG), das sind die Kirchensteuer und der Solidaritätszuschlag. Ist für den Arbeitnehmer die Berücksichtigung von Freibeträgen für Kinder nach § 32 EStG günstiger als das Kindergeld, wird dies bei der Einkommensteuerveranlagung berücksichtigt und entsprechend verrechnet (§ 31 EStG).

Lohnsteuerklassen nach § 38b EStG:

(1) Für die Durchführung des Lohnsteuerabzugs werden Arbeitnehmer in Steuerklassen eingereiht. Dabei gilt Folgendes:

1. In die Steuerklasse I gehören Arbeitnehmer, die
   a) unbeschränkt einkommensteuerpflichtig und
      aa) ledig sind,
      bb) verheiratet, verwitwet oder geschieden sind und bei denen die Voraussetzungen für die Steuerklasse III oder IV nicht erfüllt sind; oder
   b) beschränkt einkommensteuerpflichtig sind;
2. in die Steuerklasse II gehören die unter Nummer 1 Buchstabe a bezeichneten Arbeitnehmer, wenn bei ihnen der Entlastungsbetrag für Alleinerziehende (§ 24b EStG) zu berücksichtigen ist;
3. in die Steuerklasse III gehören Arbeitnehmer,
   a) die verheiratet sind, wenn beide Ehegatten unbeschränkt einkommensteuerpflichtig sind und nicht dauernd getrennt leben und der Ehegatte des Arbeitnehmers auf Antrag beider Ehegatten in die Steuerklasse V eingereiht wird,
   b) die verwitwet sind, wenn sie und ihr verstorbener Ehegatte im Zeitpunkt seines Todes unbeschränkt einkommensteuerpflichtig waren und in diesem Zeitpunkt nicht dauernd getrennt gelebt haben, für das Kalenderjahr, das dem Kalenderjahr folgt, in dem der Ehegatte verstorben ist,

c) deren Ehe aufgelöst worden ist, wenn

aa) im Kalenderjahr der Auflösung der Ehe beide Ehegatten unbeschränkt einkommensteuerpflichtig waren und nicht dauernd getrennt gelebt haben und

bb) der andere Ehegatte wieder geheiratet hat, von seinem neuen Ehegatten nicht dauernd getrennt lebt und er und sein neuer Ehegatte unbeschränkt einkommensteuerpflichtig sind,

für das Kalenderjahr, in dem die Ehe aufgelöst worden ist;

4. in die Steuerklasse IV gehören Arbeitnehmer, die verheiratet sind, wenn beide Ehegatten unbeschränkt einkommensteuerpflichtig sind und nicht dauernd getrennt leben; dies gilt auch, wenn einer der Ehegatten keinen Arbeitslohn bezieht und kein Antrag nach Nummer 3 Buchstabe a gestellt worden ist;
5. in die Steuerklasse V gehören die unter Nummer 4 bezeichneten Arbeitnehmer, wenn der Ehegatte des Arbeitnehmers auf Antrag beider Ehegatten in die Steuerklasse III eingereiht wird;
6. die Steuerklasse VI gilt bei Arbeitnehmern, die nebeneinander von mehreren Arbeitgebern Arbeitslohn beziehen, für die Einbehaltung der Lohnsteuer vom Arbeitslohn aus dem zweiten und einem weiteren Dienstverhältnis sowie in den Fällen des § 39c EStG.

Als unbeschränkt einkommensteuerpflichtig im Sinne der Nummern 3 und 4 gelten nur Personen, die die Voraussetzungen des § 1 Absatz 1 oder 2 oder des § 1a erfüllen.

(2) Für ein minderjähriges und nach § 1 Absatz 1 unbeschränkt einkommensteuerpflichtiges Kind im Sinne des § 32 Absatz 1 Nummer 1 und Absatz 3 werden bei der Anwendung der Steuerklassen I bis IV die Kinderfreibeträge als Lohnsteuerabzugsmerkmal nach § 39 Absatz 1 wie folgt berücksichtigt:

1. mit Zähler 0,5, wenn dem Arbeitnehmer der Kinderfreibetrag nach § 32 Absatz 6 Satz 1 zusteht, oder
2. mit Zähler 1, wenn dem Arbeitnehmer der Kinderfreibetrag zusteht, weil
   a) die Voraussetzungen des § 32 Absatz 6 Satz 2 vorliegen oder
   b) der andere Elternteil vor dem Beginn des Kalenderjahres verstorben ist oder
   c) der Arbeitnehmer allein das Kind angenommen hat.

Soweit dem Arbeitnehmer Kinderfreibeträge nach § 32 Absatz 1 bis 6 zustehen, die nicht nach Satz 1 berücksichtigt werden, ist die Zahl der Kinderfreibeträge auf Antrag vorbehaltlich des § 39a Absatz 1 Nummer 6 zu Grunde zu legen. In den Fällen des Satzes 2 können die Kinderfreibeträge für mehrere Jahre gelten, wenn nach den tatsächlichen Verhältnissen zu erwarten ist, dass die Voraussetzungen bestehen bleiben. Bei Anwendung der Steuerklassen III und IV sind auch Kinder des Ehegatten bei der Zahl der Kinderfreibeträge zu berücksichtigen. Der Antrag kann nur nach amtlich vorgeschriebenem Vordruck gestellt werden.

(3) Auf Antrag des Arbeitnehmers kann abweichend von Absatz 1 oder 2 eine für ihn ungünstigere Steuerklasse oder geringere Zahl der Kinderfreibeträge als Lohnsteuerabzugsmerkmal gebildet werden. Der Wechsel von der Steuerklasse III oder V in die Steuerklasse IV ist auch auf Antrag nur eines Ehegatten möglich mit der Folge, dass beide Ehegatten in die Steuerklasse IV eingereiht werden. Diese Anträge sind nach amtlich vorgeschriebenem Vordruck zu stellen und vom Antragsteller eigenhändig zu unterschreiben.

Eine elektronische **Lohnsteuerbescheinigung** hat der Arbeitgeber bei Abschluss des Lohnkontos, d.h. bei Beendigung des Dienstverhältnisses oder am Ende des Kalenderjahres auszustellen (§ 41b Abs. 1 EStG). Arbeitgeber ohne maschinelle Lohnabrechnung, die ausschließlich Arbeitnehmer im Rahmen einer geringfügigen Beschäftigung in ihrem Privathaushalt beschäftigen und keine elektronische Lohnsteuerbescheinigung erteilen können, haben eine entsprechende Lohnsteuerbescheinigung nach amtlich vorgeschriebenem Muster auszustellen (§ 41b Abs. 3 EStG).

Erhebung des Solidaritätszuschlags

Gem. § 3 Abs. 4 SolZG ist der Solidaritätszuschlag in Höhe von 5,5% beim Abzug vom **laufenden** Arbeitslohn nur zu erheben, wenn die Bemessungsgrundlage (Lohnsteuer) im jeweiligen Lohnzahlungszeitraum

1. bei monatlicher Lohnzahlung
   a) in der Steuerklasse III mehr als 2826 Euro und
   b) in den Steuerklassen I, II, IV bis VI mehr als 1413 Euro,
2. bei wöchentlicher Lohnzahlung
   a) in der Steuerklasse III mehr als 659,40 Euro und
   b) in den Steuerklassen I, II, IV bis VI mehr als 329,70 Euro,
3. bei täglicher Lohnzahlung
   a) in der Steuerklasse III mehr als 94,20 Euro und
   b) in den Steuerklassen I, II, IV bis VI mehr als 47,10 Euro beträgt.

Beim Lohnsteuer-Jahresausgleich ist der Solidaritätszuschlag nur zu ermitteln, wenn die Bemessungsgrundlage in Steuerklasse III mehr als 33912 Euro und in den Steuerklassen I, II oder IV mehr als 16956 Euro beträgt.

Der Solidaritätszuschlag beträgt darüber hinaus nicht mehr als 11,9 v.H. des Unterschiedsbetrags zwischen der Bemessungsgrundlage und den o.g. Freigrenzen. Dieser „Übergangswert" ist den den einzelnen Tabellen jeweils vorangestellten „Übergangstabellen Solidaritätszuschlag" zu entnehmen, wobei diese auf **„Sonstige Bezüge"** nicht anzuwenden sind.

Lohnsteuertabellen 2021: Programmbeschreibung

Vorbemerkung: Grundlage des vorliegenden Programms ist der vom Bundesministerium der Finanzen bekannt gemachte Euro-Programmablaufplan für die maschinelle Berechnung der vom Arbeitslohn einzubehaltenen Lohnsteuer, des Solidaritätszuschlages und der Maßstabsteuer für die Kirchenlohnsteuer 2021 vom 9.11.2020.

Für die maschinelle Berechnung der Lohn- und Einkommensteuer kommt der *stufenlose* Steuertarif (sog. Formeltarif) zur Anwendung, mit dem die Lohn- und Einkommensteuer exakt für den sich bei der Lohnsteuerberechnung bzw. Steuerveranlagung ergebenden Einzelwert berechnet wird.

1. Technische Voraussetzungen

Das Berechnungsprogramm kann auf allen PCs mit CD-ROM-Laufwerk, mind. 32 MB Arbeitsspeicher, Festplatte mit mind. 40 MB, Windows 7 oder höher betrieben werden.

Achtung: Passen Sie bitte das Programm entweder durch Mausklick auf die automatische Vergrößerung □ oder individuell mit Verziehen der unteren und seitlichen Ränder an Ihre Bildschirmgröße an.

2. Installation

Bitte legen Sie die CD-ROM in Ihr CD-ROM-Laufwerk ein. Das Installationsprogramm startet automatisch. Sollte kein automatischer Start erfolgen, rufen Sie über „Start" – „Ausführen" – „Durchsuchen" Ihr CD-ROM-Laufwerk auf. Anschließend starten Sie mit einem Doppelklick die Datei „setup.exe".

3. Inhalt

Das Berechnungsprogramm 2021 enthält:

- die Lohnsteuerberechnung Tag, Woche, Monat und Jahr nach der Lohnsteuertabelle vom laufenden Arbeitslohn sowie von den Versorgungsbezügen
- die Hochrechnung des Bruttolohns ausgehend vom Nettolohn
- die Berechnung der Sozialversicherungsbeiträge (KV, RV, ArbLV, PflegeV) für Arbeitnehmer, Arbeitgeber und Staat/Sozialversicherungsträger
- die Einkommensteuerberechnung nach Grund- und Splittingtarif
- Geringfügige Beschäftigung
- Steuerklassenvergleich
- Lohnumrechnung

4. Kurzbeschreibung

Steuer- und Sozialversicherungsberechnung

Über das Menü können Sie wählen, ob Sie den Arbeitgeber-, den Arbeitnehmer- oder den Staat/Sozialversicherungsträgeranteil zur Sozialversicherung ausgewiesen haben möchten.

Über den Button „Einkommensteuer"

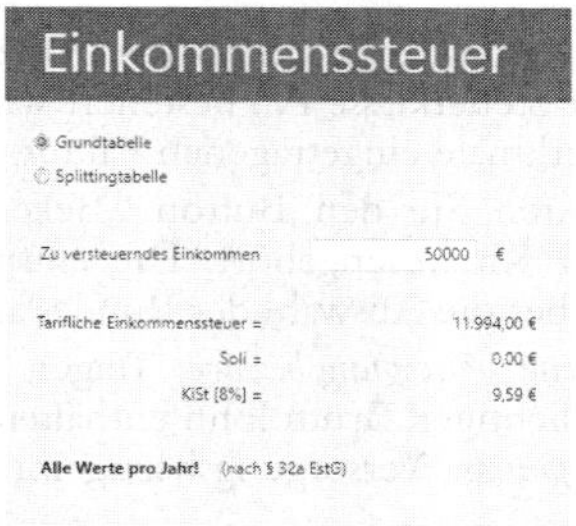

und Eingabe des entsprechenden zu versteuernden Einkommens erhalten Sie die Einkommensteuerberechnung wahlweise nach Grund- und Splittingtarif angezeigt.

Die bereits voreingestellten Beitragsbemessungsgrenzen Ost/West erhalten Sie über den Button „Bemessungsgrenze".

T 2 Vorbem.

Über dieses Auswahlfenster wird auch die Zuordnung „Ost“ oder „West“ geregelt.

Die Beitragsbemessungsgrenzen zur Kranken-, Pflege-, Renten- und Arbeitslosenversicherung werden jährlich neu festgelegt. Diese Datenfelder sind jederzeit änderbar, wenn sich die Bemessungsgrenzen unterjährig ändern sollten.

Das Programm berücksichtigt die entsprechenden Lohnzahlungszeiträume täglich/wöchentlich/monatlich/jährlich bei der Sozialversicherungsberechnung automatisch.

Erklärung der Eingabefelder

Lohnzahlungszeitraum: Wählen Sie jeweils den gewünschten Lohnzahlungszeitraum (Tag, Woche, Monat, Jahr) aus der Listbox.

Steuerpflichtiger Bruttolohn: Tragen Sie den steuerpflichtigen Bruttoarbeitslohn ein ohne Sonstige Bezüge und ohne Vergütung für mehrjährige Tätigkeit.

Geboren im Jahre: Steuert den Altersentlastungsbetrag nach § 24a EStG.

Steuerklasse/Bundesland: Wählen Sie aus der Listbox die Steuerklasse lt. Lohnsteuermerkmale und das Bundesland aus.

Zahl der Kinder: Bitte tragen Sie hier die Kinderfreibeträge lt. Lohnsteuerabzugsmerkmale ein.

Faktorverfahren: Aktivieren Sie ggf., ob der Arbeitnehmer nach dem Faktorverfahren (nur Steuerklasse IV) besteuert wird, und geben den lt. Lohnsteuerabzugsmerkmale eingetragenen Faktor ein.

Kirchensteuer: Aktivieren Sie den Button „Bekenntnislos“ wenn der Arbeitnehmer keiner Kirche angehört. Die entsprechenden Kirchensteuersätze werden über die Auswahl der Bundesländer gesteuert.

Im Bruttolohn enthaltene Versorgungsbezüge: Tragen Sie hier den entsprechenden im steuerpflichtigen Bruttolohn enthaltenen Betrag ein.

Versorgungsbezug im Januar: Versorgungsbezug im Januar bzw. für den ersten vollen Monat.

Sonderzahlung für Versorgungsempfänger Kj.: Voraussichtliche Sonderzahlung für Versorgungsempfänger im Kalenderjahr ohne Sterbegeld, Kapitalauszahlungen und Abfindungen bei Versorgungsbezügen.

Versorgungsbezüge gezahlt für: Zahl der Monate, für die Versorgungsbezüge gezahlt wurden.

Erstmaliger Versorgungsbezug im Jahr: Jahr, in dem der Versorgungsbezug erstmalig gewährt wurde.

Freibetrag: Tragen Sie hier den Freibetrag lt. Lohnsteuerabzugsmerkmale für den entsprechenden Lohnzahlungszeitraum ein.

Hinzurechnungsbetrag: Hinzurechnungsbetrag lt. Lohnsteuerabzugsmerkmale, bezogen auf den Lohnzahlungszeitraum.

Abfindungen/Kap.Ausz./Sterbegeld: Sterbegeld bei Versorgungsbezügen sowie Kapitalauszahlungen und Abfindungen ohne Bezüge für mehrere Jahre.

Aktivieren Sie im Bedarfsfall, ob

- der Arbeitnehmer nach der allgemeinen oder besonderen Lohnsteuertabelle besteuert wird.
- Bei in der KV und PflegeV privat versicherten Arbeitnehmern, die in der RV und ALV **pflichtversichert** sind (Besteuerung nach der allgemeinen Lohnsteuertabelle) geben Sie bitte den privaten Basis-KV- und PflegeV-Beitrag ein.

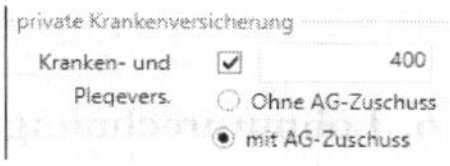

- Bei in der KV und PflegeV privat und in der RV und ALV **nicht pflichtversicherten** Arbeitnehmern (z. B. Beamte) (Besteuerung nach der besonderen Lohnsteuertabelle) geben Sie ebenfalls den privaten Basis-KV- und PflegeV-Beitrag ein.

Aktivieren Sie in beiden Fällen ggf., ob der Arbeitnehmer einen Anspruch auf den AG-Zuschuss hat.

Im Eingabefeld „Sonstige Abzüge" können Sie vom Nettolohn einzubehaltende Abzüge und Zuzahlungen eingeben und textmäßig bezeichnen. Der eingegebene Betrag wird automatisch vom Nettolohn abgezogen oder hinzuaddiert.

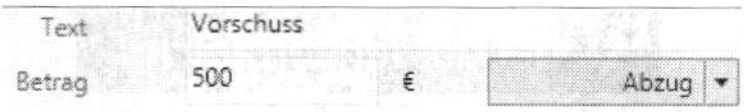

Über das Auswahlfenster

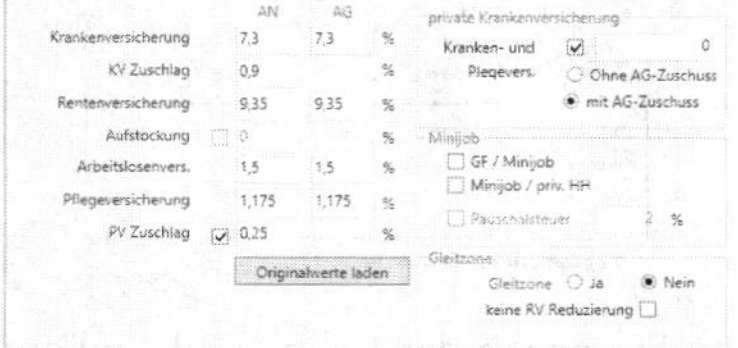

geben Sie die entsprechenden Arbeitnehmer- und Arbeitgeberanteile ein. Diese Werte bleiben bis zu einer erneuten Änderung fest eingestellt. Achten Sie bitte ggf. auf die verschiedenen Beitragssätze der Krankenkassen. Berücksichtigen Sie die Zuschläge für die Pflegeversicherung bei „Kinderlosen" sowie den Aufschlag bei der Krankenversicherung in den dafür vorgesehenen Feldern.

5. Geringfügig Beschäftigte

Sie können wählen zwischen der Abrechnung für Geringfügige Beschäftigung „GF/Minijob" und Geringfügige Beschäftigung in privaten Haushalten „Minijob/priv. HH". Die entsprechenden Berechnungsparameter sind voreingestellt.

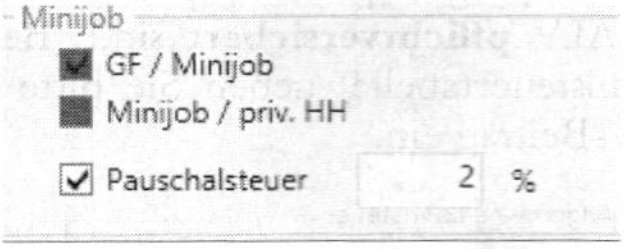

6. Lohnumrechnung

Bei Eingabe des Monatsentgelts und der Arbeitszeit berechnet das Programm den Bruttolohn/Stunde. Wichtig für die Einhaltung des Mindestlohns (9,50 €/Stunde v. 1.1.–30.6.21 und 9,60 €/Stunde vom 1.7.21–31.12.21) insb. bei Geringfügiger Beschäftigung.

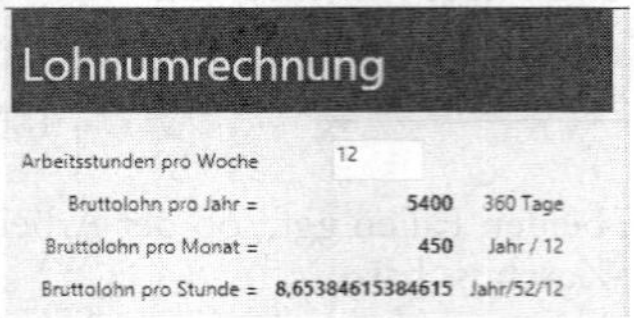

7. Steuerklassenvergleich

Über das Menü „Dienste" „Steuerklassenvergleich" können Sie die günstigste Kombination der Steuerklassen bei Ehegatten ermitteln:

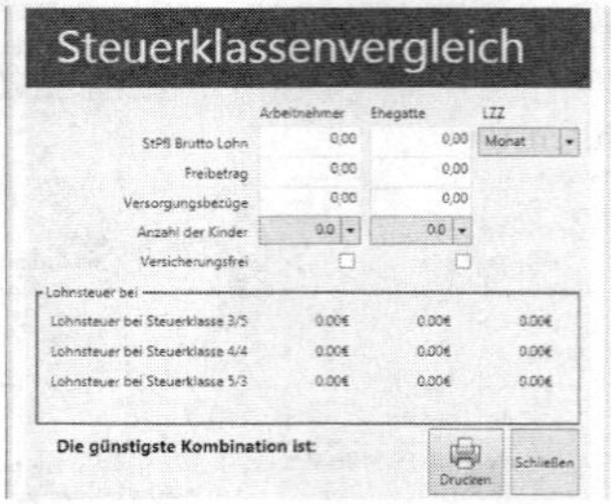

Hinweis: Wenn Sie neben der Lohn- und Einkommensteuer sowie Sozialversicherung auch Spezialberechnungen wie Geringfügige Beschäftigung, Gleitzone, Abfindungen etc. durchführen wollen, empfehlen wir Ihnen, das Programm Lohnsteuertabellen 2021, Berechnungsprogramm für ca. 39,– Euro zu nutzen. ISBN 978 3 406 76980 1.

Solidaritätszuschlag beim Lohnsteuer-Jahresausgleich durch den Arbeitgeber*

Steuerklasse III		Steuerklasse III		Steuerklasse III		Steuerklasse III	
Maßstabs-lohnsteuer €	Solidari-tätszu-schlag €	Maßstabs-lohnsteuer €	Solidari-tätszu-schlag €	Maßstabs-lohnsteuer €	Solidari-tätszu-schlag €	Maßstabs-lohnsteuer €	Solidari-tätszu-schlag €
33910,00	0,00	34816,00	107,58	35724,00	215,63	36630,00	323,44
33924,00	1,43	34832,00	109,48	35738,00	217,29	36646,00	325,35
33940,00	3,33	34846,00	111,15	35754,00	219,20	36660,00	327,01
33954,00	5,00	34862,00	113,05	35768,00	220,86	36676,00	328,92
33970,00	6,90	34876,00	114,72	35784,00	222,77	36692,00	330,82
33984,00	8,57	34892,00	116,62	35800,00	224,67	36706,00	332,49
34000,00	10,47	34906,00	118,29	35814,00	226,34	36722,00	334,39
34014,00	12,14	34922,00	120,19	35830,00	228,24	36736,00	336,06
34030,00	14,04	34938,00	122,09	35844,00	229,91	36752,00	337,96
34046,00	15,95	34952,00	123,76	35860,00	231,81	36766,00	339,63
34060,00	17,61	34968,00	125,66	35874,00	233,48	36782,00	341,53
34076,00	19,52	34982,00	127,33	35890,00	235,38	36796,00	343,20
34090,00	21,18	34998,00	129,23	35904,00	237,05	36812,00	345,10
34106,00	23,09	35012,00	130,90	35920,00	238,95	36828,00	347,00
34120,00	24,75	35028,00	132,80	35936,00	240,86	36842,00	348,67
34136,00	26,66	35044,00	134,71	35950,00	242,52	36858,00	350,57
34150,00	28,32	35058,00	136,37	35966,00	244,43	36872,00	352,24
34166,00	30,23	35074,00	138,28	35980,00	246,09	36888,00	354,14
34182,00	32,13	35088,00	139,94	35996,00	248,00	36902,00	355,81
34196,00	33,80	35104,00	141,85	36010,00	249,66	36918,00	357,71
34212,00	35,70	35118,00	143,51	36026,00	251,57	36934,00	359,62
34226,00	37,37	35134,00	145,42	36040,00	253,23	36948,00	361,28
34242,00	39,27	35148,00	147,08	36056,00	255,14	36964,00	363,19
34256,00	40,94	35164,00	148,99	36072,00	257,04	36978,00	364,85
34272,00	42,84	35180,00	150,89	36086,00	258,71	36994,00	366,76
34288,00	44,74	35194,00	152,56	36102,00	260,61	37008,00	368,42
34302,00	46,41	35210,00	154,46	36116,00	262,28	37024,00	370,33
34318,00	48,31	35224,00	156,13	36132,00	264,18	37038,00	371,99
34332,00	49,98	35240,00	158,03	36146,00	265,85	37054,00	373,90
34348,00	51,88	35254,00	159,70	36162,00	267,75	37070,00	375,80
34362,00	53,55	35270,00	161,60	36178,00	269,65	37084,00	377,47
34378,00	55,45	35284,00	163,27	36192,00	271,32	37100,00	379,37
34392,00	57,12	35300,00	165,17	36208,00	273,22	37114,00	381,04
34408,00	59,02	35316,00	167,08	36222,00	274,89	37130,00	382,94
34424,00	60,93	35330,00	168,74	36238,00	276,79	37144,00	384,61
34438,00	62,59	35346,00	170,65	36252,00	278,46	37160,00	386,51
34454,00	64,50	35360,00	172,31	36268,00	280,36	37174,00	388,18
34468,00	66,16	35376,00	174,22	36282,00	282,03	37190,00	390,08
34484,00	68,07	35390,00	175,88	36298,00	283,93	37206,00	391,99
34498,00	69,73	35406,00	177,79	36314,00	285,84	37220,00	393,65
34514,00	71,64	35422,00	179,69	36328,00	287,50	37236,00	395,56
34528,00	73,30	35436,00	181,36	36344,00	289,41	37250,00	397,22
34544,00	75,21	35452,00	183,26	36358,00	291,07	37266,00	399,13
34560,00	77,11	35466,00	184,93	36374,00	292,98	37280,00	400,79
34574,00	78,78	35482,00	186,83	36388,00	294,64	37296,00	402,70
34590,00	80,68	35496,00	188,50	36404,00	296,55	37312,00	404,60
34604,00	82,35	35512,00	190,40	36418,00	298,21	37326,00	406,27
34620,00	84,25	35526,00	192,07	36434,00	300,12	37342,00	408,17
34634,00	85,92	35542,00	193,97	36450,00	302,02	37356,00	409,84
34650,00	87,82	35558,00	195,87	36464,00	303,69	37372,00	411,74
34666,00	89,73	35572,00	197,54	36480,00	305,59	37386,00	413,41
34680,00	91,39	35588,00	199,44	36494,00	307,26	37402,00	415,31
34696,00	93,30	35602,00	201,11	36510,00	309,16	37416,00	416,98
34710,00	94,96	35618,00	203,01	36524,00	310,83	37432,00	418,88
34726,00	96,87	35632,00	204,68	36540,00	312,73	37448,00	420,78
34740,00	98,53	35648,00	206,58	36556,00	314,64	37462,00	422,45
34756,00	100,44	35662,00	208,25	36570,00	316,30	37478,00	424,35
34770,00	102,10	35678,00	210,15	36586,00	318,21	37492,00	426,02
34786,00	104,01	35694,00	212,06	36600,00	319,87	37508,00	427,92
34802,00	105,91	35708,00	213,72	36616,00	321,78	37522,00	429,59

* Nur anzuwenden bei Lohnsteuer-Jahresausgleich durch den Arbeitgeber.

Steuerklasse III		Steuerklasse III		Steuerklasse III		Steuerklasse III	
Maßstabs-lohnsteuer €	Solidari-tätszu-schlag €	Maßstabs-lohnsteuer €	Solidari-tätszu-schlag €	Maßstabs-lohnsteuer €	Solidari-tätszu-schlag €	Maßstabs-lohnsteuer €	Solidari-tätszu-schlag €
37538,00	431,49	38566,00	553,83	39594,00	676,16	40622,00	798,49
37552,00	433,16	38582,00	555,73	39610,00	678,06	40638,00	800,39
37568,00	435,06	38596,00	557,40	39624,00	679,73	40652,00	802,06
37584,00	436,97	38612,00	559,30	39640,00	681,63	40668,00	803,96
37598,00	438,63	38626,00	560,97	39654,00	683,30	40682,00	805,63
37614,00	440,54	38642,00	562,87	39670,00	685,20	40698,00	807,53
37628,00	442,20	38656,00	564,54	39684,00	686,87	40714,00	809,44
37644,00	444,11	38672,00	566,44	39700,00	688,77	40728,00	811,10
37658,00	445,77	38686,00	568,11	39716,00	690,68	40744,00	813,01
37674,00	447,68	38702,00	570,01	39730,00	692,34	40758,00	814,67
37690,00	449,58	38718,00	571,91	39746,00	694,25	40774,00	816,58
37704,00	451,25	38732,00	573,58	39760,00	695,91	40788,00	818,24
37720,00	453,15	38748,00	575,48	39776,00	697,82	40804,00	820,15
37734,00	454,82	38762,00	577,15	39790,00	699,48	40818,00	821,81
37750,00	456,72	38778,00	579,05	39806,00	701,39	40834,00	823,72
37764,00	458,39	38792,00	580,72	39820,00	703,05	40850,00	825,62
37780,00	460,29	38808,00	582,62	39836,00	704,96	40864,00	827,29
37794,00	461,96	38824,00	584,53	39852,00	706,86	40880,00	829,19
37810,00	463,86	38838,00	586,19	39866,00	708,53	40894,00	830,86
37826,00	465,77	38854,00	588,10	39882,00	710,43	40910,00	832,76
37840,00	467,43	38868,00	589,76	39896,00	712,10	40924,00	834,43
37856,00	469,34	38884,00	591,67	39912,00	714,00	40940,00	836,33
37870,00	471,00	38898,00	593,33	39926,00	715,67	40954,00	838,00
37886,00	472,91	38914,00	595,24	39942,00	717,57	40970,00	839,90
37900,00	474,57	38928,00	596,90	39958,00	719,47	40986,00	841,81
37916,00	476,48	38944,00	598,81	39972,00	721,14	41000,00	843,47
37930,00	478,14	38960,00	600,71	39988,00	723,04	41016,00	845,38
37946,00	480,05	38974,00	602,38	40002,00	724,71	41030,00	847,04
37962,00	481,95	38990,00	604,28	40018,00	726,61	41046,00	848,95
37976,00	483,62	39004,00	605,95	40032,00	728,28	41060,00	850,61
37992,00	485,52	39020,00	607,85	40048,00	730,18	41076,00	852,52
38006,00	487,19	39034,00	609,52	40062,00	731,85	41092,00	854,42
38022,00	489,09	39050,00	611,42	40078,00	733,75	41106,00	856,09
38036,00	490,76	39064,00	613,09	40094,00	735,66	41122,00	857,99
38052,00	492,66	39080,00	614,99	40108,00	737,32	41136,00	859,66
38068,00	494,56	39096,00	616,90	40124,00	739,23	41152,00	861,56
38082,00	496,23	39110,00	618,56	40138,00	740,89	41166,00	863,23
38098,00	498,13	39126,00	620,47	40154,00	742,80	41182,00	865,13
38112,00	499,80	39140,00	622,13	40168,00	744,46	41196,00	866,80
38128,00	501,70	39156,00	624,04	40184,00	746,37	41212,00	868,70
38142,00	503,37	39170,00	625,70	40198,00	748,03	41228,00	870,60
38158,00	505,27	39186,00	627,61	40214,00	749,94	41242,00	872,27
38172,00	506,94	39202,00	629,51	40230,00	751,84	41258,00	874,17
38188,00	508,84	39216,00	631,18	40244,00	753,51	41272,00	875,84
38204,00	510,75	39232,00	633,08	40260,00	755,41	41288,00	877,74
38218,00	512,41	39246,00	634,75	40274,00	757,08	41302,00	879,41
38234,00	514,32	39262,00	636,65	40290,00	758,98	41318,00	881,31
38248,00	515,98	39276,00	638,32	40304,00	760,65	41332,00	882,98
38264,00	517,89	39292,00	640,22	40320,00	762,55	41348,00	884,88
38278,00	519,55	39306,00	641,89	40336,00	764,46	41364,00	886,79
38294,00	521,46	39322,00	643,79	40350,00	766,12	41378,00	888,45
38308,00	523,12	39338,00	645,69	40366,00	768,03	41394,00	890,36
38324,00	525,03	39352,00	647,36	40380,00	769,69	41408,00	892,02
38340,00	526,93	39368,00	649,26	40396,00	771,60	41424,00	893,93
38354,00	528,60	39382,00	650,93	40410,00	773,26	41438,00	895,59
38370,00	530,50	39398,00	652,83	40426,00	775,17	41454,00	897,50
38384,00	532,17	39412,00	654,50	40440,00	776,83	41470,00	899,40
38400,00	534,07	39428,00	656,40	40456,00	778,74	41484,00	901,07
38414,00	535,74	39442,00	658,07	40472,00	780,64	41500,00	902,97
38430,00	537,64	39458,00	659,97	40486,00	782,31	41514,00	904,64
38446,00	539,55	39474,00	661,88	40502,00	784,21	41530,00	906,54
38460,00	541,21	39488,00	663,54	40516,00	785,88	41544,00	908,21
38476,00	543,12	39504,00	665,45	40532,00	787,78	41560,00	910,11
38490,00	544,78	39518,00	667,11	40546,00	789,45	41574,00	911,78
38506,00	546,69	39534,00	669,02	40562,00	791,35	41590,00	913,68
38520,00	548,35	39548,00	670,68	40576,00	793,02	41606,00	915,59
38536,00	550,26	39564,00	672,59	40592,00	794,92	41620,00	917,25
38550,00	551,92	39580,00	674,49	40608,00	796,82	41636,00	919,16

Steuerklasse III		Steuerklasse III		Steuerklasse III		Steuerklasse III	
Maßstabs-lohnsteuer €	Solidari-tätszu-schlag €	Maßstabs-lohnsteuer €	Solidari-tätszu-schlag €	Maßstabs-lohnsteuer €	Solidari-tätszu-schlag €	Maßstabs-lohnsteuer €	Solidari-tätszu-schlag €
41650,00	920,82	42678,00	1043,15	43706,00	1165,49	44734,00	1287,82
41666,00	922,73	42694,00	1045,06	43722,00	1167,39	44750,00	1289,72
41680,00	924,39	42708,00	1046,72	43738,00	1169,29	44766,00	1291,63
41696,00	926,30	42724,00	1048,63	43752,00	1170,96	44780,00	1293,29
41710,00	927,96	42740,00	1050,53	43768,00	1172,86	44796,00	1295,20
41726,00	929,87	42754,00	1052,20	43782,00	1174,53	44810,00	1296,86
41742,00	931,77	42770,00	1054,10	43798,00	1176,43	44826,00	1298,77
41756,00	933,44	42784,00	1055,77	43812,00	1178,10	44840,00	1300,43
41772,00	935,34	42800,00	1057,67	43828,00	1180,00	44856,00	1302,34
41786,00	937,01	42814,00	1059,34	43842,00	1181,67	44872,00	1304,24
41802,00	938,91	42830,00	1061,24	43858,00	1183,57	44886,00	1305,91
41816,00	940,58	42844,00	1062,91	43874,00	1185,48	44902,00	1307,81
41832,00	942,48	42860,00	1064,81	43888,00	1187,14	44916,00	1309,48
41848,00	944,38	42876,00	1066,72	43904,00	1189,05	44932,00	1311,38
41862,00	946,05	42890,00	1068,38	43918,00	1190,71	44946,00	1313,05
41878,00	947,95	42906,00	1070,29	43934,00	1192,62	44962,00	1314,95
41892,00	949,62	42920,00	1071,95	43948,00	1194,28	44976,00	1316,62
41908,00	951,52	42936,00	1073,86	43964,00	1196,19	44992,00	1318,52
41922,00	953,19	42950,00	1075,52	43978,00	1197,85	45008,00	1320,42
41938,00	955,09	42966,00	1077,43	43994,00	1199,76	45022,00	1322,09
41952,00	956,76	42982,00	1079,33	44010,00	1201,66	45038,00	1323,99
41968,00	958,66	42996,00	1081,00	44024,00	1203,33	45052,00	1325,66
41984,00	960,57	43012,00	1082,90	44040,00	1205,23	45068,00	1327,56
41998,00	962,23	43026,00	1084,57	44054,00	1206,90	45082,00	1329,23
42014,00	964,14	43042,00	1086,47	44070,00	1208,80	45098,00	1331,13
42028,00	965,80	43056,00	1088,14	44084,00	1210,47	45112,00	1332,80
42044,00	967,71	43072,00	1090,04	44100,00	1212,37	45128,00	1334,70
42058,00	969,37	43086,00	1091,71	44116,00	1214,28	45144,00	1336,61
42074,00	971,28	43102,00	1093,61	44130,00	1215,94	45158,00	1338,27
42088,00	972,94	43118,00	1095,51	44146,00	1217,85	45174,00	1340,18
42104,00	974,85	43132,00	1097,18	44160,00	1219,51	45188,00	1341,84
42120,00	976,75	43148,00	1099,08	44176,00	1221,42	45204,00	1343,75
42134,00	978,42	43162,00	1100,75	44190,00	1223,08	45218,00	1345,41
42150,00	980,32	43178,00	1102,65	44206,00	1224,99	45234,00	1347,32
42164,00	981,99	43192,00	1104,32	44220,00	1226,65	45250,00	1349,22
42180,00	983,89	43208,00	1106,22	44236,00	1228,56	45264,00	1350,89
42194,00	985,56	43222,00	1107,89	44252,00	1230,46	45280,00	1352,79
42210,00	987,46	43238,00	1109,79	44266,00	1232,13	45294,00	1354,46
42226,00	989,37	43254,00	1111,70	44282,00	1234,03	45310,00	1356,36
42240,00	991,03	43268,00	1113,36	44296,00	1235,70	45324,00	1358,03
42256,00	992,94	43284,00	1115,27	44312,00	1237,60	45340,00	1359,93
42270,00	994,60	43298,00	1116,93	44326,00	1239,27	45354,00	1361,60
42286,00	996,51	43314,00	1118,84	44342,00	1241,17	45370,00	1363,50
42300,00	998,17	43328,00	1120,50	44356,00	1242,84	45386,00	1365,41
42316,00	1000,08	43344,00	1122,41	44372,00	1244,74	45400,00	1367,07
42330,00	1001,74	43360,00	1124,31	44388,00	1246,64	45416,00	1368,98
42346,00	1003,65	43374,00	1125,98	44402,00	1248,31	45430,00	1370,64
42362,00	1005,55	43390,00	1127,88	44418,00	1250,21	45446,00	1372,55
42376,00	1007,22	43404,00	1129,55	44432,00	1251,88	45460,00	1374,21
42392,00	1009,12	43420,00	1131,45	44448,00	1253,78	45476,00	1376,12
42406,00	1010,79	43434,00	1133,12	44462,00	1255,45	45490,00	1377,78
42422,00	1012,69	43450,00	1135,02	44478,00	1257,35	45506,00	1379,69
42436,00	1014,36	43464,00	1136,69	44494,00	1259,26	45522,00	1381,59
42452,00	1016,26	43480,00	1138,59	44508,00	1260,92	45536,00	1383,26
42466,00	1017,93	43496,00	1140,50	44524,00	1262,83	45552,00	1385,16
42482,00	1019,83	43510,00	1142,16	44538,00	1264,49	45566,00	1386,83
42498,00	1021,73	43526,00	1144,07	44554,00	1266,40	45582,00	1388,73
42512,00	1023,40	43540,00	1145,73	44568,00	1268,06	45596,00	1390,40
42528,00	1025,30	43556,00	1147,64	44584,00	1269,97	45612,00	1392,30
42542,00	1026,97	43570,00	1149,30	44598,00	1271,63	45628,00	1394,20
42558,00	1028,87	43586,00	1151,21	44614,00	1273,54	45642,00	1395,87
42572,00	1030,54	43600,00	1152,87	44630,00	1275,44	45658,00	1397,77
42588,00	1032,44	43616,00	1154,78	44644,00	1277,11	45672,00	1399,44
42604,00	1034,35	43632,00	1156,68	44660,00	1279,01	45688,00	1401,34
42618,00	1036,01	43646,00	1158,35	44674,00	1280,68	45702,00	1403,01
42634,00	1037,92	43662,00	1160,25	44690,00	1282,58	45718,00	1404,91
42648,00	1039,58	43676,00	1161,92	44704,00	1284,25	45732,00	1406,58
42664,00	1041,49	43692,00	1163,82	44720,00	1286,15	45748,00	1408,48

Steuerklasse III		Steuerklasse III		Steuerklasse III		Steuerklasse III	
Maßstabs-lohnsteuer €	Solidari-tätszu-schlag €	Maßstabs-lohnsteuer €	Solidari-tätszu-schlag €	Maßstabs-lohnsteuer €	Solidari-tätszu-schlag €	Maßstabs-lohnsteuer €	Solidari-tätszu-schlag €
45764,00	1410,39	46792,00	1532,72	47820,00	1655,05	48848,00	1777,38
45778,00	1412,05	46806,00	1534,39	47834,00	1656,72	48862,00	1779,05
45794,00	1413,96	46822,00	1536,29	47850,00	1658,62	48878,00	1780,95
45808,00	1415,62	46836,00	1537,96	47864,00	1660,29	48892,00	1782,62
45824,00	1417,53	46852,00	1539,86	47880,00	1662,19	48908,00	1784,52
45838,00	1419,19	46866,00	1541,53	47896,00	1664,10	48924,00	1786,43
45854,00	1421,10	46882,00	1543,43	47910,00	1665,76	48938,00	1788,09
45868,00	1422,76	46898,00	1545,33	47926,00	1667,67	48954,00	1790,00
45884,00	1424,67	46912,00	1547,00	47940,00	1669,33	48968,00	1791,66
45900,00	1426,57	46928,00	1548,90	47956,00	1671,24	48984,00	1793,57
45914,00	1428,24	46942,00	1550,57	47970,00	1672,90	48998,00	1795,23
45930,00	1430,14	46958,00	1552,47	47986,00	1674,81	49014,00	1797,14
45944,00	1431,81	46972,00	1554,14	48000,00	1676,47	49030,00	1799,04
45960,00	1433,71	46988,00	1556,04	48016,00	1678,38	49044,00	1800,71
45974,00	1435,38	47002,00	1557,71	48032,00	1680,28	49060,00	1802,61
45990,00	1437,28	47018,00	1559,61	48046,00	1681,95	49074,00	1804,28
46006,00	1439,19	47034,00	1561,52	48062,00	1683,85	49090,00	1806,18
46020,00	1440,85	47048,00	1563,18	48076,00	1685,52	49104,00	1807,85
46036,00	1442,76	47064,00	1565,09	48092,00	1687,42	49120,00	1809,75
46050,00	1444,42	47078,00	1566,75	48106,00	1689,09	49134,00	1811,42
46066,00	1446,33	47094,00	1568,66	48122,00	1690,99	49150,00	1813,32
46080,00	1447,99	47108,00	1570,32	48136,00	1692,66	49166,00	1815,23
46096,00	1449,90	47124,00	1572,23	48152,00	1694,56	49180,00	1816,89
46110,00	1451,56	47140,00	1574,13	48168,00	1696,46	49196,00	1818,80
46126,00	1453,47	47154,00	1575,80	48182,00	1698,13	49210,00	1820,46
46142,00	1455,37	47170,00	1577,70	48198,00	1700,03	49226,00	1822,37
46156,00	1457,04	47184,00	1579,37	48212,00	1701,70	49240,00	1824,03
46172,00	1458,94	47200,00	1581,27	48228,00	1703,60	49256,00	1825,94
46186,00	1460,61	47214,00	1582,94	48242,00	1705,27	49270,00	1827,60
46202,00	1462,51	47230,00	1584,84	48258,00	1707,17	49286,00	1829,51
46216,00	1464,18	47244,00	1586,51	48274,00	1709,08	49302,00	1831,41
46232,00	1466,08	47260,00	1588,41	48288,00	1710,74	49316,00	1833,08
46246,00	1467,75	47276,00	1590,32	48304,00	1712,65	49332,00	1834,98
46262,00	1469,65	47290,00	1591,98	48318,00	1714,31	49346,00	1836,65
46278,00	1471,55	47306,00	1593,89	48334,00	1716,22	49362,00	1838,55
46292,00	1473,22	47320,00	1595,55	48348,00	1717,88	49376,00	1840,22
46308,00	1475,12	47336,00	1597,46	48364,00	1719,79	49392,00	1842,12
46322,00	1476,79	47350,00	1599,12	48378,00	1721,45	49408,00	1844,02
46338,00	1478,69	47366,00	1601,03	48394,00	1723,36	49422,00	1845,69
46352,00	1480,36	47380,00	1602,69	48410,00	1725,26	49438,00	1847,59
46368,00	1482,26	47396,00	1604,60	48424,00	1726,93	49452,00	1849,26
46384,00	1484,17	47412,00	1606,50	48440,00	1728,83	49468,00	1851,16
46398,00	1485,83	47426,00	1608,17	48454,00	1730,50	49482,00	1852,83
46414,00	1487,74	47442,00	1610,07	48470,00	1732,40	49498,00	1854,73
46428,00	1489,40	47456,00	1611,74	48484,00	1734,07	49512,00	1856,40
46444,00	1491,31	47472,00	1613,64	48500,00	1735,97	49528,00	1858,30
46458,00	1492,97	47486,00	1615,31	48514,00	1737,64	49544,00	1860,21
46474,00	1494,88	47502,00	1617,21	48530,00	1739,54	49558,00	1861,87
46488,00	1496,54	47518,00	1619,11	48546,00	1741,45	49574,00	1863,78
46504,00	1498,45	47532,00	1620,78	48560,00	1743,11	49588,00	1865,44
46520,00	1500,35	47548,00	1622,68	48576,00	1745,02	49604,00	1867,35
46534,00	1502,02	47562,00	1624,35	48590,00	1746,68	49618,00	1869,01
46550,00	1503,92	47578,00	1626,25	48606,00	1748,59	49634,00	1870,92
46564,00	1505,59	47592,00	1627,92	48620,00	1750,25	49648,00	1872,58
46580,00	1507,49	47608,00	1629,82	48636,00	1752,16	49664,00	1874,49
46594,00	1509,16	47622,00	1631,49	48652,00	1754,06	49680,00	1876,39
46610,00	1511,06	47638,00	1633,39	48666,00	1755,73	49694,00	1878,06
46624,00	1512,73	47654,00	1635,30	48682,00	1757,63	49710,00	1879,96
46640,00	1514,63	47668,00	1636,96	48696,00	1759,30	49724,00	1881,63
46656,00	1516,54	47684,00	1638,87	48712,00	1761,20	49740,00	1883,53
46670,00	1518,20	47698,00	1640,53	48726,00	1762,87	49754,00	1885,20
46686,00	520,11	47714,00	1642,44	48742,00	1764,77	49770,00	1887,10
46700,00	1521,77	47728,00	1644,10	48756,00	1766,44	49786,00	1889,01
46716,00	1523,68	47744,00	1646,01	48772,00	1768,34	49800,00	1890,67
46730,00	1525,34	47758,00	1647,67	48788,00	1770,24	49816,00	1892,58
46746,00	1527,25	47774,00	1649,58	48802,00	1771,91	49830,00	1894,24
46762,00	1529,15	47790,00	1651,48	48818,00	1773,81	49846,00	1896,15
46776,00	1530,82	47804,00	1653,15	48832,00	1775,48	49860,00	1897,81

Steuerklasse III		Steuerklasse III		Steuerklasse III		Steuerklasse III	
Maßstabs-lohnsteuer €	Solidari-tätszu-schlag €	Maßstabs-lohnsteuer €	Solidari-tätszu-schlag €	Maßstabs-lohnsteuer €	Solidari-tätszu-schlag €	Maßstabs-lohnsteuer €	Solidari-tätszu-schlag €
49876,00	1899,72	50904,00	2022,05	51932,00	2144,38	52960,00	2266,71
49890,00	1901,38	50920,00	2023,95	51948,00	2146,28	52976,00	2268,62
49906,00	1903,29	50934,00	2025,62	51962,00	2147,95	52990,00	2270,28
49922,00	1905,19	50950,00	2027,52	51978,00	2149,85	53006,00	2272,19
49936,00	1906,86	50964,00	2029,19	51992,00	2151,52	53020,00	2273,85
49952,00	1908,76	50980,00	2031,09	52008,00	2153,42	53036,00	2275,76
49966,00	1910,43	50994,00	2032,76	52022,00	2155,09	53050,00	2277,42
49982,00	1912,33	51010,00	2034,66	52038,00	2156,99	53066,00	2279,33
49996,00	1914,00	51024,00	2036,33	52054,00	2158,90	53082,00	2281,23
50012,00	1915,90	51040,00	2038,23	52068,00	2160,56	53096,00	2282,90
50026,00	1917,57	51056,00	2040,14	52084,00	2162,47	53112,00	2284,80
50042,00	1919,47	51070,00	2041,80	52098,00	2164,13	53126,00	2286,47
50058,00	1921,37	51086,00	2043,71	52114,00	2166,04	53142,00	2288,37
50072,00	1923,04	51100,00	2045,37	52128,00	2167,70	53156,00	2290,04
50088,00	1924,94	51116,00	2047,28	52144,00	2169,61	53172,00	2291,94
50102,00	1926,61	51130,00	2048,94	52158,00	2171,27	53188,00	2293,84
50118,00	1928,51	51146,00	2050,85	52174,00	2173,18	53202,00	2295,51
50132,00	1930,18	51160,00	2052,51	52190,00	2175,08	53218,00	2297,41
50148,00	1932,08	51176,00	2054,42	52204,00	2176,75	53232,00	2299,08
50164,00	1933,99	51192,00	2056,32	52220,00	2178,65	53248,00	2300,98
50178,00	1935,65	51206,00	2057,99	52234,00	2180,32	53262,00	2302,65
50194,00	1937,56	51222,00	2059,89	52250,00	2182,22	53278,00	2304,55
50208,00	1939,22	51236,00	2061,56	52264,00	2183,89	53292,00	2306,22
50224,00	1941,13	51252,00	2063,46	52280,00	2185,79	53308,00	2308,12
50238,00	1942,79	51266,00	2065,13	52294,00	2187,46	53324,00	2310,03
50254,00	1944,70	51282,00	2067,03	52310,00	2189,36	53338,00	2311,69
50268,00	1946,36	51298,00	2068,93	52326,00	2191,27	53354,00	2313,60
50284,00	1948,27	51312,00	2070,60	52340,00	2192,93	53368,00	2315,26
50300,00	1950,17	51328,00	2072,50	52356,00	2194,84	53384,00	2317,17
50314,00	1951,84	51342,00	2074,17	52370,00	2196,50	53398,00	2318,83
50330,00	1953,74	51358,00	2076,07	52386,00	2198,41	53414,00	2320,74
50344,00	1955,41	51372,00	2077,74	52400,00	2200,07	53428,00	2322,40
50360,00	1957,31	51388,00	2079,64	52416,00	2201,98	53444,00	2324,31
50374,00	1958,98	51402,00	2081,31	52432,00	2203,88	53460,00	2326,21
50390,00	1960,88	51418,00	2083,21	52446,00	2205,55	53474,00	2327,88
50404,00	1962,55	51434,00	2085,12	52462,00	2207,45	53490,00	2329,78
50420,00	1964,45	51448,00	2086,78	52476,00	2209,12	53504,00	2331,45
50436,00	1966,36	51464,00	2088,69	52492,00	2211,02	53520,00	2333,35
50450,00	1968,02	51478,00	2090,35	52506,00	2212,69	53534,00	2335,02
50466,00	1969,93	51494,00	2092,26	52522,00	2214,59	53550,00	2336,92
50480,00	1971,59	51508,00	2093,92	52536,00	2216,26	53566,00	2338,83
50496,00	1973,50	51524,00	2095,83	52552,00	2218,16	53580,00	2340,49
50510,00	1975,16	51538,00	2097,49	52568,00	2220,06	53596,00	2342,40
50526,00	1977,07	51554,00	2099,40	52582,00	2221,73	53610,00	2344,06
50542,00	1978,97	51570,00	2101,30	52598,00	2223,63	53626,00	2345,97
50556,00	1980,64	51584,00	2102,97	52612,00	2225,30	53640,00	2347,63
50572,00	1982,54	51600,00	2104,87	52628,00	2227,20	53656,00	2349,54
50586,00	1984,21	51614,00	2106,54	52642,00	2228,87	53670,00	2351,20
50602,00	1986,11	51630,00	2108,44	52658,00	2230,77	53686,00	2353,11
50616,00	1987,78	51644,00	2110,11	52672,00	2232,44	53702,00	2355,01
50632,00	1989,68	51660,00	2112,01	52688,00	2234,34	53716,00	2356,68
50646,00	1991,35	51676,00	2113,92	52704,00	2236,25	53732,00	2358,58
50662,00	1993,25	51690,00	2115,58	52718,00	2237,91	53746,00	2360,25
50678,00	1995,15	51706,00	2117,49	52734,00	2239,82	53762,00	2362,15
50692,00	1996,82	51720,00	2119,15	52748,00	2241,48	53776,00	2363,82
50708,00	1998,72	51736,00	2121,06	52764,00	2243,39	53792,00	2365,72
50722,00	2000,39	51750,00	2122,72	52778,00	2245,05	53806,00	2367,39
50738,00	2002,29	51766,00	2124,63	52794,00	2246,96	53822,00	2369,29
50752,00	2003,96	51780,00	2126,29	52810,00	2248,86	53838,00	2371,19
50768,00	2005,86	51796,00	2128,20	52824,00	2250,53	53852,00	2372,86
50782,00	2007,53	51812,00	2130,10	52840,00	2252,43	53868,00	2374,76
50798,00	2009,43	51826,00	2131,77	52854,00	2254,10	53882,00	2376,43
50814,00	2011,34	51842,00	2133,67	52870,00	2256,00	53898,00	2378,33
50828,00	2013,00	51856,00	2135,34	52884,00	2257,67	53912,00	2380,00
50844,00	2014,91	51872,00	2137,24	52900,00	2259,57	53928,00	2381,90
50858,00	2016,57	51886,00	2138,91	52914,00	2261,24	53944,00	2383,81
50874,00	2018,48	51902,00	2140,81	52930,00	2263,14	53958,00	2385,47
50888,00	2020,14	51916,00	2142,48	52946,00	2265,05	53974,00	2387,38

Steuerklasse III		Steuerklasse III		Steuerklasse III		Steuerklasse III	
Maßstabs-lohnsteuer €	Solidari-tätszu-schlag €	Maßstabs-lohnsteuer €	Solidari-tätszu-schlag €	Maßstabs-lohnsteuer €	Solidari-tätszu-schlag €	Maßstabs-lohnsteuer €	Solidari-tätszu-schlag €
53988,00	2389,04	55016,00	2511,38	56044,00	2633,71	57072,00	2756,04
54004,00	2390,95	55032,00	2513,28	56060,00	2635,61	57088,00	2757,94
54018,00	2392,61	55046,00	2514,95	56074,00	2637,28	57104,00	2759,85
54034,00	2394,52	55062,00	2516,85	56090,00	2639,18	57118,00	2761,51
54048,00	2396,18	55078,00	2518,75	56106,00	2641,09	57134,00	2763,42
54064,00	2398,09	55092,00	2520,42	56120,00	2642,75	57148,00	2765,08
54080,00	2399,99	55108,00	2522,32	56136,00	2644,66	57164,00	2766,99
54094,00	2401,66	55122,00	2523,99	56150,00	2646,32	57178,00	2768,65
54110,00	2403,56	55138,00	2525,89	56166,00	2648,23	57194,00	2770,56
54124,00	2405,23	55152,00	2527,56	56180,00	2649,89	57208,00	2772,22
54140,00	2407,13	55168,00	2529,46	56196,00	2651,80	57224,00	2774,13
54154,00	2408,80	55182,00	2531,13	56212,00	2653,70	57240,00	2776,03
54170,00	2410,70	55198,00	2533,03	56226,00	2655,37	57254,00	2777,70
54184,00	2412,37	55214,00	2534,94	56242,00	2657,27	57270,00	2779,60
54200,00	2414,27	55228,00	2536,60	56256,00	2658,94	57284,00	2781,27
54216,00	2416,18	55244,00	2538,51	56272,00	2660,84	57300,00	2783,17
54230,00	2417,84	55258,00	2540,17	56286,00	2662,51	57314,00	2784,84
54246,00	2419,75	55274,00	2542,08	56302,00	2664,41	57330,00	2786,74
54260,00	2421,41	55288,00	2543,74	56316,00	2666,08	57346,00	2788,65
54276,00	2423,32	55304,00	2545,65	56332,00	2667,98	57360,00	2790,31
54290,00	2424,98	55318,00	2547,31	56348,00	2669,88	57376,00	2792,22
54306,00	2426,89	55334,00	2549,22	56362,00	2671,55	57390,00	2793,88
54322,00	2428,79	55350,00	2551,12	56378,00	2673,45	57406,00	2795,79
54336,00	2430,46	55364,00	2552,79	56392,00	2675,12	57420,00	2797,45
54352,00	2432,36	55380,00	2554,69	56408,00	2677,02	57436,00	2799,36
54366,00	2434,03	55394,00	2556,36	56422,00	2678,69	57450,00	2801,02
54382,00	2435,93	55410,00	2558,26	56438,00	2680,59	57466,00	2802,93
54396,00	2437,60	55424,00	2559,93	56452,00	2682,26	57482,00	2804,83
54412,00	2439,50	55440,00	2561,83	56468,00	2684,16	57496,00	2806,50
54426,00	2441,17	55456,00	2563,74	56484,00	2686,07	57512,00	2808,40
54442,00	2443,07	55470,00	2565,40	56498,00	2687,73	57526,00	2810,07
54458,00	2444,97	55486,00	2567,31	56514,00	2689,64	57542,00	2811,97
54472,00	2446,64	55500,00	2568,97	56528,00	2691,30	57556,00	2813,64
54488,00	2448,54	55516,00	2570,88	56544,00	2693,21	57572,00	2815,54
54502,00	2450,21	55530,00	2572,54	56558,00	2694,87	57586,00	2817,21
54518,00	2452,11	55546,00	2574,45	56574,00	2696,78	57602,00	2819,11
54532,00	2453,78	55560,00	2576,11	56590,00	2698,68	57618,00	2821,01
54548,00	2455,68	55576,00	2578,02	56604,00	2700,35	57632,00	2822,68
54562,00	2457,35	55592,00	2579,92	56620,00	2702,25	57648,00	2824,58
54578,00	2459,25	55606,00	2581,59	56634,00	2703,92	57662,00	2826,25
54594,00	2461,16	55622,00	2583,49	56650,00	2705,82	57678,00	2828,15
54608,00	2462,82	55636,00	2585,16	56664,00	2707,49	57692,00	2829,82
54624,00	2464,73	55652,00	2587,06	56680,00	2709,39	57708,00	2831,72
54638,00	2466,39	55666,00	2588,73	56694,00	2711,06	57724,00	2833,63
54654,00	2468,30	55682,00	2590,63	56710,00	2712,96	57738,00	2835,29
54668,00	2469,96	55696,00	2592,30	56726,00	2714,87	57754,00	2837,20
54684,00	2471,87	55712,00	2594,20	56740,00	2716,53	57768,00	2838,86
54700,00	2473,77	55728,00	2596,10	56756,00	2718,44	57784,00	2840,77
54714,00	2475,44	55742,00	2597,77	56770,00	2720,10	57798,00	2842,43
54730,00	2477,34	55758,00	2599,67	56786,00	2722,01	57814,00	2844,34
54744,00	2479,01	55772,00	2601,34	56800,00	2723,67	57828,00	2846,00
54760,00	2480,91	55788,00	2603,24	56816,00	2725,58	57844,00	2847,91
54774,00	2482,58	55802,00	2604,91	56830,00	2727,24	57860,00	2849,81
54790,00	2484,48	55818,00	2606,81	56846,00	2729,15	57874,00	2851,48
54804,00	2486,15	55834,00	2608,72	56862,00	2731,05	57890,00	2853,38
54820,00	2488,05	55848,00	2610,38	56876,00	2732,72	57904,00	2855,05
54836,00	2489,96	55864,00	2612,29	56892,00	2734,62	57920,00	2856,95
54850,00	2491,62	55878,00	2613,95	56906,00	2736,29	57934,00	2858,62
54866,00	2493,53	55894,00	2615,86	56922,00	2738,19	57950,00	2860,52
54880,00	2495,19	55908,00	2617,52	56936,00	2739,86	57964,00	2862,19
54896,00	2497,10	55924,00	2619,43	56952,00	2741,76	57980,00	2864,09
54910,00	2498,76	55938,00	2621,09	56968,00	2743,66	57996,00	2866,00
54926,00	2500,67	55954,00	2623,00	56982,00	2745,33	58010,00	2867,66
54940,00	2502,33	55970,00	2624,90	56998,00	2747,23	58026,00	2869,57
54956,00	2504,24	55984,00	2626,57	57012,00	2748,90	58040,00	2871,23
54972,00	2506,14	56000,00	2628,47	57028,00	2750,80	58056,00	2873,14
54986,00	2507,81	56014,00	2630,14	57042,00	2752,47	58070,00	2874,80
55002,00	2509,71	56030,00	2632,04	57058,00	2754,37	58086,00	2876,71

Steuerklasse III		Steuerklasse III		Steuerklasse III		Steuerklasse III	
Maßstabs-lohnsteuer €	Solidari-tätszu-schlag €	Maßstabs-lohnsteuer €	Solidari-tätszu-schlag €	Maßstabs-lohnsteuer €	Solidari-tätszu-schlag €	Maßstabs-lohnsteuer €	Solidari-tätszu-schlag €
58102,00	2878,61	59130,00	3000,94	60158,00	3123,27	61186,00	3245,61
58116,00	2880,28	59144,00	3002,61	60172,00	3124,94	61200,00	3247,27
58132,00	2882,18	59160,00	3004,51	60188,00	3126,84	61216,00	3249,18
58146,00	2883,85	59174,00	3006,18	60202,00	3128,51	61230,00	3250,84
58162,00	2885,75	59190,00	3008,08	60218,00	3130,41	61246,00	3252,75
58176,00	2887,42	59204,00	3009,75	60232,00	3132,08	61262,00	3254,65
58192,00	2889,32	59220,00	3011,65	60248,00	3133,98	61276,00	3256,32
58206,00	2890,99	59236,00	3013,56	60264,00	3135,89	61292,00	3258,22
58222,00	2892,89	59250,00	3015,22	60278,00	3137,55	61306,00	3259,89
58238,00	2894,79	59266,00	3017,13	60294,00	3139,46	61322,00	3261,79
58252,00	2896,46	59280,00	3018,79	60308,00	3141,12	61336,00	3263,46
58268,00	2898,36	59296,00	3020,70	60324,00	3143,03	61352,00	3265,36
58282,00	2900,03	59310,00	3022,36	60338,00	3144,69	61366,00	3267,03
58298,00	2901,93	59326,00	3024,27	60354,00	3146,60	61382,00	3268,93
58312,00	2903,60	59340,00	3025,93	60370,00	3148,50	61398,00	3270,83
58328,00	2905,50	59356,00	3027,84	60384,00	3150,17	61412,00	3272,50
58342,00	2907,17	59372,00	3029,74	60400,00	3152,07	61428,00	3274,40
58358,00	2909,07	59386,00	3031,41	60414,00	3153,74	61442,00	3276,07
58374,00	2910,98	59402,00	3033,31	60430,00	3155,64	61458,00	3277,97
58388,00	2912,64	59416,00	3034,98	60444,00	3157,31	61472,00	3279,64
58404,00	2914,55	59432,00	3036,88	60460,00	3159,21	61488,00	3281,54
58418,00	2916,21	59446,00	3038,55	60474,00	3160,88	61504,00	3283,45
58434,00	2918,12	59462,00	3040,45	60490,00	3162,78	61518,00	3285,11
58448,00	2919,78	59476,00	3042,12	60506,00	3164,69	61534,00	3287,02
58464,00	2921,69	59492,00	3044,02	60520,00	3166,35	61548,00	3288,68
58480,00	2923,59	59508,00	3045,92	60536,00	3168,26	61564,00	3290,59
58494,00	2925,26	59522,00	3047,59	60550,00	3169,92	61578,00	3292,25
58510,00	2927,16	59538,00	3049,49	60566,00	3171,83	61594,00	3294,16
58524,00	2928,83	59552,00	3051,16	60580,00	3173,49	61608,00	3295,82
58540,00	2930,73	59568,00	3053,06	60596,00	3175,40	61624,00	3297,73
58554,00	2932,40	59582,00	3054,73	60610,00	3177,06	61640,00	3299,63
58570,00	2934,30	59598,00	3056,63	60626,00	3178,97	61654,00	3301,30
58584,00	2935,97	59614,00	3058,54	60642,00	3180,87	61670,00	3303,20
58600,00	2937,87	59628,00	3060,20	60656,00	3182,54	61684,00	3304,87
58616,00	2939,78	59644,00	3062,11	60672,00	3184,44	61700,00	3306,77
58630,00	2941,44	59658,00	3063,77	60686,00	3186,11	61714,00	3308,44
58646,00	2943,35	59674,00	3065,68	60702,00	3188,01	61730,00	3310,34
58660,00	2945,01	59688,00	3067,34	60716,00	3189,68	61744,00	3312,01
58676,00	2946,92	59704,00	3069,25	60732,00	3191,58	61760,00	3313,91
58690,00	2948,58	59718,00	3070,91	60748,00	3193,48	61776,00	3315,82
58706,00	2950,49	59734,00	3072,82	60762,00	3195,15	61790,00	3317,48
58720,00	2952,15	59750,00	3074,72	60778,00	3197,05	61806,00	3319,39
58736,00	2954,06	59764,00	3076,39	60792,00	3198,72	61820,00	3321,05
58752,00	2955,96	59780,00	3078,29	60808,00	3200,62	61836,00	3322,96
58766,00	2957,63	59794,00	3079,96	60822,00	3202,29	61850,00	3324,62
58782,00	2959,53	59810,00	3081,86	60838,00	3204,19	61866,00	3326,53
58796,00	2961,20	59824,00	3083,53	60852,00	3205,86	61882,00	3328,43
58812,00	2963,10	59840,00	3085,43	60868,00	3207,76	61896,00	3330,10
58826,00	2964,77	59854,00	3087,10	60884,00	3209,67	61912,00	3332,00
58842,00	2966,67	59870,00	3089,00	60898,00	3211,33	61926,00	3333,67
58858,00	2968,57	59886,00	3090,91	60914,00	3213,24	61942,00	3335,57
58872,00	2970,24	59900,00	3092,57	60928,00	3214,90	61956,00	3337,24
58888,00	2972,14	59916,00	3094,48	60944,00	3216,81	61972,00	3339,14
58902,00	2973,81	59930,00	3096,14	60958,00	3218,47	61986,00	3340,81
58918,00	2975,71	59946,00	3098,05	60974,00	3220,38	62002,00	3342,71
58932,00	2977,38	59960,00	3099,71	60988,00	3222,04	62018,00	3344,61
58948,00	2979,28	59976,00	3101,62	61004,00	3223,95	62032,00	3346,28
58962,00	2980,95	59992,00	3103,52	61020,00	3225,85	62048,00	3348,18
58978,00	2982,85	60006,00	3105,19	61034,00	3227,52	62062,00	3349,85
58994,00	2984,76	60022,00	3107,09	61050,00	3229,42	62078,00	3351,75
59008,00	2986,42	60036,00	3108,76	61064,00	3231,09	62092,00	3353,42
59024,00	2988,33	60052,00	3110,66	61080,00	3232,99	62108,00	3355,32
59038,00	2989,99	60066,00	3112,33	61094,00	3234,66	62122,00	3356,99
59054,00	2991,90	60082,00	3114,23	61110,00	3236,56	62138,00	3358,89
59068,00	2993,56	60096,00	3115,90	61126,00	3238,47	62154,00	3360,80
59084,00	2995,47	60112,00	3117,80	61140,00	3240,13	62168,00	3362,46
59098,00	2997,13	60128,00	3119,70	61156,00	3242,04	62184,00	3364,37
59114,00	2999,04	60142,00	3121,37	61170,00	3243,70	62198,00	3366,03

Steuerklasse III		Steuerklasse III		Steuerklasse III		Steuerklasse III	
Maßstabs-lohnsteuer €	Solidari-tätszu-schlag €	Maßstabs-lohnsteuer €	Solidari-tätszu-schlag €	Maßstabs-lohnsteuer €	Solidari-tätszu-schlag €	Maßstabs-lohnsteuer €	Solidari-tätszu-schlag €
62214,00	3367,94	62440,00	3394,83	62668,00	3421,96	62894,00	3448,86
62228,00	3369,60	62456,00	3396,74	62682,00	3423,63	62910,00	3450,76
62244,00	3371,51	62470,00	3398,40	62698,00	3425,53	62924,00	3452,43
62260,00	3373,41	62486,00	3400,31	62712,00	3427,20	62940,00	3454,33
62274,00	3375,08	62500,00	3401,97	62728,00	3429,10	62954,00	3456,00
62290,00	3376,98	62516,00	3403,88	62742,00	3430,77	62970,00	3457,90
62304,00	3378,65	62532,00	3405,78	62758,00	3432,67	62984,00	3459,57
62320,00	3380,55	62546,00	3407,45	62774,00	3434,58	63000,00	3461,47
62334,00	3382,22	62562,00	3409,35	62788,00	3436,24	63016,00	3463,38
62350,00	3384,12	62576,00	3411,02	62804,00	3438,15	63030,00	3465,04
62364,00	3385,79	62592,00	3412,92	62818,00	3439,81	63046,00	3466,95
62380,00	3387,69	62606,00	3414,59	62834,00	3441,72	63060,00	3468,30
62396,00	3389,60	62622,00	3416,49	62848,00	3443,38		
62410,00	3391,26	62638,00	3418,39	62864,00	3445,29		
62426,00	3393,17	62652,00	3420,06	62878,00	3446,95		

Steuerklassen I, II, IV, V, VI		Steuerklassen I, II, IV, V, VI		Steuerklassen I, II, IV, V, VI		Steuerklassen I, II, IV, V, VI	
Maßstabs-lohnsteuer €	Solidari-tätszu-schlag €	Maßstabs-lohnsteuer €	Solidari-tätszu-schlag €	Maßstabs-lohnsteuer €	Solidari-tätszu-schlag €	Maßstabs-lohnsteuer €	Solidari-tätszu-schlag €
16955,00	0,00	17610,00	77,83	18265,00	155,77	18920,00	233,72
16969,00	1,55	17624,00	79,49	18279,00	157,44	18934,00	235,38
16983,00	3,21	17638,00	81,16	18293,00	159,10	18948,00	237,05
16997,00	4,88	17652,00	82,82	18307,00	160,77	18962,00	238,71
17010,00	6,43	17666,00	84,49	18321,00	162,44	18976,00	240,38
17024,00	8,09	17679,00	86,04	18335,00	164,10	18990,00	242,05
17039,00	9,88	17693,00	87,70	18349,00	165,77	19004,00	243,71
17052,00	11,42	17708,00	89,49	18362,00	167,31	19018,00	245,38
17066,00	13,09	17721,00	91,04	18377,00	169,10	19031,00	246,93
17080,00	14,76	17735,00	92,70	18391,00	170,77	19046,00	248,71
17094,00	16,42	17749,00	94,37	18404,00	172,31	19060,00	250,38
17108,00	18,09	17763,00	96,03	18418,00	173,98	19073,00	251,92
17122,00	19,75	17777,00	97,70	18432,00	175,64	19087,00	253,59
17136,00	21,42	17791,00	99,37	18446,00	177,31	19101,00	255,26
17150,00	23,09	17805,00	101,03	18460,00	178,98	19115,00	256,92
17164,00	24,75	17819,00	102,70	18474,00	180,64	19129,00	258,59
17178,00	26,42	17833,00	104,36	18488,00	182,31	19143,00	260,25
17192,00	28,08	17847,00	106,03	18502,00	183,97	19157,00	261,92
17206,00	29,75	17861,00	107,70	18516,00	185,64	19171,00	263,59
17220,00	31,42	17875,00	109,36	18530,00	187,31	19185,00	265,25
17233,00	32,96	17889,00	111,03	18544,00	188,97	19199,00	266,92
17247,00	34,63	17902,00	112,57	18558,00	190,64	19213,00	268,58
17262,00	36,41	17916,00	114,24	18572,00	192,30	19227,00	270,25
17275,00	37,96	17931,00	116,03	18585,00	193,85	19241,00	271,92
17289,00	39,63	17944,00	117,57	18600,00	195,64	19254,00	273,46
17303,00	41,29	17958,00	119,24	18614,00	197,30	19269,00	275,25
17317,00	42,96	17972,00	120,90	18627,00	198,85	19283,00	276,91
17331,00	44,63	17986,00	122,57	18641,00	200,52	19296,00	278,46
17345,00	46,29	18000,00	124,24	18655,00	202,18	19310,00	280,13
17359,00	47,96	18014,00	125,90	18669,00	203,85	19324,00	281,79
17373,00	49,62	18028,00	127,57	18683,00	205,51	19338,00	283,46
17387,00	51,29	18042,00	129,23	18697,00	207,18	19352,00	285,12
17401,00	52,96	18056,00	130,90	18711,00	208,85	19366,00	286,79
17415,00	54,62	18070,00	132,57	18725,00	210,51	19380,00	288,46
17429,00	56,29	18084,00	134,23	18739,00	212,18	19394,00	290,12
17443,00	57,95	18098,00	135,90	18753,00	213,84	19408,00	291,79
17456,00	59,50	18112,00	137,56	18767,00	215,51	19422,00	293,45
17470,00	61,17	18125,00	139,11	18781,00	217,18	19436,00	295,12
17485,00	62,95	18139,00	140,78	18795,00	218,84	19450,00	296,79
17498,00	64,50	18154,00	142,56	18808,00	220,39	19464,00	298,45
17512,00	66,16	18167,00	144,11	18823,00	222,17	19477,00	300,00
17526,00	67,83	18181,00	145,78	18837,00	223,84	19492,00	301,78
17540,00	69,50	18195,00	147,44	18850,00	225,39	19506,00	303,45
17554,00	71,16	18209,00	149,11	18864,00	227,05	19519,00	305,00
17568,00	72,83	18223,00	150,77	18878,00	228,72	19533,00	306,66
17582,00	74,49	18237,00	152,44	18892,00	230,38	19547,00	308,33
17596,00	76,16	18251,00	154,11	18906,00	232,05	19561,00	310,00

Steuerklassen I, II, IV, V, VI		Steuerklassen I, II, IV, V, VI		Steuerklassen I, II, IV, V, VI		Steuerklassen I, II, IV, V, VI	
Maßstabs-lohnsteuer €	Solidari-tätszu-schlag €	Maßstabs-lohnsteuer €	Solidari-tätszu-schlag €	Maßstabs-lohnsteuer €	Solidari-tätszu-schlag €	Maßstabs-lohnsteuer €	Solidari-tätszu-schlag €
19575,00	311,66	20523,00	424,47	21501,00	540,86	22529,00	663,19
19589,00	313,33	20537,00	426,14	21516,00	542,64	22544,00	664,97
19603,00	314,99	20551,00	427,81	21531,00	544,43	22559,00	666,76
19617,00	316,66	20565,00	429,47	21546,00	546,21	22574,00	668,54
19631,00	318,33	20579,00	431,14	21561,00	548,00	22589,00	670,33
19645,00	319,99	20593,00	432,80	21576,00	549,78	22604,00	672,11
19659,00	321,66	20607,00	434,47	21591,00	551,57	22619,00	673,90
19673,00	323,32	20621,00	436,14	21606,00	553,35	22635,00	675,80
19687,00	324,99	20635,00	437,80	21622,00	555,25	22650,00	677,59
19700,00	326,54	20648,00	439,35	21637,00	557,04	22665,00	679,37
19715,00	328,32	20662,00	441,01	21652,00	558,82	22680,00	681,16
19729,00	329,99	20677,00	442,80	21667,00	560,61	22695,00	682,94
19742,00	331,53	20690,00	444,35	21682,00	562,39	22710,00	684,73
19756,00	333,20	20704,00	446,01	21697,00	564,18	22725,00	686,51
19770,00	334,87	20718,00	447,68	21712,00	565,96	22740,00	688,30
19784,00	336,53	20732,00	449,34	21727,00	567,75	22756,00	690,20
19798,00	338,20	20746,00	451,01	21743,00	569,65	22771,00	691,99
19812,00	339,86	20760,00	452,68	21758,00	571,44	22786,00	693,77
19826,00	341,53	20774,00	454,34	21773,00	573,22	22801,00	695,56
19840,00	343,20	20788,00	456,01	21788,00	575,01	22816,00	697,34
19854,00	344,86	20802,00	457,67	21803,00	576,79	22831,00	699,13
19868,00	346,53	20816,00	459,34	21818,00	578,58	22846,00	700,91
19882,00	348,19	20830,00	461,01	21833,00	580,36	22861,00	702,70
19896,00	349,86	20844,00	462,67	21848,00	582,15	22877,00	704,60
19910,00	351,53	20858,00	464,34	21863,00	583,93	22892,00	706,38
19924,00	353,19	20871,00	465,89	21879,00	585,84	22907,00	708,17
19938,00	354,86	20885,00	467,55	21894,00	587,62	22922,00	709,95
19952,00	356,52	20900,00	469,34	21909,00	589,41	22937,00	711,74
19966,00	358,19	20913,00	470,88	21924,00	591,19	22952,00	713,52
19979,00	359,74	20927,00	472,55	21939,00	592,98	22967,00	715,31
19993,00	361,40	20941,00	474,22	21954,00	594,76	22982,00	717,09
20008,00	363,19	20955,00	475,88	21969,00	596,55	22997,00	718,88
20021,00	364,74	20969,00	477,55	21984,00	598,33	23013,00	720,78
20035,00	366,40	20983,00	479,21	22000,00	600,24	23028,00	722,57
20049,00	368,07	20997,00	480,88	22015,00	602,02	23043,00	724,35
20063,00	369,73	21011,00	482,55	22030,00	603,81	23058,00	726,14
20077,00	371,40	21025,00	484,21	22045,00	605,59	23073,00	727,92
20091,00	373,07	21039,00	485,88	22060,00	607,38	23088,00	729,71
20105,00	374,73	21053,00	487,54	22075,00	609,16	23103,00	731,49
20119,00	376,40	21067,00	489,21	22090,00	610,95	23118,00	733,28
20133,00	378,06	21081,00	490,88	22105,00	612,73	23134,00	735,18
20147,00	379,73	21094,00	492,42	22121,00	614,64	23149,00	736,97
20161,00	381,40	21108,00	494,09	22136,00	616,42	23164,00	738,75
20175,00	383,06	21123,00	495,87	22151,00	618,21	23179,00	740,54
20189,00	384,73	21138,00	497,66	22166,00	619,99	23194,00	742,32
20202,00	386,27	21153,00	499,44	22181,00	621,78	23209,00	744,11
20216,00	387,94	21168,00	501,23	22196,00	623,56	23224,00	745,89
20231,00	389,73	21183,00	503,01	22211,00	625,35	23239,00	747,68
20244,00	391,27	21198,00	504,80	22226,00	627,13	23255,00	749,58
20258,00	392,94	21213,00	506,58	22241,00	628,92	23270,00	751,37
20272,00	394,60	21228,00	508,37	22257,00	630,82	23285,00	753,15
20286,00	396,27	21244,00	510,27	22272,00	632,60	23300,00	754,94
20300,00	397,94	21259,00	512,06	22287,00	634,39	23315,00	756,72
20314,00	399,60	21274,00	513,84	22302,00	636,17	23330,00	758,51
20328,00	401,27	21289,00	515,63	22317,00	637,96	23345,00	760,29
20342,00	402,93	21304,00	517,41	22332,00	639,74	23360,00	762,08
20356,00	404,60	21319,00	519,20	22347,00	641,53	23375,00	763,86
20370,00	406,27	21334,00	520,98	22362,00	643,31	23391,00	765,77
20384,00	407,93	21349,00	522,77	22378,00	645,22	23406,00	767,55
20398,00	409,60	21365,00	524,67	22393,00	647,00	23421,00	769,34
20412,00	411,26	21380,00	526,46	22408,00	648,79	23436,00	771,12
20425,00	412,81	21395,00	528,24	22423,00	650,57	23451,00	772,91
20439,00	414,48	21410,00	530,03	22438,00	652,36	23466,00	774,69
20454,00	416,26	21425,00	531,81	22453,00	654,14	23481,00	776,48
20467,00	417,81	21440,00	533,60	22468,00	655,93	23496,00	778,26
20481,00	419,48	21455,00	535,38	22483,00	657,71	23512,00	780,16
20495,00	421,14	21470,00	537,17	22499,00	659,62	23527,00	781,95
20509,00	422,81	21485,00	538,95	22514,00	661,40	23542,00	783,73

Steuerklassen I, II, IV, V, VI		Steuerklassen I, II, IV, V, VI		Steuerklassen I, II, IV, V, VI		Steuerklassen I, II, IV, V, VI	
Maßstabs-lohnsteuer €	Solidari-tätszu-schlag €	Maßstabs-lohnsteuer €	Solidari-tätszu-schlag €	Maßstabs-lohnsteuer €	Solidari-tätszu-schlag €	Maßstabs-lohnsteuer €	Solidari-tätszu-schlag €
23557,00	785,52	24585,00	907,85	25613,00	1030,18	26641,00	1152,52
23572,00	787,30	24600,00	909,64	25628,00	1031,97	26657,00	1154,42
23587,00	789,09	24615,00	911,42	25643,00	1033,75	26672,00	1156,20
23602,00	790,87	24630,00	913,21	25659,00	1035,66	26687,00	1157,99
23617,00	792,66	24646,00	915,11	25674,00	1037,44	26702,00	1159,77
23633,00	794,56	24661,00	916,90	25689,00	1039,23	26717,00	1161,56
23648,00	796,35	24676,00	918,68	25704,00	1041,01	26732,00	1163,34
23663,00	798,13	24691,00	920,47	25719,00	1042,80	26747,00	1165,13
23678,00	799,92	24706,00	922,25	25734,00	1044,58	26762,00	1166,91
23693,00	801,70	24721,00	924,04	25749,00	1046,37	26777,00	1168,70
23708,00	803,49	24736,00	925,82	25764,00	1048,15	26793,00	1170,60
23723,00	805,27	24751,00	927,61	25780,00	1050,06	26808,00	1172,39
23738,00	807,06	24767,00	929,51	25795,00	1051,84	26823,00	1174,17
23753,00	808,84	24782,00	931,29	25810,00	1053,63	26838,00	1175,96
23769,00	810,75	24797,00	933,08	25825,00	1055,41	26853,00	1177,74
23784,00	812,53	24812,00	934,86	25840,00	1057,20	26868,00	1179,53
23799,00	814,32	24827,00	936,65	25855,00	1058,98	26883,00	1181,31
23814,00	816,10	24842,00	938,43	25870,00	1060,77	26898,00	1183,10
23829,00	817,89	24857,00	940,22	25885,00	1062,55	26914,00	1185,00
23844,00	819,67	24872,00	942,00	25901,00	1064,46	26929,00	1186,79
23859,00	821,46	24887,00	943,79	25916,00	1066,24	26944,00	1188,57
23874,00	823,24	24903,00	945,69	25931,00	1068,03	26959,00	1190,36
23890,00	825,15	24918,00	947,48	25946,00	1069,81	26974,00	1192,14
23905,00	826,93	24933,00	949,26	25961,00	1071,60	26989,00	1193,93
23920,00	828,72	24948,00	951,05	25976,00	1073,38	27004,00	1195,71
23935,00	830,50	24963,00	952,83	25991,00	1075,17	27019,00	1197,50
23950,00	832,29	24978,00	954,62	26006,00	1076,95	27035,00	1199,40
23965,00	834,07	24993,00	956,40	26021,00	1078,74	27050,00	1201,19
23980,00	835,86	25008,00	958,19	26037,00	1080,64	27065,00	1202,97
23995,00	837,64	25024,00	960,09	26052,00	1082,42	27080,00	1204,76
24011,00	839,55	25039,00	961,88	26067,00	1084,21	27095,00	1206,54
24026,00	841,33	25054,00	963,66	26082,00	1085,99	27110,00	1208,33
24041,00	843,12	25069,00	965,45	26097,00	1087,78	27125,00	1210,11
24056,00	844,90	25084,00	967,23	26112,00	1089,56	27140,00	1211,90
24071,00	846,69	25099,00	969,02	26127,00	1091,35	27155,00	1213,68
24086,00	848,47	25114,00	970,80	26142,00	1093,13	27171,00	1215,59
24101,00	850,26	25129,00	972,59	26158,00	1095,04	27186,00	1217,37
24116,00	852,04	25145,00	974,49	26173,00	1096,82	27201,00	1219,16
24131,00	853,83	25160,00	976,28	26188,00	1098,61	27216,00	1220,94
24147,00	855,73	25175,00	978,06	26203,00	1100,39	27231,00	1222,73
24162,00	857,51	25190,00	979,85	26218,00	1102,18	27246,00	1224,51
24177,00	859,30	25205,00	981,63	26233,00	1103,96	27261,00	1226,30
24192,00	861,08	25220,00	983,42	26248,00	1105,75	27276,00	1228,08
24207,00	862,87	25235,00	985,20	26263,00	1107,53	27292,00	1229,98
24222,00	864,65	25250,00	986,99	26279,00	1109,44	27307,00	1231,77
24237,00	866,44	25265,00	988,77	26294,00	1111,22	27322,00	1233,55
24252,00	868,22	25281,00	990,68	26309,00	1113,01	27337,00	1235,34
24268,00	870,13	25296,00	992,46	26324,00	1114,79	27352,00	1237,12
24283,00	871,91	25311,00	994,25	26339,00	1116,58	27367,00	1238,91
24298,00	873,70	25326,00	996,03	26354,00	1118,36	27382,00	1240,69
24313,00	875,48	25341,00	997,82	26369,00	1120,15	27397,00	1242,48
24328,00	877,27	25356,00	999,60	26384,00	1121,93	27413,00	1244,38
24343,00	879,05	25371,00	1001,39	26399,00	1123,72	27428,00	1246,17
24358,00	880,84	25386,00	1003,17	26415,00	1125,62	27443,00	1247,95
24373,00	882,62	25402,00	1005,07	26430,00	1127,41	27458,00	1249,74
24389,00	884,53	25417,00	1006,86	26445,00	1129,19	27473,00	1251,52
24404,00	886,31	25432,00	1008,64	26460,00	1130,98	27488,00	1253,31
24419,00	888,10	25447,00	1010,43	26475,00	1132,76	27503,00	1255,09
24434,00	889,88	25462,00	1012,21	26490,00	1134,55	27518,00	1256,88
24449,00	891,67	25477,00	1014,00	26505,00	1136,33	27533,00	1258,66
24464,00	893,45	25492,00	1015,78	26520,00	1138,12	27549,00	1260,57
24479,00	895,24	25507,00	1017,57	26536,00	1140,02	27564,00	1262,35
24494,00	897,02	25523,00	1019,47	26551,00	1141,81	27579,00	1264,14
24509,00	898,81	25538,00	1021,26	26566,00	1143,59	27594,00	1265,92
24525,00	900,71	25553,00	1023,04	26581,00	1145,38	27609,00	1267,71
24540,00	902,50	25568,00	1024,83	26596,00	1147,16	27624,00	1269,49
24555,00	904,28	25583,00	1026,61	26611,00	1148,95	27639,00	1271,28
24570,00	906,07	25598,00	1028,40	26626,00	1150,73	27654,00	1273,06

Steuerklassen I, II, IV, V, VI		Steuerklassen I, II, IV, V, VI		Steuerklassen I, II, IV, V, VI		Steuerklassen I, II, IV, V, VI	
Maßstabs-lohnsteuer €	Solidari-tätszu-schlag €	Maßstabs-lohnsteuer €	Solidari-tätszu-schlag €	Maßstabs-lohnsteuer €	Solidari-tätszu-schlag €	Maßstabs-lohnsteuer €	Solidari-tätszu-schlag €
27670,00	1274,97	28698,00	1397,30	29726,00	1519,63	30754,00	1641,96
27685,00	1276,75	28713,00	1399,08	29741,00	1521,42	30769,00	1643,75
27700,00	1278,54	28728,00	1400,87	29756,00	1523,20	30784,00	1645,53
27715,00	1280,32	28743,00	1402,65	29771,00	1524,99	30799,00	1647,32
27730,00	1282,11	28758,00	1404,44	29786,00	1526,77	30815,00	1649,22
27745,00	1283,89	28773,00	1406,22	29801,00	1528,56	30830,00	1651,01
27760,00	1285,68	28788,00	1408,01	29817,00	1530,46	30845,00	1652,79
27775,00	1287,46	28804,00	1409,91	29832,00	1532,24	30860,00	1654,58
27791,00	1289,37	28819,00	1411,70	29847,00	1534,03	30875,00	1656,36
27806,00	1291,15	28834,00	1413,48	29862,00	1535,81	30890,00	1658,15
27821,00	1292,94	28849,00	1415,27	29877,00	1537,60	30905,00	1659,93
27836,00	1294,72	28864,00	1417,05	29892,00	1539,38	30920,00	1661,72
27851,00	1296,51	28879,00	1418,84	29907,00	1541,17	30935,00	1663,50
27866,00	1298,29	28894,00	1420,62	29922,00	1542,95	30951,00	1665,41
27881,00	1300,08	28909,00	1422,41	29938,00	1544,86	30966,00	1667,19
27896,00	1301,86	28925,00	1424,31	29953,00	1546,64	30981,00	1668,98
27911,00	1303,65	28940,00	1426,10	29968,00	1548,43	30996,00	1670,76
27927,00	1305,55	28955,00	1427,88	29983,00	1550,21	31011,00	1672,55
27942,00	1307,33	28970,00	1429,67	29998,00	1552,00	31026,00	1674,33
27957,00	1309,12	28985,00	1431,45	30013,00	1553,78	31041,00	1676,12
27972,00	1310,90	29000,00	1433,24	30028,00	1555,57	31056,00	1677,90
27987,00	1312,69	29015,00	1435,02	30043,00	1557,35	31072,00	1679,80
28002,00	1314,47	29030,00	1436,81	30059,00	1559,26	31087,00	1681,59
28017,00	1316,26	29045,00	1438,59	30074,00	1561,04	31102,00	1683,37
28032,00	1318,04	29061,00	1440,50	30089,00	1562,83	31117,00	1685,16
28048,00	1319,95	29076,00	1442,28	30104,00	1564,61	31132,00	1686,94
28063,00	1321,73	29091,00	1444,07	30119,00	1566,40	31147,00	1688,73
28078,00	1323,52	29106,00	1445,85	30134,00	1568,18	31162,00	1690,51
28093,00	1325,30	29121,00	1447,64	30149,00	1569,97	31177,00	1692,30
28108,00	1327,09	29136,00	1449,42	30164,00	1571,75	31193,00	1694,20
28123,00	1328,87	29151,00	1451,21	30179,00	1573,54	31208,00	1695,99
28138,00	1330,66	29166,00	1452,99	30195,00	1575,44	31223,00	1697,77
28153,00	1332,44	29182,00	1454,89	30210,00	1577,23	31238,00	1699,56
28169,00	1334,35	29197,00	1456,68	30225,00	1579,01	31253,00	1701,34
28184,00	1336,13	29212,00	1458,46	30240,00	1580,80	31268,00	1703,13
28199,00	1337,92	29227,00	1460,25	30255,00	1582,58	31283,00	1704,91
28214,00	1339,70	29242,00	1462,03	30270,00	1584,37	31298,00	1706,70
28229,00	1341,49	29257,00	1463,82	30285,00	1586,15	31313,00	1708,48
28244,00	1343,27	29272,00	1465,60	30300,00	1587,94	31329,00	1710,39
28259,00	1345,06	29287,00	1467,39	30316,00	1589,84	31344,00	1712,17
28274,00	1346,84	29303,00	1469,29	30331,00	1591,63	31359,00	1713,96
28289,00	1348,63	29318,00	1471,08	30346,00	1593,41	31374,00	1715,74
28305,00	1350,53	29333,00	1472,86	30361,00	1595,20	31389,00	1717,53
28320,00	1352,32	29348,00	1474,65	30376,00	1596,98	31404,00	1719,31
28335,00	1354,10	29363,00	1476,43	30391,00	1598,77	31419,00	1721,10
28350,00	1355,89	29378,00	1478,22	30406,00	1600,55	31434,00	1722,88
28365,00	1357,67	29393,00	1480,00	30421,00	1602,34	31450,00	1724,79
28380,00	1359,46	29408,00	1481,79	30437,00	1604,24	31465,00	1726,57
28395,00	1361,24	29423,00	1483,57	30452,00	1606,02	31480,00	1728,36
28410,00	1363,03	29439,00	1485,48	30467,00	1607,81	31495,00	1730,14
28426,00	1364,93	29454,00	1487,26	30482,00	1609,59	31510,00	1731,93
28441,00	1366,72	29469,00	1489,05	30497,00	1611,38	31525,00	1733,71
28456,00	1368,50	29484,00	1490,83	30512,00	1613,16	31540,00	1734,70
28471,00	1370,29	29499,00	1492,62	30527,00	1614,95		
28486,00	1372,07	29514,00	1494,40	30542,00	1616,73		
28501,00	1373,86	29529,00	1496,19	30557,00	1618,52		
28516,00	1375,64	29544,00	1497,97	30573,00	1620,42		
28531,00	1377,43	29560,00	1499,88	30588,00	1622,21		
28547,00	1379,33	29575,00	1501,66	30603,00	1623,99		
28562,00	1381,11	29590,00	1503,45	30618,00	1625,78		
28577,00	1382,90	29605,00	1505,23	30633,00	1627,56		
28592,00	1384,68	29620,00	1507,02	30648,00	1629,35		
28607,00	1386,47	29635,00	1508,80	30663,00	1631,13		
28622,00	1388,25	29650,00	1510,59	30678,00	1632,92		
28637,00	1390,04	29665,00	1512,37	30694,00	1634,82		
28652,00	1391,82	29681,00	1514,28	30709,00	1636,61		
28667,00	1393,61	29696,00	1516,06	30724,00	1638,39		
28683,00	1395,51	29711,00	1517,85	30739,00	1640,18		

Lohn/ Gehalt in € bis	Steuerklasse	Lohn- steuer*	BVSP**	TAGZ***
35,99	I,IV		4	3
	II		4	3
	III		4	3
	V		4	3
	VI	**3**	4	3
71,99	I,IV		8	6
	II		8	6
	III		8	6
	V		8	6
	VI	**7**	8	6
107,99	I,IV		12	9
	II		12	9
	III		12	9
	V		12	9
	VI	**11**	12	9
143,99	I,IV		17	13
	II		17	13
	III		17	13
	V		17	13
	VI	**15**	17	13
179,99	I,IV		21	16
	II		21	16
	III		21	16
	V		21	16
	VI	**20**	21	16
215,99	I,IV		25	19
	II		25	19
	III		25	19
	V		25	19
	VI	**24**	25	19
251,99	I,IV		30	23
	II		30	23
	III		30	23
	V		30	23
	VI	**28**	30	23
287,99	I,IV		34	26
	II		34	26
	III		34	26
	V		34	26
	VI	**32**	34	26
323,99	I,IV		38	29
	II		38	29
	III		38	29
	V		38	29
	VI	**36**	38	29
359,99	I,IV		43	33
	II		43	33
	III		43	33
	V		43	33
	VI	**40**	43	33
395,99	I,IV		47	36
	II		47	36
	III		47	36
	V		47	36
	VI	**44**	47	36
431,99	I,IV		51	39
	II		51	39
	III		51	39
	V		51	39
	VI	**48**	51	39

Lohn/ Gehalt in € bis	Steuerklasse	Lohn- steuer*	BVSP**	TAGZ***
467,99	I,IV		56	42
	II		56	42
	III		56	42
	V		56	42
	VI	**52**	56	42
503,99	I,IV		60	46
	II		60	46
	III		60	46
	V		60	46
	VI	**56**	60	46
539,99	I,IV		64	49
	II		64	49
	III		64	49
	V		64	49
	VI	**60**	64	49
575,99	I,IV		69	52
	II		69	52
	III		69	52
	V		69	52
	VI	**64**	69	52
611,99	I,IV		73	56
	II		73	56
	III		73	56
	V		73	56
	VI	**68**	73	56
647,99	I,IV		77	59
	II		77	59
	III		77	59
	V		77	59
	VI	**72**	77	59
683,99	I,IV		82	62
	II		82	62
	III		82	62
	V		82	62
	VI	**76**	82	62
719,99	I,IV		86	66
	II		86	66
	III		86	66
	V		86	66
	VI	**80**	86	66
755,99	I,IV		90	69
	II		90	69
	III		90	69
	V		90	69
	VI	**84**	90	69
791,99	I,IV		95	72
	II		95	72
	III		95	72
	V		95	72
	VI	**88**	95	72
827,99	I,IV		99	75
	II		99	75
	III		99	75
	V		99	75
	VI	**92**	99	75
863,99	I,IV		103	79
	II		103	79
	III		103	79
	V		103	79
	VI	**96**	103	79

* Zur LSt-Berechnung für privat versicherte Arbeitnehmer s. Beispiele **Vorbemerkung S. 4 f.**
** Basisvorsorgepauschale KV und PV *** Typisierter Arbeitgeberzuschuss

Lohn/ Gehalt in € bis	Steuerklasse	Lohn-steuer*	BVSP**	TAGZ***
899,99	I,IV		107	82
	II		107	82
	III		107	82
	V		107	82
	VI	**100**	107	82
935,99	I,IV		112	85
	II		112	85
	III		112	85
	V		112	85
	VI	**104**	112	85
971,99	I,IV		116	89
	II		116	89
	III		116	89
	V		116	89
	VI	**108**	116	89
1 007,99	I,IV		120	92
	II		120	92
	III		120	92
	V		120	92
	VI	**112**	120	92
1 043,99	I,IV		125	95
	II		125	95
	III		125	95
	V		125	95
	VI	**117**	125	95
1 079,99	I,IV		129	99
	II		129	99
	III		129	99
	V		129	99
	VI	**121**	129	99
1 115,99	I,IV		133	102
	II		133	102
	III		133	102
	V		133	102
	VI	**125**	133	102
1 151,99	I,IV		138	105
	II		138	105
	III		138	105
	V		138	105
	VI	**129**	138	105
1 187,99	I,IV		142	108
	II		142	108
	III		142	108
	V		142	108
	VI	**133**	142	108
1 223,99	I,IV		146	112
	II		146	112
	III		146	112
	V		146	112
	VI	**137**	146	112
1 259,99	I,IV		151	115
	II		151	115
	III		151	115
	V		151	115
	VI	**141**	151	115
1 295,99	I,IV		155	118
	II		155	118
	III		155	118
	V		155	118
	VI	**145**	155	118

Lohn/ Gehalt in € bis	Steuerklasse	Lohn-steuer*	BVSP**	TAGZ***
1 331,99	I,IV		159	122
	II		159	122
	III		159	122
	V	**4**	159	122
	VI	**149**	159	122
1 367,99	I,IV		164	125
	II		164	125
	III		164	125
	V	**8**	164	125
	VI	**153**	164	125
1 403,99	I,IV		168	128
	II		168	128
	III		168	128
	V	**12**	168	128
	VI	**157**	168	128
1 439,99	I,IV		172	132
	II		172	132
	III		172	132
	V	**16**	172	132
	VI	**161**	172	132
1 475,99	I,IV		177	135
	II		177	135
	III		177	135
	V	**20**	177	135
	VI	**165**	177	135
1 511,99	I,IV		181	138
	II		181	138
	III		181	138
	V	**24**	181	138
	VI	**169**	181	138
1 547,99	I,IV		185	142
	II		185	142
	III		185	142
	V	**28**	185	142
	VI	**173**	185	142
1 583,99	I,IV		190	145
	II		190	145
	III		190	145
	V	**32**	190	145
	VI	**177**	190	145
1 619,99	I,IV		194	148
	II		194	148
	III		194	148
	V	**36**	194	148
	VI	**181**	194	148
1 655,99	I,IV		198	151
	II		198	151
	III		198	151
	V	**40**	198	151
	VI	**185**	198	151
1 691,99	I,IV		203	155
	II		203	155
	III		203	155
	V	**44**	203	155
	VI	**189**	203	155
1 727,99	I,IV		207	158
	II		207	158
	III		207	158
	V	**48**	207	158
	VI	**193**	207	158

* Zur LSt-Berechnung für privat versicherte Arbeitnehmer s. Beispiele **Vorbemerkung S. 4f.**
** Basisvorsorgepauschale KV und PV *** Typisierter Arbeitgeberzuschuss

Lohn/ Gehalt in € bis	Steuerklasse	Lohn- steuer*	BVSP**	TAGZ***
1 763,99	I,IV		211	161
	II		211	161
	III		211	161
	V	**52**	211	161
	VI	**197**	211	161
1 799,99	I,IV		215	165
	II		215	165
	III		215	165
	V	**56**	215	165
	VI	**201**	215	165
1 835,99	I,IV		220	168
	II		220	168
	III		220	168
	V	**60**	220	168
	VI	**205**	220	168
1 871,99	I,IV		224	171
	II		224	171
	III		224	171
	V	**64**	224	171
	VI	**210**	224	171
1 907,99	I,IV		228	175
	II		228	175
	III		228	175
	V	**69**	228	175
	VI	**214**	228	175
1 943,99	I,IV		233	178
	II		233	178
	III		233	178
	V	**72**	233	178
	VI	**217**	233	178
1 979,99	I,IV		237	181
	II		237	181
	III		237	181
	V	**77**	237	181
	VI	**222**	237	181
2 015,99	I,IV		241	184
	II		241	184
	III		241	184
	V	**81**	241	184
	VI	**226**	241	184
2 051,99	I,IV		246	188
	II		246	188
	III		246	188
	V	**85**	246	188
	VI	**230**	246	188
2 087,99	I,IV		250	191
	II		250	191
	III		250	191
	V	**89**	250	191
	VI	**234**	250	191
2 123,99	I,IV		254	194
	II		254	194
	III		254	194
	V	**93**	254	194
	VI	**238**	254	194
2 159,99	I,IV		259	198
	II		259	198
	III		259	198
	V	**97**	259	198
	VI	**242**	259	198
2 195,99	I,IV		263	201
	II		263	201
	III		263	201
	V	**101**	263	201
	VI	**246**	263	201
2 231,99	I,IV		267	204
	II		267	204
	III		267	204
	V	**105**	267	204
	VI	**250**	267	204
2 267,99	I,IV		272	208
	II		272	208
	III		272	208
	V	**109**	272	208
	VI	**254**	272	208
2 303,99	I,IV		276	211
	II		276	211
	III		276	211
	V	**113**	276	211
	VI	**258**	276	211
2 339,99	I,IV		280	214
	II		280	214
	III		280	214
	V	**117**	280	214
	VI	**262**	280	214
2 375,99	I,IV		285	217
	II		285	217
	III		285	217
	V	**121**	285	217
	VI	**266**	285	217
2 411,99	I,IV		289	221
	II		289	221
	III		289	221
	V	**125**	289	221
	VI	**270**	289	221
2 447,99	I,IV		293	224
	II		293	224
	III		293	224
	V	**129**	293	224
	VI	**274**	293	224
2 483,99	I,IV		298	227
	II		298	227
	III		298	227
	V	**133**	298	227
	VI	**278**	298	227
2 519,99	I,IV		302	231
	II		302	231
	III		302	231
	V	**137**	302	231
	VI	**282**	302	231
2 555,99	I,IV		306	234
	II		306	234
	III		306	234
	V	**141**	306	234
	VI	**286**	306	234
2 591,99	I,IV		311	237
	II		311	237
	III		311	237
	V	**145**	311	237
	VI	**290**	311	237

* Zur LSt-Berechnung für privat versicherte Arbeitnehmer s. Beispiele **Vorbemerkung S. 4 f.**
** Basisvorsorgepauschale KV und PV *** Typisierter Arbeitgeberzuschuss

Lohn/ Gehalt in € bis	Steuerklasse	Lohn-steuer*	BVSP**	TAGZ***
2 627,99	I,IV		315	241
	II		315	241
	III		315	241
	V	**149**	315	241
	VI	**294**	315	241
2 663,99	I,IV		319	244
	II		319	244
	III		319	244
	V	**153**	319	244
	VI	**298**	319	244
2 699,99	I,IV		323	247
	II		323	247
	III		323	247
	V	**157**	323	247
	VI	**302**	323	247
2 735,99	I,IV		328	251
	II		328	251
	III		328	251
	V	**161**	328	251
	VI	**306**	328	251
2 771,99	I,IV		332	254
	II		332	254
	III		332	254
	V	**165**	332	254
	VI	**310**	332	254
2 807,99	I,IV		336	257
	II		336	257
	III		336	257
	V	**169**	336	257
	VI	**315**	336	257
2 843,99	I,IV		341	260
	II		341	260
	III		341	260
	V	**174**	341	260
	VI	**319**	341	260
2 879,99	I,IV		345	264
	II		345	264
	III		345	264
	V	**178**	345	264
	VI	**323**	345	264
2 915,99	I,IV		349	267
	II		349	267
	III		349	267
	V	**182**	349	267
	VI	**327**	349	267
2 951,99	I,IV		354	270
	II		354	270
	III		354	270
	V	**186**	354	270
	VI	**331**	354	270
2 987,99	I,IV		358	274
	II		358	274
	III		358	274
	V	**190**	358	274
	VI	**335**	358	274
3 023,99	I,IV		362	277
	II		362	277
	III		362	277
	V	**194**	362	277
	VI	**339**	362	277

Lohn/ Gehalt in € bis	Steuerklasse	Lohn-steuer*	BVSP**	TAGZ***
3 059,99	I,IV		367	280
	II		367	280
	III		367	280
	V	**198**	367	280
	VI	**343**	367	280
3 095,99	I,IV		371	284
	II		371	284
	III		371	284
	V	**202**	371	284
	VI	**347**	371	284
3 131,99	I,IV		375	287
	II		375	287
	III		375	287
	V	**206**	375	287
	VI	**351**	375	287
3 167,99	I,IV		380	290
	II		380	290
	III		380	290
	V	**210**	380	290
	VI	**355**	380	290
3 203,99	I,IV		384	293
	II		384	293
	III		384	293
	V	**214**	384	293
	VI	**359**	384	293
3 239,99	I,IV		388	297
	II		388	297
	III		388	297
	V	**218**	388	297
	VI	**363**	388	297
3 275,99	I,IV		393	300
	II		393	300
	III		393	300
	V	**222**	393	300
	VI	**367**	393	300
3 311,99	I,IV		397	303
	II		397	303
	III		397	303
	V	**226**	397	303
	VI	**371**	397	303
3 347,99	I,IV		401	307
	II		401	307
	III		401	307
	V	**230**	401	307
	VI	**375**	401	307
3 383,99	I,IV		406	310
	II		406	310
	III		406	310
	V	**234**	406	310
	VI	**379**	406	310
3 419,99	I,IV		410	313
	II		410	313
	III		410	313
	V	**238**	410	313
	VI	**383**	410	313
3 455,99	I,IV		414	317
	II		414	317
	III		414	317
	V	**242**	414	317
	VI	**387**	414	317

* Zur LSt-Berechnung für privat versicherte Arbeitnehmer s. Beispiele **Vorbemerkung S. 4 f.**
** Basisvorsorgepauschale KV und PV *** Typisierter Arbeitgeberzuschuss

Lohn/ Gehalt in € bis	Steuerklasse	Lohnsteuer*	BVSP**	TAGZ***
3491,99	I,IV		419	320
	II		419	320
	III		419	320
	V	**246**	419	320
	VI	**391**	419	320
3527,99	I,IV		423	323
	II		423	323
	III		423	323
	V	**250**	423	323
	VI	**395**	423	323
3563,99	I,IV		427	326
	II		427	326
	III		427	326
	V	**254**	427	326
	VI	**399**	427	326
3599,99	I,IV		431	330
	II		431	330
	III		431	330
	V	**258**	431	330
	VI	**403**	431	330
3635,99	I,IV		436	333
	II		436	333
	III		436	333
	V	**262**	436	333
	VI	**407**	436	333
3671,99	I,IV		440	336
	II		440	336
	III		440	336
	V	**266**	440	336
	VI	**412**	440	336
3707,99	I,IV		444	340
	II		444	340
	III		444	340
	V	**271**	444	340
	VI	**416**	444	340
3743,99	I,IV		449	343
	II		449	343
	III		449	343
	V	**275**	449	343
	VI	**420**	449	343
3779,99	I,IV		453	346
	II		453	346
	III		453	346
	V	**279**	453	346
	VI	**424**	453	346
3815,99	I,IV		457	350
	II		457	350
	III		457	350
	V	**283**	457	350
	VI	**428**	457	350
3851,99	I,IV		462	353
	II		462	353
	III		462	353
	V	**287**	462	353
	VI	**432**	462	353
3887,99	I,IV		466	356
	II		466	356
	III		466	356
	V	**291**	466	356
	VI	**436**	466	356

Lohn/ Gehalt in € bis	Steuerklasse	Lohnsteuer*	BVSP**	TAGZ***
3923,99	I,IV		470	360
	II		470	360
	III		470	360
	V	**295**	470	360
	VI	**440**	470	360
3959,99	I,IV		475	363
	II		475	363
	III		475	363
	V	**299**	475	363
	VI	**444**	475	363
3995,99	I,IV		479	366
	II		479	366
	III		479	366
	V	**303**	479	366
	VI	**448**	479	366
4031,99	I,IV		483	369
	II		483	369
	III		483	369
	V	**307**	483	369
	VI	**452**	483	369
4067,99	I,IV		488	373
	II		488	373
	III		488	373
	V	**311**	488	373
	VI	**456**	488	373
4103,99	I,IV		492	376
	II		492	376
	III		492	376
	V	**315**	492	376
	VI	**460**	492	376
4139,99	I,IV		496	379
	II		496	379
	III		496	379
	V	**319**	496	379
	VI	**464**	496	379
4175,99	I,IV		501	383
	II		501	383
	III		501	383
	V	**323**	501	383
	VI	**468**	501	383
4211,99	I,IV		505	386
	II		505	386
	III		505	386
	V	**327**	505	386
	VI	**472**	505	386
4247,99	I,IV		509	389
	II		509	389
	III		509	389
	V	**331**	509	389
	VI	**476**	509	389
4283,99	I,IV		514	393
	II		514	393
	III		514	393
	V	**335**	514	393
	VI	**480**	514	393
4319,99	I,IV		518	396
	II		518	396
	III		518	396
	V	**339**	518	396
	VI	**484**	518	396

* Zur LSt-Berechnung für privat versicherte Arbeitnehmer s. Beispiele **Vorbemerkung S. 4f.**
** Basisvorsorgepauschale KV und PV *** Typisierter Arbeitgeberzuschuss

Lohn/ Gehalt in € bis	Steuerklasse	Lohn-steuer*	BVSP**	TAGZ***
4355,99	I,IV		522	399
	II		522	399
	III		522	399
	V	**343**	522	399
	VI	**488**	522	399
4391,99	I,IV		527	402
	II		527	402
	III		527	402
	V	**347**	527	402
	VI	**492**	527	402
4427,99	I,IV		531	406
	II		531	406
	III		531	406
	V	**351**	531	406
	VI	**496**	531	406
4463,99	I,IV		535	409
	II		535	409
	III		535	409
	V	**355**	535	409
	VI	**500**	535	409
4499,99	I,IV		539	412
	II		539	412
	III		539	412
	V	**359**	539	412
	VI	**504**	539	412
4535,99	I,IV		544	416
	II		544	416
	III		544	416
	V	**364**	544	416
	VI	**509**	544	416
4571,99	I,IV		548	419
	II		548	419
	III		548	419
	V	**368**	548	419
	VI	**513**	548	419
4607,99	I,IV		552	422
	II		552	422
	III		552	422
	V	**372**	552	422
	VI	**517**	552	422
4643,99	I,IV		557	426
	II		557	426
	III		557	426
	V	**376**	557	426
	VI	**521**	557	426
4679,99	I,IV		561	429
	II		561	429
	III		561	429
	V	**380**	561	429
	VI	**525**	561	429
4715,99	I,IV		565	432
	II		565	432
	III		565	432
	V	**384**	565	432
	VI	**529**	565	432
4751,99	I,IV		570	435
	II		570	435
	III		570	435
	V	**388**	570	435
	VI	**533**	570	435

Lohn/ Gehalt in € bis	Steuerklasse	Lohn-steuer*	BVSP**	TAGZ***
4787,99	I,IV		574	439
	II		574	439
	III		574	439
	V	**392**	574	439
	VI	**537**	574	439
4823,99	I,IV		578	442
	II		578	442
	III		578	442
	V	**396**	578	442
	VI	**541**	578	442
4859,99	I,IV		583	445
	II		583	445
	III		583	445
	V	**400**	583	445
	VI	**545**	583	445
4895,99	I,IV		587	449
	II		587	449
	III		587	449
	V	**404**	587	449
	VI	**549**	587	449
4931,99	I,IV		591	452
	II		591	452
	III		591	452
	V	**408**	591	452
	VI	**553**	591	452
4967,99	I,IV		596	455
	II		596	455
	III		596	455
	V	**412**	596	455
	VI	**557**	596	455
5003,99	I,IV		600	459
	II		600	459
	III		600	459
	V	**416**	600	459
	VI	**561**	600	459
5039,99	I,IV		604	462
	II		604	462
	III		604	462
	V	**420**	604	462
	VI	**565**	604	462
5075,99	I,IV		609	465
	II		609	465
	III		609	465
	V	**424**	609	465
	VI	**569**	609	465
5111,99	I,IV		613	469
	II		613	469
	III		613	469
	V	**428**	613	469
	VI	**573**	613	469
5147,99	I,IV		617	472
	II		617	472
	III		617	472
	V	**432**	617	472
	VI	**577**	617	472
5183,99	I,IV		622	475
	II		622	475
	III		622	475
	V	**436**	622	475
	VI	**581**	622	475

* Zur LSt-Berechnung für privat versicherte Arbeitnehmer s. Beispiele **Vorbemerkung S. 4 f.**
** Basisvorsorgepauschale KV und PV *** Typisierter Arbeitgeberzuschuss

Lohn/ Gehalt in € bis	Steuerklasse	Lohn-steuer*	BVSP**	TAGZ***
5 219,99	I,IV		626	478
	II		626	478
	III		626	478
	V	**440**	626	478
	VI	**585**	626	478
5 255,99	I,IV		630	482
	II		630	482
	III		630	482
	V	**444**	630	482
	VI	**589**	630	482
5 291,99	I,IV		635	485
	II		635	485
	III		635	485
	V	**448**	635	485
	VI	**593**	635	485
5 327,99	I,IV		639	488
	II		639	488
	III		639	488
	V	**452**	639	488
	VI	**597**	639	488
5 363,99	I,IV		643	492
	II		643	492
	III		643	492
	V	**456**	643	492
	VI	**602**	643	492
5 399,99	I,IV		647	495
	II		647	495
	III		647	495
	V	**461**	647	495
	VI	**606**	647	495
5 435,99	I,IV		652	498
	II		652	498
	III		652	498
	V	**465**	652	498
	VI	**610**	652	498
5 471,99	I,IV		656	502
	II		656	502
	III		656	502
	V	**469**	656	502
	VI	**614**	656	502
5 507,99	I,IV		660	505
	II		660	505
	III		660	505
	V	**473**	660	505
	VI	**618**	660	505
5 543,99	I,IV		665	508
	II		665	508
	III		665	508
	V	**477**	665	508
	VI	**622**	665	508
5 579,99	I,IV		669	511
	II		669	511
	III		669	511
	V	**481**	669	511
	VI	**626**	669	511
5 615,99	I,IV		673	515
	II		673	515
	III		673	515
	V	**485**	673	515
	VI	**630**	673	515

Lohn/ Gehalt in € bis	Steuerklasse	Lohn-steuer*	BVSP**	TAGZ***
5 651,99	I,IV		678	518
	II		678	518
	III		678	518
	V	**489**	678	518
	VI	**634**	678	518
5 687,99	I,IV		682	521
	II		682	521
	III		682	521
	V	**493**	682	521
	VI	**638**	682	521
5 723,99	I,IV		686	525
	II		686	525
	III		686	525
	V	**497**	686	525
	VI	**642**	686	525
5 759,99	I,IV		691	528
	II		691	528
	III		691	528
	V	**501**	691	528
	VI	**646**	691	528
5 795,99	I,IV		695	531
	II		695	531
	III		695	531
	V	**505**	695	531
	VI	**650**	695	531
5 831,99	I,IV		699	535
	II		699	535
	III		699	535
	V	**509**	699	535
	VI	**654**	699	535
5 867,99	I,IV		704	538
	II		704	538
	III		704	538
	V	**513**	704	538
	VI	**658**	704	538
5 903,99	I,IV		708	541
	II		708	541
	III		708	541
	V	**517**	708	541
	VI	**662**	708	541
5 939,99	I,IV		712	544
	II		712	544
	III		712	544
	V	**521**	712	544
	VI	**666**	712	544
5 975,99	I,IV		717	548
	II		717	548
	III		717	548
	V	**525**	717	548
	VI	**670**	717	548
6 011,99	I,IV		721	551
	II		721	551
	III		721	551
	V	**529**	721	551
	VI	**674**	721	551
6 047,99	I,IV		725	554
	II		725	554
	III		725	554
	V	**533**	725	554
	VI	**678**	725	554

* Zur LSt-Berechnung für privat versicherte Arbeitnehmer s. Beispiele **Vorbemerkung S. 4f.**
** Basisvorsorgepauschale KV und PV *** Typisierter Arbeitgeberzuschuss

Lohn/ Gehalt in € bis	Steuerklasse	Lohn- steuer*	BVSP**	TAGZ***
6083,99	I,IV		730	558
	II		730	558
	III		730	558
	V	**537**	730	558
	VI	**682**	730	558
6119,99	I,IV		734	561
	II		734	561
	III		734	561
	V	**541**	734	561
	VI	**686**	734	561
6155,99	I,IV		738	564
	II		738	564
	III		738	564
	V	**545**	738	564
	VI	**690**	738	564
6191,99	I,IV		743	568
	II		743	568
	III		743	568
	V	**549**	743	568
	VI	**694**	743	568
6227,99	I,IV		747	571
	II		747	571
	III		747	571
	V	**553**	747	571
	VI	**699**	747	571
6263,99	I,IV		751	574
	II		751	574
	III		751	574
	V	**557**	751	574
	VI	**702**	751	574
6299,99	I,IV		755	578
	II		755	578
	III		755	578
	V	**561**	755	578
	VI	**707**	755	578
6335,99	I,IV		760	581
	II		760	581
	III		760	581
	V	**566**	760	581
	VI	**711**	760	581
6371,99	I,IV		764	584
	II		764	584
	III		764	584
	V	**570**	764	584
	VI	**715**	764	584
6407,99	I,IV		768	587
	II		768	587
	III		768	587
	V	**574**	768	587
	VI	**719**	768	587
6443,99	I,IV		773	591
	II		773	591
	III		773	591
	V	**578**	773	591
	VI	**723**	773	591
6479,99	I,IV		777	594
	II		777	594
	III		777	594
	V	**582**	777	594
	VI	**727**	777	594

Lohn/ Gehalt in € bis	Steuerklasse	Lohn- steuer*	BVSP**	TAGZ***
6515,99	I,IV		781	597
	II		781	597
	III		781	597
	V	**586**	781	597
	VI	**731**	781	597
6551,99	I,IV		786	601
	II		786	601
	III		786	601
	V	**590**	786	601
	VI	**735**	786	601
6587,99	I,IV		790	604
	II		790	604
	III		790	604
	V	**594**	790	604
	VI	**739**	790	604
6623,99	I,IV		794	607
	II		794	607
	III		794	607
	V	**598**	794	607
	VI	**743**	794	607
6659,99	I,IV		799	611
	II		799	611
	III		799	611
	V	**602**	799	611
	VI	**747**	799	611
6695,99	I,IV		803	614
	II		803	614
	III		803	614
	V	**606**	803	614
	VI	**751**	803	614
6731,99	I,IV		807	617
	II		807	617
	III		807	617
	V	**610**	807	617
	VI	**755**	807	617
6767,99	I,IV		812	620
	II		812	620
	III		812	620
	V	**614**	812	620
	VI	**759**	812	620
6803,99	I,IV		816	624
	II		816	624
	III		816	624
	V	**618**	816	624
	VI	**763**	816	624
6839,99	I,IV		820	627
	II		820	627
	III		820	627
	V	**622**	820	627
	VI	**767**	820	627
6875,99	I,IV		825	630
	II		825	630
	III		825	630
	V	**626**	825	630
	VI	**771**	825	630
6911,99	I,IV		829	634
	II		829	634
	III		829	634
	V	**630**	829	634
	VI	**775**	829	634

* Zur LSt-Berechnung für privat versicherte Arbeitnehmer s. Beispiele **Vorbemerkung S. 4 f.**
** Basisvorsorgepauschale KV und PV *** Typisierter Arbeitgeberzuschuss

Lohn/ Gehalt in € bis	Steuerklasse	Lohn- steuer*	BVSP**	TAGZ***
6 947,99	I,IV		833	637
	II		833	637
	III		833	637
	V	**634**	833	637
	VI	**779**	833	637
6 983,99	I,IV		838	640
	II		838	640
	III		838	640
	V	**638**	838	640
	VI	**783**	838	640
7 019,99	I,IV		842	644
	II		842	644
	III		842	644
	V	**642**	842	644
	VI	**787**	842	644
7 055,99	I,IV		846	647
	II		846	647
	III		846	647
	V	**646**	846	647
	VI	**791**	846	647
7 091,99	I,IV		851	650
	II		851	650
	III		851	650
	V	**650**	851	650
	VI	**795**	851	650
7 127,99	I,IV		855	653
	II		855	653
	III		855	653
	V	**654**	855	653
	VI	**799**	855	653
7 163,99	I,IV		859	657
	II		859	657
	III		859	657
	V	**658**	859	657
	VI	**804**	859	657
7 199,99	I,IV		863	660
	II		863	660
	III		863	660
	V	**663**	863	660
	VI	**808**	863	660
7 235,99	I,IV		868	663
	II		868	663
	III		868	663
	V	**667**	868	663
	VI	**812**	868	663
7 271,99	I,IV		872	667
	II		872	667
	III		872	667
	V	**671**	872	667
	VI	**816**	872	667
7 307,99	I,IV		876	670
	II		876	670
	III		876	670
	V	**675**	876	670
	VI	**820**	876	670
7 343,99	I,IV		881	673
	II		881	673
	III		881	673
	V	**679**	881	673
	VI	**824**	881	673
7 379,99	I,IV		885	677
	II		885	677
	III		885	677
	V	**683**	885	677
	VI	**828**	885	677
7 415,99	I,IV		889	680
	II		889	680
	III		889	680
	V	**687**	889	680
	VI	**832**	889	680
7 451,99	I,IV		894	683
	II		894	683
	III		894	683
	V	**691**	894	683
	VI	**836**	894	683
7 487,99	I,IV		898	687
	II		898	687
	III		898	687
	V	**695**	898	687
	VI	**840**	898	687
7 523,99	I,IV		902	690
	II		902	690
	III		902	690
	V	**699**	902	690
	VI	**844**	902	690
7 559,99	I,IV		907	693
	II		907	693
	III		907	693
	V	**703**	907	693
	VI	**848**	907	693
7 595,99	I,IV		911	696
	II		911	696
	III		911	696
	V	**707**	911	696
	VI	**852**	911	696
7 631,99	I,IV		915	700
	II		915	700
	III		915	700
	V	**711**	915	700
	VI	**856**	915	700
7 667,99	I,IV		920	703
	II		920	703
	III		920	703
	V	**715**	920	703
	VI	**860**	920	703
7 703,99	I,IV		924	706
	II		924	706
	III		924	706
	V	**719**	924	706
	VI	**864**	924	706
7 739,99	I,IV		928	710
	II		928	710
	III		928	710
	V	**723**	928	710
	VI	**868**	928	710
7 775,99	I,IV		933	713
	II		933	713
	III		933	713
	V	**727**	933	713
	VI	**872**	933	713

* Zur LSt-Berechnung für privat versicherte Arbeitnehmer s. Beispiele **Vorbemerkung S. 4 f.**
** Basisvorsorgepauschale KV und PV *** Typisierter Arbeitgeberzuschuss

Lohn/ Gehalt in € bis	Steuerklasse	Lohn- steuer*	BVSP**	TAGZ***
7 811,99	I,IV		937	716
	II		937	716
	III		937	716
	V	**731**	937	716
	VI	**876**	937	716
7 847,99	I,IV		941	720
	II		941	720
	III		941	720
	V	**735**	941	720
	VI	**880**	941	720
7 883,99	I,IV		946	723
	II		946	723
	III		946	723
	V	**739**	946	723
	VI	**884**	946	723
7 919,99	I,IV		950	726
	II		950	726
	III		950	726
	V	**743**	950	726
	VI	**888**	950	726
7 955,99	I,IV		954	729
	II		954	729
	III		954	729
	V	**747**	954	729
	VI	**892**	954	729
7 991,99	I,IV		959	733
	II		959	733
	III		959	733
	V	**751**	959	733
	VI	**896**	959	733
8 027,99	I,IV		963	736
	II		963	736
	III		963	736
	V	**756**	963	736
	VI	**901**	963	736
8 063,99	I,IV		967	739
	II		967	739
	III		967	739
	V	**760**	967	739
	VI	**905**	967	739
8 099,99	I,IV		971	743
	II		971	743
	III		971	743
	V	**764**	971	743
	VI	**909**	971	743
8 135,99	I,IV		976	746
	II		976	746
	III		976	746
	V	**768**	976	746
	VI	**913**	976	746
8 171,99	I,IV		980	749
	II		980	749
	III		980	749
	V	**772**	980	749
	VI	**917**	980	749
8 207,99	I,IV		984	753
	II		984	753
	III		984	753
	V	**776**	984	753
	VI	**921**	984	753

Lohn/ Gehalt in € bis	Steuerklasse	Lohn- steuer*	BVSP**	TAGZ***
8 243,99	I,IV		989	756
	II		989	756
	III		989	756
	V	**780**	989	756
	VI	**925**	989	756
8 279,99	I,IV		993	759
	II		993	759
	III		993	759
	V	**784**	993	759
	VI	**929**	993	759
8 315,99	I,IV		997	762
	II		997	762
	III		997	762
	V	**788**	997	762
	VI	**933**	997	762
8 351,99	I,IV		1 002	766
	II		1 002	766
	III		1 002	766
	V	**792**	1 002	766
	VI	**937**	1 002	766
8 387,99	I,IV		1 006	769
	II		1 006	769
	III		1 006	769
	V	**796**	1 006	769
	VI	**941**	1 006	769
8 423,99	I,IV		1 010	772
	II		1 010	772
	III		1 010	772
	V	**800**	1 010	772
	VI	**945**	1 010	772
8 459,99	I,IV		1 015	776
	II		1 015	776
	III		1 015	776
	V	**804**	1 015	776
	VI	**949**	1 015	776
8 495,99	I,IV		1 019	779
	II		1 019	779
	III		1 019	779
	V	**808**	1 019	779
	VI	**953**	1 019	779
8 531,99	I,IV		1 023	782
	II		1 023	782
	III		1 023	782
	V	**812**	1 023	782
	VI	**957**	1 023	782
8 567,99	I,IV		1 028	786
	II		1 028	786
	III		1 028	786
	V	**816**	1 028	786
	VI	**961**	1 028	786
8 603,99	I,IV		1 032	789
	II		1 032	789
	III		1 032	789
	V	**820**	1 032	789
	VI	**965**	1 032	789
8 639,99	I,IV		1 036	792
	II		1 036	792
	III		1 036	792
	V	**824**	1 036	792
	VI	**969**	1 036	792

* Zur LSt-Berechnung für privat versicherte Arbeitnehmer s. Beispiele **Vorbemerkung S. 4f.**
** Basisvorsorgepauschale KV und PV *** Typisierter Arbeitgeberzuschuss

Lohn/ Gehalt in € bis	Steuerklasse	Lohn-steuer*	BVSP**	TAGZ***
8675,99	I,IV		1041	796
	II		1041	796
	III		1041	796
	V	**828**	1041	796
	VI	**973**	1041	796
8711,99	I,IV		1045	799
	II		1045	799
	III		1045	799
	V	**832**	1045	799
	VI	**977**	1045	799
8747,99	I,IV		1049	802
	II		1049	802
	III		1049	802
	V	**836**	1049	802
	VI	**981**	1049	802
8783,99	I,IV		1054	805
	II		1054	805
	III		1054	805
	V	**840**	1054	805
	VI	**985**	1054	805
8819,99	I,IV		1058	809
	II		1058	809
	III		1058	809
	V	**844**	1058	809
	VI	**989**	1058	809
8855,99	I,IV		1062	812
	II		1062	812
	III		1062	812
	V	**848**	1062	812
	VI	**994**	1062	812
8891,99	I,IV		1067	815
	II		1067	815
	III		1067	815
	V	**853**	1067	815
	VI	**998**	1067	815
8927,99	I,IV		1071	819
	II		1071	819
	III		1071	819
	V	**857**	1071	819
	VI	**1002**	1071	819
8963,99	I,IV		1075	822
	II		1075	822
	III		1075	822
	V	**861**	1075	822
	VI	**1006**	1075	822
8999,99	I,IV		1079	825
	II		1079	825
	III		1079	825
	V	**865**	1079	825
	VI	**1010**	1079	825
9035,99	I,IV		1084	829
	II		1084	829
	III		1084	829
	V	**869**	1084	829
	VI	**1014**	1084	829
9071,99	I,IV		1088	832
	II		1088	832
	III		1088	832
	V	**873**	1088	832
	VI	**1018**	1088	832

Lohn/ Gehalt in € bis	Steuerklasse	Lohn-steuer*	BVSP**	TAGZ***
9107,99	I,IV		1092	835
	II		1092	835
	III		1092	835
	V	**877**	1092	835
	VI	**1022**	1092	835
9143,99	I,IV		1097	838
	II		1097	838
	III		1097	838
	V	**881**	1097	838
	VI	**1026**	1097	838
9179,99	I,IV		1101	842
	II		1101	842
	III		1101	842
	V	**885**	1101	842
	VI	**1030**	1101	842
9215,99	I,IV		1105	845
	II		1105	845
	III		1105	845
	V	**889**	1105	845
	VI	**1034**	1105	845
9251,99	I,IV		1110	848
	II		1110	848
	III		1110	848
	V	**893**	1110	848
	VI	**1038**	1110	848
9287,99	I,IV		1114	852
	II		1114	852
	III		1114	852
	V	**897**	1114	852
	VI	**1042**	1114	852
9323,99	I,IV		1118	855
	II		1118	855
	III		1118	855
	V	**901**	1118	855
	VI	**1046**	1118	855
9359,99	I,IV		1123	858
	II		1123	858
	III		1123	858
	V	**905**	1123	858
	VI	**1050**	1123	858
9395,99	I,IV		1127	862
	II		1127	862
	III		1127	862
	V	**909**	1127	862
	VI	**1054**	1127	862
9431,99	I,IV		1131	865
	II		1131	865
	III		1131	865
	V	**913**	1131	865
	VI	**1058**	1131	865
9467,99	I,IV		1136	868
	II		1136	868
	III		1136	868
	V	**917**	1136	868
	VI	**1062**	1136	868
9503,99	I,IV		1140	871
	II		1140	871
	III		1140	871
	V	**921**	1140	871
	VI	**1066**	1140	871

* Zur LSt-Berechnung für privat versicherte Arbeitnehmer s. Beispiele **Vorbemerkung S. 4f.**
** Basisvorsorgepauschale KV und PV *** Typisierter Arbeitgeberzuschuss

Lohn/ Gehalt in € bis	Steuerklasse	Lohn- steuer*	BVSP**	TAGZ***
9539,99	I,IV		1 144	875
	II		1 144	875
	III		1 144	875
	V	**925**	1 144	875
	VI	**1070**	1 144	875
9575,99	I,IV		1 149	878
	II		1 149	878
	III		1 149	878
	V	**929**	1 149	878
	VI	**1074**	1 149	878
9611,99	I,IV		1 153	881
	II		1 153	881
	III		1 153	881
	V	**933**	1 153	881
	VI	**1078**	1 153	881
9647,99	I,IV		1 157	885
	II		1 157	885
	III		1 157	885
	V	**937**	1 157	885
	VI	**1082**	1 157	885
9683,99	I,IV		1 162	888
	II		1 162	888
	III		1 162	888
	V	**941**	1 162	888
	VI	**1086**	1 162	888
9719,99	I,IV		1 166	891
	II		1 166	891
	III		1 166	891
	V	**945**	1 166	891
	VI	**1091**	1 166	891
9755,99	I,IV		1 170	895
	II		1 170	895
	III		1 170	895
	V	**950**	1 170	895
	VI	**1095**	1 170	895
9791,99	I,IV		1 175	898
	II		1 175	898
	III		1 175	898
	V	**954**	1 175	898
	VI	**1099**	1 175	898
9827,99	I,IV		1 179	901
	II		1 179	901
	III		1 179	901
	V	**958**	1 179	901
	VI	**1103**	1 179	901
9863,99	I,IV		1 183	905
	II		1 183	905
	III		1 183	905
	V	**962**	1 183	905
	VI	**1107**	1 183	905
9899,99	I,IV		1 187	908
	II		1 187	908
	III		1 187	908
	V	**966**	1 187	908
	VI	**1111**	1 187	908
9935,99	I,IV		1 192	911
	II		1 192	911
	III		1 192	911
	V	**970**	1 192	911
	VI	**1115**	1 192	911

Lohn/ Gehalt in € bis	Steuerklasse	Lohn- steuer*	BVSP**	TAGZ***
9971,99	I,IV		1 196	914
	II		1 196	914
	III		1 196	914
	V	**974**	1 196	914
	VI	**1119**	1 196	914
10007,99	I,IV		1 200	918
	II		1 200	918
	III		1 200	918
	V	**978**	1 200	918
	VI	**1123**	1 200	918
10043,99	I,IV		1 205	921
	II		1 205	921
	III		1 205	921
	V	**982**	1 205	921
	VI	**1127**	1 205	921
10079,99	I,IV		1 209	924
	II		1 209	924
	III		1 209	924
	V	**986**	1 209	924
	VI	**1131**	1 209	924
10115,99	I,IV		1 213	928
	II		1 213	928
	III		1 213	928
	V	**990**	1 213	928
	VI	**1135**	1 213	928
10151,99	I,IV		1 218	931
	II		1 218	931
	III		1 218	931
	V	**994**	1 218	931
	VI	**1139**	1 218	931
10187,99	I,IV		1 222	934
	II		1 222	934
	III		1 222	934
	V	**998**	1 222	934
	VI	**1143**	1 222	934
10223,99	I,IV		1 226	938
	II		1 226	938
	III		1 226	938
	V	**1002**	1 226	938
	VI	**1147**	1 226	938
10259,99	I,IV		1 231	941
	II		1 231	941
	III		1 231	941
	V	**1006**	1 231	941
	VI	**1151**	1 231	941
10295,99	I,IV		1 235	944
	II		1 235	944
	III		1 235	944
	V	**1010**	1 235	944
	VI	**1155**	1 235	944
10331,99	I,IV		1 239	947
	II		1 239	947
	III		1 239	947
	V	**1014**	1 239	947
	VI	**1159**	1 239	947
10367,99	I,IV		1 244	951
	II		1 244	951
	III		1 244	951
	V	**1018**	1 244	951
	VI	**1163**	1 244	951

* Zur LSt-Berechnung für privat versicherte Arbeitnehmer s. Beispiele **Vorbemerkung S. 4 f.**
** Basisvorsorgepauschale KV und PV *** Typisierter Arbeitgeberzuschuss

Lohn/ Gehalt in € bis	Steuerklasse	Lohn- steuer*	BVSP**	TAGZ***
10403,99	I,IV		1248	954
	II		1248	954
	III		1248	954
	V	**1022**	1248	954
	VI	**1167**	1248	954
10439,99	I,IV		1252	957
	II		1252	957
	III		1252	957
	V	**1026**	1252	957
	VI	**1171**	1252	957
10475,99	I,IV		1257	961
	II		1257	961
	III		1257	961
	V	**1030**	1257	961
	VI	**1175**	1257	961
10511,99	I,IV		1261	964
	II		1261	964
	III		1261	964
	V	**1034**	1261	964
	VI	**1179**	1261	964
10547,99	I,IV		1265	967
	II		1265	967
	III		1265	967
	V	**1038**	1265	967
	VI	**1183**	1265	967
10583,99	I,IV		1270	971
	II		1270	971
	III		1270	971
	V	**1043**	1270	971
	VI	**1188**	1270	971
10619,99	I,IV		1274	974
	II		1274	974
	III		1274	974
	V	**1046**	1274	974
	VI	**1191**	1274	974
10655,99	I,IV		1278	977
	II		1278	977
	III		1278	977
	V	**1050**	1278	977
	VI	**1196**	1278	977
10691,99	I,IV		1283	980
	II		1283	980
	III		1283	980
	V	**1055**	1283	980
	VI	**1200**	1283	980
10727,99	I,IV		1287	984
	II		1287	984
	III		1287	984
	V	**1059**	1287	984
	VI	**1204**	1287	984
10763,99	I,IV		1291	987
	II		1291	987
	III		1291	987
	V	**1063**	1291	987
	VI	**1208**	1291	987
10799,99	I,IV		1295	990
	II		1295	990
	III		1295	990
	V	**1067**	1295	990
	VI	**1212**	1295	990
10835,99	I,IV		1300	994
	II		1300	994
	III		1300	994
	V	**1071**	1300	994
	VI	**1216**	1300	994
10871,99	I,IV		1304	997
	II		1304	997
	III		1304	997
	V	**1075**	1304	997
	VI	**1220**	1304	997
10907,99	I,IV		1308	1000
	II		1308	1000
	III		1308	1000
	V	**1079**	1308	1000
	VI	**1224**	1308	1000
10943,99	I,IV		1313	1004
	II		1313	1004
	III		1313	1004
	V	**1083**	1313	1004
	VI	**1228**	1313	1004
10979,99	I,IV		1317	1007
	II		1317	1007
	III		1317	1007
	V	**1087**	1317	1007
	VI	**1232**	1317	1007
11015,99	I,IV		1321	1010
	II		1321	1010
	III		1321	1010
	V	**1091**	1321	1010
	VI	**1236**	1321	1010
11051,99	I,IV		1326	1014
	II		1326	1014
	III		1326	1014
	V	**1095**	1326	1014
	VI	**1240**	1326	1014
11087,99	I,IV		1330	1017
	II		1330	1017
	III		1330	1017
	V	**1099**	1330	1017
	VI	**1244**	1330	1017
11123,99	I,IV		1334	1020
	II		1334	1020
	III		1334	1020
	V	**1103**	1334	1020
	VI	**1248**	1334	1020
11159,99	I,IV		1339	1023
	II		1339	1023
	III		1339	1023
	V	**1107**	1339	1023
	VI	**1252**	1339	1023
11195,99	I,IV		1343	1027
	II		1343	1027
	III		1343	1027
	V	**1111**	1343	1027
	VI	**1256**	1343	1027
11231,99	I,IV		1347	1030
	II		1347	1030
	III		1347	1030
	V	**1115**	1347	1030
	VI	**1260**	1347	1030

* Zur LSt-Berechnung für privat versicherte Arbeitnehmer s. Beispiele **Vorbemerkung S. 4f.**
** Basisvorsorgepauschale KV und PV *** Typisierter Arbeitgeberzuschuss

Lohn/ Gehalt in € bis	Steuerklasse	Lohn- steuer*	BVSP**	TAGZ***
11 267,99	I,IV		1 352	1 033
	II		1 352	1 033
	III		1 352	1 033
	V	**1 119**	1 352	1 033
	VI	**1 264**	1 352	1 033
11 303,99	I,IV		1 356	1 037
	II		1 356	1 037
	III		1 356	1 037
	V	**1 123**	1 356	1 037
	VI	**1 268**	1 356	1 037
11 339,99	I,IV		1 360	1 040
	II		1 360	1 040
	III		1 360	1 040
	V	**1 127**	1 360	1 040
	VI	**1 272**	1 360	1 040
11 375,99	I,IV		1 365	1 043
	II		1 365	1 043
	III		1 365	1 043
	V	**1 131**	1 365	1 043
	VI	**1 276**	1 365	1 043
11 411,99	I,IV		1 369	1 047
	II		1 369	1 047
	III		1 369	1 047
	V	**1 135**	1 369	1 047
	VI	**1 281**	1 369	1 047
11 447,99	I,IV		1 373	1 050
	II		1 373	1 050
	III		1 373	1 050
	V	**1 139**	1 373	1 050
	VI	**1 284**	1 373	1 050
11 483,99	I,IV		1 378	1 053
	II		1 378	1 053
	III		1 378	1 053
	V	**1 143**	1 378	1 053
	VI	**1 288**	1 378	1 053
11 519,99	I,IV		1 382	1 056
	II		1 382	1 056
	III		1 382	1 056
	V	**1 148**	1 382	1 056
	VI	**1 293**	1 382	1 056
11 555,99	I,IV		1 386	1 060
	II		1 386	1 060
	III		1 386	1 060
	V	**1 152**	1 386	1 060
	VI	**1 297**	1 386	1 060
11 591,99	I,IV		1 391	1 063
	II		1 391	1 063
	III		1 391	1 063
	V	**1 156**	1 391	1 063
	VI	**1 301**	1 391	1 063
11 627,99	I,IV		1 395	1 066
	II		1 395	1 066
	III		1 395	1 066
	V	**1 160**	1 395	1 066
	VI	**1 305**	1 395	1 066
11 663,99	I,IV		1 399	1 070
	II		1 399	1 070
	III		1 399	1 070
	V	**1 164**	1 399	1 070
	VI	**1 309**	1 399	1 070

Lohn/ Gehalt in € bis	Steuerklasse	Lohn- steuer*	BVSP**	TAGZ***
11 699,99	I,IV		1 403	1 073
	II		1 403	1 073
	III		1 403	1 073
	V	**1 168**	1 403	1 073
	VI	**1 313**	1 403	1 073
11 735,99	I,IV		1 408	1 076
	II		1 408	1 076
	III		1 408	1 076
	V	**1 172**	1 408	1 076
	VI	**1 317**	1 408	1 076
11 771,99	I,IV		1 412	1 080
	II		1 412	1 080
	III		1 412	1 080
	V	**1 176**	1 412	1 080
	VI	**1 321**	1 412	1 080
11 807,99	I,IV		1 416	1 083
	II		1 416	1 083
	III		1 416	1 083
	V	**1 180**	1 416	1 083
	VI	**1 325**	1 416	1 083
11 843,99	I,IV		1 421	1 086
	II		1 421	1 086
	III		1 421	1 086
	V	**1 184**	1 421	1 086
	VI	**1 329**	1 421	1 086
11 879,99	I,IV		1 425	1 089
	II		1 425	1 089
	III		1 425	1 089
	V	**1 188**	1 425	1 089
	VI	**1 333**	1 425	1 089
11 915,99	I,IV		1 429	1 093
	II		1 429	1 093
	III		1 429	1 093
	V	**1 192**	1 429	1 093
	VI	**1 337**	1 429	1 093
11 951,99	I,IV		1 434	1 096
	II		1 434	1 096
	III		1 434	1 096
	V	**1 196**	1 434	1 096
	VI	**1 341**	1 434	1 096
11 987,99	I,IV		1 438	1 099
	II		1 438	1 099
	III		1 438	1 099
	V	**1 200**	1 438	1 099
	VI	**1 345**	1 438	1 099
12 023,99	I,IV		1 442	1 103
	II		1 442	1 103
	III		1 442	1 103
	V	**1 204**	1 442	1 103
	VI	**1 349**	1 442	1 103
12 059,99	I,IV		1 447	1 106
	II		1 447	1 106
	III		1 447	1 106
	V	**1 208**	1 447	1 106
	VI	**1 353**	1 447	1 106
12 095,99	I,IV		1 451	1 109
	II		1 451	1 109
	III		1 451	1 109
	V	**1 212**	1 451	1 109
	VI	**1 357**	1 451	1 109

* Zur LSt-Berechnung für privat versicherte Arbeitnehmer s. Beispiele **Vorbemerkung S. 4 f.**
** Basisvorsorgepauschale KV und PV *** Typisierter Arbeitgeberzuschuss

Lohn/ Gehalt in € bis	Steuerklasse	Lohn-steuer*	BVSP**	TAGZ***
12 131,99	I,IV		1 455	1 113
	II		1 455	1 113
	III		1 455	1 113
	V	**1 216**	1 455	1 113
	VI	**1 361**	1 455	1 113
12 167,99	I,IV		1 460	1 116
	II		1 460	1 116
	III		1 460	1 116
	V	**1 220**	1 460	1 116
	VI	**1 365**	1 460	1 116
12 203,99	I,IV		1 464	1 119
	II		1 464	1 119
	III		1 464	1 119
	V	**1 224**	1 464	1 119
	VI	**1 369**	1 464	1 119
12 239,99	I,IV		1 468	1 123
	II		1 468	1 123
	III		1 468	1 123
	V	**1 228**	1 468	1 123
	VI	**1 373**	1 468	1 123
12 275,99	I,IV		1 473	1 126
	II		1 473	1 126
	III		1 473	1 126
	V	**1 232**	1 473	1 126
	VI	**1 377**	1 473	1 126
12 311,99	I,IV		1 477	1 129
	II		1 477	1 129
	III		1 477	1 129
	V	**1 236**	1 477	1 129
	VI	**1 381**	1 477	1 129
12 347,99	I,IV		1 481	1 132
	II		1 481	1 132
	III		1 481	1 132
	V	**1 240**	1 481	1 132
	VI	**1 386**	1 481	1 132
12 383,99	I,IV		1 486	1 136
	II		1 486	1 136
	III		1 486	1 136
	V	**1 245**	1 486	1 136
	VI	**1 390**	1 486	1 136
12 419,99	I,IV		1 490	1 139
	II		1 490	1 139
	III		1 490	1 139
	V	**1 249**	1 490	1 139
	VI	**1 394**	1 490	1 139
12 455,99	I,IV		1 494	1 142
	II		1 494	1 142
	III		1 494	1 142
	V	**1 253**	1 494	1 142
	VI	**1 398**	1 494	1 142
12 491,99	I,IV		1 499	1 146
	II		1 499	1 146
	III		1 499	1 146
	V	**1 257**	1 499	1 146
	VI	**1 402**	1 499	1 146
12 527,99	I,IV		1 503	1 149
	II		1 503	1 149
	III		1 503	1 149
	V	**1 261**	1 503	1 149
	VI	**1 406**	1 503	1 149

Lohn/ Gehalt in € bis	Steuerklasse	Lohn-steuer*	BVSP**	TAGZ***
12 563,99	I,IV		1 507	1 152
	II		1 507	1 152
	III		1 507	1 152
	V	**1 265**	1 507	1 152
	VI	**1 410**	1 507	1 152
12 599,99	I,IV		1 511	1 156
	II		1 511	1 156
	III		1 511	1 156
	V	**1 269**	1 511	1 156
	VI	**1 414**	1 511	1 156
12 635,99	I,IV		1 516	1 159
	II		1 516	1 159
	III		1 516	1 159
	V	**1 273**	1 516	1 159
	VI	**1 418**	1 516	1 159
12 671,99	I,IV		1 520	1 162
	II		1 520	1 162
	III		1 520	1 162
	V	**1 277**	1 520	1 162
	VI	**1 422**	1 520	1 162
12 707,99	I,IV		1 524	1 165
	II		1 524	1 165
	III		1 524	1 165
	V	**1 281**	1 524	1 165
	VI	**1 426**	1 524	1 165
12 743,99	I,IV		1 529	1 169
	II		1 529	1 169
	III		1 529	1 169
	V	**1 285**	1 529	1 169
	VI	**1 430**	1 529	1 169
12 779,99	I,IV		1 533	1 172
	II		1 533	1 172
	III		1 533	1 172
	V	**1 289**	1 533	1 172
	VI	**1 434**	1 533	1 172
12 815,99	I,IV		1 537	1 175
	II		1 537	1 175
	III		1 537	1 175
	V	**1 293**	1 537	1 175
	VI	**1 438**	1 537	1 175
12 851,99	I,IV		1 542	1 179
	II		1 542	1 179
	III		1 542	1 179
	V	**1 297**	1 542	1 179
	VI	**1 442**	1 542	1 179
12 887,99	I,IV		1 546	1 182
	II		1 546	1 182
	III		1 546	1 182
	V	**1 301**	1 546	1 182
	VI	**1 446**	1 546	1 182
12 923,99	I,IV		1 550	1 185
	II		1 550	1 185
	III		1 550	1 185
	V	**1 305**	1 550	1 185
	VI	**1 450**	1 550	1 185
12 959,99	I,IV		1 555	1 189
	II		1 555	1 189
	III		1 555	1 189
	V	**1 309**	1 555	1 189
	VI	**1 454**	1 555	1 189

* Zur LSt-Berechnung für privat versicherte Arbeitnehmer s. Beispiele **Vorbemerkung S. 4 f.**
** Basisvorsorgepauschale KV und PV *** Typisierter Arbeitgeberzuschuss

Lohn/ Gehalt in € bis	Steuerklasse	Lohn- steuer*	BVSP**	TAGZ***
12 995,99	I,IV		1 559	1 192
	II		1 559	1 192
	III		1 559	1 192
	V	**1 313**	1 559	1 192
	VI	**1 458**	1 559	1 192
13 031,99	I,IV		1 563	1 195
	II		1 563	1 195
	III		1 563	1 195
	V	**1 317**	1 563	1 195
	VI	**1 462**	1 563	1 195
13 067,99	I,IV		1 568	1 198
	II		1 568	1 198
	III		1 568	1 198
	V	**1 321**	1 568	1 198
	VI	**1 466**	1 568	1 198
13 103,99	I,IV		1 572	1 202
	II		1 572	1 202
	III		1 572	1 202
	V	**1 325**	1 572	1 202
	VI	**1 470**	1 572	1 202
13 139,99	I,IV		1 576	1 205
	II		1 576	1 205
	III		1 576	1 205
	V	**1 329**	1 576	1 205
	VI	**1 474**	1 576	1 205
13 175,99	I,IV		1 581	1 208
	II		1 581	1 208
	III		1 581	1 208
	V	**1 333**	1 581	1 208
	VI	**1 478**	1 581	1 208
13 211,99	I,IV		1 585	1 212
	II		1 585	1 212
	III		1 585	1 212
	V	**1 337**	1 585	1 212
	VI	**1 483**	1 585	1 212
13 247,99	I,IV		1 589	1 215
	II		1 589	1 215
	III		1 589	1 215
	V	**1 342**	1 589	1 215
	VI	**1 487**	1 589	1 215
13 283,99	I,IV		1 594	1 218
	II		1 594	1 218
	III		1 594	1 218
	V	**1 346**	1 594	1 218
	VI	**1 491**	1 594	1 218
13 319,99	I,IV		1 598	1 222
	II		1 598	1 222
	III		1 598	1 222
	V	**1 350**	1 598	1 222
	VI	**1 495**	1 598	1 222
13 355,99	I,IV		1 602	1 225
	II		1 602	1 225
	III		1 602	1 225
	V	**1 354**	1 602	1 225
	VI	**1 499**	1 602	1 225
13 391,99	I,IV		1 607	1 228
	II		1 607	1 228
	III		1 607	1 228
	V	**1 358**	1 607	1 228
	VI	**1 503**	1 607	1 228

Lohn/ Gehalt in € bis	Steuerklasse	Lohn- steuer*	BVSP**	TAGZ***
13 427,99	I,IV		1 611	1 232
	II		1 611	1 232
	III		1 611	1 232
	V	**1 362**	1 611	1 232
	VI	**1 507**	1 611	1 232
13 463,99	I,IV	**2**	1 615	1 235
	II		1 615	1 235
	III		1 615	1 235
	V	**1 366**	1 615	1 235
	VI	**1 511**	1 615	1 235
13 499,99	I,IV	**6**	1 619	1 238
	II		1 619	1 238
	III		1 619	1 238
	V	**1 370**	1 619	1 238
	VI	**1 515**	1 619	1 238
13 535,99	I,IV	**10**	1 624	1 241
	II		1 624	1 241
	III		1 624	1 241
	V	**1 374**	1 624	1 241
	VI	**1 519**	1 624	1 241
13 571,99	I,IV	**14**	1 628	1 245
	II		1 628	1 245
	III		1 628	1 245
	V	**1 378**	1 628	1 245
	VI	**1 523**	1 628	1 245
13 607,99	I,IV	**18**	1 632	1 248
	II		1 632	1 248
	III		1 632	1 248
	V	**1 382**	1 632	1 248
	VI	**1 527**	1 632	1 248
13 643,99	I,IV	**22**	1 637	1 251
	II		1 637	1 251
	III		1 637	1 251
	V	**1 386**	1 637	1 251
	VI	**1 531**	1 637	1 251
13 679,99	I,IV	**26**	1 641	1 255
	II		1 641	1 255
	III		1 641	1 255
	V	**1 390**	1 641	1 255
	VI	**1 535**	1 641	1 255
13 715,99	I,IV	**30**	1 645	1 258
	II		1 645	1 258
	III		1 645	1 258
	V	**1 394**	1 645	1 258
	VI	**1 539**	1 645	1 258
13 751,99	I,IV	**35**	1 650	1 261
	II		1 650	1 261
	III		1 650	1 261
	V	**1 398**	1 650	1 261
	VI	**1 543**	1 650	1 261
13 787,99	I,IV	**39**	1 654	1 265
	II		1 654	1 265
	III		1 654	1 265
	V	**1 402**	1 654	1 265
	VI	**1 547**	1 654	1 265
13 823,99	I,IV	**43**	1 658	1 268
	II		1 658	1 268
	III		1 658	1 268
	V	**1 406**	1 658	1 268
	VI	**1 551**	1 658	1 268

* Zur LSt-Berechnung für privat versicherte Arbeitnehmer s. Beispiele **Vorbemerkung S. 4 f.**
** Basisvorsorgepauschale KV und PV *** Typisierter Arbeitgeberzuschuss

Lohn/ Gehalt in € bis	Steuerklasse	Lohn-steuer*	BVSP**	TAGZ***
13 859,99	I,IV	**47**	1 663	1 271
	II		1 663	1 271
	III		1 663	1 271
	V	**1 410**	1 663	1 271
	VI	**1 555**	1 663	1 271
13 895,99	I,IV	**51**	1 667	1 274
	II		1 667	1 274
	III		1 667	1 274
	V	**1 414**	1 667	1 274
	VI	**1 559**	1 667	1 274
13 931,99	I,IV	**56**	1 671	1 278
	II		1 671	1 278
	III		1 671	1 278
	V	**1 418**	1 671	1 278
	VI	**1 563**	1 671	1 278
13 967,99	I,IV	**60**	1 676	1 281
	II		1 676	1 281
	III		1 676	1 281
	V	**1 422**	1 676	1 281
	VI	**1 567**	1 676	1 281
14 003,99	I,IV	**64**	1 680	1 284
	II		1 680	1 284
	III		1 680	1 284
	V	**1 426**	1 680	1 284
	VI	**1 571**	1 680	1 284
14 039,99	I,IV	**69**	1 684	1 288
	II		1 684	1 288
	III		1 684	1 288
	V	**1 430**	1 684	1 288
	VI	**1 581**	1 684	1 288
14 075,99	I,IV	**73**	1 689	1 291
	II		1 689	1 291
	III		1 689	1 291
	V	**1 435**	1 689	1 291
	VI	**1 593**	1 689	1 291
14 111,99	I,IV	**77**	1 693	1 294
	II		1 693	1 294
	III		1 693	1 294
	V	**1 439**	1 693	1 294
	VI	**1 605**	1 693	1 294
14 147,99	I,IV	**82**	1 697	1 298
	II		1 697	1 298
	III		1 697	1 298
	V	**1 443**	1 697	1 298
	VI	**1 617**	1 697	1 298
14 183,99	I,IV	**86**	1 702	1 301
	II		1 702	1 301
	III		1 702	1 301
	V	**1 447**	1 702	1 301
	VI	**1 629**	1 702	1 301
14 219,99	I,IV	**90**	1 706	1 304
	II		1 706	1 304
	III		1 706	1 304
	V	**1 451**	1 706	1 304
	VI	**1 641**	1 706	1 304
14 255,99	I,IV	**95**	1 710	1 307
	II		1 710	1 307
	III		1 710	1 307
	V	**1 455**	1 710	1 307
	VI	**1 654**	1 710	1 307
14 291,99	I,IV	**99**	1 715	1 311
	II		1 715	1 311
	III		1 715	1 311
	V	**1 459**	1 715	1 311
	VI	**1 666**	1 715	1 311
14 327,99	I,IV	**104**	1 719	1 314
	II		1 719	1 314
	III		1 719	1 314
	V	**1 463**	1 719	1 314
	VI	**1 678**	1 719	1 314
14 363,99	I,IV	**108**	1 723	1 317
	II		1 723	1 317
	III		1 723	1 317
	V	**1 467**	1 723	1 317
	VI	**1 690**	1 723	1 317
14 399,99	I,IV	**113**	1 727	1 321
	II		1 727	1 321
	III		1 727	1 321
	V	**1 471**	1 727	1 321
	VI	**1 702**	1 727	1 321
14 435,99	I,IV	**117**	1 732	1 324
	II		1 732	1 324
	III		1 732	1 324
	V	**1 475**	1 732	1 324
	VI	**1 714**	1 732	1 324
14 471,99	I,IV	**121**	1 736	1 327
	II		1 736	1 327
	III		1 736	1 327
	V	**1 479**	1 736	1 327
	VI	**1 726**	1 736	1 327
14 507,99	I,IV	**126**	1 740	1 331
	II		1 740	1 331
	III		1 740	1 331
	V	**1 483**	1 740	1 331
	VI	**1 738**	1 740	1 331
14 543,99	I,IV	**131**	1 745	1 334
	II		1 745	1 334
	III		1 745	1 334
	V	**1 487**	1 745	1 334
	VI	**1 751**	1 745	1 334
14 579,99	I,IV	**135**	1 749	1 337
	II		1 749	1 337
	III		1 749	1 337
	V	**1 491**	1 749	1 337
	VI	**1 763**	1 749	1 337
14 615,99	I,IV	**140**	1 753	1 341
	II		1 753	1 341
	III		1 753	1 341
	V	**1 495**	1 753	1 341
	VI	**1 775**	1 753	1 341
14 651,99	I,IV	**144**	1 758	1 344
	II		1 758	1 344
	III		1 758	1 344
	V	**1 499**	1 758	1 344
	VI	**1 787**	1 758	1 344
14 687,99	I,IV	**149**	1 762	1 347
	II		1 762	1 347
	III		1 762	1 347
	V	**1 503**	1 762	1 347
	VI	**1 799**	1 762	1 347

* Zur LSt-Berechnung für privat versicherte Arbeitnehmer s. Beispiele **Vorbemerkung S. 4 f.**
** Basisvorsorgepauschale KV und PV *** Typisierter Arbeitgeberzuschuss

Lohn/ Gehalt in € bis	Steuerklasse	Lohn-steuer*	BVSP**	TAGZ***
14 723,99	I,IV	**153**	1 766	1 350
	II		1 766	1 350
	III		1 766	1 350
	V	**1 507**	1 766	1 350
	VI	**1 811**	1 766	1 350
14 759,99	I,IV	**158**	1 771	1 354
	II		1 771	1 354
	III		1 771	1 354
	V	**1 511**	1 771	1 354
	VI	**1 823**	1 771	1 354
14 795,99	I,IV	**163**	1 775	1 357
	II		1 775	1 357
	III		1 775	1 357
	V	**1 515**	1 775	1 357
	VI	**1 835**	1 775	1 357
14 831,99	I,IV	**167**	1 779	1 360
	II		1 779	1 360
	III		1 779	1 360
	V	**1 519**	1 779	1 360
	VI	**1 848**	1 779	1 360
14 867,99	I,IV	**172**	1 784	1 364
	II		1 784	1 364
	III		1 784	1 364
	V	**1 523**	1 784	1 364
	VI	**1 860**	1 784	1 364
14 903,99	I,IV	**177**	1 788	1 367
	II		1 788	1 367
	III		1 788	1 367
	V	**1 527**	1 788	1 367
	VI	**1 872**	1 788	1 367
14 939,99	I,IV	**182**	1 792	1 370
	II		1 792	1 370
	III		1 792	1 370
	V	**1 532**	1 792	1 370
	VI	**1 884**	1 792	1 370
14 975,99	I,IV	**186**	1 797	1 374
	II		1 797	1 374
	III		1 797	1 374
	V	**1 535**	1 797	1 374
	VI	**1 896**	1 797	1 374
15 011,99	I,IV	**191**	1 801	1 377
	II		1 801	1 377
	III		1 801	1 377
	V	**1 540**	1 801	1 377
	VI	**1 908**	1 801	1 377
15 047,99	I,IV	**196**	1 805	1 380
	II		1 805	1 380
	III		1 805	1 380
	V	**1 544**	1 805	1 380
	VI	**1 920**	1 805	1 380
15 083,99	I,IV	**201**	1 810	1 383
	II		1 810	1 383
	III		1 810	1 383
	V	**1 548**	1 810	1 383
	VI	**1 932**	1 810	1 383
15 119,99	I,IV	**205**	1 814	1 387
	II		1 814	1 387
	III		1 814	1 387
	V	**1 552**	1 814	1 387
	VI	**1 945**	1 814	1 387
15 155,99	I,IV	**210**	1 818	1 390
	II		1 818	1 390
	III		1 818	1 390
	V	**1 556**	1 818	1 390
	VI	**1 957**	1 818	1 390
15 191,99	I,IV	**215**	1 823	1 393
	II		1 823	1 393
	III		1 823	1 393
	V	**1 560**	1 823	1 393
	VI	**1 969**	1 823	1 393
15 227,99	I,IV	**220**	1 827	1 397
	II		1 827	1 397
	III		1 827	1 397
	V	**1 564**	1 827	1 397
	VI	**1 981**	1 827	1 397
15 263,99	I,IV	**225**	1 831	1 400
	II		1 831	1 400
	III		1 831	1 400
	V	**1 568**	1 831	1 400
	VI	**1 993**	1 831	1 400
15 299,99	I,IV	**230**	1 835	1 403
	II		1 835	1 403
	III		1 835	1 403
	V	**1 572**	1 835	1 403
	VI	**2 005**	1 835	1 403
15 335,99	I,IV	**235**	1 840	1 407
	II		1 840	1 407
	III		1 840	1 407
	V	**1 582**	1 840	1 407
	VI	**2 017**	1 840	1 407
15 371,99	I,IV	**240**	1 844	1 410
	II		1 844	1 410
	III		1 844	1 410
	V	**1 594**	1 844	1 410
	VI	**2 029**	1 844	1 410
15 407,99	I,IV	**245**	1 848	1 413
	II		1 848	1 413
	III		1 848	1 413
	V	**1 607**	1 848	1 413
	VI	**2 042**	1 848	1 413
15 443,99	I,IV	**249**	1 853	1 416
	II		1 853	1 416
	III		1 853	1 416
	V	**1 619**	1 853	1 416
	VI	**2 054**	1 853	1 416
15 479,99	I,IV	**254**	1 857	1 420
	II		1 857	1 420
	III		1 857	1 420
	V	**1 631**	1 857	1 420
	VI	**2 066**	1 857	1 420
15 515,99	I,IV	**259**	1 861	1 423
	II		1 861	1 423
	III		1 861	1 423
	V	**1 643**	1 861	1 423
	VI	**2 078**	1 861	1 423
15 551,99	I,IV	**264**	1 866	1 426
	II		1 866	1 426
	III		1 866	1 426
	V	**1 655**	1 866	1 426
	VI	**2 090**	1 866	1 426

* Zur LSt-Berechnung für privat versicherte Arbeitnehmer s. Beispiele **Vorbemerkung S. 4 f.**
** Basisvorsorgepauschale KV und PV *** Typisierter Arbeitgeberzuschuss

Lohn/ Gehalt in € bis	Steuerklasse	**Lohnsteuer***	BVSP**	TAGZ***	Steuerklasse	Bemessungsgrundlage für Kirchensteuer und Solidaritätszuschlag – Freibeträge für ... Kinder					
						0,5	**1,0**	1,5	**2,0**	2,5	**3,0**
15587,99	I,IV	**269**	1870	1430	I						
	II		1870	1430	II						
	III		1870	1430	III						
	V	**1667**	1870	1430	IV						
	VI	**2102**	1870	1430							
15623,99	I,IV	**274**	1874	1433	I						
	II		1874	1433	II						
	III		1874	1433	III						
	V	**1679**	1874	1433	IV						
	VI	**2114**	1874	1433							
15659,99	I,IV	**280**	1879	1436	I						
	II		1879	1436	II						
	III		1879	1436	III						
	V	**1691**	1879	1436	IV						
	VI	**2126**	1879	1436							
15695,99	I,IV	**285**	1883	1440	I						
	II		1883	1440	II						
	III		1883	1440	III						
	V	**1704**	1883	1440	IV						
	VI	**2139**	1883	1440							
15731,99	I,IV	**290**	1887	1443	I						
	II		1887	1443	II						
	III		1887	1443	III						
	V	**1716**	1887	1443	IV						
	VI	**2151**	1887	1443							
15767,99	I,IV	**295**	1892	1446	I						
	II		1892	1446	II						
	III		1892	1446	III						
	V	**1728**	1892	1446	IV						
	VI	**2163**	1892	1446							
15803,99	I,IV	**300**	1896	1450	I						
	II		1896	1450	II						
	III		1896	1450	III						
	V	**1740**	1896	1450	IV						
	VI	**2175**	1896	1450							
15839,99	I,IV	**305**	1900	1453	I						
	II	**1**	1900	1453	II						
	III		1900	1453	III						
	V	**1752**	1900	1453	IV						
	VI	**2187**	1900	1453							
15875,99	I,IV	**311**	1900	1456	I						
	II	**6**	1900	1456	II						
	III		1905	1456	III						
	V	**1766**	1900	1456	IV						
	VI	**2201**	1900	1456							
15911,99	I,IV	**317**	1900	1459	I						
	II	**11**	1900	1459	II						
	III		1909	1459	III						
	V	**1780**	1900	1459	IV						
	VI	**2215**	1900	1459							
15947,99	I,IV	**323**	1900	1463	I						
	II	**15**	1900	1463	II						
	III		1913	1463	III						
	V	**1794**	1900	1463	IV						
	VI	**2229**	1900	1463							
15983,99	I,IV	**329**	1900	1466	I						
	II	**20**	1900	1466	II						
	III		1918	1466	III						
	V	**1808**	1900	1466	IV						
	VI	**2243**	1900	1466							

* Zur LSt-Berechnung für privat versicherte Arbeitnehmer s. Beispiele **Vorbemerkung S. 4f.**
** Basisvorsorgepauschale KV und PV *** Typisierter Arbeitgeberzuschuss

Lohn/ Gehalt in € bis	Steuerklasse	Lohn-steuer*	BVSP**	TAGZ***	Steuerklasse	Bemessungsgrundlage für Kirchensteuer und Solidaritätszuschlag – Freibeträge für ... Kinder 0,5	1,0	1,5	2,0	2,5	3,0
16019,99	I,IV	**335**	1900	1469	I						
	II	**25**	1900	1469	II						
	III		1922	1469	III						
	V	**1822**	1900	1469	IV						
	VI	**2257**	1900	1469							
16055,99	I,IV	**341**	1900	1473	I						
	II	**30**	1900	1473	II						
	III		1926	1473	III						
	V	**1836**	1900	1473	IV	3					
	VI	**2271**	1900	1473							
16091,99	I,IV	**347**	1900	1476	I						
	II	**34**	1900	1476	II						
	III		1931	1476	III						
	V	**1850**	1900	1476	IV	7					
	VI	**2285**	1900	1476							
16127,99	I,IV	**353**	1900	1479	I						
	II	**39**	1900	1479	II						
	III		1935	1479	III						
	V	**1864**	1900	1479	IV	12					
	VI	**2299**	1900	1479							
16163,99	I,IV	**359**	1900	1483	I						
	II	**44**	1900	1483	II						
	III		1939	1483	III						
	V	**1878**	1900	1483	IV	17					
	VI	**2313**	1900	1483							
16199,99	I,IV	**365**	1900	1486	I						
	II	**49**	1900	1486	II						
	III		1943	1486	III						
	V	**1892**	1900	1486	IV	22					
	VI	**2327**	1900	1486							
16235,99	I,IV	**372**	1900	1489	I						
	II	**54**	1900	1489	II						
	III		1948	1489	III						
	V	**1906**	1900	1489	IV	26					
	VI	**2341**	1900	1489							
16271,99	I,IV	**378**	1900	1492	I						
	II	**59**	1900	1492	II						
	III		1952	1492	III						
	V	**1919**	1900	1492	IV	31					
	VI	**2355**	1900	1492							
16307,99	I,IV	**384**	1900	1496	I						
	II	**64**	1900	1496	II						
	III		1956	1496	III						
	V	**1934**	1900	1496	IV	36					
	VI	**2369**	1900	1496							
16343,99	I,IV	**390**	1900	1499	I						
	II	**69**	1900	1499	II						
	III		1961	1499	III						
	V	**1948**	1900	1499	IV	41					
	VI	**2383**	1900	1499							
16379,99	I,IV	**396**	1900	1502	I						
	II	**74**	1900	1502	II						
	III		1965	1502	III						
	V	**1961**	1900	1502	IV	46					
	VI	**2397**	1900	1502							
16415,99	I,IV	**403**	1900	1506	I						
	II	**79**	1900	1506	II						
	III		1969	1506	III						
	V	**1975**	1900	1506	IV	50					
	VI	**2410**	1900	1506							

* Zur LSt-Berechnung für privat versicherte Arbeitnehmer s. Beispiele **Vorbemerkung S. 4f.**
** Basisvorsorgepauschale KV und PV *** Typisierter Arbeitgeberzuschuss

Lohn/ Gehalt in € bis	Steuerklasse	**Lohn-steuer***	BVSP**	TAGZ***	Steuerklasse	Bemessungsgrundlage für Kirchensteuer und Solidaritätszuschlag – Freibeträge für ... Kinder 0,5	**1,0**	1,5	**2,0**	2,5	**3,0**
16451,99	I,IV	**409**	1900	1509	I						
	II	**84**	1900	1509	II						
	III		1974	1509	III						
	V	**1989**	1900	1509	IV	55					
	VI	**2424**	1900	1509							
16487,99	I,IV	**415**	1900	1512	I						
	II	**89**	1900	1512	II						
	III		1978	1512	III						
	V	**2003**	1900	1512	IV	60					
	VI	**2438**	1900	1512							
16523,99	I,IV	**422**	1900	1516	I						
	II	**94**	1900	1516	II						
	III		1982	1516	III						
	V	**2017**	1900	1516	IV	65					
	VI	**2452**	1900	1516							
16559,99	I,IV	**428**	1900	1519	I						
	II	**99**	1900	1519	II						
	III		1987	1519	III						
	V	**2031**	1900	1519	IV	70					
	VI	**2466**	1900	1519							
16595,99	I,IV	**434**	1900	1522	I						
	II	**104**	1900	1522	II						
	III		1991	1522	III						
	V	**2045**	1900	1522	IV	75					
	VI	**2480**	1900	1522							
16631,99	I,IV	**441**	1900	1525	I						
	II	**109**	1900	1525	II						
	III		1995	1525	III						
	V	**2059**	1900	1525	IV	80					
	VI	**2494**	1900	1525							
16667,99	I,IV	**447**	1900	1529	I						
	II	**114**	1900	1529	II						
	III		2000	1529	III						
	V	**2073**	1900	1529	IV	85					
	VI	**2508**	1900	1529							
16703,99	I,IV	**454**	1900	1532	I						
	II	**119**	1900	1532	II						
	III		2004	1532	III						
	V	**2087**	1900	1532	IV	90					
	VI	**2522**	1900	1532							
16739,99	I,IV	**460**	1900	1535	I						
	II	**125**	1900	1535	II						
	III		2008	1535	III						
	V	**2101**	1900	1535	IV	95					
	VI	**2536**	1900	1535							
16775,99	I,IV	**466**	1900	1539	I						
	II	**130**	1900	1539	II						
	III		2013	1539	III						
	V	**2115**	1900	1539	IV	100					
	VI	**2550**	1900	1539							
16811,99	I,IV	**473**	1900	1542	I						
	II	**135**	1900	1542	II						
	III		2017	1542	III						
	V	**2129**	1900	1542	IV	105					
	VI	**2564**	1900	1542							
16847,99	I,IV	**479**	1900	1545	I						
	II	**140**	1900	1545	II						
	III		2021	1545	III						
	V	**2142**	1900	1545	IV	111					
	VI	**2578**	1900	1545							

* Zur LSt-Berechnung für privat versicherte Arbeitnehmer s. Beispiele **Vorbemerkung S. 4f.**
** Basisvorsorgepauschale KV und PV *** Typisierter Arbeitgeberzuschuss

Lohn/ Gehalt in € bis	Steuerklasse	Lohnsteuer*	BVSP**	TAGZ***	Steuerklasse	Bemessungsgrundlage für Kirchensteuer und Solidaritätszuschlag – Freibeträge für ... Kinder 0,5	1,0	1,5	2,0	2,5	3,0
16883,99	I,IV	**486**	1900	1549	I						
	II	**146**	1900	1549	II						
	III		2026	1549	III						
	V	**2157**	1900	1549	IV	116					
	VI	**2592**	1900	1549							
16919,99	I,IV	**493**	1900	1552	I						
	II	**151**	1900	1552	II						
	III		2030	1552	III						
	V	**2171**	1900	1552	IV	121					
	VI	**2606**	1900	1552							
16955,99	I,IV	**499**	1900	1555	I						
	II	**156**	1900	1555	II						
	III		2034	1555	III						
	V	**2184**	1900	1555	IV	126					
	VI	**2620**	1900	1555							
16991,99	I,IV	**506**	1900	1559	I						
	II	**162**	1900	1559	II						
	III		2039	1559	III						
	V	**2198**	1900	1559	IV	131					
	VI	**2633**	1900	1559							
17027,99	I,IV	**512**	1900	1562	I						
	II	**167**	1900	1562	II						
	III		2043	1562	III						
	V	**2212**	1900	1562	IV	137					
	VI	**2647**	1900	1562							
17063,99	I,IV	**519**	1900	1565	I						
	II	**172**	1900	1565	II						
	III		2047	1565	III						
	V	**2226**	1900	1565	IV	142					
	VI	**2661**	1900	1565							
17099,99	I,IV	**526**	1900	1568	I						
	II	**178**	1900	1568	II						
	III		2051	1568	III						
	V	**2240**	1900	1568	IV	147					
	VI	**2675**	1900	1568							
17135,99	I,IV	**532**	1900	1572	I						
	II	**183**	1900	1572	II						
	III		2056	1572	III						
	V	**2254**	1900	1572	IV	152					
	VI	**2689**	1900	1572							
17171,99	I,IV	**539**	1900	1575	I						
	II	**189**	1900	1575	II						
	III		2060	1575	III						
	V	**2268**	1900	1575	IV	158					
	VI	**2703**	1900	1575							
17207,99	I,IV	**546**	1900	1578	I						
	II	**194**	1900	1578	II						
	III		2064	1578	III						
	V	**2282**	1900	1578	IV	163					
	VI	**2717**	1900	1578							
17243,99	I,IV	**552**	1900	1582	I						
	II	**199**	1900	1582	II						
	III		2069	1582	III						
	V	**2296**	1900	1582	IV	168					
	VI	**2731**	1900	1582							
17279,99	I,IV	**559**	1900	1585	I						
	II	**205**	1900	1585	II						
	III		2073	1585	III						
	V	**2310**	1900	1585	IV	174					
	VI	**2745**	1900	1585							

* Zur LSt-Berechnung für privat versicherte Arbeitnehmer s. Beispiele **Vorbemerkung S. 4f.**
** Basisvorsorgepauschale KV und PV *** Typisierter Arbeitgeberzuschuss

Lohn/ Gehalt in € bis	Steuerklasse	**Lohn-steuer***	BVSP**	TAGZ***	Steuerklasse	Bemessungsgrundlage für Kirchensteuer und Solidaritätszuschlag — Freibeträge für ... Kinder 0,5	**1,0**	1,5	**2,0**	2,5	**3,0**
17 315,99	I,IV	**566**	1 900	1 588	I						
	II	**211**	1 900	1 588	II						
	III		2 077	1 588	III						
	V	**2 324**	1 900	1 588	IV	179					
	VI	**2 759**	1 900	1 588							
17 351,99	I,IV	**573**	1 900	1 592	I						
	II	**216**	1 900	1 592	II						
	III		2 082	1 592	III						
	V	**2 338**	1 900	1 592	IV	185					
	VI	**2 773**	1 900	1 592							
17 387,99	I,IV	**580**	1 900	1 595	I						
	II	**222**	1 900	1 595	II						
	III		2 086	1 595	III						
	V	**2 352**	1 900	1 595	IV	190					
	VI	**2 787**	1 900	1 595							
17 423,99	I,IV	**587**	1 900	1 598	I						
	II	**227**	1 900	1 598	II						
	III		2 090	1 598	III						
	V	**2 365**	1 900	1 598	IV	196					
	VI	**2 801**	1 900	1 598							
17 459,99	I,IV	**594**	1 900	1 601	I						
	II	**233**	1 900	1 601	II						
	III		2 095	1 601	III						
	V	**2 380**	1 900	1 601	IV	201					
	VI	**2 815**	1 900	1 601							
17 495,99	I,IV	**601**	1 900	1 605	I						
	II	**239**	1 900	1 605	II						
	III		2 099	1 605	III						
	V	**2 394**	1 900	1 605	IV	207					
	VI	**2 829**	1 900	1 605							
17 531,99	I,IV	**607**	1 900	1 608	I						
	II	**244**	1 900	1 608	II						
	III		2 103	1 608	III						
	V	**2 407**	1 900	1 608	IV	212					
	VI	**2 843**	1 900	1 608							
17 567,99	I,IV	**614**	1 900	1 611	I						
	II	**250**	1 900	1 611	II						
	III		2 108	1 611	III						
	V	**2 421**	1 900	1 611	IV	218					
	VI	**2 856**	1 900	1 611							
17 603,99	I,IV	**621**	1 900	1 615	I						
	II	**256**	1 900	1 615	II						
	III		2 112	1 615	III						
	V	**2 435**	1 900	1 615	IV	223					
	VI	**2 870**	1 900	1 615							
17 639,99	I,IV	**628**	1 900	1 618	I						
	II	**261**	1 900	1 618	II						
	III		2 116	1 618	III						
	V	**2 449**	1 900	1 618	IV	229					
	VI	**2 884**	1 900	1 618							
17 675,99	I,IV	**635**	1 900	1 621	I						
	II	**267**	1 900	1 621	II						
	III		2 121	1 621	III						
	V	**2 463**	1 900	1 621	IV	235					
	VI	**2 898**	1 900	1 621							
17 711,99	I,IV	**642**	1 900	1 625	I						
	II	**273**	1 900	1 625	II						
	III		2 125	1 625	III						
	V	**2 477**	1 900	1 625	IV	240					
	VI	**2 912**	1 900	1 625							

* Zur LSt-Berechnung für privat versicherte Arbeitnehmer s. Beispiele **Vorbemerkung S. 4 f.**
** Basisvorsorgepauschale KV und PV *** Typisierter Arbeitgeberzuschuss

Lohn/ Gehalt in € bis	Steuerklasse	Lohnsteuer*	BVSP**	TAGZ***	Steuerklasse	Bemessungsgrundlage für Kirchensteuer und Solidaritätszuschlag – Freibeträge für ... Kinder 0,5	1,0	1,5	2,0	2,5	3,0
17747,99	I,IV	**649**	1900	1628	I						
	II	**279**	1900	1628	II						
	III		2129	1628	III						
	V	**2491**	1900	1628	IV	246					
	VI	**2926**	1900	1628							
17783,99	I,IV	**657**	1900	1631	I						
	II	**285**	1900	1631	II						
	III		2134	1631	III						
	V	**2505**	1900	1631	IV	252					
	VI	**2940**	1900	1631							
17819,99	I,IV	**664**	1900	1634	I						
	II	**290**	1900	1634	II						
	III		2138	1634	III						
	V	**2519**	1900	1634	IV	257					
	VI	**2954**	1900	1634							
17855,99	I,IV	**671**	1900	1638	I						
	II	**296**	1900	1638	II						
	III		2142	1638	III						
	V	**2533**	1900	1638	IV	263					
	VI	**2968**	1900	1638							
17891,99	I,IV	**678**	1900	1641	I						
	II	**302**	1900	1641	II						
	III		2147	1641	III						
	V	**2547**	1900	1641	IV	269					
	VI	**2982**	1900	1641							
17927,99	I,IV	**685**	1900	1644	I						
	II	**308**	1900	1644	II						
	III		2151	1644	III						
	V	**2561**	1900	1644	IV	275					
	VI	**2996**	1900	1644							
17963,99	I,IV	**692**	1900	1648	I						
	II	**314**	1900	1648	II						
	III		2155	1648	III						
	V	**2575**	1900	1648	IV	281					
	VI	**3010**	1900	1648							
17999,99	I,IV	**699**	1900	1651	I						
	II	**320**	1900	1651	II						
	III		2159	1651	III						
	V	**2588**	1900	1651	IV	286					
	VI	**3024**	1900	1651							
18035,99	I,IV	**707**	1900	1654	I						
	II	**326**	1900	1654	II						
	III		2164	1654	III						
	V	**2603**	1900	1654	IV	292					
	VI	**3038**	1900	1654							
18071,99	I,IV	**714**	1900	1658	I						
	II	**332**	1900	1658	II						
	III		2168	1658	III						
	V	**2617**	1900	1658	IV	298					
	VI	**3052**	1900	1658							
18107,99	I,IV	**721**	1900	1661	I						
	II	**338**	1900	1661	II						
	III		2172	1661	III						
	V	**2630**	1900	1661	IV	304					
	VI	**3066**	1900	1661							
18143,99	I,IV	**729**	1900	1664	I						
	II	**344**	1900	1664	II						
	III		2177	1664	III						
	V	**2644**	1900	1664	IV	310					
	VI	**3079**	1900	1664							

* Zur LSt-Berechnung für privat versicherte Arbeitnehmer s. Beispiele **Vorbemerkung S. 4f.**
** Basisvorsorgepauschale KV und PV *** Typisierter Arbeitgeberzuschuss

Lohn/ Gehalt in € bis	Steuerklasse	**Lohnsteuer***	BVSP**	TAGZ***	Steuerklasse	Bemessungsgrundlage für Kirchensteuer und Solidaritätszuschlag – Freibeträge für ... Kinder 0,5	**1,0**	1,5	**2,0**	2,5	**3,0**
18179,99	I,IV	**736**	1900	1668	I						
	II	**350**	1900	1668	II						
	III		2181	1668	III						
	V	**2658**	1900	1668	IV	316					
	VI	**3093**	1900	1668							
18215,99	I,IV	**743**	1900	1671	I						
	II	**356**	1900	1671	II						
	III		2185	1671	III						
	V	**2672**	1900	1671	IV	322					
	VI	**3107**	1900	1671							
18251,99	I,IV	**751**	1900	1674	I						
	II	**362**	1900	1674	II						
	III		2190	1674	III						
	V	**2686**	1900	1674	IV	328					
	VI	**3121**	1900	1674							
18287,99	I,IV	**758**	1900	1677	I						
	II	**369**	1900	1677	II						
	III		2194	1677	III						
	V	**2700**	1900	1677	IV	334					
	VI	**3135**	1900	1677							
18323,99	I,IV	**766**	1900	1681	I	2					
	II	**375**	1900	1681	II						
	III		2198	1681	III						
	V	**2714**	1900	1681	IV	340	2				
	VI	**3149**	1900	1681							
18359,99	I,IV	**773**	1900	1684	I	7					
	II	**381**	1900	1684	II						
	III		2203	1684	III						
	V	**2728**	1900	1684	IV	346	7				
	VI	**3163**	1900	1684							
18395,99	I,IV	**780**	1900	1687	I	11					
	II	**387**	1900	1687	II						
	III		2207	1687	III						
	V	**2742**	1900	1687	IV	352	11				
	VI	**3177**	1900	1687							
18431,99	I,IV	**788**	1900	1691	I	16					
	II	**393**	1900	1691	II						
	III		2211	1691	III						
	V	**2756**	1900	1691	IV	358	16				
	VI	**3191**	1900	1691							
18467,99	I,IV	**795**	1900	1694	I	21					
	II	**400**	1900	1694	II						
	III		2216	1694	III						
	V	**2770**	1900	1694	IV	364	21				
	VI	**3205**	1900	1694							
18503,99	I,IV	**803**	1900	1697	I	25					
	II	**406**	1900	1697	II						
	III		2220	1697	III						
	V	**2784**	1900	1697	IV	370	25				
	VI	**3219**	1900	1697							
18539,99	I,IV	**810**	1900	1701	I	30					
	II	**412**	1900	1701	II						
	III		2224	1701	III						
	V	**2798**	1900	1701	IV	377	30				
	VI	**3233**	1900	1701							
18575,99	I,IV	**818**	1900	1704	I	35					
	II	**418**	1900	1704	II						
	III		2229	1704	III						
	V	**2812**	1900	1704	IV	383	35				
	VI	**3247**	1900	1704							

* Zur LSt-Berechnung für privat versicherte Arbeitnehmer s. Beispiele **Vorbemerkung S. 4 f.**
** Basisvorsorgepauschale KV und PV   *** Typisierter Arbeitgeberzuschuss

Lohn/ Gehalt in € bis	Steuerklasse	Lohn-steuer*	BVSP**	TAGZ***	Steuerklasse	Bemessungsgrundlage für Kirchensteuer und Solidaritätszuschlag – Freibeträge für ... Kinder 0,5	1,0	1,5	2,0	2,5	3,0
18611,99	I,IV	**826**	1900	1707	I	40					
	II	**425**	1900	1707	II						
	III		2233	1707	III						
	V	**2826**	1900	1707	IV	389	40				
	VI	**3261**	1900	1707							
18647,99	I,IV	**833**	1900	1710	I	45					
	II	**431**	1900	1710	II						
	III		2237	1710	III						
	V	**2840**	1900	1710	IV	395	45				
	VI	**3275**	1900	1710							
18683,99	I,IV	**841**	1900	1714	I	50					
	II	**437**	1900	1714	II						
	III		2242	1714	III						
	V	**2854**	1900	1714	IV	401	50				
	VI	**3289**	1900	1714							
18719,99	I,IV	**849**	1900	1717	I	54					
	II	**444**	1900	1717	II						
	III		2246	1717	III						
	V	**2867**	1900	1717	IV	408	54				
	VI	**3302**	1900	1717							
18755,99	I,IV	**856**	1900	1720	I	59					
	II	**450**	1900	1720	II						
	III		2250	1720	III						
	V	**2881**	1900	1720	IV	414	59				
	VI	**3316**	1900	1720							
18791,99	I,IV	**864**	1900	1724	I	64					
	II	**457**	1900	1724	II						
	III		2255	1724	III						
	V	**2895**	1900	1724	IV	420	64				
	VI	**3330**	1900	1724							
18827,99	I,IV	**872**	1900	1727	I	69					
	II	**463**	1900	1727	II						
	III		2259	1727	III						
	V	**2909**	1900	1727	IV	427	69				
	VI	**3344**	1900	1727							
18863,99	I,IV	**879**	1900	1730	I	74					
	II	**470**	1900	1730	II						
	III		2263	1730	III						
	V	**2923**	1900	1730	IV	433	74				
	VI	**3358**	1900	1730							
18899,99	I,IV	**887**	1900	1734	I	79					
	II	**476**	1900	1734	II						
	III		2267	1734	III						
	V	**2937**	1900	1734	IV	439	79				
	VI	**3372**	1900	1734							
18935,99	I,IV	**895**	1900	1737	I	84					
	II	**483**	1900	1737	II						
	III		2272	1737	III						
	V	**2951**	1900	1737	IV	446	84				
	VI	**3386**	1900	1737							
18971,99	I,IV	**903**	1900	1740	I	89					
	II	**489**	1900	1740	II						
	III		2276	1740	III						
	V	**2965**	1900	1740	IV	452	89				
	VI	**3400**	1900	1740							
19007,99	I,IV	**911**	1900	1743	I	94					
	II	**496**	1900	1743	II						
	III		2280	1743	III						
	V	**2979**	1900	1743	IV	459	94				
	VI	**3414**	1900	1743							

* Zur LSt-Berechnung für privat versicherte Arbeitnehmer s. Beispiele **Vorbemerkung S. 4 f.**

** Basisvorsorgepauschale KV und PV *** Typisierter Arbeitgeberzuschuss

Lohn/ Gehalt in € bis	Steuerklasse	Lohn-steuer*	BVSP**	TAGZ***	Steuerklasse	Bemessungsgrundlage für Kirchensteuer und Solidaritätszuschlag					
						Freibeträge für ... Kinder					
						0,5	**1,0**	1,5	**2,0**	2,5	**3,0**
19043,99	I,IV	**919**	1900	1747	I	99					
	II	**502**	1900	1747	II						
	III		2285	1747	III						
	V	**2993**	1900	1747	IV	465	99				
	VI	**3428**	1900	1747							
19079,99	I,IV	**926**	1900	1750	I	105					
	II	**509**	1900	1750	II						
	III		2289	1750	III						
	V	**3007**	1900	1750	IV	472	105				
	VI	**3442**	1900	1750							
19115,99	I,IV	**934**	1900	1753	I	110					
	II	**516**	1900	1753	II						
	III		2293	1753	III						
	V	**3021**	1900	1753	IV	478	110				
	VI	**3456**	1900	1753							
19151,99	I,IV	**942**	1900	1757	I	115					
	II	**522**	1900	1757	II						
	III		2298	1757	III						
	V	**3035**	1900	1757	IV	485	115				
	VI	**3470**	1900	1757							
19187,99	I,IV	**950**	1900	1760	I	120					
	II	**529**	1900	1760	II						
	III		2302	1760	III						
	V	**3049**	1900	1760	IV	491	120				
	VI	**3484**	1900	1760							
19223,99	I,IV	**958**	1900	1763	I	125					
	II	**536**	1900	1763	II						
	III		2306	1763	III						
	V	**3063**	1900	1763	IV	498	125				
	VI	**3498**	1900	1763							
19259,99	I,IV	**966**	1900	1767	I	130					
	II	**542**	1900	1767	II						
	III		2311	1767	III						
	V	**3077**	1900	1767	IV	504	130				
	VI	**3512**	1900	1767							
19295,99	I,IV	**974**	1900	1770	I	136					
	II	**549**	1900	1770	II						
	III		2315	1770	III						
	V	**3090**	1900	1770	IV	511	136				
	VI	**3526**	1900	1770							
19331,99	I,IV	**982**	1900	1773	I	141					
	II	**556**	1900	1773	II						
	III		2319	1773	III						
	V	**3104**	1900	1773	IV	518	141				
	VI	**3539**	1900	1773							
19367,99	I,IV	**990**	1900	1777	I	146					
	II	**563**	1900	1777	II						
	III		2324	1777	III						
	V	**3118**	1900	1777	IV	524	146				
	VI	**3553**	1900	1777							
19403,99	I,IV	**998**	1900	1780	I	152					
	II	**570**	1900	1780	II						
	III		2328	1780	III						
	V	**3132**	1900	1780	IV	531	152				
	VI	**3568**	1900	1780							
19439,99	I,IV	**1006**	1900	1783	I	157					
	II	**576**	1900	1783	II						
	III		2332	1783	III						
	V	**3146**	1900	1783	IV	538	157				
	VI	**3581**	1900	1783							

* Zur LSt-Berechnung für privat versicherte Arbeitnehmer s. Beispiele **Vorbemerkung S. 4f.**
** Basisvorsorgepauschale KV und PV *** Typisierter Arbeitgeberzuschuss

Lohn/ Gehalt in € bis	Steuerklasse	Lohn-steuer*	BVSP**	TAGZ***	Steuerklasse	Bemessungsgrundlage für Kirchensteuer und Solidaritätszuschlag					
						Freibeträge für ... Kinder					
						0,5	1,0	1,5	2,0	2,5	3,0
19475,99	I,IV	**1014**	1900	1786	I	162					
	II	**583**	1900	1786	II						
	III		2337	1786	III						
	V	**3160**	1900	1786	IV	545	162				
	VI	**3595**	1900	1786							
19511,99	I,IV	**1022**	1900	1790	I	167					
	II	**590**	1900	1790	II						
	III		2341	1790	III						
	V	**3174**	1900	1790	IV	551	167				
	VI	**3609**	1900	1790							
19547,99	I,IV	**1030**	1900	1793	I	173					
	II	**597**	1900	1793	II						
	III		2345	1793	III						
	V	**3188**	1900	1793	IV	558	173				
	VI	**3623**	1900	1793							
19583,99	I,IV	**1038**	1900	1796	I	178					
	II	**604**	1900	1796	II						
	III		2350	1796	III						
	V	**3202**	1900	1796	IV	565	178				
	VI	**3637**	1900	1796							
19619,99	I,IV	**1046**	1900	1800	I	184					
	II	**611**	1900	1800	II						
	III		2354	1800	III						
	V	**3216**	1900	1800	IV	572	184				
	VI	**3651**	1900	1800							
19655,99	I,IV	**1054**	1900	1803	I	189					
	II	**618**	1900	1803	II						
	III		2358	1803	III						
	V	**3230**	1900	1803	IV	579	189				
	VI	**3665**	1900	1803							
19691,99	I,IV	**1062**	1900	1806	I	195					
	II	**625**	1900	1806	II						
	III		2363	1806	III						
	V	**3244**	1900	1806	IV	585	195				
	VI	**3679**	1900	1806							
19727,99	I,IV	**1070**	1900	1810	I	200					
	II	**632**	1900	1810	II						
	III		2367	1810	III						
	V	**3258**	1900	1810	IV	592	200				
	VI	**3693**	1900	1810							
19763,99	I,IV	**1078**	1900	1813	I	206					
	II	**639**	1900	1813	II						
	III		2371	1813	III						
	V	**3272**	1900	1813	IV	599	206				
	VI	**3707**	1900	1813							
19799,99	I,IV	**1086**	1900	1816	I	211					
	II	**646**	1900	1816	II						
	III		2375	1816	III						
	V	**3286**	1900	1816	IV	606	211				
	VI	**3721**	1900	1816							
19835,99	I,IV	**1094**	1900	1819	I	217					
	II	**653**	1900	1819	II						
	III		2380	1819	III						
	V	**3300**	1900	1819	IV	613	217				
	VI	**3735**	1900	1819							
19871,99	I,IV	**1102**	1900	1823	I	222					
	II	**660**	1900	1823	II						
	III		2384	1823	III						
	V	**3313**	1900	1823	IV	620	222				
	VI	**3749**	1900	1823							

* Zur LSt-Berechnung für privat versicherte Arbeitnehmer s. Beispiele **Vorbemerkung S. 4 f.**
** Basisvorsorgepauschale KV und PV *** Typisierter Arbeitgeberzuschuss

Lohn/ Gehalt in € bis	Steuerklasse	**Lohn-steuer***	BVSP**	TAGZ***	Steuerklasse	Bemessungsgrundlage für Kirchensteuer und Solidaritätszuschlag – Freibeträge für ... Kinder 0,5	**1,0**	1,5	**2,0**	2,5	**3,0**
19907,99	I,IV	**1110**	1900	1826	I	228					
	II	**667**	1900	1826	II						
	III		2388	1826	III						
	V	**3327**	1900	1826	IV	627	228				
	VI	**3762**	1900	1826							
19943,99	I,IV	**1118**	1900	1829	I	234					
	II	**674**	1900	1829	II						
	III		2393	1829	III						
	V	**3341**	1900	1829	IV	634	234				
	VI	**3776**	1900	1829							
19979,99	I,IV	**1126**	1900	1833	I	239					
	II	**682**	1900	1833	II						
	III		2397	1833	III						
	V	**3355**	1900	1833	IV	641	239				
	VI	**3791**	1900	1833							
20015,99	I,IV	**1134**	1900	1836	I	245					
	II	**689**	1900	1836	II						
	III		2401	1836	III						
	V	**3369**	1900	1836	IV	648	245				
	VI	**3804**	1900	1836							
20051,99	I,IV	**1142**	1900	1839	I	251					
	II	**696**	1900	1839	II						
	III		2406	1839	III						
	V	**3383**	1900	1839	IV	655	251				
	VI	**3818**	1900	1839							
20087,99	I,IV	**1150**	1900	1843	I	256					
	II	**703**	1900	1843	II						
	III		2410	1843	III						
	V	**3397**	1900	1843	IV	662	256				
	VI	**3832**	1900	1843							
20123,99	I,IV	**1158**	1900	1846	I	262					
	II	**710**	1900	1846	II						
	III		2414	1846	III						
	V	**3411**	1900	1846	IV	669	262				
	VI	**3846**	1900	1846							
20159,99	I,IV	**1167**	1900	1849	I	268					
	II	**718**	1900	1849	II						
	III		2419	1849	III						
	V	**3425**	1900	1849	IV	677	268				
	VI	**3860**	1900	1849							
20195,99	I,IV	**1175**	1900	1852	I	274					
	II	**725**	1900	1852	II						
	III		2423	1852	III						
	V	**3439**	1900	1852	IV	684	274				
	VI	**3874**	1900	1852							
20231,99	I,IV	**1183**	1900	1856	I	280					
	II	**732**	1900	1856	II						
	III		2427	1856	III						
	V	**3453**	1900	1856	IV	691	280				
	VI	**3888**	1900	1856							
20267,99	I,IV	**1191**	1900	1859	I	285					
	II	**740**	1900	1859	II						
	III		2432	1859	III						
	V	**3467**	1900	1859	IV	698	285				
	VI	**3902**	1900	1859							
20303,99	I,IV	**1199**	1900	1862	I	291					
	II	**747**	1900	1862	II						
	III		2436	1862	III						
	V	**3481**	1900	1862	IV	705	291				
	VI	**3916**	1900	1862							

* Zur LSt-Berechnung für privat versicherte Arbeitnehmer s. Beispiele **Vorbemerkung S. 4 f.**
** Basisvorsorgepauschale KV und PV *** Typisierter Arbeitgeberzuschuss

Lohn/ Gehalt in € bis	Steuerklasse	Lohn- steuer*	BVSP**	TAGZ***	Steuerklasse	Bemessungsgrundlage für Kirchensteuer und Solidaritätszuschlag – Freibeträge für ... Kinder 0,5	**1,0**	1,5	**2,0**	2,5	**3,0**
20 339,99	I,IV	**1 207**	1 900	1 866	I	297					
	II	**755**	1 900	1 866	II						
	III		2 440	1 866	III						
	V	**3 495**	1 900	1 866	IV	713	297				
	VI	**3 930**	1 900	1 866							
20 375,99	I,IV	**1 215**	1 900	1 869	I	303					
	II	**762**	1 900	1 869	II						
	III		2 445	1 869	III						
	V	**3 509**	1 900	1 869	IV	720	303				
	VI	**3 944**	1 900	1 869							
20 411,99	I,IV	**1 223**	1 900	1 872	I	309					
	II	**769**	1 900	1 872	II	4					
	III		2 449	1 872	III						
	V	**3 523**	1 900	1 872	IV	727	309				
	VI	**3 958**	1 900	1 872							
20 447,99	I,IV	**1 231**	1 900	1 876	I	315					
	II	**777**	1 900	1 876	II	9					
	III		2 453	1 876	III						
	V	**3 536**	1 900	1 876	IV	735	315				
	VI	**3 972**	1 900	1 876							
20 483,99	I,IV	**1 239**	1 900	1 879	I	321					
	II	**784**	1 900	1 879	II	14					
	III		2 458	1 879	III						
	V	**3 550**	1 900	1 879	IV	742	321				
	VI	**3 985**	1 900	1 879							
20 519,99	I,IV	**1 247**	1 900	1 882	I	327					
	II	**792**	1 900	1 882	II	18					
	III		2 462	1 882	III						
	V	**3 564**	1 900	1 882	IV	749	327				
	VI	**3 999**	1 900	1 882							
20 555,99	I,IV	**1 256**	1 900	1 886	I	333					
	II	**799**	1 900	1 886	II	23					
	III		2 466	1 886	III						
	V	**3 578**	1 900	1 886	IV	757	333				
	VI	**4 014**	1 900	1 886							
20 591,99	I,IV	**1 264**	1 900	1 889	I	339					
	II	**807**	1 900	1 889	II	28					
	III		2 471	1 889	III						
	V	**3 592**	1 900	1 889	IV	764	339	1			
	VI	**4 027**	1 900	1 889							
20 627,99	I,IV	**1 272**	1 900	1 892	I	345					
	II	**814**	1 900	1 892	II	33					
	III		2 475	1 892	III						
	V	**3 606**	1 900	1 892	IV	772	345	6			
	VI	**4 041**	1 900	1 892							
20 663,99	I,IV	**1 280**	1 900	1 895	I	351					
	II	**822**	1 900	1 895	II	37					
	III		2 479	1 895	III						
	V	**3 620**	1 900	1 895	IV	779	351	10			
	VI	**4 055**	1 900	1 895							
20 699,99	I,IV	**1 288**	1 900	1 899	I	357					
	II	**829**	1 900	1 899	II	42					
	III		2 483	1 899	III						
	V	**3 634**	1 900	1 899	IV	786	357	15			
	VI	**4 069**	1 900	1 899							
20 735,99	I,IV	**1 296**	1 902	1 902	I	363					
	II	**837**	1 902	1 902	II	47					
	III		2 488	1 902	III						
	V	**3 647**	1 902	1 902	IV	793	363	19			
	VI	**4 082**	1 902	1 902							

* Zur LSt-Berechnung für privat versicherte Arbeitnehmer s. Beispiele **Vorbemerkung S. 4 f.**
** Basisvorsorgepauschale KV und PV *** Typisierter Arbeitgeberzuschuss

Lohn/ Gehalt in € bis	Steuerklasse	Lohn-steuer*	BVSP**	TAGZ***	Steuerklasse	Bemessungsgrundlage für Kirchensteuer und Solidaritätszuschlag					
						Freibeträge für ... Kinder					
						0,5	**1,0**	1,5	**2,0**	2,5	**3,0**
20771,99	I,IV	**1303**	1905	1905	I	368					
	II	**843**	1905	1905	II	51					
	III		2492	1905	III						
	V	**3659**	1905	1905	IV	800	368	24			
	VI	**4095**	1905	1905							
20807,99	I,IV	**1311**	1909	1909	I	374					
	II	**850**	1909	1909	II	56					
	III		2496	1909	III						
	V	**3672**	1909	1909	IV	807	374	28			
	VI	**4107**	1909	1909							
20843,99	I,IV	**1318**	1912	1912	I	379					
	II	**857**	1912	1912	II	60					
	III		2501	1912	III						
	V	**3685**	1912	1912	IV	814	379	32			
	VI	**4120**	1912	1912							
20879,99	I,IV	**1325**	1915	1915	I	385					
	II	**864**	1915	1915	II	65					
	III		2505	1915	III						
	V	**3697**	1915	1915	IV	821	385	37			
	VI	**4132**	1915	1915							
20915,99	I,IV	**1333**	1919	1919	I	391					
	II	**871**	1919	1919	II	69					
	III		2509	1919	III						
	V	**3710**	1919	1919	IV	828	391	41			
	VI	**4145**	1919	1919							
20951,99	I,IV	**1340**	1922	1922	I	396					
	II	**878**	1922	1922	II	73					
	III		2514	1922	III						
	V	**3722**	1922	1922	IV	834	396	45			
	VI	**4157**	1922	1922							
20987,99	I,IV	**1347**	1925	1925	I	402					
	II	**885**	1925	1925	II	78					
	III		2518	1925	III						
	V	**3735**	1925	1925	IV	841	402	50			
	VI	**4170**	1925	1925							
21023,99	I,IV	**1355**	1928	1928	I	407					
	II	**892**	1928	1928	II	82					
	III		2522	1928	III						
	V	**3747**	1928	1928	IV	848	407	54			
	VI	**4182**	1928	1928							
21059,99	I,IV	**1362**	1932	1932	I	413					
	II	**899**	1932	1932	II	87					
	III		2527	1932	III						
	V	**3760**	1932	1932	IV	855	413	59			
	VI	**4195**	1932	1932							
21095,99	I,IV	**1369**	1935	1935	I	419					
	II	**906**	1935	1935	II	91					
	III		2531	1935	III						
	V	**3772**	1935	1935	IV	862	419	63			
	VI	**4208**	1935	1935							
21131,99	I,IV	**1377**	1938	1938	I	424					
	II	**913**	1938	1938	II	96					
	III		2535	1938	III						
	V	**3785**	1938	1938	IV	869	424	67			
	VI	**4220**	1938	1938							
21167,99	I,IV	**1384**	1942	1942	I	430					
	II	**920**	1942	1942	II	101					
	III		2540	1942	III						
	V	**3798**	1942	1942	IV	876	430	72			
	VI	**4233**	1942	1942							

* Zur LSt-Berechnung für privat versicherte Arbeitnehmer s. Beispiele **Vorbemerkung S. 4f.**
** Basisvorsorgepauschale KV und PV *** Typisierter Arbeitgeberzuschuss

Lohn/ Gehalt in € bis	Steuerklasse	Lohn- steuer*	BVSP**	TAGZ***	Steuerklasse	Bemessungsgrundlage für Kirchensteuer und Solidaritätszuschlag					
						Freibeträge für ... Kinder					
						0,5	**1,0**	1,5	**2,0**	2,5	**3,0**
21 203,99	I,IV	**1 392**	1 945	1 945	I	436					
	II	**928**	1 945	1 945	II	105					
	III		2 544	1 945	III						
	V	**3 810**	1 945	1 945	IV	883	436	76			
	VI	**4 245**	1 945	1 945							
21 239,99	I,IV	**1 399**	1 948	1 948	I	442					
	II	**934**	1 948	1 948	II	110					
	III		2 548	1 948	III						
	V	**3 822**	1 948	1 948	IV	890	442	81			
	VI	**4 258**	1 948	1 948							
21 275,99	I,IV	**1 406**	1 952	1 952	I	447					
	II	**942**	1 952	1 952	II	114					
	III		2 553	1 952	III						
	V	**3 835**	1 952	1 952	IV	897	447	85			
	VI	**4 270**	1 952	1 952							
21 311,99	I,IV	**1 414**	1 955	1 955	I	453					
	II	**949**	1 955	1 955	II	119					
	III		2 557	1 955	III						
	V	**3 848**	1 955	1 955	IV	904	453	90			
	VI	**4 283**	1 955	1 955							
21 347,99	I,IV	**1 421**	1 958	1 958	I	459					
	II	**956**	1 958	1 958	II	124					
	III		2 561	1 958	III						
	V	**3 860**	1 958	1 958	IV	911	459	95			
	VI	**4 295**	1 958	1 958							
21 383,99	I,IV	**1 429**	1 961	1 961	I	465					
	II	**963**	1 961	1 961	II	129					
	III		2 566	1 961	III						
	V	**3 873**	1 961	1 961	IV	918	465	99			
	VI	**4 308**	1 961	1 961							
21 419,99	I,IV	**1 436**	1 965	1 965	I	471					
	II	**970**	1 965	1 965	II	133					
	III		2 570	1 965	III						
	V	**3 885**	1 965	1 965	IV	925	471	104			
	VI	**4 321**	1 965	1 965							
21 455,99	I,IV	**1 443**	1 968	1 968	I	477					
	II	**978**	1 968	1 968	II	138					
	III		2 574	1 968	III						
	V	**3 898**	1 968	1 968	IV	932	477	108			
	VI	**4 333**	1 968	1 968							
21 491,99	I,IV	**1 451**	1 971	1 971	I	482					
	II	**985**	1 971	1 971	II	143					
	III		2 579	1 971	III						
	V	**3 911**	1 971	1 971	IV	939	482	113			
	VI	**4 346**	1 971	1 971							
21 527,99	I,IV	**1 458**	1 975	1 975	I	488					
	II	**992**	1 975	1 975	II	148					
	III		2 583	1 975	III						
	V	**3 923**	1 975	1 975	IV	947	488	118			
	VI	**4 358**	1 975	1 975							
21 563,99	I,IV	**1 466**	1 978	1 978	I	494					
	II	**999**	1 978	1 978	II	152					
	III		2 587	1 978	III						
	V	**3 935**	1 978	1 978	IV	954	494	122			
	VI	**4 371**	1 978	1 978							
21 599,99	I,IV	**1 473**	1 981	1 981	I	500					
	II	**1 006**	1 981	1 981	II	157					
	III		2 591	1 981	III						
	V	**3 948**	1 981	1 981	IV	961	500	127			
	VI	**4 383**	1 981	1 981							

* Zur LSt-Berechnung für privat versicherte Arbeitnehmer s. Beispiele **Vorbemerkung S. 4 f.**
** Basisvorsorgepauschale KV und PV *** Typisierter Arbeitgeberzuschuss

Lohn/ Gehalt in € bis	Steuerklasse	Lohn-steuer*	BVSP**	TAGZ***	Steuerklasse	Bemessungsgrundlage für Kirchensteuer und Solidaritätszuschlag					
						Freibeträge für ... Kinder					
						0,5	**1,0**	1,5	**2,0**	2,5	**3,0**
21 635,99	I,IV	**1 480**	1 985	1 985	I	506					
	II	**1 013**	1 985	1 985	II	162					
	III		2 596	1 985	III						
	V	**3 961**	1 985	1 985	IV	968	506	132			
	VI	**4 396**	1 985	1 985							
21 671,99	I,IV	**1 488**	1 988	1 988	I	512					
	II	**1 021**	1 988	1 988	II	167					
	III		2 600	1 988	III						
	V	**3 973**	1 988	1 988	IV	975	512	136			
	VI	**4 408**	1 988	1 988							
21 707,99	I,IV	**1 495**	1 991	1 991	I	518					
	II	**1 028**	1 991	1 991	II	172					
	III		2 604	1 991	III						
	V	**3 986**	1 991	1 991	IV	982	518	141			
	VI	**4 421**	1 991	1 991							
21 743,99	I,IV	**1 503**	1 995	1 995	I	524					
	II	**1 035**	1 995	1 995	II	176					
	III		2 609	1 995	III						
	V	**3 998**	1 995	1 995	IV	990	524	146			
	VI	**4 434**	1 995	1 995							
21 779,99	I,IV	**1 510**	1 998	1 998	I	530					
	II	**1 042**	1 998	1 998	II	181					
	III		2 613	1 998	III						
	V	**4 011**	1 998	1 998	IV	997	530	151			
	VI	**4 446**	1 998	1 998							
21 815,99	I,IV	**1 518**	2 001	2 001	I	536					
	II	**1 050**	2 001	2 001	II	186					
	III		2 617	2 001	III						
	V	**4 024**	2 001	2 001	IV	1 004	536	156			
	VI	**4 459**	2 001	2 001							
21 851,99	I,IV	**1 525**	2 004	2 004	I	542					
	II	**1 057**	2 004	2 004	II	191					
	III		2 622	2 004	III						
	V	**4 036**	2 004	2 004	IV	1 011	542	160			
	VI	**4 471**	2 004	2 004							
21 887,99	I,IV	**1 533**	2 008	2 008	I	548					
	II	**1 064**	2 008	2 008	II	196					
	III		2 626	2 008	III						
	V	**4 048**	2 008	2 008	IV	1 018	548	165			
	VI	**4 484**	2 008	2 008							
21 923,99	I,IV	**1 540**	2 011	2 011	I	554					
	II	**1 071**	2 011	2 011	II	201					
	III		2 630	2 011	III						
	V	**4 061**	2 011	2 011	IV	1 025	554	170			
	VI	**4 496**	2 011	2 011							
21 959,99	I,IV	**1 548**	2 014	2 014	I	560					
	II	**1 078**	2 014	2 014	II	206					
	III		2 635	2 014	III						
	V	**4 074**	2 014	2 014	IV	1 033	560	175			
	VI	**4 509**	2 014	2 014							
21 995,99	I,IV	**1 555**	2 018	2 018	I	567					
	II	**1 086**	2 018	2 018	II	211					
	III		2 639	2 018	III						
	V	**4 086**	2 018	2 018	IV	1 040	567	180			
	VI	**4 521**	2 018	2 018							
22 031,99	I,IV	**1 563**	2 021	2 021	I	573					
	II	**1 093**	2 021	2 021	II	216					
	III		2 643	2 021	III						
	V	**4 099**	2 021	2 021	IV	1 047	573	185			
	VI	**4 534**	2 021	2 021							

* Zur LSt-Berechnung für privat versicherte Arbeitnehmer s. Beispiele **Vorbemerkung S. 4 f.**
** Basisvorsorgepauschale KV und PV *** Typisierter Arbeitgeberzuschuss

Lohn/ Gehalt in € bis	Steuerklasse	Lohn- steuer*	BVSP**	TAGZ***	Steuerklasse	Bemessungsgrundlage für Kirchensteuer und Solidaritätszuschlag – Freibeträge für ... Kinder 0,5	1,0	1,5	2,0	2,5	3,0
22 067,99	I,IV	**1 570**	2 024	2 024	I	579					
	II	**1 100**	2 024	2 024	II	221					
	III		2 648	2 024	III						
	V	**4 111**	2 024	2 024	IV	1 054	579	190			
	VI	**4 547**	2 024	2 024							
22 103,99	I,IV	**1 578**	2 028	2 028	I	585					
	II	**1 107**	2 028	2 028	II	226					
	III		2 652	2 028	III						
	V	**4 124**	2 028	2 028	IV	1 062	585	195			
	VI	**4 559**	2 028	2 028							
22 139,99	I,IV	**1 585**	2 031	2 031	I	591					
	II	**1 115**	2 031	2 031	II	231					
	III		2 656	2 031	III						
	V	**4 137**	2 031	2 031	IV	1 069	591	199			
	VI	**4 572**	2 031	2 031							
22 175,99	I,IV	**1 592**	2 034	2 034	I	597					
	II	**1 122**	2 034	2 034	II	236					
	III		2 661	2 034	III						
	V	**4 149**	2 034	2 034	IV	1 076	597	204			
	VI	**4 584**	2 034	2 034							
22 211,99	I,IV	**1 600**	2 037	2 037	I	604					
	II	**1 129**	2 037	2 037	II	241					
	III		2 665	2 037	III						
	V	**4 161**	2 037	2 037	IV	1 083	604	209			
	VI	**4 597**	2 037	2 037							
22 247,99	I,IV	**1 607**	2 041	2 041	I	610					
	II	**1 136**	2 041	2 041	II	246					
	III		2 669	2 041	III						
	V	**4 174**	2 041	2 041	IV	1 090	610	214			
	VI	**4 609**	2 041	2 041							
22 283,99	I,IV	**1 615**	2 044	2 044	I	616					
	II	**1 144**	2 044	2 044	II	252					
	III		2 674	2 044	III						
	V	**4 187**	2 044	2 044	IV	1 098	616	219			
	VI	**4 622**	2 044	2 044							
22 319,99	I,IV	**1 622**	2 047	2 047	I	623					
	II	**1 151**	2 047	2 047	II	257					
	III		2 678	2 047	III						
	V	**4 199**	2 047	2 047	IV	1 105	623	224			
	VI	**4 634**	2 047	2 047							
22 355,99	I,IV	**1 630**	2 051	2 051	I	629					
	II	**1 158**	2 051	2 051	II	262					
	III		2 682	2 051	III						
	V	**4 212**	2 051	2 051	IV	1 112	629	230			
	VI	**4 647**	2 051	2 051							
22 391,99	I,IV	**1 637**	2 054	2 054	I	635					
	II	**1 165**	2 054	2 054	II	267					
	III		2 687	2 054	III						
	V	**4 224**	2 054	2 054	IV	1 120	635	235			
	VI	**4 660**	2 054	2 054							
22 427,99	I,IV	**1 645**	2 057	2 057	I	642					
	II	**1 173**	2 057	2 057	II	272					
	III		2 691	2 057	III						
	V	**4 237**	2 057	2 057	IV	1 127	642	240			
	VI	**4 672**	2 057	2 057							
22 463,99	I,IV	**1 653**	2 061	2 061	I	648					
	II	**1 180**	2 061	2 061	II	278					
	III		2 695	2 061	III						
	V	**4 250**	2 061	2 061	IV	1 134	648	245			
	VI	**4 685**	2 061	2 061							

* Zur LSt-Berechnung für privat versicherte Arbeitnehmer s. Beispiele **Vorbemerkung S. 4f.**
** Basisvorsorgepauschale KV und PV *** Typisierter Arbeitgeberzuschuss

Lohn/ Gehalt in € bis	Steuerklasse	**Lohn-steuer***	BVSP**	TAGZ***	Steuerklasse	Bemessungsgrundlage für Kirchensteuer und Solidaritätszuschlag – Freibeträge für ... Kinder 0,5	**1,0**	1,5	**2,0**	2,5	**3,0**
22 499,99	I,IV	**1 660**	2 064	2 064	I	654					
	II	**1 187**	2 064	2 064	II	283					
	III		2 699	2 064	III						
	V	**4 262**	2 064	2 064	IV	1 141	654	250			
	VI	**4 697**	2 064	2 064							
22 535,99	I,IV	**1 667**	2 067	2 067	I	661					
	II	**1 194**	2 067	2 067	II	288					
	III		2 704	2 067	III						
	V	**4 274**	2 067	2 067	IV	1 148	661	255			
	VI	**4 709**	2 067	2 067							
22 571,99	I,IV	**1 675**	2 070	2 070	I	667					
	II	**1 202**	2 070	2 070	II	293					
	III		2 708	2 070	III						
	V	**4 287**	2 070	2 070	IV	1 156	667	260			
	VI	**4 722**	2 070	2 070							
22 607,99	I,IV	**1 683**	2 074	2 074	I	673					
	II	**1 209**	2 074	2 074	II	299					
	III		2 712	2 074	III						
	V	**4 300**	2 074	2 074	IV	1 163	673	265			
	VI	**4 735**	2 074	2 074							
22 643,99	I,IV	**1 690**	2 077	2 077	I	680					
	II	**1 216**	2 077	2 077	II	304					
	III		2 717	2 077	III						
	V	**4 312**	2 077	2 077	IV	1 170	680	271			
	VI	**4 747**	2 077	2 077							
22 679,99	I,IV	**1 698**	2 080	2 080	I	686					
	II	**1 224**	2 080	2 080	II	309					
	III		2 721	2 080	III						
	V	**4 325**	2 080	2 080	IV	1 178	686	276			
	VI	**4 760**	2 080	2 080							
22 715,99	I,IV	**1 705**	2 084	2 084	I	693					
	II	**1 231**	2 084	2 084	II	315					
	III		2 725	2 084	III						
	V	**4 337**	2 084	2 084	IV	1 185	693	281			
	VI	**4 772**	2 084	2 084							
22 751,99	I,IV	**1 713**	2 087	2 087	I	699					
	II	**1 238**	2 087	2 087	II	320					
	III		2 730	2 087	III						
	V	**4 350**	2 087	2 087	IV	1 192	699	286			
	VI	**4 785**	2 087	2 087							
22 787,99	I,IV	**1 720**	2 090	2 090	I	706					
	II	**1 246**	2 090	2 090	II	325					
	III		2 734	2 090	III						
	V	**4 363**	2 090	2 090	IV	1 200	706	292			
	VI	**4 798**	2 090	2 090							
22 823,99	I,IV	**1 728**	2 094	2 094	I	712					
	II	**1 253**	2 094	2 094	II	331					
	III		2 738	2 094	III						
	V	**4 375**	2 094	2 094	IV	1 207	712	297			
	VI	**4 810**	2 094	2 094							
22 859,99	I,IV	**1 735**	2 097	2 097	I	719					
	II	**1 260**	2 097	2 097	II	336					
	III		2 743	2 097	III						
	V	**4 387**	2 097	2 097	IV	1 214	719	302			
	VI	**4 822**	2 097	2 097							
22 895,99	I,IV	**1 743**	2 100	2 100	I	726					
	II	**1 268**	2 100	2 100	II	342					
	III		2 747	2 100	III						
	V	**4 400**	2 100	2 100	IV	1 221	726	307			
	VI	**4 835**	2 100	2 100							

* Zur LSt-Berechnung für privat versicherte Arbeitnehmer s. Beispiele **Vorbemerkung S. 4 f.**
** Basisvorsorgepauschale KV und PV *** Typisierter Arbeitgeberzuschuss

Lohn/ Gehalt in € bis	Steuerklasse	Lohn- steuer*	BVSP**	TAGZ***	Steuerklasse	Bemessungsgrundlage für Kirchensteuer und Solidaritätszuschlag					
						Freibeträge für ... Kinder					
						0,5	**1,0**	1,5	**2,0**	2,5	**3,0**
22931,99	I,IV	**1751**	2104	2104	I	732					
	II	**1275**	2104	2104	II	347					
	III		2751	2104	III						
	V	**4413**	2104	2104	IV	1229	732	313			
	VI	**4848**	2104	2104							
22967,99	I,IV	**1758**	2107	2107	I	739					
	II	**1282**	2107	2107	II	353					
	III		2756	2107	III						
	V	**4425**	2107	2107	IV	1236	739	318			
	VI	**4860**	2107	2107							
23003,99	I,IV	**1766**	2110	2110	I	745					
	II	**1290**	2110	2110	II	358					
	III		2760	2110	III						
	V	**4438**	2110	2110	IV	1243	745	324			
	VI	**4873**	2110	2110							
23039,99	I,IV	**1773**	2113	2113	I	752					
	II	**1297**	2113	2113	II	364					
	III		2764	2113	III						
	V	**4450**	2113	2113	IV	1251	752	329			
	VI	**4885**	2113	2113							
23075,99	I,IV	**1781**	2117	2117	I	759					
	II	**1304**	2117	2117	II	369					
	III		2769	2117	III						
	V	**4463**	2117	2117	IV	1258	759	334			
	VI	**4898**	2117	2117							
23111,99	I,IV	**1788**	2120	2120	I	765	2				
	II	**1312**	2120	2120	II	375					
	III		2773	2120	III						
	V	**4475**	2120	2120	IV	1265	765	340	2		
	VI	**4910**	2120	2120							
23147,99	I,IV	**1796**	2123	2123	I	772	6				
	II	**1319**	2123	2123	II	380					
	III		2777	2123	III						
	V	**4488**	2123	2123	IV	1272	772	345	6		
	VI	**4923**	2123	2123							
23183,99	I,IV	**1804**	2127	2127	I	779	10				
	II	**1326**	2127	2127	II	386					
	III		2782	2127	III						
	V	**4500**	2127	2127	IV	1280	779	351	10		
	VI	**4935**	2127	2127							
23219,99	I,IV	**1811**	2130	2130	I	786	14				
	II	**1334**	2130	2130	II	391					
	III		2786	2130	III						
	V	**4513**	2130	2130	IV	1287	786	356	14		
	VI	**4948**	2130	2130							
23255,99	I,IV	**1819**	2133	2133	I	792	19				
	II	**1341**	2133	2133	II	397					
	III		2790	2133	III						
	V	**4526**	2133	2133	IV	1295	792	362	19		
	VI	**4961**	2133	2133							
23291,99	I,IV	**1826**	2137	2137	I	799	23				
	II	**1348**	2137	2137	II	403					
	III		2795	2137	III						
	V	**4538**	2137	2137	IV	1302	799	367	23		
	VI	**4973**	2137	2137							
23327,99	I,IV	**1834**	2140	2140	I	806	27				
	II	**1356**	2140	2140	II	408					
	III		2799	2140	III						
	V	**4551**	2140	2140	IV	1309	806	373	27		
	VI	**4986**	2140	2140							

* Zur LSt-Berechnung für privat versicherte Arbeitnehmer s. Beispiele **Vorbemerkung S. 4 f.**
** Basisvorsorgepauschale KV und PV *** Typisierter Arbeitgeberzuschuss

Lohn/ Gehalt in € bis	Steuerklasse	**Lohn-steuer***	BVSP**	TAGZ***	Steuerklasse	Bemessungsgrundlage für Kirchensteuer und Solidaritätszuschlag					
						Freibeträge für ... Kinder					
						0,5	**1,0**	1,5	**2,0**	2,5	**3,0**
23 363,99	I,IV	**1 842**	2 143	2 143	I	813	32				
	II	**1 363**	2 143	2 143	II	414					
	III		2 803	2 143	III						
	V	**4 563**	2 143	2 143	IV	1 317	813	378	32		
	VI	**4 998**	2 143	2 143							
23 399,99	I,IV	**1 849**	2 146	2 146	I	820	36				
	II	**1 371**	2 146	2 146	II	420					
	III		2 807	2 146	III						
	V	**4 576**	2 146	2 146	IV	1 324	820	384	36		
	VI	**5 011**	2 146	2 146							
23 435,99	I,IV	**1 857**	2 150	2 150	I	826	40				
	II	**1 378**	2 150	2 150	II	425					
	III		2 812	2 150	III						
	V	**4 588**	2 150	2 150	IV	1 331	826	389	40		
	VI	**5 023**	2 150	2 150							
23 471,99	I,IV	**1 864**	2 153	2 153	I	833	45				
	II	**1 385**	2 153	2 153	II	431					
	III		2 816	2 153	III						
	V	**4 601**	2 153	2 153	IV	1 339	833	395	45		
	VI	**5 036**	2 153	2 153							
23 507,99	I,IV	**1 872**	2 156	2 156	I	840	49				
	II	**1 393**	2 156	2 156	II	437					
	III		2 820	2 156	III						
	V	**4 613**	2 156	2 156	IV	1 346	840	401	49		
	VI	**5 048**	2 156	2 156							
23 543,99	I,IV	**1 880**	2 160	2 160	I	847	53				
	II	**1 400**	2 160	2 160	II	443					
	III		2 825	2 160	III						
	V	**4 626**	2 160	2 160	IV	1 353	847	406	53		
	VI	**5 061**	2 160	2 160							
23 579,99	I,IV	**1 887**	2 163	2 163	I	854	58				
	II	**1 407**	2 163	2 163	II	448					
	III		2 829	2 163	III						
	V	**4 639**	2 163	2 163	IV	1 361	854	412	58		
	VI	**5 074**	2 163	2 163							
23 615,99	I,IV	**1 895**	2 166	2 166	I	861	62				
	II	**1 415**	2 166	2 166	II	454					
	III		2 833	2 166	III						
	V	**4 651**	2 166	2 166	IV	1 368	861	418	62		
	VI	**5 086**	2 166	2 166							
23 651,99	I,IV	**1 903**	2 170	2 170	I	868	67				
	II	**1 422**	2 170	2 170	II	460					
	III		2 838	2 170	III						
	V	**4 664**	2 170	2 170	IV	1 376	868	424	67		
	VI	**5 099**	2 170	2 170							
23 687,99	I,IV	**1 910**	2 173	2 173	I	875	71				
	II	**1 430**	2 173	2 173	II	466					
	III		2 842	2 173	III						
	V	**4 676**	2 173	2 173	IV	1 383	875	429	71		
	VI	**5 111**	2 173	2 173							
23 723,99	I,IV	**1 918**	2 176	2 176	I	882	76				
	II	**1 437**	2 176	2 176	II	472					
	III		2 846	2 176	III						
	V	**4 689**	2 176	2 176	IV	1 390	882	435	76		
	VI	**5 124**	2 176	2 176							
23 759,99	I,IV	**1 926**	2 179	2 179	I	889	80				
	II	**1 444**	2 179	2 179	II	477					
	III		2 851	2 179	III						
	V	**4 701**	2 179	2 179	IV	1 398	889	441	80		
	VI	**5 136**	2 179	2 179							

* Zur LSt-Berechnung für privat versicherte Arbeitnehmer s. Beispiele **Vorbemerkung S. 4 f.**
** Basisvorsorgepauschale KV und PV *** Typisierter Arbeitgeberzuschuss

Lohn/ Gehalt in € bis	Steuerklasse	Lohn-steuer*	BVSP**	TAGZ***	Steuerklasse	Bemessungsgrundlage für Kirchensteuer und Solidaritätszuschlag – Freibeträge für ... Kinder 0,5	1,0	1,5	2,0	2,5	3,0
23795,99	I,IV	**1933**	2183	2183	I	896	85				
	II	**1452**	2183	2183	II	483					
	III		2855	2183	III						
	V	**4714**	2183	2183	IV	1405	896	446	85		
	VI	**5148**	2183	2183							
23831,99	I,IV	**1941**	2186	2186	I	903	89				
	II	**1459**	2186	2186	II	489					
	III		2859	2186	III						
	V	**4726**	2186	2186	IV	1412	903	452	89		
	VI	**5158**	2186	2186							
23867,99	I,IV	**1949**	2189	2189	I	910	94				
	II	**1467**	2189	2189	II	495					
	III		2864	2189	III						
	V	**4739**	2189	2189	IV	1420	910	458	94		
	VI	**5168**	2189	2189							
23903,99	I,IV	**1956**	2193	2193	I	917	98				
	II	**1474**	2193	2193	II	501					
	III		2868	2193	III						
	V	**4751**	2193	2193	IV	1427	917	464	98		
	VI	**5178**	2193	2193							
23939,99	I,IV	**1964**	2196	2196	I	924	103				
	II	**1482**	2196	2196	II	507					
	III		2872	2196	III						
	V	**4764**	2196	2196	IV	1435	924	470	103		
	VI	**5188**	2196	2196							
23975,99	I,IV	**1972**	2199	2199	I	931	108				
	II	**1489**	2199	2199	II	513					
	III		2877	2199	III						
	V	**4777**	2199	2199	IV	1442	931	476	108		
	VI	**5198**	2199	2199							
24011,99	I,IV	**1979**	2203	2203	I	938	112				
	II	**1497**	2203	2203	II	519					
	III		2881	2203	III						
	V	**4789**	2203	2203	IV	1450	938	482	112		
	VI	**5208**	2203	2203							
24047,99	I,IV	**1987**	2206	2206	I	945	117				
	II	**1504**	2206	2206	II	525					
	III		2885	2206	III						
	V	**4801**	2206	2206	IV	1457	945	487	117		
	VI	**5218**	2206	2206							
24083,99	I,IV	**1995**	2209	2209	I	952	121				
	II	**1511**	2209	2209	II	531					
	III		2890	2209	III						
	V	**4814**	2209	2209	IV	1464	952	493	121		
	VI	**5230**	2209	2209							
24119,99	I,IV	**2002**	2213	2213	I	960	126				
	II	**1519**	2213	2213	II	537					
	III		2894	2213	III						
	V	**4827**	2213	2213	IV	1472	960	499	126		
	VI	**5238**	2213	2213							
24155,99	I,IV	**2010**	2216	2216	I	967	131				
	II	**1526**	2216	2216	II	543					
	III		2898	2216	III						
	V	**4839**	2216	2216	IV	1479	967	505	131		
	VI	**5250**	2216	2216							
24191,99	I,IV	**2018**	2219	2219	I	974	136				
	II	**1534**	2219	2219	II	549					
	III		2903	2219	III						
	V	**4852**	2219	2219	IV	1487	974	511	136		
	VI	**5262**	2219	2219							

* Zur LSt-Berechnung für privat versicherte Arbeitnehmer s. Beispiele **Vorbemerkung S. 4f.**
** Basisvorsorgepauschale KV und PV *** Typisierter Arbeitgeberzuschuss

Lohn/ Gehalt in € bis	Steuerklasse	**Lohnsteuer***	BVSP**	TAGZ***	Steuerklasse	Bemessungsgrundlage für Kirchensteuer und Solidaritätszuschlag – Freibeträge für ... Kinder 0,5	**1,0**	1,5	**2,0**	2,5	**3,0**
24227,99	I,IV	**2025**	2222	2222	I	981	140				
	II	**1541**	2222	2222	II	555					
	III		2907	2222	III						
	V	**4864**	2222	2222	IV	1494	981	517	140		
	VI	**5270**	2222	2222							
24263,99	I,IV	**2033**	2226	2226	I	988	145				
	II	**1549**	2226	2226	II	561					
	III		2911	2226	III						
	V	**4877**	2226	2226	IV	1502	988	523	145		
	VI	**5282**	2226	2226							
24299,99	I,IV	**2041**	2229	2229	I	996	150				
	II	**1556**	2229	2229	II	568					
	III		2915	2229	III						
	V	**4890**	2229	2229	IV	1509	996	529	150		
	VI	**5290**	2229	2229							
24335,99	I,IV	**2049**	2232	2232	I	1003	155				
	II	**1564**	2232	2232	II	574					
	III		2920	2232	III						
	V	**4902**	2232	2232	IV	1517	1003	535	155		
	VI	**5302**	2232	2232							
24371,99	I,IV	**2056**	2236	2236	I	1010	159				
	II	**1571**	2236	2236	II	580					
	III		2924	2236	III						
	V	**4914**	2236	2236	IV	1524	1010	541	159		
	VI	**5312**	2236	2236							
24407,99	I,IV	**2064**	2239	2239	I	1017	164				
	II	**1579**	2239	2239	II	586					
	III		2928	2239	III						
	V	**4927**	2239	2239	IV	1531	1017	547	164		
	VI	**5322**	2239	2239							
24443,99	I,IV	**2072**	2242	2242	I	1024	169				
	II	**1586**	2242	2242	II	592					
	III		2933	2242	III						
	V	**4940**	2242	2242	IV	1539	1024	553	169		
	VI	**5334**	2242	2242							
24479,99	I,IV	**2079**	2246	2246	I	1031	174				
	II	**1594**	2246	2246	II	598					
	III		2937	2246	III						
	V	**4952**	2246	2246	IV	1546	1031	559	174		
	VI	**5342**	2246	2246							
24515,99	I,IV	**2087**	2249	2249	I	1039	179				
	II	**1601**	2249	2249	II	605					
	III		2941	2249	III						
	V	**4965**	2249	2249	IV	1554	1039	566	179		
	VI	**5354**	2249	2249							
24551,99	I,IV	**2095**	2252	2252	I	1046	184				
	II	**1609**	2252	2252	II	611					
	III		2946	2252	III						
	V	**4977**	2252	2252	IV	1561	1046	572	184		
	VI	**5364**	2252	2252							
24587,99	I,IV	**2103**	2255	2255	I	1053	189				
	II	**1616**	2255	2255	II	617					
	III		2950	2255	III						
	V	**4990**	2255	2255	IV	1569	1053	578	189		
	VI	**5374**	2255	2255							
24623,99	I,IV	**2110**	2259	2259	I	1060	194				
	II	**1624**	2259	2259	II	624					
	III		2954	2259	III						
	V	**5003**	2259	2259	IV	1576	1060	584	194		
	VI	**5386**	2259	2259							

* Zur LSt-Berechnung für privat versicherte Arbeitnehmer s. Beispiele **Vorbemerkung S. 4f.**
** Basisvorsorgepauschale KV und PV *** Typisierter Arbeitgeberzuschuss

Lohn/ Gehalt in € bis	Steuerklasse	Lohn- steuer*	BVSP**	TAGZ***	Steuerklasse	Bemessungsgrundlage für Kirchensteuer und Solidaritätszuschlag – Freibeträge für ... Kinder 0,5	1,0	1,5	2,0	2,5	3,0
24659,99	I,IV	**2118**	2262	2262	I	1068	199				
	II	**1631**	2262	2262	II	630					
	III		2959	2262	III						
	V	**5015**	2262	2262	IV	1584	1068	590	199		
	VI	**5396**	2262	2262							
24695,99	I,IV	**2126**	2265	2265	I	1075	203				
	II	**1638**	2265	2265	II	636					
	III		2963	2265	III						
	V	**5027**	2265	2265	IV	1591	1075	596	203		
	VI	**5406**	2265	2265							
24731,99	I,IV	**2134**	2269	2269	I	1082	208				
	II	**1646**	2269	2269	II	642					
	III		2967	2269	III						
	V	**5040**	2269	2269	IV	1599	1082	603	208		
	VI	**5416**	2269	2269							
24767,99	I,IV	**2141**	2272	2272	I	1089	213				
	II	**1654**	2272	2272	II	649					
	III		2972	2272	III						
	V	**5053**	2272	2272	IV	1606	1089	609	213		
	VI	**5426**	2272	2272							
24803,99	I,IV	**2149**	2275	2275	I	1096	219				
	II	**1661**	2275	2275	II	655					
	III		2976	2275	III						
	V	**5065**	2275	2275	IV	1614	1096	615	219		
	VI	**5436**	2275	2275							
24839,99	I,IV	**2157**	2279	2279	I	1104	224				
	II	**1669**	2279	2279	II	662					
	III		2980	2279	III						
	V	**5078**	2279	2279	IV	1621	1104	622	224		
	VI	**5448**	2279	2279							
24875,99	I,IV	**2165**	2282	2282	I	1111	229				
	II	**1676**	2282	2282	II	668					
	III		2985	2282	III						
	V	**5090**	2282	2282	IV	1629	1111	628	229		
	VI	**5460**	2282	2282							
24911,99	I,IV	**2173**	2285	2285	I	1118	234				
	II	**1684**	2285	2285	II	675					
	III		2989	2285	III						
	V	**5103**	2285	2285	IV	1636	1118	634	234		
	VI	**5468**	2285	2285							
24947,99	I,IV	**2180**	2288	2288	I	1126	239				
	II	**1691**	2288	2288	II	681					
	III		2993	2288	III						
	V	**5116**	2288	2288	IV	1644	1126	641	239		
	VI	**5480**	2288	2288							
24983,99	I,IV	**2188**	2292	2292	I	1133	244				
	II	**1699**	2292	2292	II	687					
	III		2998	2292	III						
	V	**5128**	2292	2292	IV	1651	1133	647	244		
	VI	**5488**	2292	2292							
25019,99	I,IV	**2196**	2295	2295	I	1140	249				
	II	**1706**	2295	2295	II	694					
	III		3000	2295	III						
	V	**5140**	2295	2295	IV	1659	1140	653	249		
	VI	**5500**	2295	2295							
25055,99	I,IV	**2204**	2298	2298	I	1147	254				
	II	**1714**	2298	2298	II	700					
	III		3000	2298	III						
	V	**5150**	2298	2298	IV	1666	1147	660	254		
	VI	**5510**	2298	2298							

* Zur LSt-Berechnung für privat versicherte Arbeitnehmer s. Beispiele **Vorbemerkung S. 4f.**

** Basisvorsorgepauschale KV und PV *** Typisierter Arbeitgeberzuschuss

Lohn/ Gehalt in € bis	Steuerklasse	Lohn- steuer*	BVSP**	TAGZ***	Steuerklasse	Bemessungsgrundlage für Kirchensteuer und Solidaritätszuschlag					
						Freibeträge für ... Kinder					
						0,5	**1,0**	1,5	**2,0**	2,5	**3,0**
25 091,99	I,IV	**2 211**	2 302	2 302	I	1 154	259				
	II	**1 721**	2 302	2 302	II	707					
	III		3 000	2 302	III						
	V	**5 162**	2 302	2 302	IV	1 674	1 154	666	259		
	VI	**5 522**	2 302	2 302							
25 127,99	I,IV	**2 219**	2 305	2 305	I	1 162	265				
	II	**1 729**	2 305	2 305	II	713					
	III		3 000	2 305	III						
	V	**5 170**	2 305	2 305	IV	1 681	1 162	672	265		
	VI	**5 530**	2 305	2 305							
25 163,99	I,IV	**2 227**	2 308	2 308	I	1 169	270				
	II	**1 737**	2 308	2 308	II	720					
	III		3 000	2 308	III						
	V	**5 182**	2 308	2 308	IV	1 689	1 169	679	270		
	VI	**5 542**	2 308	2 308							
25 199,99	I,IV	**2 235**	2 312	2 312	I	1 176	275				
	II	**1 744**	2 312	2 312	II	727					
	III		3 000	2 312	III						
	V	**5 190**	2 312	2 312	IV	1 696	1 176	685	275		
	VI	**5 552**	2 312	2 312							
25 235,99	I,IV	**2 243**	2 315	2 315	I	1 184	280				
	II	**1 752**	2 315	2 315	II	733					
	III		3 000	2 315	III						
	V	**5 202**	2 315	2 315	IV	1 704	1 184	692	280		
	VI	**5 564**	2 315	2 315							
25 271,99	I,IV	**2 250**	2 318	2 318	I	1 191	286				
	II	**1 759**	2 318	2 318	II	740					
	III		3 000	2 318	III						
	V	**5 212**	2 318	2 318	IV	1 712	1 191	698	286		
	VI	**5 574**	2 318	2 318							
25 307,99	I,IV	**2 258**	2 322	2 322	I	1 198	291				
	II	**1 767**	2 322	2 322	II	746					
	III		3 000	2 322	III						
	V	**5 222**	2 322	2 322	IV	1 719	1 198	705	291		
	VI	**5 584**	2 322	2 322							
25 343,99	I,IV	**2 266**	2 325	2 325	I	1 205	296				
	II	**1 774**	2 325	2 325	II	753					
	III		3 000	2 325	III						
	V	**5 232**	2 325	2 325	IV	1 726	1 205	711	296		
	VI	**5 596**	2 325	2 325							
25 379,99	I,IV	**2 274**	2 328	2 328	I	1 213	301				
	II	**1 782**	2 328	2 328	II	760					
	III		3 000	2 328	III						
	V	**5 244**	2 328	2 328	IV	1 734	1 213	718	301		
	VI	**5 604**	2 328	2 328							
25 415,99	I,IV	**2 282**	2 331	2 331	I	1 220	307				
	II	**1 790**	2 331	2 331	II	766	2				
	III		3 000	2 331	III						
	V	**5 254**	2 331	2 331	IV	1 742	1 220	724	307		
	VI	**5 616**	2 331	2 331							
25 451,99	I,IV	**2 289**	2 335	2 335	I	1 227	312				
	II	**1 797**	2 335	2 335	II	773	7				
	III		3 000	2 335	III						
	V	**5 264**	2 335	2 335	IV	1 749	1 227	731	312		
	VI	**5 626**	2 335	2 335							
25 487,99	I,IV	**2 297**	2 338	2 338	I	1 235	317				
	II	**1 805**	2 338	2 338	II	780	11				
	III		3 000	2 338	III						
	V	**5 274**	2 338	2 338	IV	1 757	1 235	738	317		
	VI	**5 638**	2 338	2 338							

* Zur LSt-Berechnung für privat versicherte Arbeitnehmer s. Beispiele **Vorbemerkung S. 4 f.**
** Basisvorsorgepauschale KV und PV *** Typisierter Arbeitgeberzuschuss

Lohn/ Gehalt in € bis	Steuerklasse	Lohn-steuer*	BVSP**	TAGZ***	Steuerklasse	Bemessungsgrundlage für Kirchensteuer und Solidaritätszuschlag – Freibeträge für ... Kinder 0,5	1,0	1,5	2,0	2,5	3,0
25523,99	I,IV	**2305**	2341	2341	I	1242	323				
	II	**1812**	2341	2341	II	787	15				
	III		3000	2341	III						
	V	**5284**	2341	2341	IV	1764	1242	744	323		
	VI	**5648**	2341	2341							
25559,99	I,IV	**2313**	2345	2345	I	1249	328				
	II	**1820**	2345	2345	II	793	19				
	III	**4**	3000	2345	III						
	V	**5294**	2345	2345	IV	1772	1249	751	328		
	VI	**5660**	2345	2345							
25595,99	I,IV	**2321**	2348	2348	I	1257	334				
	II	**1828**	2348	2348	II	800	24				
	III	**8**	3000	2348	III						
	V	**5306**	2348	2348	IV	1780	1257	758	334		
	VI	**5668**	2348	2348							
25631,99	I,IV	**2329**	2351	2351	I	1264	339				
	II	**1835**	2351	2351	II	807	28				
	III	**14**	3000	2351	III						
	V	**5316**	2351	2351	IV	1787	1264	764	339	1	
	VI	**5680**	2351	2351							
25667,99	I,IV	**2336**	2355	2355	I	1271	344				
	II	**1843**	2355	2355	II	814	32				
	III	**18**	3000	2355	III						
	V	**5326**	2355	2355	IV	1795	1271	771	344	5	
	VI	**5690**	2355	2355							
25703,99	I,IV	**2344**	2358	2358	I	1279	350				
	II	**1850**	2358	2358	II	820	37				
	III	**22**	3000	2358	III						
	V	**5336**	2358	2358	IV	1802	1279	778	350	9	
	VI	**5702**	2358	2358							
25739,99	I,IV	**2352**	2361	2361	I	1286	355				
	II	**1858**	2361	2361	II	827	41				
	III	**28**	3000	2361	III						
	V	**5346**	2361	2361	IV	1810	1286	784	355	14	
	VI	**5710**	2361	2361							
25775,99	I,IV	**2360**	2364	2364	I	1293	361				
	II	**1866**	2364	2364	II	834	45				
	III	**32**	3000	2364	III						
	V	**5358**	2364	2364	IV	1818	1293	791	361	18	
	VI	**5722**	2364	2364							
25811,99	I,IV	**2368**	2368	2368	I	1301	366				
	II	**1873**	2368	2368	II	841	50				
	III	**38**	3000	2368	III						
	V	**5368**	2368	2368	IV	1825	1301	798	366	22	
	VI	**5732**	2368	2368							
25847,99	I,IV	**2376**	2371	2371	I	1308	372				
	II	**1881**	2371	2371	II	848	54				
	III	**42**	3000	2371	III						
	V	**5378**	2371	2371	IV	1833	1308	805	372	27	
	VI	**5744**	2371	2371							
25883,99	I,IV	**2384**	2374	2374	I	1315	377				
	II	**1889**	2374	2374	II	855	59				
	III	**46**	3000	2374	III						
	V	**5390**	2374	2374	IV	1840	1315	812	377	31	
	VI	**5754**	2374	2374							
25919,99	I,IV	**2391**	2378	2378	I	1323	383				
	II	**1896**	2378	2378	II	862	63				
	III	**52**	3000	2378	III						
	V	**5398**	2378	2378	IV	1848	1323	818	383	35	
	VI	**5764**	2378	2378							

* Zur LSt-Berechnung für privat versicherte Arbeitnehmer s. Beispiele **Vorbemerkung S. 4 f.**
** Basisvorsorgepauschale KV und PV *** Typisierter Arbeitgeberzuschuss

Lohn/ Gehalt in € bis	Steuerklasse	**Lohn-steuer***	BVSP**	TAGZ***	Steuerklasse	Bemessungsgrundlage für Kirchensteuer und Solidaritätszuschlag – Freibeträge für ... Kinder 0,5	**1,0**	1,5	**2,0**	2,5	**3,0**
25 955,99	I,IV	**2 399**	2 381	2 381	I	1 330	389				
	II	**1 904**	2 381	2 381	II	869	67				
	III	**56**	3 000	2 381	III						
	V	**5 410**	2 381	2 381	IV	1 855	1 330	825	389	39	
	VI	**5 774**	2 381	2 381							
25 991,99	I,IV	**2 407**	2 384	2 384	I	1 337	394				
	II	**1 911**	2 384	2 384	II	876	72				
	III	**60**	3 000	2 384	III						
	V	**5 420**	2 384	2 384	IV	1 863	1 337	832	394	44	
	VI	**5 786**	2 384	2 384							
26 027,99	I,IV	**2 415**	2 388	2 388	I	1 345	400				
	II	**1 919**	2 388	2 388	II	883	76				
	III	**66**	3 000	2 388	III						
	V	**5 430**	2 388	2 388	IV	1 871	1 345	839	400	48	
	VI	**5 796**	2 388	2 388							
26 063,99	I,IV	**2 423**	2 391	2 391	I	1 352	405				
	II	**1 927**	2 391	2 391	II	890	81				
	III	**70**	3 000	2 391	III						
	V	**5 442**	2 391	2 391	IV	1 878	1 352	846	405	53	
	VI	**5 808**	2 391	2 391							
26 099,99	I,IV	**2 431**	2 394	2 394	I	1 360	411				
	II	**1 934**	2 394	2 394	II	897	85				
	III	**76**	3 000	2 394	III						
	V	**5 450**	2 394	2 394	IV	1 886	1 360	853	411	57	
	VI	**5 818**	2 394	2 394							
26 135,99	I,IV	**2 439**	2 397	2 397	I	1 367	417				
	II	**1 942**	2 397	2 397	II	904	90				
	III	**80**	3 000	2 397	III						
	V	**5 462**	2 397	2 397	IV	1 894	1 367	860	417	62	
	VI	**5 830**	2 397	2 397							
26 171,99	I,IV	**2 447**	2 401	2 401	I	1 374	423				
	II	**1 950**	2 401	2 401	II	911	95				
	III	**86**	3 000	2 401	III						
	V	**5 472**	2 401	2 401	IV	1 901	1 374	867	423	66	
	VI	**5 840**	2 401	2 401							
26 207,99	I,IV	**2 455**	2 404	2 404	I	1 382	428				
	II	**1 958**	2 404	2 404	II	918	99				
	III	**90**	3 000	2 404	III						
	V	**5 484**	2 404	2 404	IV	1 909	1 382	874	428	70	
	VI	**5 852**	2 404	2 404							
26 243,99	I,IV	**2 463**	2 407	2 407	I	1 389	434				
	II	**1 965**	2 407	2 407	II	925	104				
	III	**94**	3 000	2 407	III						
	V	**5 492**	2 407	2 407	IV	1 917	1 389	880	434	75	
	VI	**5 860**	2 407	2 407							
26 279,99	I,IV	**2 470**	2 411	2 411	I	1 396	440				
	II	**1 973**	2 411	2 411	II	932	108				
	III	**100**	3 000	2 411	III						
	V	**5 504**	2 411	2 411	IV	1 924	1 396	887	440	79	
	VI	**5 872**	2 411	2 411							
26 315,99	I,IV	**2 478**	2 414	2 414	I	1 404	445				
	II	**1 980**	2 414	2 414	II	939	113				
	III	**104**	3 000	2 414	III						
	V	**5 514**	2 414	2 414	IV	1 932	1 404	894	445	84	
	VI	**5 882**	2 414	2 414							
26 351,99	I,IV	**2 486**	2 417	2 417	I	1 411	451				
	II	**1 988**	2 417	2 417	II	946	118				
	III	**110**	3 000	2 417	III						
	V	**5 524**	2 417	2 417	IV	1 940	1 411	902	451	88	
	VI	**5 894**	2 417	2 417							

* Zur LSt-Berechnung für privat versicherte Arbeitnehmer s. Beispiele **Vorbemerkung S. 4 f.**
** Basisvorsorgepauschale KV und PV *** Typisierter Arbeitgeberzuschuss

Lohn/ Gehalt in € bis	Steuerklasse	Lohn- steuer*	BVSP**	TAGZ***	Steuerklasse	Bemessungsgrundlage für Kirchensteuer und Solidaritätszuschlag					
						Freibeträge für ... Kinder					
						0,5	**1,0**	1,5	**2,0**	2,5	**3,0**
26 387,99	I,IV	**2 494**	2 421	2 421	I	1 419	457				
	II	**1 996**	2 421	2 421	II	954	122				
	III	**114**	3 000	2 421	III						
	V	**5 536**	2 421	2 421	IV	1 947	1 419	909	457	93	
	VI	**5 904**	2 421	2 421							
26 423,99	I,IV	**2 502**	2 424	2 424	I	1 426	463				
	II	**2 004**	2 424	2 424	II	961	127				
	III	**120**	3 000	2 424	III						
	V	**5 546**	2 424	2 424	IV	1 955	1 426	916	463	98	
	VI	**5 916**	2 424	2 424							
26 459,99	I,IV	**2 510**	2 427	2 427	I	1 434	469				
	II	**2 011**	2 427	2 427	II	968	132				
	III	**124**	3 000	2 427	III						
	V	**5 556**	2 427	2 427	IV	1 963	1 434	923	469	102	
	VI	**5 926**	2 427	2 427							
26 495,99	I,IV	**2 518**	2 431	2 431	I	1 441	475				
	II	**2 019**	2 431	2 431	II	975	136				
	III	**130**	3 000	2 431	III						
	V	**5 566**	2 431	2 431	IV	1 970	1 441	930	475	107	
	VI	**5 938**	2 431	2 431							
26 531,99	I,IV	**2 526**	2 434	2 434	I	1 448	481				
	II	**2 027**	2 434	2 434	II	982	141				
	III	**134**	3 000	2 434	III						
	V	**5 578**	2 434	2 434	IV	1 978	1 448	937	481	111	
	VI	**5 948**	2 434	2 434							
26 567,99	I,IV	**2 534**	2 437	2 437	I	1 456	486				
	II	**2 034**	2 437	2 437	II	989	146				
	III	**138**	3 000	2 437	III						
	V	**5 586**	2 437	2 437	IV	1 986	1 456	944	486	116	
	VI	**5 960**	2 437	2 437							
26 603,99	I,IV	**2 542**	2 440	2 440	I	1 463	492				
	II	**2 042**	2 440	2 440	II	997	151				
	III	**144**	3 000	2 440	III						
	V	**5 598**	2 440	2 440	IV	1 993	1 463	951	492	121	
	VI	**5 970**	2 440	2 440							
26 639,99	I,IV	**2 550**	2 444	2 444	I	1 470	498				
	II	**2 050**	2 444	2 444	II	1 004	155				
	III	**148**	3 000	2 444	III						
	V	**5 608**	2 444	2 444	IV	2 001	1 470	958	498	125	
	VI	**5 980**	2 444	2 444							
26 675,99	I,IV	**2 558**	2 447	2 447	I	1 478	504				
	II	**2 057**	2 447	2 447	II	1 011	160				
	III	**154**	3 000	2 447	III						
	V	**5 620**	2 447	2 447	IV	2 009	1 478	966	504	130	
	VI	**5 992**	2 447	2 447							
26 711,99	I,IV	**2 566**	2 450	2 450	I	1 485	510				
	II	**2 065**	2 450	2 450	II	1 018	165				
	III	**160**	3 000	2 450	III						
	V	**5 630**	2 450	2 450	IV	2 016	1 485	973	510	135	
	VI	**6 002**	2 450	2 450							
26 747,99	I,IV	**2 574**	2 454	2 454	I	1 493	516				
	II	**2 073**	2 454	2 454	II	1 025	170				
	III	**164**	3 000	2 454	III						
	V	**5 642**	2 454	2 454	IV	2 024	1 493	980	516	140	
	VI	**6 014**	2 454	2 454							
26 783,99	I,IV	**2 582**	2 457	2 457	I	1 500	522				
	II	**2 081**	2 457	2 457	II	1 033	175				
	III	**170**	3 000	2 457	III						
	V	**5 650**	2 457	2 457	IV	2 032	1 500	987	522	144	
	VI	**6 024**	2 457	2 457							

* Zur LSt-Berechnung für privat versicherte Arbeitnehmer s. Beispiele **Vorbemerkung S. 4 f.**
** Basisvorsorgepauschale KV und PV *** Typisierter Arbeitgeberzuschuss

Lohn/ Gehalt in € bis	Steuerklasse	Lohn-steuer*	BVSP**	TAGZ***	Steuerklasse	Bemessungsgrundlage für Kirchensteuer und Solidaritätszuschlag					
						Freibeträge für ... Kinder					
						0,5	**1,0**	1,5	**2,0**	2,5	**3,0**
26 819,99	I,IV	**2 590**	2 460	2 460	I	1 508	528				
	II	**2 088**	2 460	2 460	II	1 040	180				
	III	**174**	3 000	2 460	III						
	V	**5 662**	2 460	2 460	IV	2 040	1 508	994	528	149	
	VI	**6 036**	2 460	2 460							
26 855,99	I,IV	**2 598**	2 464	2 464	I	1 515	534				
	II	**2 096**	2 464	2 464	II	1 047	184				
	III	**180**	3 000	2 464	III						
	V	**5 674**	2 464	2 464	IV	2 047	1 515	1 001	534	154	
	VI	**6 044**	2 464	2 464							
26 891,99	I,IV	**2 606**	2 467	2 467	I	1 523	540				
	II	**2 104**	2 467	2 467	II	1 054	189				
	III	**184**	3 000	2 467	III						
	V	**5 682**	2 467	2 467	IV	2 055	1 523	1 009	540	159	
	VI	**6 058**	2 467	2 467							
26 927,99	I,IV	**2 614**	2 470	2 470	I	1 530	546				
	II	**2 112**	2 470	2 470	II	1 061	194				
	III	**190**	3 000	2 470	III						
	V	**5 694**	2 470	2 470	IV	2 063	1 530	1 016	546	163	
	VI	**6 068**	2 470	2 470							
26 963,99	I,IV	**2 622**	2 473	2 473	I	1 538	552				
	II	**2 119**	2 473	2 473	II	1 069	199				
	III	**194**	3 000	2 473	III						
	V	**5 704**	2 473	2 473	IV	2 070	1 538	1 023	552	168	
	VI	**6 078**	2 473	2 473							
26 999,99	I,IV	**2 630**	2 477	2 477	I	1 545	558				
	II	**2 127**	2 477	2 477	II	1 076	204				
	III	**200**	3 000	2 477	III						
	V	**5 716**	2 477	2 477	IV	2 078	1 545	1 030	558	173	
	VI	**6 090**	2 477	2 477							
27 035,99	I,IV	**2 638**	2 480	2 480	I	1 553	565				
	II	**2 135**	2 480	2 480	II	1 083	209				
	III	**204**	3 000	2 480	III						
	V	**5 726**	2 480	2 480	IV	2 086	1 553	1 038	565	178	
	VI	**6 100**	2 480	2 480							
27 071,99	I,IV	**2 646**	2 483	2 483	I	1 560	571				
	II	**2 143**	2 483	2 483	II	1 090	214				
	III	**210**	3 000	2 483	III						
	V	**5 738**	2 483	2 483	IV	2 094	1 560	1 045	571	183	
	VI	**6 112**	2 483	2 483							
27 107,99	I,IV	**2 654**	2 487	2 487	I	1 568	577				
	II	**2 150**	2 487	2 487	II	1 098	219				
	III	**214**	3 000	2 487	III						
	V	**5 748**	2 487	2 487	IV	2 101	1 568	1 052	577	188	
	VI	**6 122**	2 487	2 487							
27 143,99	I,IV	**2 662**	2 490	2 490	I	1 575	583				
	II	**2 158**	2 490	2 490	II	1 105	224				
	III	**220**	3 000	2 490	III						
	V	**5 758**	2 490	2 490	IV	2 109	1 575	1 059	583	193	
	VI	**6 134**	2 490	2 490							
27 179,99	I,IV	**2 669**	2 493	2 493	I	1 582	589				
	II	**2 166**	2 493	2 493	II	1 112	229				
	III	**224**	3 000	2 493	III						
	V	**5 768**	2 493	2 493	IV	2 117	1 582	1 066	589	198	
	VI	**6 144**	2 493	2 493							
27 215,99	I,IV	**2 678**	2 497	2 497	I	1 590	595				
	II	**2 174**	2 497	2 497	II	1 119	234				
	III	**230**	3 000	2 497	III						
	V	**5 780**	2 497	2 497	IV	2 124	1 590	1 073	595	203	
	VI	**6 156**	2 497	2 497							

* Zur LSt-Berechnung für privat versicherte Arbeitnehmer s. Beispiele **Vorbemerkung S. 4 f.**
** Basisvorsorgepauschale KV und PV *** Typisierter Arbeitgeberzuschuss

Lohn/ Gehalt in € bis	Steuerklasse	Lohn-steuer*	BVSP**	TAGZ***	Steuerklasse	Bemessungsgrundlage für Kirchensteuer und Solidaritätszuschlag					
						Freibeträge für ... Kinder					
						0,5	**1,0**	1,5	**2,0**	2,5	**3,0**
27 251,99	I,IV	**2 686**	2 500	2 500	I	1 597	602				
	II	**2 181**	2 500	2 500	II	1 127	240				
	III	**236**	3 000	2 500	III						
	V	**5 790**	2 500	2 500	IV	2 132	1 597	1 081	602	208	
	VI	**6 166**	2 500	2 500							
27 287,99	I,IV	**2 694**	2 503	2 503	I	1 605	608				
	II	**2 189**	2 503	2 503	II	1 134	245				
	III	**240**	3 000	2 503	III						
	V	**5 802**	2 503	2 503	IV	2 140	1 605	1 088	608	213	
	VI	**6 176**	2 503	2 503							
27 323,99	I,IV	**2 702**	2 506	2 506	I	1 612	614				
	II	**2 197**	2 506	2 506	II	1 141	250				
	III	**246**	3 000	2 506	III						
	V	**5 812**	2 506	2 506	IV	2 148	1 612	1 095	614	218	
	VI	**6 188**	2 506	2 506							
27 359,99	I,IV	**2 710**	2 510	2 510	I	1 620	620				
	II	**2 205**	2 510	2 510	II	1 148	255				
	III	**250**	3 000	2 510	III						
	V	**5 822**	2 510	2 510	IV	2 156	1 620	1 103	620	223	
	VI	**6 198**	2 510	2 510							
27 395,99	I,IV	**2 718**	2 513	2 513	I	1 627	627				
	II	**2 213**	2 513	2 513	II	1 156	260				
	III	**256**	3 000	2 513	III						
	V	**5 834**	2 513	2 513	IV	2 163	1 627	1 110	627	228	
	VI	**6 208**	2 513	2 513							
27 431,99	I,IV	**2 726**	2 516	2 516	I	1 635	633				
	II	**2 220**	2 516	2 516	II	1 163	265				
	III	**262**	3 000	2 516	III						
	V	**5 842**	2 516	2 516	IV	2 171	1 635	1 117	633	233	
	VI	**6 222**	2 516	2 516							
27 467,99	I,IV	**2 734**	2 520	2 520	I	1 643	639				
	II	**2 228**	2 520	2 520	II	1 170	271				
	III	**266**	3 000	2 520	III						
	V	**5 854**	2 520	2 520	IV	2 179	1 643	1 124	639	238	
	VI	**6 232**	2 520	2 520							
27 503,99	I,IV	**2 742**	2 523	2 523	I	1 650	646				
	II	**2 236**	2 523	2 523	II	1 177	276				
	III	**272**	3 000	2 523	III						
	V	**5 866**	2 523	2 523	IV	2 187	1 650	1 131	646	243	
	VI	**6 242**	2 523	2 523							
27 539,99	I,IV	**2 750**	2 526	2 526	I	1 657	652				
	II	**2 244**	2 526	2 526	II	1 185	281				
	III	**276**	3 000	2 526	III						
	V	**5 876**	2 526	2 526	IV	2 194	1 657	1 139	652	248	
	VI	**6 254**	2 526	2 526							
27 575,99	I,IV	**2 758**	2 530	2 530	I	1 665	658				
	II	**2 252**	2 530	2 530	II	1 192	286				
	III	**282**	3 000	2 530	III						
	V	**5 886**	2 530	2 530	IV	2 202	1 665	1 146	658	253	
	VI	**6 266**	2 530	2 530							
27 611,99	I,IV	**2 766**	2 533	2 533	I	1 672	665				
	II	**2 259**	2 533	2 533	II	1 199	292				
	III	**288**	3 000	2 533	III						
	V	**5 898**	2 533	2 533	IV	2 210	1 672	1 153	665	258	
	VI	**6 276**	2 533	2 533							
27 647,99	I,IV	**2 774**	2 536	2 536	I	1 680	671				
	II	**2 267**	2 536	2 536	II	1 207	297				
	III	**292**	3 000	2 536	III						
	V	**5 908**	2 536	2 536	IV	2 218	1 680	1 161	671	264	
	VI	**6 286**	2 536	2 536							

* Zur LSt-Berechnung für privat versicherte Arbeitnehmer s. Beispiele **Vorbemerkung S. 4 f.**
** Basisvorsorgepauschale KV und PV *** Typisierter Arbeitgeberzuschuss

Lohn/ Gehalt in € bis	Steuerklasse	**Lohn-steuer***	BVSP**	TAGZ***	Steuerklasse	Bemessungsgrundlage für Kirchensteuer und Solidaritätszuschlag					
						Freibeträge für ... Kinder					
						0,5	**1,0**	1,5	**2,0**	2,5	**3,0**
27 683,99	I,IV	**2 782**	2 540	2 540	I	1 688	678				
	II	**2 275**	2 540	2 540	II	1 214	302				
	III	**298**	3 000	2 540	III						
	V	**5 920**	2 540	2 540	IV	2 226	1 688	1 168	678	269	
	VI	**6 298**	2 540	2 540							
27 719,99	I,IV	**2 790**	2 543	2 543	I	1 695	684				
	II	**2 283**	2 543	2 543	II	1 221	307				
	III	**304**	3 000	2 543	III						
	V	**5 930**	2 543	2 543	IV	2 234	1 695	1 175	684	274	
	VI	**6 308**	2 543	2 543							
27 755,99	I,IV	**2 798**	2 546	2 546	I	1 703	691				
	II	**2 291**	2 546	2 546	II	1 229	313				
	III	**308**	3 000	2 546	III						
	V	**5 942**	2 546	2 546	IV	2 241	1 703	1 182	691	279	
	VI	**6 320**	2 546	2 546							
27 791,99	I,IV	**2 806**	2 549	2 549	I	1 710	697				
	II	**2 298**	2 549	2 549	II	1 236	318				
	III	**314**	3 000	2 549	III						
	V	**5 950**	2 549	2 549	IV	2 249	1 710	1 190	697	284	
	VI	**6 330**	2 549	2 549							
27 827,99	I,IV	**2 814**	2 553	2 553	I	1 718	704				
	II	**2 306**	2 553	2 553	II	1 243	323				
	III	**320**	3 000	2 553	III						
	V	**5 962**	2 553	2 553	IV	2 257	1 718	1 197	704	290	
	VI	**6 342**	2 553	2 553							
27 863,99	I,IV	**2 822**	2 556	2 556	I	1 725	710				
	II	**2 314**	2 556	2 556	II	1 250	329				
	III	**324**	3 000	2 556	III						
	V	**5 972**	2 556	2 556	IV	2 265	1 725	1 204	710	295	
	VI	**6 354**	2 556	2 556							
27 899,99	I,IV	**2 830**	2 559	2 559	I	1 733	717				
	II	**2 322**	2 559	2 559	II	1 258	334				
	III	**330**	3 000	2 559	III						
	V	**5 984**	2 559	2 559	IV	2 272	1 733	1 212	717	300	
	VI	**6 364**	2 559	2 559							
27 935,99	I,IV	**2 839**	2 563	2 563	I	1 740	723				
	II	**2 330**	2 563	2 563	II	1 265	340				
	III	**336**	3 000	2 563	III						
	V	**5 994**	2 563	2 563	IV	2 280	1 740	1 219	723	306	
	VI	**6 374**	2 563	2 563							
27 971,99	I,IV	**2 847**	2 566	2 566	I	1 748	730				
	II	**2 338**	2 566	2 566	II	1 272	345				
	III	**340**	3 000	2 566	III						
	V	**6 004**	2 566	2 566	IV	2 288	1 748	1 226	730	311	
	VI	**6 386**	2 566	2 566							
28 007,99	I,IV	**2 855**	2 569	2 569	I	1 756	737				
	II	**2 346**	2 569	2 569	II	1 280	351				
	III	**346**	3 000	2 569	III						
	V	**6 016**	2 569	2 569	IV	2 296	1 756	1 234	737	316	
	VI	**6 398**	2 569	2 569							
28 043,99	I,IV	**2 863**	2 573	2 573	I	1 763	743				
	II	**2 354**	2 573	2 573	II	1 287	356				
	III	**352**	3 000	2 573	III						
	V	**6 026**	2 573	2 573	IV	2 304	1 763	1 241	743	322	
	VI	**6 410**	2 573	2 573							
28 079,99	I,IV	**2 871**	2 576	2 576	I	1 771	750				
	II	**2 361**	2 576	2 576	II	1 295	362				
	III	**358**	3 000	2 576	III						
	V	**6 038**	2 576	2 576	IV	2 312	1 771	1 248	750	327	
	VI	**6 420**	2 576	2 576							

* Zur LSt-Berechnung für privat versicherte Arbeitnehmer s. Beispiele **Vorbemerkung S. 4 f.**
** Basisvorsorgepauschale KV und PV   *** Typisierter Arbeitgeberzuschuss

Lohn/ Gehalt in € bis	Steuerklasse	Lohn- steuer*	BVSP**	TAGZ***	Steuerklasse	Bemessungsgrundlage für Kirchensteuer und Solidaritätszuschlag – Freibeträge für ... Kinder 0,5	1,0	1,5	2,0	2,5	3,0
28115,99	I,IV	**2879**	2579	2579	I	1778	756				
	II	**2369**	2579	2579	II	1302	367				
	III	**362**	3000	2579	III						
	V	**6048**	2579	2579	IV	2319	1778	1255	756	332	
	VI	**6430**	2579	2579							
28151,99	I,IV	**2887**	2582	2582	I	1786	763				
	II	**2377**	2582	2582	II	1309	373				
	III	**368**	3000	2582	III						
	V	**6060**	2582	2582	IV	2327	1786	1263	763	338	
	VI	**6442**	2582	2582							
28187,99	I,IV	**2895**	2586	2586	I	1793	770	5			
	II	**2385**	2586	2586	II	1316	378				
	III	**374**	3000	2586	III						
	V	**6070**	2586	2586	IV	2335	1793	1270	770	343	5
	VI	**6454**	2586	2586							
28223,99	I,IV	**2903**	2589	2589	I	1801	777	9			
	II	**2393**	2589	2589	II	1324	384				
	III	**380**	3000	2589	III						
	V	**6082**	2589	2589	IV	2343	1801	1277	777	349	9
	VI	**6464**	2589	2589							
28259,99	I,IV	**2912**	2592	2592	I	1809	783	13			
	II	**2401**	2592	2592	II	1331	389				
	III	**384**	3000	2592	III						
	V	**6092**	2592	2592	IV	2351	1809	1285	783	354	13
	VI	**6476**	2592	2592							
28295,99	I,IV	**2920**	2596	2596	I	1816	790	17			
	II	**2409**	2596	2596	II	1339	395				
	III	**390**	3000	2596	III						
	V	**6102**	2596	2596	IV	2359	1816	1292	790	360	17
	VI	**6486**	2596	2596							
28331,99	I,IV	**2928**	2599	2599	I	1824	797	22			
	II	**2417**	2599	2599	II	1346	401				
	III	**396**	3000	2599	III						
	V	**6116**	2599	2599	IV	2367	1824	1299	797	365	22
	VI	**6498**	2599	2599							
28367,99	I,IV	**2936**	2602	2602	I	1832	804	26			
	II	**2424**	2602	2602	II	1353	406				
	III	**400**	3000	2602	III						
	V	**6126**	2602	2602	IV	2375	1832	1307	804	371	26
	VI	**6510**	2602	2602							
28403,99	I,IV	**2944**	2606	2606	I	1839	810	30			
	II	**2432**	2606	2606	II	1361	412				
	III	**406**	3000	2606	III						
	V	**6138**	2606	2606	IV	2382	1839	1314	810	377	30
	VI	**6520**	2606	2606							
28439,99	I,IV	**2952**	2609	2609	I	1847	817	34			
	II	**2440**	2609	2609	II	1368	418				
	III	**412**	3000	2609	III						
	V	**6146**	2609	2609	IV	2390	1847	1321	817	382	34
	VI	**6532**	2609	2609							
28475,99	I,IV	**2960**	2612	2612	I	1854	824	39			
	II	**2448**	2612	2612	II	1375	423				
	III	**418**	3000	2612	III						
	V	**6160**	2612	2612	IV	2398	1854	1329	824	388	39
	VI	**6542**	2612	2612							
28511,99	I,IV	**2968**	2615	2615	I	1862	831	43			
	II	**2456**	2615	2615	II	1383	429				
	III	**422**	3000	2615	III						
	V	**6170**	2615	2615	IV	2406	1862	1336	831	393	43
	VI	**6554**	2615	2615							

* Zur LSt-Berechnung für privat versicherte Arbeitnehmer s. Beispiele **Vorbemerkung S. 4 f.**
** Basisvorsorgepauschale KV und PV *** Typisierter Arbeitgeberzuschuss

Lohn/ Gehalt in € bis	Steuerklasse	**Lohn-steuer***	BVSP**	TAGZ***	Steuerklasse	Bemessungsgrundlage für Kirchensteuer und Solidaritätszuschlag					
						Freibeträge für ... Kinder					
						0,5	**1,0**	1,5	**2,0**	2,5	**3,0**
28547,99	I,IV	**2977**	2619	2619	I	1870	838	48			
	II	**2464**	2619	2619	II	1390	435				
	III	**428**	3000	2619	III						
	V	**6180**	2619	2619	IV	2414	1870	1344	838	399	48
	VI	**6566**	2619	2619							
28583,99	I,IV	**2985**	2622	2622	I	1877	845	52			
	II	**2472**	2622	2622	II	1398	441				
	III	**434**	3000	2622	III						
	V	**6192**	2622	2622	IV	2422	1877	1351	845	405	52
	VI	**6576**	2622	2622							
28619,99	I,IV	**2993**	2625	2625	I	1885	852	56			
	II	**2480**	2625	2625	II	1405	446				
	III	**440**	3000	2625	III						
	V	**6202**	2625	2625	IV	2430	1885	1358	852	410	56
	VI	**6588**	2625	2625							
28655,99	I,IV	**3001**	2629	2629	I	1893	858	61			
	II	**2488**	2629	2629	II	1412	452				
	III	**446**	3000	2629	III						
	V	**6214**	2629	2629	IV	2438	1893	1366	858	416	61
	VI	**6600**	2629	2629							
28691,99	I,IV	**3009**	2632	2632	I	1900	865	65			
	II	**2496**	2632	2632	II	1420	458				
	III	**450**	3000	2632	III						
	V	**6224**	2632	2632	IV	2446	1900	1373	865	422	65
	VI	**6610**	2632	2632							
28727,99	I,IV	**3017**	2635	2635	I	1908	872	70			
	II	**2503**	2635	2635	II	1427	464				
	III	**456**	3000	2635	III						
	V	**6236**	2635	2635	IV	2453	1908	1380	872	427	70
	VI	**6620**	2635	2635							
28763,99	I,IV	**3026**	2639	2639	I	1915	879	74			
	II	**2511**	2639	2639	II	1434	470				
	III	**462**	3000	2639	III						
	V	**6246**	2639	2639	IV	2461	1915	1388	879	433	74
	VI	**6634**	2639	2639							
28799,99	I,IV	**3034**	2642	2642	I	1923	886	79			
	II	**2519**	2642	2642	II	1442	475				
	III	**468**	3000	2642	III						
	V	**6256**	2642	2642	IV	2469	1923	1395	886	439	79
	VI	**6644**	2642	2642							
28835,99	I,IV	**3042**	2645	2645	I	1931	893	83			
	II	**2527**	2645	2645	II	1449	481				
	III	**474**	3000	2645	III						
	V	**6268**	2645	2645	IV	2477	1931	1403	893	444	83
	VI	**6654**	2645	2645							
28871,99	I,IV	**3050**	2649	2649	I	1938	900	88			
	II	**2535**	2649	2649	II	1457	487				
	III	**480**	3000	2649	III						
	V	**6280**	2649	2649	IV	2485	1938	1410	900	450	88
	VI	**6668**	2649	2649							
28907,99	I,IV	**3058**	2652	2652	I	1946	907	92			
	II	**2543**	2652	2652	II	1464	493				
	III	**484**	3000	2652	III						
	V	**6290**	2652	2652	IV	2493	1946	1417	907	456	92
	VI	**6678**	2652	2652							
28943,99	I,IV	**3067**	2655	2655	I	1954	914	97			
	II	**2551**	2655	2655	II	1472	499				
	III	**490**	3000	2655	III						
	V	**6302**	2655	2655	IV	2501	1954	1425	914	462	97
	VI	**6690**	2655	2655							

* Zur LSt-Berechnung für privat versicherte Arbeitnehmer s. Beispiele **Vorbemerkung S. 4f.**
** Basisvorsorgepauschale KV und PV *** Typisierter Arbeitgeberzuschuss

Lohn/ Gehalt in € bis	Steuerklasse	Lohn- steuer*	BVSP**	TAGZ***	Steuerklasse	Bemessungsgrundlage für Kirchensteuer und Solidaritätszuschlag – Freibeträge für ... Kinder 0,5	1,0	1,5	2,0	2,5	3,0
28979,99	I,IV	**3075**	2658	2658	I	1961	922	101			
	II	**2559**	2658	2658	II	1479	505				
	III	**496**	3000	2658	III						
	V	**6312**	2658	2658	IV	2509	1961	1432	922	468	101
	VI	**6702**	2658	2658							
29015,99	I,IV	**3083**	2662	2662	I	1969	929	106			
	II	**2567**	2662	2662	II	1487	511				
	III	**502**	3000	2662	III						
	V	**6324**	2662	2662	IV	2517	1969	1440	929	474	106
	VI	**6712**	2662	2662							
29051,99	I,IV	**3091**	2665	2665	I	1977	936	111			
	II	**2575**	2665	2665	II	1494	517				
	III	**508**	3000	2665	III						
	V	**6334**	2665	2665	IV	2525	1977	1447	936	479	111
	VI	**6722**	2665	2665							
29087,99	I,IV	**3099**	2668	2668	I	1984	943	115			
	II	**2583**	2668	2668	II	1501	523				
	III	**514**	3000	2668	III						
	V	**6346**	2668	2668	IV	2533	1984	1454	943	485	115
	VI	**6736**	2668	2668							
29123,99	I,IV	**3107**	2672	2672	I	1992	950	120			
	II	**2591**	2672	2672	II	1509	529				
	III	**518**	3000	2672	III						
	V	**6358**	2672	2672	IV	2541	1992	1462	950	491	120
	VI	**6746**	2672	2672							
29159,99	I,IV	**3116**	2675	2675	I	2000	957	125			
	II	**2599**	2675	2675	II	1516	535				
	III	**524**	3000	2675	III						
	V	**6368**	2675	2675	IV	2549	2000	1469	957	497	125
	VI	**6758**	2675	2675							
29195,99	I,IV	**3124**	2678	2678	I	2007	964	129			
	II	**2607**	2678	2678	II	1524	541				
	III	**530**	3000	2678	III						
	V	**6380**	2678	2678	IV	2557	2007	1477	964	503	129
	VI	**6770**	2678	2678							
29231,99	I,IV	**3132**	2682	2682	I	2015	972	134			
	II	**2615**	2682	2682	II	1531	547				
	III	**536**	3000	2682	III						
	V	**6390**	2682	2682	IV	2564	2015	1484	972	509	134
	VI	**6780**	2682	2682							
29267,99	I,IV	**3140**	2685	2685	I	2023	979	139			
	II	**2623**	2685	2685	II	1539	553				
	III	**542**	3000	2685	III						
	V	**6400**	2685	2685	IV	2572	2023	1492	979	515	139
	VI	**6792**	2685	2685							
29303,99	I,IV	**3149**	2688	2688	I	2031	986	144			
	II	**2631**	2688	2688	II	1546	559				
	III	**548**	3000	2688	III						
	V	**6414**	2688	2688	IV	2580	2031	1499	986	521	144
	VI	**6802**	2688	2688							
29339,99	I,IV	**3157**	2691	2691	I	2038	993	148			
	II	**2639**	2691	2691	II	1554	566				
	III	**554**	3000	2691	III						
	V	**6424**	2691	2691	IV	2588	2038	1507	993	527	148
	VI	**6816**	2691	2691							
29375,99	I,IV	**3165**	2695	2695	I	2046	1000	153			
	II	**2647**	2695	2695	II	1561	572				
	III	**560**	3000	2695	III						
	V	**6436**	2695	2695	IV	2596	2046	1514	1000	533	153
	VI	**6826**	2695	2695							

* Zur LSt-Berechnung für privat versicherte Arbeitnehmer s. Beispiele **Vorbemerkung S. 4 f.**
** Basisvorsorgepauschale KV und PV *** Typisierter Arbeitgeberzuschuss

Lohn/ Gehalt in € bis	Steuerklasse	**Lohn-steuer***	BVSP**	TAGZ***	Steuerklasse	Bemessungsgrundlage für Kirchensteuer und Solidaritätszuschlag – Freibeträge für ... Kinder 0,5	**1,0**	1,5	**2,0**	2,5	**3,0**
29411,99	I,IV	**3173**	2698	2698	I	2054	1007	158			
	II	**2655**	2698	2698	II	1569	578				
	III	**566**	3000	2698	III						
	V	**6446**	2698	2698	IV	2604	2054	1521	1007	539	158
	VI	**6836**	2698	2698							
29447,99	I,IV	**3182**	2701	2701	I	2061	1015	163			
	II	**2663**	2701	2701	II	1576	584				
	III	**572**	3000	2701	III						
	V	**6456**	2701	2701	IV	2612	2061	1529	1015	545	163
	VI	**6850**	2701	2701							
29483,99	I,IV	**3190**	2705	2705	I	2069	1022	167			
	II	**2671**	2705	2705	II	1584	590				
	III	**576**	3000	2705	III						
	V	**6470**	2705	2705	IV	2620	2069	1536	1022	551	167
	VI	**6860**	2705	2705							
29519,99	I,IV	**3198**	2708	2708	I	2077	1029	172			
	II	**2679**	2708	2708	II	1591	596				
	III	**584**	3000	2708	III						
	V	**6480**	2708	2708	IV	2628	2077	1544	1029	557	172
	VI	**6872**	2708	2708							
29555,99	I,IV	**3206**	2711	2711	I	2085	1036	177			
	II	**2687**	2711	2711	II	1599	603				
	III	**590**	3000	2711	III						
	V	**6490**	2711	2711	IV	2636	2085	1551	1036	564	177
	VI	**6882**	2711	2711							
29591,99	I,IV	**3215**	2715	2715	I	2092	1044	182			
	II	**2695**	2715	2715	II	1606	609				
	III	**594**	3000	2715	III						
	V	**6502**	2715	2715	IV	2644	2092	1559	1044	570	182
	VI	**6896**	2715	2715							
29627,99	I,IV	**3223**	2718	2718	I	2100	1051	187			
	II	**2703**	2718	2718	II	1614	615				
	III	**600**	3000	2718	III						
	V	**6514**	2718	2718	IV	2652	2100	1566	1051	576	187
	VI	**6906**	2718	2718							
29663,99	I,IV	**3231**	2721	2721	I	2108	1058	192			
	II	**2711**	2721	2721	II	1621	621				
	III	**606**	3000	2721	III						
	V	**6524**	2721	2721	IV	2660	2108	1574	1058	582	192
	VI	**6916**	2721	2721							
29699,99	I,IV	**3239**	2724	2724	I	2115	1065	197			
	II	**2719**	2724	2724	II	1628	628				
	III	**612**	3000	2724	III						
	V	**6536**	2724	2724	IV	2668	2115	1581	1065	588	197
	VI	**6930**	2724	2724							
29735,99	I,IV	**3248**	2728	2728	I	2123	1072	202			
	II	**2727**	2728	2728	II	1636	634				
	III	**618**	3000	2728	III						
	V	**6546**	2728	2728	IV	2676	2123	1589	1072	594	202
	VI	**6940**	2728	2728							
29771,99	I,IV	**3256**	2731	2731	I	2131	1080	207			
	II	**2735**	2731	2731	II	1644	640				
	III	**624**	3000	2731	III						
	V	**6558**	2731	2731	IV	2684	2131	1596	1080	601	207
	VI	**6952**	2731	2731							
29807,99	I,IV	**3264**	2734	2734	I	2139	1087	212			
	II	**2743**	2734	2734	II	1651	647				
	III	**630**	3000	2734	III						
	V	**6570**	2734	2734	IV	2692	2139	1604	1087	607	212
	VI	**6962**	2734	2734							

* Zur LSt-Berechnung für privat versicherte Arbeitnehmer s. Beispiele **Vorbemerkung S. 4f.**
** Basisvorsorgepauschale KV und PV *** Typisierter Arbeitgeberzuschuss

Lohn/ Gehalt in € bis	Steuerklasse	Lohn- steuer*	BVSP**	TAGZ***	Steuerklasse	Bemessungsgrundlage für Kirchensteuer und Solidaritätszuschlag – Freibeträge für ... Kinder 0,5	1,0	1,5	2,0	2,5	3,0
29843,99	I,IV	**3272**	2738	2738	I	2147	1094	217			
	II	**2751**	2738	2738	II	1659	653				
	III	**636**	3000	2738	III						
	V	**6580**	2738	2738	IV	2700	2147	1611	1094	613	217
	VI	**6976**	2738	2738							
29879,99	I,IV	**3281**	2741	2741	I	2154	1101	222			
	II	**2759**	2741	2741	II	1666	660				
	III	**642**	3000	2741	III						
	V	**6590**	2741	2741	IV	2708	2154	1619	1101	619	222
	VI	**6986**	2741	2741							
29915,99	I,IV	**3289**	2744	2744	I	2162	1109	227			
	II	**2767**	2744	2744	II	1674	666				
	III	**648**	3000	2744	III						
	V	**6604**	2744	2744	IV	2716	2162	1626	1109	626	227
	VI	**6998**	2744	2744							
29951,99	I,IV	**3297**	2748	2748	I	2170	1116	232			
	II	**2775**	2748	2748	II	1681	672				
	III	**654**	3000	2748	III						
	V	**6614**	2748	2748	IV	2725	2170	1634	1116	632	232
	VI	**7008**	2748	2748							
29987,99	I,IV	**3306**	2751	2751	I	2177	1123	237			
	II	**2783**	2751	2751	II	1689	679				
	III	**660**	3000	2751	III						
	V	**6626**	2751	2751	IV	2732	2177	1641	1123	638	237
	VI	**7022**	2751	2751							
30023,99	I,IV	**3314**	2754	2754	I	2185	1130	242			
	II	**2791**	2754	2754	II	1696	685				
	III	**666**	3000	2754	III						
	V	**6636**	2754	2754	IV	2740	2185	1649	1130	645	242
	VI	**7032**	2754	2754							
30059,99	I,IV	**3322**	2758	2758	I	2193	1137	247			
	II	**2799**	2758	2758	II	1704	692				
	III	**672**	3000	2758	III						
	V	**6648**	2758	2758	IV	2748	2193	1656	1137	651	247
	VI	**7044**	2758	2758							
30095,99	I,IV	**3331**	2761	2761	I	2201	1145	252			
	II	**2808**	2761	2761	II	1711	698				
	III	**678**	3000	2761	III	2					
	V	**6658**	2761	2761	IV	2757	2201	1664	1145	657	252
	VI	**7056**	2761	2761							
30131,99	I,IV	**3339**	2764	2764	I	2209	1152	258			
	II	**2816**	2764	2764	II	1719	705				
	III	**684**	3000	2764	III	8					
	V	**6672**	2764	2764	IV	2765	2209	1671	1152	664	258
	VI	**7068**	2764	2764							
30167,99	I,IV	**3347**	2767	2767	I	2217	1159	263			
	II	**2824**	2767	2767	II	1726	711				
	III	**690**	3000	2767	III	12					
	V	**6682**	2767	2767	IV	2773	2217	1679	1159	670	263
	VI	**7078**	2767	2767							
30203,99	I,IV	**3356**	2771	2771	I	2224	1167	268			
	II	**2832**	2771	2771	II	1734	718				
	III	**696**	3000	2771	III	16					
	V	**6692**	2771	2771	IV	2781	2224	1686	1167	677	268
	VI	**7090**	2771	2771							
30239,99	I,IV	**3364**	2774	2774	I	2232	1174	273			
	II	**2840**	2774	2774	II	1742	724				
	III	**702**	3000	2774	III	22					
	V	**6706**	2774	2774	IV	2789	2232	1694	1174	683	273
	VI	**7102**	2774	2774							

* Zur LSt-Berechnung für privat versicherte Arbeitnehmer s. Beispiele **Vorbemerkung S. 4 f.**
** Basisvorsorgepauschale KV und PV *** Typisierter Arbeitgeberzuschuss

Lohn/ Gehalt in € bis	Steuerklasse	Lohn-steuer*	BVSP**	TAGZ***	Steuerklasse	Bemessungsgrundlage für Kirchensteuer und Solidaritätszuschlag					
						Freibeträge für ... Kinder					
						0,5	**1,0**	1,5	**2,0**	2,5	**3,0**
30 275,99	I,IV	**3 372**	2 777	2 777	I	2 240	1 181	278			
	II	**2 848**	2 777	2 777	II	1 749	731				
	III	**708**	3 000	2 777	III	26					
	V	**6 716**	2 777	2 777	IV	2 797	2 240	1 701	1 181	690	278
	VI	**7 114**	2 777	2 777							
30 311,99	I,IV	**3 380**	2 781	2 781	I	2 248	1 188	284			
	II	**2 856**	2 781	2 781	II	1 757	737				
	III	**714**	3 000	2 781	III	30					
	V	**6 726**	2 781	2 781	IV	2 805	2 248	1 709	1 188	696	284
	VI	**7 124**	2 781	2 781							
30 347,99	I,IV	**3 389**	2 784	2 784	I	2 255	1 196	289			
	II	**2 864**	2 784	2 784	II	1 764	744				
	III	**720**	3 000	2 784	III	36					
	V	**6 740**	2 784	2 784	IV	2 813	2 255	1 716	1 196	703	289
	VI	**7 136**	2 784	2 784							
30 383,99	I,IV	**3 397**	2 787	2 787	I	2 263	1 203	294			
	II	**2 872**	2 787	2 787	II	1 772	751				
	III	**726**	3 000	2 787	III	40					
	V	**6 750**	2 787	2 787	IV	2 821	2 263	1 724	1 203	709	294
	VI	**7 150**	2 787	2 787							
30 419,99	I,IV	**3 405**	2 791	2 791	I	2 271	1 210	299			
	II	**2 880**	2 791	2 791	II	1 779	757				
	III	**734**	3 000	2 791	III	44					
	V	**6 760**	2 791	2 791	IV	2 829	2 271	1 732	1 210	716	299
	VI	**7 160**	2 791	2 791							
30 455,99	I,IV	**3 414**	2 794	2 794	I	2 279	1 218	305			
	II	**2 888**	2 794	2 794	II	1 787	764	1			
	III	**740**	3 000	2 794	III	50					
	V	**6 774**	2 794	2 794	IV	2 837	2 279	1 739	1 218	722	305
	VI	**7 172**	2 794	2 794							
30 491,99	I,IV	**3 422**	2 797	2 797	I	2 287	1 225	310			
	II	**2 897**	2 797	2 797	II	1 795	771	5			
	III	**746**	3 000	2 797	III	54					
	V	**6 784**	2 797	2 797	IV	2 845	2 287	1 747	1 225	729	310
	VI	**7 182**	2 797	2 797							
30 527,99	I,IV	**3 431**	2 800	2 800	I	2 295	1 232	316			
	II	**2 905**	2 800	2 800	II	1 802	778	9			
	III	**752**	3 000	2 800	III	60					
	V	**6 796**	2 800	2 800	IV	2 853	2 295	1 754	1 232	735	316
	VI	**7 194**	2 800	2 800							
30 563,99	I,IV	**3 439**	2 804	2 804	I	2 303	1 240	321			
	II	**2 913**	2 804	2 804	II	1 810	784	14			
	III	**758**	3 000	2 804	III	64					
	V	**6 806**	2 804	2 804	IV	2 862	2 303	1 762	1 240	742	321
	VI	**7 208**	2 804	2 804							
30 599,99	I,IV	**3 447**	2 807	2 807	I	2 310	1 247	326			
	II	**2 921**	2 807	2 807	II	1 817	791	18			
	III	**764**	3 000	2 807	III	68					
	V	**6 818**	2 807	2 807	IV	2 869	2 310	1 769	1 247	749	326
	VI	**7 218**	2 807	2 807							
30 635,99	I,IV	**3 456**	2 810	2 810	I	2 318	1 254	332			
	II	**2 929**	2 810	2 810	II	1 825	798	22			
	III	**770**	3 000	2 810	III	74					
	V	**6 830**	2 810	2 810	IV	2 878	2 318	1 777	1 254	755	332
	VI	**7 230**	2 810	2 810							
30 671,99	I,IV	**3 464**	2 814	2 814	I	2 326	1 261	337			
	II	**2 937**	2 814	2 814	II	1 833	805	26			
	III	**776**	3 000	2 814	III	78					
	V	**6 840**	2 814	2 814	IV	2 886	2 326	1 785	1 261	762	337
	VI	**7 240**	2 814	2 814							

* Zur LSt-Berechnung für privat versicherte Arbeitnehmer s. Beispiele **Vorbemerkung S. 4 f.**
** Basisvorsorgepauschale KV und PV *** Typisierter Arbeitgeberzuschuss

Lohn/ Gehalt in € bis	Steuerklasse	Lohn- steuer*	BVSP**	TAGZ***	Steuerklasse	Bemessungsgrundlage für Kirchensteuer und Solidaritätszuschlag					
						Freibeträge für ... Kinder					
						0,5	**1,0**	1,5	**2,0**	2,5	**3,0**
30 707,99	I,IV	**3 472**	2 817	2 817	I	2 334	1 269	342			
	II	**2 945**	2 817	2 817	II	1 840	811	31			
	III	**782**	3 000	2 817	III	84					
	V	**6 854**	2 817	2 817	IV	2 894	2 334	1 792	1 269	769	342
	VI	**7 254**	2 817	2 817							
30 743,99	I,IV	**3 481**	2 820	2 820	I	2 342	1 276	348			
	II	**2 953**	2 820	2 820	II	1 848	818	35			
	III	**788**	3 000	2 820	III	88					
	V	**6 864**	2 820	2 820	IV	2 902	2 342	1 800	1 276	775	348
	VI	**7 266**	2 820	2 820							
30 779,99	I,IV	**3 489**	2 824	2 824	I	2 350	1 284	353			
	II	**2 962**	2 824	2 824	II	1 855	825	39			
	III	**796**	3 000	2 824	III	92					
	V	**6 874**	2 824	2 824	IV	2 910	2 350	1 807	1 284	782	353
	VI	**7 276**	2 824	2 824							
30 815,99	I,IV	**3 498**	2 827	2 827	I	2 357	1 291	359			
	II	**2 970**	2 827	2 827	II	1 863	832	44			
	III	**802**	3 000	2 827	III	98					
	V	**6 888**	2 827	2 827	IV	2 918	2 357	1 815	1 291	789	359
	VI	**7 288**	2 827	2 827							
30 851,99	I,IV	**3 506**	2 830	2 830	I	2 365	1 298	365			
	II	**2 978**	2 830	2 830	II	1 871	839	48			
	III	**808**	3 000	2 830	III	102					
	V	**6 898**	2 830	2 830	IV	2 927	2 365	1 823	1 298	796	365
	VI	**7 300**	2 830	2 830							
30 887,99	I,IV	**3 514**	2 833	2 833	I	2 373	1 306	370			
	II	**2 986**	2 833	2 833	II	1 878	846	53			
	III	**814**	3 000	2 833	III	108					
	V	**6 910**	2 833	2 833	IV	2 935	2 373	1 830	1 306	802	370
	VI	**7 312**	2 833	2 833							
30 923,99	I,IV	**3 523**	2 837	2 837	I	2 381	1 313	375			
	II	**2 994**	2 837	2 837	II	1 886	852	57			
	III	**820**	3 000	2 837	III	112					
	V	**6 922**	2 837	2 837	IV	2 943	2 381	1 838	1 313	809	375
	VI	**7 324**	2 837	2 837							
30 959,99	I,IV	**3 531**	2 840	2 840	I	2 389	1 320	381			
	II	**3 002**	2 840	2 840	II	1 894	859	61			
	III	**826**	3 000	2 840	III	118					
	V	**6 934**	2 840	2 840	IV	2 951	2 389	1 845	1 320	816	381
	VI	**7 334**	2 840	2 840							
30 995,99	I,IV	**3 539**	2 843	2 843	I	2 397	1 328	387			
	II	**3 010**	2 843	2 843	II	1 901	866	66			
	III	**832**	3 000	2 843	III	122					
	V	**6 944**	2 843	2 843	IV	2 959	2 397	1 853	1 328	823	387
	VI	**7 346**	2 843	2 843							
31 031,99	I,IV	**3 548**	2 847	2 847	I	2 405	1 335	392			
	II	**3 019**	2 847	2 847	II	1 909	873	70			
	III	**838**	3 000	2 847	III	128					
	V	**6 956**	2 847	2 847	IV	2 967	2 405	1 861	1 335	830	392
	VI	**7 358**	2 847	2 847							
31 067,99	I,IV	**3 556**	2 850	2 850	I	2 413	1 342	398			
	II	**3 027**	2 850	2 850	II	1 917	880	75			
	III	**846**	3 000	2 850	III	132					
	V	**6 968**	2 850	2 850	IV	2 975	2 413	1 868	1 342	837	398
	VI	**7 372**	2 850	2 850							
31 103,99	I,IV	**3 565**	2 853	2 853	I	2 420	1 350	404			
	II	**3 035**	2 853	2 853	II	1 924	887	79			
	III	**852**	3 000	2 853	III	138					
	V	**6 980**	2 853	2 853	IV	2 983	2 420	1 876	1 350	843	404
	VI	**7 382**	2 853	2 853							

* Zur LSt-Berechnung für privat versicherte Arbeitnehmer s. Beispiele **Vorbemerkung S. 4 f.**
** Basisvorsorgepauschale KV und PV *** Typisierter Arbeitgeberzuschuss

Lohn/ Gehalt in € bis	Steuerklasse	**Lohn-steuer***	BVSP**	TAGZ***	Steuerklasse	Bemessungsgrundlage für Kirchensteuer und Solidaritätszuschlag – Freibeträge für ... Kinder 0,5	**1,0**	1,5	**2,0**	2,5	**3,0**
31 139,99	I,IV	**3573**	2857	2857	I	2428	1357	409			
	II	**3043**	2857	2857	II	1932	894	84			
	III	**858**	3000	2857	III	142					
	V	**6990**	2857	2857	IV	2992	2428	1884	1357	850	409
	VI	**7394**	2857	2857							
31 175,99	I,IV	**3582**	2860	2860	I	2436	1364	415			
	II	**3052**	2860	2860	II	1940	902	88			
	III	**864**	3000	2860	III	146					
	V	**7002**	2860	2860	IV	3000	2436	1891	1364	857	415
	VI	**7406**	2860	2860							
31 211,99	I,IV	**3590**	2863	2863	I	2444	1372	421			
	II	**3060**	2863	2863	II	1947	909	93			
	III	**870**	3000	2863	III	152					
	V	**7012**	2863	2863	IV	3008	2444	1899	1372	864	421
	VI	**7418**	2863	2863							
31 247,99	I,IV	**3598**	2867	2867	I	2452	1379	426			
	II	**3068**	2867	2867	II	1955	915	97			
	III	**876**	3000	2867	III	156					
	V	**7024**	2867	2867	IV	3016	2452	1906	1379	871	426
	VI	**7430**	2867	2867							
31 283,99	I,IV	**3607**	2870	2870	I	2460	1386	432			
	II	**3076**	2870	2870	II	1962	923	102			
	III	**884**	3000	2870	III	162					
	V	**7036**	2870	2870	IV	3024	2460	1914	1386	878	432
	VI	**7442**	2870	2870							
31 319,99	I,IV	**3615**	2873	2873	I	2468	1394	438			
	II	**3084**	2873	2873	II	1970	930	107			
	III	**890**	3000	2873	III	168					
	V	**7048**	2873	2873	IV	3032	2468	1922	1394	885	438
	VI	**7452**	2873	2873							
31 355,99	I,IV	**3624**	2876	2876	I	2476	1401	443			
	II	**3092**	2876	2876	II	1978	937	111			
	III	**896**	3000	2876	III	172					
	V	**7060**	2876	2876	IV	3041	2476	1929	1401	892	443
	VI	**7464**	2876	2876							
31 391,99	I,IV	**3632**	2880	2880	I	2484	1409	449			
	II	**3101**	2880	2880	II	1986	944	116			
	III	**902**	3000	2880	III	178					
	V	**7072**	2880	2880	IV	3049	2484	1937	1409	899	449
	VI	**7476**	2880	2880							
31 427,99	I,IV	**3641**	2883	2883	I	2492	1416	455			
	II	**3109**	2883	2883	II	1993	951	121			
	III	**910**	3000	2883	III	182					
	V	**7082**	2883	2883	IV	3057	2492	1945	1416	906	455
	VI	**7488**	2883	2883							
31 463,99	I,IV	**3649**	2886	2886	I	2500	1424	461			
	II	**3117**	2886	2886	II	2001	958	125			
	III	**916**	3000	2886	III	188					
	V	**7094**	2886	2886	IV	3065	2500	1952	1424	913	461
	VI	**7502**	2886	2886							
31 499,99	I,IV	**3658**	2890	2890	I	2508	1431	467			
	II	**3125**	2890	2890	II	2009	966	130			
	III	**922**	3000	2890	III	192					
	V	**7106**	2890	2890	IV	3073	2508	1960	1431	920	467
	VI	**7512**	2890	2890							
31 535,99	I,IV	**3666**	2893	2893	I	2515	1438	472			
	II	**3133**	2893	2893	II	2016	973	135			
	III	**928**	3000	2893	III	198					
	V	**7118**	2893	2893	IV	3081	2515	1968	1438	927	472
	VI	**7524**	2893	2893							

* Zur LSt-Berechnung für privat versicherte Arbeitnehmer s. Beispiele **Vorbemerkung S. 4 f.**
** Basisvorsorgepauschale KV und PV *** Typisierter Arbeitgeberzuschuss

Lohn/ Gehalt in € bis	Steuerklasse	**Lohn-steuer***	BVSP**	TAGZ***	Steuerklasse	Bemessungsgrundlage für Kirchensteuer und Solidaritätszuschlag – Freibeträge für ... Kinder 0,5	**1,0**	1,5	**2,0**	2,5	**3,0**
31 571,99	I,IV	**3 674**	2 896	2 896	I	2 523	1 446	478			
	II	**3 142**	2 896	2 896	II	2 024	980	139			
	III	**936**	3 000	2 896	III	202					
	V	**7 128**	2 896	2 896	IV	3 090	2 523	1 975	1 446	934	478
	VI	**7 536**	2 896	2 896							
31 607,99	I,IV	**3 683**	2 900	2 900	I	2 531	1 453	484			
	II	**3 150**	2 900	2 900	II	2 032	987	144			
	III	**942**	3 000	2 900	III	208					
	V	**7 140**	2 900	2 900	IV	3 098	2 531	1 983	1 453	942	484
	VI	**7 546**	2 900	2 900							
31 643,99	I,IV	**3 691**	2 903	2 903	I	2 539	1 461	490			
	II	**3 158**	2 903	2 903	II	2 039	994	149			
	III	**948**	3 000	2 903	III	212					
	V	**7 152**	2 903	2 903	IV	3 106	2 539	1 991	1 461	949	490
	VI	**7 560**	2 903	2 903							
31 679,99	I,IV	**3 700**	2 906	2 906	I	2 547	1 468	496			
	II	**3 166**	2 906	2 906	II	2 047	1 001	154			
	III	**954**	3 000	2 906	III	218					
	V	**7 164**	2 906	2 906	IV	3 114	2 547	1 998	1 468	956	496
	VI	**7 572**	2 906	2 906							
31 715,99	I,IV	**3 708**	2 909	2 909	I	2 555	1 475	502			
	II	**3 175**	2 909	2 909	II	2 055	1 009	159			
	III	**962**	3 000	2 909	III	222					
	V	**7 176**	2 909	2 909	IV	3 123	2 555	2 006	1 475	963	502
	VI	**7 584**	2 909	2 909							
31 751,99	I,IV	**3 717**	2 913	2 913	I	2 563	1 483	508			
	II	**3 183**	2 913	2 913	II	2 063	1 016	163			
	III	**968**	3 000	2 913	III	228					
	V	**7 186**	2 913	2 913	IV	3 131	2 563	2 014	1 483	970	508
	VI	**7 596**	2 913	2 913							
31 787,99	I,IV	**3 725**	2 916	2 916	I	2 571	1 490	514			
	II	**3 191**	2 916	2 916	II	2 070	1 023	168			
	III	**974**	3 000	2 916	III	234					
	V	**7 198**	2 916	2 916	IV	3 139	2 571	2 022	1 490	978	514
	VI	**7 608**	2 916	2 916							
31 823,99	I,IV	**3 734**	2 919	2 919	I	2 579	1 498	520			
	II	**3 199**	2 919	2 919	II	2 078	1 030	173			
	III	**980**	3 000	2 919	III	238					
	V	**7 212**	2 919	2 919	IV	3 147	2 579	2 029	1 498	985	520
	VI	**7 618**	2 919	2 919							
31 859,99	I,IV	**3 742**	2 923	2 923	I	2 587	1 505	526			
	II	**3 207**	2 923	2 923	II	2 086	1 037	178			
	III	**988**	3 000	2 923	III	244					
	V	**7 222**	2 923	2 923	IV	3 155	2 587	2 037	1 505	992	526
	VI	**7 632**	2 923	2 923							
31 895,99	I,IV	**3 751**	2 926	2 926	I	2 595	1 513	532			
	II	**3 216**	2 926	2 926	II	2 093	1 045	183			
	III	**994**	3 000	2 926	III	248					
	V	**7 234**	2 926	2 926	IV	3 164	2 595	2 045	1 513	999	532
	VI	**7 644**	2 926	2 926							
31 931,99	I,IV	**3 759**	2 929	2 929	I	2 603	1 520	538			
	II	**3 224**	2 929	2 929	II	2 101	1 052	188			
	III	**1 000**	3 000	2 929	III	254					
	V	**7 244**	2 929	2 929	IV	3 172	2 603	2 052	1 520	1 006	538
	VI	**7 656**	2 929	2 929							
31 967,99	I,IV	**3 768**	2 933	2 933	I	2 611	1 528	544			
	II	**3 232**	2 933	2 933	II	2 109	1 059	193			
	III	**1 006**	3 000	2 933	III	260					
	V	**7 258**	2 933	2 933	IV	3 180	2 611	2 060	1 528	1 013	544
	VI	**7 666**	2 933	2 933							

* Zur LSt-Berechnung für privat versicherte Arbeitnehmer s. Beispiele **Vorbemerkung S. 4 f.**
** Basisvorsorgepauschale KV und PV *** Typisierter Arbeitgeberzuschuss

Lohn/ Gehalt in € bis	Steuerklasse	Lohn-steuer*	BVSP**	TAGZ***	Steuerklasse	Bemessungsgrundlage für Kirchensteuer und Solidaritätszuschlag					
						Freibeträge für ... Kinder					
						0,5	**1,0**	1,5	**2,0**	2,5	**3,0**
32 003,99	I,IV	**3 776**	2 936	2 936	I	2 619	1 535	550			
	II	**3 241**	2 936	2 936	II	2 117	1 066	198			
	III	**1 014**	3 000	2 936	III	264					
	V	**7 270**	2 936	2 936	IV	3 188	2 619	2 068	1 535	1 021	550
	VI	**7 678**	2 936	2 936							
32 039,99	I,IV	**3 785**	2 939	2 939	I	2 627	1 543	556			
	II	**3 249**	2 939	2 939	II	2 124	1 073	203			
	III	**1 020**	3 000	2 939	III	270					
	V	**7 280**	2 939	2 939	IV	3 197	2 627	2 076	1 543	1 028	556
	VI	**7 690**	2 939	2 939							
32 075,99	I,IV	**3 793**	2 942	2 942	I	2 635	1 550	562			
	II	**3 257**	2 942	2 942	II	2 132	1 081	208			
	III	**1 026**	3 000	2 942	III	276					
	V	**7 292**	2 942	2 942	IV	3 205	2 635	2 083	1 550	1 035	562
	VI	**7 702**	2 942	2 942							
32 111,99	I,IV	**3 802**	2 946	2 946	I	2 643	1 558	569			
	II	**3 266**	2 946	2 946	II	2 140	1 088	213			
	III	**1 034**	3 000	2 946	III	280					
	V	**7 304**	2 946	2 946	IV	3 213	2 643	2 091	1 558	1 042	569
	VI	**7 714**	2 946	2 946							
32 147,99	I,IV	**3 810**	2 949	2 949	I	2 651	1 565	575			
	II	**3 274**	2 949	2 949	II	2 148	1 095	218			
	III	**1 040**	3 000	2 949	III	286					
	V	**7 316**	2 949	2 949	IV	3 222	2 651	2 099	1 565	1 050	575
	VI	**7 728**	2 949	2 949							
32 183,99	I,IV	**3 819**	2 952	2 952	I	2 659	1 572	581			
	II	**3 282**	2 952	2 952	II	2 155	1 102	223			
	III	**1 046**	3 000	2 952	III	290					
	V	**7 328**	2 952	2 952	IV	3 230	2 659	2 106	1 572	1 057	581
	VI	**7 738**	2 952	2 952							
32 219,99	I,IV	**3 827**	2 956	2 956	I	2 667	1 580	587			
	II	**3 290**	2 956	2 956	II	2 163	1 110	228			
	III	**1 054**	3 000	2 956	III	296					
	V	**7 338**	2 956	2 956	IV	3 238	2 667	2 114	1 580	1 064	587
	VI	**7 750**	2 956	2 956							
32 255,99	I,IV	**3 836**	2 959	2 959	I	2 675	1 587	593			
	II	**3 299**	2 959	2 959	II	2 171	1 117	233			
	III	**1 060**	3 000	2 959	III	302					
	V	**7 350**	2 959	2 959	IV	3 246	2 675	2 122	1 587	1 071	593
	VI	**7 762**	2 959	2 959							
32 291,99	I,IV	**3 844**	2 962	2 962	I	2 683	1 595	599			
	II	**3 307**	2 962	2 962	II	2 179	1 124	238			
	III	**1 068**	3 000	2 962	III	306					
	V	**7 364**	2 962	2 962	IV	3 254	2 683	2 130	1 595	1 078	599
	VI	**7 774**	2 962	2 962							
32 327,99	I,IV	**3 853**	2 966	2 966	I	2 691	1 602	606			
	II	**3 315**	2 966	2 966	II	2 187	1 131	243			
	III	**1 074**	3 000	2 966	III	312					
	V	**7 374**	2 966	2 966	IV	3 263	2 691	2 137	1 602	1 086	606
	VI	**7 786**	2 966	2 966							
32 363,99	I,IV	**3 862**	2 969	2 969	I	2 699	1 610	612			
	II	**3 324**	2 969	2 969	II	2 194	1 139	248			
	III	**1 080**	3 000	2 969	III	318					
	V	**7 386**	2 969	2 969	IV	3 271	2 699	2 145	1 610	1 093	612
	VI	**7 798**	2 969	2 969							
32 399,99	I,IV	**3 870**	2 972	2 972	I	2 707	1 617	618			
	II	**3 332**	2 972	2 972	II	2 202	1 146	253			
	III	**1 088**	3 000	2 972	III	322					
	V	**7 398**	2 972	2 972	IV	3 279	2 707	2 153	1 617	1 100	618
	VI	**7 810**	2 972	2 972							

* Zur LSt-Berechnung für privat versicherte Arbeitnehmer s. Beispiele **Vorbemerkung S. 4 f.**
** Basisvorsorgepauschale KV und PV *** Typisierter Arbeitgeberzuschuss

Lohn/ Gehalt in € bis	Steuerklasse	Lohn-steuer*	BVSP**	TAGZ***	Steuerklasse	Bemessungsgrundlage für Kirchensteuer und Solidaritätszuschlag – Freibeträge für ... Kinder 0,5	1,0	1,5	2,0	2,5	3,0
32 435,99	I,IV	**3 879**	2 976	2 976	I	2 715	1 625	625			
	II	**3 340**	2 976	2 976	II	2 210	1 153	258			
	III	**1 094**	3 000	2 976	III	328					
	V	**7 410**	2 976	2 976	IV	3 288	2 715	2 161	1 625	1 107	625
	VI	**7 824**	2 976	2 976							
32 471,99	I,IV	**3 887**	2 979	2 979	I	2 723	1 632	631			
	II	**3 348**	2 979	2 979	II	2 218	1 160	263			
	III	**1 100**	3 000	2 979	III	334					
	V	**7 422**	2 979	2 979	IV	3 296	2 723	2 168	1 632	1 114	631
	VI	**7 834**	2 979	2 979							
32 507,99	I,IV	**3 896**	2 982	2 982	I	2 731	1 640	637			
	II	**3 357**	2 982	2 982	II	2 225	1 168	269			
	III	**1 108**	3 000	2 982	III	338					
	V	**7 434**	2 982	2 982	IV	3 304	2 731	2 176	1 640	1 122	637
	VI	**7 846**	2 982	2 982							
32 543,99	I,IV	**3 904**	2 985	2 985	I	2 739	1 647	644			
	II	**3 365**	2 985	2 985	II	2 233	1 175	274			
	III	**1 114**	3 000	2 985	III	344					
	V	**7 446**	2 985	2 985	IV	3 312	2 739	2 184	1 647	1 129	644
	VI	**7 858**	2 985	2 985							
32 579,99	I,IV	**3 913**	2 989	2 989	I	2 747	1 655	650			
	II	**3 373**	2 989	2 989	II	2 241	1 182	279			
	III	**1 120**	3 000	2 989	III	350					
	V	**7 456**	2 989	2 989	IV	3 321	2 747	2 192	1 655	1 136	650
	VI	**7 870**	2 989	2 989							
32 615,99	I,IV	**3 921**	2 992	2 992	I	2 755	1 662	656			
	II	**3 382**	2 992	2 992	II	2 249	1 190	284			
	III	**1 128**	3 000	2 992	III	356					
	V	**7 468**	2 992	2 992	IV	3 329	2 755	2 200	1 662	1 144	656
	VI	**7 882**	2 992	2 992							
32 651,99	I,IV	**3 930**	2 995	2 995	I	2 763	1 670	663			
	II	**3 390**	2 995	2 995	II	2 257	1 197	290			
	III	**1 134**	3 000	2 995	III	360					
	V	**7 480**	2 995	2 995	IV	3 337	2 763	2 207	1 670	1 151	663
	VI	**7 894**	2 995	2 995							
32 687,99	I,IV	**3 939**	2 999	2 999	I	2 771	1 678	669			
	II	**3 399**	2 999	2 999	II	2 265	1 204	295			
	III	**1 142**	3 000	2 999	III	366					
	V	**7 494**	2 999	2 999	IV	3 346	2 771	2 215	1 678	1 158	669
	VI	**7 906**	2 999	2 999							
32 723,99	I,IV	**3 947**	3 002	3 002	I	2 779	1 685	676			
	II	**3 407**	3 002	3 002	II	2 272	1 212	300			
	III	**1 148**	3 002	3 002	III	372					
	V	**7 504**	3 002	3 002	IV	3 354	2 779	2 223	1 685	1 165	676
	VI	**7 918**	3 002	3 002							
32 759,99	I,IV	**3 956**	3 005	3 005	I	2 788	1 693	682			
	II	**3 415**	3 005	3 005	II	2 280	1 219	306			
	III	**1 154**	3 005	3 005	III	376					
	V	**7 516**	3 005	3 005	IV	3 363	2 788	2 231	1 693	1 173	682
	VI	**7 932**	3 005	3 005							
32 795,99	I,IV	**3 964**	3 009	3 009	I	2 795	1 700	688			
	II	**3 423**	3 009	3 009	II	2 288	1 226	311			
	III	**1 160**	3 009	3 009	III	380					
	V	**7 528**	3 009	3 009	IV	3 371	2 795	2 238	1 700	1 180	688
	VI	**7 944**	3 009	3 009							
32 831,99	I,IV	**3 973**	3 012	3 012	I	2 803	1 708	695			
	II	**3 432**	3 012	3 012	II	2 296	1 233	316			
	III	**1 166**	3 012	3 012	III	386					
	V	**7 538**	3 012	3 012	IV	3 379	2 803	2 246	1 708	1 187	695
	VI	**7 956**	3 012	3 012							

* Zur LSt-Berechnung für privat versicherte Arbeitnehmer s. Beispiele **Vorbemerkung S. 4 f.**
** Basisvorsorgepauschale KV und PV *** Typisierter Arbeitgeberzuschuss

Lohn/ Gehalt in € bis	Steuerklasse	**Lohn-steuer***	BVSP**	TAGZ***	Steuerklasse	Bemessungsgrundlage für Kirchensteuer und Solidaritätszuschlag					
						Freibeträge für ... Kinder					
						0,5	**1,0**	1,5	**2,0**	2,5	**3,0**
32 867,99	I,IV	**3 981**	3 015	3 015	I	2 812	1 715	701			
	II	**3 440**	3 015	3 015	II	2 304	1 241	322			
	III	**1 172**	3 015	3 015	III	390					
	V	**7 550**	3 015	3 015	IV	3 387	2 812	2 254	1 715	1 194	701
	VI	**7 968**	3 015	3 015							
32 903,99	I,IV	**3 990**	3 018	3 018	I	2 820	1 723	708			
	II	**3 449**	3 018	3 018	II	2 312	1 248	327			
	III	**1 178**	3 018	3 018	III	396					
	V	**7 564**	3 018	3 018	IV	3 396	2 820	2 262	1 723	1 202	708
	VI	**7 980**	3 018	3 018							
32 939,99	I,IV	**3 999**	3 022	3 022	I	2 828	1 730	715			
	II	**3 457**	3 022	3 022	II	2 319	1 255	332			
	III	**1 184**	3 022	3 022	III	400					
	V	**7 576**	3 022	3 022	IV	3 404	2 828	2 270	1 730	1 209	715
	VI	**7 992**	3 022	3 022							
32 975,99	I,IV	**4 007**	3 025	3 025	I	2 836	1 738	721			
	II	**3 465**	3 025	3 025	II	2 327	1 263	338			
	III	**1 192**	3 025	3 025	III	406					
	V	**7 588**	3 025	3 025	IV	3 412	2 836	2 278	1 738	1 216	721
	VI	**8 004**	3 025	3 025							
33 011,99	I,IV	**4 016**	3 028	3 028	I	2 844	1 745	728			
	II	**3 474**	3 028	3 028	II	2 335	1 270	343			
	III	**1 198**	3 028	3 028	III	410					
	V	**7 600**	3 028	3 028	IV	3 421	2 844	2 286	1 745	1 224	728
	VI	**8 016**	3 028	3 028							
33 047,99	I,IV	**4 025**	3 032	3 032	I	2 852	1 753	734			
	II	**3 482**	3 032	3 032	II	2 343	1 277	349			
	III	**1 204**	3 032	3 032	III	416					
	V	**7 610**	3 032	3 032	IV	3 429	2 852	2 293	1 753	1 231	734
	VI	**8 028**	3 032	3 032							
33 083,99	I,IV	**4 033**	3 035	3 035	I	2 860	1 761	741			
	II	**3 491**	3 035	3 035	II	2 351	1 285	354			
	III	**1 210**	3 035	3 035	III	420					
	V	**7 622**	3 035	3 035	IV	3 438	2 860	2 301	1 761	1 238	741
	VI	**8 040**	3 035	3 035							
33 119,99	I,IV	**4 042**	3 038	3 038	I	2 868	1 768	747			
	II	**3 499**	3 038	3 038	II	2 359	1 292	360			
	III	**1 216**	3 038	3 038	III	426					
	V	**7 636**	3 038	3 038	IV	3 446	2 868	2 309	1 768	1 246	747
	VI	**8 054**	3 038	3 038							
33 155,99	I,IV	**4 050**	3 042	3 042	I	2 876	1 776	754			
	II	**3 507**	3 042	3 042	II	2 366	1 299	365			
	III	**1 222**	3 042	3 042	III	430					
	V	**7 648**	3 042	3 042	IV	3 454	2 876	2 317	1 776	1 253	754
	VI	**8 066**	3 042	3 042							
33 191,99	I,IV	**4 059**	3 045	3 045	I	2 884	1 783	761			
	II	**3 516**	3 045	3 045	II	2 374	1 307	371			
	III	**1 228**	3 045	3 045	III	436					
	V	**7 658**	3 045	3 045	IV	3 463	2 884	2 325	1 783	1 260	761
	VI	**8 078**	3 045	3 045							
33 227,99	I,IV	**4 068**	3 048	3 048	I	2 893	1 791	768	3		
	II	**3 524**	3 048	3 048	II	2 382	1 314	376			
	III	**1 236**	3 048	3 048	III	440					
	V	**7 670**	3 048	3 048	IV	3 471	2 893	2 333	1 791	1 268	768
	VI	**8 090**	3 048	3 048							
33 263,99	I,IV	**4 076**	3 051	3 051	I	2 901	1 798	774	7		
	II	**3 532**	3 051	3 051	II	2 390	1 321	382			
	III	**1 242**	3 051	3 051	III	446					
	V	**7 682**	3 051	3 051	IV	3 479	2 901	2 340	1 798	1 275	774
	VI	**8 102**	3 051	3 051							

* Zur LSt-Berechnung für privat versicherte Arbeitnehmer s. Beispiele **Vorbemerkung S. 4 f.**
** Basisvorsorgepauschale KV und PV *** Typisierter Arbeitgeberzuschuss

Lohn/ Gehalt in € bis	Steuerklasse	Lohn-steuer*	BVSP**	TAGZ***	Steuerklasse	Bemessungsgrundlage für Kirchensteuer und Solidaritätszuschlag – Freibeträge für ... Kinder 0,5	1,0	1,5	2,0	2,5	3,0
33 299,99	I,IV	**4 085**	3 055	3 055	I	2 909	1 806	781	12		
	II	**3 541**	3 055	3 055	II	2 398	1 329	388			
	III	**1 248**	3 055	3 055	III	450					
	V	**7 694**	3 055	3 055	IV	3 488	2 909	2 348	1 806	1 282	781
	VI	**8 114**	3 055	3 055							
33 335,99	I,IV	**4 094**	3 058	3 058	I	2 917	1 814	788	16		
	II	**3 549**	3 058	3 058	II	2 406	1 336	393			
	III	**1 254**	3 058	3 058	III	456					
	V	**7 706**	3 058	3 058	IV	3 496	2 917	2 356	1 814	1 290	788
	VI	**8 126**	3 058	3 058							
33 371,99	I,IV	**4 102**	3 061	3 061	I	2 925	1 821	795	20		
	II	**3 558**	3 061	3 061	II	2 414	1 344	399			
	III	**1 260**	3 061	3 061	III	462					
	V	**7 718**	3 061	3 061	IV	3 505	2 925	2 364	1 821	1 297	795
	VI	**8 138**	3 061	3 061							
33 407,99	I,IV	**4 111**	3 065	3 065	I	2 933	1 829	801	24		
	II	**3 566**	3 065	3 065	II	2 422	1 351	404			
	III	**1 266**	3 065	3 065	III	466					
	V	**7 730**	3 065	3 065	IV	3 513	2 933	2 372	1 829	1 304	801
	VI	**8 150**	3 065	3 065							
33 443,99	I,IV	**4 119**	3 068	3 068	I	2 941	1 836	808	29		
	II	**3 574**	3 068	3 068	II	2 429	1 358	410			
	III	**1 272**	3 068	3 068	III	470					
	V	**7 742**	3 068	3 068	IV	3 521	2 941	2 380	1 836	1 312	808
	VI	**8 162**	3 068	3 068							
33 479,99	I,IV	**4 128**	3 071	3 071	I	2 949	1 844	815	33		
	II	**3 583**	3 071	3 071	II	2 437	1 365	416			
	III	**1 278**	3 071	3 071	III	476					
	V	**7 754**	3 071	3 071	IV	3 530	2 949	2 388	1 844	1 319	815
	VI	**8 174**	3 071	3 071							
33 515,99	I,IV	**4 137**	3 075	3 075	I	2 958	1 852	822	37		
	II	**3 591**	3 075	3 075	II	2 445	1 373	421			
	III	**1 286**	3 075	3 075	III	482					
	V	**7 766**	3 075	3 075	IV	3 538	2 958	2 395	1 852	1 326	822
	VI	**8 186**	3 075	3 075							
33 551,99	I,IV	**4 146**	3 078	3 078	I	2 966	1 859	829	42		
	II	**3 600**	3 078	3 078	II	2 453	1 380	427			
	III	**1 292**	3 078	3 078	III	486					
	V	**7 778**	3 078	3 078	IV	3 546	2 966	2 403	1 859	1 334	829
	VI	**8 200**	3 078	3 078							
33 587,99	I,IV	**4 154**	3 081	3 081	I	2 974	1 867	835	46		
	II	**3 608**	3 081	3 081	II	2 461	1 388	433			
	III	**1 298**	3 081	3 081	III	492					
	V	**7 790**	3 081	3 081	IV	3 555	2 974	2 411	1 867	1 341	835
	VI	**8 212**	3 081	3 081							
33 623,99	I,IV	**4 163**	3 085	3 085	I	2 982	1 875	842	50		
	II	**3 617**	3 085	3 085	II	2 469	1 395	439			
	III	**1 304**	3 085	3 085	III	496					
	V	**7 802**	3 085	3 085	IV	3 563	2 982	2 419	1 875	1 348	842
	VI	**8 224**	3 085	3 085							
33 659,99	I,IV	**4 172**	3 088	3 088	I	2 990	1 882	849	55		
	II	**3 625**	3 088	3 088	II	2 477	1 403	444			
	III	**1 310**	3 088	3 088	III	502					
	V	**7 816**	3 088	3 088	IV	3 572	2 990	2 427	1 882	1 356	849
	VI	**8 236**	3 088	3 088							
33 695,99	I,IV	**4 180**	3 091	3 091	I	2 998	1 890	856	59		
	II	**3 634**	3 091	3 091	II	2 485	1 410	450			
	III	**1 318**	3 091	3 091	III	506					
	V	**7 828**	3 091	3 091	IV	3 580	2 998	2 435	1 890	1 363	856
	VI	**8 248**	3 091	3 091							

* Zur LSt-Berechnung für privat versicherte Arbeitnehmer s. Beispiele **Vorbemerkung S. 4 f.**
** Basisvorsorgepauschale KV und PV *** Typisierter Arbeitgeberzuschuss

Lohn/ Gehalt in € bis	Steuerklasse	**Lohn-steuer***	BVSP**	TAGZ***	Steuerklasse	Bemessungsgrundlage für Kirchensteuer und Solidaritätszuschlag					
						Freibeträge für ... Kinder					
						0,5	**1,0**	1,5	**2,0**	2,5	**3,0**
33731,99	I,IV	**4189**	3094	3094	I	3006	1897	863	64		
	II	**3642**	3094	3094	II	2493	1417	456			
	III	**1324**	3094	3094	III	512					
	V	**7838**	3094	3094	IV	3588	3006	2443	1897	1370	863
	VI	**8262**	3094	3094							
33767,99	I,IV	**4198**	3098	3098	I	3015	1905	870	68		
	II	**3650**	3098	3098	II	2501	1425	462			
	III	**1330**	3098	3098	III	518					
	V	**7850**	3098	3098	IV	3597	3015	2451	1905	1378	870
	VI	**8274**	3098	3098							
33803,99	I,IV	**4206**	3101	3101	I	3023	1913	877	73		
	II	**3659**	3101	3101	II	2509	1432	468			
	III	**1336**	3101	3101	III	522					
	V	**7862**	3101	3101	IV	3605	3023	2459	1913	1385	877
	VI	**8286**	3101	3101							
33839,99	I,IV	**4215**	3104	3104	I	3031	1920	884	77		
	II	**3667**	3104	3104	II	2517	1439	473			
	III	**1344**	3104	3104	III	528					
	V	**7874**	3104	3104	IV	3614	3031	2466	1920	1393	884
	VI	**8298**	3104	3104							
33875,99	I,IV	**4224**	3108	3108	I	3039	1928	891	82		
	II	**3676**	3108	3108	II	2525	1447	479			
	III	**1350**	3108	3108	III	532					
	V	**7886**	3108	3108	IV	3622	3039	2474	1928	1400	891
	VI	**8312**	3108	3108							
33911,99	I,IV	**4233**	3111	3111	I	3047	1936	898	86		
	II	**3684**	3111	3111	II	2533	1454	485			
	III	**1356**	3111	3111	III	538					
	V	**7898**	3111	3111	IV	3631	3047	2482	1936	1407	898
	VI	**8324**	3111	3111							
33947,99	I,IV	**4241**	3114	3114	I	3056	1943	905	91		
	II	**3693**	3114	3114	II	2541	1462	491			
	III	**1362**	3114	3114	III	544					
	V	**7910**	3114	3114	IV	3639	3056	2490	1943	1415	905
	VI	**8336**	3114	3114							
33983,99	I,IV	**4250**	3118	3118	I	3064	1951	912	95		
	II	**3701**	3118	3118	II	2549	1469	497			
	III	**1368**	3118	3118	III	548					
	V	**7922**	3118	3118	IV	3648	3064	2498	1951	1422	912
	VI	**8348**	3118	3118							
34019,99	I,IV	**4259**	3121	3121	I	3072	1959	919	100		
	II	**3710**	3121	3121	II	2557	1477	503			
	III	**1376**	3121	3121	III	554					
	V	**7936**	3121	3121	IV	3656	3072	2506	1959	1430	919
	VI	**8360**	3121	3121							
34055,99	I,IV	**4267**	3124	3124	I	3080	1966	926	104		
	II	**3718**	3124	3124	II	2564	1484	509			
	III	**1382**	3124	3124	III	558					
	V	**7948**	3124	3124	IV	3664	3080	2514	1966	1437	926
	VI	**8372**	3124	3124							
34091,99	I,IV	**4276**	3127	3127	I	3088	1974	933	109		
	II	**3727**	3127	3127	II	2572	1491	515			
	III	**1388**	3127	3127	III	564					
	V	**7960**	3127	3127	IV	3673	3088	2522	1974	1444	933
	VI	**8384**	3127	3127							
34127,99	I,IV	**4285**	3131	3131	I	3096	1982	940	114		
	II	**3735**	3131	3131	II	2580	1499	521			
	III	**1394**	3131	3131	III	570					
	V	**7972**	3131	3131	IV	3681	3096	2530	1982	1452	940
	VI	**8398**	3131	3131							

* Zur LSt-Berechnung für privat versicherte Arbeitnehmer s. Beispiele **Vorbemerkung S. 4f.**
** Basisvorsorgepauschale KV und PV *** Typisierter Arbeitgeberzuschuss

Lohn/ Gehalt in € bis	Steuerklasse	Lohn- steuer*	BVSP**	TAGZ***	Steuerklasse	Bemessungsgrundlage für Kirchensteuer und Solidaritätszuschlag					
						Freibeträge für ... Kinder					
						0,5	**1,0**	1,5	**2,0**	2,5	**3,0**
34163,99	I,IV	**4293**	3134	3134	I	3105	1989	948	118		
	II	**3744**	3134	3134	II	2588	1506	527			
	III	**1402**	3134	3134	III	574					
	V	**7984**	3134	3134	IV	3690	3105	2538	1989	1459	948
	VI	**8410**	3134	3134							
34199,99	I,IV	**4302**	3137	3137	I	3113	1997	955	123		
	II	**3752**	3137	3137	II	2596	1514	533			
	III	**1408**	3137	3137	III	580					
	V	**7996**	3137	3137	IV	3698	3113	2546	1997	1467	955
	VI	**8422**	3137	3137							
34235,99	I,IV	**4311**	3141	3141	I	3121	2005	962	128		
	II	**3761**	3141	3141	II	2604	1521	539			
	III	**1414**	3141	3141	III	586					
	V	**8008**	3141	3141	IV	3707	3121	2554	2005	1474	962
	VI	**8434**	3141	3141							
34271,99	I,IV	**4320**	3144	3144	I	3129	2013	969	132		
	II	**3769**	3144	3144	II	2612	1529	545			
	III	**1420**	3144	3144	III	590					
	V	**8020**	3144	3144	IV	3715	3129	2562	2013	1482	969
	VI	**8446**	3144	3144							
34307,99	I,IV	**4329**	3147	3147	I	3138	2020	976	137		
	II	**3778**	3147	3147	II	2620	1536	551			
	III	**1428**	3147	3147	III	596					
	V	**8032**	3147	3147	IV	3724	3138	2570	2020	1489	976
	VI	**8460**	3147	3147							
34343,99	I,IV	**4337**	3151	3151	I	3146	2028	983	142		
	II	**3786**	3151	3151	II	2628	1544	557			
	III	**1434**	3151	3151	III	602					
	V	**8046**	3151	3151	IV	3732	3146	2578	2028	1496	983
	VI	**8472**	3151	3151							
34379,99	I,IV	**4346**	3154	3154	I	3154	2036	991	147		
	II	**3795**	3154	3154	II	2636	1551	563			
	III	**1440**	3154	3154	III	606					
	V	**8058**	3154	3154	IV	3741	3154	2586	2036	1504	991
	VI	**8484**	3154	3154							
34415,99	I,IV	**4355**	3157	3157	I	3162	2043	998	151		
	II	**3803**	3157	3157	II	2644	1559	569			
	III	**1448**	3157	3157	III	612					
	V	**8070**	3157	3157	IV	3749	3162	2594	2043	1511	998
	VI	**8496**	3157	3157							
34451,99	I,IV	**4363**	3160	3160	I	3170	2051	1005	156		
	II	**3812**	3160	3160	II	2652	1566	576			
	III	**1454**	3160	3160	III	618					
	V	**8082**	3160	3160	IV	3758	3170	2602	2051	1519	1005
	VI	**8508**	3160	3160							
34487,99	I,IV	**4372**	3164	3164	I	3179	2059	1012	161		
	II	**3820**	3164	3164	II	2660	1574	582			
	III	**1460**	3164	3164	III	622					
	V	**8094**	3164	3164	IV	3766	3179	2610	2059	1526	1012
	VI	**8522**	3164	3164							
34523,99	I,IV	**4381**	3167	3167	I	3187	2066	1019	166		
	II	**3829**	3167	3167	II	2668	1581	588			
	III	**1466**	3167	3167	III	628					
	V	**8106**	3167	3167	IV	3775	3187	2618	2066	1534	1019
	VI	**8534**	3167	3167							
34559,99	I,IV	**4390**	3170	3170	I	3195	2074	1027	171		
	II	**3837**	3170	3170	II	2676	1589	594			
	III	**1474**	3170	3170	III	634					
	V	**8118**	3170	3170	IV	3783	3195	2626	2074	1541	1027
	VI	**8546**	3170	3170							

* Zur LSt-Berechnung für privat versicherte Arbeitnehmer s. Beispiele **Vorbemerkung S. 4 f.**
** Basisvorsorgepauschale KV und PV *** Typisierter Arbeitgeberzuschuss

Lohn/ Gehalt in € bis	Steuerklasse	**Lohn-steuer***	BVSP**	TAGZ***	Steuerklasse	Bemessungsgrundlage für Kirchensteuer und Solidaritätszuschlag					
						Freibeträge für ... Kinder					
						0,5	**1,0**	1,5	**2,0**	2,5	**3,0**
34 595,99	I,IV	**4 399**	3 174	3 174	I	3 204	2 082	1 034	176		
	II	**3 846**	3 174	3 174	II	2 684	1 596	601			
	III	**1 480**	3 174	3 174	III	638					
	V	**8 130**	3 174	3 174	IV	3 792	3 204	2 634	2 082	1 549	1 034
	VI	**8 560**	3 174	3 174							
34 631,99	I,IV	**4 407**	3 177	3 177	I	3 212	2 090	1 041	181		
	II	**3 854**	3 177	3 177	II	2 692	1 604	607			
	III	**1 486**	3 177	3 177	III	644					
	V	**8 142**	3 177	3 177	IV	3 800	3 212	2 642	2 090	1 556	1 041
	VI	**8 572**	3 177	3 177							
34 667,99	I,IV	**4 416**	3 180	3 180	I	3 220	2 097	1 048	185		
	II	**3 863**	3 180	3 180	II	2 700	1 611	613			
	III	**1 494**	3 180	3 180	III	650					
	V	**8 154**	3 180	3 180	IV	3 809	3 220	2 649	2 097	1 564	1 048
	VI	**8 584**	3 180	3 180							
34 703,99	I,IV	**4 425**	3 184	3 184	I	3 228	2 105	1 055	190		
	II	**3 871**	3 184	3 184	II	2 708	1 618	619			
	III	**1 500**	3 184	3 184	III	654					
	V	**8 166**	3 184	3 184	IV	3 817	3 228	2 657	2 105	1 571	1 055
	VI	**8 596**	3 184	3 184							
34 739,99	I,IV	**4 434**	3 187	3 187	I	3 236	2 113	1 063	195		
	II	**3 880**	3 187	3 187	II	2 716	1 626	626			
	III	**1 506**	3 187	3 187	III	660					
	V	**8 178**	3 187	3 187	IV	3 826	3 236	2 665	2 113	1 579	1 063
	VI	**8 608**	3 187	3 187							
34 775,99	I,IV	**4 442**	3 190	3 190	I	3 245	2 121	1 070	200		
	II	**3 888**	3 190	3 190	II	2 724	1 633	632			
	III	**1 514**	3 190	3 190	III	666					
	V	**8 190**	3 190	3 190	IV	3 834	3 245	2 674	2 121	1 586	1 070
	VI	**8 622**	3 190	3 190							
34 811,99	I,IV	**4 451**	3 194	3 194	I	3 253	2 128	1 077	205		
	II	**3 897**	3 194	3 194	II	2 732	1 641	638			
	III	**1 520**	3 194	3 194	III	670					
	V	**8 204**	3 194	3 194	IV	3 843	3 253	2 682	2 128	1 594	1 077
	VI	**8 634**	3 194	3 194							
34 847,99	I,IV	**4 460**	3 197	3 197	I	3 261	2 136	1 084	210		
	II	**3 906**	3 197	3 197	II	2 740	1 649	645			
	III	**1 526**	3 197	3 197	III	676					
	V	**8 216**	3 197	3 197	IV	3 852	3 261	2 690	2 136	1 601	1 084
	VI	**8 646**	3 197	3 197							
34 883,99	I,IV	**4 469**	3 200	3 200	I	3 270	2 144	1 092	215		
	II	**3 914**	3 200	3 200	II	2 748	1 656	651			
	III	**1 534**	3 200	3 200	III	682	6				
	V	**8 228**	3 200	3 200	IV	3 860	3 270	2 698	2 144	1 609	1 092
	VI	**8 660**	3 200	3 200							
34 919,99	I,IV	**4 478**	3 203	3 203	I	3 278	2 152	1 099	220		
	II	**3 923**	3 203	3 203	II	2 757	1 664	657			
	III	**1 540**	3 203	3 203	III	688	10				
	V	**8 240**	3 203	3 203	IV	3 869	3 278	2 706	2 152	1 616	1 099
	VI	**8 671**	3 203	3 203							
34 955,99	I,IV	**4 487**	3 207	3 207	I	3 286	2 160	1 106	225		
	II	**3 931**	3 207	3 207	II	2 765	1 671	664			
	III	**1 546**	3 207	3 207	III	692	14				
	V	**8 252**	3 207	3 207	IV	3 877	3 286	2 714	2 160	1 624	1 106
	VI	**8 684**	3 207	3 207							
34 991,99	I,IV	**4 495**	3 210	3 210	I	3 294	2 167	1 113	230		
	II	**3 940**	3 210	3 210	II	2 772	1 679	670			
	III	**1 554**	3 210	3 210	III	698	18				
	V	**8 266**	3 210	3 210	IV	3 886	3 294	2 722	2 167	1 631	1 113
	VI	**8 696**	3 210	3 210							

* Zur LSt-Berechnung für privat versicherte Arbeitnehmer s. Beispiele **Vorbemerkung S. 4 f.**
** Basisvorsorgepauschale KV und PV *** Typisierter Arbeitgeberzuschuss

Lohn/ Gehalt in € bis	Steuerklasse	Lohn-steuer*	BVSP**	TAGZ***	Steuerklasse	Bemessungsgrundlage für Kirchensteuer und Solidaritätszuschlag					
						Freibeträge für ... Kinder					
						0,5	**1,0**	1,5	**2,0**	2,5	**3,0**
35 027,99	I,IV	**4 504**	3 213	3 213	I	3 303	2 175	1 120	235		
	II	**3 948**	3 213	3 213	II	2 781	1 686	677			
	III	**1 560**	3 213	3 213	III	704	22				
	V	**8 278**	3 213	3 213	IV	3 894	3 303	2 730	2 175	1 638	1 120
	VI	**8 709**	3 213	3 213							
35 063,99	I,IV	**4 513**	3 217	3 217	I	3 311	2 183	1 128	240		
	II	**3 957**	3 217	3 217	II	2 789	1 694	683			
	III	**1 566**	3 217	3 217	III	710	26				
	V	**8 290**	3 217	3 217	IV	3 903	3 311	2 738	2 183	1 646	1 128
	VI	**8 721**	3 217	3 217							
35 099,99	I,IV	**4 522**	3 220	3 220	I	3 319	2 190	1 135	246		
	II	**3 966**	3 220	3 220	II	2 797	1 701	689			
	III	**1 574**	3 220	3 220	III	714	30				
	V	**8 302**	3 220	3 220	IV	3 911	3 319	2 746	2 190	1 654	1 135
	VI	**8 734**	3 220	3 220							
35 135,99	I,IV	**4 531**	3 223	3 223	I	3 328	2 198	1 142	251		
	II	**3 974**	3 223	3 223	II	2 805	1 709	696			
	III	**1 580**	3 223	3 223	III	720	34				
	V	**8 316**	3 223	3 223	IV	3 920	3 328	2 754	2 198	1 661	1 142
	VI	**8 746**	3 223	3 223							
35 171,99	I,IV	**4 540**	3 227	3 227	I	3 336	2 206	1 150	256		
	II	**3 983**	3 227	3 227	II	2 813	1 716	703			
	III	**1 588**	3 227	3 227	III	726	40				
	V	**8 328**	3 227	3 227	IV	3 929	3 336	2 762	2 206	1 669	1 150
	VI	**8 759**	3 227	3 227							
35 207,99	I,IV	**4 548**	3 230	3 230	I	3 344	2 214	1 157	261		
	II	**3 992**	3 230	3 230	II	2 821	1 724	709			
	III	**1 594**	3 230	3 230	III	732	44				
	V	**8 340**	3 230	3 230	IV	3 937	3 344	2 770	2 214	1 676	1 157
	VI	**8 772**	3 230	3 230							
35 243,99	I,IV	**4 557**	3 233	3 233	I	3 353	2 222	1 164	266		
	II	**4 000**	3 233	3 233	II	2 829	1 732	716			
	III	**1 600**	3 233	3 233	III	736	48				
	V	**8 352**	3 233	3 233	IV	3 946	3 353	2 778	2 222	1 684	1 164
	VI	**8 784**	3 233	3 233							
35 279,99	I,IV	**4 566**	3 236	3 236	I	3 361	2 230	1 172	271		
	II	**4 009**	3 236	3 236	II	2 837	1 739	722			
	III	**1 608**	3 236	3 236	III	742	52				
	V	**8 364**	3 236	3 236	IV	3 954	3 361	2 786	2 230	1 691	1 172
	VI	**8 797**	3 236	3 236							
35 315,99	I,IV	**4 575**	3 240	3 240	I	3 369	2 237	1 179	277		
	II	**4 017**	3 240	3 240	II	2 845	1 746	729			
	III	**1 614**	3 240	3 240	III	748	56				
	V	**8 376**	3 240	3 240	IV	3 963	3 369	2 794	2 237	1 699	1 179
	VI	**8 809**	3 240	3 240							
35 351,99	I,IV	**4 584**	3 243	3 243	I	3 378	2 245	1 186	282		
	II	**4 026**	3 243	3 243	II	2 853	1 754	735			
	III	**1 620**	3 243	3 243	III	754	60				
	V	**8 388**	3 243	3 243	IV	3 971	3 378	2 802	2 245	1 706	1 186
	VI	**8 822**	3 243	3 243							
35 387,99	I,IV	**4 593**	3 246	3 246	I	3 386	2 253	1 193	287		
	II	**4 034**	3 246	3 246	II	2 861	1 762	742			
	III	**1 628**	3 246	3 246	III	758	64				
	V	**8 402**	3 246	3 246	IV	3 980	3 386	2 810	2 253	1 714	1 193
	VI	**8 834**	3 246	3 246							
35 423,99	I,IV	**4 601**	3 250	3 250	I	3 394	2 261	1 201	292		
	II	**4 043**	3 250	3 250	II	2 869	1 769	749			
	III	**1 634**	3 250	3 250	III	764	70				
	V	**8 414**	3 250	3 250	IV	3 989	3 394	2 818	2 261	1 721	1 201
	VI	**8 847**	3 250	3 250							

* Zur LSt-Berechnung für privat versicherte Arbeitnehmer s. Beispiele **Vorbemerkung S. 4 f.**
** Basisvorsorgepauschale KV und PV *** Typisierter Arbeitgeberzuschuss

Lohn/ Gehalt in € bis	Steuerklasse	Lohn-steuer*	BVSP**	TAGZ***	Steuerklasse	Bemessungsgrundlage für Kirchensteuer und Solidaritätszuschlag					
						Freibeträge für ... Kinder					
						0,5	**1,0**	1,5	**2,0**	2,5	**3,0**
35 459,99	I,IV	**4610**	3253	3253	I	3403	2269	1208	298		
	II	**4052**	3253	3253	II	2878	1777	755			
	III	**1642**	3253	3253	III	770	74				
	V	**8426**	3253	3253	IV	3997	3403	2826	2269	1729	1208
	VI	**8859**	3253	3253							
35 495,99	I,IV	**4619**	3256	3256	I	3411	2276	1215	303		
	II	**4060**	3256	3256	II	2886	1785	762			
	III	**1648**	3256	3256	III	776	78				
	V	**8438**	3256	3256	IV	4006	3411	2835	2276	1737	1215
	VI	**8872**	3256	3256							
35 531,99	I,IV	**4628**	3260	3260	I	3419	2284	1223	308		
	II	**4069**	3260	3260	II	2894	1792	769	4		
	III	**1656**	3260	3260	III	782	82				
	V	**8452**	3260	3260	IV	4015	3419	2843	2284	1744	1223
	VI	**8885**	3260	3260							
35 567,99	I,IV	**4637**	3263	3263	I	3428	2292	1230	314		
	II	**4078**	3263	3263	II	2902	1800	775	8		
	III	**1662**	3263	3263	III	786	86				
	V	**8464**	3263	3263	IV	4023	3428	2851	2292	1752	1230
	VI	**8897**	3263	3263							
35 603,99	I,IV	**4646**	3266	3266	I	3436	2300	1237	319		
	II	**4086**	3266	3266	II	2910	1807	782	12		
	III	**1668**	3266	3266	III	792	90				
	V	**8476**	3266	3266	IV	4032	3436	2859	2300	1759	1237
	VI	**8909**	3266	3266							
35 639,99	I,IV	**4655**	3269	3269	I	3444	2308	1244	324		
	II	**4095**	3269	3269	II	2918	1815	789	16		
	III	**1676**	3269	3269	III	798	96				
	V	**8488**	3269	3269	IV	4040	3444	2867	2308	1767	1244
	VI	**8922**	3269	3269							
35 675,99	I,IV	**4663**	3273	3273	I	3453	2315	1252	330		
	II	**4104**	3273	3273	II	2926	1822	795	21		
	III	**1682**	3273	3273	III	804	100				
	V	**8500**	3273	3273	IV	4049	3453	2875	2315	1774	1252
	VI	**8935**	3273	3273							
35 711,99	I,IV	**4672**	3276	3276	I	3461	2323	1259	335		
	II	**4112**	3276	3276	II	2934	1830	802	25		
	III	**1690**	3276	3276	III	810	104				
	V	**8512**	3276	3276	IV	4058	3461	2883	2323	1782	1259
	VI	**8947**	3276	3276							
35 747,99	I,IV	**4681**	3279	3279	I	3470	2331	1266	341		
	II	**4121**	3279	3279	II	2943	1838	809	29		
	III	**1696**	3279	3279	III	816	108				
	V	**8526**	3279	3279	IV	4066	3470	2891	2331	1790	1266
	VI	**8960**	3279	3279							
35 783,99	I,IV	**4690**	3283	3283	I	3478	2339	1274	346		
	II	**4130**	3283	3283	II	2951	1845	816	34		
	III	**1704**	3283	3283	III	820	114				
	V	**8538**	3283	3283	IV	4075	3478	2899	2339	1797	1274
	VI	**8972**	3283	3283							
35 819,99	I,IV	**4699**	3286	3286	I	3486	2347	1281	352		
	II	**4138**	3286	3286	II	2959	1853	823	38		
	III	**1710**	3286	3286	III	826	118				
	V	**8550**	3286	3286	IV	4084	3486	2907	2347	1805	1281
	VI	**8985**	3286	3286							
35 855,99	I,IV	**4708**	3289	3289	I	3495	2355	1288	357		
	II	**4147**	3289	3289	II	2967	1861	830	42		
	III	**1718**	3289	3289	III	832	122				
	V	**8564**	3289	3289	IV	4092	3495	2916	2355	1812	1288
	VI	**8998**	3289	3289							

* Zur LSt-Berechnung für privat versicherte Arbeitnehmer s. Beispiele **Vorbemerkung S. 4 f.**
** Basisvorsorgepauschale KV und PV *** Typisierter Arbeitgeberzuschuss

Lohn/ Gehalt in € bis	Steuerklasse	Lohnsteuer*	BVSP**	TAGZ***	Steuerklasse	Bemessungsgrundlage für Kirchensteuer und Solidaritätszuschlag – Freibeträge für ... Kinder 0,5	**1,0**	1,5	**2,0**	2,5	**3,0**
35 891,99	I,IV	**4717**	3293	3293	I	3503	2363	1296	363		
	II	**4156**	3293	3293	II	2975	1868	837	47		
	III	**1724**	3293	3293	III	838	126				
	V	**8576**	3293	3293	IV	4101	3503	2924	2363	1820	1296
	VI	**9010**	3293	3293							
35 927,99	I,IV	**4726**	3296	3296	I	3511	2370	1303	368		
	II	**4164**	3296	3296	II	2983	1876	843	51		
	III	**1730**	3296	3296	III	844	130				
	V	**8588**	3296	3296	IV	4109	3511	2932	2370	1827	1303
	VI	**9022**	3296	3296							
35 963,99	I,IV	**4735**	3299	3299	I	3520	2378	1310	374		
	II	**4173**	3299	3299	II	2991	1883	850	55		
	III	**1738**	3299	3299	III	848	134				
	V	**8600**	3299	3299	IV	4118	3520	2940	2378	1835	1310
	VI	**9035**	3299	3299							
35 999,99	I,IV	**4744**	3302	3302	I	3528	2386	1318	379		
	II	**4182**	3302	3302	II	3000	1891	857	60		
	III	**1744**	3302	3302	III	854	140				
	V	**8612**	3302	3302	IV	4127	3528	2948	2386	1843	1318
	VI	**9048**	3302	3302							
36 035,99	I,IV	**4753**	3306	3306	I	3537	2394	1325	385		
	II	**4190**	3306	3306	II	3008	1899	864	64		
	III	**1752**	3306	3306	III	860	144				
	V	**8626**	3306	3306	IV	4135	3537	2956	2394	1850	1325
	VI	**9060**	3306	3306							
36 071,99	I,IV	**4762**	3309	3309	I	3545	2402	1332	390		
	II	**4199**	3309	3309	II	3016	1906	871	69		
	III	**1758**	3309	3309	III	866	148				
	V	**8638**	3309	3309	IV	4144	3545	2964	2402	1858	1332
	VI	**9073**	3309	3309							
36 107,99	I,IV	**4771**	3312	3312	I	3553	2410	1340	396		
	II	**4208**	3312	3312	II	3024	1914	878	73		
	III	**1766**	3312	3312	III	872	152				
	V	**8650**	3312	3312	IV	4153	3553	2973	2410	1866	1340
	VI	**9085**	3312	3312							
36 143,99	I,IV	**4780**	3316	3316	I	3562	2418	1347	402		
	II	**4216**	3316	3316	II	3032	1922	885	78		
	III	**1772**	3316	3316	III	878	158				
	V	**8663**	3316	3316	IV	4162	3562	2981	2418	1873	1347
	VI	**9098**	3316	3316							
36 179,99	I,IV	**4788**	3319	3319	I	3570	2426	1355	407		
	II	**4225**	3319	3319	II	3041	1929	892	82		
	III	**1780**	3319	3319	III	884	162				
	V	**8675**	3319	3319	IV	4170	3570	2989	2426	1881	1355
	VI	**9111**	3319	3319							
36 215,99	I,IV	**4797**	3322	3322	I	3579	2434	1362	413		
	II	**4234**	3322	3322	II	3049	1937	899	87		
	III	**1788**	3322	3322	III	890	166				
	V	**8688**	3322	3322	IV	4179	3579	2997	2434	1889	1362
	VI	**9123**	3322	3322							
36 251,99	I,IV	**4806**	3326	3326	I	3587	2441	1369	419		
	II	**4242**	3326	3326	II	3057	1944	906	91		
	III	**1794**	3326	3326	III	896	172				
	V	**8700**	3326	3326	IV	4187	3587	3005	2441	1896	1369
	VI	**9135**	3326	3326							
36 287,99	I,IV	**4815**	3329	3329	I	3595	2449	1377	424		
	II	**4251**	3329	3329	II	3065	1952	913	96		
	III	**1802**	3329	3329	III	900	176				
	V	**8713**	3329	3329	IV	4196	3595	3013	2449	1904	1377
	VI	**9148**	3329	3329							

* Zur LSt-Berechnung für privat versicherte Arbeitnehmer s. Beispiele **Vorbemerkung S. 4 f.**
** Basisvorsorgepauschale KV und PV *** Typisierter Arbeitgeberzuschuss

Lohn/ Gehalt in € bis	Steuerklasse	**Lohn-steuer***	BVSP**	TAGZ***	Steuerklasse	Bemessungsgrundlage für Kirchensteuer und Solidaritätszuschlag – Freibeträge für ... Kinder 0,5	**1,0**	1,5	**2,0**	2,5	**3,0**
36 323,99	I,IV	**4 824**	3 332	3 332	I	3 604	2 457	1 384	430		
	II	**4 260**	3 332	3 332	II	3 073	1 960	920	101		
	III	**1 808**	3 332	3 332	III	906	180				
	V	**8 725**	3 332	3 332	IV	4 205	3 604	3 021	2 457	1 911	1 384
	VI	**9 161**	3 332	3 332							
36 359,99	I,IV	**4 833**	3 336	3 336	I	3 612	2 465	1 391	436		
	II	**4 269**	3 336	3 336	II	3 081	1 968	927	105		
	III	**1 816**	3 336	3 336	III	912	184				
	V	**8 738**	3 336	3 336	IV	4 214	3 612	3 030	2 465	1 919	1 391
	VI	**9 173**	3 336	3 336							
36 395,99	I,IV	**4 842**	3 339	3 339	I	3 621	2 473	1 399	442		
	II	**4 277**	3 339	3 339	II	3 090	1 975	934	110		
	III	**1 822**	3 339	3 339	III	918	190				
	V	**8 751**	3 339	3 339	IV	4 222	3 621	3 038	2 473	1 927	1 399
	VI	**9 186**	3 339	3 339							
36 431,99	I,IV	**4 851**	3 342	3 342	I	3 629	2 481	1 406	447		
	II	**4 286**	3 342	3 342	II	3 098	1 983	942	114		
	III	**1 830**	3 342	3 342	III	924	194				
	V	**8 763**	3 342	3 342	IV	4 231	3 629	3 046	2 481	1 934	1 406
	VI	**9 198**	3 342	3 342							
36 467,99	I,IV	**4 860**	3 345	3 345	I	3 638	2 489	1 414	453		
	II	**4 295**	3 345	3 345	II	3 106	1 991	949	119		
	III	**1 836**	3 345	3 345	III	930	198				
	V	**8 776**	3 345	3 345	IV	4 240	3 638	3 054	2 489	1 942	1 414
	VI	**9 211**	3 345	3 345							
36 503,99	I,IV	**4 869**	3 349	3 349	I	3 646	2 497	1 421	459		
	II	**4 304**	3 349	3 349	II	3 114	1 998	956	124		
	III	**1 844**	3 349	3 349	III	936	204				
	V	**8 788**	3 349	3 349	IV	4 249	3 646	3 062	2 497	1 950	1 421
	VI	**9 224**	3 349	3 349							
36 539,99	I,IV	**4 878**	3 352	3 352	I	3 655	2 505	1 428	465		
	II	**4 312**	3 352	3 352	II	3 122	2 006	963	128		
	III	**1 850**	3 352	3 352	III	942	208				
	V	**8 801**	3 352	3 352	IV	4 257	3 655	3 070	2 505	1 957	1 428
	VI	**9 236**	3 352	3 352							
36 575,99	I,IV	**4 887**	3 355	3 355	I	3 663	2 513	1 436	471		
	II	**4 321**	3 355	3 355	II	3 131	2 014	970	133		
	III	**1 858**	3 355	3 355	III	948	212				
	V	**8 813**	3 355	3 355	IV	4 266	3 663	3 079	2 513	1 965	1 436
	VI	**9 248**	3 355	3 355							
36 611,99	I,IV	**4 896**	3 359	3 359	I	3 671	2 521	1 443	476		
	II	**4 330**	3 359	3 359	II	3 139	2 021	977	138		
	III	**1 864**	3 359	3 359	III	954	216				
	V	**8 826**	3 359	3 359	IV	4 274	3 671	3 087	2 521	1 973	1 443
	VI	**9 261**	3 359	3 359							
36 647,99	I,IV	**4 905**	3 362	3 362	I	3 680	2 529	1 451	482		
	II	**4 339**	3 362	3 362	II	3 147	2 029	985	143		
	III	**1 872**	3 362	3 362	III	960	222				
	V	**8 838**	3 362	3 362	IV	4 283	3 680	3 095	2 529	1 980	1 451
	VI	**9 274**	3 362	3 362							
36 683,99	I,IV	**4 914**	3 365	3 365	I	3 688	2 537	1 458	488		
	II	**4 347**	3 365	3 365	II	3 155	2 037	992	147		
	III	**1 878**	3 365	3 365	III	964	226				
	V	**8 851**	3 365	3 365	IV	4 292	3 688	3 103	2 537	1 988	1 458
	VI	**9 286**	3 365	3 365							
36 719,99	I,IV	**4 923**	3 369	3 369	I	3 697	2 545	1 466	494		
	II	**4 356**	3 369	3 369	II	3 164	2 045	999	152		
	III	**1 886**	3 369	3 369	III	970	230				
	V	**8 864**	3 369	3 369	IV	4 301	3 697	3 112	2 545	1 996	1 466
	VI	**9 299**	3 369	3 369							

* Zur LSt-Berechnung für privat versicherte Arbeitnehmer s. Beispiele **Vorbemerkung S. 4 f.**
** Basisvorsorgepauschale KV und PV *** Typisierter Arbeitgeberzuschuss

Lohn/ Gehalt in € bis	Steuerklasse	Lohnsteuer*	BVSP**	TAGZ***	Steuerklasse	Bemessungsgrundlage für Kirchensteuer und Solidaritätszuschlag — Freibeträge für ... Kinder 0,5	1,0	1,5	2,0	2,5	3,0
36 755,99	I,IV	**4 932**	3 372	3 372	I	3 706	2 553	1 473	500		
	II	**4 365**	3 372	3 372	II	3 172	2 052	1 006	157		
	III	**1 894**	3 372	3 372	III	976	236				
	V	**8 876**	3 372	3 372	IV	4 310	3 706	3 120	2 553	2 004	1 473
	VI	**9 311**	3 372	3 372							
36 791,99	I,IV	**4 941**	3 375	3 375	I	3 714	2 560	1 480	506		
	II	**4 374**	3 375	3 375	II	3 180	2 060	1 013	162		
	III	**1 900**	3 375	3 375	III	982	240				
	V	**8 889**	3 375	3 375	IV	4 318	3 714	3 128	2 560	2 011	1 480
	VI	**9 324**	3 375	3 375							
36 827,99	I,IV	**4 950**	3 378	3 378	I	3 723	2 568	1 488	512		
	II	**4 383**	3 378	3 378	II	3 188	2 068	1 021	167		
	III	**1 908**	3 378	3 378	III	988	244				
	V	**8 901**	3 378	3 378	IV	4 327	3 723	3 136	2 568	2 019	1 488
	VI	**9 337**	3 378	3 378							
36 863,99	I,IV	**4 959**	3 382	3 382	I	3 731	2 576	1 495	518		
	II	**4 391**	3 382	3 382	II	3 196	2 075	1 028	171		
	III	**1 914**	3 382	3 382	III	994	250				
	V	**8 914**	3 382	3 382	IV	4 336	3 731	3 144	2 576	2 026	1 495
	VI	**9 349**	3 382	3 382							
36 899,99	I,IV	**4 968**	3 385	3 385	I	3 739	2 584	1 503	524		
	II	**4 400**	3 385	3 385	II	3 205	2 083	1 035	176		
	III	**1 922**	3 385	3 385	III	1 000	254				
	V	**8 926**	3 385	3 385	IV	4 344	3 739	3 153	2 584	2 034	1 503
	VI	**9 361**	3 385	3 385							
36 935,99	I,IV	**4 977**	3 388	3 388	I	3 748	2 592	1 510	530		
	II	**4 409**	3 388	3 388	II	3 213	2 091	1 042	181		
	III	**1 930**	3 388	3 388	III	1 006	258				
	V	**8 939**	3 388	3 388	IV	4 353	3 748	3 161	2 592	2 042	1 510
	VI	**9 374**	3 388	3 388							
36 971,99	I,IV	**4 986**	3 392	3 392	I	3 756	2 600	1 518	536		
	II	**4 417**	3 392	3 392	II	3 221	2 099	1 049	186		
	III	**1 936**	3 392	3 392	III	1 012	264				
	V	**8 951**	3 392	3 392	IV	4 362	3 756	3 169	2 600	2 050	1 518
	VI	**9 387**	3 392	3 392							
37 007,99	I,IV	**4 995**	3 395	3 395	I	3 765	2 608	1 525	542		
	II	**4 426**	3 395	3 395	II	3 230	2 106	1 057	191		
	III	**1 944**	3 395	3 395	III	1 018	268				
	V	**8 964**	3 395	3 395	IV	4 371	3 765	3 177	2 608	2 057	1 525
	VI	**9 399**	3 395	3 395							
37 043,99	I,IV	**5 004**	3 398	3 398	I	3 773	2 616	1 533	548		
	II	**4 435**	3 398	3 398	II	3 238	2 114	1 064	196		
	III	**1 950**	3 398	3 398	III	1 024	274				
	V	**8 977**	3 398	3 398	IV	4 380	3 773	3 186	2 616	2 065	1 533
	VI	**9 412**	3 398	3 398							
37 079,99	I,IV	**5 013**	3 402	3 402	I	3 782	2 624	1 540	554		
	II	**4 444**	3 402	3 402	II	3 246	2 122	1 071	201		
	III	**1 958**	3 402	3 402	III	1 030	278				
	V	**8 989**	3 402	3 402	IV	4 388	3 782	3 194	2 624	2 073	1 540
	VI	**9 424**	3 402	3 402							
37 115,99	I,IV	**5 022**	3 405	3 405	I	3 791	2 632	1 548	560		
	II	**4 453**	3 405	3 405	II	3 254	2 130	1 078	206		
	III	**1 966**	3 405	3 405	III	1 036	282				
	V	**9 002**	3 405	3 405	IV	4 397	3 791	3 202	2 632	2 081	1 548
	VI	**9 437**	3 405	3 405							
37 151,99	I,IV	**5 031**	3 408	3 408	I	3 799	2 640	1 555	567		
	II	**4 462**	3 408	3 408	II	3 263	2 137	1 086	211		
	III	**1 972**	3 408	3 408	III	1 042	288				
	V	**9 014**	3 408	3 408	IV	4 406	3 799	3 210	2 640	2 088	1 555
	VI	**9 450**	3 408	3 408							

* Zur LSt-Berechnung für privat versicherte Arbeitnehmer s. Beispiele **Vorbemerkung S. 4 f.**
** Basisvorsorgepauschale KV und PV *** Typisierter Arbeitgeberzuschuss

Lohn/ Gehalt in € bis	Steuerklasse	Lohn-steuer*	BVSP**	TAGZ***	Steuerklasse	Bemessungsgrundlage für Kirchensteuer und Solidaritätszuschlag					
						Freibeträge für ... Kinder					
						0,5	**1,0**	1,5	**2,0**	2,5	**3,0**
37 187,99	I,IV	**5 040**	3 411	3 411	I	3 807	2 648	1 562	573		
	II	**4 470**	3 411	3 411	II	3 271	2 145	1 093	216		
	III	**1 980**	3 411	3 411	III	1 048	292				
	V	**9 027**	3 411	3 411	IV	4 415	3 807	3 219	2 648	2 096	1 562
	VI	**9 462**	3 411	3 411							
37 223,99	I,IV	**5 049**	3 415	3 415	I	3 816	2 656	1 570	579		
	II	**4 479**	3 415	3 415	II	3 279	2 153	1 100	221		
	III	**1 986**	3 415	3 415	III	1 054	296				
	V	**9 039**	3 415	3 415	IV	4 423	3 816	3 227	2 656	2 104	1 570
	VI	**9 474**	3 415	3 415							
37 259,99	I,IV	**5 058**	3 418	3 418	I	3 824	2 664	1 577	585		
	II	**4 488**	3 418	3 418	II	3 287	2 161	1 107	226		
	III	**1 994**	3 418	3 418	III	1 060	302				
	V	**9 052**	3 418	3 418	IV	4 432	3 824	3 235	2 664	2 112	1 577
	VI	**9 487**	3 418	3 418							
37 295,99	I,IV	**5 067**	3 421	3 421	I	3 833	2 672	1 585	591		
	II	**4 497**	3 421	3 421	II	3 296	2 168	1 114	231		
	III	**2 000**	3 421	3 421	III	1 066	306				
	V	**9 064**	3 421	3 421	IV	4 441	3 833	3 243	2 672	2 119	1 585
	VI	**9 500**	3 421	3 421							
37 331,99	I,IV	**5 076**	3 425	3 425	I	3 842	2 680	1 592	597		
	II	**4 506**	3 425	3 425	II	3 304	2 176	1 122	236		
	III	**2 008**	3 425	3 425	III	1 072	312				
	V	**9 077**	3 425	3 425	IV	4 450	3 842	3 252	2 680	2 127	1 592
	VI	**9 512**	3 425	3 425							
37 367,99	I,IV	**5 086**	3 428	3 428	I	3 850	2 688	1 600	604		
	II	**4 514**	3 428	3 428	II	3 312	2 184	1 129	241		
	III	**2 016**	3 428	3 428	III	1 078	316				
	V	**9 090**	3 428	3 428	IV	4 459	3 850	3 260	2 688	2 135	1 600
	VI	**9 525**	3 428	3 428							
37 403,99	I,IV	**5 095**	3 431	3 431	I	3 859	2 696	1 607	610		
	II	**4 523**	3 431	3 431	II	3 321	2 192	1 136	246		
	III	**2 022**	3 431	3 431	III	1 084	320				
	V	**9 102**	3 431	3 431	IV	4 467	3 859	3 268	2 696	2 143	1 607
	VI	**9 537**	3 431	3 431							
37 439,99	I,IV	**5 104**	3 435	3 435	I	3 867	2 704	1 615	616		
	II	**4 532**	3 435	3 435	II	3 329	2 200	1 144	252		
	III	**2 030**	3 435	3 435	III	1 090	326				
	V	**9 115**	3 435	3 435	IV	4 476	3 867	3 277	2 704	2 150	1 615
	VI	**9 550**	3 435	3 435							
37 475,99	I,IV	**5 113**	3 438	3 438	I	3 876	2 712	1 622	622		
	II	**4 541**	3 438	3 438	II	3 337	2 207	1 151	257		
	III	**2 036**	3 438	3 438	III	1 096	330				
	V	**9 127**	3 438	3 438	IV	4 485	3 876	3 285	2 712	2 158	1 622
	VI	**9 562**	3 438	3 438							
37 511,99	I,IV	**5 122**	3 441	3 441	I	3 884	2 720	1 630	629		
	II	**4 550**	3 441	3 441	II	3 346	2 215	1 158	262		
	III	**2 044**	3 441	3 441	III	1 102	336				
	V	**9 140**	3 441	3 441	IV	4 494	3 884	3 293	2 720	2 166	1 630
	VI	**9 575**	3 441	3 441							
37 547,99	I,IV	**5 131**	3 445	3 445	I	3 893	2 728	1 637	635		
	II	**4 558**	3 445	3 445	II	3 354	2 223	1 165	267		
	III	**2 052**	3 445	3 445	III	1 110	340				
	V	**9 152**	3 445	3 445	IV	4 503	3 893	3 301	2 728	2 174	1 637
	VI	**9 587**	3 445	3 445							
37 583,99	I,IV	**5 140**	3 448	3 448	I	3 901	2 736	1 645	641		
	II	**4 567**	3 448	3 448	II	3 362	2 231	1 173	272		
	III	**2 058**	3 448	3 448	III	1 116	346				
	V	**9 165**	3 448	3 448	IV	4 511	3 901	3 310	2 736	2 181	1 645
	VI	**9 600**	3 448	3 448							

* Zur LSt-Berechnung für privat versicherte Arbeitnehmer s. Beispiele **Vorbemerkung S. 4 f.**
** Basisvorsorgepauschale KV und PV *** Typisierter Arbeitgeberzuschuss

Lohn/ Gehalt in € bis	Steuerklasse	Lohn- steuer*	BVSP**	TAGZ***	Steuerklasse	Bemessungsgrundlage für Kirchensteuer und Solidaritätszuschlag – Freibeträge für ... Kinder 0,5	1,0	1,5	2,0	2,5	3,0
37619,99	I,IV	**5149**	3451	3451	I	3910	2744	1652	648		
	II	**4576**	3451	3451	II	3371	2238	1180	277		
	III	**2066**	3451	3451	III	1122	350				
	V	**9177**	3451	3451	IV	4520	3910	3318	2744	2189	1652
	VI	**9612**	3451	3451							
37655,99	I,IV	**5158**	3454	3454	I	3919	2752	1660	654		
	II	**4585**	3454	3454	II	3379	2246	1187	283		
	III	**2074**	3454	3454	III	1128	354				
	V	**9190**	3454	3454	IV	4529	3919	3326	2752	2197	1660
	VI	**9625**	3454	3454							
37691,99	I,IV	**5167**	3458	3458	I	3927	2761	1667	661		
	II	**4594**	3458	3458	II	3387	2254	1194	288		
	III	**2080**	3458	3458	III	1134	360				
	V	**9203**	3458	3458	IV	4538	3927	3335	2761	2205	1667
	VI	**9638**	3458	3458							
37727,99	I,IV	**5176**	3461	3461	I	3936	2769	1675	667		
	II	**4603**	3461	3461	II	3396	2262	1202	293		
	III	**2088**	3461	3461	III	1140	364				
	V	**9215**	3461	3461	IV	4547	3936	3343	2769	2213	1675
	VI	**9650**	3461	3461							
37763,99	I,IV	**5186**	3464	3464	I	3944	2777	1683	673		
	II	**4612**	3464	3464	II	3404	2270	1209	299		
	III	**2094**	3464	3464	III	1146	370				
	V	**9228**	3464	3464	IV	4556	3944	3351	2777	2220	1683
	VI	**9663**	3464	3464							
37799,99	I,IV	**5194**	3468	3468	I	3953	2785	1690	680		
	II	**4620**	3468	3468	II	3412	2277	1216	304		
	III	**2102**	3468	3468	III	1152	374				
	V	**9240**	3468	3468	IV	4564	3953	3359	2785	2228	1690
	VI	**9675**	3468	3468							
37835,99	I,IV	**5204**	3471	3471	I	3961	2793	1697	686		
	II	**4629**	3471	3471	II	3421	2285	1223	309		
	III	**2108**	3471	3471	III	1158	380				
	V	**9253**	3471	3471	IV	4573	3961	3368	2793	2236	1697
	VI	**9688**	3471	3471							
37871,99	I,IV	**5213**	3474	3474	I	3970	2801	1705	693		
	II	**4638**	3474	3474	II	3429	2293	1231	314		
	III	**2116**	3474	3474	III	1164	384				
	V	**9265**	3474	3474	IV	4582	3970	3376	2801	2244	1705
	VI	**9700**	3474	3474							
37907,99	I,IV	**5222**	3478	3478	I	3979	2809	1713	699		
	II	**4647**	3478	3478	II	3437	2301	1238	320		
	III	**2124**	3478	3478	III	1170	390				
	V	**9278**	3478	3478	IV	4591	3979	3385	2809	2252	1713
	VI	**9713**	3478	3478							
37943,99	I,IV	**5231**	3481	3481	I	3987	2817	1720	706		
	II	**4656**	3481	3481	II	3446	2309	1246	325		
	III	**2130**	3481	3481	III	1176	394				
	V	**9290**	3481	3481	IV	4600	3987	3393	2817	2259	1720
	VI	**9725**	3481	3481							
37979,99	I,IV	**5240**	3484	3484	I	3996	2825	1728	712		
	II	**4665**	3484	3484	II	3454	2317	1253	331		
	III	**2138**	3484	3484	III	1182	398				
	V	**9303**	3484	3484	IV	4609	3996	3401	2825	2267	1728
	VI	**9738**	3484	3484							
38015,99	I,IV	**5249**	3487	3487	I	4005	2833	1735	719		
	II	**4674**	3487	3487	II	3463	2325	1260	336		
	III	**2146**	3487	3487	III	1188	404				
	V	**9316**	3487	3487	IV	4618	4005	3410	2833	2275	1735
	VI	**9751**	3487	3487							

* Zur LSt-Berechnung für privat versicherte Arbeitnehmer s. Beispiele **Vorbemerkung S. 4 f.**
** Basisvorsorgepauschale KV und PV *** Typisierter Arbeitgeberzuschuss

Lohn/ Gehalt in € bis	Steuerklasse	Lohn-steuer*	BVSP**	TAGZ***	Steuerklasse	Bemessungsgrundlage für Kirchensteuer und Solidaritätszuschlag Freibeträge für ... Kinder 0,5	1,0	1,5	2,0	2,5	3,0
38 051,99	I,IV	**5 258**	3491	3491	I	4 013	2 841	1 743	726		
	II	**4 683**	3491	3491	II	3 471	2 333	1 268	342		
	III	**2 152**	3491	3491	III	1 196	408				
	V	**9 328**	3491	3491	IV	4 627	4 013	3 418	2 841	2 283	1 743
	VI	**9 763**	3491	3491							
38 087,99	I,IV	**5 268**	3494	3494	I	4 022	2 849	1 751	732		
	II	**4 692**	3494	3494	II	3 479	2 340	1 275	347		
	III	**2 160**	3494	3494	III	1 202	414				
	V	**9 341**	3494	3494	IV	4 636	4 022	3 426	2 849	2 291	1 751
	VI	**9 776**	3494	3494							
38 123,99	I,IV	**5 277**	3497	3497	I	4 030	2 857	1 758	739		
	II	**4 700**	3497	3497	II	3 487	2 348	1 282	352		
	III	**2 166**	3497	3497	III	1 208	418				
	V	**9 353**	3497	3497	IV	4 644	4 030	3 435	2 857	2 298	1 758
	VI	**9 788**	3497	3497							
38 159,99	I,IV	**5 286**	3501	3501	I	4 039	2 865	1 765	745		
	II	**4 709**	3501	3501	II	3 496	2 356	1 289	358		
	III	**2 174**	3501	3501	III	1 214	424				
	V	**9 366**	3501	3501	IV	4 653	4 039	3 443	2 865	2 306	1 765
	VI	**9 801**	3501	3501							
38 195,99	I,IV	**5 295**	3504	3504	I	4 047	2 874	1 773	752		
	II	**4 718**	3504	3504	II	3 504	2 364	1 297	363		
	III	**2 182**	3504	3504	III	1 220	430				
	V	**9 378**	3504	3504	IV	4 662	4 047	3 451	2 874	2 314	1 773
	VI	**9 813**	3504	3504							
38 231,99	I,IV	**5 304**	3507	3507	I	4 056	2 882	1 781	759		
	II	**4 727**	3507	3507	II	3 513	2 372	1 304	369		
	III	**2 188**	3507	3507	III	1 226	434				
	V	**9 391**	3507	3507	IV	4 671	4 056	3 460	2 882	2 322	1 781
	VI	**9 826**	3507	3507							
38 267,99	I,IV	**5 313**	3511	3511	I	4 065	2 890	1 788	765	2	
	II	**4 736**	3511	3511	II	3 521	2 380	1 312	375		
	III	**2 196**	3511	3511	III	1 232	440				
	V	**9 403**	3511	3511	IV	4 680	4 065	3 468	2 890	2 330	1 788
	VI	**9 838**	3511	3511							
38 303,99	I,IV	**5 322**	3514	3514	I	4 073	2 898	1 796	772	6	
	II	**4 745**	3514	3514	II	3 530	2 388	1 319	380		
	III	**2 204**	3514	3514	III	1 240	444				
	V	**9 416**	3514	3514	IV	4 689	4 073	3 477	2 898	2 338	1 796
	VI	**9 851**	3514	3514							
38 339,99	I,IV	**5 332**	3517	3517	I	4 082	2 906	1 804	779	10	
	II	**4 754**	3517	3517	II	3 538	2 395	1 326	386		
	III	**2 210**	3517	3517	III	1 246	450				
	V	**9 429**	3517	3517	IV	4 698	4 082	3 485	2 906	2 346	1 804
	VI	**9 864**	3517	3517							
38 375,99	I,IV	**5 341**	3520	3520	I	4 091	2 914	1 811	786	14	
	II	**4 763**	3520	3520	II	3 546	2 403	1 334	391		
	III	**2 218**	3520	3520	III	1 252	454				
	V	**9 441**	3520	3520	IV	4 707	4 091	3 493	2 914	2 354	1 811
	VI	**9 876**	3520	3520							
38 411,99	I,IV	**5 350**	3524	3524	I	4 099	2 922	1 819	792	19	
	II	**4 772**	3524	3524	II	3 555	2 411	1 341	397		
	III	**2 224**	3524	3524	III	1 258	460				
	V	**9 453**	3524	3524	IV	4 715	4 099	3 502	2 922	2 361	1 819
	VI	**9 888**	3524	3524							
38 447,99	I,IV	**5 359**	3527	3527	I	4 108	2 930	1 826	799	23	
	II	**4 781**	3527	3527	II	3 563	2 419	1 348	402		
	III	**2 232**	3527	3527	III	1 264	464				
	V	**9 466**	3527	3527	IV	4 724	4 108	3 510	2 930	2 369	1 826
	VI	**9 901**	3527	3527							

* Zur LSt-Berechnung für privat versicherte Arbeitnehmer s. Beispiele **Vorbemerkung S. 4 f.**
** Basisvorsorgepauschale KV und PV *** Typisierter Arbeitgeberzuschuss

Lohn/ Gehalt in € bis	Steuerklasse	Lohnsteuer*	BVSP**	TAGZ***	Steuerklasse	Bemessungsgrundlage für Kirchensteuer und Solidaritätszuschlag – Freibeträge für ... Kinder 0,5	1,0	1,5	2,0	2,5	3,0
38 483,99	I,IV	**5 368**	3 530	3 530	I	4 117	2 938	1 834	806	27	
	II	**4 790**	3 530	3 530	II	3 572	2 427	1 356	408		
	III	**2 240**	3 530	3 530	III	1 270	470				
	V	**9 479**	3 530	3 530	IV	4 733	4 117	3 518	2 938	2 377	1 834
	VI	**9 914**	3 530	3 530							
38 519,99	I,IV	**5 377**	3 534	3 534	I	4 125	2 947	1 841	813	32	
	II	**4 799**	3 534	3 534	II	3 580	2 435	1 363	414		
	III	**2 246**	3 534	3 534	III	1 276	474				
	V	**9 491**	3 534	3 534	IV	4 742	4 125	3 527	2 947	2 385	1 841
	VI	**9 926**	3 534	3 534							
38 555,99	I,IV	**5 387**	3 537	3 537	I	4 134	2 955	1 849	819	36	
	II	**4 808**	3 537	3 537	II	3 588	2 443	1 370	419		
	III	**2 254**	3 537	3 537	III	1 284	480				
	V	**9 504**	3 537	3 537	IV	4 751	4 134	3 535	2 955	2 393	1 849
	VI	**9 939**	3 537	3 537							
38 591,99	I,IV	**5 396**	3 540	3 540	I	4 143	2 963	1 857	826	40	
	II	**4 817**	3 540	3 540	II	3 597	2 451	1 378	425		
	III	**2 260**	3 540	3 540	III	1 290	484				
	V	**9 516**	3 540	3 540	IV	4 760	4 143	3 544	2 963	2 401	1 857
	VI	**9 951**	3 540	3 540							
38 627,99	I,IV	**5 405**	3 544	3 544	I	4 151	2 971	1 864	833	45	
	II	**4 826**	3 544	3 544	II	3 605	2 459	1 385	431		
	III	**2 268**	3 544	3 544	III	1 296	490				
	V	**9 529**	3 544	3 544	IV	4 769	4 151	3 552	2 971	2 409	1 864
	VI	**9 964**	3 544	3 544							
38 663,99	I,IV	**5 414**	3 547	3 547	I	4 160	2 979	1 872	840	49	
	II	**4 835**	3 547	3 547	II	3 614	2 466	1 393	437		
	III	**2 276**	3 547	3 547	III	1 302	494				
	V	**9 542**	3 547	3 547	IV	4 778	4 160	3 561	2 979	2 417	1 872
	VI	**9 977**	3 547	3 547							
38 699,99	I,IV	**5 424**	3 550	3 550	I	4 169	2 988	1 880	847	53	
	II	**4 844**	3 550	3 550	II	3 622	2 474	1 400	443		
	III	**2 282**	3 550	3 550	III	1 308	500				
	V	**9 554**	3 550	3 550	IV	4 787	4 169	3 569	2 988	2 424	1 880
	VI	**9 989**	3 550	3 550							
38 735,99	I,IV	**5 432**	3 554	3 554	I	4 177	2 995	1 887	854	58	
	II	**4 852**	3 554	3 554	II	3 630	2 482	1 407	448		
	III	**2 290**	3 554	3 554	III	1 316	506				
	V	**9 566**	3 554	3 554	IV	4 796	4 177	3 577	2 995	2 432	1 887
	VI	**10 001**	3 554	3 554							
38 771,99	I,IV	**5 442**	3 557	3 557	I	4 186	3 004	1 895	861	62	
	II	**4 861**	3 557	3 557	II	3 639	2 490	1 415	454		
	III	**2 298**	3 557	3 557	III	1 322	510				
	V	**9 579**	3 557	3 557	IV	4 805	4 186	3 586	3 004	2 440	1 895
	VI	**10 014**	3 557	3 557							
38 807,99	I,IV	**5 451**	3 560	3 560	I	4 195	3 012	1 902	868	67	
	II	**4 870**	3 560	3 560	II	3 647	2 498	1 422	460		
	III	**2 304**	3 560	3 560	III	1 328	516				
	V	**9 591**	3 560	3 560	IV	4 814	4 195	3 594	3 012	2 448	1 902
	VI	**10 027**	3 560	3 560							
38 843,99	I,IV	**5 460**	3 563	3 563	I	4 203	3 020	1 910	875	71	
	II	**4 879**	3 563	3 563	II	3 656	2 506	1 430	466		
	III	**2 312**	3 563	3 563	III	1 334	520				
	V	**9 604**	3 563	3 563	IV	4 823	4 203	3 603	3 020	2 456	1 910
	VI	**10 039**	3 563	3 563							
38 879,99	I,IV	**5 469**	3 567	3 567	I	4 212	3 028	1 918	882	76	
	II	**4 888**	3 567	3 567	II	3 664	2 514	1 437	471		
	III	**2 320**	3 567	3 567	III	1 340	526				
	V	**9 617**	3 567	3 567	IV	4 832	4 212	3 611	3 028	2 464	1 918
	VI	**10 052**	3 567	3 567							

* Zur LSt-Berechnung für privat versicherte Arbeitnehmer s. Beispiele **Vorbemerkung S. 4 f.**
** Basisvorsorgepauschale KV und PV *** Typisierter Arbeitgeberzuschuss

Lohn/ Gehalt in € bis	Steuerklasse	Lohn-steuer*	BVSP**	TAGZ***	Steuerklasse	Bemessungsgrundlage für Kirchensteuer und Solidaritätszuschlag					
						Freibeträge für ... Kinder					
						0,5	**1,0**	1,5	**2,0**	2,5	**3,0**
38 915,99	I,IV	**5 479**	3 570	3 570	I	4 221	3 036	1 926	889	80	
	II	**4 897**	3 570	3 570	II	3 673	2 522	1 444	477		
	III	**2 326**	3 570	3 570	III	1 348	532				
	V	**9 629**	3 570	3 570	IV	4 841	4 221	3 619	3 036	2 472	1 926
	VI	**10 064**	3 570	3 570							
38 951,99	I,IV	**5 488**	3 573	3 573	I	4 230	3 045	1 933	896	85	
	II	**4 906**	3 573	3 573	II	3 681	2 530	1 452	483		
	III	**2 334**	3 573	3 573	III	1 354	536				
	V	**9 642**	3 573	3 573	IV	4 850	4 230	3 628	3 045	2 480	1 933
	VI	**10 077**	3 573	3 573							
38 987,99	I,IV	**5 497**	3 577	3 577	I	4 238	3 053	1 941	903	89	
	II	**4 915**	3 577	3 577	II	3 690	2 538	1 459	489		
	III	**2 342**	3 577	3 577	III	1 360	542				
	V	**9 654**	3 577	3 577	IV	4 859	4 238	3 636	3 053	2 488	1 941
	VI	**10 090**	3 577	3 577							
39 023,99	I,IV	**5 507**	3 580	3 580	I	4 247	3 061	1 949	910	94	
	II	**4 924**	3 580	3 580	II	3 698	2 546	1 467	495		
	III	**2 348**	3 580	3 580	III	1 366	546				
	V	**9 667**	3 580	3 580	IV	4 868	4 247	3 645	3 061	2 496	1 949
	VI	**10 102**	3 580	3 580							
39 059,99	I,IV	**5 515**	3 583	3 583	I	4 256	3 069	1 956	917	98	
	II	**4 933**	3 583	3 583	II	3 707	2 554	1 474	501		
	III	**2 356**	3 583	3 583	III	1 372	552				
	V	**9 679**	3 583	3 583	IV	4 876	4 256	3 653	3 069	2 503	1 956
	VI	**10 114**	3 583	3 583							
39 095,99	I,IV	**5 525**	3 587	3 587	I	4 264	3 077	1 964	924	103	
	II	**4 942**	3 587	3 587	II	3 715	2 562	1 481	507		
	III	**2 362**	3 587	3 587	III	1 380	556				
	V	**9 692**	3 587	3 587	IV	4 885	4 264	3 662	3 077	2 511	1 964
	VI	**10 127**	3 587	3 587							
39 131,99	I,IV	**5 534**	3 590	3 590	I	4 273	3 085	1 971	931	107	
	II	**4 951**	3 590	3 590	II	3 724	2 570	1 489	513		
	III	**2 370**	3 590	3 590	III	1 386	562				
	V	**9 704**	3 590	3 590	IV	4 894	4 273	3 670	3 085	2 519	1 971
	VI	**10 140**	3 590	3 590							
39 167,99	I,IV	**5 543**	3 593	3 593	I	4 282	3 094	1 979	938	112	
	II	**4 960**	3 593	3 593	II	3 732	2 578	1 496	519		
	III	**2 378**	3 593	3 593	III	1 392	568				
	V	**9 717**	3 593	3 593	IV	4 903	4 282	3 679	3 094	2 527	1 979
	VI	**10 152**	3 593	3 593							
39 203,99	I,IV	**5 553**	3 596	3 596	I	4 291	3 102	1 987	945	117	
	II	**4 969**	3 596	3 596	II	3 741	2 586	1 504	525		
	III	**2 384**	3 596	3 596	III	1 398	572				
	V	**9 730**	3 596	3 596	IV	4 912	4 291	3 687	3 102	2 535	1 987
	VI	**10 165**	3 596	3 596							
39 239,99	I,IV	**5 562**	3 600	3 600	I	4 299	3 110	1 995	952	121	
	II	**4 978**	3 600	3 600	II	3 749	2 594	1 511	531		
	III	**2 392**	3 600	3 600	III	1 406	578				
	V	**9 742**	3 600	3 600	IV	4 921	4 299	3 696	3 110	2 543	1 995
	VI	**10 177**	3 600	3 600							
39 275,99	I,IV	**5 571**	3 603	3 603	I	4 308	3 118	2 002	960	126	
	II	**4 987**	3 603	3 603	II	3 758	2 602	1 519	537		
	III	**2 400**	3 603	3 603	III	1 412	584				
	V	**9 755**	3 603	3 603	IV	4 930	4 308	3 704	3 118	2 551	2 002
	VI	**10 190**	3 603	3 603							
39 311,99	I,IV	**5 581**	3 606	3 606	I	4 317	3 127	2 010	967	131	
	II	**4 997**	3 606	3 606	II	3 766	2 610	1 526	543		
	III	**2 406**	3 606	3 606	III	1 418	588				
	V	**9 767**	3 606	3 606	IV	4 940	4 317	3 713	3 127	2 559	2 010
	VI	**10 203**	3 606	3 606							

* Zur LSt-Berechnung für privat versicherte Arbeitnehmer s. Beispiele **Vorbemerkung S. 4 f.**
** Basisvorsorgepauschale KV und PV *** Typisierter Arbeitgeberzuschuss

Lohn/ Gehalt in € bis	Steuerklasse	Lohn- steuer*	BVSP**	TAGZ***	Steuerklasse	Bemessungsgrundlage für Kirchensteuer und Solidaritätszuschlag – Freibeträge für ... Kinder 0,5	1,0	1,5	2,0	2,5	3,0
39347,99	I,IV	**5590**	3610	3610	I	4325	3135	2017	974	135	
	II	**5005**	3610	3610	II	3775	2617	1534	549		
	III	**2414**	3610	3610	III	1426	594				
	V	**9780**	3610	3610	IV	4948	4325	3721	3135	2567	2017
	VI	**10215**	3610	3610							
39383,99	I,IV	**5599**	3613	3613	I	4334	3143	2025	981	140	
	II	**5014**	3613	3613	II	3783	2625	1541	555		
	III	**2422**	3613	3613	III	1432	600				
	V	**9792**	3613	3613	IV	4957	4334	3729	3143	2575	2025
	VI	**10227**	3613	3613							
39419,99	I,IV	**5608**	3616	3616	I	4343	3151	2033	988	145	
	II	**5023**	3616	3616	II	3792	2633	1549	561		
	III	**2428**	3616	3616	III	1438	604				
	V	**9805**	3616	3616	IV	4966	4343	3738	3151	2583	2033
	VI	**10240**	3616	3616							
39455,99	I,IV	**5617**	3620	3620	I	4352	3159	2041	995	150	
	II	**5033**	3620	3620	II	3800	2641	1556	567		
	III	**2436**	3620	3620	III	1444	610				
	V	**9817**	3620	3620	IV	4975	4352	3746	3159	2591	2041
	VI	**10253**	3620	3620							
39491,99	I,IV	**5627**	3623	3623	I	4361	3168	2048	1003	155	
	II	**5042**	3623	3623	II	3809	2649	1564	574		
	III	**2444**	3623	3623	III	1452	616				
	V	**9830**	3623	3623	IV	4984	4361	3755	3168	2599	2048
	VI	**10265**	3623	3623							
39527,99	I,IV	**5636**	3626	3626	I	4369	3176	2056	1010	159	
	II	**5051**	3626	3626	II	3817	2657	1571	580		
	III	**2450**	3626	3626	III	1458	620				
	V	**9843**	3626	3626	IV	4994	4369	3763	3176	2607	2056
	VI	**10278**	3626	3626							
39563,99	I,IV	**5645**	3629	3629	I	4378	3184	2064	1017	164	
	II	**5060**	3629	3629	II	3826	2665	1579	586		
	III	**2458**	3629	3629	III	1464	626				
	V	**9855**	3629	3629	IV	5003	4378	3772	3184	2615	2064
	VI	**10290**	3629	3629							
39599,99	I,IV	**5655**	3633	3633	I	4387	3193	2072	1024	169	
	II	**5069**	3633	3633	II	3834	2674	1586	592		
	III	**2466**	3633	3633	III	1472	632				
	V	**9868**	3633	3633	IV	5012	4387	3781	3193	2623	2072
	VI	**10303**	3633	3633							
39635,99	I,IV	**5664**	3636	3636	I	4396	3201	2079	1031	174	
	II	**5078**	3636	3636	II	3843	2682	1594	598		
	III	**2472**	3636	3636	III	1478	636				
	V	**9880**	3636	3636	IV	5021	4396	3789	3201	2631	2079
	VI	**10316**	3636	3636							
39671,99	I,IV	**5673**	3639	3639	I	4404	3209	2087	1038	179	
	II	**5087**	3639	3639	II	3851	2689	1601	605		
	III	**2480**	3639	3639	III	1484	642				
	V	**9893**	3639	3639	IV	5029	4404	3797	3209	2639	2087
	VI	**10328**	3639	3639							
39707,99	I,IV	**5682**	3643	3643	I	4413	3217	2095	1046	184	
	II	**5096**	3643	3643	II	3860	2697	1608	611		
	III	**2486**	3643	3643	III	1490	648				
	V	**9905**	3643	3643	IV	5039	4413	3806	3217	2647	2095
	VI	**10340**	3643	3643							
39743,99	I,IV	**5692**	3646	3646	I	4422	3225	2102	1053	189	
	II	**5105**	3646	3646	II	3868	2705	1616	617		
	III	**2494**	3646	3646	III	1498	652				
	V	**9918**	3646	3646	IV	5048	4422	3814	3225	2655	2102
	VI	**10353**	3646	3646							

* Zur LSt-Berechnung für privat versicherte Arbeitnehmer s. Beispiele **Vorbemerkung S. 4f.**
** Basisvorsorgepauschale KV und PV *** Typisierter Arbeitgeberzuschuss

Lohn/ Gehalt in € bis	Steuerklasse	Lohn- steuer*	BVSP**	TAGZ***	Steuerklasse	Bemessungsgrundlage für Kirchensteuer und Solidaritätszuschlag					
						Freibeträge für ... Kinder					
						0,5	**1,0**	1,5	**2,0**	2,5	**3,0**
39 779,99	I,IV	**5 701**	3 649	3 649	I	4 431	3 234	2 110	1 060	194	
	II	**5 114**	3 649	3 649	II	3 877	2 713	1 623	623		
	III	**2 502**	3 649	3 649	III	1 504	658				
	V	**9 930**	3 649	3 649	IV	5 057	4 431	3 823	3 234	2 663	2 110
	VI	**10 366**	3 649	3 649							
39 815,99	I,IV	**5 710**	3 653	3 653	I	4 440	3 242	2 118	1 067	198	
	II	**5 123**	3 653	3 653	II	3 886	2 722	1 631	630		
	III	**2 508**	3 653	3 653	III	1 510	664				
	V	**9 943**	3 653	3 653	IV	5 066	4 440	3 832	3 242	2 671	2 118
	VI	**10 378**	3 653	3 653							
39 851,99	I,IV	**5 720**	3 656	3 656	I	4 448	3 250	2 126	1 075	203	
	II	**5 132**	3 656	3 656	II	3 894	2 730	1 638	636		
	III	**2 516**	3 656	3 656	III	1 518	668				
	V	**9 956**	3 656	3 656	IV	5 075	4 448	3 840	3 250	2 679	2 126
	VI	**10 391**	3 656	3 656							
39 887,99	I,IV	**5 729**	3 659	3 659	I	4 457	3 259	2 134	1 082	208	
	II	**5 141**	3 659	3 659	II	3 903	2 738	1 646	642		
	III	**2 524**	3 659	3 659	III	1 524	674				
	V	**9 968**	3 659	3 659	IV	5 084	4 457	3 849	3 259	2 687	2 134
	VI	**10 403**	3 659	3 659							
39 923,99	I,IV	**5 739**	3 663	3 663	I	4 466	3 267	2 141	1 089	213	
	II	**5 151**	3 663	3 663	II	3 911	2 746	1 654	649		
	III	**2 530**	3 663	3 663	III	1 532	680	4			
	V	**9 981**	3 663	3 663	IV	5 093	4 466	3 857	3 267	2 695	2 141
	VI	**10 416**	3 663	3 663							
39 959,99	I,IV	**5 748**	3 666	3 666	I	4 475	3 275	2 149	1 096	219	
	II	**5 160**	3 666	3 666	II	3 920	2 754	1 661	655		
	III	**2 538**	3 666	3 666	III	1 538	686	8			
	V	**9 993**	3 666	3 666	IV	5 102	4 475	3 866	3 275	2 703	2 149
	VI	**10 429**	3 666	3 666							
39 995,99	I,IV	**5 757**	3 669	3 669	I	4 483	3 283	2 157	1 104	223	
	II	**5 168**	3 669	3 669	II	3 928	2 762	1 668	661		
	III	**2 546**	3 669	3 669	III	1 544	690	12			
	V	**10 006**	3 669	3 669	IV	5 111	4 483	3 874	3 283	2 711	2 157
	VI	**10 441**	3 669	3 669							
40 031,99	I,IV	**5 766**	3 672	3 672	I	4 492	3 292	2 164	1 111	228	
	II	**5 178**	3 672	3 672	II	3 937	2 770	1 676	668		
	III	**2 552**	3 672	3 672	III	1 552	696	16			
	V	**10 018**	3 672	3 672	IV	5 120	4 492	3 883	3 292	2 719	2 164
	VI	**10 453**	3 672	3 672							
40 067,99	I,IV	**5 776**	3 676	3 676	I	4 501	3 300	2 172	1 118	234	
	II	**5 187**	3 676	3 676	II	3 946	2 778	1 684	674		
	III	**2 560**	3 676	3 676	III	1 558	702	20			
	V	**10 031**	3 676	3 676	IV	5 129	4 501	3 891	3 300	2 727	2 172
	VI	**10 466**	3 676	3 676							
40 103,99	I,IV	**5 785**	3 679	3 679	I	4 510	3 308	2 180	1 125	239	
	II	**5 196**	3 679	3 679	II	3 954	2 786	1 691	681		
	III	**2 568**	3 679	3 679	III	1 564	708	24			
	V	**10 043**	3 679	3 679	IV	5 138	4 510	3 900	3 308	2 735	2 180
	VI	**10 479**	3 679	3 679							
40 139,99	I,IV	**5 795**	3 682	3 682	I	4 519	3 317	2 188	1 133	244	
	II	**5 205**	3 682	3 682	II	3 963	2 794	1 699	687		
	III	**2 574**	3 682	3 682	III	1 572	712	30			
	V	**10 056**	3 682	3 682	IV	5 147	4 519	3 909	3 317	2 743	2 188
	VI	**10 491**	3 682	3 682							
40 175,99	I,IV	**5 804**	3 686	3 686	I	4 528	3 325	2 196	1 140	249	
	II	**5 214**	3 686	3 686	II	3 971	2 802	1 706	694		
	III	**2 582**	3 686	3 686	III	1 578	718	34			
	V	**10 069**	3 686	3 686	IV	5 157	4 528	3 917	3 325	2 751	2 196
	VI	**10 504**	3 686	3 686							

* Zur LSt-Berechnung für privat versicherte Arbeitnehmer s. Beispiele **Vorbemerkung S. 4 f.**
** Basisvorsorgepauschale KV und PV *** Typisierter Arbeitgeberzuschuss

Lohn/ Gehalt in € bis	Steuerklasse	Lohn-steuer*	BVSP**	TAGZ***	Steuerklasse	Bemessungsgrundlage für Kirchensteuer und Solidaritätszuschlag – Freibeträge für ... Kinder 0,5	1,0	1,5	2,0	2,5	3,0
40 211,99	I,IV	**5 813**	3 689	3 689	I	4 537	3 333	2 204	1 147	254	
	II	**5 223**	3 689	3 689	II	3 980	2 810	1 714	700		
	III	**2 590**	3 689	3 689	III	1 586	724	38			
	V	**10 081**	3 689	3 689	IV	5 166	4 537	3 926	3 333	2 759	2 204
	VI	**10 516**	3 689	3 689							
40 247,99	I,IV	**5 823**	3 692	3 692	I	4 545	3 342	2 211	1 154	259	
	II	**5 233**	3 692	3 692	II	3 989	2 818	1 721	707		
	III	**2 596**	3 692	3 692	III	1 592	730	42			
	V	**10 094**	3 692	3 692	IV	5 175	4 545	3 934	3 342	2 767	2 211
	VI	**10 529**	3 692	3 692							
40 283,99	I,IV	**5 832**	3 696	3 696	I	4 554	3 350	2 219	1 162	264	
	II	**5 241**	3 696	3 696	II	3 997	2 826	1 729	713		
	III	**2 604**	3 696	3 696	III	1 598	734	46			
	V	**10 106**	3 696	3 696	IV	5 184	4 554	3 943	3 350	2 775	2 219
	VI	**10 541**	3 696	3 696							
40 319,99	I,IV	**5 841**	3 699	3 699	I	4 563	3 358	2 227	1 169	270	
	II	**5 251**	3 699	3 699	II	4 006	2 834	1 736	720		
	III	**2 612**	3 699	3 699	III	1 604	740	50			
	V	**10 119**	3 699	3 699	IV	5 193	4 563	3 951	3 358	2 783	2 227
	VI	**10 554**	3 699	3 699							
40 355,99	I,IV	**5 851**	3 702	3 702	I	4 572	3 366	2 235	1 176	275	
	II	**5 260**	3 702	3 702	II	4 014	2 842	1 744	726		
	III	**2 618**	3 702	3 702	III	1 612	746	54			
	V	**10 131**	3 702	3 702	IV	5 202	4 572	3 960	3 366	2 791	2 235
	VI	**10 566**	3 702	3 702							
40 391,99	I,IV	**5 860**	3 705	3 705	I	4 581	3 375	2 242	1 183	280	
	II	**5 269**	3 705	3 705	II	4 023	2 851	1 752	733		
	III	**2 626**	3 705	3 705	III	1 618	752	58			
	V	**10 144**	3 705	3 705	IV	5 211	4 581	3 969	3 375	2 799	2 242
	VI	**10 579**	3 705	3 705							
40 427,99	I,IV	**5 869**	3 709	3 709	I	4 590	3 383	2 250	1 191	285	
	II	**5 278**	3 709	3 709	II	4 032	2 859	1 759	740		
	III	**2 634**	3 709	3 709	III	1 626	756	64			
	V	**10 156**	3 709	3 709	IV	5 220	4 590	3 977	3 383	2 808	2 250
	VI	**10 592**	3 709	3 709							
40 463,99	I,IV	**5 879**	3 712	3 712	I	4 598	3 392	2 258	1 198	291	
	II	**5 287**	3 712	3 712	II	4 040	2 867	1 767	746		
	III	**2 640**	3 712	3 712	III	1 632	762	68			
	V	**10 169**	3 712	3 712	IV	5 229	4 598	3 986	3 392	2 816	2 258
	VI	**10 604**	3 712	3 712							
40 499,99	I,IV	**5 888**	3 715	3 715	I	4 607	3 400	2 266	1 205	296	
	II	**5 296**	3 715	3 715	II	4 049	2 875	1 774	753		
	III	**2 648**	3 715	3 715	III	1 640	768	72			
	V	**10 182**	3 715	3 715	IV	5 239	4 607	3 994	3 400	2 824	2 266
	VI	**10 617**	3 715	3 715							
40 535,99	I,IV	**5 898**	3 719	3 719	I	4 616	3 408	2 274	1 213	301	
	II	**5 306**	3 719	3 719	II	4 058	2 883	1 782	760		
	III	**2 656**	3 719	3 719	III	1 646	774	76			
	V	**10 194**	3 719	3 719	IV	5 248	4 616	4 003	3 408	2 832	2 274
	VI	**10 629**	3 719	3 719							
40 571,99	I,IV	**5 907**	3 722	3 722	I	4 625	3 417	2 282	1 220	307	
	II	**5 315**	3 722	3 722	II	4 066	2 891	1 790	766	2	
	III	**2 662**	3 722	3 722	III	1 652	780	80			
	V	**10 207**	3 722	3 722	IV	5 257	4 625	4 012	3 417	2 840	2 282
	VI	**10 642**	3 722	3 722							
40 607,99	I,IV	**5 916**	3 725	3 725	I	4 634	3 425	2 289	1 227	312	
	II	**5 324**	3 725	3 725	II	4 075	2 899	1 797	773	7	
	III	**2 670**	3 725	3 725	III	1 660	784	86			
	V	**10 219**	3 725	3 725	IV	5 266	4 634	4 020	3 425	2 848	2 289
	VI	**10 654**	3 725	3 725							

* Zur LSt-Berechnung für privat versicherte Arbeitnehmer s. Beispiele **Vorbemerkung S. 4f.**
** Basisvorsorgepauschale KV und PV   *** Typisierter Arbeitgeberzuschuss

Lohn/ Gehalt in € bis	Steuerklasse	Lohn-steuer*	BVSP**	TAGZ***	Steuerklasse	Bemessungsgrundlage für Kirchensteuer und Solidaritätszuschlag – Freibeträge für ... Kinder 0,5	**1,0**	1,5	**2,0**	2,5	**3,0**
40 643,99	I,IV	**5 926**	3 729	3 729	I	4 643	3 433	2 297	1 235	317	
	II	**5 333**	3 729	3 729	II	4 083	2 907	1 805	780	11	
	III	**2 678**	3 729	3 729	III	1 666	790	90			
	V	**10 232**	3 729	3 729	IV	5 275	4 643	4 029	3 433	2 856	2 297
	VI	**10 667**	3 729	3 729							
40 679,99	I,IV	**5 935**	3 732	3 732	I	4 652	3 442	2 305	1 242	323	
	II	**5 342**	3 732	3 732	II	4 092	2 915	1 812	786	15	
	III	**2 686**	3 732	3 732	III	1 674	796	94			
	V	**10 244**	3 732	3 732	IV	5 284	4 652	4 037	3 442	2 864	2 305
	VI	**10 679**	3 732	3 732							
40 715,99	I,IV	**5 945**	3 735	3 735	I	4 661	3 450	2 313	1 249	328	
	II	**5 351**	3 735	3 735	II	4 101	2 924	1 820	793	19	
	III	**2 692**	3 735	3 735	III	1 680	802	98			
	V	**10 257**	3 735	3 735	IV	5 293	4 661	4 046	3 450	2 872	2 313
	VI	**10 692**	3 735	3 735							
40 751,99	I,IV	**5 954**	3 738	3 738	I	4 669	3 458	2 321	1 257	333	
	II	**5 361**	3 738	3 738	II	4 109	2 932	1 827	800	24	
	III	**2 700**	3 738	3 738	III	1 688	808	102			
	V	**10 269**	3 738	3 738	IV	5 303	4 669	4 055	3 458	2 880	2 321
	VI	**10 704**	3 738	3 738							
40 787,99	I,IV	**5 963**	3 742	3 742	I	4 678	3 467	2 329	1 264	339	
	II	**5 370**	3 742	3 742	II	4 118	2 940	1 835	807	28	
	III	**2 708**	3 742	3 742	III	1 694	814	108			
	V	**10 282**	3 742	3 742	IV	5 312	4 678	4 063	3 467	2 888	2 329
	VI	**10 717**	3 742	3 742							
40 823,99	I,IV	**5 973**	3 745	3 745	I	4 687	3 475	2 336	1 271	344	
	II	**5 379**	3 745	3 745	II	4 127	2 948	1 843	814	32	
	III	**2 714**	3 745	3 745	III	1 702	818	112			
	V	**10 295**	3 745	3 745	IV	5 321	4 687	4 072	3 475	2 897	2 336
	VI	**10 730**	3 745	3 745							
40 859,99	I,IV	**5 982**	3 748	3 748	I	4 696	3 484	2 344	1 279	350	
	II	**5 388**	3 748	3 748	II	4 135	2 956	1 850	820	37	
	III	**2 722**	3 748	3 748	III	1 708	824	116			
	V	**10 307**	3 748	3 748	IV	5 330	4 696	4 081	3 484	2 905	2 344
	VI	**10 742**	3 748	3 748							
40 895,99	I,IV	**5 992**	3 752	3 752	I	4 705	3 492	2 352	1 286	355	
	II	**5 397**	3 752	3 752	II	4 144	2 964	1 858	827	41	
	III	**2 730**	3 752	3 752	III	1 716	830	120			
	V	**10 320**	3 752	3 752	IV	5 339	4 705	4 089	3 492	2 913	2 352
	VI	**10 755**	3 752	3 752							
40 931,99	I,IV	**6 001**	3 755	3 755	I	4 714	3 500	2 360	1 293	361	
	II	**5 406**	3 755	3 755	II	4 153	2 972	1 865	834	45	
	III	**2 736**	3 755	3 755	III	1 722	836	124			
	V	**10 332**	3 755	3 755	IV	5 348	4 714	4 098	3 500	2 921	2 360
	VI	**10 767**	3 755	3 755							
40 967,99	I,IV	**6 010**	3 758	3 758	I	4 723	3 509	2 368	1 300	366	
	II	**5 416**	3 758	3 758	II	4 161	2 980	1 873	841	50	
	III	**2 744**	3 758	3 758	III	1 728	842	130			
	V	**10 345**	3 758	3 758	IV	5 357	4 723	4 106	3 509	2 929	2 368
	VI	**10 780**	3 758	3 758							
41 003,99	I,IV	**6 020**	3 762	3 762	I	4 732	3 517	2 376	1 308	372	
	II	**5 425**	3 762	3 762	II	4 170	2 989	1 881	848	54	
	III	**2 752**	3 762	3 762	III	1 736	848	134			
	V	**10 357**	3 762	3 762	IV	5 367	4 732	4 115	3 517	2 937	2 376
	VI	**10 792**	3 762	3 762							
41 039,99	I,IV	**6 029**	3 765	3 765	I	4 741	3 525	2 384	1 315	377	
	II	**5 434**	3 765	3 765	II	4 179	2 997	1 888	855	58	
	III	**2 758**	3 765	3 765	III	1 742	852	138			
	V	**10 370**	3 765	3 765	IV	5 376	4 741	4 124	3 525	2 945	2 384
	VI	**10 805**	3 765	3 765							

* Zur LSt-Berechnung für privat versicherte Arbeitnehmer s. Beispiele **Vorbemerkung S. 4 f.**
** Basisvorsorgepauschale KV und PV *** Typisierter Arbeitgeberzuschuss

Lohn/ Gehalt in € bis	Steuerklasse	Lohn-steuer*	BVSP**	TAGZ***	Steuerklasse	Bemessungsgrundlage für Kirchensteuer und Solidaritätszuschlag – Freibeträge für ... Kinder 0,5	1,0	1,5	2,0	2,5	3,0
41 075,99	I,IV	**6039**	3768	3768	I	4750	3534	2391	1323	383	
	II	**5443**	3768	3768	II	4187	3005	1896	862	63	
	III	**2766**	3768	3768	III	1750	858	142			
	V	**10382**	3768	3768	IV	5385	4750	4133	3534	2953	2391
	VI	**10817**	3768	3768							
41 111,99	I,IV	**6048**	3772	3772	I	4759	3542	2399	1330	389	
	II	**5453**	3772	3772	II	4196	3013	1904	869	67	
	III	**2774**	3772	3772	III	1756	864	146			
	V	**10395**	3772	3772	IV	5394	4759	4141	3542	2962	2399
	VI	**10830**	3772	3772							
41 147,99	I,IV	**6058**	3775	3775	I	4768	3551	2407	1337	394	
	II	**5462**	3775	3775	II	4205	3021	1911	876	72	
	III	**2780**	3775	3775	III	1764	870	152			
	V	**10408**	3775	3775	IV	5404	4768	4150	3551	2970	2407
	VI	**10843**	3775	3775							
41 183,99	I,IV	**6067**	3778	3778	I	4777	3559	2415	1345	400	
	II	**5471**	3778	3778	II	4214	3030	1919	883	76	
	III	**2788**	3778	3778	III	1770	876	156			
	V	**10420**	3778	3778	IV	5413	4777	4159	3559	2978	2415
	VI	**10855**	3778	3778							
41 219,99	I,IV	**6077**	3781	3781	I	4785	3567	2423	1352	405	
	II	**5480**	3781	3781	II	4222	3038	1927	890	81	
	III	**2796**	3781	3781	III	1778	882	160			
	V	**10432**	3781	3781	IV	5422	4785	4167	3567	2986	2423
	VI	**10867**	3781	3781							
41 255,99	I,IV	**6086**	3785	3785	I	4794	3576	2431	1359	411	
	II	**5489**	3785	3785	II	4231	3046	1934	897	85	
	III	**2804**	3785	3785	III	1784	888	166			
	V	**10445**	3785	3785	IV	5431	4794	4176	3576	2994	2431
	VI	**10880**	3785	3785							
41 291,99	I,IV	**6096**	3788	3788	I	4803	3584	2439	1367	417	
	II	**5498**	3788	3788	II	4239	3054	1942	904	90	
	III	**2810**	3788	3788	III	1792	894	170			
	V	**10458**	3788	3788	IV	5440	4803	4184	3584	3002	2439
	VI	**10893**	3788	3788							
41 327,99	I,IV	**6105**	3791	3791	I	4812	3593	2447	1374	422	
	II	**5508**	3791	3791	II	4248	3062	1950	911	94	
	III	**2818**	3791	3791	III	1798	898	174			
	V	**10470**	3791	3791	IV	5449	4812	4193	3593	3010	2447
	VI	**10905**	3791	3791							
41 363,99	I,IV	**6115**	3795	3795	I	4821	3601	2455	1382	428	
	II	**5517**	3795	3795	II	4257	3070	1957	918	99	
	III	**2826**	3795	3795	III	1806	904	178			
	V	**10483**	3795	3795	IV	5459	4821	4202	3601	3019	2455
	VI	**10918**	3795	3795							
41 399,99	I,IV	**6124**	3798	3798	I	4830	3610	2463	1389	434	
	II	**5526**	3798	3798	II	4266	3079	1965	925	104	
	III	**2832**	3798	3798	III	1812	910	184			
	V	**10495**	3798	3798	IV	5468	4830	4211	3610	3027	2463
	VI	**10930**	3798	3798							
41 435,99	I,IV	**6134**	3801	3801	I	4839	3618	2470	1396	440	
	II	**5536**	3801	3801	II	4274	3087	1973	932	108	
	III	**2840**	3801	3801	III	1820	916	188			
	V	**10508**	3801	3801	IV	5477	4839	4219	3618	3035	2470
	VI	**10943**	3801	3801							
41 471,99	I,IV	**6143**	3805	3805	I	4848	3627	2478	1404	445	
	II	**5545**	3805	3805	II	4283	3095	1980	939	113	
	III	**2848**	3805	3805	III	1828	922	192			
	V	**10521**	3805	3805	IV	5486	4848	4228	3627	3043	2478
	VI	**10956**	3805	3805							

* Zur LSt-Berechnung für privat versicherte Arbeitnehmer s. Beispiele **Vorbemerkung S. 4 f.**
** Basisvorsorgepauschale KV und PV *** Typisierter Arbeitgeberzuschuss

Lohn/ Gehalt in € bis	Steuerklasse	Lohn-steuer*	BVSP**	TAGZ***	Steuerklasse	Bemessungsgrundlage für Kirchensteuer und Solidaritätszuschlag					
						Freibeträge für ... Kinder					
						0,5	**1,0**	1,5	**2,0**	2,5	**3,0**
41 507,99	I,IV	**6 153**	3 808	3 808	I	4 857	3 635	2 486	1 411	451	
	II	**5 554**	3 808	3 808	II	4 292	3 103	1 988	946	118	
	III	**2 856**	3 808	3 808	III	1 834	928	198			
	V	**10 533**	3 808	3 808	IV	5 496	4 857	4 237	3 635	3 052	2 486
	VI	**10 968**	3 808	3 808							
41 543,99	I,IV	**6 162**	3 811	3 811	I	4 866	3 643	2 494	1 418	457	
	II	**5 563**	3 811	3 811	II	4 300	3 111	1 996	953	122	
	III	**2 862**	3 811	3 811	III	1 840	934	202			
	V	**10 545**	3 811	3 811	IV	5 505	4 866	4 245	3 643	3 059	2 494
	VI	**10 980**	3 811	3 811							
41 579,99	I,IV	**6 171**	3 814	3 814	I	4 875	3 652	2 502	1 426	463	
	II	**5 572**	3 814	3 814	II	4 309	3 120	2 003	961	127	
	III	**2 870**	3 814	3 814	III	1 848	940	206			
	V	**10 558**	3 814	3 814	IV	5 514	4 875	4 254	3 652	3 068	2 502
	VI	**10 993**	3 814	3 814							
41 615,99	I,IV	**6 181**	3 818	3 818	I	4 884	3 660	2 510	1 433	469	
	II	**5 582**	3 818	3 818	II	4 318	3 128	2 011	968	132	
	III	**2 876**	3 818	3 818	III	1 856	946	210			
	V	**10 571**	3 818	3 818	IV	5 523	4 884	4 263	3 660	3 076	2 510
	VI	**11 006**	3 818	3 818							
41 651,99	I,IV	**6 191**	3 821	3 821	I	4 893	3 669	2 518	1 441	474	
	II	**5 591**	3 821	3 821	II	4 327	3 136	2 019	975	136	
	III	**2 884**	3 821	3 821	III	1 862	952	216			
	V	**10 583**	3 821	3 821	IV	5 533	4 893	4 272	3 669	3 084	2 518
	VI	**11 018**	3 821	3 821							
41 687,99	I,IV	**6 200**	3 824	3 824	I	4 902	3 677	2 526	1 448	480	
	II	**5 600**	3 824	3 824	II	4 336	3 144	2 026	982	141	
	III	**2 892**	3 824	3 824	III	1 870	958	220			
	V	**10 596**	3 824	3 824	IV	5 542	4 902	4 280	3 677	3 092	2 526
	VI	**11 031**	3 824	3 824							
41 723,99	I,IV	**6 210**	3 828	3 828	I	4 911	3 686	2 534	1 456	486	
	II	**5 610**	3 828	3 828	II	4 344	3 153	2 034	989	146	
	III	**2 900**	3 828	3 828	III	1 876	964	224			
	V	**10 608**	3 828	3 828	IV	5 551	4 911	4 289	3 686	3 101	2 534
	VI	**11 043**	3 828	3 828							
41 759,99	I,IV	**6 219**	3 831	3 831	I	4 920	3 694	2 542	1 463	492	
	II	**5 619**	3 831	3 831	II	4 353	3 161	2 042	997	151	
	III	**2 906**	3 831	3 831	III	1 884	968	230			
	V	**10 621**	3 831	3 831	IV	5 560	4 920	4 298	3 694	3 109	2 542
	VI	**11 056**	3 831	3 831							
41 795,99	I,IV	**6 229**	3 834	3 834	I	4 929	3 703	2 550	1 470	498	
	II	**5 628**	3 834	3 834	II	4 362	3 169	2 050	1 004	155	
	III	**2 914**	3 834	3 834	III	1 890	974	234			
	V	**10 634**	3 834	3 834	IV	5 570	4 929	4 307	3 703	3 117	2 550
	VI	**11 069**	3 834	3 834							
41 831,99	I,IV	**6 238**	3 838	3 838	I	4 938	3 711	2 558	1 478	504	
	II	**5 638**	3 838	3 838	II	4 371	3 177	2 057	1 011	160	
	III	**2 922**	3 838	3 838	III	1 898	980	238			
	V	**10 646**	3 838	3 838	IV	5 579	4 938	4 315	3 711	3 125	2 558
	VI	**11 081**	3 838	3 838							
41 867,99	I,IV	**6 248**	3 841	3 841	I	4 947	3 719	2 566	1 485	510	
	II	**5 647**	3 841	3 841	II	4 379	3 185	2 065	1 018	165	
	III	**2 930**	3 841	3 841	III	1 906	986	244			
	V	**10 658**	3 841	3 841	IV	5 588	4 947	4 324	3 719	3 133	2 566
	VI	**11 093**	3 841	3 841							
41 903,99	I,IV	**6 257**	3 844	3 844	I	4 956	3 728	2 574	1 493	516	
	II	**5 656**	3 844	3 844	II	4 388	3 194	2 073	1 025	170	
	III	**2 936**	3 844	3 844	III	1 912	992	248			
	V	**10 671**	3 844	3 844	IV	5 597	4 956	4 333	3 728	3 142	2 574
	VI	**11 106**	3 844	3 844							

* Zur LSt-Berechnung für privat versicherte Arbeitnehmer s. Beispiele **Vorbemerkung S. 4 f.**
** Basisvorsorgepauschale KV und PV *** Typisierter Arbeitgeberzuschuss

Lohn/ Gehalt in € bis	Steuerklasse	Lohn- steuer*	BVSP**	TAGZ***	Steuerklasse	Bemessungsgrundlage für Kirchensteuer und Solidaritätszuschlag					
						Freibeträge für ... Kinder					
						0,5	**1,0**	1,5	**2,0**	2,5	**3,0**
41 939,99	I,IV	**6 267**	3 847	3 847	I	4 965	3 736	2 582	1 500	522	
	II	**5 665**	3 847	3 847	II	4 397	3 202	2 080	1 032	175	
	III	**2 944**	3 847	3 847	III	1 920	998	252			
	V	**10 683**	3 847	3 847	IV	5 607	4 965	4 341	3 736	3 150	2 582
	VI	**11 119**	3 847	3 847							
41 975,99	I,IV	**6 276**	3 851	3 851	I	4 974	3 745	2 590	1 508	528	
	II	**5 675**	3 851	3 851	II	4 406	3 210	2 088	1 040	180	
	III	**2 952**	3 851	3 851	III	1 926	1 004	258			
	V	**10 696**	3 851	3 851	IV	5 616	4 974	4 350	3 745	3 158	2 590
	VI	**11 131**	3 851	3 851							
42 011,99	I,IV	**6 286**	3 854	3 854	I	4 983	3 754	2 598	1 515	534	
	II	**5 684**	3 854	3 854	II	4 415	3 219	2 096	1 047	184	
	III	**2 958**	3 854	3 854	III	1 934	1 010	262			
	V	**10 709**	3 854	3 854	IV	5 625	4 983	4 359	3 754	3 166	2 598
	VI	**11 144**	3 854	3 854							
42 047,99	I,IV	**6 295**	3 857	3 857	I	4 992	3 762	2 606	1 523	540	
	II	**5 693**	3 857	3 857	II	4 423	3 227	2 104	1 054	189	
	III	**2 966**	3 857	3 857	III	1 942	1 016	266			
	V	**10 721**	3 857	3 857	IV	5 635	4 992	4 368	3 762	3 175	2 606
	VI	**11 156**	3 857	3 857							
42 083,99	I,IV	**6 305**	3 861	3 861	I	5 001	3 771	2 614	1 530	546	
	II	**5 703**	3 861	3 861	II	4 432	3 235	2 112	1 061	194	
	III	**2 974**	3 861	3 861	III	1 948	1 022	272			
	V	**10 734**	3 861	3 861	IV	5 644	5 001	4 377	3 771	3 183	2 614
	VI	**11 169**	3 861	3 861							
42 119,99	I,IV	**6 315**	3 864	3 864	I	5 010	3 779	2 622	1 538	552	
	II	**5 712**	3 864	3 864	II	4 441	3 243	2 119	1 069	199	
	III	**2 982**	3 864	3 864	III	1 956	1 028	276			
	V	**10 746**	3 864	3 864	IV	5 653	5 010	4 385	3 779	3 191	2 622
	VI	**11 182**	3 864	3 864							
42 155,99	I,IV	**6 324**	3 867	3 867	I	5 019	3 787	2 629	1 545	558	
	II	**5 721**	3 867	3 867	II	4 450	3 251	2 127	1 076	204	
	III	**2 988**	3 867	3 867	III	1 962	1 034	280			
	V	**10 759**	3 867	3 867	IV	5 662	5 019	4 394	3 787	3 199	2 629
	VI	**11 194**	3 867	3 867							
42 191,99	I,IV	**6 333**	3 871	3 871	I	5 028	3 796	2 637	1 552	564	
	II	**5 730**	3 871	3 871	II	4 458	3 260	2 135	1 083	209	
	III	**2 996**	3 871	3 871	III	1 970	1 040	286			
	V	**10 771**	3 871	3 871	IV	5 672	5 028	4 403	3 796	3 207	2 637
	VI	**11 206**	3 871	3 871							
42 227,99	I,IV	**6 343**	3 874	3 874	I	5 037	3 804	2 645	1 560	570	
	II	**5 740**	3 874	3 874	II	4 467	3 268	2 142	1 090	214	
	III	**3 004**	3 874	3 874	III	1 976	1 046	290			
	V	**10 784**	3 874	3 874	IV	5 681	5 037	4 412	3 804	3 216	2 645
	VI	**11 219**	3 874	3 874							
42 263,99	I,IV	**6 353**	3 877	3 877	I	5 046	3 813	2 653	1 567	577	
	II	**5 749**	3 877	3 877	II	4 476	3 276	2 150	1 097	219	
	III	**3 010**	3 877	3 877	III	1 984	1 052	296			
	V	**10 796**	3 877	3 877	IV	5 690	5 046	4 420	3 813	3 224	2 653
	VI	**11 232**	3 877	3 877							
42 299,99	I,IV	**6 362**	3 881	3 881	I	5 055	3 822	2 661	1 575	583	
	II	**5 759**	3 881	3 881	II	4 485	3 285	2 158	1 105	224	
	III	**3 018**	3 881	3 881	III	1 992	1 058	300			
	V	**10 809**	3 881	3 881	IV	5 700	5 055	4 429	3 822	3 232	2 661
	VI	**11 244**	3 881	3 881							
42 335,99	I,IV	**6 372**	3 884	3 884	I	5 064	3 830	2 669	1 582	589	
	II	**5 768**	3 884	3 884	II	4 494	3 293	2 166	1 112	229	
	III	**3 026**	3 884	3 884	III	1 998	1 064	304			
	V	**10 822**	3 884	3 884	IV	5 709	5 064	4 438	3 830	3 241	2 669
	VI	**11 257**	3 884	3 884							

* Zur LSt-Berechnung für privat versicherte Arbeitnehmer s. Beispiele **Vorbemerkung S. 4 f.**
** Basisvorsorgepauschale KV und PV *** Typisierter Arbeitgeberzuschuss

Lohn/ Gehalt in € bis	Steuerklasse	Lohn-steuer*	BVSP**	TAGZ***	Steuerklasse	Bemessungsgrundlage für Kirchensteuer und Solidaritätszuschlag – Freibeträge für ... Kinder 0,5	1,0	1,5	2,0	2,5	3,0
42 371,99	I,IV	**6 382**	3 887	3 887	I	5 073	3 839	2 678	1 590	595	
	II	**5 777**	3 887	3 887	II	4 503	3 301	2 174	1 119	234	
	III	**3 034**	3 887	3 887	III	2 006	1 070	310			
	V	**10 834**	3 887	3 887	IV	5 718	5 073	4 447	3 839	3 249	2 678
	VI	**11 269**	3 887	3 887							
42 407,99	I,IV	**6 391**	3 890	3 890	I	5 082	3 847	2 686	1 597	602	
	II	**5 787**	3 890	3 890	II	4 511	3 310	2 181	1 127	240	
	III	**3 040**	3 890	3 890	III	2 012	1 076	314			
	V	**10 847**	3 890	3 890	IV	5 728	5 082	4 456	3 847	3 257	2 686
	VI	**11 282**	3 890	3 890							
42 443,99	I,IV	**6 401**	3 894	3 894	I	5 092	3 856	2 694	1 605	608	
	II	**5 796**	3 894	3 894	II	4 520	3 318	2 189	1 134	245	
	III	**3 048**	3 894	3 894	III	2 020	1 082	320			
	V	**10 859**	3 894	3 894	IV	5 737	5 092	4 465	3 856	3 266	2 694
	VI	**11 295**	3 894	3 894							
42 479,99	I,IV	**6 410**	3 897	3 897	I	5 100	3 864	2 701	1 612	614	
	II	**5 805**	3 897	3 897	II	4 529	3 326	2 197	1 141	250	
	III	**3 056**	3 897	3 897	III	2 028	1 088	324			
	V	**10 872**	3 897	3 897	IV	5 746	5 100	4 473	3 864	3 274	2 701
	VI	**11 307**	3 897	3 897							
42 515,99	I,IV	**6 420**	3 900	3 900	I	5 109	3 873	2 709	1 620	620	
	II	**5 815**	3 900	3 900	II	4 538	3 334	2 205	1 148	255	
	III	**3 064**	3 900	3 900	III	2 034	1 094	328			
	V	**10 884**	3 900	3 900	IV	5 755	5 109	4 482	3 873	3 282	2 709
	VI	**11 319**	3 900	3 900							
42 551,99	I,IV	**6 429**	3 904	3 904	I	5 119	3 881	2 718	1 627	627	
	II	**5 824**	3 904	3 904	II	4 547	3 343	2 212	1 155	260	
	III	**3 070**	3 904	3 904	III	2 042	1 100	334			
	V	**10 897**	3 904	3 904	IV	5 765	5 119	4 491	3 881	3 290	2 718
	VI	**11 332**	3 904	3 904							
42 587,99	I,IV	**6 439**	3 907	3 907	I	5 128	3 890	2 726	1 635	633	
	II	**5 833**	3 907	3 907	II	4 555	3 351	2 220	1 163	265	
	III	**3 078**	3 907	3 907	III	2 048	1 106	338			
	V	**10 909**	3 907	3 907	IV	5 774	5 128	4 500	3 890	3 299	2 726
	VI	**11 345**	3 907	3 907							
42 623,99	I,IV	**6 449**	3 910	3 910	I	5 137	3 899	2 734	1 642	639	
	II	**5 843**	3 910	3 910	II	4 564	3 359	2 228	1 170	270	
	III	**3 086**	3 910	3 910	III	2 056	1 114	344			
	V	**10 922**	3 910	3 910	IV	5 784	5 137	4 508	3 899	3 307	2 734
	VI	**11 357**	3 910	3 910							
42 659,99	I,IV	**6 458**	3 914	3 914	I	5 146	3 907	2 742	1 650	646	
	II	**5 852**	3 914	3 914	II	4 573	3 368	2 236	1 177	276	
	III	**3 094**	3 914	3 914	III	2 064	1 120	348			
	V	**10 935**	3 914	3 914	IV	5 793	5 146	4 517	3 907	3 315	2 742
	VI	**11 370**	3 914	3 914							
42 695,99	I,IV	**6 468**	3 917	3 917	I	5 155	3 916	2 750	1 657	652	
	II	**5 862**	3 917	3 917	II	4 582	3 376	2 244	1 185	281	
	III	**3 100**	3 917	3 917	III	2 070	1 126	354			
	V	**10 947**	3 917	3 917	IV	5 802	5 155	4 526	3 916	3 324	2 750
	VI	**11 382**	3 917	3 917							
42 731,99	I,IV	**6 478**	3 920	3 920	I	5 164	3 924	2 758	1 665	658	
	II	**5 871**	3 920	3 920	II	4 591	3 385	2 252	1 192	286	
	III	**3 108**	3 920	3 920	III	2 078	1 132	358			
	V	**10 960**	3 920	3 920	IV	5 812	5 164	4 535	3 924	3 332	2 758
	VI	**11 395**	3 920	3 920							
42 767,99	I,IV	**6 487**	3 923	3 923	I	5 173	3 933	2 766	1 672	665	
	II	**5 880**	3 923	3 923	II	4 600	3 393	2 259	1 199	292	
	III	**3 116**	3 923	3 923	III	2 086	1 138	364			
	V	**10 972**	3 923	3 923	IV	5 821	5 173	4 544	3 933	3 340	2 766
	VI	**11 408**	3 923	3 923							

* Zur LSt-Berechnung für privat versicherte Arbeitnehmer s. Beispiele **Vorbemerkung S. 4f.**
** Basisvorsorgepauschale KV und PV *** Typisierter Arbeitgeberzuschuss

Lohn/ Gehalt in € bis	Steuerklasse	Lohn- steuer*	BVSP**	TAGZ***	Steuerklasse	Bemessungsgrundlage für Kirchensteuer und Solidaritätszuschlag – Freibeträge für ... Kinder 0,5	1,0	1,5	2,0	2,5	3,0
42803,99	I,IV	**6497**	3927	3927	I	5182	3941	2774	1680	671	
	II	**5890**	3927	3927	II	4609	3401	2267	1206	297	
	III	**3122**	3927	3927	III	2092	1144	368			
	V	**10985**	3927	3927	IV	5830	5182	4553	3941	3348	2774
	VI	**11420**	3927	3927							
42839,99	I,IV	**6506**	3930	3930	I	5191	3950	2782	1687	678	
	II	**5899**	3930	3930	II	4617	3409	2275	1214	302	
	III	**3130**	3930	3930	III	2100	1150	372			
	V	**10997**	3930	3930	IV	5840	5191	4561	3950	3357	2782
	VI	**11432**	3930	3930							
42875,99	I,IV	**6516**	3933	3933	I	5200	3958	2790	1695	684	
	II	**5908**	3933	3933	II	4626	3418	2283	1221	307	
	III	**3138**	3933	3933	III	2106	1156	378			
	V	**11010**	3933	3933	IV	5849	5200	4570	3958	3365	2790
	VI	**11445**	3933	3933							
42911,99	I,IV	**6526**	3937	3937	I	5210	3967	2798	1702	691	
	II	**5918**	3937	3937	II	4635	3426	2291	1228	313	
	III	**3146**	3937	3937	III	2114	1162	382			
	V	**11022**	3937	3937	IV	5858	5210	4579	3967	3373	2798
	VI	**11458**	3937	3937							
42947,99	I,IV	**6535**	3940	3940	I	5219	3976	2806	1710	697	
	II	**5927**	3940	3940	II	4644	3435	2298	1236	318	
	III	**3152**	3940	3940	III	2120	1168	388			
	V	**11035**	3940	3940	IV	5868	5219	4588	3976	3382	2806
	VI	**11470**	3940	3940							
42983,99	I,IV	**6545**	3943	3943	I	5228	3984	2814	1718	704	
	II	**5937**	3943	3943	II	4653	3443	2306	1243	323	
	III	**3160**	3943	3943	III	2128	1174	392			
	V	**11048**	3943	3943	IV	5877	5228	4597	3984	3390	2814
	VI	**11483**	3943	3943							
43019,99	I,IV	**6555**	3947	3947	I	5237	3993	2822	1725	710	
	II	**5946**	3947	3947	II	4662	3451	2314	1250	329	
	III	**3168**	3947	3947	III	2136	1180	398			
	V	**11060**	3947	3947	IV	5887	5237	4606	3993	3399	2822
	VI	**11495**	3947	3947							
43055,99	I,IV	**6564**	3950	3950	I	5246	4002	2830	1733	717	
	II	**5956**	3950	3950	II	4671	3460	2322	1258	334	
	III	**3176**	3950	3950	III	2142	1186	402			
	V	**11073**	3950	3950	IV	5896	5246	4615	4002	3407	2830
	VI	**11508**	3950	3950							
43091,99	I,IV	**6574**	3953	3953	I	5255	4010	2838	1740	723	
	II	**5965**	3953	3953	II	4680	3468	2330	1265	340	
	III	**3182**	3953	3953	III	2150	1194	408			
	V	**11085**	3953	3953	IV	5905	5255	4623	4010	3415	2838
	VI	**11520**	3953	3953							
43127,99	I,IV	**6583**	3956	3956	I	5264	4019	2846	1748	730	
	II	**5974**	3956	3956	II	4688	3476	2338	1272	345	
	III	**3190**	3956	3956	III	2158	1200	412			
	V	**11098**	3956	3956	IV	5915	5264	4632	4019	3423	2846
	VI	**11533**	3956	3956							
43163,99	I,IV	**6593**	3960	3960	I	5273	4027	2855	1755	736	
	II	**5984**	3960	3960	II	4697	3485	2345	1280	351	
	III	**3198**	3960	3960	III	2164	1206	418			
	V	**11110**	3960	3960	IV	5924	5273	4641	4027	3432	2855
	VI	**11545**	3960	3960							
43199,99	I,IV	**6603**	3963	3963	I	5283	4036	2863	1763	743	
	II	**5993**	3963	3963	II	4706	3493	2353	1287	356	
	III	**3206**	3963	3963	III	2172	1212	422			
	V	**11123**	3963	3963	IV	5934	5283	4650	4036	3440	2863
	VI	**11558**	3963	3963							

* Zur LSt-Berechnung für privat versicherte Arbeitnehmer s. Beispiele **Vorbemerkung S. 4 f.**
** Basisvorsorgepauschale KV und PV *** Typisierter Arbeitgeberzuschuss

Lohn/ Gehalt in € bis	Steuerklasse	Lohn- steuer*	BVSP**	TAGZ***	Steuerklasse	Bemessungsgrundlage für Kirchensteuer und Solidaritätszuschlag – Freibeträge für ... Kinder 0,5	**1,0**	1,5	**2,0**	2,5	**3,0**
43 235,99	I,IV	**6 613**	3 966	3 966	I	5 292	4 045	2 871	1 771	750	
	II	**6 003**	3 966	3 966	II	4 715	3 502	2 361	1 294	362	
	III	**3 212**	3 966	3 966	III	2 178	1 218	428			
	V	**11 135**	3 966	3 966	IV	5 943	5 292	4 659	4 045	3 449	2 871
	VI	**11 571**	3 966	3 966							
43 271,99	I,IV	**6 622**	3 970	3 970	I	5 301	4 053	2 879	1 778	756	
	II	**6 012**	3 970	3 970	II	4 724	3 510	2 369	1 302	367	
	III	**3 220**	3 970	3 970	III	2 186	1 224	432			
	V	**11 148**	3 970	3 970	IV	5 952	5 301	4 668	4 053	3 457	2 879
	VI	**11 583**	3 970	3 970							
43 307,99	I,IV	**6 632**	3 973	3 973	I	5 310	4 062	2 887	1 786	763	
	II	**6 022**	3 973	3 973	II	4 733	3 518	2 377	1 309	373	
	III	**3 228**	3 973	3 973	III	2 194	1 230	438			
	V	**11 161**	3 973	3 973	IV	5 962	5 310	4 677	4 062	3 465	2 887
	VI	**11 596**	3 973	3 973							
43 343,99	I,IV	**6 642**	3 976	3 976	I	5 319	4 071	2 895	1 793	770	5
	II	**6 031**	3 976	3 976	II	4 742	3 527	2 385	1 316	378	
	III	**3 236**	3 976	3 976	III	2 200	1 238	442			
	V	**11 173**	3 976	3 976	IV	5 971	5 319	4 686	4 071	3 474	2 895
	VI	**11 608**	3 976	3 976							
43 379,99	I,IV	**6 651**	3 980	3 980	I	5 329	4 079	2 903	1 801	777	9
	II	**6 040**	3 980	3 980	II	4 751	3 535	2 393	1 324	384	
	III	**3 242**	3 980	3 980	III	2 208	1 244	448			
	V	**11 186**	3 980	3 980	IV	5 981	5 329	4 695	4 079	3 482	2 903
	VI	**11 621**	3 980	3 980							
43 415,99	I,IV	**6 661**	3 983	3 983	I	5 337	4 088	2 911	1 808	783	13
	II	**6 050**	3 983	3 983	II	4 760	3 543	2 400	1 331	389	
	III	**3 250**	3 983	3 983	III	2 214	1 250	452			
	V	**11 198**	3 983	3 983	IV	5 990	5 337	4 703	4 088	3 490	2 911
	VI	**11 633**	3 983	3 983							
43 451,99	I,IV	**6 671**	3 986	3 986	I	5 347	4 096	2 919	1 816	790	17
	II	**6 059**	3 986	3 986	II	4 769	3 552	2 408	1 338	395	
	III	**3 258**	3 986	3 986	III	2 222	1 256	458			
	V	**11 211**	3 986	3 986	IV	5 999	5 347	4 712	4 096	3 499	2 919
	VI	**11 646**	3 986	3 986							
43 487,99	I,IV	**6 680**	3 990	3 990	I	5 356	4 105	2 928	1 824	797	21
	II	**6 069**	3 990	3 990	II	4 778	3 560	2 416	1 346	401	
	III	**3 264**	3 990	3 990	III	2 230	1 262	462			
	V	**11 223**	3 990	3 990	IV	6 009	5 356	4 721	4 105	3 507	2 928
	VI	**11 658**	3 990	3 990							
43 523,99	I,IV	**6 690**	3 993	3 993	I	5 365	4 114	2 936	1 831	803	26
	II	**6 078**	3 993	3 993	II	4 787	3 569	2 424	1 353	406	
	III	**3 272**	3 993	3 993	III	2 236	1 268	468			
	V	**11 236**	3 993	3 993	IV	6 018	5 365	4 730	4 114	3 516	2 936
	VI	**11 671**	3 993	3 993							
43 559,99	I,IV	**6 700**	3 996	3 996	I	5 374	4 122	2 944	1 839	810	30
	II	**6 088**	3 996	3 996	II	4 796	3 577	2 432	1 361	412	
	III	**3 280**	3 996	3 996	III	2 244	1 274	472			
	V	**11 248**	3 996	3 996	IV	6 028	5 374	4 739	4 122	3 524	2 944
	VI	**11 684**	3 996	3 996							
43 595,99	I,IV	**6 709**	3 999	3 999	I	5 384	4 131	2 952	1 847	817	34
	II	**6 097**	3 999	3 999	II	4 805	3 586	2 440	1 368	418	
	III	**3 288**	3 999	3 999	III	2 252	1 282	478			
	V	**11 261**	3 999	3 999	IV	6 037	5 384	4 748	4 131	3 532	2 952
	VI	**11 696**	3 999	3 999							
43 631,99	I,IV	**6 719**	4 003	4 003	I	5 393	4 140	2 960	1 854	824	39
	II	**6 107**	4 003	4 003	II	4 814	3 594	2 448	1 375	423	
	III	**3 296**	4 003	4 003	III	2 258	1 288	482			
	V	**11 274**	4 003	4 003	IV	6 047	5 393	4 757	4 140	3 541	2 960
	VI	**11 709**	4 003	4 003							

* Zur LSt-Berechnung für privat versicherte Arbeitnehmer s. Beispiele **Vorbemerkung S. 4 f.**
** Basisvorsorgepauschale KV und PV *** Typisierter Arbeitgeberzuschuss

Lohn/ Gehalt in € bis	Steuerklasse	Lohn-steuer*	BVSP**	TAGZ***	Steuerklasse	Bemessungsgrundlage für Kirchensteuer und Solidaritätszuschlag – Freibeträge für ... Kinder 0,5	1,0	1,5	2,0	2,5	3,0
43667,99	I,IV	**6729**	4006	4006	I	5402	4148	2968	1862	831	43
	II	**6116**	4006	4006	II	4823	3603	2456	1383	429	
	III	**3302**	4006	4006	III	2266	1294	488			
	V	**11286**	4006	4006	IV	6056	5402	4766	4148	3549	2968
	VI	**11721**	4006	4006							
43703,99	I,IV	**6739**	4009	4009	I	5411	4157	2977	1870	838	48
	II	**6126**	4009	4009	II	4832	3611	2464	1390	435	
	III	**3310**	4009	4009	III	2274	1300	494			
	V	**11299**	4009	4009	IV	6066	5411	4775	4157	3558	2977
	VI	**11734**	4009	4009							
43739,99	I,IV	**6748**	4013	4013	I	5420	4166	2985	1877	844	52
	II	**6135**	4013	4013	II	4840	3619	2472	1397	440	
	III	**3318**	4013	4013	III	2280	1306	498			
	V	**11311**	4013	4013	IV	6075	5420	4784	4166	3566	2985
	VI	**11746**	4013	4013							
43775,99	I,IV	**6758**	4016	4016	I	5429	4174	2993	1885	851	56
	II	**6144**	4016	4016	II	4849	3628	2479	1405	446	
	III	**3326**	4016	4016	III	2288	1314	504			
	V	**11324**	4016	4016	IV	6084	5429	4793	4174	3574	2993
	VI	**11759**	4016	4016							
43811,99	I,IV	**6768**	4019	4019	I	5439	4183	3001	1892	858	61
	II	**6154**	4019	4019	II	4858	3636	2487	1412	452	
	III	**3332**	4019	4019	III	2294	1320	508			
	V	**11336**	4019	4019	IV	6094	5439	4802	4183	3583	3001
	VI	**11771**	4019	4019							
43847,99	I,IV	**6777**	4023	4023	I	5448	4192	3009	1900	865	65
	II	**6163**	4023	4023	II	4867	3645	2495	1420	458	
	III	**3340**	4023	4023	III	2302	1326	514			
	V	**11349**	4023	4023	IV	6104	5448	4811	4192	3591	3009
	VI	**11784**	4023	4023							
43883,99	I,IV	**6787**	4026	4026	I	5457	4200	3017	1908	872	70
	II	**6173**	4026	4026	II	4876	3653	2503	1427	464	
	III	**3348**	4026	4026	III	2310	1332	518			
	V	**11361**	4026	4026	IV	6113	5457	4820	4200	3600	3017
	VI	**11796**	4026	4026							
43919,99	I,IV	**6797**	4029	4029	I	5466	4209	3026	1915	879	74
	II	**6183**	4029	4029	II	4885	3662	2511	1434	470	
	III	**3356**	4029	4029	III	2316	1338	524			
	V	**11374**	4029	4029	IV	6123	5466	4829	4209	3608	3026
	VI	**11809**	4029	4029							
43955,99	I,IV	**6807**	4032	4032	I	5476	4218	3034	1923	886	79
	II	**6192**	4032	4032	II	4894	3670	2519	1442	475	
	III	**3364**	4032	4032	III	2324	1346	530			
	V	**11387**	4032	4032	IV	6132	5476	4838	4218	3617	3034
	VI	**11822**	4032	4032							
43991,99	I,IV	**6817**	4036	4036	I	5485	4227	3042	1931	893	83
	II	**6202**	4036	4036	II	4903	3679	2527	1449	481	
	III	**3370**	4036	4036	III	2332	1352	534			
	V	**11399**	4036	4036	IV	6142	5485	4847	4227	3625	3042
	VI	**11834**	4036	4036							
44027,99	I,IV	**6826**	4039	4039	I	5494	4235	3050	1938	900	88
	II	**6211**	4039	4039	II	4912	3687	2535	1457	487	
	III	**3378**	4039	4039	III	2338	1358	540			
	V	**11411**	4039	4039	IV	6151	5494	4855	4235	3633	3050
	VI	**11846**	4039	4039							
44063,99	I,IV	**6836**	4042	4042	I	5503	4244	3058	1946	907	92
	II	**6220**	4042	4042	II	4921	3695	2543	1464	493	
	III	**3386**	4042	4042	III	2346	1364	544			
	V	**11424**	4042	4042	IV	6160	5503	4864	4244	3642	3058
	VI	**11859**	4042	4042							

* Zur LSt-Berechnung für privat versicherte Arbeitnehmer s. Beispiele **Vorbemerkung S. 4 f.**
** Basisvorsorgepauschale KV und PV *** Typisierter Arbeitgeberzuschuss

Lohn/ Gehalt in € bis	Steuerklasse	Lohn-steuer*	BVSP**	TAGZ***	Steuerklasse	Bemessungsgrundlage für Kirchensteuer und Solidaritätszuschlag – Freibeträge für ... Kinder 0,5	**1,0**	1,5	**2,0**	2,5	**3,0**
44099,99	I,IV	**6846**	4046	4046	I	5512	4253	3066	1953	914	97
	II	**6230**	4046	4046	II	4930	3704	2551	1471	499	
	III	**3392**	4046	4046	III	2352	1370	550			
	V	**11437**	4046	4046	IV	6170	5512	4873	4253	3650	3066
	VI	**11872**	4046	4046							
44135,99	I,IV	**6855**	4049	4049	I	5522	4261	3075	1961	921	101
	II	**6240**	4049	4049	II	4939	3712	2559	1479	505	
	III	**3400**	4049	4049	III	2360	1378	556			
	V	**11449**	4049	4049	IV	6179	5522	4882	4261	3659	3075
	VI	**11884**	4049	4049							
44171,99	I,IV	**6865**	4052	4052	I	5531	4270	3083	1969	928	106
	II	**6249**	4052	4052	II	4948	3721	2567	1486	511	
	III	**3408**	4052	4052	III	2368	1384	560			
	V	**11462**	4052	4052	IV	6189	5531	4891	4270	3667	3083
	VI	**11897**	4052	4052							
44207,99	I,IV	**6875**	4056	4056	I	5540	4279	3091	1977	936	111
	II	**6259**	4056	4056	II	4957	3729	2575	1494	517	
	III	**3416**	4056	4056	III	2374	1390	566			
	V	**11474**	4056	4056	IV	6198	5540	4900	4279	3676	3091
	VI	**11909**	4056	4056							
44243,99	I,IV	**6885**	4059	4059	I	5550	4288	3099	1984	943	115
	II	**6268**	4059	4059	II	4966	3738	2583	1501	523	
	III	**3424**	4059	4059	III	2382	1396	572			
	V	**11487**	4059	4059	IV	6208	5550	4909	4288	3684	3099
	VI	**11922**	4059	4059							
44279,99	I,IV	**6895**	4062	4062	I	5559	4296	3107	1992	950	120
	II	**6278**	4062	4062	II	4975	3746	2591	1509	529	
	III	**3430**	4062	4062	III	2390	1404	576			
	V	**11500**	4062	4062	IV	6218	5559	4918	4296	3693	3107
	VI	**11935**	4062	4062							
44315,99	I,IV	**6905**	4065	4065	I	5568	4305	3116	2000	957	125
	II	**6287**	4065	4065	II	4984	3755	2599	1516	535	
	III	**3438**	4065	4065	III	2396	1410	582			
	V	**11512**	4065	4065	IV	6227	5568	4927	4305	3701	3116
	VI	**11947**	4065	4065							
44351,99	I,IV	**6914**	4069	4069	I	5577	4314	3124	2007	964	129
	II	**6297**	4069	4069	II	4993	3763	2607	1524	541	
	III	**3446**	4069	4069	III	2404	1416	586			
	V	**11524**	4069	4069	IV	6236	5577	4936	4314	3709	3124
	VI	**11959**	4069	4069							
44387,99	I,IV	**6924**	4072	4072	I	5586	4322	3132	2015	971	134
	II	**6306**	4072	4072	II	5002	3772	2615	1531	547	
	III	**3454**	4072	4072	III	2412	1422	592			
	V	**11537**	4072	4072	IV	6246	5586	4945	4322	3718	3132
	VI	**11972**	4072	4072							
44423,99	I,IV	**6934**	4075	4075	I	5596	4331	3140	2023	979	139
	II	**6316**	4075	4075	II	5011	3780	2623	1539	553	
	III	**3462**	4075	4075	III	2418	1430	598			
	V	**11550**	4075	4075	IV	6256	5596	4954	4331	3727	3140
	VI	**11985**	4075	4075							
44459,99	I,IV	**6944**	4079	4079	I	5605	4340	3148	2030	986	143
	II	**6325**	4079	4079	II	5020	3789	2631	1546	559	
	III	**3468**	4079	4079	III	2426	1436	602			
	V	**11562**	4079	4079	IV	6265	5605	4963	4340	3735	3148
	VI	**11997**	4079	4079							
44495,99	I,IV	**6953**	4082	4082	I	5614	4349	3157	2038	993	148
	II	**6335**	4082	4082	II	5029	3797	2639	1554	565	
	III	**3476**	4082	4082	III	2434	1442	608			
	V	**11575**	4082	4082	IV	6275	5614	4972	4349	3744	3157
	VI	**12010**	4082	4082							

* Zur LSt-Berechnung für privat versicherte Arbeitnehmer s. Beispiele **Vorbemerkung S. 4f.**
** Basisvorsorgepauschale KV und PV *** Typisierter Arbeitgeberzuschuss

Lohn/ Gehalt in € bis	Steuerklasse	Lohn-steuer*	BVSP**	TAGZ***	Steuerklasse	Bemessungsgrundlage für Kirchensteuer und Solidaritätszuschlag – Freibeträge für ... Kinder 0,5	1,0	1,5	2,0	2,5	3,0
44 531,99	I,IV	**6 963**	4 085	4 085	I	5 624	4 358	3 165	2 046	1 000	153
	II	**6 345**	4 085	4 085	II	5 039	3 806	2 647	1 561	572	
	III	**3 484**	4 085	4 085	III	2 440	1 450	614			
	V	**11 587**	4 085	4 085	IV	6 284	5 624	4 981	4 358	3 752	3 165
	VI	**12 022**	4 085	4 085							
44 567,99	I,IV	**6 973**	4 089	4 089	I	5 633	4 366	3 173	2 054	1 007	158
	II	**6 354**	4 089	4 089	II	5 048	3 814	2 655	1 569	578	
	III	**3 492**	4 089	4 089	III	2 448	1 456	618			
	V	**11 600**	4 089	4 089	IV	6 294	5 633	4 990	4 366	3 761	3 173
	VI	**12 035**	4 089	4 089							
44 603,99	I,IV	**6 983**	4 092	4 092	I	5 642	4 375	3 182	2 061	1 015	163
	II	**6 364**	4 092	4 092	II	5 057	3 823	2 663	1 576	584	
	III	**3 500**	4 092	4 092	III	2 456	1 462	624			
	V	**11 613**	4 092	4 092	IV	6 303	5 642	5 000	4 375	3 769	3 182
	VI	**12 048**	4 092	4 092							
44 639,99	I,IV	**6 993**	4 095	4 095	I	5 652	4 384	3 190	2 069	1 022	167
	II	**6 374**	4 095	4 095	II	5 066	3 832	2 671	1 584	590	
	III	**3 506**	4 095	4 095	III	2 462	1 470	630			
	V	**11 625**	4 095	4 095	IV	6 313	5 652	5 009	4 384	3 778	3 190
	VI	**12 060**	4 095	4 095							
44 675,99	I,IV	**7 002**	4 099	4 099	I	5 661	4 392	3 198	2 077	1 029	172
	II	**6 383**	4 099	4 099	II	5 075	3 840	2 679	1 591	596	
	III	**3 514**	4 099	4 099	III	2 470	1 476	634			
	V	**11 637**	4 099	4 099	IV	6 322	5 661	5 017	4 392	3 786	3 198
	VI	**12 072**	4 099	4 099							
44 711,99	I,IV	**7 012**	4 102	4 102	I	5 670	4 401	3 206	2 084	1 036	177
	II	**6 392**	4 102	4 102	II	5 084	3 848	2 687	1 598	602	
	III	**3 522**	4 102	4 102	III	2 476	1 482	640			
	V	**11 650**	4 102	4 102	IV	6 332	5 670	5 026	4 401	3 795	3 206
	VI	**12 085**	4 102	4 102							
44 747,99	I,IV	**7 022**	4 105	4 105	I	5 679	4 410	3 214	2 092	1 043	182
	II	**6 402**	4 105	4 105	II	5 093	3 857	2 695	1 606	609	
	III	**3 528**	4 105	4 105	III	2 484	1 488	646			
	V	**11 663**	4 105	4 105	IV	6 341	5 679	5 036	4 410	3 803	3 214
	VI	**12 098**	4 105	4 105							
44 783,99	I,IV	**7 032**	4 108	4 108	I	5 689	4 419	3 223	2 100	1 051	187
	II	**6 412**	4 108	4 108	II	5 102	3 866	2 703	1 613	615	
	III	**3 536**	4 108	4 108	III	2 492	1 496	650			
	V	**11 675**	4 108	4 108	IV	6 351	5 689	5 045	4 419	3 812	3 223
	VI	**12 110**	4 108	4 108							
44 819,99	I,IV	**7 042**	4 112	4 112	I	5 698	4 428	3 231	2 108	1 058	192
	II	**6 421**	4 112	4 112	II	5 111	3 874	2 711	1 621	621	
	III	**3 544**	4 112	4 112	III	2 498	1 502	656			
	V	**11 688**	4 112	4 112	IV	6 361	5 698	5 054	4 428	3 820	3 231
	VI	**12 123**	4 112	4 112							
44 855,99	I,IV	**7 052**	4 115	4 115	I	5 707	4 437	3 239	2 115	1 065	197
	II	**6 431**	4 115	4 115	II	5 120	3 883	2 719	1 628	628	
	III	**3 552**	4 115	4 115	III	2 506	1 508	662			
	V	**11 700**	4 115	4 115	IV	6 370	5 707	5 063	4 437	3 829	3 239
	VI	**12 135**	4 115	4 115							
44 891,99	I,IV	**7 062**	4 118	4 118	I	5 717	4 445	3 248	2 123	1 072	202
	II	**6 441**	4 118	4 118	II	5 129	3 891	2 727	1 636	634	
	III	**3 560**	4 118	4 118	III	2 514	1 516	668			
	V	**11 713**	4 118	4 118	IV	6 380	5 717	5 072	4 445	3 837	3 248
	VI	**12 148**	4 118	4 118							
44 927,99	I,IV	**7 071**	4 122	4 122	I	5 726	4 454	3 256	2 131	1 080	207
	II	**6 450**	4 122	4 122	II	5 138	3 900	2 735	1 644	640	
	III	**3 566**	4 122	4 122	III	2 520	1 522	672			
	V	**11 726**	4 122	4 122	IV	6 390	5 726	5 081	4 454	3 846	3 256
	VI	**12 161**	4 122	4 122							

* Zur LSt-Berechnung für privat versicherte Arbeitnehmer s. Beispiele **Vorbemerkung S. 4 f.**
** Basisvorsorgepauschale KV und PV *** Typisierter Arbeitgeberzuschuss

Lohn/ Gehalt in € bis	Steuerklasse	Lohn-steuer*	BVSP**	TAGZ***	Steuerklasse	Bemessungsgrundlage für Kirchensteuer und Solidaritätszuschlag – Freibeträge für ... Kinder 0,5	**1,0**	1,5	**2,0**	2,5	**3,0**
44 963,99	I,IV	**7 081**	4 125	4 125	I	5 735	4 463	3 264	2 138	1 087	212
	II	**6 460**	4 125	4 125	II	5 147	3 908	2 743	1 651	646	
	III	**3 574**	4 125	4 125	III	2 528	1 528	678	2		
	V	**11 738**	4 125	4 125	IV	6 399	5 735	5 090	4 463	3 854	3 264
	VI	**12 173**	4 125	4 125							
44 999,99	I,IV	**7 091**	4 128	4 128	I	5 744	4 472	3 272	2 146	1 094	217
	II	**6 469**	4 128	4 128	II	5 156	3 917	2 751	1 658	653	
	III	**3 582**	4 128	4 128	III	2 536	1 536	684	6		
	V	**11 750**	4 128	4 128	IV	6 408	5 744	5 099	4 472	3 863	3 272
	VI	**12 185**	4 128	4 128							
45 035,99	I,IV	**7 101**	4 132	4 132	I	5 754	4 480	3 281	2 154	1 101	222
	II	**6 479**	4 132	4 132	II	5 165	3 925	2 759	1 666	659	
	III	**3 590**	4 132	4 132	III	2 542	1 542	688	10		
	V	**11 763**	4 132	4 132	IV	6 418	5 754	5 108	4 480	3 871	3 281
	VI	**12 198**	4 132	4 132							
45 071,99	I,IV	**7 111**	4 135	4 135	I	5 763	4 489	3 289	2 162	1 108	227
	II	**6 489**	4 135	4 135	II	5 175	3 934	2 767	1 673	666	
	III	**3 598**	4 135	4 135	III	2 550	1 548	694	16		
	V	**11 775**	4 135	4 135	IV	6 428	5 763	5 117	4 489	3 880	3 289
	VI	**12 211**	4 135	4 135							
45 107,99	I,IV	**7 121**	4 138	4 138	I	5 773	4 498	3 297	2 170	1 116	232
	II	**6 498**	4 138	4 138	II	5 184	3 943	2 775	1 681	672	
	III	**3 606**	4 138	4 138	III	2 558	1 556	700	20		
	V	**11 788**	4 138	4 138	IV	6 437	5 773	5 126	4 498	3 888	3 297
	VI	**12 223**	4 138	4 138							
45 143,99	I,IV	**7 130**	4 141	4 141	I	5 782	4 507	3 306	2 177	1 123	237
	II	**6 508**	4 141	4 141	II	5 193	3 951	2 783	1 689	679	
	III	**3 612**	4 141	4 141	III	2 566	1 562	706	24		
	V	**11 801**	4 141	4 141	IV	6 447	5 782	5 135	4 507	3 897	3 306
	VI	**12 236**	4 141	4 141							
45 179,99	I,IV	**7 140**	4 145	4 145	I	5 791	4 516	3 314	2 185	1 130	242
	II	**6 518**	4 145	4 145	II	5 202	3 960	2 791	1 696	685	
	III	**3 620**	4 145	4 145	III	2 572	1 570	710	28		
	V	**11 813**	4 145	4 145	IV	6 457	5 791	5 144	4 516	3 906	3 314
	VI	**12 248**	4 145	4 145							
45 215,99	I,IV	**7 150**	4 148	4 148	I	5 801	4 525	3 322	2 193	1 137	247
	II	**6 527**	4 148	4 148	II	5 211	3 969	2 799	1 704	692	
	III	**3 628**	4 148	4 148	III	2 580	1 576	716	32		
	V	**11 826**	4 148	4 148	IV	6 466	5 801	5 154	4 525	3 914	3 322
	VI	**12 261**	4 148	4 148							
45 251,99	I,IV	**7 160**	4 151	4 151	I	5 810	4 534	3 331	2 201	1 145	252
	II	**6 537**	4 151	4 151	II	5 220	3 977	2 808	1 711	698	
	III	**3 636**	4 151	4 151	III	2 588	1 582	722	36		
	V	**11 838**	4 151	4 151	IV	6 476	5 810	5 163	4 534	3 923	3 331
	VI	**12 274**	4 151	4 151							
45 287,99	I,IV	**7 170**	4 155	4 155	I	5 819	4 542	3 339	2 208	1 152	257
	II	**6 546**	4 155	4 155	II	5 229	3 986	2 815	1 719	705	
	III	**3 642**	4 155	4 155	III	2 594	1 590	728	40		
	V	**11 851**	4 155	4 155	IV	6 485	5 819	5 172	4 542	3 931	3 339
	VI	**12 286**	4 155	4 155							
45 323,99	I,IV	**7 180**	4 158	4 158	I	5 829	4 551	3 347	2 216	1 159	263
	II	**6 556**	4 158	4 158	II	5 238	3 994	2 823	1 726	711	
	III	**3 650**	4 158	4 158	III	2 602	1 596	732	44		
	V	**11 863**	4 158	4 158	IV	6 495	5 829	5 181	4 551	3 940	3 347
	VI	**12 298**	4 158	4 158							
45 359,99	I,IV	**7 190**	4 161	4 161	I	5 838	4 560	3 355	2 224	1 166	268
	II	**6 566**	4 161	4 161	II	5 247	4 003	2 832	1 734	718	
	III	**3 658**	4 161	4 161	III	2 608	1 602	738	48		
	V	**11 876**	4 161	4 161	IV	6 505	5 838	5 190	4 560	3 948	3 355
	VI	**12 311**	4 161	4 161							

* Zur LSt-Berechnung für privat versicherte Arbeitnehmer s. Beispiele **Vorbemerkung S. 4 f.**
** Basisvorsorgepauschale KV und PV *** Typisierter Arbeitgeberzuschuss

Lohn/ Gehalt in € bis	Steuerklasse	Lohnsteuer*	BVSP**	TAGZ***	Steuerklasse	Bemessungsgrundlage für Kirchensteuer und Solidaritätszuschlag – Freibeträge für ... Kinder 0,5	1,0	1,5	2,0	2,5	3,0
45 395,99	I,IV	**7 200**	4 165	4 165	I	5 847	4 569	3 364	2 232	1 174	273
	II	**6 575**	4 165	4 165	II	5 257	4 011	2 840	1 741	724	
	III	**3 666**	4 165	4 165	III	2 616	1 610	744	54		
	V	**11 888**	4 165	4 165	IV	6 514	5 847	5 199	4 569	3 957	3 364
	VI	**12 324**	4 165	4 165							
45 431,99	I,IV	**7 210**	4 168	4 168	I	5 857	4 578	3 372	2 240	1 181	278
	II	**6 585**	4 168	4 168	II	5 266	4 020	2 848	1 749	731	
	III	**3 674**	4 168	4 168	III	2 624	1 616	750	58		
	V	**11 901**	4 168	4 168	IV	6 524	5 857	5 208	4 578	3 966	3 372
	VI	**12 336**	4 168	4 168							
45 467,99	I,IV	**7 219**	4 171	4 171	I	5 866	4 587	3 380	2 248	1 188	284
	II	**6 595**	4 171	4 171	II	5 275	4 029	2 856	1 757	737	
	III	**3 680**	4 171	4 171	III	2 630	1 624	754	62		
	V	**11 914**	4 171	4 171	IV	6 534	5 866	5 217	4 587	3 974	3 380
	VI	**12 349**	4 171	4 171							
45 503,99	I,IV	**7 229**	4 174	4 174	I	5 876	4 595	3 389	2 255	1 196	289
	II	**6 604**	4 174	4 174	II	5 284	4 037	2 864	1 764	744	
	III	**3 688**	4 174	4 174	III	2 638	1 630	760	66		
	V	**11 926**	4 174	4 174	IV	6 543	5 876	5 226	4 595	3 983	3 389
	VI	**12 361**	4 174	4 174							
45 539,99	I,IV	**7 239**	4 178	4 178	I	5 885	4 604	3 397	2 263	1 203	294
	II	**6 614**	4 178	4 178	II	5 293	4 046	2 872	1 772	751	
	III	**3 696**	4 178	4 178	III	2 646	1 636	766	70		
	V	**11 939**	4 178	4 178	IV	6 553	5 885	5 236	4 604	3 992	3 397
	VI	**12 374**	4 178	4 178							
45 575,99	I,IV	**7 249**	4 181	4 181	I	5 895	4 613	3 405	2 271	1 210	299
	II	**6 624**	4 181	4 181	II	5 303	4 055	2 880	1 779	757	
	III	**3 704**	4 181	4 181	III	2 654	1 644	772	74		
	V	**11 951**	4 181	4 181	IV	6 563	5 895	5 245	4 613	4 000	3 405
	VI	**12 387**	4 181	4 181							
45 611,99	I,IV	**7 259**	4 184	4 184	I	5 904	4 622	3 414	2 279	1 217	305
	II	**6 633**	4 184	4 184	II	5 311	4 063	2 888	1 787	764	1
	III	**3 712**	4 184	4 184	III	2 660	1 650	778	80		
	V	**11 964**	4 184	4 184	IV	6 572	5 904	5 254	4 622	4 009	3 414
	VI	**12 399**	4 184	4 184							
45 647,99	I,IV	**7 269**	4 188	4 188	I	5 913	4 631	3 422	2 287	1 225	310
	II	**6 643**	4 188	4 188	II	5 321	4 072	2 896	1 794	771	5
	III	**3 720**	4 188	4 188	III	2 668	1 658	784	84		
	V	**11 976**	4 188	4 188	IV	6 582	5 913	5 263	4 631	4 017	3 422
	VI	**12 411**	4 188	4 188							
45 683,99	I,IV	**7 279**	4 191	4 191	I	5 923	4 640	3 430	2 294	1 232	315
	II	**6 653**	4 191	4 191	II	5 330	4 080	2 904	1 802	777	9
	III	**3 726**	4 191	4 191	III	2 676	1 664	788	88		
	V	**11 989**	4 191	4 191	IV	6 591	5 923	5 272	4 640	4 026	3 430
	VI	**12 424**	4 191	4 191							
45 719,99	I,IV	**7 289**	4 194	4 194	I	5 932	4 649	3 439	2 302	1 239	321
	II	**6 662**	4 194	4 194	II	5 339	4 089	2 913	1 810	784	14
	III	**3 734**	4 194	4 194	III	2 682	1 672	794	92		
	V	**12 001**	4 194	4 194	IV	6 601	5 932	5 281	4 649	4 034	3 439
	VI	**12 437**	4 194	4 194							
45 755,99	I,IV	**7 299**	4 198	4 198	I	5 941	4 658	3 447	2 310	1 247	326
	II	**6 672**	4 198	4 198	II	5 348	4 098	2 921	1 817	791	18
	III	**3 742**	4 198	4 198	III	2 690	1 678	800	96		
	V	**12 014**	4 198	4 198	IV	6 611	5 941	5 290	4 658	4 043	3 447
	VI	**12 449**	4 198	4 198							
45 791,99	I,IV	**7 309**	4 201	4 201	I	5 951	4 666	3 456	2 318	1 254	332
	II	**6 682**	4 201	4 201	II	5 357	4 106	2 929	1 825	798	22
	III	**3 750**	4 201	4 201	III	2 698	1 686	806	102		
	V	**12 027**	4 201	4 201	IV	6 621	5 951	5 299	4 666	4 052	3 456
	VI	**12 462**	4 201	4 201							

* Zur LSt-Berechnung für privat versicherte Arbeitnehmer s. Beispiele **Vorbemerkung S. 4 f.**
** Basisvorsorgepauschale KV und PV *** Typisierter Arbeitgeberzuschuss

Lohn/ Gehalt in € bis	Steuerklasse	Lohn-steuer*	BVSP**	TAGZ***	Steuerklasse	Bemessungsgrundlage für Kirchensteuer und Solidaritätszuschlag – Freibeträge für ... Kinder 0,5	**1,0**	1,5	**2,0**	2,5	**3,0**
45 827,99	I,IV	**7 319**	4 204	4 204	I	5 960	4 675	3 464	2 326	1 261	337
	II	**6 692**	4 204	4 204	II	5 367	4 115	2 937	1 833	805	26
	III	**3 758**	4 204	4 204	III	2 704	1 692	812	106		
	V	**12 039**	4 204	4 204	IV	6 630	5 960	5 309	4 675	4 060	3 464
	VI	**12 474**	4 204	4 204							
45 863,99	I,IV	**7 329**	4 208	4 208	I	5 970	4 684	3 472	2 334	1 269	342
	II	**6 701**	4 208	4 208	II	5 376	4 124	2 945	1 840	811	31
	III	**3 766**	4 208	4 208	III	2 712	1 698	816	110		
	V	**12 052**	4 208	4 208	IV	6 640	5 970	5 318	4 684	4 069	3 472
	VI	**12 487**	4 208	4 208							
45 899,99	I,IV	**7 338**	4 211	4 211	I	5 979	4 693	3 480	2 341	1 276	348
	II	**6 711**	4 211	4 211	II	5 385	4 132	2 953	1 848	818	35
	III	**3 772**	4 211	4 211	III	2 720	1 706	822	114		
	V	**12 064**	4 211	4 211	IV	6 649	5 979	5 327	4 693	4 078	3 480
	VI	**12 499**	4 211	4 211							
45 935,99	I,IV	**7 348**	4 214	4 214	I	5 988	4 702	3 489	2 349	1 283	353
	II	**6 721**	4 214	4 214	II	5 394	4 141	2 961	1 855	825	39
	III	**3 780**	4 214	4 214	III	2 726	1 712	828	118		
	V	**12 077**	4 214	4 214	IV	6 659	5 988	5 336	4 702	4 086	3 489
	VI	**12 512**	4 214	4 214							
45 971,99	I,IV	**7 358**	4 217	4 217	I	5 998	4 711	3 497	2 357	1 291	359
	II	**6 730**	4 217	4 217	II	5 403	4 150	2 970	1 863	832	44
	III	**3 788**	4 217	4 217	III	2 734	1 720	834	124		
	V	**12 089**	4 217	4 217	IV	6 669	5 998	5 345	4 711	4 095	3 497
	VI	**12 524**	4 217	4 217							
46 007,99	I,IV	**7 368**	4 221	4 221	I	6 007	4 720	3 506	2 365	1 298	364
	II	**6 740**	4 221	4 221	II	5 412	4 158	2 978	1 871	839	48
	III	**3 796**	4 221	4 221	III	2 742	1 726	840	128		
	V	**12 102**	4 221	4 221	IV	6 679	6 007	5 354	4 720	4 104	3 506
	VI	**12 537**	4 221	4 221							
46 043,99	I,IV	**7 378**	4 224	4 224	I	6 017	4 729	3 514	2 373	1 305	370
	II	**6 750**	4 224	4 224	II	5 422	4 167	2 986	1 878	846	53
	III	**3 802**	4 224	4 224	III	2 748	1 734	846	132		
	V	**12 114**	4 224	4 224	IV	6 688	6 017	5 364	4 729	4 112	3 514
	VI	**12 550**	4 224	4 224							
46 079,99	I,IV	**7 388**	4 227	4 227	I	6 026	4 738	3 523	2 381	1 313	375
	II	**6 760**	4 227	4 227	II	5 431	4 176	2 994	1 886	852	57
	III	**3 810**	4 227	4 227	III	2 756	1 740	850	136		
	V	**12 127**	4 227	4 227	IV	6 698	6 026	5 373	4 738	4 121	3 523
	VI	**12 562**	4 227	4 227							
46 115,99	I,IV	**7 398**	4 231	4 231	I	6 036	4 747	3 531	2 389	1 320	381
	II	**6 769**	4 231	4 231	II	5 440	4 184	3 002	1 894	859	61
	III	**3 818**	4 231	4 231	III	2 764	1 748	856	140		
	V	**12 140**	4 231	4 231	IV	6 708	6 036	5 382	4 747	4 130	3 531
	VI	**12 575**	4 231	4 231							
46 151,99	I,IV	**7 408**	4 234	4 234	I	6 045	4 756	3 539	2 397	1 328	387
	II	**6 779**	4 234	4 234	II	5 449	4 193	3 010	1 901	866	66
	III	**3 826**	4 234	4 234	III	2 770	1 754	862	146		
	V	**12 152**	4 234	4 234	IV	6 718	6 045	5 391	4 756	4 138	3 539
	VI	**12 587**	4 234	4 234							
46 187,99	I,IV	**7 418**	4 237	4 237	I	6 055	4 765	3 548	2 405	1 335	392
	II	**6 789**	4 237	4 237	II	5 459	4 202	3 019	1 909	873	70
	III	**3 834**	4 237	4 237	III	2 778	1 762	868	150		
	V	**12 165**	4 237	4 237	IV	6 727	6 055	5 400	4 765	4 147	3 548
	VI	**12 600**	4 237	4 237							
46 223,99	I,IV	**7 428**	4 241	4 241	I	6 064	4 773	3 556	2 412	1 342	398
	II	**6 798**	4 241	4 241	II	5 468	4 210	3 027	1 916	880	75
	III	**3 842**	4 241	4 241	III	2 786	1 768	874	154		
	V	**12 177**	4 241	4 241	IV	6 737	6 064	5 409	4 773	4 155	3 556
	VI	**12 612**	4 241	4 241							

* Zur LSt-Berechnung für privat versicherte Arbeitnehmer s. Beispiele **Vorbemerkung S. 4 f.**
** Basisvorsorgepauschale KV und PV *** Typisierter Arbeitgeberzuschuss

Lohn/ Gehalt in € bis	Steuerklasse	Lohn-steuer*	BVSP**	TAGZ***	Steuerklasse	Bemessungsgrundlage für Kirchensteuer und Solidaritätszuschlag – Freibeträge für ... Kinder 0,5	1,0	1,5	2,0	2,5	3,0
46 259,99	I,IV	**7 438**	4 244	4 244	I	6 073	4 782	3 564	2 420	1 349	403
	II	**6 808**	4 244	4 244	II	5 477	4 219	3 035	1 924	887	79
	III	**3 848**	4 244	4 244	III	2 794	1 776	880	160		
	V	**12 190**	4 244	4 244	IV	6 747	6 073	5 419	4 782	4 164	3 564
	VI	**12 625**	4 244	4 244							
46 295,99	I,IV	**7 448**	4 247	4 247	I	6 083	4 791	3 573	2 428	1 357	409
	II	**6 818**	4 247	4 247	II	5 486	4 228	3 043	1 932	894	84
	III	**3 856**	4 247	4 247	III	2 800	1 782	886	164		
	V	**12 202**	4 247	4 247	IV	6 756	6 083	5 428	4 791	4 173	3 573
	VI	**12 637**	4 247	4 247							
46 331,99	I,IV	**7 458**	4 250	4 250	I	6 092	4 800	3 581	2 436	1 364	415
	II	**6 828**	4 250	4 250	II	5 495	4 237	3 051	1 939	901	88
	III	**3 864**	4 250	4 250	III	2 808	1 790	892	168		
	V	**12 215**	4 250	4 250	IV	6 766	6 092	5 437	4 800	4 182	3 581
	VI	**12 650**	4 250	4 250							
46 367,99	I,IV	**7 468**	4 254	4 254	I	6 102	4 809	3 590	2 444	1 372	420
	II	**6 838**	4 254	4 254	II	5 505	4 245	3 059	1 947	908	93
	III	**3 872**	4 254	4 254	III	2 816	1 796	898	172		
	V	**12 227**	4 254	4 254	IV	6 776	6 102	5 446	4 809	4 190	3 590
	VI	**12 663**	4 254	4 254							
46 403,99	I,IV	**7 478**	4 257	4 257	I	6 111	4 818	3 598	2 452	1 379	426
	II	**6 847**	4 257	4 257	II	5 514	4 254	3 068	1 955	915	97
	III	**3 880**	4 257	4 257	III	2 822	1 804	902	178		
	V	**12 240**	4 257	4 257	IV	6 786	6 111	5 456	4 818	4 199	3 598
	VI	**12 675**	4 257	4 257							
46 439,99	I,IV	**7 488**	4 260	4 260	I	6 121	4 827	3 607	2 460	1 386	432
	II	**6 857**	4 260	4 260	II	5 523	4 263	3 076	1 962	923	102
	III	**3 888**	4 260	4 260	III	2 830	1 810	908	182		
	V	**12 253**	4 260	4 260	IV	6 795	6 121	5 465	4 827	4 208	3 607
	VI	**12 688**	4 260	4 260							
46 475,99	I,IV	**7 498**	4 264	4 264	I	6 130	4 836	3 615	2 468	1 394	438
	II	**6 867**	4 264	4 264	II	5 533	4 272	3 084	1 970	930	107
	III	**3 896**	4 264	4 264	III	2 838	1 818	914	186		
	V	**12 265**	4 264	4 264	IV	6 805	6 130	5 474	4 836	4 216	3 615
	VI	**12 700**	4 264	4 264							
46 511,99	I,IV	**7 508**	4 267	4 267	I	6 140	4 845	3 624	2 476	1 401	443
	II	**6 877**	4 267	4 267	II	5 542	4 280	3 092	1 978	937	111
	III	**3 902**	4 267	4 267	III	2 846	1 824	920	190		
	V	**12 278**	4 267	4 267	IV	6 815	6 140	5 483	4 845	4 225	3 624
	VI	**12 713**	4 267	4 267							
46 547,99	I,IV	**7 518**	4 270	4 270	I	6 149	4 854	3 632	2 483	1 408	449
	II	**6 886**	4 270	4 270	II	5 551	4 289	3 100	1 985	944	116
	III	**3 910**	4 270	4 270	III	2 852	1 832	926	196		
	V	**12 290**	4 270	4 270	IV	6 824	6 149	5 492	4 854	4 234	3 632
	VI	**12 725**	4 270	4 270							
46 583,99	I,IV	**7 528**	4 274	4 274	I	6 159	4 863	3 640	2 491	1 416	455
	II	**6 896**	4 274	4 274	II	5 560	4 298	3 109	1 993	951	121
	III	**3 918**	4 274	4 274	III	2 860	1 838	932	200		
	V	**12 303**	4 274	4 274	IV	6 834	6 159	5 502	4 863	4 242	3 640
	VI	**12 738**	4 274	4 274							
46 619,99	I,IV	**7 538**	4 277	4 277	I	6 168	4 872	3 649	2 499	1 423	461
	II	**6 906**	4 277	4 277	II	5 569	4 306	3 117	2 001	958	125
	III	**3 926**	4 277	4 277	III	2 868	1 846	938	204		
	V	**12 315**	4 277	4 277	IV	6 844	6 168	5 511	4 872	4 251	3 649
	VI	**12 750**	4 277	4 277							
46 655,99	I,IV	**7 548**	4 280	4 280	I	6 178	4 881	3 657	2 507	1 431	467
	II	**6 916**	4 280	4 280	II	5 579	4 315	3 125	2 008	965	130
	III	**3 934**	4 280	4 280	III	2 874	1 852	944	210		
	V	**12 328**	4 280	4 280	IV	6 854	6 178	5 520	4 881	4 260	3 657
	VI	**12 763**	4 280	4 280							

* Zur LSt-Berechnung für privat versicherte Arbeitnehmer s. Beispiele **Vorbemerkung S. 4f.**
** Basisvorsorgepauschale KV und PV *** Typisierter Arbeitgeberzuschuss

Lohn/ Gehalt in € bis	Steuerklasse	Lohn-steuer*	BVSP**	TAGZ***	Steuerklasse	Bemessungsgrundlage für Kirchensteuer und Solidaritätszuschlag					
						Freibeträge für ... Kinder					
						0,5	**1,0**	1,5	**2,0**	2,5	**3,0**
46 691,99	I,IV	**7 558**	4 283	4 283	I	6 187	4 890	3 666	2 515	1 438	472
	II	**6 925**	4 283	4 283	II	5 588	4 324	3 133	2 016	973	135
	III	**3 940**	4 283	4 283	III	2 882	1 860	950	214		
	V	**12 340**	4 283	4 283	IV	6 864	6 187	5 529	4 890	4 269	3 666
	VI	**12 776**	4 283	4 283							
46 727,99	I,IV	**7 568**	4 287	4 287	I	6 197	4 899	3 674	2 523	1 446	478
	II	**6 935**	4 287	4 287	II	5 597	4 333	3 142	2 024	980	139
	III	**3 948**	4 287	4 287	III	2 890	1 866	956	218		
	V	**12 353**	4 287	4 287	IV	6 873	6 197	5 539	4 899	4 277	3 674
	VI	**12 788**	4 287	4 287							
46 763,99	I,IV	**7 578**	4 290	4 290	I	6 206	4 908	3 683	2 531	1 453	484
	II	**6 945**	4 290	4 290	II	5 607	4 341	3 150	2 032	987	144
	III	**3 956**	4 290	4 290	III	2 896	1 874	962	222		
	V	**12 366**	4 290	4 290	IV	6 883	6 206	5 548	4 908	4 286	3 683
	VI	**12 801**	4 290	4 290							
46 799,99	I,IV	**7 589**	4 293	4 293	I	6 216	4 917	3 691	2 539	1 461	490
	II	**6 955**	4 293	4 293	II	5 616	4 350	3 158	2 039	994	149
	III	**3 964**	4 293	4 293	III	2 904	1 882	966	228		
	V	**12 378**	4 293	4 293	IV	6 893	6 216	5 557	4 917	4 295	3 691
	VI	**12 813**	4 293	4 293							
46 835,99	I,IV	**7 598**	4 297	4 297	I	6 225	4 926	3 700	2 547	1 468	496
	II	**6 965**	4 297	4 297	II	5 625	4 359	3 166	2 047	1 001	154
	III	**3 972**	4 297	4 297	III	2 912	1 888	972	232		
	V	**12 390**	4 297	4 297	IV	6 903	6 225	5 566	4 926	4 303	3 700
	VI	**12 825**	4 297	4 297							
46 871,99	I,IV	**7 608**	4 300	4 300	I	6 235	4 935	3 708	2 555	1 475	502
	II	**6 974**	4 300	4 300	II	5 634	4 368	3 174	2 055	1 008	158
	III	**3 980**	4 300	4 300	III	2 920	1 896	978	236		
	V	**12 403**	4 300	4 300	IV	6 912	6 235	5 576	4 935	4 312	3 708
	VI	**12 838**	4 300	4 300							
46 907,99	I,IV	**7 618**	4 303	4 303	I	6 244	4 944	3 717	2 563	1 483	508
	II	**6 984**	4 303	4 303	II	5 644	4 376	3 183	2 062	1 016	163
	III	**3 988**	4 303	4 303	III	2 926	1 902	984	242		
	V	**12 416**	4 303	4 303	IV	6 922	6 244	5 585	4 944	4 321	3 717
	VI	**12 851**	4 303	4 303							
46 943,99	I,IV	**7 629**	4 307	4 307	I	6 254	4 953	3 725	2 571	1 490	514
	II	**6 994**	4 307	4 307	II	5 653	4 385	3 191	2 070	1 023	168
	III	**3 994**	4 307	4 307	III	2 934	1 910	990	246		
	V	**12 428**	4 307	4 307	IV	6 932	6 254	5 594	4 953	4 330	3 725
	VI	**12 863**	4 307	4 307							
46 979,99	I,IV	**7 639**	4 310	4 310	I	6 263	4 962	3 734	2 579	1 498	520
	II	**7 004**	4 310	4 310	II	5 662	4 394	3 199	2 078	1 030	173
	III	**4 002**	4 310	4 310	III	2 942	1 918	996	252		
	V	**12 441**	4 310	4 310	IV	6 942	6 263	5 603	4 962	4 339	3 734
	VI	**12 876**	4 310	4 310							
47 015,99	I,IV	**7 649**	4 313	4 313	I	6 273	4 971	3 742	2 587	1 505	526
	II	**7 014**	4 313	4 313	II	5 672	4 403	3 207	2 086	1 037	178
	III	**4 010**	4 313	4 313	III	2 948	1 924	1 002	256		
	V	**12 453**	4 313	4 313	IV	6 952	6 273	5 613	4 971	4 347	3 742
	VI	**12 888**	4 313	4 313							
47 051,99	I,IV	**7 659**	4 317	4 317	I	6 283	4 980	3 751	2 595	1 513	532
	II	**7 024**	4 317	4 317	II	5 681	4 412	3 216	2 093	1 045	183
	III	**4 018**	4 317	4 317	III	2 956	1 932	1 008	260		
	V	**12 466**	4 317	4 317	IV	6 962	6 283	5 622	4 980	4 356	3 751
	VI	**12 901**	4 317	4 317							
47 087,99	I,IV	**7 669**	4 320	4 320	I	6 292	4 989	3 759	2 603	1 520	538
	II	**7 034**	4 320	4 320	II	5 690	4 420	3 224	2 101	1 052	188
	III	**4 026**	4 320	4 320	III	2 964	1 938	1 014	266		
	V	**12 479**	4 320	4 320	IV	6 971	6 292	5 631	4 989	4 365	3 759
	VI	**12 914**	4 320	4 320							

* Zur LSt-Berechnung für privat versicherte Arbeitnehmer s. Beispiele **Vorbemerkung S. 4 f.**
** Basisvorsorgepauschale KV und PV *** Typisierter Arbeitgeberzuschuss

Lohn/ Gehalt in € bis	Steuerklasse	Lohn- steuer*	BVSP**	TAGZ***	Steuerklasse	Bemessungsgrundlage für Kirchensteuer und Solidaritätszuschlag					
						Freibeträge für ... Kinder					
						0,5	**1,0**	1,5	**2,0**	2,5	**3,0**
47 123,99	I,IV	**7 679**	4 323	4 323	I	6 302	4 998	3 768	2 611	1 528	544
	II	**7 043**	4 323	4 323	II	5 700	4 429	3 232	2 109	1 059	193
	III	**4 034**	4 323	4 323	III	2 972	1 946	1 020	270		
	V	**12 491**	4 323	4 323	IV	6 981	6 302	5 641	4 998	4 374	3 768
	VI	**12 926**	4 323	4 323							
47 159,99	I,IV	**7 689**	4 326	4 326	I	6 311	5 007	3 776	2 619	1 535	550
	II	**7 053**	4 326	4 326	II	5 709	4 438	3 240	2 116	1 066	197
	III	**4 040**	4 326	4 326	III	2 978	1 952	1 026	274		
	V	**12 503**	4 326	4 326	IV	6 991	6 311	5 650	5 007	4 382	3 776
	VI	**12 938**	4 326	4 326							
47 195,99	I,IV	**7 699**	4 330	4 330	I	6 321	5 016	3 785	2 627	1 542	556
	II	**7 063**	4 330	4 330	II	5 718	4 447	3 249	2 124	1 073	202
	III	**4 048**	4 330	4 330	III	2 986	1 960	1 032	280		
	V	**12 516**	4 330	4 330	IV	7 001	6 321	5 659	5 016	4 391	3 785
	VI	**12 951**	4 330	4 330							
47 231,99	I,IV	**7 709**	4 333	4 333	I	6 330	5 025	3 793	2 635	1 550	562
	II	**7 073**	4 333	4 333	II	5 727	4 455	3 257	2 132	1 081	207
	III	**4 056**	4 333	4 333	III	2 994	1 968	1 038	284		
	V	**12 529**	4 333	4 333	IV	7 011	6 330	5 668	5 025	4 400	3 793
	VI	**12 964**	4 333	4 333							
47 267,99	I,IV	**7 719**	4 336	4 336	I	6 340	5 034	3 802	2 643	1 557	568
	II	**7 083**	4 336	4 336	II	5 737	4 464	3 265	2 140	1 088	212
	III	**4 064**	4 336	4 336	III	3 000	1 974	1 044	288		
	V	**12 541**	4 336	4 336	IV	7 020	6 340	5 678	5 034	4 409	3 802
	VI	**12 976**	4 336	4 336							
47 303,99	I,IV	**7 729**	4 340	4 340	I	6 349	5 043	3 810	2 651	1 565	575
	II	**7 092**	4 340	4 340	II	5 746	4 473	3 274	2 148	1 095	218
	III	**4 072**	4 340	4 340	III	3 008	1 982	1 050	294		
	V	**12 554**	4 340	4 340	IV	7 030	6 349	5 687	5 043	4 417	3 810
	VI	**12 989**	4 340	4 340							
47 339,99	I,IV	**7 739**	4 343	4 343	I	6 359	5 052	3 819	2 659	1 572	581
	II	**7 102**	4 343	4 343	II	5 755	4 482	3 282	2 155	1 102	223
	III	**4 080**	4 343	4 343	III	3 016	1 988	1 056	298		
	V	**12 566**	4 343	4 343	IV	7 040	6 359	5 696	5 052	4 426	3 819
	VI	**13 001**	4 343	4 343							
47 375,99	I,IV	**7 750**	4 346	4 346	I	6 369	5 061	3 827	2 667	1 580	587
	II	**7 112**	4 346	4 346	II	5 765	4 491	3 290	2 163	1 110	228
	III	**4 088**	4 346	4 346	III	3 024	1 996	1 062	304		
	V	**12 579**	4 346	4 346	IV	7 050	6 369	5 706	5 061	4 435	3 827
	VI	**13 014**	4 346	4 346							
47 411,99	I,IV	**7 760**	4 350	4 350	I	6 378	5 070	3 836	2 675	1 587	593
	II	**7 122**	4 350	4 350	II	5 774	4 500	3 299	2 171	1 117	233
	III	**4 094**	4 350	4 350	III	3 030	2 004	1 068	308		
	V	**12 592**	4 350	4 350	IV	7 060	6 378	5 715	5 070	4 444	3 836
	VI	**13 027**	4 350	4 350							
47 447,99	I,IV	**7 770**	4 353	4 353	I	6 388	5 079	3 844	2 683	1 595	599
	II	**7 132**	4 353	4 353	II	5 784	4 508	3 307	2 179	1 124	238
	III	**4 102**	4 353	4 353	III	3 038	2 010	1 074	312		
	V	**12 604**	4 353	4 353	IV	7 070	6 388	5 725	5 079	4 453	3 844
	VI	**13 039**	4 353	4 353							
47 483,99	I,IV	**7 780**	4 356	4 356	I	6 397	5 088	3 853	2 691	1 602	606
	II	**7 142**	4 356	4 356	II	5 793	4 517	3 315	2 186	1 131	243
	III	**4 110**	4 356	4 356	III	3 046	2 018	1 080	318		
	V	**12 616**	4 356	4 356	IV	7 079	6 397	5 734	5 088	4 461	3 853
	VI	**13 051**	4 356	4 356							
47 519,99	I,IV	**7 790**	4 359	4 359	I	6 407	5 097	3 861	2 699	1 610	612
	II	**7 152**	4 359	4 359	II	5 802	4 526	3 323	2 194	1 138	248
	III	**4 118**	4 359	4 359	III	3 054	2 024	1 086	322		
	V	**12 629**	4 359	4 359	IV	7 089	6 407	5 743	5 097	4 470	3 861
	VI	**13 064**	4 359	4 359							

* Zur LSt-Berechnung für privat versicherte Arbeitnehmer s. Beispiele **Vorbemerkung S. 4 f.**
** Basisvorsorgepauschale KV und PV *** Typisierter Arbeitgeberzuschuss

Lohn/ Gehalt in € bis	Steuerklasse	Lohn-steuer*	BVSP**	TAGZ***	Steuerklasse	Bemessungsgrundlage für Kirchensteuer und Solidaritätszuschlag – Freibeträge für ... Kinder 0,5	1,0	1,5	2,0	2,5	3,0
47 555,99	I,IV	**7 800**	4 363	4 363	I	6 417	5 106	3 870	2 707	1 617	618
	II	**7 162**	4 363	4 363	II	5 811	4 535	3 332	2 202	1 146	253
	III	**4 126**	4 363	4 363	III	3 060	2 032	1 092	328		
	V	**12 642**	4 363	4 363	IV	7 099	6 417	5 752	5 106	4 479	3 870
	VI	**13 077**	4 363	4 363							
47 591,99	I,IV	**7 810**	4 366	4 366	I	6 426	5 116	3 878	2 715	1 625	624
	II	**7 171**	4 366	4 366	II	5 821	4 544	3 340	2 210	1 153	258
	III	**4 134**	4 366	4 366	III	3 068	2 040	1 098	332		
	V	**12 654**	4 366	4 366	IV	7 109	6 426	5 762	5 116	4 488	3 878
	VI	**13 089**	4 366	4 366							
47 627,99	I,IV	**7 820**	4 369	4 369	I	6 436	5 125	3 887	2 723	1 632	631
	II	**7 181**	4 369	4 369	II	5 830	4 553	3 348	2 218	1 160	263
	III	**4 142**	4 369	4 369	III	3 076	2 046	1 104	336		
	V	**12 667**	4 369	4 369	IV	7 119	6 436	5 771	5 125	4 497	3 887
	VI	**13 102**	4 369	4 369							
47 663,99	I,IV	**7 831**	4 373	4 373	I	6 445	5 134	3 896	2 731	1 640	637
	II	**7 191**	4 373	4 373	II	5 840	4 561	3 357	2 225	1 168	269
	III	**4 150**	4 373	4 373	III	3 084	2 054	1 112	342		
	V	**12 679**	4 373	4 373	IV	7 129	6 445	5 780	5 134	4 506	3 896
	VI	**13 114**	4 373	4 373							
47 699,99	I,IV	**7 841**	4 376	4 376	I	6 455	5 143	3 904	2 739	1 647	644
	II	**7 201**	4 376	4 376	II	5 849	4 570	3 365	2 233	1 175	274
	III	**4 156**	4 376	4 376	III	3 090	2 062	1 118	346		
	V	**12 692**	4 376	4 376	IV	7 139	6 455	5 790	5 143	4 514	3 904
	VI	**13 127**	4 376	4 376							
47 735,99	I,IV	**7 851**	4 379	4 379	I	6 465	5 152	3 913	2 747	1 655	650
	II	**7 211**	4 379	4 379	II	5 858	4 579	3 373	2 241	1 182	279
	III	**4 164**	4 379	4 379	III	3 098	2 068	1 124	352		
	V	**12 705**	4 379	4 379	IV	7 149	6 465	5 799	5 152	4 523	3 913
	VI	**13 140**	4 379	4 379							
47 771,99	I,IV	**7 861**	4 383	4 383	I	6 474	5 161	3 921	2 755	1 662	656
	II	**7 221**	4 383	4 383	II	5 868	4 588	3 381	2 249	1 189	284
	III	**4 172**	4 383	4 383	III	3 106	2 076	1 130	356		
	V	**12 717**	4 383	4 383	IV	7 158	6 474	5 808	5 161	4 532	3 921
	VI	**13 152**	4 383	4 383							
47 807,99	I,IV	**7 871**	4 386	4 386	I	6 484	5 170	3 930	2 763	1 670	663
	II	**7 231**	4 386	4 386	II	5 877	4 597	3 390	2 257	1 197	290
	III	**4 180**	4 386	4 386	III	3 112	2 082	1 136	362		
	V	**12 729**	4 386	4 386	IV	7 168	6 484	5 818	5 170	4 541	3 930
	VI	**13 164**	4 386	4 386							
47 843,99	I,IV	**7 881**	4 389	4 389	I	6 493	5 179	3 938	2 771	1 677	669
	II	**7 241**	4 389	4 389	II	5 886	4 606	3 398	2 264	1 204	295
	III	**4 188**	4 389	4 389	III	3 120	2 090	1 142	366		
	V	**12 742**	4 389	4 389	IV	7 178	6 493	5 827	5 179	4 550	3 938
	VI	**13 177**	4 389	4 389							
47 879,99	I,IV	**7 891**	4 392	4 392	I	6 503	5 188	3 947	2 779	1 685	675
	II	**7 251**	4 392	4 392	II	5 896	4 614	3 407	2 272	1 211	300
	III	**4 196**	4 392	4 392	III	3 128	2 096	1 148	370		
	V	**12 755**	4 392	4 392	IV	7 188	6 503	5 836	5 188	4 558	3 947
	VI	**13 190**	4 392	4 392							
47 915,99	I,IV	**7 901**	4 396	4 396	I	6 513	5 197	3 956	2 787	1 692	682
	II	**7 261**	4 396	4 396	II	5 905	4 623	3 415	2 280	1 219	306
	III	**4 202**	4 396	4 396	III	3 136	2 104	1 154	376		
	V	**12 767**	4 396	4 396	IV	7 198	6 513	5 846	5 197	4 567	3 956
	VI	**13 202**	4 396	4 396							
47 951,99	I,IV	**7 912**	4 399	4 399	I	6 522	5 207	3 964	2 795	1 700	688
	II	**7 271**	4 399	4 399	II	5 915	4 632	3 423	2 288	1 226	311
	III	**4 210**	4 399	4 399	III	3 142	2 112	1 160	380		
	V	**12 780**	4 399	4 399	IV	7 208	6 522	5 855	5 207	4 576	3 964
	VI	**13 215**	4 399	4 399							

* Zur LSt-Berechnung für privat versicherte Arbeitnehmer s. Beispiele **Vorbemerkung S. 4 f.**
** Basisvorsorgepauschale KV und PV *** Typisierter Arbeitgeberzuschuss

Lohn/ Gehalt in € bis	Steuerklasse	Lohn- steuer*	BVSP**	TAGZ***	Steuerklasse	Bemessungsgrundlage für Kirchensteuer und Solidaritätszuschlag					
						Freibeträge für ... Kinder					
						0,5	**1,0**	1,5	**2,0**	2,5	**3,0**
47 987,99	I,IV	**7 922**	4 402	4 402	I	6 532	5 216	3 973	2 803	1 708	695
	II	**7 280**	4 402	4 402	II	5 924	4 641	3 432	2 296	1 233	316
	III	**4 218**	4 402	4 402	III	3 150	2 118	1 166	386		
	V	**12 792**	4 402	4 402	IV	7 218	6 532	5 865	5 216	4 585	3 973
	VI	**13 227**	4 402	4 402							
48 023,99	I,IV	**7 932**	4 406	4 406	I	6 542	5 225	3 981	2 812	1 715	701
	II	**7 290**	4 406	4 406	II	5 934	4 650	3 440	2 304	1 241	322
	III	**4 226**	4 406	4 406	III	3 158	2 126	1 172	390		
	V	**12 805**	4 406	4 406	IV	7 228	6 542	5 874	5 225	4 594	3 981
	VI	**13 240**	4 406	4 406							
48 059,99	I,IV	**7 942**	4 409	4 409	I	6 551	5 234	3 990	2 820	1 723	708
	II	**7 300**	4 409	4 409	II	5 943	4 659	3 449	2 312	1 248	327
	III	**4 234**	4 409	4 409	III	3 166	2 132	1 178	396		
	V	**12 818**	4 409	4 409	IV	7 238	6 551	5 884	5 234	4 603	3 990
	VI	**13 253**	4 409	4 409							
48 095,99	I,IV	**7 952**	4 412	4 412	I	6 561	5 243	3 998	2 828	1 730	714
	II	**7 310**	4 412	4 412	II	5 952	4 668	3 457	2 319	1 255	332
	III	**4 242**	4 412	4 412	III	3 172	2 140	1 184	400		
	V	**12 830**	4 412	4 412	IV	7 247	6 561	5 893	5 243	4 611	3 998
	VI	**13 265**	4 412	4 412							
48 131,99	I,IV	**7 962**	4 416	4 416	I	6 570	5 252	4 007	2 836	1 738	721
	II	**7 320**	4 416	4 416	II	5 962	4 677	3 465	2 327	1 262	338
	III	**4 250**	4 416	4 416	III	3 180	2 148	1 192	406		
	V	**12 842**	4 416	4 416	IV	7 257	6 570	5 902	5 252	4 620	4 007
	VI	**13 277**	4 416	4 416							
48 167,99	I,IV	**7 973**	4 419	4 419	I	6 580	5 261	4 016	2 844	1 745	728
	II	**7 330**	4 419	4 419	II	5 971	4 686	3 473	2 335	1 270	343
	III	**4 258**	4 419	4 419	III	3 188	2 154	1 198	410		
	V	**12 855**	4 419	4 419	IV	7 267	6 580	5 912	5 261	4 629	4 016
	VI	**13 290**	4 419	4 419							
48 203,99	I,IV	**7 983**	4 422	4 422	I	6 590	5 270	4 024	2 852	1 753	734
	II	**7 340**	4 422	4 422	II	5 980	4 694	3 482	2 343	1 277	349
	III	**4 266**	4 422	4 422	III	3 196	2 162	1 204	416		
	V	**12 867**	4 422	4 422	IV	7 277	6 590	5 921	5 270	4 638	4 024
	VI	**13 303**	4 422	4 422							
48 239,99	I,IV	**7 993**	4 426	4 426	I	6 600	5 280	4 033	2 860	1 760	741
	II	**7 350**	4 426	4 426	II	5 990	4 703	3 490	2 351	1 284	354
	III	**4 272**	4 426	4 426	III	3 202	2 170	1 210	420		
	V	**12 880**	4 426	4 426	IV	7 287	6 600	5 930	5 280	4 647	4 033
	VI	**13 315**	4 426	4 426							
48 275,99	I,IV	**8 003**	4 429	4 429	I	6 609	5 289	4 042	2 868	1 768	747
	II	**7 360**	4 429	4 429	II	5 999	4 712	3 499	2 359	1 292	360
	III	**4 280**	4 429	4 429	III	3 210	2 176	1 216	426		
	V	**12 893**	4 429	4 429	IV	7 297	6 609	5 940	5 289	4 656	4 042
	VI	**13 328**	4 429	4 429							
48 311,99	I,IV	**8 014**	4 432	4 432	I	6 619	5 298	4 050	2 876	1 776	754
	II	**7 370**	4 432	4 432	II	6 009	4 721	3 507	2 366	1 299	365
	III	**4 288**	4 432	4 432	III	3 218	2 184	1 222	430		
	V	**12 905**	4 432	4 432	IV	7 307	6 619	5 949	5 298	4 665	4 050
	VI	**13 340**	4 432	4 432							
48 347,99	I,IV	**8 024**	4 435	4 435	I	6 629	5 307	4 059	2 884	1 783	761
	II	**7 380**	4 435	4 435	II	6 018	4 730	3 516	2 374	1 307	371
	III	**4 296**	4 435	4 435	III	3 226	2 192	1 228	436		
	V	**12 918**	4 435	4 435	IV	7 317	6 629	5 959	5 307	4 674	4 059
	VI	**13 353**	4 435	4 435							
48 383,99	I,IV	**8 034**	4 439	4 439	I	6 638	5 316	4 068	2 893	1 791	768
	II	**7 390**	4 439	4 439	II	6 028	4 739	3 524	2 382	1 314	376
	III	**4 304**	4 439	4 439	III	3 232	2 198	1 236	440		
	V	**12 930**	4 439	4 439	IV	7 327	6 638	5 968	5 316	4 683	4 068
	VI	**13 366**	4 439	4 439							

* Zur LSt-Berechnung für privat versicherte Arbeitnehmer s. Beispiele **Vorbemerkung S. 4 f.**
** Basisvorsorgepauschale KV und PV *** Typisierter Arbeitgeberzuschuss

Lohn/ Gehalt in € bis	Steuerklasse	Lohnsteuer*	BVSP**	TAGZ***	Steuerklasse	Bemessungsgrundlage für Kirchensteuer und Solidaritätszuschlag					
						Freibeträge für ... Kinder					
						0,5	**1,0**	1,5	**2,0**	2,5	**3,0**
48 419,99	I,IV	**8 044**	4 442	4 442	I	6 648	5 325	4 076	2 900	1 798	774
	II	**7 400**	4 442	4 442	II	6 037	4 748	3 532	2 390	1 321	382
	III	**4 312**	4 442	4 442	III	3 240	2 206	1 240	446		
	V	**12 943**	4 442	4 442	IV	7 337	6 648	5 977	5 325	4 691	4 076
	VI	**13 378**	4 442	4 442							
48 455,99	I,IV	**8 054**	4 445	4 445	I	6 658	5 334	4 085	2 909	1 806	781
	II	**7 410**	4 445	4 445	II	6 047	4 757	3 541	2 398	1 328	387
	III	**4 320**	4 445	4 445	III	3 248	2 212	1 248	450		
	V	**12 955**	4 445	4 445	IV	7 347	6 658	5 987	5 334	4 700	4 085
	VI	**13 390**	4 445	4 445							
48 491,99	I,IV	**8 064**	4 449	4 449	I	6 667	5 344	4 093	2 917	1 813	788
	II	**7 420**	4 449	4 449	II	6 056	4 766	3 549	2 406	1 336	393
	III	**4 326**	4 449	4 449	III	3 254	2 220	1 254	456		
	V	**12 968**	4 449	4 449	IV	7 357	6 667	5 996	5 344	4 709	4 093
	VI	**13 403**	4 449	4 449							
48 527,99	I,IV	**8 075**	4 452	4 452	I	6 677	5 353	4 102	2 925	1 821	794
	II	**7 430**	4 452	4 452	II	6 065	4 775	3 557	2 414	1 343	399
	III	**4 334**	4 452	4 452	III	3 262	2 226	1 260	460		
	V	**12 980**	4 452	4 452	IV	7 367	6 677	6 006	5 353	4 718	4 102
	VI	**13 416**	4 452	4 452							
48 563,99	I,IV	**8 085**	4 455	4 455	I	6 687	5 362	4 111	2 933	1 829	801
	II	**7 440**	4 455	4 455	II	6 075	4 784	3 566	2 422	1 351	404
	III	**4 342**	4 455	4 455	III	3 270	2 234	1 266	466		
	V	**12 993**	4 455	4 455	IV	7 377	6 687	6 015	5 362	4 727	4 111
	VI	**13 428**	4 455	4 455							
48 599,99	I,IV	**8 095**	4 459	4 459	I	6 696	5 371	4 119	2 941	1 836	808
	II	**7 450**	4 459	4 459	II	6 084	4 793	3 574	2 429	1 358	410
	III	**4 350**	4 459	4 459	III	3 278	2 242	1 272	470		
	V	**13 006**	4 459	4 459	IV	7 387	6 696	6 025	5 371	4 736	4 119
	VI	**13 441**	4 459	4 459							
48 635,99	I,IV	**8 105**	4 462	4 462	I	6 706	5 380	4 128	2 949	1 844	815
	II	**7 460**	4 462	4 462	II	6 094	4 802	3 583	2 437	1 365	416
	III	**4 358**	4 462	4 462	III	3 286	2 248	1 278	476		
	V	**13 018**	4 462	4 462	IV	7 397	6 706	6 034	5 380	4 745	4 128
	VI	**13 453**	4 462	4 462							
48 671,99	I,IV	**8 116**	4 465	4 465	I	6 716	5 390	4 137	2 958	1 852	822
	II	**7 470**	4 465	4 465	II	6 104	4 811	3 591	2 445	1 373	421
	III	**4 366**	4 465	4 465	III	3 292	2 256	1 286	482		
	V	**13 031**	4 465	4 465	IV	7 407	6 716	6 044	5 390	4 754	4 137
	VI	**13 466**	4 465	4 465							
48 707,99	I,IV	**8 126**	4 468	4 468	I	6 725	5 399	4 145	2 965	1 859	828
	II	**7 480**	4 468	4 468	II	6 113	4 819	3 599	2 453	1 380	427
	III	**4 374**	4 468	4 468	III	3 300	2 264	1 292	486		
	V	**13 043**	4 468	4 468	IV	7 416	6 725	6 053	5 399	4 763	4 145
	VI	**13 478**	4 468	4 468							
48 743,99	I,IV	**8 136**	4 472	4 472	I	6 735	5 408	4 154	2 974	1 867	835
	II	**7 490**	4 472	4 472	II	6 122	4 828	3 608	2 461	1 387	433
	III	**4 382**	4 472	4 472	III	3 308	2 270	1 298	492		
	V	**13 056**	4 472	4 472	IV	7 426	6 735	6 062	5 408	4 772	4 154
	VI	**13 491**	4 472	4 472							
48 779,99	I,IV	**8 146**	4 475	4 475	I	6 745	5 417	4 163	2 982	1 874	842
	II	**7 500**	4 475	4 475	II	6 132	4 837	3 616	2 469	1 395	438
	III	**4 390**	4 475	4 475	III	3 316	2 278	1 304	496		
	V	**13 068**	4 475	4 475	IV	7 436	6 745	6 072	5 417	4 781	4 163
	VI	**13 503**	4 475	4 475							
48 815,99	I,IV	**8 157**	4 478	4 478	I	6 755	5 426	4 171	2 990	1 882	849
	II	**7 510**	4 478	4 478	II	6 141	4 846	3 625	2 477	1 402	444
	III	**4 398**	4 478	4 478	III	3 322	2 286	1 310	502		
	V	**13 081**	4 478	4 478	IV	7 446	6 755	6 081	5 426	4 790	4 171
	VI	**13 516**	4 478	4 478							

* Zur LSt-Berechnung für privat versicherte Arbeitnehmer s. Beispiele **Vorbemerkung S. 4f.**
** Basisvorsorgepauschale KV und PV *** Typisierter Arbeitgeberzuschuss

Lohn/ Gehalt in € bis	Steuerklasse	Lohn-steuer*	BVSP**	TAGZ***	Steuerklasse	Bemessungsgrundlage für Kirchensteuer und Solidaritätszuschlag – Freibeträge für ... Kinder 0,5	1,0	1,5	2,0	2,5	3,0
48 851,99	I,IV	**8 167**	4 482	4 482	I	6 764	5 436	4 180	2 998	1 890	856
	II	**7 520**	4 482	4 482	II	6 151	4 855	3 633	2 485	1 410	450
	III	**4 404**	4 482	4 482	III	3 330	2 292	1 318	506		
	V	**13 093**	4 482	4 482	IV	7 456	6 764	6 091	5 436	4 799	4 180
	VI	**13 529**	4 482	4 482							
48 887,99	I,IV	**8 177**	4 485	4 485	I	6 774	5 445	4 189	3 006	1 897	863
	II	**7 530**	4 485	4 485	II	6 160	4 864	3 642	2 493	1 417	456
	III	**4 412**	4 485	4 485	III	3 338	2 300	1 324	512		
	V	**13 106**	4 485	4 485	IV	7 466	6 774	6 100	5 445	4 808	4 189
	VI	**13 541**	4 485	4 485							
48 923,99	I,IV	**8 187**	4 488	4 488	I	6 784	5 454	4 198	3 015	1 905	870
	II	**7 540**	4 488	4 488	II	6 170	4 873	3 650	2 501	1 425	462
	III	**4 420**	4 488	4 488	III	3 346	2 308	1 330	518		
	V	**13 119**	4 488	4 488	IV	7 477	6 784	6 110	5 454	4 817	4 198
	VI	**13 554**	4 488	4 488							
48 959,99	I,IV	**8 198**	4 492	4 492	I	6 794	5 463	4 206	3 023	1 913	877
	II	**7 550**	4 492	4 492	II	6 179	4 882	3 659	2 509	1 432	468
	III	**4 428**	4 492	4 492	III	3 354	2 314	1 336	522		
	V	**13 131**	4 492	4 492	IV	7 487	6 794	6 119	5 463	4 826	4 206
	VI	**13 566**	4 492	4 492							
48 995,99	I,IV	**8 208**	4 495	4 495	I	6 804	5 473	4 215	3 031	1 920	884
	II	**7 560**	4 495	4 495	II	6 189	4 891	3 667	2 517	1 439	473
	III	**4 436**	4 495	4 495	III	3 360	2 322	1 344	528		
	V	**13 144**	4 495	4 495	IV	7 497	6 804	6 129	5 473	4 835	4 215
	VI	**13 579**	4 495	4 495							
49 031,99	I,IV	**8 218**	4 498	4 498	I	6 813	5 482	4 223	3 039	1 928	891
	II	**7 570**	4 498	4 498	II	6 198	4 900	3 675	2 524	1 447	479
	III	**4 444**	4 498	4 498	III	3 368	2 328	1 350	532		
	V	**13 156**	4 498	4 498	IV	7 506	6 813	6 138	5 482	4 843	4 223
	VI	**13 591**	4 498	4 498							
49 067,99	I,IV	**8 228**	4 501	4 501	I	6 823	5 491	4 232	3 047	1 935	898
	II	**7 580**	4 501	4 501	II	6 208	4 909	3 684	2 532	1 454	485
	III	**4 452**	4 501	4 501	III	3 376	2 336	1 356	538		
	V	**13 169**	4 501	4 501	IV	7 516	6 823	6 148	5 491	4 852	4 232
	VI	**13 604**	4 501	4 501							
49 103,99	I,IV	**8 239**	4 505	4 505	I	6 833	5 500	4 241	3 055	1 943	905
	II	**7 590**	4 505	4 505	II	6 217	4 918	3 692	2 540	1 462	491
	III	**4 460**	4 505	4 505	III	3 382	2 344	1 362	542		
	V	**13 181**	4 505	4 505	IV	7 526	6 833	6 157	5 500	4 861	4 241
	VI	**13 616**	4 505	4 505							
49 139,99	I,IV	**8 249**	4 508	4 508	I	6 842	5 509	4 250	3 064	1 951	912
	II	**7 600**	4 508	4 508	II	6 227	4 927	3 701	2 548	1 469	497
	III	**4 468**	4 508	4 508	III	3 390	2 350	1 368	548		
	V	**13 194**	4 508	4 508	IV	7 536	6 842	6 167	5 509	4 870	4 250
	VI	**13 629**	4 508	4 508							
49 175,99	I,IV	**8 259**	4 511	4 511	I	6 852	5 519	4 258	3 072	1 959	919
	II	**7 610**	4 511	4 511	II	6 236	4 936	3 709	2 556	1 476	503
	III	**4 474**	4 511	4 511	III	3 398	2 358	1 376	554		
	V	**13 206**	4 511	4 511	IV	7 547	6 852	6 176	5 519	4 879	4 258
	VI	**13 642**	4 511	4 511							
49 211,99	I,IV	**8 270**	4 515	4 515	I	6 862	5 528	4 267	3 080	1 966	926
	II	**7 620**	4 515	4 515	II	6 246	4 945	3 718	2 564	1 484	509
	III	**4 482**	4 515	4 515	III	3 406	2 364	1 382	558		
	V	**13 219**	4 515	4 515	IV	7 557	6 862	6 186	5 528	4 888	4 267
	VI	**13 654**	4 515	4 515							
49 247,99	I,IV	**8 280**	4 518	4 518	I	6 872	5 537	4 276	3 088	1 974	933
	II	**7 630**	4 518	4 518	II	6 256	4 954	3 727	2 572	1 491	515
	III	**4 490**	4 518	4 518	III	3 414	2 372	1 388	564		
	V	**13 232**	4 518	4 518	IV	7 567	6 872	6 195	5 537	4 897	4 276
	VI	**13 667**	4 518	4 518							

* Zur LSt-Berechnung für privat versicherte Arbeitnehmer s. Beispiele **Vorbemerkung S. 4 f.**
** Basisvorsorgepauschale KV und PV *** Typisierter Arbeitgeberzuschuss

Lohn/ Gehalt in € bis	Steuerklasse	Lohn-steuer*	BVSP**	TAGZ***	Steuerklasse	Bemessungsgrundlage für Kirchensteuer und Solidaritätszuschlag – Freibeträge für ... Kinder 0,5	**1,0**	1,5	**2,0**	2,5	**3,0**
49 283,99	I,IV	**8 290**	4 521	4 521	I	6 882	5 546	4 285	3 096	1 982	940
	II	**7 640**	4 521	4 521	II	6 265	4 963	3 735	2 580	1 499	521
	III	**4 498**	4 521	4 521	III	3 420	2 380	1 394	570		
	V	**13 244**	4 521	4 521	IV	7 577	6 882	6 205	5 546	4 906	4 285
	VI	**13 679**	4 521	4 521							
49 319,99	I,IV	**8 301**	4 525	4 525	I	6 891	5 556	4 293	3 105	1 989	948
	II	**7 650**	4 525	4 525	II	6 275	4 972	3 744	2 588	1 506	527
	III	**4 506**	4 525	4 525	III	3 428	2 386	1 402	574		
	V	**13 257**	4 525	4 525	IV	7 587	6 891	6 214	5 556	4 915	4 293
	VI	**13 692**	4 525	4 525							
49 355,99	I,IV	**8 311**	4 528	4 528	I	6 901	5 565	4 302	3 113	1 997	955
	II	**7 660**	4 528	4 528	II	6 284	4 981	3 752	2 596	1 514	533
	III	**4 514**	4 528	4 528	III	3 436	2 394	1 408	580		
	V	**13 269**	4 528	4 528	IV	7 597	6 901	6 224	5 565	4 924	4 302
	VI	**13 704**	4 528	4 528							
49 391,99	I,IV	**8 321**	4 531	4 531	I	6 911	5 574	4 311	3 121	2 005	962
	II	**7 670**	4 531	4 531	II	6 294	4 990	3 760	2 604	1 521	539
	III	**4 522**	4 531	4 531	III	3 444	2 402	1 414	586		
	V	**13 282**	4 531	4 531	IV	7 607	6 911	6 233	5 574	4 933	4 311
	VI	**13 717**	4 531	4 531							
49 427,99	I,IV	**8 331**	4 535	4 535	I	6 921	5 583	4 320	3 129	2 012	969
	II	**7 680**	4 535	4 535	II	6 303	4 999	3 769	2 612	1 529	545
	III	**4 530**	4 535	4 535	III	3 450	2 408	1 420	590		
	V	**13 294**	4 535	4 535	IV	7 617	6 921	6 243	5 583	4 942	4 320
	VI	**13 729**	4 535	4 535							
49 463,99	I,IV	**8 342**	4 538	4 538	I	6 930	5 593	4 328	3 137	2 020	976
	II	**7 691**	4 538	4 538	II	6 313	5 008	3 777	2 620	1 536	551
	III	**4 538**	4 538	4 538	III	3 458	2 416	1 428	596		
	V	**13 307**	4 538	4 538	IV	7 627	6 930	6 252	5 593	4 951	4 328
	VI	**13 742**	4 538	4 538							
49 499,99	I,IV	**8 352**	4 541	4 541	I	6 940	5 602	4 337	3 146	2 028	983
	II	**7 701**	4 541	4 541	II	6 322	5 017	3 786	2 628	1 544	557
	III	**4 546**	4 541	4 541	III	3 466	2 424	1 434	602		
	V	**13 319**	4 541	4 541	IV	7 637	6 940	6 262	5 602	4 960	4 337
	VI	**13 755**	4 541	4 541							
49 535,99	I,IV	**8 362**	4 544	4 544	I	6 950	5 611	4 346	3 154	2 036	991
	II	**7 711**	4 544	4 544	II	6 332	5 026	3 795	2 636	1 551	563
	III	**4 554**	4 544	4 544	III	3 474	2 430	1 440	606		
	V	**13 332**	4 544	4 544	IV	7 647	6 950	6 271	5 611	4 969	4 346
	VI	**13 767**	4 544	4 544							
49 571,99	I,IV	**8 373**	4 548	4 548	I	6 960	5 621	4 355	3 162	2 043	998
	II	**7 721**	4 548	4 548	II	6 341	5 036	3 803	2 644	1 559	569
	III	**4 562**	4 548	4 548	III	3 482	2 438	1 448	612		
	V	**13 345**	4 548	4 548	IV	7 657	6 960	6 281	5 621	4 978	4 355
	VI	**13 780**	4 548	4 548							
49 607,99	I,IV	**8 383**	4 551	4 551	I	6 970	5 630	4 363	3 170	2 051	1 005
	II	**7 731**	4 551	4 551	II	6 351	5 045	3 812	2 652	1 566	576
	III	**4 570**	4 551	4 551	III	3 488	2 446	1 454	618		
	V	**13 357**	4 551	4 551	IV	7 667	6 970	6 291	5 630	4 987	4 363
	VI	**13 792**	4 551	4 551							
49 643,99	I,IV	**8 393**	4 554	4 554	I	6 979	5 639	4 372	3 178	2 058	1 012
	II	**7 741**	4 554	4 554	II	6 360	5 053	3 820	2 660	1 573	582
	III	**4 576**	4 554	4 554	III	3 496	2 452	1 460	622		
	V	**13 369**	4 554	4 554	IV	7 677	6 979	6 300	5 639	4 996	4 372
	VI	**13 805**	4 554	4 554							
49 679,99	I,IV	**8 404**	4 558	4 558	I	6 989	5 648	4 381	3 187	2 066	1 019
	II	**7 751**	4 558	4 558	II	6 370	5 062	3 828	2 668	1 581	588
	III	**4 584**	4 558	4 558	III	3 504	2 460	1 466	628		
	V	**13 382**	4 558	4 558	IV	7 687	6 989	6 309	5 648	5 005	4 381
	VI	**13 817**	4 558	4 558							

* Zur LSt-Berechnung für privat versicherte Arbeitnehmer s. Beispiele **Vorbemerkung S. 4 f.**
** Basisvorsorgepauschale KV und PV *** Typisierter Arbeitgeberzuschuss

Lohn/ Gehalt in € bis	Steuerklasse	Lohnsteuer*	BVSP**	TAGZ***	Steuerklasse	Bemessungsgrundlage für Kirchensteuer und Solidaritätszuschlag					
						Freibeträge für ... Kinder					
						0,5	**1,0**	1,5	**2,0**	2,5	**3,0**
49715,99	I,IV	**8414**	4561	4561	I	6999	5658	4390	3195	2074	1026
	II	**7761**	4561	4561	II	6380	5072	3837	2676	1588	594
	III	**4592**	4561	4561	III	3512	2468	1474	632		
	V	**13395**	4561	4561	IV	7697	6999	6319	5658	5014	4390
	VI	**13830**	4561	4561							
49751,99	I,IV	**8424**	4564	4564	I	7009	5667	4398	3203	2082	1034
	II	**7771**	4564	4564	II	6389	5081	3846	2684	1596	600
	III	**4600**	4564	4564	III	3518	2474	1480	638		
	V	**13407**	4564	4564	IV	7707	7009	6329	5667	5023	4398
	VI	**13842**	4564	4564							
49787,99	I,IV	**8435**	4568	4568	I	7019	5676	4407	3212	2090	1041
	II	**7781**	4568	4568	II	6399	5090	3854	2692	1603	607
	III	**4608**	4568	4568	III	3526	2482	1486	644		
	V	**13420**	4568	4568	IV	7718	7019	6338	5676	5033	4407
	VI	**13855**	4568	4568							
49823,99	I,IV	**8445**	4571	4571	I	7029	5686	4416	3220	2097	1048
	II	**7792**	4571	4571	II	6408	5099	3863	2700	1611	613
	III	**4616**	4571	4571	III	3534	2490	1494	650		
	V	**13432**	4571	4571	IV	7728	7029	6348	5686	5042	4416
	VI	**13868**	4571	4571							
49859,99	I,IV	**8455**	4574	4574	I	7038	5695	4425	3228	2105	1055
	II	**7802**	4574	4574	II	6418	5108	3871	2708	1618	619
	III	**4624**	4574	4574	III	3542	2496	1500	654		
	V	**13445**	4574	4574	IV	7738	7038	6357	5695	5051	4425
	VI	**13880**	4574	4574							
49895,99	I,IV	**8466**	4577	4577	I	7048	5704	4434	3236	2113	1063
	II	**7812**	4577	4577	II	6428	5117	3880	2716	1626	626
	III	**4632**	4577	4577	III	3550	2504	1506	660		
	V	**13458**	4577	4577	IV	7748	7048	6367	5704	5060	4434
	VI	**13893**	4577	4577							
49931,99	I,IV	**8476**	4581	4581	I	7058	5714	4442	3245	2121	1070
	II	**7822**	4581	4581	II	6437	5126	3888	2724	1633	632
	III	**4640**	4581	4581	III	3556	2512	1514	666		
	V	**13470**	4581	4581	IV	7758	7058	6377	5714	5069	4442
	VI	**13905**	4581	4581							
49967,99	I,IV	**8486**	4584	4584	I	7068	5723	4451	3253	2128	1077
	II	**7832**	4584	4584	II	6447	5135	3897	2732	1641	638
	III	**4648**	4584	4584	III	3564	2518	1520	670		
	V	**13482**	4584	4584	IV	7768	7068	6386	5723	5078	4451
	VI	**13917**	4584	4584							
50003,99	I,IV	**8497**	4587	4587	I	7078	5732	4460	3261	2136	1084
	II	**7842**	4587	4587	II	6456	5144	3905	2740	1648	644
	III	**4656**	4587	4587	III	3572	2526	1526	676		
	V	**13495**	4587	4587	IV	7778	7078	6396	5732	5087	4460
	VI	**13930**	4587	4587							
50039,99	I,IV	**8507**	4591	4591	I	7088	5741	4469	3269	2144	1091
	II	**7852**	4591	4591	II	6466	5153	3914	2748	1656	651
	III	**4662**	4591	4591	III	3580	2534	1534	682	6	
	V	**13508**	4591	4591	IV	7788	7088	6405	5741	5096	4469
	VI	**13943**	4591	4591							
50075,99	I,IV	**8518**	4594	4594	I	7097	5751	4478	3278	2151	1099
	II	**7862**	4594	4594	II	6476	5162	3923	2756	1663	657
	III	**4670**	4594	4594	III	3588	2540	1540	688	10	
	V	**13520**	4594	4594	IV	7798	7097	6415	5751	5105	4478
	VI	**13955**	4594	4594							
50111,99	I,IV	**8528**	4597	4597	I	7107	5760	4486	3286	2159	1106
	II	**7873**	4597	4597	II	6485	5172	3931	2764	1671	664
	III	**4678**	4597	4597	III	3594	2548	1546	692	14	
	V	**13533**	4597	4597	IV	7809	7107	6425	5760	5114	4486
	VI	**13968**	4597	4597							

* Zur LSt-Berechnung für privat versicherte Arbeitnehmer s. Beispiele **Vorbemerkung S. 4 f.**
** Basisvorsorgepauschale KV und PV *** Typisierter Arbeitgeberzuschuss

Lohn/ Gehalt in € bis	Steuerklasse	Lohn-steuer*	BVSP**	TAGZ***	Steuerklasse	Bemessungsgrundlage für Kirchensteuer und Solidaritätszuschlag					
						Freibeträge für ... Kinder					
						0,5	**1,0**	1,5	**2,0**	2,5	**3,0**
50 147,99	I,IV	**8 538**	4 601	4 601	I	7 117	5 769	4 495	3 294	2 167	1 113
	II	**7 883**	4 601	4 601	II	6 495	5 181	3 940	2 772	1 679	670
	III	**4 686**	4 601	4 601	III	3 602	2 556	1 554	698	18	
	V	**13 545**	4 601	4 601	IV	7 819	7 117	6 434	5 769	5 123	4 495
	VI	**13 980**	4 601	4 601							
50 183,99	I,IV	**8 549**	4 604	4 604	I	7 127	5 779	4 504	3 303	2 175	1 120
	II	**7 893**	4 604	4 604	II	6 505	5 190	3 948	2 781	1 686	677
	III	**4 694**	4 604	4 604	III	3 610	2 562	1 560	704	22	
	V	**13 558**	4 604	4 604	IV	7 829	7 127	6 444	5 779	5 132	4 504
	VI	**13 993**	4 604	4 604							
50 219,99	I,IV	**8 559**	4 607	4 607	I	7 137	5 788	4 513	3 311	2 183	1 128
	II	**7 903**	4 607	4 607	II	6 514	5 199	3 957	2 789	1 694	683
	III	**4 702**	4 607	4 607	III	3 618	2 570	1 566	710	26	
	V	**13 571**	4 607	4 607	IV	7 839	7 137	6 453	5 788	5 141	4 513
	VI	**14 006**	4 607	4 607							
50 255,99	I,IV	**8 570**	4 610	4 610	I	7 147	5 798	4 522	3 319	2 190	1 135
	II	**7 913**	4 610	4 610	II	6 524	5 208	3 966	2 797	1 701	689
	III	**4 710**	4 610	4 610	III	3 626	2 578	1 574	714	30	
	V	**13 583**	4 610	4 610	IV	7 849	7 147	6 463	5 798	5 151	4 522
	VI	**14 018**	4 610	4 610							
50 291,99	I,IV	**8 580**	4 614	4 614	I	7 157	5 807	4 530	3 327	2 198	1 142
	II	**7 923**	4 614	4 614	II	6 533	5 217	3 974	2 805	1 709	696
	III	**4 718**	4 614	4 614	III	3 632	2 584	1 580	720	34	
	V	**13 595**	4 614	4 614	IV	7 859	7 157	6 472	5 807	5 159	4 530
	VI	**14 030**	4 614	4 614							
50 327,99	I,IV	**8 590**	4 617	4 617	I	7 166	5 816	4 539	3 336	2 206	1 149
	II	**7 933**	4 617	4 617	II	6 543	5 226	3 983	2 813	1 716	702
	III	**4 726**	4 617	4 617	III	3 640	2 592	1 586	726	38	
	V	**13 608**	4 617	4 617	IV	7 869	7 166	6 482	5 816	5 168	4 539
	VI	**14 043**	4 617	4 617							
50 363,99	I,IV	**8 601**	4 620	4 620	I	7 176	5 826	4 548	3 344	2 214	1 157
	II	**7 944**	4 620	4 620	II	6 553	5 235	3 991	2 821	1 724	709
	III	**4 734**	4 620	4 620	III	3 648	2 598	1 594	730	44	
	V	**13 621**	4 620	4 620	IV	7 879	7 176	6 492	5 826	5 178	4 548
	VI	**14 056**	4 620	4 620							
50 399,99	I,IV	**8 611**	4 624	4 624	I	7 186	5 835	4 557	3 353	2 222	1 164
	II	**7 954**	4 624	4 624	II	6 562	5 244	4 000	2 829	1 731	715
	III	**4 742**	4 624	4 624	III	3 656	2 606	1 600	736	48	
	V	**13 633**	4 624	4 624	IV	7 890	7 186	6 501	5 835	5 187	4 557
	VI	**14 068**	4 624	4 624							
50 435,99	I,IV	**8 622**	4 627	4 627	I	7 196	5 844	4 566	3 361	2 229	1 171
	II	**7 964**	4 627	4 627	II	6 572	5 254	4 009	2 837	1 739	722
	III	**4 750**	4 627	4 627	III	3 664	2 614	1 608	742	52	
	V	**13 646**	4 627	4 627	IV	7 900	7 196	6 511	5 844	5 196	4 566
	VI	**14 081**	4 627	4 627							
50 471,99	I,IV	**8 632**	4 630	4 630	I	7 206	5 854	4 575	3 369	2 237	1 179
	II	**7 974**	4 630	4 630	II	6 582	5 263	4 017	2 845	1 746	729
	III	**4 758**	4 630	4 630	III	3 670	2 622	1 614	748	56	
	V	**13 658**	4 630	4 630	IV	7 910	7 206	6 521	5 854	5 205	4 575
	VI	**14 093**	4 630	4 630							
50 507,99	I,IV	**8 643**	4 634	4 634	I	7 216	5 863	4 584	3 378	2 245	1 186
	II	**7 985**	4 634	4 634	II	6 591	5 272	4 026	2 853	1 754	735
	III	**4 764**	4 634	4 634	III	3 678	2 628	1 620	754	60	
	V	**13 671**	4 634	4 634	IV	7 920	7 216	6 530	5 863	5 214	4 584
	VI	**14 106**	4 634	4 634							
50 543,99	I,IV	**8 653**	4 637	4 637	I	7 226	5 873	4 593	3 386	2 253	1 193
	II	**7 995**	4 637	4 637	II	6 601	5 281	4 034	2 861	1 762	742
	III	**4 772**	4 637	4 637	III	3 686	2 636	1 628	758	64	
	V	**13 684**	4 637	4 637	IV	7 930	7 226	6 540	5 873	5 223	4 593
	VI	**14 119**	4 637	4 637							

* Zur LSt-Berechnung für privat versicherte Arbeitnehmer s. Beispiele **Vorbemerkung S. 4 f.**
** Basisvorsorgepauschale KV und PV *** Typisierter Arbeitgeberzuschuss

Lohn/ Gehalt in € bis	Steuerklasse	Lohn-steuer*	BVSP**	TAGZ***	Steuerklasse	Bemessungsgrundlage für Kirchensteuer und Solidaritätszuschlag – Freibeträge für ... Kinder 0,5	1,0	1,5	2,0	2,5	3,0
50579,99	I,IV	**8663**	4640	4640	I	7236	5882	4601	3394	2260	1200
	II	**8005**	4640	4640	II	6611	5290	4043	2869	1769	748
	III	**4780**	4640	4640	III	3694	2644	1634	764	70	
	V	**13696**	4640	4640	IV	7940	7236	6549	5882	5232	4601
	VI	**14131**	4640	4640							
50615,99	I,IV	**8674**	4644	4644	I	7246	5891	4610	3402	2268	1208
	II	**8015**	4644	4644	II	6620	5299	4052	2877	1777	755
	III	**4788**	4644	4644	III	3702	2650	1642	770	74	
	V	**13708**	4644	4644	IV	7950	7246	6559	5891	5241	4610
	VI	**14143**	4644	4644							
50651,99	I,IV	**8684**	4647	4647	I	7256	5901	4619	3411	2276	1215
	II	**8025**	4647	4647	II	6630	5308	4060	2885	1784	762
	III	**4796**	4647	4647	III	3708	2658	1648	776	78	
	V	**13721**	4647	4647	IV	7961	7256	6569	5901	5251	4619
	VI	**14156**	4647	4647							
50687,99	I,IV	**8695**	4650	4650	I	7266	5910	4628	3419	2284	1222
	II	**8035**	4650	4650	II	6640	5318	4069	2894	1792	768
	III	**4804**	4650	4650	III	3716	2666	1656	782	82	
	V	**13734**	4650	4650	IV	7971	7266	6579	5910	5260	4628
	VI	**14169**	4650	4650							
50723,99	I,IV	**8705**	4653	4653	I	7276	5919	4637	3428	2292	1230
	II	**8046**	4653	4653	II	6649	5327	4078	2902	1799	775
	III	**4812**	4653	4653	III	3724	2672	1662	786	86	
	V	**13746**	4653	4653	IV	7981	7276	6588	5919	5269	4637
	VI	**14181**	4653	4653							
50759,99	I,IV	**8716**	4657	4657	I	7285	5929	4646	3436	2300	1237
	II	**8056**	4657	4657	II	6659	5336	4086	2910	1807	782
	III	**4820**	4657	4657	III	3732	2680	1668	792	90	
	V	**13759**	4657	4657	IV	7991	7285	6598	5929	5278	4646
	VI	**14194**	4657	4657							
50795,99	I,IV	**8726**	4660	4660	I	7295	5938	4655	3444	2308	1244
	II	**8066**	4660	4660	II	6669	5345	4095	2918	1815	789
	III	**4828**	4660	4660	III	3740	2688	1676	798	96	
	V	**13771**	4660	4660	IV	8002	7295	6608	5938	5287	4655
	VI	**14206**	4660	4660							
50831,99	I,IV	**8737**	4663	4663	I	7305	5948	4663	3453	2315	1252
	II	**8076**	4663	4663	II	6679	5354	4104	2926	1822	795
	III	**4836**	4663	4663	III	3748	2694	1682	804	100	
	V	**13784**	4663	4663	IV	8012	7305	6617	5948	5296	4663
	VI	**14219**	4663	4663							
50867,99	I,IV	**8747**	4667	4667	I	7315	5957	4672	3461	2323	1259
	II	**8087**	4667	4667	II	6688	5364	4112	2934	1830	802
	III	**4844**	4667	4667	III	3754	2702	1690	810	104	
	V	**13797**	4667	4667	IV	8022	7315	6627	5957	5306	4672
	VI	**14232**	4667	4667							
50903,99	I,IV	**8757**	4670	4670	I	7325	5966	4681	3469	2331	1266
	II	**8097**	4670	4670	II	6698	5372	4121	2942	1837	809
	III	**4852**	4670	4670	III	3762	2710	1696	814	108	
	V	**13809**	4670	4670	IV	8032	7325	6636	5966	5314	4681
	VI	**14244**	4670	4670							
50939,99	I,IV	**8768**	4673	4673	I	7335	5976	4690	3478	2339	1273
	II	**8107**	4673	4673	II	6708	5382	4129	2950	1845	816
	III	**4860**	4673	4673	III	3770	2716	1704	820	112	
	V	**13821**	4673	4673	IV	8042	7335	6646	5976	5324	4690
	VI	**14256**	4673	4673							
50975,99	I,IV	**8778**	4677	4677	I	7345	5985	4699	3486	2347	1281
	II	**8117**	4677	4677	II	6717	5391	4138	2959	1853	823
	III	**4868**	4677	4677	III	3778	2724	1710	826	118	
	V	**13834**	4677	4677	IV	8052	7345	6656	5985	5333	4699
	VI	**14269**	4677	4677							

* Zur LSt-Berechnung für privat versicherte Arbeitnehmer s. Beispiele **Vorbemerkung S. 4f.**
** Basisvorsorgepauschale KV und PV *** Typisierter Arbeitgeberzuschuss

Lohn/ Gehalt in € bis	Steuerklasse	Lohn-steuer*	BVSP**	TAGZ***	Steuerklasse	Bemessungsgrundlage für Kirchensteuer und Solidaritätszuschlag – Freibeträge für ... Kinder 0,5	1,0	1,5	2,0	2,5	3,0
51 011,99	I,IV	**8 789**	4 680	4 680	I	7 355	5 995	4 708	3 494	2 355	1 288
	II	**8 127**	4 680	4 680	II	6 727	5 400	4 147	2 967	1 860	829
	III	**4 876**	4 680	4 680	III	3 786	2 732	1 716	832	122	
	V	**13 847**	4 680	4 680	IV	8 063	7 355	6 666	5 995	5 342	4 708
	VI	**14 282**	4 680	4 680							
51 047,99	I,IV	**8 799**	4 683	4 683	I	7 365	6 004	4 717	3 503	2 362	1 296
	II	**8 138**	4 683	4 683	II	6 737	5 409	4 155	2 975	1 868	836
	III	**4 884**	4 683	4 683	III	3 792	2 738	1 724	838	126	
	V	**13 859**	4 683	4 683	IV	8 073	7 365	6 675	6 004	5 351	4 717
	VI	**14 294**	4 683	4 683							
51 083,99	I,IV	**8 810**	4 686	4 686	I	7 375	6 014	4 726	3 511	2 370	1 303
	II	**8 148**	4 686	4 686	II	6 747	5 419	4 164	2 983	1 876	843
	III	**4 892**	4 686	4 686	III	3 800	2 746	1 730	844	130	
	V	**13 872**	4 686	4 686	IV	8 083	7 375	6 685	6 014	5 361	4 726
	VI	**14 307**	4 686	4 686							
51 119,99	I,IV	**8 820**	4 690	4 690	I	7 385	6 023	4 735	3 520	2 378	1 310
	II	**8 158**	4 690	4 690	II	6 756	5 428	4 173	2 991	1 883	850
	III	**4 900**	4 690	4 690	III	3 808	2 754	1 738	848	134	
	V	**13 884**	4 690	4 690	IV	8 093	7 385	6 695	6 023	5 370	4 735
	VI	**14 319**	4 690	4 690							
51 155,99	I,IV	**8 831**	4 693	4 693	I	7 395	6 033	4 744	3 528	2 386	1 318
	II	**8 169**	4 693	4 693	II	6 766	5 437	4 182	3 000	1 891	857
	III	**4 908**	4 693	4 693	III	3 816	2 762	1 744	854	140	
	V	**13 897**	4 693	4 693	IV	8 104	7 395	6 705	6 033	5 379	4 744
	VI	**14 332**	4 693	4 693							
51 191,99	I,IV	**8 841**	4 696	4 696	I	7 405	6 042	4 753	3 537	2 394	1 325
	II	**8 179**	4 696	4 696	II	6 776	5 446	4 190	3 008	1 899	864
	III	**4 914**	4 696	4 696	III	3 824	2 768	1 752	860	144	
	V	**13 910**	4 696	4 696	IV	8 114	7 405	6 714	6 042	5 388	4 753
	VI	**14 345**	4 696	4 696							
51 227,99	I,IV	**8 852**	4 700	4 700	I	7 415	6 051	4 761	3 545	2 402	1 332
	II	**8 189**	4 700	4 700	II	6 785	5 455	4 199	3 016	1 906	871
	III	**4 922**	4 700	4 700	III	3 832	2 776	1 758	866	148	
	V	**13 922**	4 700	4 700	IV	8 124	7 415	6 724	6 051	5 397	4 761
	VI	**14 357**	4 700	4 700							
51 263,99	I,IV	**8 862**	4 703	4 703	I	7 425	6 061	4 770	3 553	2 410	1 340
	II	**8 199**	4 703	4 703	II	6 795	5 465	4 207	3 024	1 914	878
	III	**4 930**	4 703	4 703	III	3 838	2 784	1 766	872	152	
	V	**13 934**	4 703	4 703	IV	8 134	7 425	6 734	6 061	5 406	4 770
	VI	**14 369**	4 703	4 703							
51 299,99	I,IV	**8 873**	4 706	4 706	I	7 435	6 070	4 779	3 562	2 418	1 347
	II	**8 209**	4 706	4 706	II	6 805	5 474	4 216	3 032	1 921	885
	III	**4 938**	4 706	4 706	III	3 846	2 790	1 772	878	158	
	V	**13 947**	4 706	4 706	IV	8 145	7 435	6 743	6 070	5 416	4 779
	VI	**14 382**	4 706	4 706							
51 335,99	I,IV	**8 883**	4 710	4 710	I	7 445	6 080	4 788	3 570	2 425	1 354
	II	**8 220**	4 710	4 710	II	6 815	5 483	4 225	3 040	1 929	892
	III	**4 946**	4 710	4 710	III	3 854	2 798	1 780	884	162	
	V	**13 959**	4 710	4 710	IV	8 155	7 445	6 753	6 080	5 425	4 788
	VI	**14 395**	4 710	4 710							
51 371,99	I,IV	**8 894**	4 713	4 713	I	7 455	6 089	4 797	3 579	2 433	1 362
	II	**8 230**	4 713	4 713	II	6 824	5 492	4 234	3 048	1 937	899
	III	**4 954**	4 713	4 713	III	3 862	2 806	1 788	890	166	
	V	**13 972**	4 713	4 713	IV	8 165	7 455	6 763	6 089	5 434	4 797
	VI	**14 407**	4 713	4 713							
51 407,99	I,IV	**8 904**	4 716	4 716	I	7 465	6 099	4 806	3 587	2 441	1 369
	II	**8 240**	4 716	4 716	II	6 834	5 502	4 242	3 057	1 944	906
	III	**4 962**	4 716	4 716	III	3 870	2 812	1 794	896	172	
	V	**13 985**	4 716	4 716	IV	8 175	7 465	6 773	6 099	5 443	4 806
	VI	**14 420**	4 716	4 716							

* Zur LSt-Berechnung für privat versicherte Arbeitnehmer s. Beispiele **Vorbemerkung S. 4 f.**
** Basisvorsorgepauschale KV und PV *** Typisierter Arbeitgeberzuschuss

Lohn/ Gehalt in € bis	Steuerklasse	Lohn-steuer*	BVSP**	TAGZ***	Steuerklasse	Bemessungsgrundlage für Kirchensteuer und Solidaritätszuschlag – Freibeträge für ... Kinder 0,5	1,0	1,5	2,0	2,5	3,0
51 443,99	I,IV	**8 915**	4 719	4 719	I	7 475	6 108	4 815	3 595	2 449	1 377
	II	**8 251**	4 719	4 719	II	6 844	5 511	4 251	3 065	1 952	913
	III	**4 970**	4 719	4 719	III	3 878	2 820	1 802	900	176	
	V	**13 997**	4 719	4 719	IV	8 186	7 475	6 782	6 108	5 453	4 815
	VI	**14 432**	4 719	4 719							
51 479,99	I,IV	**8 925**	4 723	4 723	I	7 485	6 118	4 824	3 604	2 457	1 384
	II	**8 261**	4 723	4 723	II	6 854	5 520	4 260	3 073	1 960	920
	III	**4 978**	4 723	4 723	III	3 884	2 828	1 808	906	180	
	V	**14 010**	4 723	4 723	IV	8 196	7 485	6 792	6 118	5 462	4 824
	VI	**14 445**	4 723	4 723							
51 515,99	I,IV	**8 936**	4 726	4 726	I	7 495	6 127	4 833	3 612	2 465	1 391
	II	**8 271**	4 726	4 726	II	6 863	5 529	4 268	3 081	1 967	927
	III	**4 986**	4 726	4 726	III	3 892	2 834	1 814	912	184	
	V	**14 022**	4 726	4 726	IV	8 206	7 495	6 802	6 127	5 471	4 833
	VI	**14 457**	4 726	4 726							
51 551,99	I,IV	**8 946**	4 729	4 729	I	7 505	6 136	4 842	3 621	2 473	1 399
	II	**8 281**	4 729	4 729	II	6 873	5 538	4 277	3 089	1 975	934
	III	**4 994**	4 729	4 729	III	3 900	2 842	1 822	918	190	
	V	**14 035**	4 729	4 729	IV	8 216	7 505	6 811	6 136	5 480	4 842
	VI	**14 470**	4 729	4 729							
51 587,99	I,IV	**8 957**	4 733	4 733	I	7 515	6 146	4 851	3 629	2 481	1 406
	II	**8 292**	4 733	4 733	II	6 883	5 548	4 286	3 098	1 983	941
	III	**5 002**	4 733	4 733	III	3 908	2 850	1 828	924	194	
	V	**14 047**	4 733	4 733	IV	8 227	7 515	6 821	6 146	5 489	4 851
	VI	**14 482**	4 733	4 733							
51 623,99	I,IV	**8 967**	4 736	4 736	I	7 525	6 156	4 860	3 638	2 489	1 413
	II	**8 302**	4 736	4 736	II	6 893	5 557	4 295	3 106	1 990	949
	III	**5 010**	4 736	4 736	III	3 916	2 858	1 836	930	198	
	V	**14 060**	4 736	4 736	IV	8 237	7 525	6 831	6 156	5 498	4 860
	VI	**14 495**	4 736	4 736							
51 659,99	I,IV	**8 978**	4 739	4 739	I	7 535	6 165	4 869	3 646	2 497	1 421
	II	**8 312**	4 739	4 739	II	6 903	5 566	4 303	3 114	1 998	956
	III	**5 018**	4 739	4 739	III	3 922	2 864	1 844	936	202	
	V	**14 072**	4 739	4 739	IV	8 247	7 535	6 841	6 165	5 508	4 869
	VI	**14 508**	4 739	4 739							
51 695,99	I,IV	**8 989**	4 743	4 743	I	7 545	6 175	4 878	3 655	2 505	1 428
	II	**8 323**	4 743	4 743	II	6 912	5 576	4 312	3 122	2 006	963
	III	**5 026**	4 743	4 743	III	3 930	2 872	1 850	942	208	
	V	**14 085**	4 743	4 743	IV	8 258	7 545	6 851	6 175	5 517	4 878
	VI	**14 520**	4 743	4 743							
51 731,99	I,IV	**8 999**	4 746	4 746	I	7 555	6 184	4 887	3 663	2 513	1 436
	II	**8 333**	4 746	4 746	II	6 922	5 585	4 321	3 131	2 014	970
	III	**5 034**	4 746	4 746	III	3 938	2 880	1 858	948	212	
	V	**14 098**	4 746	4 746	IV	8 268	7 555	6 860	6 184	5 526	4 887
	VI	**14 533**	4 746	4 746							
51 767,99	I,IV	**9 010**	4 749	4 749	I	7 565	6 194	4 896	3 671	2 521	1 443
	II	**8 343**	4 749	4 749	II	6 932	5 594	4 330	3 139	2 021	977
	III	**5 042**	4 749	4 749	III	3 946	2 886	1 864	954	216	
	V	**14 110**	4 749	4 749	IV	8 278	7 565	6 870	6 194	5 536	4 896
	VI	**14 545**	4 749	4 749							
51 803,99	I,IV	**9 020**	4 753	4 753	I	7 575	6 203	4 905	3 680	2 529	1 451
	II	**8 354**	4 753	4 753	II	6 942	5 603	4 339	3 147	2 029	985
	III	**5 050**	4 753	4 753	III	3 954	2 894	1 872	960	222	
	V	**14 123**	4 753	4 753	IV	8 289	7 575	6 880	6 203	5 545	4 905
	VI	**14 558**	4 753	4 753							
51 839,99	I,IV	**9 031**	4 756	4 756	I	7 585	6 212	4 914	3 688	2 536	1 458
	II	**8 364**	4 756	4 756	II	6 951	5 612	4 347	3 155	2 037	992
	III	**5 058**	4 756	4 756	III	3 962	2 902	1 878	964	226	
	V	**14 135**	4 756	4 756	IV	8 299	7 585	6 889	6 212	5 554	4 914
	VI	**14 570**	4 756	4 756							

* Zur LSt-Berechnung für privat versicherte Arbeitnehmer s. Beispiele **Vorbemerkung S. 4 f.**
** Basisvorsorgepauschale KV und PV *** Typisierter Arbeitgeberzuschuss

Lohn/ Gehalt in € bis	Steuerklasse	Lohn-steuer*	BVSP**	TAGZ***	Steuerklasse	Bemessungsgrundlage für Kirchensteuer und Solidaritätszuschlag – Freibeträge für ... Kinder 0,5	**1,0**	1,5	**2,0**	2,5	**3,0**
51 875,99	I,IV	**9041**	4759	4759	I	7595	6222	4923	3697	2544	1465
	II	**8374**	4759	4759	II	6961	5622	4356	3163	2044	999
	III	**5066**	4759	4759	III	3970	2910	1886	970	230	
	V	**14148**	4759	4759	IV	8309	7595	6899	6222	5563	4923
	VI	**14583**	4759	4759							
51 911,99	I,IV	**9052**	4762	4762	I	7605	6232	4932	3705	2552	1473
	II	**8385**	4762	4762	II	6971	5631	4365	3172	2052	1006
	III	**5074**	4762	4762	III	3976	2916	1894	976	236	
	V	**14160**	4762	4762	IV	8319	7605	6909	6232	5572	4932
	VI	**14595**	4762	4762							
51 947,99	I,IV	**9062**	4766	4766	I	7615	6241	4941	3714	2560	1480
	II	**8395**	4766	4766	II	6981	5640	4373	3180	2060	1013
	III	**5082**	4766	4766	III	3984	2924	1900	982	240	
	V	**14173**	4766	4766	IV	8330	7615	6919	6241	5582	4941
	VI	**14608**	4766	4766							
51 983,99	I,IV	**9073**	4769	4769	I	7625	6251	4950	3722	2568	1488
	II	**8405**	4769	4769	II	6991	5650	4382	3188	2068	1020
	III	**5090**	4769	4769	III	3992	2932	1908	988	244	
	V	**14185**	4769	4769	IV	8340	7625	6929	6251	5591	4950
	VI	**14621**	4769	4769							
52 019,99	I,IV	**9084**	4772	4772	I	7635	6260	4959	3731	2576	1495
	II	**8416**	4772	4772	II	7001	5659	4391	3196	2075	1028
	III	**5098**	4772	4772	III	4000	2940	1914	994	250	
	V	**14198**	4772	4772	IV	8350	7635	6939	6260	5600	4959
	VI	**14633**	4772	4772							
52 055,99	I,IV	**9094**	4776	4776	I	7645	6270	4968	3739	2584	1503
	II	**8426**	4776	4776	II	7011	5668	4400	3205	2083	1035
	III	**5106**	4776	4776	III	4008	2946	1922	1000	254	
	V	**14211**	4776	4776	IV	8361	7645	6948	6270	5610	4968
	VI	**14646**	4776	4776							
52 091,99	I,IV	**9105**	4779	4779	I	7655	6279	4977	3748	2592	1510
	II	**8436**	4779	4779	II	7020	5678	4409	3213	2091	1042
	III	**5114**	4779	4779	III	4016	2954	1930	1006	258	
	V	**14223**	4779	4779	IV	8371	7655	6958	6279	5619	4977
	VI	**14658**	4779	4779							
52 127,99	I,IV	**9116**	4782	4782	I	7666	6289	4986	3756	2600	1518
	II	**8447**	4782	4782	II	7030	5687	4417	3221	2099	1049
	III	**5122**	4782	4782	III	4024	2962	1936	1012	264	
	V	**14236**	4782	4782	IV	8381	7666	6968	6289	5628	4986
	VI	**14671**	4782	4782							
52 163,99	I,IV	**9126**	4786	4786	I	7675	6298	4995	3765	2608	1525
	II	**8457**	4786	4786	II	7040	5696	4426	3229	2106	1056
	III	**5128**	4786	4786	III	4030	2968	1944	1018	268	
	V	**14248**	4786	4786	IV	8391	7675	6978	6298	5637	4995
	VI	**14683**	4786	4786							
52 199,99	I,IV	**9137**	4789	4789	I	7685	6308	5004	3773	2616	1532
	II	**8467**	4789	4789	II	7050	5705	4435	3238	2114	1064
	III	**5136**	4789	4789	III	4038	2976	1950	1024	272	
	V	**14261**	4789	4789	IV	8402	7685	6988	6308	5647	5004
	VI	**14696**	4789	4789							
52 235,99	I,IV	**9147**	4792	4792	I	7696	6317	5013	3782	2624	1540
	II	**8478**	4792	4792	II	7060	5715	4444	3246	2122	1071
	III	**5144**	4792	4792	III	4046	2984	1958	1030	278	
	V	**14273**	4792	4792	IV	8412	7696	6997	6317	5656	5013
	VI	**14708**	4792	4792							
52 271,99	I,IV	**9158**	4795	4795	I	7706	6327	5022	3790	2632	1547
	II	**8488**	4795	4795	II	7069	5724	4452	3254	2129	1078
	III	**5152**	4795	4795	III	4054	2990	1964	1036	282	
	V	**14286**	4795	4795	IV	8423	7706	7007	6327	5665	5022
	VI	**14721**	4795	4795							

* Zur LSt-Berechnung für privat versicherte Arbeitnehmer s. Beispiele **Vorbemerkung S. 4f.**
** Basisvorsorgepauschale KV und PV *** Typisierter Arbeitgeberzuschuss

Lohn/ Gehalt in € bis	Steuerklasse	Lohn-steuer*	BVSP**	TAGZ***	Steuerklasse	Bemessungsgrundlage für Kirchensteuer und Solidaritätszuschlag – Freibeträge für ... Kinder 0,5	1,0	1,5	2,0	2,5	3,0
52 307,99	I,IV	**9 168**	4 799	4 799	I	7 716	6 337	5 031	3 799	2 640	1 555
	II	**8 499**	4 799	4 799	II	7 079	5 734	4 461	3 263	2 137	1 085
	III	**5 160**	4 799	4 799	III	4 062	2 998	1 972	1 042	288	
	V	**14 298**	4 799	4 799	IV	8 433	7 716	7 017	6 337	5 675	5 031
	VI	**14 734**	4 799	4 799							
52 343,99	I,IV	**9 179**	4 802	4 802	I	7 726	6 346	5 040	3 807	2 648	1 562
	II	**8 509**	4 802	4 802	II	7 089	5 743	4 470	3 271	2 145	1 093
	III	**5 168**	4 802	4 802	III	4 068	3 006	1 980	1 048	292	
	V	**14 311**	4 802	4 802	IV	8 443	7 726	7 027	6 346	5 684	5 040
	VI	**14 746**	4 802	4 802							
52 379,99	I,IV	**9 190**	4 805	4 805	I	7 736	6 356	5 049	3 816	2 656	1 570
	II	**8 519**	4 805	4 805	II	7 099	5 752	4 479	3 279	2 153	1 100
	III	**5 176**	4 805	4 805	III	4 076	3 014	1 986	1 054	296	
	V	**14 324**	4 805	4 805	IV	8 454	7 736	7 037	6 356	5 693	5 049
	VI	**14 759**	4 805	4 805							
52 415,99	I,IV	**9 200**	4 809	4 809	I	7 746	6 366	5 058	3 824	2 664	1 577
	II	**8 530**	4 809	4 809	II	7 109	5 762	4 488	3 287	2 161	1 107
	III	**5 184**	4 809	4 809	III	4 084	3 020	1 994	1 060	302	
	V	**14 336**	4 809	4 809	IV	8 464	7 746	7 047	6 366	5 703	5 058
	VI	**14 771**	4 809	4 809							
52 451,99	I,IV	**9 211**	4 812	4 812	I	7 756	6 375	5 067	3 833	2 672	1 585
	II	**8 540**	4 812	4 812	II	7 119	5 771	4 496	3 296	2 168	1 114
	III	**5 192**	4 812	4 812	III	4 092	3 028	2 000	1 066	306	
	V	**14 348**	4 812	4 812	IV	8 474	7 756	7 056	6 375	5 712	5 067
	VI	**14 784**	4 812	4 812							
52 487,99	I,IV	**9 221**	4 815	4 815	I	7 766	6 384	5 076	3 841	2 680	1 592
	II	**8 550**	4 815	4 815	II	7 128	5 780	4 505	3 304	2 176	1 121
	III	**5 200**	4 815	4 815	III	4 100	3 036	2 008	1 072	312	
	V	**14 361**	4 815	4 815	IV	8 485	7 766	7 066	6 384	5 721	5 076
	VI	**14 796**	4 815	4 815							
52 523,99	I,IV	**9 232**	4 819	4 819	I	7 776	6 394	5 085	3 850	2 688	1 600
	II	**8 561**	4 819	4 819	II	7 138	5 790	4 514	3 312	2 184	1 129
	III	**5 208**	4 819	4 819	III	4 108	3 044	2 016	1 078	316	
	V	**14 374**	4 819	4 819	IV	8 495	7 776	7 076	6 394	5 730	5 085
	VI	**14 809**	4 819	4 819							
52 559,99	I,IV	**9 243**	4 822	4 822	I	7 786	6 404	5 094	3 858	2 696	1 607
	II	**8 571**	4 822	4 822	II	7 148	5 799	4 523	3 321	2 192	1 136
	III	**5 216**	4 822	4 822	III	4 116	3 050	2 022	1 084	320	
	V	**14 386**	4 822	4 822	IV	8 505	7 786	7 086	6 404	5 740	5 094
	VI	**14 821**	4 822	4 822							
52 595,99	I,IV	**9 253**	4 825	4 825	I	7 797	6 413	5 103	3 867	2 704	1 615
	II	**8 582**	4 825	4 825	II	7 158	5 808	4 532	3 329	2 199	1 143
	III	**5 226**	4 825	4 825	III	4 124	3 058	2 030	1 090	326	
	V	**14 399**	4 825	4 825	IV	8 516	7 797	7 096	6 413	5 749	5 103
	VI	**14 834**	4 825	4 825							
52 631,99	I,IV	**9 264**	4 828	4 828	I	7 807	6 423	5 113	3 876	2 712	1 622
	II	**8 592**	4 828	4 828	II	7 168	5 818	4 541	3 337	2 207	1 151
	III	**5 234**	4 828	4 828	III	4 130	3 066	2 036	1 096	330	
	V	**14 411**	4 828	4 828	IV	8 526	7 807	7 106	6 423	5 759	5 113
	VI	**14 847**	4 828	4 828							
52 667,99	I,IV	**9 275**	4 832	4 832	I	7 817	6 433	5 122	3 884	2 720	1 630
	II	**8 602**	4 832	4 832	II	7 178	5 827	4 550	3 346	2 215	1 158
	III	**5 242**	4 832	4 832	III	4 138	3 074	2 044	1 102	336	
	V	**14 424**	4 832	4 832	IV	8 537	7 817	7 116	6 433	5 768	5 122
	VI	**14 859**	4 832	4 832							
52 703,99	I,IV	**9 286**	4 835	4 835	I	7 827	6 442	5 131	3 893	2 728	1 637
	II	**8 613**	4 835	4 835	II	7 188	5 836	4 558	3 354	2 223	1 165
	III	**5 250**	4 835	4 835	III	4 146	3 080	2 052	1 110	340	
	V	**14 437**	4 835	4 835	IV	8 547	7 827	7 125	6 442	5 777	5 131
	VI	**14 872**	4 835	4 835							

* Zur LSt-Berechnung für privat versicherte Arbeitnehmer s. Beispiele **Vorbemerkung S. 4 f.**
** Basisvorsorgepauschale KV und PV *** Typisierter Arbeitgeberzuschuss

Lohn/ Gehalt in € bis	Steuerklasse	Lohn-steuer*	BVSP**	TAGZ***	Steuerklasse	Bemessungsgrundlage für Kirchensteuer und Solidaritätszuschlag					
						Freibeträge für ... Kinder					
						0,5	**1,0**	1,5	**2,0**	2,5	**3,0**
52739,99	I,IV	**9296**	4838	4838	I	7837	6452	5140	3901	2736	1645
	II	**8623**	4838	4838	II	7198	5846	4567	3362	2231	1173
	III	**5258**	4838	4838	III	4154	3088	2058	1116	346	
	V	**14449**	4838	4838	IV	8558	7837	7135	6452	5787	5140
	VI	**14884**	4838	4838							
52775,99	I,IV	**9307**	4842	4842	I	7847	6461	5149	3910	2744	1652
	II	**8634**	4842	4842	II	7208	5855	4576	3370	2238	1180
	III	**5264**	4842	4842	III	4162	3096	2066	1120	350	
	V	**14461**	4842	4842	IV	8568	7847	7145	6461	5796	5149
	VI	**14897**	4842	4842							
52811,99	I,IV	**9317**	4845	4845	I	7857	6471	5158	3918	2752	1660
	II	**8644**	4845	4845	II	7217	5864	4585	3379	2246	1187
	III	**5272**	4845	4845	III	4170	3102	2072	1128	354	
	V	**14474**	4845	4845	IV	8578	7857	7155	6471	5805	5158
	VI	**14909**	4845	4845							
52847,99	I,IV	**9328**	4848	4848	I	7868	6481	5167	3927	2760	1667
	II	**8654**	4848	4848	II	7227	5874	4594	3387	2254	1194
	III	**5280**	4848	4848	III	4176	3110	2080	1134	360	
	V	**14487**	4848	4848	IV	8589	7868	7165	6481	5815	5167
	VI	**14922**	4848	4848							
52883,99	I,IV	**9339**	4852	4852	I	7878	6490	5176	3936	2768	1675
	II	**8665**	4852	4852	II	7237	5883	4603	3395	2262	1202
	III	**5288**	4852	4852	III	4184	3118	2088	1140	364	
	V	**14499**	4852	4852	IV	8599	7878	7175	6490	5824	5176
	VI	**14934**	4852	4852							
52919,99	I,IV	**9349**	4855	4855	I	7888	6500	5185	3944	2776	1682
	II	**8675**	4855	4855	II	7247	5893	4611	3404	2270	1209
	III	**5296**	4855	4855	III	4192	3126	2094	1146	370	
	V	**14512**	4855	4855	IV	8609	7888	7185	6500	5833	5185
	VI	**14947**	4855	4855							
52955,99	I,IV	**9360**	4858	4858	I	7898	6509	5194	3953	2785	1690
	II	**8686**	4858	4858	II	7257	5902	4620	3412	2277	1216
	III	**5304**	4858	4858	III	4200	3132	2102	1152	374	
	V	**14524**	4858	4858	IV	8620	7898	7195	6509	5843	5194
	VI	**14960**	4858	4858							
52991,99	I,IV	**9371**	4862	4862	I	7908	6519	5204	3961	2793	1697
	II	**8696**	4862	4862	II	7267	5912	4629	3421	2285	1223
	III	**5312**	4862	4862	III	4208	3140	2108	1158	380	
	V	**14537**	4862	4862	IV	8630	7908	7205	6519	5852	5204
	VI	**14972**	4862	4862							
53027,99	I,IV	**9382**	4865	4865	I	7918	6529	5213	3970	2801	1705
	II	**8707**	4865	4865	II	7277	5921	4638	3429	2293	1231
	III	**5320**	4865	4865	III	4216	3148	2116	1164	384	
	V	**14550**	4865	4865	IV	8641	7918	7214	6529	5862	5213
	VI	**14985**	4865	4865							
53063,99	I,IV	**9392**	4868	4868	I	7929	6539	5222	3979	2809	1713
	II	**8717**	4868	4868	II	7287	5930	4647	3437	2301	1238
	III	**5328**	4868	4868	III	4224	3156	2124	1170	390	
	V	**14562**	4868	4868	IV	8651	7929	7224	6539	5871	5222
	VI	**14997**	4868	4868							
53099,99	I,IV	**9403**	4871	4871	I	7939	6548	5231	3987	2817	1720
	II	**8727**	4871	4871	II	7297	5940	4656	3445	2309	1245
	III	**5336**	4871	4871	III	4232	3162	2130	1176	394	
	V	**14574**	4871	4871	IV	8661	7939	7234	6548	5880	5231
	VI	**15009**	4871	4871							
53135,99	I,IV	**9413**	4875	4875	I	7949	6558	5240	3996	2825	1728
	II	**8738**	4875	4875	II	7307	5949	4665	3454	2316	1253
	III	**5344**	4875	4875	III	4240	3170	2138	1182	398	
	V	**14587**	4875	4875	IV	8672	7949	7244	6558	5890	5240
	VI	**15022**	4875	4875							

* Zur LSt-Berechnung für privat versicherte Arbeitnehmer s. Beispiele **Vorbemerkung S. 4f.**
** Basisvorsorgepauschale KV und PV *** Typisierter Arbeitgeberzuschuss

Lohn/ Gehalt in € bis	Steuerklasse	Lohnsteuer*	BVSP**	TAGZ***	Steuerklasse	Bemessungsgrundlage für Kirchensteuer und Solidaritätszuschlag – Freibeträge für ... Kinder 0,5	1,0	1,5	2,0	2,5	3,0
53171,99	I,IV	**9424**	4878	4878	I	7959	6567	5249	4004	2833	1735
	II	**8748**	4878	4878	II	7317	5958	4674	3462	2324	1260
	III	**5352**	4878	4878	III	4246	3178	2146	1188	404	
	V	**14600**	4878	4878	IV	8682	7959	7254	6567	5899	5249
	VI	**15035**	4878	4878							
53207,99	I,IV	**9435**	4881	4881	I	7969	6577	5258	4013	2841	1743
	II	**8759**	4881	4881	II	7327	5968	4683	3471	2332	1267
	III	**5360**	4881	4881	III	4254	3186	2152	1196	408	
	V	**14612**	4881	4881	IV	8693	7969	7264	6577	5908	5258
	VI	**15047**	4881	4881							
53243,99	I,IV	**9446**	4885	4885	I	7979	6587	5267	4022	2849	1750
	II	**8770**	4885	4885	II	7337	5977	4691	3479	2340	1275
	III	**5370**	4885	4885	III	4262	3192	2160	1202	414	
	V	**14625**	4885	4885	IV	8703	7979	7274	6587	5918	5267
	VI	**15060**	4885	4885							
53279,99	I,IV	**9456**	4888	4888	I	7990	6596	5277	4030	2857	1758
	II	**8780**	4888	4888	II	7347	5987	4700	3487	2348	1282
	III	**5378**	4888	4888	III	4270	3200	2166	1208	418	
	V	**14637**	4888	4888	IV	8714	7990	7284	6596	5927	5277
	VI	**15072**	4888	4888							
53315,99	I,IV	**9467**	4891	4891	I	8000	6606	5286	4039	2865	1765
	II	**8791**	4891	4891	II	7357	5996	4709	3496	2356	1289
	III	**5386**	4891	4891	III	4278	3208	2174	1214	424	
	V	**14650**	4891	4891	IV	8724	8000	7294	6606	5937	5286
	VI	**15085**	4891	4891							
53351,99	I,IV	**9478**	4895	4895	I	8010	6616	5295	4047	2874	1773
	II	**8801**	4895	4895	II	7367	6006	4718	3504	2364	1297
	III	**5394**	4895	4895	III	4286	3216	2182	1220	430	
	V	**14663**	4895	4895	IV	8735	8010	7304	6616	5946	5295
	VI	**15098**	4895	4895							
53387,99	I,IV	**9489**	4898	4898	I	8020	6625	5304	4056	2882	1781
	II	**8812**	4898	4898	II	7377	6015	4727	3513	2372	1304
	III	**5402**	4898	4898	III	4294	3222	2188	1226	434	
	V	**14675**	4898	4898	IV	8745	8020	7314	6625	5956	5304
	VI	**15110**	4898	4898							
53423,99	I,IV	**9499**	4901	4901	I	8030	6635	5313	4065	2890	1788
	II	**8822**	4901	4901	II	7386	6024	4736	3521	2379	1311
	III	**5408**	4901	4901	III	4300	3230	2196	1232	438	
	V	**14687**	4901	4901	IV	8755	8030	7323	6635	5965	5313
	VI	**15122**	4901	4901							
53459,99	I,IV	**9510**	4904	4904	I	8040	6645	5322	4073	2898	1796
	II	**8832**	4904	4904	II	7396	6034	4745	3529	2387	1319
	III	**5416**	4904	4904	III	4308	3238	2202	1238	444	
	V	**14700**	4904	4904	IV	8766	8040	7333	6645	5974	5322
	VI	**15135**	4904	4904							
53495,99	I,IV	**9521**	4908	4908	I	8051	6654	5331	4082	2906	1803
	II	**8843**	4908	4908	II	7406	6043	4754	3538	2395	1326
	III	**5424**	4908	4908	III	4316	3244	2210	1246	448	
	V	**14713**	4908	4908	IV	8777	8051	7343	6654	5984	5331
	VI	**15148**	4908	4908							
53531,99	I,IV	**9531**	4911	4911	I	8061	6664	5341	4091	2914	1811
	II	**8853**	4911	4911	II	7416	6053	4763	3546	2403	1333
	III	**5432**	4911	4911	III	4324	3252	2218	1252	454	
	V	**14725**	4911	4911	IV	8787	8061	7353	6664	5993	5341
	VI	**15160**	4911	4911							
53567,99	I,IV	**9542**	4914	4914	I	8071	6674	5350	4099	2922	1819
	II	**8864**	4914	4914	II	7426	6062	4772	3555	2411	1341
	III	**5440**	4914	4914	III	4332	3260	2224	1258	460	
	V	**14738**	4914	4914	IV	8798	8071	7363	6674	6003	5350
	VI	**15173**	4914	4914							

* Zur LSt-Berechnung für privat versicherte Arbeitnehmer s. Beispiele **Vorbemerkung S. 4 f.**
** Basisvorsorgepauschale KV und PV *** Typisierter Arbeitgeberzuschuss

Lohn/ Gehalt in € bis	Steuerklasse	Lohn-steuer*	BVSP**	TAGZ***	Steuerklasse	Bemessungsgrundlage für Kirchensteuer und Solidaritätszuschlag – Freibeträge für ... Kinder 0,5	**1,0**	1,5	**2,0**	2,5	**3,0**
53 603,99	I,IV	**9 553**	4 918	4 918	I	8 082	6 684	5 359	4 108	2 930	1 826
	II	**8 874**	4 918	4 918	II	7 436	6 072	4 781	3 563	2 419	1 348
	III	**5 450**	4 918	4 918	III	4 340	3 268	2 232	1 264	464	
	V	**14 750**	4 918	4 918	IV	8 808	8 082	7 373	6 684	6 012	5 359
	VI	**15 185**	4 918	4 918							
53 639,99	I,IV	**9 564**	4 921	4 921	I	8 092	6 693	5 368	4 117	2 938	1 834
	II	**8 885**	4 921	4 921	II	7 446	6 081	4 790	3 572	2 427	1 356
	III	**5 458**	4 921	4 921	III	4 348	3 274	2 240	1 270	470	
	V	**14 763**	4 921	4 921	IV	8 819	8 092	7 383	6 693	6 022	5 368
	VI	**15 198**	4 921	4 921							
53 675,99	I,IV	**9 575**	4 924	4 924	I	8 102	6 703	5 377	4 125	2 947	1 841
	II	**8 896**	4 924	4 924	II	7 456	6 091	4 799	3 580	2 435	1 363
	III	**5 466**	4 924	4 924	III	4 356	3 282	2 246	1 276	474	
	V	**14 776**	4 924	4 924	IV	8 829	8 102	7 393	6 703	6 031	5 377
	VI	**15 211**	4 924	4 924							
53 711,99	I,IV	**9 585**	4 928	4 928	I	8 112	6 712	5 386	4 134	2 955	1 849
	II	**8 906**	4 928	4 928	II	7 466	6 100	4 807	3 588	2 442	1 370
	III	**5 474**	4 928	4 928	III	4 364	3 290	2 254	1 284	480	
	V	**14 788**	4 928	4 928	IV	8 839	8 112	7 403	6 712	6 040	5 386
	VI	**15 223**	4 928	4 928							
53 747,99	I,IV	**9 596**	4 931	4 931	I	8 122	6 722	5 396	4 142	2 963	1 857
	II	**8 916**	4 931	4 931	II	7 476	6 110	4 816	3 597	2 450	1 378
	III	**5 482**	4 931	4 931	III	4 372	3 298	2 260	1 290	484	
	V	**14 800**	4 931	4 931	IV	8 850	8 122	7 413	6 722	6 050	5 396
	VI	**15 235**	4 931	4 931							
53 783,99	I,IV	**9 607**	4 934	4 934	I	8 133	6 732	5 405	4 151	2 971	1 864
	II	**8 927**	4 934	4 934	II	7 486	6 119	4 825	3 605	2 458	1 385
	III	**5 490**	4 934	4 934	III	4 378	3 306	2 268	1 296	490	
	V	**14 813**	4 934	4 934	IV	8 860	8 133	7 423	6 732	6 059	5 405
	VI	**15 248**	4 934	4 934							
53 819,99	I,IV	**9 617**	4 937	4 937	I	8 143	6 742	5 414	4 160	2 979	1 872
	II	**8 937**	4 937	4 937	II	7 496	6 129	4 834	3 614	2 466	1 392
	III	**5 498**	4 937	4 937	III	4 386	3 312	2 276	1 302	494	
	V	**14 826**	4 937	4 937	IV	8 871	8 143	7 433	6 742	6 069	5 414
	VI	**15 261**	4 937	4 937							
53 855,99	I,IV	**9 628**	4 941	4 941	I	8 153	6 751	5 423	4 169	2 987	1 879
	II	**8 948**	4 941	4 941	II	7 506	6 138	4 843	3 622	2 474	1 400
	III	**5 506**	4 941	4 941	III	4 394	3 320	2 282	1 308	500	
	V	**14 838**	4 941	4 941	IV	8 881	8 153	7 443	6 751	6 078	5 423
	VI	**15 273**	4 941	4 941							
53 891,99	I,IV	**9 639**	4 944	4 944	I	8 163	6 761	5 432	4 177	2 995	1 887
	II	**8 959**	4 944	4 944	II	7 516	6 148	4 852	3 630	2 482	1 407
	III	**5 514**	4 944	4 944	III	4 402	3 328	2 290	1 316	506	
	V	**14 851**	4 944	4 944	IV	8 892	8 163	7 453	6 761	6 088	5 432
	VI	**15 286**	4 944	4 944							
53 927,99	I,IV	**9 650**	4 947	4 947	I	8 174	6 771	5 442	4 186	3 004	1 895
	II	**8 969**	4 947	4 947	II	7 526	6 157	4 861	3 639	2 490	1 415
	III	**5 522**	4 947	4 947	III	4 410	3 336	2 298	1 322	510	
	V	**14 863**	4 947	4 947	IV	8 903	8 174	7 463	6 771	6 097	5 442
	VI	**15 298**	4 947	4 947							
53 963,99	I,IV	**9 661**	4 951	4 951	I	8 184	6 781	5 451	4 195	3 012	1 902
	II	**8 980**	4 951	4 951	II	7 536	6 167	4 870	3 647	2 498	1 422
	III	**5 530**	4 951	4 951	III	4 418	3 342	2 304	1 328	516	
	V	**14 876**	4 951	4 951	IV	8 913	8 184	7 473	6 781	6 107	5 451
	VI	**15 311**	4 951	4 951							
53 999,99	I,IV	**9 672**	4 954	4 954	I	8 194	6 791	5 460	4 203	3 020	1 910
	II	**8 990**	4 954	4 954	II	7 547	6 176	4 879	3 656	2 506	1 430
	III	**5 538**	4 954	4 954	III	4 426	3 350	2 312	1 334	520	
	V	**14 889**	4 954	4 954	IV	8 924	8 194	7 483	6 791	6 116	5 460
	VI	**15 324**	4 954	4 954							

* Zur LSt-Berechnung für privat versicherte Arbeitnehmer s. Beispiele **Vorbemerkung S. 4 f.**
** Basisvorsorgepauschale KV und PV *** Typisierter Arbeitgeberzuschuss

Lohn/ Gehalt in € bis	Steuerklasse	Lohnsteuer*	BVSP**	TAGZ***	Steuerklasse	Bemessungsgrundlage für Kirchensteuer und Solidaritätszuschlag					
						Freibeträge für ... Kinder					
						0,5	**1,0**	1,5	**2,0**	2,5	**3,0**
54035,99	I,IV	**9682**	4957	4957	I	8204	6800	5469	4212	3028	1918
	II	**9001**	4957	4957	II	7556	6185	4888	3664	2514	1437
	III	**5546**	4957	4957	III	4434	3358	2318	1340	526	
	V	**14901**	4957	4957	IV	8934	8204	7493	6800	6125	5469
	VI	**15336**	4957	4957							
54071,99	I,IV	**9693**	4961	4961	I	8215	6810	5478	4221	3036	1925
	II	**9011**	4961	4961	II	7566	6195	4897	3673	2522	1444
	III	**5554**	4961	4961	III	4440	3366	2326	1346	530	
	V	**14913**	4961	4961	IV	8945	8215	7503	6810	6135	5478
	VI	**15348**	4961	4961							
54107,99	I,IV	**9704**	4964	4964	I	8225	6820	5488	4229	3044	1933
	II	**9022**	4964	4964	II	7576	6205	4906	3681	2530	1452
	III	**5562**	4964	4964	III	4448	3372	2334	1354	536	
	V	**14926**	4964	4964	IV	8955	8225	7513	6820	6144	5488
	VI	**15361**	4964	4964							
54143,99	I,IV	**9715**	4967	4967	I	8235	6829	5497	4238	3053	1941
	II	**9032**	4967	4967	II	7587	6214	4915	3690	2538	1459
	III	**5570**	4967	4967	III	4456	3380	2340	1360	542	
	V	**14939**	4967	4967	IV	8966	8235	7523	6829	6154	5497
	VI	**15374**	4967	4967							
54179,99	I,IV	**9725**	4971	4971	I	8246	6839	5506	4247	3061	1948
	II	**9043**	4971	4971	II	7597	6224	4924	3698	2546	1467
	III	**5578**	4971	4971	III	4464	3388	2348	1366	546	
	V	**14951**	4971	4971	IV	8976	8246	7533	6839	6163	5506
	VI	**15386**	4971	4971							
54215,99	I,IV	**9736**	4974	4974	I	8256	6849	5515	4256	3069	1956
	II	**9054**	4974	4974	II	7607	6233	4933	3707	2554	1474
	III	**5586**	4974	4974	III	4472	3396	2356	1372	552	
	V	**14964**	4974	4974	IV	8987	8256	7543	6849	6173	5515
	VI	**15399**	4974	4974							
54251,99	I,IV	**9747**	4977	4977	I	8266	6859	5525	4264	3077	1964
	II	**9064**	4977	4977	II	7617	6243	4942	3715	2562	1481
	III	**5594**	4977	4977	III	4480	3402	2362	1380	556	
	V	**14976**	4977	4977	IV	8997	8266	7553	6859	6183	5525
	VI	**15411**	4977	4977							
54287,99	I,IV	**9758**	4980	4980	I	8277	6869	5534	4273	3085	1971
	II	**9075**	4980	4980	II	7627	6252	4951	3724	2570	1489
	III	**5602**	4980	4980	III	4488	3410	2370	1386	562	
	V	**14989**	4980	4980	IV	9008	8277	7563	6869	6192	5534
	VI	**15424**	4980	4980							
54323,99	I,IV	**9769**	4984	4984	I	8287	6878	5543	4282	3094	1979
	II	**9085**	4984	4984	II	7637	6262	4960	3732	2578	1496
	III	**5610**	4984	4984	III	4496	3418	2378	1392	568	
	V	**15002**	4984	4984	IV	9019	8287	7573	6878	6202	5543
	VI	**15437**	4984	4984							
54359,99	I,IV	**9779**	4987	4987	I	8297	6888	5552	4290	3102	1987
	II	**9096**	4987	4987	II	7647	6271	4969	3740	2585	1504
	III	**5618**	4987	4987	III	4504	3426	2384	1398	572	
	V	**15014**	4987	4987	IV	9029	8297	7583	6888	6211	5552
	VI	**15449**	4987	4987							
54395,99	I,IV	**9790**	4990	4990	I	8307	6898	5562	4299	3110	1994
	II	**9106**	4990	4990	II	7657	6281	4978	3749	2593	1511
	III	**5626**	4990	4990	III	4512	3434	2392	1406	578	
	V	**15026**	4990	4990	IV	9039	8307	7593	6898	6220	5562
	VI	**15461**	4990	4990							
54431,99	I,IV	**9801**	4994	4994	I	8318	6907	5571	4308	3118	2002
	II	**9117**	4994	4994	II	7667	6290	4987	3757	2601	1519
	III	**5634**	4994	4994	III	4520	3440	2400	1412	584	
	V	**15039**	4994	4994	IV	9050	8318	7603	6907	6230	5571
	VI	**15474**	4994	4994							

* Zur LSt-Berechnung für privat versicherte Arbeitnehmer s. Beispiele **Vorbemerkung S. 4 f.**
** Basisvorsorgepauschale KV und PV *** Typisierter Arbeitgeberzuschuss

Lohn/ Gehalt in € bis	Steuerklasse	Lohn-steuer*	BVSP**	TAGZ***	Steuerklasse	Bemessungsgrundlage für Kirchensteuer und Solidaritätszuschlag					
						Freibeträge für ... Kinder					
						0,5	**1,0**	1,5	**2,0**	2,5	**3,0**
54467,99	I,IV	**9812**	4997	4997	I	8328	6917	5580	4317	3126	2010
	II	**9128**	4997	4997	II	7677	6300	4996	3766	2609	1526
	III	**5642**	4997	4997	III	4528	3448	2406	1418	588	
	V	**15051**	4997	4997	IV	9061	8328	7613	6917	6240	5580
	VI	**15487**	4997	4997							
54503,99	I,IV	**9823**	5000	5000	I	8338	6927	5590	4325	3135	2017
	II	**9138**	5000	5000	II	7687	6309	5005	3775	2617	1534
	III	**5650**	5000	5000	III	4534	3456	2414	1426	594	
	V	**15064**	5000	5000	IV	9071	8338	7623	6927	6249	5590
	VI	**15499**	5000	5000							
54539,99	I,IV	**9834**	5004	5004	I	8349	6937	5599	4334	3143	2025
	II	**9149**	5004	5004	II	7697	6319	5014	3783	2625	1541
	III	**5658**	5004	5004	III	4542	3464	2422	1432	600	
	V	**15077**	5004	5004	IV	9082	8349	7634	6937	6259	5599
	VI	**15512**	5004	5004							
54575,99	I,IV	**9845**	5007	5007	I	8359	6947	5608	4343	3151	2033
	II	**9160**	5007	5007	II	7707	6329	5023	3792	2633	1549
	III	**5666**	5007	5007	III	4550	3472	2428	1438	604	
	V	**15089**	5007	5007	IV	9093	8359	7644	6947	6268	5608
	VI	**15524**	5007	5007							
54611,99	I,IV	**9855**	5010	5010	I	8369	6957	5617	4352	3159	2041
	II	**9170**	5010	5010	II	7718	6338	5033	3800	2641	1556
	III	**5676**	5010	5010	III	4558	3478	2436	1444	610	
	V	**15102**	5010	5010	IV	9103	8369	7654	6957	6278	5617
	VI	**15537**	5010	5010							
54647,99	I,IV	**9866**	5013	5013	I	8379	6966	5626	4360	3167	2048
	II	**9181**	5013	5013	II	7727	6348	5041	3808	2649	1563
	III	**5682**	5013	5013	III	4566	3486	2442	1452	614	
	V	**15114**	5013	5013	IV	9113	8379	7664	6966	6287	5626
	VI	**15549**	5013	5013							
54683,99	I,IV	**9877**	5017	5017	I	8390	6976	5636	4369	3176	2056
	II	**9191**	5017	5017	II	7737	6357	5050	3817	2657	1571
	III	**5690**	5017	5017	III	4574	3494	2450	1458	620	
	V	**15127**	5017	5017	IV	9124	8390	7674	6976	6297	5636
	VI	**15562**	5017	5017							
54719,99	I,IV	**9888**	5020	5020	I	8400	6986	5645	4378	3184	2064
	II	**9202**	5020	5020	II	7748	6367	5059	3826	2665	1578
	III	**5698**	5020	5020	III	4582	3502	2458	1464	626	
	V	**15139**	5020	5020	IV	9135	8400	7684	6986	6306	5645
	VI	**15574**	5020	5020							
54755,99	I,IV	**9899**	5023	5023	I	8410	6996	5654	4387	3192	2071
	II	**9213**	5023	5023	II	7758	6376	5069	3834	2673	1586
	III	**5706**	5023	5023	III	4590	3508	2464	1470	632	
	V	**15152**	5023	5023	IV	9145	8410	7694	6996	6316	5654
	VI	**15587**	5023	5023							
54791,99	I,IV	**9910**	5027	5027	I	8421	7006	5664	4395	3201	2079
	II	**9223**	5027	5027	II	7768	6386	5078	3843	2681	1593
	III	**5716**	5027	5027	III	4598	3516	2472	1478	636	
	V	**15164**	5027	5027	IV	9156	8421	7704	7006	6325	5664
	VI	**15600**	5027	5027							
54827,99	I,IV	**9921**	5030	5030	I	8431	7015	5673	4404	3209	2087
	II	**9234**	5030	5030	II	7778	6396	5087	3851	2689	1601
	III	**5724**	5030	5030	III	4606	3524	2480	1484	642	
	V	**15177**	5030	5030	IV	9167	8431	7714	7015	6335	5673
	VI	**15612**	5030	5030							
54863,99	I,IV	**9931**	5033	5033	I	8442	7025	5682	4413	3217	2095
	II	**9245**	5033	5033	II	7788	6405	5096	3860	2697	1608
	III	**5732**	5033	5033	III	4614	3532	2486	1490	648	
	V	**15190**	5033	5033	IV	9177	8442	7724	7025	6345	5682
	VI	**15625**	5033	5033							

* Zur LSt-Berechnung für privat versicherte Arbeitnehmer s. Beispiele **Vorbemerkung S. 4 f.**
** Basisvorsorgepauschale KV und PV *** Typisierter Arbeitgeberzuschuss

Lohn/ Gehalt in € bis	Steuerklasse	Lohn- steuer*	BVSP**	TAGZ***	Steuerklasse	Bemessungsgrundlage für Kirchensteuer und Solidaritätszuschlag: Freibeträge für ... Kinder 0,5	1,0	1,5	2,0	2,5	3,0
54899,99	I,IV	**9942**	5037	5037	I	8452	7035	5692	4422	3225	2102
	II	**9255**	5037	5037	II	7798	6415	5105	3868	2705	1616
	III	**5740**	5037	5037	III	4620	3540	2494	1498	652	
	V	**15202**	5037	5037	IV	9188	8452	7734	7035	6354	5692
	VI	**15637**	5037	5037							
54935,99	I,IV	**9953**	5040	5040	I	8462	7045	5701	4431	3234	2110
	II	**9266**	5040	5040	II	7809	6425	5114	3877	2713	1623
	III	**5748**	5040	5040	III	4628	3546	2502	1504	658	
	V	**15215**	5040	5040	IV	9199	8462	7745	7045	6364	5701
	VI	**15650**	5040	5040							
54971,99	I,IV	**9964**	5043	5043	I	8472	7055	5710	4439	3242	2118
	II	**9276**	5043	5043	II	7818	6434	5123	3885	2721	1631
	III	**5756**	5043	5043	III	4636	3554	2508	1510	664	
	V	**15227**	5043	5043	IV	9209	8472	7754	7055	6373	5710
	VI	**15662**	5043	5043							
55007,99	I,IV	**9975**	5046	5046	I	8483	7064	5720	4448	3250	2126
	II	**9287**	5046	5046	II	7828	6444	5132	3894	2729	1638
	III	**5764**	5046	5046	III	4644	3562	2516	1518	668	
	V	**15240**	5046	5046	IV	9220	8483	7765	7064	6383	5720
	VI	**15675**	5046	5046							
55043,99	I,IV	**9986**	5050	5050	I	8493	7074	5729	4457	3258	2133
	II	**9298**	5050	5050	II	7839	6453	5141	3903	2737	1646
	III	**5772**	5050	5050	III	4652	3570	2524	1524	674	
	V	**15252**	5050	5050	IV	9230	8493	7775	7074	6392	5729
	VI	**15687**	5050	5050							
55079,99	I,IV	**9997**	5053	5053	I	8504	7084	5738	4466	3267	2141
	II	**9308**	5053	5053	II	7849	6463	5150	3911	2745	1653
	III	**5780**	5053	5053	III	4660	3578	2530	1532	680	4
	V	**15265**	5053	5053	IV	9241	8504	7785	7084	6402	5738
	VI	**15700**	5053	5053							
55115,99	I,IV	**10008**	5056	5056	I	8514	7094	5748	4475	3275	2149
	II	**9319**	5056	5056	II	7859	6472	5159	3920	2754	1661
	III	**5788**	5056	5056	III	4668	3584	2538	1538	686	8
	V	**15277**	5056	5056	IV	9252	8514	7795	7094	6412	5748
	VI	**15713**	5056	5056							
55151,99	I,IV	**10019**	5060	5060	I	8525	7104	5757	4483	3283	2157
	II	**9330**	5060	5060	II	7869	6482	5168	3928	2762	1668
	III	**5796**	5060	5060	III	4676	3592	2546	1544	690	12
	V	**15290**	5060	5060	IV	9262	8525	7805	7104	6421	5757
	VI	**15725**	5060	5060							
55187,99	I,IV	**10030**	5063	5063	I	8535	7114	5766	4492	3292	2164
	II	**9340**	5063	5063	II	7879	6492	5178	3937	2770	1676
	III	**5804**	5063	5063	III	4684	3600	2552	1552	696	16
	V	**15303**	5063	5063	IV	9273	8535	7815	7114	6431	5766
	VI	**15738**	5063	5063							
55223,99	I,IV	**10040**	5066	5066	I	8545	7124	5776	4501	3300	2172
	II	**9351**	5066	5066	II	7890	6501	5187	3946	2778	1684
	III	**5812**	5066	5066	III	4692	3608	2560	1558	702	20
	V	**15315**	5066	5066	IV	9284	8545	7825	7124	6441	5776
	VI	**15750**	5066	5066							
55259,99	I,IV	**10051**	5070	5070	I	8556	7133	5785	4510	3308	2180
	II	**9362**	5070	5070	II	7899	6511	5196	3954	2786	1691
	III	**5820**	5070	5070	III	4700	3614	2568	1564	706	24
	V	**15327**	5070	5070	IV	9294	8556	7835	7133	6450	5785
	VI	**15763**	5070	5070							
55295,99	I,IV	**10062**	5073	5073	I	8566	7143	5794	4519	3316	2188
	II	**9372**	5073	5073	II	7910	6520	5205	3963	2794	1698
	III	**5828**	5073	5073	III	4708	3622	2574	1572	712	28
	V	**15340**	5073	5073	IV	9305	8566	7845	7143	6460	5794
	VI	**15775**	5073	5073							

* Zur LSt-Berechnung für privat versicherte Arbeitnehmer s. Beispiele **Vorbemerkung S. 4f.**
** Basisvorsorgepauschale KV und PV *** Typisierter Arbeitgeberzuschuss

Lohn/ Gehalt in € bis	Steuerklasse	Lohn-steuer*	BVSP**	TAGZ***	Steuerklasse	Bemessungsgrundlage für Kirchensteuer und Solidaritätszuschlag					
						Freibeträge für ... Kinder					
						0,5	**1,0**	1,5	**2,0**	2,5	**3,0**
55331,99	I,IV	**10073**	5076	5076	I	8576	7153	5804	4527	3325	2195
	II	**9383**	5076	5076	II	7920	6530	5214	3971	2802	1706
	III	**5836**	5076	5076	III	4714	3630	2582	1578	718	34
	V	**15353**	5076	5076	IV	9315	8576	7856	7153	6469	5804
	VI	**15788**	5076	5076							
55367,99	I,IV	**10084**	5080	5080	I	8587	7163	5813	4536	3333	2203
	II	**9394**	5080	5080	II	7930	6540	5223	3980	2810	1714
	III	**5844**	5080	5080	III	4722	3638	2590	1584	724	38
	V	**15365**	5080	5080	IV	9326	8587	7866	7163	6479	5813
	VI	**15800**	5080	5080							
55403,99	I,IV	**10095**	5083	5083	I	8597	7173	5822	4545	3341	2211
	II	**9404**	5083	5083	II	7940	6549	5232	3988	2818	1721
	III	**5854**	5083	5083	III	4730	3646	2596	1592	730	42
	V	**15378**	5083	5083	IV	9337	8597	7876	7173	6489	5822
	VI	**15813**	5083	5083							
55439,99	I,IV	**10106**	5086	5086	I	8608	7183	5832	4554	3350	2219
	II	**9415**	5086	5086	II	7950	6559	5241	3997	2826	1729
	III	**5862**	5086	5086	III	4738	3652	2604	1598	734	46
	V	**15390**	5086	5086	IV	9348	8608	7886	7183	6498	5832
	VI	**15826**	5086	5086							
55475,99	I,IV	**10117**	5089	5089	I	8618	7193	5841	4563	3358	2227
	II	**9426**	5089	5089	II	7961	6569	5251	4006	2834	1736
	III	**5870**	5089	5089	III	4746	3660	2612	1604	740	50
	V	**15403**	5089	5089	IV	9358	8618	7896	7193	6508	5841
	VI	**15838**	5089	5089							
55511,99	I,IV	**10128**	5093	5093	I	8629	7203	5851	4572	3366	2235
	II	**9437**	5093	5093	II	7971	6579	5260	4014	2842	1744
	III	**5878**	5093	5093	III	4754	3668	2618	1612	746	54
	V	**15416**	5093	5093	IV	9369	8629	7907	7203	6518	5851
	VI	**15851**	5093	5093							
55547,99	I,IV	**10139**	5096	5096	I	8639	7213	5860	4581	3375	2242
	II	**9447**	5096	5096	II	7981	6588	5269	4023	2851	1752
	III	**5886**	5096	5096	III	4762	3676	2626	1618	752	58
	V	**15428**	5096	5096	IV	9380	8639	7917	7213	6527	5860
	VI	**15863**	5096	5096							
55583,99	I,IV	**10149**	5099	5099	I	8649	7222	5869	4589	3383	2250
	II	**9458**	5099	5099	II	7991	6598	5278	4031	2858	1759
	III	**5894**	5099	5099	III	4770	3684	2634	1626	756	64
	V	**15440**	5099	5099	IV	9390	8649	7927	7222	6537	5869
	VI	**15876**	5099	5099							
55619,99	I,IV	**10160**	5103	5103	I	8660	7232	5879	4598	3391	2258
	II	**9469**	5103	5103	II	8001	6607	5287	4040	2867	1766
	III	**5902**	5103	5103	III	4778	3692	2640	1632	762	68
	V	**15453**	5103	5103	IV	9401	8660	7937	7232	6546	5879
	VI	**15888**	5103	5103							
55655,99	I,IV	**10171**	5106	5106	I	8670	7242	5888	4607	3400	2266
	II	**9479**	5106	5106	II	8011	6617	5296	4049	2875	1774
	III	**5910**	5106	5106	III	4786	3698	2648	1640	768	72
	V	**15466**	5106	5106	IV	9412	8670	7947	7242	6556	5888
	VI	**15901**	5106	5106							
55691,99	I,IV	**10182**	5109	5109	I	8681	7252	5897	4616	3408	2274
	II	**9490**	5109	5109	II	8022	6627	5305	4057	2883	1782
	III	**5918**	5109	5109	III	4794	3706	2656	1646	774	76
	V	**15478**	5109	5109	IV	9422	8681	7957	7252	6566	5897
	VI	**15913**	5109	5109							
55727,99	I,IV	**10193**	5113	5113	I	8691	7262	5907	4625	3416	2281
	II	**9501**	5113	5113	II	8032	6636	5314	4066	2891	1789
	III	**5926**	5113	5113	III	4802	3714	2662	1652	780	80
	V	**15491**	5113	5113	IV	9433	8691	7967	7262	6575	5907
	VI	**15926**	5113	5113							

* Zur LSt-Berechnung für privat versicherte Arbeitnehmer s. Beispiele **Vorbemerkung S. 4f.**
** Basisvorsorgepauschale KV und PV *** Typisierter Arbeitgeberzuschuss

Lohn/ Gehalt in € bis	Steuerklasse	Lohn-steuer*	BVSP**	TAGZ***	Steuerklasse	Bemessungsgrundlage für Kirchensteuer und Solidaritätszuschlag – Freibeträge für ... Kinder 0,5	1,0	1,5	2,0	2,5	3,0
55 763,99	I,IV	**10 205**	5 116	5 116	I	8 702	7 272	5 916	4 634	3 425	2 289
	II	**9 512**	5 116	5 116	II	8 042	6 646	5 324	4 075	2 899	1 797
	III	**5 934**	5 116	5 116	III	4 810	3 722	2 670	1 660	784	86
	V	**15 503**	5 116	5 116	IV	9 444	8 702	7 978	7 272	6 585	5 916
	VI	**15 939**	5 116	5 116							
55 799,99	I,IV	**10 216**	5 119	5 119	I	8 712	7 282	5 926	4 643	3 433	2 297
	II	**9 522**	5 119	5 119	II	8 052	6 656	5 333	4 083	2 907	1 805
	III	**5 942**	5 119	5 119	III	4 818	3 730	2 678	1 666	790	90
	V	**15 516**	5 119	5 119	IV	9 455	8 712	7 988	7 282	6 595	5 926
	VI	**15 951**	5 119	5 119							
55 835,99	I,IV	**10 227**	5 122	5 122	I	8 723	7 292	5 935	4 652	3 442	2 305
	II	**9 533**	5 122	5 122	II	8 063	6 666	5 342	4 092	2 915	1 812
	III	**5 952**	5 122	5 122	III	4 826	3 736	2 686	1 674	796	94
	V	**15 529**	5 122	5 122	IV	9 465	8 723	7 998	7 292	6 604	5 935
	VI	**15 964**	5 122	5 122							
55 871,99	I,IV	**10 238**	5 126	5 126	I	8 733	7 302	5 945	4 661	3 450	2 313
	II	**9 544**	5 126	5 126	II	8 073	6 675	5 351	4 101	2 924	1 820
	III	**5 960**	5 126	5 126	III	4 834	3 744	2 692	1 680	802	98
	V	**15 541**	5 126	5 126	IV	9 476	8 733	8 008	7 302	6 614	5 945
	VI	**15 976**	5 126	5 126							
55 907,99	I,IV	**10 248**	5 129	5 129	I	8 743	7 312	5 954	4 669	3 458	2 320
	II	**9 554**	5 129	5 129	II	8 083	6 685	5 360	4 109	2 931	1 827
	III	**5 966**	5 129	5 129	III	4 840	3 752	2 700	1 686	808	102
	V	**15 553**	5 129	5 129	IV	9 487	8 743	8 018	7 312	6 624	5 954
	VI	**15 989**	5 129	5 129							
55 943,99	I,IV	**10 259**	5 132	5 132	I	8 754	7 322	5 963	4 678	3 466	2 328
	II	**9 565**	5 132	5 132	II	8 093	6 695	5 369	4 118	2 940	1 835
	III	**5 976**	5 132	5 132	III	4 848	3 760	2 706	1 694	812	106
	V	**15 566**	5 132	5 132	IV	9 497	8 754	8 029	7 322	6 633	5 963
	VI	**16 001**	5 132	5 132							
55 979,99	I,IV	**10 270**	5 136	5 136	I	8 764	7 332	5 973	4 687	3 475	2 336
	II	**9 576**	5 136	5 136	II	8 103	6 704	5 379	4 126	2 948	1 842
	III	**5 984**	5 136	5 136	III	4 856	3 768	2 714	1 700	818	112
	V	**15 579**	5 136	5 136	IV	9 508	8 764	8 039	7 332	6 643	5 973
	VI	**16 014**	5 136	5 136							
56 015,99	I,IV	**10 281**	5 139	5 139	I	8 775	7 342	5 982	4 696	3 483	2 344
	II	**9 587**	5 139	5 139	II	8 114	6 714	5 388	4 135	2 956	1 850
	III	**5 992**	5 139	5 139	III	4 864	3 774	2 722	1 708	824	116
	V	**15 591**	5 139	5 139	IV	9 519	8 775	8 049	7 342	6 653	5 982
	VI	**16 026**	5 139	5 139							
56 051,99	I,IV	**10 292**	5 142	5 142	I	8 785	7 352	5 992	4 705	3 492	2 352
	II	**9 598**	5 142	5 142	II	8 124	6 724	5 397	4 144	2 964	1 858
	III	**6 000**	5 142	5 142	III	4 872	3 782	2 728	1 714	830	120
	V	**15 604**	5 142	5 142	IV	9 530	8 785	8 059	7 352	6 662	5 992
	VI	**16 039**	5 142	5 142							
56 087,99	I,IV	**10 303**	5 146	5 146	I	8 796	7 362	6 001	4 714	3 500	2 360
	II	**9 608**	5 146	5 146	II	8 134	6 734	5 406	4 153	2 972	1 865
	III	**6 008**	5 146	5 146	III	4 880	3 790	2 736	1 722	836	124
	V	**15 616**	5 146	5 146	IV	9 540	8 796	8 070	7 362	6 672	6 001
	VI	**16 052**	5 146	5 146							
56 123,99	I,IV	**10 314**	5 149	5 149	I	8 806	7 372	6 010	4 723	3 509	2 368
	II	**9 619**	5 149	5 149	II	8 145	6 743	5 416	4 161	2 980	1 873
	III	**6 016**	5 149	5 149	III	4 888	3 798	2 744	1 728	842	130
	V	**15 629**	5 149	5 149	IV	9 551	8 806	8 080	7 372	6 682	6 010
	VI	**16 064**	5 149	5 149							
56 159,99	I,IV	**10 326**	5 152	5 152	I	8 817	7 382	6 020	4 732	3 517	2 376
	II	**9 630**	5 152	5 152	II	8 155	6 753	5 425	4 170	2 989	1 881
	III	**6 024**	5 152	5 152	III	4 896	3 806	2 752	1 736	848	134
	V	**15 642**	5 152	5 152	IV	9 562	8 817	8 090	7 382	6 692	6 020
	VI	**16 077**	5 152	5 152							

* Zur LSt-Berechnung für privat versicherte Arbeitnehmer s. Beispiele **Vorbemerkung S. 4 f.**
** Basisvorsorgepauschale KV und PV *** Typisierter Arbeitgeberzuschuss

Lohn/ Gehalt in € bis	Steuerklasse	Lohnsteuer*	BVSP**	TAGZ***	Steuerklasse	Bemessungsgrundlage für Kirchensteuer und Solidaritätszuschlag – Freibeträge für ... Kinder 0,5	**1,0**	1,5	**2,0**	2,5	**3,0**
56195,99	I,IV	**10336**	5155	5155	I	8827	7391	6029	4740	3525	2383
	II	**9641**	5155	5155	II	8165	6763	5434	4178	2997	1888
	III	**6032**	5155	5155	III	4904	3814	2758	1742	852	138
	V	**15654**	5155	5155	IV	9572	8827	8100	7391	6701	6029
	VI	**16089**	5155	5155							
56231,99	I,IV	**10347**	5159	5159	I	8838	7401	6039	4749	3534	2391
	II	**9651**	5159	5159	II	8175	6772	5443	4187	3005	1896
	III	**6040**	5159	5159	III	4912	3820	2766	1750	858	142
	V	**15666**	5159	5159	IV	9583	8838	8110	7401	6711	6039
	VI	**16101**	5159	5159							
56267,99	I,IV	**10358**	5162	5162	I	8848	7411	6048	4758	3542	2399
	II	**9662**	5162	5162	II	8185	6782	5452	4196	3013	1903
	III	**6048**	5162	5162	III	4920	3828	2774	1756	864	146
	V	**15679**	5162	5162	IV	9594	8848	8121	7411	6721	6048
	VI	**16114**	5162	5162							
56303,99	I,IV	**10369**	5165	5165	I	8859	7421	6058	4767	3550	2407
	II	**9673**	5165	5165	II	8196	6792	5461	4205	3021	1911
	III	**6058**	5165	5165	III	4928	3836	2780	1764	870	152
	V	**15692**	5165	5165	IV	9605	8859	8131	7421	6730	6058
	VI	**16127**	5165	5165							
56339,99	I,IV	**10380**	5169	5169	I	8869	7431	6067	4776	3559	2415
	II	**9684**	5169	5169	II	8206	6802	5471	4213	3029	1919
	III	**6066**	5169	5169	III	4936	3844	2788	1770	876	156
	V	**15704**	5169	5169	IV	9616	8869	8141	7431	6740	6067
	VI	**16139**	5169	5169							
56375,99	I,IV	**10392**	5172	5172	I	8880	7441	6077	4785	3567	2423
	II	**9695**	5172	5172	II	8216	6811	5480	4222	3038	1927
	III	**6074**	5172	5172	III	4944	3852	2796	1778	882	160
	V	**15717**	5172	5172	IV	9626	8880	8151	7441	6750	6077
	VI	**16152**	5172	5172							
56411,99	I,IV	**10403**	5175	5175	I	8890	7451	6086	4794	3576	2431
	II	**9705**	5175	5175	II	8227	6821	5489	4231	3046	1934
	III	**6082**	5175	5175	III	4952	3860	2804	1784	888	166
	V	**15729**	5175	5175	IV	9637	8890	8162	7451	6760	6086
	VI	**16164**	5175	5175							
56447,99	I,IV	**10414**	5179	5179	I	8901	7461	6096	4803	3584	2439
	II	**9716**	5179	5179	II	8237	6831	5498	4239	3054	1942
	III	**6090**	5179	5179	III	4960	3866	2810	1792	894	170
	V	**15742**	5179	5179	IV	9648	8901	8172	7461	6769	6096
	VI	**16177**	5179	5179							
56483,99	I,IV	**10425**	5182	5182	I	8911	7472	6105	4812	3593	2447
	II	**9727**	5182	5182	II	8247	6841	5508	4248	3062	1950
	III	**6098**	5182	5182	III	4968	3874	2818	1798	898	174
	V	**15755**	5182	5182	IV	9659	8911	8182	7472	6779	6105
	VI	**16190**	5182	5182							
56519,99	I,IV	**10435**	5185	5185	I	8922	7481	6114	4821	3601	2454
	II	**9738**	5185	5185	II	8257	6850	5517	4257	3070	1957
	III	**6106**	5185	5185	III	4976	3882	2824	1806	904	178
	V	**15767**	5185	5185	IV	9669	8922	8192	7481	6789	6114
	VI	**16202**	5185	5185							
56555,99	I,IV	**10447**	5189	5189	I	8932	7491	6124	4830	3609	2462
	II	**9749**	5189	5189	II	8268	6860	5526	4265	3078	1965
	III	**6114**	5189	5189	III	4984	3890	2832	1812	910	182
	V	**15779**	5189	5189	IV	9680	8932	8203	7491	6798	6124
	VI	**16214**	5189	5189							
56591,99	I,IV	**10458**	5192	5192	I	8943	7501	6133	4839	3618	2470
	II	**9759**	5192	5192	II	8278	6870	5535	4274	3087	1972
	III	**6122**	5192	5192	III	4992	3898	2840	1820	916	188
	V	**15792**	5192	5192	IV	9691	8943	8213	7501	6808	6133
	VI	**16227**	5192	5192							

* Zur LSt-Berechnung für privat versicherte Arbeitnehmer s. Beispiele **Vorbemerkung S. 4f.**
** Basisvorsorgepauschale KV und PV *** Typisierter Arbeitgeberzuschuss

Lohn/ Gehalt in € bis	Steuerklasse	Lohn-steuer*	BVSP**	TAGZ***	Steuerklasse	Bemessungsgrundlage für Kirchensteuer und Solidaritätszuschlag – Freibeträge für ... Kinder: 0,5	1,0	1,5	2,0	2,5	3,0
56 627,99	I,IV	**10 469**	5 195	5 195	I	8 953	7 511	6 143	4 848	3 626	2 478
	II	**9 770**	5 195	5 195	II	8 288	6 880	5 545	4 283	3 095	1 980
	III	**6 130**	5 195	5 195	III	5 000	3 904	2 848	1 826	922	192
	V	**15 805**	5 195	5 195	IV	9 702	8 953	8 223	7 511	6 818	6 143
	VI	**16 240**	5 195	5 195							
56 663,99	I,IV	**10 480**	5 198	5 198	I	8 964	7 521	6 152	4 857	3 635	2 486
	II	**9 781**	5 198	5 198	II	8 299	6 889	5 554	4 292	3 103	1 988
	III	**6 138**	5 198	5 198	III	5 008	3 912	2 854	1 834	928	196
	V	**15 817**	5 198	5 198	IV	9 713	8 964	8 233	7 521	6 828	6 152
	VI	**16 252**	5 198	5 198							
56 699,99	I,IV	**10 491**	5 202	5 202	I	8 974	7 531	6 162	4 866	3 643	2 494
	II	**9 792**	5 202	5 202	II	8 309	6 899	5 563	4 300	3 111	1 996
	III	**6 146**	5 202	5 202	III	5 016	3 920	2 862	1 840	934	202
	V	**15 830**	5 202	5 202	IV	9 724	8 974	8 244	7 531	6 838	6 162
	VI	**16 265**	5 202	5 202							
56 735,99	I,IV	**10 502**	5 205	5 205	I	8 985	7 542	6 171	4 875	3 652	2 502
	II	**9 803**	5 205	5 205	II	8 319	6 909	5 572	4 309	3 120	2 003
	III	**6 156**	5 205	5 205	III	5 024	3 928	2 870	1 848	940	206
	V	**15 842**	5 205	5 205	IV	9 734	8 985	8 254	7 542	6 847	6 171
	VI	**16 277**	5 205	5 205							
56 771,99	I,IV	**10 513**	5 208	5 208	I	8 996	7 552	6 181	4 884	3 660	2 510
	II	**9 814**	5 208	5 208	II	8 330	6 919	5 582	4 318	3 128	2 011
	III	**6 164**	5 208	5 208	III	5 032	3 936	2 876	1 856	946	210
	V	**15 855**	5 208	5 208	IV	9 745	8 996	8 264	7 552	6 857	6 181
	VI	**16 290**	5 208	5 208							
56 807,99	I,IV	**10 524**	5 212	5 212	I	9 006	7 562	6 191	4 893	3 669	2 518
	II	**9 825**	5 212	5 212	II	8 340	6 929	5 591	4 327	3 136	2 019
	III	**6 172**	5 212	5 212	III	5 040	3 944	2 884	1 862	952	216
	V	**15 868**	5 212	5 212	IV	9 756	9 006	8 275	7 562	6 867	6 191
	VI	**16 303**	5 212	5 212							
56 843,99	I,IV	**10 535**	5 215	5 215	I	9 017	7 571	6 200	4 902	3 677	2 526
	II	**9 835**	5 215	5 215	II	8 350	6 938	5 600	4 335	3 144	2 026
	III	**6 180**	5 215	5 215	III	5 048	3 952	2 892	1 870	958	220
	V	**15 880**	5 215	5 215	IV	9 767	9 017	8 285	7 571	6 876	6 200
	VI	**16 315**	5 215	5 215							
56 879,99	I,IV	**10 546**	5 218	5 218	I	9 027	7 581	6 209	4 911	3 685	2 534
	II	**9 846**	5 218	5 218	II	8 360	6 948	5 609	4 344	3 152	2 034
	III	**6 188**	5 218	5 218	III	5 056	3 958	2 900	1 876	964	224
	V	**15 892**	5 218	5 218	IV	9 777	9 027	8 295	7 581	6 886	6 209
	VI	**16 327**	5 218	5 218							
56 915,99	I,IV	**10 557**	5 222	5 222	I	9 038	7 592	6 219	4 920	3 694	2 542
	II	**9 857**	5 222	5 222	II	8 371	6 958	5 619	4 353	3 161	2 042
	III	**6 196**	5 222	5 222	III	5 062	3 966	2 906	1 884	968	230
	V	**15 905**	5 222	5 222	IV	9 788	9 038	8 305	7 592	6 896	6 219
	VI	**16 340**	5 222	5 222							
56 951,99	I,IV	**10 568**	5 225	5 225	I	9 048	7 602	6 228	4 929	3 702	2 550
	II	**9 868**	5 225	5 225	II	8 381	6 968	5 628	4 362	3 169	2 049
	III	**6 204**	5 225	5 225	III	5 070	3 974	2 914	1 890	974	234
	V	**15 918**	5 225	5 225	IV	9 799	9 048	8 316	7 602	6 906	6 228
	VI	**16 353**	5 225	5 225							
56 987,99	I,IV	**10 580**	5 228	5 228	I	9 059	7 612	6 238	4 938	3 711	2 558
	II	**9 879**	5 228	5 228	II	8 391	6 978	5 637	4 370	3 177	2 057
	III	**6 212**	5 228	5 228	III	5 078	3 982	2 922	1 898	980	238
	V	**15 930**	5 228	5 228	IV	9 810	9 059	8 326	7 612	6 916	6 238
	VI	**16 365**	5 228	5 228							
57 023,99	I,IV	**10 591**	5 231	5 231	I	9 070	7 622	6 248	4 947	3 719	2 566
	II	**9 890**	5 231	5 231	II	8 402	6 988	5 647	4 379	3 185	2 065
	III	**6 220**	5 231	5 231	III	5 086	3 990	2 930	1 906	986	244
	V	**15 943**	5 231	5 231	IV	9 821	9 070	8 337	7 622	6 925	6 248
	VI	**16 378**	5 231	5 231							

* Zur LSt-Berechnung für privat versicherte Arbeitnehmer s. Beispiele **Vorbemerkung S. 4 f.**
** Basisvorsorgepauschale KV und PV *** Typisierter Arbeitgeberzuschuss

Lohn/ Gehalt in € bis	Steuerklasse	**Lohn-steuer***	BVSP**	TAGZ***	Steuerklasse	Bemessungsgrundlage für Kirchensteuer und Solidaritätszuschlag — Freibeträge für ... Kinder 0,5	**1,0**	1,5	**2,0**	2,5	**3,0**
57 059,99	I,IV	**10 602**	5 235	5 235	I	9 080	7 632	6 257	4 956	3 728	2 574
	II	**9 901**	5 235	5 235	II	8 412	6 997	5 656	4 388	3 194	2 073
	III	**6 230**	5 235	5 235	III	5 094	3 998	2 936	1 912	992	248
	V	**15 955**	5 235	5 235	IV	9 832	9 080	8 347	7 632	6 935	6 257
	VI	**16 390**	5 235	5 235							
57 095,99	I,IV	**10 613**	5 238	5 238	I	9 091	7 642	6 267	4 965	3 736	2 582
	II	**9 911**	5 238	5 238	II	8 423	7 007	5 665	4 397	3 202	2 080
	III	**6 238**	5 238	5 238	III	5 102	4 006	2 944	1 920	998	252
	V	**15 968**	5 238	5 238	IV	9 843	9 091	8 357	7 642	6 945	6 267
	VI	**16 403**	5 238	5 238							
57 131,99	I,IV	**10 624**	5 241	5 241	I	9 101	7 652	6 276	4 974	3 745	2 589
	II	**9 922**	5 241	5 241	II	8 433	7 017	5 674	4 405	3 210	2 088
	III	**6 246**	5 241	5 241	III	5 110	4 012	2 950	1 926	1 004	258
	V	**15 980**	5 241	5 241	IV	9 853	9 101	8 367	7 652	6 955	6 276
	VI	**16 415**	5 241	5 241							
57 167,99	I,IV	**10 635**	5 245	5 245	I	9 112	7 662	6 286	4 983	3 753	2 597
	II	**9 933**	5 245	5 245	II	8 443	7 027	5 684	4 414	3 218	2 096
	III	**6 254**	5 245	5 245	III	5 118	4 020	2 958	1 934	1 010	262
	V	**15 993**	5 245	5 245	IV	9 864	9 112	8 378	7 662	6 965	6 286
	VI	**16 428**	5 245	5 245							
57 203,99	I,IV	**10 646**	5 248	5 248	I	9 122	7 672	6 295	4 992	3 762	2 605
	II	**9 944**	5 248	5 248	II	8 453	7 036	5 693	4 423	3 227	2 103
	III	**6 262**	5 248	5 248	III	5 126	4 028	2 966	1 940	1 016	266
	V	**16 005**	5 248	5 248	IV	9 875	9 122	8 388	7 672	6 974	6 295
	VI	**16 440**	5 248	5 248							
57 239,99	I,IV	**10 657**	5 251	5 251	I	9 133	7 682	6 305	5 001	3 770	2 613
	II	**9 955**	5 251	5 251	II	8 464	7 046	5 702	4 432	3 235	2 111
	III	**6 270**	5 251	5 251	III	5 134	4 036	2 974	1 948	1 022	272
	V	**16 018**	5 251	5 251	IV	9 886	9 133	8 398	7 682	6 984	6 305
	VI	**16 453**	5 251	5 251							
57 275,99	I,IV	**10 669**	5 255	5 255	I	9 144	7 692	6 314	5 010	3 779	2 621
	II	**9 966**	5 255	5 255	II	8 474	7 056	5 712	4 441	3 243	2 119
	III	**6 278**	5 255	5 255	III	5 142	4 044	2 980	1 956	1 028	276
	V	**16 031**	5 255	5 255	IV	9 897	9 144	8 409	7 692	6 994	6 314
	VI	**16 466**	5 255	5 255							
57 311,99	I,IV	**10 680**	5 258	5 258	I	9 154	7 702	6 324	5 019	3 787	2 629
	II	**9 977**	5 258	5 258	II	8 485	7 066	5 721	4 450	3 251	2 127
	III	**6 286**	5 258	5 258	III	5 150	4 050	2 988	1 962	1 034	280
	V	**16 043**	5 258	5 258	IV	9 908	9 154	8 419	7 702	7 004	6 324
	VI	**16 478**	5 258	5 258							
57 347,99	I,IV	**10 691**	5 261	5 261	I	9 165	7 712	6 333	5 028	3 796	2 637
	II	**9 988**	5 261	5 261	II	8 495	7 076	5 730	4 458	3 260	2 135
	III	**6 294**	5 261	5 261	III	5 158	4 058	2 996	1 970	1 040	286
	V	**16 056**	5 261	5 261	IV	9 919	9 165	8 430	7 712	7 014	6 333
	VI	**16 491**	5 261	5 261							
57 383,99	I,IV	**10 702**	5 264	5 264	I	9 176	7 723	6 343	5 037	3 804	2 645
	II	**9 998**	5 264	5 264	II	8 505	7 086	5 740	4 467	3 268	2 142
	III	**6 302**	5 264	5 264	III	5 166	4 066	3 004	1 976	1 046	290
	V	**16 068**	5 264	5 264	IV	9 930	9 176	8 440	7 723	7 024	6 343
	VI	**16 503**	5 264	5 264							
57 419,99	I,IV	**10 713**	5 268	5 268	I	9 186	7 733	6 353	5 046	3 813	2 653
	II	**10 009**	5 268	5 268	II	8 516	7 096	5 749	4 476	3 276	2 150
	III	**6 312**	5 268	5 268	III	5 174	4 074	3 010	1 984	1 052	296
	V	**16 081**	5 268	5 268	IV	9 941	9 186	8 450	7 733	7 034	6 353
	VI	**16 516**	5 268	5 268							
57 455,99	I,IV	**10 724**	5 271	5 271	I	9 197	7 743	6 362	5 055	3 821	2 661
	II	**10 020**	5 271	5 271	II	8 526	7 105	5 758	4 485	3 284	2 158
	III	**6 320**	5 271	5 271	III	5 182	4 082	3 018	1 992	1 058	300
	V	**16 093**	5 271	5 271	IV	9 951	9 197	8 460	7 743	7 043	6 362
	VI	**16 528**	5 271	5 271							

* Zur LSt-Berechnung für privat versicherte Arbeitnehmer s. Beispiele **Vorbemerkung S. 4 f.**
** Basisvorsorgepauschale KV und PV *** Typisierter Arbeitgeberzuschuss

Lohn/ Gehalt in € bis	Steuerklasse	Lohn-steuer*	BVSP**	TAGZ***	Steuerklasse	Bemessungsgrundlage für Kirchensteuer und Solidaritätszuschlag – Freibeträge für ... Kinder 0,5	1,0	1,5	2,0	2,5	3,0
57 491,99	I,IV	**10 735**	5 274	5 274	I	9 207	7 753	6 372	5 064	3 830	2 669
	II	**10 031**	5 274	5 274	II	8 536	7 115	5 768	4 493	3 293	2 166
	III	**6 328**	5 274	5 274	III	5 190	4 090	3 026	1 998	1 064	304
	V	**16 106**	5 274	5 274	IV	9 962	9 207	8 471	7 753	7 053	6 372
	VI	**16 541**	5 274	5 274							
57 527,99	I,IV	**10 746**	5 278	5 278	I	9 218	7 763	6 381	5 073	3 838	2 677
	II	**10 042**	5 278	5 278	II	8 547	7 125	5 777	4 502	3 301	2 173
	III	**6 336**	5 278	5 278	III	5 198	4 098	3 034	2 006	1 070	310
	V	**16 118**	5 278	5 278	IV	9 973	9 218	8 481	7 763	7 063	6 381
	VI	**16 553**	5 278	5 278							
57 563,99	I,IV	**10 758**	5 281	5 281	I	9 229	7 773	6 391	5 082	3 847	2 685
	II	**10 053**	5 281	5 281	II	8 557	7 135	5 786	4 511	3 309	2 181
	III	**6 344**	5 281	5 281	III	5 206	4 106	3 040	2 012	1 076	314
	V	**16 131**	5 281	5 281	IV	9 984	9 229	8 492	7 773	7 073	6 391
	VI	**16 566**	5 281	5 281							
57 599,99	I,IV	**10 769**	5 284	5 284	I	9 239	7 783	6 400	5 091	3 856	2 693
	II	**10 064**	5 284	5 284	II	8 568	7 145	5 796	4 520	3 318	2 189
	III	**6 352**	5 284	5 284	III	5 214	4 112	3 048	2 020	1 082	320
	V	**16 143**	5 284	5 284	IV	9 995	9 239	8 502	7 783	7 083	6 400
	VI	**16 579**	5 284	5 284							
57 635,99	I,IV	**10 780**	5 288	5 288	I	9 250	7 793	6 410	5 100	3 864	2 701
	II	**10 075**	5 288	5 288	II	8 578	7 155	5 805	4 529	3 326	2 197
	III	**6 360**	5 288	5 288	III	5 222	4 120	3 056	2 028	1 088	324
	V	**16 156**	5 288	5 288	IV	10 006	9 250	8 512	7 793	7 092	6 410
	VI	**16 591**	5 288	5 288							
57 671,99	I,IV	**10 791**	5 291	5 291	I	9 261	7 803	6 420	5 109	3 873	2 709
	II	**10 086**	5 291	5 291	II	8 589	7 165	5 815	4 538	3 334	2 205
	III	**6 370**	5 291	5 291	III	5 230	4 128	3 064	2 034	1 094	328
	V	**16 169**	5 291	5 291	IV	10 017	9 261	8 523	7 803	7 102	6 420
	VI	**16 604**	5 291	5 291							
57 707,99	I,IV	**10 802**	5 294	5 294	I	9 271	7 814	6 429	5 119	3 881	2 718
	II	**10 097**	5 294	5 294	II	8 599	7 175	5 824	4 547	3 343	2 212
	III	**6 378**	5 294	5 294	III	5 238	4 136	3 070	2 042	1 100	334
	V	**16 181**	5 294	5 294	IV	10 028	9 271	8 533	7 814	7 112	6 429
	VI	**16 616**	5 294	5 294							
57 743,99	I,IV	**10 814**	5 298	5 298	I	9 282	7 824	6 439	5 128	3 890	2 726
	II	**10 108**	5 298	5 298	II	8 609	7 185	5 833	4 555	3 351	2 220
	III	**6 386**	5 298	5 298	III	5 246	4 144	3 078	2 048	1 106	338
	V	**16 194**	5 298	5 298	IV	10 039	9 282	8 544	7 824	7 122	6 439
	VI	**16 629**	5 298	5 298							
57 779,99	I,IV	**10 825**	5 301	5 301	I	9 292	7 834	6 448	5 137	3 898	2 733
	II	**10 118**	5 301	5 301	II	8 620	7 194	5 842	4 564	3 359	2 228
	III	**6 394**	5 301	5 301	III	5 254	4 152	3 086	2 056	1 112	344
	V	**16 206**	5 301	5 301	IV	10 049	9 292	8 554	7 834	7 132	6 448
	VI	**16 641**	5 301	5 301							
57 815,99	I,IV	**10 836**	5 304	5 304	I	9 303	7 844	6 458	5 146	3 907	2 741
	II	**10 129**	5 304	5 304	II	8 630	7 204	5 852	4 573	3 368	2 236
	III	**6 402**	5 304	5 304	III	5 262	4 158	3 092	2 062	1 118	348
	V	**16 219**	5 304	5 304	IV	10 060	9 303	8 564	7 844	7 142	6 458
	VI	**16 654**	5 304	5 304							
57 851,99	I,IV	**10 847**	5 307	5 307	I	9 314	7 854	6 468	5 155	3 915	2 750
	II	**10 140**	5 307	5 307	II	8 640	7 214	5 861	4 582	3 376	2 243
	III	**6 410**	5 307	5 307	III	5 270	4 166	3 100	2 070	1 124	352
	V	**16 231**	5 307	5 307	IV	10 071	9 314	8 575	7 854	7 152	6 468
	VI	**16 666**	5 307	5 307							
57 887,99	I,IV	**10 858**	5 311	5 311	I	9 324	7 864	6 477	5 164	3 924	2 758
	II	**10 151**	5 311	5 311	II	8 651	7 224	5 871	4 591	3 384	2 251
	III	**6 418**	5 311	5 311	III	5 278	4 174	3 108	2 078	1 132	358
	V	**16 244**	5 311	5 311	IV	10 082	9 324	8 585	7 864	7 162	6 477
	VI	**16 679**	5 311	5 311							

* Zur LSt-Berechnung für privat versicherte Arbeitnehmer s. Beispiele **Vorbemerkung S. 4 f.**
** Basisvorsorgepauschale KV und PV *** Typisierter Arbeitgeberzuschuss

Lohn/ Gehalt in € bis	Steuerklasse	Lohn-steuer*	BVSP**	TAGZ***	Steuerklasse	Bemessungsgrundlage für Kirchensteuer und Solidaritätszuschlag – Freibeträge für ... Kinder 0,5	1,0	1,5	2,0	2,5	3,0
57 923,99	I,IV	**10 869**	5 314	5 314	I	9 335	7 874	6 487	5 173	3 933	2 766
	II	**10 162**	5 314	5 314	II	8 661	7 234	5 880	4 600	3 393	2 259
	III	**6 426**	5 314	5 314	III	5 286	4 182	3 116	2 084	1 138	362
	V	**16 256**	5 314	5 314	IV	10 093	9 335	8 596	7 874	7 171	6 487
	VI	**16 692**	5 314	5 314							
57 959,99	I,IV	**10 881**	5 317	5 317	I	9 346	7 884	6 497	5 182	3 941	2 774
	II	**10 173**	5 317	5 317	II	8 672	7 244	5 890	4 609	3 401	2 267
	III	**6 434**	5 317	5 317	III	5 294	4 190	3 122	2 092	1 144	368
	V	**16 269**	5 317	5 317	IV	10 104	9 346	8 606	7 884	7 181	6 497
	VI	**16 704**	5 317	5 317							
57 995,99	I,IV	**10 892**	5 321	5 321	I	9 357	7 895	6 506	5 191	3 950	2 782
	II	**10 184**	5 321	5 321	II	8 682	7 254	5 899	4 617	3 409	2 275
	III	**6 444**	5 321	5 321	III	5 302	4 198	3 130	2 100	1 150	372
	V	**16 282**	5 321	5 321	IV	10 115	9 357	8 616	7 895	7 191	6 506
	VI	**16 717**	5 321	5 321							
58 031,99	I,IV	**10 903**	5 324	5 324	I	9 367	7 905	6 516	5 200	3 958	2 790
	II	**10 195**	5 324	5 324	II	8 693	7 264	5 908	4 626	3 418	2 283
	III	**6 452**	5 324	5 324	III	5 310	4 206	3 138	2 106	1 156	378
	V	**16 294**	5 324	5 324	IV	10 126	9 367	8 627	7 905	7 201	6 516
	VI	**16 729**	5 324	5 324							
58 067,99	I,IV	**10 915**	5 326	5 326	I	9 378	7 915	6 526	5 210	3 967	2 798
	II	**10 207**	5 326	5 326	II	8 704	7 274	5 918	4 636	3 426	2 291
	III	**6 460**	5 326	5 326	III	5 318	4 214	3 146	2 114	1 162	382
	V	**16 307**	5 326	5 326	IV	10 137	9 378	8 638	7 915	7 211	6 526
	VI	**16 742**	5 326	5 326							
58 103,99	I,IV	**10 927**	5 326	5 326	I	9 390	7 927	6 537	5 220	3 977	2 807
	II	**10 219**	5 326	5 326	II	8 715	7 285	5 929	4 645	3 436	2 299
	III	**6 470**	5 326	5 326	III	5 328	4 222	3 154	2 122	1 170	388
	V	**16 321**	5 326	5 326	IV	10 149	9 390	8 649	7 927	7 222	6 537
	VI	**16 756**	5 326	5 326							
58 139,99	I,IV	**10 940**	5 326	5 326	I	9 402	7 938	6 548	5 230	3 987	2 816
	II	**10 231**	5 326	5 326	II	8 727	7 296	5 939	4 655	3 445	2 308
	III	**6 478**	5 326	5 326	III	5 336	4 230	3 162	2 130	1 176	394
	V	**16 335**	5 326	5 326	IV	10 162	9 402	8 661	7 938	7 234	6 548
	VI	**16 771**	5 326	5 326							
58 175,99	I,IV	**10 952**	5 326	5 326	I	9 414	7 949	6 558	5 240	3 996	2 825
	II	**10 243**	5 326	5 326	II	8 739	7 307	5 950	4 665	3 454	2 317
	III	**6 488**	5 326	5 326	III	5 346	4 240	3 170	2 138	1 184	400
	V	**16 349**	5 326	5 326	IV	10 174	9 414	8 673	7 949	7 245	6 558
	VI	**16 784**	5 326	5 326							
58 211,99	I,IV	**10 965**	5 326	5 326	I	9 426	7 961	6 569	5 251	4 006	2 834
	II	**10 256**	5 326	5 326	II	8 750	7 318	5 960	4 675	3 464	2 326
	III	**6 496**	5 326	5 326	III	5 354	4 248	3 178	2 146	1 190	404
	V	**16 363**	5 326	5 326	IV	10 186	9 426	8 684	7 961	7 256	6 569
	VI	**16 798**	5 326	5 326							
58 247,99	I,IV	**10 977**	5 326	5 326	I	9 438	7 972	6 580	5 261	4 015	2 843
	II	**10 268**	5 326	5 326	II	8 762	7 329	5 970	4 685	3 473	2 334
	III	**6 506**	5 326	5 326	III	5 364	4 256	3 188	2 154	1 196	410
	V	**16 377**	5 326	5 326	IV	10 198	9 438	8 696	7 972	7 267	6 580
	VI	**16 812**	5 326	5 326							
58 283,99	I,IV	**10 990**	5 326	5 326	I	9 450	7 983	6 590	5 271	4 025	2 852
	II	**10 280**	5 326	5 326	II	8 773	7 340	5 981	4 695	3 482	2 343
	III	**6 516**	5 326	5 326	III	5 372	4 266	3 196	2 162	1 204	416
	V	**16 391**	5 326	5 326	IV	10 210	9 450	8 707	7 983	7 278	6 590
	VI	**16 826**	5 326	5 326							
58 319,99	I,IV	**11 002**	5 326	5 326	I	9 461	7 994	6 601	5 281	4 034	2 861
	II	**10 292**	5 326	5 326	II	8 785	7 351	5 991	4 705	3 491	2 352
	III	**6 524**	5 326	5 326	III	5 380	4 274	3 204	2 170	1 210	422
	V	**16 405**	5 326	5 326	IV	10 222	9 461	8 719	7 994	7 288	6 601
	VI	**16 840**	5 326	5 326							

* Zur LSt-Berechnung für privat versicherte Arbeitnehmer s. Beispiele **Vorbemerkung S. 4 f.**
** Basisvorsorgepauschale KV und PV *** Typisierter Arbeitgeberzuschuss

Lohn/ Gehalt in € bis	Steuerklasse	Lohn-steuer*	BVSP**	TAGZ***	Steuerklasse	Bemessungsgrundlage für Kirchensteuer und Solidaritätszuschlag – Freibeträge für ... Kinder 0,5	1,0	1,5	2,0	2,5	3,0
58 355,99	I,IV	**11 015**	5 326	5 326	I	9 474	8 006	6 612	5 291	4 044	2 870
	II	**10 305**	5 326	5 326	II	8 797	7 363	6 002	4 715	3 501	2 361
	III	**6 534**	5 326	5 326	III	5 390	4 282	3 212	2 178	1 218	426
	V	**16 419**	5 326	5 326	IV	10 235	9 474	8 731	8 006	7 300	6 612
	VI	**16 854**	5 326	5 326							
58 391,99	I,IV	**11 027**	5 326	5 326	I	9 485	8 017	6 623	5 301	4 054	2 879
	II	**10 317**	5 326	5 326	II	8 808	7 374	6 012	4 725	3 510	2 369
	III	**6 542**	5 326	5 326	III	5 398	4 292	3 220	2 186	1 224	432
	V	**16 433**	5 326	5 326	IV	10 247	9 485	8 742	8 017	7 311	6 623
	VI	**16 868**	5 326	5 326							
58 427,99	I,IV	**11 040**	5 326	5 326	I	9 497	8 029	6 633	5 311	4 063	2 888
	II	**10 329**	5 326	5 326	II	8 820	7 385	6 023	4 734	3 519	2 378
	III	**6 552**	5 326	5 326	III	5 408	4 300	3 228	2 194	1 232	438
	V	**16 447**	5 326	5 326	IV	10 259	9 497	8 754	8 029	7 322	6 633
	VI	**16 882**	5 326	5 326							
58 463,99	I,IV	**11 052**	5 326	5 326	I	9 509	8 040	6 644	5 322	4 073	2 897
	II	**10 341**	5 326	5 326	II	8 832	7 396	6 033	4 744	3 529	2 387
	III	**6 562**	5 326	5 326	III	5 416	4 308	3 236	2 202	1 238	444
	V	**16 461**	5 326	5 326	IV	10 271	9 509	8 765	8 040	7 333	6 644
	VI	**16 896**	5 326	5 326							
58 499,99	I,IV	**11 064**	5 326	5 326	I	9 521	8 051	6 655	5 332	4 082	2 906
	II	**10 353**	5 326	5 326	II	8 843	7 407	6 044	4 754	3 538	2 395
	III	**6 570**	5 326	5 326	III	5 426	4 316	3 246	2 210	1 246	450
	V	**16 474**	5 326	5 326	IV	10 284	9 521	8 777	8 051	7 344	6 655
	VI	**16 910**	5 326	5 326							
58 535,99	I,IV	**11 077**	5 326	5 326	I	9 533	8 063	6 666	5 342	4 092	2 915
	II	**10 366**	5 326	5 326	II	8 855	7 418	6 054	4 764	3 548	2 404
	III	**6 580**	5 326	5 326	III	5 434	4 326	3 254	2 218	1 252	454
	V	**16 489**	5 326	5 326	IV	10 296	9 533	8 789	8 063	7 355	6 666
	VI	**16 924**	5 326	5 326							
58 571,99	I,IV	**11 090**	5 326	5 326	I	9 545	8 074	6 676	5 352	4 102	2 924
	II	**10 378**	5 326	5 326	II	8 867	7 429	6 065	4 774	3 557	2 413
	III	**6 588**	5 326	5 326	III	5 444	4 334	3 262	2 226	1 260	460
	V	**16 503**	5 326	5 326	IV	10 308	9 545	8 800	8 074	7 366	6 676
	VI	**16 938**	5 326	5 326							
58 607,99	I,IV	**11 102**	5 326	5 326	I	9 557	8 085	6 687	5 362	4 111	2 933
	II	**10 390**	5 326	5 326	II	8 878	7 440	6 075	4 784	3 566	2 422
	III	**6 598**	5 326	5 326	III	5 452	4 342	3 270	2 234	1 266	466
	V	**16 516**	5 326	5 326	IV	10 320	9 557	8 812	8 085	7 377	6 687
	VI	**16 952**	5 326	5 326							
58 643,99	I,IV	**11 115**	5 326	5 326	I	9 569	8 097	6 698	5 372	4 121	2 942
	II	**10 402**	5 326	5 326	II	8 890	7 451	6 086	4 794	3 575	2 431
	III	**6 608**	5 326	5 326	III	5 460	4 352	3 278	2 242	1 274	472
	V	**16 530**	5 326	5 326	IV	10 333	9 569	8 824	8 097	7 388	6 698
	VI	**16 965**	5 326	5 326							
58 679,99	I,IV	**11 127**	5 326	5 326	I	9 581	8 108	6 709	5 383	4 130	2 951
	II	**10 414**	5 326	5 326	II	8 902	7 462	6 096	4 804	3 585	2 439
	III	**6 616**	5 326	5 326	III	5 470	4 360	3 288	2 250	1 280	478
	V	**16 544**	5 326	5 326	IV	10 345	9 581	8 835	8 108	7 399	6 709
	VI	**16 979**	5 326	5 326							
58 715,99	I,IV	**11 140**	5 326	5 326	I	9 593	8 120	6 720	5 393	4 140	2 961
	II	**10 427**	5 326	5 326	II	8 914	7 474	6 107	4 814	3 594	2 448
	III	**6 626**	5 326	5 326	III	5 480	4 370	3 296	2 258	1 288	484
	V	**16 558**	5 326	5 326	IV	10 357	9 593	8 847	8 120	7 410	6 720
	VI	**16 994**	5 326	5 326							
58 751,99	I,IV	**11 152**	5 326	5 326	I	9 605	8 131	6 730	5 403	4 150	2 970
	II	**10 439**	5 326	5 326	II	8 925	7 485	6 117	4 824	3 604	2 457
	III	**6 634**	5 326	5 326	III	5 488	4 378	3 304	2 266	1 294	488
	V	**16 572**	5 326	5 326	IV	10 369	9 605	8 859	8 131	7 421	6 730
	VI	**17 007**	5 326	5 326							

* Zur LSt-Berechnung für privat versicherte Arbeitnehmer s. Beispiele **Vorbemerkung S. 4 f.**
** Basisvorsorgepauschale KV und PV *** Typisierter Arbeitgeberzuschuss

Lohn/ Gehalt in € bis	Steuerklasse	Lohn-steuer*	BVSP**	TAGZ***	Steuerklasse	Bemessungsgrundlage für Kirchensteuer und Solidaritätszuschlag					
						Freibeträge für ... Kinder					
						0,5	**1,0**	1,5	**2,0**	2,5	**3,0**
58 787,99	I,IV	**11 165**	5 326	5 326	I	9 617	8 142	6 741	5 413	4 159	2 979
	II	**10 451**	5 326	5 326	II	8 937	7 496	6 128	4 834	3 613	2 466
	III	**6 644**	5 326	5 326	III	5 496	4 386	3 312	2 274	1 302	494
	V	**16 586**	5 326	5 326	IV	10 382	9 617	8 870	8 142	7 432	6 741
	VI	**17 021**	5 326	5 326							
58 823,99	I,IV	**11 177**	5 326	5 326	I	9 629	8 153	6 752	5 424	4 169	2 988
	II	**10 464**	5 326	5 326	II	8 948	7 507	6 138	4 844	3 622	2 474
	III	**6 654**	5 326	5 326	III	5 506	4 394	3 320	2 282	1 308	500
	V	**16 600**	5 326	5 326	IV	10 394	9 629	8 882	8 153	7 443	6 752
	VI	**17 035**	5 326	5 326							
58 859,99	I,IV	**11 190**	5 326	5 326	I	9 641	8 165	6 763	5 434	4 178	2 997
	II	**10 476**	5 326	5 326	II	8 960	7 518	6 149	4 854	3 632	2 483
	III	**6 662**	5 326	5 326	III	5 514	4 404	3 328	2 292	1 316	506
	V	**16 614**	5 326	5 326	IV	10 406	9 641	8 893	8 165	7 454	6 763
	VI	**17 049**	5 326	5 326							
58 895,99	I,IV	**11 202**	5 326	5 326	I	9 652	8 176	6 773	5 444	4 188	3 006
	II	**10 488**	5 326	5 326	II	8 972	7 529	6 159	4 863	3 641	2 492
	III	**6 672**	5 326	5 326	III	5 524	4 412	3 336	2 298	1 322	512
	V	**16 628**	5 326	5 326	IV	10 418	9 652	8 905	8 176	7 465	6 773
	VI	**17 063**	5 326	5 326							
58 931,99	I,IV	**11 215**	5 326	5 326	I	9 665	8 188	6 784	5 454	4 198	3 015
	II	**10 501**	5 326	5 326	II	8 984	7 540	6 170	4 874	3 651	2 501
	III	**6 682**	5 326	5 326	III	5 532	4 420	3 346	2 308	1 330	518
	V	**16 642**	5 326	5 326	IV	10 431	9 665	8 917	8 188	7 477	6 784
	VI	**17 077**	5 326	5 326							
58 967,99	I,IV	**11 228**	5 326	5 326	I	9 677	8 199	6 795	5 465	4 207	3 024
	II	**10 513**	5 326	5 326	II	8 995	7 551	6 181	4 884	3 660	2 510
	III	**6 690**	5 326	5 326	III	5 542	4 430	3 354	2 316	1 338	524
	V	**16 656**	5 326	5 326	IV	10 443	9 677	8 929	8 199	7 488	6 795
	VI	**17 091**	5 326	5 326							
59 003,99	I,IV	**11 240**	5 326	5 326	I	9 689	8 210	6 806	5 475	4 217	3 033
	II	**10 525**	5 326	5 326	II	9 007	7 562	6 191	4 893	3 669	2 518
	III	**6 700**	5 326	5 326	III	5 550	4 438	3 362	2 324	1 344	528
	V	**16 670**	5 326	5 326	IV	10 455	9 689	8 940	8 210	7 499	6 806
	VI	**17 105**	5 326	5 326							
59 039,99	I,IV	**11 253**	5 326	5 326	I	9 700	8 222	6 817	5 485	4 227	3 042
	II	**10 537**	5 326	5 326	II	9 019	7 573	6 202	4 903	3 679	2 527
	III	**6 708**	5 326	5 326	III	5 560	4 446	3 370	2 332	1 352	534
	V	**16 684**	5 326	5 326	IV	10 467	9 700	8 952	8 222	7 510	6 817
	VI	**17 119**	5 326	5 326							
59 075,99	I,IV	**11 265**	5 326	5 326	I	9 712	8 233	6 827	5 495	4 236	3 051
	II	**10 550**	5 326	5 326	II	9 030	7 584	6 212	4 913	3 688	2 536
	III	**6 718**	5 326	5 326	III	5 568	4 456	3 378	2 340	1 358	540
	V	**16 697**	5 326	5 326	IV	10 480	9 712	8 964	8 233	7 521	6 827
	VI	**17 133**	5 326	5 326							
59 111,99	I,IV	**11 278**	5 326	5 326	I	9 725	8 245	6 838	5 506	4 246	3 060
	II	**10 562**	5 326	5 326	II	9 042	7 596	6 223	4 924	3 698	2 545
	III	**6 728**	5 326	5 326	III	5 578	4 464	3 388	2 348	1 366	546
	V	**16 712**	5 326	5 326	IV	10 492	9 725	8 976	8 245	7 532	6 838
	VI	**17 147**	5 326	5 326							
59 147,99	I,IV	**11 290**	5 326	5 326	I	9 737	8 256	6 849	5 516	4 256	3 069
	II	**10 574**	5 326	5 326	II	9 054	7 607	6 234	4 933	3 707	2 554
	III	**6 736**	5 326	5 326	III	5 586	4 472	3 396	2 356	1 374	552
	V	**16 726**	5 326	5 326	IV	10 504	9 737	8 987	8 256	7 544	6 849
	VI	**17 161**	5 326	5 326							
59 183,99	I,IV	**11 303**	5 326	5 326	I	9 749	8 268	6 860	5 526	4 265	3 078
	II	**10 587**	5 326	5 326	II	9 066	7 618	6 244	4 943	3 716	2 563
	III	**6 746**	5 326	5 326	III	5 596	4 482	3 404	2 364	1 380	558
	V	**16 739**	5 326	5 326	IV	10 517	9 749	8 999	8 268	7 555	6 860
	VI	**17 175**	5 326	5 326							

* Zur LSt-Berechnung für privat versicherte Arbeitnehmer s. Beispiele **Vorbemerkung S. 4 f.**
** Basisvorsorgepauschale KV und PV *** Typisierter Arbeitgeberzuschuss

Lohn/ Gehalt in € bis	Steuerklasse	Lohn-steuer*	BVSP**	TAGZ***	Steuerklasse	Bemessungsgrundlage für Kirchensteuer und Solidaritätszuschlag – Freibeträge für ... Kinder 0,5	1,0	1,5	2,0	2,5	3,0
59 219,99	I,IV	**11 315**	5 326	5 326	I	9 760	8 279	6 871	5 536	4 275	3 087
	II	**10 599**	5 326	5 326	II	9 077	7 629	6 255	4 953	3 726	2 571
	III	**6 756**	5 326	5 326	III	5 604	4 490	3 412	2 372	1 388	564
	V	**16 753**	5 326	5 326	IV	10 529	9 760	9 011	8 279	7 566	6 871
	VI	**17 188**	5 326	5 326							
59 255,99	I,IV	**11 328**	5 326	5 326	I	9 772	8 290	6 882	5 546	4 285	3 096
	II	**10 611**	5 326	5 326	II	9 089	7 640	6 265	4 963	3 735	2 580
	III	**6 764**	5 326	5 326	III	5 612	4 498	3 420	2 380	1 394	570
	V	**16 767**	5 326	5 326	IV	10 541	9 772	9 022	8 290	7 577	6 882
	VI	**17 202**	5 326	5 326							
59 291,99	I,IV	**11 341**	5 326	5 326	I	9 785	8 302	6 893	5 557	4 295	3 106
	II	**10 624**	5 326	5 326	II	9 101	7 652	6 276	4 974	3 745	2 589
	III	**6 774**	5 326	5 326	III	5 622	4 508	3 430	2 388	1 402	576
	V	**16 781**	5 326	5 326	IV	10 554	9 785	9 034	8 302	7 588	6 893
	VI	**17 217**	5 326	5 326							
59 327,99	I,IV	**11 353**	5 326	5 326	I	9 797	8 313	6 904	5 567	4 304	3 115
	II	**10 636**	5 326	5 326	II	9 113	7 663	6 286	4 984	3 754	2 598
	III	**6 784**	5 326	5 326	III	5 632	4 516	3 438	2 396	1 410	582
	V	**16 795**	5 326	5 326	IV	10 566	9 797	9 046	8 313	7 599	6 904
	VI	**17 230**	5 326	5 326							
59 363,99	I,IV	**11 366**	5 326	5 326	I	9 809	8 325	6 914	5 577	4 314	3 124
	II	**10 648**	5 326	5 326	II	9 124	7 674	6 297	4 994	3 763	2 607
	III	**6 792**	5 326	5 326	III	5 640	4 524	3 446	2 404	1 416	586
	V	**16 809**	5 326	5 326	IV	10 578	9 809	9 058	8 325	7 610	6 914
	VI	**17 244**	5 326	5 326							
59 399,99	I,IV	**11 379**	5 326	5 326	I	9 821	8 336	6 925	5 588	4 324	3 133
	II	**10 661**	5 326	5 326	II	9 136	7 685	6 308	5 003	3 773	2 616
	III	**6 802**	5 326	5 326	III	5 650	4 534	3 454	2 412	1 424	592
	V	**16 823**	5 326	5 326	IV	10 590	9 821	9 069	8 336	7 621	6 925
	VI	**17 258**	5 326	5 326							
59 435,99	I,IV	**11 391**	5 326	5 326	I	9 833	8 348	6 936	5 598	4 333	3 142
	II	**10 673**	5 326	5 326	II	9 148	7 696	6 318	5 013	3 782	2 625
	III	**6 810**	5 326	5 326	III	5 658	4 542	3 462	2 420	1 430	598
	V	**16 837**	5 326	5 326	IV	10 603	9 833	9 081	8 348	7 633	6 936
	VI	**17 272**	5 326	5 326							
59 471,99	I,IV	**11 404**	5 326	5 326	I	9 845	8 359	6 947	5 608	4 343	3 151
	II	**10 685**	5 326	5 326	II	9 160	7 707	6 329	5 023	3 792	2 633
	III	**6 820**	5 326	5 326	III	5 666	4 550	3 472	2 428	1 438	604
	V	**16 851**	5 326	5 326	IV	10 615	9 845	9 093	8 359	7 644	6 947
	VI	**17 286**	5 326	5 326							
59 507,99	I,IV	**11 417**	5 326	5 326	I	9 857	8 371	6 958	5 619	4 353	3 161
	II	**10 698**	5 326	5 326	II	9 172	7 719	6 340	5 034	3 801	2 642
	III	**6 830**	5 326	5 326	III	5 676	4 560	3 480	2 436	1 446	610
	V	**16 865**	5 326	5 326	IV	10 628	9 857	9 105	8 371	7 655	6 958
	VI	**17 300**	5 326	5 326							
59 543,99	I,IV	**11 429**	5 326	5 326	I	9 869	8 382	6 969	5 629	4 363	3 170
	II	**10 710**	5 326	5 326	II	9 183	7 730	6 350	5 044	3 811	2 651
	III	**6 838**	5 326	5 326	III	5 684	4 568	3 488	2 444	1 452	616
	V	**16 879**	5 326	5 326	IV	10 640	9 869	9 116	8 382	7 666	6 969
	VI	**17 314**	5 326	5 326							
59 579,99	I,IV	**11 442**	5 326	5 326	I	9 881	8 394	6 980	5 639	4 372	3 179
	II	**10 723**	5 326	5 326	II	9 195	7 741	6 361	5 054	3 820	2 660
	III	**6 848**	5 326	5 326	III	5 694	4 576	3 496	2 452	1 460	622
	V	**16 893**	5 326	5 326	IV	10 652	9 881	9 128	8 394	7 677	6 980
	VI	**17 328**	5 326	5 326							
59 615,99	I,IV	**11 454**	5 326	5 326	I	9 893	8 405	6 990	5 649	4 382	3 188
	II	**10 735**	5 326	5 326	II	9 207	7 752	6 371	5 064	3 830	2 669
	III	**6 856**	5 326	5 326	III	5 702	4 586	3 504	2 460	1 468	628
	V	**16 907**	5 326	5 326	IV	10 664	9 893	9 140	8 405	7 689	6 990
	VI	**17 342**	5 326	5 326							

* Zur LSt-Berechnung für privat versicherte Arbeitnehmer s. Beispiele **Vorbemerkung S. 4 f.**
** Basisvorsorgepauschale KV und PV *** Typisierter Arbeitgeberzuschuss

Lohn/ Gehalt in € bis	Steuerklasse	Lohn-steuer*	BVSP**	TAGZ***	Steuerklasse	Bemessungsgrundlage für Kirchensteuer und Solidaritätszuschlag – Freibeträge für ... Kinder 0,5	1,0	1,5	2,0	2,5	3,0
59 651,99	I,IV	**11 467**	5 326	5 326	I	9 905	8 416	7 001	5 660	4 392	3 197
	II	**10 747**	5 326	5 326	II	9 219	7 763	6 382	5 074	3 839	2 678
	III	**6 866**	5 326	5 326	III	5 712	4 594	3 514	2 470	1 474	634
	V	**16 920**	5 326	5 326	IV	10 677	9 905	9 151	8 416	7 700	7 001
	VI	**17 356**	5 326	5 326							
59 687,99	I,IV	**11 480**	5 326	5 326	I	9 917	8 428	7 012	5 670	4 402	3 206
	II	**10 760**	5 326	5 326	II	9 231	7 775	6 393	5 084	3 849	2 687
	III	**6 876**	5 326	5 326	III	5 722	4 604	3 522	2 478	1 482	640
	V	**16 935**	5 326	5 326	IV	10 689	9 917	9 164	8 428	7 711	7 012
	VI	**17 370**	5 326	5 326							
59 723,99	I,IV	**11 492**	5 326	5 326	I	9 929	8 440	7 023	5 681	4 411	3 215
	II	**10 772**	5 326	5 326	II	9 242	7 786	6 403	5 094	3 858	2 696
	III	**6 884**	5 326	5 326	III	5 730	4 612	3 530	2 486	1 490	646
	V	**16 949**	5 326	5 326	IV	10 702	9 929	9 175	8 440	7 722	7 023
	VI	**17 384**	5 326	5 326							
59 759,99	I,IV	**11 505**	5 326	5 326	I	9 941	8 451	7 034	5 691	4 421	3 225
	II	**10 785**	5 326	5 326	II	9 254	7 797	6 414	5 104	3 868	2 705
	III	**6 894**	5 326	5 326	III	5 738	4 620	3 538	2 494	1 498	652
	V	**16 962**	5 326	5 326	IV	10 714	9 941	9 187	8 451	7 733	7 034
	VI	**17 398**	5 326	5 326							
59 795,99	I,IV	**11 518**	5 326	5 326	I	9 953	8 462	7 045	5 701	4 431	3 234
	II	**10 797**	5 326	5 326	II	9 266	7 809	6 425	5 114	3 877	2 713
	III	**6 904**	5 326	5 326	III	5 748	4 628	3 546	2 502	1 504	658
	V	**16 976**	5 326	5 326	IV	10 726	9 953	9 199	8 462	7 745	7 045
	VI	**17 411**	5 326	5 326							
59 831,99	I,IV	**11 530**	5 326	5 326	I	9 965	8 474	7 056	5 711	4 440	3 243
	II	**10 809**	5 326	5 326	II	9 278	7 820	6 435	5 124	3 886	2 722
	III	**6 912**	5 326	5 326	III	5 756	4 638	3 556	2 510	1 512	664
	V	**16 990**	5 326	5 326	IV	10 739	9 965	9 210	8 474	7 756	7 056
	VI	**17 425**	5 326	5 326							
59 867,99	I,IV	**11 543**	5 326	5 326	I	9 978	8 486	7 067	5 722	4 450	3 252
	II	**10 822**	5 326	5 326	II	9 290	7 831	6 446	5 134	3 896	2 732
	III	**6 922**	5 326	5 326	III	5 766	4 646	3 564	2 518	1 520	670
	V	**17 004**	5 326	5 326	IV	10 751	9 978	9 223	8 486	7 767	7 067
	VI	**17 440**	5 326	5 326							
59 903,99	I,IV	**11 556**	5 326	5 326	I	9 990	8 497	7 078	5 732	4 460	3 261
	II	**10 834**	5 326	5 326	II	9 302	7 842	6 457	5 144	3 906	2 740
	III	**6 932**	5 326	5 326	III	5 774	4 656	3 572	2 526	1 526	676
	V	**17 018**	5 326	5 326	IV	10 764	9 990	9 234	8 497	7 778	7 078
	VI	**17 453**	5 326	5 326							
59 939,99	I,IV	**11 568**	5 326	5 326	I	10 002	8 509	7 089	5 743	4 470	3 271
	II	**10 847**	5 326	5 326	II	9 313	7 854	6 467	5 154	3 915	2 749
	III	**6 940**	5 326	5 326	III	5 784	4 664	3 580	2 534	1 534	682
	V	**17 032**	5 326	5 326	IV	10 776	10 002	9 246	8 509	7 790	7 089
	VI	**17 467**	5 326	5 326							
59 975,99	I,IV	**11 581**	5 326	5 326	I	10 014	8 520	7 100	5 753	4 480	3 280
	II	**10 859**	5 326	5 326	II	9 325	7 865	6 478	5 165	3 925	2 758
	III	**6 950**	5 326	5 326	III	5 792	4 672	3 588	2 542	1 542	688
	V	**17 046**	5 326	5 326	IV	10 788	10 014	9 258	8 520	7 801	7 100
	VI	**17 481**	5 326	5 326							
60 011,99	I,IV	**11 594**	5 326	5 326	I	10 026	8 532	7 111	5 763	4 489	3 289
	II	**10 871**	5 326	5 326	II	9 337	7 876	6 489	5 175	3 934	2 767
	III	**6 960**	5 326	5 326	III	5 802	4 682	3 598	2 550	1 548	694
	V	**17 060**	5 326	5 326	IV	10 801	10 026	9 269	8 532	7 812	7 111
	VI	**17 495**	5 326	5 326							
60 047,99	I,IV	**11 606**	5 326	5 326	I	10 038	8 543	7 122	5 774	4 499	3 298
	II	**10 884**	5 326	5 326	II	9 349	7 887	6 499	5 185	3 944	2 776
	III	**6 968**	5 326	5 326	III	5 810	4 690	3 606	2 558	1 556	700
	V	**17 074**	5 326	5 326	IV	10 813	10 038	9 281	8 543	7 823	7 122
	VI	**17 509**	5 326	5 326							

* Zur LSt-Berechnung für privat versicherte Arbeitnehmer s. Beispiele **Vorbemerkung S. 4 f.**
** Basisvorsorgepauschale KV und PV *** Typisierter Arbeitgeberzuschuss

Lohn/ Gehalt in € bis	Steuerklasse	Lohn-steuer*	BVSP**	TAGZ***	Steuerklasse	Bemessungsgrundlage für Kirchensteuer und Solidaritätszuschlag – Freibeträge für ... Kinder 0,5	1,0	1,5	2,0	2,5	3,0
60 083,99	I,IV	**11 619**	5 326	5 326	I	10 050	8 555	7 133	5 784	4 509	3 307
	II	**10 896**	5 326	5 326	II	9 361	7 899	6 510	5 195	3 953	2 785
	III	**6 978**	5 326	5 326	III	5 820	4 698	3 614	2 566	1 564	706
	V	**17 088**	5 326	5 326	IV	10 826	10 050	9 293	8 555	7 835	7 133
	VI	**17 523**	5 326	5 326							
60 119,99	I,IV	**11 632**	5 326	5 326	I	10 062	8 566	7 144	5 795	4 519	3 317
	II	**10 909**	5 326	5 326	II	9 373	7 910	6 521	5 205	3 963	2 794
	III	**6 988**	5 326	5 326	III	5 830	4 708	3 622	2 574	1 572	712
	V	**17 102**	5 326	5 326	IV	10 838	10 062	9 305	8 566	7 846	7 144
	VI	**17 537**	5 326	5 326							
60 155,99	I,IV	**11 645**	5 326	5 326	I	10 074	8 578	7 155	5 805	4 529	3 326
	II	**10 921**	5 326	5 326	II	9 384	7 921	6 531	5 215	3 972	2 803
	III	**6 996**	5 326	5 326	III	5 838	4 716	3 632	2 582	1 578	718
	V	**17 116**	5 326	5 326	IV	10 850	10 074	9 317	8 578	7 857	7 155
	VI	**17 551**	5 326	5 326							
60 191,99	I,IV	**11 657**	5 326	5 326	I	10 087	8 589	7 165	5 815	4 538	3 335
	II	**10 934**	5 326	5 326	II	9 396	7 932	6 542	5 225	3 982	2 812
	III	**7 006**	5 326	5 326	III	5 848	4 724	3 640	2 592	1 586	724
	V	**17 130**	5 326	5 326	IV	10 863	10 087	9 329	8 589	7 868	7 165
	VI	**17 565**	5 326	5 326							
60 227,99	I,IV	**11 670**	5 326	5 326	I	10 099	8 601	7 176	5 826	4 548	3 344
	II	**10 946**	5 326	5 326	II	9 408	7 944	6 553	5 235	3 991	2 821
	III	**7 014**	5 326	5 326	III	5 856	4 734	3 648	2 598	1 594	730
	V	**17 144**	5 326	5 326	IV	10 875	10 099	9 340	8 601	7 879	7 176
	VI	**17 579**	5 326	5 326							
60 263,99	I,IV	**11 683**	5 326	5 326	I	10 111	8 613	7 188	5 836	4 558	3 354
	II	**10 959**	5 326	5 326	II	9 420	7 955	6 564	5 246	4 001	2 830
	III	**7 024**	5 326	5 326	III	5 864	4 742	3 656	2 608	1 602	738
	V	**17 158**	5 326	5 326	IV	10 888	10 111	9 353	8 613	7 891	7 188
	VI	**17 593**	5 326	5 326							
60 299,99	I,IV	**11 696**	5 326	5 326	I	10 123	8 624	7 199	5 847	4 568	3 363
	II	**10 971**	5 326	5 326	II	9 432	7 966	6 574	5 256	4 011	2 839
	III	**7 034**	5 326	5 326	III	5 874	4 752	3 666	2 616	1 610	744
	V	**17 172**	5 326	5 326	IV	10 900	10 123	9 364	8 624	7 902	7 199
	VI	**17 607**	5 326	5 326							
60 335,99	I,IV	**11 708**	5 326	5 326	I	10 135	8 636	7 210	5 857	4 578	3 372
	II	**10 984**	5 326	5 326	II	9 444	7 978	6 585	5 266	4 020	2 848
	III	**7 042**	5 326	5 326	III	5 882	4 760	3 674	2 624	1 616	750
	V	**17 186**	5 326	5 326	IV	10 913	10 135	9 376	8 636	7 913	7 210
	VI	**17 621**	5 326	5 326							
60 371,99	I,IV	**11 721**	5 326	5 326	I	10 147	8 647	7 220	5 867	4 587	3 381
	II	**10 996**	5 326	5 326	II	9 456	7 989	6 596	5 276	4 030	2 857
	III	**7 052**	5 326	5 326	III	5 892	4 768	3 682	2 632	1 624	756
	V	**17 199**	5 326	5 326	IV	10 925	10 147	9 388	8 647	7 925	7 220
	VI	**17 634**	5 326	5 326							
60 407,99	I,IV	**11 734**	5 326	5 326	I	10 159	8 659	7 231	5 878	4 597	3 390
	II	**11 008**	5 326	5 326	II	9 468	8 000	6 606	5 286	4 039	2 866
	III	**7 062**	5 326	5 326	III	5 900	4 778	3 690	2 640	1 632	762
	V	**17 213**	5 326	5 326	IV	10 937	10 159	9 400	8 659	7 936	7 231
	VI	**17 648**	5 326	5 326							
60 443,99	I,IV	**11 747**	5 326	5 326	I	10 172	8 671	7 243	5 888	4 607	3 400
	II	**11 021**	5 326	5 326	II	9 480	8 012	6 617	5 296	4 049	2 875
	III	**7 070**	5 326	5 326	III	5 910	4 786	3 698	2 648	1 640	768
	V	**17 228**	5 326	5 326	IV	10 950	10 172	9 412	8 671	7 947	7 243
	VI	**17 663**	5 326	5 326							
60 479,99	I,IV	**11 759**	5 326	5 326	I	10 184	8 682	7 254	5 899	4 617	3 409
	II	**11 034**	5 326	5 326	II	9 492	8 023	6 628	5 307	4 058	2 884
	III	**7 080**	5 326	5 326	III	5 920	4 796	3 708	2 656	1 646	774
	V	**17 241**	5 326	5 326	IV	10 962	10 184	9 424	8 682	7 959	7 254
	VI	**17 676**	5 326	5 326							

* Zur LSt-Berechnung für privat versicherte Arbeitnehmer s. Beispiele **Vorbemerkung S. 4 f.**
** Basisvorsorgepauschale KV und PV *** Typisierter Arbeitgeberzuschuss

Lohn/ Gehalt in € bis	Steuerklasse	Lohn-steuer*	BVSP**	TAGZ***	Steuerklasse	Bemessungsgrundlage für Kirchensteuer und Solidaritätszuschlag – Freibeträge für ... Kinder 0,5	**1,0**	1,5	**2,0**	2,5	**3,0**
60 515,99	I,IV	**11 772**	5 326	5 326	I	10 196	8 694	7 265	5 909	4 627	3 418
	II	**11 046**	5 326	5 326	II	9 503	8 034	6 639	5 317	4 068	2 893
	III	**7 090**	5 326	5 326	III	5 928	4 804	3 716	2 664	1 654	780
	V	**17 255**	5 326	5 326	IV	10 975	10 196	9 436	8 694	7 970	7 265
	VI	**17 690**	5 326	5 326							
60 551,99	I,IV	**11 785**	5 326	5 326	I	10 208	8 705	7 276	5 919	4 637	3 428
	II	**11 058**	5 326	5 326	II	9 515	8 046	6 649	5 327	4 078	2 902
	III	**7 100**	5 326	5 326	III	5 938	4 812	3 724	2 672	1 662	786
	V	**17 269**	5 326	5 326	IV	10 987	10 208	9 447	8 705	7 981	7 276
	VI	**17 704**	5 326	5 326							
60 587,99	I,IV	**11 797**	5 326	5 326	I	10 220	8 717	7 286	5 930	4 647	3 437
	II	**11 071**	5 326	5 326	II	9 527	8 057	6 660	5 337	4 087	2 911
	III	**7 108**	5 326	5 326	III	5 946	4 820	3 732	2 680	1 670	792
	V	**17 283**	5 326	5 326	IV	11 000	10 220	9 459	8 717	7 992	7 286
	VI	**17 718**	5 326	5 326							
60 623,99	I,IV	**11 810**	5 326	5 326	I	10 232	8 728	7 297	5 940	4 656	3 446
	II	**11 083**	5 326	5 326	II	9 539	8 068	6 671	5 347	4 097	2 920
	III	**7 118**	5 326	5 326	III	5 956	4 830	3 742	2 690	1 678	800
	V	**17 297**	5 326	5 326	IV	11 012	10 232	9 471	8 728	8 004	7 297
	VI	**17 732**	5 326	5 326							
60 659,99	I,IV	**11 823**	5 326	5 326	I	10 245	8 740	7 309	5 951	4 666	3 456
	II	**11 096**	5 326	5 326	II	9 551	8 080	6 682	5 357	4 106	2 929
	III	**7 128**	5 326	5 326	III	5 964	4 838	3 750	2 698	1 686	806
	V	**17 311**	5 326	5 326	IV	11 025	10 245	9 483	8 740	8 015	7 309
	VI	**17 746**	5 326	5 326							
60 695,99	I,IV	**11 836**	5 326	5 326	I	10 257	8 752	7 320	5 961	4 676	3 465
	II	**11 109**	5 326	5 326	II	9 563	8 091	6 693	5 368	4 116	2 938
	III	**7 136**	5 326	5 326	III	5 974	4 848	3 758	2 706	1 692	812
	V	**17 325**	5 326	5 326	IV	11 037	10 257	9 495	8 752	8 026	7 320
	VI	**17 760**	5 326	5 326							
60 731,99	I,IV	**11 849**	5 326	5 326	I	10 269	8 763	7 331	5 972	4 686	3 474
	II	**11 121**	5 326	5 326	II	9 575	8 102	6 703	5 378	4 126	2 947
	III	**7 146**	5 326	5 326	III	5 982	4 856	3 766	2 714	1 700	818
	V	**17 339**	5 326	5 326	IV	11 050	10 269	9 507	8 763	8 038	7 331
	VI	**17 774**	5 326	5 326							
60 767,99	I,IV	**11 861**	5 326	5 326	I	10 281	8 775	7 342	5 982	4 696	3 483
	II	**11 133**	5 326	5 326	II	9 587	8 114	6 714	5 388	4 135	2 956
	III	**7 154**	5 326	5 326	III	5 992	4 864	3 774	2 722	1 708	824
	V	**17 353**	5 326	5 326	IV	11 062	10 281	9 519	8 775	8 049	7 342
	VI	**17 788**	5 326	5 326							
60 803,99	I,IV	**11 874**	5 326	5 326	I	10 293	8 786	7 353	5 992	4 706	3 493
	II	**11 146**	5 326	5 326	II	9 599	8 125	6 725	5 398	4 145	2 965
	III	**7 164**	5 326	5 326	III	6 000	4 874	3 784	2 730	1 716	830
	V	**17 367**	5 326	5 326	IV	11 075	10 293	9 531	8 786	8 060	7 353
	VI	**17 802**	5 326	5 326							
60 839,99	I,IV	**11 887**	5 326	5 326	I	10 306	8 798	7 364	6 003	4 716	3 502
	II	**11 159**	5 326	5 326	II	9 611	8 137	6 736	5 408	4 155	2 974
	III	**7 174**	5 326	5 326	III	6 010	4 882	3 792	2 738	1 724	838
	V	**17 381**	5 326	5 326	IV	11 087	10 306	9 543	8 798	8 072	7 364
	VI	**17 816**	5 326	5 326							
60 875,99	I,IV	**11 900**	5 326	5 326	I	10 318	8 810	7 375	6 014	4 726	3 511
	II	**11 171**	5 326	5 326	II	9 623	8 148	6 747	5 419	4 164	2 983
	III	**7 184**	5 326	5 326	III	6 018	4 892	3 800	2 746	1 730	844
	V	**17 395**	5 326	5 326	IV	11 100	10 318	9 555	8 810	8 083	7 375
	VI	**17 830**	5 326	5 326							
60 911,99	I,IV	**11 913**	5 326	5 326	I	10 330	8 821	7 386	6 024	4 736	3 521
	II	**11 184**	5 326	5 326	II	9 635	8 159	6 757	5 429	4 174	2 992
	III	**7 192**	5 326	5 326	III	6 028	4 900	3 810	2 754	1 738	850
	V	**17 409**	5 326	5 326	IV	11 112	10 330	9 567	8 821	8 095	7 386
	VI	**17 844**	5 326	5 326							

* Zur LSt-Berechnung für privat versicherte Arbeitnehmer s. Beispiele **Vorbemerkung S. 4 f.**
** Basisvorsorgepauschale KV und PV *** Typisierter Arbeitgeberzuschuss

Lohn/ Gehalt in € bis	Steuerklasse	Lohn-steuer*	BVSP**	TAGZ***	Steuerklasse	Bemessungsgrundlage für Kirchensteuer und Solidaritätszuschlag – Freibeträge für ... Kinder 0,5	1,0	1,5	2,0	2,5	3,0
60 947,99	I,IV	**11 925**	5 326	5 326	I	10 342	8 833	7 397	6 034	4 745	3 530
	II	**11 196**	5 326	5 326	II	9 647	8 171	6 768	5 439	4 183	3 001
	III	**7 202**	5 326	5 326	III	6 036	4 908	3 818	2 762	1 746	856
	V	**17 422**	5 326	5 326	IV	11 125	10 342	9 579	8 833	8 106	7 397
	VI	**17 858**	5 326	5 326							
60 983,99	I,IV	**11 938**	5 326	5 326	I	10 355	8 845	7 408	6 045	4 755	3 539
	II	**11 209**	5 326	5 326	II	9 659	8 182	6 779	5 449	4 193	3 010
	III	**7 212**	5 326	5 326	III	6 046	4 918	3 826	2 770	1 754	862
	V	**17 436**	5 326	5 326	IV	11 137	10 355	9 590	8 845	8 117	7 408
	VI	**17 871**	5 326	5 326							
61 019,99	I,IV	**11 951**	5 326	5 326	I	10 367	8 857	7 419	6 056	4 765	3 549
	II	**11 222**	5 326	5 326	II	9 671	8 194	6 790	5 460	4 203	3 019
	III	**7 220**	5 326	5 326	III	6 056	4 926	3 834	2 780	1 762	868
	V	**17 451**	5 326	5 326	IV	11 150	10 367	9 603	8 857	8 129	7 419
	VI	**17 886**	5 326	5 326							
61 055,99	I,IV	**11 964**	5 326	5 326	I	10 379	8 868	7 430	6 066	4 775	3 558
	II	**11 234**	5 326	5 326	II	9 683	8 205	6 801	5 470	4 212	3 029
	III	**7 230**	5 326	5 326	III	6 064	4 936	3 842	2 788	1 770	874
	V	**17 464**	5 326	5 326	IV	11 163	10 379	9 615	8 868	8 140	7 430
	VI	**17 900**	5 326	5 326							
61 091,99	I,IV	**11 977**	5 326	5 326	I	10 392	8 880	7 441	6 077	4 785	3 567
	II	**11 246**	5 326	5 326	II	9 695	8 216	6 811	5 480	4 222	3 038
	III	**7 240**	5 326	5 326	III	6 074	4 944	3 852	2 796	1 778	882
	V	**17 478**	5 326	5 326	IV	11 175	10 392	9 626	8 880	8 151	7 441
	VI	**17 913**	5 326	5 326							
61 127,99	I,IV	**11 990**	5 326	5 326	I	10 404	8 891	7 452	6 087	4 795	3 577
	II	**11 259**	5 326	5 326	II	9 707	8 228	6 822	5 490	4 232	3 047
	III	**7 248**	5 326	5 326	III	6 082	4 952	3 860	2 804	1 786	888
	V	**17 492**	5 326	5 326	IV	11 187	10 404	9 638	8 891	8 163	7 452
	VI	**17 927**	5 326	5 326							
61 163,99	I,IV	**12 002**	5 326	5 326	I	10 416	8 903	7 463	6 097	4 805	3 586
	II	**11 272**	5 326	5 326	II	9 719	8 239	6 833	5 500	4 241	3 056
	III	**7 258**	5 326	5 326	III	6 092	4 962	3 868	2 812	1 794	894
	V	**17 506**	5 326	5 326	IV	11 200	10 416	9 650	8 903	8 174	7 463
	VI	**17 941**	5 326	5 326							
61 199,99	I,IV	**12 015**	5 326	5 326	I	10 428	8 915	7 475	6 108	4 815	3 595
	II	**11 284**	5 326	5 326	II	9 730	8 250	6 844	5 511	4 251	3 065
	III	**7 268**	5 326	5 326	III	6 100	4 970	3 876	2 820	1 800	900
	V	**17 520**	5 326	5 326	IV	11 212	10 428	9 662	8 915	8 185	7 475
	VI	**17 955**	5 326	5 326							
61 235,99	I,IV	**12 028**	5 326	5 326	I	10 441	8 927	7 486	6 119	4 825	3 605
	II	**11 297**	5 326	5 326	II	9 743	8 262	6 855	5 521	4 261	3 074
	III	**7 276**	5 326	5 326	III	6 110	4 980	3 886	2 828	1 808	908
	V	**17 534**	5 326	5 326	IV	11 225	10 441	9 674	8 927	8 197	7 486
	VI	**17 969**	5 326	5 326							
61 271,99	I,IV	**12 041**	5 326	5 326	I	10 453	8 938	7 497	6 129	4 835	3 614
	II	**11 309**	5 326	5 326	II	9 755	8 273	6 866	5 531	4 270	3 083
	III	**7 286**	5 326	5 326	III	6 118	4 988	3 894	2 836	1 816	914
	V	**17 548**	5 326	5 326	IV	11 238	10 453	9 686	8 938	8 208	7 497
	VI	**17 983**	5 326	5 326							
61 307,99	I,IV	**12 054**	5 326	5 326	I	10 465	8 950	7 508	6 140	4 845	3 623
	II	**11 322**	5 326	5 326	II	9 767	8 285	6 876	5 541	4 280	3 092
	III	**7 296**	5 326	5 326	III	6 128	4 996	3 902	2 844	1 824	920
	V	**17 562**	5 326	5 326	IV	11 250	10 465	9 698	8 950	8 220	7 508
	VI	**17 997**	5 326	5 326							
61 343,99	I,IV	**12 067**	5 326	5 326	I	10 477	8 961	7 519	6 150	4 855	3 633
	II	**11 334**	5 326	5 326	II	9 779	8 296	6 887	5 552	4 290	3 101
	III	**7 306**	5 326	5 326	III	6 136	5 006	3 912	2 854	1 832	926
	V	**17 576**	5 326	5 326	IV	11 263	10 477	9 710	8 961	8 231	7 519
	VI	**18 011**	5 326	5 326							

* Zur LSt-Berechnung für privat versicherte Arbeitnehmer s. Beispiele **Vorbemerkung S. 4 f.**
** Basisvorsorgepauschale KV und PV *** Typisierter Arbeitgeberzuschuss

Lohn/ Gehalt in € bis	Steuerklasse	Lohn- steuer*	BVSP**	TAGZ***	Steuerklasse	Bemessungsgrundlage für Kirchensteuer und Solidaritätszuschlag					
						Freibeträge für ... Kinder					
						0,5	**1,0**	1,5	**2,0**	2,5	**3,0**
61 379,99	I,IV	**12 079**	5 326	5 326	I	10 490	8 973	7 530	6 161	4 865	3 642
	II	**11 347**	5 326	5 326	II	9 791	8 308	6 898	5 562	4 299	3 110
	III	**7 314**	5 326	5 326	III	6 146	5 014	3 920	2 862	1 840	932
	V	**17 590**	5 326	5 326	IV	11 275	10 490	9 722	8 973	8 242	7 530
	VI	**18 025**	5 326	5 326							
61 415,99	I,IV	**12 093**	5 326	5 326	I	10 502	8 985	7 542	6 171	4 875	3 652
	II	**11 360**	5 326	5 326	II	9 803	8 319	6 909	5 572	4 309	3 120
	III	**7 324**	5 326	5 326	III	6 156	5 024	3 928	2 870	1 848	940
	V	**17 604**	5 326	5 326	IV	11 288	10 502	9 734	8 985	8 254	7 542
	VI	**18 039**	5 326	5 326							
61 451,99	I,IV	**12 105**	5 326	5 326	I	10 514	8 997	7 553	6 182	4 885	3 661
	II	**11 372**	5 326	5 326	II	9 815	8 331	6 920	5 583	4 319	3 129
	III	**7 334**	5 326	5 326	III	6 164	5 032	3 936	2 878	1 856	946
	V	**17 618**	5 326	5 326	IV	11 301	10 514	9 746	8 997	8 265	7 553
	VI	**18 053**	5 326	5 326							
61 487,99	I,IV	**12 118**	5 326	5 326	I	10 527	9 008	7 564	6 192	4 895	3 670
	II	**11 385**	5 326	5 326	II	9 827	8 342	6 931	5 593	4 329	3 138
	III	**7 342**	5 326	5 326	III	6 174	5 040	3 944	2 886	1 864	952
	V	**17 632**	5 326	5 326	IV	11 313	10 527	9 758	9 008	8 277	7 564
	VI	**18 067**	5 326	5 326							
61 523,99	I,IV	**12 131**	5 326	5 326	I	10 539	9 020	7 575	6 203	4 905	3 680
	II	**11 398**	5 326	5 326	II	9 839	8 353	6 942	5 603	4 338	3 147
	III	**7 352**	5 326	5 326	III	6 182	5 050	3 954	2 894	1 872	960
	V	**17 645**	5 326	5 326	IV	11 326	10 539	9 770	9 020	8 288	7 575
	VI	**18 081**	5 326	5 326							
61 559,99	I,IV	**12 144**	5 326	5 326	I	10 551	9 032	7 586	6 213	4 915	3 689
	II	**11 410**	5 326	5 326	II	9 851	8 365	6 952	5 613	4 348	3 156
	III	**7 362**	5 326	5 326	III	6 192	5 058	3 962	2 902	1 880	966
	V	**17 659**	5 326	5 326	IV	11 338	10 551	9 782	9 032	8 300	7 586
	VI	**18 094**	5 326	5 326							
61 595,99	I,IV	**12 157**	5 326	5 326	I	10 564	9 044	7 597	6 224	4 925	3 699
	II	**11 423**	5 326	5 326	II	9 863	8 377	6 964	5 624	4 358	3 165
	III	**7 370**	5 326	5 326	III	6 200	5 068	3 970	2 910	1 888	972
	V	**17 674**	5 326	5 326	IV	11 351	10 564	9 795	9 044	8 311	7 597
	VI	**18 109**	5 326	5 326							
61 631,99	I,IV	**12 170**	5 326	5 326	I	10 576	9 055	7 608	6 235	4 935	3 708
	II	**11 436**	5 326	5 326	II	9 875	8 388	6 974	5 634	4 368	3 174
	III	**7 380**	5 326	5 326	III	6 210	5 076	3 980	2 920	1 896	978
	V	**17 687**	5 326	5 326	IV	11 364	10 576	9 806	9 055	8 323	7 608
	VI	**18 123**	5 326	5 326							
61 667,99	I,IV	**12 183**	5 326	5 326	I	10 588	9 067	7 619	6 245	4 945	3 717
	II	**11 448**	5 326	5 326	II	9 887	8 399	6 985	5 644	4 377	3 183
	III	**7 390**	5 326	5 326	III	6 218	5 084	3 988	2 928	1 904	986
	V	**17 701**	5 326	5 326	IV	11 376	10 588	9 818	9 067	8 334	7 619
	VI	**18 136**	5 326	5 326							
61 703,99	I,IV	**12 196**	5 326	5 326	I	10 600	9 079	7 631	6 256	4 955	3 727
	II	**11 461**	5 326	5 326	II	9 899	8 411	6 996	5 655	4 387	3 193
	III	**7 400**	5 326	5 326	III	6 228	5 094	3 996	2 936	1 912	992
	V	**17 715**	5 326	5 326	IV	11 389	10 600	9 830	9 079	8 345	7 631
	VI	**18 150**	5 326	5 326							
61 739,99	I,IV	**12 208**	5 326	5 326	I	10 613	9 090	7 642	6 266	4 965	3 736
	II	**11 473**	5 326	5 326	II	9 911	8 422	7 007	5 665	4 397	3 202
	III	**7 408**	5 326	5 326	III	6 236	5 102	4 004	2 944	1 920	998
	V	**17 729**	5 326	5 326	IV	11 401	10 613	9 842	9 090	8 357	7 642
	VI	**18 164**	5 326	5 326							
61 775,99	I,IV	**12 221**	5 326	5 326	I	10 625	9 102	7 653	6 277	4 974	3 746
	II	**11 486**	5 326	5 326	II	9 923	8 434	7 018	5 675	4 406	3 211
	III	**7 418**	5 326	5 326	III	6 246	5 112	4 014	2 952	1 928	1 004
	V	**17 743**	5 326	5 326	IV	11 414	10 625	9 854	9 102	8 368	7 653
	VI	**18 178**	5 326	5 326							

* Zur LSt-Berechnung für privat versicherte Arbeitnehmer s. Beispiele **Vorbemerkung S. 4 f.**
** Basisvorsorgepauschale KV und PV *** Typisierter Arbeitgeberzuschuss

Lohn/ Gehalt in € bis	Steuerklasse	Lohn-steuer*	BVSP**	TAGZ***	Steuerklasse	Bemessungsgrundlage für Kirchensteuer und Solidaritätszuschlag – Freibeträge für ... Kinder 0,5	1,0	1,5	2,0	2,5	3,0
61 811,99	I,IV	**12 235**	5 326	5 326	I	10 638	9 114	7 664	6 288	4 985	3 755
	II	**11 499**	5 326	5 326	II	9 935	8 445	7 029	5 686	4 416	3 220
	III	**7 428**	5 326	5 326	III	6 256	5 120	4 022	2 960	1 936	1 012
	V	**17 757**	5 326	5 326	IV	11 427	10 638	9 867	9 114	8 380	7 664
	VI	**18 192**	5 326	5 326							
61 847,99	I,IV	**12 247**	5 326	5 326	I	10 650	9 126	7 675	6 298	4 995	3 765
	II	**11 512**	5 326	5 326	II	9 947	8 457	7 040	5 696	4 426	3 229
	III	**7 436**	5 326	5 326	III	6 264	5 128	4 030	2 968	1 944	1 018
	V	**17 771**	5 326	5 326	IV	11 439	10 650	9 879	9 126	8 391	7 675
	VI	**18 206**	5 326	5 326							
61 883,99	I,IV	**12 260**	5 326	5 326	I	10 662	9 138	7 686	6 309	5 005	3 774
	II	**11 524**	5 326	5 326	II	9 959	8 468	7 051	5 706	4 436	3 238
	III	**7 446**	5 326	5 326	III	6 274	5 138	4 040	2 976	1 952	1 024
	V	**17 785**	5 326	5 326	IV	11 452	10 662	9 891	9 138	8 403	7 686
	VI	**18 220**	5 326	5 326							
61 919,99	I,IV	**12 273**	5 326	5 326	I	10 674	9 149	7 698	6 319	5 015	3 783
	II	**11 537**	5 326	5 326	II	9 972	8 480	7 062	5 717	4 445	3 248
	III	**7 456**	5 326	5 326	III	6 282	5 146	4 048	2 984	1 958	1 032
	V	**17 799**	5 326	5 326	IV	11 465	10 674	9 903	9 149	8 414	7 698
	VI	**18 234**	5 326	5 326							
61 955,99	I,IV	**12 286**	5 326	5 326	I	10 687	9 161	7 709	6 330	5 025	3 793
	II	**11 549**	5 326	5 326	II	9 984	8 491	7 072	5 727	4 455	3 257
	III	**7 464**	5 326	5 326	III	6 292	5 156	4 056	2 994	1 968	1 038
	V	**17 813**	5 326	5 326	IV	11 477	10 687	9 915	9 161	8 426	7 709
	VI	**18 248**	5 326	5 326							
61 991,99	I,IV	**12 299**	5 326	5 326	I	10 699	9 173	7 720	6 341	5 035	3 802
	II	**11 562**	5 326	5 326	II	9 996	8 503	7 084	5 738	4 465	3 266
	III	**7 474**	5 326	5 326	III	6 302	5 164	4 064	3 002	1 976	1 044
	V	**17 827**	5 326	5 326	IV	11 490	10 699	9 927	9 173	8 437	7 720
	VI	**18 262**	5 326	5 326							
62 027,99	I,IV	**12 312**	5 326	5 326	I	10 712	9 185	7 731	6 351	5 045	3 812
	II	**11 575**	5 326	5 326	II	10 008	8 514	7 094	5 748	4 475	3 275
	III	**7 484**	5 326	5 326	III	6 310	5 174	4 074	3 010	1 984	1 052
	V	**17 841**	5 326	5 326	IV	11 503	10 712	9 939	9 185	8 449	7 731
	VI	**18 276**	5 326	5 326							
62 063,99	I,IV	**12 325**	5 326	5 326	I	10 724	9 197	7 743	6 362	5 055	3 821
	II	**11 588**	5 326	5 326	II	10 020	8 526	7 105	5 758	4 485	3 284
	III	**7 494**	5 326	5 326	III	6 320	5 182	4 082	3 018	1 992	1 058
	V	**17 855**	5 326	5 326	IV	11 515	10 724	9 951	9 197	8 460	7 743
	VI	**18 290**	5 326	5 326							
62 099,99	I,IV	**12 338**	5 326	5 326	I	10 736	9 208	7 754	6 373	5 065	3 831
	II	**11 600**	5 326	5 326	II	10 032	8 537	7 116	5 769	4 494	3 294
	III	**7 502**	5 326	5 326	III	6 328	5 190	4 090	3 026	1 998	1 064
	V	**17 868**	5 326	5 326	IV	11 528	10 736	9 963	9 208	8 472	7 754
	VI	**18 304**	5 326	5 326							
62 135,99	I,IV	**12 351**	5 326	5 326	I	10 749	9 220	7 765	6 383	5 075	3 840
	II	**11 613**	5 326	5 326	II	10 044	8 549	7 127	5 779	4 504	3 303
	III	**7 512**	5 326	5 326	III	6 338	5 200	4 098	3 034	2 008	1 072
	V	**17 882**	5 326	5 326	IV	11 541	10 749	9 975	9 220	8 483	7 765
	VI	**18 317**	5 326	5 326							
62 171,99	I,IV	**12 364**	5 326	5 326	I	10 761	9 232	7 776	6 394	5 085	3 850
	II	**11 626**	5 326	5 326	II	10 057	8 561	7 138	5 790	4 514	3 312
	III	**7 522**	5 326	5 326	III	6 348	5 208	4 108	3 044	2 016	1 078
	V	**17 897**	5 326	5 326	IV	11 554	10 761	9 988	9 232	8 495	7 776
	VI	**18 332**	5 326	5 326							
62 207,99	I,IV	**12 377**	5 326	5 326	I	10 774	9 244	7 788	6 405	5 095	3 859
	II	**11 638**	5 326	5 326	II	10 069	8 572	7 149	5 800	4 524	3 321
	III	**7 530**	5 326	5 326	III	6 356	5 218	4 116	3 052	2 022	1 084
	V	**17 910**	5 326	5 326	IV	11 566	10 774	10 000	9 244	8 506	7 788
	VI	**18 346**	5 326	5 326							

* Zur LSt-Berechnung für privat versicherte Arbeitnehmer s. Beispiele **Vorbemerkung S. 4 f.**
** Basisvorsorgepauschale KV und PV *** Typisierter Arbeitgeberzuschuss

Lohn/ Gehalt in € bis	Steuerklasse	Lohn-steuer*	BVSP**	TAGZ***	Steuerklasse	Bemessungsgrundlage für Kirchensteuer und Solidaritätszuschlag					
						Freibeträge für ... Kinder					
						0,5	**1,0**	1,5	**2,0**	2,5	**3,0**
62 243,99	I,IV	**12 390**	5 326	5 326	I	10 786	9 256	7 799	6 415	5 105	3 869
	II	**11 651**	5 326	5 326	II	10 081	8 584	7 160	5 810	4 534	3 331
	III	**7 540**	5 326	5 326	III	6 366	5 226	4 124	3 060	2 032	1 092
	V	**17 924**	5 326	5 326	IV	11 579	10 786	10 012	9 256	8 518	7 799
	VI	**18 359**	5 326	5 326							
62 279,99	I,IV	**12 403**	5 326	5 326	I	10 798	9 267	7 810	6 426	5 115	3 878
	II	**11 664**	5 326	5 326	II	10 093	8 595	7 171	5 820	4 543	3 340
	III	**7 550**	5 326	5 326	III	6 374	5 236	4 132	3 068	2 038	1 098
	V	**17 938**	5 326	5 326	IV	11 591	10 798	10 024	9 267	8 529	7 810
	VI	**18 373**	5 326	5 326							
62 315,99	I,IV	**12 416**	5 326	5 326	I	10 811	9 279	7 821	6 436	5 125	3 888
	II	**11 676**	5 326	5 326	II	10 105	8 607	7 182	5 831	4 553	3 349
	III	**7 560**	5 326	5 326	III	6 384	5 244	4 142	3 076	2 048	1 106
	V	**17 952**	5 326	5 326	IV	11 604	10 811	10 036	9 279	8 541	7 821
	VI	**18 387**	5 326	5 326							
62 351,99	I,IV	**12 429**	5 326	5 326	I	10 823	9 291	7 832	6 447	5 135	3 897
	II	**11 689**	5 326	5 326	II	10 117	8 618	7 193	5 841	4 563	3 358
	III	**7 568**	5 326	5 326	III	6 392	5 252	4 150	3 084	2 054	1 112
	V	**17 966**	5 326	5 326	IV	11 617	10 823	10 048	9 291	8 552	7 832
	VI	**18 401**	5 326	5 326							
62 387,99	I,IV	**12 442**	5 326	5 326	I	10 836	9 303	7 844	6 458	5 146	3 907
	II	**11 702**	5 326	5 326	II	10 129	8 630	7 204	5 852	4 573	3 368
	III	**7 578**	5 326	5 326	III	6 402	5 262	4 158	3 092	2 062	1 118
	V	**17 980**	5 326	5 326	IV	11 630	10 836	10 060	9 303	8 564	7 844
	VI	**18 415**	5 326	5 326							
62 423,99	I,IV	**12 455**	5 326	5 326	I	10 848	9 315	7 855	6 469	5 156	3 916
	II	**11 715**	5 326	5 326	II	10 141	8 642	7 215	5 862	4 583	3 377
	III	**7 588**	5 326	5 326	III	6 412	5 270	4 168	3 102	2 072	1 126
	V	**17 994**	5 326	5 326	IV	11 642	10 848	10 072	9 315	8 576	7 855
	VI	**18 429**	5 326	5 326							
62 459,99	I,IV	**12 468**	5 326	5 326	I	10 860	9 327	7 866	6 479	5 166	3 926
	II	**11 727**	5 326	5 326	II	10 154	8 653	7 226	5 873	4 593	3 386
	III	**7 596**	5 326	5 326	III	6 420	5 280	4 176	3 110	2 078	1 132
	V	**18 008**	5 326	5 326	IV	11 655	10 860	10 084	9 327	8 587	7 866
	VI	**18 443**	5 326	5 326							
62 495,99	I,IV	**12 481**	5 326	5 326	I	10 873	9 338	7 877	6 490	5 176	3 935
	II	**11 740**	5 326	5 326	II	10 166	8 665	7 237	5 883	4 602	3 395
	III	**7 606**	5 326	5 326	III	6 430	5 288	4 184	3 118	2 088	1 140
	V	**18 022**	5 326	5 326	IV	11 668	10 873	10 096	9 338	8 599	7 877
	VI	**18 457**	5 326	5 326							
62 531,99	I,IV	**12 494**	5 326	5 326	I	10 885	9 350	7 889	6 500	5 186	3 945
	II	**11 753**	5 326	5 326	II	10 178	8 676	7 248	5 893	4 612	3 404
	III	**7 616**	5 326	5 326	III	6 438	5 298	4 192	3 126	2 094	1 146
	V	**18 036**	5 326	5 326	IV	11 680	10 885	10 108	9 350	8 610	7 889
	VI	**18 471**	5 326	5 326							
62 567,99	I,IV	**12 507**	5 326	5 326	I	10 898	9 362	7 900	6 511	5 196	3 954
	II	**11 766**	5 326	5 326	II	10 190	8 688	7 259	5 904	4 622	3 414
	III	**7 626**	5 326	5 326	III	6 448	5 306	4 202	3 134	2 104	1 152
	V	**18 050**	5 326	5 326	IV	11 693	10 898	10 121	9 362	8 622	7 900
	VI	**18 485**	5 326	5 326							
62 603,99	I,IV	**12 520**	5 326	5 326	I	10 910	9 374	7 911	6 522	5 206	3 964
	II	**11 779**	5 326	5 326	II	10 202	8 700	7 270	5 914	4 632	3 423
	III	**7 636**	5 326	5 326	III	6 456	5 316	4 210	3 142	2 112	1 160
	V	**18 064**	5 326	5 326	IV	11 706	10 910	10 133	9 374	8 634	7 911
	VI	**18 499**	5 326	5 326							
62 639,99	I,IV	**12 533**	5 326	5 326	I	10 923	9 386	7 923	6 533	5 216	3 973
	II	**11 791**	5 326	5 326	II	10 214	8 711	7 281	5 925	4 642	3 432
	III	**7 644**	5 326	5 326	III	6 466	5 324	4 218	3 150	2 118	1 166
	V	**18 078**	5 326	5 326	IV	11 719	10 923	10 145	9 386	8 645	7 923
	VI	**18 513**	5 326	5 326							

* Zur LSt-Berechnung für privat versicherte Arbeitnehmer s. Beispiele **Vorbemerkung S. 4f.**
** Basisvorsorgepauschale KV und PV *** Typisierter Arbeitgeberzuschuss

Lohn/ Gehalt in € bis	Steuerklasse	Lohn-steuer*	BVSP**	TAGZ***	Steuerklasse	Bemessungsgrundlage für Kirchensteuer und Solidaritätszuschlag – Freibeträge für ... Kinder 0,5	1,0	1,5	2,0	2,5	3,0
62 675,99	I,IV	**12 546**	5 326	5 326	I	10 935	9 398	7 934	6 543	5 226	3 983
	II	**11 804**	5 326	5 326	II	10 227	8 723	7 292	5 935	4 652	3 442
	III	**7 654**	5 326	5 326	III	6 476	5 334	4 228	3 160	2 128	1 174
	V	**18 091**	5 326	5 326	IV	11 731	10 935	10 157	9 398	8 657	7 934
	VI	**18 527**	5 326	5 326							
62 711,99	I,IV	**12 559**	5 326	5 326	I	10 947	9 409	7 945	6 554	5 236	3 992
	II	**11 817**	5 326	5 326	II	10 239	8 734	7 303	5 946	4 661	3 451
	III	**7 664**	5 326	5 326	III	6 484	5 342	4 236	3 168	2 134	1 180
	V	**18 105**	5 326	5 326	IV	11 744	10 947	10 169	9 409	8 668	7 945
	VI	**18 540**	5 326	5 326							
62 747,99	I,IV	**12 572**	5 326	5 326	I	10 960	9 422	7 957	6 565	5 247	4 002
	II	**11 830**	5 326	5 326	II	10 251	8 746	7 314	5 956	4 672	3 460
	III	**7 672**	5 326	5 326	III	6 494	5 350	4 244	3 176	2 144	1 188
	V	**18 120**	5 326	5 326	IV	11 757	10 960	10 182	9 422	8 680	7 957
	VI	**18 555**	5 326	5 326							
62 783,99	I,IV	**12 585**	5 326	5 326	I	10 973	9 433	7 968	6 576	5 257	4 012
	II	**11 842**	5 326	5 326	II	10 263	8 758	7 325	5 967	4 681	3 470
	III	**7 682**	5 326	5 326	III	6 502	5 360	4 254	3 184	2 152	1 194
	V	**18 133**	5 326	5 326	IV	11 770	10 973	10 194	9 433	8 691	7 968
	VI	**18 569**	5 326	5 326							
62 819,99	I,IV	**12 598**	5 326	5 326	I	10 985	9 445	7 979	6 586	5 267	4 021
	II	**11 855**	5 326	5 326	II	10 275	8 769	7 336	5 977	4 691	3 479
	III	**7 692**	5 326	5 326	III	6 512	5 368	4 262	3 192	2 160	1 202
	V	**18 147**	5 326	5 326	IV	11 782	10 985	10 206	9 445	8 703	7 979
	VI	**18 582**	5 326	5 326							
62 855,99	I,IV	**12 611**	5 326	5 326	I	10 997	9 457	7 990	6 597	5 277	4 031
	II	**11 868**	5 326	5 326	II	10 288	8 781	7 347	5 987	4 701	3 488
	III	**7 702**	5 326	5 326	III	6 522	5 378	4 270	3 200	2 168	1 208
	V	**18 161**	5 326	5 326	IV	11 795	10 997	10 218	9 457	8 715	7 990
	VI	**18 596**	5 326	5 326							
62 891,99	I,IV	**12 624**	5 326	5 326	I	11 010	9 469	8 002	6 608	5 287	4 040
	II	**11 881**	5 326	5 326	II	10 300	8 792	7 358	5 998	4 711	3 497
	III	**7 710**	5 326	5 326	III	6 530	5 386	4 280	3 208	2 176	1 214
	V	**18 175**	5 326	5 326	IV	11 808	11 010	10 230	9 469	8 726	8 002
	VI	**18 610**	5 326	5 326							
62 927,99	I,IV	**12 637**	5 326	5 326	I	11 022	9 481	8 013	6 618	5 297	4 050
	II	**11 893**	5 326	5 326	II	10 312	8 804	7 369	6 008	4 721	3 507
	III	**7 720**	5 326	5 326	III	6 540	5 396	4 288	3 218	2 184	1 222
	V	**18 189**	5 326	5 326	IV	11 821	11 022	10 242	9 481	8 738	8 013
	VI	**18 624**	5 326	5 326							
62 963,99	I,IV	**12 651**	5 326	5 326	I	11 035	9 493	8 024	6 629	5 308	4 060
	II	**11 906**	5 326	5 326	II	10 324	8 816	7 381	6 019	4 731	3 516
	III	**7 730**	5 326	5 326	III	6 548	5 404	4 296	3 226	2 192	1 230
	V	**18 203**	5 326	5 326	IV	11 834	11 035	10 255	9 493	8 750	8 024
	VI	**18 638**	5 326	5 326							
62 999,99	I,IV	**12 664**	5 326	5 326	I	11 047	9 505	8 036	6 640	5 318	4 069
	II	**11 919**	5 326	5 326	II	10 337	8 827	7 392	6 029	4 741	3 525
	III	**7 740**	5 326	5 326	III	6 558	5 414	4 306	3 234	2 200	1 236
	V	**18 217**	5 326	5 326	IV	11 846	11 047	10 267	9 505	8 761	8 036
	VI	**18 652**	5 326	5 326							
63 035,99	I,IV	**12 677**	5 326	5 326	I	11 060	9 517	8 047	6 651	5 328	4 079
	II	**11 932**	5 326	5 326	II	10 349	8 839	7 403	6 040	4 751	3 535
	III	**7 748**	5 326	5 326	III	6 568	5 422	4 314	3 242	2 208	1 244
	V	**18 231**	5 326	5 326	IV	11 859	11 060	10 279	9 517	8 773	8 047
	VI	**18 666**	5 326	5 326							
63 071,99	I,IV	**12 690**	5 326	5 326	I	11 072	9 529	8 058	6 661	5 338	4 088
	II	**11 945**	5 326	5 326	II	10 361	8 851	7 414	6 050	4 760	3 544
	III	**7 758**	5 326	5 326	III	6 576	5 430	4 322	3 250	2 216	1 250
	V	**18 245**	5 326	5 326	IV	11 872	11 072	10 291	9 529	8 784	8 058
	VI	**18 680**	5 326	5 326							

* Zur LSt-Berechnung für privat versicherte Arbeitnehmer s. Beispiele **Vorbemerkung S. 4 f.**
** Basisvorsorgepauschale KV und PV *** Typisierter Arbeitgeberzuschuss

Lohn/ Gehalt in € bis	Steuerklasse	Lohn-steuer*	BVSP**	TAGZ***	Steuerklasse	Bemessungsgrundlage für Kirchensteuer und Solidaritätszuschlag					
						Freibeträge für ... Kinder					
						0,5	**1,0**	1,5	**2,0**	2,5	**3,0**
63107,99	I,IV	**12703**	5326	5326	I	11085	9540	8070	6672	5348	4098
	II	**11957**	5326	5326	II	10373	8862	7425	6061	4770	3553
	III	**7768**	5326	5326	III	6586	5440	4332	3258	2224	1256
	V	**18259**	5326	5326	IV	11884	11085	10303	9540	8796	8070
	VI	**18694**	5326	5326							
63143,99	I,IV	**12716**	5326	5326	I	11098	9553	8081	6683	5359	4108
	II	**11971**	5326	5326	II	10386	8874	7436	6072	4780	3563
	III	**7778**	5326	5326	III	6594	5450	4340	3268	2232	1264
	V	**18273**	5326	5326	IV	11898	11098	10316	9553	8808	8081
	VI	**18708**	5326	5326							
63179,99	I,IV	**12729**	5326	5326	I	11110	9565	8092	6694	5369	4117
	II	**11983**	5326	5326	II	10398	8886	7447	6082	4790	3572
	III	**7786**	5326	5326	III	6604	5458	4348	3276	2240	1270
	V	**18287**	5326	5326	IV	11910	11110	10328	9565	8819	8092
	VI	**18722**	5326	5326							
63215,99	I,IV	**12742**	5326	5326	I	11122	9576	8104	6705	5379	4127
	II	**11996**	5326	5326	II	10410	8897	7458	6092	4800	3581
	III	**7796**	5326	5326	III	6614	5466	4358	3284	2248	1278
	V	**18301**	5326	5326	IV	11923	11122	10340	9576	8831	8104
	VI	**18736**	5326	5326							
63251,99	I,IV	**12755**	5326	5326	I	11135	9588	8115	6715	5389	4136
	II	**12009**	5326	5326	II	10422	8909	7469	6103	4810	3591
	III	**7806**	5326	5326	III	6622	5476	4366	3292	2256	1284
	V	**18314**	5326	5326	IV	11936	11135	10352	9588	8842	8115
	VI	**18750**	5326	5326							
63287,99	I,IV	**12768**	5326	5326	I	11147	9600	8126	6726	5399	4146
	II	**12022**	5326	5326	II	10434	8921	7480	6113	4820	3600
	III	**7816**	5326	5326	III	6632	5484	4374	3300	2264	1292
	V	**18328**	5326	5326	IV	11949	11147	10365	9600	8854	8126
	VI	**18763**	5326	5326							
63323,99	I,IV	**12782**	5326	5326	I	11160	9612	8138	6737	5410	4156
	II	**12035**	5326	5326	II	10447	8933	7492	6124	4830	3610
	III	**7826**	5326	5326	III	6642	5494	4384	3310	2272	1300
	V	**18343**	5326	5326	IV	11962	11160	10377	9612	8866	8138
	VI	**18778**	5326	5326							
63359,99	I,IV	**12795**	5326	5326	I	11173	9624	8149	6748	5420	4165
	II	**12048**	5326	5326	II	10459	8944	7503	6135	4840	3619
	III	**7834**	5326	5326	III	6650	5502	4392	3318	2280	1306
	V	**18356**	5326	5326	IV	11974	11173	10389	9624	8878	8149
	VI	**18792**	5326	5326							
63395,99	I,IV	**12808**	5326	5326	I	11185	9636	8161	6759	5430	4175
	II	**12060**	5326	5326	II	10471	8956	7514	6145	4850	3628
	III	**7844**	5326	5326	III	6660	5512	4400	3326	2288	1314
	V	**18370**	5326	5326	IV	11987	11185	10402	9636	8889	8161
	VI	**18805**	5326	5326							
63431,99	I,IV	**12821**	5326	5326	I	11198	9648	8172	6769	5440	4184
	II	**12073**	5326	5326	II	10484	8967	7525	6156	4860	3638
	III	**7854**	5326	5326	III	6668	5520	4408	3334	2296	1320
	V	**18384**	5326	5326	IV	12000	11198	10414	9648	8901	8172
	VI	**18819**	5326	5326							
63467,99	I,IV	**12834**	5326	5326	I	11210	9660	8183	6780	5450	4194
	II	**12086**	5326	5326	II	10496	8979	7536	6166	4870	3647
	III	**7862**	5326	5326	III	6678	5530	4418	3342	2304	1328
	V	**18398**	5326	5326	IV	12013	11210	10426	9660	8912	8183
	VI	**18833**	5326	5326							
63503,99	I,IV	**12847**	5326	5326	I	11223	9672	8195	6791	5461	4204
	II	**12099**	5326	5326	II	10508	8991	7547	6177	4880	3656
	III	**7872**	5326	5326	III	6686	5538	4426	3350	2312	1334
	V	**18412**	5326	5326	IV	12026	11223	10438	9672	8924	8195
	VI	**18847**	5326	5326							

* Zur LSt-Berechnung für privat versicherte Arbeitnehmer s. Beispiele **Vorbemerkung S. 4 f.**
** Basisvorsorgepauschale KV und PV *** Typisierter Arbeitgeberzuschuss

Lohn/ Gehalt in € bis	Steuerklasse	Lohn- steuer*	BVSP**	TAGZ***	Steuerklasse	Bemessungsgrundlage für Kirchensteuer und Solidaritätszuschlag – Freibeträge für ... Kinder 0,5	1,0	1,5	2,0	2,5	3,0
63 539,99	I,IV	**12 860**	5 326	5 326	I	11 236	9 684	8 206	6 802	5 471	4 214
	II	**12 112**	5 326	5 326	II	10 521	9 003	7 558	6 187	4 890	3 666
	III	**7 882**	5 326	5 326	III	6 696	5 548	4 434	3 360	2 320	1 342
	V	**18 426**	5 326	5 326	IV	12 039	11 236	10 451	9 684	8 936	8 206
	VI	**18 861**	5 326	5 326							
63 575,99	I,IV	**12 873**	5 326	5 326	I	11 248	9 696	8 218	6 813	5 481	4 223
	II	**12 125**	5 326	5 326	II	10 533	9 014	7 569	6 198	4 900	3 675
	III	**7 892**	5 326	5 326	III	6 706	5 556	4 444	3 368	2 328	1 350
	V	**18 440**	5 326	5 326	IV	12 052	11 248	10 463	9 696	8 948	8 218
	VI	**18 875**	5 326	5 326							
63 611,99	I,IV	**12 886**	5 326	5 326	I	11 261	9 708	8 229	6 823	5 491	4 233
	II	**12 138**	5 326	5 326	II	10 545	9 026	7 580	6 208	4 910	3 685
	III	**7 900**	5 326	5 326	III	6 714	5 564	4 452	3 376	2 336	1 356
	V	**18 454**	5 326	5 326	IV	12 064	11 261	10 475	9 708	8 959	8 229
	VI	**18 889**	5 326	5 326							
63 647,99	I,IV	**12 900**	5 326	5 326	I	11 273	9 720	8 240	6 834	5 502	4 242
	II	**12 150**	5 326	5 326	II	10 557	9 038	7 592	6 219	4 920	3 694
	III	**7 910**	5 326	5 326	III	6 724	5 574	4 460	3 384	2 344	1 364
	V	**18 468**	5 326	5 326	IV	12 077	11 273	10 487	9 720	8 971	8 240
	VI	**18 903**	5 326	5 326							
63 683,99	I,IV	**12 913**	5 326	5 326	I	11 286	9 732	8 252	6 845	5 512	4 252
	II	**12 163**	5 326	5 326	II	10 570	9 049	7 603	6 229	4 930	3 703
	III	**7 920**	5 326	5 326	III	6 732	5 582	4 470	3 392	2 352	1 370
	V	**18 482**	5 326	5 326	IV	12 090	11 286	10 500	9 732	8 983	8 252
	VI	**18 917**	5 326	5 326							
63 719,99	I,IV	**12 926**	5 326	5 326	I	11 298	9 744	8 263	6 856	5 522	4 262
	II	**12 177**	5 326	5 326	II	10 582	9 061	7 614	6 240	4 940	3 713
	III	**7 930**	5 326	5 326	III	6 742	5 592	4 478	3 400	2 360	1 378
	V	**18 496**	5 326	5 326	IV	12 103	11 298	10 512	9 744	8 995	8 263
	VI	**18 931**	5 326	5 326							
63 755,99	I,IV	**12 939**	5 326	5 326	I	11 311	9 756	8 275	6 867	5 533	4 272
	II	**12 189**	5 326	5 326	II	10 594	9 073	7 625	6 251	4 950	3 722
	III	**7 940**	5 326	5 326	III	6 752	5 600	4 486	3 410	2 368	1 386
	V	**18 510**	5 326	5 326	IV	12 116	11 311	10 524	9 756	9 006	8 275
	VI	**18 945**	5 326	5 326							
63 791,99	I,IV	**12 952**	5 326	5 326	I	11 323	9 768	8 286	6 878	5 543	4 281
	II	**12 202**	5 326	5 326	II	10 607	9 085	7 636	6 261	4 960	3 732
	III	**7 948**	5 326	5 326	III	6 760	5 610	4 496	3 418	2 376	1 392
	V	**18 524**	5 326	5 326	IV	12 129	11 323	10 537	9 768	9 018	8 286
	VI	**18 959**	5 326	5 326							
63 827,99	I,IV	**12 965**	5 326	5 326	I	11 336	9 780	8 298	6 888	5 553	4 291
	II	**12 215**	5 326	5 326	II	10 619	9 096	7 647	6 272	4 970	3 741
	III	**7 958**	5 326	5 326	III	6 770	5 618	4 504	3 426	2 384	1 400
	V	**18 537**	5 326	5 326	IV	12 142	11 336	10 549	9 780	9 030	8 298
	VI	**18 973**	5 326	5 326							
63 863,99	I,IV	**12 979**	5 326	5 326	I	11 349	9 792	8 309	6 899	5 563	4 300
	II	**12 228**	5 326	5 326	II	10 631	9 108	7 659	6 282	4 980	3 750
	III	**7 968**	5 326	5 326	III	6 780	5 628	4 512	3 434	2 392	1 406
	V	**18 551**	5 326	5 326	IV	12 154	11 349	10 561	9 792	9 041	8 309
	VI	**18 986**	5 326	5 326							
63 899,99	I,IV	**12 992**	5 326	5 326	I	11 361	9 804	8 321	6 910	5 574	4 310
	II	**12 241**	5 326	5 326	II	10 644	9 120	7 670	6 293	4 990	3 760
	III	**7 978**	5 326	5 326	III	6 788	5 636	4 522	3 442	2 402	1 414
	V	**18 566**	5 326	5 326	IV	12 168	11 361	10 574	9 804	9 053	8 321
	VI	**19 001**	5 326	5 326							
63 935,99	I,IV	**13 005**	5 326	5 326	I	11 374	9 816	8 332	6 921	5 584	4 320
	II	**12 254**	5 326	5 326	II	10 656	9 132	7 681	6 304	5 000	3 769
	III	**7 988**	5 326	5 326	III	6 798	5 646	4 530	3 452	2 410	1 422
	V	**18 579**	5 326	5 326	IV	12 180	11 374	10 586	9 816	9 065	8 332
	VI	**19 015**	5 326	5 326							

* Zur LSt-Berechnung für privat versicherte Arbeitnehmer s. Beispiele **Vorbemerkung S. 4f.**
** Basisvorsorgepauschale KV und PV *** Typisierter Arbeitgeberzuschuss

Lohn/ Gehalt in € bis	Steuerklasse	Lohn-steuer*	BVSP**	TAGZ***	Steuerklasse	Bemessungsgrundlage für Kirchensteuer und Solidaritätszuschlag					
						Freibeträge für ... Kinder					
						0,5	**1,0**	1,5	**2,0**	2,5	**3,0**
63971,99	I,IV	**13018**	5326	5326	I	11387	9828	8343	6932	5594	4330
	II	**12267**	5326	5326	II	10669	9144	7692	6314	5010	3779
	III	**7996**	5326	5326	III	6808	5654	4538	3460	2418	1428
	V	**18593**	5326	5326	IV	12193	11387	10598	9828	9077	8343
	VI	**19028**	5326	5326							
64007,99	I,IV	**13031**	5326	5326	I	11399	9840	8355	6943	5604	4339
	II	**12280**	5326	5326	II	10681	9155	7703	6325	5020	3788
	III	**8006**	5326	5326	III	6816	5664	4548	3468	2426	1436
	V	**18607**	5326	5326	IV	12206	11399	10610	9840	9088	8355
	VI	**19042**	5326	5326							
64043,99	I,IV	**13045**	5326	5326	I	11412	9852	8366	6954	5615	4349
	II	**12293**	5326	5326	II	10693	9167	7714	6335	5030	3798
	III	**8016**	5326	5326	III	6826	5672	4556	3476	2434	1442
	V	**18621**	5326	5326	IV	12219	11412	10623	9852	9100	8366
	VI	**19056**	5326	5326							
64079,99	I,IV	**13058**	5326	5326	I	11425	9865	8378	6965	5625	4359
	II	**12306**	5326	5326	II	10706	9179	7726	6346	5040	3807
	III	**8026**	5326	5326	III	6834	5682	4564	3484	2442	1450
	V	**18635**	5326	5326	IV	12232	11425	10635	9865	9112	8378
	VI	**19070**	5326	5326							
64115,99	I,IV	**13071**	5326	5326	I	11437	9877	8389	6976	5635	4369
	II	**12319**	5326	5326	II	10718	9191	7737	6357	5050	3817
	III	**8034**	5326	5326	III	6844	5690	4574	3494	2450	1458
	V	**18649**	5326	5326	IV	12245	11437	10648	9877	9124	8389
	VI	**19084**	5326	5326							
64151,99	I,IV	**13084**	5326	5326	I	11450	9889	8401	6987	5646	4378
	II	**12332**	5326	5326	II	10730	9203	7748	6367	5060	3826
	III	**8044**	5326	5326	III	6854	5700	4582	3502	2458	1464
	V	**18663**	5326	5326	IV	12258	11450	10660	9889	9135	8401
	VI	**19098**	5326	5326							
64187,99	I,IV	**13098**	5326	5326	I	11462	9901	8412	6997	5656	4388
	II	**12345**	5326	5326	II	10743	9214	7759	6378	5070	3836
	III	**8054**	5326	5326	III	6862	5708	4592	3510	2466	1472
	V	**18677**	5326	5326	IV	12271	11462	10672	9901	9147	8412
	VI	**19112**	5326	5326							
64223,99	I,IV	**13111**	5326	5326	I	11475	9913	8424	7008	5666	4398
	II	**12357**	5326	5326	II	10755	9226	7771	6389	5080	3845
	III	**8064**	5326	5326	III	6872	5718	4600	3518	2474	1480
	V	**18691**	5326	5326	IV	12284	11475	10685	9913	9159	8424
	VI	**19126**	5326	5326							
64259,99	I,IV	**13124**	5326	5326	I	11487	9925	8435	7019	5677	4407
	II	**12370**	5326	5326	II	10767	9238	7782	6399	5090	3854
	III	**8074**	5326	5326	III	6882	5726	4608	3526	2482	1486
	V	**18705**	5326	5326	IV	12296	11487	10697	9925	9171	8435
	VI	**19140**	5326	5326							
64295,99	I,IV	**13137**	5326	5326	I	11500	9937	8447	7030	5687	4417
	II	**12384**	5326	5326	II	10780	9250	7793	6410	5100	3864
	III	**8082**	5326	5326	III	6890	5736	4618	3536	2490	1494
	V	**18719**	5326	5326	IV	12310	11500	10709	9937	9183	8447
	VI	**19154**	5326	5326							
64331,99	I,IV	**13151**	5326	5326	I	11513	9949	8458	7041	5697	4427
	II	**12397**	5326	5326	II	10792	9262	7804	6421	5110	3874
	III	**8092**	5326	5326	III	6900	5744	4626	3544	2498	1502
	V	**18733**	5326	5326	IV	12323	11513	10722	9949	9194	8458
	VI	**19168**	5326	5326							
64367,99	I,IV	**13164**	5326	5326	I	11526	9961	8470	7052	5708	4437
	II	**12409**	5326	5326	II	10805	9273	7816	6431	5120	3883
	III	**8102**	5326	5326	III	6910	5754	4634	3552	2506	1510
	V	**18747**	5326	5326	IV	12336	11526	10734	9961	9206	8470
	VI	**19182**	5326	5326							

* Zur LSt-Berechnung für privat versicherte Arbeitnehmer s. Beispiele **Vorbemerkung S. 4 f.**
** Basisvorsorgepauschale KV und PV *** Typisierter Arbeitgeberzuschuss

Lohn/ Gehalt in € bis	Steuerklasse	Lohn- steuer*	BVSP**	TAGZ***	Steuerklasse	Bemessungsgrundlage für Kirchensteuer und Solidaritätszuschlag					
						Freibeträge für ... Kinder					
						0,5	1,0	1,5	2,0	2,5	3,0
64403,99	I,IV	13177	5326	5326	I	11538	9973	8481	7063	5718	4447
	II	12422	5326	5326	II	10817	9285	7827	6442	5130	3892
	III	8112	5326	5326	III	6918	5762	4642	3560	2514	1516
	V	18761	5326	5326	IV	12348	11538	10746	9973	9218	8481
	VI	19196	5326	5326							
64439,99	I,IV	13190	5326	5326	I	11551	9985	8493	7074	5728	4456
	II	12435	5326	5326	II	10829	9297	7838	6453	5140	3902
	III	8120	5326	5326	III	6928	5772	4652	3570	2522	1524
	V	18774	5326	5326	IV	12361	11551	10759	9985	9230	8493
	VI	19209	5326	5326							
64475,99	I,IV	13204	5326	5326	I	11564	9997	8504	7085	5739	4466
	II	12449	5326	5326	II	10842	9309	7850	6463	5151	3912
	III	8130	5326	5326	III	6938	5780	4660	3578	2532	1532
	V	18789	5326	5326	IV	12375	11564	10771	9997	9242	8504
	VI	19224	5326	5326							
64511,99	I,IV	13217	5326	5326	I	11576	10009	8516	7096	5749	4476
	II	12462	5326	5326	II	10854	9321	7861	6474	5161	3921
	III	8140	5326	5326	III	6946	5790	4670	3586	2540	1538
	V	18803	5326	5326	IV	12388	11576	10784	10009	9253	8516
	VI	19238	5326	5326							
64547,99	I,IV	13230	5326	5326	I	11589	10021	8527	7107	5759	4486
	II	12474	5326	5326	II	10867	9333	7872	6485	5171	3931
	III	8150	5326	5326	III	6956	5798	4678	3594	2548	1546
	V	18816	5326	5326	IV	12400	11589	10796	10021	9265	8527
	VI	19251	5326	5326							
64583,99	I,IV	13243	5326	5326	I	11602	10034	8539	7118	5770	4496
	II	12487	5326	5326	II	10879	9344	7883	6495	5181	3940
	III	8160	5326	5326	III	6964	5808	4686	3602	2556	1554
	V	18830	5326	5326	IV	12413	11602	10808	10034	9277	8539
	VI	19265	5326	5326							
64619,99	I,IV	13257	5326	5326	I	11614	10046	8550	7128	5780	4505
	II	12500	5326	5326	II	10892	9356	7894	6506	5191	3950
	III	8168	5326	5326	III	6974	5816	4696	3612	2564	1562
	V	18844	5326	5326	IV	12426	11614	10821	10046	9289	8550
	VI	19279	5326	5326							
64655,99	I,IV	13270	5326	5326	I	11627	10058	8562	7140	5791	4515
	II	12514	5326	5326	II	10904	9368	7906	6517	5201	3959
	III	8178	5326	5326	III	6984	5826	4704	3620	2572	1568
	V	18858	5326	5326	IV	12440	11627	10833	10058	9301	8562
	VI	19293	5326	5326							
64691,99	I,IV	13283	5326	5326	I	11640	10070	8574	7151	5801	4525
	II	12527	5326	5326	II	10917	9380	7917	6528	5211	3969
	III	8188	5326	5326	III	6992	5834	4712	3628	2580	1576
	V	18872	5326	5326	IV	12453	11640	10846	10070	9313	8574
	VI	19307	5326	5326							
64727,99	I,IV	13297	5326	5326	I	11653	10082	8585	7162	5811	4535
	II	12540	5326	5326	II	10929	9392	7928	6538	5222	3978
	III	8198	5326	5326	III	7002	5844	4722	3636	2588	1584
	V	18886	5326	5326	IV	12465	11653	10858	10082	9324	8585
	VI	19321	5326	5326							
64763,99	I,IV	13310	5326	5326	I	11665	10094	8597	7172	5822	4545
	II	12553	5326	5326	II	10941	9404	7940	6549	5232	3988
	III	8208	5326	5326	III	7012	5852	4730	3644	2596	1590
	V	18900	5326	5326	IV	12478	11665	10871	10094	9336	8597
	VI	19335	5326	5326							
64799,99	I,IV	13323	5326	5326	I	11678	10106	8608	7183	5832	4554
	II	12566	5326	5326	II	10954	9416	7951	6560	5242	3997
	III	8216	5326	5326	III	7020	5862	4740	3654	2604	1598
	V	18914	5326	5326	IV	12491	11678	10883	10106	9348	8608
	VI	19349	5326	5326							

* Zur LSt-Berechnung für privat versicherte Arbeitnehmer s. Beispiele **Vorbemerkung S. 4f.**
** Basisvorsorgepauschale KV und PV   *** Typisierter Arbeitgeberzuschuss

Lohn/ Gehalt in € bis	Steuerklasse	Lohn- steuer*	BVSP**	TAGZ***	Steuerklasse	Bemessungsgrundlage für Kirchensteuer und Solidaritätszuschlag					
						Freibeträge für ... Kinder					
						0,5	**1,0**	1,5	**2,0**	2,5	**3,0**
64835,99	I,IV	**13336**	5326	5326	I	11691	10118	8620	7194	5842	4564
	II	**12579**	5326	5326	II	10966	9427	7962	6570	5252	4007
	III	**8226**	5326	5326	III	7030	5870	4748	3662	2612	1606
	V	**18928**	5326	5326	IV	12504	11691	10895	10118	9360	8620
	VI	**19363**	5326	5326							
64871,99	I,IV	**13350**	5326	5326	I	11704	10131	8631	7206	5853	4574
	II	**12592**	5326	5326	II	10979	9440	7974	6581	5262	4017
	III	**8236**	5326	5326	III	7040	5880	4756	3670	2620	1614
	V	**18942**	5326	5326	IV	12518	11704	10908	10131	9372	8631
	VI	**19377**	5326	5326							
64907,99	I,IV	**13363**	5326	5326	I	11716	10143	8643	7216	5863	4584
	II	**12605**	5326	5326	II	10991	9451	7985	6592	5272	4026
	III	**8246**	5326	5326	III	7050	5888	4766	3678	2628	1622
	V	**18956**	5326	5326	IV	12531	11716	10920	10143	9384	8643
	VI	**19391**	5326	5326							
64943,99	I,IV	**13376**	5326	5326	I	11729	10155	8654	7227	5874	4594
	II	**12618**	5326	5326	II	11004	9463	7996	6602	5282	4036
	III	**8256**	5326	5326	III	7058	5898	4774	3688	2636	1628
	V	**18970**	5326	5326	IV	12544	11729	10933	10155	9396	8654
	VI	**19405**	5326	5326							
64979,99	I,IV	**13390**	5326	5326	I	11742	10167	8666	7238	5884	4603
	II	**12631**	5326	5326	II	11016	9475	8007	6613	5292	4045
	III	**8266**	5326	5326	III	7068	5906	4782	3696	2646	1636
	V	**18984**	5326	5326	IV	12557	11742	10945	10167	9407	8666
	VI	**19419**	5326	5326							
65015,99	I,IV	**13403**	5326	5326	I	11754	10179	8678	7249	5895	4613
	II	**12644**	5326	5326	II	11029	9487	8019	6624	5303	4055
	III	**8274**	5326	5326	III	7076	5916	4792	3704	2654	1644
	V	**18997**	5326	5326	IV	12569	11754	10958	10179	9419	8678
	VI	**19433**	5326	5326							
65051,99	I,IV	**13417**	5326	5326	I	11767	10192	8689	7261	5905	4623
	II	**12657**	5326	5326	II	11041	9499	8030	6635	5313	4065
	III	**8284**	5326	5326	III	7086	5924	4800	3712	2662	1652
	V	**19012**	5326	5326	IV	12583	11767	10970	10192	9431	8689
	VI	**19447**	5326	5326							
65087,99	I,IV	**13430**	5326	5326	I	11780	10204	8701	7272	5916	4633
	II	**12670**	5326	5326	II	11054	9511	8042	6646	5323	4074
	III	**8294**	5326	5326	III	7096	5934	4810	3722	2670	1660
	V	**19026**	5326	5326	IV	12596	11780	10983	10204	9443	8701
	VI	**19461**	5326	5326							
65123,99	I,IV	**13443**	5326	5326	I	11793	10216	8712	7282	5926	4643
	II	**12683**	5326	5326	II	11066	9523	8053	6656	5333	4084
	III	**8304**	5326	5326	III	7104	5942	4818	3730	2678	1666
	V	**19039**	5326	5326	IV	12609	11793	10995	10216	9455	8712
	VI	**19475**	5326	5326							
65159,99	I,IV	**13456**	5326	5326	I	11805	10228	8724	7293	5936	4653
	II	**12696**	5326	5326	II	11079	9535	8064	6667	5343	4093
	III	**8314**	5326	5326	III	7114	5952	4826	3738	2686	1674
	V	**19053**	5326	5326	IV	12622	11805	11008	10228	9467	8724
	VI	**19488**	5326	5326							
65195,99	I,IV	**13470**	5326	5326	I	11818	10240	8736	7304	5947	4663
	II	**12709**	5326	5326	II	11091	9547	8075	6678	5353	4103
	III	**8322**	5326	5326	III	7124	5960	4836	3746	2694	1682
	V	**19067**	5326	5326	IV	12635	11818	11020	10240	9479	8736
	VI	**19502**	5326	5326							
65231,99	I,IV	**13483**	5326	5326	I	11831	10253	8747	7316	5957	4673
	II	**12723**	5326	5326	II	11104	9559	8087	6689	5364	4113
	III	**8332**	5326	5326	III	7132	5970	4844	3754	2702	1690
	V	**19081**	5326	5326	IV	12648	11831	11033	10253	9491	8747
	VI	**19517**	5326	5326							

* Zur LSt-Berechnung für privat versicherte Arbeitnehmer s. Beispiele **Vorbemerkung S. 4 f.**
** Basisvorsorgepauschale KV und PV *** Typisierter Arbeitgeberzuschuss

Lohn/ Gehalt in € bis	Steuerklasse	Lohn-steuer*	BVSP**	TAGZ***	Steuerklasse	Bemessungsgrundlage für Kirchensteuer und Solidaritätszuschlag – Freibeträge für ... Kinder 0,5	1,0	1,5	2,0	2,5	3,0
65 267,99	I,IV	**13 497**	5 326	5 326	I	11 844	10 265	8 759	7 327	5 968	4 683
	II	**12 736**	5 326	5 326	II	11 116	9 571	8 098	6 699	5 374	4 122
	III	**8 342**	5 326	5 326	III	7 142	5 980	4 854	3 764	2 710	1 698
	V	**19 095**	5 326	5 326	IV	12 661	11 844	11 045	10 265	9 503	8 759
	VI	**19 530**	5 326	5 326							
65 303,99	I,IV	**13 510**	5 326	5 326	I	11 857	10 277	8 771	7 338	5 978	4 692
	II	**12 749**	5 326	5 326	II	11 129	9 583	8 110	6 710	5 384	4 132
	III	**8 352**	5 326	5 326	III	7 152	5 988	4 862	3 772	2 718	1 704
	V	**19 109**	5 326	5 326	IV	12 674	11 857	11 058	10 277	9 515	8 771
	VI	**19 544**	5 326	5 326							
65 339,99	I,IV	**13 523**	5 326	5 326	I	11 869	10 289	8 782	7 349	5 989	4 702
	II	**12 762**	5 326	5 326	II	11 141	9 594	8 121	6 721	5 394	4 141
	III	**8 362**	5 326	5 326	III	7 162	5 998	4 870	3 780	2 726	1 712
	V	**19 123**	5 326	5 326	IV	12 687	11 869	11 070	10 289	9 526	8 782
	VI	**19 558**	5 326	5 326							
65 375,99	I,IV	**13 537**	5 326	5 326	I	11 882	10 301	8 794	7 360	5 999	4 712
	II	**12 775**	5 326	5 326	II	11 154	9 606	8 132	6 732	5 404	4 151
	III	**8 370**	5 326	5 326	III	7 170	6 006	4 880	3 788	2 734	1 720
	V	**19 137**	5 326	5 326	IV	12 700	11 882	11 082	10 301	9 538	8 794
	VI	**19 572**	5 326	5 326							
65 411,99	I,IV	**13 550**	5 326	5 326	I	11 895	10 313	8 805	7 371	6 010	4 722
	II	**12 788**	5 326	5 326	II	11 166	9 618	8 144	6 742	5 415	4 160
	III	**8 380**	5 326	5 326	III	7 180	6 016	4 888	3 798	2 744	1 728
	V	**19 151**	5 326	5 326	IV	12 713	11 895	11 095	10 313	9 550	8 805
	VI	**19 586**	5 326	5 326							
65 447,99	I,IV	**13 564**	5 326	5 326	I	11 908	10 326	8 817	7 382	6 020	4 732
	II	**12 801**	5 326	5 326	II	11 179	9 630	8 155	6 753	5 425	4 170
	III	**8 390**	5 326	5 326	III	7 190	6 024	4 896	3 806	2 752	1 736
	V	**19 165**	5 326	5 326	IV	12 727	11 908	11 108	10 326	9 562	8 817
	VI	**19 600**	5 326	5 326							
65 483,99	I,IV	**13 577**	5 326	5 326	I	11 921	10 338	8 829	7 393	6 031	4 742
	II	**12 814**	5 326	5 326	II	11 192	9 642	8 166	6 764	5 435	4 180
	III	**8 400**	5 326	5 326	III	7 198	6 034	4 906	3 814	2 760	1 744
	V	**19 179**	5 326	5 326	IV	12 740	11 921	11 120	10 338	9 574	8 829
	VI	**19 614**	5 326	5 326							
65 519,99	I,IV	**13 590**	5 326	5 326	I	11 934	10 350	8 840	7 404	6 041	4 752
	II	**12 827**	5 326	5 326	II	11 204	9 654	8 178	6 775	5 445	4 189
	III	**8 410**	5 326	5 326	III	7 208	6 042	4 914	3 822	2 768	1 752
	V	**19 193**	5 326	5 326	IV	12 753	11 934	11 133	10 350	9 586	8 840
	VI	**19 628**	5 326	5 326							
65 555,99	I,IV	**13 604**	5 326	5 326	I	11 946	10 362	8 852	7 415	6 052	4 762
	II	**12 841**	5 326	5 326	II	11 217	9 666	8 189	6 786	5 456	4 199
	III	**8 420**	5 326	5 326	III	7 216	6 052	4 922	3 832	2 776	1 758
	V	**19 207**	5 326	5 326	IV	12 766	11 946	11 145	10 362	9 598	8 852
	VI	**19 642**	5 326	5 326							
65 591,99	I,IV	**13 617**	5 326	5 326	I	11 959	10 375	8 864	7 426	6 062	4 771
	II	**12 854**	5 326	5 326	II	11 229	9 678	8 200	6 796	5 466	4 209
	III	**8 428**	5 326	5 326	III	7 226	6 060	4 932	3 840	2 784	1 766
	V	**19 220**	5 326	5 326	IV	12 779	11 959	11 158	10 375	9 610	8 864
	VI	**19 656**	5 326	5 326							
65 627,99	I,IV	**13 631**	5 326	5 326	I	11 972	10 387	8 876	7 437	6 073	4 782
	II	**12 867**	5 326	5 326	II	11 242	9 690	8 212	6 807	5 476	4 219
	III	**8 438**	5 326	5 326	III	7 236	6 070	4 940	3 848	2 792	1 774
	V	**19 235**	5 326	5 326	IV	12 792	11 972	11 170	10 387	9 622	8 876
	VI	**19 670**	5 326	5 326							
65 663,99	I,IV	**13 644**	5 326	5 326	I	11 985	10 399	8 887	7 448	6 083	4 791
	II	**12 880**	5 326	5 326	II	11 254	9 702	8 224	6 818	5 486	4 228
	III	**8 448**	5 326	5 326	III	7 246	6 078	4 950	3 856	2 800	1 782
	V	**19 249**	5 326	5 326	IV	12 805	11 985	11 183	10 399	9 634	8 887
	VI	**19 684**	5 326	5 326							

* Zur LSt-Berechnung für privat versicherte Arbeitnehmer s. Beispiele **Vorbemerkung S. 4 f.**
** Basisvorsorgepauschale KV und PV *** Typisierter Arbeitgeberzuschuss

Lohn/ Gehalt in € bis	Steuerklasse	**Lohn-steuer***	BVSP**	TAGZ***	Steuerklasse	Bemessungsgrundlage für Kirchensteuer und Solidaritätszuschlag – Freibeträge für ... Kinder 0,5	**1,0**	1,5	**2,0**	2,5	**3,0**
65699,99	I,IV	**13657**	5326	5326	I	11998	10411	8899	7459	6094	4801
	II	**12893**	5326	5326	II	11267	9714	8235	6829	5497	4238
	III	**8458**	5326	5326	III	7254	6088	4958	3866	2810	1790
	V	**19262**	5326	5326	IV	12818	11998	11195	10411	9646	8899
	VI	**19698**	5326	5326							
65735,99	I,IV	**13671**	5326	5326	I	12010	10424	8910	7471	6104	4811
	II	**12906**	5326	5326	II	11279	9726	8246	6840	5507	4247
	III	**8468**	5326	5326	III	7264	6096	4966	3874	2816	1798
	V	**19276**	5326	5326	IV	12831	12010	11208	10424	9658	8910
	VI	**19711**	5326	5326							
65771,99	I,IV	**13684**	5326	5326	I	12023	10436	8922	7482	6115	4821
	II	**12919**	5326	5326	II	11292	9738	8258	6851	5517	4257
	III	**8478**	5326	5326	III	7274	6106	4976	3882	2826	1806
	V	**19290**	5326	5326	IV	12844	12023	11220	10436	9670	8922
	VI	**19725**	5326	5326							
65807,99	I,IV	**13698**	5326	5326	I	12036	10448	8934	7493	6125	4831
	II	**12933**	5326	5326	II	11305	9750	8269	6862	5528	4267
	III	**8488**	5326	5326	III	7284	6116	4984	3890	2834	1814
	V	**19304**	5326	5326	IV	12858	12036	11233	10448	9682	8934
	VI	**19740**	5326	5326							
65843,99	I,IV	**13711**	5326	5326	I	12049	10461	8946	7504	6136	4841
	II	**12946**	5326	5326	II	11317	9762	8281	6872	5538	4277
	III	**8496**	5326	5326	III	7292	6124	4994	3900	2842	1822
	V	**19318**	5326	5326	IV	12871	12049	11246	10461	9694	8946
	VI	**19753**	5326	5326							
65879,99	I,IV	**13725**	5326	5326	I	12062	10473	8957	7515	6146	4851
	II	**12959**	5326	5326	II	11330	9774	8292	6883	5548	4286
	III	**8506**	5326	5326	III	7302	6134	5002	3908	2850	1830
	V	**19332**	5326	5326	IV	12884	12062	11258	10473	9706	8957
	VI	**19767**	5326	5326							
65915,99	I,IV	**13738**	5326	5326	I	12075	10485	8969	7526	6157	4861
	II	**12972**	5326	5326	II	11342	9786	8303	6894	5558	4296
	III	**8516**	5326	5326	III	7310	6142	5010	3916	2858	1838
	V	**19346**	5326	5326	IV	12897	12075	11271	10485	9718	8969
	VI	**19781**	5326	5326							
65951,99	I,IV	**13751**	5326	5326	I	12088	10497	8980	7537	6167	4871
	II	**12985**	5326	5326	II	11355	9798	8315	6905	5568	4305
	III	**8526**	5326	5326	III	7320	6152	5020	3924	2866	1846
	V	**19360**	5326	5326	IV	12910	12088	11283	10497	9730	8980
	VI	**19795**	5326	5326							
65987,99	I,IV	**13765**	5326	5326	I	12100	10510	8992	7548	6178	4881
	II	**12998**	5326	5326	II	11368	9810	8326	6916	5579	4315
	III	**8534**	5326	5326	III	7330	6160	5028	3934	2874	1852
	V	**19374**	5326	5326	IV	12923	12100	11296	10510	9742	8992
	VI	**19809**	5326	5326							
66023,99	I,IV	**13778**	5326	5326	I	12114	10522	9004	7560	6189	4891
	II	**13012**	5326	5326	II	11380	9822	8338	6927	5589	4325
	III	**8544**	5326	5326	III	7340	6170	5038	3942	2882	1860
	V	**19388**	5326	5326	IV	12937	12114	11309	10522	9754	9004
	VI	**19823**	5326	5326							
66059,99	I,IV	**13792**	5326	5326	I	12126	10534	9016	7571	6199	4901
	II	**13025**	5326	5326	II	11393	9834	8349	6938	5599	4335
	III	**8554**	5326	5326	III	7348	6180	5046	3950	2892	1868
	V	**19402**	5326	5326	IV	12950	12126	11321	10534	9766	9016
	VI	**19837**	5326	5326							
66095,99	I,IV	**13805**	5326	5326	I	12139	10547	9027	7582	6210	4911
	II	**13038**	5326	5326	II	11406	9846	8361	6948	5610	4344
	III	**8564**	5326	5326	III	7358	6188	5056	3958	2900	1876
	V	**19416**	5326	5326	IV	12963	12139	11334	10547	9778	9027
	VI	**19851**	5326	5326							

* Zur LSt-Berechnung für privat versicherte Arbeitnehmer s. Beispiele **Vorbemerkung S. 4f.**
** Basisvorsorgepauschale KV und PV *** Typisierter Arbeitgeberzuschuss

Lohn/ Gehalt in € bis	Steuerklasse	Lohn- steuer*	BVSP**	TAGZ***	Steuerklasse	Bemessungsgrundlage für Kirchensteuer und Solidaritätszuschlag – Freibeträge für ... Kinder 0,5	1,0	1,5	2,0	2,5	3,0
66131,99	I,IV	**13819**	5326	5326	I	12152	10559	9039	7593	6220	4921
	II	**13051**	5326	5326	II	11418	9858	8372	6959	5620	4354
	III	**8574**	5326	5326	III	7368	6198	5064	3968	2908	1884
	V	**19430**	5326	5326	IV	12976	12152	11346	10559	9790	9039
	VI	**19865**	5326	5326							
66167,99	I,IV	**13832**	5326	5326	I	12165	10571	9051	7604	6231	4931
	II	**13064**	5326	5326	II	11431	9870	8383	6970	5630	4364
	III	**8584**	5326	5326	III	7376	6206	5072	3976	2916	1892
	V	**19443**	5326	5326	IV	12989	12165	11359	10571	9802	9051
	VI	**19879**	5326	5326							
66203,99	I,IV	**13846**	5326	5326	I	12178	10584	9063	7615	6241	4941
	II	**13078**	5326	5326	II	11444	9883	8395	6981	5641	4374
	III	**8594**	5326	5326	III	7386	6216	5082	3984	2924	1900
	V	**19458**	5326	5326	IV	13003	12178	11372	10584	9814	9063
	VI	**19893**	5326	5326							
66239,99	I,IV	**13859**	5326	5326	I	12191	10596	9075	7627	6252	4951
	II	**13091**	5326	5326	II	11456	9895	8407	6992	5651	4383
	III	**8604**	5326	5326	III	7396	6224	5090	3994	2932	1908
	V	**19472**	5326	5326	IV	13016	12191	11384	10596	9826	9075
	VI	**19907**	5326	5326							
66275,99	I,IV	**13873**	5326	5326	I	12204	10608	9086	7638	6263	4961
	II	**13104**	5326	5326	II	11469	9907	8418	7003	5661	4393
	III	**8612**	5326	5326	III	7404	6234	5100	4002	2940	1916
	V	**19485**	5326	5326	IV	13029	12204	11397	10608	9838	9086
	VI	**19921**	5326	5326							
66311,99	I,IV	**13886**	5326	5326	I	12217	10621	9098	7649	6273	4971
	II	**13118**	5326	5326	II	11481	9919	8430	7014	5672	4403
	III	**8622**	5326	5326	III	7414	6242	5108	4010	2948	1924
	V	**19499**	5326	5326	IV	13042	12217	11409	10621	9850	9098
	VI	**19934**	5326	5326							
66347,99	I,IV	**13900**	5326	5326	I	12229	10633	9110	7660	6284	4981
	II	**13131**	5326	5326	II	11494	9931	8441	7025	5682	4412
	III	**8632**	5326	5326	III	7424	6252	5116	4018	2956	1932
	V	**19513**	5326	5326	IV	13055	12229	11422	10633	9862	9110
	VI	**19948**	5326	5326							
66383,99	I,IV	**13913**	5326	5326	I	12243	10645	9122	7671	6294	4991
	II	**13144**	5326	5326	II	11507	9943	8453	7036	5692	4422
	III	**8642**	5326	5326	III	7434	6262	5126	4028	2966	1940
	V	**19527**	5326	5326	IV	13069	12243	11435	10645	9874	9122
	VI	**19963**	5326	5326							
66419,99	I,IV	**13927**	5326	5326	I	12256	10658	9133	7682	6305	5001
	II	**13157**	5326	5326	II	11520	9955	8464	7047	5703	4432
	III	**8652**	5326	5326	III	7442	6270	5134	4036	2974	1948
	V	**19541**	5326	5326	IV	13082	12256	11447	10658	9886	9133
	VI	**19976**	5326	5326							
66455,99	I,IV	**13940**	5326	5326	I	12268	10670	9145	7694	6316	5011
	II	**13171**	5326	5326	II	11532	9967	8476	7058	5713	4442
	III	**8662**	5326	5326	III	7452	6280	5144	4044	2982	1956
	V	**19555**	5326	5326	IV	13095	12268	11460	10670	9898	9145
	VI	**19990**	5326	5326							
66491,99	I,IV	**13954**	5326	5326	I	12281	10682	9157	7705	6326	5021
	II	**13184**	5326	5326	II	11545	9979	8487	7068	5723	4452
	III	**8672**	5326	5326	III	7462	6288	5152	4052	2990	1964
	V	**19569**	5326	5326	IV	13108	12281	11473	10682	9910	9157
	VI	**20004**	5326	5326							
66527,99	I,IV	**13967**	5326	5326	I	12294	10695	9168	7716	6337	5031
	II	**13197**	5326	5326	II	11557	9991	8499	7079	5734	4461
	III	**8680**	5326	5326	III	7470	6298	5160	4062	2998	1972
	V	**19583**	5326	5326	IV	13121	12294	11485	10695	9922	9168
	VI	**20018**	5326	5326							

* Zur LSt-Berechnung für privat versicherte Arbeitnehmer s. Beispiele **Vorbemerkung S. 4f.**
** Basisvorsorgepauschale KV und PV *** Typisierter Arbeitgeberzuschuss

Lohn/ Gehalt in € bis	Steuerklasse	Lohn-steuer*	BVSP**	TAGZ***	Steuerklasse	Bemessungsgrundlage für Kirchensteuer und Solidaritätszuschlag – Freibeträge für ... Kinder 0,5	1,0	1,5	2,0	2,5	3,0
66563,99	I,IV	**13981**	5326	5326	I	12307	10707	9180	7727	6347	5041
	II	**13210**	5326	5326	II	11570	10003	8510	7090	5744	4471
	III	**8690**	5326	5326	III	7480	6306	5170	4070	3006	1980
	V	**19597**	5326	5326	IV	13135	12307	11498	10707	9934	9180
	VI	**20032**	5326	5326							
66599,99	I,IV	**13995**	5326	5326	I	12320	10720	9192	7738	6358	5051
	II	**13224**	5326	5326	II	11583	10016	8522	7101	5754	4481
	III	**8700**	5326	5326	III	7490	6316	5180	4078	3016	1988
	V	**19611**	5326	5326	IV	13148	12320	11511	10720	9947	9192
	VI	**20046**	5326	5326							
66635,99	I,IV	**14008**	5326	5326	I	12333	10732	9204	7750	6369	5061
	II	**13237**	5326	5326	II	11596	10028	8533	7112	5765	4491
	III	**8710**	5326	5326	III	7500	6324	5188	4088	3024	1996
	V	**19625**	5326	5326	IV	13161	12333	11523	10732	9959	9204
	VI	**20060**	5326	5326							
66671,99	I,IV	**14021**	5326	5326	I	12346	10744	9216	7761	6379	5071
	II	**13250**	5326	5326	II	11608	10040	8545	7123	5775	4501
	III	**8720**	5326	5326	III	7508	6334	5196	4096	3032	2004
	V	**19639**	5326	5326	IV	13175	12346	11536	10744	9971	9216
	VI	**20074**	5326	5326							
66707,99	I,IV	**14035**	5326	5326	I	12359	10756	9227	7772	6390	5081
	II	**13263**	5326	5326	II	11621	10052	8556	7134	5785	4510
	III	**8730**	5326	5326	III	7518	6344	5206	4104	3040	2012
	V	**19653**	5326	5326	IV	13188	12359	11549	10756	9983	9227
	VI	**20088**	5326	5326							
66743,99	I,IV	**14048**	5326	5326	I	12372	10769	9239	7783	6400	5091
	II	**13277**	5326	5326	II	11633	10064	8568	7145	5796	4520
	III	**8740**	5326	5326	III	7528	6352	5214	4112	3048	2020
	V	**19666**	5326	5326	IV	13201	12372	11561	10769	9995	9239
	VI	**20102**	5326	5326							
66779,99	I,IV	**14062**	5326	5326	I	12385	10782	9251	7795	6411	5102
	II	**13290**	5326	5326	II	11647	10076	8580	7156	5806	4530
	III	**8750**	5326	5326	III	7538	6362	5224	4122	3056	2028
	V	**19681**	5326	5326	IV	13215	12385	11574	10782	10007	9251
	VI	**20116**	5326	5326							
66815,99	I,IV	**14076**	5326	5326	I	12398	10794	9263	7806	6422	5112
	II	**13303**	5326	5326	II	11659	10088	8591	7167	5817	4540
	III	**8758**	5326	5326	III	7546	6370	5232	4130	3064	2036
	V	**19695**	5326	5326	IV	13228	12398	11587	10794	10019	9263
	VI	**20130**	5326	5326							
66851,99	I,IV	**14089**	5326	5326	I	12411	10806	9275	7817	6433	5122
	II	**13317**	5326	5326	II	11672	10100	8602	7178	5827	4550
	III	**8768**	5326	5326	III	7556	6380	5242	4138	3074	2044
	V	**19708**	5326	5326	IV	13241	12411	11599	10806	10031	9275
	VI	**20144**	5326	5326							
66887,99	I,IV	**14103**	5326	5326	I	12424	10819	9287	7828	6443	5132
	II	**13330**	5326	5326	II	11684	10112	8614	7189	5837	4559
	III	**8778**	5326	5326	III	7566	6388	5250	4146	3082	2052
	V	**19722**	5326	5326	IV	13254	12424	11612	10819	10043	9287
	VI	**20157**	5326	5326							
66923,99	I,IV	**14116**	5326	5326	I	12437	10831	9298	7839	6454	5142
	II	**13343**	5326	5326	II	11697	10125	8626	7200	5848	4569
	III	**8788**	5326	5326	III	7574	6398	5258	4156	3090	2060
	V	**19736**	5326	5326	IV	13267	12437	11625	10831	10055	9298
	VI	**20171**	5326	5326							
66959,99	I,IV	**14130**	5326	5326	I	12450	10844	9311	7851	6465	5152
	II	**13357**	5326	5326	II	11710	10137	8637	7211	5858	4579
	III	**8798**	5326	5326	III	7584	6408	5268	4164	3098	2068
	V	**19750**	5326	5326	IV	13281	12450	11638	10844	10068	9311
	VI	**20186**	5326	5326							

* Zur LSt-Berechnung für privat versicherte Arbeitnehmer s. Beispiele **Vorbemerkung S. 4 f.**
** Basisvorsorgepauschale KV und PV *** Typisierter Arbeitgeberzuschuss

Lohn/ Gehalt in € bis	Steuerklasse	Lohn-steuer*	BVSP**	TAGZ***	Steuerklasse	Bemessungsgrundlage für Kirchensteuer und Solidaritätszuschlag					
						Freibeträge für ... Kinder					
						0,5	**1,0**	1,5	**2,0**	2,5	**3,0**
66 995,99	I,IV	**14 144**	5 326	5 326	I	12 463	10 856	9 322	7 862	6 475	5 162
	II	**13 370**	5 326	5 326	II	11 723	10 149	8 649	7 222	5 869	4 589
	III	**8 808**	5 326	5 326	III	7 594	6 416	5 276	4 172	3 106	2 076
	V	**19 764**	5 326	5 326	IV	13 294	12 463	11 650	10 856	10 080	9 322
	VI	**20 199**	5 326	5 326							
67 031,99	I,IV	**14 157**	5 326	5 326	I	12 476	10 868	9 334	7 873	6 486	5 172
	II	**13 383**	5 326	5 326	II	11 736	10 161	8 660	7 233	5 879	4 599
	III	**8 818**	5 326	5 326	III	7 604	6 426	5 286	4 182	3 114	2 084
	V	**19 778**	5 326	5 326	IV	13 307	12 476	11 663	10 868	10 092	9 334
	VI	**20 213**	5 326	5 326							
67 067,99	I,IV	**14 171**	5 326	5 326	I	12 489	10 881	9 346	7 884	6 497	5 182
	II	**13 397**	5 326	5 326	II	11 748	10 173	8 672	7 244	5 890	4 609
	III	**8 826**	5 326	5 326	III	7 612	6 434	5 294	4 190	3 122	2 092
	V	**19 792**	5 326	5 326	IV	13 321	12 489	11 676	10 881	10 104	9 346
	VI	**20 227**	5 326	5 326							
67 103,99	I,IV	**14 184**	5 326	5 326	I	12 502	10 893	9 358	7 896	6 507	5 192
	II	**13 410**	5 326	5 326	II	11 761	10 185	8 683	7 255	5 900	4 618
	III	**8 836**	5 326	5 326	III	7 622	6 444	5 304	4 198	3 132	2 100
	V	**19 806**	5 326	5 326	IV	13 334	12 502	11 688	10 893	10 116	9 358
	VI	**20 241**	5 326	5 326							
67 139,99	I,IV	**14 198**	5 326	5 326	I	12 515	10 905	9 369	7 907	6 518	5 202
	II	**13 423**	5 326	5 326	II	11 774	10 198	8 695	7 266	5 910	4 628
	III	**8 846**	5 326	5 326	III	7 632	6 454	5 312	4 206	3 140	2 108
	V	**19 820**	5 326	5 326	IV	13 347	12 515	11 701	10 905	10 128	9 369
	VI	**20 255**	5 326	5 326							
67 175,99	I,IV	**14 212**	5 326	5 326	I	12 528	10 918	9 382	7 918	6 529	5 213
	II	**13 437**	5 326	5 326	II	11 787	10 210	8 707	7 277	5 921	4 638
	III	**8 856**	5 326	5 326	III	7 640	6 462	5 320	4 216	3 148	2 116
	V	**19 834**	5 326	5 326	IV	13 361	12 528	11 714	10 918	10 141	9 382
	VI	**20 269**	5 326	5 326							
67 211,99	I,IV	**14 225**	5 326	5 326	I	12 541	10 931	9 393	7 930	6 539	5 223
	II	**13 450**	5 326	5 326	II	11 799	10 222	8 718	7 288	5 931	4 648
	III	**8 866**	5 326	5 326	III	7 650	6 472	5 330	4 224	3 156	2 124
	V	**19 848**	5 326	5 326	IV	13 374	12 541	11 727	10 931	10 153	9 393
	VI	**20 283**	5 326	5 326							
67 247,99	I,IV	**14 239**	5 326	5 326	I	12 554	10 943	9 405	7 941	6 550	5 233
	II	**13 463**	5 326	5 326	II	11 812	10 234	8 730	7 299	5 942	4 658
	III	**8 876**	5 326	5 326	III	7 660	6 480	5 338	4 232	3 164	2 132
	V	**19 862**	5 326	5 326	IV	13 387	12 554	11 739	10 943	10 165	9 405
	VI	**20 297**	5 326	5 326							
67 283,99	I,IV	**14 252**	5 326	5 326	I	12 567	10 955	9 417	7 952	6 561	5 243
	II	**13 477**	5 326	5 326	II	11 825	10 246	8 741	7 310	5 952	4 668
	III	**8 886**	5 326	5 326	III	7 670	6 490	5 348	4 242	3 172	2 140
	V	**19 876**	5 326	5 326	IV	13 401	12 567	11 752	10 955	10 177	9 417
	VI	**20 311**	5 326	5 326							
67 319,99	I,IV	**14 266**	5 326	5 326	I	12 580	10 968	9 429	7 963	6 571	5 253
	II	**13 490**	5 326	5 326	II	11 837	10 259	8 753	7 321	5 963	4 677
	III	**8 894**	5 326	5 326	III	7 678	6 498	5 356	4 250	3 180	2 148
	V	**19 889**	5 326	5 326	IV	13 414	12 580	11 765	10 968	10 189	9 429
	VI	**20 325**	5 326	5 326							
67 355,99	I,IV	**14 280**	5 326	5 326	I	12 593	10 980	9 441	7 975	6 582	5 263
	II	**13 504**	5 326	5 326	II	11 851	10 271	8 765	7 332	5 973	4 688
	III	**8 904**	5 326	5 326	III	7 688	6 508	5 366	4 258	3 190	2 156
	V	**19 904**	5 326	5 326	IV	13 427	12 593	11 778	10 980	10 202	9 441
	VI	**20 339**	5 326	5 326							
67 391,99	I,IV	**14 293**	5 326	5 326	I	12 606	10 993	9 453	7 986	6 593	5 273
	II	**13 517**	5 326	5 326	II	11 863	10 283	8 777	7 343	5 984	4 697
	III	**8 914**	5 326	5 326	III	7 698	6 518	5 374	4 268	3 198	2 164
	V	**19 918**	5 326	5 326	IV	13 441	12 606	11 790	10 993	10 214	9 453
	VI	**20 353**	5 326	5 326							

* Zur LSt-Berechnung für privat versicherte Arbeitnehmer s. Beispiele **Vorbemerkung S. 4 f.**
** Basisvorsorgepauschale KV und PV *** Typisierter Arbeitgeberzuschuss

Lohn/ Gehalt in € bis	Steuerklasse	Lohn-steuer*	BVSP**	TAGZ***	Steuerklasse	Bemessungsgrundlage für Kirchensteuer und Solidaritätszuschlag – Freibeträge für ... Kinder 0,5	**1,0**	1,5	**2,0**	2,5	**3,0**
67427,99	I,IV	**14307**	5326	5326	I	12619	11005	9465	7997	6604	5284
	II	**13530**	5326	5326	II	11876	10295	8788	7354	5994	4707
	III	**8924**	5326	5326	III	7708	6526	5382	4276	3206	2172
	V	**19931**	5326	5326	IV	13454	12619	11803	11005	10226	9465
	VI	**20367**	5326	5326							
67463,99	I,IV	**14321**	5326	5326	I	12632	11018	9477	8009	6614	5294
	II	**13543**	5326	5326	II	11889	10307	8800	7365	6004	4717
	III	**8934**	5326	5326	III	7716	6536	5392	4284	3214	2180
	V	**19945**	5326	5326	IV	13467	12632	11816	11018	10238	9477
	VI	**20380**	5326	5326							
67499,99	I,IV	**14334**	5326	5326	I	12645	11030	9488	8020	6625	5304
	II	**13557**	5326	5326	II	11901	10320	8811	7376	6015	4727
	III	**8944**	5326	5326	III	7726	6544	5400	4294	3222	2188
	V	**19959**	5326	5326	IV	13481	12645	11829	11030	10250	9488
	VI	**20394**	5326	5326							
67535,99	I,IV	**14348**	5326	5326	I	12659	11043	9501	8032	6636	5314
	II	**13570**	5326	5326	II	11915	10332	8823	7388	6026	4737
	III	**8954**	5326	5326	III	7736	6554	5410	4302	3230	2196
	V	**19973**	5326	5326	IV	13494	12659	11842	11043	10263	9501
	VI	**20409**	5326	5326							
67571,99	I,IV	**14362**	5326	5326	I	12672	11055	9512	8043	6647	5324
	II	**13584**	5326	5326	II	11927	10344	8835	7399	6036	4747
	III	**8964**	5326	5326	III	7746	6564	5418	4310	3240	2204
	V	**19987**	5326	5326	IV	13508	12672	11854	11055	10275	9512
	VI	**20422**	5326	5326							
67607,99	I,IV	**14375**	5326	5326	I	12685	11068	9524	8054	6658	5334
	II	**13597**	5326	5326	II	11940	10356	8846	7410	6047	4757
	III	**8974**	5326	5326	III	7754	6572	5428	4320	3248	2212
	V	**20001**	5326	5326	IV	13521	12685	11867	11068	10287	9524
	VI	**20436**	5326	5326							
67643,99	I,IV	**14389**	5326	5326	I	12698	11080	9536	8065	6668	5345
	II	**13610**	5326	5326	II	11953	10369	8858	7421	6057	4767
	III	**8984**	5326	5326	III	7764	6582	5436	4328	3256	2220
	V	**20015**	5326	5326	IV	13534	12698	11880	11080	10299	9536
	VI	**20450**	5326	5326							
67679,99	I,IV	**14403**	5326	5326	I	12711	11093	9548	8077	6679	5355
	II	**13624**	5326	5326	II	11966	10381	8870	7432	6067	4777
	III	**8992**	5326	5326	III	7774	6592	5446	4336	3264	2228
	V	**20029**	5326	5326	IV	13548	12711	11893	11093	10311	9548
	VI	**20464**	5326	5326							
67715,99	I,IV	**14416**	5326	5326	I	12724	11105	9560	8088	6690	5365
	II	**13637**	5326	5326	II	11978	10393	8881	7443	6078	4786
	III	**9002**	5326	5326	III	7784	6600	5454	4346	3272	2236
	V	**20043**	5326	5326	IV	13561	12724	11905	11105	10323	9560
	VI	**20478**	5326	5326							
67751,99	I,IV	**14430**	5326	5326	I	12737	11118	9572	8100	6701	5375
	II	**13651**	5326	5326	II	11991	10406	8893	7454	6089	4797
	III	**9012**	5326	5326	III	7794	6610	5464	4354	3282	2244
	V	**20057**	5326	5326	IV	13575	12737	11918	11118	10336	9572
	VI	**20492**	5326	5326							
67787,99	I,IV	**14444**	5326	5326	I	12750	11130	9584	8111	6711	5385
	II	**13664**	5326	5326	II	12004	10418	8905	7465	6099	4806
	III	**9022**	5326	5326	III	7802	6618	5472	4362	3290	2252
	V	**20071**	5326	5326	IV	13588	12750	11931	11130	10348	9584
	VI	**20506**	5326	5326							
67823,99	I,IV	**14457**	5326	5326	I	12763	11143	9596	8122	6722	5396
	II	**13678**	5326	5326	II	12017	10430	8916	7476	6110	4816
	III	**9032**	5326	5326	III	7812	6628	5482	4372	3298	2260
	V	**20085**	5326	5326	IV	13601	12763	11944	11143	10360	9596
	VI	**20520**	5326	5326							

* Zur LSt-Berechnung für privat versicherte Arbeitnehmer s. Beispiele **Vorbemerkung S. 4 f.**
** Basisvorsorgepauschale KV und PV *** Typisierter Arbeitgeberzuschuss

Lohn/ Gehalt in € bis	Steuerklasse	Lohn- steuer*	BVSP**	TAGZ***	Steuerklasse	Bemessungsgrundlage für Kirchensteuer und Solidaritätszuschlag – Freibeträge für ... Kinder 0,5	1,0	1,5	2,0	2,5	3,0
67 859,99	I,IV	**14 471**	5 326	5 326	I	12 776	11 155	9 608	8 134	6 733	5 406
	II	**13 691**	5 326	5 326	II	12 030	10 442	8 928	7 487	6 120	4 826
	III	**9 042**	5 326	5 326	III	7 822	6 638	5 490	4 380	3 306	2 268
	V	**20 099**	5 326	5 326	IV	13 615	12 776	11 957	11 155	10 372	9 608
	VI	**20 534**	5 326	5 326							
67 895,99	I,IV	**14 485**	5 326	5 326	I	12 789	11 168	9 620	8 145	6 744	5 416
	II	**13 704**	5 326	5 326	II	12 043	10 454	8 940	7 498	6 130	4 836
	III	**9 052**	5 326	5 326	III	7 830	6 646	5 500	4 388	3 314	2 276
	V	**20 112**	5 326	5 326	IV	13 628	12 789	11 969	11 168	10 385	9 620
	VI	**20 548**	5 326	5 326							
67 931,99	I,IV	**14 499**	5 326	5 326	I	12 803	11 181	9 632	8 157	6 755	5 426
	II	**13 718**	5 326	5 326	II	12 056	10 467	8 952	7 510	6 141	4 846
	III	**9 062**	5 326	5 326	III	7 840	6 656	5 508	4 398	3 322	2 286
	V	**20 127**	5 326	5 326	IV	13 642	12 803	11 983	11 181	10 397	9 632
	VI	**20 562**	5 326	5 326							
67 967,99	I,IV	**14 512**	5 326	5 326	I	12 816	11 193	9 644	8 168	6 765	5 436
	II	**13 731**	5 326	5 326	II	12 069	10 479	8 963	7 521	6 152	4 856
	III	**9 072**	5 326	5 326	III	7 850	6 664	5 516	4 406	3 330	2 292
	V	**20 141**	5 326	5 326	IV	13 655	12 816	11 995	11 193	10 409	9 644
	VI	**20 576**	5 326	5 326							
68 003,99	I,IV	**14 526**	5 326	5 326	I	12 829	11 206	9 656	8 179	6 776	5 447
	II	**13 745**	5 326	5 326	II	12 081	10 491	8 975	7 532	6 162	4 866
	III	**9 082**	5 326	5 326	III	7 860	6 674	5 526	4 414	3 340	2 302
	V	**20 154**	5 326	5 326	IV	13 668	12 829	12 008	11 206	10 421	9 656
	VI	**20 590**	5 326	5 326							
68 039,99	I,IV	**14 540**	5 326	5 326	I	12 842	11 218	9 668	8 191	6 787	5 457
	II	**13 758**	5 326	5 326	II	12 094	10 504	8 986	7 543	6 173	4 876
	III	**9 090**	5 326	5 326	III	7 868	6 684	5 534	4 422	3 348	2 308
	V	**20 168**	5 326	5 326	IV	13 682	12 842	12 021	11 218	10 434	9 668
	VI	**20 603**	5 326	5 326							
68 075,99	I,IV	**14 553**	5 326	5 326	I	12 855	11 231	9 679	8 202	6 798	5 467
	II	**13 772**	5 326	5 326	II	12 107	10 516	8 998	7 554	6 183	4 886
	III	**9 100**	5 326	5 326	III	7 878	6 692	5 544	4 432	3 356	2 318
	V	**20 182**	5 326	5 326	IV	13 695	12 855	12 034	11 231	10 446	9 679
	VI	**20 617**	5 326	5 326							
68 111,99	I,IV	**14 567**	5 326	5 326	I	12 869	11 243	9 692	8 214	6 809	5 477
	II	**13 785**	5 326	5 326	II	12 120	10 528	9 010	7 565	6 194	4 896
	III	**9 110**	5 326	5 326	III	7 888	6 702	5 552	4 440	3 364	2 326
	V	**20 196**	5 326	5 326	IV	13 709	12 869	12 047	11 243	10 458	9 692
	VI	**20 632**	5 326	5 326							
68 147,99	I,IV	**14 581**	5 326	5 326	I	12 882	11 256	9 704	8 225	6 820	5 488
	II	**13 799**	5 326	5 326	II	12 133	10 541	9 022	7 576	6 205	4 906
	III	**9 120**	5 326	5 326	III	7 898	6 712	5 562	4 448	3 372	2 334
	V	**20 210**	5 326	5 326	IV	13 722	12 882	12 060	11 256	10 471	9 704
	VI	**20 645**	5 326	5 326							
68 183,99	I,IV	**14 595**	5 326	5 326	I	12 895	11 268	9 716	8 236	6 830	5 498
	II	**13 812**	5 326	5 326	II	12 146	10 553	9 033	7 588	6 215	4 916
	III	**9 130**	5 326	5 326	III	7 908	6 720	5 570	4 458	3 382	2 342
	V	**20 224**	5 326	5 326	IV	13 736	12 895	12 072	11 268	10 483	9 716
	VI	**20 659**	5 326	5 326							
68 219,99	I,IV	**14 608**	5 326	5 326	I	12 908	11 281	9 728	8 248	6 841	5 508
	II	**13 826**	5 326	5 326	II	12 159	10 565	9 045	7 599	6 226	4 926
	III	**9 140**	5 326	5 326	III	7 916	6 730	5 580	4 466	3 390	2 350
	V	**20 238**	5 326	5 326	IV	13 749	12 908	12 085	11 281	10 495	9 728
	VI	**20 673**	5 326	5 326							
68 255,99	I,IV	**14 622**	5 326	5 326	I	12 921	11 293	9 739	8 259	6 852	5 518
	II	**13 839**	5 326	5 326	II	12 171	10 577	9 057	7 610	6 236	4 936
	III	**9 150**	5 326	5 326	III	7 926	6 738	5 588	4 474	3 398	2 358
	V	**20 252**	5 326	5 326	IV	13 762	12 921	12 098	11 293	10 507	9 739
	VI	**20 687**	5 326	5 326							

* Zur LSt-Berechnung für privat versicherte Arbeitnehmer s. Beispiele **Vorbemerkung S. 4 f.**
** Basisvorsorgepauschale KV und PV *** Typisierter Arbeitgeberzuschuss

Lohn/ Gehalt in € bis	Steuerklasse	Lohn-steuer*	BVSP**	TAGZ***	Steuerklasse	Bemessungsgrundlage für Kirchensteuer und Solidaritätszuschlag — Freibeträge für ... Kinder 0,5	**1,0**	1,5	**2,0**	2,5	**3,0**
68 291,99	I,IV	**14 636**	5 326	5 326	I	12 934	11 306	9 751	8 270	6 863	5 528
	II	**13 852**	5 326	5 326	II	12 184	10 590	9 068	7 621	6 247	4 946
	III	**9 160**	5 326	5 326	III	7 936	6 748	5 598	4 484	3 406	2 366
	V	**20 266**	5 326	5 326	IV	13 776	12 934	12 111	11 306	10 520	9 751
	VI	**20 701**	5 326	5 326							
68 327,99	I,IV	**14 650**	5 326	5 326	I	12 948	11 319	9 764	8 282	6 874	5 539
	II	**13 866**	5 326	5 326	II	12 198	10 602	9 081	7 632	6 257	4 956
	III	**9 170**	5 326	5 326	III	7 946	6 758	5 606	4 492	3 414	2 374
	V	**20 280**	5 326	5 326	IV	13 789	12 948	12 124	11 319	10 532	9 764
	VI	**20 715**	5 326	5 326							
68 363,99	I,IV	**14 663**	5 326	5 326	I	12 961	11 331	9 776	8 293	6 885	5 549
	II	**13 880**	5 326	5 326	II	12 210	10 615	9 092	7 643	6 268	4 966
	III	**9 180**	5 326	5 326	III	7 954	6 766	5 616	4 500	3 424	2 382
	V	**20 294**	5 326	5 326	IV	13 803	12 961	12 137	11 331	10 544	9 776
	VI	**20 729**	5 326	5 326							
68 399,99	I,IV	**14 677**	5 326	5 326	I	12 974	11 344	9 788	8 305	6 895	5 559
	II	**13 893**	5 326	5 326	II	12 223	10 627	9 104	7 654	6 278	4 976
	III	**9 190**	5 326	5 326	III	7 964	6 776	5 624	4 510	3 432	2 390
	V	**20 308**	5 326	5 326	IV	13 816	12 974	12 150	11 344	10 557	9 788
	VI	**20 743**	5 326	5 326							
68 435,99	I,IV	**14 691**	5 326	5 326	I	12 987	11 357	9 800	8 316	6 906	5 570
	II	**13 907**	5 326	5 326	II	12 236	10 639	9 116	7 666	6 289	4 986
	III	**9 200**	5 326	5 326	III	7 974	6 786	5 634	4 518	3 440	2 398
	V	**20 322**	5 326	5 326	IV	13 830	12 987	12 163	11 357	10 569	9 800
	VI	**20 757**	5 326	5 326							
68 471,99	I,IV	**14 704**	5 326	5 326	I	13 000	11 369	9 812	8 328	6 917	5 580
	II	**13 920**	5 326	5 326	II	12 249	10 651	9 127	7 677	6 300	4 996
	III	**9 208**	5 326	5 326	III	7 984	6 794	5 642	4 526	3 448	2 406
	V	**20 336**	5 326	5 326	IV	13 843	13 000	12 175	11 369	10 581	9 812
	VI	**20 771**	5 326	5 326							
68 507,99	I,IV	**14 719**	5 326	5 326	I	13 014	11 382	9 824	8 339	6 928	5 590
	II	**13 934**	5 326	5 326	II	12 262	10 664	9 139	7 688	6 310	5 006
	III	**9 218**	5 326	5 326	III	7 992	6 804	5 652	4 536	3 456	2 414
	V	**20 350**	5 326	5 326	IV	13 857	13 014	12 189	11 382	10 594	9 824
	VI	**20 785**	5 326	5 326							
68 543,99	I,IV	**14 732**	5 326	5 326	I	13 027	11 395	9 836	8 351	6 939	5 601
	II	**13 947**	5 326	5 326	II	12 275	10 676	9 151	7 699	6 321	5 016
	III	**9 228**	5 326	5 326	III	8 002	6 814	5 660	4 544	3 466	2 422
	V	**20 364**	5 326	5 326	IV	13 870	13 027	12 201	11 395	10 606	9 836
	VI	**20 799**	5 326	5 326							
68 579,99	I,IV	**14 746**	5 326	5 326	I	13 040	11 407	9 848	8 362	6 950	5 611
	II	**13 961**	5 326	5 326	II	12 288	10 689	9 163	7 710	6 332	5 026
	III	**9 238**	5 326	5 326	III	8 012	6 822	5 670	4 552	3 474	2 430
	V	**20 378**	5 326	5 326	IV	13 884	13 040	12 214	11 407	10 618	9 848
	VI	**20 813**	5 326	5 326							
68 615,99	I,IV	**14 760**	5 326	5 326	I	13 053	11 420	9 860	8 373	6 961	5 621
	II	**13 974**	5 326	5 326	II	12 301	10 701	9 175	7 722	6 342	5 036
	III	**9 248**	5 326	5 326	III	8 022	6 832	5 678	4 562	3 482	2 438
	V	**20 391**	5 326	5 326	IV	13 897	13 053	12 227	11 420	10 631	9 860
	VI	**20 826**	5 326	5 326							
68 651,99	I,IV	**14 773**	5 326	5 326	I	13 066	11 432	9 872	8 385	6 971	5 631
	II	**13 988**	5 326	5 326	II	12 314	10 713	9 186	7 733	6 353	5 046
	III	**9 258**	5 326	5 326	III	8 030	6 840	5 686	4 570	3 490	2 446
	V	**20 405**	5 326	5 326	IV	13 911	13 066	12 240	11 432	10 643	9 872
	VI	**20 840**	5 326	5 326							
68 687,99	I,IV	**14 788**	5 326	5 326	I	13 080	11 445	9 884	8 397	6 983	5 642
	II	**14 001**	5 326	5 326	II	12 327	10 726	9 198	7 744	6 364	5 056
	III	**9 268**	5 326	5 326	III	8 040	6 850	5 696	4 578	3 498	2 454
	V	**20 420**	5 326	5 326	IV	13 924	13 080	12 253	11 445	10 655	9 884
	VI	**20 855**	5 326	5 326							

* Zur LSt-Berechnung für privat versicherte Arbeitnehmer s. Beispiele **Vorbemerkung S. 4 f.**
** Basisvorsorgepauschale KV und PV *** Typisierter Arbeitgeberzuschuss

Lohn/ Gehalt in € bis	Steuerklasse	Lohn- steuer*	BVSP**	TAGZ***	Steuerklasse	Bemessungsgrundlage für Kirchensteuer und Solidaritätszuschlag – Freibeträge für ... Kinder 0,5	1,0	1,5	2,0	2,5	3,0
68723,99	I,IV	**14801**	5326	5326	I	13093	11458	9896	8408	6993	5652
	II	**14015**	5326	5326	II	12340	10738	9210	7755	6374	5066
	III	**9278**	5326	5326	III	8050	6860	5706	4588	3508	2464
	V	**20433**	5326	5326	IV	13938	13093	12266	11458	10668	9896
	VI	**20868**	5326	5326							
68759,99	I,IV	**14815**	5326	5326	I	13106	11470	9908	8419	7004	5663
	II	**14028**	5326	5326	II	12353	10751	9222	7767	6385	5076
	III	**9288**	5326	5326	III	8060	6868	5714	4596	3516	2470
	V	**20447**	5326	5326	IV	13951	13106	12279	11470	10680	9908
	VI	**20882**	5326	5326							
68795,99	I,IV	**14829**	5326	5326	I	13119	11483	9920	8431	7015	5673
	II	**14042**	5326	5326	II	12366	10763	9234	7778	6395	5086
	III	**9298**	5326	5326	III	8070	6878	5724	4606	3524	2480
	V	**20461**	5326	5326	IV	13965	13119	12292	11483	10692	9920
	VI	**20896**	5326	5326							
68831,99	I,IV	**14843**	5326	5326	I	13132	11495	9932	8442	7026	5683
	II	**14055**	5326	5326	II	12379	10775	9245	7789	6406	5096
	III	**9308**	5326	5326	III	8078	6886	5732	4614	3532	2488
	V	**20475**	5326	5326	IV	13978	13132	12305	11495	10705	9932
	VI	**20910**	5326	5326							
68867,99	I,IV	**14856**	5326	5326	I	13145	11508	9944	8454	7037	5693
	II	**14069**	5326	5326	II	12391	10787	9257	7800	6417	5106
	III	**9318**	5326	5326	III	8088	6896	5742	4622	3540	2496
	V	**20489**	5326	5326	IV	13992	13145	12318	11508	10717	9944
	VI	**20924**	5326	5326							
68903,99	I,IV	**14870**	5326	5326	I	13159	11521	9957	8466	7048	5704
	II	**14083**	5326	5326	II	12405	10800	9269	7812	6427	5117
	III	**9328**	5326	5326	III	8098	6906	5750	4632	3550	2504
	V	**20503**	5326	5326	IV	14006	13159	12331	11521	10730	9957
	VI	**20938**	5326	5326							
68939,99	I,IV	**14884**	5326	5326	I	13172	11534	9969	8477	7059	5714
	II	**14096**	5326	5326	II	12418	10813	9281	7823	6438	5127
	III	**9338**	5326	5326	III	8108	6914	5760	4640	3558	2512
	V	**20517**	5326	5326	IV	14019	13172	12344	11534	10742	9969
	VI	**20952**	5326	5326							
68975,99	I,IV	**14898**	5326	5326	I	13185	11546	9981	8488	7070	5725
	II	**14110**	5326	5326	II	12431	10825	9293	7834	6449	5137
	III	**9348**	5326	5326	III	8118	6924	5768	4648	3566	2520
	V	**20531**	5326	5326	IV	14032	13185	12357	11546	10754	9981
	VI	**20966**	5326	5326							
69011,99	I,IV	**14912**	5326	5326	I	13199	11559	9993	8500	7081	5735
	II	**14123**	5326	5326	II	12444	10837	9304	7845	6459	5147
	III	**9356**	5326	5326	III	8126	6934	5776	4658	3574	2528
	V	**20545**	5326	5326	IV	14046	13199	12370	11559	10767	9993
	VI	**20980**	5326	5326							
69047,99	I,IV	**14926**	5326	5326	I	13212	11571	10005	8511	7092	5745
	II	**14137**	5326	5326	II	12456	10850	9316	7856	6470	5157
	III	**9366**	5326	5326	III	8136	6942	5786	4666	3582	2536
	V	**20559**	5326	5326	IV	14059	13212	12382	11571	10779	10005
	VI	**20994**	5326	5326							
69083,99	I,IV	**14940**	5326	5326	I	13225	11584	10017	8523	7103	5756
	II	**14151**	5326	5326	II	12470	10862	9328	7868	6481	5167
	III	**9376**	5326	5326	III	8146	6952	5796	4676	3592	2544
	V	**20573**	5326	5326	IV	14073	13225	12396	11584	10792	10017
	VI	**21008**	5326	5326							
69119,99	I,IV	**14953**	5326	5326	I	13239	11597	10029	8535	7114	5766
	II	**14164**	5326	5326	II	12483	10875	9340	7879	6491	5177
	III	**9386**	5326	5326	III	8156	6962	5804	4684	3600	2552
	V	**20587**	5326	5326	IV	14087	13239	12409	11597	10804	10029
	VI	**21022**	5326	5326							

* Zur LSt-Berechnung für privat versicherte Arbeitnehmer s. Beispiele **Vorbemerkung S. 4 f.**
** Basisvorsorgepauschale KV und PV *** Typisierter Arbeitgeberzuschuss

Lohn/ Gehalt in € bis	Steuerklasse	**Lohn-steuer***	BVSP**	TAGZ***	Steuerklasse	Bemessungsgrundlage für Kirchensteuer und Solidaritätszuschlag – Freibeträge für ... Kinder: 0,5	**1,0**	1,5	**2,0**	2,5	**3,0**
69155,99	I,IV	**14967**	5326	5326	I	13252	11610	10041	8546	7125	5776
	II	**14178**	5326	5326	II	12496	10887	9352	7890	6502	5187
	III	**9396**	5326	5326	III	8166	6972	5814	4692	3608	2560
	V	**20601**	5326	5326	IV	14100	13252	12422	11610	10816	10041
	VI	**21036**	5326	5326							
69191,99	I,IV	**14981**	5326	5326	I	13265	11622	10053	8558	7135	5787
	II	**14191**	5326	5326	II	12509	10899	9364	7901	6513	5197
	III	**9406**	5326	5326	III	8174	6980	5822	4700	3616	2568
	V	**20614**	5326	5326	IV	14114	13265	12434	11622	10829	10053
	VI	**21050**	5326	5326							
69227,99	I,IV	**14995**	5326	5326	I	13278	11635	10065	8569	7146	5797
	II	**14205**	5326	5326	II	12522	10912	9376	7913	6523	5207
	III	**9416**	5326	5326	III	8184	6990	5832	4710	3624	2576
	V	**20628**	5326	5326	IV	14127	13278	12447	11635	10841	10065
	VI	**21063**	5326	5326							
69263,99	I,IV	**15009**	5326	5326	I	13292	11648	10078	8581	7158	5808
	II	**14219**	5326	5326	II	12535	10925	9388	7924	6534	5218
	III	**9426**	5326	5326	III	8194	7000	5840	4718	3634	2586
	V	**20643**	5326	5326	IV	14141	13292	12461	11648	10854	10078
	VI	**21078**	5326	5326							
69299,99	I,IV	**15023**	5326	5326	I	13305	11661	10090	8592	7168	5818
	II	**14232**	5326	5326	II	12548	10937	9399	7935	6545	5228
	III	**9436**	5326	5326	III	8204	7008	5850	4728	3642	2594
	V	**20656**	5326	5326	IV	14155	13305	12474	11661	10866	10090
	VI	**21092**	5326	5326							
69335,99	I,IV	**15037**	5326	5326	I	13318	11673	10102	8604	7179	5828
	II	**14246**	5326	5326	II	12561	10949	9411	7947	6556	5238
	III	**9446**	5326	5326	III	8214	7018	5858	4736	3650	2602
	V	**20670**	5326	5326	IV	14168	13318	12487	11673	10878	10102
	VI	**21105**	5326	5326							
69371,99	I,IV	**15050**	5326	5326	I	13332	11686	10114	8615	7190	5839
	II	**14259**	5326	5326	II	12574	10962	9423	7958	6566	5248
	III	**9456**	5326	5326	III	8222	7026	5868	4744	3658	2610
	V	**20684**	5326	5326	IV	14182	13332	12500	11686	10891	10114
	VI	**21119**	5326	5326							
69407,99	I,IV	**15064**	5326	5326	I	13345	11699	10126	8627	7201	5849
	II	**14273**	5326	5326	II	12587	10974	9435	7969	6577	5258
	III	**9466**	5326	5326	III	8232	7036	5876	4754	3668	2618
	V	**20698**	5326	5326	IV	14195	13345	12513	11699	10903	10126
	VI	**21133**	5326	5326							
69443,99	I,IV	**15078**	5326	5326	I	13358	11711	10138	8638	7212	5859
	II	**14286**	5326	5326	II	12600	10987	9447	7980	6588	5268
	III	**9476**	5326	5326	III	8242	7046	5886	4762	3676	2626
	V	**20712**	5326	5326	IV	14209	13358	12525	11711	10916	10138
	VI	**21147**	5326	5326							
69479,99	I,IV	**15092**	5326	5326	I	13372	11724	10151	8650	7223	5870
	II	**14300**	5326	5326	II	12613	10999	9459	7992	6599	5279
	III	**9486**	5326	5326	III	8252	7054	5894	4770	3684	2634
	V	**20726**	5326	5326	IV	14223	13372	12539	11724	10928	10151
	VI	**21161**	5326	5326							
69515,99	I,IV	**15106**	5326	5326	I	13385	11737	10163	8662	7234	5880
	II	**14314**	5326	5326	II	12626	11012	9471	8003	6609	5289
	III	**9496**	5326	5326	III	8262	7064	5904	4780	3692	2642
	V	**20740**	5326	5326	IV	14236	13385	12552	11737	10941	10163
	VI	**21175**	5326	5326							
69551,99	I,IV	**15120**	5326	5326	I	13398	11750	10175	8673	7245	5891
	II	**14328**	5326	5326	II	12639	11024	9483	8015	6620	5299
	III	**9506**	5326	5326	III	8270	7074	5912	4788	3700	2650
	V	**20754**	5326	5326	IV	14250	13398	12565	11750	10953	10175
	VI	**21189**	5326	5326							

* Zur LSt-Berechnung für privat versicherte Arbeitnehmer s. Beispiele **Vorbemerkung S. 4 f.**
** Basisvorsorgepauschale KV und PV *** Typisierter Arbeitgeberzuschuss

Lohn/ Gehalt in € bis	Steuerklasse	Lohn-steuer*	BVSP**	TAGZ***	Steuerklasse	Bemessungsgrundlage für Kirchensteuer und Solidaritätszuschlag – Freibeträge für ... Kinder 0,5	1,0	1,5	2,0	2,5	3,0
69587,99	I,IV	**15134**	5326	5326	I	13411	11762	10187	8685	7256	5901
	II	**14341**	5326	5326	II	12652	11037	9494	8026	6631	5309
	III	**9516**	5326	5326	III	8280	7082	5922	4798	3710	2658
	V	**20768**	5326	5326	IV	14263	13411	12578	11762	10965	10187
	VI	**21203**	5326	5326							
69623,99	I,IV	**15148**	5326	5326	I	13425	11775	10199	8696	7267	5912
	II	**14355**	5326	5326	II	12665	11049	9506	8037	6641	5319
	III	**9524**	5326	5326	III	8290	7092	5930	4806	3718	2666
	V	**20782**	5326	5326	IV	14277	13425	12591	11775	10978	10199
	VI	**21217**	5326	5326							
69659,99	I,IV	**15162**	5326	5326	I	13438	11788	10211	8708	7279	5922
	II	**14369**	5326	5326	II	12679	11062	9518	8049	6652	5330
	III	**9536**	5326	5326	III	8300	7102	5940	4814	3726	2674
	V	**20796**	5326	5326	IV	14291	13438	12604	11788	10991	10211
	VI	**21231**	5326	5326							
69695,99	I,IV	**15176**	5326	5326	I	13452	11801	10224	8720	7289	5933
	II	**14382**	5326	5326	II	12692	11074	9530	8060	6663	5340
	III	**9546**	5326	5326	III	8310	7110	5948	4824	3734	2684
	V	**20810**	5326	5326	IV	14305	13452	12617	11801	11003	10224
	VI	**21245**	5326	5326							
69731,99	I,IV	**15190**	5326	5326	I	13465	11814	10236	8731	7300	5943
	II	**14396**	5326	5326	II	12705	11087	9542	8071	6674	5350
	III	**9554**	5326	5326	III	8320	7120	5958	4832	3744	2690
	V	**20824**	5326	5326	IV	14318	13465	12630	11814	11015	10236
	VI	**21259**	5326	5326							
69767,99	I,IV	**15204**	5326	5326	I	13478	11826	10248	8743	7311	5953
	II	**14410**	5326	5326	II	12718	11099	9554	8083	6684	5360
	III	**9566**	5326	5326	III	8328	7130	5966	4840	3752	2700
	V	**20837**	5326	5326	IV	14332	13478	12643	11826	11028	10248
	VI	**21273**	5326	5326							
69803,99	I,IV	**15217**	5326	5326	I	13491	11839	10260	8754	7322	5964
	II	**14423**	5326	5326	II	12731	11112	9566	8094	6695	5370
	III	**9574**	5326	5326	III	8338	7138	5976	4850	3760	2708
	V	**20851**	5326	5326	IV	14345	13491	12656	11839	11040	10260
	VI	**21286**	5326	5326							
69839,99	I,IV	**15232**	5326	5326	I	13505	11852	10272	8766	7334	5975
	II	**14437**	5326	5326	II	12744	11124	9578	8105	6706	5380
	III	**9584**	5326	5326	III	8348	7148	5984	4858	3768	2716
	V	**20866**	5326	5326	IV	14359	13505	12669	11852	11053	10272
	VI	**21301**	5326	5326							
69875,99	I,IV	**15246**	5326	5326	I	13518	11865	10285	8778	7345	5985
	II	**14451**	5326	5326	II	12757	11137	9590	8117	6717	5391
	III	**9594**	5326	5326	III	8358	7158	5994	4868	3778	2724
	V	**20879**	5326	5326	IV	14373	13518	12682	11865	11066	10285
	VI	**21315**	5326	5326							
69911,99	I,IV	**15259**	5326	5326	I	13532	11878	10297	8789	7356	5995
	II	**14464**	5326	5326	II	12770	11149	9602	8128	6728	5401
	III	**9604**	5326	5326	III	8368	7166	6002	4876	3786	2732
	V	**20893**	5326	5326	IV	14386	13532	12695	11878	11078	10297
	VI	**21328**	5326	5326							
69947,99	I,IV	**15273**	5326	5326	I	13545	11890	10309	8801	7367	6006
	II	**14478**	5326	5326	II	12783	11162	9614	8139	6738	5411
	III	**9614**	5326	5326	III	8378	7176	6012	4884	3794	2740
	V	**20907**	5326	5326	IV	14400	13545	12708	11890	11090	10309
	VI	**21342**	5326	5326							
69983,99	I,IV	**15287**	5326	5326	I	13558	11903	10321	8813	7378	6016
	II	**14492**	5326	5326	II	12796	11174	9626	8151	6749	5421
	III	**9624**	5326	5326	III	8386	7186	6020	4894	3802	2748
	V	**20921**	5326	5326	IV	14414	13558	12722	11903	11103	10321
	VI	**21356**	5326	5326							

* Zur LSt-Berechnung für privat versicherte Arbeitnehmer s. Beispiele **Vorbemerkung S. 4 f.**
** Basisvorsorgepauschale KV und PV *** Typisierter Arbeitgeberzuschuss

Lohn/ Gehalt in € bis	Steuerklasse	Lohn-steuer*	BVSP**	TAGZ***	Steuerklasse	Bemessungsgrundlage für Kirchensteuer und Solidaritätszuschlag – Freibeträge für ... Kinder 0,5	**1,0**	1,5	**2,0**	2,5	**3,0**
70 019,99	I,IV	**15 301**	5 326	5 326	I	13 572	11 916	10 333	8 824	7 389	6 027
	II	**14 505**	5 326	5 326	II	12 809	11 187	9 638	8 162	6 760	5 431
	III	**9 634**	5 326	5 326	III	8 396	7 194	6 030	4 902	3 812	2 756
	V	**20 935**	5 326	5 326	IV	14 427	13 572	12 735	11 916	11 115	10 333
	VI	**21 370**	5 326	5 326							
70 055,99	I,IV	**15 315**	5 326	5 326	I	13 585	11 929	10 346	8 836	7 400	6 037
	II	**14 519**	5 326	5 326	II	12 823	11 200	9 650	8 174	6 771	5 442
	III	**9 644**	5 326	5 326	III	8 406	7 204	6 040	4 912	3 820	2 766
	V	**20 949**	5 326	5 326	IV	14 441	13 585	12 748	11 929	11 128	10 346
	VI	**21 384**	5 326	5 326							
70 091,99	I,IV	**15 329**	5 326	5 326	I	13 599	11 942	10 358	8 848	7 411	6 048
	II	**14 533**	5 326	5 326	II	12 836	11 212	9 662	8 185	6 782	5 452
	III	**9 654**	5 326	5 326	III	8 416	7 214	6 048	4 920	3 828	2 772
	V	**20 963**	5 326	5 326	IV	14 455	13 599	12 761	11 942	11 141	10 358
	VI	**21 398**	5 326	5 326							
70 127,99	I,IV	**15 343**	5 326	5 326	I	13 612	11 954	10 370	8 859	7 422	6 058
	II	**14 547**	5 326	5 326	II	12 849	11 225	9 674	8 196	6 792	5 462
	III	**9 664**	5 326	5 326	III	8 426	7 224	6 058	4 928	3 836	2 782
	V	**20 977**	5 326	5 326	IV	14 469	13 612	12 774	11 954	11 153	10 370
	VI	**21 412**	5 326	5 326							
70 163,99	I,IV	**15 357**	5 326	5 326	I	13 625	11 967	10 382	8 871	7 433	6 069
	II	**14 560**	5 326	5 326	II	12 862	11 237	9 686	8 208	6 803	5 472
	III	**9 674**	5 326	5 326	III	8 434	7 232	6 066	4 938	3 844	2 790
	V	**20 991**	5 326	5 326	IV	14 482	13 625	12 787	11 967	11 166	10 382
	VI	**21 426**	5 326	5 326							
70 199,99	I,IV	**15 371**	5 326	5 326	I	13 639	11 980	10 394	8 883	7 444	6 079
	II	**14 574**	5 326	5 326	II	12 875	11 250	9 698	8 219	6 814	5 482
	III	**9 684**	5 326	5 326	III	8 444	7 242	6 076	4 946	3 854	2 798
	V	**21 005**	5 326	5 326	IV	14 496	13 639	12 800	11 980	11 178	10 394
	VI	**21 440**	5 326	5 326							
70 235,99	I,IV	**15 385**	5 326	5 326	I	13 653	11 993	10 407	8 895	7 455	6 090
	II	**14 588**	5 326	5 326	II	12 888	11 262	9 710	8 231	6 825	5 493
	III	**9 694**	5 326	5 326	III	8 454	7 252	6 084	4 956	3 862	2 806
	V	**21 019**	5 326	5 326	IV	14 510	13 653	12 814	11 993	11 191	10 407
	VI	**21 454**	5 326	5 326							
70 271,99	I,IV	**15 399**	5 326	5 326	I	13 666	12 006	10 419	8 906	7 466	6 100
	II	**14 602**	5 326	5 326	II	12 902	11 275	9 722	8 242	6 836	5 503
	III	**9 704**	5 326	5 326	III	8 464	7 260	6 094	4 964	3 870	2 814
	V	**21 033**	5 326	5 326	IV	14 523	13 666	12 827	12 006	11 203	10 419
	VI	**21 468**	5 326	5 326							
70 307,99	I,IV	**15 413**	5 326	5 326	I	13 679	12 019	10 431	8 918	7 478	6 111
	II	**14 615**	5 326	5 326	II	12 915	11 287	9 734	8 253	6 847	5 513
	III	**9 714**	5 326	5 326	III	8 474	7 270	6 104	4 972	3 880	2 822
	V	**21 047**	5 326	5 326	IV	14 537	13 679	12 840	12 019	11 216	10 431
	VI	**21 482**	5 326	5 326							
70 343,99	I,IV	**15 427**	5 326	5 326	I	13 693	12 031	10 444	8 929	7 489	6 121
	II	**14 629**	5 326	5 326	II	12 928	11 300	9 746	8 265	6 857	5 524
	III	**9 724**	5 326	5 326	III	8 484	7 280	6 112	4 982	3 888	2 830
	V	**21 060**	5 326	5 326	IV	14 551	13 693	12 853	12 031	11 228	10 444
	VI	**21 496**	5 326	5 326							
70 379,99	I,IV	**15 440**	5 326	5 326	I	13 706	12 044	10 456	8 941	7 500	6 132
	II	**14 643**	5 326	5 326	II	12 941	11 312	9 758	8 276	6 868	5 534
	III	**9 734**	5 326	5 326	III	8 492	7 288	6 122	4 990	3 896	2 838
	V	**21 074**	5 326	5 326	IV	14 564	13 706	12 866	12 044	11 241	10 456
	VI	**21 509**	5 326	5 326							
70 415,99	I,IV	**15 455**	5 326	5 326	I	13 720	12 057	10 468	8 953	7 511	6 143
	II	**14 657**	5 326	5 326	II	12 954	11 325	9 770	8 288	6 879	5 544
	III	**9 744**	5 326	5 326	III	8 502	7 298	6 130	5 000	3 904	2 848
	V	**21 089**	5 326	5 326	IV	14 578	13 720	12 879	12 057	11 254	10 468
	VI	**21 524**	5 326	5 326							

* Zur LSt-Berechnung für privat versicherte Arbeitnehmer s. Beispiele **Vorbemerkung S. 4 f.**
** Basisvorsorgepauschale KV und PV *** Typisierter Arbeitgeberzuschuss

Lohn/ Gehalt in € bis	Steuerklasse	Lohn-steuer*	BVSP**	TAGZ***	Steuerklasse	Bemessungsgrundlage für Kirchensteuer und Solidaritätszuschlag – Freibeträge für ... Kinder 0,5	1,0	1,5	2,0	2,5	3,0
70451,99	I,IV	**15469**	5326	5326	I	13733	12070	10481	8965	7522	6153
	II	**14670**	5326	5326	II	12967	11338	9782	8299	6890	5554
	III	**9754**	5326	5326	III	8512	7308	6140	5008	3914	2856
	V	**21102**	5326	5326	IV	14592	13733	12892	12070	11266	10481
	VI	**21538**	5326	5326							
70487,99	I,IV	**15482**	5326	5326	I	13746	12083	10493	8976	7533	6163
	II	**14684**	5326	5326	II	12981	11350	9794	8311	6901	5565
	III	**9764**	5326	5326	III	8522	7316	6148	5016	3922	2864
	V	**21116**	5326	5326	IV	14606	13746	12906	12083	11279	10493
	VI	**21551**	5326	5326							
70523,99	I,IV	**15496**	5326	5326	I	13760	12096	10505	8988	7544	6174
	II	**14698**	5326	5326	II	12994	11363	9806	8322	6912	5575
	III	**9774**	5326	5326	III	8532	7326	6158	5026	3930	2872
	V	**21130**	5326	5326	IV	14619	13760	12919	12096	11291	10505
	VI	**21565**	5326	5326							
70559,99	I,IV	**15510**	5326	5326	I	13773	12109	10517	9000	7555	6184
	II	**14712**	5326	5326	II	13007	11376	9818	8333	6923	5585
	III	**9784**	5326	5326	III	8542	7336	6166	5034	3938	2880
	V	**21144**	5326	5326	IV	14633	13773	12932	12109	11304	10517
	VI	**21579**	5326	5326							
70595,99	I,IV	**15524**	5326	5326	I	13787	12121	10530	9011	7566	6195
	II	**14725**	5326	5326	II	13020	11388	9830	8345	6933	5595
	III	**9794**	5326	5326	III	8550	7344	6176	5042	3946	2888
	V	**21158**	5326	5326	IV	14647	13787	12945	12121	11316	10530
	VI	**21593**	5326	5326							
70631,99	I,IV	**15538**	5326	5326	I	13800	12135	10542	9023	7578	6206
	II	**14739**	5326	5326	II	13033	11401	9842	8357	6945	5606
	III	**9804**	5326	5326	III	8560	7354	6184	5052	3956	2896
	V	**21172**	5326	5326	IV	14661	13800	12958	12135	11329	10542
	VI	**21607**	5326	5326							
70667,99	I,IV	**15552**	5326	5326	I	13814	12147	10554	9035	7589	6216
	II	**14753**	5326	5326	II	13047	11414	9854	8368	6955	5616
	III	**9814**	5326	5326	III	8570	7364	6194	5060	3964	2904
	V	**21186**	5326	5326	IV	14675	13814	12971	12147	11342	10554
	VI	**21621**	5326	5326							
70703,99	I,IV	**15566**	5326	5326	I	13827	12160	10567	9047	7600	6227
	II	**14767**	5326	5326	II	13060	11426	9866	8379	6966	5626
	III	**9824**	5326	5326	III	8580	7374	6202	5070	3972	2912
	V	**21200**	5326	5326	IV	14688	13827	12985	12160	11354	10567
	VI	**21635**	5326	5326							
70739,99	I,IV	**15580**	5326	5326	I	13841	12173	10579	9058	7611	6237
	II	**14781**	5326	5326	II	13073	11439	9878	8391	6977	5637
	III	**9834**	5326	5326	III	8590	7382	6212	5078	3982	2922
	V	**21214**	5326	5326	IV	14702	13841	12998	12173	11367	10579
	VI	**21649**	5326	5326							
70775,99	I,IV	**15594**	5326	5326	I	13854	12186	10591	9070	7622	6248
	II	**14794**	5326	5326	II	13086	11451	9890	8402	6988	5647
	III	**9844**	5326	5326	III	8600	7392	6220	5086	3990	2930
	V	**21228**	5326	5326	IV	14716	13854	13011	12186	11379	10591
	VI	**21663**	5326	5326							
70811,99	I,IV	**15608**	5326	5326	I	13868	12199	10604	9082	7634	6259
	II	**14808**	5326	5326	II	13100	11464	9902	8414	6999	5658
	III	**9854**	5326	5326	III	8610	7402	6230	5096	3998	2938
	V	**21242**	5326	5326	IV	14730	13868	13024	12199	11392	10604
	VI	**21677**	5326	5326							
70847,99	I,IV	**15622**	5326	5326	I	13881	12212	10616	9094	7645	6269
	II	**14822**	5326	5326	II	13113	11477	9914	8425	7010	5668
	III	**9864**	5326	5326	III	8620	7412	6240	5106	4008	2946
	V	**21256**	5326	5326	IV	14744	13881	13037	12212	11405	10616
	VI	**21691**	5326	5326							

* Zur LSt-Berechnung für privat versicherte Arbeitnehmer s. Beispiele **Vorbemerkung S. 4 f.**
** Basisvorsorgepauschale KV und PV *** Typisierter Arbeitgeberzuschuss

Lohn/ Gehalt in € bis	Steuerklasse	Lohn-steuer*	BVSP**	TAGZ***	Steuerklasse	Bemessungsgrundlage für Kirchensteuer und Solidaritätszuschlag – Freibeträge für ... Kinder 0,5	**1,0**	1,5	**2,0**	2,5	**3,0**
70 883,99	I,IV	**15 636**	5 326	5 326	I	13 895	12 225	10 628	9 105	7 656	6 280
	II	**14 836**	5 326	5 326	II	13 126	11 489	9 926	8 437	7 021	5 678
	III	**9 874**	5 326	5 326	III	8 628	7 420	6 248	5 114	4 016	2 954
	V	**21 270**	5 326	5 326	IV	14 757	13 895	13 051	12 225	11 417	10 628
	VI	**21 705**	5 326	5 326							
70 919,99	I,IV	**15 650**	5 326	5 326	I	13 908	12 238	10 641	9 117	7 667	6 290
	II	**14 850**	5 326	5 326	II	13 139	11 502	9 938	8 448	7 032	5 688
	III	**9 884**	5 326	5 326	III	8 638	7 430	6 258	5 122	4 024	2 962
	V	**21 283**	5 326	5 326	IV	14 771	13 908	13 064	12 238	11 430	10 641
	VI	**21 719**	5 326	5 326							
70 955,99	I,IV	**15 663**	5 326	5 326	I	13 922	12 250	10 653	9 129	7 678	6 301
	II	**14 863**	5 326	5 326	II	13 152	11 515	9 950	8 460	7 042	5 699
	III	**9 894**	5 326	5 326	III	8 648	7 438	6 266	5 132	4 032	2 970
	V	**21 297**	5 326	5 326	IV	14 785	13 922	13 077	12 250	11 442	10 653
	VI	**21 732**	5 326	5 326							
70 991,99	I,IV	**15 678**	5 326	5 326	I	13 935	12 264	10 666	9 141	7 690	6 312
	II	**14 878**	5 326	5 326	II	13 166	11 528	9 963	8 471	7 054	5 709
	III	**9 904**	5 326	5 326	III	8 658	7 448	6 276	5 140	4 042	2 978
	V	**21 312**	5 326	5 326	IV	14 799	13 935	13 090	12 264	11 455	10 666
	VI	**21 747**	5 326	5 326							
71 027,99	I,IV	**15 692**	5 326	5 326	I	13 949	12 277	10 678	9 153	7 701	6 322
	II	**14 891**	5 326	5 326	II	13 179	11 540	9 975	8 483	7 064	5 720
	III	**9 914**	5 326	5 326	III	8 668	7 458	6 286	5 150	4 050	2 988
	V	**21 325**	5 326	5 326	IV	14 813	13 949	13 104	12 277	11 468	10 678
	VI	**21 761**	5 326	5 326							
71 063,99	I,IV	**15 705**	5 326	5 326	I	13 962	12 289	10 690	9 164	7 712	6 333
	II	**14 905**	5 326	5 326	II	13 192	11 553	9 987	8 494	7 075	5 730
	III	**9 924**	5 326	5 326	III	8 678	7 468	6 294	5 158	4 058	2 996
	V	**21 339**	5 326	5 326	IV	14 826	13 962	13 117	12 289	11 481	10 690
	VI	**21 774**	5 326	5 326							
71 099,99	I,IV	**15 719**	5 326	5 326	I	13 976	12 302	10 702	9 176	7 723	6 343
	II	**14 919**	5 326	5 326	II	13 205	11 565	9 999	8 506	7 086	5 740
	III	**9 934**	5 326	5 326	III	8 688	7 476	6 304	5 166	4 066	3 004
	V	**21 353**	5 326	5 326	IV	14 840	13 976	13 130	12 302	11 493	10 702
	VI	**21 788**	5 326	5 326							
71 135,99	I,IV	**15 733**	5 326	5 326	I	13 989	12 315	10 715	9 188	7 734	6 354
	II	**14 933**	5 326	5 326	II	13 219	11 578	10 011	8 517	7 097	5 750
	III	**9 944**	5 326	5 326	III	8 696	7 486	6 312	5 176	4 076	3 012
	V	**21 367**	5 326	5 326	IV	14 854	13 989	13 143	12 315	11 506	10 715
	VI	**21 802**	5 326	5 326							
71 171,99	I,IV	**15 747**	5 326	5 326	I	14 003	12 328	10 727	9 199	7 745	6 365
	II	**14 946**	5 326	5 326	II	13 232	11 591	10 023	8 529	7 108	5 761
	III	**9 954**	5 326	5 326	III	8 706	7 496	6 322	5 184	4 084	3 020
	V	**21 381**	5 326	5 326	IV	14 868	14 003	13 156	12 328	11 518	10 727
	VI	**21 816**	5 326	5 326							
71 207,99	I,IV	**15 761**	5 326	5 326	I	14 017	12 341	10 740	9 211	7 757	6 375
	II	**14 961**	5 326	5 326	II	13 245	11 604	10 035	8 541	7 119	5 771
	III	**9 964**	5 326	5 326	III	8 716	7 506	6 332	5 194	4 092	3 028
	V	**21 395**	5 326	5 326	IV	14 882	14 017	13 170	12 341	11 531	10 740
	VI	**21 830**	5 326	5 326							
71 243,99	I,IV	**15 775**	5 326	5 326	I	14 030	12 354	10 752	9 223	7 768	6 386
	II	**14 974**	5 326	5 326	II	13 259	11 616	10 047	8 552	7 130	5 782
	III	**9 974**	5 326	5 326	III	8 726	7 514	6 340	5 202	4 100	3 036
	V	**21 409**	5 326	5 326	IV	14 895	14 030	13 183	12 354	11 544	10 752
	VI	**21 844**	5 326	5 326							
71 279,99	I,IV	**15 789**	5 326	5 326	I	14 044	12 367	10 764	9 235	7 779	6 397
	II	**14 988**	5 326	5 326	II	13 272	11 629	10 059	8 564	7 141	5 792
	III	**9 984**	5 326	5 326	III	8 736	7 524	6 350	5 212	4 110	3 046
	V	**21 423**	5 326	5 326	IV	14 909	14 044	13 196	12 367	11 557	10 764
	VI	**21 858**	5 326	5 326							

* Zur LSt-Berechnung für privat versicherte Arbeitnehmer s. Beispiele **Vorbemerkung S. 4 f.**
** Basisvorsorgepauschale KV und PV *** Typisierter Arbeitgeberzuschuss

Lohn/ Gehalt in € bis	Steuerklasse	Lohn-steuer*	BVSP**	TAGZ***	Steuerklasse	Bemessungsgrundlage für Kirchensteuer und Solidaritätszuschlag – Freibeträge für ... Kinder 0,5	1,0	1,5	2,0	2,5	3,0
71 315,99	I,IV	**15 803**	5 326	5 326	I	14 057	12 380	10 777	9 247	7 790	6 407
	II	**15 002**	5 326	5 326	II	13 285	11 642	10 072	8 575	7 152	5 802
	III	**9 994**	5 326	5 326	III	8 746	7 534	6 358	5 220	4 118	3 054
	V	**21 437**	5 326	5 326	IV	14 923	14 057	13 209	12 380	11 569	10 777
	VI	**21 872**	5 326	5 326							
71 351,99	I,IV	**15 817**	5 326	5 326	I	14 070	12 393	10 789	9 258	7 801	6 418
	II	**15 016**	5 326	5 326	II	13 298	11 654	10 084	8 586	7 163	5 813
	III	**10 004**	5 326	5 326	III	8 756	7 542	6 368	5 228	4 126	3 062
	V	**21 451**	5 326	5 326	IV	14 937	14 070	13 223	12 393	11 582	10 789
	VI	**21 886**	5 326	5 326							
71 387,99	I,IV	**15 831**	5 326	5 326	I	14 084	12 406	10 802	9 271	7 813	6 429
	II	**15 030**	5 326	5 326	II	13 312	11 667	10 096	8 598	7 174	5 823
	III	**10 014**	5 326	5 326	III	8 766	7 552	6 376	5 238	4 136	3 070
	V	**21 465**	5 326	5 326	IV	14 951	14 084	13 236	12 406	11 595	10 802
	VI	**21 900**	5 326	5 326							
71 423,99	I,IV	**15 845**	5 326	5 326	I	14 098	12 419	10 814	9 282	7 824	6 439
	II	**15 044**	5 326	5 326	II	13 325	11 680	10 108	8 610	7 185	5 834
	III	**10 024**	5 326	5 326	III	8 774	7 562	6 386	5 246	4 144	3 078
	V	**21 479**	5 326	5 326	IV	14 965	14 098	13 249	12 419	11 607	10 814
	VI	**21 914**	5 326	5 326							
71 459,99	I,IV	**15 859**	5 326	5 326	I	14 111	12 432	10 826	9 294	7 835	6 450
	II	**15 058**	5 326	5 326	II	13 338	11 693	10 120	8 621	7 196	5 844
	III	**10 034**	5 326	5 326	III	8 784	7 572	6 396	5 256	4 152	3 086
	V	**21 493**	5 326	5 326	IV	14 979	14 111	13 263	12 432	11 620	10 826
	VI	**21 928**	5 326	5 326							
71 495,99	I,IV	**15 873**	5 326	5 326	I	14 125	12 445	10 839	9 306	7 846	6 461
	II	**15 071**	5 326	5 326	II	13 352	11 705	10 132	8 633	7 207	5 854
	III	**10 044**	5 326	5 326	III	8 794	7 580	6 404	5 264	4 160	3 094
	V	**21 506**	5 326	5 326	IV	14 992	14 125	13 276	12 445	11 633	10 839
	VI	**21 942**	5 326	5 326							
71 531,99	I,IV	**15 886**	5 326	5 326	I	14 138	12 458	10 851	9 318	7 858	6 471
	II	**15 085**	5 326	5 326	II	13 365	11 718	10 144	8 644	7 218	5 865
	III	**10 054**	5 326	5 326	III	8 804	7 590	6 414	5 274	4 170	3 104
	V	**21 520**	5 326	5 326	IV	15 006	14 138	13 289	12 458	11 645	10 851
	VI	**21 955**	5 326	5 326							
71 567,99	I,IV	**15 901**	5 326	5 326	I	14 152	12 471	10 864	9 330	7 869	6 482
	II	**15 099**	5 326	5 326	II	13 378	11 731	10 157	8 656	7 229	5 875
	III	**10 064**	5 326	5 326	III	8 814	7 600	6 422	5 282	4 178	3 112
	V	**21 535**	5 326	5 326	IV	15 020	14 152	13 303	12 471	11 658	10 864
	VI	**21 970**	5 326	5 326							
71 603,99	I,IV	**15 915**	5 326	5 326	I	14 166	12 484	10 876	9 342	7 880	6 493
	II	**15 113**	5 326	5 326	II	13 392	11 744	10 169	8 668	7 240	5 886
	III	**10 074**	5 326	5 326	III	8 824	7 608	6 432	5 290	4 186	3 120
	V	**21 548**	5 326	5 326	IV	15 034	14 166	13 316	12 484	11 671	10 876
	VI	**21 984**	5 326	5 326							
71 639,99	I,IV	**15 928**	5 326	5 326	I	14 179	12 497	10 889	9 353	7 892	6 503
	II	**15 127**	5 326	5 326	II	13 405	11 756	10 181	8 679	7 251	5 896
	III	**10 084**	5 326	5 326	III	8 834	7 618	6 440	5 300	4 196	3 128
	V	**21 562**	5 326	5 326	IV	15 048	14 179	13 329	12 497	11 684	10 889
	VI	**21 997**	5 326	5 326							
71 675,99	I,IV	**15 942**	5 326	5 326	I	14 193	12 510	10 901	9 365	7 903	6 514
	II	**15 141**	5 326	5 326	II	13 418	11 769	10 193	8 691	7 262	5 906
	III	**10 094**	5 326	5 326	III	8 842	7 628	6 450	5 308	4 204	3 136
	V	**21 576**	5 326	5 326	IV	15 062	14 193	13 342	12 510	11 696	10 901
	VI	**22 011**	5 326	5 326							
71 711,99	I,IV	**15 956**	5 326	5 326	I	14 206	12 523	10 913	9 377	7 914	6 525
	II	**15 155**	5 326	5 326	II	13 432	11 782	10 205	8 702	7 273	5 917
	III	**10 104**	5 326	5 326	III	8 852	7 638	6 460	5 318	4 212	3 144
	V	**21 590**	5 326	5 326	IV	15 076	14 206	13 356	12 523	11 709	10 913
	VI	**22 025**	5 326	5 326							

* Zur LSt-Berechnung für privat versicherte Arbeitnehmer s. Beispiele **Vorbemerkung S. 4 f.**
** Basisvorsorgepauschale KV und PV *** Typisierter Arbeitgeberzuschuss

Lohn/ Gehalt in € bis	Steuerklasse	Lohn-steuer*	BVSP**	TAGZ***	Steuerklasse	Bemessungsgrundlage für Kirchensteuer und Solidaritätszuschlag – Freibeträge für ... Kinder 0,5	**1,0**	1,5	**2,0**	2,5	**3,0**
71 747,99	I,IV	**15 970**	5 326	5 326	I	14 220	12 536	10 926	9 389	7 925	6 535
	II	**15 169**	5 326	5 326	II	13 445	11 794	10 217	8 714	7 284	5 927
	III	**10 114**	5 326	5 326	III	8 862	7 646	6 468	5 326	4 220	3 152
	V	**21 604**	5 326	5 326	IV	15 089	14 220	13 369	12 536	11 722	10 926
	VI	**22 039**	5 326	5 326							
71 783,99	I,IV	**15 984**	5 326	5 326	I	14 234	12 549	10 938	9 401	7 937	6 546
	II	**15 183**	5 326	5 326	II	13 458	11 807	10 230	8 726	7 295	5 938
	III	**10 124**	5 326	5 326	III	8 872	7 656	6 478	5 336	4 230	3 162
	V	**21 618**	5 326	5 326	IV	15 104	14 234	13 382	12 549	11 735	10 938
	VI	**22 053**	5 326	5 326							
71 819,99	I,IV	**15 998**	5 326	5 326	I	14 247	12 562	10 951	9 413	7 948	6 557
	II	**15 197**	5 326	5 326	II	13 472	11 820	10 242	8 737	7 306	5 948
	III	**10 134**	5 326	5 326	III	8 882	7 666	6 486	5 344	4 238	3 170
	V	**21 632**	5 326	5 326	IV	15 118	14 247	13 396	12 562	11 747	10 951
	VI	**22 067**	5 326	5 326							
71 855,99	I,IV	**16 012**	5 326	5 326	I	14 261	12 575	10 963	9 425	7 959	6 568
	II	**15 211**	5 326	5 326	II	13 485	11 833	10 254	8 749	7 317	5 959
	III	**10 144**	5 326	5 326	III	8 892	7 676	6 496	5 352	4 246	3 178
	V	**21 646**	5 326	5 326	IV	15 131	14 261	13 409	12 575	11 760	10 963
	VI	**22 081**	5 326	5 326							
71 891,99	I,IV	**16 026**	5 326	5 326	I	14 275	12 588	10 976	9 436	7 971	6 578
	II	**15 225**	5 326	5 326	II	13 498	11 846	10 266	8 760	7 328	5 969
	III	**10 154**	5 326	5 326	III	8 902	7 684	6 506	5 362	4 256	3 186
	V	**21 660**	5 326	5 326	IV	15 145	14 275	13 422	12 588	11 773	10 976
	VI	**22 095**	5 326	5 326							
71 927,99	I,IV	**16 040**	5 326	5 326	I	14 288	12 601	10 988	9 448	7 982	6 589
	II	**15 238**	5 326	5 326	II	13 512	11 858	10 278	8 772	7 339	5 980
	III	**10 164**	5 326	5 326	III	8 910	7 694	6 514	5 370	4 264	3 194
	V	**21 674**	5 326	5 326	IV	15 159	14 288	13 436	12 601	11 785	10 988
	VI	**22 109**	5 326	5 326							
71 963,99	I,IV	**16 054**	5 326	5 326	I	14 302	12 615	11 001	9 460	7 993	6 600
	II	**15 253**	5 326	5 326	II	13 525	11 871	10 291	8 784	7 350	5 990
	III	**10 174**	5 326	5 326	III	8 920	7 704	6 524	5 380	4 272	3 202
	V	**21 688**	5 326	5 326	IV	15 173	14 302	13 449	12 615	11 799	11 001
	VI	**22 123**	5 326	5 326							
71 999,99	I,IV	**16 068**	5 326	5 326	I	14 316	12 628	11 013	9 472	8 005	6 611
	II	**15 267**	5 326	5 326	II	13 539	11 884	10 303	8 795	7 361	6 001
	III	**10 186**	5 326	5 326	III	8 930	7 714	6 532	5 388	4 282	3 212
	V	**21 702**	5 326	5 326	IV	15 187	14 316	13 462	12 628	11 811	11 013
	VI	**22 137**	5 326	5 326							
72 035,99	I,IV	**16 082**	5 326	5 326	I	14 329	12 641	11 026	9 484	8 016	6 621
	II	**15 280**	5 326	5 326	II	13 552	11 897	10 315	8 807	7 372	6 011
	III	**10 194**	5 326	5 326	III	8 940	7 722	6 542	5 398	4 290	3 220
	V	**21 716**	5 326	5 326	IV	15 201	14 329	13 476	12 641	11 824	11 026
	VI	**22 151**	5 326	5 326							
72 071,99	I,IV	**16 096**	5 326	5 326	I	14 343	12 654	11 038	9 496	8 027	6 632
	II	**15 294**	5 326	5 326	II	13 565	11 910	10 327	8 819	7 383	6 022
	III	**10 206**	5 326	5 326	III	8 950	7 732	6 552	5 406	4 298	3 228
	V	**21 729**	5 326	5 326	IV	15 215	14 343	13 489	12 654	11 837	11 038
	VI	**22 165**	5 326	5 326							
72 107,99	I,IV	**16 109**	5 326	5 326	I	14 356	12 667	11 050	9 508	8 038	6 643
	II	**15 308**	5 326	5 326	II	13 579	11 922	10 340	8 830	7 394	6 032
	III	**10 214**	5 326	5 326	III	8 960	7 742	6 560	5 416	4 308	3 236
	V	**21 743**	5 326	5 326	IV	15 229	14 356	13 502	12 667	11 849	11 050
	VI	**22 178**	5 326	5 326							
72 143,99	I,IV	**16 124**	5 326	5 326	I	14 370	12 680	11 063	9 520	8 050	6 654
	II	**15 322**	5 326	5 326	II	13 592	11 935	10 352	8 842	7 406	6 043
	III	**10 226**	5 326	5 326	III	8 970	7 752	6 570	5 424	4 316	3 244
	V	**21 758**	5 326	5 326	IV	15 243	14 370	13 516	12 680	11 863	11 063
	VI	**22 193**	5 326	5 326							

* Zur LSt-Berechnung für privat versicherte Arbeitnehmer s. Beispiele **Vorbemerkung S. 4 f.**
** Basisvorsorgepauschale KV und PV *** Typisierter Arbeitgeberzuschuss

Lohn/ Gehalt in € bis	Steuerklasse	**Lohn-steuer***	BVSP**	TAGZ***	Steuerklasse	Bemessungsgrundlage für Kirchensteuer und Solidaritätszuschlag – Freibeträge für ... Kinder 0,5	**1,0**	1,5	**2,0**	2,5	**3,0**
72179,99	I,IV	**16138**	5326	5326	I	14384	12693	11076	9532	8061	6664
	II	**15336**	5326	5326	II	13606	11948	10364	8854	7417	6053
	III	**10236**	5326	5326	III	8980	7760	6578	5434	4324	3252
	V	**21771**	5326	5326	IV	15257	14384	13529	12693	11875	11076
	VI	**22207**	5326	5326							
72215,99	I,IV	**16151**	5326	5326	I	14398	12706	11088	9544	8073	6675
	II	**15350**	5326	5326	II	13619	11961	10376	8865	7428	6064
	III	**10246**	5326	5326	III	8990	7770	6588	5442	4334	3260
	V	**21785**	5326	5326	IV	15271	14398	13543	12706	11888	11088
	VI	**22220**	5326	5326							
72251,99	I,IV	**16165**	5326	5326	I	14411	12719	11101	9556	8084	6686
	II	**15364**	5326	5326	II	13632	11974	10389	8877	7439	6074
	III	**10256**	5326	5326	III	9000	7780	6598	5452	4342	3270
	V	**21799**	5326	5326	IV	15285	14411	13556	12719	11901	11101
	VI	**22234**	5326	5326							
72287,99	I,IV	**16179**	5326	5326	I	14425	12732	11113	9567	8095	6696
	II	**15378**	5326	5326	II	13646	11986	10401	8889	7450	6084
	III	**10266**	5326	5326	III	9008	7790	6606	5460	4350	3278
	V	**21813**	5326	5326	IV	15298	14425	13569	12732	11913	11113
	VI	**22248**	5326	5326							
72323,99	I,IV	**16193**	5326	5326	I	14438	12745	11125	9579	8107	6707
	II	**15392**	5326	5326	II	13659	11999	10413	8900	7461	6095
	III	**10276**	5326	5326	III	9018	7798	6616	5468	4360	3286
	V	**21827**	5326	5326	IV	15312	14438	13583	12745	11926	11125
	VI	**22262**	5326	5326							
72359,99	I,IV	**16207**	5326	5326	I	14452	12759	11138	9592	8118	6718
	II	**15406**	5326	5326	II	13673	12012	10426	8912	7472	6106
	III	**10286**	5326	5326	III	9028	7808	6624	5478	4368	3294
	V	**21841**	5326	5326	IV	15327	14452	13596	12759	11939	11138
	VI	**22276**	5326	5326							
72395,99	I,IV	**16221**	5326	5326	I	14466	12772	11151	9603	8129	6729
	II	**15420**	5326	5326	II	13686	12025	10438	8924	7483	6116
	III	**10296**	5326	5326	III	9038	7818	6634	5486	4376	3302
	V	**21855**	5326	5326	IV	15340	14466	13610	12772	11952	11151
	VI	**22290**	5326	5326							
72431,99	I,IV	**16235**	5326	5326	I	14480	12785	11163	9615	8141	6740
	II	**15434**	5326	5326	II	13699	12038	10450	8935	7494	6127
	III	**10306**	5326	5326	III	9048	7828	6644	5496	4386	3312
	V	**21869**	5326	5326	IV	15354	14480	13623	12785	11965	11163
	VI	**22304**	5326	5326							
72467,99	I,IV	**16249**	5326	5326	I	14493	12798	11176	9627	8152	6750
	II	**15448**	5326	5326	II	13713	12051	10462	8947	7505	6137
	III	**10316**	5326	5326	III	9058	7836	6652	5504	4394	3320
	V	**21883**	5326	5326	IV	15368	14493	13636	12798	11978	11176
	VI	**22318**	5326	5326							
72503,99	I,IV	**16263**	5326	5326	I	14507	12811	11188	9639	8163	6761
	II	**15461**	5326	5326	II	13726	12064	10474	8959	7516	6148
	III	**10326**	5326	5326	III	9068	7846	6662	5514	4402	3328
	V	**21897**	5326	5326	IV	15382	14507	13650	12811	11990	11188
	VI	**22332**	5326	5326							
72539,99	I,IV	**16277**	5326	5326	I	14521	12824	11201	9651	8175	6772
	II	**15476**	5326	5326	II	13740	12077	10487	8971	7528	6158
	III	**10336**	5326	5326	III	9078	7856	6672	5522	4412	3336
	V	**21911**	5326	5326	IV	15396	14521	13663	12824	12003	11201
	VI	**22346**	5326	5326							
72575,99	I,IV	**16291**	5326	5326	I	14535	12837	11214	9663	8186	6783
	II	**15490**	5326	5326	II	13753	12090	10499	8982	7539	6169
	III	**10346**	5326	5326	III	9088	7866	6680	5532	4420	3344
	V	**21925**	5326	5326	IV	15410	14535	13677	12837	12016	11214
	VI	**22360**	5326	5326							

* Zur LSt-Berechnung für privat versicherte Arbeitnehmer s. Beispiele **Vorbemerkung S. 4 f.**
** Basisvorsorgepauschale KV und PV *** Typisierter Arbeitgeberzuschuss

Lohn/ Gehalt in € bis	Steuerklasse	**Lohn-steuer***	BVSP**	TAGZ***	Steuerklasse	Bemessungsgrundlage für Kirchensteuer und Solidaritätszuschlag					
						Freibeträge für ... Kinder					
						0,5	**1,0**	1,5	**2,0**	2,5	**3,0**
72 611,99	I,IV	**16 305**	5 326	5 326	I	14 548	12 850	11 226	9 675	8 198	6 794
	II	**15 503**	5 326	5 326	II	13 767	12 102	10 511	8 994	7 550	6 179
	III	**10 356**	5 326	5 326	III	9 098	7 876	6 690	5 540	4 428	3 354
	V	**21 939**	5 326	5 326	IV	15 424	14 548	13 690	12 850	12 029	11 226
	VI	**22 374**	5 326	5 326							
72 647,99	I,IV	**16 319**	5 326	5 326	I	14 562	12 863	11 239	9 687	8 209	6 805
	II	**15 517**	5 326	5 326	II	13 780	12 115	10 524	9 006	7 561	6 190
	III	**10 366**	5 326	5 326	III	9 106	7 884	6 698	5 550	4 436	3 362
	V	**21 953**	5 326	5 326	IV	15 438	14 562	13 704	12 863	12 042	11 239
	VI	**22 388**	5 326	5 326							
72 683,99	I,IV	**16 333**	5 326	5 326	I	14 576	12 877	11 251	9 699	8 220	6 815
	II	**15 531**	5 326	5 326	II	13 794	12 128	10 536	9 017	7 572	6 200
	III	**10 376**	5 326	5 326	III	9 116	7 894	6 708	5 558	4 446	3 370
	V	**21 966**	5 326	5 326	IV	15 452	14 576	13 717	12 877	12 055	11 251
	VI	**22 401**	5 326	5 326							
72 719,99	I,IV	**16 347**	5 326	5 326	I	14 590	12 890	11 264	9 711	8 232	6 826
	II	**15 545**	5 326	5 326	II	13 807	12 141	10 548	9 029	7 583	6 211
	III	**10 386**	5 326	5 326	III	9 126	7 904	6 718	5 568	4 454	3 378
	V	**21 981**	5 326	5 326	IV	15 466	14 590	13 731	12 890	12 068	11 264
	VI	**22 416**	5 326	5 326							
72 755,99	I,IV	**16 361**	5 326	5 326	I	14 603	12 903	11 276	9 723	8 243	6 837
	II	**15 559**	5 326	5 326	II	13 821	12 154	10 561	9 041	7 595	6 222
	III	**10 396**	5 326	5 326	III	9 136	7 912	6 726	5 576	4 462	3 386
	V	**21 995**	5 326	5 326	IV	15 480	14 603	13 744	12 903	12 081	11 276
	VI	**22 430**	5 326	5 326							
72 791,99	I,IV	**16 375**	5 326	5 326	I	14 617	12 916	11 289	9 735	8 255	6 848
	II	**15 573**	5 326	5 326	II	13 834	12 167	10 573	9 053	7 606	6 232
	III	**10 408**	5 326	5 326	III	9 146	7 922	6 736	5 586	4 472	3 394
	V	**22 008**	5 326	5 326	IV	15 494	14 617	13 757	12 916	12 093	11 289
	VI	**22 443**	5 326	5 326							
72 827,99	I,IV	**16 388**	5 326	5 326	I	14 631	12 929	11 301	9 747	8 266	6 859
	II	**15 587**	5 326	5 326	II	13 848	12 180	10 585	9 064	7 617	6 243
	III	**10 416**	5 326	5 326	III	9 156	7 932	6 744	5 594	4 480	3 402
	V	**22 022**	5 326	5 326	IV	15 508	14 631	13 771	12 929	12 106	11 301
	VI	**22 457**	5 326	5 326							
72 863,99	I,IV	**16 402**	5 326	5 326	I	14 644	12 942	11 314	9 759	8 278	6 870
	II	**15 601**	5 326	5 326	II	13 861	12 192	10 597	9 076	7 628	6 253
	III	**10 428**	5 326	5 326	III	9 166	7 942	6 754	5 604	4 488	3 412
	V	**22 036**	5 326	5 326	IV	15 521	14 644	13 784	12 942	12 119	11 314
	VI	**22 471**	5 326	5 326							
72 899,99	I,IV	**16 416**	5 326	5 326	I	14 658	12 956	11 327	9 771	8 289	6 880
	II	**15 615**	5 326	5 326	II	13 874	12 205	10 610	9 088	7 639	6 264
	III	**10 436**	5 326	5 326	III	9 176	7 950	6 762	5 612	4 498	3 420
	V	**22 050**	5 326	5 326	IV	15 535	14 658	13 798	12 956	12 132	11 327
	VI	**22 485**	5 326	5 326							
72 935,99	I,IV	**16 430**	5 326	5 326	I	14 672	12 969	11 339	9 783	8 301	6 891
	II	**15 629**	5 326	5 326	II	13 888	12 219	10 622	9 100	7 650	6 275
	III	**10 448**	5 326	5 326	III	9 186	7 960	6 772	5 620	4 506	3 428
	V	**22 064**	5 326	5 326	IV	15 550	14 672	13 811	12 969	12 145	11 339
	VI	**22 499**	5 326	5 326							
72 971,99	I,IV	**16 444**	5 326	5 326	I	14 686	12 982	11 352	9 795	8 312	6 902
	II	**15 643**	5 326	5 326	II	13 902	12 231	10 635	9 111	7 662	6 285
	III	**10 458**	5 326	5 326	III	9 196	7 970	6 782	5 630	4 516	3 436
	V	**22 078**	5 326	5 326	IV	15 563	14 686	13 825	12 982	12 158	11 352
	VI	**22 513**	5 326	5 326							
73 007,99	I,IV	**16 458**	5 326	5 326	I	14 699	12 995	11 364	9 807	8 323	6 913
	II	**15 657**	5 326	5 326	II	13 915	12 244	10 647	9 123	7 673	6 296
	III	**10 468**	5 326	5 326	III	9 206	7 980	6 790	5 638	4 524	3 444
	V	**22 092**	5 326	5 326	IV	15 577	14 699	13 838	12 995	12 171	11 364
	VI	**22 527**	5 326	5 326							

* Zur LSt-Berechnung für privat versicherte Arbeitnehmer s. Beispiele **Vorbemerkung S. 4f.**
** Basisvorsorgepauschale KV und PV *** Typisierter Arbeitgeberzuschuss

Lohn/ Gehalt in € bis	Steuerklasse	Lohn-steuer*	BVSP**	TAGZ***	Steuerklasse	Bemessungsgrundlage für Kirchensteuer und Solidaritätszuschlag – Freibeträge für ... Kinder 0,5	**1,0**	1,5	**2,0**	2,5	**3,0**
73043,99	I,IV	**16472**	5326	5326	I	14713	13008	11377	9819	8335	6924
	II	**15671**	5326	5326	II	13928	12257	10659	9135	7684	6306
	III	**10478**	5326	5326	III	9216	7990	6800	5648	4532	3454
	V	**22106**	5326	5326	IV	15591	14713	13852	13008	12184	11377
	VI	**22541**	5326	5326							
73079,99	I,IV	**16486**	5326	5326	I	14727	13022	11390	9831	8346	6935
	II	**15684**	5326	5326	II	13942	12270	10671	9146	7695	6317
	III	**10488**	5326	5326	III	9224	7998	6810	5656	4540	3462
	V	**22120**	5326	5326	IV	15605	14727	13865	13022	12196	11390
	VI	**22555**	5326	5326							
73115,99	I,IV	**16500**	5326	5326	I	14741	13035	11403	9843	8358	6946
	II	**15699**	5326	5326	II	13956	12283	10684	9159	7706	6328
	III	**10498**	5326	5326	III	9234	8008	6818	5666	4550	3470
	V	**22134**	5326	5326	IV	15619	14741	13879	13035	12210	11403
	VI	**22569**	5326	5326							
73151,99	I,IV	**16514**	5326	5326	I	14755	13048	11415	9855	8369	6957
	II	**15713**	5326	5326	II	13969	12296	10696	9170	7718	6338
	III	**10508**	5326	5326	III	9244	8018	6828	5676	4558	3478
	V	**22148**	5326	5326	IV	15633	14755	13892	13048	12222	11415
	VI	**22583**	5326	5326							
73187,99	I,IV	**16528**	5326	5326	I	14768	13061	11428	9867	8381	6967
	II	**15726**	5326	5326	II	13983	12309	10709	9182	7729	6349
	III	**10518**	5326	5326	III	9254	8028	6838	5684	4566	3486
	V	**22162**	5326	5326	IV	15647	14768	13906	13061	12235	11428
	VI	**22597**	5326	5326							
73223,99	I,IV	**16542**	5326	5326	I	14782	13074	11440	9879	8392	6978
	II	**15740**	5326	5326	II	13996	12322	10721	9194	7740	6359
	III	**10528**	5326	5326	III	9264	8038	6846	5692	4576	3496
	V	**22176**	5326	5326	IV	15661	14782	13919	13074	12248	11440
	VI	**22611**	5326	5326							
73259,99	I,IV	**16556**	5326	5326	I	14796	13088	11453	9891	8404	6989
	II	**15754**	5326	5326	II	14010	12335	10733	9205	7751	6370
	III	**10538**	5326	5326	III	9274	8046	6856	5702	4584	3504
	V	**22189**	5326	5326	IV	15675	14796	13933	13088	12261	11453
	VI	**22625**	5326	5326							
73295,99	I,IV	**16570**	5326	5326	I	14810	13101	11466	9904	8415	7000
	II	**15768**	5326	5326	II	14024	12348	10746	9218	7762	6381
	III	**10548**	5326	5326	III	9284	8056	6866	5710	4594	3512
	V	**22204**	5326	5326	IV	15689	14810	13946	13101	12274	11466
	VI	**22639**	5326	5326							
73331,99	I,IV	**16584**	5326	5326	I	14824	13114	11478	9916	8427	7011
	II	**15782**	5326	5326	II	14037	12361	10758	9229	7774	6391
	III	**10560**	5326	5326	III	9294	8066	6874	5720	4602	3520
	V	**22218**	5326	5326	IV	15703	14824	13960	13114	12287	11478
	VI	**22653**	5326	5326							
73367,99	I,IV	**16598**	5326	5326	I	14838	13127	11491	9928	8438	7022
	II	**15796**	5326	5326	II	14050	12374	10771	9241	7785	6402
	III	**10568**	5326	5326	III	9304	8076	6884	5728	4610	3528
	V	**22231**	5326	5326	IV	15717	14838	13973	13127	12300	11491
	VI	**22667**	5326	5326							
73403,99	I,IV	**16611**	5326	5326	I	14851	13141	11503	9940	8450	7033
	II	**15810**	5326	5326	II	14064	12387	10783	9253	7796	6413
	III	**10580**	5326	5326	III	9314	8086	6894	5738	4620	3538
	V	**22245**	5326	5326	IV	15731	14851	13987	13141	12313	11503
	VI	**22680**	5326	5326							
73439,99	I,IV	**16625**	5326	5326	I	14865	13154	11516	9952	8461	7044
	II	**15824**	5326	5326	II	14077	12400	10795	9265	7807	6423
	III	**10590**	5326	5326	III	9324	8094	6902	5746	4628	3546
	V	**22259**	5326	5326	IV	15745	14865	14000	13154	12326	11516
	VI	**22694**	5326	5326							

* Zur LSt-Berechnung für privat versicherte Arbeitnehmer s. Beispiele **Vorbemerkung S. 4 f.**
** Basisvorsorgepauschale KV und PV *** Typisierter Arbeitgeberzuschuss

Lohn/ Gehalt in € bis	Steuerklasse	Lohn-steuer*	BVSP**	TAGZ***	Steuerklasse	Bemessungsgrundlage für Kirchensteuer und Solidaritätszuschlag					
						Freibeträge für ... Kinder					
						0,5	**1,0**	1,5	**2,0**	2,5	**3,0**
73 475,99	I,IV	**16 639**	5 326	5 326	I	14 879	13 167	11 529	9 964	8 472	7 055
	II	**15 838**	5 326	5 326	II	14 091	12 413	10 808	9 276	7 818	6 434
	III	**10 600**	5 326	5 326	III	9 334	8 104	6 912	5 756	4 636	3 554
	V	**22 273**	5 326	5 326	IV	15 758	14 879	14 014	13 167	12 339	11 529
	VI	**22 708**	5 326	5 326							
73 511,99	I,IV	**16 653**	5 326	5 326	I	14 893	13 181	11 542	9 976	8 484	7 066
	II	**15 852**	5 326	5 326	II	14 105	12 426	10 820	9 288	7 830	6 445
	III	**10 610**	5 326	5 326	III	9 344	8 114	6 922	5 764	4 646	3 562
	V	**22 287**	5 326	5 326	IV	15 773	14 893	14 028	13 181	12 352	11 542
	VI	**22 722**	5 326	5 326							
73 547,99	I,IV	**16 667**	5 326	5 326	I	14 907	13 194	11 554	9 988	8 496	7 077
	II	**15 866**	5 326	5 326	II	14 118	12 439	10 833	9 300	7 841	6 455
	III	**10 620**	5 326	5 326	III	9 354	8 124	6 930	5 774	4 654	3 572
	V	**22 301**	5 326	5 326	IV	15 787	14 907	14 041	13 194	12 365	11 554
	VI	**22 736**	5 326	5 326							
73 583,99	I,IV	**16 681**	5 326	5 326	I	14 920	13 207	11 567	10 000	8 507	7 088
	II	**15 880**	5 326	5 326	II	14 132	12 452	10 845	9 312	7 852	6 466
	III	**10 630**	5 326	5 326	III	9 364	8 134	6 940	5 782	4 662	3 580
	V	**22 315**	5 326	5 326	IV	15 800	14 920	14 055	13 207	12 378	11 567
	VI	**22 750**	5 326	5 326							
73 619,99	I,IV	**16 695**	5 326	5 326	I	14 934	13 220	11 580	10 012	8 519	7 098
	II	**15 894**	5 326	5 326	II	14 145	12 465	10 857	9 324	7 863	6 477
	III	**10 640**	5 326	5 326	III	9 372	8 142	6 948	5 792	4 672	3 588
	V	**22 329**	5 326	5 326	IV	15 814	14 934	14 068	13 220	12 391	11 580
	VI	**22 764**	5 326	5 326							
73 655,99	I,IV	**16 709**	5 326	5 326	I	14 948	13 233	11 592	10 024	8 530	7 109
	II	**15 907**	5 326	5 326	II	14 159	12 478	10 870	9 335	7 875	6 487
	III	**10 650**	5 326	5 326	III	9 382	8 152	6 958	5 800	4 680	3 596
	V	**22 343**	5 326	5 326	IV	15 828	14 948	14 082	13 233	12 404	11 592
	VI	**22 778**	5 326	5 326							
73 691,99	I,IV	**16 723**	5 326	5 326	I	14 962	13 247	11 605	10 037	8 542	7 121
	II	**15 922**	5 326	5 326	II	14 173	12 491	10 883	9 348	7 886	6 498
	III	**10 660**	5 326	5 326	III	9 394	8 162	6 968	5 810	4 690	3 606
	V	**22 357**	5 326	5 326	IV	15 842	14 962	14 095	13 247	12 417	11 605
	VI	**22 792**	5 326	5 326							
73 727,99	I,IV	**16 737**	5 326	5 326	I	14 976	13 260	11 618	10 049	8 553	7 131
	II	**15 936**	5 326	5 326	II	14 186	12 504	10 895	9 359	7 897	6 509
	III	**10 670**	5 326	5 326	III	9 402	8 172	6 976	5 818	4 698	3 614
	V	**22 371**	5 326	5 326	IV	15 856	14 976	14 109	13 260	12 430	11 618
	VI	**22 806**	5 326	5 326							
73 763,99	I,IV	**16 751**	5 326	5 326	I	14 990	13 273	11 630	10 061	8 565	7 142
	II	**15 949**	5 326	5 326	II	14 200	12 517	10 907	9 371	7 909	6 519
	III	**10 682**	5 326	5 326	III	9 412	8 182	6 986	5 828	4 706	3 622
	V	**22 385**	5 326	5 326	IV	15 870	14 990	14 122	13 273	12 443	11 630
	VI	**22 820**	5 326	5 326							
73 799,99	I,IV	**16 765**	5 326	5 326	I	15 004	13 287	11 643	10 073	8 576	7 153
	II	**15 963**	5 326	5 326	II	14 213	12 530	10 920	9 383	7 920	6 530
	III	**10 690**	5 326	5 326	III	9 422	8 190	6 996	5 836	4 714	3 630
	V	**22 399**	5 326	5 326	IV	15 884	15 004	14 136	13 287	12 456	11 643
	VI	**22 834**	5 326	5 326							
73 835,99	I,IV	**16 779**	5 326	5 326	I	15 017	13 300	11 656	10 085	8 588	7 164
	II	**15 977**	5 326	5 326	II	14 227	12 543	10 932	9 395	7 931	6 541
	III	**10 702**	5 326	5 326	III	9 432	8 200	7 004	5 846	4 724	3 638
	V	**22 412**	5 326	5 326	IV	15 898	15 017	14 149	13 300	12 469	11 656
	VI	**22 848**	5 326	5 326							
73 871,99	I,IV	**16 793**	5 326	5 326	I	15 032	13 313	11 669	10 097	8 600	7 175
	II	**15 991**	5 326	5 326	II	14 241	12 556	10 945	9 407	7 943	6 552
	III	**10 712**	5 326	5 326	III	9 442	8 210	7 014	5 856	4 732	3 648
	V	**22 427**	5 326	5 326	IV	15 912	15 032	14 163	13 313	12 482	11 669
	VI	**22 862**	5 326	5 326							

* Zur LSt-Berechnung für privat versicherte Arbeitnehmer s. Beispiele **Vorbemerkung S. 4 f.**
** Basisvorsorgepauschale KV und PV *** Typisierter Arbeitgeberzuschuss

Lohn/ Gehalt in € bis	Steuerklasse	Lohn- steuer*	BVSP**	TAGZ***	Steuerklasse	Bemessungsgrundlage für Kirchensteuer und Solidaritätszuschlag					
						Freibeträge für ... Kinder					
						0,5	**1,0**	1,5	**2,0**	2,5	**3,0**
73907,99	I,IV	**16807**	5326	5326	I	15045	13327	11681	10110	8611	7186
	II	**16005**	5326	5326	II	14254	12569	10957	9419	7954	6562
	III	**10722**	5326	5326	III	9452	8220	7024	5864	4742	3656
	V	**22441**	5326	5326	IV	15926	15045	14177	13327	12495	11681
	VI	**22876**	5326	5326							
73943,99	I,IV	**16821**	5326	5326	I	15059	13340	11694	10122	8623	7197
	II	**16019**	5326	5326	II	14268	12582	10970	9431	7965	6573
	III	**10732**	5326	5326	III	9462	8230	7032	5874	4750	3664
	V	**22454**	5326	5326	IV	15940	15059	14190	13340	12508	11694
	VI	**22890**	5326	5326							
73979,99	I,IV	**16834**	5326	5326	I	15073	13353	11707	10134	8634	7208
	II	**16033**	5326	5326	II	14282	12595	10982	9442	7976	6584
	III	**10742**	5326	5326	III	9472	8238	7042	5882	4758	3672
	V	**22468**	5326	5326	IV	15954	15073	14204	13353	12521	11707
	VI	**22903**	5326	5326							
74015,99	I,IV	**16848**	5326	5326	I	15087	13366	11719	10146	8646	7219
	II	**16047**	5326	5326	II	14295	12608	10994	9454	7988	6594
	III	**10752**	5326	5326	III	9482	8248	7052	5892	4768	3680
	V	**22482**	5326	5326	IV	15968	15087	14217	13366	12534	11719
	VI	**22917**	5326	5326							
74051,99	I,IV	**16862**	5326	5326	I	15101	13380	11732	10158	8657	7230
	II	**16061**	5326	5326	II	14309	12621	11007	9466	7999	6605
	III	**10762**	5326	5326	III	9492	8258	7060	5900	4776	3690
	V	**22496**	5326	5326	IV	15981	15101	14231	13380	12547	11732
	VI	**22931**	5326	5326							
74087,99	I,IV	**16876**	5326	5326	I	15115	13393	11745	10170	8669	7241
	II	**16075**	5326	5326	II	14323	12634	11020	9478	8010	6616
	III	**10772**	5326	5326	III	9502	8268	7070	5910	4786	3698
	V	**22510**	5326	5326	IV	15996	15115	14245	13393	12560	11745
	VI	**22945**	5326	5326							
74123,99	I,IV	**16890**	5326	5326	I	15129	13407	11758	10182	8681	7252
	II	**16089**	5326	5326	II	14336	12647	11032	9490	8022	6627
	III	**10784**	5326	5326	III	9512	8278	7080	5918	4794	3706
	V	**22524**	5326	5326	IV	16010	15129	14259	13407	12573	11758
	VI	**22959**	5326	5326							
74159,99	I,IV	**16904**	5326	5326	I	15143	13420	11770	10195	8692	7263
	II	**16103**	5326	5326	II	14350	12660	11044	9502	8033	6637
	III	**10792**	5326	5326	III	9522	8286	7088	5928	4802	3714
	V	**22538**	5326	5326	IV	16023	15143	14272	13420	12586	11770
	VI	**22973**	5326	5326							
74195,99	I,IV	**16918**	5326	5326	I	15157	13433	11783	10207	8704	7274
	II	**16117**	5326	5326	II	14363	12673	11057	9514	8044	6648
	III	**10804**	5326	5326	III	9532	8296	7098	5936	4812	3724
	V	**22552**	5326	5326	IV	16037	15157	14286	13433	12599	11783
	VI	**22987**	5326	5326							
74231,99	I,IV	**16932**	5326	5326	I	15170	13446	11796	10219	8715	7285
	II	**16130**	5326	5326	II	14377	12686	11069	9526	8056	6659
	III	**10814**	5326	5326	III	9542	8306	7106	5946	4820	3732
	V	**22566**	5326	5326	IV	16051	15170	14299	13446	12612	11796
	VI	**23001**	5326	5326							
74267,99	I,IV	**16946**	5326	5326	I	15185	13460	11809	10231	8727	7296
	II	**16145**	5326	5326	II	14391	12700	11082	9538	8067	6670
	III	**10824**	5326	5326	III	9552	8316	7116	5954	4828	3740
	V	**22580**	5326	5326	IV	16065	15185	14313	13460	12625	11809
	VI	**23015**	5326	5326							
74303,99	I,IV	**16960**	5326	5326	I	15199	13473	11822	10243	8739	7307
	II	**16159**	5326	5326	II	14405	12713	11095	9550	8078	6681
	III	**10834**	5326	5326	III	9562	8326	7126	5964	4838	3748
	V	**22594**	5326	5326	IV	16079	15199	14327	13473	12638	11822
	VI	**23029**	5326	5326							

* Zur LSt-Berechnung für privat versicherte Arbeitnehmer s. Beispiele **Vorbemerkung S. 4 f.**
** Basisvorsorgepauschale KV und PV *** Typisierter Arbeitgeberzuschuss

Lohn/ Gehalt in € bis	Steuerklasse	**Lohn-steuer***	BVSP**	TAGZ***	Steuerklasse	Bemessungsgrundlage für Kirchensteuer und Solidaritätszuschlag – Freibeträge für ... Kinder 0,5	**1,0**	1,5	**2,0**	2,5	**3,0**
74339,99	I,IV	**16974**	5326	5326	I	15212	13487	11834	10256	8750	7318
	II	**16172**	5326	5326	II	14418	12726	11107	9562	8090	6691
	III	**10844**	5326	5326	III	9570	8334	7136	5972	4846	3756
	V	**22608**	5326	5326	IV	16093	15212	14340	13487	12651	11834
	VI	**23043**	5326	5326							
74375,99	I,IV	**16988**	5326	5326	I	15226	13500	11847	10268	8762	7329
	II	**16186**	5326	5326	II	14432	12739	11119	9574	8101	6702
	III	**10854**	5326	5326	III	9582	8344	7144	5982	4856	3766
	V	**22622**	5326	5326	IV	16107	15226	14354	13500	12664	11847
	VI	**23057**	5326	5326							
74411,99	I,IV	**17002**	5326	5326	I	15240	13513	11860	10280	8773	7340
	II	**16200**	5326	5326	II	14445	12752	11132	9585	8112	6713
	III	**10864**	5326	5326	III	9590	8354	7154	5990	4864	3774
	V	**22635**	5326	5326	IV	16121	15240	14367	13513	12677	11860
	VI	**23071**	5326	5326							
74447,99	I,IV	**17016**	5326	5326	I	15254	13527	11873	10292	8785	7352
	II	**16214**	5326	5326	II	14459	12765	11145	9598	8124	6724
	III	**10874**	5326	5326	III	9600	8364	7164	6000	4872	3782
	V	**22650**	5326	5326	IV	16135	15254	14381	13527	12691	11873
	VI	**23085**	5326	5326							
74483,99	I,IV	**17030**	5326	5326	I	15268	13540	11886	10305	8797	7363
	II	**16228**	5326	5326	II	14473	12778	11157	9610	8135	6735
	III	**10886**	5326	5326	III	9612	8374	7172	6008	4882	3792
	V	**22664**	5326	5326	IV	16149	15268	14395	13540	12704	11886
	VI	**23099**	5326	5326							
74519,99	I,IV	**17044**	5326	5326	I	15282	13554	11898	10317	8808	7374
	II	**16242**	5326	5326	II	14487	12791	11170	9621	8147	6745
	III	**10896**	5326	5326	III	9620	8382	7182	6018	4890	3800
	V	**22677**	5326	5326	IV	16163	15282	14409	13554	12717	11898
	VI	**23113**	5326	5326							
74555,99	I,IV	**17057**	5326	5326	I	15296	13567	11911	10329	8820	7385
	II	**16256**	5326	5326	II	14500	12804	11182	9633	8158	6756
	III	**10906**	5326	5326	III	9630	8392	7192	6026	4900	3808
	V	**22691**	5326	5326	IV	16177	15296	14422	13567	12730	11911
	VI	**23126**	5326	5326							
74591,99	I,IV	**17071**	5326	5326	I	15310	13580	11924	10341	8832	7396
	II	**16270**	5326	5326	II	14514	12818	11195	9645	8169	6767
	III	**10916**	5326	5326	III	9640	8402	7200	6036	4908	3816
	V	**22705**	5326	5326	IV	16191	15310	14436	13580	12743	11924
	VI	**23140**	5326	5326							
74627,99	I,IV	**17085**	5326	5326	I	15324	13594	11937	10353	8843	7407
	II	**16284**	5326	5326	II	14528	12831	11207	9657	8181	6777
	III	**10926**	5326	5326	III	9650	8412	7210	6044	4916	3824
	V	**22719**	5326	5326	IV	16204	15324	14450	13594	12756	11937
	VI	**23154**	5326	5326							
74663,99	I,IV	**17099**	5326	5326	I	15338	13607	11950	10366	8855	7418
	II	**16298**	5326	5326	II	14542	12844	11220	9669	8192	6789
	III	**10936**	5326	5326	III	9660	8422	7220	6054	4926	3834
	V	**22733**	5326	5326	IV	16219	15338	14464	13607	12769	11950
	VI	**23168**	5326	5326							
74699,99	I,IV	**17113**	5326	5326	I	15352	13621	11962	10378	8867	7429
	II	**16312**	5326	5326	II	14555	12857	11232	9681	8204	6799
	III	**10946**	5326	5326	III	9670	8432	7228	6064	4934	3842
	V	**22747**	5326	5326	IV	16233	15352	14477	13621	12782	11962
	VI	**23182**	5326	5326							
74735,99	I,IV	**17127**	5326	5326	I	15366	13634	11975	10390	8878	7440
	II	**16326**	5326	5326	II	14569	12870	11245	9693	8215	6810
	III	**10956**	5326	5326	III	9680	8442	7238	6072	4944	3850
	V	**22761**	5326	5326	IV	16246	15366	14491	13634	12795	11975
	VI	**23196**	5326	5326							

* Zur LSt-Berechnung für privat versicherte Arbeitnehmer s. Beispiele **Vorbemerkung S. 4f.**
** Basisvorsorgepauschale KV und PV. *** Typisierter Arbeitgeberzuschuss

Lohn/ Gehalt in € bis	Steuerklasse	Lohn- steuer*	BVSP**	TAGZ***	Steuerklasse	Bemessungsgrundlage für Kirchensteuer und Solidaritätszuschlag – Freibeträge für ... Kinder 0,5	1,0	1,5	2,0	2,5	3,0
74 771,99	I,IV	**17 141**	5 326	5 326	I	15 380	13 647	11 988	10 402	8 890	7 451
	II	**16 340**	5 326	5 326	II	14 583	12 883	11 257	9 705	8 226	6 821
	III	**10 966**	5 326	5 326	III	9 690	8 450	7 248	6 082	4 952	3 858
	V	**22 775**	5 326	5 326	IV	16 260	15 380	14 504	13 647	12 808	11 988
	VI	**23 210**	5 326	5 326							
74 807,99	I,IV	**17 155**	5 326	5 326	I	15 393	13 661	12 001	10 414	8 902	7 462
	II	**16 354**	5 326	5 326	II	14 596	12 896	11 270	9 717	8 238	6 832
	III	**10 978**	5 326	5 326	III	9 700	8 460	7 258	6 090	4 960	3 868
	V	**22 789**	5 326	5 326	IV	16 274	15 393	14 518	13 661	12 822	12 001
	VI	**23 224**	5 326	5 326							
74 843,99	I,IV	**17 169**	5 326	5 326	I	15 408	13 674	12 014	10 427	8 914	7 474
	II	**16 368**	5 326	5 326	II	14 610	12 910	11 283	9 729	8 249	6 843
	III	**10 988**	5 326	5 326	III	9 710	8 470	7 266	6 100	4 970	3 876
	V	**22 803**	5 326	5 326	IV	16 288	15 408	14 532	13 674	12 835	12 014
	VI	**23 238**	5 326	5 326							
74 879,99	I,IV	**17 183**	5 326	5 326	I	15 422	13 688	12 027	10 439	8 925	7 485
	II	**16 382**	5 326	5 326	II	14 624	12 923	11 295	9 741	8 261	6 854
	III	**10 998**	5 326	5 326	III	9 720	8 480	7 276	6 108	4 978	3 884
	V	**22 817**	5 326	5 326	IV	16 302	15 422	14 546	13 688	12 848	12 027
	VI	**23 252**	5 326	5 326							
74 915,99	I,IV	**17 197**	5 326	5 326	I	15 435	13 701	12 040	10 451	8 937	7 496
	II	**16 396**	5 326	5 326	II	14 638	12 936	11 308	9 753	8 272	6 864
	III	**11 008**	5 326	5 326	III	9 730	8 490	7 286	6 118	4 988	3 894
	V	**22 831**	5 326	5 326	IV	16 316	15 435	14 559	13 701	12 861	12 040
	VI	**23 266**	5 326	5 326							
74 951,99	I,IV	**17 211**	5 326	5 326	I	15 449	13 714	12 052	10 464	8 948	7 507
	II	**16 409**	5 326	5 326	II	14 651	12 949	11 320	9 765	8 283	6 875
	III	**11 018**	5 326	5 326	III	9 740	8 498	7 294	6 126	4 996	3 902
	V	**22 845**	5 326	5 326	IV	16 330	15 449	14 573	13 714	12 874	12 052
	VI	**23 280**	5 326	5 326							
74 987,99	I,IV	**17 225**	5 326	5 326	I	15 463	13 728	12 065	10 476	8 960	7 518
	II	**16 423**	5 326	5 326	II	14 665	12 962	11 333	9 777	8 295	6 886
	III	**11 028**	5 326	5 326	III	9 750	8 508	7 304	6 136	5 004	3 910
	V	**22 858**	5 326	5 326	IV	16 344	15 463	14 587	13 728	12 887	12 065
	VI	**23 294**	5 326	5 326							
75 023,99	I,IV	**17 239**	5 326	5 326	I	15 477	13 742	12 078	10 488	8 972	7 529
	II	**16 438**	5 326	5 326	II	14 679	12 976	11 346	9 789	8 306	6 897
	III	**11 040**	5 326	5 326	III	9 760	8 518	7 314	6 146	5 014	3 918
	V	**22 873**	5 326	5 326	IV	16 358	15 477	14 601	13 742	12 901	12 078
	VI	**23 308**	5 326	5 326							
75 059,99	I,IV	**17 253**	5 326	5 326	I	15 491	13 755	12 091	10 501	8 984	7 540
	II	**16 451**	5 326	5 326	II	14 693	12 989	11 358	9 801	8 318	6 908
	III	**11 048**	5 326	5 326	III	9 770	8 528	7 322	6 154	5 022	3 926
	V	**22 887**	5 326	5 326	IV	16 372	15 491	14 614	13 755	12 914	12 091
	VI	**23 322**	5 326	5 326							
75 095,99	I,IV	**17 267**	5 326	5 326	I	15 505	13 768	12 104	10 513	8 995	7 551
	II	**16 465**	5 326	5 326	II	14 707	13 002	11 371	9 813	8 329	6 919
	III	**11 060**	5 326	5 326	III	9 780	8 538	7 332	6 164	5 032	3 936
	V	**22 900**	5 326	5 326	IV	16 386	15 505	14 628	13 768	12 927	12 104
	VI	**23 336**	5 326	5 326							
75 131,99	I,IV	**17 280**	5 326	5 326	I	15 519	13 782	12 117	10 525	9 007	7 562
	II	**16 479**	5 326	5 326	II	14 720	13 015	11 384	9 825	8 341	6 929
	III	**11 070**	5 326	5 326	III	9 790	8 548	7 342	6 172	5 040	3 944
	V	**22 914**	5 326	5 326	IV	16 400	15 519	14 642	13 782	12 940	12 117
	VI	**23 349**	5 326	5 326							
75 167,99	I,IV	**17 294**	5 326	5 326	I	15 533	13 795	12 129	10 537	9 019	7 573
	II	**16 493**	5 326	5 326	II	14 734	13 028	11 396	9 837	8 352	6 940
	III	**11 080**	5 326	5 326	III	9 800	8 558	7 350	6 182	5 048	3 952
	V	**22 928**	5 326	5 326	IV	16 414	15 533	14 656	13 795	12 953	12 129
	VI	**23 363**	5 326	5 326							

* Zur LSt-Berechnung für privat versicherte Arbeitnehmer s. Beispiele **Vorbemerkung S. 4 f.**
** Basisvorsorgepauschale KV und PV *** Typisierter Arbeitgeberzuschuss

Lohn/ Gehalt in € bis	Steuerklasse	Lohn-steuer*	BVSP**	TAGZ***	Steuerklasse	Bemessungsgrundlage für Kirchensteuer und Solidaritätszuschlag – Freibeträge für ... Kinder 0,5	1,0	1,5	2,0	2,5	3,0
75 203,99	I,IV	**17 308**	5 326	5 326	I	15 547	13 809	12 142	10 550	9 030	7 584
	II	**16 507**	5 326	5 326	II	14 748	13 041	11 409	9 849	8 363	6 951
	III	**11 090**	5 326	5 326	III	9 810	8 566	7 360	6 190	5 058	3 960
	V	**22 942**	5 326	5 326	IV	16 427	15 547	14 669	13 809	12 966	12 142
	VI	**23 377**	5 326	5 326							
75 239,99	I,IV	**17 322**	5 326	5 326	I	15 561	13 822	12 156	10 562	9 042	7 596
	II	**16 521**	5 326	5 326	II	14 762	13 055	11 422	9 862	8 375	6 962
	III	**11 100**	5 326	5 326	III	9 820	8 576	7 370	6 200	5 066	3 970
	V	**22 956**	5 326	5 326	IV	16 442	15 561	14 683	13 822	12 980	12 156
	VI	**23 391**	5 326	5 326							
75 275,99	I,IV	**17 336**	5 326	5 326	I	15 575	13 836	12 168	10 574	9 054	7 607
	II	**16 535**	5 326	5 326	II	14 776	13 068	11 434	9 874	8 387	6 973
	III	**11 110**	5 326	5 326	III	9 830	8 586	7 380	6 208	5 076	3 978
	V	**22 970**	5 326	5 326	IV	16 456	15 575	14 697	13 836	12 993	12 168
	VI	**23 405**	5 326	5 326							
75 311,99	I,IV	**17 350**	5 326	5 326	I	15 589	13 849	12 181	10 587	9 066	7 618
	II	**16 549**	5 326	5 326	II	14 789	13 081	11 447	9 886	8 398	6 984
	III	**11 120**	5 326	5 326	III	9 840	8 596	7 388	6 218	5 084	3 986
	V	**22 984**	5 326	5 326	IV	16 469	15 589	14 711	13 849	13 006	12 181
	VI	**23 419**	5 326	5 326							
75 347,99	I,IV	**17 364**	5 326	5 326	I	15 603	13 863	12 194	10 599	9 077	7 629
	II	**16 563**	5 326	5 326	II	14 803	13 094	11 459	9 898	8 409	6 995
	III	**11 132**	5 326	5 326	III	9 850	8 606	7 398	6 228	5 092	3 996
	V	**22 998**	5 326	5 326	IV	16 483	15 603	14 724	13 863	13 019	12 194
	VI	**23 433**	5 326	5 326							
75 383,99	I,IV	**17 378**	5 326	5 326	I	15 616	13 876	12 207	10 611	9 089	7 640
	II	**16 577**	5 326	5 326	II	14 817	13 108	11 472	9 910	8 421	7 006
	III	**11 142**	5 326	5 326	III	9 860	8 616	7 408	6 236	5 102	4 004
	V	**23 012**	5 326	5 326	IV	16 497	15 616	14 738	13 876	13 032	12 207
	VI	**23 447**	5 326	5 326							
75 419,99	I,IV	**17 392**	5 326	5 326	I	15 631	13 890	12 220	10 624	9 101	7 652
	II	**16 591**	5 326	5 326	II	14 831	13 121	11 485	9 922	8 433	7 017
	III	**11 152**	5 326	5 326	III	9 870	8 624	7 416	6 246	5 110	4 012
	V	**23 026**	5 326	5 326	IV	16 511	15 631	14 752	13 890	13 046	12 220
	VI	**23 461**	5 326	5 326							
75 455,99	I,IV	**17 406**	5 326	5 326	I	15 645	13 903	12 233	10 636	9 113	7 663
	II	**16 605**	5 326	5 326	II	14 845	13 134	11 497	9 934	8 444	7 028
	III	**11 162**	5 326	5 326	III	9 880	8 634	7 426	6 254	5 120	4 022
	V	**23 040**	5 326	5 326	IV	16 525	15 645	14 766	13 903	13 059	12 233
	VI	**23 475**	5 326	5 326							
75 491,99	I,IV	**17 420**	5 326	5 326	I	15 658	13 917	12 246	10 648	9 124	7 674
	II	**16 619**	5 326	5 326	II	14 858	13 147	11 510	9 946	8 455	7 038
	III	**11 172**	5 326	5 326	III	9 890	8 644	7 436	6 264	5 128	4 030
	V	**23 054**	5 326	5 326	IV	16 539	15 658	14 780	13 917	13 072	12 246
	VI	**23 489**	5 326	5 326							
75 527,99	I,IV	**17 434**	5 326	5 326	I	15 672	13 930	12 259	10 661	9 136	7 685
	II	**16 632**	5 326	5 326	II	14 872	13 161	11 523	9 958	8 467	7 049
	III	**11 182**	5 326	5 326	III	9 900	8 654	7 446	6 272	5 136	4 038
	V	**23 068**	5 326	5 326	IV	16 553	15 672	14 793	13 930	13 085	12 259
	VI	**23 503**	5 326	5 326							
75 563,99	I,IV	**17 448**	5 326	5 326	I	15 686	13 944	12 272	10 673	9 148	7 696
	II	**16 646**	5 326	5 326	II	14 886	13 174	11 535	9 970	8 478	7 060
	III	**11 192**	5 326	5 326	III	9 910	8 664	7 454	6 282	5 146	4 046
	V	**23 081**	5 326	5 326	IV	16 567	15 686	14 807	13 944	13 098	12 272
	VI	**23 517**	5 326	5 326							
75 599,99	I,IV	**17 462**	5 326	5 326	I	15 700	13 957	12 285	10 686	9 160	7 708
	II	**16 661**	5 326	5 326	II	14 900	13 187	11 548	9 982	8 490	7 071
	III	**11 204**	5 326	5 326	III	9 920	8 674	7 464	6 290	5 154	4 056
	V	**23 096**	5 326	5 326	IV	16 581	15 700	14 821	13 957	13 112	12 285
	VI	**23 531**	5 326	5 326							

* Zur LSt-Berechnung für privat versicherte Arbeitnehmer s. Beispiele **Vorbemerkung S. 4 f.**
** Basisvorsorgepauschale KV und PV *** Typisierter Arbeitgeberzuschuss

Lohn/ Gehalt in € bis	Steuerklasse	Lohn- steuer*	BVSP**	TAGZ***	Steuerklasse	Bemessungsgrundlage für Kirchensteuer und Solidaritätszuschlag					
						Freibeträge für ... Kinder					
						0,5	**1,0**	1,5	**2,0**	2,5	**3,0**
75 635,99	I,IV	**17 476**	5 326	5 326	I	15 714	13 971	12 298	10 698	9 172	7 719
	II	**16 674**	5 326	5 326	II	14 914	13 201	11 561	9 994	8 502	7 082
	III	**11 214**	5 326	5 326	III	9 930	8 684	7 474	6 300	5 164	4 064
	V	**23 110**	5 326	5 326	IV	16 595	15 714	14 835	13 971	13 125	12 298
	VI	**23 545**	5 326	5 326							
75 671,99	I,IV	**17 490**	5 326	5 326	I	15 728	13 984	12 311	10 710	9 183	7 730
	II	**16 688**	5 326	5 326	II	14 928	13 214	11 573	10 007	8 513	7 093
	III	**11 224**	5 326	5 326	III	9 940	8 692	7 482	6 308	5 172	4 072
	V	**23 123**	5 326	5 326	IV	16 609	15 728	14 849	13 984	13 138	12 311
	VI	**23 559**	5 326	5 326							
75 707,99	I,IV	**17 503**	5 326	5 326	I	15 742	13 998	12 323	10 723	9 195	7 741
	II	**16 702**	5 326	5 326	II	14 941	13 227	11 586	10 019	8 525	7 104
	III	**11 234**	5 326	5 326	III	9 950	8 702	7 492	6 318	5 182	4 080
	V	**23 137**	5 326	5 326	IV	16 623	15 742	14 863	13 998	13 151	12 323
	VI	**23 572**	5 326	5 326							
75 743,99	I,IV	**17 517**	5 326	5 326	I	15 756	14 011	12 336	10 735	9 207	7 752
	II	**16 716**	5 326	5 326	II	14 955	13 240	11 599	10 031	8 536	7 115
	III	**11 244**	5 326	5 326	III	9 960	8 712	7 502	6 328	5 190	4 090
	V	**23 151**	5 326	5 326	IV	16 637	15 756	14 876	14 011	13 165	12 336
	VI	**23 586**	5 326	5 326							
75 779,99	I,IV	**17 531**	5 326	5 326	I	15 770	14 025	12 349	10 747	9 219	7 763
	II	**16 730**	5 326	5 326	II	14 969	13 253	11 611	10 043	8 548	7 126
	III	**11 254**	5 326	5 326	III	9 970	8 722	7 510	6 336	5 198	4 098
	V	**23 165**	5 326	5 326	IV	16 650	15 770	14 890	14 025	13 178	12 349
	VI	**23 600**	5 326	5 326							
75 815,99	I,IV	**17 545**	5 326	5 326	I	15 784	14 039	12 362	10 760	9 231	7 775
	II	**16 744**	5 326	5 326	II	14 983	13 267	11 624	10 055	8 559	7 137
	III	**11 266**	5 326	5 326	III	9 980	8 732	7 520	6 346	5 208	4 106
	V	**23 179**	5 326	5 326	IV	16 665	15 784	14 904	14 039	13 191	12 362
	VI	**23 614**	5 326	5 326							
75 851,99	I,IV	**17 559**	5 326	5 326	I	15 798	14 052	12 375	10 772	9 242	7 786
	II	**16 758**	5 326	5 326	II	14 997	13 280	11 637	10 067	8 571	7 148
	III	**11 276**	5 326	5 326	III	9 990	8 742	7 530	6 354	5 216	4 114
	V	**23 193**	5 326	5 326	IV	16 679	15 798	14 918	14 052	13 205	12 375
	VI	**23 628**	5 326	5 326							
75 887,99	I,IV	**17 573**	5 326	5 326	I	15 812	14 066	12 388	10 785	9 254	7 797
	II	**16 772**	5 326	5 326	II	15 011	13 293	11 650	10 079	8 582	7 159
	III	**11 286**	5 326	5 326	III	10 000	8 752	7 540	6 364	5 226	4 124
	V	**23 207**	5 326	5 326	IV	16 692	15 812	14 932	14 066	13 218	12 388
	VI	**23 642**	5 326	5 326							
75 923,99	I,IV	**17 587**	5 326	5 326	I	15 826	14 079	12 401	10 797	9 266	7 809
	II	**16 786**	5 326	5 326	II	15 025	13 307	11 662	10 091	8 594	7 170
	III	**11 296**	5 326	5 326	III	10 010	8 760	7 548	6 372	5 234	4 132
	V	**23 221**	5 326	5 326	IV	16 706	15 826	14 946	14 079	13 231	12 401
	VI	**23 656**	5 326	5 326							
75 959,99	I,IV	**17 601**	5 326	5 326	I	15 839	14 093	12 414	10 809	9 278	7 820
	II	**16 800**	5 326	5 326	II	15 038	13 320	11 675	10 103	8 605	7 181
	III	**11 306**	5 326	5 326	III	10 020	8 770	7 558	6 382	5 244	4 140
	V	**23 235**	5 326	5 326	IV	16 720	15 839	14 959	14 093	13 244	12 414
	VI	**23 670**	5 326	5 326							
75 995,99	I,IV	**17 615**	5 326	5 326	I	15 854	14 106	12 427	10 822	9 290	7 831
	II	**16 814**	5 326	5 326	II	15 053	13 334	11 688	10 116	8 617	7 192
	III	**11 316**	5 326	5 326	III	10 030	8 780	7 568	6 392	5 252	4 150
	V	**23 249**	5 326	5 326	IV	16 734	15 854	14 974	14 106	13 258	12 427
	VI	**23 684**	5 326	5 326							
76 031,99	I,IV	**17 629**	5 326	5 326	I	15 868	14 120	12 440	10 834	9 302	7 842
	II	**16 828**	5 326	5 326	II	15 066	13 347	11 701	10 128	8 629	7 203
	III	**11 326**	5 326	5 326	III	10 040	8 790	7 578	6 400	5 260	4 158
	V	**23 263**	5 326	5 326	IV	16 748	15 868	14 987	14 120	13 271	12 440
	VI	**23 698**	5 326	5 326							

* Zur LSt-Berechnung für privat versicherte Arbeitnehmer s. Beispiele **Vorbemerkung S. 4 f.**
** Basisvorsorgepauschale KV und PV *** Typisierter Arbeitgeberzuschuss

Lohn/ Gehalt in € bis	Steuerklasse	Lohn-steuer*	BVSP**	TAGZ***	Steuerklasse	Bemessungsgrundlage für Kirchensteuer und Solidaritätszuschlag – Freibeträge für ... Kinder 0,5	**1,0**	1,5	**2,0**	2,5	**3,0**
76 067,99	I,IV	**17 643**	5 326	5 326	I	15 881	14 133	12 453	10 847	9 313	7 854
	II	**16 842**	5 326	5 326	II	15 080	13 360	11 713	10 140	8 640	7 214
	III	**11 338**	5 326	5 326	III	10 050	8 800	7 586	6 410	5 270	4 166
	V	**23 277**	5 326	5 326	IV	16 762	15 881	15 001	14 133	13 284	12 453
	VI	**23 712**	5 326	5 326							
76 103,99	I,IV	**17 657**	5 326	5 326	I	15 895	14 147	12 466	10 859	9 325	7 865
	II	**16 855**	5 326	5 326	II	15 094	13 373	11 726	10 152	8 652	7 225
	III	**11 348**	5 326	5 326	III	10 060	8 810	7 596	6 418	5 278	4 174
	V	**23 291**	5 326	5 326	IV	16 776	15 895	15 015	14 147	13 297	12 466
	VI	**23 726**	5 326	5 326							
76 139,99	I,IV	**17 671**	5 326	5 326	I	15 909	14 161	12 479	10 871	9 337	7 876
	II	**16 869**	5 326	5 326	II	15 108	13 386	11 739	10 164	8 663	7 236
	III	**11 358**	5 326	5 326	III	10 070	8 820	7 606	6 428	5 288	4 184
	V	**23 304**	5 326	5 326	IV	16 790	15 909	15 029	14 161	13 311	12 479
	VI	**23 740**	5 326	5 326							
76 175,99	I,IV	**17 685**	5 326	5 326	I	15 923	14 174	12 493	10 884	9 349	7 888
	II	**16 884**	5 326	5 326	II	15 122	13 400	11 752	10 177	8 675	7 247
	III	**11 368**	5 326	5 326	III	10 080	8 830	7 616	6 438	5 296	4 192
	V	**23 319**	5 326	5 326	IV	16 804	15 923	15 043	14 174	13 324	12 493
	VI	**23 754**	5 326	5 326							
76 211,99	I,IV	**17 699**	5 326	5 326	I	15 937	14 188	12 505	10 896	9 361	7 899
	II	**16 897**	5 326	5 326	II	15 136	13 413	11 764	10 189	8 687	7 258
	III	**11 378**	5 326	5 326	III	10 090	8 840	7 624	6 446	5 306	4 200
	V	**23 333**	5 326	5 326	IV	16 818	15 937	15 057	14 188	13 338	12 505
	VI	**23 768**	5 326	5 326							
76 247,99	I,IV	**17 713**	5 326	5 326	I	15 951	14 201	12 518	10 909	9 373	7 910
	II	**16 911**	5 326	5 326	II	15 150	13 427	11 777	10 201	8 698	7 269
	III	**11 390**	5 326	5 326	III	10 100	8 850	7 634	6 456	5 314	4 210
	V	**23 346**	5 326	5 326	IV	16 832	15 951	15 071	14 201	13 351	12 518
	VI	**23 782**	5 326	5 326							
76 283,99	I,IV	**17 726**	5 326	5 326	I	15 965	14 215	12 531	10 921	9 384	7 921
	II	**16 925**	5 326	5 326	II	15 164	13 440	11 790	10 213	8 710	7 280
	III	**11 400**	5 326	5 326	III	10 110	8 858	7 644	6 464	5 322	4 218
	V	**23 360**	5 326	5 326	IV	16 846	15 965	15 084	14 215	13 364	12 531
	VI	**23 795**	5 326	5 326							
76 319,99	I,IV	**17 740**	5 326	5 326	I	15 979	14 229	12 544	10 934	9 396	7 932
	II	**16 939**	5 326	5 326	II	15 178	13 453	11 802	10 225	8 721	7 291
	III	**11 410**	5 326	5 326	III	10 120	8 868	7 652	6 474	5 332	4 226
	V	**23 374**	5 326	5 326	IV	16 860	15 979	15 098	14 229	13 377	12 544
	VI	**23 809**	5 326	5 326							
76 355,99	I,IV	**17 755**	5 326	5 326	I	15 993	14 243	12 558	10 946	9 408	7 944
	II	**16 953**	5 326	5 326	II	15 192	13 467	11 816	10 238	8 733	7 302
	III	**11 420**	5 326	5 326	III	10 132	8 878	7 662	6 484	5 342	4 236
	V	**23 388**	5 326	5 326	IV	16 874	15 993	15 112	14 243	13 391	12 558
	VI	**23 824**	5 326	5 326							
76 391,99	I,IV	**17 768**	5 326	5 326	I	16 007	14 256	12 571	10 959	9 420	7 955
	II	**16 967**	5 326	5 326	II	15 206	13 480	11 828	10 250	8 745	7 313
	III	**11 430**	5 326	5 326	III	10 140	8 888	7 672	6 492	5 350	4 244
	V	**23 402**	5 326	5 326	IV	16 888	16 007	15 126	14 256	13 404	12 571
	VI	**23 837**	5 326	5 326							
76 427,99	I,IV	**17 782**	5 326	5 326	I	16 021	14 270	12 584	10 971	9 432	7 966
	II	**16 981**	5 326	5 326	II	15 220	13 493	11 841	10 262	8 756	7 324
	III	**11 440**	5 326	5 326	III	10 152	8 898	7 682	6 502	5 358	4 252
	V	**23 416**	5 326	5 326	IV	16 902	16 021	15 140	14 270	13 417	12 584
	VI	**23 851**	5 326	5 326							
76 463,99	I,IV	**17 796**	5 326	5 326	I	16 035	14 283	12 597	10 984	9 444	7 978
	II	**16 995**	5 326	5 326	II	15 233	13 507	11 854	10 274	8 768	7 335
	III	**11 450**	5 326	5 326	III	10 160	8 908	7 690	6 510	5 368	4 260
	V	**23 430**	5 326	5 326	IV	16 915	16 035	15 154	14 283	13 431	12 597
	VI	**23 865**	5 326	5 326							

* Zur LSt-Berechnung für privat versicherte Arbeitnehmer s. Beispiele **Vorbemerkung S. 4 f.**
** Basisvorsorgepauschale KV und PV *** Typisierter Arbeitgeberzuschuss

Lohn/ Gehalt in € bis	Steuerklasse	Lohn-steuer*	BVSP**	TAGZ***	Steuerklasse	Bemessungsgrundlage für Kirchensteuer und Solidaritätszuschlag – Freibeträge für ... Kinder 0,5	1,0	1,5	2,0	2,5	3,0
76 499,99	I,IV	**17 810**	5 326	5 326	I	16 049	14 297	12 610	10 996	9 456	7 989
	II	**17 009**	5 326	5 326	II	15 247	13 520	11 866	10 286	8 779	7 346
	III	**11 462**	5 326	5 326	III	10 172	8 918	7 700	6 520	5 376	4 270
	V	**23 444**	5 326	5 326	IV	16 929	16 049	15 168	14 297	13 444	12 610
	VI	**23 879**	5 326	5 326							
76 535,99	I,IV	**17 824**	5 326	5 326	I	16 062	14 310	12 623	11 008	9 468	8 000
	II	**17 023**	5 326	5 326	II	15 261	13 533	11 879	10 298	8 791	7 357
	III	**11 472**	5 326	5 326	III	10 180	8 926	7 710	6 528	5 386	4 278
	V	**23 458**	5 326	5 326	IV	16 943	16 062	15 182	14 310	13 457	12 623
	VI	**23 893**	5 326	5 326							
76 571,99	I,IV	**17 838**	5 326	5 326	I	16 077	14 324	12 636	11 021	9 480	8 012
	II	**17 037**	5 326	5 326	II	15 275	13 547	11 892	10 311	8 803	7 368
	III	**11 482**	5 326	5 326	III	10 192	8 936	7 720	6 538	5 394	4 286
	V	**23 472**	5 326	5 326	IV	16 957	16 077	15 196	14 324	13 471	12 636
	VI	**23 907**	5 326	5 326							
76 607,99	I,IV	**17 852**	5 326	5 326	I	16 091	14 338	12 649	11 034	9 492	8 023
	II	**17 051**	5 326	5 326	II	15 289	13 560	11 905	10 323	8 814	7 379
	III	**11 492**	5 326	5 326	III	10 202	8 946	7 728	6 548	5 404	4 296
	V	**23 486**	5 326	5 326	IV	16 971	16 091	15 210	14 338	13 484	12 649
	VI	**23 921**	5 326	5 326							
76 643,99	I,IV	**17 866**	5 326	5 326	I	16 104	14 351	12 662	11 046	9 503	8 034
	II	**17 065**	5 326	5 326	II	15 303	13 574	11 918	10 335	8 826	7 390
	III	**11 502**	5 326	5 326	III	10 212	8 956	7 738	6 556	5 412	4 304
	V	**23 500**	5 326	5 326	IV	16 985	16 104	15 224	14 351	13 498	12 662
	VI	**23 935**	5 326	5 326							
76 679,99	I,IV	**17 880**	5 326	5 326	I	16 118	14 365	12 675	11 058	9 515	8 046
	II	**17 078**	5 326	5 326	II	15 317	13 587	11 930	10 347	8 838	7 401
	III	**11 514**	5 326	5 326	III	10 222	8 966	7 748	6 566	5 422	4 312
	V	**23 514**	5 326	5 326	IV	16 999	16 118	15 238	14 365	13 511	12 675
	VI	**23 949**	5 326	5 326							
76 715,99	I,IV	**17 894**	5 326	5 326	I	16 132	14 379	12 688	11 071	9 527	8 057
	II	**17 092**	5 326	5 326	II	15 331	13 600	11 943	10 359	8 849	7 412
	III	**11 524**	5 326	5 326	III	10 232	8 976	7 756	6 574	5 430	4 322
	V	**23 528**	5 326	5 326	IV	17 013	16 132	15 251	14 379	13 524	12 688
	VI	**23 963**	5 326	5 326							
76 751,99	I,IV	**17 908**	5 326	5 326	I	16 146	14 393	12 701	11 084	9 539	8 069
	II	**17 107**	5 326	5 326	II	15 345	13 614	11 956	10 372	8 861	7 424
	III	**11 534**	5 326	5 326	III	10 242	8 986	7 766	6 584	5 438	4 330
	V	**23 542**	5 326	5 326	IV	17 027	16 146	15 266	14 393	13 538	12 701
	VI	**23 977**	5 326	5 326							
76 787,99	I,IV	**17 922**	5 326	5 326	I	16 160	14 406	12 714	11 096	9 551	8 080
	II	**17 120**	5 326	5 326	II	15 359	13 627	11 969	10 384	8 873	7 435
	III	**11 544**	5 326	5 326	III	10 252	8 996	7 776	6 594	5 448	4 338
	V	**23 556**	5 326	5 326	IV	17 041	16 160	15 280	14 406	13 551	12 714
	VI	**23 991**	5 326	5 326							
76 823,99	I,IV	**17 936**	5 326	5 326	I	16 174	14 420	12 727	11 109	9 563	8 091
	II	**17 134**	5 326	5 326	II	15 373	13 641	11 982	10 396	8 884	7 446
	III	**11 554**	5 326	5 326	III	10 262	9 006	7 786	6 602	5 456	4 348
	V	**23 570**	5 326	5 326	IV	17 055	16 174	15 293	14 420	13 564	12 727
	VI	**24 005**	5 326	5 326							
76 859,99	I,IV	**17 950**	5 326	5 326	I	16 188	14 433	12 740	11 121	9 575	8 102
	II	**17 148**	5 326	5 326	II	15 387	13 654	11 995	10 409	8 896	7 457
	III	**11 566**	5 326	5 326	III	10 272	9 016	7 796	6 612	5 466	4 356
	V	**23 583**	5 326	5 326	IV	17 069	16 188	15 307	14 433	13 578	12 740
	VI	**24 018**	5 326	5 326							
76 895,99	I,IV	**17 963**	5 326	5 326	I	16 202	14 447	12 753	11 133	9 587	8 114
	II	**17 162**	5 326	5 326	II	15 401	13 667	12 007	10 421	8 908	7 468
	III	**11 576**	5 326	5 326	III	10 282	9 024	7 804	6 622	5 474	4 364
	V	**23 597**	5 326	5 326	IV	17 083	16 202	15 321	14 447	13 591	12 753
	VI	**24 032**	5 326	5 326							

* Zur LSt-Berechnung für privat versicherte Arbeitnehmer s. Beispiele **Vorbemerkung S. 4 f.**
** Basisvorsorgepauschale KV und PV *** Typisierter Arbeitgeberzuschuss

Lohn/ Gehalt in € bis	Steuerklasse	Lohn- steuer*	BVSP**	TAGZ***	Steuerklasse	Bemessungsgrundlage für Kirchensteuer und Solidaritätszuschlag – Freibeträge für ... Kinder 0,5	1,0	1,5	2,0	2,5	3,0
76 931,99	I,IV	**17 978**	5 326	5 326	I	16 216	14 461	12 767	11 146	9 599	8 125
	II	**17 176**	5 326	5 326	II	15 415	13 681	12 021	10 433	8 920	7 479
	III	**11 586**	5 326	5 326	III	10 292	9 034	7 814	6 630	5 484	4 374
	V	**23 612**	5 326	5 326	IV	17 097	16 216	15 335	14 461	13 605	12 767
	VI	**24 047**	5 326	5 326							
76 967,99	I,IV	**17 992**	5 326	5 326	I	16 230	14 475	12 780	11 159	9 611	8 137
	II	**17 190**	5 326	5 326	II	15 429	13 695	12 033	10 445	8 931	7 490
	III	**11 596**	5 326	5 326	III	10 302	9 044	7 824	6 640	5 492	4 382
	V	**23 625**	5 326	5 326	IV	17 111	16 230	15 349	14 475	13 618	12 780
	VI	**24 060**	5 326	5 326							
77 003,99	I,IV	**18 005**	5 326	5 326	I	16 244	14 488	12 793	11 171	9 623	8 148
	II	**17 204**	5 326	5 326	II	15 443	13 708	12 046	10 458	8 943	7 501
	III	**11 606**	5 326	5 326	III	10 312	9 054	7 834	6 648	5 502	4 390
	V	**23 639**	5 326	5 326	IV	17 125	16 244	15 363	14 488	13 631	12 793
	VI	**24 074**	5 326	5 326							
77 039,99	I,IV	**18 019**	5 326	5 326	I	16 258	14 502	12 806	11 184	9 635	8 159
	II	**17 218**	5 326	5 326	II	15 456	13 721	12 059	10 470	8 954	7 512
	III	**11 618**	5 326	5 326	III	10 322	9 064	7 842	6 658	5 510	4 400
	V	**23 653**	5 326	5 326	IV	17 138	16 258	15 377	14 502	13 645	12 806
	VI	**24 088**	5 326	5 326							
77 075,99	I,IV	**18 033**	5 326	5 326	I	16 272	14 516	12 819	11 196	9 647	8 171
	II	**17 232**	5 326	5 326	II	15 470	13 735	12 072	10 482	8 966	7 523
	III	**11 628**	5 326	5 326	III	10 332	9 074	7 852	6 668	5 518	4 408
	V	**23 667**	5 326	5 326	IV	17 152	16 272	15 391	14 516	13 658	12 819
	VI	**24 102**	5 326	5 326							
77 111,99	I,IV	**18 047**	5 326	5 326	I	16 285	14 529	12 832	11 209	9 659	8 182
	II	**17 246**	5 326	5 326	II	15 484	13 748	12 084	10 494	8 978	7 534
	III	**11 638**	5 326	5 326	III	10 342	9 084	7 862	6 676	5 528	4 416
	V	**23 681**	5 326	5 326	IV	17 166	16 285	15 405	14 529	13 672	12 832
	VI	**24 116**	5 326	5 326							
77 147,99	I,IV	**18 061**	5 326	5 326	I	16 300	14 543	12 846	11 222	9 671	8 194
	II	**17 260**	5 326	5 326	II	15 498	13 762	12 098	10 507	8 990	7 546
	III	**11 648**	5 326	5 326	III	10 352	9 094	7 872	6 686	5 538	4 426
	V	**23 695**	5 326	5 326	IV	17 180	16 300	15 419	14 543	13 685	12 846
	VI	**24 130**	5 326	5 326							
77 183,99	I,IV	**18 075**	5 326	5 326	I	16 314	14 557	12 859	11 234	9 683	8 205
	II	**17 274**	5 326	5 326	II	15 512	13 775	12 110	10 519	9 001	7 557
	III	**11 658**	5 326	5 326	III	10 362	9 104	7 880	6 694	5 546	4 434
	V	**23 709**	5 326	5 326	IV	17 194	16 314	15 433	14 557	13 699	12 859
	VI	**24 144**	5 326	5 326							
77 219,99	I,IV	**18 089**	5 326	5 326	I	16 327	14 571	12 872	11 246	9 695	8 216
	II	**17 288**	5 326	5 326	II	15 526	13 789	12 123	10 531	9 013	7 568
	III	**11 670**	5 326	5 326	III	10 372	9 114	7 890	6 704	5 556	4 442
	V	**23 723**	5 326	5 326	IV	17 208	16 327	15 447	14 571	13 712	12 872
	VI	**24 158**	5 326	5 326							
77 255,99	I,IV	**18 103**	5 326	5 326	I	16 341	14 584	12 885	11 259	9 707	8 228
	II	**17 301**	5 326	5 326	II	15 540	13 802	12 136	10 544	9 025	7 579
	III	**11 680**	5 326	5 326	III	10 382	9 122	7 900	6 714	5 564	4 450
	V	**23 737**	5 326	5 326	IV	17 222	16 341	15 461	14 584	13 725	12 885
	VI	**24 172**	5 326	5 326							
77 291,99	I,IV	**18 117**	5 326	5 326	I	16 355	14 598	12 898	11 272	9 719	8 239
	II	**17 315**	5 326	5 326	II	15 554	13 815	12 149	10 556	9 036	7 590
	III	**11 690**	5 326	5 326	III	10 394	9 132	7 910	6 722	5 572	4 460
	V	**23 751**	5 326	5 326	IV	17 236	16 355	15 474	14 598	13 739	12 898
	VI	**24 186**	5 326	5 326							
77 327,99	I,IV	**18 131**	5 326	5 326	I	16 369	14 612	12 911	11 284	9 731	8 251
	II	**17 330**	5 326	5 326	II	15 568	13 829	12 162	10 568	9 048	7 602
	III	**11 700**	5 326	5 326	III	10 404	9 142	7 920	6 732	5 582	4 468
	V	**23 765**	5 326	5 326	IV	17 250	16 369	15 489	14 612	13 753	12 911
	VI	**24 200**	5 326	5 326							

* Zur LSt-Berechnung für privat versicherte Arbeitnehmer s. Beispiele **Vorbemerkung S. 4 f.**
** Basisvorsorgepauschale KV und PV *** Typisierter Arbeitgeberzuschuss

Lohn/ Gehalt in € bis	Steuerklasse	Lohnsteuer*	BVSP**	TAGZ***	Steuerklasse	Bemessungsgrundlage für Kirchensteuer und Solidaritätszuschlag					
						Freibeträge für ... Kinder					
						0,5	**1,0**	1,5	**2,0**	2,5	**3,0**
77 363,99	I,IV	**18 145**	5 326	5 326	I	16 383	14 626	12 925	11 297	9 743	8 262
	II	**17 343**	5 326	5 326	II	15 582	13 843	12 175	10 581	9 060	7 613
	III	**11 710**	5 326	5 326	III	10 414	9 152	7 928	6 742	5 590	4 476
	V	**23 779**	5 326	5 326	IV	17 264	16 383	15 503	14 626	13 766	12 925
	VI	**24 214**	5 326	5 326							
77 399,99	I,IV	**18 159**	5 326	5 326	I	16 397	14 639	12 938	11 309	9 755	8 273
	II	**17 357**	5 326	5 326	II	15 596	13 856	12 188	10 593	9 072	7 624
	III	**11 722**	5 326	5 326	III	10 424	9 162	7 938	6 750	5 600	4 486
	V	**23 793**	5 326	5 326	IV	17 278	16 397	15 516	14 639	13 779	12 938
	VI	**24 228**	5 326	5 326							
77 435,99	I,IV	**18 173**	5 326	5 326	I	16 411	14 653	12 951	11 322	9 767	8 285
	II	**17 371**	5 326	5 326	II	15 610	13 869	12 201	10 605	9 083	7 635
	III	**11 732**	5 326	5 326	III	10 434	9 172	7 948	6 760	5 608	4 494
	V	**23 806**	5 326	5 326	IV	17 292	16 411	15 530	14 653	13 793	12 951
	VI	**24 242**	5 326	5 326							
77 471,99	I,IV	**18 186**	5 326	5 326	I	16 425	14 667	12 964	11 334	9 779	8 296
	II	**17 385**	5 326	5 326	II	15 624	13 883	12 213	10 618	9 095	7 646
	III	**11 742**	5 326	5 326	III	10 444	9 182	7 958	6 770	5 618	4 504
	V	**23 820**	5 326	5 326	IV	17 306	16 425	15 544	14 667	13 806	12 964
	VI	**24 255**	5 326	5 326							
77 507,99	I,IV	**18 201**	5 326	5 326	I	16 439	14 681	12 977	11 347	9 791	8 308
	II	**17 399**	5 326	5 326	II	15 638	13 897	12 227	10 630	9 107	7 658
	III	**11 752**	5 326	5 326	III	10 454	9 192	7 968	6 778	5 626	4 512
	V	**23 835**	5 326	5 326	IV	17 320	16 439	15 558	14 681	13 820	12 977
	VI	**24 270**	5 326	5 326							
77 543,99	I,IV	**18 215**	5 326	5 326	I	16 453	14 695	12 990	11 360	9 803	8 319
	II	**17 413**	5 326	5 326	II	15 652	13 910	12 240	10 642	9 119	7 669
	III	**11 762**	5 326	5 326	III	10 464	9 202	7 976	6 788	5 636	4 520
	V	**23 848**	5 326	5 326	IV	17 334	16 453	15 572	14 695	13 833	12 990
	VI	**24 284**	5 326	5 326							
77 579,99	I,IV	**18 228**	5 326	5 326	I	16 467	14 708	13 004	11 372	9 815	8 331
	II	**17 427**	5 326	5 326	II	15 666	13 924	12 252	10 655	9 131	7 680
	III	**11 774**	5 326	5 326	III	10 474	9 212	7 986	6 798	5 644	4 530
	V	**23 862**	5 326	5 326	IV	17 348	16 467	15 586	14 708	13 847	13 004
	VI	**24 297**	5 326	5 326							
77 615,99	I,IV	**18 242**	5 326	5 326	I	16 481	14 722	13 017	11 385	9 827	8 342
	II	**17 441**	5 326	5 326	II	15 679	13 937	12 265	10 667	9 142	7 691
	III	**11 784**	5 326	5 326	III	10 484	9 222	7 996	6 806	5 654	4 538
	V	**23 876**	5 326	5 326	IV	17 362	16 481	15 600	14 722	13 860	13 017
	VI	**24 311**	5 326	5 326							
77 651,99	I,IV	**18 256**	5 326	5 326	I	16 495	14 736	13 030	11 398	9 839	8 353
	II	**17 455**	5 326	5 326	II	15 693	13 950	12 278	10 679	9 154	7 702
	III	**11 794**	5 326	5 326	III	10 494	9 232	8 006	6 816	5 662	4 546
	V	**23 890**	5 326	5 326	IV	17 375	16 495	15 614	14 736	13 874	13 030
	VI	**24 325**	5 326	5 326							
77 687,99	I,IV	**18 270**	5 326	5 326	I	16 508	14 749	13 043	11 410	9 851	8 365
	II	**17 469**	5 326	5 326	II	15 707	13 964	12 291	10 692	9 166	7 713
	III	**11 804**	5 326	5 326	III	10 504	9 240	8 014	6 824	5 672	4 554
	V	**23 904**	5 326	5 326	IV	17 389	16 508	15 628	14 749	13 887	13 043
	VI	**24 339**	5 326	5 326							
77 723,99	I,IV	**18 284**	5 326	5 326	I	16 523	14 763	13 057	11 423	9 863	8 377
	II	**17 483**	5 326	5 326	II	15 721	13 978	12 304	10 704	9 178	7 725
	III	**11 814**	5 326	5 326	III	10 514	9 250	8 024	6 834	5 680	4 564
	V	**23 918**	5 326	5 326	IV	17 404	16 523	15 642	14 763	13 901	13 057
	VI	**24 353**	5 326	5 326							
77 759,99	I,IV	**18 298**	5 326	5 326	I	16 537	14 777	13 070	11 436	9 875	8 388
	II	**17 497**	5 326	5 326	II	15 735	13 991	12 317	10 717	9 189	7 736
	III	**11 826**	5 326	5 326	III	10 524	9 260	8 034	6 844	5 690	4 572
	V	**23 932**	5 326	5 326	IV	17 417	16 537	15 656	14 777	13 914	13 070
	VI	**24 367**	5 326	5 326							

* Zur LSt-Berechnung für privat versicherte Arbeitnehmer s. Beispiele **Vorbemerkung S. 4 f.**
** Basisvorsorgepauschale KV und PV *** Typisierter Arbeitgeberzuschuss

Lohn/ Gehalt in € bis	Steuerklasse	**Lohn-steuer***	BVSP**	TAGZ***	Steuerklasse	Bemessungsgrundlage für Kirchensteuer und Solidaritätszuschlag – Freibeträge für ... Kinder 0,5	**1,0**	1,5	**2,0**	2,5	**3,0**
77 795,99	I,IV	**18 312**	5 326	5 326	I	16 550	14 791	13 083	11 448	9 887	8 399
	II	**17 511**	5 326	5 326	II	15 749	14 005	12 330	10 729	9 201	7 747
	III	**11 836**	5 326	5 326	III	10 534	9 270	8 044	6 852	5 698	4 582
	V	**23 946**	5 326	5 326	IV	17 431	16 550	15 670	14 791	13 928	13 083
	VI	**24 381**	5 326	5 326							
77 831,99	I,IV	**18 326**	5 326	5 326	I	16 564	14 805	13 096	11 461	9 899	8 411
	II	**17 524**	5 326	5 326	II	15 763	14 018	12 343	10 741	9 213	7 758
	III	**11 846**	5 326	5 326	III	10 546	9 280	8 052	6 862	5 708	4 590
	V	**23 960**	5 326	5 326	IV	17 445	16 564	15 684	14 805	13 941	13 096
	VI	**24 395**	5 326	5 326							
77 867,99	I,IV	**18 340**	5 326	5 326	I	16 578	14 818	13 109	11 473	9 911	8 422
	II	**17 538**	5 326	5 326	II	15 777	14 032	12 356	10 754	9 225	7 769
	III	**11 856**	5 326	5 326	III	10 554	9 290	8 062	6 870	5 716	4 598
	V	**23 974**	5 326	5 326	IV	17 459	16 578	15 697	14 818	13 955	13 109
	VI	**24 409**	5 326	5 326							
77 903,99	I,IV	**18 354**	5 326	5 326	I	16 592	14 833	13 123	11 486	9 923	8 434
	II	**17 553**	5 326	5 326	II	15 791	14 046	12 369	10 766	9 237	7 781
	III	**11 868**	5 326	5 326	III	10 566	9 300	8 072	6 880	5 726	4 608
	V	**23 988**	5 326	5 326	IV	17 473	16 592	15 712	14 833	13 968	13 123
	VI	**24 423**	5 326	5 326							
77 939,99	I,IV	**18 368**	5 326	5 326	I	16 606	14 846	13 136	11 499	9 935	8 445
	II	**17 566**	5 326	5 326	II	15 805	14 059	12 382	10 779	9 248	7 792
	III	**11 878**	5 326	5 326	III	10 576	9 310	8 082	6 890	5 734	4 616
	V	**24 002**	5 326	5 326	IV	17 487	16 606	15 726	14 846	13 982	13 136
	VI	**24 437**	5 326	5 326							
77 975,99	I,IV	**18 382**	5 326	5 326	I	16 620	14 860	13 149	11 512	9 947	8 457
	II	**17 580**	5 326	5 326	II	15 819	14 073	12 395	10 791	9 260	7 803
	III	**11 888**	5 326	5 326	III	10 586	9 320	8 090	6 898	5 744	4 624
	V	**24 016**	5 326	5 326	IV	17 501	16 620	15 739	14 860	13 995	13 149
	VI	**24 451**	5 326	5 326							
78 011,99	I,IV	**18 396**	5 326	5 326	I	16 634	14 874	13 162	11 524	9 959	8 468
	II	**17 594**	5 326	5 326	II	15 833	14 086	12 408	10 803	9 272	7 814
	III	**11 898**	5 326	5 326	III	10 596	9 330	8 100	6 908	5 752	4 634
	V	**24 029**	5 326	5 326	IV	17 515	16 634	15 753	14 874	14 009	13 162
	VI	**24 465**	5 326	5 326							
78 047,99	I,IV	**18 409**	5 326	5 326	I	16 648	14 888	13 175	11 537	9 972	8 480
	II	**17 608**	5 326	5 326	II	15 847	14 100	12 421	10 816	9 284	7 825
	III	**11 908**	5 326	5 326	III	10 606	9 340	8 110	6 918	5 762	4 642
	V	**24 043**	5 326	5 326	IV	17 529	16 648	15 767	14 888	14 022	13 175
	VI	**24 478**	5 326	5 326							
78 083,99	I,IV	**18 424**	5 326	5 326	I	16 662	14 902	13 189	11 550	9 984	8 492
	II	**17 622**	5 326	5 326	II	15 861	14 113	12 434	10 828	9 296	7 837
	III	**11 920**	5 326	5 326	III	10 616	9 350	8 120	6 926	5 770	4 650
	V	**24 058**	5 326	5 326	IV	17 543	16 662	15 781	14 902	14 036	13 189
	VI	**24 493**	5 326	5 326							
78 119,99	I,IV	**18 438**	5 326	5 326	I	16 676	14 915	13 202	11 562	9 996	8 503
	II	**17 636**	5 326	5 326	II	15 875	14 127	12 447	10 841	9 308	7 848
	III	**11 930**	5 326	5 326	III	10 626	9 360	8 130	6 936	5 780	4 660
	V	**24 071**	5 326	5 326	IV	17 557	16 676	15 795	14 915	14 050	13 202
	VI	**24 507**	5 326	5 326							
78 155,99	I,IV	**18 451**	5 326	5 326	I	16 690	14 929	13 215	11 575	10 008	8 514
	II	**17 650**	5 326	5 326	II	15 889	14 140	12 460	10 853	9 319	7 859
	III	**11 940**	5 326	5 326	III	10 636	9 370	8 138	6 946	5 788	4 668
	V	**24 085**	5 326	5 326	IV	17 571	16 690	15 809	14 929	14 063	13 215
	VI	**24 520**	5 326	5 326							
78 191,99	I,IV	**18 465**	5 326	5 326	I	16 704	14 943	13 229	11 588	10 020	8 526
	II	**17 664**	5 326	5 326	II	15 902	14 154	12 473	10 865	9 331	7 871
	III	**11 950**	5 326	5 326	III	10 646	9 380	8 148	6 954	5 798	4 678
	V	**24 099**	5 326	5 326	IV	17 585	16 704	15 823	14 943	14 077	13 229
	VI	**24 534**	5 326	5 326							

* Zur LSt-Berechnung für privat versicherte Arbeitnehmer s. Beispiele **Vorbemerkung S. 4 f.**
** Basisvorsorgepauschale KV und PV *** Typisierter Arbeitgeberzuschuss

Lohn/ Gehalt in € bis	Steuerklasse	Lohn-steuer*	BVSP**	TAGZ***	Steuerklasse	Bemessungsgrundlage für Kirchensteuer und Solidaritätszuschlag					
						Freibeträge für ... Kinder					
						0,5	**1,0**	1,5	**2,0**	2,5	**3,0**
78 227,99	I,IV	**18 479**	5 326	5 326	I	16 718	14 957	13 242	11 600	10 032	8 537
	II	**17 678**	5 326	5 326	II	15 916	14 167	12 486	10 878	9 343	7 882
	III	**11 960**	5 326	5 326	III	10 656	9 388	8 158	6 964	5 806	4 686
	V	**24 113**	5 326	5 326	IV	17 598	16 718	15 837	14 957	14 090	13 242
	VI	**24 548**	5 326	5 326							
78 263,99	I,IV	**18 493**	5 326	5 326	I	16 732	14 971	13 255	11 613	10 044	8 549
	II	**17 692**	5 326	5 326	II	15 930	14 181	12 499	10 890	9 355	7 893
	III	**11 972**	5 326	5 326	III	10 668	9 400	8 168	6 974	5 816	4 694
	V	**24 127**	5 326	5 326	IV	17 612	16 732	15 851	14 971	14 104	13 255
	VI	**24 562**	5 326	5 326							
78 299,99	I,IV	**18 507**	5 326	5 326	I	16 746	14 985	13 269	11 626	10 057	8 561
	II	**17 706**	5 326	5 326	II	15 944	14 195	12 512	10 903	9 367	7 905
	III	**11 982**	5 326	5 326	III	10 678	9 410	8 178	6 982	5 824	4 704
	V	**24 141**	5 326	5 326	IV	17 627	16 746	15 865	14 985	14 118	13 269
	VI	**24 576**	5 326	5 326							
78 335,99	I,IV	**18 521**	5 326	5 326	I	16 760	14 999	13 282	11 638	10 069	8 572
	II	**17 720**	5 326	5 326	II	15 958	14 208	12 525	10 915	9 379	7 916
	III	**11 992**	5 326	5 326	III	10 688	9 418	8 186	6 992	5 834	4 712
	V	**24 155**	5 326	5 326	IV	17 640	16 760	15 879	14 999	14 131	13 282
	VI	**24 590**	5 326	5 326							
78 371,99	I,IV	**18 535**	5 326	5 326	I	16 774	15 012	13 295	11 651	10 081	8 584
	II	**17 734**	5 326	5 326	II	15 972	14 222	12 538	10 928	9 391	7 927
	III	**12 004**	5 326	5 326	III	10 698	9 428	8 196	7 002	5 842	4 720
	V	**24 169**	5 326	5 326	IV	17 654	16 774	15 893	15 012	14 145	13 295
	VI	**24 604**	5 326	5 326							
78 407,99	I,IV	**18 549**	5 326	5 326	I	16 787	15 026	13 308	11 664	10 093	8 595
	II	**17 747**	5 326	5 326	II	15 986	14 236	12 551	10 940	9 402	7 938
	III	**12 014**	5 326	5 326	III	10 708	9 438	8 206	7 010	5 852	4 730
	V	**24 183**	5 326	5 326	IV	17 668	16 787	15 907	15 026	14 158	13 308
	VI	**24 618**	5 326	5 326							
78 443,99	I,IV	**18 563**	5 326	5 326	I	16 801	15 040	13 321	11 676	10 105	8 607
	II	**17 761**	5 326	5 326	II	16 000	14 249	12 564	10 952	9 414	7 949
	III	**12 024**	5 326	5 326	III	10 718	9 448	8 216	7 020	5 860	4 738
	V	**24 197**	5 326	5 326	IV	17 682	16 801	15 920	15 040	14 172	13 321
	VI	**24 632**	5 326	5 326							
78 479,99	I,IV	**18 577**	5 326	5 326	I	16 816	15 054	13 335	11 689	10 117	8 619
	II	**17 776**	5 326	5 326	II	16 014	14 263	12 577	10 965	9 426	7 961
	III	**12 034**	5 326	5 326	III	10 728	9 458	8 226	7 030	5 870	4 748
	V	**24 211**	5 326	5 326	IV	17 696	16 816	15 935	15 054	14 185	13 335
	VI	**24 646**	5 326	5 326							
78 515,99	I,IV	**18 591**	5 326	5 326	I	16 829	15 068	13 348	11 702	10 129	8 630
	II	**17 789**	5 326	5 326	II	16 028	14 277	12 590	10 977	9 438	7 972
	III	**12 044**	5 326	5 326	III	10 738	9 468	8 234	7 038	5 878	4 756
	V	**24 225**	5 326	5 326	IV	17 710	16 829	15 949	15 068	14 199	13 348
	VI	**24 660**	5 326	5 326							
78 551,99	I,IV	**18 605**	5 326	5 326	I	16 843	15 082	13 362	11 715	10 141	8 642
	II	**17 803**	5 326	5 326	II	16 042	14 290	12 603	10 990	9 450	7 984
	III	**12 056**	5 326	5 326	III	10 748	9 478	8 244	7 048	5 888	4 764
	V	**24 239**	5 326	5 326	IV	17 724	16 843	15 962	15 082	14 213	13 362
	VI	**24 674**	5 326	5 326							
78 587,99	I,IV	**18 619**	5 326	5 326	I	16 857	15 096	13 375	11 727	10 154	8 653
	II	**17 817**	5 326	5 326	II	16 056	14 304	12 616	11 002	9 462	7 995
	III	**12 066**	5 326	5 326	III	10 758	9 488	8 254	7 056	5 896	4 772
	V	**24 252**	5 326	5 326	IV	17 738	16 857	15 976	15 096	14 226	13 375
	VI	**24 688**	5 326	5 326							
78 623,99	I,IV	**18 632**	5 326	5 326	I	16 871	15 110	13 388	11 740	10 166	8 665
	II	**17 831**	5 326	5 326	II	16 070	14 317	12 629	11 015	9 474	8 006
	III	**12 076**	5 326	5 326	III	10 768	9 498	8 264	7 066	5 906	4 782
	V	**24 266**	5 326	5 326	IV	17 752	16 871	15 990	15 110	14 240	13 388
	VI	**24 701**	5 326	5 326							

* Zur LSt-Berechnung für privat versicherte Arbeitnehmer s. Beispiele **Vorbemerkung S. 4 f.**
** Basisvorsorgepauschale KV und PV *** Typisierter Arbeitgeberzuschuss

Lohn/ Gehalt in € bis	Steuerklasse	Lohn-steuer*	BVSP**	TAGZ***	Steuerklasse	Bemessungsgrundlage für Kirchensteuer und Solidaritätszuschlag – Freibeträge für ... Kinder 0,5	**1,0**	1,5	**2,0**	2,5	**3,0**
78659,99	I,IV	**18647**	5326	5326	I	16885	15124	13402	11753	10178	8676
	II	**17845**	5326	5326	II	16084	14331	12643	11028	9486	8018
	III	**12088**	5326	5326	III	10780	9508	8274	7076	5916	4790
	V	**24281**	5326	5326	IV	17766	16885	16004	15124	14254	13402
	VI	**24716**	5326	5326							
78695,99	I,IV	**18661**	5326	5326	I	16899	15138	13415	11766	10190	8688
	II	**17859**	5326	5326	II	16098	14345	12656	11040	9498	8029
	III	**12098**	5326	5326	III	10790	9518	8284	7086	5924	4800
	V	**24294**	5326	5326	IV	17780	16899	16018	15138	14267	13415
	VI	**24730**	5326	5326							
78731,99	I,IV	**18674**	5326	5326	I	16913	15151	13428	11779	10202	8700
	II	**17873**	5326	5326	II	16112	14358	12669	11052	9510	8040
	III	**12108**	5326	5326	III	10800	9528	8292	7094	5934	4808
	V	**24308**	5326	5326	IV	17794	16913	16032	15151	14281	13428
	VI	**24743**	5326	5326							
78767,99	I,IV	**18688**	5326	5326	I	16927	15165	13442	11791	10214	8711
	II	**17887**	5326	5326	II	16125	14372	12682	11065	9521	8051
	III	**12118**	5326	5326	III	10810	9538	8302	7104	5942	4816
	V	**24322**	5326	5326	IV	17808	16927	16046	15165	14294	13442
	VI	**24757**	5326	5326							
78803,99	I,IV	**18702**	5326	5326	I	16941	15179	13455	11804	10227	8723
	II	**17901**	5326	5326	II	16139	14386	12695	11077	9533	8063
	III	**12130**	5326	5326	III	10820	9548	8312	7114	5952	4826
	V	**24336**	5326	5326	IV	17821	16941	16060	15179	14308	13455
	VI	**24771**	5326	5326							
78839,99	I,IV	**18716**	5326	5326	I	16955	15193	13468	11817	10239	8734
	II	**17915**	5326	5326	II	16153	14399	12708	11090	9545	8074
	III	**12140**	5326	5326	III	10830	9558	8322	7122	5960	4834
	V	**24350**	5326	5326	IV	17835	16955	16074	15193	14321	13468
	VI	**24785**	5326	5326							
78875,99	I,IV	**18730**	5326	5326	I	16969	15207	13482	11830	10251	8746
	II	**17929**	5326	5326	II	16167	14413	12721	11102	9557	8086
	III	**12150**	5326	5326	III	10840	9568	8332	7132	5970	4844
	V	**24364**	5326	5326	IV	17850	16969	16088	15207	14335	13482
	VI	**24799**	5326	5326							
78911,99	I,IV	**18744**	5326	5326	I	16983	15221	13495	11842	10263	8758
	II	**17943**	5326	5326	II	16181	14427	12734	11115	9569	8097
	III	**12160**	5326	5326	III	10850	9578	8342	7142	5978	4852
	V	**24378**	5326	5326	IV	17863	16983	16102	15221	14349	13495
	VI	**24813**	5326	5326							
78947,99	I,IV	**18758**	5326	5326	I	16997	15235	13508	11855	10275	8769
	II	**17957**	5326	5326	II	16195	14440	12747	11127	9581	8108
	III	**12170**	5326	5326	III	10860	9588	8350	7150	5988	4860
	V	**24392**	5326	5326	IV	17877	16997	16116	15235	14363	13508
	VI	**24827**	5326	5326							
78983,99	I,IV	**18772**	5326	5326	I	17010	15249	13522	11868	10288	8781
	II	**17971**	5326	5326	II	16209	14454	12760	11140	9593	8120
	III	**12182**	5326	5326	III	10872	9598	8360	7160	5996	4870
	V	**24406**	5326	5326	IV	17891	17010	16130	15249	14376	13522
	VI	**24841**	5326	5326							
79019,99	I,IV	**18786**	5326	5326	I	17024	15263	13535	11881	10300	8792
	II	**17984**	5326	5326	II	16223	14468	12773	11152	9605	8131
	III	**12192**	5326	5326	III	10880	9606	8370	7168	6006	4878
	V	**24420**	5326	5326	IV	17905	17024	16144	15263	14390	13535
	VI	**24855**	5326	5326							
79055,99	I,IV	**18800**	5326	5326	I	17039	15277	13549	11894	10312	8804
	II	**17999**	5326	5326	II	16237	14482	12787	11165	9617	8142
	III	**12202**	5326	5326	III	10892	9618	8380	7178	6014	4886
	V	**24434**	5326	5326	IV	17919	17039	16158	15277	14404	13549
	VI	**24869**	5326	5326							

* Zur LSt-Berechnung für privat versicherte Arbeitnehmer s. Beispiele **Vorbemerkung S. 4f.**
** Basisvorsorgepauschale KV und PV *** Typisierter Arbeitgeberzuschuss

Lohn/ Gehalt in € bis	Steuerklasse	Lohn-steuer*	BVSP**	TAGZ***	Steuerklasse	Bemessungsgrundlage für Kirchensteuer und Solidaritätszuschlag – Freibeträge für ... Kinder 0,5	1,0	1,5	2,0	2,5	3,0
79 091,99	I,IV	**18 814**	5 326	5 326	I	17 052	15 291	13 562	11 906	10 324	8 816
	II	**18 013**	5 326	5 326	II	16 251	14 495	12 800	11 178	9 629	8 154
	III	**12 214**	5 326	5 326	III	10 902	9 628	8 390	7 188	6 024	4 896
	V	**24 448**	5 326	5 326	IV	17 933	17 052	16 172	15 291	14 417	13 562
	VI	**24 883**	5 326	5 326							
79 127,99	I,IV	**18 828**	5 326	5 326	I	17 066	15 305	13 575	11 919	10 337	8 827
	II	**18 026**	5 326	5 326	II	16 265	14 509	12 813	11 190	9 641	8 165
	III	**12 224**	5 326	5 326	III	10 912	9 636	8 398	7 198	6 032	4 904
	V	**24 462**	5 326	5 326	IV	17 947	17 066	16 186	15 305	14 431	13 575
	VI	**24 897**	5 326	5 326							
79 163,99	I,IV	**18 842**	5 326	5 326	I	17 080	15 319	13 589	11 932	10 349	8 839
	II	**18 040**	5 326	5 326	II	16 279	14 523	12 826	11 203	9 653	8 176
	III	**12 234**	5 326	5 326	III	10 922	9 648	8 408	7 206	6 042	4 914
	V	**24 475**	5 326	5 326	IV	17 961	17 080	16 199	15 319	14 445	13 589
	VI	**24 911**	5 326	5 326							
79 199,99	I,IV	**18 855**	5 326	5 326	I	17 094	15 332	13 602	11 945	10 361	8 851
	II	**18 054**	5 326	5 326	II	16 293	14 536	12 839	11 215	9 665	8 188
	III	**12 244**	5 326	5 326	III	10 932	9 656	8 418	7 216	6 050	4 922
	V	**24 489**	5 326	5 326	IV	17 975	17 094	16 213	15 332	14 458	13 602
	VI	**24 924**	5 326	5 326							
79 235,99	I,IV	**18 870**	5 326	5 326	I	17 108	15 347	13 616	11 958	10 373	8 863
	II	**18 068**	5 326	5 326	II	16 307	14 550	12 852	11 228	9 677	8 199
	III	**12 256**	5 326	5 326	III	10 942	9 666	8 428	7 226	6 060	4 930
	V	**24 504**	5 326	5 326	IV	17 989	17 108	16 228	15 347	14 472	13 616
	VI	**24 939**	5 326	5 326							
79 271,99	I,IV	**18 884**	5 326	5 326	I	17 122	15 361	13 629	11 971	10 386	8 874
	II	**18 082**	5 326	5 326	II	16 321	14 564	12 865	11 240	9 689	8 211
	III	**12 266**	5 326	5 326	III	10 954	9 678	8 438	7 234	6 070	4 940
	V	**24 517**	5 326	5 326	IV	18 003	17 122	16 241	15 361	14 486	13 629
	VI	**24 953**	5 326	5 326							
79 307,99	I,IV	**18 897**	5 326	5 326	I	17 136	15 374	13 642	11 983	10 398	8 886
	II	**18 096**	5 326	5 326	II	16 335	14 578	12 879	11 253	9 701	8 222
	III	**12 276**	5 326	5 326	III	10 964	9 686	8 446	7 244	6 078	4 948
	V	**24 531**	5 326	5 326	IV	18 017	17 136	16 255	15 374	14 499	13 642
	VI	**24 966**	5 326	5 326							
79 343,99	I,IV	**18 911**	5 326	5 326	I	17 150	15 388	13 656	11 996	10 410	8 897
	II	**18 110**	5 326	5 326	II	16 348	14 591	12 892	11 265	9 713	8 233
	III	**12 286**	5 326	5 326	III	10 974	9 696	8 456	7 254	6 088	4 958
	V	**24 545**	5 326	5 326	IV	18 031	17 150	16 269	15 388	14 513	13 656
	VI	**24 980**	5 326	5 326							
79 379,99	I,IV	**18 925**	5 326	5 326	I	17 164	15 402	13 669	12 009	10 422	8 909
	II	**18 124**	5 326	5 326	II	16 362	14 605	12 905	11 278	9 725	8 245
	III	**12 298**	5 326	5 326	III	10 984	9 706	8 466	7 262	6 096	4 966
	V	**24 559**	5 326	5 326	IV	18 044	17 164	16 283	15 402	14 527	13 669
	VI	**24 994**	5 326	5 326							
79 415,99	I,IV	**18 939**	5 326	5 326	I	17 178	15 416	13 682	12 022	10 434	8 921
	II	**18 138**	5 326	5 326	II	16 376	14 619	12 918	11 290	9 737	8 256
	III	**12 308**	5 326	5 326	III	10 994	9 716	8 476	7 272	6 106	4 974
	V	**24 573**	5 326	5 326	IV	18 058	17 178	16 297	15 416	14 540	13 682
	VI	**25 008**	5 326	5 326							
79 451,99	I,IV	**18 953**	5 326	5 326	I	17 192	15 430	13 696	12 035	10 447	8 933
	II	**18 152**	5 326	5 326	II	16 390	14 633	12 931	11 303	9 749	8 268
	III	**12 318**	5 326	5 326	III	11 004	9 726	8 486	7 282	6 114	4 984
	V	**24 587**	5 326	5 326	IV	18 073	17 192	16 311	15 430	14 554	13 696
	VI	**25 022**	5 326	5 326							
79 487,99	I,IV	**18 967**	5 326	5 326	I	17 206	15 444	13 710	12 048	10 459	8 944
	II	**18 166**	5 326	5 326	II	16 404	14 646	12 944	11 316	9 761	8 279
	III	**12 328**	5 326	5 326	III	11 014	9 736	8 496	7 290	6 124	4 992
	V	**24 601**	5 326	5 326	IV	18 086	17 206	16 325	15 444	14 568	13 710
	VI	**25 036**	5 326	5 326							

* Zur LSt-Berechnung für privat versicherte Arbeitnehmer s. Beispiele **Vorbemerkung S. 4 f.**
** Basisvorsorgepauschale KV und PV *** Typisierter Arbeitgeberzuschuss

Lohn/ Gehalt in € bis	Steuerklasse	Lohn- steuer*	BVSP**	TAGZ***	Steuerklasse	Bemessungsgrundlage für Kirchensteuer und Solidaritätszuschlag					
						Freibeträge für ... Kinder					
						0,5	**1,0**	1,5	**2,0**	2,5	**3,0**
79 523,99	I,IV	**18 981**	5 326	5 326	I	17 220	15 458	13 723	12 060	10 471	8 956
	II	**18 180**	5 326	5 326	II	16 418	14 660	12 958	11 328	9 773	8 291
	III	**12 340**	5 326	5 326	III	11 024	9 746	8 506	7 300	6 132	5 002
	V	**24 615**	5 326	5 326	IV	18 100	17 220	16 339	15 458	14 582	13 723
	VI	**25 050**	5 326	5 326							
79 559,99	I,IV	**18 995**	5 326	5 326	I	17 233	15 472	13 736	12 073	10 484	8 967
	II	**18 194**	5 326	5 326	II	16 432	14 674	12 971	11 341	9 785	8 302
	III	**12 350**	5 326	5 326	III	11 034	9 756	8 514	7 310	6 142	5 010
	V	**24 629**	5 326	5 326	IV	18 114	17 233	16 353	15 472	14 595	13 736
	VI	**25 064**	5 326	5 326							
79 595,99	I,IV	**19 009**	5 326	5 326	I	17 247	15 486	13 750	12 086	10 496	8 979
	II	**18 207**	5 326	5 326	II	16 446	14 687	12 984	11 353	9 797	8 313
	III	**12 360**	5 326	5 326	III	11 046	9 766	8 524	7 320	6 150	5 018
	V	**24 643**	5 326	5 326	IV	18 128	17 247	16 367	15 486	14 609	13 750
	VI	**25 078**	5 326	5 326							
79 631,99	I,IV	**19 023**	5 326	5 326	I	17 262	15 500	13 763	12 099	10 508	8 991
	II	**18 222**	5 326	5 326	II	16 460	14 702	12 997	11 366	9 809	8 325
	III	**12 372**	5 326	5 326	III	11 056	9 776	8 534	7 328	6 160	5 028
	V	**24 657**	5 326	5 326	IV	18 142	17 262	16 381	15 500	14 623	13 763
	VI	**25 092**	5 326	5 326							
79 667,99	I,IV	**19 037**	5 326	5 326	I	17 275	15 514	13 777	12 112	10 521	9 003
	II	**18 236**	5 326	5 326	II	16 474	14 715	13 010	11 379	9 821	8 337
	III	**12 382**	5 326	5 326	III	11 066	9 786	8 544	7 338	6 168	5 036
	V	**24 671**	5 326	5 326	IV	18 156	17 275	16 395	15 514	14 637	13 777
	VI	**25 106**	5 326	5 326							
79 703,99	I,IV	**19 051**	5 326	5 326	I	17 289	15 528	13 790	12 125	10 533	9 014
	II	**18 249**	5 326	5 326	II	16 488	14 729	13 023	11 391	9 833	8 348
	III	**12 392**	5 326	5 326	III	11 076	9 796	8 554	7 348	6 178	5 046
	V	**24 685**	5 326	5 326	IV	18 170	17 289	16 409	15 528	14 651	13 790
	VI	**25 120**	5 326	5 326							
79 739,99	I,IV	**19 065**	5 326	5 326	I	17 303	15 542	13 804	12 138	10 545	9 026
	II	**18 263**	5 326	5 326	II	16 502	14 743	13 037	11 404	9 845	8 359
	III	**12 402**	5 326	5 326	III	11 086	9 806	8 564	7 356	6 186	5 054
	V	**24 698**	5 326	5 326	IV	18 184	17 303	16 422	15 542	14 664	13 804
	VI	**25 134**	5 326	5 326							
79 775,99	I,IV	**19 078**	5 326	5 326	I	17 317	15 556	13 817	12 150	10 557	9 038
	II	**18 277**	5 326	5 326	II	16 516	14 756	13 050	11 417	9 857	8 371
	III	**12 414**	5 326	5 326	III	11 096	9 816	8 572	7 366	6 196	5 062
	V	**24 712**	5 326	5 326	IV	18 198	17 317	16 436	15 556	14 678	13 817
	VI	**25 147**	5 326	5 326							
79 811,99	I,IV	**19 093**	5 326	5 326	I	17 331	15 570	13 831	12 164	10 570	9 050
	II	**18 291**	5 326	5 326	II	16 530	14 771	13 063	11 430	9 869	8 382
	III	**12 424**	5 326	5 326	III	11 108	9 826	8 582	7 376	6 206	5 072
	V	**24 727**	5 326	5 326	IV	18 212	17 331	16 451	15 570	14 692	13 831
	VI	**25 162**	5 326	5 326							
79 847,99	I,IV	**19 107**	5 326	5 326	I	17 345	15 584	13 844	12 177	10 582	9 061
	II	**18 305**	5 326	5 326	II	16 544	14 784	13 076	11 442	9 881	8 394
	III	**12 434**	5 326	5 326	III	11 118	9 836	8 592	7 384	6 214	5 080
	V	**24 740**	5 326	5 326	IV	18 226	17 345	16 464	15 584	14 706	13 844
	VI	**25 176**	5 326	5 326							
79 883,99	I,IV	**19 120**	5 326	5 326	I	17 359	15 598	13 858	12 189	10 594	9 073
	II	**18 319**	5 326	5 326	II	16 558	14 798	13 090	11 455	9 893	8 405
	III	**12 446**	5 326	5 326	III	11 128	9 846	8 602	7 394	6 224	5 090
	V	**24 754**	5 326	5 326	IV	18 240	17 359	16 478	15 598	14 719	13 858
	VI	**25 189**	5 326	5 326							
79 919,99	I,IV	**19 134**	5 326	5 326	I	17 373	15 611	13 871	12 202	10 607	9 085
	II	**18 333**	5 326	5 326	II	16 571	14 812	13 103	11 467	9 905	8 417
	III	**12 456**	5 326	5 326	III	11 138	9 856	8 612	7 404	6 232	5 098
	V	**24 768**	5 326	5 326	IV	18 254	17 373	16 492	15 611	14 733	13 871
	VI	**25 203**	5 326	5 326							

* Zur LSt-Berechnung für privat versicherte Arbeitnehmer s. Beispiele **Vorbemerkung S. 4 f.**
** Basisvorsorgepauschale KV und PV *** Typisierter Arbeitgeberzuschuss

Lohn/ Gehalt in € bis	Steuerklasse	Lohn-steuer*	BVSP**	TAGZ***	Steuerklasse	Bemessungsgrundlage für Kirchensteuer und Solidaritätszuschlag – Freibeträge für ... Kinder 0,5	1,0	1,5	2,0	2,5	3,0
79 955,99	I,IV	**19 148**	5 326	5 326	I	17 387	15 625	13 885	12 215	10 619	9 096
	II	**18 347**	5 326	5 326	II	16 585	14 825	13 116	11 480	9 917	8 428
	III	**12 466**	5 326	5 326	III	11 148	9 866	8 622	7 414	6 242	5 108
	V	**24 782**	5 326	5 326	IV	18 267	17 387	16 506	15 625	14 747	13 885
	VI	**25 217**	5 326	5 326							
79 991,99	I,IV	**19 162**	5 326	5 326	I	17 401	15 639	13 898	12 228	10 631	9 108
	II	**18 361**	5 326	5 326	II	16 599	14 839	13 129	11 492	9 929	8 440
	III	**12 476**	5 326	5 326	III	11 158	9 876	8 630	7 422	6 250	5 116
	V	**24 796**	5 326	5 326	IV	18 281	17 401	16 520	15 639	14 761	13 898
	VI	**25 231**	5 326	5 326							
80 027,99	I,IV	**19 176**	5 326	5 326	I	17 415	15 653	13 912	12 241	10 644	9 120
	II	**18 375**	5 326	5 326	II	16 613	14 853	13 143	11 505	9 942	8 451
	III	**12 488**	5 326	5 326	III	11 168	9 886	8 640	7 432	6 260	5 124
	V	**24 810**	5 326	5 326	IV	18 296	17 415	16 534	15 653	14 775	13 912
	VI	**25 245**	5 326	5 326							
80 063,99	I,IV	**19 190**	5 326	5 326	I	17 429	15 667	13 925	12 254	10 656	9 132
	II	**18 389**	5 326	5 326	II	16 627	14 867	13 156	11 518	9 954	8 463
	III	**12 498**	5 326	5 326	III	11 180	9 896	8 650	7 442	6 270	5 134
	V	**24 824**	5 326	5 326	IV	18 309	17 429	16 548	15 667	14 788	13 925
	VI	**25 259**	5 326	5 326							
80 099,99	I,IV	**19 204**	5 326	5 326	I	17 443	15 681	13 939	12 267	10 669	9 144
	II	**18 403**	5 326	5 326	II	16 641	14 881	13 169	11 531	9 966	8 474
	III	**12 508**	5 326	5 326	III	11 188	9 906	8 660	7 450	6 278	5 142
	V	**24 838**	5 326	5 326	IV	18 323	17 443	16 562	15 681	14 802	13 939
	VI	**25 273**	5 326	5 326							
80 135,99	I,IV	**19 218**	5 326	5 326	I	17 456	15 695	13 952	12 280	10 681	9 155
	II	**18 417**	5 326	5 326	II	16 655	14 895	13 182	11 543	9 978	8 486
	III	**12 520**	5 326	5 326	III	11 200	9 916	8 670	7 460	6 288	5 152
	V	**24 852**	5 326	5 326	IV	18 337	17 456	16 576	15 695	14 816	13 952
	VI	**25 287**	5 326	5 326							
80 171,99	I,IV	**19 232**	5 326	5 326	I	17 470	15 709	13 966	12 293	10 693	9 167
	II	**18 430**	5 326	5 326	II	16 669	14 908	13 195	11 556	9 990	8 497
	III	**12 530**	5 326	5 326	III	11 210	9 926	8 680	7 470	6 296	5 160
	V	**24 866**	5 326	5 326	IV	18 351	17 470	16 590	15 709	14 830	13 966
	VI	**25 301**	5 326	5 326							
80 207,99	I,IV	**19 246**	5 326	5 326	I	17 485	15 723	13 979	12 306	10 706	9 179
	II	**18 445**	5 326	5 326	II	16 683	14 923	13 209	11 569	10 002	8 509
	III	**12 540**	5 326	5 326	III	11 220	9 936	8 690	7 480	6 306	5 168
	V	**24 880**	5 326	5 326	IV	18 365	17 485	16 604	15 723	14 844	13 979
	VI	**25 315**	5 326	5 326							
80 243,99	I,IV	**19 260**	5 326	5 326	I	17 498	15 737	13 993	12 319	10 718	9 191
	II	**18 459**	5 326	5 326	II	16 697	14 936	13 222	11 581	10 014	8 520
	III	**12 552**	5 326	5 326	III	11 230	9 946	8 700	7 488	6 316	5 178
	V	**24 894**	5 326	5 326	IV	18 379	17 498	16 618	15 737	14 858	13 993
	VI	**25 329**	5 326	5 326							
80 279,99	I,IV	**19 274**	5 326	5 326	I	17 512	15 751	14 006	12 332	10 730	9 203
	II	**18 472**	5 326	5 326	II	16 711	14 950	13 235	11 594	10 026	8 532
	III	**12 562**	5 326	5 326	III	11 240	9 956	8 708	7 498	6 324	5 186
	V	**24 908**	5 326	5 326	IV	18 393	17 512	16 632	15 751	14 871	14 006
	VI	**25 343**	5 326	5 326							
80 315,99	I,IV	**19 288**	5 326	5 326	I	17 526	15 765	14 020	12 345	10 743	9 214
	II	**18 486**	5 326	5 326	II	16 725	14 964	13 249	11 607	10 038	8 543
	III	**12 572**	5 326	5 326	III	11 252	9 966	8 718	7 508	6 334	5 196
	V	**24 921**	5 326	5 326	IV	18 407	17 526	16 645	15 765	14 885	14 020
	VI	**25 357**	5 326	5 326							
80 351,99	I,IV	**19 301**	5 326	5 326	I	17 540	15 779	14 033	12 357	10 755	9 226
	II	**18 500**	5 326	5 326	II	16 739	14 978	13 262	11 619	10 050	8 555
	III	**12 582**	5 326	5 326	III	11 260	9 976	8 728	7 516	6 342	5 204
	V	**24 935**	5 326	5 326	IV	18 421	17 540	16 659	15 779	14 899	14 033
	VI	**25 370**	5 326	5 326							

* Zur LSt-Berechnung für privat versicherte Arbeitnehmer s. Beispiele **Vorbemerkung S. 4 f.**
** Basisvorsorgepauschale KV und PV *** Typisierter Arbeitgeberzuschuss

Lohn/ Gehalt in € bis	Steuerklasse	Lohnsteuer*	BVSP**	TAGZ***	Steuerklasse	Bemessungsgrundlage für Kirchensteuer und Solidaritätszuschlag – Freibeträge für ... Kinder 0,5	1,0	1,5	2,0	2,5	3,0
80 387,99 West	I,IV	**19 316**	5 326	5 326	I	17 554	15 793	14 047	12 371	10 768	9 238
	II	**18 514**	5 326	5 326	II	16 753	14 992	13 275	11 632	10 063	8 567
	III	**12 594**	5 326	5 326	III	11 272	9 986	8 738	7 526	6 352	5 214
	V	**24 950**	5 326	5 326	IV	18 435	17 554	16 674	15 793	14 913	14 047
	VI	**25 385**	5 326	5 326							
80 387,99 Ost	I,IV	**19 316**	5 326	5 326	I	17 554	15 793	14 047	12 371	10 768	9 238
	II	**18 514**	5 326	5 326	II	16 753	14 992	13 275	11 632	10 063	8 567
	III	**12 594**	5 326	5 326	III	11 272	9 986	8 738	7 526	6 352	5 214
	V	**24 950**	5 326	5 326	IV	18 435	17 554	16 674	15 793	14 913	14 047
	VI	**25 385**	5 326	5 326							
80 423,99 West	I,IV	**19 330**	5 326	5 326	I	17 568	15 807	14 061	12 384	10 780	9 250
	II	**18 528**	5 326	5 326	II	16 767	15 006	13 289	11 645	10 075	8 578
	III	**12 604**	5 326	5 326	III	11 282	9 996	8 748	7 536	6 360	5 222
	V	**24 963**	5 326	5 326	IV	18 449	17 568	16 687	15 807	14 927	14 061
	VI	**25 399**	5 326	5 326							
80 423,99 Ost	I,IV	**19 330**	5 326	5 326	I	17 569	15 808	14 061	12 384	10 781	9 251
	II	**18 529**	5 326	5 326	II	16 768	15 007	13 289	11 646	10 076	8 579
	III	**12 604**	5 326	5 326	III	11 282	9 998	8 748	7 536	6 362	5 222
	V	**24 964**	5 326	5 326	IV	18 450	17 569	16 688	15 808	14 928	14 061
	VI	**25 399**	5 326	5 326							
80 459,99 West	I,IV	**19 343**	5 326	5 326	I	17 582	15 821	14 074	12 397	10 792	9 262
	II	**18 542**	5 326	5 326	II	16 781	15 020	13 302	11 658	10 087	8 590
	III	**12 614**	5 326	5 326	III	11 292	10 006	8 758	7 546	6 370	5 230
	V	**24 977**	5 326	5 326	IV	18 463	17 582	16 701	15 821	14 941	14 074
	VI	**25 412**	5 326	5 326							
80 459,99 Ost	I,IV	**19 346**	5 326	5 326	I	17 584	15 823	14 076	12 398	10 794	9 263
	II	**18 544**	5 326	5 326	II	16 783	15 022	13 304	11 660	10 089	8 591
	III	**12 616**	5 326	5 326	III	11 294	10 008	8 760	7 546	6 372	5 232
	V	**24 979**	5 326	5 326	IV	18 465	17 584	16 703	15 823	14 943	14 076
	VI	**25 415**	5 326	5 326							
80 495,99 West	I,IV	**19 357**	5 326	5 326	I	17 596	15 834	14 088	12 409	10 805	9 273
	II	**18 556**	5 326	5 326	II	16 795	15 033	13 315	11 670	10 099	8 601
	III	**12 626**	5 326	5 326	III	11 302	10 016	8 768	7 554	6 380	5 240
	V	**24 991**	5 326	5 326	IV	18 477	17 596	16 715	15 834	14 954	14 088
	VI	**25 426**	5 326	5 326							
80 495,99 Ost	I,IV	**19 361**	5 326	5 326	I	17 599	15 838	14 091	12 413	10 808	9 276
	II	**18 559**	5 326	5 326	II	16 798	15 037	13 318	11 673	10 102	8 604
	III	**12 628**	5 326	5 326	III	11 306	10 020	8 770	7 558	6 382	5 242
	V	**24 995**	5 326	5 326	IV	18 480	17 599	16 718	15 838	14 958	14 091
	VI	**25 430**	5 326	5 326							
80 531,99 West	I,IV	**19 371**	5 326	5 326	I	17 610	15 848	14 101	12 422	10 817	9 285
	II	**18 570**	5 326	5 326	II	16 808	15 047	13 328	11 683	10 111	8 613
	III	**12 636**	5 326	5 326	III	11 312	10 026	8 776	7 564	6 388	5 248
	V	**25 005**	5 326	5 326	IV	18 490	17 610	16 729	15 848	14 968	14 101
	VI	**25 440**	5 326	5 326							
80 531,99 Ost	I,IV	**19 376**	5 326	5 326	I	17 614	15 853	14 106	12 427	10 821	9 289
	II	**18 574**	5 326	5 326	II	16 813	15 052	13 333	11 687	10 115	8 616
	III	**12 640**	5 326	5 326	III	11 316	10 030	8 780	7 568	6 392	5 252
	V	**25 010**	5 326	5 326	IV	18 495	17 614	16 734	15 853	14 973	14 106
	VI	**25 445**	5 326	5 326							
80 567,99 West	I,IV	**19 385**	5 326	5 326	I	17 624	15 862	14 115	12 435	10 829	9 297
	II	**18 584**	5 326	5 326	II	16 822	15 061	13 342	11 696	10 123	8 624
	III	**12 646**	5 326	5 326	III	11 324	10 036	8 786	7 574	6 398	5 258
	V	**25 019**	5 326	5 326	IV	18 504	17 624	16 743	15 862	14 982	14 115
	VI	**25 454**	5 326	5 326							
80 567,99 Ost	I,IV	**19 391**	5 326	5 326	I	17 629	15 868	14 120	12 441	10 835	9 302
	II	**18 590**	5 326	5 326	II	16 828	15 067	13 347	11 701	10 128	8 629
	III	**12 650**	5 326	5 326	III	11 328	10 040	8 790	7 578	6 402	5 262
	V	**25 025**	5 326	5 326	IV	18 510	17 629	16 749	15 868	14 988	14 120
	VI	**25 460**	5 326	5 326							

* Zur LSt-Berechnung für privat versicherte Arbeitnehmer s. Beispiele **Vorbemerkung S. 4f.**
** Basisvorsorgepauschale KV und PV *** Typisierter Arbeitgeberzuschuss

Lohn/ Gehalt in € bis	Steuerklasse	Lohn-steuer*	BVSP**	TAGZ***	Steuerklasse	Bemessungsgrundlage für Kirchensteuer und Solidaritätszuschlag					
						Freibeträge für ... Kinder					
						0,5	**1,0**	1,5	**2,0**	2,5	**3,0**
80603,99	I,IV	**19399**	5326	5326	I	17638	15876	14129	12449	10842	9309
West	II	**18598**	5326	5326	II	16837	15075	13355	11709	10136	8636
	III	**12658**	5326	5326	III	11334	10046	8796	7584	6406	5266
	V	**25033**	5326	5326	IV	18519	17638	16757	15876	14996	14129
	VI	**25468**	5326	5326							
80603,99	I,IV	**19406**	5326	5326	I	17645	15883	14135	12455	10848	9315
Ost	II	**18605**	5326	5326	II	16843	15082	13362	11715	10141	8642
	III	**12662**	5326	5326	III	11338	10052	8802	7588	6412	5270
	V	**25040**	5326	5326	IV	18525	17645	16764	15883	15003	14135
	VI	**25475**	5326	5326							
80639,99	I,IV	**19413**	5326	5326	I	17652	15890	14142	12462	10854	9321
West	II	**18612**	5326	5326	II	16850	15089	13368	11721	10148	8647
	III	**12668**	5326	5326	III	11344	10056	8806	7592	6416	5276
	V	**25047**	5326	5326	IV	18532	17652	16771	15890	15010	14142
	VI	**25482**	5326	5326							
80639,99	I,IV	**19421**	5326	5326	I	17660	15898	14150	12469	10862	9328
Ost	II	**18620**	5326	5326	II	16858	15097	13376	11729	10155	8654
	III	**12674**	5326	5326	III	11350	10062	8812	7598	6420	5280
	V	**25055**	5326	5326	IV	18540	17660	16779	15898	15018	14150
	VI	**25490**	5326	5326							
80675,99	I,IV	**19427**	5326	5326	I	17666	15904	14156	12474	10867	9333
West	II	**18626**	5326	5326	II	16864	15103	13382	11734	10160	8659
	III	**12678**	5326	5326	III	11354	10066	8816	7602	6424	5284
	V	**25061**	5326	5326	IV	18546	17666	16785	15904	15024	14156
	VI	**25496**	5326	5326							
80675,99	I,IV	**19436**	5326	5326	I	17675	15913	14165	12483	10875	9340
Ost	II	**18635**	5326	5326	II	16873	15112	13391	11742	10168	8667
	III	**12686**	5326	5326	III	11362	10074	8822	7608	6430	5290
	V	**25070**	5326	5326	IV	18556	17675	16794	15913	15033	14165
	VI	**25505**	5326	5326							
80711,99	I,IV	**19441**	5326	5326	I	17679	15918	14169	12487	10879	9344
West	II	**18640**	5326	5326	II	16878	15117	13395	11747	10172	8671
	III	**12688**	5326	5326	III	11364	10076	8826	7612	6434	5292
	V	**25075**	5326	5326	IV	18560	17679	16799	15918	15038	14169
	VI	**25510**	5326	5326							
80711,99	I,IV	**19451**	5326	5326	I	17690	15928	14179	12497	10889	9353
Ost	II	**18650**	5326	5326	II	16889	15127	13405	11756	10181	8679
	III	**12698**	5326	5326	III	11372	10084	8834	7618	6440	5300
	V	**25085**	5326	5326	IV	18571	17690	16809	15928	15048	14179
	VI	**25520**	5326	5326							
80747,99	I,IV	**19455**	5326	5326	I	17693	15932	14183	12500	10892	9356
West	II	**18653**	5326	5326	II	16892	15131	13408	11759	10184	8682
	III	**12700**	5326	5326	III	11374	10086	8836	7620	6444	5302
	V	**25089**	5326	5326	IV	18574	17693	16813	15932	15051	14183
	VI	**25524**	5326	5326							
80747,99	I,IV	**19467**	5326	5326	I	17705	15944	14194	12511	10902	9366
Ost	II	**18665**	5326	5326	II	16904	15142	13419	11770	10194	8692
	III	**12708**	5326	5326	III	11384	10096	8844	7628	6450	5310
	V	**25100**	5326	5326	IV	18586	17705	16824	15944	15063	14194
	VI	**25536**	5326	5326							
80783,99	I,IV	**19469**	5326	5326	I	17708	15946	14197	12514	10904	9368
West	II	**18668**	5326	5326	II	16906	15145	13422	11772	10196	8694
	III	**12710**	5326	5326	III	11386	10098	8846	7630	6452	5312
	V	**25103**	5326	5326	IV	18588	17708	16827	15946	15066	14197
	VI	**25538**	5326	5326							
80783,99	I,IV	**19482**	5326	5326	I	17720	15959	14209	12525	10916	9379
Ost	II	**18680**	5326	5326	II	16919	15157	13434	11784	10207	8704
	III	**12720**	5326	5326	III	11394	10106	8854	7640	6460	5320
	V	**25116**	5326	5326	IV	18601	17720	16839	15959	15078	14209
	VI	**25551**	5326	5326							

* Zur LSt-Berechnung für privat versicherte Arbeitnehmer s. Beispiele **Vorbemerkung S. 4f.**
** Basisvorsorgepauschale KV und PV *** Typisierter Arbeitgeberzuschuss

Lohn/ Gehalt in € bis	Steuerklasse	Lohn-steuer*	BVSP**	TAGZ***	Steuerklasse	Bemessungsgrundlage für Kirchensteuer und Solidaritätszuschlag – Freibeträge für ... Kinder 0,5	**1,0**	1,5	**2,0**	2,5	**3,0**
80819,99 West	I,IV	**19483**	5326	5326	I	17721	15960	14210	12527	10917	9380
	II	**18682**	5326	5326	II	16920	15159	13435	11785	10209	8705
	III	**12720**	5326	5326	III	11396	10106	8854	7640	6462	5320
	V	**25117**	5326	5326	IV	18602	17721	16841	15960	15079	14210
	VI	**25552**	5326	5326							
80819,99 Ost	I,IV	**19497**	5326	5326	I	17735	15974	14224	12540	10929	9392
	II	**18695**	5326	5326	II	16934	15172	13448	11798	10221	8717
	III	**12732**	5326	5326	III	11406	10118	8864	7650	6470	5328
	V	**25131**	5326	5326	IV	18616	17735	16855	15974	15093	14224
	VI	**25566**	5326	5326							
80855,99 West	I,IV	**19497**	5326	5326	I	17735	15974	14224	12540	10929	9392
	II	**18695**	5326	5326	II	16934	15172	13448	11798	10221	8717
	III	**12732**	5326	5326	III	11406	10118	8864	7650	6470	5328
	V	**25131**	5326	5326	IV	18616	17735	16855	15974	15093	14224
	VI	**25566**	5326	5326							
80855,99 Ost	I,IV	**19512**	5326	5326	I	17750	15989	14238	12554	10943	9405
	II	**18711**	5326	5326	II	16949	15188	13463	11812	10234	8730
	III	**12744**	5326	5326	III	11418	10128	8876	7660	6480	5338
	V	**25146**	5326	5326	IV	18631	17750	16870	15989	15108	14238
	VI	**25581**	5326	5326							
80891,99 West	I,IV	**19511**	5326	5326	I	17749	15988	14237	12553	10941	9404
	II	**18709**	5326	5326	II	16948	15186	13462	11810	10233	8729
	III	**12742**	5326	5326	III	11416	10126	8874	7658	6480	5338
	V	**25145**	5326	5326	IV	18630	17749	16868	15988	15107	14237
	VI	**25580**	5326	5326							
80891,99 Ost	I,IV	**19527**	5326	5326	I	17766	16004	14253	12568	10956	9418
	II	**18726**	5326	5326	II	16964	15203	13477	11826	10247	8742
	III	**12754**	5326	5326	III	11428	10138	8886	7670	6490	5348
	V	**25161**	5326	5326	IV	18646	17766	16885	16004	15123	14253
	VI	**25596**	5326	5326							
80927,99 West	I,IV	**19525**	5326	5326	I	17763	16002	14251	12566	10954	9416
	II	**18723**	5326	5326	II	16962	15200	13475	11823	10245	8740
	III	**12752**	5326	5326	III	11426	10138	8884	7668	6490	5346
	V	**25158**	5326	5326	IV	18644	17763	16882	16002	15121	14251
	VI	**25593**	5326	5326							
80927,99 Ost	I,IV	**19542**	5326	5326	I	17781	16019	14268	12582	10970	9431
	II	**18741**	5326	5326	II	16979	15218	13492	11839	10260	8755
	III	**12766**	5326	5326	III	11440	10150	8896	7680	6500	5358
	V	**25176**	5326	5326	IV	18661	17781	16900	16019	15138	14268
	VI	**25611**	5326	5326							
80963,99 West	I,IV	**19539**	5326	5326	I	17777	16016	14265	12579	10967	9428
	II	**18737**	5326	5326	II	16976	15214	13489	11836	10257	8752
	III	**12764**	5326	5326	III	11438	10148	8894	7678	6498	5356
	V	**25173**	5326	5326	IV	18658	17777	16897	16016	15135	14265
	VI	**25608**	5326	5326							
80963,99 Ost	I,IV	**19557**	5326	5326	I	17796	16034	14283	12596	10983	9444
	II	**18756**	5326	5326	II	16994	15233	13506	11853	10274	8767
	III	**12778**	5326	5326	III	11450	10160	8908	7690	6510	5368
	V	**25191**	5326	5326	IV	18677	17796	16915	16034	15154	14283
	VI	**25626**	5326	5326							
80999,99 West	I,IV	**19553**	5326	5326	I	17791	16030	14278	12592	10979	9440
	II	**18751**	5326	5326	II	16990	15228	13502	11849	10270	8764
	III	**12774**	5326	5326	III	11448	10158	8904	7688	6508	5364
	V	**25187**	5326	5326	IV	18672	17791	16910	16030	15149	14278
	VI	**25622**	5326	5326							
80999,99 Ost	I,IV	**19572**	5326	5326	I	17811	16049	14298	12610	10997	9456
	II	**18771**	5326	5326	II	17010	15248	13521	11867	10287	8780
	III	**12790**	5326	5326	III	11462	10172	8918	7700	6520	5378
	V	**25206**	5326	5326	IV	18692	17811	16930	16049	15169	14298
	VI	**25641**	5326	5326							

* Zur LSt-Berechnung für privat versicherte Arbeitnehmer s. Beispiele **Vorbemerkung S. 4f.**
** Basisvorsorgepauschale KV und PV *** Typisierter Arbeitgeberzuschuss

Lohn/ Gehalt in € bis	Steuerklasse	Lohn-steuer*	BVSP**	TAGZ***	Steuerklasse	Bemessungsgrundlage für Kirchensteuer und Solidaritätszuschlag – Freibeträge für ... Kinder 0,5	1,0	1,5	2,0	2,5	3,0
81 035,99 West	I,IV	**19 567**	5 326	5 326	I	17 805	16 044	14 292	12 605	10 991	9 451
	II	**18 765**	5 326	5 326	II	17 004	15 242	13 515	11 862	10 282	8 775
	III	**12 784**	5 326	5 326	III	11 458	10 168	8 914	7 696	6 516	5 374
	V	**25 200**	5 326	5 326	IV	18 686	17 805	16 924	16 044	15 163	14 292
	VI	**25 635**	5 326	5 326							
81 035,99 Ost	I,IV	**19 588**	5 326	5 326	I	17 826	16 065	14 312	12 625	11 010	9 469
	II	**18 786**	5 326	5 326	II	17 025	15 263	13 535	11 881	10 300	8 793
	III	**12 800**	5 326	5 326	III	11 474	10 182	8 928	7 712	6 530	5 386
	V	**25 221**	5 326	5 326	IV	18 707	17 826	16 945	16 065	15 184	14 312
	VI	**25 656**	5 326	5 326							
81 071,99 West	I,IV	**19 580**	5 326	5 326	I	17 819	16 057	14 305	12 618	11 004	9 463
	II	**18 779**	5 326	5 326	II	17 018	15 256	13 529	11 874	10 294	8 787
	III	**12 796**	5 326	5 326	III	11 468	10 178	8 924	7 706	6 526	5 382
	V	**25 214**	5 326	5 326	IV	18 700	17 819	16 938	16 057	15 177	14 305
	VI	**25 649**	5 326	5 326							
81 071,99 Ost	I,IV	**19 603**	5 326	5 326	I	17 841	16 080	14 327	12 639	11 024	9 482
	II	**18 801**	5 326	5 326	II	17 040	15 278	13 550	11 895	10 313	8 805
	III	**12 812**	5 326	5 326	III	11 484	10 194	8 940	7 722	6 540	5 396
	V	**25 236**	5 326	5 326	IV	18 722	17 841	16 960	16 080	15 199	14 327
	VI	**25 672**	5 326	5 326							
81 107,99 West	I,IV	**19 594**	5 326	5 326	I	17 833	16 071	14 319	12 631	11 016	9 475
	II	**18 793**	5 326	5 326	II	17 031	15 270	13 542	11 887	10 306	8 798
	III	**12 806**	5 326	5 326	III	11 478	10 188	8 934	7 716	6 536	5 392
	V	**25 228**	5 326	5 326	IV	18 713	17 833	16 952	16 071	15 191	14 319
	VI	**25 663**	5 326	5 326							
81 107,99 Ost	I,IV	**19 618**	5 326	5 326	I	17 856	16 095	14 342	12 653	11 037	9 495
	II	**18 816**	5 326	5 326	II	17 055	15 293	13 564	11 909	10 327	8 818
	III	**12 824**	5 326	5 326	III	11 496	10 204	8 950	7 732	6 550	5 406
	V	**25 252**	5 326	5 326	IV	18 737	17 856	16 976	16 095	15 214	14 342
	VI	**25 687**	5 326	5 326							
81 143,99 West	I,IV	**19 608**	5 326	5 326	I	17 847	16 085	14 333	12 644	11 029	9 487
	II	**18 807**	5 326	5 326	II	17 045	15 284	13 555	11 900	10 318	8 810
	III	**12 816**	5 326	5 326	III	11 488	10 198	8 942	7 724	6 544	5 400
	V	**25 242**	5 326	5 326	IV	18 727	17 847	16 966	16 085	15 204	14 333
	VI	**25 677**	5 326	5 326							
81 143,99 Ost	I,IV	**19 633**	5 326	5 326	I	17 871	16 110	14 357	12 667	11 051	9 508
	II	**18 832**	5 326	5 326	II	17 070	15 309	13 579	11 923	10 340	8 831
	III	**12 836**	5 326	5 326	III	11 508	10 216	8 960	7 742	6 560	5 416
	V	**25 267**	5 326	5 326	IV	18 752	17 871	16 991	16 110	15 229	14 357
	VI	**25 702**	5 326	5 326							
81 179,99 West	I,IV	**19 622**	5 326	5 326	I	17 861	16 099	14 347	12 657	11 041	9 499
	II	**18 821**	5 326	5 326	II	17 060	15 298	13 569	11 913	10 331	8 822
	III	**12 828**	5 326	5 326	III	11 498	10 208	8 952	7 734	6 554	5 408
	V	**25 256**	5 326	5 326	IV	18 742	17 861	16 980	16 099	15 219	14 347
	VI	**25 691**	5 326	5 326							
81 179,99 Ost	I,IV	**19 648**	5 326	5 326	I	17 887	16 125	14 372	12 681	11 064	9 521
	II	**18 847**	5 326	5 326	II	17 085	15 324	13 594	11 937	10 353	8 843
	III	**12 848**	5 326	5 326	III	11 518	10 226	8 970	7 752	6 570	5 426
	V	**25 282**	5 326	5 326	IV	18 767	17 887	17 006	16 125	15 244	14 372
	VI	**25 717**	5 326	5 326							
81 215,99 West	I,IV	**19 636**	5 326	5 326	I	17 875	16 113	14 360	12 670	11 054	9 511
	II	**18 835**	5 326	5 326	II	17 073	15 312	13 582	11 926	10 343	8 833
	III	**12 838**	5 326	5 326	III	11 510	10 218	8 962	7 744	6 562	5 418
	V	**25 270**	5 326	5 326	IV	18 755	17 875	16 994	16 113	15 233	14 360
	VI	**25 705**	5 326	5 326							
81 215,99 Ost	I,IV	**19 663**	5 326	5 326	I	17 902	16 140	14 386	12 695	11 078	9 534
	II	**18 862**	5 326	5 326	II	17 100	15 339	13 608	11 951	10 366	8 856
	III	**12 858**	5 326	5 326	III	11 530	10 238	8 982	7 762	6 580	5 436
	V	**25 297**	5 326	5 326	IV	18 782	17 902	17 021	16 140	15 259	14 386
	VI	**25 732**	5 326	5 326							

* Zur LSt-Berechnung für privat versicherte Arbeitnehmer s. Beispiele **Vorbemerkung S. 4 f.**
** Basisvorsorgepauschale KV und PV *** Typisierter Arbeitgeberzuschuss

Lohn/ Gehalt in € bis	Steuerklasse	Lohn-steuer*	BVSP**	TAGZ***	Steuerklasse	Bemessungsgrundlage für Kirchensteuer und Solidaritätszuschlag					
						Freibeträge für ... Kinder					
						0,5	**1,0**	1,5	**2,0**	2,5	**3,0**
81 251,99	I,IV	**19 650**	5 326	5 326	I	17 889	16 127	14 374	12 683	11 066	9 523
West	II	**18 849**	5 326	5 326	II	17 087	15 326	13 596	11 939	10 355	8 845
	III	**12 848**	5 326	5 326	III	11 520	10 228	8 972	7 754	6 572	5 426
	V	**25 284**	5 326	5 326	IV	18 769	17 889	17 008	16 127	15 246	14 374
	VI	**25 719**	5 326	5 326							
81 251,99	I,IV	**19 678**	5 326	5 326	I	17 917	16 155	14 401	12 710	11 092	9 547
Ost	II	**18 877**	5 326	5 326	II	17 115	15 354	13 623	11 964	10 380	8 868
	III	**12 870**	5 326	5 326	III	11 540	10 248	8 992	7 772	6 590	5 444
	V	**25 312**	5 326	5 326	IV	18 797	17 917	17 036	16 155	15 275	14 401
	VI	**25 747**	5 326	5 326							
81 287,99	I,IV	**19 664**	5 326	5 326	I	17 902	16 141	14 387	12 696	11 079	9 535
West	II	**18 863**	5 326	5 326	II	17 101	15 340	13 609	11 951	10 367	8 857
	III	**12 860**	5 326	5 326	III	11 530	10 238	8 982	7 764	6 582	5 436
	V	**25 298**	5 326	5 326	IV	18 783	17 902	17 022	16 141	15 260	14 387
	VI	**25 733**	5 326	5 326							
81 287,99	I,IV	**19 693**	5 326	5 326	I	17 932	16 170	14 416	12 724	11 105	9 560
Ost	II	**18 892**	5 326	5 326	II	17 131	15 369	13 637	11 978	10 393	8 881
	III	**12 882**	5 326	5 326	III	11 552	10 260	9 002	7 784	6 600	5 454
	V	**25 327**	5 326	5 326	IV	18 813	17 932	17 051	16 170	15 290	14 416
	VI	**25 762**	5 326	5 326							
81 323,99	I,IV	**19 678**	5 326	5 326	I	17 916	16 155	14 401	12 709	11 091	9 547
West	II	**18 876**	5 326	5 326	II	17 115	15 353	13 622	11 964	10 379	8 868
	III	**12 870**	5 326	5 326	III	11 540	10 248	8 992	7 772	6 590	5 444
	V	**25 312**	5 326	5 326	IV	18 797	17 916	17 036	16 155	15 274	14 401
	VI	**25 747**	5 326	5 326							
81 323,99	I,IV	**19 708**	5 326	5 326	I	17 947	16 186	14 431	12 738	11 119	9 573
Ost	II	**18 907**	5 326	5 326	II	17 146	15 384	13 652	11 992	10 406	8 894
	III	**12 894**	5 326	5 326	III	11 564	10 270	9 014	7 794	6 610	5 464
	V	**25 342**	5 326	5 326	IV	18 828	17 947	17 066	16 186	15 305	14 431
	VI	**25 777**	5 326	5 326							
81 359,99	I,IV	**19 692**	5 326	5 326	I	17 931	16 169	14 415	12 723	11 104	9 559
West	II	**18 891**	5 326	5 326	II	17 129	15 368	13 636	11 977	10 392	8 880
	III	**12 880**	5 326	5 326	III	11 550	10 258	9 002	7 782	6 600	5 454
	V	**25 326**	5 326	5 326	IV	18 811	17 931	17 050	16 169	15 288	14 415
	VI	**25 761**	5 326	5 326							
81 359,99	I,IV	**19 724**	5 326	5 326	I	17 962	16 201	14 446	12 752	11 132	9 586
Ost	II	**18 922**	5 326	5 326	II	17 161	15 399	13 666	12 006	10 420	8 906
	III	**12 906**	5 326	5 326	III	11 574	10 280	9 024	7 804	6 620	5 474
	V	**25 357**	5 326	5 326	IV	18 843	17 962	17 081	16 201	15 320	14 446
	VI	**25 793**	5 326	5 326							
81 395,99	I,IV	**19 706**	5 326	5 326	I	17 944	16 183	14 428	12 736	11 116	9 571
West	II	**18 905**	5 326	5 326	II	17 143	15 382	13 649	11 990	10 404	8 892
	III	**12 892**	5 326	5 326	III	11 562	10 268	9 012	7 792	6 608	5 462
	V	**25 340**	5 326	5 326	IV	18 825	17 944	17 064	16 183	15 302	14 428
	VI	**25 775**	5 326	5 326							
81 395,99	I,IV	**19 739**	5 326	5 326	I	17 977	16 216	14 461	12 767	11 146	9 599
Ost	II	**18 937**	5 326	5 326	II	17 176	15 414	13 681	12 020	10 433	8 919
	III	**12 916**	5 326	5 326	III	11 586	10 292	9 034	7 814	6 630	5 484
	V	**25 373**	5 326	5 326	IV	18 858	17 977	17 096	16 216	15 335	14 461
	VI	**25 808**	5 326	5 326							
81 431,99	I,IV	**19 720**	5 326	5 326	I	17 958	16 197	14 442	12 749	11 129	9 583
West	II	**18 918**	5 326	5 326	II	17 157	15 395	13 663	12 003	10 416	8 903
	III	**12 902**	5 326	5 326	III	11 572	10 278	9 022	7 802	6 618	5 472
	V	**25 354**	5 326	5 326	IV	18 839	17 958	17 078	16 197	15 316	14 442
	VI	**25 789**	5 326	5 326							
81 431,99	I,IV	**19 754**	5 326	5 326	I	17 992	16 231	14 476	12 781	11 159	9 612
Ost	II	**18 952**	5 326	5 326	II	17 191	15 430	13 695	12 034	10 446	8 932
	III	**12 928**	5 326	5 326	III	11 598	10 302	9 046	7 824	6 640	5 494
	V	**25 388**	5 326	5 326	IV	18 873	17 992	17 112	16 231	15 350	14 476
	VI	**25 823**	5 326	5 326							

* Zur LSt-Berechnung für privat versicherte Arbeitnehmer s. Beispiele **Vorbemerkung S. 4 f.**
** Basisvorsorgepauschale KV und PV *** Typisierter Arbeitgeberzuschuss

Lohn/ Gehalt in € bis	Steuerklasse	Lohn-steuer*	BVSP**	TAGZ***	Steuerklasse	Bemessungsgrundlage für Kirchensteuer und Solidaritätszuschlag – Freibeträge für ... Kinder 0,5	**1,0**	1,5	**2,0**	2,5	**3,0**
81 467,99	I,IV	**19 734**	5 326	5 326	I	17 972	16 211	14 456	12 762	11 141	9 594
West	II	**18 932**	5 326	5 326	II	17 171	15 409	13 676	12 015	10 428	8 915
	III	**12 912**	5 326	5 326	III	11 582	10 288	9 032	7 810	6 628	5 480
	V	**25 368**	5 326	5 326	IV	18 853	17 972	17 091	16 211	15 330	14 456
	VI	**25 803**	5 326	5 326							
81 467,99	I,IV	**19 769**	5 326	5 326	I	18 007	16 246	14 490	12 795	11 173	9 625
Ost	II	**18 968**	5 326	5 326	II	17 206	15 445	13 710	12 048	10 460	8 945
	III	**12 940**	5 326	5 326	III	11 608	10 314	9 056	7 834	6 650	5 502
	V	**25 403**	5 326	5 326	IV	18 888	18 007	17 127	16 246	15 365	14 490
	VI	**25 838**	5 326	5 326							
81 503,99	I,IV	**19 748**	5 326	5 326	I	17 986	16 225	14 469	12 775	11 154	9 606
West	II	**18 946**	5 326	5 326	II	17 185	15 423	13 689	12 028	10 441	8 927
	III	**12 924**	5 326	5 326	III	11 592	10 298	9 040	7 820	6 636	5 488
	V	**25 381**	5 326	5 326	IV	18 867	17 986	17 105	16 225	15 344	14 469
	VI	**25 817**	5 326	5 326							
81 503,99	I,IV	**19 784**	5 326	5 326	I	18 023	16 261	14 505	12 809	11 187	9 638
Ost	II	**18 983**	5 326	5 326	II	17 221	15 460	13 725	12 062	10 473	8 957
	III	**12 952**	5 326	5 326	III	11 620	10 324	9 066	7 846	6 660	5 512
	V	**25 418**	5 326	5 326	IV	18 903	18 023	17 142	16 261	15 380	14 505
	VI	**25 853**	5 326	5 326							
81 539,99	I,IV	**19 762**	5 326	5 326	I	18 000	16 239	14 483	12 788	11 167	9 619
West	II	**18 960**	5 326	5 326	II	17 199	15 437	13 703	12 041	10 453	8 939
	III	**12 934**	5 326	5 326	III	11 602	10 308	9 050	7 830	6 646	5 498
	V	**25 396**	5 326	5 326	IV	18 881	18 000	17 120	16 239	15 358	14 483
	VI	**25 831**	5 326	5 326							
81 539,99	I,IV	**19 799**	5 326	5 326	I	18 038	16 276	14 520	12 823	11 200	9 651
Ost	II	**18 998**	5 326	5 326	II	17 236	15 475	13 739	12 076	10 486	8 970
	III	**12 962**	5 326	5 326	III	11 630	10 336	9 078	7 856	6 670	5 522
	V	**25 433**	5 326	5 326	IV	18 918	18 038	17 157	16 276	15 395	14 520
	VI	**25 868**	5 326	5 326							
81 575,99	I,IV	**19 776**	5 326	5 326	I	18 014	16 253	14 497	12 801	11 179	9 630
West	II	**18 974**	5 326	5 326	II	17 213	15 451	13 716	12 054	10 465	8 950
	III	**12 944**	5 326	5 326	III	11 614	10 318	9 060	7 840	6 654	5 508
	V	**25 410**	5 326	5 326	IV	18 895	18 014	17 133	16 253	15 372	14 497
	VI	**25 845**	5 326	5 326							
81 575,99	I,IV	**19 814**	5 326	5 326	I	18 053	16 291	14 535	12 838	11 214	9 664
Ost	II	**19 013**	5 326	5 326	II	17 251	15 490	13 754	12 090	10 500	8 983
	III	**12 974**	5 326	5 326	III	11 642	10 346	9 088	7 866	6 680	5 532
	V	**25 448**	5 326	5 326	IV	18 934	18 053	17 172	16 291	15 411	14 535
	VI	**25 883**	5 326	5 326							
81 611,99	I,IV	**19 790**	5 326	5 326	I	18 028	16 267	14 511	12 814	11 192	9 642
West	II	**18 988**	5 326	5 326	II	17 227	15 465	13 730	12 067	10 478	8 962
	III	**12 956**	5 326	5 326	III	11 624	10 328	9 070	7 848	6 664	5 516
	V	**25 423**	5 326	5 326	IV	18 909	18 028	17 147	16 267	15 386	14 511
	VI	**25 859**	5 326	5 326							
81 611,99	I,IV	**19 829**	5 326	5 326	I	18 068	16 306	14 550	12 852	11 228	9 677
Ost	II	**19 028**	5 326	5 326	II	17 267	15 505	13 768	12 104	10 513	8 995
	III	**12 986**	5 326	5 326	III	11 654	10 358	9 098	7 876	6 690	5 542
	V	**25 463**	5 326	5 326	IV	18 949	18 068	17 187	16 306	15 426	14 550
	VI	**25 898**	5 326	5 326							
81 647,99	I,IV	**19 803**	5 326	5 326	I	18 042	16 280	14 524	12 827	11 204	9 654
West	II	**19 002**	5 326	5 326	II	17 241	15 479	13 743	12 080	10 490	8 973
	III	**12 966**	5 326	5 326	III	11 634	10 338	9 080	7 858	6 674	5 524
	V	**25 437**	5 326	5 326	IV	18 923	18 042	17 161	16 280	15 400	14 524
	VI	**25 872**	5 326	5 326							
81 647,99	I,IV	**19 845**	5 326	5 326	I	18 083	16 322	14 565	12 866	11 241	9 690
Ost	II	**19 043**	5 326	5 326	II	17 282	15 520	13 783	12 118	10 526	9 008
	III	**12 998**	5 326	5 326	III	11 664	10 368	9 110	7 886	6 700	5 552
	V	**25 478**	5 326	5 326	IV	18 964	18 083	17 202	16 322	15 441	14 565
	VI	**25 914**	5 326	5 326							

* Zur LSt-Berechnung für privat versicherte Arbeitnehmer s. Beispiele **Vorbemerkung S. 4 f.**
** Basisvorsorgepauschale KV und PV *** Typisierter Arbeitgeberzuschuss

Solidaritätszuschlag für Monatslohnsteuerbeträge

Steuerklasse III		Steuerklasse III		Steuerklasse III		Steuerklasse III	
Maßstabs-lohnsteuer €	Solidari-tätszu-schlag €	Maßstabs-lohnsteuer €	Solidari-tätszu-schlag €	Maßstabs-lohnsteuer €	Solidari-tätszu-schlag €	Maßstabs-lohnsteuer €	Solidari-tätszu-schlag €
2825,83	0,00	2905,16	9,42	2984,50	18,86	3063,83	28,30
2827,00	0,11	2906,33	9,55	2985,83	19,02	3065,16	28,46
2828,33	0,27	2907,66	9,71	2987,00	19,15	3066,33	28,59
2829,50	0,41	2908,83	9,85	2988,33	19,31	3067,66	28,75
2830,83	0,57	2910,16	10,01	2989,50	19,45	3069,00	28,91
2832,00	0,71	2911,50	10,17	2990,83	19,61	3070,16	29,05
2833,33	0,87	2912,66	10,31	2992,00	19,75	3071,50	29,21
2834,50	1,01	2914,00	10,47	2993,33	19,91	3072,66	29,35
2835,83	1,17	2915,16	10,61	2994,66	20,07	3074,00	29,51
2837,16	1,32	2916,50	10,76	2995,83	20,21	3075,16	29,65
2838,33	1,46	2917,66	10,90	2997,16	20,36	3076,50	29,80
2839,66	1,62	2919,00	11,06	2998,33	20,50	3077,83	29,96
2840,83	1,76	2920,33	11,22	2999,66	20,66	3079,00	30,10
2842,16	1,92	2921,50	11,36	3000,83	20,80	3080,33	30,26
2843,33	2,06	2922,83	11,52	3002,16	20,96	3081,50	30,40
2844,66	2,22	2924,00	11,66	3003,33	21,10	3082,83	30,56
2845,83	2,36	2925,33	11,82	3004,66	21,26	3084,00	30,70
2847,16	2,51	2926,50	11,95	3006,00	21,42	3085,33	30,86
2848,50	2,67	2927,83	12,11	3007,16	21,55	3086,50	30,99
2849,66	2,81	2929,00	12,25	3008,50	21,71	3087,83	31,15
2851,00	2,97	2930,33	12,41	3009,66	21,85	3089,16	31,31
2852,16	3,11	2931,66	12,57	3011,00	22,01	3090,33	31,45
2853,50	3,27	2932,83	12,71	3012,16	22,15	3091,66	31,61
2854,66	3,41	2934,16	12,87	3013,50	22,31	3092,83	31,75
2856,00	3,57	2935,33	13,01	3014,83	22,47	3094,16	31,91
2857,33	3,72	2936,66	13,16	3016,00	22,61	3095,33	32,05
2858,50	3,86	2937,83	13,30	3017,33	22,76	3096,66	32,20
2859,83	4,02	2939,16	13,46	3018,50	22,90	3097,83	32,34
2861,00	4,16	2940,33	13,60	3019,83	23,06	3099,16	32,50
2862,33	4,32	2941,66	13,76	3021,00	23,20	3100,50	32,66
2863,50	4,46	2943,00	13,92	3022,33	23,36	3101,66	32,80
2864,83	4,62	2944,16	14,06	3023,50	23,50	3103,00	32,96
2866,00	4,76	2945,50	14,22	3024,83	23,66	3104,16	33,10
2867,33	4,91	2946,66	14,35	3026,16	23,81	3105,50	33,26
2868,66	5,07	2948,00	14,51	3027,33	23,95	3106,66	33,39
2869,83	5,21	2949,16	14,65	3028,66	24,11	3108,00	33,55
2871,16	5,37	2950,50	14,81	3029,83	24,25	3109,33	33,71
2872,33	5,51	2951,83	14,97	3031,16	24,41	3110,50	33,85
2873,66	5,67	2953,00	15,11	3032,33	24,55	3111,83	34,01
2874,83	5,81	2954,33	15,27	3033,66	24,71	3113,00	34,15
2876,16	5,96	2955,50	15,41	3034,83	24,85	3114,33	34,31
2877,33	6,10	2956,83	15,56	3036,16	25,00	3115,50	34,45
2878,66	6,26	2958,00	15,70	3037,50	25,16	3116,83	34,60
2880,00	6,42	2959,33	15,86	3038,66	25,30	3118,00	34,74
2881,16	6,56	2960,50	16,00	3040,00	25,46	3119,33	34,90
2882,50	6,72	2961,83	16,16	3041,16	25,60	3120,66	35,06
2883,66	6,86	2963,16	16,32	3042,50	25,76	3121,83	35,20
2885,00	7,02	2964,33	16,46	3043,66	25,90	3123,16	35,36
2886,16	7,15	2965,66	16,62	3045,00	26,06	3124,33	35,50
2887,50	7,31	2966,83	16,75	3046,33	26,21	3125,66	35,66
2888,83	7,47	2968,16	16,91	3047,50	26,35	3126,83	35,79
2890,00	7,61	2969,33	17,05	3048,83	26,51	3128,16	35,95
2891,33	7,77	2970,66	17,21	3050,00	26,65	3129,33	36,09
2892,50	7,91	2971,83	17,35	3051,33	26,81	3130,66	36,25
2893,83	8,07	2973,16	17,51	3052,50	26,95	3132,00	36,41
2895,00	8,21	2974,50	17,67	3053,83	27,11	3133,16	36,55
2896,33	8,36	2975,66	17,81	3055,00	27,25	3134,50	36,71
2897,50	8,50	2977,00	17,96	3056,33	27,40	3135,66	36,85
2898,83	8,66	2978,16	18,10	3057,66	27,56	3137,00	37,00
2900,16	8,82	2979,50	18,26	3058,83	27,70	3138,16	37,14
2901,33	8,96	2980,66	18,40	3060,16	27,86	3139,50	37,30
2902,66	9,12	2982,00	18,56	3061,33	28,00	3140,83	37,46
2903,83	9,26	2983,33	18,72	3062,66	28,16	3142,00	37,60

Steuerklasse III		Steuerklasse III		Steuerklasse III		Steuerklasse III	
Maßstabs-lohnsteuer €	Solidari-tätszu-schlag €	Maßstabs-lohnsteuer €	Solidari-tätszu-schlag €	Maßstabs-lohnsteuer €	Solidari-tätszu-schlag €	Maßstabs-lohnsteuer €	Solidari-tätszu-schlag €
3143,33	37,76	3229,00	47,95	3314,66	58,15	3400,33	68,34
3144,50	37,90	3230,16	48,09	3315,83	58,29	3401,50	68,48
3145,83	38,06	3231,50	48,25	3317,16	58,44	3402,83	68,64
3147,00	38,19	3232,66	48,39	3318,33	58,58	3404,16	68,80
3148,33	38,35	3234,00	48,55	3319,66	58,74	3405,33	68,94
3149,50	38,49	3235,33	48,71	3321,00	58,90	3406,66	69,09
3150,83	38,65	3236,50	48,84	3322,16	59,04	3407,83	69,23
3152,16	38,81	3237,83	49,00	3323,50	59,20	3409,16	69,39
3153,33	38,95	3239,00	49,14	3324,66	59,34	3410,33	69,53
3154,66	39,11	3240,33	49,30	3326,00	59,50	3411,66	69,69
3155,83	39,25	3241,50	49,44	3327,16	59,63	3412,83	69,83
3157,16	39,40	3242,83	49,60	3328,50	59,79	3414,16	69,99
3158,33	39,54	3244,00	49,74	3329,83	59,95	3415,50	70,15
3159,66	39,70	3245,33	49,90	3331,00	60,09	3416,66	70,28
3160,83	39,84	3246,66	50,05	3332,33	60,25	3418,00	70,44
3162,16	40,00	3247,83	50,19	3333,50	60,39	3419,16	70,58
3163,50	40,16	3249,16	50,35	3334,83	60,55	3420,50	70,74
3164,66	40,30	3250,33	50,49	3336,00	60,69	3421,66	70,88
3166,00	40,46	3251,66	50,65	3337,33	60,84	3423,00	71,04
3167,16	40,59	3252,83	50,79	3338,50	60,98	3424,33	71,20
3168,50	40,75	3254,16	50,95	3339,83	61,14	3425,50	71,34
3169,66	40,89	3255,33	51,09	3341,16	61,30	3426,83	71,49
3171,00	41,05	3256,66	51,24	3342,33	61,44	3428,00	71,63
3172,33	41,21	3258,00	51,40	3343,66	61,60	3429,33	71,79
3173,50	41,35	3259,16	51,54	3344,83	61,74	3430,50	71,93
3174,83	41,51	3260,50	51,70	3346,16	61,89	3431,83	72,09
3176,00	41,65	3261,66	51,84	3347,33	62,03	3433,00	72,23
3177,33	41,80	3263,00	52,00	3348,66	62,19	3434,33	72,39
3178,50	41,94	3264,16	52,14	3349,83	62,33	3435,66	72,55
3179,83	42,10	3265,50	52,30	3351,16	62,49	3436,83	72,68
3181,00	42,24	3266,83	52,45	3352,50	62,65	3438,16	72,84
3182,33	42,40	3268,00	52,59	3353,66	62,79	3439,33	72,98
3183,66	42,56	3269,33	52,75	3355,00	62,95	3440,66	73,14
3184,83	42,70	3270,50	52,89	3356,16	63,08	3441,83	73,28
3186,16	42,85	3271,83	53,05	3357,50	63,24	3443,16	73,44
3187,33	42,99	3273,00	53,19	3358,66	63,38	3444,33	73,58
3188,66	43,15	3274,33	53,35	3360,00	63,54	3445,66	73,74
3189,83	43,29	3275,50	53,49	3361,33	63,70	3447,00	73,89
3191,16	43,45	3276,83	53,64	3362,50	63,84	3448,16	74,03
3192,33	43,59	3278,16	53,80	3363,83	64,00	3449,50	74,19
3193,66	43,75	3279,33	53,94	3365,00	64,14	3450,66	74,33
3195,00	43,91	3280,66	54,10	3366,33	64,29	3452,00	74,49
3196,16	44,04	3281,83	54,24	3367,50	64,43	3453,16	74,63
3197,50	44,20	3283,16	54,40	3368,83	64,59	3454,50	74,79
3198,66	44,34	3284,33	54,54	3370,00	64,73	3455,83	74,95
3200,00	44,50	3285,66	54,70	3371,33	64,89	3457,00	75,08
3201,16	44,64	3286,83	54,83	3372,66	65,05	3458,33	75,24
3202,50	44,80	3288,16	54,99	3373,83	65,19	3459,50	75,38
3203,83	44,96	3289,50	55,15	3375,16	65,35	3460,83	75,54
3205,00	45,10	3290,66	55,29	3376,33	65,48	3462,00	75,68
3206,33	45,25	3292,00	55,45	3377,66	65,64	3463,33	75,84
3207,50	45,39	3293,16	55,59	3378,83	65,78	3464,50	75,98
3208,83	45,55	3294,50	55,75	3380,16	65,94	3465,83	76,14
3210,00	45,69	3295,66	55,89	3381,33	66,08	3467,16	76,29
3211,33	45,85	3297,00	56,04	3382,66	66,24	3468,33	76,43
3212,50	45,99	3298,33	56,20	3384,00	66,40	3469,66	76,59
3213,83	46,15	3299,50	56,34	3385,16	66,54	3470,83	76,73
3215,16	46,31	3300,83	56,50	3386,50	66,69	3472,16	76,89
3216,33	46,44	3302,00	56,64	3387,66	66,83	3473,33	77,03
3217,66	46,60	3303,33	56,80	3389,00	66,99	3474,66	77,19
3218,83	46,74	3304,50	56,94	3390,16	67,13	3475,83	77,33
3220,16	46,90	3305,83	57,10	3391,50	67,29	3477,16	77,48
3221,33	47,04	3307,00	57,23	3392,83	67,45	3478,50	77,64
3222,66	47,20	3308,33	57,39	3394,00	67,59	3479,66	77,78
3223,83	47,34	3309,66	57,55	3395,33	67,75	3481,00	77,94
3225,16	47,50	3310,83	57,69	3396,50	67,88	3482,16	78,08
3226,50	47,65	3312,16	57,85	3397,83	68,04	3483,50	78,24
3227,66	47,79	3313,33	57,99	3399,00	68,18	3484,66	78,38

Steuerklasse III		Steuerklasse III		Steuerklasse III		Steuerklasse III	
Maßstabs-lohnsteuer €	Solidari-tätszu-schlag €	Maßstabs-lohnsteuer €	Solidari-tätszu-schlag €	Maßstabs-lohnsteuer €	Solidari-tätszu-schlag €	Maßstabs-lohnsteuer €	Solidari-tätszu-schlag €
3486,00	78,54	3571,66	88,73	3657,33	98,92	3743,00	109,12
3487,33	78,69	3573,00	88,89	3658,66	99,08	3744,33	109,28
3488,50	78,83	3574,16	89,03	3659,83	99,22	3745,50	109,42
3489,83	78,99	3575,50	89,19	3661,16	99,38	3746,83	109,57
3491,00	79,13	3576,66	89,32	3662,33	99,52	3748,00	109,71
3492,33	79,29	3578,00	89,48	3663,66	99,68	3749,33	109,87
3493,50	79,43	3579,16	89,62	3664,83	99,82	3750,66	110,03
3494,83	79,59	3580,50	89,78	3666,16	99,97	3751,83	110,17
3496,00	79,73	3581,83	89,94	3667,50	100,13	3753,16	110,33
3497,33	79,88	3583,00	90,08	3668,66	100,27	3754,33	110,47
3498,66	80,04	3584,33	90,24	3670,00	100,43	3755,66	110,63
3499,83	80,18	3585,50	90,38	3671,16	100,57	3756,83	110,76
3501,16	80,34	3586,83	90,53	3672,50	100,73	3758,16	110,92
3502,33	80,48	3588,00	90,67	3673,66	100,87	3759,33	111,06
3503,66	80,64	3589,33	90,83	3675,00	101,03	3760,66	111,22
3504,83	80,78	3590,50	90,97	3676,33	101,18	3762,00	111,38
3506,16	80,93	3591,83	91,13	3677,50	101,32	3763,16	111,52
3507,33	81,07	3593,16	91,29	3678,83	101,48	3764,50	111,68
3508,66	81,23	3594,33	91,43	3680,00	101,62	3765,66	111,82
3510,00	81,39	3595,66	91,59	3681,33	101,78	3767,00	111,97
3511,16	81,53	3596,83	91,72	3682,50	101,92	3768,16	112,11
3512,50	81,69	3598,16	91,88	3683,83	102,08	3769,50	112,27
3513,66	81,83	3599,33	92,02	3685,00	102,22	3770,83	112,43
3515,00	81,99	3600,66	92,18	3686,33	102,37	3772,00	112,57
3516,16	82,12	3601,83	92,32	3687,66	102,53	3773,33	112,73
3517,50	82,28	3603,16	92,48	3688,83	102,67	3774,50	112,87
3518,83	82,44	3604,50	92,64	3690,16	102,83	3775,83	113,03
3520,00	82,58	3605,66	92,78	3691,33	102,97	3777,00	113,16
3521,33	82,74	3607,00	92,93	3692,66	103,13	3778,33	113,32
3522,50	82,88	3608,16	93,07	3693,83	103,27	3779,50	113,46
3523,83	83,04	3609,50	93,23	3695,16	103,43	3780,83	113,62
3525,00	83,18	3610,66	93,37	3696,33	103,56	3782,16	113,78
3526,33	83,33	3612,00	93,53	3697,66	103,72	3783,33	113,92
3527,50	83,47	3613,33	93,69	3699,00	103,88	3784,66	114,08
3528,83	83,63	3614,50	93,83	3700,16	104,02	3785,83	114,22
3530,16	83,79	3615,83	93,99	3701,50	104,18	3787,16	114,37
3531,33	83,93	3617,00	94,12	3702,66	104,32	3788,33	114,51
3532,66	84,09	3618,33	94,28	3704,00	104,48	3789,66	114,67
3533,83	84,23	3619,50	94,42	3705,16	104,62	3790,83	114,81
3535,16	84,39	3620,83	94,58	3706,50	104,77	3792,16	114,97
3536,33	84,52	3622,00	94,72	3707,83	104,93	3793,50	115,13
3537,66	84,68	3623,33	94,88	3709,00	105,07	3794,66	115,27
3538,83	84,82	3624,66	95,04	3710,33	105,23	3796,00	115,43
3540,16	84,98	3625,83	95,18	3711,50	105,37	3797,16	115,56
3541,50	85,14	3627,16	95,33	3712,83	105,53	3798,50	115,72
3542,66	85,28	3628,33	95,47	3714,00	105,67	3799,66	115,86
3544,00	85,44	3629,66	95,63	3715,33	105,83	3801,00	116,02
3545,16	85,58	3630,83	95,77	3716,50	105,96	3802,33	116,18
3546,50	85,73	3632,16	95,93	3717,83	106,12	3803,50	116,32
3547,66	85,87	3633,33	96,07	3719,16	106,28	3804,83	116,48
3549,00	86,03	3634,66	96,23	3720,33	106,42	3806,00	116,62
3550,33	86,19	3636,00	96,39	3721,66	106,58	3807,33	116,77
3551,50	86,33	3637,16	96,52	3722,83	106,72	3808,50	116,91
3552,83	86,49	3638,50	96,68	3724,16	106,88	3809,83	117,07
3554,00	86,63	3639,66	96,82	3725,33	107,02	3811,00	117,21
3555,33	86,79	3641,00	96,98	3726,66	107,17	3812,33	117,37
3556,50	86,92	3642,16	97,12	3727,83	107,31	3813,66	117,53
3557,83	87,08	3643,50	97,28	3729,16	107,47	3814,83	117,67
3559,00	87,22	3644,83	97,44	3730,50	107,63	3816,16	117,82
3560,33	87,38	3646,00	97,58	3731,66	107,77	3817,33	117,96
3561,66	87,54	3647,33	97,73	3733,00	107,93	3818,66	118,12
3562,83	87,68	3648,50	97,87	3734,16	108,07	3819,83	118,26
3564,16	87,84	3649,83	98,03	3735,50	108,23	3821,16	118,42
3565,33	87,98	3651,00	98,17	3736,66	108,36	3822,33	118,56
3566,66	88,13	3652,33	98,33	3738,00	108,52	3823,66	118,72
3567,83	88,27	3653,50	98,47	3739,33	108,68	3825,00	118,88
3569,16	88,43	3654,83	98,63	3740,50	108,82	3826,16	119,01
3570,33	88,57	3656,16	98,78	3741,83	108,98	3827,50	119,17

Steuerklasse III		Steuerklasse III		Steuerklasse III		Steuerklasse III	
Maßstabs-lohnsteuer €	Solidari-tätszu-schlag €	Maßstabs-lohnsteuer €	Solidari-tätszu-schlag €	Maßstabs-lohnsteuer €	Solidari-tätszu-schlag €	Maßstabs-lohnsteuer €	Solidari-tätszu-schlag €
3828,66	119,31	3914,33	129,51	4000,00	139,70	4085,83	149,92
3830,00	119,47	3915,66	129,67	4001,33	139,86	4087,00	150,05
3831,16	119,61	3916,83	129,80	4002,66	140,02	4088,33	150,21
3832,50	119,77	3918,16	129,96	4003,83	140,16	4089,50	150,35
3833,83	119,93	3919,50	130,12	4005,16	140,32	4090,83	150,51
3835,00	120,07	3920,66	130,26	4006,33	140,45	4092,00	150,65
3836,33	120,22	3922,00	130,42	4007,66	140,61	4093,33	150,81
3837,50	120,36	3923,16	130,56	4008,83	140,75	4094,50	150,95
3838,83	120,52	3924,50	130,72	4010,16	140,91	4095,83	151,11
3840,00	120,66	3925,66	130,86	4011,33	141,05	4097,16	151,26
3841,33	120,82	3927,00	131,01	4012,66	141,21	4098,33	151,40
3842,50	120,96	3928,33	131,17	4014,00	141,37	4099,66	151,56
3843,83	121,12	3929,50	131,31	4015,16	141,51	4100,83	151,70
3845,16	121,28	3930,83	131,47	4016,50	141,66	4102,16	151,86
3846,33	121,41	3932,00	131,61	4017,66	141,80	4103,33	152,00
3847,66	121,57	3933,33	131,77	4019,00	141,96	4104,66	152,16
3848,83	121,71	3934,50	131,91	4020,16	142,10	4105,83	152,30
3850,16	121,87	3935,83	132,07	4021,50	142,26	4107,16	152,45
3851,33	122,01	3937,00	132,20	4022,83	142,42	4108,50	152,61
3852,66	122,17	3938,33	132,36	4024,00	142,56	4109,66	152,75
3853,83	122,31	3939,66	132,52	4025,33	142,72	4111,00	152,91
3855,16	122,47	3940,83	132,66	4026,50	142,85	4112,16	153,05
3856,50	122,62	3942,16	132,82	4027,83	143,01	4113,50	153,21
3857,66	122,76	3943,33	132,96	4029,00	143,15	4114,66	153,35
3859,00	122,92	3944,66	133,12	4030,33	143,31	4116,00	153,51
3860,16	123,06	3945,83	133,26	4031,50	143,45	4117,33	153,66
3861,50	123,22	3947,16	133,41	4032,83	143,61	4118,50	153,80
3862,66	123,36	3948,33	133,55	4034,16	143,77	4119,83	153,96
3864,00	123,52	3949,66	133,71	4035,33	143,91	4121,00	154,10
3865,33	123,68	3951,00	133,87	4036,66	144,06	4122,33	154,26
3866,50	123,81	3952,16	134,01	4037,83	144,20	4123,50	154,40
3867,83	123,97	3953,50	134,17	4039,16	144,36	4124,83	154,56
3869,00	124,11	3954,66	134,31	4040,33	144,50	4126,00	154,70
3870,33	124,27	3956,00	134,47	4041,66	144,66	4127,33	154,85
3871,50	124,41	3957,16	134,60	4042,83	144,80	4128,66	155,01
3872,83	124,57	3958,50	134,76	4044,16	144,96	4129,83	155,15
3874,00	124,71	3959,83	134,92	4045,50	145,12	4131,16	155,31
3875,33	124,87	3961,00	135,06	4046,66	145,25	4132,33	155,45
3876,66	125,02	3962,33	135,22	4048,00	145,41	4133,66	155,61
3877,83	125,16	3963,50	135,36	4049,16	145,55	4134,83	155,75
3879,16	125,32	3964,83	135,52	4050,50	145,71	4136,16	155,90
3880,33	125,46	3966,00	135,66	4051,66	145,85	4137,33	156,04
3881,66	125,62	3967,33	135,81	4053,00	146,01	4138,66	156,20
3882,83	125,76	3968,50	135,95	4054,33	146,17	4140,00	156,36
3884,16	125,92	3969,83	136,11	4055,50	146,31	4141,16	156,50
3885,33	126,06	3971,16	136,27	4056,83	146,46	4142,50	156,66
3886,66	126,21	3972,33	136,41	4058,00	146,60	4143,66	156,80
3888,00	126,37	3973,66	136,57	4059,33	146,76	4145,00	156,96
3889,16	126,51	3974,83	136,71	4060,50	146,90	4146,16	157,09
3890,50	126,67	3976,16	136,86	4061,83	147,06	4147,50	157,25
3891,66	126,81	3977,33	137,00	4063,00	147,20	4148,83	157,41
3893,00	126,97	3978,66	137,16	4064,33	147,36	4150,00	157,55
3894,16	127,11	3979,83	137,30	4065,66	147,52	4151,33	157,71
3895,50	127,27	3981,16	137,46	4066,83	147,65	4152,50	157,85
3896,83	127,42	3982,50	137,62	4068,16	147,81	4153,83	158,01
3898,00	127,56	3983,66	137,76	4069,33	147,95	4155,00	158,15
3899,33	127,72	3985,00	137,92	4070,66	148,11	4156,33	158,30
3900,50	127,86	3986,16	138,05	4071,83	148,25	4157,50	158,44
3901,83	128,02	3987,50	138,21	4073,16	148,41	4158,83	158,60
3903,00	128,16	3988,66	138,35	4074,33	148,55	4160,16	158,76
3904,33	128,32	3990,00	138,51	4075,66	148,71	4161,33	158,90
3905,50	128,46	3991,33	138,67	4077,00	148,86	4162,66	159,06
3906,83	128,61	3992,50	138,81	4078,16	149,00	4163,83	159,20
3908,16	128,77	3993,83	138,97	4079,50	149,16	4165,16	159,36
3909,33	128,91	3995,00	139,11	4080,66	149,30	4166,33	159,49
3910,66	129,07	3996,33	139,26	4082,00	149,46	4167,66	159,65
3911,83	129,21	3997,50	139,40	4083,16	149,60	4168,83	159,79
3913,16	129,37	3998,83	139,56	4084,50	149,76	4170,16	159,95

Steuerklasse III		Steuerklasse III		Steuerklasse III		Steuerklasse III	
Maßstabs-lohnsteuer €	Solidari-tätszu-schlag €	Maßstabs-lohnsteuer €	Solidari-tätszu-schlag €	Maßstabs-lohnsteuer €	Solidari-tätszu-schlag €	Maßstabs-lohnsteuer €	Solidari-tätszu-schlag €
4171,50	160,11	4257,16	170,30	4342,83	180,50	4428,50	190,69
4172,66	160,25	4258,33	170,44	4344,00	180,64	4429,66	190,83
4174,00	160,41	4259,66	170,60	4345,33	180,80	4431,00	190,99
4175,16	160,55	4260,83	170,74	4346,50	180,93	4432,33	191,15
4176,50	160,70	4262,16	170,90	4347,83	181,09	4433,50	191,29
4177,66	160,84	4263,33	171,04	4349,16	181,25	4434,83	191,45
4179,00	161,00	4264,66	171,20	4350,33	181,39	4436,00	191,59
4180,33	161,16	4266,00	171,36	4351,66	181,55	4437,33	191,74
4181,50	161,30	4267,16	171,49	4352,83	181,69	4438,50	191,88
4182,83	161,46	4268,50	171,65	4354,16	181,85	4439,83	192,04
4184,00	161,60	4269,66	171,79	4355,33	181,99	4441,00	192,18
4185,33	161,76	4271,00	171,95	4356,66	182,14	4442,33	192,34
4186,50	161,89	4272,16	172,09	4357,83	182,28	4443,66	192,50
4187,83	162,05	4273,50	172,25	4359,16	182,44	4444,83	192,64
4189,00	162,19	4274,83	172,41	4360,50	182,60	4446,16	192,79
4190,33	162,35	4276,00	172,55	4361,66	182,74	4447,33	192,93
4191,66	162,51	4277,33	172,70	4363,00	182,90	4448,66	193,09
4192,83	162,65	4278,50	172,84	4364,16	183,04	4449,83	193,23
4194,16	162,81	4279,83	173,00	4365,50	183,20	4451,16	193,39
4195,33	162,95	4281,00	173,14	4366,66	183,33	4452,33	193,53
4196,66	163,10	4282,33	173,30	4368,00	183,49	4453,66	193,69
4197,83	163,24	4283,50	173,44	4369,33	183,65	4455,00	193,85
4199,16	163,40	4284,83	173,60	4370,50	183,79	4456,16	193,98
4200,33	163,54	4286,16	173,75	4371,83	183,95	4457,50	194,14
4201,66	163,70	4287,33	173,89	4373,00	184,09	4458,66	194,28
4203,00	163,86	4288,66	174,05	4374,33	184,25	4460,00	194,44
4204,16	164,00	4289,83	174,19	4375,50	184,39	4461,16	194,58
4205,50	164,16	4291,16	174,35	4376,83	184,54	4462,50	194,74
4206,66	164,29	4292,33	174,49	4378,00	184,68	4463,83	194,90
4208,00	164,45	4293,66	174,65	4379,33	184,84	4465,00	195,04
4209,16	164,59	4294,83	174,79	4380,66	185,00	4466,33	195,19
4210,50	164,75	4296,16	174,94	4381,83	185,14	4467,50	195,33
4211,83	164,91	4297,50	175,10	4383,16	185,30	4468,83	195,49
4213,00	165,05	4298,66	175,24	4384,33	185,44	4470,00	195,63
4214,33	165,21	4300,00	175,40	4385,66	185,60	4471,33	195,79
4215,50	165,35	4301,16	175,54	4386,83	185,73	4472,50	195,93
4216,83	165,50	4302,50	175,70	4388,16	185,89	4473,83	196,09
4218,00	165,64	4303,66	175,84	4389,33	186,03	4475,16	196,25
4219,33	165,80	4305,00	176,00	4390,66	186,19	4476,33	196,38
4220,50	165,94	4306,33	176,15	4392,00	186,35	4477,66	196,54
4221,83	166,10	4307,50	176,29	4393,16	186,49	4478,83	196,68
4223,16	166,26	4308,83	176,45	4394,50	186,65	4480,16	196,84
4224,33	166,40	4310,00	176,59	4395,66	186,79	4481,33	196,98
4225,66	166,56	4311,33	176,75	4397,00	186,94	4482,66	197,14
4226,83	166,69	4312,50	176,89	4398,16	187,08	4483,83	197,28
4228,16	166,85	4313,83	177,05	4399,50	187,24	4485,16	197,44
4229,33	166,99	4315,00	177,19	4400,83	187,40	4486,50	197,59
4230,66	167,15	4316,33	177,34	4402,00	187,54	4487,66	197,73
4231,83	167,29	4317,66	177,50	4403,33	187,70	4489,00	197,89
4233,16	167,45	4318,83	177,64	4404,50	187,84	4490,16	198,03
4234,50	167,61	4320,16	177,80	4405,83	188,00	4491,50	198,19
4235,66	167,75	4321,33	177,94	4407,00	188,13	4492,66	198,33
4237,00	167,90	4322,66	178,10	4408,33	188,29	4494,00	198,49
4238,16	168,04	4323,83	178,24	4409,50	188,43	4495,33	198,65
4239,50	168,20	4325,16	178,40	4410,83	188,59	4496,50	198,78
4240,66	168,34	4326,33	178,53	4412,16	188,75	4497,83	198,94
4242,00	168,50	4327,66	178,69	4413,33	188,89	4499,00	199,08
4243,33	168,66	4329,00	178,85	4414,66	189,05	4500,33	199,24
4244,50	168,80	4330,16	178,99	4415,83	189,19	4501,50	199,38
4245,83	168,96	4331,50	179,15	4417,16	189,34	4502,83	199,54
4247,00	169,09	4332,66	179,29	4418,33	189,48	4504,00	199,68
4248,33	169,25	4334,00	179,45	4419,66	189,64	4505,33	199,84
4249,50	169,39	4335,16	179,59	4420,83	189,78	4506,66	199,99
4250,83	169,55	4336,50	179,74	4422,16	189,94	4507,83	200,13
4252,00	169,69	4337,83	179,90	4423,50	190,10	4509,16	200,29
4253,33	169,85	4339,00	180,04	4424,66	190,24	4510,33	200,43
4254,66	170,01	4340,33	180,20	4426,00	190,40	4511,66	200,59
4255,83	170,15	4341,50	180,34	4427,16	190,53	4512,83	200,73

Steuerklasse III		Steuerklasse III		Steuerklasse III		Steuerklasse III	
Maßstabs-lohnsteuer €	Solidaritätszuschlag €	Maßstabs-lohnsteuer €	Solidaritätszuschlag €	Maßstabs-lohnsteuer €	Solidaritätszuschlag €	Maßstabs-lohnsteuer €	Solidaritätszuschlag €
4514,16	200,89	4599,83	211,08	4685,50	221,28	4771,16	231,47
4515,33	201,03	4601,16	211,24	4686,83	221,43	4772,50	231,63
4516,66	201,18	4602,33	211,38	4688,00	221,57	4773,66	231,77
4518,00	201,34	4603,66	211,54	4689,33	221,73	4775,00	231,93
4519,16	201,48	4604,83	211,68	4690,50	221,87	4776,16	232,06
4520,50	201,64	4606,16	211,83	4691,83	222,03	4777,50	232,22
4521,66	201,78	4607,33	211,97	4693,00	222,17	4778,83	232,38
4523,00	201,94	4608,66	212,13	4694,33	222,33	4780,00	232,52
4524,16	202,08	4609,83	212,27	4695,66	222,49	4781,33	232,68
4525,50	202,24	4611,16	212,43	4696,83	222,62	4782,50	232,82
4526,83	202,39	4612,50	212,59	4698,16	222,78	4783,83	232,98
4528,00	202,53	4613,66	212,73	4699,33	222,92	4785,00	233,12
4529,33	202,69	4615,00	212,89	4700,66	223,08	4786,33	233,27
4530,50	202,83	4616,16	213,02	4701,83	223,22	4787,50	233,41
4531,83	202,99	4617,50	213,18	4703,16	223,38	4788,83	233,57
4533,00	203,13	4618,66	213,32	4704,33	223,52	4790,16	233,73
4534,33	203,29	4620,00	213,48	4705,66	223,68	4791,33	233,87
4535,50	203,43	4621,33	213,64	4707,00	223,83	4792,66	234,03
4536,83	203,58	4622,50	213,78	4708,16	223,97	4793,83	234,17
4538,16	203,74	4623,83	213,94	4709,50	224,13	4795,16	234,33
4539,33	203,88	4625,00	214,08	4710,66	224,27	4796,33	234,46
4540,66	204,04	4626,33	214,23	4712,00	224,43	4797,66	234,62
4541,83	204,18	4627,50	214,37	4713,16	224,57	4798,83	234,76
4543,16	204,34	4628,83	214,53	4714,50	224,73	4800,16	234,92
4544,33	204,48	4630,00	214,67	4715,83	224,89	4801,50	235,08
4545,66	204,64	4631,33	214,83	4717,00	225,02	4802,66	235,22
4546,83	204,77	4632,66	214,99	4718,33	225,18	4804,00	235,38
4548,16	204,93	4633,83	215,13	4719,50	225,32	4805,16	235,52
4549,50	205,09	4635,16	215,29	4720,83	225,48	4806,50	235,67
4550,66	205,23	4636,33	215,42	4722,00	225,62	4807,66	235,81
4552,00	205,39	4637,66	215,58	4723,33	225,78	4809,00	235,97
4553,16	205,53	4638,83	215,72	4724,50	225,92	4810,33	236,13
4554,50	205,69	4640,16	215,88	4725,83	226,08	4811,50	236,27
4555,66	205,83	4641,33	216,02	4727,16	226,23	4812,83	236,43
4557,00	205,98	4642,66	216,18	4728,33	226,37	4814,00	236,57
4558,33	206,14	4644,00	216,34	4729,66	226,53	4815,33	236,73
4559,50	206,28	4645,16	216,48	4730,83	226,67	4816,50	236,86
4560,83	206,44	4646,50	216,63	4732,16	226,83	4817,83	237,02
4562,00	206,58	4647,66	216,77	4733,33	226,97	4819,00	237,16
4563,33	206,74	4649,00	216,93	4734,66	227,13	4820,33	237,32
4564,50	206,88	4650,16	217,07	4735,83	227,27	4821,66	237,48
4565,83	207,04	4651,50	217,23	4737,16	227,42	4822,83	237,62
4567,00	207,17	4652,83	217,39	4738,50	227,58	4824,16	237,78
4568,33	207,33	4654,00	217,53	4739,66	227,72	4825,33	237,92
4569,66	207,49	4655,33	217,69	4741,00	227,88	4826,66	238,07
4570,83	207,63	4656,50	217,82	4742,16	228,02	4827,83	238,21
4572,16	207,79	4657,83	217,98	4743,50	228,18	4829,16	238,37
4573,33	207,93	4659,00	218,12	4744,66	228,32	4830,33	238,51
4574,66	208,09	4660,33	218,28	4746,00	228,48	4831,66	238,67
4575,83	208,23	4661,50	218,42	4747,33	228,63	4833,00	238,83
4577,16	208,38	4662,83	218,58	4748,50	228,77	4834,16	238,97
4578,33	208,52	4664,16	218,74	4749,83	228,93	4835,50	239,13
4579,66	208,68	4665,33	218,88	4751,00	229,07	4836,66	239,26
4581,00	208,84	4666,66	219,03	4752,33	229,23	4838,00	239,42
4582,16	208,98	4667,83	219,17	4753,50	229,37	4839,16	239,56
4583,50	209,14	4669,16	219,33	4754,83	229,53	4840,50	239,72
4584,66	209,28	4670,33	219,47	4756,00	229,67	4841,83	239,88
4586,00	209,44	4671,66	219,63	4757,33	229,82	4843,00	240,02
4587,16	209,57	4672,83	219,77	4758,66	229,98	4844,33	240,18
4588,50	209,73	4674,16	219,93	4759,83	230,12	4845,50	240,32
4589,83	209,89	4675,50	220,09	4761,16	230,28	4846,83	240,47
4591,00	210,03	4676,66	220,22	4762,33	230,42	4848,00	240,61
4592,33	210,19	4678,00	220,38	4763,66	230,58	4849,33	240,77
4593,50	210,33	4679,16	220,52	4764,83	230,72	4850,50	240,91
4594,83	210,49	4680,50	220,68	4766,16	230,87	4851,83	241,07
4596,00	210,63	4681,66	220,82	4767,33	231,01	4853,16	241,23
4597,33	210,78	4683,00	220,98	4768,66	231,17	4854,33	241,37
4598,50	210,92	4684,33	221,14	4770,00	231,33	4855,66	241,53

Steuerklasse III		Steuerklasse III		Steuerklasse III		Steuerklasse III	
Maßstabs-lohnsteuer €	Solidari-tätszu-schlag €	Maßstabs-lohnsteuer €	Solidari-tätszu-schlag €	Maßstabs-lohnsteuer €	Solidari-tätszu-schlag €	Maßstabs-lohnsteuer €	Solidari-tätszu-schlag €
4856,83	241,66	4942,50	251,86	5028,16	262,05	5113,83	272,25
4858,16	241,82	4943,83	252,02	5029,50	262,21	5115,16	272,41
4859,33	241,96	4945,00	252,16	5030,83	262,37	5116,50	272,56
4860,66	242,12	4946,33	252,31	5032,00	262,51	5117,66	272,70
4861,83	242,26	4947,66	252,47	5033,33	262,67	5119,00	272,86
4863,16	242,42	4948,83	252,61	5034,50	262,81	5120,16	273,00
4864,50	242,58	4950,16	252,77	5035,83	262,97	5121,50	273,16
4865,66	242,72	4951,33	252,91	5037,00	263,10	5122,66	273,30
4867,00	242,87	4952,66	253,07	5038,33	263,26	5124,00	273,46
4868,16	243,01	4953,83	253,21	5039,50	263,40	5125,33	273,62
4869,50	243,17	4955,16	253,37	5040,83	263,56	5126,50	273,75
4870,66	243,31	4956,33	253,50	5042,16	263,72	5127,83	273,91
4872,00	243,47	4957,66	253,66	5043,33	263,86	5129,00	274,05
4873,33	243,63	4959,00	253,82	5044,66	264,02	5130,33	274,21
4874,50	243,77	4960,16	253,96	5045,83	264,16	5131,50	274,35
4875,83	243,93	4961,50	254,12	5047,16	264,31	5132,83	274,51
4877,00	244,06	4962,66	254,26	5048,33	264,45	5134,00	274,65
4878,33	244,22	4964,00	254,42	5049,66	264,61	5135,33	274,81
4879,50	244,36	4965,16	254,56	5050,83	264,75	5136,66	274,96
4880,83	244,52	4966,50	254,71	5052,16	264,91	5137,83	275,10
4882,00	244,66	4967,83	254,87	5053,50	265,07	5139,16	275,26
4883,33	244,82	4969,00	255,01	5054,66	265,21	5140,33	275,40
4884,66	244,98	4970,33	255,17	5056,00	265,37	5141,66	275,56
4885,83	245,12	4971,50	255,31	5057,16	265,50	5142,83	275,70
4887,16	245,27	4972,83	255,47	5058,50	265,66	5144,16	275,86
4888,33	245,41	4974,00	255,61	5059,66	265,80	5145,33	276,00
4889,66	245,57	4975,33	255,77	5061,00	265,96	5146,66	276,15
4890,83	245,71	4976,50	255,90	5062,33	266,12	5148,00	276,31
4892,16	245,87	4977,83	256,06	5063,50	266,26	5149,16	276,45
4893,33	246,01	4979,16	256,22	5064,83	266,42	5150,50	276,61
4894,66	246,17	4980,33	256,36	5066,00	266,56	5151,66	276,75
4896,00	246,33	4981,66	256,52	5067,33	266,71	5153,00	276,91
4897,16	246,46	4982,83	256,66	5068,50	266,85	5154,16	277,05
4898,50	246,62	4984,16	256,82	5069,83	267,01	5155,50	277,21
4899,66	246,76	4985,33	256,96	5071,00	267,15	5156,83	277,36
4901,00	246,92	4986,66	257,11	5072,33	267,31	5158,00	277,50
4902,16	247,06	4987,83	257,25	5073,66	267,47	5159,33	277,66
4903,50	247,22	4989,16	257,41	5074,83	267,61	5160,50	277,80
4904,83	247,38	4990,50	257,57	5076,16	267,76	5161,83	277,96
4906,00	247,52	4991,66	257,71	5077,33	267,90	5163,00	278,10
4907,33	247,67	4993,00	257,87	5078,66	268,06	5164,33	278,26
4908,50	247,81	4994,16	258,01	5079,83	268,20	5165,50	278,40
4909,83	247,97	4995,50	258,17	5081,16	268,36	5166,83	278,55
4911,00	248,11	4996,66	258,30	5082,33	268,50	5168,16	278,71
4912,33	248,27	4998,00	258,46	5083,66	268,66	5169,33	278,85
4913,50	248,41	4999,33	258,62	5085,00	268,82	5170,66	279,01
4914,83	248,57	5000,50	258,76	5086,16	268,95	5171,83	279,15
4916,16	248,72	5001,83	258,92	5087,50	269,11	5173,16	279,31
4917,33	248,86	5003,00	259,06	5088,66	269,25	5174,33	279,45
4918,66	249,02	5004,33	259,22	5090,00	269,41	5175,66	279,61
4919,83	249,16	5005,50	259,36	5091,16	269,55	5176,83	279,74
4921,16	249,32	5006,83	259,51	5092,50	269,71	5178,16	279,90
4922,33	249,46	5008,00	259,65	5093,83	269,87	5179,50	280,06
4923,66	249,62	5009,33	259,81	5095,00	270,01	5180,66	280,20
4924,83	249,76	5010,66	259,97	5096,33	270,16	5182,00	280,36
4926,16	249,91	5011,83	260,11	5097,50	270,30	5183,16	280,50
4927,50	250,07	5013,16	260,27	5098,83	270,46	5184,50	280,66
4928,66	250,21	5014,33	260,41	5100,00	270,60	5185,66	280,80
4930,00	250,37	5015,66	260,57	5101,33	270,76	5187,00	280,95
4931,16	250,51	5016,83	260,70	5102,50	270,90	5188,33	281,11
4932,50	250,67	5018,16	260,86	5103,83	271,06	5189,50	281,25
4933,66	250,81	5019,33	261,00	5105,16	271,22	5190,83	281,41
4935,00	250,97	5020,66	261,16	5106,33	271,35	5192,00	281,55
4936,33	251,12	5022,00	261,32	5107,66	271,51	5193,33	281,71
4937,50	251,26	5023,16	261,46	5108,83	271,65	5194,50	281,85
4938,83	251,42	5024,50	261,62	5110,16	271,81	5195,83	282,01
4940,00	251,56	5025,66	261,76	5111,33	271,95	5197,00	282,14
4941,33	251,72	5027,00	261,91	5112,66	272,11	5198,33	282,30

Steuerklasse III		Steuerklasse III		Steuerklasse III		Steuerklasse III	
Maßstabs-lohnsteuer €	Solidari-tätszu-schlag €	Maßstabs-lohnsteuer €	Solidari-tätszu-schlag €	Maßstabs-lohnsteuer €	Solidari-tätszu-schlag €	Maßstabs-lohnsteuer €	Solidari-tätszu-schlag €
5199,66	282,46	5214,66	284,25	5229,83	286,05	5245,00	287,86
5200,83	282,60	5216,00	284,41	5231,16	286,21	5246,16	287,99
5202,16	282,76	5217,16	284,54	5232,33	286,35	5247,50	288,15
5203,33	282,90	5218,50	284,70	5233,66	286,51	5248,66	288,29
5204,66	283,06	5219,83	284,86	5234,83	286,65	5250,00	288,45
5205,83	283,20	5221,00	285,00	5236,16	286,80	5251,33	288,61
5207,16	283,35	5222,33	285,16	5237,33	286,94	5252,50	288,75
5208,33	283,49	5223,50	285,30	5238,66	287,10	5253,83	288,91
5209,66	283,65	5224,83	285,46	5239,83	287,24	5255,00	289,02
5211,00	283,81	5226,00	285,60	5241,16	287,40		
5212,16	283,95	5227,33	285,75	5242,50	287,56		
5213,50	284,11	5228,50	285,89	5243,66	287,70		

Steuerklassen I, II, IV, V, VI		Steuerklassen I, II, IV, V, VI		Steuerklassen I, II, IV, V, VI		Steuerklassen I, II, IV, V, VI	
Maßstabs-lohnsteuer €	Solidari-tätszu-schlag €	Maßstabs-lohnsteuer €	Solidari-tätszu-schlag €	Maßstabs-lohnsteuer €	Solidari-tätszu-schlag €	Maßstabs-lohnsteuer €	Solidari-tätszu-schlag €
1412,91	0,00	1471,00	6,90	1529,08	13,81	1587,16	20,72
1414,08	0,12	1472,16	7,04	1530,16	13,94	1588,33	20,86
1415,25	0,26	1473,25	7,16	1531,41	14,09	1589,41	20,99
1416,41	0,40	1474,41	7,30	1532,58	14,23	1590,58	21,13
1417,50	0,53	1475,66	7,45	1533,66	14,35	1591,75	21,27
1418,66	0,67	1476,75	7,58	1534,83	14,49	1592,91	21,41
1419,91	0,82	1477,91	7,72	1536,00	14,63	1594,08	21,54
1421,00	0,95	1479,08	7,86	1537,16	14,77	1595,25	21,68
1422,16	1,09	1480,25	8,00	1538,33	14,91	1596,41	21,82
1423,33	1,22	1481,41	8,14	1539,50	15,05	1597,58	21,96
1424,50	1,36	1482,58	8,28	1540,66	15,19	1598,75	22,10
1425,66	1,50	1483,75	8,41	1541,83	15,33	1599,91	22,24
1426,83	1,64	1484,91	8,55	1543,00	15,47	1601,08	22,38
1428,00	1,78	1486,08	8,69	1544,16	15,60	1602,25	22,52
1429,16	1,92	1487,25	8,83	1545,33	15,74	1603,41	22,65
1430,33	2,06	1488,41	8,97	1546,50	15,88	1604,50	22,78
1431,50	2,20	1489,58	9,11	1547,66	16,02	1605,75	22,93
1432,66	2,34	1490,75	9,25	1548,75	16,15	1606,91	23,07
1433,83	2,47	1491,83	9,38	1550,00	16,30	1608,00	23,20
1435,00	2,61	1493,00	9,52	1551,16	16,44	1609,16	23,34
1436,08	2,74	1494,25	9,66	1552,25	16,57	1610,33	23,48
1437,25	2,88	1495,33	9,79	1553,41	16,70	1611,50	23,62
1438,50	3,03	1496,50	9,93	1554,58	16,84	1612,66	23,76
1439,58	3,16	1497,66	10,07	1555,75	16,98	1613,83	23,89
1440,75	3,30	1498,83	10,21	1556,91	17,12	1615,00	24,03
1441,91	3,44	1500,00	10,35	1558,08	17,26	1616,16	24,17
1443,08	3,57	1501,16	10,49	1559,25	17,40	1617,33	24,31
1444,25	3,71	1502,33	10,63	1560,41	17,54	1618,50	24,45
1445,41	3,85	1503,50	10,76	1561,58	17,68	1619,66	24,59
1446,58	3,99	1504,66	10,90	1562,75	17,82	1620,83	24,73
1447,75	4,13	1505,83	11,04	1563,91	17,95	1622,00	24,87
1448,91	4,27	1507,00	11,18	1565,08	18,09	1623,08	24,99
1450,08	4,41	1508,16	11,32	1566,25	18,23	1624,33	25,14
1451,25	4,55	1509,33	11,46	1567,33	18,36	1625,50	25,28
1452,41	4,69	1510,41	11,59	1568,58	18,51	1626,58	25,41
1453,58	4,82	1511,58	11,73	1569,75	18,65	1627,75	25,55
1454,66	4,95	1512,83	11,88	1570,83	18,78	1628,91	25,69
1455,83	5,09	1513,91	12,00	1572,00	18,92	1630,08	25,83
1457,08	5,24	1515,08	12,14	1573,16	19,05	1631,25	25,97
1458,16	5,37	1516,25	12,28	1574,33	19,19	1632,41	26,11
1459,33	5,51	1517,41	12,42	1575,50	19,33	1633,58	26,24
1460,50	5,65	1518,58	12,56	1576,66	19,47	1634,75	26,38
1461,66	5,79	1519,75	12,70	1577,83	19,61	1635,91	26,52
1462,83	5,93	1520,91	12,84	1579,00	19,75	1637,08	26,66
1464,00	6,06	1522,08	12,98	1580,16	19,89	1638,25	26,80
1465,16	6,20	1523,25	13,11	1581,33	20,03	1639,41	26,94
1466,33	6,34	1524,41	13,25	1582,50	20,17	1640,58	27,08
1467,50	6,48	1525,58	13,39	1583,66	20,30	1641,66	27,21
1468,66	6,62	1526,75	13,53	1584,83	20,44	1642,91	27,36
1469,83	6,76	1527,91	13,67	1585,91	20,57	1644,08	27,49

Steuerklassen I, II, IV, V, VI		Steuerklassen I, II, IV, V, VI		Steuerklassen I, II, IV, V, VI		Steuerklassen I, II, IV, V, VI	
Maßstabs-lohnsteuer €	Solidari-tätszu-schlag €	Maßstabs-lohnsteuer €	Solidari-tätszu-schlag €	Maßstabs-lohnsteuer €	Solidari-tätszu-schlag €	Maßstabs-lohnsteuer €	Solidari-tätszu-schlag €
1645,16	27,62	1724,16	37,02	1806,83	46,86	1892,50	57,06
1646,33	27,76	1725,33	37,16	1808,08	47,01	1893,75	57,20
1647,50	27,90	1726,50	37,30	1809,33	47,16	1895,00	57,35
1648,66	28,04	1727,66	37,44	1810,58	47,31	1896,33	57,51
1649,83	28,18	1728,83	37,58	1811,91	47,47	1897,58	57,66
1651,00	28,32	1730,00	37,72	1813,16	47,61	1898,83	57,81
1652,16	28,46	1731,16	37,86	1814,41	47,76	1900,08	57,96
1653,33	28,59	1732,33	38,00	1815,66	47,91	1901,33	58,11
1654,50	28,73	1733,50	38,13	1816,91	48,06	1902,58	58,26
1655,66	28,87	1734,66	38,27	1818,16	48,21	1903,83	58,40
1656,83	29,01	1735,83	38,41	1819,41	48,36	1905,08	58,55
1658,00	29,15	1737,00	38,55	1820,66	48,51	1906,41	58,71
1659,16	29,29	1738,16	38,69	1821,91	48,66	1907,66	58,86
1660,33	29,43	1739,25	38,82	1823,25	48,81	1908,91	59,01
1661,50	29,57	1740,41	38,96	1824,50	48,96	1910,16	59,16
1662,66	29,71	1741,66	39,11	1825,75	49,11	1911,41	59,31
1663,83	29,84	1742,75	39,24	1827,00	49,26	1912,66	59,46
1664,91	29,97	1743,91	39,37	1828,25	49,41	1913,91	59,60
1666,08	30,11	1745,08	39,51	1829,50	49,56	1915,16	59,75
1667,33	30,26	1746,25	39,65	1830,75	49,71	1916,41	59,90
1668,41	30,39	1747,41	39,79	1832,00	49,86	1917,75	60,06
1669,58	30,53	1748,58	39,93	1833,33	50,01	1919,00	60,21
1670,75	30,67	1749,75	40,07	1834,58	50,16	1920,25	60,36
1671,91	30,81	1750,91	40,21	1835,83	50,31	1921,50	60,51
1673,08	30,94	1752,08	40,35	1837,08	50,46	1922,75	60,66
1674,25	31,08	1753,25	40,48	1838,33	50,61	1924,00	60,80
1675,41	31,22	1754,41	40,62	1839,58	50,76	1925,25	60,95
1676,58	31,36	1755,58	40,76	1840,83	50,91	1926,50	61,10
1677,75	31,50	1756,75	40,90	1842,08	51,06	1927,83	61,26
1678,91	31,64	1757,83	41,03	1843,41	51,21	1929,08	61,41
1680,08	31,78	1759,00	41,17	1844,66	51,36	1930,33	61,56
1681,25	31,92	1760,25	41,32	1845,91	51,51	1931,58	61,71
1682,41	32,06	1761,50	41,47	1847,16	51,66	1932,83	61,86
1683,50	32,18	1762,75	41,62	1848,41	51,81	1934,08	62,00
1684,66	32,32	1764,00	41,76	1849,66	51,96	1935,33	62,15
1685,91	32,47	1765,25	41,91	1850,91	52,11	1936,58	62,30
1687,00	32,60	1766,50	42,06	1852,16	52,26	1937,91	62,46
1688,16	32,74	1767,75	42,21	1853,41	52,40	1939,16	62,61
1689,33	32,88	1769,00	42,36	1854,75	52,56	1940,41	62,76
1690,50	33,02	1770,33	42,52	1856,00	52,71	1941,66	62,91
1691,66	33,16	1771,58	42,67	1857,25	52,86	1942,91	63,06
1692,83	33,30	1772,83	42,82	1858,50	53,01	1944,16	63,20
1694,00	33,43	1774,08	42,96	1859,75	53,16	1945,41	63,35
1695,16	33,57	1775,33	43,11	1861,00	53,31	1946,66	63,50
1696,33	33,71	1776,58	43,26	1862,25	53,46	1947,91	63,65
1697,50	33,85	1777,83	43,41	1863,50	53,60	1949,25	63,81
1698,66	33,99	1779,08	43,56	1864,83	53,76	1950,50	63,96
1699,83	34,13	1780,41	43,72	1866,08	53,91	1951,75	64,11
1701,00	34,27	1781,66	43,87	1867,33	54,06	1953,00	64,26
1702,08	34,40	1782,91	44,02	1868,58	54,21	1954,25	64,40
1703,25	34,53	1784,16	44,16	1869,83	54,36	1955,50	64,55
1704,50	34,68	1785,41	44,31	1871,08	54,51	1956,75	64,70
1705,58	34,81	1786,66	44,46	1872,33	54,66	1958,00	64,85
1706,75	34,95	1787,91	44,61	1873,58	54,80	1959,33	65,01
1707,91	35,09	1789,16	44,76	1874,91	54,96	1960,58	65,16
1709,08	35,23	1790,41	44,91	1876,16	55,11	1961,83	65,31
1710,25	35,37	1791,75	45,07	1877,41	55,26	1963,08	65,45
1711,41	35,51	1793,00	45,22	1878,66	55,41	1964,33	65,60
1712,58	35,65	1794,25	45,36	1879,91	55,56	1965,58	65,75
1713,75	35,78	1795,50	45,51	1881,16	55,71	1966,83	65,90
1714,91	35,92	1796,75	45,66	1882,41	55,86	1968,08	66,05
1716,08	36,06	1798,00	45,81	1883,66	56,00	1969,41	66,21
1717,25	36,20	1799,25	45,96	1884,91	56,15	1970,66	66,36
1718,41	36,34	1800,50	46,11	1886,25	56,31	1971,91	66,51
1719,58	36,48	1801,83	46,27	1887,50	56,46	1973,16	66,65
1720,66	36,61	1803,08	46,41	1888,75	56,61	1974,41	66,80
1721,83	36,75	1804,33	46,56	1890,00	56,76	1975,66	66,95
1723,08	36,89	1805,58	46,71	1891,25	56,91	1976,91	67,10

Steuerklassen I, II, IV, V, VI		Steuerklassen I, II, IV, V, VI		Steuerklassen I, II, IV, V, VI		Steuerklassen I, II, IV, V, VI	
Maßstabs-lohnsteuer €	Solidari-tätszu-schlag €	Maßstabs-lohnsteuer €	Solidari-tätszu-schlag €	Maßstabs-lohnsteuer €	Solidari-tätszu-schlag €	Maßstabs-lohnsteuer €	Solidari-tätszu-schlag €
1978,16	67,25	2063,91	77,45	2149,58	87,65	2235,25	97,84
1979,41	67,40	2065,16	77,60	2150,83	87,80	2236,50	97,99
1980,75	67,56	2066,41	77,75	2152,08	87,95	2237,75	98,14
1982,00	67,71	2067,66	77,90	2153,33	88,09	2239,00	98,29
1983,25	67,85	2068,91	78,05	2154,58	88,24	2240,25	98,44
1984,50	68,00	2070,16	78,20	2155,83	88,39	2241,50	98,59
1985,75	68,15	2071,41	78,35	2157,08	88,54	2242,83	98,75
1987,00	68,30	2072,66	78,50	2158,41	88,70	2244,08	98,89
1988,25	68,45	2073,91	78,64	2159,66	88,85	2245,33	99,04
1989,50	68,60	2075,25	78,80	2160,91	89,00	2246,58	99,19
1990,83	68,76	2076,50	78,95	2162,16	89,15	2247,83	99,34
1992,08	68,91	2077,75	79,10	2163,41	89,29	2249,08	99,49
1993,33	69,05	2079,00	79,25	2164,66	89,44	2250,33	99,64
1994,58	69,20	2080,25	79,40	2165,91	89,59	2251,58	99,79
1995,83	69,35	2081,50	79,55	2167,16	89,74	2252,91	99,95
1997,08	69,50	2082,75	79,70	2168,41	89,89	2254,16	100,09
1998,33	69,65	2084,00	79,84	2169,75	90,05	2255,41	100,24
1999,58	69,80	2085,33	80,00	2171,00	90,20	2256,66	100,39
2000,91	69,96	2086,58	80,15	2172,25	90,35	2257,91	100,54
2002,16	70,11	2087,83	80,30	2173,50	90,49	2259,16	100,69
2003,41	70,25	2089,08	80,45	2174,75	90,64	2260,41	100,84
2004,66	70,40	2090,33	80,60	2176,00	90,79	2261,66	100,99
2005,91	70,55	2091,58	80,75	2177,25	90,94	2262,91	101,14
2007,16	70,70	2092,83	80,90	2178,50	91,09	2264,25	101,29
2008,41	70,85	2094,08	81,04	2179,83	91,25	2265,50	101,44
2009,66	71,00	2095,41	81,20	2181,08	91,40	2266,75	101,59
2010,91	71,15	2096,66	81,35	2182,33	91,55	2268,00	101,74
2012,25	71,31	2097,91	81,50	2183,58	91,69	2269,25	101,89
2013,50	71,45	2099,16	81,65	2184,83	91,84	2270,50	102,04
2014,75	71,60	2100,41	81,80	2186,08	91,99	2271,75	102,19
2016,00	71,75	2101,66	81,95	2187,33	92,14	2273,00	102,34
2017,25	71,90	2102,91	82,10	2188,58	92,29	2274,33	102,49
2018,50	72,05	2104,16	82,24	2189,91	92,45	2275,58	102,64
2019,75	72,20	2105,41	82,39	2191,16	92,60	2276,83	102,79
2021,00	72,35	2106,75	82,55	2192,41	92,75	2278,08	102,94
2022,33	72,51	2108,00	82,70	2193,66	92,89	2279,33	103,09
2023,58	72,65	2109,25	82,85	2194,91	93,04	2280,58	103,24
2024,83	72,80	2110,50	83,00	2196,16	93,19	2281,83	103,39
2026,08	72,95	2111,75	83,15	2197,41	93,34	2283,08	103,53
2027,33	73,10	2113,00	83,30	2198,66	93,49	2284,41	103,69
2028,58	73,25	2114,25	83,44	2199,91	93,64	2285,66	103,84
2029,83	73,40	2115,50	83,59	2201,25	93,80	2286,91	103,99
2031,08	73,55	2116,83	83,75	2202,50	93,95	2288,16	104,14
2032,41	73,71	2118,08	83,90	2203,75	94,09	2289,41	104,29
2033,66	73,85	2119,33	84,05	2205,00	94,24	2290,66	104,44
2034,91	74,00	2120,58	84,20	2206,25	94,39	2291,91	104,59
2036,16	74,15	2121,83	84,35	2207,50	94,54	2293,16	104,73
2037,41	74,30	2123,08	84,49	2208,75	94,69	2294,41	104,88
2038,66	74,45	2124,33	84,64	2210,00	94,84	2295,75	105,04
2039,91	74,60	2125,58	84,79	2211,33	95,00	2297,00	105,19
2041,16	74,75	2126,91	84,95	2212,58	95,15	2298,25	105,34
2042,41	74,90	2128,16	85,10	2213,83	95,29	2299,50	105,49
2043,75	75,05	2129,41	85,25	2215,08	95,44	2300,75	105,64
2045,00	75,20	2130,66	85,40	2216,33	95,59	2302,00	105,79
2046,25	75,35	2131,91	85,55	2217,58	95,74	2303,25	105,93
2047,50	75,50	2133,16	85,69	2218,83	95,89	2304,50	106,08
2048,75	75,65	2134,41	85,84	2220,08	96,04	2305,83	106,24
2050,00	75,80	2135,66	85,99	2221,41	96,20	2307,08	106,39
2051,25	75,95	2136,91	86,14	2222,66	96,35	2308,33	106,54
2052,50	76,10	2138,25	86,30	2223,91	96,49	2309,58	106,69
2053,83	76,25	2139,50	86,45	2225,16	96,64	2310,83	106,84
2055,08	76,40	2140,75	86,60	2226,41	96,79	2312,08	106,99
2056,33	76,55	2142,00	86,75	2227,66	96,94	2313,33	107,13
2057,58	76,70	2143,25	86,89	2228,91	97,09	2314,58	107,28
2058,83	76,85	2144,50	87,04	2230,16	97,24	2315,91	107,44
2060,08	77,00	2145,75	87,19	2231,41	97,39	2317,16	107,59
2061,33	77,15	2147,00	87,34	2232,75	97,55	2318,41	107,74
2062,58	77,30	2148,33	87,50	2234,00	97,69	2319,66	107,89

Steuerklassen I, II, IV, V, VI		Steuerklassen I, II, IV, V, VI		Steuerklassen I, II, IV, V, VI		Steuerklassen I, II, IV, V, VI	
Maßstabs-lohnsteuer €	Solidari-tätszu-schlag €	Maßstabs-lohnsteuer €	Solidari-tätszu-schlag €	Maßstabs-lohnsteuer €	Solidari-tätszu-schlag €	Maßstabs-lohnsteuer €	Solidari-tätszu-schlag €
2320,91	108,04	2406,58	118,23	2492,25	128,43	2577,91	138,62
2322,16	108,19	2407,83	118,38	2493,50	128,57	2579,25	138,78
2323,41	108,33	2409,08	118,53	2494,83	128,73	2580,50	138,93
2324,66	108,48	2410,41	118,69	2496,08	128,88	2581,75	139,08
2325,91	108,63	2411,66	118,84	2497,33	129,03	2583,00	139,23
2327,25	108,79	2412,91	118,99	2498,58	129,18	2584,25	139,37
2328,50	108,94	2414,16	119,13	2499,83	129,33	2585,50	139,52
2329,75	109,09	2415,41	119,28	2501,08	129,48	2586,75	139,67
2331,00	109,24	2416,66	119,43	2502,33	129,63	2588,00	139,82
2332,25	109,39	2417,91	119,58	2503,58	129,77	2589,33	139,98
2333,50	109,53	2419,16	119,73	2504,91	129,93	2590,58	140,13
2334,75	109,68	2420,41	119,88	2506,16	130,08	2591,83	140,28
2336,00	109,83	2421,75	120,04	2507,41	130,23	2593,08	140,42
2337,33	109,99	2423,00	120,19	2508,66	130,38	2594,33	140,57
2338,58	110,14	2424,25	120,33	2509,91	130,53	2595,58	140,72
2339,83	110,29	2425,50	120,48	2511,16	130,68	2596,83	140,87
2341,08	110,44	2426,75	120,63	2512,41	130,83	2598,08	141,02
2342,33	110,59	2428,00	120,78	2513,66	130,97	2599,41	141,18
2343,58	110,73	2429,25	120,93	2514,91	131,12	2600,66	141,33
2344,83	110,88	2430,50	121,08	2516,25	131,28	2601,91	141,48
2346,08	111,03	2431,83	121,24	2517,50	131,43	2603,16	141,62
2347,41	111,19	2433,08	121,38	2518,75	131,58	2604,41	141,77
2348,66	111,34	2434,33	121,53	2520,00	131,73	2605,66	141,92
2349,91	111,49	2435,58	121,68	2521,25	131,88	2606,91	142,07
2351,16	111,64	2436,83	121,83	2522,50	132,03	2608,16	142,22
2352,41	111,79	2438,08	121,98	2523,75	132,17	2609,41	142,37
2353,66	111,93	2439,33	122,13	2525,00	132,32	2610,75	142,53
2354,91	112,08	2440,58	122,28	2526,33	132,48	2612,00	142,68
2356,16	112,23	2441,91	122,44	2527,58	132,63	2613,25	142,82
2357,41	112,38	2443,16	122,58	2528,83	132,78	2614,50	142,97
2358,75	112,54	2444,41	122,73	2530,08	132,93	2615,75	143,12
2360,00	112,69	2445,66	122,88	2531,33	133,08	2617,00	143,27
2361,25	112,84	2446,91	123,03	2532,58	133,23	2618,25	143,42
2362,50	112,99	2448,16	123,18	2533,83	133,37	2619,50	143,57
2363,75	113,13	2449,41	123,33	2535,08	133,52	2620,83	143,73
2365,00	113,28	2450,66	123,48	2536,41	133,68	2622,08	143,88
2366,25	113,43	2451,91	123,63	2537,66	133,83	2623,33	144,02
2367,50	113,58	2453,25	123,78	2538,91	133,98	2624,58	144,17
2368,83	113,74	2454,50	123,93	2540,16	134,13	2625,83	144,32
2370,08	113,89	2455,75	124,08	2541,41	134,28	2627,08	144,47
2371,33	114,04	2457,00	124,23	2542,66	134,43	2628,33	144,55
2372,58	114,19	2458,25	124,38	2543,91	134,57		
2373,83	114,33	2459,50	124,53	2545,16	134,72		
2375,08	114,48	2460,75	124,68	2546,41	134,87		
2376,33	114,63	2462,00	124,83	2547,75	135,03		
2377,58	114,78	2463,33	124,98	2549,00	135,18		
2378,91	114,94	2464,58	125,13	2550,25	135,33		
2380,16	115,09	2465,83	125,28	2551,50	135,48		
2381,41	115,24	2467,08	125,43	2552,75	135,63		
2382,66	115,39	2468,33	125,58	2554,00	135,77		
2383,91	115,53	2469,58	125,73	2555,25	135,92		
2385,16	115,68	2470,83	125,88	2556,50	136,07		
2386,41	115,83	2472,08	126,03	2557,83	136,23		
2387,66	115,98	2473,41	126,18	2559,08	136,38		
2388,91	116,13	2474,66	126,33	2560,33	136,53		
2390,25	116,29	2475,91	126,48	2561,58	136,68		
2391,50	116,44	2477,16	126,63	2562,83	136,83		
2392,75	116,59	2478,41	126,78	2564,08	136,97		
2394,00	116,73	2479,66	126,93	2565,33	137,12		
2395,25	116,88	2480,91	127,08	2566,58	137,27		
2396,50	117,03	2482,16	127,23	2567,91	137,43		
2397,75	117,18	2483,41	127,37	2569,16	137,58		
2399,00	117,33	2484,75	127,53	2570,41	137,73		
2400,33	117,49	2486,00	127,68	2571,66	137,88		
2401,58	117,64	2487,25	127,83	2572,91	138,03		
2402,83	117,79	2488,50	127,98	2574,16	138,17		
2404,08	117,93	2489,75	128,13	2575,41	138,32		
2405,33	118,08	2491,00	128,28	2576,66	138,47		

Lohn/ Gehalt in € bis	Steuerklasse	**Lohn-steuer***	BVSP**	TAGZ***
2,99	I,IV		0,33	0,25
	II		0,33	0,25
	III		0,33	0,25
	V		0,33	0,25
	VI	**0,25**	0,33	0,25
5,99	I,IV		0,66	0,50
	II		0,66	0,50
	III		0,66	0,50
	V		0,66	0,50
	VI	**0,58**	0,66	0,50
8,99	I,IV		1,00	0,75
	II		1,00	0,75
	III		1,00	0,75
	V		1,00	0,75
	VI	**0,91**	1,00	0,75
11,99	I,IV		1,41	1,08
	II		1,41	1,08
	III		1,41	1,08
	V		1,41	1,08
	VI	**1,25**	1,41	1,08
14,99	I,IV		1,75	1,33
	II		1,75	1,33
	III		1,75	1,33
	V		1,75	1,33
	VI	**1,66**	1,75	1,33
17,99	I,IV		2,08	1,58
	II		2,08	1,58
	III		2,08	1,58
	V		2,08	1,58
	VI	**2,00**	2,08	1,58
20,99	I,IV		2,50	1,91
	II		2,50	1,91
	III		2,50	1,91
	V		2,50	1,91
	VI	**2,33**	2,50	1,91
23,99	I,IV		2,83	2,16
	II		2,83	2,16
	III		2,83	2,16
	V		2,83	2,16
	VI	**2,66**	2,83	2,16
26,99	I,IV		3,16	2,41
	II		3,16	2,41
	III		3,16	2,41
	V		3,16	2,41
	VI	**3,00**	3,16	2,41
29,99	I,IV		3,58	2,75
	II		3,58	2,75
	III		3,58	2,75
	V		3,58	2,75
	VI	**3,33**	3,58	2,75
32,99	I,IV		3,91	3,00
	II		3,91	3,00
	III		3,91	3,00
	V		3,91	3,00
	VI	**3,66**	3,91	3,00
35,99	I,IV		4,25	3,25
	II		4,25	3,25
	III		4,25	3,25
	V		4,25	3,25
	VI	**4,00**	4,25	3,25

Lohn/ Gehalt in € bis	Steuerklasse	**Lohn-steuer***	BVSP**	TAGZ***
38,99	I,IV		4,66	3,50
	II		4,66	3,50
	III		4,66	3,50
	V		4,66	3,50
	VI	**4,33**	4,66	3,50
41,99	I,IV		5,00	3,83
	II		5,00	3,83
	III		5,00	3,83
	V		5,00	3,83
	VI	**4,66**	5,00	3,83
44,99	I,IV		5,33	4,08
	II		5,33	4,08
	III		5,33	4,08
	V		5,33	4,08
	VI	**5,00**	5,33	4,08
47,99	I,IV		5,75	4,33
	II		5,75	4,33
	III		5,75	4,33
	V		5,75	4,33
	VI	**5,33**	5,75	4,33
50,99	I,IV		6,08	4,66
	II		6,08	4,66
	III		6,08	4,66
	V		6,08	4,66
	VI	**5,66**	6,08	4,66
53,99	I,IV		6,41	4,91
	II		6,41	4,91
	III		6,41	4,91
	V		6,41	4,91
	VI	**6,00**	6,41	4,91
56,99	I,IV		6,83	5,16
	II		6,83	5,16
	III		6,83	5,16
	V		6,83	5,16
	VI	**6,33**	6,83	5,16
59,99	I,IV		7,16	5,50
	II		7,16	5,50
	III		7,16	5,50
	V		7,16	5,50
	VI	**6,66**	7,16	5,50
62,99	I,IV		7,50	5,75
	II		7,50	5,75
	III		7,50	5,75
	V		7,50	5,75
	VI	**7,00**	7,50	5,75
65,99	I,IV		7,91	6,00
	II		7,91	6,00
	III		7,91	6,00
	V		7,91	6,00
	VI	**7,33**	7,91	6,00
68,99	I,IV		8,25	6,25
	II		8,25	6,25
	III		8,25	6,25
	V		8,25	6,25
	VI	**7,66**	8,25	6,25
71,99	I,IV		8,58	6,58
	II		8,58	6,58
	III		8,58	6,58
	V		8,58	6,58
	VI	**8,00**	8,58	6,58

* Zur LSt-Berechnung für privat versicherte Arbeitnehmer s. Beispiele **Vorbemerkung S. 4 f.**
** Basisvorsorgepauschale KV und PV *** Typisierter Arbeitgeberzuschuss

Lohn/ Gehalt in € bis	Steuerklasse	Lohn- steuer*	BVSP**	TAGZ***
74,99	I,IV		8,91	6,83
	II		8,91	6,83
	III		8,91	6,83
	V		8,91	6,83
	VI	**8,33**	8,91	6,83
77,99	I,IV		9,33	7,08
	II		9,33	7,08
	III		9,33	7,08
	V		9,33	7,08
	VI	**8,66**	9,33	7,08
80,99	I,IV		9,66	7,41
	II		9,66	7,41
	III		9,66	7,41
	V		9,66	7,41
	VI	**9,00**	9,66	7,41
83,99	I,IV		10,00	7,66
	II		10,00	7,66
	III		10,00	7,66
	V		10,00	7,66
	VI	**9,33**	10,00	7,66
86,99	I,IV		10,41	7,91
	II		10,41	7,91
	III		10,41	7,91
	V		10,41	7,91
	VI	**9,75**	10,41	7,91
89,99	I,IV		10,75	8,25
	II		10,75	8,25
	III		10,75	8,25
	V		10,75	8,25
	VI	**10,08**	10,75	8,25
92,99	I,IV		11,08	8,50
	II		11,08	8,50
	III		11,08	8,50
	V		11,08	8,50
	VI	**10,41**	11,08	8,50
95,99	I,IV		11,50	8,75
	II		11,50	8,75
	III		11,50	8,75
	V		11,50	8,75
	VI	**10,75**	11,50	8,75
98,99	I,IV		11,83	9,00
	II		11,83	9,00
	III		11,83	9,00
	V		11,83	9,00
	VI	**11,08**	11,83	9,00
101,99	I,IV		12,16	9,33
	II		12,16	9,33
	III		12,16	9,33
	V		12,16	9,33
	VI	**11,41**	12,16	9,33
104,99	I,IV		12,58	9,58
	II		12,58	9,58
	III		12,58	9,58
	V		12,58	9,58
	VI	**11,75**	12,58	9,58
107,99	I,IV		12,91	9,83
	II		12,91	9,83
	III		12,91	9,83
	V		12,91	9,83
	VI	**12,08**	12,91	9,83
110,99	I,IV		13,25	10,16
	II		13,25	10,16
	III		13,25	10,16
	V	**0,33**	13,25	10,16
	VI	**12,41**	13,25	10,16
113,99	I,IV		13,66	10,41
	II		13,66	10,41
	III		13,66	10,41
	V	**0,66**	13,66	10,41
	VI	**12,75**	13,66	10,41
116,99	I,IV		14,00	10,66
	II		14,00	10,66
	III		14,00	10,66
	V	**1,00**	14,00	10,66
	VI	**13,08**	14,00	10,66
119,99	I,IV		14,33	11,00
	II		14,33	11,00
	III		14,33	11,00
	V	**1,33**	14,33	11,00
	VI	**13,41**	14,33	11,00
122,99	I,IV		14,75	11,25
	II		14,75	11,25
	III		14,75	11,25
	V	**1,66**	14,75	11,25
	VI	**13,75**	14,75	11,25
125,99	I,IV		15,08	11,50
	II		15,08	11,50
	III		15,08	11,50
	V	**2,00**	15,08	11,50
	VI	**14,08**	15,08	11,50
128,99	I,IV		15,41	11,83
	II		15,41	11,83
	III		15,41	11,83
	V	**2,33**	15,41	11,83
	VI	**14,41**	15,41	11,83
131,99	I,IV		15,83	12,08
	II		15,83	12,08
	III		15,83	12,08
	V	**2,66**	15,83	12,08
	VI	**14,75**	15,83	12,08
134,99	I,IV		16,16	12,33
	II		16,16	12,33
	III		16,16	12,33
	V	**3,00**	16,16	12,33
	VI	**15,08**	16,16	12,33
137,99	I,IV		16,50	12,58
	II		16,50	12,58
	III		16,50	12,58
	V	**3,33**	16,50	12,58
	VI	**15,41**	16,50	12,58
140,99	I,IV		16,91	12,91
	II		16,91	12,91
	III		16,91	12,91
	V	**3,66**	16,91	12,91
	VI	**15,75**	16,91	12,91
143,99	I,IV		17,25	13,16
	II		17,25	13,16
	III		17,25	13,16
	V	**4,00**	17,25	13,16
	VI	**16,08**	17,25	13,16

* Zur LSt-Berechnung für privat versicherte Arbeitnehmer s. Beispiele **Vorbemerkung S. 4 f.**
** Basisvorsorgepauschale KV und PV *** Typisierter Arbeitgeberzuschuss

Lohn/ Gehalt in € bis	Steuerklasse	Lohn- steuer*	BVSP**	TAGZ***
146,99	I,IV		17,58	13,41
	II		17,58	13,41
	III		17,58	13,41
	V	**4,33**	17,58	13,41
	VI	**16,41**	17,58	13,41
149,99	I,IV		17,91	13,75
	II		17,91	13,75
	III		17,91	13,75
	V	**4,66**	17,91	13,75
	VI	**16,75**	17,91	13,75
152,99	I,IV		18,33	14,00
	II		18,33	14,00
	III		18,33	14,00
	V	**5,00**	18,33	14,00
	VI	**17,08**	18,33	14,00
155,99	I,IV		18,66	14,25
	II		18,66	14,25
	III		18,66	14,25
	V	**5,33**	18,66	14,25
	VI	**17,50**	18,66	14,25
158,99	I,IV		19,00	14,58
	II		19,00	14,58
	III		19,00	14,58
	V	**5,75**	19,00	14,58
	VI	**17,83**	19,00	14,58
161,99	I,IV		19,41	14,83
	II		19,41	14,83
	III		19,41	14,83
	V	**6,00**	19,41	14,83
	VI	**18,08**	19,41	14,83
164,99	I,IV		19,75	15,08
	II		19,75	15,08
	III		19,75	15,08
	V	**6,41**	19,75	15,08
	VI	**18,50**	19,75	15,08
167,99	I,IV		20,08	15,33
	II		20,08	15,33
	III		20,08	15,33
	V	**6,75**	20,08	15,33
	VI	**18,83**	20,08	15,33
170,99	I,IV		20,50	15,66
	II		20,50	15,66
	III		20,50	15,66
	V	**7,08**	20,50	15,66
	VI	**19,16**	20,50	15,66
173,99	I,IV		20,83	15,91
	II		20,83	15,91
	III		20,83	15,91
	V	**7,41**	20,83	15,91
	VI	**19,50**	20,83	15,91
176,99	I,IV		21,16	16,16
	II		21,16	16,16
	III		21,16	16,16
	V	**7,75**	21,16	16,16
	VI	**19,83**	21,16	16,16
179,99	I,IV		21,58	16,50
	II		21,58	16,50
	III		21,58	16,50
	V	**8,08**	21,58	16,50
	VI	**20,16**	21,58	16,50

Lohn/ Gehalt in € bis	Steuerklasse	Lohn- steuer*	BVSP**	TAGZ***
182,99	I,IV		21,91	16,75
	II		21,91	16,75
	III		21,91	16,75
	V	**8,41**	21,91	16,75
	VI	**20,50**	21,91	16,75
185,99	I,IV		22,25	17,00
	II		22,25	17,00
	III		22,25	17,00
	V	**8,75**	22,25	17,00
	VI	**20,83**	22,25	17,00
188,99	I,IV		22,66	17,33
	II		22,66	17,33
	III		22,66	17,33
	V	**9,08**	22,66	17,33
	VI	**21,16**	22,66	17,33
191,99	I,IV		23,00	17,58
	II		23,00	17,58
	III		23,00	17,58
	V	**9,41**	23,00	17,58
	VI	**21,50**	23,00	17,58
194,99	I,IV		23,33	17,83
	II		23,33	17,83
	III		23,33	17,83
	V	**9,75**	23,33	17,83
	VI	**21,83**	23,33	17,83
197,99	I,IV		23,75	18,08
	II		23,75	18,08
	III		23,75	18,08
	V	**10,08**	23,75	18,08
	VI	**22,16**	23,75	18,08
200,99	I,IV		24,08	18,41
	II		24,08	18,41
	III		24,08	18,41
	V	**10,41**	24,08	18,41
	VI	**22,50**	24,08	18,41
203,99	I,IV		24,41	18,66
	II		24,41	18,66
	III		24,41	18,66
	V	**10,75**	24,41	18,66
	VI	**22,83**	24,41	18,66
206,99	I,IV		24,83	18,91
	II		24,83	18,91
	III		24,83	18,91
	V	**11,08**	24,83	18,91
	VI	**23,16**	24,83	18,91
209,99	I,IV		25,16	19,25
	II		25,16	19,25
	III		25,16	19,25
	V	**11,41**	25,16	19,25
	VI	**23,50**	25,16	19,25
212,99	I,IV		25,50	19,50
	II		25,50	19,50
	III		25,50	19,50
	V	**11,75**	25,50	19,50
	VI	**23,83**	25,50	19,50
215,99	I,IV		25,91	19,75
	II		25,91	19,75
	III		25,91	19,75
	V	**12,08**	25,91	19,75
	VI	**24,16**	25,91	19,75

* Zur LSt-Berechnung für privat versicherte Arbeitnehmer s. Beispiele **Vorbemerkung S. 4 f.**
** Basisvorsorgepauschale KV und PV *** Typisierter Arbeitgeberzuschuss

Lohn/ Gehalt in € bis	Steuerklasse	Lohnsteuer*	BVSP**	TAGZ***
218,99	I,IV		26,25	20,08
	II		26,25	20,08
	III		26,25	20,08
	V	**12,41**	26,25	20,08
	VI	**24,50**	26,25	20,08
221,99	I,IV		26,58	20,33
	II		26,58	20,33
	III		26,58	20,33
	V	**12,75**	26,58	20,33
	VI	**24,83**	26,58	20,33
224,99	I,IV		26,91	20,58
	II		26,91	20,58
	III		26,91	20,58
	V	**13,08**	26,91	20,58
	VI	**25,16**	26,91	20,58
227,99	I,IV		27,33	20,91
	II		27,33	20,91
	III		27,33	20,91
	V	**13,41**	27,33	20,91
	VI	**25,50**	27,33	20,91
230,99	I,IV		27,66	21,16
	II		27,66	21,16
	III		27,66	21,16
	V	**13,75**	27,66	21,16
	VI	**25,83**	27,66	21,16
233,99	I,IV		28,00	21,41
	II		28,00	21,41
	III		28,00	21,41
	V	**14,08**	28,00	21,41
	VI	**26,25**	28,00	21,41
236,99	I,IV		28,41	21,66
	II		28,41	21,66
	III		28,41	21,66
	V	**14,50**	28,41	21,66
	VI	**26,58**	28,41	21,66
239,99	I,IV		28,75	22,00
	II		28,75	22,00
	III		28,75	22,00
	V	**14,83**	28,75	22,00
	VI	**26,91**	28,75	22,00
242,99	I,IV		29,08	22,25
	II		29,08	22,25
	III		29,08	22,25
	V	**15,16**	29,08	22,25
	VI	**27,25**	29,08	22,25
245,99	I,IV		29,50	22,50
	II		29,50	22,50
	III		29,50	22,50
	V	**15,50**	29,50	22,50
	VI	**27,58**	29,50	22,50
248,99	I,IV		29,83	22,83
	II		29,83	22,83
	III		29,83	22,83
	V	**15,83**	29,83	22,83
	VI	**27,91**	29,83	22,83
251,99	I,IV		30,16	23,08
	II		30,16	23,08
	III		30,16	23,08
	V	**16,16**	30,16	23,08
	VI	**28,25**	30,16	23,08

Lohn/ Gehalt in € bis	Steuerklasse	Lohnsteuer*	BVSP**	TAGZ***
254,99	I,IV		30,58	23,33
	II		30,58	23,33
	III		30,58	23,33
	V	**16,50**	30,58	23,33
	VI	**28,58**	30,58	23,33
257,99	I,IV		30,91	23,66
	II		30,91	23,66
	III		30,91	23,66
	V	**16,83**	30,91	23,66
	VI	**28,91**	30,91	23,66
260,99	I,IV		31,25	23,91
	II		31,25	23,91
	III		31,25	23,91
	V	**17,16**	31,25	23,91
	VI	**29,25**	31,25	23,91
263,99	I,IV		31,66	24,16
	II		31,66	24,16
	III		31,66	24,16
	V	**17,50**	31,66	24,16
	VI	**29,58**	31,66	24,16
266,99	I,IV		32,00	24,41
	II		32,00	24,41
	III		32,00	24,41
	V	**17,83**	32,00	24,41
	VI	**29,91**	32,00	24,41
269,99	I,IV		32,33	24,75
	II		32,33	24,75
	III		32,33	24,75
	V	**18,16**	32,33	24,75
	VI	**30,25**	32,33	24,75
272,99	I,IV		32,75	25,00
	II		32,75	25,00
	III		32,75	25,00
	V	**18,50**	32,75	25,00
	VI	**30,58**	32,75	25,00
275,99	I,IV		33,08	25,25
	II		33,08	25,25
	III		33,08	25,25
	V	**18,83**	33,08	25,25
	VI	**30,91**	33,08	25,25
278,99	I,IV		33,41	25,58
	II		33,41	25,58
	III		33,41	25,58
	V	**19,16**	33,41	25,58
	VI	**31,25**	33,41	25,58
281,99	I,IV		33,83	25,83
	II		33,83	25,83
	III		33,83	25,83
	V	**19,50**	33,83	25,83
	VI	**31,58**	33,83	25,83
284,99	I,IV		34,16	26,08
	II		34,16	26,08
	III		34,16	26,08
	V	**19,83**	34,16	26,08
	VI	**31,91**	34,16	26,08
287,99	I,IV		34,50	26,41
	II		34,50	26,41
	III		34,50	26,41
	V	**20,16**	34,50	26,41
	VI	**32,25**	34,50	26,41

* Zur LSt-Berechnung für privat versicherte Arbeitnehmer s. Beispiele **Vorbemerkung S. 4 f.**
** Basisvorsorgepauschale KV und PV *** Typisierter Arbeitgeberzuschuss

Lohn/ Gehalt in € bis	Steuerklasse	Lohn-steuer*	BVSP**	TAGZ***
290,99	I,IV		34,91	26,66
	II		34,91	26,66
	III		34,91	26,66
	V	**20,50**	34,91	26,66
	VI	**32,58**	34,91	26,66
293,99	I,IV		35,25	26,91
	II		35,25	26,91
	III		35,25	26,91
	V	**20,83**	35,25	26,91
	VI	**32,91**	35,25	26,91
296,99	I,IV		35,58	27,16
	II		35,58	27,16
	III		35,58	27,16
	V	**21,16**	35,58	27,16
	VI	**33,25**	35,58	27,16
299,99	I,IV		35,91	27,50
	II		35,91	27,50
	III		35,91	27,50
	V	**21,50**	35,91	27,50
	VI	**33,58**	35,91	27,50
302,99	I,IV		36,33	27,75
	II		36,33	27,75
	III		36,33	27,75
	V	**21,83**	36,33	27,75
	VI	**33,91**	36,33	27,75
305,99	I,IV		36,66	28,00
	II		36,66	28,00
	III		36,66	28,00
	V	**22,16**	36,66	28,00
	VI	**34,33**	36,66	28,00
308,99	I,IV		37,00	28,33
	II		37,00	28,33
	III		37,00	28,33
	V	**22,58**	37,00	28,33
	VI	**34,66**	37,00	28,33
311,99	I,IV		37,41	28,58
	II		37,41	28,58
	III		37,41	28,58
	V	**22,91**	37,41	28,58
	VI	**35,00**	37,41	28,58
314,99	I,IV		37,75	28,83
	II		37,75	28,83
	III		37,75	28,83
	V	**23,25**	37,75	28,83
	VI	**35,33**	37,75	28,83
317,99	I,IV		38,08	29,16
	II		38,08	29,16
	III		38,08	29,16
	V	**23,58**	38,08	29,16
	VI	**35,66**	38,08	29,16
320,99	I,IV		38,50	29,41
	II		38,50	29,41
	III		38,50	29,41
	V	**23,91**	38,50	29,41
	VI	**36,00**	38,50	29,41
323,99	I,IV		38,83	29,66
	II		38,83	29,66
	III		38,83	29,66
	V	**24,25**	38,83	29,66
	VI	**36,33**	38,83	29,66
326,99	I,IV		39,16	30,00
	II		39,16	30,00
	III		39,16	30,00
	V	**24,58**	39,16	30,00
	VI	**36,66**	39,16	30,00
329,99	I,IV		39,58	30,25
	II		39,58	30,25
	III		39,58	30,25
	V	**24,91**	39,58	30,25
	VI	**37,00**	39,58	30,25
332,99	I,IV		39,91	30,50
	II		39,91	30,50
	III		39,91	30,50
	V	**25,25**	39,91	30,50
	VI	**37,33**	39,91	30,50
335,99	I,IV		40,25	30,75
	II		40,25	30,75
	III		40,25	30,75
	V	**25,58**	40,25	30,75
	VI	**37,66**	40,25	30,75
338,99	I,IV		40,66	31,08
	II		40,66	31,08
	III		40,66	31,08
	V	**25,91**	40,66	31,08
	VI	**38,00**	40,66	31,08
341,99	I,IV		41,00	31,33
	II		41,00	31,33
	III		41,00	31,33
	V	**26,25**	41,00	31,33
	VI	**38,33**	41,00	31,33
344,99	I,IV		41,33	31,58
	II		41,33	31,58
	III		41,33	31,58
	V	**26,58**	41,33	31,58
	VI	**38,66**	41,33	31,58
347,99	I,IV		41,75	31,91
	II		41,75	31,91
	III		41,75	31,91
	V	**26,91**	41,75	31,91
	VI	**39,00**	41,75	31,91
350,99	I,IV		42,08	32,16
	II		42,08	32,16
	III		42,08	32,16
	V	**27,25**	42,08	32,16
	VI	**39,33**	42,08	32,16
353,99	I,IV		42,41	32,41
	II		42,41	32,41
	III		42,41	32,41
	V	**27,58**	42,41	32,41
	VI	**39,66**	42,41	32,41
356,99	I,IV		42,83	32,75
	II		42,83	32,75
	III		42,83	32,75
	V	**27,91**	42,83	32,75
	VI	**40,00**	42,83	32,75
359,99	I,IV		43,16	33,00
	II		43,16	33,00
	III		43,16	33,00
	V	**28,25**	43,16	33,00
	VI	**40,33**	43,16	33,00

* Zur LSt-Berechnung für privat versicherte Arbeitnehmer s. Beispiele **Vorbemerkung S. 4 f.**
** Basisvorsorgepauschale KV und PV *** Typisierter Arbeitgeberzuschuss

Lohn/ Gehalt in € bis	Steuerklasse	Lohn-steuer*	BVSP**	TAGZ***
362,99	I,IV		43,50	33,25
	II		43,50	33,25
	III		43,50	33,25
	V	**28,58**	43,50	33,25
	VI	**40,66**	43,50	33,25
365,99	I,IV		43,91	33,50
	II		43,91	33,50
	III		43,91	33,50
	V	**28,91**	43,91	33,50
	VI	**41,00**	43,91	33,50
368,99	I,IV		44,25	33,83
	II		44,25	33,83
	III		44,25	33,83
	V	**29,25**	44,25	33,83
	VI	**41,33**	44,25	33,83
371,99	I,IV		44,58	34,08
	II		44,58	34,08
	III		44,58	34,08
	V	**29,58**	44,58	34,08
	VI	**41,66**	44,58	34,08
374,99	I,IV		44,91	34,33
	II		44,91	34,33
	III		44,91	34,33
	V	**29,91**	44,91	34,33
	VI	**42,00**	44,91	34,33
377,99	I,IV		45,33	34,66
	II		45,33	34,66
	III		45,33	34,66
	V	**30,33**	45,33	34,66
	VI	**42,41**	45,33	34,66
380,99	I,IV		45,66	34,91
	II		45,66	34,91
	III		45,66	34,91
	V	**30,66**	45,66	34,91
	VI	**42,75**	45,66	34,91
383,99	I,IV		46,00	35,16
	II		46,00	35,16
	III		46,00	35,16
	V	**31,00**	46,00	35,16
	VI	**43,08**	46,00	35,16
386,99	I,IV		46,41	35,50
	II		46,41	35,50
	III		46,41	35,50
	V	**31,33**	46,41	35,50
	VI	**43,41**	46,41	35,50
389,99	I,IV		46,75	35,75
	II		46,75	35,75
	III		46,75	35,75
	V	**31,66**	46,75	35,75
	VI	**43,75**	46,75	35,75
392,99	I,IV		47,08	36,00
	II		47,08	36,00
	III		47,08	36,00
	V	**32,00**	47,08	36,00
	VI	**44,08**	47,08	36,00
395,99	I,IV		47,50	36,25
	II		47,50	36,25
	III		47,50	36,25
	V	**32,33**	47,50	36,25
	VI	**44,41**	47,50	36,25

Lohn/ Gehalt in € bis	Steuerklasse	Lohn-steuer*	BVSP**	TAGZ***
398,99	I,IV		47,83	36,58
	II		47,83	36,58
	III		47,83	36,58
	V	**32,66**	47,83	36,58
	VI	**44,75**	47,83	36,58
401,99	I,IV		48,16	36,83
	II		48,16	36,83
	III		48,16	36,83
	V	**33,00**	48,16	36,83
	VI	**45,08**	48,16	36,83
404,99	I,IV		48,58	37,08
	II		48,58	37,08
	III		48,58	37,08
	V	**33,33**	48,58	37,08
	VI	**45,41**	48,58	37,08
407,99	I,IV		48,91	37,41
	II		48,91	37,41
	III		48,91	37,41
	V	**33,66**	48,91	37,41
	VI	**45,75**	48,91	37,41
410,99	I,IV		49,25	37,66
	II		49,25	37,66
	III		49,25	37,66
	V	**34,00**	49,25	37,66
	VI	**46,08**	49,25	37,66
413,99	I,IV		49,66	37,91
	II		49,66	37,91
	III		49,66	37,91
	V	**34,33**	49,66	37,91
	VI	**46,41**	49,66	37,91
416,99	I,IV		50,00	38,25
	II		50,00	38,25
	III		50,00	38,25
	V	**34,66**	50,00	38,25
	VI	**46,75**	50,00	38,25
419,99	I,IV		50,33	38,50
	II		50,33	38,50
	III		50,33	38,50
	V	**35,00**	50,33	38,50
	VI	**47,08**	50,33	38,50
422,99	I,IV		50,75	38,75
	II		50,75	38,75
	III		50,75	38,75
	V	**35,33**	50,75	38,75
	VI	**47,41**	50,75	38,75
425,99	I,IV		51,08	39,08
	II		51,08	39,08
	III		51,08	39,08
	V	**35,66**	51,08	39,08
	VI	**47,75**	51,08	39,08
428,99	I,IV		51,41	39,33
	II		51,41	39,33
	III		51,41	39,33
	V	**36,00**	51,41	39,33
	VI	**48,08**	51,41	39,33
431,99	I,IV		51,83	39,58
	II		51,83	39,58
	III		51,83	39,58
	V	**36,33**	51,83	39,58
	VI	**48,41**	51,83	39,58

* Zur LSt-Berechnung für privat versicherte Arbeitnehmer s. Beispiele **Vorbemerkung S. 4 f.**
** Basisvorsorgepauschale KV und PV *** Typisierter Arbeitgeberzuschuss

Lohn/ Gehalt in € bis	Steuerklasse	Lohn- steuer*	BVSP**	TAGZ***
434,99	I,IV		52,16	39,83
	II		52,16	39,83
	III		52,16	39,83
	V	**36,66**	52,16	39,83
	VI	**48,75**	52,16	39,83
437,99	I,IV		52,50	40,16
	II		52,50	40,16
	III		52,50	40,16
	V	**37,00**	52,50	40,16
	VI	**49,08**	52,50	40,16
440,99	I,IV		52,91	40,41
	II		52,91	40,41
	III		52,91	40,41
	V	**37,33**	52,91	40,41
	VI	**49,41**	52,91	40,41
443,99	I,IV		53,25	40,66
	II		53,25	40,66
	III		53,25	40,66
	V	**37,66**	53,25	40,66
	VI	**49,75**	53,25	40,66
446,99	I,IV		53,58	41,00
	II		53,58	41,00
	III		53,58	41,00
	V	**38,00**	53,58	41,00
	VI	**50,16**	53,58	41,00
449,99	I,IV		53,91	41,25
	II		53,91	41,25
	III		53,91	41,25
	V	**38,41**	53,91	41,25
	VI	**50,50**	53,91	41,25
452,99	I,IV		54,33	41,50
	II		54,33	41,50
	III		54,33	41,50
	V	**38,75**	54,33	41,50
	VI	**50,83**	54,33	41,50
455,99	I,IV		54,66	41,83
	II		54,66	41,83
	III		54,66	41,83
	V	**39,08**	54,66	41,83
	VI	**51,16**	54,66	41,83
458,99	I,IV		55,00	42,08
	II		55,00	42,08
	III		55,00	42,08
	V	**39,41**	55,00	42,08
	VI	**51,50**	55,00	42,08
461,99	I,IV		55,41	42,33
	II		55,41	42,33
	III		55,41	42,33
	V	**39,75**	55,41	42,33
	VI	**51,83**	55,41	42,33
464,99	I,IV		55,75	42,58
	II		55,75	42,58
	III		55,75	42,58
	V	**40,08**	55,75	42,58
	VI	**52,16**	55,75	42,58
467,99	I,IV		56,08	42,91
	II		56,08	42,91
	III		56,08	42,91
	V	**40,41**	56,08	42,91
	VI	**52,50**	56,08	42,91

Lohn/ Gehalt in € bis	Steuerklasse	Lohn- steuer*	BVSP**	TAGZ***
470,99	I,IV		56,50	43,16
	II		56,50	43,16
	III		56,50	43,16
	V	**40,75**	56,50	43,16
	VI	**52,83**	56,50	43,16
473,99	I,IV		56,83	43,41
	II		56,83	43,41
	III		56,83	43,41
	V	**41,08**	56,83	43,41
	VI	**53,16**	56,83	43,41
476,99	I,IV		57,16	43,75
	II		57,16	43,75
	III		57,16	43,75
	V	**41,41**	57,16	43,75
	VI	**53,50**	57,16	43,75
479,99	I,IV		57,58	44,00
	II		57,58	44,00
	III		57,58	44,00
	V	**41,75**	57,58	44,00
	VI	**53,83**	57,58	44,00
482,99	I,IV		57,91	44,25
	II		57,91	44,25
	III		57,91	44,25
	V	**42,08**	57,91	44,25
	VI	**54,16**	57,91	44,25
485,99	I,IV		58,25	44,58
	II		58,25	44,58
	III		58,25	44,58
	V	**42,41**	58,25	44,58
	VI	**54,50**	58,25	44,58
488,99	I,IV		58,66	44,83
	II		58,66	44,83
	III		58,66	44,83
	V	**42,75**	58,66	44,83
	VI	**54,83**	58,66	44,83
491,99	I,IV		59,00	45,08
	II		59,00	45,08
	III		59,00	45,08
	V	**43,08**	59,00	45,08
	VI	**55,16**	59,00	45,08
494,99	I,IV		59,33	45,33
	II		59,33	45,33
	III		59,33	45,33
	V	**43,41**	59,33	45,33
	VI	**55,50**	59,33	45,33
497,99	I,IV		59,75	45,66
	II		59,75	45,66
	III		59,75	45,66
	V	**43,75**	59,75	45,66
	VI	**55,83**	59,75	45,66
500,99	I,IV		60,08	45,91
	II		60,08	45,91
	III		60,08	45,91
	V	**44,08**	60,08	45,91
	VI	**56,16**	60,08	45,91
503,99	I,IV		60,41	46,16
	II		60,41	46,16
	III		60,41	46,16
	V	**44,41**	60,41	46,16
	VI	**56,50**	60,41	46,16

* Zur LSt-Berechnung für privat versicherte Arbeitnehmer s. Beispiele **Vorbemerkung S. 4 f.**
** Basisvorsorgepauschale KV und PV *** Typisierter Arbeitgeberzuschuss

Lohn/ Gehalt in € bis	Steuerklasse	Lohn-steuer*	BVSP**	TAGZ***
506,99	I,IV		60,83	46,50
	II		60,83	46,50
	III		60,83	46,50
	V	**44,75**	60,83	46,50
	VI	**56,83**	60,83	46,50
509,99	I,IV		61,16	46,75
	II		61,16	46,75
	III		61,16	46,75
	V	**45,08**	61,16	46,75
	VI	**57,16**	61,16	46,75
512,99	I,IV		61,50	47,00
	II		61,50	47,00
	III		61,50	47,00
	V	**45,41**	61,50	47,00
	VI	**57,50**	61,50	47,00
515,99	I,IV		61,91	47,33
	II		61,91	47,33
	III		61,91	47,33
	V	**45,75**	61,91	47,33
	VI	**57,83**	61,91	47,33
518,99	I,IV		62,25	47,58
	II		62,25	47,58
	III		62,25	47,58
	V	**46,08**	62,25	47,58
	VI	**58,25**	62,25	47,58
521,99	I,IV		62,58	47,83
	II		62,58	47,83
	III		62,58	47,83
	V	**46,41**	62,58	47,83
	VI	**58,50**	62,58	47,83
524,99	I,IV		62,91	48,16
	II		62,91	48,16
	III		62,91	48,16
	V	**46,75**	62,91	48,16
	VI	**58,91**	62,91	48,16
527,99	I,IV		63,33	48,41
	II		63,33	48,41
	III		63,33	48,41
	V	**47,16**	63,33	48,41
	VI	**59,25**	63,33	48,41
530,99	I,IV		63,66	48,66
	II		63,66	48,66
	III		63,66	48,66
	V	**47,50**	63,66	48,66
	VI	**59,58**	63,66	48,66
533,99	I,IV		64,00	48,91
	II		64,00	48,91
	III		64,00	48,91
	V	**47,83**	64,00	48,91
	VI	**59,91**	64,00	48,91
536,99	I,IV		64,41	49,25
	II		64,41	49,25
	III		64,41	49,25
	V	**48,16**	64,41	49,25
	VI	**60,25**	64,41	49,25
539,99	I,IV		64,75	49,50
	II		64,75	49,50
	III		64,75	49,50
	V	**48,50**	64,75	49,50
	VI	**60,58**	64,75	49,50

Lohn/ Gehalt in € bis	Steuerklasse	Lohn-steuer*	BVSP**	TAGZ***
542,99	I,IV		65,08	49,75
	II		65,08	49,75
	III		65,08	49,75
	V	**48,83**	65,08	49,75
	VI	**60,91**	65,08	49,75
545,99	I,IV		65,50	50,08
	II		65,50	50,08
	III		65,50	50,08
	V	**49,16**	65,50	50,08
	VI	**61,25**	65,50	50,08
548,99	I,IV		65,83	50,33
	II		65,83	50,33
	III		65,83	50,33
	V	**49,50**	65,83	50,33
	VI	**61,58**	65,83	50,33
551,99	I,IV		66,16	50,58
	II		66,16	50,58
	III		66,16	50,58
	V	**49,83**	66,16	50,58
	VI	**61,91**	66,16	50,58
554,99	I,IV		66,58	50,91
	II		66,58	50,91
	III		66,58	50,91
	V	**50,16**	66,58	50,91
	VI	**62,25**	66,58	50,91
557,99	I,IV		66,91	51,16
	II		66,91	51,16
	III		66,91	51,16
	V	**50,50**	66,91	51,16
	VI	**62,58**	66,91	51,16
560,99	I,IV		67,25	51,41
	II		67,25	51,41
	III		67,25	51,41
	V	**50,83**	67,25	51,41
	VI	**62,91**	67,25	51,41
563,99	I,IV		67,66	51,66
	II		67,66	51,66
	III		67,66	51,66
	V	**51,16**	67,66	51,66
	VI	**63,25**	67,66	51,66
566,99	I,IV		68,00	52,00
	II		68,00	52,00
	III		68,00	52,00
	V	**51,50**	68,00	52,00
	VI	**63,58**	68,00	52,00
569,99	I,IV		68,33	52,25
	II		68,33	52,25
	III		68,33	52,25
	V	**51,83**	68,33	52,25
	VI	**63,91**	68,33	52,25
572,99	I,IV		68,75	52,50
	II		68,75	52,50
	III		68,75	52,50
	V	**52,16**	68,75	52,50
	VI	**64,25**	68,75	52,50
575,99	I,IV		69,08	52,83
	II		69,08	52,83
	III		69,08	52,83
	V	**52,50**	69,08	52,83
	VI	**64,58**	69,08	52,83

* Zur LSt-Berechnung für privat versicherte Arbeitnehmer s. Beispiele **Vorbemerkung S. 4 f.**
** Basisvorsorgepauschale KV und PV *** Typisierter Arbeitgeberzuschuss

Lohn/ Gehalt in € bis	Steuerklasse	Lohn-steuer*	BVSP**	TAGZ***
578,99	I,IV		69,41	53,08
	II		69,41	53,08
	III		69,41	53,08
	V	**52,83**	69,41	53,08
	VI	**64,91**	69,41	53,08
581,99	I,IV		69,83	53,33
	II		69,83	53,33
	III		69,83	53,33
	V	**53,16**	69,83	53,33
	VI	**65,25**	69,83	53,33
584,99	I,IV		70,16	53,66
	II		70,16	53,66
	III		70,16	53,66
	V	**53,50**	70,16	53,66
	VI	**65,58**	70,16	53,66
587,99	I,IV		70,50	53,91
	II		70,50	53,91
	III		70,50	53,91
	V	**53,83**	70,50	53,91
	VI	**65,91**	70,50	53,91
590,99	I,IV		70,91	54,16
	II		70,91	54,16
	III		70,91	54,16
	V	**54,16**	70,91	54,16
	VI	**66,25**	70,91	54,16
593,99	I,IV		71,25	54,41
	II		71,25	54,41
	III		71,25	54,41
	V	**54,50**	71,25	54,41
	VI	**66,58**	71,25	54,41
596,99	I,IV		71,58	54,75
	II		71,58	54,75
	III		71,58	54,75
	V	**54,83**	71,58	54,75
	VI	**67,00**	71,58	54,75
599,99	I,IV		71,91	55,00
	II		71,91	55,00
	III		71,91	55,00
	V	**55,25**	71,91	55,00
	VI	**67,33**	71,91	55,00
602,99	I,IV		72,33	55,25
	II		72,33	55,25
	III		72,33	55,25
	V	**55,58**	72,33	55,25
	VI	**67,66**	72,33	55,25
605,99	I,IV		72,66	55,58
	II		72,66	55,58
	III		72,66	55,58
	V	**55,91**	72,66	55,58
	VI	**68,00**	72,66	55,58
608,99	I,IV		73,00	55,83
	II		73,00	55,83
	III		73,00	55,83
	V	**56,25**	73,00	55,83
	VI	**68,33**	73,00	55,83
611,99	I,IV		73,41	56,08
	II		73,41	56,08
	III		73,41	56,08
	V	**56,58**	73,41	56,08
	VI	**68,66**	73,41	56,08

Lohn/ Gehalt in € bis	Steuerklasse	Lohn-steuer*	BVSP**	TAGZ***
614,99	I,IV		73,75	56,41
	II		73,75	56,41
	III		73,75	56,41
	V	**56,91**	73,75	56,41
	VI	**69,00**	73,75	56,41
617,99	I,IV		74,08	56,66
	II		74,08	56,66
	III		74,08	56,66
	V	**57,25**	74,08	56,66
	VI	**69,33**	74,08	56,66
620,99	I,IV		74,50	56,91
	II		74,50	56,91
	III		74,50	56,91
	V	**57,58**	74,50	56,91
	VI	**69,66**	74,50	56,91
623,99	I,IV		74,83	57,25
	II		74,83	57,25
	III		74,83	57,25
	V	**57,91**	74,83	57,25
	VI	**70,00**	74,83	57,25
626,99	I,IV		75,16	57,50
	II		75,16	57,50
	III		75,16	57,50
	V	**58,25**	75,16	57,50
	VI	**70,33**	75,16	57,50
629,99	I,IV		75,58	57,75
	II		75,58	57,75
	III		75,58	57,75
	V	**58,58**	75,58	57,75
	VI	**70,66**	75,58	57,75
632,99	I,IV		75,91	58,00
	II		75,91	58,00
	III		75,91	58,00
	V	**58,91**	75,91	58,00
	VI	**71,00**	75,91	58,00
635,99	I,IV		76,25	58,33
	II		76,25	58,33
	III		76,25	58,33
	V	**59,25**	76,25	58,33
	VI	**71,33**	76,25	58,33
638,99	I,IV		76,66	58,58
	II		76,66	58,58
	III		76,66	58,58
	V	**59,58**	76,66	58,58
	VI	**71,66**	76,66	58,58
641,99	I,IV		77,00	58,83
	II		77,00	58,83
	III		77,00	58,83
	V	**59,91**	77,00	58,83
	VI	**72,00**	77,00	58,83
644,99	I,IV		77,33	59,16
	II		77,33	59,16
	III		77,33	59,16
	V	**60,25**	77,33	59,16
	VI	**72,33**	77,33	59,16
647,99	I,IV		77,75	59,41
	II		77,75	59,41
	III		77,75	59,41
	V	**60,58**	77,75	59,41
	VI	**72,66**	77,75	59,41

* Zur LSt-Berechnung für privat versicherte Arbeitnehmer s. Beispiele **Vorbemerkung S. 4 f.**
** Basisvorsorgepauschale KV und PV *** Typisierter Arbeitgeberzuschuss

Lohn/ Gehalt in € bis	Steuerklasse	**Lohn-steuer***	BVSP**	TAGZ***
650,99	I,IV		78,08	59,66
	II		78,08	59,66
	III		78,08	59,66
	V	**60,91**	78,08	59,66
	VI	**73,00**	78,08	59,66
653,99	I,IV		78,41	60,00
	II		78,41	60,00
	III		78,41	60,00
	V	**61,25**	78,41	60,00
	VI	**73,33**	78,41	60,00
656,99	I,IV		78,83	60,25
	II		78,83	60,25
	III		78,83	60,25
	V	**61,58**	78,83	60,25
	VI	**73,66**	78,83	60,25
659,99	I,IV		79,16	60,50
	II		79,16	60,50
	III		79,16	60,50
	V	**61,91**	79,16	60,50
	VI	**74,00**	79,16	60,50
662,99	I,IV		79,50	60,75
	II		79,50	60,75
	III		79,50	60,75
	V	**62,25**	79,50	60,75
	VI	**74,33**	79,50	60,75
665,99	I,IV		79,91	61,08
	II		79,91	61,08
	III		79,91	61,08
	V	**62,58**	79,91	61,08
	VI	**74,66**	79,91	61,08
668,99	I,IV		80,25	61,33
	II		80,25	61,33
	III		80,25	61,33
	V	**63,00**	80,25	61,33
	VI	**75,08**	80,25	61,33
671,99	I,IV		80,58	61,58
	II		80,58	61,58
	III		80,58	61,58
	V	**63,33**	80,58	61,58
	VI	**75,41**	80,58	61,58
674,99	I,IV		80,91	61,91
	II		80,91	61,91
	III		80,91	61,91
	V	**63,66**	80,91	61,91
	VI	**75,75**	80,91	61,91
677,99	I,IV		81,33	62,16
	II		81,33	62,16
	III		81,33	62,16
	V	**64,00**	81,33	62,16
	VI	**76,08**	81,33	62,16
680,99	I,IV		81,66	62,41
	II		81,66	62,41
	III		81,66	62,41
	V	**64,33**	81,66	62,41
	VI	**76,41**	81,66	62,41
683,99	I,IV		82,00	62,75
	II		82,00	62,75
	III		82,00	62,75
	V	**64,66**	82,00	62,75
	VI	**76,75**	82,00	62,75

Lohn/ Gehalt in € bis	Steuerklasse	**Lohn-steuer***	BVSP**	TAGZ***
686,99	I,IV		82,41	63,00
	II		82,41	63,00
	III		82,41	63,00
	V	**65,00**	82,41	63,00
	VI	**77,08**	82,41	63,00
689,99	I,IV		82,75	63,25
	II		82,75	63,25
	III		82,75	63,25
	V	**65,33**	82,75	63,25
	VI	**77,41**	82,75	63,25
692,99	I,IV		83,08	63,50
	II		83,08	63,50
	III		83,08	63,50
	V	**65,66**	83,08	63,50
	VI	**77,75**	83,08	63,50
695,99	I,IV		83,50	63,83
	II		83,50	63,83
	III		83,50	63,83
	V	**66,00**	83,50	63,83
	VI	**78,08**	83,50	63,83
698,99	I,IV		83,83	64,08
	II		83,83	64,08
	III		83,83	64,08
	V	**66,33**	83,83	64,08
	VI	**78,41**	83,83	64,08
701,99	I,IV		84,16	64,33
	II		84,16	64,33
	III		84,16	64,33
	V	**66,66**	84,16	64,33
	VI	**78,75**	84,16	64,33
704,99	I,IV		84,58	64,66
	II		84,58	64,66
	III		84,58	64,66
	V	**67,00**	84,58	64,66
	VI	**79,08**	84,58	64,66
707,99	I,IV		84,91	64,91
	II		84,91	64,91
	III		84,91	64,91
	V	**67,33**	84,91	64,91
	VI	**79,41**	84,91	64,91
710,99	I,IV		85,25	65,16
	II		85,25	65,16
	III		85,25	65,16
	V	**67,66**	85,25	65,16
	VI	**79,75**	85,25	65,16
713,99	I,IV		85,66	65,50
	II		85,66	65,50
	III		85,66	65,50
	V	**68,00**	85,66	65,50
	VI	**80,08**	85,66	65,50
716,99	I,IV		86,00	65,75
	II		86,00	65,75
	III		86,00	65,75
	V	**68,33**	86,00	65,75
	VI	**80,41**	86,00	65,75
719,99	I,IV		86,33	66,00
	II		86,33	66,00
	III		86,33	66,00
	V	**68,66**	86,33	66,00
	VI	**80,75**	86,33	66,00

* Zur LSt-Berechnung für privat versicherte Arbeitnehmer s. Beispiele **Vorbemerkung S. 4 f.**
** Basisvorsorgepauschale KV und PV *** Typisierter Arbeitgeberzuschuss

Lohn/ Gehalt in € bis	Steuerklasse	Lohn-steuer*	BVSP**	TAGZ***
722,99	I,IV		86,75	66,33
	II		86,75	66,33
	III		86,75	66,33
	V	**69,00**	86,75	66,33
	VI	**81,08**	86,75	66,33
725,99	I,IV		87,08	66,58
	II		87,08	66,58
	III		87,08	66,58
	V	**69,33**	87,08	66,58
	VI	**81,41**	87,08	66,58
728,99	I,IV		87,41	66,83
	II		87,41	66,83
	III		87,41	66,83
	V	**69,66**	87,41	66,83
	VI	**81,75**	87,41	66,83
731,99	I,IV		87,83	67,08
	II		87,83	67,08
	III		87,83	67,08
	V	**70,00**	87,83	67,08
	VI	**82,08**	87,83	67,08
734,99	I,IV		88,16	67,41
	II		88,16	67,41
	III		88,16	67,41
	V	**70,33**	88,16	67,41
	VI	**82,41**	88,16	67,41
737,99	I,IV		88,50	67,66
	II		88,50	67,66
	III		88,50	67,66
	V	**70,66**	88,50	67,66
	VI	**82,83**	88,50	67,66
740,99	I,IV		88,91	67,91
	II		88,91	67,91
	III		88,91	67,91
	V	**71,08**	88,91	67,91
	VI	**83,16**	88,91	67,91
743,99	I,IV		89,25	68,25
	II		89,25	68,25
	III		89,25	68,25
	V	**71,41**	89,25	68,25
	VI	**83,50**	89,25	68,25
746,99	I,IV		89,58	68,50
	II		89,58	68,50
	III		89,58	68,50
	V	**71,75**	89,58	68,50
	VI	**83,83**	89,58	68,50
749,99	I,IV		89,91	68,75
	II		89,91	68,75
	III		89,91	68,75
	V	**72,08**	89,91	68,75
	VI	**84,16**	89,91	68,75
752,99	I,IV		90,33	69,08
	II		90,33	69,08
	III		90,33	69,08
	V	**72,41**	90,33	69,08
	VI	**84,50**	90,33	69,08
755,99	I,IV		90,66	69,33
	II		90,66	69,33
	III		90,66	69,33
	V	**72,75**	90,66	69,33
	VI	**84,83**	90,66	69,33
758,99	I,IV		91,00	69,58
	II		91,00	69,58
	III		91,00	69,58
	V	**73,08**	91,00	69,58
	VI	**85,16**	91,00	69,58
761,99	I,IV		91,41	69,83
	II		91,41	69,83
	III		91,41	69,83
	V	**73,41**	91,41	69,83
	VI	**85,50**	91,41	69,83
764,99	I,IV		91,75	70,16
	II		91,75	70,16
	III		91,75	70,16
	V	**73,75**	91,75	70,16
	VI	**85,83**	91,75	70,16
767,99	I,IV		92,08	70,41
	II		92,08	70,41
	III		92,08	70,41
	V	**74,08**	92,08	70,41
	VI	**86,16**	92,08	70,41
770,99	I,IV		92,50	70,66
	II		92,50	70,66
	III		92,50	70,66
	V	**74,41**	92,50	70,66
	VI	**86,50**	92,50	70,66
773,99	I,IV		92,83	71,00
	II		92,83	71,00
	III		92,83	71,00
	V	**74,75**	92,83	71,00
	VI	**86,83**	92,83	71,00
776,99	I,IV		93,16	71,25
	II		93,16	71,25
	III		93,16	71,25
	V	**75,08**	93,16	71,25
	VI	**87,16**	93,16	71,25
779,99	I,IV		93,58	71,50
	II		93,58	71,50
	III		93,58	71,50
	V	**75,41**	93,58	71,50
	VI	**87,50**	93,58	71,50
782,99	I,IV		93,91	71,83
	II		93,91	71,83
	III		93,91	71,83
	V	**75,75**	93,91	71,83
	VI	**87,83**	93,91	71,83
785,99	I,IV		94,25	72,08
	II		94,25	72,08
	III		94,25	72,08
	V	**76,08**	94,25	72,08
	VI	**88,16**	94,25	72,08
788,99	I,IV		94,66	72,33
	II		94,66	72,33
	III		94,66	72,33
	V	**76,41**	94,66	72,33
	VI	**88,50**	94,66	72,33
791,99	I,IV		95,00	72,58
	II		95,00	72,58
	III		95,00	72,58
	V	**76,75**	95,00	72,58
	VI	**88,83**	95,00	72,58

* Zur LSt-Berechnung für privat versicherte Arbeitnehmer s. Beispiele **Vorbemerkung S. 4 f.**
** Basisvorsorgepauschale KV und PV *** Typisierter Arbeitgeberzuschuss

Lohn/ Gehalt in € bis	Steuerklasse	Lohnsteuer*	BVSP**	TAGZ***
794,99	I,IV		95,33	72,91
	II		95,33	72,91
	III		95,33	72,91
	V	**77,08**	95,33	72,91
	VI	**89,16**	95,33	72,91
797,99	I,IV		95,75	73,16
	II		95,75	73,16
	III		95,75	73,16
	V	**77,41**	95,75	73,16
	VI	**89,50**	95,75	73,16
800,99	I,IV		96,08	73,41
	II		96,08	73,41
	III		96,08	73,41
	V	**77,75**	96,08	73,41
	VI	**89,83**	96,08	73,41
803,99	I,IV		96,41	73,75
	II		96,41	73,75
	III		96,41	73,75
	V	**78,08**	96,41	73,75
	VI	**90,16**	96,41	73,75
806,99	I,IV		96,83	74,00
	II		96,83	74,00
	III		96,83	74,00
	V	**78,41**	96,83	74,00
	VI	**90,50**	96,83	74,00
809,99	I,IV		97,16	74,25
	II		97,16	74,25
	III		97,16	74,25
	V	**78,75**	97,16	74,25
	VI	**90,91**	97,16	74,25
812,99	I,IV		97,50	74,58
	II		97,50	74,58
	III		97,50	74,58
	V	**79,16**	97,50	74,58
	VI	**91,25**	97,50	74,58
815,99	I,IV		97,91	74,83
	II		97,91	74,83
	III		97,91	74,83
	V	**79,50**	97,91	74,83
	VI	**91,58**	97,91	74,83
818,99	I,IV		98,25	75,08
	II		98,25	75,08
	III		98,25	75,08
	V	**79,83**	98,25	75,08
	VI	**91,91**	98,25	75,08
821,99	I,IV		98,58	75,41
	II		98,58	75,41
	III		98,58	75,41
	V	**80,16**	98,58	75,41
	VI	**92,25**	98,58	75,41
824,99	I,IV		98,91	75,66
	II		98,91	75,66
	III		98,91	75,66
	V	**80,50**	98,91	75,66
	VI	**92,58**	98,91	75,66
827,99	I,IV		99,33	75,91
	II		99,33	75,91
	III		99,33	75,91
	V	**80,83**	99,33	75,91
	VI	**92,91**	99,33	75,91

Lohn/ Gehalt in € bis	Steuerklasse	Lohnsteuer*	BVSP**	TAGZ***
830,99	I,IV		99,66	76,16
	II		99,66	76,16
	III		99,66	76,16
	V	**81,16**	99,66	76,16
	VI	**93,25**	99,66	76,16
833,99	I,IV		100,00	76,50
	II		100,00	76,50
	III		100,00	76,50
	V	**81,50**	100,00	76,50
	VI	**93,58**	100,00	76,50
836,99	I,IV		100,41	76,75
	II		100,41	76,75
	III		100,41	76,75
	V	**81,83**	100,41	76,75
	VI	**93,91**	100,41	76,75
839,99	I,IV		100,75	77,00
	II		100,75	77,00
	III		100,75	77,00
	V	**82,16**	100,75	77,00
	VI	**94,25**	100,75	77,00
842,99	I,IV		101,08	77,33
	II		101,08	77,33
	III		101,08	77,33
	V	**82,50**	101,08	77,33
	VI	**94,58**	101,08	77,33
845,99	I,IV		101,50	77,58
	II		101,50	77,58
	III		101,50	77,58
	V	**82,83**	101,50	77,58
	VI	**94,91**	101,50	77,58
848,99	I,IV		101,83	77,83
	II		101,83	77,83
	III		101,83	77,83
	V	**83,16**	101,83	77,83
	VI	**95,25**	101,83	77,83
851,99	I,IV		102,16	78,16
	II		102,16	78,16
	III		102,16	78,16
	V	**83,50**	102,16	78,16
	VI	**95,58**	102,16	78,16
854,99	I,IV		102,58	78,41
	II		102,58	78,41
	III		102,58	78,41
	V	**83,83**	102,58	78,41
	VI	**95,91**	102,58	78,41
857,99	I,IV		102,91	78,66
	II		102,91	78,66
	III		102,91	78,66
	V	**84,16**	102,91	78,66
	VI	**96,25**	102,91	78,66
860,99	I,IV		103,25	78,91
	II		103,25	78,91
	III		103,25	78,91
	V	**84,50**	103,25	78,91
	VI	**96,58**	103,25	78,91
863,99	I,IV		103,66	79,25
	II		103,66	79,25
	III		103,66	79,25
	V	**84,83**	103,66	79,25
	VI	**96,91**	103,66	79,25

* Zur LSt-Berechnung für privat versicherte Arbeitnehmer s. Beispiele **Vorbemerkung S. 4 f.**
** Basisvorsorgepauschale KV und PV *** Typisierter Arbeitgeberzuschuss

Lohn/ Gehalt in € bis	Steuerklasse	Lohnsteuer*	BVSP**	TAGZ***
866,99	I,IV		104,00	79,50
	II		104,00	79,50
	III		104,00	79,50
	V	**85,16**	104,00	79,50
	VI	**97,25**	104,00	79,50
869,99	I,IV		104,33	79,75
	II		104,33	79,75
	III		104,33	79,75
	V	**85,50**	104,33	79,75
	VI	**97,58**	104,33	79,75
872,99	I,IV		104,75	80,08
	II		104,75	80,08
	III		104,75	80,08
	V	**85,83**	104,75	80,08
	VI	**97,91**	104,75	80,08
875,99	I,IV		105,08	80,33
	II		105,08	80,33
	III		105,08	80,33
	V	**86,16**	105,08	80,33
	VI	**98,25**	105,08	80,33
878,99	I,IV		105,41	80,58
	II		105,41	80,58
	III		105,41	80,58
	V	**86,50**	105,41	80,58
	VI	**98,58**	105,41	80,58
881,99	I,IV		105,83	80,91
	II		105,83	80,91
	III		105,83	80,91
	V	**86,91**	105,83	80,91
	VI	**99,00**	105,83	80,91
884,99	I,IV		106,16	81,16
	II		106,16	81,16
	III		106,16	81,16
	V	**87,16**	106,16	81,16
	VI	**99,25**	106,16	81,16
887,99	I,IV		106,50	81,41
	II		106,50	81,41
	III		106,50	81,41
	V	**87,50**	106,50	81,41
	VI	**99,66**	106,50	81,41
890,99	I,IV		106,91	81,66
	II		106,91	81,66
	III		106,91	81,66
	V	**87,91**	106,91	81,66
	VI	**100,00**	106,91	81,66
893,99	I,IV		107,25	82,00
	II		107,25	82,00
	III		107,25	82,00
	V	**88,25**	107,25	82,00
	VI	**100,33**	107,25	82,00
896,99	I,IV		107,58	82,25
	II		107,58	82,25
	III		107,58	82,25
	V	**88,58**	107,58	82,25
	VI	**100,66**	107,58	82,25
899,99	I,IV		107,91	82,50
	II		107,91	82,50
	III		107,91	82,50
	V	**88,91**	107,91	82,50
	VI	**101,00**	107,91	82,50

Lohn/ Gehalt in € bis	Steuerklasse	Lohnsteuer*	BVSP**	TAGZ***
902,99	I,IV		108,33	82,83
	II		108,33	82,83
	III		108,33	82,83
	V	**89,25**	108,33	82,83
	VI	**101,33**	108,33	82,83
905,99	I,IV		108,66	83,08
	II		108,66	83,08
	III		108,66	83,08
	V	**89,58**	108,66	83,08
	VI	**101,66**	108,66	83,08
908,99	I,IV		109,00	83,33
	II		109,00	83,33
	III		109,00	83,33
	V	**89,91**	109,00	83,33
	VI	**102,00**	109,00	83,33
911,99	I,IV		109,41	83,66
	II		109,41	83,66
	III		109,41	83,66
	V	**90,25**	109,41	83,66
	VI	**102,33**	109,41	83,66
914,99	I,IV		109,75	83,91
	II		109,75	83,91
	III		109,75	83,91
	V	**90,58**	109,75	83,91
	VI	**102,66**	109,75	83,91
917,99	I,IV		110,08	84,16
	II		110,08	84,16
	III		110,08	84,16
	V	**90,91**	110,08	84,16
	VI	**103,00**	110,08	84,16
920,99	I,IV		110,50	84,50
	II		110,50	84,50
	III		110,50	84,50
	V	**91,25**	110,50	84,50
	VI	**103,33**	110,50	84,50
923,99	I,IV		110,83	84,75
	II		110,83	84,75
	III		110,83	84,75
	V	**91,58**	110,83	84,75
	VI	**103,66**	110,83	84,75
926,99	I,IV		111,16	85,00
	II		111,16	85,00
	III		111,16	85,00
	V	**91,91**	111,16	85,00
	VI	**104,00**	111,16	85,00
929,99	I,IV		111,58	85,25
	II		111,58	85,25
	III		111,58	85,25
	V	**92,25**	111,58	85,25
	VI	**104,33**	111,58	85,25
932,99	I,IV		111,91	85,58
	II		111,91	85,58
	III		111,91	85,58
	V	**92,58**	111,91	85,58
	VI	**104,66**	111,91	85,58
935,99	I,IV		112,25	85,83
	II		112,25	85,83
	III		112,25	85,83
	V	**92,91**	112,25	85,83
	VI	**105,00**	112,25	85,83

* Zur LSt-Berechnung für privat versicherte Arbeitnehmer s. Beispiele **Vorbemerkung S. 4f.**
** Basisvorsorgepauschale KV und PV *** Typisierter Arbeitgeberzuschuss

Lohn/ Gehalt in € bis	Steuerklasse	**Lohnsteuer***	BVSP**	TAGZ***
938,99	I,IV		112,66	86,08
	II		112,66	86,08
	III		112,66	86,08
	V	**93,25**	112,66	86,08
	VI	**105,33**	112,66	86,08
941,99	I,IV		113,00	86,41
	II		113,00	86,41
	III		113,00	86,41
	V	**93,58**	113,00	86,41
	VI	**105,66**	113,00	86,41
944,99	I,IV		113,33	86,66
	II		113,33	86,66
	III		113,33	86,66
	V	**93,91**	113,33	86,66
	VI	**106,00**	113,33	86,66
947,99	I,IV		113,75	86,91
	II		113,75	86,91
	III		113,75	86,91
	V	**94,25**	113,75	86,91
	VI	**106,33**	113,75	86,91
950,99	I,IV		114,08	87,25
	II		114,08	87,25
	III		114,08	87,25
	V	**94,58**	114,08	87,25
	VI	**106,75**	114,08	87,25
953,99	I,IV		114,41	87,50
	II		114,41	87,50
	III		114,41	87,50
	V	**94,91**	114,41	87,50
	VI	**107,00**	114,41	87,50
956,99	I,IV		114,83	87,75
	II		114,83	87,75
	III		114,83	87,75
	V	**95,25**	114,83	87,75
	VI	**107,33**	114,83	87,75
959,99	I,IV		115,16	88,00
	II		115,16	88,00
	III		115,16	88,00
	V	**95,66**	115,16	88,00
	VI	**107,75**	115,16	88,00
962,99	I,IV		115,50	88,33
	II		115,50	88,33
	III		115,50	88,33
	V	**96,00**	115,50	88,33
	VI	**108,08**	115,50	88,33
965,99	I,IV		115,91	88,58
	II		115,91	88,58
	III		115,91	88,58
	V	**96,33**	115,91	88,58
	VI	**108,41**	115,91	88,58
968,99	I,IV		116,25	88,83
	II		116,25	88,83
	III		116,25	88,83
	V	**96,66**	116,25	88,83
	VI	**108,75**	116,25	88,83
971,99	I,IV		116,58	89,16
	II		116,58	89,16
	III		116,58	89,16
	V	**97,00**	116,58	89,16
	VI	**109,08**	116,58	89,16

Lohn/ Gehalt in € bis	Steuerklasse	**Lohnsteuer***	BVSP**	TAGZ***
974,99	I,IV		116,91	89,41
	II		116,91	89,41
	III		116,91	89,41
	V	**97,33**	116,91	89,41
	VI	**109,41**	116,91	89,41
977,99	I,IV		117,33	89,66
	II		117,33	89,66
	III		117,33	89,66
	V	**97,66**	117,33	89,66
	VI	**109,75**	117,33	89,66
980,99	I,IV		117,66	90,00
	II		117,66	90,00
	III		117,66	90,00
	V	**98,00**	117,66	90,00
	VI	**110,08**	117,66	90,00
983,99	I,IV		118,00	90,25
	II		118,00	90,25
	III		118,00	90,25
	V	**98,33**	118,00	90,25
	VI	**110,41**	118,00	90,25
986,99	I,IV		118,41	90,50
	II		118,41	90,50
	III		118,41	90,50
	V	**98,66**	118,41	90,50
	VI	**110,75**	118,41	90,50
989,99	I,IV		118,75	90,75
	II		118,75	90,75
	III		118,75	90,75
	V	**99,00**	118,75	90,75
	VI	**111,08**	118,75	90,75
992,99	I,IV		119,08	91,08
	II		119,08	91,08
	III		119,08	91,08
	V	**99,33**	119,08	91,08
	VI	**111,41**	119,08	91,08
995,99	I,IV		119,50	91,33
	II		119,50	91,33
	III		119,50	91,33
	V	**99,66**	119,50	91,33
	VI	**111,75**	119,50	91,33
998,99	I,IV		119,83	91,58
	II		119,83	91,58
	III		119,83	91,58
	V	**100,00**	119,83	91,58
	VI	**112,08**	119,83	91,58
1001,99	I,IV		120,16	91,91
	II		120,16	91,91
	III		120,16	91,91
	V	**100,33**	120,16	91,91
	VI	**112,41**	120,16	91,91
1004,99	I,IV		120,58	92,16
	II		120,58	92,16
	III		120,58	92,16
	V	**100,66**	120,58	92,16
	VI	**112,75**	120,58	92,16
1007,99	I,IV		120,91	92,41
	II		120,91	92,41
	III		120,91	92,41
	V	**101,00**	120,91	92,41
	VI	**113,08**	120,91	92,41

* Zur LSt-Berechnung für privat versicherte Arbeitnehmer s. Beispiele **Vorbemerkung S. 4 f.**
** Basisvorsorgepauschale KV und PV *** Typisierter Arbeitgeberzuschuss

Lohn/ Gehalt in € bis	Steuerklasse	Lohn-steuer*	BVSP**	TAGZ***
1010,99	I,IV		121,25	92,75
	II		121,25	92,75
	III		121,25	92,75
	V	**101,33**	121,25	92,75
	VI	**113,41**	121,25	92,75
1013,99	I,IV		121,66	93,00
	II		121,66	93,00
	III		121,66	93,00
	V	**101,66**	121,66	93,00
	VI	**113,75**	121,66	93,00
1016,99	I,IV		122,00	93,25
	II		122,00	93,25
	III		122,00	93,25
	V	**102,00**	122,00	93,25
	VI	**114,08**	122,00	93,25
1019,99	I,IV		122,33	93,58
	II		122,33	93,58
	III		122,33	93,58
	V	**102,33**	122,33	93,58
	VI	**114,41**	122,33	93,58
1022,99	I,IV		122,75	93,83
	II		122,75	93,83
	III		122,75	93,83
	V	**102,66**	122,75	93,83
	VI	**114,75**	122,75	93,83
1025,99	I,IV		123,08	94,08
	II		123,08	94,08
	III		123,08	94,08
	V	**103,00**	123,08	94,08
	VI	**115,08**	123,08	94,08
1028,99	I,IV		123,41	94,33
	II		123,41	94,33
	III		123,41	94,33
	V	**103,33**	123,41	94,33
	VI	**115,50**	123,41	94,33
1031,99	I,IV		123,83	94,66
	II		123,83	94,66
	III		123,83	94,66
	V	**103,75**	123,83	94,66
	VI	**115,83**	123,83	94,66
1034,99	I,IV		124,16	94,91
	II		124,16	94,91
	III		124,16	94,91
	V	**104,08**	124,16	94,91
	VI	**116,16**	124,16	94,91
1037,99	I,IV		124,50	95,16
	II		124,50	95,16
	III		124,50	95,16
	V	**104,41**	124,50	95,16
	VI	**116,50**	124,50	95,16
1040,99	I,IV		124,91	95,50
	II		124,91	95,50
	III		124,91	95,50
	V	**104,75**	124,91	95,50
	VI	**116,83**	124,91	95,50
1043,99	I,IV		125,25	95,75
	II		125,25	95,75
	III		125,25	95,75
	V	**105,08**	125,25	95,75
	VI	**117,16**	125,25	95,75

Lohn/ Gehalt in € bis	Steuerklasse	Lohn-steuer*	BVSP**	TAGZ***
1046,99	I,IV		125,58	96,00
	II		125,58	96,00
	III		125,58	96,00
	V	**105,41**	125,58	96,00
	VI	**117,50**	125,58	96,00
1049,99	I,IV		125,91	96,33
	II		125,91	96,33
	III		125,91	96,33
	V	**105,75**	125,91	96,33
	VI	**117,83**	125,91	96,33
1052,99	I,IV		126,33	96,58
	II		126,33	96,58
	III		126,33	96,58
	V	**106,08**	126,33	96,58
	VI	**118,16**	126,33	96,58
1055,99	I,IV		126,66	96,83
	II		126,66	96,83
	III		126,66	96,83
	V	**106,41**	126,66	96,83
	VI	**118,50**	126,66	96,83
1058,99	I,IV		127,00	97,08
	II		127,00	97,08
	III		127,00	97,08
	V	**106,75**	127,00	97,08
	VI	**118,83**	127,00	97,08
1061,99	I,IV		127,41	97,41
	II		127,41	97,41
	III		127,41	97,41
	V	**107,08**	127,41	97,41
	VI	**119,16**	127,41	97,41
1064,99	I,IV		127,75	97,66
	II		127,75	97,66
	III		127,75	97,66
	V	**107,41**	127,75	97,66
	VI	**119,50**	127,75	97,66
1067,99	I,IV		128,08	97,91
	II		128,08	97,91
	III		128,08	97,91
	V	**107,75**	128,08	97,91
	VI	**119,83**	128,08	97,91
1070,99	I,IV		128,50	98,25
	II		128,50	98,25
	III		128,50	98,25
	V	**108,08**	128,50	98,25
	VI	**120,16**	128,50	98,25
1073,99	I,IV		128,83	98,50
	II		128,83	98,50
	III		128,83	98,50
	V	**108,41**	128,83	98,50
	VI	**120,50**	128,83	98,50
1076,99	I,IV		129,16	98,75
	II		129,16	98,75
	III		129,16	98,75
	V	**108,75**	129,16	98,75
	VI	**120,83**	129,16	98,75
1079,99	I,IV		129,58	99,08
	II		129,58	99,08
	III		129,58	99,08
	V	**109,08**	129,58	99,08
	VI	**121,16**	129,58	99,08

* Zur LSt-Berechnung für privat versicherte Arbeitnehmer s. Beispiele **Vorbemerkung S. 4f.**
** Basisvorsorgepauschale KV und PV *** Typisierter Arbeitgeberzuschuss

Lohn/ Gehalt in € bis	Steuerklasse	Lohnsteuer*	BVSP**	TAGZ***
1 082,99	I,IV		129,91	99,33
	II		129,91	99,33
	III		129,91	99,33
	V	**109,41**	129,91	99,33
	VI	**121,50**	129,91	99,33
1 085,99	I,IV		130,25	99,58
	II		130,25	99,58
	III		130,25	99,58
	V	**109,75**	130,25	99,58
	VI	**121,83**	130,25	99,58
1 088,99	I,IV		130,66	99,83
	II		130,66	99,83
	III		130,66	99,83
	V	**110,08**	130,66	99,83
	VI	**122,16**	130,66	99,83
1 091,99	I,IV		131,00	100,16
	II		131,00	100,16
	III		131,00	100,16
	V	**110,41**	131,00	100,16
	VI	**122,50**	131,00	100,16
1 094,99	I,IV		131,33	100,41
	II		131,33	100,41
	III		131,33	100,41
	V	**110,75**	131,33	100,41
	VI	**122,83**	131,33	100,41
1 097,99	I,IV		131,75	100,66
	II		131,75	100,66
	III		131,75	100,66
	V	**111,08**	131,75	100,66
	VI	**123,16**	131,75	100,66
1 100,99	I,IV		132,08	101,00
	II		132,08	101,00
	III		132,08	101,00
	V	**111,41**	132,08	101,00
	VI	**123,58**	132,08	101,00
1 103,99	I,IV		132,41	101,25
	II		132,41	101,25
	III		132,41	101,25
	V	**111,83**	132,41	101,25
	VI	**123,91**	132,41	101,25
1 106,99	I,IV		132,83	101,50
	II		132,83	101,50
	III		132,83	101,50
	V	**112,16**	132,83	101,50
	VI	**124,25**	132,83	101,50
1 109,99	I,IV		133,16	101,83
	II		133,16	101,83
	III		133,16	101,83
	V	**112,50**	133,16	101,83
	VI	**124,58**	133,16	101,83
1 112,99	I,IV		133,50	102,08
	II		133,50	102,08
	III		133,50	102,08
	V	**112,83**	133,50	102,08
	VI	**124,91**	133,50	102,08
1 115,99	I,IV		133,91	102,33
	II		133,91	102,33
	III		133,91	102,33
	V	**113,16**	133,91	102,33
	VI	**125,25**	133,91	102,33
1 118,99	I,IV		134,25	102,66
	II		134,25	102,66
	III		134,25	102,66
	V	**113,50**	134,25	102,66
	VI	**125,58**	134,25	102,66
1 121,99	I,IV	**0,16**	134,58	102,91
	II		134,58	102,91
	III		134,58	102,91
	V	**113,83**	134,58	102,91
	VI	**125,91**	134,58	102,91
1 124,99	I,IV	**0,50**	134,91	103,16
	II		134,91	103,16
	III		134,91	103,16
	V	**114,16**	134,91	103,16
	VI	**126,25**	134,91	103,16
1 127,99	I,IV	**0,83**	135,33	103,41
	II		135,33	103,41
	III		135,33	103,41
	V	**114,50**	135,33	103,41
	VI	**126,58**	135,33	103,41
1 130,99	I,IV	**1,16**	135,66	103,75
	II		135,66	103,75
	III		135,66	103,75
	V	**114,83**	135,66	103,75
	VI	**126,91**	135,66	103,75
1 133,99	I,IV	**1,50**	136,00	104,00
	II		136,00	104,00
	III		136,00	104,00
	V	**115,16**	136,00	104,00
	VI	**127,25**	136,00	104,00
1 136,99	I,IV	**1,83**	136,41	104,25
	II		136,41	104,25
	III		136,41	104,25
	V	**115,50**	136,41	104,25
	VI	**127,58**	136,41	104,25
1 139,99	I,IV	**2,16**	136,75	104,58
	II		136,75	104,58
	III		136,75	104,58
	V	**115,83**	136,75	104,58
	VI	**127,91**	136,75	104,58
1 142,99	I,IV	**2,50**	137,08	104,83
	II		137,08	104,83
	III		137,08	104,83
	V	**116,16**	137,08	104,83
	VI	**128,25**	137,08	104,83
1 145,99	I,IV	**2,91**	137,50	105,08
	II		137,50	105,08
	III		137,50	105,08
	V	**116,50**	137,50	105,08
	VI	**128,58**	137,50	105,08
1 148,99	I,IV	**3,25**	137,83	105,41
	II		137,83	105,41
	III		137,83	105,41
	V	**116,83**	137,83	105,41
	VI	**128,91**	137,83	105,41
1 151,99	I,IV	**3,58**	138,16	105,66
	II		138,16	105,66
	III		138,16	105,66
	V	**117,16**	138,16	105,66
	VI	**129,25**	138,16	105,66

* Zur LSt-Berechnung für privat versicherte Arbeitnehmer s. Beispiele **Vorbemerkung S. 4 f.**
** Basisvorsorgepauschale KV und PV *** Typisierter Arbeitgeberzuschuss

Lohn/ Gehalt in € bis	Steuerklasse	Lohn- steuer*	BVSP**	TAGZ***
1 154,99	I,IV	**3,91**	138,58	105,91
	II		138,58	105,91
	III		138,58	105,91
	V	**117,50**	138,58	105,91
	VI	**129,58**	138,58	105,91
1 157,99	I,IV	**4,25**	138,91	106,16
	II		138,91	106,16
	III		138,91	106,16
	V	**117,83**	138,91	106,16
	VI	**129,91**	138,91	106,16
1 160,99	I,IV	**4,66**	139,25	106,50
	II		139,25	106,50
	III		139,25	106,50
	V	**118,16**	139,25	106,50
	VI	**130,25**	139,25	106,50
1 163,99	I,IV	**5,00**	139,66	106,75
	II		139,66	106,75
	III		139,66	106,75
	V	**118,50**	139,66	106,75
	VI	**130,58**	139,66	106,75
1 166,99	I,IV	**5,33**	140,00	107,00
	II		140,00	107,00
	III		140,00	107,00
	V	**118,83**	140,00	107,00
	VI	**130,91**	140,00	107,00
1 169,99	I,IV	**5,75**	140,33	107,33
	II		140,33	107,33
	III		140,33	107,33
	V	**119,16**	140,33	107,33
	VI	**131,75**	140,33	107,33
1 172,99	I,IV	**6,08**	140,75	107,58
	II		140,75	107,58
	III		140,75	107,58
	V	**119,58**	140,75	107,58
	VI	**132,75**	140,75	107,58
1 175,99	I,IV	**6,41**	141,08	107,83
	II		141,08	107,83
	III		141,08	107,83
	V	**119,91**	141,08	107,83
	VI	**133,75**	141,08	107,83
1 178,99	I,IV	**6,83**	141,41	108,16
	II		141,41	108,16
	III		141,41	108,16
	V	**120,25**	141,41	108,16
	VI	**134,75**	141,41	108,16
1 181,99	I,IV	**7,16**	141,83	108,41
	II		141,83	108,41
	III		141,83	108,41
	V	**120,58**	141,83	108,41
	VI	**135,75**	141,83	108,41
1 184,99	I,IV	**7,50**	142,16	108,66
	II		142,16	108,66
	III		142,16	108,66
	V	**120,91**	142,16	108,66
	VI	**136,75**	142,16	108,66
1 187,99	I,IV	**7,91**	142,50	108,91
	II		142,50	108,91
	III		142,50	108,91
	V	**121,25**	142,50	108,91
	VI	**137,83**	142,50	108,91
1 190,99	I,IV	**8,25**	142,91	109,25
	II		142,91	109,25
	III		142,91	109,25
	V	**121,58**	142,91	109,25
	VI	**138,83**	142,91	109,25
1 193,99	I,IV	**8,66**	143,25	109,50
	II		143,25	109,50
	III		143,25	109,50
	V	**121,91**	143,25	109,50
	VI	**139,83**	143,25	109,50
1 196,99	I,IV	**9,00**	143,58	109,75
	II		143,58	109,75
	III		143,58	109,75
	V	**122,25**	143,58	109,75
	VI	**140,83**	143,58	109,75
1 199,99	I,IV	**9,41**	143,91	110,08
	II		143,91	110,08
	III		143,91	110,08
	V	**122,58**	143,91	110,08
	VI	**141,83**	143,91	110,08
1 202,99	I,IV	**9,75**	144,33	110,33
	II		144,33	110,33
	III		144,33	110,33
	V	**122,91**	144,33	110,33
	VI	**142,83**	144,33	110,33
1 205,99	I,IV	**10,08**	144,66	110,58
	II		144,66	110,58
	III		144,66	110,58
	V	**123,25**	144,66	110,58
	VI	**143,83**	144,66	110,58
1 208,99	I,IV	**10,50**	145,00	110,91
	II		145,00	110,91
	III		145,00	110,91
	V	**123,58**	145,00	110,91
	VI	**144,83**	145,00	110,91
1 211,99	I,IV	**10,91**	145,41	111,16
	II		145,41	111,16
	III		145,41	111,16
	V	**123,91**	145,41	111,16
	VI	**145,91**	145,41	111,16
1 214,99	I,IV	**11,25**	145,75	111,41
	II		145,75	111,41
	III		145,75	111,41
	V	**124,25**	145,75	111,41
	VI	**146,91**	145,75	111,41
1 217,99	I,IV	**11,66**	146,08	111,75
	II		146,08	111,75
	III		146,08	111,75
	V	**124,58**	146,08	111,75
	VI	**147,91**	146,08	111,75
1 220,99	I,IV	**12,00**	146,50	112,00
	II		146,50	112,00
	III		146,50	112,00
	V	**124,91**	146,50	112,00
	VI	**148,91**	146,50	112,00
1 223,99	I,IV	**12,41**	146,83	112,25
	II		146,83	112,25
	III		146,83	112,25
	V	**125,25**	146,83	112,25
	VI	**149,91**	146,83	112,25

* Zur LSt-Berechnung für privat versicherte Arbeitnehmer s. Beispiele **Vorbemerkung S. 4 f.**
** Basisvorsorgepauschale KV und PV *** Typisierter Arbeitgeberzuschuss

Lohn/ Gehalt in € bis	Steuerklasse	Lohn-steuer*	BVSP**	TAGZ***
1 226,99	I,IV	**12,75**	147,16	112,50
	II		147,16	112,50
	III		147,16	112,50
	V	**125,58**	147,16	112,50
	VI	**150,91**	147,16	112,50
1 229,99	I,IV	**13,16**	147,58	112,83
	II		147,58	112,83
	III		147,58	112,83
	V	**125,91**	147,58	112,83
	VI	**151,91**	147,58	112,83
1 232,99	I,IV	**13,58**	147,91	113,08
	II		147,91	113,08
	III		147,91	113,08
	V	**126,25**	147,91	113,08
	VI	**152,91**	147,91	113,08
1 235,99	I,IV	**13,91**	148,25	113,33
	II		148,25	113,33
	III		148,25	113,33
	V	**126,58**	148,25	113,33
	VI	**154,00**	148,25	113,33
1 238,99	I,IV	**14,33**	148,66	113,66
	II		148,66	113,66
	III		148,66	113,66
	V	**126,91**	148,66	113,66
	VI	**155,00**	148,66	113,66
1 241,99	I,IV	**14,75**	149,00	113,91
	II		149,00	113,91
	III		149,00	113,91
	V	**127,25**	149,00	113,91
	VI	**156,00**	149,00	113,91
1 244,99	I,IV	**15,16**	149,33	114,16
	II		149,33	114,16
	III		149,33	114,16
	V	**127,66**	149,33	114,16
	VI	**157,00**	149,33	114,16
1 247,99	I,IV	**15,50**	149,75	114,50
	II		149,75	114,50
	III		149,75	114,50
	V	**127,91**	149,75	114,50
	VI	**158,00**	149,75	114,50
1 250,99	I,IV	**15,91**	150,08	114,75
	II		150,08	114,75
	III		150,08	114,75
	V	**128,33**	150,08	114,75
	VI	**159,00**	150,08	114,75
1 253,99	I,IV	**16,33**	150,41	115,00
	II		150,41	115,00
	III		150,41	115,00
	V	**128,66**	150,41	115,00
	VI	**160,00**	150,41	115,00
1 256,99	I,IV	**16,75**	150,83	115,25
	II		150,83	115,25
	III		150,83	115,25
	V	**129,00**	150,83	115,25
	VI	**161,00**	150,83	115,25
1 259,99	I,IV	**17,08**	151,16	115,58
	II		151,16	115,58
	III		151,16	115,58
	V	**129,33**	151,16	115,58
	VI	**162,08**	151,16	115,58
1 262,99	I,IV	**17,50**	151,50	115,83
	II		151,50	115,83
	III		151,50	115,83
	V	**129,66**	151,50	115,83
	VI	**163,08**	151,50	115,83
1 265,99	I,IV	**17,91**	151,91	116,08
	II		151,91	116,08
	III		151,91	116,08
	V	**130,00**	151,91	116,08
	VI	**164,08**	151,91	116,08
1 268,99	I,IV	**18,33**	152,25	116,41
	II		152,25	116,41
	III		152,25	116,41
	V	**130,33**	152,25	116,41
	VI	**165,08**	152,25	116,41
1 271,99	I,IV	**18,75**	152,58	116,66
	II		152,58	116,66
	III		152,58	116,66
	V	**130,66**	152,58	116,66
	VI	**166,08**	152,58	116,66
1 274,99	I,IV	**19,16**	152,91	116,91
	II		152,91	116,91
	III		152,91	116,91
	V	**131,00**	152,91	116,91
	VI	**167,08**	152,91	116,91
1 277,99	I,IV	**19,58**	153,33	117,25
	II		153,33	117,25
	III		153,33	117,25
	V	**131,83**	153,33	117,25
	VI	**168,08**	153,33	117,25
1 280,99	I,IV	**20,00**	153,66	117,50
	II		153,66	117,50
	III		153,66	117,50
	V	**132,83**	153,66	117,50
	VI	**169,08**	153,66	117,50
1 283,99	I,IV	**20,41**	154,00	117,75
	II		154,00	117,75
	III		154,00	117,75
	V	**133,91**	154,00	117,75
	VI	**170,16**	154,00	117,75
1 286,99	I,IV	**20,75**	154,41	118,00
	II		154,41	118,00
	III		154,41	118,00
	V	**134,91**	154,41	118,00
	VI	**171,16**	154,41	118,00
1 289,99	I,IV	**21,16**	154,75	118,33
	II		154,75	118,33
	III		154,75	118,33
	V	**135,91**	154,75	118,33
	VI	**172,16**	154,75	118,33
1 292,99	I,IV	**21,58**	155,08	118,58
	II		155,08	118,58
	III		155,08	118,58
	V	**136,91**	155,08	118,58
	VI	**173,16**	155,08	118,58
1 295,99	I,IV	**22,00**	155,50	118,83
	II		155,50	118,83
	III		155,50	118,83
	V	**137,91**	155,50	118,83
	VI	**174,16**	155,50	118,83

* Zur LSt-Berechnung für privat versicherte Arbeitnehmer s. Beispiele **Vorbemerkung S. 4 f.**
** Basisvorsorgepauschale KV und PV *** Typisierter Arbeitgeberzuschuss

Lohn/ Gehalt in € bis	Steuerklasse	Lohn-steuer*	BVSP**	TAGZ***	Steuerklasse	Bemessungsgrundlage für Kirchensteuer und Solidaritätszuschlag					
						Freibeträge für ... Kinder					
						0,5	**1,0**	1,5	**2,0**	2,5	**3,0**
1 298,99	I,IV	**22,41**	155,83	119,16	I						
	II		155,83	119,16	II						
	III		155,83	119,16	III						
	V	**138,91**	155,83	119,16	IV						
	VI	**175,16**	155,83	119,16							
1 301,99	I,IV	**22,83**	156,16	119,41	I						
	II		156,16	119,41	II						
	III		156,16	119,41	III						
	V	**139,91**	156,16	119,41	IV						
	VI	**176,16**	156,16	119,41							
1 304,99	I,IV	**23,33**	156,58	119,66	I						
	II		156,58	119,66	II						
	III		156,58	119,66	III						
	V	**140,91**	156,58	119,66	IV						
	VI	**177,16**	156,58	119,66							
1 307,99	I,IV	**23,75**	156,91	120,00	I						
	II		156,91	120,00	II						
	III		156,91	120,00	III						
	V	**142,00**	156,91	120,00	IV						
	VI	**178,25**	156,91	120,00							
1 310,99	I,IV	**24,16**	157,25	120,25	I						
	II		157,25	120,25	II						
	III		157,25	120,25	III						
	V	**143,00**	157,25	120,25	IV						
	VI	**179,25**	157,25	120,25							
1 313,99	I,IV	**24,58**	157,66	120,50	I						
	II		157,66	120,50	II						
	III		157,66	120,50	III						
	V	**144,00**	157,66	120,50	IV						
	VI	**180,25**	157,66	120,50							
1 316,99	I,IV	**25,00**	158,00	120,83	I						
	II		158,00	120,83	II						
	III		158,00	120,83	III						
	V	**145,00**	158,00	120,83	IV						
	VI	**181,25**	158,00	120,83							
1 319,99	I,IV	**25,41**	158,33	121,08	I						
	II	**0,08**	158,33	121,08	II						
	III		158,33	121,08	III						
	V	**146,00**	158,33	121,08	IV						
	VI	**182,25**	158,33	121,08							
1 322,99	I,IV	**25,91**	158,33	121,33	I						
	II	**0,50**	158,33	121,33	II						
	III		158,75	121,33	III						
	V	**147,16**	158,33	121,33	IV						
	VI	**183,41**	158,33	121,33							
1 325,99	I,IV	**26,41**	158,33	121,58	I						
	II	**0,91**	158,33	121,58	II						
	III		159,08	121,58	III						
	V	**148,33**	158,33	121,58	IV						
	VI	**184,58**	158,33	121,58							
1 328,99	I,IV	**26,91**	158,33	121,91	I						
	II	**1,25**	158,33	121,91	II						
	III		159,41	121,91	III						
	V	**149,50**	158,33	121,91	IV						
	VI	**185,75**	158,33	121,91							
1 331,99	I,IV	**27,41**	158,33	122,16	I						
	II	**1,66**	158,33	122,16	II						
	III		159,83	122,16	III						
	V	**150,66**	158,33	122,16	IV						
	VI	**186,91**	158,33	122,16							

* Zur LSt-Berechnung für privat versicherte Arbeitnehmer s. Beispiele **Vorbemerkung S. 4 f.**
** Basisvorsorgepauschale KV und PV *** Typisierter Arbeitgeberzuschuss

Lohn/ Gehalt in € bis	Steuerklasse	Lohn- steuer*	BVSP**	TAGZ***	Steuerklasse	Bemessungsgrundlage für Kirchensteuer und Solidaritätszuschlag – Freibeträge für ... Kinder 0,5	1,0	1,5	2,0	2,5	3,0
1 334,99	I,IV	**27,91**	158,33	122,41	I						
	II	**2,08**	158,33	122,41	II						
	III		160,16	122,41	III						
	V	**151,83**	158,33	122,41	IV						
	VI	**188,08**	158,33	122,41							
1 337,99	I,IV	**28,41**	158,33	122,75	I						
	II	**2,50**	158,33	122,75	II						
	III		160,50	122,75	III						
	V	**153,00**	158,33	122,75	IV	0,25					
	VI	**189,25**	158,33	122,75							
1 340,99	I,IV	**28,91**	158,33	123,00	I						
	II	**2,83**	158,33	123,00	II						
	III		160,91	123,00	III						
	V	**154,16**	158,33	123,00	IV	0,58					
	VI	**190,41**	158,33	123,00							
1 343,99	I,IV	**29,41**	158,33	123,25	I						
	II	**3,25**	158,33	123,25	II						
	III		161,25	123,25	III						
	V	**155,33**	158,33	123,25	IV	1,00					
	VI	**191,58**	158,33	123,25							
1 346,99	I,IV	**29,91**	158,33	123,58	I						
	II	**3,66**	158,33	123,58	II						
	III		161,58	123,58	III						
	V	**156,50**	158,33	123,58	IV	1,41					
	VI	**192,75**	158,33	123,58							
1 349,99	I,IV	**30,41**	158,33	123,83	I						
	II	**4,08**	158,33	123,83	II						
	III		161,91	123,83	III						
	V	**157,66**	158,33	123,83	IV	1,83					
	VI	**193,91**	158,33	123,83							
1 352,99	I,IV	**31,00**	158,33	124,08	I						
	II	**4,50**	158,33	124,08	II						
	III		162,33	124,08	III						
	V	**158,83**	158,33	124,08	IV	2,16					
	VI	**195,08**	158,33	124,08							
1 355,99	I,IV	**31,50**	158,33	124,33	I						
	II	**4,91**	158,33	124,33	II						
	III		162,66	124,33	III						
	V	**159,91**	158,33	124,33	IV	2,58					
	VI	**196,25**	158,33	124,33							
1 358,99	I,IV	**32,00**	158,33	124,66	I						
	II	**5,33**	158,33	124,66	II						
	III		163,00	124,66	III						
	V	**161,16**	158,33	124,66	IV	3,00					
	VI	**197,41**	158,33	124,66							
1 361,99	I,IV	**32,50**	158,33	124,91	I						
	II	**5,75**	158,33	124,91	II						
	III		163,41	124,91	III						
	V	**162,33**	158,33	124,91	IV	3,41					
	VI	**198,58**	158,33	124,91							
1 364,99	I,IV	**33,00**	158,33	125,16	I						
	II	**6,16**	158,33	125,16	II						
	III		163,75	125,16	III						
	V	**163,41**	158,33	125,16	IV	3,83					
	VI	**199,75**	158,33	125,16							
1 367,99	I,IV	**33,58**	158,33	125,50	I						
	II	**6,58**	158,33	125,50	II						
	III		164,08	125,50	III						
	V	**164,58**	158,33	125,50	IV	4,16					
	VI	**200,83**	158,33	125,50							

* Zur LSt-Berechnung für privat versicherte Arbeitnehmer s. Beispiele **Vorbemerkung S. 4 f.**
** Basisvorsorgepauschale KV und PV *** Typisierter Arbeitgeberzuschuss

Lohn/ Gehalt in € bis	Steuerklasse	**Lohn-steuer***	BVSP**	TAGZ***	Steuerklasse	Bemessungsgrundlage für Kirchensteuer und Solidaritätszuschlag					
						Freibeträge für ... Kinder					
						0,5	**1,0**	1,5	**2,0**	2,5	**3,0**
1 370,99	I,IV	**34,08**	158,33	125,75	I						
	II	**7,00**	158,33	125,75	II						
	III		164,50	125,75	III						
	V	**165,75**	158,33	125,75	IV	4,58					
	VI	**202,00**	158,33	125,75							
1 373,99	I,IV	**34,58**	158,33	126,00	I						
	II	**7,41**	158,33	126,00	II						
	III		164,83	126,00	III						
	V	**166,91**	158,33	126,00	IV	5,00					
	VI	**203,16**	158,33	126,00							
1 376,99	I,IV	**35,16**	158,33	126,33	I						
	II	**7,83**	158,33	126,33	II						
	III		165,16	126,33	III						
	V	**168,08**	158,33	126,33	IV	5,41					
	VI	**204,33**	158,33	126,33							
1 379,99	I,IV	**35,66**	158,33	126,58	I						
	II	**8,25**	158,33	126,58	II						
	III		165,58	126,58	III						
	V	**169,25**	158,33	126,58	IV	5,83					
	VI	**205,50**	158,33	126,58							
1 382,99	I,IV	**36,16**	158,33	126,83	I						
	II	**8,66**	158,33	126,83	II						
	III		165,91	126,83	III						
	V	**170,41**	158,33	126,83	IV	6,25					
	VI	**206,66**	158,33	126,83							
1 385,99	I,IV	**36,75**	158,33	127,08	I						
	II	**9,08**	158,33	127,08	II						
	III		166,25	127,08	III						
	V	**171,58**	158,33	127,08	IV	6,66					
	VI	**207,83**	158,33	127,08							
1 388,99	I,IV	**37,25**	158,33	127,41	I						
	II	**9,50**	158,33	127,41	II						
	III		166,66	127,41	III						
	V	**172,75**	158,33	127,41	IV	7,08					
	VI	**209,00**	158,33	127,41							
1 391,99	I,IV	**37,83**	158,33	127,66	I						
	II	**9,91**	158,33	127,66	II						
	III		167,00	127,66	III						
	V	**173,91**	158,33	127,66	IV	7,50					
	VI	**210,16**	158,33	127,66							
1 394,99	I,IV	**38,33**	158,33	127,91	I						
	II	**10,41**	158,33	127,91	II						
	III		167,33	127,91	III						
	V	**175,08**	158,33	127,91	IV	7,91					
	VI	**211,33**	158,33	127,91							
1 397,99	I,IV	**38,83**	158,33	128,25	I						
	II	**10,83**	158,33	128,25	II						
	III		167,75	128,25	III						
	V	**176,25**	158,33	128,25	IV	8,33					
	VI	**212,50**	158,33	128,25							
1 400,99	I,IV	**39,41**	158,33	128,50	I						
	II	**11,25**	158,33	128,50	II						
	III		168,08	128,50	III						
	V	**177,41**	158,33	128,50	IV	8,75					
	VI	**213,66**	158,33	128,50							
1 403,99	I,IV	**39,91**	158,33	128,75	I						
	II	**11,66**	158,33	128,75	II						
	III		168,41	128,75	III						
	V	**178,50**	158,33	128,75	IV	9,25					
	VI	**214,83**	158,33	128,75							

* Zur LSt-Berechnung für privat versicherte Arbeitnehmer s. Beispiele **Vorbemerkung S. 4f.**
** Basisvorsorgepauschale KV und PV *** Typisierter Arbeitgeberzuschuss

Lohn/ Gehalt in € bis	Steuerklasse	Lohn-steuer*	BVSP**	TAGZ***	Steuerklasse	Bemessungsgrundlage für Kirchensteuer und Solidaritätszuschlag					
						Freibeträge für ... Kinder					
						0,5	**1,0**	1,5	**2,0**	2,5	**3,0**
1 406,99	I,IV	**40,50**	158,33	129,08	I						
	II	**12,16**	158,33	129,08	II						
	III		168,83	129,08	III						
	V	**179,75**	158,33	129,08	IV	9,66					
	VI	**216,00**	158,33	129,08							
1 409,99	I,IV	**41,08**	158,33	129,33	I						
	II	**12,58**	158,33	129,33	II						
	III		169,16	129,33	III						
	V	**180,91**	158,33	129,33	IV	10,08					
	VI	**217,16**	158,33	129,33							
1 412,99	I,IV	**41,58**	158,33	129,58	I						
	II	**13,00**	158,33	129,58	II						
	III		169,50	129,58	III						
	V	**182,00**	158,33	129,58	IV	10,50					
	VI	**218,33**	158,33	129,58							
1 415,99	I,IV	**42,16**	158,33	129,91	I						
	II	**13,50**	158,33	129,91	II						
	III		169,91	129,91	III						
	V	**183,16**	158,33	129,91	IV	10,91					
	VI	**219,41**	158,33	129,91							
1 418,99	I,IV	**42,66**	158,33	130,16	I						
	II	**13,91**	158,33	130,16	II						
	III		170,25	130,16	III						
	V	**184,33**	158,33	130,16	IV	11,41					
	VI	**220,58**	158,33	130,16							
1 421,99	I,IV	**43,25**	158,33	130,41	I						
	II	**14,33**	158,33	130,41	II						
	III		170,58	130,41	III						
	V	**185,50**	158,33	130,41	IV	11,83					
	VI	**221,75**	158,33	130,41							
1 424,99	I,IV	**43,83**	158,33	130,66	I						
	II	**14,83**	158,33	130,66	II						
	III		170,91	130,66	III						
	V	**186,66**	158,33	130,66	IV	12,25					
	VI	**222,91**	158,33	130,66							
1 427,99	I,IV	**44,33**	158,33	131,00	I						
	II	**15,25**	158,33	131,00	II						
	III		171,33	131,00	III						
	V	**187,83**	158,33	131,00	IV	12,66					
	VI	**224,08**	158,33	131,00							
1 430,99	I,IV	**44,91**	158,33	131,25	I						
	II	**15,75**	158,33	131,25	II						
	III		171,66	131,25	III						
	V	**189,00**	158,33	131,25	IV	13,16					
	VI	**225,25**	158,33	131,25							
1 433,99	I,IV	**45,50**	158,33	131,50	I						
	II	**16,16**	158,33	131,50	II						
	III		172,00	131,50	III						
	V	**190,16**	158,33	131,50	IV	13,58					
	VI	**226,41**	158,33	131,50							
1 436,99	I,IV	**46,00**	158,33	131,83	I						
	II	**16,58**	158,33	131,83	II						
	III		172,41	131,83	III						
	V	**191,33**	158,33	131,83	IV	14,00					
	VI	**227,58**	158,33	131,83							
1 439,99	I,IV	**46,58**	158,33	132,08	I						
	II	**17,08**	158,33	132,08	II						
	III		172,75	132,08	III						
	V	**192,50**	158,33	132,08	IV	14,50					
	VI	**228,75**	158,33	132,08							

* Zur LSt-Berechnung für privat versicherte Arbeitnehmer s. Beispiele **Vorbemerkung S. 4 f.**
** Basisvorsorgepauschale KV und PV *** Typisierter Arbeitgeberzuschuss

Lohn/ Gehalt in € bis	Steuerklasse	Lohn-steuer*	BVSP**	TAGZ***	Steuerklasse	Bemessungsgrundlage für Kirchensteuer und Solidaritätszuschlag: Freibeträge für ... Kinder 0,5	**1,0**	1,5	**2,0**	2,5	**3,0**
1 442,99	I,IV	**47,16**	158,33	132,33	I						
	II	**17,58**	158,33	132,33	II						
	III		173,08	132,33	III						
	V	**193,66**	158,33	132,33	IV	14,91					
	VI	**229,91**	158,33	132,33							
1 445,99	I,IV	**47,75**	158,33	132,66	I						
	II	**18,00**	158,33	132,66	II						
	III		173,50	132,66	III						
	V	**194,83**	158,33	132,66	IV	15,41					
	VI	**231,08**	158,33	132,66							
1 448,99	I,IV	**48,33**	158,33	132,91	I						
	II	**18,50**	158,33	132,91	II						
	III		173,83	132,91	III						
	V	**196,00**	158,33	132,91	IV	15,83					
	VI	**232,25**	158,33	132,91							
1 451,99	I,IV	**48,91**	158,33	133,16	I						
	II	**18,91**	158,33	133,16	II						
	III		174,16	133,16	III						
	V	**197,08**	158,33	133,16	IV	16,33					
	VI	**233,41**	158,33	133,16							
1 454,99	I,IV	**49,50**	158,33	133,41	I						
	II	**19,41**	158,33	133,41	II						
	III		174,58	133,41	III						
	V	**198,33**	158,33	133,41	IV	16,75					
	VI	**234,58**	158,33	133,41							
1 457,99	I,IV	**50,08**	158,33	133,75	I						
	II	**19,91**	158,33	133,75	II						
	III		174,91	133,75	III						
	V	**199,50**	158,33	133,75	IV	17,25					
	VI	**235,75**	158,33	133,75							
1 460,99	I,IV	**50,58**	158,33	134,00	I						
	II	**20,33**	158,33	134,00	II						
	III		175,25	134,00	III						
	V	**200,58**	158,33	134,00	IV	17,66					
	VI	**236,91**	158,33	134,00							
1 463,99	I,IV	**51,16**	158,33	134,25	I						
	II	**20,83**	158,33	134,25	II						
	III		175,66	134,25	III						
	V	**201,75**	158,33	134,25	IV	18,16					
	VI	**238,00**	158,33	134,25							
1 466,99	I,IV	**51,75**	158,33	134,58	I						
	II	**21,33**	158,33	134,58	II						
	III		176,00	134,58	III						
	V	**202,91**	158,33	134,58	IV	18,58					
	VI	**239,16**	158,33	134,58							
1 469,99	I,IV	**52,33**	158,33	134,83	I						
	II	**21,75**	158,33	134,83	II						
	III		176,33	134,83	III						
	V	**204,08**	158,33	134,83	IV	19,08					
	VI	**240,33**	158,33	134,83							
1 472,99	I,IV	**52,91**	158,33	135,08	I						
	II	**22,25**	158,33	135,08	II						
	III		176,75	135,08	III						
	V	**205,25**	158,33	135,08	IV	19,58					
	VI	**241,50**	158,33	135,08							
1 475,99	I,IV	**53,50**	158,33	135,41	I						
	II	**22,75**	158,33	135,41	II						
	III		177,08	135,41	III						
	V	**206,41**	158,33	135,41	IV	20,00					
	VI	**242,66**	158,33	135,41							

* Zur LSt-Berechnung für privat versicherte Arbeitnehmer s. Beispiele **Vorbemerkung S. 4 f.**
** Basisvorsorgepauschale KV und PV *** Typisierter Arbeitgeberzuschuss

Lohn/ Gehalt in € bis	Steuerklasse	Lohn-steuer*	BVSP**	TAGZ***	Steuerklasse	Bemessungsgrundlage für Kirchensteuer und Solidaritätszuschlag					
						Freibeträge für ... Kinder					
						0,5	**1,0**	1,5	**2,0**	2,5	**3,0**
1478,99	I,IV	**54,08**	158,33	135,66	I						
	II	**23,25**	158,33	135,66	II						
	III		177,41	135,66	III						
	V	**207,58**	158,33	135,66	IV	20,50					
	VI	**243,83**	158,33	135,66							
1481,99	I,IV	**54,75**	158,33	135,91	I						
	II	**23,75**	158,33	135,91	II						
	III		177,83	135,91	III						
	V	**208,75**	158,33	135,91	IV	21,00					
	VI	**245,00**	158,33	135,91							
1484,99	I,IV	**55,33**	158,33	136,16	I						
	II	**24,16**	158,33	136,16	II						
	III		178,16	136,16	III						
	V	**209,91**	158,33	136,16	IV	21,41					
	VI	**246,16**	158,33	136,16							
1487,99	I,IV	**55,91**	158,33	136,50	I						
	II	**24,66**	158,33	136,50	II						
	III		178,50	136,50	III						
	V	**211,08**	158,33	136,50	IV	21,91					
	VI	**247,33**	158,33	136,50							
1490,99	I,IV	**56,50**	158,33	136,75	I						
	II	**25,16**	158,33	136,75	II						
	III		178,91	136,75	III						
	V	**212,25**	158,33	136,75	IV	22,41					
	VI	**248,50**	158,33	136,75							
1493,99	I,IV	**57,08**	158,33	137,00	I						
	II	**25,66**	158,33	137,00	II						
	III		179,25	137,00	III						
	V	**213,41**	158,33	137,00	IV	22,91					
	VI	**249,66**	158,33	137,00							
1496,99	I,IV	**57,66**	158,33	137,33	I						
	II	**26,16**	158,33	137,33	II						
	III		179,58	137,33	III						
	V	**214,58**	158,33	137,33	IV	23,41					
	VI	**250,83**	158,33	137,33							
1499,99	I,IV	**58,25**	158,33	137,58	I						
	II	**26,66**	158,33	137,58	II						
	III		179,91	137,58	III						
	V	**215,66**	158,33	137,58	IV	23,83					
	VI	**252,00**	158,33	137,58							
1502,99	I,IV	**58,91**	158,33	137,83	I						
	II	**27,16**	158,33	137,83	II						
	III		180,33	137,83	III						
	V	**216,91**	158,33	137,83	IV	24,33					
	VI	**253,16**	158,33	137,83							
1505,99	I,IV	**59,50**	158,33	138,16	I						
	II	**27,66**	158,33	138,16	II						
	III		180,66	138,16	III						
	V	**218,08**	158,33	138,16	IV	24,83					
	VI	**254,33**	158,33	138,16							
1508,99	I,IV	**60,08**	158,33	138,41	I						
	II	**28,16**	158,33	138,41	II						
	III		181,00	138,41	III						
	V	**219,16**	158,33	138,41	IV	25,33					
	VI	**255,50**	158,33	138,41							
1511,99	I,IV	**60,75**	158,33	138,66	I						
	II	**28,66**	158,33	138,66	II						
	III		181,41	138,66	III						
	V	**220,33**	158,33	138,66	IV	25,83					
	VI	**256,58**	158,33	138,66							

* Zur LSt-Berechnung für privat versicherte Arbeitnehmer s. Beispiele **Vorbemerkung S. 4f.**
** Basisvorsorgepauschale KV und PV *** Typisierter Arbeitgeberzuschuss

Lohn/ Gehalt in € bis	Steuerklasse	Lohn-steuer*	BVSP**	TAGZ***	Steuerklasse	Bemessungsgrundlage für Kirchensteuer und Solidaritätszuschlag					
						Freibeträge für ... Kinder					
						0,5	**1,0**	1,5	**2,0**	2,5	**3,0**
1 514,99	I,IV	**61,33**	158,33	139,00	I						
	II	**29,16**	158,33	139,00	II						
	III		181,75	139,00	III						
	V	**221,50**	158,33	139,00	IV	26,33					
	VI	**257,75**	158,33	139,00							
1 517,99	I,IV	**61,91**	158,33	139,25	I						
	II	**29,66**	158,33	139,25	II						
	III		182,08	139,25	III						
	V	**222,66**	158,33	139,25	IV	26,83					
	VI	**258,91**	158,33	139,25							
1 520,99	I,IV	**62,58**	158,33	139,50	I						
	II	**30,16**	158,33	139,50	II						
	III		182,50	139,50	III						
	V	**223,83**	158,33	139,50	IV	27,33					
	VI	**260,08**	158,33	139,50							
1 523,99	I,IV	**63,16**	158,33	139,75	I						
	II	**30,75**	158,33	139,75	II						
	III		182,83	139,75	III						
	V	**225,00**	158,33	139,75	IV	27,83					
	VI	**261,25**	158,33	139,75							
1 526,99	I,IV	**63,83**	158,33	140,08	I	0,16					
	II	**31,25**	158,33	140,08	II						
	III		183,16	140,08	III						
	V	**226,16**	158,33	140,08	IV	28,33	0,16				
	VI	**262,41**	158,33	140,08							
1 529,99	I,IV	**64,41**	158,33	140,33	I	0,58					
	II	**31,75**	158,33	140,33	II						
	III		183,58	140,33	III						
	V	**227,33**	158,33	140,33	IV	28,83	0,58				
	VI	**263,58**	158,33	140,33							
1 532,99	I,IV	**65,00**	158,33	140,58	I	0,91					
	II	**32,25**	158,33	140,58	II						
	III		183,91	140,58	III						
	V	**228,50**	158,33	140,58	IV	29,33	0,91				
	VI	**264,75**	158,33	140,58							
1 535,99	I,IV	**65,66**	158,33	140,91	I	1,33					
	II	**32,75**	158,33	140,91	II						
	III		184,25	140,91	III						
	V	**229,66**	158,33	140,91	IV	29,83	1,33				
	VI	**265,91**	158,33	140,91							
1 538,99	I,IV	**66,25**	158,33	141,16	I	1,75					
	II	**33,33**	158,33	141,16	II						
	III		184,66	141,16	III						
	V	**230,83**	158,33	141,16	IV	30,33	1,75				
	VI	**267,08**	158,33	141,16							
1 541,99	I,IV	**66,91**	158,33	141,41	I	2,08					
	II	**33,83**	158,33	141,41	II						
	III		185,00	141,41	III						
	V	**232,00**	158,33	141,41	IV	30,83	2,08				
	VI	**268,25**	158,33	141,41							
1 544,99	I,IV	**67,50**	158,33	141,75	I	2,50					
	II	**34,33**	158,33	141,75	II						
	III		185,33	141,75	III						
	V	**233,16**	158,33	141,75	IV	31,41	2,50				
	VI	**269,41**	158,33	141,75							
1 547,99	I,IV	**68,16**	158,33	142,00	I	2,91					
	II	**34,83**	158,33	142,00	II						
	III		185,75	142,00	III						
	V	**234,33**	158,33	142,00	IV	31,91	2,91				
	VI	**270,58**	158,33	142,00							

* Zur LSt-Berechnung für privat versicherte Arbeitnehmer s. Beispiele **Vorbemerkung S. 4f.**
** Basisvorsorgepauschale KV und PV *** Typisierter Arbeitgeberzuschuss

Lohn/ Gehalt in € bis	Steuerklasse	Lohn-steuer*	BVSP**	TAGZ***	Steuerklasse	Bemessungsgrundlage für Kirchensteuer und Solidaritätszuschlag – Freibeträge für ... Kinder 0,5	1,0	1,5	2,0	2,5	3,0
1 550,99	I,IV	**68,83**	158,33	142,25	I	3,33					
	II	**35,41**	158,33	142,25	II						
	III		186,08	142,25	III						
	V	**235,50**	158,33	142,25	IV	32,41	3,33				
	VI	**271,75**	158,33	142,25							
1 553,99	I,IV	**69,41**	158,33	142,50	I	3,75					
	II	**35,91**	158,33	142,50	II						
	III		186,41	142,50	III						
	V	**236,66**	158,33	142,50	IV	32,91	3,75				
	VI	**272,91**	158,33	142,50							
1 556,99	I,IV	**70,08**	158,33	142,83	I	4,16					
	II	**36,41**	158,33	142,83	II						
	III		186,83	142,83	III						
	V	**237,83**	158,33	142,83	IV	33,41	4,16				
	VI	**274,08**	158,33	142,83							
1 559,99	I,IV	**70,75**	158,33	143,08	I	4,50					
	II	**37,00**	158,33	143,08	II						
	III		187,16	143,08	III						
	V	**238,91**	158,33	143,08	IV	34,00	4,50				
	VI	**275,16**	158,33	143,08							
1 562,99	I,IV	**71,33**	158,33	143,33	I	4,91					
	II	**37,50**	158,33	143,33	II						
	III		187,50	143,33	III						
	V	**240,08**	158,33	143,33	IV	34,50	4,91				
	VI	**276,33**	158,33	143,33							
1 565,99	I,IV	**72,00**	158,33	143,66	I	5,33					
	II	**38,08**	158,33	143,66	II						
	III		187,91	143,66	III						
	V	**241,25**	158,33	143,66	IV	35,00	5,33				
	VI	**277,50**	158,33	143,66							
1 568,99	I,IV	**72,66**	158,33	143,91	I	5,75					
	II	**38,58**	158,33	143,91	II						
	III		188,25	143,91	III						
	V	**242,41**	158,33	143,91	IV	35,58	5,75				
	VI	**278,66**	158,33	143,91							
1 571,99	I,IV	**73,25**	158,33	144,16	I	6,16					
	II	**39,16**	158,33	144,16	II						
	III		188,58	144,16	III						
	V	**243,58**	158,33	144,16	IV	36,08	6,16				
	VI	**279,83**	158,33	144,16							
1 574,99	I,IV	**73,91**	158,33	144,50	I	6,58					
	II	**39,66**	158,33	144,50	II						
	III		188,91	144,50	III						
	V	**244,75**	158,33	144,50	IV	36,58	6,58				
	VI	**281,00**	158,33	144,50							
1 577,99	I,IV	**74,58**	158,33	144,75	I	7,00					
	II	**40,25**	158,33	144,75	II						
	III		189,33	144,75	III						
	V	**245,91**	158,33	144,75	IV	37,16	7,00				
	VI	**282,16**	158,33	144,75							
1 580,99	I,IV	**75,25**	158,33	145,00	I	7,41					
	II	**40,75**	158,33	145,00	II						
	III		189,66	145,00	III						
	V	**247,08**	158,33	145,00	IV	37,66	7,41				
	VI	**283,33**	158,33	145,00							
1 583,99	I,IV	**75,91**	158,33	145,25	I	7,83					
	II	**41,33**	158,33	145,25	II						
	III		190,00	145,25	III						
	V	**248,25**	158,33	145,25	IV	38,25	7,83				
	VI	**284,50**	158,33	145,25							

* Zur LSt-Berechnung für privat versicherte Arbeitnehmer s. Beispiele **Vorbemerkung S. 4 f.**
** Basisvorsorgepauschale KV und PV *** Typisierter Arbeitgeberzuschuss

Lohn/ Gehalt in € bis	Steuerklasse	Lohn-steuer*	BVSP**	TAGZ***	Steuerklasse	Bemessungsgrundlage für Kirchensteuer und Solidaritätszuschlag					
						Freibeträge für ... Kinder					
						0,5	**1,0**	1,5	**2,0**	2,5	**3,0**
1 586,99	I,IV	**76,58**	158,33	145,58	I	8,25					
	II	**41,83**	158,33	145,58	II						
	III		190,41	145,58	III						
	V	**249,41**	158,33	145,58	IV	38,75	8,25				
	VI	**285,66**	158,33	145,58							
1 589,99	I,IV	**77,16**	158,33	145,83	I	8,75					
	II	**42,41**	158,33	145,83	II						
	III		190,75	145,83	III						
	V	**250,58**	158,33	145,83	IV	39,33	8,75				
	VI	**286,83**	158,33	145,83							
1 592,99	I,IV	**77,83**	158,33	146,08	I	9,16					
	II	**43,00**	158,33	146,08	II						
	III		191,08	146,08	III						
	V	**251,75**	158,33	146,08	IV	39,83	9,16				
	VI	**288,00**	158,33	146,08							
1 595,99	I,IV	**78,50**	158,33	146,41	I	9,58					
	II	**43,50**	158,33	146,41	II						
	III		191,50	146,41	III						
	V	**252,91**	158,33	146,41	IV	40,41	9,58				
	VI	**289,16**	158,33	146,41							
1 598,99	I,IV	**79,16**	158,33	146,66	I	10,00					
	II	**44,08**	158,33	146,66	II						
	III		191,83	146,66	III						
	V	**254,08**	158,33	146,66	IV	40,91	10,00				
	VI	**290,33**	158,33	146,66							
1 601,99	I,IV	**79,83**	158,33	146,91	I	10,41					
	II	**44,66**	158,33	146,91	II						
	III		192,16	146,91	III						
	V	**255,25**	158,33	146,91	IV	41,50	10,41				
	VI	**291,50**	158,33	146,91							
1 604,99	I,IV	**80,50**	158,33	147,25	I	10,83					
	II	**45,16**	158,33	147,25	II						
	III		192,58	147,25	III						
	V	**256,41**	158,33	147,25	IV	42,00	10,83				
	VI	**292,66**	158,33	147,25							
1 607,99	I,IV	**81,16**	158,33	147,50	I	11,33					
	II	**45,75**	158,33	147,50	II						
	III		192,91	147,50	III						
	V	**257,50**	158,33	147,50	IV	42,58	11,33				
	VI	**293,83**	158,33	147,50							
1 610,99	I,IV	**81,83**	158,33	147,75	I	11,75					
	II	**46,33**	158,33	147,75	II						
	III		193,25	147,75	III						
	V	**258,66**	158,33	147,75	IV	43,16	11,75				
	VI	**294,91**	158,33	147,75							
1 613,99	I,IV	**82,50**	158,33	148,08	I	12,16					
	II	**46,91**	158,33	148,08	II						
	III		193,66	148,08	III						
	V	**259,83**	158,33	148,08	IV	43,66	12,16				
	VI	**296,08**	158,33	148,08							
1 616,99	I,IV	**83,16**	158,33	148,33	I	12,66					
	II	**47,50**	158,33	148,33	II						
	III		194,00	148,33	III						
	V	**261,00**	158,33	148,33	IV	44,25	12,66				
	VI	**297,33**	158,33	148,33							
1 619,99	I,IV	**83,83**	158,33	148,58	I	13,08					
	II	**48,00**	158,33	148,58	II						
	III		194,33	148,58	III						
	V	**262,16**	158,33	148,58	IV	44,83	13,08				
	VI	**298,41**	158,33	148,58							

* Zur LSt-Berechnung für privat versicherte Arbeitnehmer s. Beispiele **Vorbemerkung S. 4f.**
** Basisvorsorgepauschale KV und PV *** Typisierter Arbeitgeberzuschuss

Lohn/ Gehalt in € bis	Steuerklasse	Lohn- steuer*	BVSP**	TAGZ***	Steuerklasse	Bemessungsgrundlage für Kirchensteuer und Solidaritätszuschlag – Freibeträge für ... Kinder 0,5	1,0	1,5	2,0	2,5	3,0
1 622,99	I,IV	**84,50**	158,33	148,83	I	13,50					
	II	**48,58**	158,33	148,83	II						
	III		194,75	148,83	III						
	V	**263,33**	158,33	148,83	IV	45,41	13,50				
	VI	**299,58**	158,33	148,83							
1 625,99	I,IV	**85,16**	158,33	149,16	I	13,91					
	II	**49,16**	158,33	149,16	II						
	III		195,08	149,16	III						
	V	**264,50**	158,33	149,16	IV	45,91	13,91				
	VI	**300,75**	158,33	149,16							
1 628,99	I,IV	**85,83**	158,33	149,41	I	14,41					
	II	**49,75**	158,33	149,41	II						
	III		195,41	149,41	III						
	V	**265,66**	158,33	149,41	IV	46,50	14,41				
	VI	**301,91**	158,33	149,41							
1 631,99	I,IV	**86,50**	158,33	149,66	I	14,83					
	II	**50,33**	158,33	149,66	II						
	III		195,83	149,66	III						
	V	**266,83**	158,33	149,66	IV	47,08	14,83				
	VI	**303,08**	158,33	149,66							
1 634,99	I,IV	**87,16**	158,33	150,00	I	15,33					
	II	**50,91**	158,33	150,00	II						
	III		196,16	150,00	III						
	V	**268,00**	158,33	150,00	IV	47,66	15,33				
	VI	**304,25**	158,33	150,00							
1 637,99	I,IV	**87,83**	158,33	150,25	I	15,75					
	II	**51,50**	158,33	150,25	II						
	III		196,50	150,25	III						
	V	**269,16**	158,33	150,25	IV	48,25	15,75				
	VI	**305,41**	158,33	150,25							
1 640,99	I,IV	**88,50**	158,33	150,50	I	16,25					
	II	**52,08**	158,33	150,50	II						
	III		196,91	150,50	III						
	V	**270,33**	158,33	150,50	IV	48,75	16,25				
	VI	**306,58**	158,33	150,50							
1 643,99	I,IV	**89,16**	158,33	150,83	I	16,66					
	II	**52,66**	158,33	150,83	II						
	III		197,25	150,83	III						
	V	**271,50**	158,33	150,83	IV	49,33	16,66				
	VI	**307,75**	158,33	150,83							
1 646,99	I,IV	**89,83**	158,33	151,08	I	17,16					
	II	**53,25**	158,33	151,08	II						
	III		197,58	151,08	III						
	V	**272,66**	158,33	151,08	IV	49,91	17,16				
	VI	**308,91**	158,33	151,08							
1 649,99	I,IV	**90,50**	158,33	151,33	I	17,58					
	II	**53,83**	158,33	151,33	II						
	III		197,91	151,33	III						
	V	**273,83**	158,33	151,33	IV	50,50	17,58				
	VI	**310,08**	158,33	151,33							
1 652,99	I,IV	**91,16**	158,33	151,58	I	18,08					
	II	**54,41**	158,33	151,58	II						
	III		198,33	151,58	III						
	V	**275,00**	158,33	151,58	IV	51,08	18,08				
	VI	**311,25**	158,33	151,58							
1 655,99	I,IV	**91,83**	158,33	151,91	I	18,50					
	II	**55,00**	158,33	151,91	II						
	III		198,66	151,91	III						
	V	**276,08**	158,33	151,91	IV	51,66	18,50				
	VI	**312,41**	158,33	151,91							

* Zur LSt-Berechnung für privat versicherte Arbeitnehmer s. Beispiele **Vorbemerkung S. 4 f.**
** Basisvorsorgepauschale KV und PV *** Typisierter Arbeitgeberzuschuss

Lohn/ Gehalt in € bis	Steuerklasse	Lohn- steuer*	BVSP**	TAGZ***	Steuerklasse	Bemessungsgrundlage für Kirchensteuer und Solidaritätszuschlag – Freibeträge für ... Kinder 0,5	1,0	1,5	2,0	2,5	3,0
1 658,99	I,IV	**92,50**	158,33	152,16	I	19,00					
	II	**55,58**	158,33	152,16	II						
	III		199,00	152,16	III						
	V	**277,25**	158,33	152,16	IV	52,25	19,00				
	VI	**313,50**	158,33	152,16							
1 661,99	I,IV	**93,16**	158,33	152,41	I	19,50					
	II	**56,16**	158,33	152,41	II						
	III		199,41	152,41	III						
	V	**278,41**	158,33	152,41	IV	52,83	19,50				
	VI	**314,66**	158,33	152,41							
1 664,99	I,IV	**93,83**	158,33	152,75	I	19,91					
	II	**56,83**	158,33	152,75	II						
	III		199,75	152,75	III						
	V	**279,58**	158,33	152,75	IV	53,41	19,91				
	VI	**315,91**	158,33	152,75							
1 667,99	I,IV	**94,50**	158,33	153,00	I	20,41					
	II	**57,41**	158,33	153,00	II						
	III		200,08	153,00	III						
	V	**280,75**	158,33	153,00	IV	54,00	20,41				
	VI	**317,00**	158,33	153,00							
1 670,99	I,IV	**95,16**	158,33	153,25	I	20,91					
	II	**58,00**	158,33	153,25	II						
	III		200,50	153,25	III						
	V	**281,91**	158,33	153,25	IV	54,58	20,91				
	VI	**318,16**	158,33	153,25							
1 673,99	I,IV	**95,83**	158,33	153,58	I	21,33					
	II	**58,58**	158,33	153,58	II						
	III		200,83	153,58	III						
	V	**283,08**	158,33	153,58	IV	55,16	21,33				
	VI	**319,33**	158,33	153,58							
1 676,99	I,IV	**96,50**	158,33	153,83	I	21,83					
	II	**59,16**	158,33	153,83	II						
	III		201,16	153,83	III						
	V	**284,25**	158,33	153,83	IV	55,75	21,83				
	VI	**320,50**	158,33	153,83							
1 679,99	I,IV	**97,25**	158,33	154,08	I	22,33					
	II	**59,83**	158,33	154,08	II						
	III		201,58	154,08	III						
	V	**285,41**	158,33	154,08	IV	56,41	22,33				
	VI	**321,66**	158,33	154,08							
1 682,99	I,IV	**97,91**	158,33	154,33	I	22,83					
	II	**60,41**	158,33	154,33	II						
	III		201,91	154,33	III						
	V	**286,58**	158,33	154,33	IV	57,00	22,83				
	VI	**322,83**	158,33	154,33							
1 685,99	I,IV	**98,58**	158,33	154,66	I	23,33					
	II	**61,00**	158,33	154,66	II						
	III		202,25	154,66	III						
	V	**287,75**	158,33	154,66	IV	57,58	23,33				
	VI	**324,00**	158,33	154,66							
1 688,99	I,IV	**99,25**	158,33	154,91	I	23,75					
	II	**61,66**	158,33	154,91	II						
	III		202,66	154,91	III						
	V	**288,91**	158,33	154,91	IV	58,16	23,75				
	VI	**325,16**	158,33	154,91							
1 691,99	I,IV	**99,91**	158,33	155,16	I	24,25					
	II	**62,25**	158,33	155,16	II						
	III		203,00	155,16	III						
	V	**290,08**	158,33	155,16	IV	58,75	24,25				
	VI	**326,33**	158,33	155,16							

* Zur LSt-Berechnung für privat versicherte Arbeitnehmer s. Beispiele **Vorbemerkung S. 4 f.**
** Basisvorsorgepauschale KV und PV *** Typisierter Arbeitgeberzuschuss

Lohn/ Gehalt in € bis	Steuerklasse	Lohnsteuer*	BVSP**	TAGZ***	Steuerklasse	Bemessungsgrundlage für Kirchensteuer und Solidaritätszuschlag					
						Freibeträge für ... Kinder					
						0,5	**1,0**	1,5	**2,0**	2,5	**3,0**
1 694,99	I,IV	**100,58**	158,33	155,50	I	24,75					
	II	**62,91**	158,33	155,50	II						
	III		203,33	155,50	III						
	V	**291,25**	158,33	155,50	IV	59,41	24,75				
	VI	**327,50**	158,33	155,50							
1 697,99	I,IV	**101,25**	158,33	155,75	I	25,25					
	II	**63,50**	158,33	155,75	II						
	III		203,75	155,75	III						
	V	**292,41**	158,33	155,75	IV	60,00	25,25				
	VI	**328,66**	158,33	155,75							
1 700,99	I,IV	**101,91**	158,33	156,00	I	25,75					
	II	**64,08**	158,33	156,00	II	0,33					
	III		204,08	156,00	III						
	V	**293,58**	158,33	156,00	IV	60,58	25,75				
	VI	**329,83**	158,33	156,00							
1 703,99	I,IV	**102,58**	158,33	156,33	I	26,25					
	II	**64,75**	158,33	156,33	II	0,75					
	III		204,41	156,33	III						
	V	**294,66**	158,33	156,33	IV	61,25	26,25				
	VI	**331,00**	158,33	156,33							
1 706,99	I,IV	**103,25**	158,33	156,58	I	26,75					
	II	**65,33**	158,33	156,58	II	1,16					
	III		204,83	156,58	III						
	V	**295,83**	158,33	156,58	IV	61,83	26,75				
	VI	**332,08**	158,33	156,58							
1 709,99	I,IV	**103,91**	158,33	156,83	I	27,25					
	II	**66,00**	158,33	156,83	II	1,50					
	III		205,16	156,83	III						
	V	**297,00**	158,33	156,83	IV	62,41	27,25				
	VI	**333,25**	158,33	156,83							
1 712,99	I,IV	**104,66**	158,33	157,16	I	27,75					
	II	**66,58**	158,33	157,16	II	1,91					
	III		205,50	157,16	III						
	V	**298,16**	158,33	157,16	IV	63,08	27,75				
	VI	**334,50**	158,33	157,16							
1 715,99	I,IV	**105,33**	158,33	157,41	I	28,25					
	II	**67,25**	158,33	157,41	II	2,33					
	III		205,91	157,41	III						
	V	**299,33**	158,33	157,41	IV	63,66	28,25	0,08			
	VI	**335,58**	158,33	157,41							
1 718,99	I,IV	**106,00**	158,33	157,66	I	28,75					
	II	**67,83**	158,33	157,66	II	2,75					
	III		206,25	157,66	III						
	V	**300,50**	158,33	157,66	IV	64,33	28,75	0,50			
	VI	**336,75**	158,33	157,66							
1 721,99	I,IV	**106,66**	158,33	157,91	I	29,25					
	II	**68,50**	158,33	157,91	II	3,08					
	III		206,58	157,91	III						
	V	**301,66**	158,33	157,91	IV	64,91	29,25	0,83			
	VI	**337,91**	158,33	157,91							
1 724,99	I,IV	**107,33**	158,33	158,25	I	29,75					
	II	**69,08**	158,33	158,25	II	3,50					
	III		206,91	158,25	III						
	V	**302,83**	158,33	158,25	IV	65,50	29,75	1,25			
	VI	**339,08**	158,33	158,25							
1 727,99	I,IV	**108,00**	158,50	158,50	I	30,25					
	II	**69,75**	158,50	158,50	II	3,91					
	III		207,33	158,50	III						
	V	**303,91**	158,50	158,50	IV	66,08	30,25	1,58			
	VI	**340,16**	158,50	158,50							

* Zur LSt-Berechnung für privat versicherte Arbeitnehmer s. Beispiele **Vorbemerkung S. 4 f.**
** Basisvorsorgepauschale KV und PV *** Typisierter Arbeitgeberzuschuss

Lohn/ Gehalt in € bis	Steuerklasse	**Lohn-steuer***	BVSP**	TAGZ***	Steuerklasse	Bemessungsgrundlage für Kirchensteuer und Solidaritätszuschlag					
						Freibeträge für ... Kinder					
						0,5	**1,0**	1,5	**2,0**	2,5	**3,0**
1 730,99	I,IV	**108,58**	158,75	158,75	I	30,66					
	II	**70,25**	158,75	158,75	II	4,25					
	III		207,66	158,75	III						
	V	**304,91**	158,75	158,75	IV	66,66	30,66	2,00			
	VI	**341,25**	158,75	158,75							
1 733,99	I,IV	**109,25**	159,08	159,08	I	31,16					
	II	**70,83**	159,08	159,08	II	4,66					
	III		208,00	159,08	III						
	V	**306,00**	159,08	159,08	IV	67,25	31,16	2,33			
	VI	**342,25**	159,08	159,08							
1 736,99	I,IV	**109,83**	159,33	159,33	I	31,58					
	II	**71,41**	159,33	159,33	II	5,00					
	III		208,41	159,33	III						
	V	**307,08**	159,33	159,33	IV	67,83	31,58	2,66			
	VI	**343,33**	159,33	159,33							
1 739,99	I,IV	**110,41**	159,58	159,58	I	32,08					
	II	**72,00**	159,58	159,58	II	5,41					
	III		208,75	159,58	III						
	V	**308,08**	159,58	159,58	IV	68,41	32,08	3,08			
	VI	**344,33**	159,58	159,58							
1 742,99	I,IV	**111,08**	159,91	159,91	I	32,58					
	II	**72,58**	159,91	159,91	II	5,75					
	III		209,08	159,91	III						
	V	**309,16**	159,91	159,91	IV	69,00	32,58	3,41			
	VI	**345,41**	159,91	159,91							
1 745,99	I,IV	**111,66**	160,16	160,16	I	33,00					
	II	**73,16**	160,16	160,16	II	6,08					
	III		209,50	160,16	III						
	V	**310,16**	160,16	160,16	IV	69,50	33,00	3,75			
	VI	**346,41**	160,16	160,16							
1 748,99	I,IV	**112,25**	160,41	160,41	I	33,50					
	II	**73,75**	160,41	160,41	II	6,50					
	III		209,83	160,41	III						
	V	**311,25**	160,41	160,41	IV	70,08	33,50	4,16			
	VI	**347,50**	160,41	160,41							
1 751,99	I,IV	**112,91**	160,66	160,66	I	33,91					
	II	**74,33**	160,66	160,66	II	6,83					
	III		210,16	160,66	III						
	V	**312,25**	160,66	160,66	IV	70,66	33,91	4,50			
	VI	**348,50**	160,66	160,66							
1 754,99	I,IV	**113,50**	161,00	161,00	I	34,41					
	II	**74,91**	161,00	161,00	II	7,25					
	III		210,58	161,00	III						
	V	**313,33**	161,00	161,00	IV	71,25	34,41	4,91			
	VI	**349,58**	161,00	161,00							
1 757,99	I,IV	**114,08**	161,25	161,25	I	34,91					
	II	**75,50**	161,25	161,25	II	7,58					
	III		210,91	161,25	III						
	V	**314,33**	161,25	161,25	IV	71,83	34,91	5,25			
	VI	**350,66**	161,25	161,25							
1 760,99	I,IV	**114,75**	161,50	161,50	I	35,33					
	II	**76,08**	161,50	161,50	II	8,00					
	III		211,25	161,50	III						
	V	**315,41**	161,50	161,50	IV	72,41	35,33	5,58			
	VI	**351,66**	161,50	161,50							
1 763,99	I,IV	**115,33**	161,83	161,83	I	35,83					
	II	**76,66**	161,83	161,83	II	8,41					
	III		211,66	161,83	III						
	V	**316,50**	161,83	161,83	IV	73,00	35,83	6,00			
	VI	**352,75**	161,83	161,83							

* Zur LSt-Berechnung für privat versicherte Arbeitnehmer s. Beispiele **Vorbemerkung S. 4 f.**
** Basisvorsorgepauschale KV und PV *** Typisierter Arbeitgeberzuschuss

Lohn/ Gehalt in € bis	Steuerklasse	Lohn-steuer*	BVSP**	TAGZ***	Steuerklasse	Bemessungsgrundlage für Kirchensteuer und Solidaritätszuschlag – Freibeträge für ... Kinder 0,5	1,0	1,5	2,0	2,5	3,0
1 766,99	I,IV	**116,00**	162,08	162,08	I	36,33					
	II	**77,33**	162,08	162,08	II	8,75					
	III		212,00	162,08	III						
	V	**317,50**	162,08	162,08	IV	73,58	36,33	6,33			
	VI	**353,75**	162,08	162,08							
1 769,99	I,IV	**116,58**	162,33	162,33	I	36,83					
	II	**77,83**	162,33	162,33	II	9,16					
	III		212,33	162,33	III						
	V	**318,50**	162,33	162,33	IV	74,16	36,83	6,75			
	VI	**354,83**	162,33	162,33							
1 772,99	I,IV	**117,16**	162,66	162,66	I	37,25					
	II	**78,50**	162,66	162,66	II	9,50					
	III		212,75	162,66	III						
	V	**319,58**	162,66	162,66	IV	74,75	37,25	7,08			
	VI	**355,83**	162,66	162,66							
1 775,99	I,IV	**117,83**	162,91	162,91	I	37,75					
	II	**79,08**	162,91	162,91	II	9,91					
	III		213,08	162,91	III						
	V	**320,66**	162,91	162,91	IV	75,33	37,75	7,50			
	VI	**356,91**	162,91	162,91							
1 778,99	I,IV	**118,41**	163,16	163,16	I	38,25					
	II	**79,66**	163,16	163,16	II	10,33					
	III		213,41	163,16	III						
	V	**321,66**	163,16	163,16	IV	75,91	38,25	7,91			
	VI	**357,91**	163,16	163,16							
1 781,99	I,IV	**119,08**	163,41	163,41	I	38,75					
	II	**80,25**	163,41	163,41	II	10,75					
	III		213,83	163,41	III						
	V	**322,75**	163,41	163,41	IV	76,50	38,75	8,25			
	VI	**359,00**	163,41	163,41							
1 784,99	I,IV	**119,66**	163,75	163,75	I	39,25					
	II	**80,83**	163,75	163,75	II	11,08					
	III		214,16	163,75	III						
	V	**323,75**	163,75	163,75	IV	77,08	39,25	8,66			
	VI	**360,08**	163,75	163,75							
1 787,99	I,IV	**120,25**	164,00	164,00	I	39,75					
	II	**81,50**	164,00	164,00	II	11,50					
	III		214,50	164,00	III						
	V	**324,83**	164,00	164,00	IV	77,66	39,75	9,00			
	VI	**361,08**	164,00	164,00							
1 790,99	I,IV	**120,91**	164,25	164,25	I	40,16					
	II	**82,08**	164,25	164,25	II	11,91					
	III		214,91	164,25	III						
	V	**325,91**	164,25	164,25	IV	78,25	40,16	9,41			
	VI	**362,16**	164,25	164,25							
1 793,99	I,IV	**121,50**	164,58	164,58	I	40,66					
	II	**82,66**	164,58	164,58	II	12,33					
	III		215,25	164,58	III						
	V	**326,91**	164,58	164,58	IV	78,91	40,66	9,83			
	VI	**363,16**	164,58	164,58							
1 796,99	I,IV	**122,16**	164,83	164,83	I	41,16					
	II	**83,25**	164,83	164,83	II	12,66					
	III		215,58	164,83	III						
	V	**327,91**	164,83	164,83	IV	79,50	41,16	10,16			
	VI	**364,25**	164,83	164,83							
1 799,99	I,IV	**122,75**	165,08	165,08	I	41,66					
	II	**83,83**	165,08	165,08	II	13,08					
	III		215,91	165,08	III						
	V	**329,00**	165,08	165,08	IV	80,08	41,66	10,58			
	VI	**365,25**	165,08	165,08							

* Zur LSt-Berechnung für privat versicherte Arbeitnehmer s. Beispiele **Vorbemerkung S. 4 f.**
** Basisvorsorgepauschale KV und PV *** Typisierter Arbeitgeberzuschuss

Lohn/ Gehalt in € bis	Steuerklasse	**Lohn-steuer***	BVSP**	TAGZ***	Steuerklasse	Bemessungsgrundlage für Kirchensteuer und Solidaritätszuschlag					
						Freibeträge für ... Kinder					
						0,5	**1,0**	1,5	**2,0**	2,5	**3,0**
1 802,99	I,IV	**123,33**	165,41	165,41	I	42,16					
	II	**84,41**	165,41	165,41	II	13,50					
	III		216,33	165,41	III						
	V	**330,08**	165,41	165,41	IV	80,66	42,16	11,00			
	VI	**366,33**	165,41	165,41							
1 805,99	I,IV	**124,00**	165,66	165,66	I	42,66					
	II	**85,08**	165,66	165,66	II	13,91					
	III		216,66	165,66	III						
	V	**331,08**	165,66	165,66	IV	81,25	42,66	11,33			
	VI	**367,33**	165,66	165,66							
1 808,99	I,IV	**124,58**	165,91	165,91	I	43,16					
	II	**85,66**	165,91	165,91	II	14,33					
	III		217,00	165,91	III						
	V	**332,16**	165,91	165,91	IV	81,83	43,16	11,75			
	VI	**368,41**	165,91	165,91							
1 811,99	I,IV	**125,25**	166,25	166,25	I	43,66					
	II	**86,25**	166,25	166,25	II	14,66					
	III		217,41	166,25	III						
	V	**333,16**	166,25	166,25	IV	82,50	43,66	12,16			
	VI	**369,50**	166,25	166,25							
1 814,99	I,IV	**125,83**	166,50	166,50	I	44,16					
	II	**86,83**	166,50	166,50	II	15,08					
	III		217,75	166,50	III						
	V	**334,25**	166,50	166,50	IV	83,08	44,16	12,58			
	VI	**370,50**	166,50	166,50							
1 817,99	I,IV	**126,50**	166,75	166,75	I	44,66					
	II	**87,50**	166,75	166,75	II	15,50					
	III		218,08	166,75	III						
	V	**335,33**	166,75	166,75	IV	83,66	44,66	13,00			
	VI	**371,58**	166,75	166,75							
1 820,99	I,IV	**127,08**	167,00	167,00	I	45,16					
	II	**88,08**	167,00	167,00	II	15,91					
	III		218,50	167,00	III						
	V	**336,33**	167,00	167,00	IV	84,25	45,16	13,33			
	VI	**372,58**	167,00	167,00							
1 823,99	I,IV	**127,75**	167,33	167,33	I	45,66					
	II	**88,66**	167,33	167,33	II	16,33					
	III		218,83	167,33	III						
	V	**337,33**	167,33	167,33	IV	84,83	45,66	13,75			
	VI	**373,66**	167,33	167,33							
1 826,99	I,IV	**128,33**	167,58	167,58	I	46,16					
	II	**89,25**	167,58	167,58	II	16,75					
	III		219,16	167,58	III						
	V	**338,41**	167,58	167,58	IV	85,41	46,16	14,16			
	VI	**374,66**	167,58	167,58							
1 829,99	I,IV	**129,00**	167,83	167,83	I	46,66					
	II	**89,83**	167,83	167,83	II	17,16					
	III		219,58	167,83	III						
	V	**339,50**	167,83	167,83	IV	86,08	46,66	14,58			
	VI	**375,75**	167,83	167,83							
1 832,99	I,IV	**129,58**	168,16	168,16	I	47,25					
	II	**90,50**	168,16	168,16	II	17,58					
	III		219,91	168,16	III						
	V	**340,50**	168,16	168,16	IV	86,66	47,25	15,00			
	VI	**376,75**	168,16	168,16							
1 835,99	I,IV	**130,25**	168,41	168,41	I	47,75					
	II	**91,08**	168,41	168,41	II	18,00					
	III		220,25	168,41	III						
	V	**341,58**	168,41	168,41	IV	87,25	47,75	15,41			
	VI	**377,83**	168,41	168,41							

* Zur LSt-Berechnung für privat versicherte Arbeitnehmer s. Beispiele **Vorbemerkung S. 4 f.**
** Basisvorsorgepauschale KV und PV *** Typisierter Arbeitgeberzuschuss

Lohn/ Gehalt in € bis	Steuerklasse	Lohn-steuer*	BVSP**	TAGZ***	Steuerklasse	Bemessungsgrundlage für Kirchensteuer und Solidaritätszuschlag – Freibeträge für ... Kinder 0,5	1,0	1,5	2,0	2,5	3,0
1 838,99	I,IV	**130,83**	168,66	168,66	I	48,25					
	II	**91,66**	168,66	168,66	II	18,41					
	III		220,66	168,66	III						
	V	**342,58**	168,66	168,66	IV	87,83	48,25	15,83			
	VI	**378,91**	168,66	168,66							
1 841,99	I,IV	**131,50**	169,00	169,00	I	48,75					
	II	**92,25**	169,00	169,00	II	18,83					
	III		221,00	169,00	III						
	V	**343,66**	169,00	169,00	IV	88,50	48,75	16,25			
	VI	**379,91**	169,00	169,00							
1 844,99	I,IV	**132,08**	169,25	169,25	I	49,25					
	II	**92,91**	169,25	169,25	II	19,25					
	III		221,33	169,25	III						
	V	**344,75**	169,25	169,25	IV	89,08	49,25	16,58			
	VI	**381,00**	169,25	169,25							
1 847,99	I,IV	**132,66**	169,50	169,50	I	49,75					
	II	**93,50**	169,50	169,50	II	19,66					
	III		221,75	169,50	III						
	V	**345,75**	169,50	169,50	IV	89,66	49,75	17,00			
	VI	**382,00**	169,50	169,50							
1 850,99	I,IV	**133,33**	169,75	169,75	I	50,33					
	II	**94,08**	169,75	169,75	II	20,08					
	III		222,08	169,75	III						
	V	**346,75**	169,75	169,75	IV	90,25	50,33	17,41			
	VI	**383,08**	169,75	169,75							
1 853,99	I,IV	**133,91**	170,08	170,08	I	50,83					
	II	**94,66**	170,08	170,08	II	20,50					
	III		222,41	170,08	III						
	V	**347,83**	170,08	170,08	IV	90,83	50,83	17,83			
	VI	**384,08**	170,08	170,08							
1 856,99	I,IV	**134,58**	170,33	170,33	I	51,33					
	II	**95,33**	170,33	170,33	II	21,00					
	III		222,83	170,33	III						
	V	**348,91**	170,33	170,33	IV	91,50	51,33	18,25			
	VI	**385,16**	170,33	170,33							
1 859,99	I,IV	**135,16**	170,58	170,58	I	51,91					
	II	**95,91**	170,58	170,58	II	21,41					
	III		223,16	170,58	III						
	V	**349,91**	170,58	170,58	IV	92,08	51,91	18,66			
	VI	**386,16**	170,58	170,58							
1 862,99	I,IV	**135,83**	170,91	170,91	I	52,41					
	II	**96,50**	170,91	170,91	II	21,83					
	III		223,50	170,91	III						
	V	**351,00**	170,91	170,91	IV	92,66	52,41	19,16			
	VI	**387,25**	170,91	170,91							
1 865,99	I,IV	**136,41**	171,16	171,16	I	52,91					
	II	**97,08**	171,16	171,16	II	22,25					
	III		223,91	171,16	III						
	V	**352,00**	171,16	171,16	IV	93,33	52,91	19,58			
	VI	**388,33**	171,16	171,16							
1 868,99	I,IV	**137,08**	171,41	171,41	I	53,50					
	II	**97,75**	171,41	171,41	II	22,66					
	III		224,25	171,41	III						
	V	**353,08**	171,41	171,41	IV	93,91	53,50	20,00			
	VI	**389,33**	171,41	171,41							
1 871,99	I,IV	**137,75**	171,75	171,75	I	54,00					
	II	**98,33**	171,75	171,75	II	23,16					
	III		224,58	171,75	III						
	V	**354,16**	171,75	171,75	IV	94,50	54,00	20,41			
	VI	**390,41**	171,75	171,75							

* Zur LSt-Berechnung für privat versicherte Arbeitnehmer s. Beispiele **Vorbemerkung S. 4 f.**
** Basisvorsorgepauschale KV und PV *** Typisierter Arbeitgeberzuschuss

Lohn/ Gehalt in € bis	Steuerklasse	Lohn-steuer*	BVSP**	TAGZ***	Steuerklasse	Bemessungsgrundlage für Kirchensteuer und Solidaritätszuschlag					
						Freibeträge für ... Kinder					
						0,5	**1,0**	1,5	**2,0**	2,5	**3,0**
1 874,99	I,IV	**138,33**	172,00	172,00	I	54,50					
	II	**98,91**	172,00	172,00	II	23,58					
	III		224,91	172,00	III						
	V	**355,16**	172,00	172,00	IV	95,08	54,50	20,83			
	VI	**391,41**	172,00	172,00							
1 877,99	I,IV	**138,91**	172,25	172,25	I	55,08					
	II	**99,50**	172,25	172,25	II	24,00					
	III		225,33	172,25	III						
	V	**356,16**	172,25	172,25	IV	95,66	55,08	21,25			
	VI	**392,41**	172,25	172,25							
1 880,99	I,IV	**139,58**	172,50	172,50	I	55,58					
	II	**100,16**	172,50	172,50	II	24,41					
	III		225,66	172,50	III						
	V	**357,25**	172,50	172,50	IV	96,33	55,58	21,66			
	VI	**393,50**	172,50	172,50							
1 883,99	I,IV	**140,25**	172,83	172,83	I	56,08					
	II	**100,75**	172,83	172,83	II	24,91					
	III		226,00	172,83	III						
	V	**358,33**	172,83	172,83	IV	96,91	56,08	22,08			
	VI	**394,58**	172,83	172,83							
1 886,99	I,IV	**140,83**	173,08	173,08	I	56,66					
	II	**101,33**	173,08	173,08	II	25,33					
	III		226,41	173,08	III						
	V	**359,33**	173,08	173,08	IV	97,50	56,66	22,58			
	VI	**395,58**	173,08	173,08							
1 889,99	I,IV	**141,50**	173,33	173,33	I	57,16					
	II	**102,00**	173,33	173,33	II	25,75					
	III		226,75	173,33	III						
	V	**360,41**	173,33	173,33	IV	98,16	57,16	23,00			
	VI	**396,66**	173,33	173,33							
1 892,99	I,IV	**142,08**	173,66	173,66	I	57,75					
	II	**102,58**	173,66	173,66	II	26,25					
	III		227,08	173,66	III						
	V	**361,41**	173,66	173,66	IV	98,75	57,75	23,41			
	VI	**397,66**	173,66	173,66							
1 895,99	I,IV	**142,75**	173,91	173,91	I	58,25					
	II	**103,16**	173,91	173,91	II	26,66					
	III		227,50	173,91	III						
	V	**362,50**	173,91	173,91	IV	99,33	58,25	23,83			
	VI	**398,75**	173,91	173,91							
1 898,99	I,IV	**143,33**	174,16	174,16	I	58,83					
	II	**103,83**	174,16	174,16	II	27,08					
	III		227,83	174,16	III						
	V	**363,58**	174,16	174,16	IV	100,00	58,83	24,33			
	VI	**399,83**	174,16	174,16							
1 901,99	I,IV	**144,00**	174,50	174,50	I	59,33					
	II	**104,41**	174,50	174,50	II	27,58					
	III		228,16	174,50	III						
	V	**364,58**	174,50	174,50	IV	100,58	59,33	24,75			
	VI	**400,83**	174,50	174,50							
1 904,99	I,IV	**144,58**	174,75	174,75	I	59,91					
	II	**105,00**	174,75	174,75	II	28,00					
	III		228,58	174,75	III						
	V	**365,58**	174,75	174,75	IV	101,16	59,91	25,16			
	VI	**401,83**	174,75	174,75							
1 907,99	I,IV	**145,25**	175,00	175,00	I	60,50					
	II	**105,66**	175,00	175,00	II	28,50					
	III		228,91	175,00	III						
	V	**366,66**	175,00	175,00	IV	101,75	60,50	25,58			
	VI	**402,91**	175,00	175,00							

* Zur LSt-Berechnung für privat versicherte Arbeitnehmer s. Beispiele **Vorbemerkung S. 4 f.**
** Basisvorsorgepauschale KV und PV *** Typisierter Arbeitgeberzuschuss

Lohn/ Gehalt in € bis	Steuerklasse	Lohn-steuer*	BVSP**	TAGZ***	Steuerklasse	Bemessungsgrundlage für Kirchensteuer und Solidaritätszuschlag					
						Freibeträge für ... Kinder					
						0,5	**1,0**	1,5	**2,0**	2,5	**3,0**
1910,99	I,IV	**145,91**	175,33	175,33	I	61,00					
	II	**106,25**	175,33	175,33	II	28,91					
	III		229,25	175,33	III						
	V	**367,75**	175,33	175,33	IV	102,41	61,00	26,08			
	VI	**404,00**	175,33	175,33							
1913,99	I,IV	**146,50**	175,58	175,58	I	61,58					
	II	**106,83**	175,58	175,58	II	29,41					
	III		229,66	175,58	III						
	V	**368,75**	175,58	175,58	IV	103,00	61,58	26,50			
	VI	**405,00**	175,58	175,58							
1916,99	I,IV	**147,16**	175,83	175,83	I	62,08					
	II	**107,50**	175,83	175,83	II	29,83					
	III		230,00	175,83	III						
	V	**369,83**	175,83	175,83	IV	103,58	62,08	27,00			
	VI	**406,08**	175,83	175,83							
1919,99	I,IV	**147,75**	176,08	176,08	I	62,66					
	II	**108,08**	176,08	176,08	II	30,33					
	III		230,33	176,08	III						
	V	**370,83**	176,08	176,08	IV	104,25	62,66	27,41			
	VI	**407,08**	176,08	176,08							
1922,99	I,IV	**148,41**	176,41	176,41	I	63,25					
	II	**108,66**	176,41	176,41	II	30,75					
	III		230,75	176,41	III						
	V	**371,91**	176,41	176,41	IV	104,83	63,25	27,83			
	VI	**408,16**	176,41	176,41							
1925,99	I,IV	**149,00**	176,66	176,66	I	63,75	0,16				
	II	**109,33**	176,66	176,66	II	31,25					
	III		231,08	176,66	III						
	V	**372,91**	176,66	176,66	IV	105,41	63,75	28,33	0,16		
	VI	**409,16**	176,66	176,66							
1928,99	I,IV	**149,66**	176,91	176,91	I	64,33	0,50				
	II	**109,91**	176,91	176,91	II	31,66					
	III		231,41	176,91	III						
	V	**374,00**	176,91	176,91	IV	106,00	64,33	28,75	0,50		
	VI	**410,25**	176,91	176,91							
1931,99	I,IV	**150,33**	177,25	177,25	I	64,91	0,83				
	II	**110,50**	177,25	177,25	II	32,16					
	III		231,83	177,25	III						
	V	**375,00**	177,25	177,25	IV	106,66	64,91	29,25	0,83		
	VI	**411,25**	177,25	177,25							
1934,99	I,IV	**150,91**	177,50	177,50	I	65,50	1,16				
	II	**111,16**	177,50	177,50	II	32,58					
	III		232,16	177,50	III						
	V	**376,08**	177,50	177,50	IV	107,25	65,50	29,66	1,16		
	VI	**412,33**	177,50	177,50							
1937,99	I,IV	**151,58**	177,75	177,75	I	66,00	1,58				
	II	**111,75**	177,75	177,75	II	33,08					
	III		232,50	177,75	III						
	V	**377,16**	177,75	177,75	IV	107,91	66,00	30,16	1,58		
	VI	**413,41**	177,75	177,75							
1940,99	I,IV	**152,16**	178,08	178,08	I	66,58	1,91				
	II	**112,33**	178,08	178,08	II	33,58					
	III		232,91	178,08	III						
	V	**378,16**	178,08	178,08	IV	108,50	66,58	30,58	1,91		
	VI	**414,41**	178,08	178,08							
1943,99	I,IV	**152,83**	178,33	178,33	I	67,16	2,25				
	II	**113,00**	178,33	178,33	II	34,00					
	III		233,25	178,33	III						
	V	**379,25**	178,33	178,33	IV	109,08	67,16	31,08	2,25		
	VI	**415,50**	178,33	178,33							

* Zur LSt-Berechnung für privat versicherte Arbeitnehmer s. Beispiele **Vorbemerkung S. 4 f.**
** Basisvorsorgepauschale KV und PV *** Typisierter Arbeitgeberzuschuss

Lohn/ Gehalt in € bis	Steuerklasse	Lohn-steuer*	BVSP**	TAGZ***	Steuerklasse	Bemessungsgrundlage für Kirchensteuer und Solidaritätszuschlag – Freibeträge für ... Kinder 0,5	**1,0**	1,5	**2,0**	2,5	**3,0**
1 946,99	I,IV	**153,50**	178,58	178,58	I	67,75	2,66				
	II	**113,58**	178,58	178,58	II	34,50					
	III		233,58	178,58	III						
	V	**380,25**	178,58	178,58	IV	109,75	67,75	31,50	2,66		
	VI	**416,50**	178,58	178,58							
1 949,99	I,IV	**154,08**	178,83	178,83	I	68,33	3,00				
	II	**114,25**	178,83	178,83	II	35,00					
	III		233,91	178,83	III						
	V	**381,33**	178,83	178,83	IV	110,33	68,33	32,00	3,00		
	VI	**417,58**	178,83	178,83							
1 952,99	I,IV	**154,75**	179,16	179,16	I	68,83	3,33				
	II	**114,83**	179,16	179,16	II	35,41					
	III		234,33	179,16	III						
	V	**382,33**	179,16	179,16	IV	110,91	68,83	32,41	3,33		
	VI	**418,58**	179,16	179,16							
1 955,99	I,IV	**155,33**	179,41	179,41	I	69,41	3,75				
	II	**115,41**	179,41	179,41	II	35,91					
	III		234,66	179,41	III						
	V	**383,41**	179,41	179,41	IV	111,58	69,41	32,91	3,75		
	VI	**419,66**	179,41	179,41							
1 958,99	I,IV	**156,00**	179,66	179,66	I	70,00	4,08				
	II	**116,08**	179,66	179,66	II	36,41					
	III		235,00	179,66	III						
	V	**384,41**	179,66	179,66	IV	112,16	70,00	33,41	4,08		
	VI	**420,66**	179,66	179,66							
1 961,99	I,IV	**156,66**	180,00	180,00	I	70,58	4,41				
	II	**116,66**	180,00	180,00	II	36,91					
	III		235,41	180,00	III						
	V	**385,50**	180,00	180,00	IV	112,75	70,58	33,83	4,41		
	VI	**421,75**	180,00	180,00							
1 964,99	I,IV	**157,25**	180,25	180,25	I	71,16	4,83				
	II	**117,25**	180,25	180,25	II	37,33					
	III		235,75	180,25	III						
	V	**386,58**	180,25	180,25	IV	113,41	71,16	34,33	4,83		
	VI	**422,83**	180,25	180,25							
1 967,99	I,IV	**157,91**	180,50	180,50	I	71,75	5,16				
	II	**117,91**	180,50	180,50	II	37,83					
	III		236,08	180,50	III						
	V	**387,58**	180,50	180,50	IV	114,00	71,75	34,83	5,16		
	VI	**423,83**	180,50	180,50							
1 970,99	I,IV	**158,58**	180,83	180,83	I	72,33	5,58				
	II	**118,50**	180,83	180,83	II	38,33					
	III		236,50	180,83	III						
	V	**388,66**	180,83	180,83	IV	114,66	72,33	35,33	5,58		
	VI	**424,91**	180,83	180,83							
1 973,99	I,IV	**159,16**	181,08	181,08	I	72,91	5,91				
	II	**119,16**	181,08	181,08	II	38,83					
	III		236,83	181,08	III						
	V	**389,66**	181,08	181,08	IV	115,25	72,91	35,75	5,91		
	VI	**425,91**	181,08	181,08							
1 976,99	I,IV	**159,83**	181,33	181,33	I	73,50	6,33				
	II	**119,75**	181,33	181,33	II	39,33					
	III		237,16	181,33	III						
	V	**390,75**	181,33	181,33	IV	115,83	73,50	36,25	6,33		
	VI	**427,00**	181,33	181,33							
1 979,99	I,IV	**160,50**	181,58	181,58	I	74,08	6,66				
	II	**120,33**	181,58	181,58	II	39,75					
	III		237,58	181,58	III						
	V	**391,75**	181,58	181,58	IV	116,50	74,08	36,75	6,66		
	VI	**428,00**	181,58	181,58							

* Zur LSt-Berechnung für privat versicherte Arbeitnehmer s. Beispiele **Vorbemerkung S. 4 f.**
** Basisvorsorgepauschale KV und PV *** Typisierter Arbeitgeberzuschuss

Lohn/ Gehalt in € bis	Steuerklasse	Lohn-steuer*	BVSP**	TAGZ***	Steuerklasse	Bemessungsgrundlage für Kirchensteuer und Solidaritätszuschlag – Freibeträge für ... Kinder 0,5	1,0	1,5	2,0	2,5	3,0
1 982,99	I,IV	**161,08**	181,91	181,91	I	74,66	7,08				
	II	**121,00**	181,91	181,91	II	40,25					
	III		237,91	181,91	III						
	V	**392,83**	181,91	181,91	IV	117,08	74,66	37,16	7,08		
	VI	**429,00**	181,91	181,91							
1 985,99	I,IV	**161,75**	182,16	182,16	I	75,25	7,41				
	II	**121,58**	182,16	182,16	II	40,75					
	III		238,25	182,16	III						
	V	**393,83**	182,16	182,16	IV	117,66	75,25	37,66	7,41		
	VI	**429,83**	182,16	182,16							
1 988,99	I,IV	**162,41**	182,41	182,41	I	75,83	7,83				
	II	**122,25**	182,41	182,41	II	41,25					
	III		238,66	182,41	III						
	V	**394,91**	182,41	182,41	IV	118,33	75,83	38,16	7,83		
	VI	**430,66**	182,41	182,41							
1 991,99	I,IV	**163,00**	182,75	182,75	I	76,41	8,16				
	II	**122,83**	182,75	182,75	II	41,75					
	III		239,00	182,75	III						
	V	**395,91**	182,75	182,75	IV	118,91	76,41	38,66	8,16		
	VI	**431,50**	182,75	182,75							
1 994,99	I,IV	**163,66**	183,00	183,00	I	77,00	8,58				
	II	**123,50**	183,00	183,00	II	42,25					
	III		239,33	183,00	III						
	V	**397,00**	183,00	183,00	IV	119,58	77,00	39,16	8,58		
	VI	**432,33**	183,00	183,00							
1 997,99	I,IV	**164,33**	183,25	183,25	I	77,58	9,00				
	II	**124,08**	183,25	183,25	II	42,75					
	III		239,75	183,25	III						
	V	**398,08**	183,25	183,25	IV	120,16	77,58	39,66	9,00		
	VI	**433,16**	183,25	183,25							
2 000,99	I,IV	**164,91**	183,58	183,58	I	78,16	9,33				
	II	**124,75**	183,58	183,58	II	43,25					
	III		240,08	183,58	III						
	V	**399,08**	183,58	183,58	IV	120,83	78,16	40,16	9,33		
	VI	**434,00**	183,58	183,58							
2 003,99	I,IV	**165,58**	183,83	183,83	I	78,75	9,75				
	II	**125,33**	183,83	183,83	II	43,75					
	III		240,41	183,83	III						
	V	**400,08**	183,83	183,83	IV	121,41	78,75	40,58	9,75		
	VI	**434,83**	183,83	183,83							
2 006,99	I,IV	**166,25**	184,08	184,08	I	79,33	10,08				
	II	**125,91**	184,08	184,08	II	44,25					
	III		240,83	184,08	III						
	V	**401,16**	184,08	184,08	IV	122,00	79,33	41,08	10,08		
	VI	**435,83**	184,08	184,08							
2 009,99	I,IV	**166,83**	184,41	184,41	I	80,00	10,50				
	II	**126,58**	184,41	184,41	II	44,75					
	III		241,16	184,41	III						
	V	**402,25**	184,41	184,41	IV	122,66	80,00	41,58	10,50		
	VI	**436,50**	184,41	184,41							
2 012,99	I,IV	**167,50**	184,66	184,66	I	80,58	10,91				
	II	**127,16**	184,66	184,66	II	45,25					
	III		241,50	184,66	III						
	V	**403,25**	184,66	184,66	IV	123,25	80,58	42,08	10,91		
	VI	**437,50**	184,66	184,66							
2 015,99	I,IV	**168,16**	184,91	184,91	I	81,16	11,33				
	II	**127,83**	184,91	184,91	II	45,75					
	III		241,91	184,91	III						
	V	**404,33**	184,91	184,91	IV	123,91	81,16	42,58	11,33		
	VI	**438,50**	184,91	184,91							

* Zur LSt-Berechnung für privat versicherte Arbeitnehmer s. Beispiele **Vorbemerkung S. 4 f.**
** Basisvorsorgepauschale KV und PV *** Typisierter Arbeitgeberzuschuss

Lohn/ Gehalt in € bis	Steuerklasse	Lohn-steuer*	BVSP**	TAGZ***	Steuerklasse	Bemessungsgrundlage für Kirchensteuer und Solidaritätszuschlag					
						Freibeträge für ... Kinder					
						0,5	**1,0**	1,5	**2,0**	2,5	**3,0**
2018,99	I,IV	**168,75**	185,16	185,16	I	81,75	11,66				
	II	**128,41**	185,16	185,16	II	46,25					
	III		242,25	185,16	III						
	V	**405,33**	185,16	185,16	IV	124,50	81,75	43,08	11,66		
	VI	**439,16**	185,16	185,16							
2021,99	I,IV	**169,41**	185,50	185,50	I	82,33	12,08				
	II	**129,08**	185,50	185,50	II	46,75					
	III		242,58	185,50	III						
	V	**406,41**	185,50	185,50	IV	125,16	82,33	43,58	12,08		
	VI	**440,16**	185,50	185,50							
2024,99	I,IV	**170,08**	185,75	185,75	I	83,00	12,50				
	II	**129,66**	185,75	185,75	II	47,33					
	III		242,91	185,75	III						
	V	**407,50**	185,75	185,75	IV	125,75	83,00	44,08	12,50		
	VI	**440,83**	185,75	185,75							
2027,99	I,IV	**170,75**	186,00	186,00	I	83,58	12,91				
	II	**130,33**	186,00	186,00	II	47,83					
	III		243,33	186,00	III						
	V	**408,50**	186,00	186,00	IV	126,41	83,58	44,58	12,91		
	VI	**441,83**	186,00	186,00							
2030,99	I,IV	**171,33**	186,33	186,33	I	84,16	13,25				
	II	**130,91**	186,33	186,33	II	48,33					
	III		243,66	186,33	III						
	V	**409,50**	186,33	186,33	IV	127,00	84,16	45,08	13,25		
	VI	**442,66**	186,33	186,33							
2033,99	I,IV	**172,00**	186,58	186,58	I	84,75	13,66				
	II	**131,58**	186,58	186,58	II	48,83					
	III		244,00	186,58	III						
	V	**410,58**	186,58	186,58	IV	127,58	84,75	45,58	13,66		
	VI	**443,50**	186,58	186,58							
2036,99	I,IV	**172,66**	186,83	186,83	I	85,33	14,08				
	II	**132,16**	186,83	186,83	II	49,33					
	III		244,41	186,83	III						
	V	**411,66**	186,83	186,83	IV	128,25	85,33	46,08	14,08		
	VI	**444,50**	186,83	186,83							
2039,99	I,IV	**173,25**	187,16	187,16	I	85,91	14,50				
	II	**132,83**	187,16	187,16	II	49,83					
	III		244,75	187,16	III						
	V	**412,66**	187,16	187,16	IV	128,83	85,91	46,58	14,50		
	VI	**445,16**	187,16	187,16							
2042,99	I,IV	**173,91**	187,41	187,41	I	86,58	14,91				
	II	**133,41**	187,41	187,41	II	50,41					
	III		245,08	187,41	III						
	V	**413,75**	187,41	187,41	IV	129,50	86,58	47,16	14,91		
	VI	**446,16**	187,41	187,41							
2045,99	I,IV	**174,58**	187,66	187,66	I	87,16	15,33				
	II	**134,08**	187,66	187,66	II	50,91					
	III		245,50	187,66	III						
	V	**414,75**	187,66	187,66	IV	130,08	87,16	47,66	15,33		
	VI	**447,00**	187,66	187,66							
2048,99	I,IV	**175,25**	187,91	187,91	I	87,75	15,75				
	II	**134,66**	187,91	187,91	II	51,41					
	III		245,83	187,91	III						
	V	**415,83**	187,91	187,91	IV	130,75	87,75	48,16	15,75		
	VI	**447,83**	187,91	187,91							
2051,99	I,IV	**175,83**	188,25	188,25	I	88,33	16,16				
	II	**135,33**	188,25	188,25	II	52,00					
	III		246,16	188,25	III						
	V	**416,91**	188,25	188,25	IV	131,33	88,33	48,66	16,16		
	VI	**448,83**	188,25	188,25							

* Zur LSt-Berechnung für privat versicherte Arbeitnehmer s. Beispiele **Vorbemerkung S. 4 f.**
** Basisvorsorgepauschale KV und PV *** Typisierter Arbeitgeberzuschuss

Lohn/ Gehalt in € bis	Steuerklasse	**Lohnsteuer***	BVSP**	TAGZ***	Steuerklasse	Bemessungsgrundlage für Kirchensteuer und Solidaritätszuschlag – Freibeträge für ... Kinder: 0,5	**1,0**	1,5	**2,0**	2,5	**3,0**
2054,99	I,IV	**176,50**	188,50	188,50	I	89,00	16,58				
	II	**135,91**	188,50	188,50	II	52,50					
	III		246,58	188,50	III						
	V	**417,91**	188,50	188,50	IV	132,00	89,00	49,16	16,58		
	VI	**449,66**	188,50	188,50							
2057,99	I,IV	**177,16**	188,75	188,75	I	89,58	16,91				
	II	**136,50**	188,75	188,75	II	53,00					
	III		246,91	188,75	III						
	V	**418,91**	188,75	188,75	IV	132,58	89,58	49,66	16,91		
	VI	**450,50**	188,75	188,75							
2060,99	I,IV	**177,83**	189,08	189,08	I	90,16	17,33				
	II	**137,16**	189,08	189,08	II	53,50					
	III		247,25	189,08	III						
	V	**420,00**	189,08	189,08	IV	133,25	90,16	50,25	17,33		
	VI	**451,33**	189,08	189,08							
2063,99	I,IV	**178,41**	189,33	189,33	I	90,75	17,75				
	II	**137,83**	189,33	189,33	II	54,08					
	III		247,66	189,33	III						
	V	**421,08**	189,33	189,33	IV	133,83	90,75	50,75	17,75		
	VI	**452,16**	189,33	189,33							
2066,99	I,IV	**179,08**	189,58	189,58	I	91,33	18,25				
	II	**138,41**	189,58	189,58	II	54,58					
	III		248,00	189,58	III						
	V	**422,08**	189,58	189,58	IV	134,50	91,33	51,25	18,25		
	VI	**453,00**	189,58	189,58							
2069,99	I,IV	**179,75**	189,91	189,91	I	92,00	18,66				
	II	**139,08**	189,91	189,91	II	55,16					
	III		248,33	189,91	III						
	V	**423,16**	189,91	189,91	IV	135,08	92,00	51,83	18,66		
	VI	**454,00**	189,91	189,91							
2072,99	I,IV	**180,41**	190,16	190,16	I	92,58	19,08				
	II	**139,66**	190,16	190,16	II	55,66					
	III		248,75	190,16	III						
	V	**424,16**	190,16	190,16	IV	135,75	92,58	52,33	19,08		
	VI	**455,00**	190,16	190,16							
2075,99	I,IV	**181,08**	190,41	190,41	I	93,16	19,50				
	II	**140,33**	190,41	190,41	II	56,25					
	III		249,08	190,41	III						
	V	**425,25**	190,41	190,41	IV	136,33	93,16	52,83	19,50		
	VI	**455,66**	190,41	190,41							
2078,99	I,IV	**181,66**	190,66	190,66	I	93,83	19,91				
	II	**140,91**	190,66	190,66	II	56,75					
	III		249,41	190,66	III						
	V	**426,33**	190,66	190,66	IV	137,00	93,83	53,41	19,91		
	VI	**456,66**	190,66	190,66							
2081,99	I,IV	**182,33**	191,00	191,00	I	94,41	20,33				
	II	**141,58**	191,00	191,00	II	57,25					
	III		249,83	191,00	III						
	V	**427,33**	191,00	191,00	IV	137,58	94,41	53,91	20,33		
	VI	**457,33**	191,00	191,00							
2084,99	I,IV	**183,00**	191,25	191,25	I	95,00	20,75				
	II	**142,16**	191,25	191,25	II	57,83					
	III		250,00	191,25	III						
	V	**428,33**	191,25	191,25	IV	138,25	95,00	54,41	20,75		
	VI	**458,33**	191,25	191,25							
2087,99	I,IV	**183,66**	191,50	191,50	I	95,58	21,16				
	II	**142,83**	191,50	191,50	II	58,33					
	III		250,00	191,50	III						
	V	**429,16**	191,50	191,50	IV	138,83	95,58	55,00	21,16		
	VI	**459,16**	191,50	191,50							

* Zur LSt-Berechnung für privat versicherte Arbeitnehmer s. Beispiele **Vorbemerkung S. 4 f.**
** Basisvorsorgepauschale KV und PV *** Typisierter Arbeitgeberzuschuss

Lohn/ Gehalt in € bis	Steuerklasse	Lohn- steuer*	BVSP**	TAGZ***	Steuerklasse	Bemessungsgrundlage für Kirchensteuer und Solidaritätszuschlag					
						Freibeträge für ... Kinder					
						0,5	**1,0**	1,5	**2,0**	2,5	**3,0**
2090,99	I,IV	**184,25**	191,83	191,83	I	96,16	21,58				
	II	**143,41**	191,83	191,83	II	58,91					
	III		250,00	191,83	III						
	V	**430,16**	191,83	191,83	IV	139,50	96,16	55,50	21,58		
	VI	**460,16**	191,83	191,83							
2093,99	I,IV	**184,91**	192,08	192,08	I	96,83	22,08				
	II	**144,08**	192,08	192,08	II	59,41					
	III		250,00	192,08	III						
	V	**430,83**	192,08	192,08	IV	140,08	96,83	56,00	22,08		
	VI	**460,83**	192,08	192,08							
2096,99	I,IV	**185,58**	192,33	192,33	I	97,41	22,50				
	II	**144,75**	192,33	192,33	II	60,00					
	III		250,00	192,33	III						
	V	**431,83**	192,33	192,33	IV	140,75	97,41	56,58	22,50		
	VI	**461,83**	192,33	192,33							
2099,99	I,IV	**186,25**	192,66	192,66	I	98,00	22,91				
	II	**145,33**	192,66	192,66	II	60,58					
	III		250,00	192,66	III						
	V	**432,50**	192,66	192,66	IV	141,33	98,00	57,08	22,91		
	VI	**462,66**	192,66	192,66							
2102,99	I,IV	**186,91**	192,91	192,91	I	98,66	23,33				
	II	**146,00**	192,91	192,91	II	61,08					
	III		250,00	192,91	III						
	V	**433,50**	192,91	192,91	IV	142,00	98,66	57,66	23,33		
	VI	**463,66**	192,91	192,91							
2105,99	I,IV	**187,50**	193,16	193,16	I	99,25	23,83				
	II	**146,58**	193,16	193,16	II	61,66					
	III		250,00	193,16	III						
	V	**434,33**	193,16	193,16	IV	142,66	99,25	58,16	23,83		
	VI	**464,50**	193,16	193,16							
2108,99	I,IV	**188,16**	193,50	193,50	I	99,83	24,25				
	II	**147,25**	193,50	193,50	II	62,16					
	III		250,00	193,50	III						
	V	**435,16**	193,50	193,50	IV	143,25	99,83	58,75	24,25		
	VI	**465,33**	193,50	193,50							
2111,99	I,IV	**188,83**	193,75	193,75	I	100,41	24,66				
	II	**147,83**	193,75	193,75	II	62,75					
	III		250,00	193,75	III						
	V	**436,00**	193,75	193,75	IV	143,83	100,41	59,25	24,66		
	VI	**466,33**	193,75	193,75							
2114,99	I,IV	**189,50**	194,00	194,00	I	101,08	25,08				
	II	**148,50**	194,00	194,00	II	63,33					
	III		250,00	194,00	III						
	V	**437,00**	194,00	194,00	IV	144,50	101,08	59,83	25,08		
	VI	**467,00**	194,00	194,00							
2117,99	I,IV	**190,16**	194,25	194,25	I	101,66	25,58				
	II	**149,16**	194,25	194,25	II	63,83	0,16				
	III		250,00	194,25	III						
	V	**437,83**	194,25	194,25	IV	145,16	101,66	60,33	25,58		
	VI	**468,00**	194,25	194,25							
2120,99	I,IV	**190,75**	194,58	194,58	I	102,25	26,00				
	II	**149,75**	194,58	194,58	II	64,41	0,58				
	III		250,00	194,58	III						
	V	**438,66**	194,58	194,58	IV	145,75	102,25	60,91	26,00		
	VI	**468,83**	194,58	194,58							
2123,99	I,IV	**191,41**	194,83	194,83	I	102,91	26,41				
	II	**150,41**	194,83	194,83	II	65,00	0,91				
	III		250,00	194,83	III						
	V	**439,50**	194,83	194,83	IV	146,41	102,91	61,50	26,41		
	VI	**469,83**	194,83	194,83							

* Zur LSt-Berechnung für privat versicherte Arbeitnehmer s. Beispiele **Vorbemerkung S. 4 f.**
** Basisvorsorgepauschale KV und PV *** Typisierter Arbeitgeberzuschuss

Lohn/ Gehalt in € bis	Steuerklasse	Lohn-steuer*	BVSP**	TAGZ***	Steuerklasse	Bemessungsgrundlage für Kirchensteuer und Solidaritätszuschlag					
						Freibeträge für ... Kinder					
						0,5	**1,0**	1,5	**2,0**	2,5	**3,0**
2126,99	I,IV	**192,08**	195,08	195,08	I	103,50	26,91				
	II	**151,00**	195,08	195,08	II	65,58	1,25				
	III		250,00	195,08	III						
	V	**440,33**	195,08	195,08	IV	147,00	103,50	62,00	26,91		
	VI	**470,66**	195,08	195,08							
2129,99	I,IV	**192,75**	195,41	195,41	I	104,08	27,33				
	II	**151,66**	195,41	195,41	II	66,08	1,58				
	III	**0,33**	250,00	195,41	III						
	V	**441,16**	195,41	195,41	IV	147,66	104,08	62,58	27,33		
	VI	**471,66**	195,41	195,41							
2132,99	I,IV	**193,41**	195,66	195,66	I	104,75	27,83				
	II	**152,33**	195,66	195,66	II	66,66	2,00				
	III	**0,66**	250,00	195,66	III						
	V	**442,16**	195,66	195,66	IV	148,33	104,75	63,16	27,83		
	VI	**472,33**	195,66	195,66							
2135,99	I,IV	**194,08**	195,91	195,91	I	105,33	28,25				
	II	**152,91**	195,91	195,91	II	67,25	2,33				
	III	**1,16**	250,00	195,91	III						
	V	**443,00**	195,91	195,91	IV	148,91	105,33	63,66	28,25	0,08	
	VI	**473,33**	195,91	195,91							
2138,99	I,IV	**194,66**	196,25	196,25	I	105,91	28,66				
	II	**153,58**	196,25	196,25	II	67,83	2,66				
	III	**1,50**	250,00	196,25	III						
	V	**443,83**	196,25	196,25	IV	149,58	105,91	64,25	28,66	0,41	
	VI	**474,16**	196,25	196,25							
2141,99	I,IV	**195,33**	196,50	196,50	I	106,58	29,16				
	II	**154,16**	196,50	196,50	II	68,33	3,08				
	III	**1,83**	250,00	196,50	III						
	V	**444,66**	196,50	196,50	IV	150,16	106,58	64,83	29,16	0,75	
	VI	**475,16**	196,50	196,50							
2144,99	I,IV	**196,00**	196,75	196,75	I	107,16	29,58				
	II	**154,83**	196,75	196,75	II	68,91	3,41				
	III	**2,33**	250,00	196,75	III						
	V	**445,50**	196,75	196,75	IV	150,83	107,16	65,33	29,58	1,16	
	VI	**475,83**	196,75	196,75							
2147,99	I,IV	**196,66**	197,00	197,00	I	107,75	30,08				
	II	**155,50**	197,00	197,00	II	69,50	3,75				
	III	**2,66**	250,00	197,00	III						
	V	**446,50**	197,00	197,00	IV	151,50	107,75	65,91	30,08	1,50	
	VI	**476,83**	197,00	197,00							
2150,99	I,IV	**197,33**	197,33	197,33	I	108,41	30,50				
	II	**156,08**	197,33	197,33	II	70,08	4,16				
	III	**3,16**	250,00	197,33	III						
	V	**447,33**	197,33	197,33	IV	152,08	108,41	66,50	30,50	1,83	
	VI	**477,66**	197,33	197,33							
2153,99	I,IV	**198,00**	197,58	197,58	I	109,00	31,00				
	II	**156,75**	197,58	197,58	II	70,66	4,50				
	III	**3,50**	250,00	197,58	III						
	V	**448,16**	197,58	197,58	IV	152,75	109,00	67,08	31,00	2,25	
	VI	**478,66**	197,58	197,58							
2156,99	I,IV	**198,66**	197,83	197,83	I	109,58	31,41				
	II	**157,41**	197,83	197,83	II	71,25	4,91				
	III	**3,83**	250,00	197,83	III						
	V	**449,16**	197,83	197,83	IV	153,33	109,58	67,66	31,41	2,58	
	VI	**479,50**	197,83	197,83							
2159,99	I,IV	**199,25**	198,16	198,16	I	110,25	31,91				
	II	**158,00**	198,16	198,16	II	71,83	5,25				
	III	**4,33**	250,00	198,16	III						
	V	**449,83**	198,16	198,16	IV	154,00	110,25	68,16	31,91	2,91	
	VI	**480,33**	198,16	198,16							

* Zur LSt-Berechnung für privat versicherte Arbeitnehmer s. Beispiele **Vorbemerkung S. 4 f.**
** Basisvorsorgepauschale KV und PV *** Typisierter Arbeitgeberzuschuss

Lohn/ Gehalt in € bis	Steuerklasse	Lohn-steuer*	BVSP**	TAGZ***	Steuerklasse	Bemessungsgrundlage für Kirchensteuer und Solidaritätszuschlag					
						Freibeträge für ... Kinder					
						0,5	**1,0**	1,5	**2,0**	2,5	**3,0**
2162,99	I,IV	**199,91**	198,41	198,41	I	110,83	32,41				
	II	**158,66**	198,41	198,41	II	72,41	5,58				
	III	**4,66**	250,00	198,41	III						
	V	**450,83**	198,41	198,41	IV	154,58	110,83	68,75	32,41	3,25	
	VI	**481,16**	198,41	198,41							
2165,99	I,IV	**200,58**	198,66	198,66	I	111,41	32,83				
	II	**159,25**	198,66	198,66	II	73,00	6,00				
	III	**5,00**	250,00	198,66	III						
	V	**451,66**	198,66	198,66	IV	155,25	111,41	69,33	32,83	3,66	
	VI	**482,16**	198,66	198,66							
2168,99	I,IV	**201,25**	199,00	199,00	I	112,08	33,33				
	II	**159,91**	199,00	199,00	II	73,58	6,33				
	III	**5,50**	250,00	199,00	III						
	V	**452,50**	199,00	199,00	IV	155,91	112,08	69,91	33,33	4,00	
	VI	**483,00**	199,00	199,00							
2171,99	I,IV	**201,91**	199,25	199,25	I	112,66	33,75				
	II	**160,58**	199,25	199,25	II	74,16	6,75				
	III	**5,83**	250,00	199,25	III						
	V	**453,50**	199,25	199,25	IV	156,50	112,66	70,50	33,75	4,41	
	VI	**484,00**	199,25	199,25							
2174,99	I,IV	**202,58**	199,50	199,50	I	113,33	34,25				
	II	**161,16**	199,50	199,50	II	74,75	7,08				
	III	**6,33**	250,00	199,50	III						
	V	**454,16**	199,50	199,50	IV	157,16	113,33	71,08	34,25	4,75	
	VI	**484,83**	199,50	199,50							
2177,99	I,IV	**203,25**	199,75	199,75	I	113,91	34,75				
	II	**161,83**	199,75	199,75	II	75,33	7,50				
	III	**6,66**	250,00	199,75	III						
	V	**455,16**	199,75	199,75	IV	157,83	113,91	71,66	34,75	5,16	
	VI	**485,83**	199,75	199,75							
2180,99	I,IV	**203,91**	200,08	200,08	I	114,50	35,25				
	II	**162,50**	200,08	200,08	II	75,91	7,91				
	III	**7,16**	250,00	200,08	III						
	V	**456,00**	200,08	200,08	IV	158,41	114,50	72,25	35,25	5,50	
	VI	**486,66**	200,08	200,08							
2183,99	I,IV	**204,58**	200,33	200,33	I	115,16	35,66				
	II	**163,16**	200,33	200,33	II	76,50	8,25				
	III	**7,50**	250,00	200,33	III						
	V	**457,00**	200,33	200,33	IV	159,08	115,16	72,83	35,66	5,83	
	VI	**487,66**	200,33	200,33							
2186,99	I,IV	**205,25**	200,58	200,58	I	115,75	36,16				
	II	**163,75**	200,58	200,58	II	77,08	8,66				
	III	**7,83**	250,00	200,58	III						
	V	**457,66**	200,58	200,58	IV	159,75	115,75	73,33	36,16	6,25	
	VI	**488,33**	200,58	200,58							
2189,99	I,IV	**205,83**	200,91	200,91	I	116,33	36,66				
	II	**164,41**	200,91	200,91	II	77,66	9,00				
	III	**8,33**	250,00	200,91	III						
	V	**458,66**	200,91	200,91	IV	160,33	116,33	73,91	36,66	6,58	
	VI	**489,33**	200,91	200,91							
2192,99	I,IV	**206,50**	201,16	201,16	I	117,00	37,08				
	II	**165,00**	201,16	201,16	II	78,25	9,41				
	III	**8,66**	250,00	201,16	III						
	V	**459,50**	201,16	201,16	IV	161,00	117,00	74,50	37,08	7,00	
	VI	**490,16**	201,16	201,16							
2195,99	I,IV	**207,16**	201,41	201,41	I	117,58	37,58				
	II	**165,66**	201,41	201,41	II	78,83	9,83				
	III	**9,16**	250,00	201,41	III						
	V	**460,33**	201,41	201,41	IV	161,66	117,58	75,16	37,58	7,33	
	VI	**491,16**	201,41	201,41							

* Zur LSt-Berechnung für privat versicherte Arbeitnehmer s. Beispiele **Vorbemerkung S. 4f.**
** Basisvorsorgepauschale KV und PV *** Typisierter Arbeitgeberzuschuss

Lohn/ Gehalt in € bis	Steuerklasse	Lohn- steuer*	BVSP**	TAGZ***	Steuerklasse	Bemessungsgrundlage für Kirchensteuer und Solidaritätszuschlag					
						Freibeträge für ... Kinder					
						0,5	**1,0**	1,5	**2,0**	2,5	**3,0**
2198,99	I,IV	**207,83**	201,75	201,75	I	118,25	38,08				
	II	**166,33**	201,75	201,75	II	79,50	10,16				
	III	**9,50**	250,00	201,75	III						
	V	**461,33**	201,75	201,75	IV	162,25	118,25	75,75	38,08	7,75	
	VI	**492,00**	201,75	201,75							
2201,99	I,IV	**208,50**	202,00	202,00	I	118,83	38,58				
	II	**167,00**	202,00	202,00	II	80,08	10,58				
	III	**10,00**	250,00	202,00	III						
	V	**462,16**	202,00	202,00	IV	162,91	118,83	76,33	38,58	8,16	
	VI	**493,00**	202,00	202,00							
2204,99	I,IV	**209,16**	202,25	202,25	I	119,50	39,08				
	II	**167,58**	202,25	202,25	II	80,66	11,00				
	III	**10,33**	250,00	202,25	III						
	V	**463,00**	202,25	202,25	IV	163,58	119,50	76,91	39,08	8,50	
	VI	**493,83**	202,25	202,25							
2207,99	I,IV	**209,83**	202,58	202,58	I	120,08	39,58				
	II	**168,25**	202,58	202,58	II	81,25	11,33				
	III	**10,83**	250,00	202,58	III						
	V	**463,83**	202,58	202,58	IV	164,16	120,08	77,50	39,58	8,91	
	VI	**494,83**	202,58	202,58							
2210,99	I,IV	**210,50**	202,83	202,83	I	120,66	40,08				
	II	**168,91**	202,83	202,83	II	81,83	11,75				
	III	**11,16**	250,00	202,83	III						
	V	**464,83**	202,83	202,83	IV	164,83	120,66	78,08	40,08	9,25	
	VI	**495,66**	202,83	202,83							
2213,99	I,IV	**211,16**	203,08	203,08	I	121,33	40,50				
	II	**169,50**	203,08	203,08	II	82,41	12,16				
	III	**11,50**	250,00	203,08	III						
	V	**465,50**	203,08	203,08	IV	165,50	121,33	78,66	40,50	9,66	
	VI	**496,66**	203,08	203,08							
2216,99	I,IV	**211,83**	203,33	203,33	I	121,91	41,00				
	II	**170,16**	203,33	203,33	II	83,08	12,58				
	III	**12,00**	250,00	203,33	III						
	V	**466,50**	203,33	203,33	IV	166,08	121,91	79,25	41,00	10,08	
	VI	**497,50**	203,33	203,33							
2219,99	I,IV	**212,50**	203,66	203,66	I	122,50	41,50				
	II	**170,83**	203,66	203,66	II	83,66	12,91				
	III	**12,33**	250,00	203,66	III						
	V	**467,33**	203,66	203,66	IV	166,75	122,50	79,83	41,50	10,41	
	VI	**498,33**	203,66	203,66							
2222,99	I,IV	**213,16**	203,91	203,91	I	123,16	42,00				
	II	**171,41**	203,91	203,91	II	84,25	13,33				
	III	**12,83**	250,00	203,91	III						
	V	**468,33**	203,91	203,91	IV	167,41	123,16	80,50	42,00	10,83	
	VI	**499,33**	203,91	203,91							
2225,99	I,IV	**213,83**	204,16	204,16	I	123,75	42,50				
	II	**172,08**	204,16	204,16	II	84,83	13,75				
	III	**13,33**	250,00	204,16	III						
	V	**469,16**	204,16	204,16	IV	168,00	123,75	81,08	42,50	11,25	
	VI	**500,16**	204,16	204,16							
2228,99	I,IV	**214,50**	204,50	204,50	I	124,41	43,00				
	II	**172,75**	204,50	204,50	II	85,41	14,16				
	III	**13,66**	250,00	204,50	III						
	V	**470,16**	204,50	204,50	IV	168,66	124,41	81,66	43,00	11,66	
	VI	**501,16**	204,50	204,50							
2231,99	I,IV	**215,16**	204,75	204,75	I	125,00	43,50				
	II	**173,41**	204,75	204,75	II	86,08	14,58				
	III	**14,16**	250,00	204,75	III						
	V	**470,83**	204,75	204,75	IV	169,33	125,00	82,25	43,50	12,00	
	VI	**502,00**	204,75	204,75							

* Zur LSt-Berechnung für privat versicherte Arbeitnehmer s. Beispiele **Vorbemerkung S. 4 f.**
** Basisvorsorgepauschale KV und PV *** Typisierter Arbeitgeberzuschuss

Lohn/ Gehalt in € bis	Steuerklasse	Lohn-steuer*	BVSP**	TAGZ***	Steuerklasse	Bemessungsgrundlage für Kirchensteuer und Solidaritätszuschlag – Freibeträge für ... Kinder 0,5	**1,0**	1,5	**2,0**	2,5	**3,0**
2234,99	I,IV	**215,83**	205,00	205,00	I	125,66	44,00				
	II	**174,00**	205,00	205,00	II	86,66	15,00				
	III	**14,50**	250,00	205,00	III						
	V	**471,83**	205,00	205,00	IV	170,00	125,66	82,83	44,00	12,41	
	VI	**503,00**	205,00	205,00							
2237,99	I,IV	**216,50**	205,33	205,33	I	126,25	44,50				
	II	**174,66**	205,33	205,33	II	87,25	15,33				
	III	**15,00**	250,00	205,33	III						
	V	**472,83**	205,33	205,33	IV	170,58	126,25	83,41	44,50	12,83	
	VI	**503,66**	205,33	205,33							
2240,99	I,IV	**217,16**	205,58	205,58	I	126,91	45,00				
	II	**175,33**	205,58	205,58	II	87,83	15,75				
	III	**15,33**	250,00	205,58	III						
	V	**473,50**	205,58	205,58	IV	171,25	126,91	84,08	45,00	13,25	
	VI	**504,83**	205,58	205,58							
2243,99	I,IV	**217,83**	205,83	205,83	I	127,50	45,50				
	II	**176,00**	205,83	205,83	II	88,41	16,16				
	III	**15,83**	250,00	205,83	III						
	V	**474,50**	205,83	205,83	IV	171,91	127,50	84,66	45,50	13,58	
	VI	**505,66**	205,83	205,83							
2246,99	I,IV	**218,50**	206,08	206,08	I	128,16	46,00				
	II	**176,58**	206,08	206,08	II	89,08	16,58				
	III	**16,16**	250,00	206,08	III						
	V	**475,33**	206,08	206,08	IV	172,50	128,16	85,25	46,00	14,00	
	VI	**506,50**	206,08	206,08							
2249,99	I,IV	**219,16**	206,41	206,41	I	128,75	46,50				
	II	**177,25**	206,41	206,41	II	89,66	17,00				
	III	**16,66**	250,00	206,41	III						
	V	**476,33**	206,41	206,41	IV	173,16	128,75	85,83	46,50	14,41	
	VI	**507,50**	206,41	206,41							
2252,99	I,IV	**219,83**	206,66	206,66	I	129,41	47,08				
	II	**177,91**	206,66	206,66	II	90,25	17,41				
	III	**17,00**	250,00	206,66	III						
	V	**477,16**	206,66	206,66	IV	173,83	129,41	86,50	47,08	14,83	
	VI	**508,33**	206,66	206,66							
2255,99	I,IV	**220,50**	206,91	206,91	I	130,00	47,58				
	II	**178,58**	206,91	206,91	II	90,83	17,83				
	III	**17,50**	250,00	206,91	III						
	V	**478,16**	206,91	206,91	IV	174,50	130,00	87,08	47,58	15,25	
	VI	**509,33**	206,91	206,91							
2258,99	I,IV	**221,16**	207,25	207,25	I	130,66	48,08				
	II	**179,16**	207,25	207,25	II	91,50	18,25				
	III	**17,83**	250,00	207,25	III						
	V	**479,00**	207,25	207,25	IV	175,08	130,66	87,66	48,08	15,66	
	VI	**510,16**	207,25	207,25							
2261,99	I,IV	**221,83**	207,50	207,50	I	131,25	48,58				
	II	**179,83**	207,50	207,50	II	92,08	18,66				
	III	**18,33**	250,00	207,50	III						
	V	**479,83**	207,50	207,50	IV	175,75	131,25	88,25	48,58	16,08	
	VI	**511,16**	207,50	207,50							
2264,99	I,IV	**222,41**	207,75	207,75	I	131,83	49,08				
	II	**180,50**	207,75	207,75	II	92,66	19,08				
	III	**18,66**	250,00	207,75	III						
	V	**480,66**	207,75	207,75	IV	176,41	131,83	88,83	49,08	16,50	
	VI	**512,00**	207,75	207,75							
2267,99	I,IV	**223,16**	208,08	208,08	I	132,50	49,58				
	II	**181,16**	208,08	208,08	II	93,25	19,50				
	III	**19,16**	250,00	208,08	III						
	V	**481,66**	208,08	208,08	IV	177,00	132,50	89,41	49,58	16,91	
	VI	**513,00**	208,08	208,08							

* Zur LSt-Berechnung für privat versicherte Arbeitnehmer s. Beispiele **Vorbemerkung S. 4 f.**
** Basisvorsorgepauschale KV und PV *** Typisierter Arbeitgeberzuschuss

Lohn/ Gehalt in € bis	Steuerklasse	Lohn-steuer*	BVSP**	TAGZ***	Steuerklasse	Bemessungsgrundlage für Kirchensteuer und Solidaritätszuschlag					
						Freibeträge für ... Kinder					
						0,5	**1,0**	1,5	**2,0**	2,5	**3,0**
2 270,99	I,IV	**223,83**	208,33	208,33	I	133,08	50,16				
	II	**181,75**	208,33	208,33	II	93,91	20,00				
	III	**19,66**	250,00	208,33	III						
	V	**482,50**	208,33	208,33	IV	177,66	133,08	90,08	50,16	17,33	
	VI	**513,83**	208,33	208,33							
2 273,99	I,IV	**224,50**	208,58	208,58	I	133,75	50,66				
	II	**182,41**	208,58	208,58	II	94,50	20,41				
	III	**20,00**	250,00	208,58	III						
	V	**483,50**	208,58	208,58	IV	178,33	133,75	90,66	50,66	17,75	
	VI	**514,66**	208,58	208,58							
2 276,99	I,IV	**225,16**	208,83	208,83	I	134,33	51,16				
	II	**183,08**	208,83	208,83	II	95,08	20,83				
	III	**20,50**	250,00	208,83	III						
	V	**484,33**	208,83	208,83	IV	179,00	134,33	91,25	51,16	18,16	
	VI	**515,66**	208,83	208,83							
2 279,99	I,IV	**225,83**	209,16	209,16	I	135,00	51,66				
	II	**183,75**	209,16	209,16	II	95,66	21,25				
	III	**20,83**	250,00	209,16	III						
	V	**485,16**	209,16	209,16	IV	179,66	135,00	91,91	51,66	18,58	
	VI	**516,50**	209,16	209,16							
2 282,99	I,IV	**226,50**	209,41	209,41	I	135,58	52,25				
	II	**184,41**	209,41	209,41	II	96,33	21,66				
	III	**21,33**	250,00	209,41	III						
	V	**486,16**	209,41	209,41	IV	180,25	135,58	92,50	52,25	19,00	
	VI	**517,33**	209,41	209,41							
2 285,99	I,IV	**227,16**	209,66	209,66	I	136,25	52,75				
	II	**185,00**	209,66	209,66	II	96,91	22,08				
	III	**21,83**	250,00	209,66	III						
	V	**486,83**	209,66	209,66	IV	180,91	136,25	93,08	52,75	19,41	
	VI	**518,50**	209,66	209,66							
2 288,99	I,IV	**227,83**	210,00	210,00	I	136,91	53,25				
	II	**185,66**	210,00	210,00	II	97,50	22,58				
	III	**22,16**	250,00	210,00	III						
	V	**487,83**	210,00	210,00	IV	181,58	136,91	93,66	53,25	19,83	
	VI	**519,33**	210,00	210,00							
2 291,99	I,IV	**228,50**	210,25	210,25	I	137,50	53,83				
	II	**186,33**	210,25	210,25	II	98,08	23,00				
	III	**22,66**	250,00	210,25	III						
	V	**488,83**	210,25	210,25	IV	182,25	137,50	94,25	53,83	20,25	
	VI	**520,16**	210,25	210,25							
2 294,99	I,IV	**229,16**	210,50	210,50	I	138,08	54,33				
	II	**187,00**	210,50	210,50	II	98,75	23,41				
	III	**23,00**	250,00	210,50	III						
	V	**489,66**	210,50	210,50	IV	182,83	138,08	94,91	54,33	20,66	
	VI	**521,16**	210,50	210,50							
2 297,99	I,IV	**229,83**	210,83	210,83	I	138,75	54,83				
	II	**187,66**	210,83	210,83	II	99,33	23,83				
	III	**23,50**	250,00	210,83	III						
	V	**490,50**	210,83	210,83	IV	183,50	138,75	95,50	54,83	21,08	
	VI	**522,16**	210,83	210,83							
2 300,99	I,IV	**230,50**	211,08	211,08	I	139,33	55,41				
	II	**188,25**	211,08	211,08	II	99,91	24,33				
	III	**24,00**	250,00	211,08	III						
	V	**491,50**	211,08	211,08	IV	184,16	139,33	96,08	55,41	21,50	
	VI	**523,00**	211,08	211,08							
2 303,99	I,IV	**231,16**	211,33	211,33	I	140,00	55,91				
	II	**188,91**	211,33	211,33	II	100,58	24,75				
	III	**24,33**	250,00	211,33	III						
	V	**492,33**	211,33	211,33	IV	184,83	140,00	96,75	55,91	22,00	
	VI	**523,83**	211,33	211,33							

* Zur LSt-Berechnung für privat versicherte Arbeitnehmer s. Beispiele **Vorbemerkung S. 4 f.**
** Basisvorsorgepauschale KV und PV *** Typisierter Arbeitgeberzuschuss

Lohn/ Gehalt in € bis	Steuerklasse	Lohn-steuer*	BVSP**	TAGZ***	Steuerklasse	Bemessungsgrundlage für Kirchensteuer und Solidaritätszuschlag – Freibeträge für ... Kinder 0,5	1,0	1,5	2,0	2,5	3,0
2306,99	I,IV	**231,83**	211,66	211,66	I	140,66	56,50				
	II	**189,58**	211,66	211,66	II	101,16	25,16				
	III	**24,83**	250,00	211,66	III						
	V	**493,33**	211,66	211,66	IV	185,50	140,66	97,33	56,50	22,41	
	VI	**524,83**	211,66	211,66							
2309,99	I,IV	**232,50**	211,91	211,91	I	141,25	57,00				
	II	**190,25**	211,91	211,91	II	101,75	25,58				
	III	**25,33**	250,00	211,91	III						
	V	**494,16**	211,91	211,91	IV	186,16	141,25	97,91	57,00	22,83	
	VI	**525,66**	211,91	211,91							
2312,99	I,IV	**233,16**	212,16	212,16	I	141,91	57,58				
	II	**190,91**	212,16	212,16	II	102,41	26,08				
	III	**25,66**	250,00	212,16	III						
	V	**495,16**	212,16	212,16	IV	186,75	141,91	98,50	57,58	23,25	
	VI	**526,66**	212,16	212,16							
2315,99	I,IV	**233,83**	212,41	212,41	I	142,50	58,08				
	II	**191,50**	212,41	212,41	II	103,00	26,50				
	III	**26,16**	250,00	212,41	III						
	V	**495,83**	212,41	212,41	IV	187,41	142,50	99,16	58,08	23,66	
	VI	**527,50**	212,41	212,41							
2318,99	I,IV	**234,50**	212,75	212,75	I	143,16	58,66				
	II	**192,16**	212,75	212,75	II	103,58	26,91				
	III	**26,66**	250,00	212,75	III						
	V	**496,83**	212,75	212,75	IV	188,08	143,16	99,75	58,66	24,16	
	VI	**528,50**	212,75	212,75							
2321,99	I,IV	**235,16**	213,00	213,00	I	143,75	59,16				
	II	**192,83**	213,00	213,00	II	104,16	27,41				
	III	**27,00**	250,00	213,00	III						
	V	**497,66**	213,00	213,00	IV	188,75	143,75	100,33	59,16	24,58	
	VI	**529,50**	213,00	213,00							
2324,99	I,IV	**235,83**	213,25	213,25	I	144,41	59,75				
	II	**193,50**	213,25	213,25	II	104,83	27,83				
	III	**27,50**	250,00	213,25	III						
	V	**498,66**	213,25	213,25	IV	189,33	144,41	101,00	59,75	25,00	
	VI	**530,33**	213,25	213,25							
2327,99	I,IV	**236,58**	213,58	213,58	I	145,00	60,25				
	II	**194,16**	213,58	213,58	II	105,41	28,33				
	III	**28,00**	250,00	213,58	III						
	V	**499,50**	213,58	213,58	IV	190,00	145,00	101,58	60,25	25,50	
	VI	**531,16**	213,58	213,58							
2330,99	I,IV	**237,25**	213,83	213,83	I	145,66	60,83				
	II	**194,83**	213,83	213,83	II	106,00	28,75				
	III	**28,33**	250,00	213,83	III						
	V	**500,33**	213,83	213,83	IV	190,66	145,66	102,16	60,83	25,91	
	VI	**532,16**	213,83	213,83							
2333,99	I,IV	**237,91**	214,08	214,08	I	146,33	61,41				
	II	**195,50**	214,08	214,08	II	106,66	29,25				
	III	**28,83**	250,00	214,08	III						
	V	**501,33**	214,08	214,08	IV	191,33	146,33	102,83	61,41	26,33	
	VI	**533,16**	214,08	214,08							
2336,99	I,IV	**238,58**	214,41	214,41	I	146,91	61,91				
	II	**196,16**	214,41	214,41	II	107,25	29,66				
	III	**29,33**	250,00	214,41	III						
	V	**502,16**	214,41	214,41	IV	192,00	146,91	103,41	61,91	26,83	
	VI	**534,16**	214,41	214,41							
2339,99	I,IV	**239,25**	214,66	214,66	I	147,58	62,50				
	II	**196,75**	214,66	214,66	II	107,91	30,16				
	III	**29,83**	250,00	214,66	III						
	V	**503,16**	214,66	214,66	IV	192,66	147,58	104,00	62,50	27,25	
	VI	**535,00**	214,66	214,66							

* Zur LSt-Berechnung für privat versicherte Arbeitnehmer s. Beispiele **Vorbemerkung S. 4 f.**
** Basisvorsorgepauschale KV und PV *** Typisierter Arbeitgeberzuschuss

Lohn/ Gehalt in € bis	Steuerklasse	Lohn-steuer*	BVSP**	TAGZ***	Steuerklasse	Bemessungsgrundlage für Kirchensteuer und Solidaritätszuschlag – Freibeträge für ... Kinder 0,5	1,0	1,5	2,0	2,5	3,0
2342,99	I,IV	**239,91**	214,91	214,91	I	148,16	63,00				
	II	**197,41**	214,91	214,91	II	108,50	30,58				
	III	**30,16**	250,00	214,91	III						
	V	**504,00**	214,91	214,91	IV	193,25	148,16	104,58	63,00	27,66	
	VI	**535,83**	214,91	214,91							
2345,99	I,IV	**240,58**	215,16	215,16	I	148,83	63,58				
	II	**198,08**	215,16	215,16	II	109,08	31,08				
	III	**30,66**	250,00	215,16	III						
	V	**505,00**	215,16	215,16	IV	193,91	148,83	105,25	63,58	28,16	
	VI	**536,83**	215,16	215,16							
2348,99	I,IV	**241,25**	215,50	215,50	I	149,41	64,16	0,41			
	II	**198,75**	215,50	215,50	II	109,66	31,50				
	III	**31,16**	250,00	215,50	III						
	V	**505,83**	215,50	215,50	IV	194,58	149,41	105,83	64,16	28,58	0,41
	VI	**537,83**	215,50	215,50							
2351,99	I,IV	**241,91**	215,75	215,75	I	150,08	64,75	0,75			
	II	**199,41**	215,75	215,75	II	110,33	32,00				
	III	**31,66**	250,00	215,75	III						
	V	**506,83**	215,75	215,75	IV	195,25	150,08	106,41	64,75	29,08	0,75
	VI	**538,66**	215,75	215,75							
2354,99	I,IV	**242,66**	216,00	216,00	I	150,75	65,25	1,08			
	II	**200,08**	216,00	216,00	II	110,91	32,41				
	III	**32,00**	250,00	216,00	III						
	V	**507,66**	216,00	216,00	IV	195,91	150,75	107,08	65,25	29,50	1,08
	VI	**539,66**	216,00	216,00							
2357,99	I,IV	**243,33**	216,33	216,33	I	151,33	65,83	1,41			
	II	**200,75**	216,33	216,33	II	111,58	32,91				
	III	**32,50**	250,00	216,33	III						
	V	**508,50**	216,33	216,33	IV	196,58	151,33	107,66	65,83	30,00	1,41
	VI	**540,50**	216,33	216,33							
2360,99	I,IV	**244,00**	216,58	216,58	I	152,00	66,41	1,83			
	II	**201,41**	216,58	216,58	II	112,16	33,41				
	III	**33,00**	250,00	216,58	III						
	V	**509,66**	216,58	216,58	IV	197,25	152,00	108,25	66,41	30,41	1,83
	VI	**541,50**	216,58	216,58							
2363,99	I,IV	**244,66**	216,83	216,83	I	152,66	67,00	2,16			
	II	**202,00**	216,83	216,83	II	112,75	33,83				
	III	**33,33**	250,00	216,83	III						
	V	**510,50**	216,83	216,83	IV	197,91	152,66	108,91	67,00	30,91	2,16
	VI	**542,50**	216,83	216,83							
2366,99	I,IV	**245,33**	217,16	217,16	I	153,25	67,50	2,50			
	II	**202,66**	217,16	217,16	II	113,41	34,33				
	III	**33,83**	250,00	217,16	III						
	V	**511,50**	217,16	217,16	IV	198,50	153,25	109,50	67,50	31,41	2,50
	VI	**543,33**	217,16	217,16							
2369,99	I,IV	**246,00**	217,41	217,41	I	153,91	68,08	2,83			
	II	**203,33**	217,41	217,41	II	114,00	34,83				
	III	**34,33**	250,00	217,41	III						
	V	**512,16**	217,41	217,41	IV	199,16	153,91	110,08	68,08	31,83	2,83
	VI	**544,33**	217,41	217,41							
2372,99	I,IV	**246,66**	217,66	217,66	I	154,50	68,66	3,25			
	II	**204,00**	217,66	217,66	II	114,58	35,25				
	III	**34,83**	250,00	217,66	III						
	V	**513,33**	217,66	217,66	IV	199,83	154,50	110,75	68,66	32,33	3,25
	VI	**545,16**	217,66	217,66							
2375,99	I,IV	**247,33**	217,91	217,91	I	155,16	69,25	3,58			
	II	**204,66**	217,91	217,91	II	115,25	35,75				
	III	**35,16**	250,00	217,91	III						
	V	**514,16**	217,91	217,91	IV	200,50	155,16	111,33	69,25	32,75	3,58
	VI	**546,16**	217,91	217,91							

* Zur LSt-Berechnung für privat versicherte Arbeitnehmer s. Beispiele **Vorbemerkung S. 4f.**
** Basisvorsorgepauschale KV und PV *** Typisierter Arbeitgeberzuschuss

Lohn/ Gehalt in € bis	Steuerklasse	Lohn-steuer*	BVSP**	TAGZ***	Steuerklasse	Bemessungsgrundlage für Kirchensteuer und Solidaritätszuschlag – Freibeträge für ... Kinder 0,5	**1,0**	1,5	**2,0**	2,5	**3,0**
2378,99	I,IV	**248,08**	218,25	218,25	I	155,83	69,83	4,00			
	II	**205,33**	218,25	218,25	II	115,83	36,25				
	III	**35,66**	250,00	218,25	III						
	V	**515,00**	218,25	218,25	IV	201,16	155,83	112,00	69,83	33,25	4,00
	VI	**547,16**	218,25	218,25							
2381,99	I,IV	**248,75**	218,50	218,50	I	156,41	70,41	4,33			
	II	**206,00**	218,50	218,50	II	116,50	36,75				
	III	**36,16**	250,00	218,50	III						
	V	**516,00**	218,50	218,50	IV	201,83	156,41	112,58	70,41	33,75	4,33
	VI	**548,00**	218,50	218,50							
2384,99	I,IV	**249,41**	218,75	218,75	I	157,08	71,00	4,66			
	II	**206,66**	218,75	218,75	II	117,08	37,16				
	III	**36,66**	250,00	218,75	III						
	V	**516,83**	218,75	218,75	IV	202,50	157,08	113,16	71,00	34,16	4,66
	VI	**549,00**	218,75	218,75							
2387,99	I,IV	**250,08**	219,08	219,08	I	157,75	71,50	5,08			
	II	**207,33**	219,08	219,08	II	117,66	37,66				
	III	**37,16**	250,00	219,08	III						
	V	**517,83**	219,08	219,08	IV	203,16	157,75	113,83	71,50	34,66	5,08
	VI	**550,00**	219,08	219,08							
2390,99	I,IV	**250,75**	219,33	219,33	I	158,33	72,08	5,41			
	II	**208,00**	219,33	219,33	II	118,33	38,16				
	III	**37,50**	250,00	219,33	III						
	V	**518,66**	219,33	219,33	IV	203,83	158,33	114,41	72,08	35,16	5,41
	VI	**550,83**	219,33	219,33							
2393,99	I,IV	**251,41**	219,58	219,58	I	159,00	72,66	5,83			
	II	**208,58**	219,58	219,58	II	118,91	38,66				
	III	**38,00**	250,00	219,58	III						
	V	**519,66**	219,58	219,58	IV	204,41	159,00	115,00	72,66	35,58	5,83
	VI	**551,66**	219,58	219,58							
2396,99	I,IV	**252,16**	219,91	219,91	I	159,58	73,25	6,16			
	II	**209,25**	219,91	219,91	II	119,50	39,16				
	III	**38,50**	250,00	219,91	III						
	V	**520,50**	219,91	219,91	IV	205,08	159,58	115,66	73,25	36,08	6,16
	VI	**552,83**	219,91	219,91							
2399,99	I,IV	**252,83**	220,16	220,16	I	160,25	73,83	6,58			
	II	**209,91**	220,16	220,16	II	120,16	39,58				
	III	**39,00**	250,00	220,16	III						
	V	**521,33**	220,16	220,16	IV	205,75	160,25	116,25	73,83	36,58	6,58
	VI	**553,66**	220,16	220,16							
2402,99	I,IV	**253,50**	220,41	220,41	I	160,91	74,41	6,91			
	II	**210,58**	220,41	220,41	II	120,75	40,08				
	III	**39,50**	250,00	220,41	III						
	V	**522,33**	220,41	220,41	IV	206,41	160,91	116,91	74,41	37,00	6,91
	VI	**554,50**	220,41	220,41							
2405,99	I,IV	**254,16**	220,75	220,75	I	161,50	75,00	7,33			
	II	**211,25**	220,75	220,75	II	121,41	40,58				
	III	**40,00**	250,00	220,75	III						
	V	**523,33**	220,75	220,75	IV	207,08	161,50	117,50	75,00	37,50	7,33
	VI	**555,66**	220,75	220,75							
2408,99	I,IV	**254,83**	221,00	221,00	I	162,16	75,58	7,66			
	II	**211,91**	221,00	221,00	II	122,00	41,08				
	III	**40,33**	250,00	221,00	III						
	V	**524,16**	221,00	221,00	IV	207,75	162,16	118,08	75,58	38,00	7,66
	VI	**556,50**	221,00	221,00							
2411,99	I,IV	**255,58**	221,25	221,25	I	162,83	76,16	8,08			
	II	**212,58**	221,25	221,25	II	122,66	41,58				
	III	**40,83**	250,00	221,25	III						
	V	**525,16**	221,25	221,25	IV	208,41	162,83	118,75	76,16	38,50	8,08
	VI	**557,50**	221,25	221,25							

* Zur LSt-Berechnung für privat versicherte Arbeitnehmer s. Beispiele **Vorbemerkung S. 4 f.**
** Basisvorsorgepauschale KV und PV *** Typisierter Arbeitgeberzuschuss

Lohn/ Gehalt in € bis	Steuerklasse	**Lohn-steuer***	BVSP**	TAGZ***	Steuerklasse	0,5	**1,0**	1,5	**2,0**	2,5	**3,0**
						Bemessungsgrundlage für Kirchensteuer und Solidaritätszuschlag – Freibeträge für ... Kinder					
2414,99	I,IV	**256,25**	221,50	221,50	I	163,41	76,83	8,41			
	II	**213,25**	221,50	221,50	II	123,25	42,08				
	III	**41,33**	250,00	221,50	III						
	V	**526,00**	221,50	221,50	IV	209,08	163,41	119,33	76,83	39,00	8,41
	VI	**558,50**	221,50	221,50							
2417,99	I,IV	**256,91**	221,83	221,83	I	164,08	77,41	8,83			
	II	**213,91**	221,83	221,83	II	123,91	42,58				
	III	**41,83**	250,00	221,83	III						
	V	**527,00**	221,83	221,83	IV	209,75	164,08	120,00	77,41	39,50	8,83
	VI	**559,33**	221,83	221,83							
2420,99	I,IV	**257,58**	222,08	222,08	I	164,75	78,00	9,25			
	II	**214,58**	222,08	222,08	II	124,50	43,08				
	III	**42,33**	250,00	222,08	III						
	V	**527,83**	222,08	222,08	IV	210,41	164,75	120,58	78,00	39,91	9,25
	VI	**560,16**	222,08	222,08							
2423,99	I,IV	**258,25**	222,33	222,33	I	165,33	78,58	9,58			
	II	**215,25**	222,33	222,33	II	125,08	43,58				
	III	**42,83**	250,00	222,33	III						
	V	**528,83**	222,33	222,33	IV	211,08	165,33	121,16	78,58	40,41	9,58
	VI	**561,33**	222,33	222,33							
2426,99	I,IV	**258,91**	222,66	222,66	I	166,00	79,16	10,00			
	II	**215,91**	222,66	222,66	II	125,75	44,08				
	III	**43,16**	250,00	222,66	III						
	V	**529,83**	222,66	222,66	IV	211,75	166,00	121,83	79,16	40,91	10,00
	VI	**562,16**	222,66	222,66							
2429,99	I,IV	**259,66**	222,91	222,91	I	166,66	79,75	10,41			
	II	**216,58**	222,91	222,91	II	126,33	44,58				
	III	**43,66**	250,00	222,91	III						
	V	**530,66**	222,91	222,91	IV	212,41	166,66	122,41	79,75	41,41	10,41
	VI	**563,16**	222,91	222,91							
2432,99	I,IV	**260,33**	223,16	223,16	I	167,25	80,33	10,75			
	II	**217,25**	223,16	223,16	II	127,00	45,08				
	III	**44,16**	250,00	223,16	III						
	V	**531,66**	223,16	223,16	IV	213,08	167,25	123,08	80,33	41,91	10,75
	VI	**564,16**	223,16	223,16							
2435,99	I,IV	**261,00**	223,50	223,50	I	167,91	81,00	11,16			
	II	**217,91**	223,50	223,50	II	127,58	45,58				
	III	**44,66**	250,00	223,50	III						
	V	**532,50**	223,50	223,50	IV	213,66	167,91	123,66	81,00	42,41	11,16
	VI	**565,00**	223,50	223,50							
2438,99	I,IV	**261,66**	223,75	223,75	I	168,58	81,58	11,58			
	II	**218,58**	223,75	223,75	II	128,25	46,08				
	III	**45,16**	250,00	223,75	III						
	V	**533,33**	223,75	223,75	IV	214,33	168,58	124,33	81,58	42,91	11,58
	VI	**566,00**	223,75	223,75							
2441,99	I,IV	**262,41**	224,00	224,00	I	169,25	82,16	12,00			
	II	**219,25**	224,00	224,00	II	128,83	46,58				
	III	**45,66**	250,00	224,00	III						
	V	**534,50**	224,00	224,00	IV	215,00	169,25	124,91	82,16	43,41	12,00
	VI	**566,83**	224,00	224,00							
2444,99	I,IV	**263,08**	224,25	224,25	I	169,83	82,75	12,33			
	II	**219,91**	224,25	224,25	II	129,50	47,16				
	III	**46,16**	250,00	224,25	III						
	V	**535,33**	224,25	224,25	IV	215,66	169,83	125,58	82,75	43,91	12,33
	VI	**568,00**	224,25	224,25							
2447,99	I,IV	**263,75**	224,58	224,58	I	170,50	83,33	12,75			
	II	**220,58**	224,58	224,58	II	130,08	47,66				
	III	**46,66**	250,00	224,58	III						
	V	**536,33**	224,58	224,58	IV	216,33	170,50	126,16	83,33	44,41	12,75
	VI	**568,83**	224,58	224,58							

* Zur LSt-Berechnung für privat versicherte Arbeitnehmer s. Beispiele **Vorbemerkung S. 4 f.**
** Basisvorsorgepauschale KV und PV *** Typisierter Arbeitgeberzuschuss

Lohn/ Gehalt in € bis	Steuerklasse	Lohn-steuer*	BVSP**	TAGZ***	Steuerklasse	Bemessungsgrundlage für Kirchensteuer und Solidaritätszuschlag – Freibeträge für ... Kinder 0,5	**1,0**	1,5	**2,0**	2,5	**3,0**
2450,99	I,IV	**264,41**	224,83	224,83	I	171,16	83,91	13,16			
	II	**221,25**	224,83	224,83	II	130,75	48,16				
	III	**47,16**	250,00	224,83	III						
	V	**537,16**	224,83	224,83	IV	217,00	171,16	126,75	83,91	44,91	13,16
	VI	**569,66**	224,83	224,83							
2453,99	I,IV	**265,16**	225,08	225,08	I	171,75	84,58	13,58			
	II	**221,91**	225,08	225,08	II	131,33	48,66				
	III	**47,66**	250,00	225,08	III						
	V	**538,00**	225,08	225,08	IV	217,66	171,75	127,41	84,58	45,41	13,58
	VI	**570,83**	225,08	225,08							
2456,99	I,IV	**265,83**	225,41	225,41	I	172,41	85,16	13,91			
	II	**222,58**	225,41	225,41	II	132,00	49,16				
	III	**48,00**	250,00	225,41	III						
	V	**539,16**	225,41	225,41	IV	218,33	172,41	128,00	85,16	45,91	13,91
	VI	**571,66**	225,41	225,41							
2459,99	I,IV	**266,50**	225,66	225,66	I	173,08	85,75	14,33			
	II	**223,25**	225,66	225,66	II	132,58	49,66				
	III	**48,66**	250,00	225,66	III						
	V	**540,00**	225,66	225,66	IV	219,00	173,08	128,66	85,75	46,41	14,33
	VI	**572,66**	225,66	225,66							
2462,99	I,IV	**267,16**	225,91	225,91	I	173,75	86,33	14,75			
	II	**223,91**	225,91	225,91	II	133,25	50,25				
	III	**49,16**	250,00	225,91	III						
	V	**540,83**	225,91	225,91	IV	219,66	173,75	129,25	86,33	47,00	14,75
	VI	**573,50**	225,91	225,91							
2465,99	I,IV	**267,91**	226,25	226,25	I	174,33	87,00	15,16			
	II	**224,58**	226,25	226,25	II	133,83	50,75				
	III	**49,50**	250,00	226,25	III						
	V	**541,83**	226,25	226,25	IV	220,33	174,33	129,91	87,00	47,50	15,16
	VI	**574,66**	226,25	226,25							
2468,99	I,IV	**268,58**	226,50	226,50	I	175,00	87,58	15,58			
	II	**225,25**	226,50	226,50	II	134,50	51,25				
	III	**50,00**	250,00	226,50	III						
	V	**542,83**	226,50	226,50	IV	221,00	175,00	130,50	87,58	48,00	15,58
	VI	**575,50**	226,50	226,50							
2471,99	I,IV	**269,25**	226,75	226,75	I	175,66	88,16	16,00			
	II	**225,91**	226,75	226,75	II	135,08	51,75				
	III	**50,50**	250,00	226,75	III						
	V	**543,66**	226,75	226,75	IV	221,66	175,66	131,16	88,16	48,50	16,00
	VI	**576,33**	226,75	226,75							
2474,99	I,IV	**269,91**	227,00	227,00	I	176,25	88,75	16,41			
	II	**226,58**	227,00	227,00	II	135,66	52,33				
	III	**51,00**	250,00	227,00	III						
	V	**544,66**	227,00	227,00	IV	222,33	176,25	131,75	88,75	49,00	16,41
	VI	**577,50**	227,00	227,00							
2477,99	I,IV	**270,66**	227,33	227,33	I	176,91	89,33	16,83			
	II	**227,25**	227,33	227,33	II	136,33	52,83				
	III	**51,50**	250,00	227,33	III						
	V	**545,50**	227,33	227,33	IV	223,00	176,91	132,41	89,33	49,50	16,83
	VI	**578,33**	227,33	227,33							
2480,99	I,IV	**271,33**	227,58	227,58	I	177,58	90,00	17,25			
	II	**227,91**	227,58	227,58	II	137,00	53,33				
	III	**52,00**	250,00	227,58	III						
	V	**546,50**	227,58	227,58	IV	223,66	177,58	133,00	90,00	50,08	17,25
	VI	**579,33**	227,58	227,58							
2483,99	I,IV	**272,00**	227,83	227,83	I	178,25	90,58	17,66			
	II	**228,58**	227,83	227,83	II	137,58	53,91				
	III	**52,50**	250,00	227,83	III						
	V	**547,50**	227,83	227,83	IV	224,33	178,25	133,66	90,58	50,58	17,66
	VI	**580,16**	227,83	227,83							

* Zur LSt-Berechnung für privat versicherte Arbeitnehmer s. Beispiele **Vorbemerkung S. 4 f.**
** Basisvorsorgepauschale KV und PV *** Typisierter Arbeitgeberzuschuss

Lohn/ Gehalt in € bis	Steuerklasse	Lohn- steuer*	BVSP**	TAGZ***	Steuerklasse	Bemessungsgrundlage für Kirchensteuer und Solidaritätszuschlag – Freibeträge für ... Kinder 0,5	1,0	1,5	2,0	2,5	3,0
2486,99	I,IV	**272,66**	228,16	228,16	I	178,91	91,16	18,08			
	II	**229,25**	228,16	228,16	II	138,25	54,41				
	III	**53,00**	250,00	228,16	III						
	V	**548,33**	228,16	228,16	IV	225,00	178,91	134,25	91,16	51,08	18,08
	VI	**581,33**	228,16	228,16							
2489,99	I,IV	**273,41**	228,41	228,41	I	179,50	91,75	18,50			
	II	**229,91**	228,41	228,41	II	138,83	55,00				
	III	**53,50**	250,00	228,41	III						
	V	**549,16**	228,41	228,41	IV	225,66	179,50	134,91	91,75	51,58	18,50
	VI	**582,16**	228,41	228,41							
2492,99	I,IV	**274,08**	228,66	228,66	I	180,16	92,41	18,91			
	II	**230,58**	228,66	228,66	II	139,50	55,50				
	III	**54,00**	250,00	228,66	III						
	V	**550,33**	228,66	228,66	IV	226,33	180,16	135,50	92,41	52,16	18,91
	VI	**583,16**	228,66	228,66							
2495,99	I,IV	**274,75**	229,00	229,00	I	180,83	93,00	19,33			
	II	**231,25**	229,00	229,00	II	140,08	56,00				
	III	**54,50**	250,00	229,00	III						
	V	**551,16**	229,00	229,00	IV	227,08	180,83	136,16	93,00	52,66	19,33
	VI	**584,00**	229,00	229,00							
2498,99	I,IV	**275,50**	229,25	229,25	I	181,41	93,58	19,75			
	II	**231,91**	229,25	229,25	II	140,75	56,58				
	III	**55,00**	250,00	229,25	III						
	V	**552,16**	229,25	229,25	IV	227,66	181,41	136,75	93,58	53,16	19,75
	VI	**585,16**	229,25	229,25							
2501,99	I,IV	**276,16**	229,50	229,50	I	182,08	94,16	20,16			
	II	**232,58**	229,50	229,50	II	141,33	57,08				
	III	**55,50**	250,00	229,50	III						
	V	**553,00**	229,50	229,50	IV	228,33	182,08	137,41	94,16	53,75	20,16
	VI	**586,00**	229,50	229,50							
2504,99	I,IV	**276,83**	229,83	229,83	I	182,75	94,75	20,58			
	II	**233,25**	229,83	229,83	II	142,00	57,66				
	III	**56,00**	250,00	229,83	III						
	V	**554,00**	229,83	229,83	IV	229,00	182,75	138,00	94,75	54,25	20,58
	VI	**587,00**	229,83	229,83							
2507,99	I,IV	**277,58**	230,08	230,08	I	183,41	95,41	21,00			
	II	**234,00**	230,08	230,08	II	142,58	58,16				
	III	**56,50**	250,00	230,08	III	0,16					
	V	**554,83**	230,08	230,08	IV	229,75	183,41	138,66	95,41	54,75	21,00
	VI	**588,00**	230,08	230,08							
2510,99	I,IV	**278,25**	230,33	230,33	I	184,08	96,00	21,50			
	II	**234,66**	230,33	230,33	II	143,25	58,75				
	III	**57,00**	250,00	230,33	III	0,66					
	V	**556,00**	230,33	230,33	IV	230,41	184,08	139,25	96,00	55,33	21,50
	VI	**589,00**	230,33	230,33							
2513,99	I,IV	**278,91**	230,58	230,58	I	184,75	96,58	21,91			
	II	**235,33**	230,58	230,58	II	143,83	59,25				
	III	**57,50**	250,00	230,58	III	1,00					
	V	**556,83**	230,58	230,58	IV	231,08	184,75	139,91	96,58	55,83	21,91
	VI	**589,83**	230,58	230,58							
2516,99	I,IV	**279,66**	230,91	230,91	I	185,33	97,25	22,33			
	II	**236,00**	230,91	230,91	II	144,50	59,83				
	III	**58,00**	250,00	230,91	III	1,33					
	V	**557,66**	230,91	230,91	IV	231,75	185,33	140,50	97,25	56,41	22,33
	VI	**590,83**	230,91	230,91							
2519,99	I,IV	**280,33**	231,16	231,16	I	186,00	97,83	22,75			
	II	**236,66**	231,16	231,16	II	145,16	60,33				
	III	**58,50**	250,00	231,16	III	1,83					
	V	**558,83**	231,16	231,16	IV	232,41	186,00	141,16	97,83	56,91	22,75
	VI	**591,83**	231,16	231,16							

* Zur LSt-Berechnung für privat versicherte Arbeitnehmer s. Beispiele **Vorbemerkung S. 4 f.**
** Basisvorsorgepauschale KV und PV *** Typisierter Arbeitgeberzuschuss

Lohn/ Gehalt in € bis	Steuerklasse	Lohn-steuer*	BVSP**	TAGZ***	Steuerklasse	Bemessungsgrundlage für Kirchensteuer und Solidaritätszuschlag – Freibeträge für ... Kinder 0,5	1,0	1,5	2,0	2,5	3,0
2522,99	I,IV	**281,00**	231,41	231,41	I	186,66	98,41	23,16			
	II	**237,33**	231,41	231,41	II	145,75	60,91				
	III	**59,00**	250,00	231,41	III	2,16					
	V	**559,66**	231,41	231,41	IV	233,08	186,66	141,75	98,41	57,50	23,16
	VI	**592,83**	231,41	231,41							
2525,99	I,IV	**281,66**	231,75	231,75	I	187,33	99,00	23,66			
	II	**238,00**	231,75	231,75	II	146,41	61,41				
	III	**59,50**	250,00	231,75	III	2,50					
	V	**560,50**	231,75	231,75	IV	233,75	187,33	142,41	99,00	58,00	23,66
	VI	**593,66**	231,75	231,75							
2528,99	I,IV	**282,41**	232,00	232,00	I	187,91	99,66	24,08			
	II	**238,66**	232,00	232,00	II	147,00	62,00				
	III	**60,00**	250,00	232,00	III	3,00					
	V	**561,66**	232,00	232,00	IV	234,41	187,91	143,00	99,66	58,58	24,08
	VI	**594,66**	232,00	232,00							
2531,99	I,IV	**283,08**	232,25	232,25	I	188,58	100,25	24,50			
	II	**239,33**	232,25	232,25	II	147,66	62,58				
	III	**60,50**	250,00	232,25	III	3,33					
	V	**562,50**	232,25	232,25	IV	235,08	188,58	143,66	100,25	59,08	24,50
	VI	**595,83**	232,25	232,25							
2534,99	I,IV	**283,75**	232,58	232,58	I	189,25	100,83	24,91			
	II	**240,00**	232,58	232,58	II	148,25	63,08				
	III	**61,16**	250,00	232,58	III	3,66					
	V	**563,33**	232,58	232,58	IV	235,75	189,25	144,33	100,83	59,66	24,91
	VI	**596,66**	232,58	232,58							
2537,99	I,IV	**284,50**	232,83	232,83	I	189,91	101,50	25,41			
	II	**240,66**	232,83	232,83	II	148,91	63,66	0,08			
	III	**61,66**	250,00	232,83	III	4,16					
	V	**564,50**	232,83	232,83	IV	236,41	189,91	144,91	101,50	60,16	25,41
	VI	**597,66**	232,83	232,83							
2540,99	I,IV	**285,16**	233,08	233,08	I	190,58	102,08	25,83			
	II	**241,41**	233,08	233,08	II	149,58	64,25	0,41			
	III	**62,16**	250,00	233,08	III	4,50					
	V	**565,33**	233,08	233,08	IV	237,08	190,58	145,58	102,08	60,75	25,83
	VI	**598,50**	233,08	233,08							
2543,99	I,IV	**285,91**	233,33	233,33	I	191,25	102,66	26,33			
	II	**242,08**	233,33	233,33	II	150,16	64,83	0,75			
	III	**62,66**	250,00	233,33	III	5,00					
	V	**566,33**	233,33	233,33	IV	237,75	191,25	146,16	102,66	61,25	26,33
	VI	**599,50**	233,33	233,33							
2546,99	I,IV	**286,58**	233,66	233,66	I	191,91	103,33	26,75			
	II	**242,75**	233,66	233,66	II	150,83	65,33	1,16			
	III	**63,16**	250,00	233,66	III	5,33					
	V	**567,16**	233,66	233,66	IV	238,50	191,91	146,83	103,33	61,83	26,75
	VI	**600,66**	233,66	233,66							
2549,99	I,IV	**287,25**	233,91	233,91	I	192,50	103,91	27,16			
	II	**243,41**	233,91	233,91	II	151,41	65,91	1,50			
	III	**63,66**	250,00	233,91	III	5,66					
	V	**568,16**	233,91	233,91	IV	239,08	192,50	147,41	103,91	62,41	27,16
	VI	**601,50**	233,91	233,91							
2552,99	I,IV	**288,00**	234,16	234,16	I	193,16	104,50	27,66			
	II	**244,08**	234,16	234,16	II	152,08	66,50	1,83			
	III	**64,16**	250,00	234,16	III	6,16					
	V	**569,16**	234,16	234,16	IV	239,83	193,16	148,08	104,50	62,91	27,66
	VI	**602,50**	234,16	234,16							
2555,99	I,IV	**288,66**	234,50	234,50	I	193,83	105,08	28,08			
	II	**244,75**	234,50	234,50	II	152,75	67,08	2,16			
	III	**64,66**	250,00	234,50	III	6,50					
	V	**570,00**	234,50	234,50	IV	240,50	193,83	148,75	105,08	63,50	28,08
	VI	**603,33**	234,50	234,50							

* Zur LSt-Berechnung für privat versicherte Arbeitnehmer s. Beispiele **Vorbemerkung S. 4f.**
** Basisvorsorgepauschale KV und PV *** Typisierter Arbeitgeberzuschuss

Lohn/ Gehalt in € bis	Steuerklasse	Lohn-steuer*	BVSP**	TAGZ***	Steuerklasse	Bemessungsgrundlage für Kirchensteuer und Solidaritätszuschlag – Freibeträge für ... Kinder 0,5	1,0	1,5	2,0	2,5	3,0
2558,99	I,IV	**289,33**	234,75	234,75	I	194,50	105,75	28,50			
	II	**245,41**	234,75	234,75	II	153,33	67,58	2,58			
	III	**65,16**	250,00	234,75	III	7,00					
	V	**571,16**	234,75	234,75	IV	241,16	194,50	149,33	105,75	64,08	28,50
	VI	**604,50**	234,75	234,75							
2561,99	I,IV	**290,08**	235,00	235,00	I	195,16	106,33	29,00			
	II	**246,08**	235,00	235,00	II	154,00	68,16	2,91			
	III	**65,66**	250,00	235,00	III	7,33					
	V	**572,00**	235,00	235,00	IV	241,83	195,16	150,00	106,33	64,58	29,00
	VI	**605,50**	235,00	235,00							
2564,99	I,IV	**290,75**	235,33	235,33	I	195,83	107,00	29,41			
	II	**246,83**	235,33	235,33	II	154,58	68,75	3,25			
	III	**66,33**	250,00	235,33	III	7,66					
	V	**572,83**	235,33	235,33	IV	242,50	195,83	150,58	107,00	65,16	29,41
	VI	**606,33**	235,33	235,33							
2567,99	I,IV	**291,50**	235,58	235,58	I	196,41	107,58	29,91			
	II	**247,50**	235,58	235,58	II	155,25	69,33	3,66			
	III	**66,83**	250,00	235,58	III	8,16					
	V	**574,00**	235,58	235,58	IV	243,16	196,41	151,25	107,58	65,75	29,91
	VI	**607,33**	235,58	235,58							
2570,99	I,IV	**292,16**	235,83	235,83	I	197,08	108,16	30,41			
	II	**248,16**	235,83	235,83	II	155,91	69,91	4,00			
	III	**67,33**	250,00	235,83	III	8,50					
	V	**574,83**	235,83	235,83	IV	243,91	197,08	151,91	108,16	66,33	30,41
	VI	**608,33**	235,83	235,83							
2573,99	I,IV	**292,83**	236,08	236,08	I	197,75	108,83	30,83			
	II	**248,83**	236,08	236,08	II	156,50	70,50	4,41			
	III	**67,83**	250,00	236,08	III	9,00					
	V	**575,83**	236,08	236,08	IV	244,58	197,75	152,50	108,83	66,83	30,83
	VI	**609,33**	236,08	236,08							
2576,99	I,IV	**293,58**	236,41	236,41	I	198,41	109,41	31,25			
	II	**249,50**	236,41	236,41	II	157,16	71,00	4,75			
	III	**68,33**	250,00	236,41	III	9,33					
	V	**576,83**	236,41	236,41	IV	245,25	198,41	153,16	109,41	67,41	31,25
	VI	**610,33**	236,41	236,41							
2579,99	I,IV	**294,25**	236,66	236,66	I	199,08	110,00	31,75			
	II	**250,16**	236,66	236,66	II	157,83	71,58	5,08			
	III	**68,83**	250,00	236,66	III	9,83					
	V	**577,83**	236,66	236,66	IV	245,91	199,08	153,75	110,00	68,00	31,75
	VI	**611,16**	236,66	236,66							
2582,99	I,IV	**294,91**	236,91	236,91	I	199,75	110,66	32,25			
	II	**250,83**	236,91	236,91	II	158,41	72,16	5,50			
	III	**69,33**	250,00	236,91	III	10,16					
	V	**578,66**	236,91	236,91	IV	246,58	199,75	154,41	110,66	68,58	32,25
	VI	**612,16**	236,91	236,91							
2585,99	I,IV	**295,66**	237,25	237,25	I	200,41	111,25	32,66			
	II	**251,58**	237,25	237,25	II	159,08	72,75	5,83			
	III	**69,83**	250,00	237,25	III	10,66					
	V	**579,66**	237,25	237,25	IV	247,25	200,41	155,08	111,25	69,16	32,66
	VI	**613,16**	237,25	237,25							
2588,99	I,IV	**296,33**	237,50	237,50	I	201,08	111,83	33,16			
	II	**252,25**	237,50	237,50	II	159,75	73,33	6,25			
	III	**70,50**	250,00	237,50	III	11,00					
	V	**580,66**	237,50	237,50	IV	247,91	201,08	155,66	111,83	69,75	33,16
	VI	**614,33**	237,50	237,50							
2591,99	I,IV	**297,08**	237,75	237,75	I	201,66	112,50	33,66			
	II	**252,91**	237,75	237,75	II	160,33	73,91	6,58			
	III	**71,00**	250,00	237,75	III	11,50					
	V	**581,66**	237,75	237,75	IV	248,58	201,66	156,33	112,50	70,25	33,66
	VI	**615,16**	237,75	237,75							

* Zur LSt-Berechnung für privat versicherte Arbeitnehmer s. Beispiele **Vorbemerkung S. 4 f.**
** Basisvorsorgepauschale KV und PV *** Typisierter Arbeitgeberzuschuss

Lohn/ Gehalt in € bis	Steuerklasse	Lohn- steuer*	BVSP**	TAGZ***	Steuerklasse	Bemessungsgrundlage für Kirchensteuer und Solidaritätszuschlag – Freibeträge für ... Kinder 0,5	**1,0**	1,5	**2,0**	2,5	**3,0**
2594,99	I,IV	**297,75**	238,08	238,08	I	202,33	113,08	34,08			
	II	**253,58**	238,08	238,08	II	161,00	74,50	7,00			
	III	**71,50**	250,00	238,08	III	11,83					
	V	**582,50**	238,08	238,08	IV	249,33	202,33	157,00	113,08	70,83	34,08
	VI	**616,16**	238,08	238,08							
2597,99	I,IV	**298,50**	238,33	238,33	I	203,00	113,66	34,58			
	II	**254,33**	238,33	238,33	II	161,66	75,16	7,33			
	III	**72,00**	250,00	238,33	III	12,16					
	V	**583,50**	238,33	238,33	IV	250,00	203,00	157,58	113,66	71,41	34,58
	VI	**617,16**	238,33	238,33							
2600,99	I,IV	**299,16**	238,58	238,58	I	203,66	114,33	35,08			
	II	**255,00**	238,58	238,58	II	162,25	75,75	7,75			
	III	**72,50**	250,00	238,58	III	12,66					
	V	**584,33**	238,58	238,58	IV	250,66	203,66	158,25	114,33	72,00	35,08
	VI	**618,16**	238,58	238,58							
2603,99	I,IV	**299,83**	238,91	238,91	I	204,33	114,91	35,50			
	II	**255,66**	238,91	238,91	II	162,91	76,25	8,08			
	III	**73,00**	250,00	238,91	III	13,00					
	V	**585,33**	238,91	238,91	IV	251,33	204,33	158,83	114,91	72,58	35,50
	VI	**619,16**	238,91	238,91							
2606,99	I,IV	**300,58**	239,16	239,16	I	205,00	115,50	36,00			
	II	**256,33**	239,16	239,16	II	163,50	76,91	8,50			
	III	**73,66**	250,00	239,16	III	13,50					
	V	**586,33**	239,16	239,16	IV	252,00	205,00	159,50	115,50	73,16	36,00
	VI	**620,16**	239,16	239,16							
2609,99	I,IV	**301,25**	239,41	239,41	I	205,66	116,16	36,50			
	II	**257,00**	239,41	239,41	II	164,16	77,50	8,91			
	III	**74,16**	250,00	239,41	III	14,00					
	V	**587,33**	239,41	239,41	IV	252,66	205,66	160,16	116,16	73,75	36,50
	VI	**621,00**	239,41	239,41							
2612,99	I,IV	**302,00**	239,66	239,66	I	206,33	116,75	36,91			
	II	**257,66**	239,66	239,66	II	164,83	78,08	9,25			
	III	**74,66**	250,00	239,66	III	14,33					
	V	**588,33**	239,66	239,66	IV	253,41	206,33	160,75	116,75	74,33	36,91
	VI	**622,00**	239,66	239,66							
2615,99	I,IV	**302,66**	240,00	240,00	I	207,00	117,41	37,41			
	II	**258,41**	240,00	240,00	II	165,50	78,66	9,66			
	III	**75,16**	250,00	240,00	III	14,83					
	V	**589,33**	240,00	240,00	IV	254,08	207,00	161,41	117,41	74,91	37,41
	VI	**623,00**	240,00	240,00							
2618,99	I,IV	**303,41**	240,25	240,25	I	207,66	118,00	37,91			
	II	**259,08**	240,25	240,25	II	166,08	79,25	10,08			
	III	**75,83**	250,00	240,25	III	15,16					
	V	**590,16**	240,25	240,25	IV	254,75	207,66	162,08	118,00	75,50	37,91
	VI	**624,00**	240,25	240,25							
2621,99	I,IV	**304,08**	240,50	240,50	I	208,33	118,66	38,41			
	II	**259,75**	240,50	240,50	II	166,75	79,83	10,41			
	III	**76,33**	250,00	240,50	III	15,66					
	V	**591,16**	240,50	240,50	IV	255,41	208,33	162,66	118,66	76,08	38,41
	VI	**625,16**	240,50	240,50							
2624,99	I,IV	**304,83**	240,83	240,83	I	209,00	119,25	38,91			
	II	**260,41**	240,83	240,83	II	167,41	80,50	10,83			
	III	**76,83**	250,00	240,83	III	16,00					
	V	**592,16**	240,83	240,83	IV	256,08	209,00	163,33	119,25	76,66	38,91
	VI	**626,00**	240,83	240,83							
2627,99	I,IV	**305,50**	241,08	241,08	I	209,58	119,83	39,33			
	II	**261,08**	241,08	241,08	II	168,00	81,08	11,25			
	III	**77,33**	250,00	241,08	III	16,50					
	V	**593,16**	241,08	241,08	IV	256,75	209,58	164,00	119,83	77,25	39,33
	VI	**627,00**	241,08	241,08							

* Zur LSt-Berechnung für privat versicherte Arbeitnehmer s. Beispiele **Vorbemerkung S. 4f.**
** Basisvorsorgepauschale KV und PV *** Typisierter Arbeitgeberzuschuss

Lohn/ Gehalt in € bis	Steuerklasse	Lohn- steuer*	BVSP**	TAGZ***	Steuerklasse	Bemessungsgrundlage für Kirchensteuer und Solidaritätszuschlag – Freibeträge für ... Kinder 0,5	1,0	1,5	2,0	2,5	3,0
2630,99	I,IV	**306,16**	241,33	241,33	I	210,25	120,50	39,83			
	II	**261,83**	241,33	241,33	II	168,66	81,66	11,58			
	III	**78,00**	250,00	241,33	III	16,83					
	V	**594,00**	241,33	241,33	IV	257,50	210,25	164,58	120,50	77,83	39,83
	VI	**628,00**	241,33	241,33							
2633,99	I,IV	**306,91**	241,66	241,66	I	210,91	121,08	40,33			
	II	**262,50**	241,66	241,66	II	169,33	82,25	12,00			
	III	**78,50**	250,00	241,66	III	17,33					
	V	**595,00**	241,66	241,66	IV	258,16	210,91	165,25	121,08	78,50	40,33
	VI	**628,83**	241,66	241,66							
2636,99	I,IV	**307,58**	241,91	241,91	I	211,58	121,75	40,83			
	II	**263,16**	241,91	241,91	II	169,91	82,83	12,41			
	III	**79,00**	250,00	241,91	III	17,66					
	V	**596,00**	241,91	241,91	IV	258,83	211,58	165,91	121,75	79,08	40,83
	VI	**630,00**	241,91	241,91							
2639,99	I,IV	**308,33**	242,16	242,16	I	212,25	122,33	41,33			
	II	**263,83**	242,16	242,16	II	170,58	83,41	12,83			
	III	**79,50**	250,00	242,16	III	18,16					
	V	**597,00**	242,16	242,16	IV	259,50	212,25	166,50	122,33	79,66	41,33
	VI	**631,00**	242,16	242,16							
2642,99	I,IV	**309,00**	242,41	242,41	I	212,91	122,91	41,83			
	II	**264,58**	242,41	242,41	II	171,25	84,08	13,25			
	III	**80,16**	250,00	242,41	III	18,50					
	V	**598,00**	242,41	242,41	IV	260,25	212,91	167,16	122,91	80,25	41,83
	VI	**632,00**	242,41	242,41							
2645,99	I,IV	**309,75**	242,75	242,75	I	213,58	123,58	42,33			
	II	**265,25**	242,75	242,75	II	171,91	84,66	13,58			
	III	**80,66**	250,00	242,75	III	19,00					
	V	**598,83**	242,75	242,75	IV	260,91	213,58	167,83	123,58	80,83	42,33
	VI	**633,00**	242,75	242,75							
2648,99	I,IV	**310,41**	243,00	243,00	I	214,25	124,16	42,83			
	II	**265,91**	243,00	243,00	II	172,50	85,25	14,00			
	III	**81,16**	250,00	243,00	III	19,50					
	V	**599,83**	243,00	243,00	IV	261,58	214,25	168,50	124,16	81,50	42,83
	VI	**634,00**	243,00	243,00							
2651,99	I,IV	**311,16**	243,25	243,25	I	214,91	124,83	43,33			
	II	**266,58**	243,25	243,25	II	173,16	85,83	14,41			
	III	**81,66**	250,00	243,25	III	19,83					
	V	**601,00**	243,25	243,25	IV	262,25	214,91	169,08	124,83	82,08	43,33
	VI	**634,83**	243,25	243,25							
2654,99	I,IV	**311,83**	243,58	243,58	I	215,58	125,41	43,83			
	II	**267,25**	243,58	243,58	II	173,83	86,41	14,83			
	III	**82,33**	250,00	243,58	III	20,33					
	V	**601,83**	243,58	243,58	IV	262,91	215,58	169,75	125,41	82,66	43,83
	VI	**636,00**	243,58	243,58							
2657,99	I,IV	**312,58**	243,83	243,83	I	216,25	126,08	44,33			
	II	**268,00**	243,83	243,83	II	174,41	87,08	15,25			
	III	**82,83**	250,00	243,83	III	20,66					
	V	**602,83**	243,83	243,83	IV	263,66	216,25	170,41	126,08	83,25	44,33
	VI	**637,00**	243,83	243,83							
2660,99	I,IV	**313,25**	244,08	244,08	I	216,91	126,66	44,83			
	II	**268,66**	244,08	244,08	II	175,08	87,66	15,66			
	III	**83,33**	250,00	244,08	III	21,16					
	V	**603,66**	244,08	244,08	IV	264,33	216,91	171,00	126,66	83,83	44,83
	VI	**638,00**	244,08	244,08							
2663,99	I,IV	**314,00**	244,41	244,41	I	217,58	127,33	45,33			
	II	**269,33**	244,41	244,41	II	175,75	88,25	16,08			
	III	**83,83**	250,00	244,41	III	21,66					
	V	**604,83**	244,41	244,41	IV	265,00	217,58	171,66	127,33	84,41	45,33
	VI	**638,83**	244,41	244,41							

* Zur LSt-Berechnung für privat versicherte Arbeitnehmer s. Beispiele **Vorbemerkung S. 4 f.**
** Basisvorsorgepauschale KV und PV *** Typisierter Arbeitgeberzuschuss

Lohn/ Gehalt in € bis	Steuerklasse	Lohn- steuer*	BVSP**	TAGZ***	Steuerklasse	Bemessungsgrundlage für Kirchensteuer und Solidaritätszuschlag					
						Freibeträge für ... Kinder					
						0,5	**1,0**	1,5	**2,0**	2,5	**3,0**
2666,99	I,IV	**314,66**	244,66	244,66	I	218,25	127,91	45,83			
	II	**270,08**	244,66	244,66	II	176,41	88,83	16,50			
	III	**84,50**	250,00	244,66	III	22,00					
	V	**605,83**	244,66	244,66	IV	265,66	218,25	172,33	127,91	85,08	45,83
	VI	**639,83**	244,66	244,66							
2669,99	I,IV	**315,41**	244,91	244,91	I	218,91	128,58	46,33			
	II	**270,75**	244,91	244,91	II	177,00	89,41	16,91			
	III	**85,00**	250,00	244,91	III	22,50					
	V	**606,66**	244,91	244,91	IV	266,41	218,91	173,00	128,58	85,66	46,33
	VI	**640,83**	244,91	244,91							
2672,99	I,IV	**316,08**	245,16	245,16	I	219,58	129,16	46,83			
	II	**271,41**	245,16	245,16	II	177,66	90,08	17,33			
	III	**85,50**	250,00	245,16	III	23,00					
	V	**607,66**	245,16	245,16	IV	267,08	219,58	173,58	129,16	86,25	46,83
	VI	**641,83**	245,16	245,16							
2675,99	I,IV	**316,83**	245,50	245,50	I	220,25	129,83	47,41			
	II	**272,16**	245,50	245,50	II	178,33	90,66	17,75			
	III	**86,16**	250,00	245,50	III	23,33					
	V	**608,66**	245,50	245,50	IV	267,75	220,25	174,25	129,83	86,83	47,41
	VI	**642,83**	245,50	245,50							
2678,99	I,IV	**317,50**	245,75	245,75	I	220,91	130,41	47,91			
	II	**272,83**	245,75	245,75	II	179,00	91,25	18,16			
	III	**86,66**	250,00	245,75	III	23,83					
	V	**609,66**	245,75	245,75	IV	268,50	220,91	174,91	130,41	87,50	47,91
	VI	**644,00**	245,75	245,75							
2681,99	I,IV	**318,25**	246,00	246,00	I	221,58	131,00	48,41			
	II	**273,50**	246,00	246,00	II	179,58	91,83	18,58			
	III	**87,16**	250,00	246,00	III	24,16					
	V	**610,66**	246,00	246,00	IV	269,16	221,58	175,50	131,00	88,08	48,41
	VI	**644,83**	246,00	246,00							
2684,99	I,IV	**318,91**	246,33	246,33	I	222,25	131,66	48,91			
	II	**274,16**	246,33	246,33	II	180,25	92,50	19,00			
	III	**87,83**	250,00	246,33	III	24,66					
	V	**611,50**	246,33	246,33	IV	269,83	222,25	176,16	131,66	88,66	48,91
	VI	**645,83**	246,33	246,33							
2687,99	I,IV	**319,66**	246,58	246,58	I	222,91	132,25	49,41			
	II	**274,91**	246,58	246,58	II	180,91	93,08	19,41			
	III	**88,33**	250,00	246,58	III	25,16					
	V	**612,50**	246,58	246,58	IV	270,50	222,91	176,83	132,25	89,25	49,41
	VI	**646,83**	246,58	246,58							
2690,99	I,IV	**320,33**	246,83	246,83	I	223,58	132,91	49,91			
	II	**275,58**	246,83	246,83	II	181,58	93,66	19,83			
	III	**89,00**	250,00	246,83	III	25,50					
	V	**613,66**	246,83	246,83	IV	271,16	223,58	177,50	132,91	89,83	49,91
	VI	**647,83**	246,83	246,83							
2693,99	I,IV	**321,08**	247,16	247,16	I	224,25	133,50	50,50			
	II	**276,25**	247,16	247,16	II	182,25	94,25	20,25			
	III	**89,50**	250,00	247,16	III	26,00					
	V	**614,50**	247,16	247,16	IV	271,91	224,25	178,08	133,50	90,50	50,50
	VI	**648,83**	247,16	247,16							
2696,99	I,IV	**321,83**	247,41	247,41	I	224,91	134,16	51,00			
	II	**277,00**	247,41	247,41	II	182,83	94,91	20,66			
	III	**90,00**	250,00	247,41	III	26,50					
	V	**615,50**	247,41	247,41	IV	272,58	224,91	178,75	134,16	91,08	51,00
	VI	**649,83**	247,41	247,41							
2699,99	I,IV	**322,50**	247,66	247,66	I	225,58	134,75	51,50			
	II	**277,66**	247,66	247,66	II	183,50	95,50	21,08			
	III	**90,66**	250,00	247,66	III	26,83					
	V	**616,50**	247,66	247,66	IV	273,25	225,58	179,41	134,75	91,66	51,50
	VI	**650,83**	247,66	247,66							

* Zur LSt-Berechnung für privat versicherte Arbeitnehmer s. Beispiele **Vorbemerkung S. 4f.**
** Basisvorsorgepauschale KV und PV *** Typisierter Arbeitgeberzuschuss

Lohn/ Gehalt in € bis	Steuerklasse	Lohn-steuer*	BVSP**	TAGZ***	Steuerklasse	Bemessungsgrundlage für Kirchensteuer und Solidaritätszuschlag – Freibeträge für ... Kinder 0,5	1,0	1,5	2,0	2,5	3,0
2702,99	I,IV	**323,25**	248,00	248,00	I	226,25	135,41	52,08			
	II	**278,33**	248,00	248,00	II	184,16	96,08	21,50			
	III	**91,16**	250,00	248,00	III	27,33					
	V	**617,50**	248,00	248,00	IV	274,00	226,25	180,08	135,41	92,25	52,08
	VI	**652,00**	248,00	248,00							
2705,99	I,IV	**323,91**	248,25	248,25	I	226,91	136,00	52,58			
	II	**279,00**	248,25	248,25	II	184,83	96,66	21,91			
	III	**91,66**	250,00	248,25	III	27,83					
	V	**618,50**	248,25	248,25	IV	274,66	226,91	180,66	136,00	92,83	52,58
	VI	**652,83**	248,25	248,25							
2708,99	I,IV	**324,66**	248,50	248,50	I	227,58	136,66	53,08			
	II	**279,75**	248,50	248,50	II	185,41	97,33	22,41			
	III	**92,33**	250,00	248,50	III	28,16					
	V	**619,50**	248,50	248,50	IV	275,33	227,58	181,33	136,66	93,50	53,08
	VI	**653,83**	248,50	248,50							
2711,99	I,IV	**325,33**	248,75	248,75	I	228,25	137,25	53,66			
	II	**280,41**	248,75	248,75	II	186,08	97,91	22,83			
	III	**92,83**	250,00	248,75	III	28,66					
	V	**620,50**	248,75	248,75	IV	276,00	228,25	182,00	137,25	94,08	53,66
	VI	**654,83**	248,75	248,75							
2714,99	I,IV	**326,08**	249,08	249,08	I	228,91	137,91	54,16			
	II	**281,08**	249,08	249,08	II	186,75	98,50	23,25			
	III	**93,33**	250,00	249,08	III	29,16					
	V	**621,33**	249,08	249,08	IV	276,75	228,91	182,66	137,91	94,66	54,16
	VI	**655,83**	249,08	249,08							
2717,99	I,IV	**326,75**	249,33	249,33	I	229,58	138,50	54,66			
	II	**281,83**	249,33	249,33	II	187,41	99,16	23,66			
	III	**94,00**	250,00	249,33	III	29,66					
	V	**622,33**	249,33	249,33	IV	277,41	229,58	183,33	138,50	95,33	54,66
	VI	**656,83**	249,33	249,33							
2720,99	I,IV	**327,50**	249,58	249,58	I	230,25	139,16	55,25			
	II	**282,50**	249,58	249,58	II	188,08	99,75	24,16			
	III	**94,50**	250,00	249,58	III	30,00					
	V	**623,33**	249,58	249,58	IV	278,08	230,25	183,91	139,16	95,91	55,25
	VI	**657,83**	249,58	249,58							
2723,99	I,IV	**328,25**	249,91	249,91	I	230,91	139,83	55,75			
	II	**283,25**	249,91	249,91	II	188,75	100,33	24,58			
	III	**95,16**	250,00	249,91	III	30,50					
	V	**624,50**	249,91	249,91	IV	278,83	230,91	184,58	139,83	96,50	55,75
	VI	**658,83**	249,91	249,91							
2726,99	I,IV	**328,91**	250,16	250,16	I	231,58	140,41	56,33			
	II	**283,91**	250,16	250,16	II	189,33	101,00	25,00			
	III	**95,66**	250,16	250,16	III	31,00					
	V	**625,33**	250,16	250,16	IV	279,50	231,58	185,25	140,41	97,08	56,33
	VI	**659,83**	250,16	250,16							
2729,99	I,IV	**329,66**	250,41	250,41	I	232,33	141,08	56,83			
	II	**284,58**	250,41	250,41	II	190,00	101,58	25,50			
	III	**96,16**	250,41	250,41	III	31,33					
	V	**626,33**	250,41	250,41	IV	280,25	232,33	185,91	141,08	97,75	56,83
	VI	**661,00**	250,41	250,41							
2732,99	I,IV	**330,33**	250,75	250,75	I	232,91	141,66	57,33			
	II	**285,25**	250,75	250,75	II	190,66	102,16	25,91			
	III	**96,66**	250,75	250,75	III	31,66					
	V	**627,33**	250,75	250,75	IV	280,91	232,91	186,50	141,66	98,33	57,33
	VI	**662,00**	250,75	250,75							
2735,99	I,IV	**331,08**	251,00	251,00	I	233,58	142,33	57,91			
	II	**286,00**	251,00	251,00	II	191,33	102,75	26,33			
	III	**97,16**	251,00	251,00	III	32,16					
	V	**628,16**	251,00	251,00	IV	281,58	233,58	187,16	142,33	98,91	57,91
	VI	**663,00**	251,00	251,00							

* Zur LSt-Berechnung für privat versicherte Arbeitnehmer s. Beispiele **Vorbemerkung S. 4 f.**
** Basisvorsorgepauschale KV und PV *** Typisierter Arbeitgeberzuschuss

Lohn/ Gehalt in € bis	Steuerklasse	Lohn-steuer*	BVSP**	TAGZ***	Steuerklasse	Bemessungsgrundlage für Kirchensteuer und Solidaritätszuschlag – Freibeträge für ... Kinder 0,5	**1,0**	1,5	**2,0**	2,5	**3,0**
2738,99	I,IV	**331,75**	251,25	251,25	I	234,33	142,91	58,41			
	II	**286,66**	251,25	251,25	II	192,00	103,41	26,83			
	III	**97,66**	251,25	251,25	III	32,50					
	V	**629,16**	251,25	251,25	IV	282,25	234,33	187,83	142,91	99,50	58,41
	VI	**664,00**	251,25	251,25							
2741,99	I,IV	**332,50**	251,50	251,50	I	235,00	143,58	59,00			
	II	**287,41**	251,50	251,50	II	192,66	104,00	27,25			
	III	**98,16**	251,50	251,50	III	33,00					
	V	**630,33**	251,50	251,50	IV	283,00	235,00	188,50	143,58	100,16	59,00
	VI	**665,00**	251,50	251,50							
2744,99	I,IV	**333,25**	251,83	251,83	I	235,66	144,16	59,58			
	II	**288,08**	251,83	251,83	II	193,25	104,58	27,66			
	III	**98,66**	251,83	251,83	III	33,33					
	V	**631,33**	251,83	251,83	IV	283,66	235,66	189,16	144,16	100,75	59,58
	VI	**666,00**	251,83	251,83							
2747,99	I,IV	**333,91**	252,08	252,08	I	236,33	144,83	60,08			
	II	**288,75**	252,08	252,08	II	193,91	105,25	28,16			
	III	**99,33**	252,08	252,08	III	33,83					
	V	**632,33**	252,08	252,08	IV	284,33	236,33	189,83	144,83	101,33	60,08
	VI	**667,00**	252,08	252,08							
2750,99	I,IV	**334,66**	252,33	252,33	I	237,00	145,41	60,66			
	II	**289,50**	252,33	252,33	II	194,58	105,83	28,58			
	III	**99,83**	252,33	252,33	III	34,16					
	V	**633,33**	252,33	252,33	IV	285,08	237,00	190,50	145,41	102,00	60,66
	VI	**668,00**	252,33	252,33							
2753,99	I,IV	**335,41**	252,66	252,66	I	237,66	146,08	61,16			
	II	**290,16**	252,66	252,66	II	195,25	106,41	29,08			
	III	**100,33**	252,66	252,66	III	34,66					
	V	**634,16**	252,66	252,66	IV	285,75	237,66	191,08	146,08	102,58	61,16
	VI	**669,00**	252,66	252,66							
2756,99	I,IV	**336,08**	252,91	252,91	I	238,33	146,75	61,75			
	II	**290,91**	252,91	252,91	II	195,91	107,08	29,50			
	III	**100,83**	252,91	252,91	III	35,00					
	V	**635,16**	252,91	252,91	IV	286,50	238,33	191,75	146,75	103,16	61,75
	VI	**670,00**	252,91	252,91							
2759,99	I,IV	**336,83**	253,16	253,16	I	239,00	147,33	62,25			
	II	**291,58**	253,16	253,16	II	196,58	107,66	30,00			
	III	**101,33**	253,16	253,16	III	35,50					
	V	**636,33**	253,16	253,16	IV	287,16	239,00	192,41	147,33	103,83	62,25
	VI	**671,16**	253,16	253,16							
2762,99	I,IV	**337,50**	253,50	253,50	I	239,66	148,00	62,83			
	II	**292,25**	253,50	253,50	II	197,16	108,25	30,41			
	III	**101,83**	253,50	253,50	III	35,83					
	V	**637,33**	253,50	253,50	IV	287,83	239,66	193,08	148,00	104,41	62,83
	VI	**672,16**	253,50	253,50							
2765,99	I,IV	**338,25**	253,75	253,75	I	240,33	148,58	63,41			
	II	**293,00**	253,75	253,75	II	197,83	108,91	30,91			
	III	**102,33**	253,75	253,75	III	36,33					
	V	**638,16**	253,75	253,75	IV	288,58	240,33	193,75	148,58	105,00	63,41
	VI	**673,16**	253,75	253,75							
2768,99	I,IV	**339,00**	254,00	254,00	I	241,08	149,25	64,00	0,25		
	II	**293,66**	254,00	254,00	II	198,50	109,50	31,33			
	III	**103,00**	254,00	254,00	III	36,66					
	V	**639,16**	254,00	254,00	IV	289,25	241,08	194,41	149,25	105,66	64,00
	VI	**674,16**	254,00	254,00							
2771,99	I,IV	**339,66**	254,25	254,25	I	241,75	149,83	64,50	0,58		
	II	**294,33**	254,25	254,25	II	199,16	110,08	31,83			
	III	**103,50**	254,25	254,25	III	37,16					
	V	**640,16**	254,25	254,25	IV	289,91	241,75	195,00	149,83	106,25	64,50
	VI	**675,16**	254,25	254,25							

* Zur LSt-Berechnung für privat versicherte Arbeitnehmer s. Beispiele **Vorbemerkung S. 4f.**
** Basisvorsorgepauschale KV und PV *** Typisierter Arbeitgeberzuschuss

Lohn/ Gehalt in € bis	Steuerklasse	Lohn- steuer*	BVSP**	TAGZ***	Steuerklasse	Bemessungsgrundlage für Kirchensteuer und Solidaritätszuschlag					
						Freibeträge für ... Kinder					
						0,5	**1,0**	1,5	**2,0**	2,5	**3,0**
2774,99	I,IV	**340,41**	254,58	254,58	I	242,41	150,50	65,08	1,00		
	II	**295,08**	254,58	254,58	II	199,83	110,75	32,33			
	III	**104,00**	254,58	254,58	III	37,50					
	V	**641,16**	254,58	254,58	IV	290,66	242,41	195,66	150,50	106,83	65,08
	VI	**676,16**	254,58	254,58							
2777,99	I,IV	**341,16**	254,83	254,83	I	243,08	151,16	65,66	1,33		
	II	**295,75**	254,83	254,83	II	200,50	111,33	32,75			
	III	**104,50**	254,83	254,83	III	38,00					
	V	**642,16**	254,83	254,83	IV	291,33	243,08	196,33	151,16	107,50	65,66
	VI	**677,16**	254,83	254,83							
2780,99	I,IV	**341,83**	255,08	255,08	I	243,75	151,75	66,25	1,66		
	II	**296,50**	255,08	255,08	II	201,16	112,00	33,25			
	III	**105,00**	255,08	255,08	III	38,50					
	V	**643,16**	255,08	255,08	IV	292,08	243,75	197,00	151,75	108,08	66,25
	VI	**678,16**	255,08	255,08							
2783,99	I,IV	**342,58**	255,41	255,41	I	244,41	152,41	66,75	2,00		
	II	**297,16**	255,41	255,41	II	201,83	112,58	33,66			
	III	**105,50**	255,41	255,41	III	38,83					
	V	**644,16**	255,41	255,41	IV	292,75	244,41	197,66	152,41	108,66	66,75
	VI	**679,16**	255,41	255,41							
2786,99	I,IV	**343,25**	255,66	255,66	I	245,08	153,00	67,33	2,41		
	II	**297,83**	255,66	255,66	II	202,41	113,16	34,16			
	III	**106,00**	255,66	255,66	III	39,16					
	V	**645,16**	255,66	255,66	IV	293,41	245,08	198,33	153,00	109,33	67,33
	VI	**680,16**	255,66	255,66							
2789,99	I,IV	**344,00**	255,91	255,91	I	245,75	153,66	67,91	2,75		
	II	**298,58**	255,91	255,91	II	203,08	113,75	34,66			
	III	**106,50**	255,91	255,91	III	39,66					
	V	**646,16**	255,91	255,91	IV	294,16	245,75	199,00	153,66	109,91	67,91
	VI	**681,16**	255,91	255,91							
2792,99	I,IV	**344,75**	256,25	256,25	I	246,50	154,33	68,50	3,08		
	II	**299,25**	256,25	256,25	II	203,75	114,41	35,08			
	III	**107,16**	256,25	256,25	III	40,16					
	V	**647,16**	256,25	256,25	IV	294,83	246,50	199,58	154,33	110,50	68,50
	VI	**682,16**	256,25	256,25							
2795,99	I,IV	**345,50**	256,50	256,50	I	247,16	154,91	69,08	3,50		
	II	**300,00**	256,50	256,50	II	204,41	115,00	35,58			
	III	**107,66**	256,50	256,50	III	40,50					
	V	**648,16**	256,50	256,50	IV	295,50	247,16	200,25	154,91	111,16	69,08
	VI	**683,33**	256,50	256,50							
2798,99	I,IV	**346,16**	256,75	256,75	I	247,83	155,58	69,58	3,83		
	II	**300,66**	256,75	256,75	II	205,08	115,66	36,08			
	III	**108,16**	256,75	256,75	III	41,00					
	V	**649,16**	256,75	256,75	IV	296,25	247,83	200,91	155,58	111,75	69,58
	VI	**684,33**	256,75	256,75							
2801,99	I,IV	**346,91**	257,08	257,08	I	248,50	156,25	70,16	4,16		
	II	**301,41**	257,08	257,08	II	205,75	116,25	36,58			
	III	**108,66**	257,08	257,08	III	41,33					
	V	**650,16**	257,08	257,08	IV	296,91	248,50	201,58	156,25	112,33	70,16
	VI	**685,33**	257,08	257,08							
2804,99	I,IV	**347,66**	257,33	257,33	I	249,16	156,83	70,75	4,58		
	II	**302,08**	257,33	257,33	II	206,41	116,91	37,00			
	III	**109,16**	257,33	257,33	III	41,83					
	V	**651,33**	257,33	257,33	IV	297,66	249,16	202,25	156,83	113,00	70,75
	VI	**686,33**	257,33	257,33							
2807,99	I,IV	**348,33**	257,58	257,58	I	249,83	157,50	71,33	4,91		
	II	**302,83**	257,58	257,58	II	207,08	117,50	37,50			
	III	**109,83**	257,58	257,58	III	42,16					
	V	**652,33**	257,58	257,58	IV	298,33	249,83	202,91	157,50	113,58	71,33
	VI	**687,33**	257,58	257,58							

* Zur LSt-Berechnung für privat versicherte Arbeitnehmer s. Beispiele **Vorbemerkung S. 4 f.**
** Basisvorsorgepauschale KV und PV *** Typisierter Arbeitgeberzuschuss

Lohn/ Gehalt in € bis	Steuerklasse	Lohn-steuer*	BVSP**	TAGZ***	Steuerklasse	Bemessungsgrundlage für Kirchensteuer und Solidaritätszuschlag – Freibeträge für ... Kinder 0,5	**1,0**	1,5	**2,0**	2,5	**3,0**
2810,99	I,IV	**349,08**	257,83	257,83	I	250,50	158,08	71,91	5,33		
	II	**303,50**	257,83	257,83	II	207,75	118,08	38,00			
	III	**110,33**	257,83	257,83	III	42,66					
	V	**653,16**	257,83	257,83	IV	299,00	250,50	203,58	158,08	114,16	71,91
	VI	**688,50**	257,83	257,83							
2813,99	I,IV	**349,83**	258,16	258,16	I	251,25	158,75	72,50	5,66		
	II	**304,16**	258,16	258,16	II	208,41	118,75	38,50			
	III	**110,83**	258,16	258,16	III	43,16					
	V	**654,16**	258,16	258,16	IV	299,75	251,25	204,25	158,75	114,83	72,50
	VI	**689,50**	258,16	258,16							
2816,99	I,IV	**350,50**	258,41	258,41	I	251,91	159,41	73,08	6,08		
	II	**304,91**	258,41	258,41	II	209,08	119,33	39,00			
	III	**111,33**	258,41	258,41	III	43,50					
	V	**655,16**	258,41	258,41	IV	300,41	251,91	204,91	159,41	115,41	73,08
	VI	**690,50**	258,41	258,41							
2819,99	I,IV	**351,25**	258,66	258,66	I	252,58	160,00	73,66	6,41		
	II	**305,58**	258,66	258,66	II	209,75	119,91	39,41			
	III	**112,00**	258,66	258,66	III	44,00					
	V	**656,16**	258,66	258,66	IV	301,16	252,58	205,50	160,00	116,08	73,66
	VI	**691,50**	258,66	258,66							
2822,99	I,IV	**352,00**	259,00	259,00	I	253,25	160,66	74,25	6,83		
	II	**306,33**	259,00	259,00	II	210,41	120,58	39,91			
	III	**112,50**	259,00	259,00	III	44,33					
	V	**657,16**	259,00	259,00	IV	301,83	253,25	206,16	160,66	116,66	74,25
	VI	**692,66**	259,00	259,00							
2825,99	I,IV	**352,75**	259,25	259,25	I	253,91	161,33	74,83	7,16		
	II	**307,00**	259,25	259,25	II	211,08	121,16	40,41			
	III	**113,00**	259,25	259,25	III	44,83					
	V	**658,16**	259,25	259,25	IV	302,58	253,91	206,83	161,33	117,25	74,83
	VI	**693,66**	259,25	259,25							
2828,99	I,IV	**353,41**	259,50	259,50	I	254,66	161,91	75,41	7,58		
	II	**307,75**	259,50	259,50	II	211,75	121,83	40,91			
	III	**113,50**	259,50	259,50	III	45,33					
	V	**659,16**	259,50	259,50	IV	303,25	254,66	207,50	161,91	117,91	75,41
	VI	**694,66**	259,50	259,50							
2831,99	I,IV	**354,16**	259,83	259,83	I	255,33	162,58	76,00	7,91		
	II	**308,41**	259,83	259,83	II	212,41	122,41	41,41			
	III	**114,00**	259,83	259,83	III	45,66					
	V	**660,16**	259,83	259,83	IV	304,00	255,33	208,16	162,58	118,50	76,00
	VI	**695,66**	259,83	259,83							
2834,99	I,IV	**354,91**	260,08	260,08	I	256,00	163,25	76,58	8,33		
	II	**309,16**	260,08	260,08	II	213,08	123,08	41,91			
	III	**114,66**	260,08	260,08	III	46,16					
	V	**661,33**	260,08	260,08	IV	304,66	256,00	208,83	163,25	119,16	76,58
	VI	**696,66**	260,08	260,08							
2837,99	I,IV	**355,58**	260,33	260,33	I	256,66	163,83	77,16	8,66		
	II	**309,83**	260,33	260,33	II	213,66	123,66	42,41			
	III	**115,16**	260,33	260,33	III	46,50					
	V	**662,33**	260,33	260,33	IV	305,33	256,66	209,50	163,83	119,75	77,16
	VI	**697,66**	260,33	260,33							
2840,99	I,IV	**356,33**	260,58	260,58	I	257,33	164,50	77,75	9,08		
	II	**310,58**	260,58	260,58	II	214,33	124,25	42,91			
	III	**115,66**	260,58	260,58	III	47,00					
	V	**663,33**	260,58	260,58	IV	306,08	257,33	210,16	164,50	120,33	77,75
	VI	**698,66**	260,58	260,58							
2843,99	I,IV	**357,08**	260,91	260,91	I	258,00	165,16	78,33	9,50		
	II	**311,25**	260,91	260,91	II	215,00	124,91	43,41			
	III	**116,16**	260,91	260,91	III	47,50					
	V	**664,33**	260,91	260,91	IV	306,75	258,00	210,83	165,16	121,00	78,33
	VI	**699,83**	260,91	260,91							

* Zur LSt-Berechnung für privat versicherte Arbeitnehmer s. Beispiele **Vorbemerkung S. 4 f.**
** Basisvorsorgepauschale KV und PV *** Typisierter Arbeitgeberzuschuss

Lohn/ Gehalt in € bis	Steuerklasse	Lohn-steuer*	BVSP**	TAGZ***	Steuerklasse	Bemessungsgrundlage für Kirchensteuer und Solidaritätszuschlag – Freibeträge für ... Kinder 0,5	**1,0**	1,5	**2,0**	2,5	**3,0**
2 846,99	I,IV	**357,75**	261,16	261,16	I	258,75	165,75	79,00	9,83		
	II	**312,00**	261,16	261,16	II	215,66	125,50	43,91			
	III	**116,83**	261,16	261,16	III	47,83					
	V	**665,33**	261,16	261,16	IV	307,50	258,75	211,50	165,75	121,58	79,00
	VI	**700,83**	261,16	261,16							
2 849,99	I,IV	**358,50**	261,41	261,41	I	259,41	166,41	79,58	10,25		
	II	**312,66**	261,41	261,41	II	216,33	126,16	44,41			
	III	**117,33**	261,41	261,41	III	48,33					
	V	**666,33**	261,41	261,41	IV	308,16	259,41	212,16	166,41	122,25	79,58
	VI	**701,83**	261,41	261,41							
2 852,99	I,IV	**359,25**	261,75	261,75	I	260,08	167,08	80,16	10,66		
	II	**313,41**	261,75	261,75	II	217,00	126,75	44,91			
	III	**117,83**	261,75	261,75	III	48,83					
	V	**667,33**	261,75	261,75	IV	308,91	260,08	212,83	167,08	122,83	80,16
	VI	**702,83**	261,75	261,75							
2 855,99	I,IV	**360,00**	262,00	262,00	I	260,75	167,75	80,75	11,00		
	II	**314,08**	262,00	262,00	II	217,66	127,41	45,41			
	III	**118,33**	262,00	262,00	III	49,16					
	V	**668,33**	262,00	262,00	IV	309,58	260,75	213,50	167,75	123,50	80,75
	VI	**703,83**	262,00	262,00							
2 858,99	I,IV	**360,75**	262,25	262,25	I	261,50	168,33	81,33	11,41		
	II	**314,83**	262,25	262,25	II	218,33	128,00	45,91			
	III	**119,00**	262,25	262,25	III	49,66					
	V	**669,33**	262,25	262,25	IV	310,33	261,50	214,16	168,33	124,08	81,33
	VI	**705,00**	262,25	262,25							
2 861,99	I,IV	**361,41**	262,58	262,58	I	262,16	169,00	81,91	11,83		
	II	**315,50**	262,58	262,58	II	219,00	128,66	46,41			
	III	**119,50**	262,58	262,58	III	50,16					
	V	**670,50**	262,58	262,58	IV	311,00	262,16	214,83	169,00	124,66	81,91
	VI	**706,00**	262,58	262,58							
2 864,99	I,IV	**362,16**	262,83	262,83	I	262,83	169,66	82,58	12,25		
	II	**316,25**	262,83	262,83	II	219,66	129,25	46,91			
	III	**120,00**	262,83	262,83	III	50,50					
	V	**671,50**	262,83	262,83	IV	311,75	262,83	215,50	169,66	125,33	82,58
	VI	**707,00**	262,83	262,83							
2 867,99	I,IV	**362,91**	263,08	263,08	I	263,50	170,25	83,16	12,58		
	II	**316,91**	263,08	263,08	II	220,33	129,91	47,41			
	III	**120,66**	263,08	263,08	III	51,00					
	V	**672,50**	263,08	263,08	IV	312,41	263,50	216,16	170,25	125,91	83,16
	VI	**708,00**	263,08	263,08							
2 870,99	I,IV	**363,58**	263,33	263,33	I	264,16	170,91	83,75	13,00		
	II	**317,66**	263,33	263,33	II	221,00	130,50	48,00			
	III	**121,16**	263,33	263,33	III	51,50					
	V	**673,50**	263,33	263,33	IV	313,16	264,16	216,83	170,91	126,58	83,75
	VI	**709,00**	263,33	263,33							
2 873,99	I,IV	**364,33**	263,66	263,66	I	264,91	171,58	84,33	13,41		
	II	**318,33**	263,66	263,66	II	221,66	131,16	48,50			
	III	**121,66**	263,66	263,66	III	51,83					
	V	**674,50**	263,66	263,66	IV	313,83	264,91	217,50	171,58	127,16	84,33
	VI	**710,16**	263,66	263,66							
2 876,99	I,IV	**365,08**	263,91	263,91	I	265,58	172,16	84,91	13,83		
	II	**319,08**	263,91	263,91	II	222,33	131,75	49,00			
	III	**122,16**	263,91	263,91	III	52,33					
	V	**675,50**	263,91	263,91	IV	314,58	265,58	218,16	172,16	127,83	84,91
	VI	**711,16**	263,91	263,91							
2 879,99	I,IV	**365,83**	264,16	264,16	I	266,25	172,83	85,58	14,25		
	II	**319,75**	264,16	264,16	II	223,00	132,41	49,50			
	III	**122,83**	264,16	264,16	III	52,83					
	V	**676,50**	264,16	264,16	IV	315,25	266,25	218,83	172,83	128,41	85,58
	VI	**712,16**	264,16	264,16							

* Zur LSt-Berechnung für privat versicherte Arbeitnehmer s. Beispiele **Vorbemerkung S. 4 f.**
** Basisvorsorgepauschale KV und PV *** Typisierter Arbeitgeberzuschuss

Lohn/ Gehalt in € bis	Steuerklasse	Lohn-steuer*	BVSP**	TAGZ***	Steuerklasse	Bemessungsgrundlage für Kirchensteuer und Solidaritätszuschlag					
						Freibeträge für ... Kinder					
						0,5	**1,0**	1,5	**2,0**	2,5	**3,0**
2882,99	I,IV	**366,58**	264,50	264,50	I	267,00	173,50	86,16	14,66		
	II	**320,50**	264,50	264,50	II	223,66	133,00	50,08			
	III	**123,33**	264,50	264,50	III	53,16					
	V	**677,50**	264,50	264,50	IV	316,00	267,00	219,50	173,50	129,08	86,16
	VI	**713,33**	264,50	264,50							
2885,99	I,IV	**367,25**	264,75	264,75	I	267,66	174,16	86,75	15,08		
	II	**321,16**	264,75	264,75	II	224,33	133,66	50,58			
	III	**123,83**	264,75	264,75	III	53,66					
	V	**678,50**	264,75	264,75	IV	316,66	267,66	220,16	174,16	129,66	86,75
	VI	**714,33**	264,75	264,75							
2888,99	I,IV	**368,00**	265,00	265,00	I	268,33	174,75	87,33	15,41		
	II	**321,91**	265,00	265,00	II	225,00	134,25	51,08			
	III	**124,50**	265,00	265,00	III	54,16					
	V	**679,50**	265,00	265,00	IV	317,41	268,33	220,75	174,75	130,33	87,33
	VI	**715,33**	265,00	265,00							
2891,99	I,IV	**368,75**	265,33	265,33	I	269,00	175,41	87,91	15,83		
	II	**322,58**	265,33	265,33	II	225,66	134,83	51,58			
	III	**125,00**	265,33	265,33	III	54,50					
	V	**680,50**	265,33	265,33	IV	318,08	269,00	221,41	175,41	130,91	87,91
	VI	**716,33**	265,33	265,33							
2894,99	I,IV	**369,50**	265,58	265,58	I	269,66	176,08	88,58	16,25		
	II	**323,33**	265,58	265,58	II	226,33	135,50	52,16			
	III	**125,50**	265,58	265,58	III	55,00					
	V	**681,50**	265,58	265,58	IV	318,83	269,66	222,08	176,08	131,58	88,58
	VI	**717,33**	265,58	265,58							
2897,99	I,IV	**370,16**	265,83	265,83	I	270,41	176,75	89,16	16,66		
	II	**324,00**	265,83	265,83	II	227,00	136,08	52,66			
	III	**126,16**	265,83	265,83	III	55,50					
	V	**682,50**	265,83	265,83	IV	319,50	270,41	222,83	176,75	132,16	89,16
	VI	**718,50**	265,83	265,83							
2900,99	I,IV	**370,91**	266,16	266,16	I	271,08	177,33	89,75	17,08		
	II	**324,75**	266,16	266,16	II	227,66	136,75	53,16			
	III	**126,66**	266,16	266,16	III	55,83					
	V	**683,66**	266,16	266,16	IV	320,25	271,08	223,50	177,33	132,83	89,75
	VI	**719,50**	266,16	266,16							
2903,99	I,IV	**371,66**	266,41	266,41	I	271,75	178,00	90,33	17,50		
	II	**325,50**	266,41	266,41	II	228,33	137,41	53,75			
	III	**127,16**	266,41	266,41	III	56,33					
	V	**684,66**	266,41	266,41	IV	321,00	271,75	224,16	178,00	133,41	90,33
	VI	**720,50**	266,41	266,41							
2906,99	I,IV	**372,41**	266,66	266,66	I	272,50	178,66	91,00	17,91		
	II	**326,16**	266,66	266,66	II	229,00	138,00	54,25			
	III	**127,83**	266,66	266,66	III	56,83	0,50				
	V	**685,66**	266,66	266,66	IV	321,66	272,50	224,83	178,66	134,08	91,00
	VI	**721,66**	266,66	266,66							
2909,99	I,IV	**373,16**	266,91	266,91	I	273,16	179,33	91,58	18,33		
	II	**326,91**	266,91	266,91	II	229,75	138,66	54,75			
	III	**128,33**	266,91	266,91	III	57,33	0,83				
	V	**686,66**	266,91	266,91	IV	322,41	273,16	225,50	179,33	134,66	91,58
	VI	**722,58**	266,91	266,91							
2912,99	I,IV	**373,91**	267,25	267,25	I	273,83	180,00	92,16	18,75		
	II	**327,58**	267,25	267,25	II	230,41	139,25	55,33			
	III	**128,83**	267,25	267,25	III	57,66	1,16				
	V	**687,66**	267,25	267,25	IV	323,08	273,83	226,16	180,00	135,33	92,16
	VI	**723,66**	267,25	267,25							
2915,99	I,IV	**374,58**	267,50	267,50	I	274,50	180,58	92,75	19,16		
	II	**328,33**	267,50	267,50	II	231,00	139,91	55,83			
	III	**129,50**	267,50	267,50	III	58,16	1,50				
	V	**688,83**	267,50	267,50	IV	323,83	274,50	226,83	180,58	135,91	92,75
	VI	**724,66**	267,50	267,50							

* Zur LSt-Berechnung für privat versicherte Arbeitnehmer s. Beispiele **Vorbemerkung S. 4f.**
** Basisvorsorgepauschale KV und PV *** Typisierter Arbeitgeberzuschuss

Lohn/ Gehalt in € bis	Steuerklasse	Lohn-steuer*	BVSP**	TAGZ***	Steuerklasse	Bemessungsgrundlage für Kirchensteuer und Solidaritätszuschlag – Freibeträge für ... Kinder 0,5	1,0	1,5	2,0	2,5	3,0
2918,99	I,IV	**375,33**	267,75	267,75	I	275,25	181,25	93,33	19,58		
	II	**329,00**	267,75	267,75	II	231,75	140,50	56,41			
	III	**130,00**	267,75	267,75	III	58,66	1,83				
	V	**689,83**	267,75	267,75	IV	324,50	275,25	227,50	181,25	136,50	93,33
	VI	**725,75**	267,75	267,75							
2921,99	I,IV	**376,08**	268,08	268,08	I	275,91	181,91	94,00	20,00		
	II	**329,75**	268,08	268,08	II	232,41	141,16	56,91			
	III	**130,50**	268,08	268,08	III	59,16	2,16				
	V	**690,83**	268,08	268,08	IV	325,25	275,91	228,16	181,91	137,16	94,00
	VI	**726,75**	268,08	268,08							
2924,99	I,IV	**376,83**	268,33	268,33	I	276,58	182,50	94,58	20,50		
	II	**330,50**	268,33	268,33	II	233,08	141,75	57,41			
	III	**131,16**	268,33	268,33	III	59,50	2,50				
	V	**691,83**	268,33	268,33	IV	325,91	276,58	228,83	182,50	137,83	94,58
	VI	**727,83**	268,33	268,33							
2927,99	I,IV	**377,58**	268,58	268,58	I	277,33	183,16	95,16	20,91		
	II	**331,16**	268,58	268,58	II	233,75	142,41	58,00			
	III	**131,66**	268,58	268,58	III	60,00	2,83				
	V	**693,00**	268,58	268,58	IV	326,66	277,33	229,50	183,16	138,41	95,16
	VI	**728,83**	268,58	268,58							
2930,99	I,IV	**378,33**	268,91	268,91	I	278,00	183,83	95,83	21,33		
	II	**331,91**	268,91	268,91	II	234,41	143,00	58,58			
	III	**132,33**	268,91	268,91	III	60,50	3,33				
	V	**694,00**	268,91	268,91	IV	327,41	278,00	230,16	183,83	139,08	95,83
	VI	**729,91**	268,91	268,91							
2933,99	I,IV	**379,00**	269,16	269,16	I	278,66	184,50	96,41	21,75		
	II	**332,66**	269,16	269,16	II	235,08	143,66	59,08			
	III	**132,83**	269,16	269,16	III	61,00	3,66				
	V	**695,00**	269,16	269,16	IV	328,08	278,66	230,83	184,50	139,66	96,41
	VI	**731,00**	269,16	269,16							
2936,99	I,IV	**379,75**	269,41	269,41	I	279,41	185,16	97,00	22,16		
	II	**333,33**	269,41	269,41	II	235,75	144,33	59,66			
	III	**133,33**	269,41	269,41	III	61,33	4,00				
	V	**696,00**	269,41	269,41	IV	328,83	279,41	231,50	185,16	140,33	97,00
	VI	**732,00**	269,41	269,41							
2939,99	I,IV	**380,50**	269,66	269,66	I	280,08	185,83	97,66	22,58		
	II	**334,08**	269,66	269,66	II	236,41	144,91	60,16			
	III	**134,00**	269,66	269,66	III	61,83	4,33				
	V	**697,00**	269,66	269,66	IV	329,50	280,08	232,16	185,83	140,91	97,66
	VI	**733,08**	269,66	269,66							
2942,99	I,IV	**381,25**	270,00	270,00	I	280,75	186,41	98,25	23,08		
	II	**334,75**	270,00	270,00	II	237,08	145,50	60,75			
	III	**134,50**	270,00	270,00	III	62,33	4,66				
	V	**698,00**	270,00	270,00	IV	330,25	280,75	232,83	186,41	141,58	98,25
	VI	**734,08**	270,00	270,00							
2945,99	I,IV	**382,00**	270,25	270,25	I	281,50	187,08	98,83	23,50		
	II	**335,50**	270,25	270,25	II	237,75	146,16	61,25			
	III	**135,00**	270,25	270,25	III	62,83	5,00				
	V	**699,00**	270,25	270,25	IV	330,91	281,50	233,50	187,08	142,16	98,83
	VI	**735,16**	270,25	270,25							
2948,99	I,IV	**382,75**	270,50	270,50	I	282,16	187,75	99,41	23,91		
	II	**336,16**	270,50	270,50	II	238,41	146,83	61,83			
	III	**135,66**	270,50	270,50	III	63,16	5,33				
	V	**700,16**	270,50	270,50	IV	331,66	282,16	234,16	187,75	142,83	99,41
	VI	**736,16**	270,50	270,50							
2951,99	I,IV	**383,41**	270,83	270,83	I	282,83	188,41	100,08	24,33		
	II	**336,91**	270,83	270,83	II	239,08	147,41	62,41			
	III	**136,16**	270,83	270,83	III	63,66	5,83				
	V	**701,16**	270,83	270,83	IV	332,41	282,83	234,83	188,41	143,41	100,08
	VI	**737,25**	270,83	270,83							

* Zur LSt-Berechnung für privat versicherte Arbeitnehmer s. Beispiele **Vorbemerkung S. 4 f.**
** Basisvorsorgepauschale KV und PV *** Typisierter Arbeitgeberzuschuss

Lohn/ Gehalt in € bis	Steuerklasse	Lohn-steuer*	BVSP**	TAGZ***	Steuerklasse	Bemessungsgrundlage für Kirchensteuer und Solidaritätszuschlag – Freibeträge für ... Kinder 0,5	**1,0**	1,5	**2,0**	2,5	**3,0**
2954,99	I,IV	**384,16**	271,08	271,08	I	283,58	189,08	100,66	24,83		
	II	**337,66**	271,08	271,08	II	239,83	148,08	62,91			
	III	**136,83**	271,08	271,08	III	64,16	6,16				
	V	**702,16**	271,08	271,08	IV	333,08	283,58	235,50	189,08	144,08	100,66
	VI	**738,25**	271,08	271,08							
2957,99	I,IV	**384,91**	271,33	271,33	I	284,25	189,66	101,25	25,25		
	II	**338,33**	271,33	271,33	II	240,50	148,75	63,50			
	III	**137,33**	271,33	271,33	III	64,66	6,50				
	V	**703,16**	271,33	271,33	IV	333,83	284,25	236,25	189,66	144,75	101,25
	VI	**739,33**	271,33	271,33							
2960,99	I,IV	**385,66**	271,66	271,66	I	284,91	190,33	101,91	25,66		
	II	**339,08**	271,66	271,66	II	241,16	149,33	64,08	0,33		
	III	**138,00**	271,66	271,66	III	65,16	6,83				
	V	**704,33**	271,66	271,66	IV	334,58	284,91	236,91	190,33	145,33	101,9
	VI	**740,41**	271,66	271,66							
2963,99	I,IV	**386,41**	271,91	271,91	I	285,66	191,00	102,50	26,16		
	II	**339,83**	271,91	271,91	II	241,83	150,00	64,58	0,66		
	III	**138,50**	271,91	271,91	III	65,50	7,16				
	V	**705,33**	271,91	271,91	IV	335,25	285,66	237,58	191,00	146,00	102,50
	VI	**741,41**	271,91	271,91							
2966,99	I,IV	**387,16**	272,16	272,16	I	286,33	191,66	103,08	26,58		
	II	**340,50**	272,16	272,16	II	242,50	150,58	65,16	1,00		
	III	**139,00**	272,16	272,16	III	66,00	7,50				
	V	**706,33**	272,16	272,16	IV	336,00	286,33	238,25	191,66	146,58	103,08
	VI	**742,41**	272,16	272,16							
2969,99	I,IV	**387,91**	272,41	272,41	I	287,00	192,33	103,66	27,00		
	II	**341,25**	272,41	272,41	II	243,16	151,25	65,75	1,33		
	III	**139,66**	272,41	272,41	III	66,50	8,00				
	V	**707,33**	272,41	272,41	IV	336,66	287,00	238,91	192,33	147,25	103,66
	VI	**743,50**	272,41	272,41							
2972,99	I,IV	**388,58**	272,75	272,75	I	287,75	192,91	104,33	27,50		
	II	**342,00**	272,75	272,75	II	243,83	151,83	66,25	1,75		
	III	**140,16**	272,75	272,75	III	67,00	8,33				
	V	**708,33**	272,75	272,75	IV	337,41	287,75	239,58	192,91	147,83	104,33
	VI	**744,58**	272,75	272,75							
2975,99	I,IV	**389,33**	273,00	273,00	I	288,41	193,58	104,91	27,91		
	II	**342,66**	273,00	273,00	II	244,50	152,50	66,83	2,08		
	III	**140,83**	273,00	273,00	III	67,50	8,66				
	V	**709,33**	273,00	273,00	IV	338,16	288,41	240,25	193,58	148,50	104,91
	VI	**745,58**	273,00	273,00							
2978,99	I,IV	**390,08**	273,25	273,25	I	289,16	194,25	105,50	28,41		
	II	**343,41**	273,25	273,25	II	245,25	153,16	67,41	2,41		
	III	**141,33**	273,25	273,25	III	68,00	9,00				
	V	**710,50**	273,25	273,25	IV	338,83	289,16	240,91	194,25	149,16	105,50
	VI	**746,66**	273,25	273,25							
2981,99	I,IV	**390,83**	273,58	273,58	I	289,83	194,91	106,16	28,83		
	II	**344,16**	273,58	273,58	II	245,91	153,75	68,00	2,83		
	III	**142,00**	273,58	273,58	III	68,33	9,50				
	V	**711,50**	273,58	273,58	IV	339,58	289,83	241,58	194,91	149,75	106,16
	VI	**747,66**	273,58	273,58							
2984,99	I,IV	**391,58**	273,83	273,83	I	290,50	195,58	106,75	29,33		
	II	**344,83**	273,83	273,83	II	246,58	154,41	68,58	3,16		
	III	**142,50**	273,83	273,83	III	68,83	9,83				
	V	**712,50**	273,83	273,83	IV	340,33	290,50	242,25	195,58	150,41	106,75
	VI	**748,75**	273,83	273,83							
2987,99	I,IV	**392,33**	274,08	274,08	I	291,25	196,25	107,33	29,75		
	II	**345,58**	274,08	274,08	II	247,25	155,08	69,16	3,50		
	III	**143,16**	274,08	274,08	III	69,33	10,16				
	V	**713,66**	274,08	274,08	IV	341,00	291,25	243,00	196,25	151,00	107,33
	VI	**749,83**	274,08	274,08							

* Zur LSt-Berechnung für privat versicherte Arbeitnehmer s. Beispiele **Vorbemerkung S. 4 f.**
** Basisvorsorgepauschale KV und PV *** Typisierter Arbeitgeberzuschuss

Lohn/ Gehalt in € bis	Steuerklasse	Lohn-steuer*	BVSP**	TAGZ***	Steuerklasse	Bemessungsgrundlage für Kirchensteuer und Solidaritätszuschlag – Freibeträge für ... Kinder 0,5	1,0	1,5	2,0	2,5	3,0
2 990,99	I,IV	**393,08**	274,41	274,41	I	291,91	196,91	108,00	30,25		
	II	**346,33**	274,41	274,41	II	247,91	155,66	69,75	3,91		
	III	**143,66**	274,41	274,41	III	69,83	10,50				
	V	**714,66**	274,41	274,41	IV	341,75	291,91	243,66	196,91	151,66	108,00
	VI	**750,83**	274,41	274,41							
2 993,99	I,IV	**393,83**	274,66	274,66	I	292,58	197,50	108,58	30,66		
	II	**347,00**	274,66	274,66	II	248,58	156,33	70,25	4,25		
	III	**144,16**	274,66	274,66	III	70,33	10,83				
	V	**715,66**	274,66	274,66	IV	342,41	292,58	244,33	197,50	152,25	108,58
	VI	**751,83**	274,66	274,66							
2 996,99	I,IV	**394,58**	274,91	274,91	I	293,33	198,16	109,16	31,16		
	II	**347,75**	274,91	274,91	II	249,25	156,91	70,83	4,58		
	III	**144,83**	274,91	274,91	III	70,66	11,16				
	V	**716,66**	274,91	274,91	IV	343,16	293,33	245,00	198,16	152,91	109,16
	VI	**752,91**	274,91	274,91							
2 999,99	I,IV	**395,33**	275,16	275,16	I	294,00	198,83	109,83	31,58		
	II	**348,50**	275,16	275,16	II	250,00	157,58	71,41	5,00		
	III	**145,33**	275,16	275,16	III	71,16	11,66				
	V	**717,66**	275,16	275,16	IV	343,91	294,00	245,66	198,83	153,58	109,83
	VI	**754,00**	275,16	275,16							
3 002,99	I,IV	**396,08**	275,50	275,50	I	294,75	199,50	110,41	32,08		
	II	**349,16**	275,50	275,50	II	250,66	158,25	72,00	5,33		
	III	**146,00**	275,50	275,50	III	71,66	12,00				
	V	**718,83**	275,50	275,50	IV	344,58	294,75	246,33	199,50	154,16	110,41
	VI	**755,00**	275,50	275,50							
3 005,99	I,IV	**396,83**	275,75	275,75	I	295,41	200,16	111,00	32,50		
	II	**349,91**	275,75	275,75	II	251,33	158,83	72,58	5,75		
	III	**146,50**	275,75	275,75	III	72,16	12,33				
	V	**719,83**	275,75	275,75	IV	345,33	295,41	247,00	200,16	154,83	111,00
	VI	**756,08**	275,75	275,75							
3 008,99	I,IV	**397,58**	276,00	276,00	I	296,08	200,83	111,66	33,00		
	II	**350,66**	276,00	276,00	II	252,00	159,50	73,16	6,08		
	III	**147,16**	276,00	276,00	III	72,66	12,66				
	V	**720,83**	276,00	276,00	IV	346,08	296,08	247,75	200,83	155,50	111,66
	VI	**757,08**	276,00	276,00							
3 011,99	I,IV	**398,33**	276,33	276,33	I	296,83	201,50	112,25	33,50		
	II	**351,33**	276,33	276,33	II	252,66	160,16	73,75	6,50		
	III	**147,66**	276,33	276,33	III	73,16	13,16				
	V	**721,91**	276,33	276,33	IV	346,83	296,83	248,41	201,50	156,08	112,25
	VI	**758,16**	276,33	276,33							
3 014,99	I,IV	**399,00**	276,58	276,58	I	297,50	202,16	112,91	33,91		
	II	**352,08**	276,58	276,58	II	253,41	160,75	74,33	6,83		
	III	**148,33**	276,58	276,58	III	73,66	13,50				
	V	**722,91**	276,58	276,58	IV	347,50	297,50	249,08	202,16	156,75	112,91
	VI	**759,25**	276,58	276,58							
3 017,99	I,IV	**399,75**	276,83	276,83	I	298,25	202,83	113,50	34,41		
	II	**352,83**	276,83	276,83	II	254,08	161,41	74,91	7,25		
	III	**149,00**	276,83	276,83	III	74,16	13,83				
	V	**724,00**	276,83	276,83	IV	348,25	298,25	249,75	202,83	157,41	113,50
	VI	**760,25**	276,83	276,83							
3 020,99	I,IV	**400,50**	277,16	277,16	I	298,91	203,41	114,08	34,91		
	II	**353,50**	277,16	277,16	II	254,75	162,00	75,50	7,58		
	III	**149,50**	277,16	277,16	III	74,66	14,33				
	V	**725,00**	277,16	277,16	IV	348,91	298,91	250,41	203,41	158,00	114,08
	VI	**761,25**	277,16	277,16							
3 023,99	I,IV	**401,25**	277,41	277,41	I	299,58	204,08	114,75	35,33		
	II	**354,25**	277,41	277,41	II	255,41	162,66	76,08	8,00		
	III	**150,16**	277,41	277,41	III	75,00	14,66				
	V	**726,08**	277,41	277,41	IV	349,66	299,58	251,08	204,08	158,66	114,75
	VI	**762,33**	277,41	277,41							

* Zur LSt-Berechnung für privat versicherte Arbeitnehmer s. Beispiele **Vorbemerkung S. 4 f.**
** Basisvorsorgepauschale KV und PV *** Typisierter Arbeitgeberzuschuss

Lohn/ Gehalt in € bis	Steuerklasse	Lohn-steuer*	BVSP**	TAGZ***	Steuerklasse	Bemessungsgrundlage für Kirchensteuer und Solidaritätszuschlag					
						Freibeträge für ... Kinder					
						0,5	**1,0**	1,5	**2,0**	2,5	**3,0**
3026,99	I,IV	**402,00**	277,66	277,66	I	300,33	204,75	115,33	35,83		
	II	**355,00**	277,66	277,66	II	256,08	163,33	76,66	8,41		
	III	**150,66**	277,66	277,66	III	75,50	15,00				
	V	**727,08**	277,66	277,66	IV	350,41	300,33	251,75	204,75	159,25	115,33
	VI	**763,41**	277,66	277,66							
3029,99	I,IV	**402,75**	278,00	278,00	I	301,00	205,41	115,91	36,33		
	II	**355,75**	278,00	278,00	II	256,75	164,00	77,25	8,75		
	III	**151,33**	278,00	278,00	III	76,00	15,33				
	V	**728,16**	278,00	278,00	IV	351,16	301,00	252,50	205,41	159,91	115,91
	VI	**764,41**	278,00	278,00							
3032,99	I,IV	**403,50**	278,25	278,25	I	301,75	206,08	116,58	36,83		
	II	**356,41**	278,25	278,25	II	257,50	164,58	77,83	9,16		
	III	**151,83**	278,25	278,25	III	76,50	15,83				
	V	**729,25**	278,25	278,25	IV	351,83	301,75	253,16	206,08	160,58	116,58
	VI	**765,50**	278,25	278,25							
3035,99	I,IV	**404,25**	278,50	278,50	I	302,41	206,75	117,16	37,25		
	II	**357,16**	278,50	278,50	II	258,16	165,25	78,50	9,50		
	III	**152,50**	278,50	278,50	III	77,00	16,16				
	V	**730,25**	278,50	278,50	IV	352,58	302,41	253,83	206,75	161,16	117,16
	VI	**766,50**	278,50	278,50							
3038,99	I,IV	**405,00**	278,75	278,75	I	303,16	207,41	117,83	37,75		
	II	**357,91**	278,75	278,75	II	258,83	165,91	79,08	9,91		
	III	**153,00**	278,75	278,75	III	77,50	16,50				
	V	**731,33**	278,75	278,75	IV	353,33	303,16	254,50	207,41	161,83	117,83
	VI	**767,58**	278,75	278,75							
3041,99	I,IV	**405,75**	279,08	279,08	I	303,83	208,08	118,41	38,25		
	II	**358,66**	279,08	279,08	II	259,50	166,50	79,66	10,33		
	III	**153,66**	279,08	279,08	III	78,00	17,00				
	V	**732,33**	279,08	279,08	IV	354,08	303,83	255,16	208,08	162,50	118,41
	VI	**768,66**	279,08	279,08							
3044,99	I,IV	**406,50**	279,33	279,33	I	304,58	208,75	119,00	38,75		
	II	**359,33**	279,33	279,33	II	260,16	167,16	80,25	10,66		
	III	**154,16**	279,33	279,33	III	78,50	17,33				
	V	**733,41**	279,33	279,33	IV	354,75	304,58	255,83	208,75	163,08	119,00
	VI	**769,66**	279,33	279,33							
3047,99	I,IV	**407,25**	279,58	279,58	I	305,25	209,41	119,66	39,25		
	II	**360,08**	279,58	279,58	II	260,91	167,83	80,83	11,08		
	III	**154,83**	279,58	279,58	III	79,00	17,66				
	V	**734,41**	279,58	279,58	IV	355,50	305,25	256,58	209,41	163,75	119,66
	VI	**770,66**	279,58	279,58							
3050,99	I,IV	**408,00**	279,91	279,91	I	305,91	210,08	120,25	39,66		
	II	**360,83**	279,91	279,91	II	261,58	168,41	81,41	11,50		
	III	**155,33**	279,91	279,91	III	79,50	18,00				
	V	**735,50**	279,91	279,91	IV	356,16	305,91	257,25	210,08	164,41	120,25
	VI	**771,75**	279,91	279,91							
3053,99	I,IV	**408,75**	280,16	280,16	I	306,66	210,75	120,91	40,16		
	II	**361,58**	280,16	280,16	II	262,25	169,08	82,08	11,91		
	III	**156,00**	280,16	280,16	III	80,00	18,50				
	V	**736,50**	280,16	280,16	IV	356,91	306,66	257,91	210,75	165,00	120,91
	VI	**772,83**	280,16	280,16							
3056,99	I,IV	**409,50**	280,41	280,41	I	307,33	211,41	121,50	40,66		
	II	**362,25**	280,41	280,41	II	262,91	169,75	82,66	12,25		
	III	**156,50**	280,41	280,41	III	80,33	18,83				
	V	**737,58**	280,41	280,41	IV	357,66	307,33	258,58	211,41	165,66	121,50
	VI	**773,83**	280,41	280,41							
3059,99	I,IV	**410,25**	280,75	280,75	I	308,08	212,08	122,16	41,16		
	II	**363,00**	280,75	280,75	II	263,66	170,41	83,25	12,66		
	III	**157,16**	280,75	280,75	III	80,83	19,16				
	V	**738,66**	280,75	280,75	IV	358,41	308,08	259,33	212,08	166,33	122,16
	VI	**774,91**	280,75	280,75							

* Zur LSt-Berechnung für privat versicherte Arbeitnehmer s. Beispiele **Vorbemerkung S. 4f.**
** Basisvorsorgepauschale KV und PV *** Typisierter Arbeitgeberzuschuss

Lohn/ Gehalt in € bis	Steuerklasse	Lohn- steuer*	BVSP**	TAGZ***	Steuerklasse	Bemessungsgrundlage für Kirchensteuer und Solidaritätszuschlag Freibeträge für ... Kinder 0,5	1,0	1,5	2,0	2,5	3,0
3062,99	I,IV	**411,00**	281,00	281,00	I	308,83	212,75	122,75	41,66		
	II	**363,75**	281,00	281,00	II	264,33	171,00	83,83	13,08		
	III	**157,83**	281,00	281,00	III	81,33	19,66				
	V	**739,66**	281,00	281,00	IV	359,16	308,83	260,00	212,75	167,00	122,75
	VI	**775,91**	281,00	281,00							
3065,99	I,IV	**411,75**	281,25	281,25	I	309,50	213,33	123,33	42,16		
	II	**364,50**	281,25	281,25	II	265,00	171,66	84,41	13,50		
	III	**158,33**	281,25	281,25	III	81,83	20,00				
	V	**740,75**	281,25	281,25	IV	359,83	309,50	260,66	213,33	167,58	123,33
	VI	**777,00**	281,25	281,25							
3068,99	I,IV	**412,50**	281,50	281,50	I	310,25	214,00	124,00	42,66		
	II	**365,25**	281,50	281,50	II	265,66	172,33	85,08	13,91		
	III	**159,00**	281,50	281,50	III	82,33	20,33				
	V	**741,75**	281,50	281,50	IV	360,58	310,25	261,33	214,00	168,25	124,00
	VI	**778,08**	281,50	281,50							
3071,99	I,IV	**413,25**	281,83	281,83	I	310,91	214,66	124,58	43,16		
	II	**365,91**	281,83	281,83	II	266,33	172,91	85,66	14,25		
	III	**159,50**	281,83	281,83	III	82,83	20,83				
	V	**742,83**	281,83	281,83	IV	361,33	310,91	262,00	214,66	168,83	124,58
	VI	**779,08**	281,83	281,83							
3074,99	I,IV	**414,00**	282,08	282,08	I	311,58	215,33	125,25	43,66		
	II	**366,66**	282,08	282,08	II	267,08	173,58	86,25	14,66		
	III	**160,16**	282,08	282,08	III	83,33	21,16				
	V	**743,83**	282,08	282,08	IV	362,00	311,58	262,75	215,33	169,50	125,25
	VI	**780,08**	282,08	282,08							
3077,99	I,IV	**414,75**	282,33	282,33	I	312,33	216,00	125,83	44,16		
	II	**367,41**	282,33	282,33	II	267,75	174,25	86,83	15,08		
	III	**160,83**	282,33	282,33	III	83,83	21,50				
	V	**744,91**	282,33	282,33	IV	362,75	312,33	263,41	216,00	170,16	125,83
	VI	**781,16**	282,33	282,33							
3080,99	I,IV	**415,50**	282,66	282,66	I	313,00	216,66	126,50	44,66		
	II	**368,08**	282,66	282,66	II	268,41	174,91	87,41	15,50		
	III	**161,33**	282,66	282,66	III	84,33	22,00				
	V	**745,91**	282,66	282,66	IV	363,50	313,00	264,08	216,66	170,83	126,50
	VI	**782,25**	282,66	282,66							
3083,99	I,IV	**416,25**	282,91	282,91	I	313,75	217,33	127,08	45,16		
	II	**368,83**	282,91	282,91	II	269,16	175,50	88,08	15,91		
	III	**162,00**	282,91	282,91	III	84,83	22,33				
	V	**747,00**	282,91	282,91	IV	364,25	313,75	264,75	217,33	171,41	127,08
	VI	**783,25**	282,91	282,91							
3086,99	I,IV	**417,00**	283,16	283,16	I	314,41	218,00	127,75	45,66		
	II	**369,58**	283,16	283,16	II	269,83	176,16	88,66	16,33		
	III	**162,50**	283,16	283,16	III	85,33	22,83				
	V	**748,08**	283,16	283,16	IV	365,00	314,41	265,50	218,00	172,08	127,75
	VI	**784,33**	283,16	283,16							
3089,99	I,IV	**417,75**	283,50	283,50	I	315,16	218,66	128,33	46,16		
	II	**370,33**	283,50	283,50	II	270,50	176,83	89,25	16,75		
	III	**163,16**	283,50	283,50	III	85,83	23,16				
	V	**749,08**	283,50	283,50	IV	365,66	315,16	266,16	218,66	172,75	128,33
	VI	**785,33**	283,50	283,50							
3092,99	I,IV	**418,50**	283,75	283,75	I	315,91	219,33	129,00	46,66		
	II	**371,08**	283,75	283,75	II	271,16	177,50	89,83	17,16		
	III	**163,83**	283,75	283,75	III	86,33	23,50				
	V	**750,16**	283,75	283,75	IV	366,41	315,91	266,83	219,33	173,41	129,00
	VI	**786,41**	283,75	283,75							
3095,99	I,IV	**419,25**	284,00	284,00	I	316,58	220,00	129,58	47,25		
	II	**371,83**	284,00	284,00	II	271,91	178,08	90,50	17,58		
	III	**164,33**	284,00	284,00	III	86,83	24,00				
	V	**751,16**	284,00	284,00	IV	367,16	316,58	267,50	220,00	174,00	129,58
	VI	**787,50**	284,00	284,00							

* Zur LSt-Berechnung für privat versicherte Arbeitnehmer s. Beispiele **Vorbemerkung S. 4 f.**
** Basisvorsorgepauschale KV und PV *** Typisierter Arbeitgeberzuschuss

Lohn/ Gehalt in € bis	Steuerklasse	Lohn-steuer*	BVSP**	TAGZ***	Steuerklasse	Bemessungsgrundlage für Kirchensteuer und Solidaritätszuschlag					
						Freibeträge für ... Kinder					
						0,5	**1,0**	1,5	**2,0**	2,5	**3,0**
3098,99	I,IV	**420,00**	284,25	284,25	I	317,25	220,66	130,16	47,75		
	II	**372,50**	284,25	284,25	II	272,58	178,75	91,08	18,00		
	III	**165,00**	284,25	284,25	III	87,33	24,33				
	V	**752,25**	284,25	284,25	IV	367,91	317,25	268,25	220,66	174,66	130,16
	VI	**788,50**	284,25	284,25							
3101,99	I,IV	**420,75**	284,58	284,58	I	318,00	221,33	130,83	48,25		
	II	**373,25**	284,58	284,58	II	273,25	179,41	91,66	18,41		
	III	**165,50**	284,58	284,58	III	87,83	24,66				
	V	**753,25**	284,58	284,58	IV	368,58	318,00	268,91	221,33	175,33	130,83
	VI	**789,50**	284,58	284,58							
3104,99	I,IV	**421,50**	284,83	284,83	I	318,66	222,00	131,41	48,75		
	II	**374,00**	284,83	284,83	II	273,91	180,08	92,25	18,83		
	III	**166,16**	284,83	284,83	III	88,33	25,16				
	V	**754,33**	284,83	284,83	IV	369,33	318,66	269,58	222,00	176,00	131,41
	VI	**790,58**	284,83	284,83							
3107,99	I,IV	**422,25**	285,08	285,08	I	319,41	222,66	132,08	49,25		
	II	**374,75**	285,08	285,08	II	274,66	180,66	92,83	19,25		
	III	**166,66**	285,08	285,08	III	88,83	25,50				
	V	**755,33**	285,08	285,08	IV	370,08	319,41	270,25	222,66	176,58	132,08
	VI	**791,66**	285,08	285,08							
3110,99	I,IV	**423,00**	285,41	285,41	I	320,16	223,33	132,66	49,75		
	II	**375,50**	285,41	285,41	II	275,33	181,33	93,50	19,66		
	III	**167,33**	285,41	285,41	III	89,33	26,00				
	V	**756,41**	285,41	285,41	IV	370,83	320,16	271,00	223,33	177,25	132,66
	VI	**792,66**	285,41	285,41							
3113,99	I,IV	**423,83**	285,66	285,66	I	320,83	224,00	133,33	50,33		
	II	**376,16**	285,66	285,66	II	276,00	182,00	94,08	20,08		
	III	**168,00**	285,66	285,66	III	89,83	26,33				
	V	**757,50**	285,66	285,66	IV	371,58	320,83	271,66	224,00	177,91	133,33
	VI	**793,75**	285,66	285,66							
3116,99	I,IV	**424,58**	285,91	285,91	I	321,58	224,66	133,91	50,83		
	II	**376,91**	285,91	285,91	II	276,75	182,66	94,66	20,50		
	III	**168,50**	285,91	285,91	III	90,33	26,66				
	V	**758,50**	285,91	285,91	IV	372,25	321,58	272,33	224,66	178,58	133,91
	VI	**794,75**	285,91	285,91							
3119,99	I,IV	**425,33**	286,25	286,25	I	322,25	225,33	134,58	51,33		
	II	**377,66**	286,25	286,25	II	277,41	183,33	95,33	21,00		
	III	**169,16**	286,25	286,25	III	90,83	27,16				
	V	**759,58**	286,25	286,25	IV	373,00	322,25	273,08	225,33	179,16	134,58
	VI	**795,83**	286,25	286,25							
3122,99	I,IV	**426,08**	286,50	286,50	I	323,00	226,00	135,16	51,83		
	II	**378,41**	286,50	286,50	II	278,08	183,91	95,91	21,41		
	III	**169,66**	286,50	286,50	III	91,33	27,50				
	V	**760,58**	286,50	286,50	IV	373,75	323,00	273,75	226,00	179,83	135,16
	VI	**796,83**	286,50	286,50							
3125,99	I,IV	**426,83**	286,75	286,75	I	323,66	226,66	135,83	52,41		
	II	**379,16**	286,75	286,75	II	278,83	184,58	96,50	21,83		
	III	**170,33**	286,75	286,75	III	91,83	28,00				
	V	**761,66**	286,75	286,75	IV	374,50	323,66	274,41	226,66	180,50	135,83
	VI	**797,91**	286,75	286,75							
3128,99	I,IV	**427,58**	287,08	287,08	I	324,41	227,33	136,41	52,91		
	II	**379,83**	287,08	287,08	II	279,50	185,25	97,08	22,25		
	III	**171,00**	287,08	287,08	III	92,50	28,33				
	V	**762,66**	287,08	287,08	IV	375,25	324,41	275,08	227,33	181,16	136,41
	VI	**798,91**	287,08	287,08							
3131,99	I,IV	**428,33**	287,33	287,33	I	325,08	228,00	137,08	53,41		
	II	**380,58**	287,33	287,33	II	280,16	185,91	97,75	22,66		
	III	**171,50**	287,33	287,33	III	93,00	28,83				
	V	**763,75**	287,33	287,33	IV	375,91	325,08	275,83	228,00	181,75	137,08
	VI	**800,00**	287,33	287,33							

* Zur LSt-Berechnung für privat versicherte Arbeitnehmer s. Beispiele **Vorbemerkung S. 4f.**
** Basisvorsorgepauschale KV und PV *** Typisierter Arbeitgeberzuschuss

Lohn/ Gehalt in € bis	Steuerklasse	Lohn-steuer*	BVSP**	TAGZ***	Steuerklasse	Bemessungsgrundlage für Kirchensteuer und Solidaritätszuschlag					
						Freibeträge für ... Kinder					
						0,5	**1,0**	1,5	**2,0**	2,5	**3,0**
3134,99	I,IV	**429,08**	287,58	287,58	I	325,83	228,66	137,66	54,00		
	II	**381,33**	287,58	287,58	II	280,91	186,50	98,33	23,08		
	III	**172,16**	287,58	287,58	III	93,50	29,16				
	V	**764,75**	287,58	287,58	IV	376,66	325,83	276,50	228,66	182,41	137,66
	VI	**801,00**	287,58	287,58							
3137,99	I,IV	**429,83**	287,83	287,83	I	326,58	229,33	138,33	54,50		
	II	**382,08**	287,83	287,83	II	281,58	187,16	98,91	23,58		
	III	**172,83**	287,83	287,83	III	94,00	29,50				
	V	**765,83**	287,83	287,83	IV	377,41	326,58	277,16	229,33	183,08	138,33
	VI	**802,08**	287,83	287,83							
3140,99	I,IV	**430,58**	288,16	288,16	I	327,25	230,08	138,91	55,08		
	II	**382,83**	288,16	288,16	II	282,25	187,83	99,50	24,00		
	III	**173,33**	288,16	288,16	III	94,50	30,00				
	V	**766,91**	288,16	288,16	IV	378,16	327,25	277,91	230,08	183,75	138,91
	VI	**803,16**	288,16	288,16							
3143,99	I,IV	**431,33**	288,41	288,41	I	328,00	230,75	139,58	55,58		
	II	**383,58**	288,41	288,41	II	283,00	188,50	100,16	24,41		
	III	**174,00**	288,41	288,41	III	95,00	30,33				
	V	**767,91**	288,41	288,41	IV	378,91	328,00	278,58	230,75	184,41	139,58
	VI	**804,16**	288,41	288,41							
3146,99	I,IV	**432,16**	288,66	288,66	I	328,66	231,41	140,25	56,08		
	II	**384,33**	288,66	288,66	II	283,66	189,16	100,75	24,91		
	III	**174,50**	288,66	288,66	III	95,50	30,83				
	V	**769,00**	288,66	288,66	IV	379,66	328,66	279,25	231,41	185,00	140,25
	VI	**805,25**	288,66	288,66							
3149,99	I,IV	**432,83**	289,00	289,00	I	329,41	232,08	140,83	56,66		
	II	**385,00**	289,00	289,00	II	284,33	189,75	101,33	25,33		
	III	**175,16**	289,00	289,00	III	96,00	31,16				
	V	**770,00**	289,00	289,00	IV	380,33	329,41	279,91	232,08	185,66	140,83
	VI	**806,25**	289,00	289,00							
3152,99	I,IV	**433,66**	289,25	289,25	I	330,08	232,75	141,41	57,16		
	II	**385,75**	289,25	289,25	II	285,08	190,41	101,91	25,75		
	III	**175,66**	289,25	289,25	III	96,50	31,66				
	V	**771,08**	289,25	289,25	IV	381,08	330,08	280,66	232,75	186,33	141,41
	VI	**807,33**	289,25	289,25							
3155,99	I,IV	**434,41**	289,50	289,50	I	330,83	233,41	142,08	57,75		
	II	**386,50**	289,50	289,50	II	285,75	191,08	102,58	26,16		
	III	**176,33**	289,50	289,50	III	97,00	32,00				
	V	**772,08**	289,50	289,50	IV	381,83	330,83	281,33	233,41	187,00	142,08
	VI	**808,33**	289,50	289,50							
3158,99	I,IV	**435,16**	289,83	289,83	I	331,58	234,08	142,75	58,25		
	II	**387,25**	289,83	289,83	II	286,41	191,75	103,16	26,66		
	III	**177,00**	289,83	289,83	III	97,50	32,50				
	V	**773,16**	289,83	289,83	IV	382,58	331,58	282,08	234,08	187,66	142,75
	VI	**809,41**	289,83	289,83							
3161,99	I,IV	**435,91**	290,08	290,08	I	332,25	234,75	143,33	58,83		
	II	**388,00**	290,08	290,08	II	287,16	192,41	103,83	27,08		
	III	**177,50**	290,08	290,08	III	98,00	32,83				
	V	**774,16**	290,08	290,08	IV	383,33	332,25	282,75	234,75	188,25	143,33
	VI	**810,41**	290,08	290,08							
3164,99	I,IV	**436,66**	290,33	290,33	I	333,00	235,41	144,00	59,33		
	II	**388,75**	290,33	290,33	II	287,83	193,08	104,41	27,58		
	III	**178,16**	290,33	290,33	III	98,50	33,16				
	V	**775,25**	290,33	290,33	IV	384,08	333,00	283,41	235,41	188,91	144,00
	VI	**811,50**	290,33	290,33							
3167,99	I,IV	**437,41**	290,58	290,58	I	333,75	236,08	144,58	59,91		
	II	**389,50**	290,58	290,58	II	288,58	193,75	105,00	28,00		
	III	**178,83**	290,58	290,58	III	99,00	33,66				
	V	**776,33**	290,58	290,58	IV	384,83	333,75	284,16	236,08	189,58	144,58
	VI	**812,58**	290,58	290,58							

* Zur LSt-Berechnung für privat versicherte Arbeitnehmer s. Beispiele **Vorbemerkung S. 4 f.**
** Basisvorsorgepauschale KV und PV *** Typisierter Arbeitgeberzuschuss

Lohn/ Gehalt in € bis	Steuerklasse	Lohn-steuer*	BVSP**	TAGZ***	Steuerklasse	Bemessungsgrundlage für Kirchensteuer und Solidaritätszuschlag					
						Freibeträge für ... Kinder					
						0,5	**1,0**	1,5	**2,0**	2,5	**3,0**
3170,99	I,IV	**438,16**	290,91	290,91	I	334,41	236,75	145,25	60,50		
	II	**390,25**	290,91	290,91	II	289,25	194,41	105,66	28,50		
	III	**179,33**	290,91	290,91	III	99,66	34,00				
	V	**777,33**	290,91	290,91	IV	385,58	334,41	284,83	236,75	190,25	145,25
	VI	**813,58**	290,91	290,91							
3173,99	I,IV	**439,00**	291,16	291,16	I	335,16	237,41	145,91	61,00		
	II	**391,00**	291,16	291,16	II	289,91	195,00	106,25	28,91		
	III	**180,00**	291,16	291,16	III	100,16	34,50				
	V	**778,41**	291,16	291,16	IV	386,33	335,16	285,50	237,41	190,91	145,91
	VI	**814,66**	291,16	291,16							
3176,99	I,IV	**439,75**	291,41	291,41	I	335,83	238,08	146,50	61,58		
	II	**391,66**	291,41	291,41	II	290,58	195,66	106,83	29,33		
	III	**180,50**	291,41	291,41	III	100,66	34,83				
	V	**779,41**	291,41	291,41	IV	387,00	335,83	286,25	238,08	191,50	146,50
	VI	**815,66**	291,41	291,41							
3179,99	I,IV	**440,50**	291,75	291,75	I	336,58	238,75	147,08	62,08		
	II	**392,41**	291,75	291,75	II	291,33	196,33	107,41	29,83		
	III	**181,16**	291,75	291,75	III	101,16	35,33				
	V	**780,50**	291,75	291,75	IV	387,75	336,58	286,91	238,75	192,16	147,08
	VI	**816,75**	291,75	291,75							
3182,99	I,IV	**441,25**	292,00	292,00	I	337,25	239,50	147,75	62,66		
	II	**393,16**	292,00	292,00	II	292,00	197,00	108,08	30,25		
	III	**181,83**	292,00	292,00	III	101,66	35,83				
	V	**781,50**	292,00	292,00	IV	388,50	337,25	287,58	239,50	192,83	147,75
	VI	**817,75**	292,00	292,00							
3185,99	I,IV	**442,00**	292,25	292,25	I	338,00	240,16	148,41	63,25		
	II	**393,91**	292,25	292,25	II	292,75	197,66	108,66	30,75		
	III	**182,33**	292,25	292,25	III	102,16	36,16				
	V	**782,58**	292,25	292,25	IV	389,25	338,00	288,33	240,16	193,50	148,41
	VI	**818,83**	292,25	292,25							
3188,99	I,IV	**442,75**	292,58	292,58	I	338,75	240,83	149,00	63,75	0,16	
	II	**394,66**	292,58	292,58	II	293,41	198,33	109,33	31,25		
	III	**183,00**	292,58	292,58	III	102,66	36,66				
	V	**783,58**	292,58	292,58	IV	390,00	338,75	289,00	240,83	194,16	149,00
	VI	**819,83**	292,58	292,58							
3191,99	I,IV	**443,50**	292,83	292,83	I	339,41	241,50	149,66	64,33	0,50	
	II	**395,41**	292,83	292,83	II	294,16	199,00	109,91	31,66		
	III	**183,66**	292,83	292,83	III	103,33	37,00				
	V	**784,66**	292,83	292,83	IV	390,75	339,41	289,75	241,50	194,83	149,66
	VI	**820,91**	292,83	292,83							
3194,99	I,IV	**444,33**	293,08	293,08	I	340,16	242,16	150,33	64,91	0,83	
	II	**396,16**	293,08	293,08	II	294,83	199,58	110,50	32,16		
	III	**184,16**	293,08	293,08	III	103,83	37,50				
	V	**785,75**	293,08	293,08	IV	391,50	340,16	290,41	242,16	195,50	150,33
	VI	**822,00**	293,08	293,08							
3197,99	I,IV	**445,08**	293,33	293,33	I	340,91	242,83	150,91	65,50	1,16	
	II	**396,91**	293,33	293,33	II	295,50	200,25	111,16	32,58		
	III	**184,83**	293,33	293,33	III	104,33	37,83				
	V	**786,75**	293,33	293,33	IV	392,25	340,91	291,08	242,83	196,16	150,91
	VI	**823,00**	293,33	293,33							
3200,99	I,IV	**445,83**	293,66	293,66	I	341,58	243,50	151,58	66,00	1,58	
	II	**397,66**	293,66	293,66	II	296,25	200,91	111,75	33,08		
	III	**185,33**	293,66	293,66	III	104,83	38,33				
	V	**787,75**	293,66	293,66	IV	392,91	341,58	291,83	243,50	196,75	151,58
	VI	**824,00**	293,66	293,66							
3203,99	I,IV	**446,58**	293,91	293,91	I	342,33	244,16	152,16	66,58	1,91	
	II	**398,41**	293,91	293,91	II	296,91	201,58	112,33	33,50		
	III	**186,00**	293,91	293,91	III	105,33	38,66				
	V	**788,83**	293,91	293,91	IV	393,66	342,33	292,50	244,16	197,41	152,16
	VI	**825,08**	293,91	293,91							

* Zur LSt-Berechnung für privat versicherte Arbeitnehmer s. Beispiele **Vorbemerkung S. 4 f.**
** Basisvorsorgepauschale KV und PV *** Typisierter Arbeitgeberzuschuss

Lohn/ Gehalt in € bis	Steuerklasse	Lohn- steuer*	BVSP**	TAGZ***	Steuerklasse	Bemessungsgrundlage für Kirchensteuer und Solidaritätszuschlag – Freibeträge für ... Kinder 0,5	**1,0**	1,5	**2,0**	2,5	**3,0**
3206,99	I,IV	**447,33**	294,16	294,16	I	343,08	244,83	152,83	67,16	2,25	
	II	**399,16**	294,16	294,16	II	297,66	202,25	113,00	34,00		
	III	**186,66**	294,16	294,16	III	105,83	39,16				
	V	**789,91**	294,16	294,16	IV	394,41	343,08	293,16	244,83	198,08	152,83
	VI	**826,16**	294,16	294,16							
3209,99	I,IV	**448,08**	294,50	294,50	I	343,75	245,58	153,41	67,75	2,66	
	II	**399,91**	294,50	294,50	II	298,33	202,91	113,58	34,50		
	III	**187,16**	294,50	294,50	III	106,33	39,50				
	V	**790,91**	294,50	294,50	IV	395,16	343,75	293,91	245,58	198,75	153,41
	VI	**827,16**	294,50	294,50							
3212,99	I,IV	**448,91**	294,75	294,75	I	344,50	246,25	154,08	68,25	3,00	
	II	**400,66**	294,75	294,75	II	299,00	203,58	114,16	34,91		
	III	**187,83**	294,75	294,75	III	107,00	40,00				
	V	**792,00**	294,75	294,75	IV	395,91	344,50	294,58	246,25	199,41	154,08
	VI	**828,25**	294,75	294,75							
3215,99	I,IV	**449,66**	295,00	295,00	I	345,25	246,91	154,75	68,83	3,33	
	II	**401,41**	295,00	295,00	II	299,75	204,25	114,83	35,41		
	III	**188,33**	295,00	295,00	III	107,50	40,33				
	V	**793,00**	295,00	295,00	IV	396,66	345,25	295,33	246,91	200,08	154,75
	VI	**829,25**	295,00	295,00							
3218,99	I,IV	**450,41**	295,33	295,33	I	345,91	247,58	155,33	69,41	3,75	
	II	**402,16**	295,33	295,33	II	300,41	204,91	115,41	35,91		
	III	**189,00**	295,33	295,33	III	108,00	40,83				
	V	**794,08**	295,33	295,33	IV	397,41	345,91	296,00	247,58	200,75	155,33
	VI	**830,33**	295,33	295,33							
3221,99	I,IV	**451,16**	295,58	295,58	I	346,66	248,25	156,00	70,00	4,08	
	II	**402,91**	295,58	295,58	II	301,16	205,50	116,08	36,41		
	III	**189,66**	295,58	295,58	III	108,50	41,16				
	V	**795,16**	295,58	295,58	IV	398,16	346,66	296,75	248,25	201,41	156,00
	VI	**831,41**	295,58	295,58							
3224,99	I,IV	**452,00**	295,83	295,83	I	347,41	249,00	156,66	70,58	4,41	
	II	**403,66**	295,83	295,83	II	301,83	206,16	116,66	36,91		
	III	**190,16**	295,83	295,83	III	109,00	41,66				
	V	**796,16**	295,83	295,83	IV	398,91	347,41	297,41	249,00	202,00	156,66
	VI	**832,41**	295,83	295,83							
3227,99	I,IV	**452,66**	296,16	296,16	I	348,08	249,58	157,25	71,16	4,83	
	II	**404,33**	296,16	296,16	II	302,50	206,83	117,25	37,33		
	III	**190,83**	296,16	296,16	III	109,66	42,16				
	V	**797,16**	296,16	296,16	IV	399,66	348,08	298,08	249,58	202,66	157,25
	VI	**833,41**	296,16	296,16							
3230,99	I,IV	**453,50**	296,41	296,41	I	348,83	250,33	157,91	71,75	5,16	
	II	**405,08**	296,41	296,41	II	303,25	207,50	117,91	37,83		
	III	**191,50**	296,41	296,41	III	110,16	42,50				
	V	**798,25**	296,41	296,41	IV	400,41	348,83	298,83	250,33	203,33	157,91
	VI	**834,50**	296,41	296,41							
3233,99	I,IV	**454,25**	296,66	296,66	I	349,58	251,00	158,50	72,33	5,58	
	II	**405,83**	296,66	296,66	II	303,91	208,16	118,50	38,33		
	III	**192,00**	296,66	296,66	III	110,66	43,00				
	V	**799,25**	296,66	296,66	IV	401,16	349,58	299,50	251,00	204,00	158,50
	VI	**835,58**	296,66	296,66							
3236,99	I,IV	**455,00**	296,91	296,91	I	350,25	251,66	159,16	72,91	5,91	
	II	**406,58**	296,91	296,91	II	304,66	208,83	119,16	38,83		
	III	**192,66**	296,91	296,91	III	111,16	43,33				
	V	**800,33**	296,91	296,91	IV	401,91	350,25	300,25	251,66	204,66	159,16
	VI	**836,58**	296,91	296,91							
3239,99	I,IV	**455,75**	297,25	297,25	I	351,00	252,33	159,83	73,50	6,33	
	II	**407,33**	297,25	297,25	II	305,33	209,50	119,75	39,25		
	III	**193,33**	297,25	297,25	III	111,66	43,83				
	V	**801,41**	297,25	297,25	IV	402,66	351,00	300,91	252,33	205,33	159,83
	VI	**837,66**	297,25	297,25							

* Zur LSt-Berechnung für privat versicherte Arbeitnehmer s. Beispiele **Vorbemerkung S. 4 f.**
** Basisvorsorgepauschale KV und PV *** Typisierter Arbeitgeberzuschuss

Lohn/ Gehalt in € bis	Steuerklasse	Lohn-steuer*	BVSP**	TAGZ***	Steuerklasse	Bemessungsgrundlage für Kirchensteuer und Solidaritätszuschlag					
						Freibeträge für ... Kinder					
						0,5	**1,0**	1,5	**2,0**	2,5	**3,0**
3242,99	I,IV	**456,58**	297,50	297,50	I	351,75	253,00	160,50	74,08	6,66	
	II	**408,08**	297,50	297,50	II	306,08	210,16	120,33	39,75		
	III	**193,83**	297,50	297,50	III	112,33	44,33				
	V	**802,41**	297,50	297,50	IV	403,41	351,75	301,58	253,00	206,00	160,50
	VI	**838,66**	297,50	297,50							
3245,99	I,IV	**457,33**	297,75	297,75	I	352,50	253,75	161,08	74,66	7,08	
	II	**408,83**	297,75	297,75	II	306,75	210,83	121,00	40,25		
	III	**194,50**	297,75	297,75	III	112,83	44,66				
	V	**803,50**	297,75	297,75	IV	404,16	352,50	302,33	253,75	206,66	161,08
	VI	**839,75**	297,75	297,75							
3248,99	I,IV	**458,08**	298,08	298,08	I	353,16	254,41	161,75	75,25	7,41	
	II	**409,58**	298,08	298,08	II	307,50	211,50	121,58	40,75		
	III	**195,16**	298,08	298,08	III	113,33	45,16				
	V	**804,50**	298,08	298,08	IV	404,91	353,16	303,00	254,41	207,33	161,75
	VI	**840,83**	298,08	298,08							
3251,99	I,IV	**458,91**	298,33	298,33	I	353,91	255,08	162,41	75,83	7,83	
	II	**410,33**	298,33	298,33	II	308,16	212,16	122,25	41,25		
	III	**195,66**	298,33	298,33	III	113,83	45,50				
	V	**805,58**	298,33	298,33	IV	405,66	353,91	303,75	255,08	208,00	162,41
	VI	**841,83**	298,33	298,33							
3254,99	I,IV	**459,58**	298,58	298,58	I	354,66	255,75	163,00	76,41	8,16	
	II	**411,08**	298,58	298,58	II	308,91	212,83	122,83	41,75		
	III	**196,33**	298,58	298,58	III	114,33	46,00				
	V	**806,58**	298,58	298,58	IV	406,33	354,66	304,41	255,75	208,58	163,00
	VI	**842,83**	298,58	298,58							
3257,99	I,IV	**460,41**	298,91	298,91	I	355,33	256,41	163,66	77,00	8,58	
	II	**411,83**	298,91	298,91	II	309,58	213,50	123,41	42,25		
	III	**196,83**	298,91	298,91	III	115,00	46,33				
	V	**807,66**	298,91	298,91	IV	407,08	355,33	305,16	256,41	209,25	163,66
	VI	**843,91**	298,91	298,91							
3260,99	I,IV	**461,16**	299,16	299,16	I	356,08	257,08	164,25	77,58	8,91	
	II	**412,58**	299,16	299,16	II	310,33	214,16	124,08	42,75		
	III	**197,50**	299,16	299,16	III	115,50	46,83				
	V	**808,66**	299,16	299,16	IV	407,83	356,08	305,83	257,08	209,91	164,25
	VI	**845,00**	299,16	299,16							
3263,99	I,IV	**461,91**	299,41	299,41	I	356,83	257,83	164,91	78,16	9,33	
	II	**413,33**	299,41	299,41	II	311,00	214,83	124,66	43,25		
	III	**198,16**	299,41	299,41	III	116,00	47,33				
	V	**809,75**	299,41	299,41	IV	408,58	356,83	306,58	257,83	210,58	164,91
	VI	**846,00**	299,41	299,41							
3266,99	I,IV	**462,75**	299,66	299,66	I	357,58	258,50	165,58	78,75	9,75	
	II	**414,08**	299,66	299,66	II	311,75	215,50	125,33	43,75		
	III	**198,66**	299,66	299,66	III	116,50	47,66				
	V	**810,83**	299,66	299,66	IV	409,33	357,58	307,25	258,50	211,25	165,58
	VI	**847,08**	299,66	299,66							
3269,99	I,IV	**463,50**	300,00	300,00	I	358,25	259,16	166,25	79,33	10,08	
	II	**414,83**	300,00	300,00	II	312,41	216,16	125,91	44,25		
	III	**199,33**	300,00	300,00	III	117,16	48,16				
	V	**811,83**	300,00	300,00	IV	410,08	358,25	308,00	259,16	211,91	166,25
	VI	**848,08**	300,00	300,00							
3272,99	I,IV	**464,25**	300,25	300,25	I	359,00	259,83	166,83	80,00	10,50	
	II	**415,58**	300,25	300,25	II	313,16	216,83	126,58	44,75		
	III	**200,00**	300,25	300,25	III	117,66	48,66				
	V	**812,91**	300,25	300,25	IV	410,83	359,00	308,66	259,83	212,58	166,83
	VI	**849,16**	300,25	300,25							
3275,99	I,IV	**465,08**	300,50	300,50	I	359,75	260,58	167,50	80,58	10,91	
	II	**416,41**	300,50	300,50	II	313,83	217,50	127,16	45,25		
	III	**200,50**	300,50	300,50	III	118,16	49,00				
	V	**813,91**	300,50	300,50	IV	411,66	359,75	309,41	260,58	213,25	167,50
	VI	**850,25**	300,50	300,50							

* Zur LSt-Berechnung für privat versicherte Arbeitnehmer s. Beispiele **Vorbemerkung S. 4f.**
** Basisvorsorgepauschale KV und PV *** Typisierter Arbeitgeberzuschuss

Lohn/ Gehalt in € bis	Steuerklasse	Lohn-steuer*	BVSP**	TAGZ***	Steuerklasse	Bemessungsgrundlage für Kirchensteuer und Solidaritätszuschlag					
						Freibeträge für ... Kinder					
						0,5	**1,0**	1,5	**2,0**	2,5	**3,0**
3278,99	I,IV	**465,83**	300,83	300,83	I	360,41	261,25	168,08	81,16	11,25	
	II	**417,08**	300,83	300,83	II	314,58	218,08	127,83	45,75		
	III	**201,16**	300,83	300,83	III	118,83	49,50				
	V	**815,00**	300,83	300,83	IV	412,33	360,41	310,08	261,25	213,91	168,08
	VI	**851,25**	300,83	300,83							
3281,99	I,IV	**466,58**	301,08	301,08	I	361,16	261,91	168,75	81,75	11,66	
	II	**417,83**	301,08	301,08	II	315,25	218,75	128,41	46,25		
	III	**201,83**	301,08	301,08	III	119,33	50,00				
	V	**816,00**	301,08	301,08	IV	413,08	361,16	310,75	261,91	214,58	168,75
	VI	**852,25**	301,08	301,08							
3284,99	I,IV	**467,33**	301,33	301,33	I	361,91	262,58	169,41	82,33	12,08	
	II	**418,58**	301,33	301,33	II	316,00	219,41	129,08	46,75		
	III	**202,33**	301,33	301,33	III	119,83	50,33				
	V	**817,08**	301,33	301,33	IV	413,83	361,91	311,50	262,58	215,25	169,41
	VI	**853,33**	301,33	301,33							
3287,99	I,IV	**468,08**	301,66	301,66	I	362,66	263,25	170,08	82,91	12,50	
	II	**419,41**	301,66	301,66	II	316,66	220,08	129,66	47,25		
	III	**203,00**	301,66	301,66	III	120,33	50,83				
	V	**818,08**	301,66	301,66	IV	414,58	362,66	312,16	263,25	215,91	170,08
	VI	**854,41**	301,66	301,66							
3290,99	I,IV	**468,91**	301,91	301,91	I	363,41	264,00	170,66	83,58	12,91	
	II	**420,16**	301,91	301,91	II	317,41	220,75	130,33	47,83		
	III	**203,66**	301,91	301,91	III	121,00	51,33				
	V	**819,16**	301,91	301,91	IV	415,33	363,41	312,91	264,00	216,58	170,66
	VI	**855,41**	301,91	301,91							
3293,99	I,IV	**469,66**	302,16	302,16	I	364,08	264,66	171,33	84,16	13,25	
	II	**420,91**	302,16	302,16	II	318,08	221,41	130,91	48,33		
	III	**204,16**	302,16	302,16	III	121,50	51,66				
	V	**820,25**	302,16	302,16	IV	416,16	364,08	313,58	264,66	217,25	171,33
	VI	**856,50**	302,16	302,16							
3296,99	I,IV	**470,41**	302,41	302,41	I	364,83	265,33	172,00	84,75	13,66	
	II	**421,66**	302,41	302,41	II	318,83	222,08	131,58	48,83		
	III	**204,83**	302,41	302,41	III	122,00	52,16				
	V	**821,25**	302,41	302,41	IV	416,91	364,83	314,33	265,33	217,91	172,00
	VI	**857,50**	302,41	302,41							
3299,99	I,IV	**471,25**	302,75	302,75	I	365,58	266,08	172,66	85,33	14,08	
	II	**422,41**	302,75	302,75	II	319,50	222,83	132,16	49,33		
	III	**205,50**	302,75	302,75	III	122,66	52,66				
	V	**822,33**	302,75	302,75	IV	417,66	365,58	315,08	266,08	218,58	172,66
	VI	**858,58**	302,75	302,75							
3302,99	I,IV	**472,00**	303,00	303,00	I	366,33	266,75	173,25	85,91	14,50	
	II	**423,16**	303,00	303,00	II	320,25	223,50	132,83	49,83		
	III	**206,00**	303,00	303,00	III	123,16	53,00				
	V	**823,33**	303,00	303,00	IV	418,41	366,33	315,75	266,75	219,25	173,25
	VI	**859,66**	303,00	303,00							
3305,99	I,IV	**472,75**	303,25	303,25	I	367,00	267,41	173,91	86,50	14,91	
	II	**423,91**	303,25	303,25	II	320,91	224,08	133,41	50,41		
	III	**206,66**	303,25	303,25	III	123,66	53,50				
	V	**824,41**	303,25	303,25	IV	419,08	367,00	316,41	267,41	219,91	173,91
	VI	**860,66**	303,25	303,25							
3308,99	I,IV	**473,50**	303,58	303,58	I	367,75	268,08	174,58	87,16	15,33	
	II	**424,66**	303,58	303,58	II	321,66	224,75	134,00	50,91		
	III	**207,16**	303,58	303,58	III	124,16	54,00				
	V	**825,41**	303,58	303,58	IV	419,91	367,75	317,16	268,08	220,58	174,58
	VI	**861,66**	303,58	303,58							
3311,99	I,IV	**474,33**	303,83	303,83	I	368,50	268,75	175,16	87,75	15,75	
	II	**425,41**	303,83	303,83	II	322,33	225,41	134,66	51,41		
	III	**207,83**	303,83	303,83	III	124,83	54,33				
	V	**826,50**	303,83	303,83	IV	420,66	368,50	317,83	268,75	221,25	175,16
	VI	**862,75**	303,83	303,83							

* Zur LSt-Berechnung für privat versicherte Arbeitnehmer s. Beispiele **Vorbemerkung S. 4 f.**
** Basisvorsorgepauschale KV und PV *** Typisierter Arbeitgeberzuschuss

Lohn/ Gehalt in € bis	Steuerklasse	Lohn-steuer*	BVSP**	TAGZ***	Steuerklasse	Bemessungsgrundlage für Kirchensteuer und Solidaritätszuschlag – Freibeträge für ... Kinder 0,5	1,0	1,5	2,0	2,5	3,0
3314,99	I,IV	**475,08**	304,08	304,08	I	369,25	269,50	175,83	88,33	16,16	
	II	**426,16**	304,08	304,08	II	323,08	226,08	135,25	51,91		
	III	**208,50**	304,08	304,08	III	125,33	54,83				
	V	**827,50**	304,08	304,08	IV	421,41	369,25	318,58	269,50	221,91	175,83
	VI	**863,83**	304,08	304,08							
3317,99	I,IV	**475,83**	304,41	304,41	I	370,00	270,16	176,50	88,91	16,50	
	II	**426,91**	304,41	304,41	II	323,83	226,83	135,91	52,50		
	III	**209,00**	304,41	304,41	III	125,83	55,33				
	V	**828,58**	304,41	304,41	IV	422,16	370,00	319,33	270,16	222,58	176,50
	VI	**864,83**	304,41	304,41							
3320,99	I,IV	**476,66**	304,66	304,66	I	370,66	270,83	177,16	89,58	16,91	
	II	**427,66**	304,66	304,66	II	324,50	227,50	136,50	53,00		
	III	**209,66**	304,66	304,66	III	126,50	55,66				
	V	**829,66**	304,66	304,66	IV	422,91	370,66	320,00	270,83	223,25	177,16
	VI	**865,91**	304,66	304,66							
3323,99	I,IV	**477,41**	304,91	304,91	I	371,41	271,58	177,83	90,16	17,33	
	II	**428,41**	304,91	304,91	II	325,25	228,16	137,16	53,50		
	III	**210,33**	304,91	304,91	III	127,00	56,16				
	V	**830,66**	304,91	304,91	IV	423,66	371,41	320,75	271,58	223,91	177,83
	VI	**866,91**	304,91	304,91							
3326,99	I,IV	**478,25**	305,25	305,25	I	372,16	272,25	178,41	90,75	17,75	
	II	**429,25**	305,25	305,25	II	325,91	228,83	137,83	54,08		
	III	**210,83**	305,25	305,25	III	127,66	56,66	0,33			
	V	**831,75**	305,25	305,25	IV	424,41	372,16	321,41	272,25	224,58	178,41
	VI	**868,00**	305,25	305,25							
3329,99	I,IV	**479,00**	305,50	305,50	I	372,91	272,91	179,08	91,33	18,25	
	II	**430,00**	305,50	305,50	II	326,66	229,50	138,41	54,58		
	III	**211,50**	305,50	305,50	III	128,16	57,16	0,66			
	V	**832,75**	305,50	305,50	IV	425,16	372,91	322,16	272,91	225,25	179,08
	VI	**869,08**	305,50	305,50							
3332,99	I,IV	**479,75**	305,75	305,75	I	373,58	273,58	179,75	92,00	18,58	
	II	**430,66**	305,75	305,75	II	327,33	230,16	139,00	55,08		
	III	**212,16**	305,75	305,75	III	128,66	57,50	1,00			
	V	**833,83**	305,75	305,75	IV	425,91	373,58	322,83	273,58	225,91	179,75
	VI	**870,08**	305,75	305,75							
3335,99	I,IV	**480,50**	306,00	306,00	I	374,33	274,33	180,33	92,58	19,00	
	II	**431,50**	306,00	306,00	II	328,08	230,83	139,66	55,66		
	III	**212,66**	306,00	306,00	III	129,33	58,00	1,33			
	V	**834,83**	306,00	306,00	IV	426,66	374,33	323,58	274,33	226,58	180,33
	VI	**871,08**	306,00	306,00							
3338,99	I,IV	**481,33**	306,33	306,33	I	375,08	275,00	181,00	93,16	19,50	
	II	**432,25**	306,33	306,33	II	328,83	231,50	140,33	56,16		
	III	**213,33**	306,33	306,33	III	129,83	58,50	1,66			
	V	**835,91**	306,33	306,33	IV	427,41	375,08	324,25	275,00	227,25	181,00
	VI	**872,16**	306,33	306,33							
3341,99	I,IV	**482,08**	306,58	306,58	I	375,83	275,66	181,66	93,75	19,91	
	II	**433,00**	306,58	306,58	II	329,50	232,16	140,91	56,75		
	III	**214,00**	306,58	306,58	III	130,33	59,00	2,00			
	V	**836,91**	306,58	306,58	IV	428,16	375,83	325,00	275,66	227,91	181,66
	VI	**873,25**	306,58	306,58							
3344,99	I,IV	**482,91**	306,83	306,83	I	376,58	276,41	182,33	94,41	20,33	
	II	**433,75**	306,83	306,83	II	330,25	232,83	141,58	57,25		
	III	**214,50**	306,83	306,83	III	131,00	59,33	2,50			
	V	**838,00**	306,83	306,83	IV	428,91	376,58	325,75	276,41	228,58	182,33
	VI	**874,25**	306,83	306,83							
3347,99	I,IV	**483,66**	307,16	307,16	I	377,33	277,08	183,00	95,00	20,75	
	II	**434,50**	307,16	307,16	II	330,91	233,50	142,16	57,83		
	III	**215,16**	307,16	307,16	III	131,50	59,83	2,83			
	V	**839,08**	307,16	307,16	IV	429,75	377,33	326,41	277,08	229,25	183,00
	VI	**875,33**	307,16	307,16							

* Zur LSt-Berechnung für privat versicherte Arbeitnehmer s. Beispiele **Vorbemerkung S. 4 f.**
** Basisvorsorgepauschale KV und PV *** Typisierter Arbeitgeberzuschuss

Lohn/ Gehalt in € bis	Steuerklasse	Lohn-steuer*	BVSP**	TAGZ***	Steuerklasse	Bemessungsgrundlage für Kirchensteuer und Solidaritätszuschlag – Freibeträge für ... Kinder 0,5	1,0	1,5	2,0	2,5	3,0
3 350,99	I,IV	**434,41**	307,41	307,41	I	378,08	277,75	183,66	95,58	21,16	
	II	**435,25**	307,41	307,41	II	331,66	234,16	142,83	58,33		
	III	**215,83**	307,41	307,41	III	132,16	60,33	3,16			
	V	**840,08**	307,41	307,41	IV	430,50	378,08	327,16	277,75	229,91	183,66
	VI	**876,33**	307,41	307,41							
3 353,99	I,IV	**435,25**	307,66	307,66	I	378,75	278,50	184,25	96,16	21,58	
	II	**436,08**	307,66	307,66	II	332,41	234,83	143,41	58,91		
	III	**216,33**	307,66	307,66	III	132,66	60,83	3,50			
	V	**841,16**	307,66	307,66	IV	431,25	378,75	327,83	278,50	230,58	184,25
	VI	**877,41**	307,66	307,66							
3 356,99	I,IV	**436,00**	308,00	308,00	I	379,50	279,16	184,91	96,83	22,00	
	II	**436,75**	308,00	308,00	II	333,08	235,50	144,08	59,41		
	III	**217,00**	308,00	308,00	III	133,16	61,16	3,83			
	V	**842,16**	308,00	308,00	IV	432,00	379,50	328,58	279,16	231,25	184,91
	VI	**878,41**	308,00	308,00							
3 359,99	I,IV	**436,75**	308,25	308,25	I	380,25	279,83	185,58	97,41	22,50	
	II	**437,58**	308,25	308,25	II	333,83	236,16	144,66	60,00		
	III	**217,66**	308,25	308,25	III	133,66	61,66	4,16			
	V	**843,25**	308,25	308,25	IV	432,75	380,25	329,25	279,83	231,91	185,58
	VI	**879,50**	308,25	308,25							
3 362,99	I,IV	**437,58**	308,50	308,50	I	381,00	280,50	186,25	98,00	22,91	
	II	**438,33**	308,50	308,50	II	334,50	236,83	145,33	60,50		
	III	**218,16**	308,50	308,50	III	134,33	62,16	4,50			
	V	**844,25**	308,50	308,50	IV	433,50	381,00	330,00	280,50	232,58	186,25
	VI	**880,50**	308,50	308,50							
3 365,99	I,IV	**438,33**	308,75	308,75	I	381,75	281,25	186,83	98,58	23,33	
	II	**439,08**	308,75	308,75	II	335,25	237,58	146,00	61,08		
	III	**218,83**	308,75	308,75	III	134,83	62,66	4,83			
	V	**845,33**	308,75	308,75	IV	434,25	381,75	330,75	281,25	233,25	186,83
	VI	**881,58**	308,75	308,75							
3 368,99	I,IV	**439,08**	309,08	309,08	I	382,50	281,91	187,50	99,25	23,75	
	II	**439,83**	309,08	309,08	II	336,00	238,25	146,58	61,66		
	III	**219,50**	309,08	309,08	III	135,50	63,00	5,33			
	V	**846,33**	309,08	309,08	IV	435,00	382,50	331,41	281,91	234,00	187,50
	VI	**882,66**	309,08	309,08							
3 371,99	I,IV	**489,91**	309,33	309,33	I	383,16	282,66	188,16	99,83	24,25	
	II	**440,58**	309,33	309,33	II	336,66	238,91	147,25	62,16		
	III	**220,00**	309,33	309,33	III	136,00	63,50	5,66			
	V	**847,41**	309,33	309,33	IV	435,75	383,16	332,16	282,66	234,66	188,16
	VI	**883,66**	309,33	309,33							
3 374,99	I,IV	**490,66**	309,58	309,58	I	383,91	283,33	188,83	100,41	24,66	
	II	**441,33**	309,58	309,58	II	337,41	239,58	147,83	62,75		
	III	**220,66**	309,58	309,58	III	136,66	64,00	6,00			
	V	**848,50**	309,58	309,58	IV	436,58	383,91	332,83	283,33	235,33	188,83
	VI	**884,75**	309,58	309,58							
3 377,99	I,IV	**491,50**	309,91	309,91	I	384,66	284,00	189,50	101,08	25,08	
	II	**442,16**	309,91	309,91	II	338,16	240,25	148,50	63,33		
	III	**221,33**	309,91	309,91	III	137,16	64,50	6,33			
	V	**849,50**	309,91	309,91	IV	437,33	384,66	333,58	284,00	236,00	189,50
	VI	**885,75**	309,91	309,91							
3 380,99	I,IV	**492,25**	310,16	310,16	I	385,41	284,75	190,16	101,66	25,58	
	II	**442,91**	310,16	310,16	II	338,83	240,91	149,16	63,83	0,16	
	III	**221,83**	310,16	310,16	III	137,66	65,00	6,66			
	V	**850,58**	310,16	310,16	IV	438,08	385,41	334,33	284,75	236,66	190,16
	VI	**886,83**	310,16	310,16							
3 383,99	I,IV	**493,00**	310,41	310,41	I	386,16	285,41	190,75	102,25	26,00	
	II	**443,66**	310,41	310,41	II	339,58	241,58	149,75	64,41	0,58	
	III	**222,50**	310,41	310,41	III	138,33	65,33	7,16			
	V	**851,58**	310,41	310,41	IV	438,83	386,16	335,00	285,41	237,33	190,75
	VI	**887,83**	310,41	310,41							

* Zur LSt-Berechnung für privat versicherte Arbeitnehmer s. Beispiele **Vorbemerkung S. 4 f.**
** Basisvorsorgepauschale KV und PV *** Typisierter Arbeitgeberzuschuss

Lohn/ Gehalt in € bis	Steuerklasse	Lohn-steuer*	BVSP**	TAGZ***	Steuerklasse	Bemessungsgrundlage für Kirchensteuer und Solidaritätszuschlag – Freibeträge für ... Kinder 0,5	**1,0**	1,5	**2,0**	2,5	**3,0**
3386,99	I,IV	**493,83**	310,75	310,75	I	386,91	286,08	191,41	102,91	26,41	
	II	**444,41**	310,75	310,75	II	340,25	242,25	150,41	65,00	0,91	
	III	**223,16**	310,75	310,75	III	138,83	65,83	7,50			
	V	**852,66**	310,75	310,75	IV	439,58	386,91	335,75	286,08	238,00	191,41
	VI	**888,91**	310,75	310,75							
3389,99	I,IV	**494,58**	311,00	311,00	I	387,66	286,83	192,08	103,50	26,91	
	II	**445,16**	311,00	311,00	II	341,00	242,91	151,00	65,50	1,25	
	III	**223,83**	311,00	311,00	III	139,50	66,33	7,83			
	V	**853,66**	311,00	311,00	IV	440,33	387,66	336,41	286,83	238,66	192,08
	VI	**889,91**	311,00	311,00							
3392,99	I,IV	**495,41**	311,25	311,25	I	388,41	287,50	192,75	104,08	27,33	
	II	**445,91**	311,25	311,25	II	341,75	243,66	151,66	66,08	1,58	
	III	**224,33**	311,25	311,25	III	140,00	66,83	8,16			
	V	**854,75**	311,25	311,25	IV	441,08	388,41	337,16	287,50	239,33	192,75
	VI	**891,00**	311,25	311,25							
3395,99	I,IV	**496,16**	311,50	311,50	I	389,08	288,16	193,41	104,75	27,75	
	II	**446,75**	311,50	311,50	II	342,41	244,33	152,25	66,66	2,00	
	III	**225,00**	311,50	311,50	III	140,66	67,33	8,50			
	V	**855,75**	311,50	311,50	IV	441,91	389,08	337,91	288,16	240,00	193,41
	VI	**892,00**	311,50	311,50							
3398,99	I,IV	**496,91**	311,83	311,83	I	389,83	288,91	194,08	105,33	28,25	
	II	**447,50**	311,83	311,83	II	343,16	245,00	152,91	67,25	2,33	
	III	**225,66**	311,83	311,83	III	141,16	67,83	9,00			
	V	**856,83**	311,83	311,83	IV	442,66	389,83	338,58	288,91	240,66	194,08
	VI	**893,08**	311,83	311,83							
3401,99	I,IV	**497,75**	312,08	312,08	I	390,58	289,58	194,66	105,91	28,66	
	II	**448,25**	312,08	312,08	II	343,91	245,66	153,58	67,83	2,66	
	III	**226,16**	312,08	312,08	III	141,83	68,16	9,33			
	V	**857,91**	312,08	312,08	IV	443,41	390,58	339,33	289,58	241,41	194,66
	VI	**894,16**	312,08	312,08							
3404,99	I,IV	**498,50**	312,33	312,33	I	391,33	290,33	195,33	106,58	29,16	
	II	**449,00**	312,33	312,33	II	344,58	246,33	154,16	68,33	3,08	
	III	**226,83**	312,33	312,33	III	142,33	68,66	9,66			
	V	**858,91**	312,33	312,33	IV	444,16	391,33	340,08	290,33	242,08	195,33
	VI	**895,16**	312,33	312,33							
3407,99	I,IV	**499,33**	312,66	312,66	I	392,08	291,00	196,00	107,16	29,58	
	II	**449,75**	312,66	312,66	II	345,33	247,00	154,83	68,91	3,41	
	III	**227,50**	312,66	312,66	III	143,00	69,16	10,00			
	V	**860,00**	312,66	312,66	IV	444,91	392,08	340,75	291,00	242,75	196,00
	VI	**896,25**	312,66	312,66							
3410,99	I,IV	**500,08**	312,91	312,91	I	392,83	291,66	196,66	107,75	30,08	
	II	**450,50**	312,91	312,91	II	346,08	247,66	155,41	69,50	3,75	
	III	**228,00**	312,91	312,91	III	143,50	69,66	10,33			
	V	**861,00**	312,91	312,91	IV	445,66	392,83	341,50	291,66	243,41	196,66
	VI	**897,25**	312,91	312,91							
3413,99	I,IV	**500,83**	313,16	313,16	I	393,58	292,41	197,33	108,33	30,50	
	II	**451,33**	313,16	313,16	II	346,75	248,33	156,08	70,08	4,16	
	III	**228,66**	313,16	313,16	III	144,00	70,16	10,83			
	V	**862,08**	313,16	313,16	IV	446,41	393,58	342,16	292,41	244,08	197,33
	VI	**898,33**	313,16	313,16							
3416,99	I,IV	**501,66**	313,50	313,50	I	394,33	293,08	198,00	109,00	31,00	
	II	**452,08**	313,50	313,50	II	347,50	249,08	156,75	70,66	4,50	
	III	**229,33**	313,50	313,50	III	144,66	70,66	11,16			
	V	**863,08**	313,50	313,50	IV	447,25	394,33	342,91	293,08	244,75	198,00
	VI	**899,33**	313,50	313,50							
3419,99	I,IV	**502,41**	313,75	313,75	I	395,08	293,75	198,66	109,58	31,41	
	II	**452,83**	313,75	313,75	II	348,25	249,75	157,33	71,25	4,83	
	III	**229,83**	313,75	313,75	III	145,16	71,00	11,50			
	V	**864,16**	313,75	313,75	IV	448,00	395,08	343,66	293,75	245,41	198,66
	VI	**900,41**	313,75	313,75							

* Zur LSt-Berechnung für privat versicherte Arbeitnehmer s. Beispiele **Vorbemerkung S. 4f.**
** Basisvorsorgepauschale KV und PV *** Typisierter Arbeitgeberzuschuss

Lohn/ Gehalt in € bis	Steuerklasse	Lohn- steuer*	BVSP**	TAGZ***	Steuerklasse	Bemessungsgrundlage für Kirchensteuer und Solidaritätszuschlag – Freibeträge für ... Kinder 0,5	1,0	1,5	2,0	2,5	3,0
3422,99	I,IV	**503,25**	314,00	314,00	I	395,83	294,50	199,25	110,25	31,91	
	II	**453,58**	314,00	314,00	II	348,91	250,41	158,00	71,83	5,25	
	III	**230,50**	314,00	314,00	III	145,83	71,50	11,83			
	V	**865,16**	314,00	314,00	IV	448,75	395,83	344,41	294,50	246,08	199,25
	VI	**901,41**	314,00	314,00							
3425,99	I,IV	**504,00**	314,33	314,33	I	396,58	295,16	199,91	110,83	32,41	
	II	**454,41**	314,33	314,33	II	349,66	251,08	158,66	72,41	5,58	
	III	**231,16**	314,33	314,33	III	146,33	72,00	12,16			
	V	**866,25**	314,33	314,33	IV	449,50	396,58	345,08	295,16	246,83	199,91
	VI	**902,50**	314,33	314,33							
3428,99	I,IV	**504,83**	314,58	314,58	I	397,33	295,91	200,58	111,41	32,83	
	II	**455,16**	314,58	314,58	II	350,41	251,75	159,25	73,00	6,00	
	III	**231,66**	314,58	314,58	III	147,00	72,50	12,66			
	V	**867,33**	314,58	314,58	IV	450,33	397,33	345,83	295,91	247,50	200,58
	VI	**903,58**	314,58	314,58							
3431,99	I,IV	**505,58**	314,83	314,83	I	398,08	296,58	201,25	112,08	33,33	
	II	**455,91**	314,83	314,83	II	351,16	252,50	159,91	73,58	6,33	
	III	**232,33**	314,83	314,83	III	147,50	73,00	13,00			
	V	**868,33**	314,83	314,83	IV	451,08	398,08	346,58	296,58	248,16	201,25
	VI	**904,58**	314,83	314,83							
3434,99	I,IV	**506,41**	315,08	315,08	I	398,75	297,25	201,91	112,66	33,75	
	II	**456,66**	315,08	315,08	II	351,83	253,16	160,58	74,16	6,75	
	III	**233,00**	315,08	315,08	III	148,16	73,50	13,33			
	V	**869,33**	315,08	315,08	IV	451,83	398,75	347,25	297,25	248,83	201,91
	VI	**905,58**	315,08	315,08							
3437,99	I,IV	**507,16**	315,41	315,41	I	399,50	298,00	202,58	113,25	34,25	
	II	**457,41**	315,41	315,41	II	352,58	253,83	161,16	74,75	7,08	
	III	**233,66**	315,41	315,41	III	148,66	74,00	13,83			
	V	**870,41**	315,41	315,41	IV	452,58	399,50	348,00	298,00	249,50	202,58
	VI	**906,66**	315,41	315,41							
3440,99	I,IV	**508,00**	315,66	315,66	I	400,25	298,66	203,25	113,91	34,75	
	II	**458,16**	315,66	315,66	II	353,25	254,50	161,83	75,33	7,50	
	III	**234,16**	315,66	315,66	III	149,33	74,50	14,16			
	V	**871,50**	315,66	315,66	IV	453,33	400,25	348,66	298,66	250,16	203,25
	VI	**907,75**	315,66	315,66							
3443,99	I,IV	**508,75**	315,91	315,91	I	401,00	299,41	203,91	114,50	35,16	
	II	**459,00**	315,91	315,91	II	354,00	255,16	162,50	75,91	7,83	
	III	**234,83**	315,91	315,91	III	149,83	74,83	14,50			
	V	**872,50**	315,91	315,91	IV	454,08	401,00	349,41	299,41	250,83	203,91
	VI	**908,75**	315,91	315,91							
3446,99	I,IV	**509,58**	316,25	316,25	I	401,75	300,08	204,58	115,16	35,66	
	II	**459,75**	316,25	316,25	II	354,75	255,83	163,08	76,50	8,25	
	III	**235,50**	316,25	316,25	III	150,50	75,33	14,83			
	V	**873,58**	316,25	316,25	IV	454,91	401,75	350,16	300,08	251,58	204,58
	VI	**909,83**	316,25	316,25							
3449,99	I,IV	**510,33**	316,50	316,50	I	402,50	300,83	205,25	115,75	36,16	
	II	**460,50**	316,50	316,50	II	355,50	256,58	163,75	77,08	8,66	
	III	**236,00**	316,50	316,50	III	151,00	75,83	15,33			
	V	**874,58**	316,50	316,50	IV	455,66	402,50	350,91	300,83	252,25	205,25
	VI	**910,83**	316,50	316,50							
3452,99	I,IV	**511,16**	316,75	316,75	I	403,25	301,50	205,83	116,33	36,66	
	II	**461,33**	316,75	316,75	II	356,16	257,25	164,41	77,66	9,00	
	III	**236,66**	316,75	316,75	III	151,66	76,33	15,66			
	V	**875,66**	316,75	316,75	IV	456,41	403,25	351,58	301,50	252,91	205,83
	VI	**911,91**	316,75	316,75							
3455,99	I,IV	**511,91**	317,08	317,08	I	404,00	302,25	206,50	117,00	37,08	
	II	**462,08**	317,08	317,08	II	356,91	257,91	165,00	78,25	9,41	
	III	**237,33**	317,08	317,08	III	152,33	76,83	16,00			
	V	**876,75**	317,08	317,08	IV	457,16	404,00	352,33	302,25	253,58	206,50
	VI	**913,00**	317,08	317,08							

* Zur LSt-Berechnung für privat versicherte Arbeitnehmer s. Beispiele **Vorbemerkung S. 4 f.**
** Basisvorsorgepauschale KV und PV *** Typisierter Arbeitgeberzuschuss

Lohn/ Gehalt in € bis	Steuerklasse	Lohnsteuer*	BVSP**	TAGZ***	Steuerklasse	Bemessungsgrundlage für Kirchensteuer und Solidaritätszuschlag — Freibeträge für ... Kinder 0,5	**1,0**	1,5	**2,0**	2,5	**3,0**
3458,99	I,IV	**512,75**	317,33	317,33	I	404,75	302,91	207,16	117,58	37,58	
	II	**462,83**	317,33	317,33	II	357,66	258,58	165,66	78,83	9,83	
	III	**238,00**	317,33	317,33	III	152,83	77,33	16,50			
	V	**877,75**	317,33	317,33	IV	458,00	404,75	353,08	302,91	254,33	207,16
	VI	**914,00**	317,33	317,33							
3461,99	I,IV	**513,50**	317,58	317,58	I	405,50	303,58	207,83	118,16	38,08	
	II	**463,58**	317,58	317,58	II	358,33	259,25	166,33	79,41	10,16	
	III	**238,50**	317,58	317,58	III	153,33	77,83	16,83			
	V	**878,75**	317,58	317,58	IV	458,75	405,50	353,75	303,58	254,91	207,83
	VI	**915,00**	317,58	317,58							
3464,99	I,IV	**514,25**	317,83	317,83	I	406,25	304,33	208,50	118,83	38,58	
	II	**464,33**	317,83	317,83	II	359,08	260,00	166,91	80,08	10,58	
	III	**239,16**	317,83	317,83	III	154,00	78,33	17,16			
	V	**879,83**	317,83	317,83	IV	459,50	406,25	354,50	304,33	255,66	208,50
	VI	**916,08**	317,83	317,83							
3467,99	I,IV	**515,08**	318,16	318,16	I	407,00	305,00	209,16	119,41	39,08	
	II	**465,16**	318,16	318,16	II	359,83	260,66	167,58	80,66	11,00	
	III	**239,66**	318,16	318,16	III	154,66	78,83	17,50			
	V	**880,91**	318,16	318,16	IV	460,25	407,00	355,25	305,00	256,33	209,16
	VI	**917,16**	318,16	318,16							
3470,99	I,IV	**515,91**	318,41	318,41	I	407,75	305,75	209,83	120,08	39,50	
	II	**465,91**	318,41	318,41	II	360,58	261,33	168,25	81,25	11,33	
	III	**240,33**	318,41	318,41	III	155,16	79,33	18,00			
	V	**881,91**	318,41	318,41	IV	461,08	407,75	356,00	305,75	257,00	209,83
	VI	**918,16**	318,41	318,41							
3473,99	I,IV	**516,66**	318,66	318,66	I	408,50	306,41	210,50	120,66	40,00	
	II	**466,66**	318,66	318,66	II	361,33	262,00	168,83	81,83	11,75	
	III	**241,00**	318,66	318,66	III	155,83	79,83	18,33			
	V	**883,00**	318,66	318,66	IV	461,83	408,50	356,66	306,41	257,66	210,50
	VI	**919,25**	318,66	318,66							
3476,99	I,IV	**517,50**	319,00	319,00	I	409,25	307,16	211,16	121,33	40,50	
	II	**467,50**	319,00	319,00	II	362,00	262,75	169,50	82,41	12,16	
	III	**241,66**	319,00	319,00	III	156,33	80,33	18,66			
	V	**884,00**	319,00	319,00	IV	462,58	409,25	357,41	307,16	258,41	211,16
	VI	**920,25**	319,00	319,00							
3479,99	I,IV	**518,25**	319,25	319,25	I	410,00	307,83	211,83	121,91	41,00	
	II	**468,25**	319,25	319,25	II	362,75	263,41	170,16	83,08	12,58	
	III	**242,16**	319,25	319,25	III	157,00	80,66	19,16			
	V	**885,08**	319,25	319,25	IV	463,33	410,00	358,16	307,83	259,08	211,83
	VI	**921,33**	319,25	319,25							
3482,99	I,IV	**519,08**	319,50	319,50	I	410,75	308,58	212,50	122,50	41,50	
	II	**469,00**	319,50	319,50	II	363,50	264,08	170,83	83,66	12,91	
	III	**242,83**	319,50	319,50	III	157,50	81,16	19,50			
	V	**886,16**	319,50	319,50	IV	464,16	410,75	358,91	308,58	259,75	212,50
	VI	**922,41**	319,50	319,50							
3485,99	I,IV	**519,83**	319,83	319,83	I	411,50	309,25	213,16	123,16	42,00	
	II	**469,83**	319,83	319,83	II	364,25	264,75	171,41	84,25	13,33	
	III	**243,50**	319,83	319,83	III	158,16	81,66	19,83			
	V	**887,16**	319,83	319,83	IV	464,91	411,50	359,58	309,25	260,41	213,16
	VI	**923,41**	319,83	319,83							
3488,99	I,IV	**520,66**	320,08	320,08	I	412,25	309,91	213,83	123,75	42,50	
	II	**470,58**	320,08	320,08	II	364,91	265,41	172,08	84,83	13,75	
	III	**244,16**	320,08	320,08	III	158,83	82,16	20,33			
	V	**888,16**	320,08	320,08	IV	465,66	412,25	360,33	309,91	261,08	213,83
	VI	**924,41**	320,08	320,08							
3491,99	I,IV	**521,41**	320,33	320,33	I	413,00	310,66	214,50	124,41	43,00	
	II	**471,33**	320,33	320,33	II	365,66	266,16	172,75	85,41	14,16	
	III	**244,66**	320,33	320,33	III	159,33	82,66	20,66			
	V	**889,25**	320,33	320,33	IV	466,41	413,00	361,08	310,66	261,83	214,50
	VI	**925,50**	320,33	320,33							

* Zur LSt-Berechnung für privat versicherte Arbeitnehmer s. Beispiele **Vorbemerkung S. 4 f.**
** Basisvorsorgepauschale KV und PV *** Typisierter Arbeitgeberzuschuss

Lohn/ Gehalt in € bis	Steuerklasse	**Lohn-steuer***	BVSP**	TAGZ***	Steuerklasse	Bemessungsgrundlage für Kirchensteuer und Solidaritätszuschlag – Freibeträge für ... Kinder 0,5	**1,0**	1,5	**2,0**	2,5	**3,0**
3494,99	I,IV	**522,25**	320,58	320,58	I	413,75	311,33	215,16	125,00	43,50	
	II	**472,08**	320,58	320,58	II	366,41	266,83	173,33	86,00	14,58	
	III	**245,33**	320,58	320,58	III	160,00	83,16	21,00			
	V	**890,25**	320,58	320,58	IV	467,25	413,75	361,75	311,33	262,50	215,16
	VI	**926,58**	320,58	320,58							
3497,99	I,IV	**523,00**	320,91	320,91	I	414,50	312,08	215,83	125,66	44,00	
	II	**472,91**	320,91	320,91	II	367,16	267,50	174,00	86,66	15,00	
	III	**246,00**	320,91	320,91	III	160,50	83,66	21,50			
	V	**891,33**	320,91	320,91	IV	468,00	414,50	362,50	312,08	263,16	215,83
	VI	**927,58**	320,91	320,91							
3500,99	I,IV	**523,83**	321,16	321,16	I	415,25	312,83	216,50	126,25	44,50	
	II	**473,66**	321,16	321,16	II	367,91	268,25	174,66	87,25	15,33	
	III	**246,50**	321,16	321,16	III	161,16	84,16	21,83			
	V	**892,41**	321,16	321,16	IV	468,75	415,25	363,25	312,83	263,83	216,50
	VI	**928,66**	321,16	321,16							
3503,99	I,IV	**524,58**	321,41	321,41	I	416,00	313,50	217,16	126,91	45,00	
	II	**474,41**	321,41	321,41	II	368,58	268,91	175,33	87,83	15,75	
	III	**247,16**	321,41	321,41	III	161,83	84,66	22,16			
	V	**893,41**	321,41	321,41	IV	469,58	416,00	364,00	313,50	264,58	217,16
	VI	**929,66**	321,41	321,41							
3506,99	I,IV	**525,41**	321,75	321,75	I	416,75	314,25	217,83	127,50	45,50	
	II	**475,25**	321,75	321,75	II	369,33	269,58	176,00	88,41	16,16	
	III	**247,83**	321,75	321,75	III	162,33	85,16	22,66			
	V	**894,50**	321,75	321,75	IV	470,33	416,75	364,75	314,25	265,25	217,83
	VI	**930,75**	321,75	321,75							
3509,99	I,IV	**526,25**	322,00	322,00	I	417,50	314,91	218,50	128,16	46,00	
	II	**476,00**	322,00	322,00	II	370,08	270,25	176,58	89,08	16,58	
	III	**248,50**	322,00	322,00	III	163,00	85,66	23,00			
	V	**895,50**	322,00	322,00	IV	471,08	417,50	365,41	314,91	265,91	218,50
	VI	**931,83**	322,00	322,00							
3512,99	I,IV	**527,00**	322,25	322,25	I	418,25	315,58	219,08	128,75	46,50	
	II	**476,75**	322,25	322,25	II	370,83	270,91	177,25	89,66	17,00	
	III	**249,00**	322,25	322,25	III	163,50	86,16	23,33			
	V	**896,58**	322,25	322,25	IV	471,83	418,25	366,16	315,58	266,58	219,08
	VI	**932,83**	322,25	322,25							
3515,99	I,IV	**527,75**	322,58	322,58	I	419,00	316,33	219,75	129,33	47,00	
	II	**477,50**	322,58	322,58	II	371,50	271,66	177,91	90,25	17,41	
	III	**249,66**	322,58	322,58	III	164,16	86,66	23,83			
	V	**897,58**	322,58	322,58	IV	472,66	419,00	366,91	316,33	267,25	219,75
	VI	**933,83**	322,58	322,58							
3518,99	I,IV	**528,58**	322,83	322,83	I	419,75	317,00	220,41	130,00	47,50	
	II	**478,33**	322,83	322,83	II	372,25	272,33	178,50	90,83	17,83	
	III	**250,33**	322,83	322,83	III	164,66	87,16	24,16			
	V	**898,66**	322,83	322,83	IV	473,41	419,75	367,66	317,00	268,00	220,41
	VI	**934,91**	322,83	322,83							
3521,99	I,IV	**529,41**	323,08	323,08	I	420,50	317,75	221,08	130,58	48,08	
	II	**479,08**	323,08	323,08	II	373,00	273,00	179,16	91,41	18,25	
	III	**250,83**	323,08	323,08	III	165,33	87,66	24,66			
	V	**899,66**	323,08	323,08	IV	474,16	420,50	368,33	317,75	268,66	221,08
	VI	**936,00**	323,08	323,08							
3524,99	I,IV	**530,16**	323,41	323,41	I	421,25	318,50	221,75	131,25	48,58	
	II	**479,91**	323,41	323,41	II	373,75	273,75	179,83	92,08	18,66	
	III	**251,50**	323,41	323,41	III	166,00	88,16	25,00			
	V	**900,75**	323,41	323,41	IV	475,00	421,25	369,08	318,50	269,33	221,75
	VI	**937,00**	323,41	323,41							
3527,99	I,IV	**531,00**	323,66	323,66	I	422,00	319,16	222,41	131,83	49,08	
	II	**480,66**	323,66	323,66	II	374,50	274,41	180,50	92,66	19,08	
	III	**252,16**	323,66	323,66	III	166,50	88,66	25,33			
	V	**901,83**	323,66	323,66	IV	475,75	422,00	369,83	319,16	270,08	222,41
	VI	**938,08**	323,66	323,66							

* Zur LSt-Berechnung für privat versicherte Arbeitnehmer s. Beispiele **Vorbemerkung S. 4 f.**
** Basisvorsorgepauschale KV und PV *** Typisierter Arbeitgeberzuschuss

Lohn/ Gehalt in € bis	Steuerklasse	**Lohn-steuer***	BVSP**	TAGZ***	Steuerklasse	Bemessungsgrundlage für Kirchensteuer und Solidaritätszuschlag					
						Freibeträge für ... Kinder					
						0,5	**1,0**	1,5	**2,0**	2,5	**3,0**
3530,99	I,IV	**531,83**	323,91	323,91	I	422,75	319,91	223,16	132,50	49,58	
	II	**481,41**	323,91	323,91	II	375,25	275,08	181,16	93,25	19,50	
	III	**252,83**	323,91	323,91	III	167,16	89,16	25,83			
	V	**902,83**	323,91	323,91	IV	476,50	422,75	370,58	319,91	270,75	223,16
	VI	**939,08**	323,91	323,91							
3533,99	I,IV	**532,58**	324,16	324,16	I	423,50	320,58	223,83	133,08	50,16	
	II	**482,25**	324,16	324,16	II	375,91	275,83	181,75	93,91	20,00	
	III	**253,33**	324,16	324,16	III	167,66	89,66	26,16			
	V	**903,91**	324,16	324,16	IV	477,33	423,50	371,33	320,58	271,41	223,83
	VI	**940,16**	324,16	324,16							
3536,99	I,IV	**533,41**	324,50	324,50	I	424,33	321,33	224,50	133,75	50,66	
	II	**483,00**	324,50	324,50	II	376,66	276,50	182,41	94,50	20,41	
	III	**254,00**	324,50	324,50	III	168,33	90,16	26,66			
	V	**904,91**	324,50	324,50	IV	478,08	424,33	372,08	321,33	272,16	224,50
	VI	**941,25**	324,50	324,50							
3539,99	I,IV	**534,16**	324,75	324,75	I	425,00	322,00	225,08	134,33	51,16	
	II	**483,75**	324,75	324,75	II	377,41	277,16	183,08	95,08	20,83	
	III	**254,66**	324,75	324,75	III	169,00	90,66	27,00			
	V	**906,00**	324,75	324,75	IV	478,83	425,00	372,75	322,00	272,83	225,08
	VI	**942,25**	324,75	324,75							
3542,99	I,IV	**535,00**	325,00	325,00	I	425,75	322,75	225,75	135,00	51,66	
	II	**484,58**	325,00	325,00	II	378,16	277,83	183,75	95,66	21,25	
	III	**255,33**	325,00	325,00	III	169,50	91,16	27,33			
	V	**907,00**	325,00	325,00	IV	479,58	425,75	373,50	322,75	273,50	225,75
	VI	**943,25**	325,00	325,00							
3545,99	I,IV	**535,75**	325,33	325,33	I	426,58	323,41	226,50	135,58	52,25	
	II	**485,33**	325,33	325,33	II	378,91	278,58	184,33	96,25	21,66	
	III	**255,83**	325,33	325,33	III	170,16	91,66	27,83			
	V	**908,08**	325,33	325,33	IV	480,41	426,58	374,25	323,41	274,16	226,50
	VI	**944,33**	325,33	325,33							
3548,99	I,IV	**536,58**	325,58	325,58	I	427,33	324,16	227,16	136,25	52,75	
	II	**486,08**	325,58	325,58	II	379,58	279,25	185,00	96,91	22,08	
	III	**256,50**	325,58	325,58	III	170,66	92,16	28,16			
	V	**909,08**	325,58	325,58	IV	481,16	427,33	375,00	324,16	274,91	227,16
	VI	**945,41**	325,58	325,58							
3551,99	I,IV	**537,41**	325,83	325,83	I	428,08	324,91	227,83	136,83	53,25	
	II	**486,91**	325,83	325,83	II	380,33	279,91	185,66	97,50	22,50	
	III	**257,16**	325,83	325,83	III	171,33	92,83	28,66			
	V	**910,16**	325,83	325,83	IV	482,00	428,08	375,66	324,91	275,58	227,83
	VI	**946,41**	325,83	325,83							
3554,99	I,IV	**538,16**	326,16	326,16	I	428,83	325,58	228,50	137,50	53,83	
	II	**487,66**	326,16	326,16	II	381,08	280,66	186,33	98,08	23,00	
	III	**257,83**	326,16	326,16	III	172,00	93,33	29,00			
	V	**911,25**	326,16	326,16	IV	482,75	428,83	376,41	325,58	276,25	228,50
	VI	**947,50**	326,16	326,16							
3557,99	I,IV	**539,00**	326,41	326,41	I	429,58	326,33	229,16	138,08	54,33	
	II	**488,50**	326,41	326,41	II	381,83	281,33	187,00	98,75	23,41	
	III	**258,33**	326,41	326,41	III	172,50	93,83	29,50			
	V	**912,25**	326,41	326,41	IV	483,50	429,58	377,16	326,33	277,00	229,16
	VI	**948,50**	326,41	326,41							
3560,99	I,IV	**539,83**	326,66	326,66	I	430,33	327,00	229,83	138,75	54,83	
	II	**489,25**	326,66	326,66	II	382,58	282,08	187,66	99,33	23,83	
	III	**259,00**	326,66	326,66	III	173,16	94,33	29,83			
	V	**913,33**	326,66	326,66	IV	484,33	430,33	377,91	327,00	277,66	229,83
	VI	**949,58**	326,66	326,66							
3563,99	I,IV	**540,58**	326,91	326,91	I	431,08	327,75	230,50	139,33	55,41	
	II	**490,00**	326,91	326,91	II	383,33	282,75	188,25	99,91	24,33	
	III	**259,66**	326,91	326,91	III	173,83	94,83	30,33			
	V	**914,33**	326,91	326,91	IV	485,08	431,08	378,66	327,75	278,33	230,50
	VI	**950,66**	326,91	326,91							

* Zur LSt-Berechnung für privat versicherte Arbeitnehmer s. Beispiele **Vorbemerkung S. 4f.**
** Basisvorsorgepauschale KV und PV *** Typisierter Arbeitgeberzuschuss

Lohn/ Gehalt in € bis	Steuerklasse	Lohn- steuer*	BVSP**	TAGZ***	Steuerklasse	Bemessungsgrundlage für Kirchensteuer und Solidaritätszuschlag: Freibeträge für ... Kinder 0,5	1,0	1,5	2,0	2,5	3,0
3566,99	I,IV	**541,41**	327,25	327,25	I	431,83	328,41	231,16	140,00	55,91	
	II	**490,83**	327,25	327,25	II	384,08	283,41	188,91	100,50	24,75	
	III	**260,16**	327,25	327,25	III	174,33	95,33	30,66			
	V	**915,41**	327,25	327,25	IV	485,83	431,83	379,41	328,41	279,00	231,16
	VI	**951,66**	327,25	327,25							
3569,99	I,IV	**542,16**	327,50	327,50	I	432,58	329,16	231,83	140,58	56,50	
	II	**491,58**	327,50	327,50	II	384,75	284,08	189,58	101,16	25,16	
	III	**260,83**	327,50	327,50	III	175,00	95,83	31,00			
	V	**916,41**	327,50	327,50	IV	486,66	432,58	380,08	329,16	279,75	231,83
	VI	**952,66**	327,50	327,50							
3572,99	I,IV	**543,00**	327,75	327,75	I	433,33	329,83	232,50	141,25	57,00	
	II	**492,33**	327,75	327,75	II	385,50	284,83	190,25	101,75	25,58	
	III	**261,50**	327,75	327,75	III	175,50	96,33	31,50			
	V	**917,50**	327,75	327,75	IV	487,41	433,33	380,83	329,83	280,41	232,50
	VI	**953,75**	327,75	327,75							
3575,99	I,IV	**543,83**	328,08	328,08	I	434,16	330,58	233,16	141,83	57,58	
	II	**493,16**	328,08	328,08	II	386,25	285,50	190,91	102,33	26,08	
	III	**262,16**	328,08	328,08	III	176,16	96,83	31,83			
	V	**918,50**	328,08	328,08	IV	488,16	434,16	381,58	330,58	281,08	233,16
	VI	**954,83**	328,08	328,08							
3578,99	I,IV	**544,58**	328,33	328,33	I	434,91	331,33	233,83	142,50	58,08	
	II	**493,91**	328,33	328,33	II	387,00	286,25	191,50	103,00	26,50	
	III	**262,66**	328,33	328,33	III	176,66	97,33	32,33			
	V	**919,58**	328,33	328,33	IV	489,00	434,91	382,33	331,33	281,83	233,83
	VI	**955,83**	328,33	328,33							
3581,99	I,IV	**545,41**	328,58	328,58	I	435,66	332,00	234,50	143,16	58,66	
	II	**494,75**	328,58	328,58	II	387,75	286,91	192,16	103,58	26,91	
	III	**263,33**	328,58	328,58	III	177,33	97,83	32,66			
	V	**920,66**	328,58	328,58	IV	489,75	435,66	383,08	332,00	282,50	234,50
	VI	**956,91**	328,58	328,58							
3584,99	I,IV	**546,25**	328,91	328,91	I	436,41	332,75	235,16	143,75	59,16	
	II	**495,50**	328,91	328,91	II	388,50	287,58	192,83	104,16	27,41	
	III	**264,00**	328,91	328,91	III	178,00	98,33	33,16			
	V	**921,66**	328,91	328,91	IV	490,58	436,41	383,83	332,75	283,25	235,16
	VI	**957,91**	328,91	328,91							
3587,99	I,IV	**547,00**	329,16	329,16	I	437,16	333,50	235,83	144,41	59,75	
	II	**496,33**	329,16	329,16	II	389,25	288,33	193,50	104,83	27,83	
	III	**264,66**	329,16	329,16	III	178,50	98,83	33,50			
	V	**922,75**	329,16	329,16	IV	491,33	437,16	384,58	333,50	283,91	235,83
	VI	**959,00**	329,16	329,16							
3590,99	I,IV	**547,83**	329,41	329,41	I	437,91	334,16	236,50	145,00	60,25	
	II	**497,08**	329,41	329,41	II	390,00	289,00	194,16	105,41	28,33	
	III	**265,16**	329,41	329,41	III	179,16	99,50	34,00			
	V	**923,75**	329,41	329,41	IV	492,08	437,91	385,25	334,16	284,58	236,50
	VI	**960,00**	329,41	329,41							
3593,99	I,IV	**548,58**	329,66	329,66	I	438,66	334,91	237,16	145,66	60,83	
	II	**497,83**	329,66	329,66	II	390,66	289,66	194,83	106,00	28,75	
	III	**265,83**	329,66	329,66	III	179,83	100,00	34,33			
	V	**924,83**	329,66	329,66	IV	492,91	438,66	386,00	334,91	285,25	237,16
	VI	**961,08**	329,66	329,66							
3596,99	I,IV	**549,41**	330,00	330,00	I	439,41	335,58	237,91	146,25	61,33	
	II	**498,66**	330,00	330,00	II	391,41	290,41	195,41	106,66	29,25	
	III	**266,50**	330,00	330,00	III	180,33	100,50	34,83			
	V	**925,83**	330,00	330,00	IV	493,66	439,41	386,75	335,58	286,00	237,91
	VI	**962,08**	330,00	330,00							
3599,99	I,IV	**550,25**	330,25	330,25	I	440,25	336,33	238,58	146,91	61,91	
	II	**499,41**	330,25	330,25	II	392,16	291,08	196,08	107,25	29,66	
	III	**267,16**	330,25	330,25	III	181,00	101,00	35,16			
	V	**926,91**	330,25	330,25	IV	494,50	440,25	387,50	336,33	286,66	238,58
	VI	**963,16**	330,25	330,25							

* Zur LSt-Berechnung für privat versicherte Arbeitnehmer s. Beispiele **Vorbemerkung S. 4 f.**
** Basisvorsorgepauschale KV und PV *** Typisierter Arbeitgeberzuschuss

Lohn/ Gehalt in € bis	Steuerklasse	Lohn- steuer*	BVSP**	TAGZ***	Steuerklasse	Bemessungsgrundlage für Kirchensteuer und Solidaritätszuschlag					
						Freibeträge für ... Kinder					
						0,5	**1,0**	1,5	**2,0**	2,5	**3,0**
3602,99	I,IV	**551,08**	330,50	330,50	I	441,00	337,08	239,25	147,58	62,50	
	II	**500,25**	330,50	330,50	II	392,91	291,83	196,75	107,83	30,16	
	III	**267,66**	330,50	330,50	III	181,50	101,50	35,66			
	V	**927,91**	330,50	330,50	IV	495,25	441,00	388,25	337,08	287,41	239,25
	VI	**964,25**	330,50	330,50							
3605,99	I,IV	**551,83**	330,83	330,83	I	441,75	337,75	239,91	148,16	63,00	
	II	**501,00**	330,83	330,83	II	393,66	292,50	197,41	108,50	30,58	
	III	**268,33**	330,83	330,83	III	182,16	102,00	36,00			
	V	**929,00**	330,83	330,83	IV	496,00	441,75	389,00	337,75	288,08	239,91
	VI	**965,25**	330,83	330,83							
3608,99	I,IV	**552,66**	331,08	331,08	I	442,50	338,50	240,58	148,83	63,58	
	II	**501,83**	331,08	331,08	II	394,41	293,16	198,08	109,08	31,08	
	III	**269,00**	331,08	331,08	III	182,83	102,50	36,50			
	V	**930,08**	331,08	331,08	IV	496,83	442,50	389,75	338,50	288,75	240,58
	VI	**966,33**	331,08	331,08							
3611,99	I,IV	**553,50**	331,33	331,33	I	443,25	339,25	241,25	149,41	64,16	0,41
	II	**502,58**	331,33	331,33	II	395,16	293,91	198,75	109,66	31,50	
	III	**269,66**	331,33	331,33	III	183,33	103,16	36,83			
	V	**931,08**	331,33	331,33	IV	497,58	443,25	390,50	339,25	289,50	241,25
	VI	**967,33**	331,33	331,33							
3614,99	I,IV	**554,25**	331,66	331,66	I	444,08	339,91	241,91	150,08	64,75	0,75
	II	**503,33**	331,66	331,66	II	395,91	294,58	199,41	110,33	32,00	
	III	**270,16**	331,66	331,66	III	184,00	103,66	37,33			
	V	**932,16**	331,66	331,66	IV	498,41	444,08	391,25	339,91	290,16	241,91
	VI	**968,41**	331,66	331,66							
3617,99	I,IV	**555,08**	331,91	331,91	I	444,75	340,66	242,58	150,66	65,25	1,08
	II	**504,16**	331,91	331,91	II	396,66	295,25	200,00	110,91	32,41	
	III	**270,83**	331,91	331,91	III	184,50	104,16	37,66			
	V	**933,16**	331,91	331,91	IV	499,16	444,75	391,91	340,66	290,83	242,58
	VI	**969,41**	331,91	331,91							
3620,99	I,IV	**555,91**	332,16	332,16	I	445,58	341,33	243,25	151,33	65,83	1,41
	II	**504,91**	332,16	332,16	II	397,41	296,00	200,66	111,50	32,91	
	III	**271,50**	332,16	332,16	III	185,16	104,66	38,16			
	V	**934,25**	332,16	332,16	IV	499,91	445,58	392,66	341,33	291,58	243,25
	VI	**970,50**	332,16	332,16							
3623,99	I,IV	**556,66**	332,50	332,50	I	446,33	342,08	244,00	152,00	66,41	1,75
	II	**505,75**	332,50	332,50	II	398,16	296,66	201,33	112,16	33,41	
	III	**272,00**	332,50	332,50	III	185,83	105,16	38,50			
	V	**935,25**	332,50	332,50	IV	500,75	446,33	393,41	342,08	292,25	244,00
	VI	**971,50**	332,50	332,50							
3626,99	I,IV	**557,50**	332,75	332,75	I	447,08	342,83	244,66	152,58	66,91	2,16
	II	**506,50**	332,75	332,75	II	398,91	297,41	202,00	112,75	33,83	
	III	**272,66**	332,75	332,75	III	186,33	105,66	39,00			
	V	**936,33**	332,75	332,75	IV	501,50	447,08	394,16	342,83	293,00	244,66
	VI	**972,58**	332,75	332,75							
3629,99	I,IV	**558,33**	333,00	333,00	I	447,83	343,50	245,33	153,25	67,50	2,50
	II	**507,33**	333,00	333,00	II	399,66	298,08	202,66	113,41	34,33	
	III	**273,33**	333,00	333,00	III	187,00	106,16	39,33			
	V	**937,33**	333,00	333,00	IV	502,33	447,83	394,91	343,50	293,66	245,33
	VI	**973,66**	333,00	333,00							
3632,99	I,IV	**559,08**	333,25	333,25	I	448,66	344,25	246,00	153,91	68,08	2,83
	II	**508,08**	333,25	333,25	II	400,41	298,83	203,33	114,00	34,83	
	III	**274,00**	333,25	333,25	III	187,66	106,83	39,83			
	V	**938,41**	333,25	333,25	IV	503,08	448,66	395,66	344,25	294,33	246,00
	VI	**974,66**	333,25	333,25							
3635,99	I,IV	**559,91**	333,58	333,58	I	449,41	345,00	246,66	154,50	68,66	3,25
	II	**508,91**	333,58	333,58	II	401,16	299,50	204,00	114,58	35,25	
	III	**274,66**	333,58	333,58	III	188,16	107,33	40,16			
	V	**939,50**	333,58	333,58	IV	503,91	449,41	396,41	345,00	295,08	246,66
	VI	**975,75**	333,58	333,58							

* Zur LSt-Berechnung für privat versicherte Arbeitnehmer s. Beispiele **Vorbemerkung S. 4f.**
** Basisvorsorgepauschale KV und PV *** Typisierter Arbeitgeberzuschuss

Lohn/ Gehalt in € bis	Steuerklasse	Lohn- steuer*	BVSP**	TAGZ***	Steuerklasse	Bemessungsgrundlage für Kirchensteuer und Solidaritätszuschlag – Freibeträge für ... Kinder 0,5	1,0	1,5	2,0	2,5	3,0
3638,99	I,IV	**560,75**	333,83	333,83	I	450,16	345,66	247,33	155,16	69,25	3,58
	II	**509,66**	333,83	333,83	II	401,91	300,25	204,66	115,25	35,75	
	III	**275,16**	333,83	333,83	III	188,83	107,83	40,66			
	V	**940,50**	333,83	333,83	IV	504,66	450,16	397,16	345,66	295,75	247,33
	VI	**976,75**	333,83	333,83							
3641,99	I,IV	**561,58**	334,08	334,08	I	450,91	346,41	248,08	155,83	69,83	4,00
	II	**510,50**	334,08	334,08	II	402,66	300,91	205,33	115,83	36,25	
	III	**275,83**	334,08	334,08	III	189,50	108,33	41,16			
	V	**941,58**	334,08	334,08	IV	505,50	450,91	397,91	346,41	296,50	248,08
	VI	**977,83**	334,08	334,08							
3644,99	I,IV	**562,33**	334,41	334,41	I	451,66	347,16	248,75	156,41	70,33	4,33
	II	**511,25**	334,41	334,41	II	403,33	301,58	206,00	116,41	36,66	
	III	**276,50**	334,41	334,41	III	190,00	108,83	41,50			
	V	**942,58**	334,41	334,41	IV	506,25	451,66	398,66	347,16	297,16	248,75
	VI	**978,83**	334,41	334,41							
3647,99	I,IV	**563,16**	334,66	334,66	I	452,41	347,83	249,41	157,08	70,91	4,66
	II	**512,00**	334,66	334,66	II	404,08	302,33	206,58	117,08	37,16	
	III	**277,16**	334,66	334,66	III	190,66	109,50	42,00			
	V	**943,66**	334,66	334,66	IV	507,00	452,41	399,41	347,83	297,83	249,41
	VI	**979,91**	334,66	334,66							
3650,99	I,IV	**564,00**	334,91	334,91	I	453,25	348,58	250,08	157,66	71,50	5,08
	II	**512,83**	334,91	334,91	II	404,83	303,00	207,25	117,66	37,66	
	III	**277,66**	334,91	334,91	III	191,16	110,00	42,33			
	V	**944,66**	334,91	334,91	IV	507,83	453,25	400,16	348,58	298,58	250,08
	VI	**980,91**	334,91	334,91							
3653,99	I,IV	**564,75**	335,25	335,25	I	454,00	349,33	250,75	158,33	72,08	5,41
	II	**513,58**	335,25	335,25	II	405,58	303,75	207,91	118,33	38,16	
	III	**278,33**	335,25	335,25	III	191,83	110,50	42,83			
	V	**945,75**	335,25	335,25	IV	508,66	454,00	400,91	349,33	299,25	250,75
	VI	**982,00**	335,25	335,25							
3656,99	I,IV	**565,58**	335,50	335,50	I	454,75	350,00	251,41	159,00	72,66	5,83
	II	**514,41**	335,50	335,50	II	406,33	304,41	208,58	118,91	38,66	
	III	**279,00**	335,50	335,50	III	192,50	111,00	43,16			
	V	**946,75**	335,50	335,50	IV	509,41	454,75	401,66	350,00	300,00	251,41
	VI	**983,00**	335,50	335,50							
3659,99	I,IV	**566,41**	335,75	335,75	I	455,50	350,75	252,16	159,58	73,25	6,16
	II	**515,25**	335,75	335,75	II	407,08	305,16	209,25	119,50	39,16	
	III	**279,66**	335,75	335,75	III	193,00	111,50	43,66			
	V	**947,83**	335,75	335,75	IV	510,25	455,50	402,41	350,75	300,66	252,16
	VI	**984,08**	335,75	335,75							
3662,99	I,IV	**567,25**	336,00	336,00	I	456,33	351,50	252,83	160,25	73,83	6,58
	II	**516,00**	336,00	336,00	II	407,83	305,83	209,91	120,16	39,58	
	III	**280,33**	336,00	336,00	III	193,66	112,16	44,16			
	V	**948,91**	336,00	336,00	IV	511,00	456,33	403,16	351,50	301,41	252,83
	VI	**985,16**	336,00	336,00							
3665,99	I,IV	**568,08**	336,33	336,33	I	457,08	352,25	253,50	160,91	74,41	6,91
	II	**516,83**	336,33	336,33	II	408,58	306,58	210,58	120,75	40,08	
	III	**280,83**	336,33	336,33	III	194,33	112,66	44,50			
	V	**949,91**	336,33	336,33	IV	511,83	457,08	403,91	352,25	302,08	253,50
	VI	**986,16**	336,33	336,33							
3668,99	I,IV	**568,83**	336,58	336,58	I	457,83	352,91	254,16	161,50	75,00	7,33
	II	**517,58**	336,58	336,58	II	409,33	307,25	211,25	121,41	40,58	
	III	**281,50**	336,58	336,58	III	194,83	113,16	45,00			
	V	**950,91**	336,58	336,58	IV	512,58	457,83	404,58	352,91	302,75	254,16
	VI	**987,16**	336,58	336,58							
3671,99	I,IV	**569,66**	336,83	336,83	I	458,58	353,66	254,83	162,16	75,58	7,66
	II	**518,33**	336,83	336,83	II	410,08	307,91	211,91	122,00	41,08	
	III	**282,16**	336,83	336,83	III	195,50	113,66	45,33			
	V	**952,00**	336,83	336,83	IV	513,33	458,58	405,33	353,66	303,50	254,83
	VI	**988,25**	336,83	336,83							

* Zur LSt-Berechnung für privat versicherte Arbeitnehmer s. Beispiele **Vorbemerkung S. 4 f.**
** Basisvorsorgepauschale KV und PV *** Typisierter Arbeitgeberzuschuss

Lohn/ Gehalt in € bis	Steuerklasse	Lohnsteuer*	BVSP**	TAGZ***	Steuerklasse	Bemessungsgrundlage für Kirchensteuer und Solidaritätszuschlag — Freibeträge für ... Kinder 0,5	**1,0**	1,5	**2,0**	2,5	**3,0**
3 674,99	I,IV	**570,50**	337,16	337,16	I	459,33	354,41	255,50	162,75	76,16	8,08
	II	**519,16**	337,16	337,16	II	410,83	308,66	212,58	122,58	41,58	
	III	**282,66**	337,16	337,16	III	196,00	114,16	45,83			
	V	**953,08**	337,16	337,16	IV	514,16	459,33	406,08	354,41	304,16	255,50
	VI	**989,33**	337,16	337,16							
3 677,99	I,IV	**571,25**	337,41	337,41	I	460,16	355,08	256,25	163,41	76,75	8,41
	II	**520,00**	337,41	337,41	II	411,58	309,33	213,25	123,25	42,08	
	III	**283,33**	337,41	337,41	III	196,66	114,83	46,33			
	V	**954,08**	337,41	337,41	IV	514,91	460,16	406,83	355,08	304,91	256,25
	VI	**990,33**	337,41	337,41							
3 680,99	I,IV	**572,08**	337,66	337,66	I	460,91	355,83	256,91	164,08	77,33	8,83
	II	**520,75**	337,66	337,66	II	412,33	310,08	213,91	123,83	42,58	
	III	**284,00**	337,66	337,66	III	197,33	115,33	46,66			
	V	**955,16**	337,66	337,66	IV	515,75	460,91	407,58	355,83	305,58	256,91
	VI	**991,41**	337,66	337,66							
3 683,99	I,IV	**572,91**	338,00	338,00	I	461,66	356,58	257,58	164,75	78,00	9,25
	II	**521,58**	338,00	338,00	II	413,08	310,75	214,58	124,50	43,08	
	III	**284,66**	338,00	338,00	III	197,83	115,83	47,16			
	V	**956,16**	338,00	338,00	IV	516,50	461,66	408,33	356,58	306,33	257,58
	VI	**992,41**	338,00	338,00							
3 686,99	I,IV	**573,75**	338,25	338,25	I	462,50	357,33	258,25	165,33	78,58	9,58
	II	**522,33**	338,25	338,25	II	413,83	311,50	215,25	125,08	43,58	
	III	**285,33**	338,25	338,25	III	198,50	116,33	47,66			
	V	**957,25**	338,25	338,25	IV	517,33	462,50	409,08	357,33	307,00	258,25
	VI	**993,50**	338,25	338,25							
3 689,99	I,IV	**574,58**	338,50	338,50	I	463,25	358,00	258,91	166,00	79,16	10,00
	II	**523,16**	338,50	338,50	II	414,58	312,16	215,91	125,75	44,08	
	III	**285,83**	338,50	338,50	III	199,16	117,00	48,00			
	V	**958,33**	338,50	338,50	IV	518,16	463,25	409,83	358,00	307,75	258,91
	VI	**994,58**	338,50	338,50							
3 692,99	I,IV	**575,41**	338,75	338,75	I	464,00	358,75	259,66	166,66	79,75	10,41
	II	**523,91**	338,75	338,75	II	415,33	312,91	216,58	126,33	44,58	
	III	**286,50**	338,75	338,75	III	199,66	117,50	48,50			
	V	**959,33**	338,75	338,75	IV	518,91	464,00	410,58	358,75	308,41	259,66
	VI	**995,58**	338,75	338,75							
3 695,99	I,IV	**576,16**	339,08	339,08	I	464,75	359,50	260,33	167,25	80,33	10,75
	II	**524,75**	339,08	339,08	II	416,08	313,58	217,25	127,00	45,08	
	III	**287,16**	339,08	339,08	III	200,33	118,00	48,83			
	V	**960,33**	339,08	339,08	IV	519,66	464,75	411,33	359,50	309,08	260,33
	VI	**996,58**	339,08	339,08							
3 698,99	I,IV	**577,00**	339,33	339,33	I	465,50	360,16	261,00	167,91	80,91	11,16
	II	**525,50**	339,33	339,33	II	416,83	314,33	217,91	127,58	45,58	
	III	**287,83**	339,33	339,33	III	201,00	118,50	49,33			
	V	**961,41**	339,33	339,33	IV	520,50	465,50	412,08	360,16	309,83	261,00
	VI	**997,66**	339,33	339,33							
3 701,99	I,IV	**577,83**	339,58	339,58	I	466,33	360,91	261,66	168,58	81,58	11,58
	II	**526,33**	339,58	339,58	II	417,58	315,00	218,58	128,25	46,08	
	III	**288,50**	339,58	339,58	III	201,50	119,16	49,83			
	V	**962,50**	339,58	339,58	IV	521,33	466,33	412,83	360,91	310,58	261,66
	VI	**998,75**	339,58	339,58							
3 704,99	I,IV	**578,66**	339,91	339,91	I	467,08	361,66	262,33	169,16	82,16	11,91
	II	**527,08**	339,91	339,91	II	418,33	315,75	219,25	128,83	46,58	
	III	**289,00**	339,91	339,91	III	202,16	119,66	50,16			
	V	**963,50**	339,91	339,91	IV	522,08	467,08	413,58	361,66	311,25	262,33
	VI	**999,75**	339,91	339,91							
3 707,99	I,IV	**579,41**	340,16	340,16	I	467,83	362,41	263,08	169,83	82,75	12,33
	II	**527,91**	340,16	340,16	II	419,08	316,41	219,91	129,50	47,08	
	III	**289,66**	340,16	340,16	III	202,83	120,16	50,66			
	V	**964,58**	340,16	340,16	IV	522,91	467,83	414,33	362,41	312,00	263,08
	VI	**1 000,83**	340,16	340,16							

* Zur LSt-Berechnung für privat versicherte Arbeitnehmer s. Beispiele **Vorbemerkung S. 4f.**
** Basisvorsorgepauschale KV und PV *** Typisierter Arbeitgeberzuschuss

Lohn/ Gehalt in € bis	Steuerklasse	Lohn-steuer*	BVSP**	TAGZ***	Steuerklasse	Bemessungsgrundlage für Kirchensteuer und Solidaritätszuschlag					
						Freibeträge für ... Kinder					
						0,5	**1,0**	1,5	**2,0**	2,5	**3,0**
3710,99	I,IV	**580,25**	340,41	340,41	I	468,66	363,16	263,75	170,50	83,33	12,75
	II	**528,75**	340,41	340,41	II	419,91	317,16	220,58	130,08	47,66	
	III	**290,33**	340,41	340,41	III	203,33	120,83	51,16			
	V	**965,58**	340,41	340,41	IV	523,66	468,66	415,08	363,16	312,66	263,75
	VI	**1001,83**	340,41	340,41							
3713,99	I,IV	**581,08**	340,75	340,75	I	469,41	363,83	264,41	171,16	83,91	13,16
	II	**529,50**	340,75	340,75	II	420,66	317,83	221,25	130,75	48,16	
	III	**291,00**	340,75	340,75	III	204,00	121,33	51,50			
	V	**966,66**	340,75	340,75	IV	524,50	469,41	415,83	363,83	313,41	264,41
	VI	**1002,91**	340,75	340,75							
3716,99	I,IV	**581,91**	341,00	341,00	I	470,16	364,58	265,16	171,75	84,58	13,58
	II	**530,33**	341,00	341,00	II	421,41	318,58	221,91	131,33	48,66	
	III	**291,66**	341,00	341,00	III	204,66	121,83	52,00			
	V	**967,75**	341,00	341,00	IV	525,25	470,16	416,66	364,58	314,08	265,16
	VI	**1004,00**	341,00	341,00							
3719,99	I,IV	**582,75**	341,25	341,25	I	471,00	365,33	265,83	172,41	85,16	13,91
	II	**531,16**	341,25	341,25	II	422,16	319,33	222,58	132,00	49,16	
	III	**292,16**	341,25	341,25	III	205,16	122,50	52,50			
	V	**968,75**	341,25	341,25	IV	526,08	471,00	417,41	365,33	314,83	265,83
	VI	**1005,00**	341,25	341,25							
3722,99	I,IV	**583,50**	341,58	341,58	I	471,75	366,00	266,50	173,08	85,75	14,33
	II	**531,91**	341,58	341,58	II	422,91	320,00	223,25	132,58	49,66	
	III	**292,83**	341,58	341,58	III	205,83	123,00	52,83			
	V	**969,75**	341,58	341,58	IV	526,83	471,75	418,08	366,00	315,50	266,50
	VI	**1006,00**	341,58	341,58							
3725,99	I,IV	**584,33**	341,83	341,83	I	472,50	366,75	267,16	173,66	86,33	14,75
	II	**532,66**	341,83	341,83	II	423,66	320,66	223,91	133,16	50,16	
	III	**293,50**	341,83	341,83	III	206,33	123,50	53,33			
	V	**970,83**	341,83	341,83	IV	527,66	472,50	418,83	366,75	316,25	267,16
	VI	**1007,08**	341,83	341,83							
3728,99	I,IV	**585,16**	342,08	342,08	I	473,25	367,50	267,83	174,33	86,91	15,16
	II	**533,50**	342,08	342,08	II	424,41	321,41	224,58	133,83	50,75	
	III	**294,00**	342,08	342,08	III	207,00	124,00	53,83			
	V	**971,91**	342,08	342,08	IV	528,41	473,25	419,66	367,50	316,91	267,83
	VI	**1008,16**	342,08	342,08							
3731,99	I,IV	**586,00**	342,33	342,33	I	474,08	368,25	268,58	175,00	87,58	15,58
	II	**534,33**	342,33	342,33	II	425,16	322,16	225,25	134,41	51,25	
	III	**294,66**	342,33	342,33	III	207,66	124,66	54,16			
	V	**972,91**	342,33	342,33	IV	529,25	474,08	420,41	368,25	317,66	268,58
	VI	**1009,16**	342,33	342,33							
3734,99	I,IV	**586,83**	342,66	342,66	I	474,83	369,00	269,25	175,66	88,16	16,00
	II	**535,08**	342,66	342,66	II	425,91	322,83	225,91	135,08	51,75	
	III	**295,33**	342,66	342,66	III	208,16	125,16	54,66			
	V	**974,00**	342,66	342,66	IV	530,08	474,83	421,16	369,00	318,33	269,25
	VI	**1010,25**	342,66	342,66							
3737,99	I,IV	**587,66**	342,91	342,91	I	475,58	369,75	269,91	176,25	88,75	16,41
	II	**535,91**	342,91	342,91	II	426,66	323,58	226,58	135,66	52,33	
	III	**296,00**	342,91	342,91	III	208,83	125,66	55,16			
	V	**975,00**	342,91	342,91	IV	530,83	475,58	421,91	369,75	319,08	269,91
	VI	**1011,25**	342,91	342,91							
3740,99	I,IV	**588,50**	343,16	343,16	I	476,41	370,41	270,66	176,91	89,33	16,83
	II	**536,75**	343,16	343,16	II	427,41	324,25	227,25	136,33	52,83	
	III	**296,66**	343,16	343,16	III	209,50	126,33	55,66			
	V	**976,08**	343,16	343,16	IV	531,66	476,41	422,66	370,41	319,75	270,66
	VI	**1012,33**	343,16	343,16							
3743,99	I,IV	**589,25**	343,50	343,50	I	477,16	371,16	271,33	177,58	90,00	17,25
	II	**537,50**	343,50	343,50	II	428,16	325,00	227,91	137,00	53,33	
	III	**297,16**	343,50	343,50	III	210,00	126,83	56,00			
	V	**977,16**	343,50	343,50	IV	532,50	477,16	423,41	371,16	320,50	271,33
	VI	**1013,41**	343,50	343,50							

* Zur LSt-Berechnung für privat versicherte Arbeitnehmer s. Beispiele **Vorbemerkung S. 4 f.**
** Basisvorsorgepauschale KV und PV *** Typisierter Arbeitgeberzuschuss

Lohn/ Gehalt in € bis	Steuerklasse	Lohn- steuer*	BVSP**	TAGZ***	Steuerklasse	Bemessungsgrundlage für Kirchensteuer und Solidaritätszuschlag					
						Freibeträge für ... Kinder					
						0,5	**1,0**	1,5	**2,0**	2,5	**3,0**
3746,99	I,IV	**590,08**	343,75	343,75	I	477,91	371,91	272,00	178,16	90,58	17,66
	II	**538,33**	343,75	343,75	II	428,91	325,66	228,58	137,58	53,83	
	III	**297,83**	343,75	343,75	III	210,66	127,33	56,50	0,16		
	V	**978,16**	343,75	343,75	IV	533,25	477,91	424,16	371,91	321,16	272,00
	VI	**1014,41**	343,75	343,75							
3749,99	I,IV	**590,91**	344,00	344,00	I	478,66	372,66	272,66	178,83	91,16	18,08
	II	**539,08**	344,00	344,00	II	429,66	326,41	229,25	138,16	54,41	
	III	**298,50**	344,00	344,00	III	211,33	128,00	57,00	0,50		
	V	**979,16**	344,00	344,00	IV	534,00	478,66	424,91	372,66	321,91	272,66
	VI	**1015,41**	344,00	344,00							
3752,99	I,IV	**591,75**	344,33	344,33	I	479,50	373,33	273,41	179,50	91,75	18,50
	II	**539,91**	344,33	344,33	II	430,41	327,08	229,91	138,83	54,91	
	III	**299,16**	344,33	344,33	III	211,83	128,50	57,33	0,83		
	V	**980,25**	344,33	344,33	IV	534,83	479,50	425,66	373,33	322,58	273,41
	VI	**1016,50**	344,33	344,33							
3755,99	I,IV	**592,58**	344,58	344,58	I	480,25	374,08	274,08	180,16	92,33	18,91
	II	**540,75**	344,58	344,58	II	431,25	327,83	230,58	139,41	55,50	
	III	**299,83**	344,58	344,58	III	212,50	129,00	57,83	1,33		
	V	**981,25**	344,58	344,58	IV	535,66	480,25	426,41	374,08	323,33	274,08
	VI	**1017,58**	344,58	344,58							
3758,99	I,IV	**593,41**	344,83	344,83	I	481,08	374,83	274,75	180,83	93,00	19,33
	II	**541,50**	344,83	344,83	II	432,00	328,58	231,25	140,08	56,00	
	III	**300,50**	344,83	344,83	III	213,16	129,66	58,33	1,66		
	V	**982,33**	344,83	344,83	IV	536,41	481,08	427,16	374,83	324,00	274,75
	VI	**1018,58**	344,83	344,83							
3761,99	I,IV	**594,16**	345,08	345,08	I	481,83	375,58	275,50	181,41	93,58	19,75
	II	**542,33**	345,08	345,08	II	432,75	329,25	231,91	140,75	56,58	
	III	**301,00**	345,08	345,08	III	213,83	130,16	58,83	2,00		
	V	**983,41**	345,08	345,08	IV	537,25	481,83	427,91	375,58	324,75	275,50
	VI	**1019,66**	345,08	345,08							
3764,99	I,IV	**595,00**	345,41	345,41	I	482,58	376,33	276,16	182,08	94,16	20,16
	II	**543,16**	345,41	345,41	II	433,50	330,00	232,58	141,33	57,08	
	III	**301,66**	345,41	345,41	III	214,33	130,83	59,16	2,33		
	V	**984,41**	345,41	345,41	IV	538,08	482,58	428,66	376,33	325,50	276,16
	VI	**1020,66**	345,41	345,41							
3767,99	I,IV	**595,83**	345,66	345,66	I	483,41	377,08	276,83	182,75	94,75	20,58
	II	**543,91**	345,66	345,66	II	434,25	330,75	233,25	142,00	57,66	
	III	**302,33**	345,66	345,66	III	215,00	131,33	59,66	2,66		
	V	**985,50**	345,66	345,66	IV	538,83	483,41	429,50	377,08	326,16	276,83
	VI	**1021,75**	345,66	345,66							
3770,99	I,IV	**596,66**	345,91	345,91	I	484,16	377,83	277,58	183,41	95,41	21,00
	II	**544,75**	345,91	345,91	II	435,00	331,41	234,00	142,58	58,16	
	III	**303,00**	345,91	345,91	III	215,66	131,83	60,16	3,00		
	V	**986,50**	345,91	345,91	IV	539,66	484,16	430,25	377,83	326,91	277,58
	VI	**1022,83**	345,91	345,91							
3773,99	I,IV	**597,50**	346,25	346,25	I	484,91	378,50	278,25	184,00	96,00	21,41
	II	**545,50**	346,25	346,25	II	435,75	332,16	234,58	143,25	58,75	
	III	**303,50**	346,25	346,25	III	216,16	132,50	60,66	3,33		
	V	**987,58**	346,25	346,25	IV	540,41	484,91	431,00	378,50	327,58	278,25
	VI	**1023,83**	346,25	346,25							
3776,99	I,IV	**598,33**	346,50	346,50	I	485,75	379,25	278,91	184,66	96,58	21,91
	II	**546,33**	346,50	346,50	II	436,50	332,83	235,25	143,83	59,25	
	III	**304,16**	346,50	346,50	III	216,83	133,00	61,00	3,66		
	V	**988,58**	346,50	346,50	IV	541,25	485,75	431,75	379,25	328,33	278,91
	VI	**1024,83**	346,50	346,50							
3779,99	I,IV	**599,16**	346,75	346,75	I	486,50	380,00	279,58	185,33	97,16	22,33
	II	**547,16**	346,75	346,75	II	437,25	333,58	236,00	144,50	59,83	
	III	**304,83**	346,75	346,75	III	217,33	133,50	61,50	4,00		
	V	**989,66**	346,75	346,75	IV	542,08	486,50	432,50	380,00	329,00	279,58
	VI	**1025,91**	346,75	346,75							

* Zur LSt-Berechnung für privat versicherte Arbeitnehmer s. Beispiele **Vorbemerkung S. 4f.**
** Basisvorsorgepauschale KV und PV *** Typisierter Arbeitgeberzuschuss

Lohn/ Gehalt in € bis	Steuerklasse	Lohn-steuer*	BVSP**	TAGZ***	Steuerklasse	Bemessungsgrundlage für Kirchensteuer und Solidaritätszuschlag – Freibeträge für ... Kinder 0,5	1,0	1,5	2,0	2,5	3,0
3782,99	I,IV	**600,00**	347,08	347,08	I	487,25	380,75	280,33	186,00	97,83	22,75
	II	**547,91**	347,08	347,08	II	438,08	334,25	236,66	145,08	60,33	
	III	**305,50**	347,08	347,08	III	218,00	134,16	62,00	4,50		
	V	**990,66**	347,08	347,08	IV	542,83	487,25	433,25	380,75	329,75	280,33
	VI	**1027,00**	347,08	347,08							
3785,99	I,IV	**600,83**	347,33	347,33	I	488,08	381,50	281,00	186,66	98,41	23,16
	II	**548,75**	347,33	347,33	II	438,83	335,00	237,33	145,75	60,91	
	III	**306,16**	347,33	347,33	III	218,66	134,66	62,50	4,83		
	V	**991,75**	347,33	347,33	IV	543,66	488,08	434,00	381,50	330,50	281,00
	VI	**1028,00**	347,33	347,33							
3788,99	I,IV	**601,58**	347,58	347,58	I	488,83	382,25	281,66	187,33	99,00	23,66
	II	**549,58**	347,58	347,58	II	439,58	335,75	238,00	146,41	61,41	
	III	**306,66**	347,58	347,58	III	219,16	135,33	62,83	5,16		
	V	**992,83**	347,58	347,58	IV	544,50	488,83	434,75	382,25	331,16	281,66
	VI	**1029,08**	347,58	347,58							
3791,99	I,IV	**602,41**	347,83	347,83	I	489,66	382,91	282,41	187,91	99,66	24,08
	II	**550,33**	347,83	347,83	II	440,33	336,41	238,66	147,00	62,00	
	III	**307,33**	347,83	347,83	III	219,83	135,83	63,33	5,50		
	V	**993,83**	347,83	347,83	IV	545,25	489,66	435,50	382,91	331,91	282,41
	VI	**1030,08**	347,83	347,83							
3794,99	I,IV	**603,25**	348,16	348,16	I	490,41	383,66	283,08	188,58	100,25	24,50
	II	**551,16**	348,16	348,16	II	441,08	337,16	239,33	147,66	62,58	
	III	**308,00**	348,16	348,16	III	220,50	136,33	63,83	5,83		
	V	**994,91**	348,16	348,16	IV	546,08	490,41	436,33	383,66	332,66	283,08
	VI	**1031,16**	348,16	348,16							
3797,99	I,IV	**604,08**	348,41	348,41	I	491,25	384,41	283,75	189,25	100,83	24,91
	II	**552,00**	348,41	348,41	II	441,91	337,91	240,00	148,25	63,08	
	III	**308,66**	348,41	348,41	III	221,16	137,00	64,33	6,16		
	V	**995,91**	348,41	348,41	IV	546,91	491,25	437,08	384,41	333,33	283,75
	VI	**1032,25**	348,41	348,41							
3800,99	I,IV	**604,91**	348,66	348,66	I	492,00	385,16	284,50	189,91	101,41	25,41
	II	**552,75**	348,66	348,66	II	442,58	338,58	240,66	148,91	63,66	0,08
	III	**309,33**	348,66	348,66	III	221,66	137,50	64,83	6,66		
	V	**997,00**	348,66	348,66	IV	547,66	492,00	437,83	385,16	334,08	284,50
	VI	**1033,25**	348,66	348,66							
3803,99	I,IV	**605,75**	349,00	349,00	I	492,75	385,91	285,16	190,58	102,08	25,83
	II	**553,58**	349,00	349,00	II	443,41	339,33	241,33	149,50	64,25	0,41
	III	**310,00**	349,00	349,00	III	222,33	138,16	65,33	7,00		
	V	**998,00**	349,00	349,00	IV	548,50	492,75	438,58	385,91	334,75	285,16
	VI	**1034,25**	349,00	349,00							
3806,99	I,IV	**606,58**	349,25	349,25	I	493,58	386,66	285,83	191,16	102,66	26,25
	II	**554,41**	349,25	349,25	II	444,16	340,00	242,00	150,16	64,75	0,75
	III	**310,50**	349,25	349,25	III	223,00	138,66	65,66	7,33		
	V	**999,08**	349,25	349,25	IV	549,25	493,58	439,33	386,66	335,50	285,83
	VI	**1035,33**	349,25	349,25							
3809,99	I,IV	**607,41**	349,50	349,50	I	494,33	387,41	286,58	191,83	103,25	26,75
	II	**555,16**	349,50	349,50	II	444,91	340,75	242,75	150,83	65,33	1,16
	III	**311,16**	349,50	349,50	III	223,50	139,33	66,16	7,66		
	V	**1000,08**	349,50	349,50	IV	550,08	494,33	440,08	387,41	336,16	286,58
	VI	**1036,41**	349,50	349,50							
3812,99	I,IV	**608,25**	349,83	349,83	I	495,08	388,16	287,25	192,50	103,91	27,16
	II	**556,00**	349,83	349,83	II	445,66	341,50	243,41	151,41	65,91	1,50
	III	**311,83**	349,83	349,83	III	224,16	139,83	66,66	8,00		
	V	**1001,16**	349,83	349,83	IV	550,91	495,08	440,83	388,16	336,91	287,25
	VI	**1037,41**	349,83	349,83							
3815,99	I,IV	**609,08**	350,08	350,08	I	495,91	388,83	288,00	193,16	104,50	27,66
	II	**556,83**	350,08	350,08	II	446,41	342,16	244,08	152,08	66,50	1,83
	III	**312,50**	350,08	350,08	III	224,83	140,50	67,16	8,50		
	V	**1002,25**	350,08	350,08	IV	551,75	495,91	441,58	388,83	337,66	288,00
	VI	**1038,50**	350,08	350,08							

* Zur LSt-Berechnung für privat versicherte Arbeitnehmer s. Beispiele **Vorbemerkung S. 4f.**
** Basisvorsorgepauschale KV und PV *** Typisierter Arbeitgeberzuschuss

Lohn/ Gehalt in € bis	Steuerklasse	Lohn-steuer*	BVSP**	TAGZ***	Steuerklasse	Bemessungsgrundlage für Kirchensteuer und Solidaritätszuschlag – Freibeträge für ... Kinder 0,5	**1,0**	1,5	**2,0**	2,5	**3,0**
3818,99	I,IV	**609,91**	350,33	350,33	I	496,66	389,58	288,66	193,83	105,08	28,08
	II	**557,66**	350,33	350,33	II	447,25	342,91	244,75	152,75	67,08	2,16
	III	**313,16**	350,33	350,33	III	225,33	141,00	67,66	8,83		
	V	**1003,25**	350,33	350,33	IV	552,50	496,66	442,41	389,58	338,33	288,66
	VI	**1039,50**	350,33	350,33							
3821,99	I,IV	**610,75**	350,66	350,66	I	497,50	390,33	289,33	194,50	105,75	28,50
	II	**558,41**	350,66	350,66	II	448,00	343,66	245,41	153,33	67,58	2,58
	III	**313,83**	350,66	350,66	III	226,00	141,50	68,00	9,16		
	V	**1004,33**	350,66	350,66	IV	553,33	497,50	443,16	390,33	339,08	289,33
	VI	**1040,58**	350,66	350,66							
3824,99	I,IV	**611,50**	350,91	350,91	I	498,25	391,08	290,00	195,08	106,33	29,00
	II	**559,25**	350,91	350,91	II	448,75	344,33	246,08	154,00	68,16	2,91
	III	**314,33**	350,91	350,91	III	226,66	142,16	68,50	9,50		
	V	**1005,33**	350,91	350,91	IV	554,08	498,25	443,91	391,08	339,83	290,00
	VI	**1041,58**	350,91	350,91							
3827,99	I,IV	**612,33**	351,16	351,16	I	499,00	391,83	290,75	195,75	106,91	29,41
	II	**560,08**	351,16	351,16	II	449,50	345,08	246,75	154,58	68,75	3,25
	III	**315,00**	351,16	351,16	III	227,16	142,66	69,00	9,83		
	V	**1006,41**	351,16	351,16	IV	554,91	499,00	444,66	391,83	340,50	290,75
	VI	**1042,66**	351,16	351,16							
3830,99	I,IV	**613,16**	351,41	351,41	I	499,83	392,58	291,41	196,41	107,58	29,91
	II	**560,83**	351,41	351,41	II	450,25	345,83	247,50	155,25	69,33	3,66
	III	**315,66**	351,41	351,41	III	227,83	143,33	69,50	10,33		
	V	**1007,41**	351,41	351,41	IV	555,75	499,83	445,41	392,58	341,25	291,41
	VI	**1043,66**	351,41	351,41							
3833,99	I,IV	**614,00**	351,75	351,75	I	500,58	393,33	292,16	197,08	108,16	30,33
	II	**561,66**	351,75	351,75	II	451,00	346,50	248,16	155,91	69,91	4,00
	III	**316,33**	351,75	351,75	III	228,50	143,83	70,00	10,66		
	V	**1008,50**	351,75	351,75	IV	556,58	500,58	446,16	393,33	342,00	292,16
	VI	**1044,75**	351,75	351,75							
3836,99	I,IV	**614,83**	352,00	352,00	I	501,41	394,08	292,83	197,75	108,75	30,83
	II	**562,50**	352,00	352,00	II	451,83	347,25	248,83	156,50	70,50	4,41
	III	**316,83**	352,00	352,00	III	229,00	144,50	70,50	11,00		
	V	**1009,50**	352,00	352,00	IV	557,33	501,41	447,00	394,08	342,66	292,83
	VI	**1045,83**	352,00	352,00							
3839,99	I,IV	**615,66**	352,25	352,25	I	502,16	394,83	293,58	198,41	109,41	31,25
	II	**563,33**	352,25	352,25	II	452,58	348,00	249,50	157,16	71,00	4,75
	III	**317,50**	352,25	352,25	III	229,66	145,00	70,83	11,33		
	V	**1010,58**	352,25	352,25	IV	558,16	502,16	447,75	394,83	343,41	293,58
	VI	**1046,83**	352,25	352,25							
3842,99	I,IV	**616,50**	352,58	352,58	I	503,00	395,58	294,25	199,08	110,00	31,75
	II	**564,08**	352,58	352,58	II	453,33	348,66	250,16	157,83	71,58	5,08
	III	**318,16**	352,58	352,58	III	230,33	145,66	71,33	11,66		
	V	**1011,66**	352,58	352,58	IV	559,00	503,00	448,50	395,58	344,16	294,25
	VI	**1047,91**	352,58	352,58							
3845,99	I,IV	**617,33**	352,83	352,83	I	503,75	396,33	294,91	199,75	110,66	32,25
	II	**564,91**	352,83	352,83	II	454,08	349,41	250,83	158,41	72,16	5,50
	III	**318,83**	352,83	352,83	III	230,83	146,16	71,83	12,16		
	V	**1012,66**	352,83	352,83	IV	559,83	503,75	449,25	396,33	344,83	294,91
	VI	**1048,91**	352,83	352,83							
3848,99	I,IV	**618,16**	353,08	353,08	I	504,58	397,08	295,66	200,41	111,25	32,66
	II	**565,75**	353,08	353,08	II	454,91	350,16	251,58	159,08	72,75	5,83
	III	**319,50**	353,08	353,08	III	231,50	146,83	72,33	12,50		
	V	**1013,75**	353,08	353,08	IV	560,58	504,58	450,00	397,08	345,58	295,66
	VI	**1050,00**	353,08	353,08							
3851,99	I,IV	**619,00**	353,41	353,41	I	505,33	397,75	296,33	201,00	111,83	33,16
	II	**566,50**	353,41	353,41	II	455,66	350,83	252,25	159,66	73,33	6,25
	III	**320,16**	353,41	353,41	III	232,16	147,33	72,83	12,83		
	V	**1014,75**	353,41	353,41	IV	561,41	505,33	450,75	397,75	346,25	296,33
	VI	**1051,00**	353,41	353,41							

* Zur LSt-Berechnung für privat versicherte Arbeitnehmer s. Beispiele **Vorbemerkung S. 4f.**
** Basisvorsorgepauschale KV und PV *** Typisierter Arbeitgeberzuschuss

Lohn/ Gehalt in € bis	Steuerklasse	Lohn-steuer*	BVSP**	TAGZ***	Steuerklasse	Bemessungsgrundlage für Kirchensteuer und Solidaritätszuschlag					
						Freibeträge für ... Kinder					
						0,5	**1,0**	1,5	**2,0**	2,5	**3,0**
3854,99	I,IV	**619,83**	353,66	353,66	I	506,08	398,50	297,00	201,66	112,41	33,58
	II	**567,33**	353,66	353,66	II	456,41	351,58	252,91	160,33	73,91	6,58
	III	**320,66**	353,66	353,66	III	232,83	148,00	73,33	13,33		
	V	**1015,83**	353,66	353,66	IV	562,25	506,08	451,58	398,50	347,00	297,00
	VI	**1052,08**	353,66	353,66							
3857,99	I,IV	**620,66**	353,91	353,91	I	506,91	399,25	297,75	202,33	113,08	34,08
	II	**568,16**	353,91	353,91	II	457,16	352,33	253,58	161,00	74,50	7,00
	III	**321,33**	353,91	353,91	III	233,33	148,50	73,83	13,66		
	V	**1016,83**	353,91	353,91	IV	563,00	506,91	452,33	399,25	347,75	297,75
	VI	**1053,08**	353,91	353,91							
3860,99	I,IV	**621,50**	354,16	354,16	I	507,66	400,00	298,41	203,00	113,66	34,58
	II	**569,00**	354,16	354,16	II	457,91	353,08	254,25	161,58	75,08	7,33
	III	**322,00**	354,16	354,16	III	234,00	149,16	74,33	14,00		
	V	**1017,91**	354,16	354,16	IV	563,83	507,66	453,08	400,00	348,50	298,41
	VI	**1054,16**	354,16	354,16							
3863,99	I,IV	**622,33**	354,50	354,50	I	508,50	400,75	299,16	203,66	114,33	35,00
	II	**569,83**	354,50	354,50	II	458,75	353,75	254,91	162,25	75,66	7,75
	III	**322,66**	354,50	354,50	III	234,66	149,66	74,83	14,33		
	V	**1018,91**	354,50	354,50	IV	564,66	508,50	453,83	400,75	349,16	299,16
	VI	**1055,25**	354,50	354,50							
3866,99	I,IV	**623,16**	354,75	354,75	I	509,25	401,50	299,83	204,33	114,91	35,50
	II	**570,58**	354,75	354,75	II	459,50	354,50	255,66	162,91	76,25	8,08
	III	**323,33**	354,75	354,75	III	235,16	150,33	75,16	14,83		
	V	**1020,00**	354,75	354,75	IV	565,50	509,25	454,66	401,50	349,91	299,83
	VI	**1056,25**	354,75	354,75							
3869,99	I,IV	**624,00**	355,00	355,00	I	510,08	402,25	300,58	205,00	115,50	36,00
	II	**571,41**	355,00	355,00	II	460,25	355,25	256,33	163,50	76,91	8,50
	III	**324,00**	355,00	355,00	III	235,83	150,83	75,66	15,16		
	V	**1021,08**	355,00	355,00	IV	566,25	510,08	455,41	402,25	350,66	300,58
	VI	**1057,33**	355,00	355,00							
3872,99	I,IV	**624,83**	355,33	355,33	I	510,83	403,00	301,25	205,66	116,16	36,50
	II	**572,25**	355,33	355,33	II	461,08	356,00	257,00	164,16	77,50	8,91
	III	**324,66**	355,33	355,33	III	236,50	151,50	76,16	15,50		
	V	**1022,08**	355,33	355,33	IV	567,08	510,83	456,16	403,00	351,33	301,25
	VI	**1058,33**	355,33	355,33							
3875,99	I,IV	**625,66**	355,58	355,58	I	511,66	403,75	302,00	206,33	116,75	36,91
	II	**573,08**	355,58	355,58	II	461,83	356,66	257,66	164,83	78,08	9,25
	III	**325,16**	355,58	355,58	III	237,16	152,00	76,66	15,83		
	V	**1023,16**	355,58	355,58	IV	567,91	511,66	456,91	403,75	352,08	302,00
	VI	**1059,41**	355,58	355,58							
3878,99	I,IV	**626,50**	355,83	355,83	I	512,41	404,50	302,66	206,91	117,33	37,41
	II	**573,83**	355,83	355,83	II	462,58	357,41	258,33	165,41	78,66	9,66
	III	**325,83**	355,83	355,83	III	237,66	152,66	77,16	16,33		
	V	**1024,16**	355,83	355,83	IV	568,66	512,41	457,66	404,50	352,83	302,66
	VI	**1060,41**	355,83	355,83							
3881,99	I,IV	**627,33**	356,16	356,16	I	513,25	405,25	303,33	207,58	118,00	37,91
	II	**574,66**	356,16	356,16	II	463,33	358,16	259,08	166,08	79,25	10,08
	III	**326,50**	356,16	356,16	III	238,33	153,16	77,66	16,66		
	V	**1025,25**	356,16	356,16	IV	569,50	513,25	458,50	405,25	353,50	303,33
	VI	**1061,50**	356,16	356,16							
3884,99	I,IV	**628,16**	356,41	356,41	I	514,00	406,00	304,08	208,25	118,58	38,41
	II	**575,50**	356,41	356,41	II	464,08	358,83	259,75	166,75	79,83	10,41
	III	**327,16**	356,41	356,41	III	239,00	153,83	78,16	17,00		
	V	**1026,25**	356,41	356,41	IV	570,33	514,00	459,25	406,00	354,25	304,08
	VI	**1062,50**	356,41	356,41							
3887,99	I,IV	**629,00**	356,66	356,66	I	514,83	406,75	304,75	208,91	119,25	38,91
	II	**576,33**	356,66	356,66	II	464,91	359,58	260,41	167,33	80,41	10,83
	III	**327,83**	356,66	356,66	III	239,50	154,33	78,66	17,50		
	V	**1027,33**	356,66	356,66	IV	571,16	514,83	460,00	406,75	355,00	304,75
	VI	**1063,58**	356,66	356,66							

* Zur LSt-Berechnung für privat versicherte Arbeitnehmer s. Beispiele **Vorbemerkung S. 4f.**
** Basisvorsorgepauschale KV und PV *** Typisierter Arbeitgeberzuschuss

Lohn/ Gehalt in € bis	Steuerklasse	Lohn- steuer*	BVSP**	TAGZ***	Steuerklasse	Bemessungsgrundlage für Kirchensteuer und Solidaritätszuschlag					
						Freibeträge für ... Kinder					
						0,5	**1,0**	1,5	**2,0**	2,5	**3,0**
3890,99	I,IV	**629,83**	356,91	356,91	I	515,58	407,50	305,50	209,58	119,83	39,33
	II	**577,08**	356,91	356,91	II	465,66	360,33	261,08	168,00	81,08	11,25
	III	**328,33**	356,91	356,91	III	240,16	155,00	79,16	17,83		
	V	**1028,33**	356,91	356,91	IV	572,00	515,58	460,75	407,50	355,75	305,50
	VI	**1064,66**	356,91	356,91							
3893,99	I,IV	**630,66**	357,25	357,25	I	516,41	408,25	306,16	210,25	120,50	39,83
	II	**577,91**	357,25	357,25	II	466,41	361,08	261,83	168,66	81,66	11,58
	III	**329,00**	357,25	357,25	III	240,83	155,50	79,66	18,16		
	V	**1029,41**	357,25	357,25	IV	572,75	516,41	461,58	408,25	356,41	306,16
	VI	**1065,66**	357,25	357,25							
3896,99	I,IV	**631,50**	357,50	357,50	I	517,16	409,00	306,91	210,91	121,08	40,33
	II	**578,75**	357,50	357,50	II	467,25	361,75	262,50	169,33	82,25	12,00
	III	**329,66**	357,50	357,50	III	241,33	156,16	80,16	18,50		
	V	**1030,50**	357,50	357,50	IV	573,58	517,16	462,33	409,00	357,16	306,91
	VI	**1066,75**	357,50	357,50							
3899,99	I,IV	**632,41**	357,75	357,75	I	518,00	409,75	307,58	211,58	121,75	40,83
	II	**579,58**	357,75	357,75	II	468,00	362,50	263,16	169,91	82,83	12,41
	III	**330,33**	357,75	357,75	III	242,00	156,83	80,50	19,00		
	V	**1031,50**	357,75	357,75	IV	574,41	518,00	463,08	409,75	357,91	307,58
	VI	**1067,75**	357,75	357,75							
3902,99	I,IV	**633,16**	358,08	358,08	I	518,75	410,50	308,33	212,25	122,33	41,33
	II	**580,41**	358,08	358,08	II	468,75	363,25	263,83	170,58	83,41	12,83
	III	**331,00**	358,08	358,08	III	242,66	157,33	81,00	19,33		
	V	**1032,50**	358,08	358,08	IV	575,25	518,75	463,83	410,50	358,58	308,33
	VI	**1068,75**	358,08	358,08							
3905,99	I,IV	**634,00**	358,33	358,33	I	519,58	411,25	309,00	212,91	122,91	41,83
	II	**581,16**	358,33	358,33	II	469,50	364,00	264,50	171,25	84,00	13,16
	III	**331,66**	358,33	358,33	III	243,33	158,00	81,50	19,66		
	V	**1033,58**	358,33	358,33	IV	576,00	519,58	464,66	411,25	359,33	309,00
	VI	**1069,83**	358,33	358,33							
3908,99	I,IV	**634,83**	358,58	358,58	I	520,33	412,00	309,75	213,58	123,58	42,33
	II	**582,00**	358,58	358,58	II	470,33	364,66	265,25	171,83	84,66	13,58
	III	**332,33**	358,58	358,58	III	243,83	158,50	82,00	20,16		
	V	**1034,66**	358,58	358,58	IV	576,83	520,33	465,41	412,00	360,08	309,75
	VI	**1070,91**	358,58	358,58							
3911,99	I,IV	**635,75**	358,91	358,91	I	521,16	412,75	310,41	214,25	124,16	42,83
	II	**582,83**	358,91	358,91	II	471,08	365,41	265,91	172,50	85,25	14,00
	III	**332,83**	358,91	358,91	III	244,50	159,16	82,50	20,50		
	V	**1035,66**	358,91	358,91	IV	577,66	521,16	466,16	412,75	360,83	310,41
	VI	**1071,91**	358,91	358,91							
3914,99	I,IV	**636,58**	359,16	359,16	I	521,91	413,50	311,16	214,91	124,83	43,33
	II	**583,66**	359,16	359,16	II	471,83	366,16	266,58	173,16	85,83	14,41
	III	**333,50**	359,16	359,16	III	245,16	159,83	83,00	21,00		
	V	**1036,75**	359,16	359,16	IV	578,50	521,91	466,91	413,50	361,58	311,16
	VI	**1073,00**	359,16	359,16							
3917,99	I,IV	**637,41**	359,41	359,41	I	522,75	414,25	311,83	215,58	125,41	43,83
	II	**584,50**	359,41	359,41	II	472,66	366,91	267,25	173,83	86,41	14,83
	III	**334,16**	359,41	359,41	III	245,66	160,33	83,50	21,33		
	V	**1037,75**	359,41	359,41	IV	579,33	522,75	467,75	414,25	362,25	311,83
	VI	**1074,00**	359,41	359,41							
3920,99	I,IV	**638,25**	359,75	359,75	I	523,58	415,00	312,58	216,25	126,08	44,33
	II	**585,33**	359,75	359,75	II	473,41	367,66	268,00	174,41	87,08	15,25
	III	**334,83**	359,75	359,75	III	246,33	161,00	84,00	21,66		
	V	**1038,83**	359,75	359,75	IV	580,16	523,58	468,50	415,00	363,00	312,58
	VI	**1075,08**	359,75	359,75							
3923,99	I,IV	**639,08**	360,00	360,00	I	524,33	415,75	313,25	216,91	126,66	44,83
	II	**586,16**	360,00	360,00	II	474,16	368,33	268,66	175,08	87,66	15,66
	III	**335,50**	360,00	360,00	III	247,00	161,50	84,50	22,16		
	V	**1039,91**	360,00	360,00	IV	580,91	524,33	469,25	415,75	363,75	313,25
	VI	**1076,16**	360,00	360,00							

* Zur LSt-Berechnung für privat versicherte Arbeitnehmer s. Beispiele **Vorbemerkung S. 4f.**
** Basisvorsorgepauschale KV und PV *** Typisierter Arbeitgeberzuschuss

Lohn/ Gehalt in € bis	Steuerklasse	Lohnsteuer*	BVSP**	TAGZ***	Steuerklasse	Bemessungsgrundlage für Kirchensteuer und Solidaritätszuschlag					
						Freibeträge für ... Kinder					
						0,5	**1,0**	1,5	**2,0**	2,5	**3,0**
3926,99	I,IV	**639,91**	360,25	360,25	I	525,16	416,50	314,00	217,58	127,33	45,33
	II	**586,91**	360,25	360,25	II	475,00	369,08	269,33	175,75	88,25	16,08
	III	**336,16**	360,25	360,25	III	247,66	162,16	85,00	22,50		
	V	**1040,91**	360,25	360,25	IV	581,75	525,16	470,08	416,50	364,50	314,00
	VI	**1077,16**	360,25	360,25							
3929,99	I,IV	**640,75**	360,50	360,50	I	525,91	417,25	314,66	218,25	127,91	45,83
	II	**587,75**	360,50	360,50	II	475,75	369,83	270,00	176,33	88,83	16,41
	III	**336,66**	360,50	360,50	III	248,16	162,66	85,50	22,83		
	V	**1041,91**	360,50	360,50	IV	582,58	525,91	470,83	417,25	365,16	314,66
	VI	**1078,16**	360,50	360,50							
3932,99	I,IV	**641,58**	360,83	360,83	I	526,75	418,00	315,41	218,91	128,50	46,33
	II	**588,58**	360,83	360,83	II	476,50	370,58	270,75	177,00	89,41	16,83
	III	**337,33**	360,83	360,83	III	248,83	163,33	86,00	23,33		
	V	**1043,00**	360,83	360,83	IV	583,41	526,75	471,58	418,00	365,91	315,41
	VI	**1079,25**	360,83	360,83							
3935,99	I,IV	**642,41**	361,08	361,08	I	527,50	418,75	316,08	219,58	129,16	46,83
	II	**589,41**	361,08	361,08	II	477,25	371,25	271,41	177,66	90,08	17,25
	III	**338,00**	361,08	361,08	III	249,50	164,00	86,50	23,66		
	V	**1044,08**	361,08	361,08	IV	584,25	527,50	472,33	418,75	366,66	316,08
	VI	**1080,33**	361,08	361,08							
3938,99	I,IV	**643,25**	361,33	361,33	I	528,33	419,50	316,83	220,25	129,75	47,33
	II	**590,25**	361,33	361,33	II	478,08	372,00	272,08	178,33	90,66	17,66
	III	**338,66**	361,33	361,33	III	250,00	164,50	87,00	24,00		
	V	**1045,08**	361,33	361,33	IV	585,00	528,33	473,16	419,50	367,41	316,83
	VI	**1081,33**	361,33	361,33							
3941,99	I,IV	**644,08**	361,66	361,66	I	529,08	420,25	317,50	220,91	130,41	47,91
	II	**591,00**	361,66	361,66	II	478,83	372,75	272,83	179,00	91,25	18,16
	III	**339,33**	361,66	361,66	III	250,66	165,16	87,50	24,50		
	V	**1046,16**	361,66	361,66	IV	585,83	529,08	473,91	420,25	368,08	317,50
	VI	**1082,41**	361,66	361,66							
3944,99	I,IV	**644,91**	361,91	361,91	I	529,91	421,00	318,25	221,58	131,00	48,41
	II	**591,83**	361,91	361,91	II	479,58	373,50	273,50	179,58	91,83	18,58
	III	**340,00**	361,91	361,91	III	251,33	165,66	88,00	24,83		
	V	**1047,16**	361,91	361,91	IV	586,66	529,91	474,66	421,00	368,83	318,25
	VI	**1083,41**	361,91	361,91							
3947,99	I,IV	**645,83**	362,16	362,16	I	530,75	421,75	318,91	222,25	131,66	48,91
	II	**592,66**	362,16	362,16	II	480,41	374,25	274,16	180,25	92,50	19,00
	III	**340,66**	362,16	362,16	III	252,00	166,33	88,50	25,33		
	V	**1048,25**	362,16	362,16	IV	587,50	530,75	475,50	421,75	369,58	318,91
	VI	**1084,50**	362,16	362,16							
3950,99	I,IV	**646,66**	362,50	362,50	I	531,50	422,50	319,66	222,91	132,25	49,41
	II	**593,50**	362,50	362,50	II	481,16	375,00	274,91	180,91	93,08	19,41
	III	**341,16**	362,50	362,50	III	252,50	167,00	89,00	25,66		
	V	**1049,33**	362,50	362,50	IV	588,33	531,50	476,25	422,50	370,33	319,66
	VI	**1085,58**	362,50	362,50							
3953,99	I,IV	**647,50**	362,75	362,75	I	532,33	423,25	320,33	223,58	132,91	49,91
	II	**594,33**	362,75	362,75	II	482,00	375,66	275,58	181,58	93,66	19,83
	III	**341,83**	362,75	362,75	III	253,16	167,50	89,50	26,00		
	V	**1050,33**	362,75	362,75	IV	589,16	532,33	477,08	423,25	371,08	320,33
	VI	**1086,58**	362,75	362,75							
3956,99	I,IV	**648,33**	363,00	363,00	I	533,08	424,00	321,08	224,25	133,50	50,50
	II	**595,16**	363,00	363,00	II	482,75	376,41	276,25	182,16	94,25	20,25
	III	**342,50**	363,00	363,00	III	253,83	168,16	90,00	26,50		
	V	**1051,33**	363,00	363,00	IV	589,91	533,08	477,83	424,00	371,75	321,08
	VI	**1087,58**	363,00	363,00							
3959,99	I,IV	**649,16**	363,25	363,25	I	533,91	424,75	321,75	224,91	134,16	51,00
	II	**596,00**	363,25	363,25	II	483,50	377,16	276,91	182,83	94,83	20,66
	III	**343,16**	363,25	363,25	III	254,50	168,66	90,50	26,83		
	V	**1052,41**	363,25	363,25	IV	590,75	533,91	478,58	424,75	372,50	321,75
	VI	**1088,66**	363,25	363,25							

* Zur LSt-Berechnung für privat versicherte Arbeitnehmer s. Beispiele **Vorbemerkung S. 4 f.**
** Basisvorsorgepauschale KV und PV *** Typisierter Arbeitgeberzuschuss

Lohn/ Gehalt in € bis	Steuerklasse	Lohn-steuer*	BVSP**	TAGZ***	Steuerklasse	Bemessungsgrundlage für Kirchensteuer und Solidaritätszuschlag – Freibeträge für ... Kinder 0,5	**1,0**	1,5	**2,0**	2,5	**3,0**
3962,99	I,IV	**650,00**	363,58	363,58	I	534,75	425,50	322,50	225,58	134,75	51,50
	II	**596,83**	363,58	363,58	II	484,25	377,91	277,66	183,50	95,50	21,08
	III	**343,83**	363,58	363,58	III	255,00	169,33	91,00	27,33		
	V	**1053,50**	363,58	363,58	IV	591,58	534,75	479,33	425,50	373,25	322,50
	VI	**1089,75**	363,58	363,58							
3965,99	I,IV	**650,83**	363,83	363,83	I	535,50	426,33	323,16	226,25	135,41	52,00
	II	**597,58**	363,83	363,83	II	485,08	378,66	278,33	184,16	96,08	21,50
	III	**344,50**	363,83	363,83	III	255,66	170,00	91,50	27,66		
	V	**1054,50**	363,83	363,83	IV	592,41	535,50	480,16	426,33	374,00	323,16
	VI	**1090,75**	363,83	363,83							
3968,99	I,IV	**651,66**	364,08	364,08	I	536,33	427,08	323,91	226,91	136,00	52,58
	II	**598,41**	364,08	364,08	II	485,83	379,41	279,00	184,83	96,66	21,91
	III	**345,16**	364,08	364,08	III	256,33	170,50	92,00	28,00		
	V	**1055,58**	364,08	364,08	IV	593,25	536,33	480,91	427,08	374,75	323,91
	VI	**1091,83**	364,08	364,08							
3971,99	I,IV	**652,58**	364,41	364,41	I	537,08	427,83	324,66	227,58	136,66	53,08
	II	**599,25**	364,41	364,41	II	486,66	380,08	279,75	185,41	97,33	22,41
	III	**345,83**	364,41	364,41	III	257,00	171,16	92,66	28,50		
	V	**1056,58**	364,41	364,41	IV	594,08	537,08	481,66	427,83	375,50	324,66
	VI	**1092,83**	364,41	364,41							
3974,99	I,IV	**653,41**	364,66	364,66	I	537,91	428,58	325,33	228,25	137,25	53,66
	II	**600,08**	364,66	364,66	II	487,41	380,83	280,41	186,08	97,91	22,83
	III	**346,33**	364,66	364,66	III	257,50	171,83	93,16	28,83		
	V	**1057,66**	364,66	364,66	IV	594,91	537,91	482,50	428,58	376,16	325,33
	VI	**1093,91**	364,66	364,66							
3977,99	I,IV	**654,25**	364,91	364,91	I	538,75	429,33	326,08	228,91	137,91	54,16
	II	**600,91**	364,91	364,91	II	488,16	381,58	281,08	186,75	98,50	23,25
	III	**347,00**	364,91	364,91	III	258,16	172,33	93,66	29,33		
	V	**1058,75**	364,91	364,91	IV	595,75	538,75	483,25	429,33	376,91	326,08
	VI	**1095,00**	364,91	364,91							
3980,99	I,IV	**655,08**	365,25	365,25	I	539,50	430,08	326,75	229,58	138,50	54,66
	II	**601,75**	365,25	365,25	II	489,00	382,33	281,75	187,41	99,08	23,66
	III	**347,66**	365,25	365,25	III	258,83	173,00	94,16	29,66		
	V	**1059,75**	365,25	365,25	IV	596,50	539,50	484,00	430,08	377,66	326,75
	VI	**1096,00**	365,25	365,25							
3983,99	I,IV	**655,91**	365,50	365,50	I	540,33	430,83	327,50	230,25	139,16	55,25
	II	**602,58**	365,50	365,50	II	489,75	383,08	282,50	188,08	99,75	24,16
	III	**348,33**	365,50	365,50	III	259,33	173,50	94,66	30,16		
	V	**1060,75**	365,50	365,50	IV	597,33	540,33	484,83	430,83	378,41	327,50
	VI	**1097,00**	365,50	365,50							
3986,99	I,IV	**656,75**	365,75	365,75	I	541,08	431,58	328,16	230,91	139,75	55,75
	II	**603,41**	365,75	365,75	II	490,50	383,83	283,16	188,66	100,33	24,58
	III	**349,00**	365,75	365,75	III	260,00	174,16	95,16	30,50		
	V	**1061,83**	365,75	365,75	IV	598,16	541,08	485,58	431,58	379,16	328,16
	VI	**1098,08**	365,75	365,75							
3989,99	I,IV	**657,58**	366,00	366,00	I	541,91	432,33	328,91	231,58	140,41	56,25
	II	**604,25**	366,00	366,00	II	491,33	384,50	283,91	189,33	100,91	25,00
	III	**349,66**	366,00	366,00	III	260,66	174,66	95,66	30,83		
	V	**1062,91**	366,00	366,00	IV	599,00	541,91	486,33	432,33	379,83	328,91
	VI	**1099,16**	366,00	366,00							
3992,99	I,IV	**658,41**	366,33	366,33	I	542,75	433,08	329,66	232,25	141,00	56,83
	II	**605,08**	366,33	366,33	II	492,08	385,25	284,58	190,00	101,58	25,50
	III	**350,16**	366,33	366,33	III	261,33	175,33	96,16	31,33		
	V	**1063,91**	366,33	366,33	IV	599,83	542,75	487,16	433,08	380,58	329,66
	VI	**1100,16**	366,33	366,33							
3995,99	I,IV	**659,33**	366,58	366,58	I	543,50	433,91	330,33	232,91	141,66	57,33
	II	**605,91**	366,58	366,58	II	492,91	386,00	285,25	190,66	102,16	25,91
	III	**350,83**	366,58	366,58	III	261,83	176,00	96,66	31,66		
	V	**1065,00**	366,58	366,58	IV	600,66	543,50	487,91	433,91	381,33	330,33
	VI	**1101,25**	366,58	366,58							

* Zur LSt-Berechnung für privat versicherte Arbeitnehmer s. Beispiele **Vorbemerkung S. 4 f.**
** Basisvorsorgepauschale KV und PV *** Typisierter Arbeitgeberzuschuss

Lohn/ Gehalt in € bis	Steuerklasse	Lohn-steuer*	BVSP**	TAGZ***	Steuerklasse	Bemessungsgrundlage für Kirchensteuer und Solidaritätszuschlag – Freibeträge für ... Kinder 0,5	1,0	1,5	2,0	2,5	3,0
3998,99	I,IV	**660,16**	366,83	366,83	I	544,33	434,66	331,08	233,58	142,33	57,91
	II	**606,66**	366,83	366,83	II	493,66	386,75	286,00	191,33	102,75	26,33
	III	**351,50**	366,83	366,83	III	262,50	176,50	97,16	32,16		
	V	**1066,00**	366,83	366,83	IV	601,50	544,33	488,75	434,66	382,08	331,08
	VI	**1102,25**	366,83	366,83							
4001,99	I,IV	**661,00**	367,16	367,16	I	545,16	435,41	331,75	234,33	142,91	58,41
	II	**607,50**	367,16	367,16	II	494,50	387,50	286,66	192,00	103,41	26,83
	III	**352,16**	367,16	367,16	III	263,16	177,16	97,66	32,50		
	V	**1067,08**	367,16	367,16	IV	602,33	545,16	489,50	435,41	382,83	331,75
	VI	**1103,33**	367,16	367,16							
4004,99	I,IV	**661,83**	367,41	367,41	I	545,91	436,16	332,50	235,00	143,58	59,00
	II	**608,33**	367,41	367,41	II	495,25	388,25	287,41	192,66	104,00	27,25
	III	**352,83**	367,41	367,41	III	263,83	177,66	98,16	33,00		
	V	**1068,16**	367,41	367,41	IV	603,16	545,91	490,33	436,16	383,58	332,50
	VI	**1104,41**	367,41	367,41							
4007,99	I,IV	**662,66**	367,66	367,66	I	546,75	436,91	333,16	235,66	144,16	59,50
	II	**609,16**	367,66	367,66	II	496,00	389,00	288,08	193,25	104,58	27,66
	III	**353,50**	367,66	367,66	III	264,33	178,33	98,66	33,33		
	V	**1069,16**	367,66	367,66	IV	603,91	546,75	491,08	436,91	384,25	333,16
	VI	**1105,41**	367,66	367,66							
4010,99	I,IV	**663,50**	368,00	368,00	I	547,50	437,66	333,91	236,33	144,83	60,08
	II	**610,00**	368,00	368,00	II	496,83	389,75	288,75	193,91	105,16	28,16
	III	**354,16**	368,00	368,00	III	265,00	179,00	99,33	33,83		
	V	**1070,16**	368,00	368,00	IV	604,75	547,50	491,83	437,66	385,00	333,91
	VI	**1106,41**	368,00	368,00							
4013,99	I,IV	**664,41**	368,25	368,25	I	548,33	438,41	334,66	237,00	145,41	60,66
	II	**610,83**	368,25	368,25	II	497,58	390,50	289,41	194,58	105,83	28,58
	III	**354,83**	368,25	368,25	III	265,66	179,50	99,83	34,16		
	V	**1071,25**	368,25	368,25	IV	605,58	548,33	492,66	438,41	385,75	334,66
	VI	**1107,50**	368,25	368,25							
4016,99	I,IV	**665,25**	368,50	368,50	I	549,16	439,16	335,33	237,66	146,08	61,16
	II	**611,66**	368,50	368,50	II	498,33	391,16	290,16	195,25	106,41	29,08
	III	**355,50**	368,50	368,50	III	266,33	180,16	100,33	34,66		
	V	**1072,25**	368,50	368,50	IV	606,41	549,16	493,41	439,16	386,50	335,33
	VI	**1108,58**	368,50	368,50							
4019,99	I,IV	**666,08**	368,83	368,83	I	550,00	440,00	336,08	238,33	146,66	61,75
	II	**612,50**	368,83	368,83	II	499,16	391,91	290,83	195,91	107,00	29,50
	III	**356,00**	368,83	368,83	III	266,83	180,83	100,83	35,00		
	V	**1073,33**	368,83	368,83	IV	607,25	550,00	494,16	440,00	387,25	336,08
	VI	**1109,58**	368,83	368,83							
4022,99	I,IV	**666,91**	369,08	369,08	I	550,75	440,75	336,83	239,00	147,33	62,25
	II	**613,33**	369,08	369,08	II	499,91	392,66	291,58	196,58	107,66	30,00
	III	**356,66**	369,08	369,08	III	267,50	181,33	101,33	35,50		
	V	**1074,41**	369,08	369,08	IV	608,08	550,75	495,00	440,75	388,00	336,83
	VI	**1110,66**	369,08	369,08							
4025,99	I,IV	**667,83**	369,33	369,33	I	551,58	441,50	337,50	239,66	148,00	62,83
	II	**614,16**	369,33	369,33	II	500,75	393,41	292,25	197,16	108,25	30,41
	III	**357,33**	369,33	369,33	III	268,16	182,00	101,83	35,83		
	V	**1075,41**	369,33	369,33	IV	608,91	551,58	495,75	441,50	388,75	337,50
	VI	**1111,66**	369,33	369,33							
4028,99	I,IV	**668,66**	369,58	369,58	I	552,41	442,25	338,25	240,33	148,58	63,41
	II	**615,00**	369,58	369,58	II	501,50	394,16	293,00	197,83	108,91	30,91
	III	**358,00**	369,58	369,58	III	268,83	182,66	102,33	36,33		
	V	**1076,50**	369,58	369,58	IV	609,75	552,41	496,58	442,25	389,50	338,25
	VI	**1112,75**	369,58	369,58							
4031,99	I,IV	**669,50**	369,91	369,91	I	553,16	443,00	339,00	241,08	149,25	64,00
	II	**615,83**	369,91	369,91	II	502,33	394,91	293,66	198,50	109,50	31,33
	III	**358,66**	369,91	369,91	III	269,33	183,16	103,00	36,66		
	V	**1077,50**	369,91	369,91	IV	610,58	553,16	497,33	443,00	390,25	339,00
	VI	**1113,83**	369,91	369,91							

* Zur LSt-Berechnung für privat versicherte Arbeitnehmer s. Beispiele **Vorbemerkung S. 4 f.**
** Basisvorsorgepauschale KV und PV *** Typisierter Arbeitgeberzuschuss

Lohn/ Gehalt in € bis	Steuerklasse	Lohn-steuer*	BVSP**	TAGZ***	Steuerklasse	Bemessungsgrundlage für Kirchensteuer und Solidaritätszuschlag – Freibeträge für ... Kinder 0,5	**1,0**	1,5	**2,0**	2,5	**3,0**
4034,99	I,IV	**670,33**	370,16	370,16	I	554,00	443,75	339,66	241,66	149,83	64,50
	II	**616,66**	370,16	370,16	II	503,08	395,66	294,33	199,16	110,08	31,83
	III	**359,33**	370,16	370,16	III	270,00	183,83	103,33	37,16		
	V	**1078,58**	370,16	370,16	IV	611,41	554,00	498,08	443,75	390,91	339,66
	VI	**1114,83**	370,16	370,16							
4037,99	I,IV	**671,16**	370,41	370,41	I	554,83	444,50	340,41	242,41	150,50	65,08
	II	**617,50**	370,41	370,41	II	503,91	396,41	295,08	199,83	110,66	32,25
	III	**360,00**	370,41	370,41	III	270,66	184,33	104,00	37,50		
	V	**1079,58**	370,41	370,41	IV	612,25	554,83	498,91	444,50	391,66	340,41
	VI	**1115,83**	370,41	370,41							
4040,99	I,IV	**672,00**	370,75	370,75	I	555,58	445,33	341,08	243,08	151,08	65,66
	II	**618,33**	370,75	370,75	II	504,66	397,16	295,75	200,50	111,33	32,75
	III	**360,50**	370,75	370,75	III	271,16	185,00	104,50	38,00		
	V	**1080,66**	370,75	370,75	IV	613,08	555,58	499,66	445,33	392,41	341,08
	VI	**1116,91**	370,75	370,75							
4043,99	I,IV	**672,91**	371,00	371,00	I	556,41	446,08	341,83	243,75	151,75	66,16
	II	**619,16**	371,00	371,00	II	505,41	397,91	296,41	201,16	111,91	33,25
	III	**361,16**	371,00	371,00	III	271,83	185,50	105,00	38,33		
	V	**1081,66**	371,00	371,00	IV	613,91	556,41	500,50	446,08	393,16	341,83
	VI	**1118,00**	371,00	371,00							
4046,99	I,IV	**673,75**	371,25	371,25	I	557,25	446,83	342,58	244,41	152,41	66,75
	II	**620,00**	371,25	371,25	II	506,25	398,66	297,16	201,83	112,58	33,66
	III	**361,83**	371,25	371,25	III	272,50	186,16	105,50	38,83		
	V	**1082,75**	371,25	371,25	IV	614,75	557,25	501,25	446,83	393,91	342,58
	VI	**1119,00**	371,25	371,25							
4049,99	I,IV	**674,58**	371,58	371,58	I	558,00	447,58	343,25	245,08	153,00	67,33
	II	**620,83**	371,58	371,58	II	507,00	399,41	297,83	202,41	113,16	34,16
	III	**362,50**	371,58	371,58	III	273,16	186,83	106,00	39,16		
	V	**1083,83**	371,58	371,58	IV	615,58	558,00	502,08	447,58	394,66	343,25
	VI	**1120,08**	371,58	371,58							
4052,99	I,IV	**675,41**	371,83	371,83	I	558,83	448,33	344,00	245,75	153,66	67,91
	II	**621,66**	371,83	371,83	II	507,83	400,16	298,58	203,08	113,75	34,66
	III	**363,16**	371,83	371,83	III	273,83	187,33	106,50	39,66		
	V	**1084,83**	371,83	371,83	IV	616,41	558,83	502,83	448,33	395,41	344,00
	VI	**1121,08**	371,83	371,83							
4055,99	I,IV	**676,33**	372,08	372,08	I	559,66	449,16	344,75	246,50	154,33	68,50
	II	**622,50**	372,08	372,08	II	508,66	400,91	299,25	203,75	114,41	35,08
	III	**363,83**	372,08	372,08	III	274,33	188,00	107,16	40,16		
	V	**1085,91**	372,08	372,08	IV	617,25	559,66	503,66	449,16	396,16	344,75
	VI	**1122,16**	372,08	372,08							
4058,99	I,IV	**677,16**	372,33	372,33	I	560,41	449,91	345,41	247,08	154,91	69,00
	II	**623,33**	372,33	372,33	II	509,41	401,58	299,91	204,41	115,00	35,58
	III	**364,50**	372,33	372,33	III	275,00	188,66	107,66	40,50		
	V	**1086,91**	372,33	372,33	IV	618,00	560,41	504,41	449,91	396,91	345,41
	VI	**1123,16**	372,33	372,33							
4061,99	I,IV	**678,00**	372,66	372,66	I	561,25	450,66	346,16	247,83	155,58	69,58
	II	**624,16**	372,66	372,66	II	510,16	402,33	300,66	205,08	115,58	36,08
	III	**365,16**	372,66	372,66	III	275,66	189,16	108,16	41,00		
	V	**1088,00**	372,66	372,66	IV	618,83	561,25	505,16	450,66	397,66	346,16
	VI	**1124,25**	372,66	372,66							
4064,99	I,IV	**678,83**	372,91	372,91	I	562,08	451,41	346,91	248,50	156,16	70,16
	II	**625,00**	372,91	372,91	II	511,00	403,08	301,33	205,75	116,25	36,50
	III	**365,83**	372,91	372,91	III	276,33	189,83	108,66	41,33		
	V	**1089,00**	372,91	372,91	IV	619,66	562,08	506,00	451,41	398,41	346,91
	VI	**1125,25**	372,91	372,91							
4067,99	I,IV	**679,75**	373,16	373,16	I	562,91	452,16	347,58	249,16	156,83	70,75
	II	**625,83**	373,16	373,16	II	511,75	403,83	302,08	206,41	116,83	37,00
	III	**366,50**	373,16	373,16	III	276,83	190,50	109,16	41,83		
	V	**1090,08**	373,16	373,16	IV	620,50	562,91	506,75	452,16	399,16	347,58
	VI	**1126,33**	373,16	373,16							

* Zur LSt-Berechnung für privat versicherte Arbeitnehmer s. Beispiele **Vorbemerkung S. 4 f.**
** Basisvorsorgepauschale KV und PV *** Typisierter Arbeitgeberzuschuss

Lohn/ Gehalt in € bis	Steuerklasse	Lohn- steuer*	BVSP**	TAGZ***	Steuerklasse	Bemessungsgrundlage für Kirchensteuer und Solidaritätszuschlag Freibeträge für ... Kinder 0,5	1,0	1,5	2,0	2,5	3,0
4070,99	I,IV	**680,58**	373,50	373,50	I	563,66	453,00	348,33	249,83	157,50	71,33
	II	**626,66**	373,50	373,50	II	512,58	404,58	302,75	207,08	117,50	37,50
	III	**367,00**	373,50	373,50	III	277,50	191,00	109,83	42,16		
	V	**1091,08**	373,50	373,50	IV	621,33	563,66	507,58	453,00	399,91	348,33
	VI	**1127,41**	373,50	373,50							
4073,99	I,IV	**681,41**	373,75	373,75	I	564,50	453,75	349,08	250,50	158,08	71,91
	II	**627,50**	373,75	373,75	II	513,33	405,33	303,50	207,75	118,08	38,00
	III	**367,66**	373,75	373,75	III	278,16	191,66	110,33	42,66		
	V	**1092,16**	373,75	373,75	IV	622,16	564,50	508,33	453,75	400,66	349,08
	VI	**1128,41**	373,75	373,75							
4076,99	I,IV	**682,25**	374,00	374,00	I	565,33	454,50	349,83	251,25	158,75	72,50
	II	**628,33**	374,00	374,00	II	514,16	406,08	304,16	208,41	118,75	38,50
	III	**368,33**	374,00	374,00	III	278,83	192,33	110,83	43,16		
	V	**1093,25**	374,00	374,00	IV	623,08	565,33	509,16	454,50	401,41	349,83
	VI	**1129,50**	374,00	374,00							
4079,99	I,IV	**683,16**	374,33	374,33	I	566,16	455,25	350,50	251,91	159,41	73,08
	II	**629,16**	374,33	374,33	II	514,91	406,83	304,91	209,08	119,33	39,00
	III	**369,00**	374,33	374,33	III	279,50	192,83	111,33	43,50		
	V	**1094,25**	374,33	374,33	IV	623,91	566,16	509,91	455,25	402,16	350,50
	VI	**1130,50**	374,33	374,33							
4082,99	I,IV	**684,00**	374,58	374,58	I	567,00	456,08	351,25	252,58	160,00	73,66
	II	**630,00**	374,58	374,58	II	515,75	407,58	305,58	209,75	119,91	39,41
	III	**369,66**	374,58	374,58	III	280,00	193,50	112,00	44,00		
	V	**1095,33**	374,58	374,58	IV	624,75	567,00	510,75	456,08	402,91	351,25
	VI	**1131,58**	374,58	374,58							
4085,99	I,IV	**684,83**	374,83	374,83	I	567,75	456,83	351,91	253,25	160,66	74,25
	II	**630,83**	374,83	374,83	II	516,50	408,33	306,25	210,33	120,58	39,91
	III	**370,33**	374,83	374,83	III	280,66	194,00	112,50	44,33		
	V	**1096,33**	374,83	374,83	IV	625,50	567,75	511,50	456,83	403,58	351,91
	VI	**1132,58**	374,83	374,83							
4088,99	I,IV	**685,66**	375,08	375,08	I	568,58	457,58	352,66	253,91	161,25	74,83
	II	**631,66**	375,08	375,08	II	517,33	409,08	307,00	211,00	121,16	40,41
	III	**371,00**	375,08	375,08	III	281,33	194,66	113,00	44,83		
	V	**1097,41**	375,08	375,08	IV	626,33	568,58	512,33	457,58	404,33	352,66
	VI	**1133,66**	375,08	375,08							
4091,99	I,IV	**686,58**	375,41	375,41	I	569,41	458,33	353,41	254,58	161,91	75,41
	II	**632,50**	375,41	375,41	II	518,08	409,83	307,66	211,66	121,83	40,91
	III	**371,66**	375,41	375,41	III	281,83	195,33	113,50	45,16		
	V	**1098,41**	375,41	375,41	IV	627,16	569,41	513,08	458,33	405,08	353,41
	VI	**1134,66**	375,41	375,41							
4094,99	I,IV	**687,41**	375,66	375,66	I	570,16	459,08	354,16	255,33	162,58	76,00
	II	**633,33**	375,66	375,66	II	518,91	410,58	308,41	212,33	122,41	41,41
	III	**372,33**	375,66	375,66	III	282,50	195,83	114,00	45,66		
	V	**1099,50**	375,66	375,66	IV	628,00	570,16	513,91	459,08	405,83	354,16
	VI	**1135,75**	375,66	375,66							
4097,99	I,IV	**688,25**	375,91	375,91	I	571,00	459,91	354,83	256,00	163,25	76,58
	II	**634,16**	375,91	375,91	II	519,66	411,33	309,08	213,00	123,00	41,91
	III	**372,83**	375,91	375,91	III	283,16	196,50	114,66	46,16		
	V	**1100,50**	375,91	375,91	IV	628,91	571,00	514,66	459,91	406,58	354,83
	VI	**1136,83**	375,91	375,91							
4100,99	I,IV	**689,16**	376,25	376,25	I	571,83	460,66	355,58	256,66	163,83	77,16
	II	**635,00**	376,25	376,25	II	520,50	412,08	309,83	213,66	123,66	42,41
	III	**373,50**	376,25	376,25	III	283,83	197,00	115,16	46,50		
	V	**1101,58**	376,25	376,25	IV	629,75	571,83	515,50	460,66	407,33	355,58
	VI	**1137,83**	376,25	376,25							
4103,99	I,IV	**690,00**	376,50	376,50	I	572,66	461,41	356,33	257,33	164,50	77,75
	II	**635,83**	376,50	376,50	II	521,33	412,83	310,58	214,33	124,25	42,91
	III	**374,16**	376,50	376,50	III	284,50	197,66	115,66	47,00		
	V	**1102,66**	376,50	376,50	IV	630,58	572,66	516,25	461,41	408,08	356,33
	VI	**1138,91**	376,50	376,50							

* Zur LSt-Berechnung für privat versicherte Arbeitnehmer s. Beispiele **Vorbemerkung S. 4 f.**
** Basisvorsorgepauschale KV und PV *** Typisierter Arbeitgeberzuschuss

Lohn/ Gehalt in € bis	Steuerklasse	Lohn-steuer*	BVSP**	TAGZ***	Steuerklasse	Bemessungsgrundlage für Kirchensteuer und Solidaritätszuschlag					
						Freibeträge für ... Kinder					
						0,5	**1,0**	1,5	**2,0**	2,5	**3,0**
4106,99	I,IV	**690,83**	376,75	376,75	I	573,50	462,16	357,08	258,00	165,16	78,33
	II	**636,66**	376,75	376,75	II	522,08	413,58	311,25	215,00	124,91	43,41
	III	**374,83**	376,75	376,75	III	285,00	198,33	116,16	47,50		
	V	**1 103,66**	376,75	376,75	IV	631,41	573,50	517,08	462,16	408,83	357,08
	VI	**1 139,91**	376,75	376,75							
4109,99	I,IV	**691,75**	377,08	377,08	I	574,25	463,00	357,75	258,75	165,75	79,00
	II	**637,50**	377,08	377,08	II	522,91	414,33	312,00	215,66	125,50	43,91
	III	**375,50**	377,08	377,08	III	285,66	198,83	116,83	47,83		
	V	**1 104,75**	377,08	377,08	IV	632,25	574,25	517,83	463,00	409,58	357,75
	VI	**1 141,00**	377,08	377,08							
4112,99	I,IV	**692,58**	377,33	377,33	I	575,08	463,75	358,50	259,41	166,41	79,58
	II	**638,33**	377,33	377,33	II	523,66	415,08	312,66	216,33	126,16	44,41
	III	**376,16**	377,33	377,33	III	286,33	199,50	117,33	48,33		
	V	**1 105,75**	377,33	377,33	IV	633,08	575,08	518,66	463,75	410,33	358,50
	VI	**1 142,00**	377,33	377,33							
4115,99	I,IV	**693,41**	377,58	377,58	I	575,91	464,50	359,25	260,08	167,08	80,16
	II	**639,16**	377,58	377,58	II	524,50	415,83	313,33	217,00	126,75	44,91
	III	**376,83**	377,58	377,58	III	287,00	200,16	117,83	48,83		
	V	**1 106,83**	377,58	377,58	IV	633,91	575,91	519,41	464,50	411,08	359,25
	VI	**1 143,08**	377,58	377,58							
4118,99	I,IV	**694,25**	377,91	377,91	I	576,75	465,25	360,00	260,75	167,66	80,75
	II	**640,00**	377,91	377,91	II	525,25	416,58	314,08	217,66	127,41	45,41
	III	**377,50**	377,91	377,91	III	287,50	200,66	118,33	49,16		
	V	**1 107,83**	377,91	377,91	IV	634,75	576,75	520,25	465,25	411,83	360,00
	VI	**1 144,08**	377,91	377,91							
4121,99	I,IV	**695,16**	378,16	378,16	I	577,50	466,08	360,66	261,41	168,33	81,33
	II	**640,91**	378,16	378,16	II	526,08	417,33	314,75	218,33	128,00	45,91
	III	**378,16**	378,16	378,16	III	288,16	201,33	119,00	49,66		
	V	**1 108,91**	378,16	378,16	IV	635,58	577,50	521,00	466,08	412,58	360,66
	VI	**1 145,16**	378,16	378,16							
4124,99	I,IV	**696,00**	378,41	378,41	I	578,33	466,83	361,41	262,16	169,00	81,91
	II	**641,75**	378,41	378,41	II	526,83	418,08	315,50	219,00	128,66	46,41
	III	**378,83**	378,41	378,41	III	288,83	202,00	119,50	50,16		
	V	**1 109,91**	378,41	378,41	IV	636,41	578,33	521,83	466,83	413,33	361,41
	VI	**1 146,25**	378,41	378,41							
4127,99	I,IV	**696,83**	378,66	378,66	I	579,16	467,58	362,16	262,83	169,66	82,58
	II	**642,58**	378,66	378,66	II	527,66	418,83	316,25	219,66	129,25	46,91
	III	**379,50**	378,66	378,66	III	289,50	202,50	120,00	50,50		
	V	**1 111,00**	378,66	378,66	IV	637,25	579,16	522,58	467,58	414,08	362,16
	VI	**1 147,25**	378,66	378,66							
4130,99	I,IV	**697,75**	379,00	379,00	I	580,00	468,41	362,91	263,50	170,25	83,16
	II	**643,41**	379,00	379,00	II	528,41	419,66	316,91	220,33	129,91	47,41
	III	**380,16**	379,00	379,00	III	290,16	203,16	120,66	51,00		
	V	**1 112,08**	379,00	379,00	IV	638,08	580,00	523,41	468,41	414,83	362,91
	VI	**1 148,33**	379,00	379,00							
4133,99	I,IV	**698,58**	379,25	379,25	I	580,83	469,16	363,58	264,16	170,91	83,75
	II	**644,25**	379,25	379,25	II	529,25	420,41	317,66	221,00	130,50	48,00
	III	**380,83**	379,25	379,25	III	290,66	203,83	121,16	51,50		
	V	**1 113,08**	379,25	379,25	IV	638,91	580,83	524,25	469,16	415,58	363,58
	VI	**1 149,33**	379,25	379,25							
4136,99	I,IV	**699,41**	379,50	379,50	I	581,58	469,91	364,33	264,83	171,50	84,33
	II	**645,08**	379,50	379,50	II	530,00	421,08	318,33	221,66	131,08	48,50
	III	**381,33**	379,50	379,50	III	291,33	204,33	121,66	51,83		
	V	**1 114,08**	379,50	379,50	IV	639,75	581,58	525,00	469,91	416,33	364,33
	VI	**1 150,41**	379,50	379,50							
4139,99	I,IV	**700,33**	379,83	379,83	I	582,41	470,66	365,08	265,58	172,16	84,91
	II	**645,91**	379,83	379,83	II	530,83	421,83	319,00	222,33	131,75	49,00
	III	**382,00**	379,83	379,83	III	292,00	205,00	122,16	52,33		
	V	**1 115,16**	379,83	379,83	IV	640,58	582,41	525,75	470,66	417,08	365,08
	VI	**1 151,41**	379,83	379,83							

* Zur LSt-Berechnung für privat versicherte Arbeitnehmer s. Beispiele **Vorbemerkung S. 4f.**
** Basisvorsorgepauschale KV und PV *** Typisierter Arbeitgeberzuschuss

Lohn/ Gehalt in € bis	Steuerklasse	Lohnsteuer*	BVSP**	TAGZ***	Steuerklasse	Bemessungsgrundlage für Kirchensteuer und Solidaritätszuschlag – Freibeträge für ... Kinder 0,5	1,0	1,5	2,0	2,5	3,0
4142,99	I,IV	**701,16**	380,08	380,08	I	583,25	471,50	365,83	266,25	172,83	85,50
	II	**646,75**	380,08	380,08	II	531,66	422,66	319,75	223,00	132,33	49,50
	III	**382,66**	380,08	380,08	III	292,66	205,66	122,83	52,66		
	V	**1116,25**	380,08	380,08	IV	641,41	583,25	526,58	471,50	417,83	365,83
	VI	**1152,50**	380,08	380,08							
4145,99	I,IV	**702,00**	380,33	380,33	I	584,08	472,25	366,50	266,91	173,50	86,16
	II	**647,58**	380,33	380,33	II	532,41	423,41	320,50	223,66	133,00	50,00
	III	**383,33**	380,33	380,33	III	293,16	206,16	123,33	53,16		
	V	**1117,25**	380,33	380,33	IV	642,25	584,08	527,41	472,25	418,58	366,50
	VI	**1153,50**	380,33	380,33							
4148,99	I,IV	**702,91**	380,66	380,66	I	584,91	473,00	367,25	267,66	174,16	86,75
	II	**648,41**	380,66	380,66	II	533,25	424,16	321,16	224,33	133,58	50,58
	III	**384,00**	380,66	380,66	III	293,83	206,83	123,83	53,66		
	V	**1118,33**	380,66	380,66	IV	643,16	584,91	528,16	473,00	419,41	367,25
	VI	**1154,58**	380,66	380,66							
4151,99	I,IV	**703,75**	380,91	380,91	I	585,75	473,83	368,00	268,33	174,75	87,33
	II	**649,33**	380,91	380,91	II	534,00	424,91	321,91	225,00	134,25	51,08
	III	**384,66**	380,91	380,91	III	294,50	207,50	124,50	54,16		
	V	**1119,33**	380,91	380,91	IV	644,00	585,75	529,00	473,83	420,16	368,00
	VI	**1155,66**	380,91	380,91							
4154,99	I,IV	**704,58**	381,16	381,16	I	586,50	474,58	368,75	269,00	175,41	87,91
	II	**650,16**	381,16	381,16	II	534,83	425,66	322,58	225,66	134,83	51,58
	III	**385,33**	381,16	381,16	III	295,16	208,00	125,00	54,50		
	V	**1120,41**	381,16	381,16	IV	644,83	586,50	529,75	474,58	420,91	368,75
	VI	**1156,66**	381,16	381,16							
4157,99	I,IV	**705,50**	381,41	381,41	I	587,33	475,33	369,50	269,66	176,08	88,58
	II	**651,00**	381,41	381,41	II	535,66	426,41	323,33	226,33	135,50	52,16
	III	**386,00**	381,41	381,41	III	295,83	208,66	125,50	55,00		
	V	**1121,50**	381,41	381,41	IV	645,66	587,33	530,58	475,33	421,66	369,50
	VI	**1157,75**	381,41	381,41							
4160,99	I,IV	**706,33**	381,75	381,75	I	588,16	476,16	370,16	270,41	176,75	89,16
	II	**651,83**	381,75	381,75	II	536,41	427,16	324,00	227,00	136,08	52,66
	III	**386,66**	381,75	381,75	III	296,33	209,33	126,16	55,50		
	V	**1122,50**	381,75	381,75	IV	646,50	588,16	531,41	476,16	422,41	370,16
	VI	**1158,75**	381,75	381,75							
4163,99	I,IV	**707,16**	382,00	382,00	I	589,00	476,91	370,91	271,08	177,33	89,75
	II	**652,66**	382,00	382,00	II	537,25	427,91	324,75	227,66	136,75	53,16
	III	**387,33**	382,00	382,00	III	297,00	209,83	126,66	55,83		
	V	**1123,50**	382,00	382,00	IV	647,33	589,00	532,16	476,91	423,16	370,91
	VI	**1159,75**	382,00	382,00							
4166,99	I,IV	**708,08**	382,25	382,25	I	589,83	477,66	371,66	271,75	178,00	90,33
	II	**653,50**	382,25	382,25	II	538,00	428,66	325,41	228,33	137,33	53,66
	III	**388,00**	382,25	382,25	III	297,66	210,50	127,16	56,33		
	V	**1124,58**	382,25	382,25	IV	648,16	589,83	533,00	477,66	423,91	371,66
	VI	**1160,83**	382,25	382,25							
4169,99	I,IV	**708,91**	382,58	382,58	I	590,66	478,41	372,41	272,41	178,66	90,91
	II	**654,33**	382,58	382,58	II	538,83	429,41	326,16	229,00	138,00	54,25
	III	**388,50**	382,58	382,58	III	298,33	211,16	127,83	56,83	0,50	
	V	**1125,66**	382,58	382,58	IV	649,00	590,66	533,75	478,41	424,66	372,41
	VI	**1161,91**	382,58	382,58							
4172,99	I,IV	**709,83**	382,83	382,83	I	591,41	479,25	373,16	273,16	179,25	91,58
	II	**655,16**	382,83	382,83	II	539,66	430,16	326,91	229,66	138,58	54,75
	III	**389,16**	382,83	382,83	III	299,00	211,66	128,33	57,33	0,83	
	V	**1126,66**	382,83	382,83	IV	649,83	591,41	534,58	479,25	425,41	373,16
	VI	**1162,91**	382,83	382,83							
4175,99	I,IV	**710,66**	383,08	383,08	I	592,25	480,00	373,83	273,83	179,91	92,16
	II	**656,08**	383,08	383,08	II	540,41	431,00	327,58	230,33	139,25	55,33
	III	**389,83**	383,08	383,08	III	299,50	212,33	128,83	57,66	1,16	
	V	**1127,75**	383,08	383,08	IV	650,75	592,25	535,41	480,00	426,16	373,83
	VI	**1164,00**	383,08	383,08							

* Zur LSt-Berechnung für privat versicherte Arbeitnehmer s. Beispiele **Vorbemerkung S. 4 f.**
** Basisvorsorgepauschale KV und PV *** Typisierter Arbeitgeberzuschuss

Lohn/ Gehalt in € bis	Steuerklasse	Lohn- steuer*	BVSP**	TAGZ***	Steuerklasse	Bemessungsgrundlage für Kirchensteuer und Solidaritätszuschlag – Freibeträge für ... Kinder 0,5	**1,0**	1,5	**2,0**	2,5	**3,0**
4178,99	I,IV	**711,50**	383,41	383,41	I	593,08	480,75	374,58	274,50	180,58	92,75
	II	**656,91**	383,41	383,41	II	541,25	431,75	328,33	231,00	139,91	55,83
	III	**390,50**	383,41	383,41	III	300,16	213,00	129,50	58,16	1,50	
	V	**1128,75**	383,41	383,41	IV	651,58	593,08	536,16	480,75	426,91	374,58
	VI	**1165,00**	383,41	383,41							
4181,99	I,IV	**712,41**	383,66	383,66	I	593,91	481,58	375,33	275,25	181,25	93,33
	II	**657,75**	383,66	383,66	II	542,08	432,50	329,00	231,75	140,50	56,41
	III	**391,16**	383,66	383,66	III	300,83	213,50	130,00	58,66	1,83	
	V	**1129,83**	383,66	383,66	IV	652,41	593,91	537,00	481,58	427,66	375,33
	VI	**1166,08**	383,66	383,66							
4184,99	I,IV	**713,25**	383,91	383,91	I	594,75	482,33	376,08	275,91	181,91	94,00
	II	**658,58**	383,91	383,91	II	542,83	433,25	329,75	232,41	141,16	56,91
	III	**391,83**	383,91	383,91	III	301,50	214,16	130,50	59,16	2,16	
	V	**1130,91**	383,91	383,91	IV	653,25	594,75	537,75	482,33	428,41	376,08
	VI	**1167,16**	383,91	383,91							
4187,99	I,IV	**714,16**	384,16	384,16	I	595,58	483,16	376,83	276,58	182,50	94,58
	II	**659,41**	384,16	384,16	II	543,66	434,00	330,50	233,08	141,75	57,41
	III	**392,50**	384,16	384,16	III	302,16	214,83	131,16	59,50	2,50	
	V	**1131,91**	384,16	384,16	IV	654,08	595,58	538,58	483,16	429,25	376,83
	VI	**1168,16**	384,16	384,16							
4190,99	I,IV	**715,00**	384,50	384,50	I	596,41	483,91	377,50	277,25	183,16	95,16
	II	**660,25**	384,50	384,50	II	544,41	434,75	331,16	233,75	142,41	58,00
	III	**393,16**	384,50	384,50	III	302,66	215,33	131,66	60,00	2,83	
	V	**1132,91**	384,50	384,50	IV	654,91	596,41	539,33	483,91	429,91	377,50
	VI	**1169,16**	384,50	384,50							
4193,99	I,IV	**715,83**	384,75	384,75	I	597,16	484,66	378,25	278,00	183,83	95,75
	II	**661,08**	384,75	384,75	II	545,25	435,50	331,91	234,41	143,00	58,50
	III	**393,83**	384,75	384,75	III	303,33	216,00	132,16	60,50	3,16	
	V	**1134,00**	384,75	384,75	IV	655,75	597,16	540,16	484,66	430,66	378,25
	VI	**1170,25**	384,75	384,75							
4196,99	I,IV	**716,75**	385,00	385,00	I	598,00	485,50	379,00	278,66	184,50	96,41
	II	**662,00**	385,00	385,00	II	546,08	436,25	332,58	235,08	143,66	59,08
	III	**394,50**	385,00	385,00	III	304,00	216,50	132,83	60,83	3,66	
	V	**1135,08**	385,00	385,00	IV	656,58	598,00	541,00	485,50	431,50	379,00
	VI	**1171,33**	385,00	385,00							
4199,99	I,IV	**717,58**	385,33	385,33	I	598,83	486,25	379,75	279,41	185,16	97,00
	II	**662,83**	385,33	385,33	II	546,83	437,00	333,33	235,75	144,25	59,58
	III	**395,16**	385,33	385,33	III	304,66	217,16	133,33	61,33	4,00	
	V	**1136,08**	385,33	385,33	IV	657,50	598,83	541,75	486,25	432,25	379,75
	VI	**1172,33**	385,33	385,33							
4202,99	I,IV	**718,50**	385,58	385,58	I	599,66	487,00	380,50	280,08	185,75	97,58
	II	**663,66**	385,58	385,58	II	547,66	437,83	334,08	236,41	144,91	60,16
	III	**395,83**	385,58	385,58	III	305,33	217,83	134,00	61,83	4,33	
	V	**1137,16**	385,58	385,58	IV	658,33	599,66	542,58	487,00	433,00	380,50
	VI	**1173,41**	385,58	385,58							
4205,99	I,IV	**719,33**	385,83	385,83	I	600,50	487,83	381,25	280,75	186,41	98,25
	II	**664,50**	385,83	385,83	II	548,50	438,58	334,75	237,08	145,50	60,75
	III	**396,50**	385,83	385,83	III	305,83	218,50	134,50	62,33	4,66	
	V	**1138,16**	385,83	385,83	IV	659,16	600,50	543,41	487,83	433,75	381,25
	VI	**1174,41**	385,83	385,83							
4208,99	I,IV	**720,25**	386,16	386,16	I	601,33	488,58	382,00	281,50	187,08	98,83
	II	**665,41**	386,16	386,16	II	549,25	439,33	335,50	237,75	146,16	61,25
	III	**397,00**	386,16	386,16	III	306,50	219,00	135,00	62,83	5,00	
	V	**1139,25**	386,16	386,16	IV	660,00	601,33	544,16	488,58	434,50	382,00
	VI	**1175,50**	386,16	386,16							
4211,99	I,IV	**721,08**	386,41	386,41	I	602,16	489,41	382,75	282,16	187,75	99,41
	II	**666,25**	386,41	386,41	II	550,08	440,08	336,16	238,41	146,83	61,83
	III	**397,66**	386,41	386,41	III	307,16	219,66	135,66	63,16	5,33	
	V	**1140,33**	386,41	386,41	IV	660,83	602,16	545,00	489,41	435,25	382,75
	VI	**1176,58**	386,41	386,41							

* Zur LSt-Berechnung für privat versicherte Arbeitnehmer s. Beispiele **Vorbemerkung S. 4f.**
** Basisvorsorgepauschale KV und PV *** Typisierter Arbeitgeberzuschuss

Lohn/ Gehalt in € bis	Steuerklasse	Lohn-steuer*	BVSP**	TAGZ***	Steuerklasse	Bemessungsgrundlage für Kirchensteuer und Solidaritätszuschlag – Freibeträge für ... Kinder 0,5	1,0	1,5	2,0	2,5	3,0
4214,99	I,IV	**721,91**	386,66	386,66	I	603,00	490,16	383,41	282,83	188,33	100,00
	II	**667,08**	386,66	386,66	II	550,91	440,83	336,91	239,08	147,41	62,33
	III	**398,33**	386,66	386,66	III	307,83	220,33	136,16	63,66	5,83	
	V	**1141,33**	386,66	386,66	IV	661,66	603,00	545,75	490,16	436,00	383,41
	VI	**1177,58**	386,66	386,66							
4217,99	I,IV	**722,83**	387,00	387,00	I	603,83	490,91	384,16	283,50	189,00	100,66
	II	**667,91**	387,00	387,00	II	551,66	441,58	337,66	239,75	148,08	62,91
	III	**399,00**	387,00	387,00	III	308,50	220,83	136,83	64,16	6,16	
	V	**1142,33**	387,00	387,00	IV	662,50	603,83	546,58	490,91	436,75	384,16
	VI	**1178,58**	387,00	387,00							
4220,99	I,IV	**723,66**	387,25	387,25	I	604,66	491,75	384,91	284,25	189,66	101,25
	II	**668,75**	387,25	387,25	II	552,50	442,33	338,33	240,41	148,66	63,50
	III	**399,66**	387,25	387,25	III	309,00	221,50	137,33	64,66	6,50	
	V	**1143,41**	387,25	387,25	IV	663,41	604,66	547,41	491,75	437,58	384,91
	VI	**1179,66**	387,25	387,25							
4223,99	I,IV	**724,58**	387,50	387,50	I	605,50	492,50	385,66	284,91	190,33	101,83
	II	**669,58**	387,50	387,50	II	553,33	443,16	339,08	241,16	149,33	64,00
	III	**400,33**	387,50	387,50	III	309,66	222,16	138,00	65,16	6,83	
	V	**1144,50**	387,50	387,50	IV	664,25	605,50	548,25	492,50	438,33	385,66
	VI	**1180,75**	387,50	387,50							
4226,99	I,IV	**725,41**	387,75	387,75	I	606,33	493,25	386,41	285,66	191,00	102,50
	II	**670,50**	387,75	387,75	II	554,08	443,91	339,83	241,83	149,91	64,58
	III	**401,00**	387,75	387,75	III	310,33	222,66	138,50	65,50	7,16	
	V	**1145,50**	387,75	387,75	IV	665,08	606,33	549,00	493,25	439,08	386,41
	VI	**1181,75**	387,75	387,75							
4229,99	I,IV	**726,33**	388,08	388,08	I	607,08	494,08	387,16	286,33	191,66	103,08
	II	**671,33**	388,08	388,08	II	554,91	444,66	340,50	242,50	150,58	65,16
	III	**401,66**	388,08	388,08	III	311,00	223,33	139,00	66,00	7,50	
	V	**1146,58**	388,08	388,08	IV	665,91	607,08	549,83	494,08	439,83	387,16
	VI	**1182,83**	388,08	388,08							
4232,99	I,IV	**727,16**	388,33	388,33	I	607,91	494,83	387,91	287,00	192,33	103,66
	II	**672,16**	388,33	388,33	II	555,75	445,41	341,25	243,16	151,25	65,75
	III	**402,33**	388,33	388,33	III	311,66	224,00	139,66	66,50	8,00	
	V	**1147,58**	388,33	388,33	IV	666,83	607,91	550,66	494,83	440,58	387,91
	VI	**1183,83**	388,33	388,33							
4235,99	I,IV	**728,08**	388,58	388,58	I	608,75	495,66	388,58	287,75	192,91	104,33
	II	**673,00**	388,58	388,58	II	556,58	446,16	342,00	243,83	151,83	66,25
	III	**403,00**	388,58	388,58	III	312,33	224,50	140,16	67,00	8,33	
	V	**1148,66**	388,58	388,58	IV	667,66	608,75	551,41	495,66	441,33	388,58
	VI	**1184,91**	388,58	388,58							
4238,99	I,IV	**728,91**	388,91	388,91	I	609,58	496,41	389,33	288,41	193,58	104,91
	II	**673,91**	388,91	388,91	II	557,33	447,00	342,66	244,50	152,50	66,83
	III	**403,66**	388,91	388,91	III	312,83	225,16	140,83	67,50	8,66	
	V	**1149,75**	388,91	388,91	IV	668,50	609,58	552,25	496,41	442,16	389,33
	VI	**1186,00**	388,91	388,91							
4241,99	I,IV	**729,75**	389,16	389,16	I	610,41	497,16	390,08	289,08	194,25	105,50
	II	**674,75**	389,16	389,16	II	558,16	447,66	343,41	245,16	153,08	67,41
	III	**404,33**	389,16	389,16	III	313,50	225,83	141,33	67,83	9,00	
	V	**1150,75**	389,16	389,16	IV	669,33	610,41	553,00	497,16	442,83	390,08
	VI	**1187,00**	389,16	389,16							
4244,99	I,IV	**730,66**	389,41	389,41	I	611,25	498,00	390,83	289,83	194,91	106,08
	II	**675,58**	389,41	389,41	II	559,00	448,50	344,08	245,83	153,75	68,00
	III	**405,00**	389,41	389,41	III	314,16	226,33	142,00	68,33	9,33	
	V	**1151,75**	389,41	389,41	IV	670,16	611,25	553,83	498,00	443,66	390,83
	VI	**1188,00**	389,41	389,41							
4247,99	I,IV	**731,50**	389,75	389,75	I	612,08	498,75	391,58	290,50	195,58	106,75
	II	**676,41**	389,75	389,75	II	559,75	449,25	344,83	246,58	154,41	68,58
	III	**405,66**	389,75	389,75	III	314,83	227,00	142,50	68,83	9,83	
	V	**1152,83**	389,75	389,75	IV	671,00	612,08	554,66	498,75	444,41	391,58
	VI	**1189,08**	389,75	389,75							

* Zur LSt-Berechnung für privat versicherte Arbeitnehmer s. Beispiele **Vorbemerkung S. 4 f.**
** Basisvorsorgepauschale KV und PV *** Typisierter Arbeitgeberzuschuss

Lohn/ Gehalt in € bis	Steuerklasse	Lohn-steuer*	BVSP**	TAGZ***	Steuerklasse	Bemessungsgrundlage für Kirchensteuer und Solidaritätszuschlag Freibeträge für ... Kinder 0,5	1,0	1,5	2,0	2,5	3,0
4250,99	I,IV	**732,41**	390,00	390,00	I	612,91	499,58	392,33	291,16	196,25	107,33
	II	**677,25**	390,00	390,00	II	560,58	450,00	345,58	247,25	155,00	69,08
	III	**406,33**	390,00	390,00	III	315,50	227,66	143,00	69,33	10,16	
	V	**1153,91**	390,00	390,00	IV	671,91	612,91	555,50	499,58	445,16	392,33
	VI	**1190,16**	390,00	390,00							
4253,99	I,IV	**733,25**	390,25	390,25	I	613,75	500,33	393,08	291,91	196,83	108,00
	II	**678,16**	390,25	390,25	II	561,41	450,75	346,25	247,91	155,66	69,66
	III	**407,00**	390,25	390,25	III	316,00	228,16	143,66	69,83	10,50	
	V	**1154,91**	390,25	390,25	IV	672,75	613,75	556,25	500,33	445,91	393,08
	VI	**1191,16**	390,25	390,25							
4256,99	I,IV	**734,16**	390,50	390,50	I	614,58	501,16	393,83	292,58	197,50	108,58
	II	**679,00**	390,50	390,50	II	562,25	451,58	347,00	248,58	156,33	70,25
	III	**407,66**	390,50	390,50	III	316,66	228,83	144,16	70,33	10,83	
	V	**1156,00**	390,50	390,50	IV	673,58	614,58	557,08	501,16	446,75	393,83
	VI	**1192,25**	390,50	390,50							
4259,99	I,IV	**735,00**	390,83	390,83	I	615,41	501,91	394,58	293,33	198,16	109,16
	II	**679,83**	390,83	390,83	II	563,00	452,33	347,75	249,25	156,91	70,83
	III	**408,33**	390,83	390,83	III	317,33	229,50	144,83	70,66	11,16	
	V	**1157,00**	390,83	390,83	IV	674,41	615,41	557,91	501,91	447,50	394,58
	VI	**1193,25**	390,83	390,83							
4262,99	I,IV	**735,91**	391,08	391,08	I	616,25	502,75	395,33	294,00	198,83	109,83
	II	**680,75**	391,08	391,08	II	563,83	453,08	348,50	250,00	157,58	71,41
	III	**409,00**	391,08	391,08	III	318,00	230,16	145,33	71,16	11,66	
	V	**1158,08**	391,08	391,08	IV	675,33	616,25	558,75	502,75	448,25	395,33
	VI	**1194,33**	391,08	391,08							
4265,99	I,IV	**736,75**	391,33	391,33	I	617,08	503,50	396,08	294,75	199,50	110,41
	II	**681,58**	391,33	391,33	II	564,66	453,83	349,16	250,66	158,25	72,00
	III	**409,50**	391,33	391,33	III	318,66	230,66	146,00	71,66	12,00	
	V	**1159,16**	391,33	391,33	IV	676,16	617,08	559,50	503,50	449,00	396,08
	VI	**1195,41**	391,33	391,33							
4268,99	I,IV	**737,66**	391,66	391,66	I	617,91	504,25	396,75	295,41	200,16	111,00
	II	**682,41**	391,66	391,66	II	565,41	454,58	349,91	251,33	158,83	72,58
	III	**410,16**	391,66	391,66	III	319,33	231,33	146,50	72,16	12,33	
	V	**1160,16**	391,66	391,66	IV	677,00	617,91	560,33	504,25	449,75	396,75
	VI	**1196,41**	391,66	391,66							
4271,99	I,IV	**738,50**	391,91	391,91	I	618,75	505,08	397,50	296,08	200,83	111,66
	II	**683,25**	391,91	391,91	II	566,25	455,41	350,58	252,00	159,50	73,16
	III	**410,83**	391,91	391,91	III	319,83	232,00	147,16	72,66	12,66	
	V	**1161,16**	391,91	391,91	IV	677,83	618,75	561,16	505,08	450,50	397,50
	VI	**1197,41**	391,91	391,91							
4274,99	I,IV	**739,41**	392,16	392,16	I	619,58	505,83	398,25	296,83	201,50	112,25
	II	**684,08**	392,16	392,16	II	567,08	456,16	351,33	252,66	160,08	73,75
	III	**411,50**	392,16	392,16	III	320,50	232,50	147,66	73,16	13,16	
	V	**1162,25**	392,16	392,16	IV	678,75	619,58	561,91	505,83	451,33	398,25
	VI	**1198,50**	392,16	392,16							
4277,99	I,IV	**740,25**	392,50	392,50	I	620,41	506,66	399,00	297,50	202,08	112,83
	II	**685,00**	392,50	392,50	II	567,91	456,91	352,08	253,33	160,75	74,33
	III	**412,16**	392,50	392,50	III	321,16	233,16	148,33	73,66	13,50	
	V	**1163,25**	392,50	392,50	IV	679,58	620,41	562,75	506,66	452,08	399,00
	VI	**1199,58**	392,50	392,50							
4280,99	I,IV	**741,16**	392,75	392,75	I	621,25	507,41	399,75	298,25	202,75	113,50
	II	**685,83**	392,75	392,75	II	568,66	457,66	352,83	254,00	161,41	74,91
	III	**412,83**	392,75	392,75	III	321,83	233,83	149,00	74,16	13,83	
	V	**1164,33**	392,75	392,75	IV	680,41	621,25	563,58	507,41	452,83	399,75
	VI	**1200,58**	392,75	392,75							
4283,99	I,IV	**742,00**	393,00	393,00	I	622,08	508,25	400,50	298,91	203,41	114,08
	II	**686,66**	393,00	393,00	II	569,50	458,50	353,50	254,75	162,00	75,50
	III	**413,50**	393,00	393,00	III	322,50	234,33	149,50	74,66	14,33	
	V	**1165,41**	393,00	393,00	IV	681,25	622,08	564,41	508,25	453,58	400,50
	VI	**1201,66**	393,00	393,00							

* Zur LSt-Berechnung für privat versicherte Arbeitnehmer s. Beispiele **Vorbemerkung S. 4 f.**
** Basisvorsorgepauschale KV und PV   *** Typisierter Arbeitgeberzuschuss

Lohn/ Gehalt in € bis	Steuerklasse	Lohn-steuer*	BVSP**	TAGZ***	Steuerklasse	Bemessungsgrundlage für Kirchensteuer und Solidaritätszuschlag – Freibeträge für ... Kinder 0,5	1,0	1,5	2,0	2,5	3,0
4 286,99	I,IV	**742,91**	393,25	393,25	I	622,91	509,00	401,25	299,58	204,08	114,75
	II	**687,58**	393,25	393,25	II	570,33	459,25	354,25	255,41	162,66	76,08
	III	**414,16**	393,25	393,25	III	323,16	235,00	150,16	75,00	14,66	
	V	**1 166,41**	393,25	393,25	IV	682,16	622,91	565,16	509,00	454,41	401,25
	VI	**1 202,66**	393,25	393,25							
4 289,99	I,IV	**743,75**	393,58	393,58	I	623,75	509,83	402,00	300,33	204,75	115,33
	II	**688,41**	393,58	393,58	II	571,16	460,00	355,00	256,08	163,33	76,66
	III	**414,83**	393,58	393,58	III	323,66	235,66	150,66	75,50	15,00	
	V	**1 167,50**	393,58	393,58	IV	683,00	623,75	566,00	509,83	455,16	402,00
	VI	**1 203,75**	393,58	393,58							
4 292,99	I,IV	**744,66**	393,83	393,83	I	624,58	510,58	402,75	301,00	205,41	115,91
	II	**689,25**	393,83	393,83	II	571,91	460,75	355,66	256,75	163,91	77,25
	III	**415,50**	393,83	393,83	III	324,33	236,16	151,16	76,00	15,33	
	V	**1 168,50**	393,83	393,83	IV	683,83	624,58	566,83	510,58	455,91	402,75
	VI	**1 204,75**	393,83	393,83							
4 295,99	I,IV	**745,50**	394,08	394,08	I	625,41	511,33	403,50	301,75	206,08	116,58
	II	**690,08**	394,08	394,08	II	572,75	461,50	356,41	257,41	164,58	77,83
	III	**416,16**	394,08	394,08	III	325,00	236,83	151,83	76,50	15,83	
	V	**1 169,58**	394,08	394,08	IV	684,66	625,41	567,58	511,33	456,66	403,50
	VI	**1 205,83**	394,08	394,08							
4 298,99	I,IV	**746,41**	394,41	394,41	I	626,25	512,16	404,25	302,41	206,75	117,16
	II	**691,00**	394,41	394,41	II	573,58	462,33	357,16	258,16	165,25	78,41
	III	**416,83**	394,41	394,41	III	325,66	237,50	152,33	77,00	16,16	
	V	**1 170,58**	394,41	394,41	IV	685,58	626,25	568,41	512,16	457,41	404,25
	VI	**1 206,83**	394,41	394,41							
4 301,99	I,IV	**747,25**	394,66	394,66	I	627,08	513,00	405,00	303,16	207,41	117,75
	II	**691,83**	394,66	394,66	II	574,41	463,08	357,91	258,83	165,83	79,08
	III	**417,50**	394,66	394,66	III	326,33	238,16	153,00	77,50	16,50	
	V	**1 171,66**	394,66	394,66	IV	686,41	627,08	569,25	513,00	458,16	405,00
	VI	**1 207,91**	394,66	394,66							
4 304,99	I,IV	**748,16**	394,91	394,91	I	627,91	513,75	405,75	303,83	208,08	118,41
	II	**692,66**	394,91	394,91	II	575,25	463,83	358,58	259,50	166,50	79,66
	III	**418,16**	394,91	394,91	III	326,83	238,66	153,66	78,00	16,83	
	V	**1 172,66**	394,91	394,91	IV	687,25	627,91	570,08	513,75	459,00	405,75
	VI	**1 209,00**	394,91	394,91							
4 307,99	I,IV	**749,08**	395,25	395,25	I	628,75	514,58	406,50	304,58	208,75	119,00
	II	**693,58**	395,25	395,25	II	576,00	464,66	359,33	260,16	167,16	80,25
	III	**418,83**	395,25	395,25	III	327,50	239,33	154,16	78,50	17,33	
	V	**1 173,75**	395,25	395,25	IV	688,16	628,75	570,91	514,58	459,75	406,50
	VI	**1 210,00**	395,25	395,25							
4 310,99	I,IV	**749,91**	395,50	395,50	I	629,58	515,33	407,25	305,25	209,41	119,66
	II	**694,41**	395,50	395,50	II	576,83	465,41	360,08	260,91	167,83	80,83
	III	**419,50**	395,50	395,50	III	328,16	240,00	154,83	79,00	17,66	
	V	**1 174,83**	395,50	395,50	IV	689,00	629,58	571,66	515,33	460,50	407,25
	VI	**1 211,08**	395,50	395,50							
4 313,99	I,IV	**750,83**	395,75	395,75	I	630,41	516,16	408,00	305,91	210,08	120,25
	II	**695,25**	395,75	395,75	II	577,66	466,16	360,83	261,58	168,41	81,41
	III	**420,16**	395,75	395,75	III	328,83	240,50	155,33	79,50	18,00	
	V	**1 175,83**	395,75	395,75	IV	689,83	630,41	572,50	516,16	461,33	408,00
	VI	**1 212,08**	395,75	395,75							
4 316,99	I,IV	**751,66**	396,08	396,08	I	631,25	516,91	408,75	306,66	210,75	120,91
	II	**696,16**	396,08	396,08	II	578,50	466,91	361,58	262,25	169,08	82,08
	III	**420,83**	396,08	396,08	III	329,50	241,16	156,00	80,00	18,50	
	V	**1 176,91**	396,08	396,08	IV	690,75	631,25	573,33	516,91	462,08	408,75
	VI	**1 213,16**	396,08	396,08							
4 319,99	I,IV	**752,58**	396,33	396,33	I	632,08	517,66	409,50	307,33	211,33	121,50
	II	**697,00**	396,33	396,33	II	579,25	467,66	362,25	262,91	169,75	82,66
	III	**421,50**	396,33	396,33	III	330,16	241,83	156,50	80,33	18,83	
	V	**1 177,91**	396,33	396,33	IV	691,58	632,08	574,08	517,66	462,83	409,50
	VI	**1 214,16**	396,33	396,33							

* Zur LSt-Berechnung für privat versicherte Arbeitnehmer s. Beispiele **Vorbemerkung S. 4 f.**
** Basisvorsorgepauschale KV und PV *** Typisierter Arbeitgeberzuschuss

Lohn/ Gehalt in € bis	Steuerklasse	Lohnsteuer*	BVSP**	TAGZ***	Steuerklasse	Bemessungsgrundlage für Kirchensteuer und Solidaritätszuschlag Freibeträge für ... Kinder 0,5	1,0	1,5	2,0	2,5	3,0
4 322,99	I,IV	**753,41**	396,58	396,58	I	632,91	518,50	410,25	308,08	212,00	122,08
	II	**697,83**	396,58	396,58	II	580,08	468,50	363,00	263,58	170,33	83,25
	III	**422,16**	396,58	396,58	III	330,83	242,50	157,16	80,83	19,16	
	V	**1 179,00**	396,58	396,58	IV	692,41	632,91	574,91	518,50	463,58	410,25
	VI	**1 215,25**	396,58	396,58							
4 325,99	I,IV	**754,33**	396,83	396,83	I	633,75	519,33	411,00	308,75	212,66	122,75
	II	**698,75**	396,83	396,83	II	580,91	469,25	363,75	264,33	171,00	83,83
	III	**422,83**	396,83	396,83	III	331,33	243,00	157,83	81,33	19,66	
	V	**1 180,00**	396,83	396,83	IV	693,25	633,75	575,75	519,33	464,33	411,00
	VI	**1 216,25**	396,83	396,83							
4 328,99	I,IV	**755,16**	397,16	397,16	I	634,58	520,08	411,75	309,50	213,33	123,33
	II	**699,58**	397,16	397,16	II	581,75	470,00	364,41	265,00	171,66	84,41
	III	**423,50**	397,16	397,16	III	332,00	243,66	158,33	81,83	20,00	
	V	**1 181,08**	397,16	397,16	IV	694,16	634,58	576,58	520,08	465,16	411,75
	VI	**1 217,33**	397,16	397,16							
4 331,99	I,IV	**756,08**	397,41	397,41	I	635,41	520,91	412,50	310,16	214,00	124,00
	II	**700,41**	397,41	397,41	II	582,58	470,83	365,16	265,66	172,33	85,00
	III	**424,16**	397,41	397,41	III	332,66	244,33	159,00	82,33	20,33	
	V	**1 182,08**	397,41	397,41	IV	695,00	635,41	577,41	520,91	465,91	412,50
	VI	**1 218,41**	397,41	397,41							
4 334,99	I,IV	**757,00**	397,66	397,66	I	636,25	521,66	413,25	310,91	214,66	124,58
	II	**701,33**	397,66	397,66	II	583,41	471,58	365,91	266,33	172,91	85,66
	III	**424,83**	397,66	397,66	III	333,33	245,00	159,50	82,83	20,83	
	V	**1 183,16**	397,66	397,66	IV	695,83	636,25	578,25	521,66	466,66	413,25
	VI	**1 219,41**	397,66	397,66							
4 337,99	I,IV	**757,83**	398,00	398,00	I	637,08	522,50	414,00	311,58	215,33	125,25
	II	**702,16**	398,00	398,00	II	584,25	472,33	366,66	267,08	173,58	86,25
	III	**425,50**	398,00	398,00	III	334,00	245,50	160,16	83,33	21,16	
	V	**1 184,25**	398,00	398,00	IV	696,75	637,08	579,00	522,50	467,50	414,00
	VI	**1 220,50**	398,00	398,00							
4 340,99	I,IV	**758,75**	398,25	398,25	I	637,91	523,25	414,75	312,33	216,00	125,83
	II	**703,00**	398,25	398,25	II	585,00	473,16	367,41	267,75	174,25	86,83
	III	**426,16**	398,25	398,25	III	334,66	246,16	160,83	83,83	21,50	
	V	**1 185,25**	398,25	398,25	IV	697,58	637,91	579,83	523,25	468,25	414,75
	VI	**1 221,50**	398,25	398,25							
4 343,99	I,IV	**759,66**	398,50	398,50	I	638,83	524,08	415,50	313,00	216,66	126,50
	II	**703,91**	398,50	398,50	II	585,83	473,91	368,08	268,41	174,91	87,41
	III	**426,83**	398,50	398,50	III	335,33	246,83	161,33	84,33	22,00	
	V	**1 186,33**	398,50	398,50	IV	698,41	638,83	580,66	524,08	469,00	415,50
	VI	**1 222,58**	398,50	398,50							
4 346,99	I,IV	**760,50**	398,83	398,83	I	639,58	524,83	416,25	313,75	217,33	127,08
	II	**704,75**	398,83	398,83	II	586,66	474,66	368,83	269,08	175,50	88,00
	III	**427,33**	398,83	398,83	III	335,83	247,33	162,00	84,83	22,33	
	V	**1 187,33**	398,83	398,83	IV	699,25	639,58	581,50	524,83	469,75	416,25
	VI	**1 223,58**	398,83	398,83							
4 349,99	I,IV	**761,41**	399,08	399,08	I	640,41	525,66	417,00	314,41	218,00	127,66
	II	**705,58**	399,08	399,08	II	587,50	475,41	369,58	269,83	176,16	88,66
	III	**428,00**	399,08	399,08	III	336,50	248,00	162,50	85,33	22,66	
	V	**1 188,41**	399,08	399,08	IV	700,16	640,41	582,33	525,66	470,58	417,00
	VI	**1 224,66**	399,08	399,08							
4 352,99	I,IV	**762,25**	399,33	399,33	I	641,33	526,41	417,75	315,16	218,66	128,33
	II	**706,50**	399,33	399,33	II	588,33	476,25	370,33	270,50	176,83	89,25
	III	**428,66**	399,33	399,33	III	337,16	248,66	163,16	85,83	23,16	
	V	**1 189,41**	399,33	399,33	IV	701,00	641,33	583,08	526,41	471,33	417,75
	VI	**1 225,66**	399,33	399,33							
4 355,99	I,IV	**763,16**	399,58	399,58	I	642,16	527,25	418,50	315,83	219,33	128,91
	II	**707,33**	399,58	399,58	II	589,08	477,00	371,00	271,16	177,41	89,83
	III	**429,33**	399,58	399,58	III	337,83	249,16	163,66	86,33	23,50	
	V	**1 190,50**	399,58	399,58	IV	701,91	642,16	583,91	527,25	472,08	418,50
	VI	**1 226,75**	399,58	399,58							

* Zur LSt-Berechnung für privat versicherte Arbeitnehmer s. Beispiele **Vorbemerkung S. 4 f.**
** Basisvorsorgepauschale KV und PV *** Typisierter Arbeitgeberzuschuss

Lohn/ Gehalt in € bis	Steuerklasse	Lohn- steuer*	BVSP**	TAGZ***	Steuerklasse	Bemessungsgrundlage für Kirchensteuer und Solidaritätszuschlag – Freibeträge für ... Kinder 0,5	1,0	1,5	2,0	2,5	3,0
4 358,99	I,IV	**764,00**	399,91	399,91	I	643,00	528,08	419,25	316,58	220,00	129,58
	II	**708,25**	399,91	399,91	II	589,91	477,83	371,75	271,91	178,08	90,41
	III	**430,00**	399,91	399,91	III	338,50	249,83	164,33	86,83	24,00	
	V	**1 191,50**	399,91	399,91	IV	702,75	643,00	584,75	528,08	472,91	419,25
	VI	**1 227,83**	399,91	399,91							
4 361,99	I,IV	**764,91**	400,16	400,16	I	643,83	528,83	420,00	317,25	220,66	130,16
	II	**709,08**	400,16	400,16	II	590,75	478,58	372,50	272,58	178,75	91,08
	III	**430,66**	400,16	400,16	III	339,00	250,50	165,00	87,33	24,33	
	V	**1 192,58**	400,16	400,16	IV	703,58	643,83	585,58	528,83	473,66	420,00
	VI	**1 228,83**	400,16	400,16							
4 364,99	I,IV	**765,83**	400,41	400,41	I	644,66	529,66	420,75	318,00	221,33	130,83
	II	**709,91**	400,41	400,41	II	591,58	479,33	373,25	273,25	179,41	91,66
	III	**431,33**	400,41	400,41	III	339,66	251,16	165,50	87,83	24,66	
	V	**1 193,66**	400,41	400,41	IV	704,50	644,66	586,41	529,66	474,41	420,75
	VI	**1 229,91**	400,41	400,41							
4 367,99	I,IV	**766,66**	400,75	400,75	I	645,50	530,50	421,50	318,66	222,00	131,41
	II	**710,83**	400,75	400,75	II	592,41	480,16	374,00	273,91	180,08	92,25
	III	**432,00**	400,75	400,75	III	340,33	251,66	166,16	88,33	25,16	
	V	**1 194,66**	400,75	400,75	IV	705,33	645,50	587,25	530,50	475,25	421,50
	VI	**1 230,91**	400,75	400,75							
4 370,99	I,IV	**767,58**	401,00	401,00	I	646,33	531,25	422,25	319,41	222,66	132,08
	II	**711,66**	401,00	401,00	II	593,25	480,91	374,66	274,66	180,66	92,83
	III	**432,66**	401,00	401,00	III	341,00	252,33	166,66	88,83	25,50	
	V	**1 195,66**	401,00	401,00	IV	706,16	646,33	588,00	531,25	476,00	422,25
	VI	**1 232,00**	401,00	401,00							
4 373,99	I,IV	**768,41**	401,25	401,25	I	647,16	532,00	423,00	320,08	223,33	132,66
	II	**712,50**	401,25	401,25	II	594,00	481,66	375,41	275,33	181,33	93,41
	III	**433,33**	401,25	401,25	III	341,66	253,00	167,33	89,33	26,00	
	V	**1 196,75**	401,25	401,25	IV	707,08	647,16	588,83	532,00	476,75	423,00
	VI	**1 233,00**	401,25	401,25							
4 376,99	I,IV	**769,33**	401,58	401,58	I	648,00	532,83	423,75	320,83	224,00	133,33
	II	**713,41**	401,58	401,58	II	594,83	482,50	376,16	276,00	182,00	94,08
	III	**434,00**	401,58	401,58	III	342,33	253,66	168,00	89,83	26,33	
	V	**1 197,83**	401,58	401,58	IV	707,91	648,00	589,66	532,83	477,50	423,75
	VI	**1 234,08**	401,58	401,58							
4 379,99	I,IV	**770,25**	401,83	401,83	I	648,83	533,66	424,50	321,50	224,66	133,91
	II	**714,25**	401,83	401,83	II	595,66	483,25	376,91	276,75	182,66	94,66
	III	**434,66**	401,83	401,83	III	343,00	254,16	168,50	90,33	26,66	
	V	**1 198,83**	401,83	401,83	IV	708,75	648,83	590,50	533,66	478,33	424,50
	VI	**1 235,08**	401,83	401,83							
4 382,99	I,IV	**771,08**	402,08	402,08	I	649,75	534,41	425,25	322,25	225,33	134,58
	II	**715,16**	402,08	402,08	II	596,50	484,00	377,66	277,41	183,25	95,25
	III	**435,50**	402,08	402,08	III	343,66	254,83	169,16	90,83	27,16	
	V	**1 199,91**	402,08	402,08	IV	709,66	649,75	591,33	534,41	479,08	425,25
	VI	**1 236,16**	402,08	402,08							
4 385,99	I,IV	**772,00**	402,33	402,33	I	650,58	535,25	426,08	323,00	226,00	135,16
	II	**716,00**	402,33	402,33	II	597,33	484,83	378,41	278,08	183,91	95,91
	III	**436,16**	402,33	402,33	III	344,16	255,50	169,66	91,33	27,50	
	V	**1 200,91**	402,33	402,33	IV	710,50	650,58	592,16	535,25	479,91	426,08
	VI	**1 237,25**	402,33	402,33							
4 388,99	I,IV	**772,91**	402,66	402,66	I	651,41	536,08	426,83	323,66	226,66	135,83
	II	**716,83**	402,66	402,66	II	598,16	485,58	379,16	278,83	184,58	96,50
	III	**436,83**	402,66	402,66	III	344,83	256,16	170,33	91,83	28,00	
	V	**1 202,00**	402,66	402,66	IV	711,41	651,41	593,00	536,08	480,66	426,83
	VI	**1 238,25**	402,66	402,66							
4 391,99	I,IV	**773,83**	402,91	402,91	I	652,25	536,83	427,58	324,41	227,33	136,41
	II	**717,75**	402,91	402,91	II	599,00	486,33	379,83	279,50	185,25	97,08
	III	**437,50**	402,91	402,91	III	345,50	256,66	171,00	92,50	28,33	
	V	**1 203,08**	402,91	402,91	IV	712,25	652,25	593,75	536,83	481,41	427,58
	VI	**1 239,33**	402,91	402,91							

* Zur LSt-Berechnung für privat versicherte Arbeitnehmer s. Beispiele **Vorbemerkung S. 4f.**
** Basisvorsorgepauschale KV und PV *** Typisierter Arbeitgeberzuschuss

Lohn/ Gehalt in € bis	Steuerklasse	Lohn-steuer*	BVSP**	TAGZ***	Steuerklasse	Bemessungsgrundlage für Kirchensteuer und Solidaritätszuschlag – Freibeträge für ... Kinder 0,5	**1,0**	1,5	**2,0**	2,5	**3,0**
4394,99	I,IV	**774,66**	403,16	403,16	I	653,08	537,66	428,33	325,08	228,00	137,08
	II	**718,58**	403,16	403,16	II	599,83	487,16	380,58	280,16	185,91	97,75
	III	**438,16**	403,16	403,16	III	346,16	257,33	171,50	93,00	28,83	
	V	**1204,08**	403,16	403,16	IV	713,16	653,08	594,58	537,66	482,25	428,33
	VI	**1240,33**	403,16	403,16							
4397,99	I,IV	**775,58**	403,50	403,50	I	653,91	538,41	429,08	325,83	228,66	137,66
	II	**719,50**	403,50	403,50	II	600,66	487,91	381,33	280,83	186,50	98,33
	III	**438,66**	403,50	403,50	III	346,83	258,00	172,16	93,33	29,16	
	V	**1205,08**	403,50	403,50	IV	714,00	653,91	595,41	538,41	483,00	429,08
	VI	**1241,41**	403,50	403,50							
4400,99	I,IV	**776,41**	403,75	403,75	I	654,75	539,25	429,83	326,50	229,33	138,33
	II	**720,33**	403,75	403,75	II	601,41	488,66	382,08	281,58	187,16	98,91
	III	**439,33**	403,75	403,75	III	347,50	258,50	172,66	94,00	29,50	
	V	**1206,16**	403,75	403,75	IV	714,83	654,75	596,25	539,25	483,75	429,83
	VI	**1242,41**	403,75	403,75							
4403,99	I,IV	**777,33**	404,00	404,00	I	655,66	540,08	430,58	327,25	230,00	138,91
	II	**721,16**	404,00	404,00	II	602,25	489,50	382,83	282,25	187,83	99,50
	III	**440,00**	404,00	404,00	III	348,00	259,16	173,33	94,50	30,00	
	V	**1207,25**	404,00	404,00	IV	715,75	655,66	597,08	540,08	484,58	430,58
	VI	**1243,50**	404,00	404,00							
4406,99	I,IV	**778,25**	404,33	404,33	I	656,50	540,83	431,33	328,00	230,66	139,58
	II	**722,08**	404,33	404,33	II	603,08	490,25	383,58	282,91	188,50	100,16
	III	**440,66**	404,33	404,33	III	348,66	259,83	174,00	95,00	30,33	
	V	**1208,25**	404,33	404,33	IV	716,58	656,50	597,91	540,83	485,33	431,33
	VI	**1244,50**	404,33	404,33							
4409,99	I,IV	**779,08**	404,58	404,58	I	657,33	541,66	432,08	328,66	231,33	140,16
	II	**722,91**	404,58	404,58	II	603,91	491,08	384,25	283,66	189,16	100,75
	III	**441,33**	404,58	404,58	III	349,33	260,50	174,50	95,50	30,83	
	V	**1209,33**	404,58	404,58	IV	717,41	657,33	598,75	541,66	486,08	432,08
	VI	**1245,58**	404,58	404,58							
4412,99	I,IV	**780,00**	404,83	404,83	I	658,16	542,41	432,83	329,41	232,08	140,83
	II	**723,83**	404,83	404,83	II	604,75	491,83	385,00	284,33	189,75	101,33
	III	**442,00**	404,83	404,83	III	350,00	261,00	175,16	96,00	31,16	
	V	**1210,33**	404,83	404,83	IV	718,33	658,16	599,58	542,41	486,91	432,83
	VI	**1246,66**	404,83	404,83							
4415,99	I,IV	**780,91**	405,16	405,16	I	659,00	543,25	433,66	330,08	232,75	141,41
	II	**724,66**	405,16	405,16	II	605,58	492,66	385,75	285,08	190,41	101,91
	III	**442,66**	405,16	405,16	III	350,66	261,66	175,66	96,50	31,66	
	V	**1211,41**	405,16	405,16	IV	719,16	659,00	600,41	543,25	487,66	433,66
	VI	**1247,66**	405,16	405,16							
4418,99	I,IV	**781,83**	405,41	405,41	I	659,83	544,08	434,41	330,83	233,41	142,08
	II	**725,58**	405,41	405,41	II	606,41	493,41	386,50	285,75	191,08	102,58
	III	**443,33**	405,41	405,41	III	351,33	262,33	176,33	97,00	32,00	
	V	**1212,50**	405,41	405,41	IV	720,08	659,83	601,16	544,08	488,50	434,41
	VI	**1248,75**	405,41	405,41							
4421,99	I,IV	**782,66**	405,66	405,66	I	660,75	544,91	435,16	331,58	234,08	142,75
	II	**726,41**	405,66	405,66	II	607,25	494,16	387,25	286,41	191,75	103,16
	III	**444,00**	405,66	405,66	III	352,00	263,00	177,00	97,50	32,50	
	V	**1213,50**	405,66	405,66	IV	720,91	660,75	602,00	544,91	489,25	435,16
	VI	**1249,75**	405,66	405,66							
4424,99	I,IV	**783,58**	405,91	405,91	I	661,58	545,66	435,91	332,25	234,75	143,33
	II	**727,25**	405,91	405,91	II	608,08	495,00	388,00	287,08	192,41	103,75
	III	**444,66**	405,91	405,91	III	352,66	263,50	177,50	98,00	32,83	
	V	**1214,50**	405,91	405,91	IV	721,75	661,58	602,83	545,66	490,00	435,91
	VI	**1250,75**	405,91	405,91							
4427,99	I,IV	**784,41**	406,25	406,25	I	662,41	546,50	436,66	333,00	235,41	144,00
	II	**728,16**	406,25	406,25	II	608,91	495,75	388,75	287,83	193,00	104,41
	III	**445,33**	406,25	406,25	III	353,33	264,16	178,16	98,50	33,16	
	V	**1215,58**	406,25	406,25	IV	722,66	662,41	603,66	546,50	490,83	436,66
	VI	**1251,83**	406,25	406,25							

* Zur LSt-Berechnung für privat versicherte Arbeitnehmer s. Beispiele **Vorbemerkung S. 4 f.**
** Basisvorsorgepauschale KV und PV *** Typisierter Arbeitgeberzuschuss

Lohn/ Gehalt in € bis	Steuerklasse	Lohnsteuer*	BVSP**	TAGZ***	Steuerklasse	Bemessungsgrundlage für Kirchensteuer und Solidaritätszuschlag – Freibeträge für ... Kinder 0,5	1,0	1,5	2,0	2,5	3,0
4 430,99	I,IV	**785,33**	406,50	406,50	I	663,25	547,25	437,41	333,66	236,08	144,58
	II	**729,00**	406,50	406,50	II	609,75	496,50	389,50	288,50	193,66	105,00
	III	**446,00**	406,50	406,50	III	353,83	264,83	178,83	99,00	33,66	
	V	**1 216,66**	406,50	406,50	IV	723,50	663,25	604,50	547,25	491,58	437,41
	VI	**1 252,91**	406,50	406,50							
4 433,99	I,IV	**786,25**	406,75	406,75	I	664,08	548,08	438,16	334,41	236,75	145,25
	II	**729,91**	406,75	406,75	II	610,58	497,33	390,25	289,25	194,33	105,58
	III	**446,66**	406,75	406,75	III	354,50	265,50	179,33	99,66	34,00	
	V	**1 217,66**	406,75	406,75	IV	724,41	664,08	605,33	548,08	492,33	438,16
	VI	**1 253,91**	406,75	406,75							
4 436,99	I,IV	**787,16**	407,08	407,08	I	664,91	548,91	438,91	335,16	237,41	145,83
	II	**730,83**	407,08	407,08	II	611,41	498,08	390,91	289,91	195,00	106,25
	III	**447,50**	407,08	407,08	III	355,16	266,00	180,00	100,16	34,50	
	V	**1 218,75**	407,08	407,08	IV	725,25	664,91	606,16	548,91	493,16	438,91
	VI	**1 255,00**	407,08	407,08							
4 439,99	I,IV	**788,00**	407,33	407,33	I	665,83	549,66	439,75	335,83	238,08	146,50
	II	**731,66**	407,33	407,33	II	612,25	498,91	391,66	290,58	195,66	106,83
	III	**448,16**	407,33	407,33	III	355,83	266,66	180,50	100,66	34,83	
	V	**1 219,75**	407,33	407,33	IV	726,16	665,83	607,00	549,66	493,91	439,75
	VI	**1 256,00**	407,33	407,33							
4 442,99	I,IV	**788,91**	407,58	407,58	I	666,66	550,50	440,50	336,58	238,75	147,08
	II	**732,58**	407,58	407,58	II	613,08	499,66	392,41	291,33	196,33	107,41
	III	**448,83**	407,58	407,58	III	356,50	267,33	181,16	101,16	35,33	
	V	**1 220,83**	407,58	407,58	IV	727,00	666,66	607,83	550,50	494,75	440,50
	VI	**1 257,08**	407,58	407,58							
4 445,99	I,IV	**789,83**	407,91	407,91	I	667,50	551,33	441,25	337,25	239,50	147,75
	II	**733,41**	407,91	407,91	II	613,91	500,50	393,16	292,00	197,00	108,08
	III	**449,50**	407,91	407,91	III	357,16	268,00	181,83	101,66	35,83	
	V	**1 221,91**	407,91	407,91	IV	727,91	667,50	608,66	551,33	495,50	441,25
	VI	**1 258,16**	407,91	407,91							
4 448,99	I,IV	**790,75**	408,16	408,16	I	668,33	552,08	442,00	338,00	240,16	148,41
	II	**734,33**	408,16	408,16	II	614,75	501,25	393,91	292,75	197,66	108,66
	III	**450,16**	408,16	408,16	III	357,83	268,50	182,33	102,16	36,16	
	V	**1 222,91**	408,16	408,16	IV	728,75	668,33	609,50	552,08	496,33	442,00
	VI	**1 259,16**	408,16	408,16							
4 451,99	I,IV	**791,58**	408,41	408,41	I	669,16	552,91	442,75	338,75	240,83	149,00
	II	**735,16**	408,41	408,41	II	615,50	502,00	394,66	293,41	198,25	109,25
	III	**450,66**	408,41	408,41	III	358,33	269,16	183,00	102,66	36,50	
	V	**1 223,91**	408,41	408,41	IV	729,58	669,16	610,25	552,91	497,08	442,75
	VI	**1 260,16**	408,41	408,41							
4 454,99	I,IV	**792,50**	408,66	408,66	I	670,00	553,75	443,50	339,41	241,50	149,66
	II	**736,00**	408,66	408,66	II	616,33	502,83	395,41	294,08	198,91	109,91
	III	**451,33**	408,66	408,66	III	359,00	269,83	183,50	103,16	37,00	
	V	**1 225,00**	408,66	408,66	IV	730,50	670,00	611,08	553,75	497,83	443,50
	VI	**1 261,25**	408,66	408,66							
4 457,99	I,IV	**793,41**	409,00	409,00	I	670,91	554,50	444,25	340,16	242,16	150,25
	II	**736,91**	409,00	409,00	II	617,16	503,58	396,16	294,83	199,58	110,50
	III	**452,00**	409,00	409,00	III	359,66	270,33	184,16	103,83	37,33	
	V	**1 226,08**	409,00	409,00	IV	731,41	670,91	611,91	554,50	498,66	444,25
	VI	**1 262,33**	409,00	409,00							
4 460,99	I,IV	**794,25**	409,25	409,25	I	671,75	555,33	445,08	340,91	242,83	150,91
	II	**737,75**	409,25	409,25	II	618,00	504,41	396,91	295,50	200,25	111,08
	III	**452,66**	409,25	409,25	III	360,33	271,00	184,83	104,33	37,83	
	V	**1 227,08**	409,25	409,25	IV	732,25	671,75	612,75	555,33	499,41	445,08
	VI	**1 263,33**	409,25	409,25							
4 463,99	I,IV	**795,16**	409,50	409,50	I	672,58	556,16	445,83	341,58	243,50	151,58
	II	**738,66**	409,50	409,50	II	618,83	505,16	397,66	296,25	200,91	111,75
	III	**453,33**	409,50	409,50	III	361,00	271,66	185,33	104,83	38,33	
	V	**1 228,16**	409,50	409,50	IV	733,16	672,58	613,58	556,16	500,25	445,83
	VI	**1 264,41**	409,50	409,50							

* Zur LSt-Berechnung für privat versicherte Arbeitnehmer s. Beispiele **Vorbemerkung S. 4 f.**
** Basisvorsorgepauschale KV und PV *** Typisierter Arbeitgeberzuschuss

Lohn/ Gehalt in € bis	Steuerklasse	Lohn-steuer*	BVSP**	TAGZ***	Steuerklasse	Bemessungsgrundlage für Kirchensteuer und Solidaritätszuschlag – Freibeträge für ... Kinder 0,5	**1,0**	1,5	**2,0**	2,5	**3,0**
4466,99	I,IV	**796,08**	409,83	409,83	I	673,50	557,00	446,58	342,33	244,16	152,16
	II	**739,50**	409,83	409,83	II	619,66	506,00	398,41	296,91	201,58	112,33
	III	**454,16**	409,83	409,83	III	361,66	272,33	186,00	105,33	38,66	
	V	**1229,16**	409,83	409,83	IV	734,00	673,50	614,41	557,00	501,00	446,58
	VI	**1265,41**	409,83	409,83							
4469,99	I,IV	**797,00**	410,08	410,08	I	674,33	557,75	447,33	343,08	244,83	152,83
	II	**740,41**	410,08	410,08	II	620,50	506,75	399,16	297,66	202,25	113,00
	III	**454,83**	410,08	410,08	III	362,33	272,83	186,66	105,83	39,16	
	V	**1230,25**	410,08	410,08	IV	734,91	674,33	615,25	557,75	501,83	447,33
	VI	**1266,50**	410,08	410,08							
4472,99	I,IV	**797,91**	410,33	410,33	I	675,16	558,58	448,08	343,75	245,58	153,41
	II	**741,33**	410,33	410,33	II	621,33	507,58	399,91	298,33	202,91	113,58
	III	**455,50**	410,33	410,33	III	363,00	273,50	187,16	106,33	39,50	
	V	**1231,33**	410,33	410,33	IV	735,75	675,16	616,08	558,58	502,58	448,08
	VI	**1267,58**	410,33	410,33							
4475,99	I,IV	**798,75**	410,66	410,66	I	676,00	559,33	448,83	344,50	246,25	154,08
	II	**742,16**	410,66	410,66	II	622,16	508,33	400,58	299,00	203,50	114,16
	III	**456,16**	410,66	410,66	III	363,66	274,16	187,83	107,00	40,00	
	V	**1232,33**	410,66	410,66	IV	736,58	676,00	616,91	559,33	503,33	448,83
	VI	**1268,58**	410,66	410,66							
4478,99	I,IV	**799,66**	410,91	410,91	I	676,83	560,16	449,66	345,16	246,91	154,75
	II	**743,00**	410,91	410,91	II	623,00	509,16	401,33	299,75	204,16	114,83
	III	**456,83**	410,91	410,91	III	364,33	274,83	188,33	107,50	40,33	
	V	**1233,33**	410,91	410,91	IV	737,50	676,83	617,75	560,16	504,16	449,66
	VI	**1269,58**	410,91	410,91							
4481,99	I,IV	**800,58**	411,16	411,16	I	677,75	561,00	450,41	345,91	247,58	155,33
	II	**743,91**	411,16	411,16	II	623,83	509,91	402,08	300,41	204,83	115,41
	III	**457,50**	411,16	411,16	III	364,83	275,50	189,00	108,00	40,83	
	V	**1234,41**	411,16	411,16	IV	738,33	677,75	618,58	561,00	504,91	450,41
	VI	**1270,66**	411,16	411,16							
4484,99	I,IV	**801,41**	411,41	411,41	I	678,58	561,83	451,16	346,66	248,25	156,00
	II	**744,75**	411,41	411,41	II	624,66	510,75	402,83	301,16	205,50	116,00
	III	**458,16**	411,41	411,41	III	365,50	276,00	189,66	108,50	41,16	
	V	**1235,50**	411,41	411,41	IV	739,25	678,58	619,41	561,83	505,75	451,16
	VI	**1271,75**	411,41	411,41							
4487,99	I,IV	**802,33**	411,75	411,75	I	679,41	562,58	451,91	347,41	248,91	156,58
	II	**745,66**	411,75	411,75	II	625,50	511,50	403,58	301,83	206,16	116,66
	III	**458,83**	411,75	411,75	III	366,16	276,66	190,16	109,00	41,66	
	V	**1236,50**	411,75	411,75	IV	740,08	679,41	620,25	562,58	506,50	451,91
	VI	**1272,75**	411,75	411,75							
4490,99	I,IV	**803,25**	412,00	412,00	I	680,25	563,41	452,66	348,08	249,58	157,25
	II	**746,58**	412,00	412,00	II	626,33	512,33	404,33	302,50	206,83	117,25
	III	**459,50**	412,00	412,00	III	366,83	277,33	190,83	109,66	42,16	
	V	**1237,58**	412,00	412,00	IV	741,00	680,25	621,08	563,41	507,33	452,66
	VI	**1273,83**	412,00	412,00							
4493,99	I,IV	**804,16**	412,25	412,25	I	681,16	564,25	453,50	348,83	250,33	157,91
	II	**747,41**	412,25	412,25	II	627,16	513,08	405,08	303,25	207,50	117,91
	III	**460,16**	412,25	412,25	III	367,50	278,00	191,50	110,16	42,50	
	V	**1238,58**	412,25	412,25	IV	741,91	681,16	621,91	564,25	508,08	453,50
	VI	**1274,83**	412,25	412,25							
4496,99	I,IV	**805,08**	412,58	412,58	I	682,00	565,08	454,25	349,58	251,00	158,50
	II	**748,33**	412,58	412,58	II	628,00	513,91	405,83	303,91	208,16	118,50
	III	**460,83**	412,58	412,58	III	368,16	278,50	192,00	110,66	43,00	
	V	**1239,66**	412,58	412,58	IV	742,75	682,00	622,75	565,08	508,91	454,25
	VI	**1275,91**	412,58	412,58							
4499,99	I,IV	**806,00**	412,83	412,83	I	682,83	565,91	455,00	350,25	251,66	159,16
	II	**749,16**	412,83	412,83	II	628,91	514,66	406,58	304,66	208,83	119,16
	III	**461,50**	412,83	412,83	III	368,83	279,16	192,66	111,16	43,33	
	V	**1240,75**	412,83	412,83	IV	743,66	682,83	623,58	565,91	509,66	455,00
	VI	**1277,00**	412,83	412,83							

* Zur LSt-Berechnung für privat versicherte Arbeitnehmer s. Beispiele **Vorbemerkung S. 4f.**
** Basisvorsorgepauschale KV und PV *** Typisierter Arbeitgeberzuschuss

Lohn/ Gehalt in € bis	Steuerklasse	Lohn-steuer*	BVSP**	TAGZ***	Steuerklasse	Bemessungsgrundlage für Kirchensteuer und Solidaritätszuschlag – Freibeträge für ... Kinder 0,5	1,0	1,5	2,0	2,5	3,0
4502,99	I,IV	**806,83**	413,08	413,08	I	683,66	566,66	455,75	351,00	252,33	159,83
	II	**750,08**	413,08	413,08	II	629,66	515,41	407,33	305,33	209,50	119,75
	III	**462,16**	413,08	413,08	III	369,50	279,83	193,16	111,66	43,83	
	V	**1241,75**	413,08	413,08	IV	744,50	683,66	624,41	566,66	510,41	455,75
	VI	**1278,00**	413,08	413,08							
4505,99	I,IV	**807,75**	413,41	413,41	I	684,58	567,50	456,50	351,75	253,00	160,41
	II	**750,91**	413,41	413,41	II	630,50	516,25	408,08	306,08	210,16	120,33
	III	**462,83**	413,41	413,41	III	370,00	280,50	193,83	112,16	44,16	
	V	**1242,75**	413,41	413,41	IV	745,41	684,58	625,25	567,50	511,25	456,50
	VI	**1279,00**	413,41	413,41							
4508,99	I,IV	**808,66**	413,66	413,66	I	685,41	568,33	457,33	352,41	253,66	161,08
	II	**751,83**	413,66	413,66	II	631,33	517,08	408,83	306,75	210,83	121,00
	III	**463,50**	413,66	413,66	III	370,66	281,00	194,50	112,83	44,66	
	V	**1243,83**	413,66	413,66	IV	746,25	685,41	626,08	568,33	512,00	457,33
	VI	**1280,08**	413,66	413,66							
4511,99	I,IV	**809,58**	413,91	413,91	I	686,25	569,08	458,08	353,16	254,41	161,75
	II	**752,66**	413,91	413,91	II	632,25	517,83	409,58	307,50	211,50	121,58
	III	**464,16**	413,91	413,91	III	371,33	281,66	195,00	113,33	45,16	
	V	**1244,91**	413,91	413,91	IV	747,16	686,25	626,91	569,08	512,83	458,08
	VI	**1281,16**	413,91	413,91							
4514,99	I,IV	**810,41**	414,25	414,25	I	687,16	569,91	458,83	353,91	255,08	162,33
	II	**753,58**	414,25	414,25	II	633,08	518,66	410,33	308,16	212,16	122,25
	III	**464,83**	414,25	414,25	III	372,00	282,33	195,66	113,83	45,50	
	V	**1245,91**	414,25	414,25	IV	748,00	687,16	627,75	569,91	513,58	458,83
	VI	**1282,16**	414,25	414,25							
4517,99	I,IV	**811,33**	414,50	414,50	I	688,00	570,75	459,58	354,66	255,75	163,00
	II	**754,50**	414,50	414,50	II	633,91	519,41	411,08	308,91	212,83	122,83
	III	**465,50**	414,50	414,50	III	372,66	283,00	196,33	114,33	46,00	
	V	**1247,00**	414,50	414,50	IV	748,91	688,00	628,58	570,75	514,41	459,58
	VI	**1283,25**	414,50	414,50							
4520,99	I,IV	**812,25**	414,75	414,75	I	688,83	571,58	460,41	355,33	256,41	163,66
	II	**755,33**	414,75	414,75	II	634,75	520,25	411,83	309,58	213,50	123,41
	III	**466,16**	414,75	414,75	III	373,33	283,50	196,83	115,00	46,33	
	V	**1248,00**	414,75	414,75	IV	749,75	688,83	629,41	571,58	515,25	460,41
	VI	**1284,25**	414,75	414,75							
4523,99	I,IV	**813,16**	415,00	415,00	I	689,75	572,41	461,16	356,08	257,08	164,25
	II	**756,25**	415,00	415,00	II	635,58	521,00	412,58	310,33	214,16	124,08
	III	**466,83**	415,00	415,00	III	374,00	284,16	197,50	115,50	46,83	
	V	**1249,08**	415,00	415,00	IV	750,66	689,75	630,25	572,41	516,00	461,16
	VI	**1285,33**	415,00	415,00							
4526,99	I,IV	**814,08**	415,33	415,33	I	690,58	573,16	461,91	356,83	257,83	164,91
	II	**757,08**	415,33	415,33	II	636,41	521,83	413,33	311,00	214,83	124,66
	III	**467,50**	415,33	415,33	III	374,66	284,83	198,16	116,00	47,33	
	V	**1250,16**	415,33	415,33	IV	751,58	690,58	631,08	573,16	516,83	461,91
	VI	**1286,41**	415,33	415,33							
4529,99	I,IV	**814,91**	415,58	415,58	I	691,41	574,00	462,66	357,50	258,50	165,58
	II	**758,00**	415,58	415,58	II	637,25	522,58	414,08	311,66	215,41	125,33
	III	**468,16**	415,58	415,58	III	375,33	285,50	198,66	116,50	47,66	
	V	**1251,16**	415,58	415,58	IV	752,41	691,41	631,91	574,00	517,58	462,66
	VI	**1287,41**	415,58	415,58							
4532,99	I,IV	**815,83**	415,83	415,83	I	692,25	574,83	463,50	358,25	259,16	166,16
	II	**758,83**	415,83	415,83	II	638,08	523,41	414,83	312,41	216,08	125,91
	III	**468,83**	415,83	415,83	III	376,00	286,16	199,33	117,16	48,16	
	V	**1252,16**	415,83	415,83	IV	753,25	692,25	632,75	574,83	518,33	463,50
	VI	**1288,41**	415,83	415,83							
4535,99	I,IV	**816,75**	416,16	416,16	I	693,16	575,58	464,25	359,00	259,83	166,83
	II	**759,75**	416,16	416,16	II	638,91	524,16	415,58	313,08	216,75	126,58
	III	**469,50**	416,16	416,16	III	376,66	286,66	200,00	117,66	48,66	
	V	**1253,25**	416,16	416,16	IV	754,16	693,16	633,58	575,58	519,16	464,25
	VI	**1289,50**	416,16	416,16							

* Zur LSt-Berechnung für privat versicherte Arbeitnehmer s. Beispiele **Vorbemerkung S. 4 f.**
** Basisvorsorgepauschale KV und PV *** Typisierter Arbeitgeberzuschuss

Lohn/ Gehalt in € bis	Steuerklasse	Lohn-steuer*	BVSP**	TAGZ***	Steuerklasse	Bemessungsgrundlage für Kirchensteuer und Solidaritätszuschlag – Freibeträge für ... Kinder 0,5	1,0	1,5	2,0	2,5	3,0
4538,99	I,IV	**817,66**	416,41	416,41	I	694,00	576,41	465,00	359,75	260,50	167,50
	II	**760,66**	416,41	416,41	II	639,75	525,00	416,33	313,83	217,41	127,16
	III	**470,16**	416,41	416,41	III	377,33	287,33	200,50	118,16	49,00	
	V	**1254,25**	416,41	416,41	IV	755,08	694,00	634,41	576,41	520,00	465,00
	VI	**1290,58**	416,41	416,41							
4541,99	I,IV	**818,58**	416,66	416,66	I	694,83	577,25	465,83	360,41	261,25	168,08
	II	**761,50**	416,66	416,66	II	640,58	525,75	417,08	314,58	218,08	127,83
	III	**470,83**	416,66	416,66	III	377,83	288,00	201,16	118,83	49,50	
	V	**1255,33**	416,66	416,66	IV	755,91	694,83	635,25	577,25	520,75	465,83
	VI	**1291,58**	416,66	416,66							
4544,99	I,IV	**819,50**	417,00	417,00	I	695,75	578,08	466,58	361,16	261,91	168,75
	II	**762,41**	417,00	417,00	II	641,41	526,58	417,83	315,25	218,75	128,41
	III	**471,50**	417,00	417,00	III	378,50	288,66	201,83	119,33	50,00	
	V	**1256,41**	417,00	417,00	IV	756,83	695,75	636,16	578,08	521,58	466,58
	VI	**1292,66**	417,00	417,00							
4547,99	I,IV	**820,41**	417,25	417,25	I	696,58	578,91	467,33	361,91	262,58	169,41
	II	**763,33**	417,25	417,25	II	642,25	527,41	418,58	316,00	219,41	129,08
	III	**472,16**	417,25	417,25	III	379,16	289,33	202,33	119,83	50,33	
	V	**1257,41**	417,25	417,25	IV	757,75	696,58	637,00	578,91	522,33	467,33
	VI	**1293,66**	417,25	417,25							
4550,99	I,IV	**821,25**	417,50	417,50	I	697,41	579,75	468,08	362,66	263,25	170,08
	II	**764,16**	417,50	417,50	II	643,16	528,16	419,41	316,66	220,08	129,66
	III	**473,00**	417,50	417,50	III	379,83	289,83	203,00	120,33	50,83	
	V	**1258,50**	417,50	417,50	IV	758,58	697,41	637,83	579,75	523,16	468,08
	VI	**1294,75**	417,50	417,50							
4553,99	I,IV	**822,16**	417,75	417,75	I	698,25	580,50	468,83	363,33	263,91	170,66
	II	**765,08**	417,75	417,75	II	643,91	529,00	420,08	317,33	220,75	130,25
	III	**473,50**	417,75	417,75	III	380,50	290,50	203,50	121,00	51,16	
	V	**1259,50**	417,75	417,75	IV	759,41	698,25	638,66	580,50	523,91	468,83
	VI	**1295,75**	417,75	417,75							
4556,99	I,IV	**823,08**	418,08	418,08	I	699,16	581,33	469,66	364,08	264,66	171,33
	II	**765,91**	418,08	418,08	II	644,75	529,75	420,83	318,08	221,41	130,91
	III	**474,16**	418,08	418,08	III	381,16	291,16	204,16	121,50	51,66	
	V	**1260,58**	418,08	418,08	IV	760,33	699,16	639,50	581,33	524,75	469,66
	VI	**1296,83**	418,08	418,08							
4559,99	I,IV	**824,00**	418,33	418,33	I	700,00	582,16	470,41	364,83	265,33	172,00
	II	**766,83**	418,33	418,33	II	645,66	530,58	421,58	318,83	222,08	131,50
	III	**474,83**	418,33	418,33	III	381,83	291,83	204,83	122,00	52,16	
	V	**1261,58**	418,33	418,33	IV	761,25	700,00	640,33	582,16	525,50	470,41
	VI	**1297,83**	418,33	418,33							
4562,99	I,IV	**824,91**	418,58	418,58	I	700,83	583,00	471,16	365,58	266,00	172,58
	II	**767,75**	418,58	418,58	II	646,50	531,33	422,41	319,50	222,75	132,16
	III	**475,50**	418,58	418,58	III	382,50	292,33	205,33	122,50	52,66	
	V	**1262,66**	418,58	418,58	IV	762,08	700,83	641,16	583,00	526,33	471,16
	VI	**1298,91**	418,58	418,58							
4565,99	I,IV	**825,83**	418,91	418,91	I	701,75	583,83	472,00	366,25	266,75	173,25
	II	**768,58**	418,91	418,91	II	647,33	532,16	423,16	320,25	223,41	132,75
	III	**476,33**	418,91	418,91	III	383,16	293,00	206,00	123,16	53,00	
	V	**1263,66**	418,91	418,91	IV	763,00	701,75	642,00	583,83	527,08	472,00
	VI	**1300,00**	418,91	418,91							
4568,99	I,IV	**826,75**	419,16	419,16	I	702,58	584,58	472,75	367,00	267,41	173,91
	II	**769,50**	419,16	419,16	II	648,16	533,00	423,91	320,91	224,08	133,41
	III	**477,00**	419,16	419,16	III	383,83	293,66	206,66	123,66	53,50	
	V	**1264,75**	419,16	419,16	IV	763,91	702,58	642,83	584,58	527,91	472,75
	VI	**1301,00**	419,16	419,16							
4571,99	I,IV	**827,58**	419,41	419,41	I	703,50	585,41	473,50	367,75	268,08	174,58
	II	**770,41**	419,41	419,41	II	649,00	533,75	424,66	321,66	224,75	134,00
	III	**477,66**	419,41	419,41	III	384,50	294,33	207,16	124,16	54,00	
	V	**1265,83**	419,41	419,41	IV	764,75	703,50	643,66	585,41	528,75	473,50
	VI	**1302,08**	419,41	419,41							

* Zur LSt-Berechnung für privat versicherte Arbeitnehmer s. Beispiele **Vorbemerkung S. 4f.**
** Basisvorsorgepauschale KV und PV *** Typisierter Arbeitgeberzuschuss

Lohn/ Gehalt in € bis	Steuerklasse	Lohnsteuer*	BVSP**	TAGZ***	Steuerklasse	Bemessungsgrundlage für Kirchensteuer und Solidaritätszuschlag – Freibeträge für ... Kinder 0,5	1,0	1,5	2,0	2,5	3,0
4574,99	I,IV	**828,50**	419,75	419,75	I	704,33	586,25	474,33	368,50	268,75	175,16
	II	**771,25**	419,75	419,75	II	649,83	534,58	425,41	322,33	225,41	134,66
	III	**478,33**	419,75	419,75	III	385,00	295,00	207,83	124,83	54,33	
	V	**1266,83**	419,75	419,75	IV	765,66	704,33	644,50	586,25	529,50	474,33
	VI	**1303,08**	419,75	419,75							
4577,99	I,IV	**829,41**	420,00	420,00	I	705,16	587,08	475,08	369,25	269,50	175,83
	II	**772,16**	420,00	420,00	II	650,75	535,41	426,16	323,08	226,08	135,25
	III	**479,00**	420,00	420,00	III	385,66	295,50	208,50	125,33	54,83	
	V	**1267,91**	420,00	420,00	IV	766,58	705,16	645,41	587,08	530,33	475,08
	VI	**1304,16**	420,00	420,00							
4580,99	I,IV	**830,33**	420,25	420,25	I	706,00	587,91	475,83	369,91	270,16	176,50
	II	**773,00**	420,25	420,25	II	651,50	536,16	426,91	323,75	226,75	135,91
	III	**479,66**	420,25	420,25	III	386,33	296,16	209,00	125,83	55,33	
	V	**1268,91**	420,25	420,25	IV	767,41	706,00	646,16	587,91	531,08	475,83
	VI	**1305,16**	420,25	420,25							
4583,99	I,IV	**831,25**	420,50	420,50	I	706,91	588,66	476,66	370,66	270,83	177,16
	II	**773,91**	420,50	420,50	II	652,33	537,00	427,66	324,50	227,41	136,50
	III	**480,33**	420,50	420,50	III	387,00	296,83	209,66	126,50	55,66	
	V	**1270,00**	420,50	420,50	IV	768,33	706,91	647,08	588,66	531,91	476,66
	VI	**1306,25**	420,50	420,50							
4586,99	I,IV	**832,16**	420,83	420,83	I	707,75	589,50	477,41	371,41	271,50	177,75
	II	**774,83**	420,83	420,83	II	653,25	537,75	428,41	325,25	228,08	137,16
	III	**481,00**	420,83	420,83	III	387,66	297,50	210,33	127,00	56,16	
	V	**1271,00**	420,83	420,83	IV	769,16	707,75	647,91	589,50	532,66	477,41
	VI	**1307,25**	420,83	420,83							
4589,99	I,IV	**833,08**	421,08	421,08	I	708,66	590,33	478,16	372,16	272,25	178,41
	II	**775,66**	421,08	421,08	II	654,08	538,58	429,16	325,91	228,75	137,75
	III	**481,66**	421,08	421,08	III	388,33	298,16	210,83	127,66	56,66	0,33
	V	**1272,08**	421,08	421,08	IV	770,08	708,66	648,75	590,33	533,50	478,16
	VI	**1308,33**	421,08	421,08							
4592,99	I,IV	**834,00**	421,33	421,33	I	709,50	591,16	479,00	372,91	272,91	179,08
	II	**776,58**	421,33	421,33	II	654,91	539,33	429,91	326,66	229,50	138,41
	III	**482,33**	421,33	421,33	III	389,00	298,66	211,50	128,16	57,16	0,66
	V	**1273,08**	421,33	421,33	IV	771,00	709,50	649,58	591,16	534,33	479,00
	VI	**1309,41**	421,33	421,33							
4595,99	I,IV	**834,91**	421,66	421,66	I	710,41	592,00	479,75	373,58	273,58	179,75
	II	**777,50**	421,66	421,66	II	655,75	540,16	430,66	327,33	230,16	139,00
	III	**483,00**	421,66	421,66	III	389,66	299,33	212,16	128,66	57,50	1,00
	V	**1274,16**	421,66	421,66	IV	771,83	710,41	650,41	592,00	535,08	479,75
	VI	**1310,41**	421,66	421,66							
4598,99	I,IV	**835,83**	421,91	421,91	I	711,25	592,83	480,50	374,33	274,33	180,33
	II	**778,33**	421,91	421,91	II	656,58	541,00	431,50	328,08	230,83	139,66
	III	**483,66**	421,91	421,91	III	390,33	300,00	212,66	129,33	58,00	1,33
	V	**1275,25**	421,91	421,91	IV	772,75	711,25	651,25	592,83	535,91	480,50
	VI	**1311,50**	421,91	421,91							
4601,99	I,IV	**836,66**	422,16	422,16	I	712,08	593,66	481,33	375,08	275,00	181,00
	II	**779,25**	422,16	422,16	II	657,50	541,75	432,25	328,83	231,50	140,33
	III	**484,33**	422,16	422,16	III	391,00	300,66	213,33	129,83	58,50	1,66
	V	**1276,25**	422,16	422,16	IV	773,66	712,08	652,08	593,66	536,75	481,33
	VI	**1312,50**	422,16	422,16							
4604,99	I,IV	**837,58**	422,50	422,50	I	713,00	594,41	482,08	375,83	275,66	181,66
	II	**780,16**	422,50	422,50	II	658,25	542,58	433,00	329,50	232,16	140,91
	III	**485,00**	422,50	422,50	III	391,66	301,16	214,00	130,33	58,83	2,00
	V	**1277,25**	422,50	422,50	IV	774,50	713,00	652,91	594,41	537,50	482,08
	VI	**1313,58**	422,50	422,50							
4607,99	I,IV	**838,50**	422,75	422,75	I	713,83	595,25	482,83	376,58	276,33	182,33
	II	**781,00**	422,75	422,75	II	659,16	543,33	433,75	330,25	232,83	141,50
	III	**485,66**	422,75	422,75	III	392,33	301,83	214,50	131,00	59,33	2,33
	V	**1278,33**	422,75	422,75	IV	775,41	713,83	653,75	595,25	538,33	482,83
	V	**1314,58**	422,75	422,75							

* Zur LSt-Berechnung für privat versicherte Arbeitnehmer s. Beispiele **Vorbemerkung S. 4 f.**
** Basisvorsorgepauschale KV und PV *** Typisierter Arbeitgeberzuschuss

Lohn/ Gehalt in € bis	Steuerklasse	Lohn- steuer*	BVSP**	TAGZ***	Steuerklasse	Bemessungsgrundlage für Kirchensteuer und Solidaritätszuschlag					
						Freibeträge für ... Kinder					
						0,5	**1,0**	1,5	**2,0**	2,5	**3,0**
4610,99	I,IV	**839,41**	423,00	423,00	I	714,66	596,08	483,66	377,25	277,08	182,91
	II	**781,91**	423,00	423,00	II	660,00	544,16	434,50	330,91	233,50	142,16
	III	**486,33**	423,00	423,00	III	392,83	302,50	215,16	131,50	59,83	2,83
	V	**1 279,41**	423,00	423,00	IV	776,25	714,66	654,66	596,08	539,08	483,66
	VI	**1 315,66**	423,00	423,00							
4613,99	I,IV	**840,33**	423,33	423,33	I	715,58	596,91	484,41	378,00	277,75	183,58
	II	**782,83**	423,33	423,33	II	660,83	545,00	435,25	331,66	234,16	142,83
	III	**487,00**	423,33	423,33	III	393,50	303,16	215,83	132,00	60,33	3,16
	V	**1 280,41**	423,33	423,33	IV	777,16	715,58	655,50	596,91	539,91	484,41
	VI	**1 316,66**	423,33	423,33							
4616,99	I,IV	**841,25**	423,58	423,58	I	716,41	597,75	485,16	378,75	278,41	184,25
	II	**783,66**	423,58	423,58	II	661,66	545,75	436,00	332,33	234,83	143,41
	III	**487,83**	423,58	423,58	III	394,16	303,83	216,33	132,66	60,83	3,50
	V	**1 281,50**	423,58	423,58	IV	778,08	716,41	656,33	597,75	540,75	485,16
	VI	**1 317,75**	423,58	423,58							
4619,99	I,IV	**842,16**	423,83	423,83	I	717,33	598,58	486,00	379,50	279,16	184,91
	II	**784,58**	423,83	423,83	II	662,50	546,58	436,75	333,08	235,50	144,08
	III	**488,50**	423,83	423,83	III	394,83	304,33	217,00	133,16	61,16	3,83
	V	**1 282,50**	423,83	423,83	IV	779,00	717,33	657,16	598,58	541,50	486,00
	VI	**1 318,83**	423,83	423,83							
4622,99	I,IV	**843,08**	424,08	424,08	I	718,16	599,41	486,75	380,25	279,83	185,58
	II	**785,50**	424,08	424,08	II	663,41	547,41	437,58	333,83	236,16	144,66
	III	**489,16**	424,08	424,08	III	395,50	305,00	217,66	133,66	61,66	4,16
	V	**1 283,58**	424,08	424,08	IV	779,83	718,16	658,00	599,41	542,33	486,75
	VI	**1 319,83**	424,08	424,08							
4625,99	I,IV	**844,00**	424,41	424,41	I	719,08	600,25	487,58	381,00	280,50	186,25
	II	**786,41**	424,41	424,41	II	664,25	548,25	438,33	334,50	236,83	145,33
	III	**489,83**	424,41	424,41	III	396,16	305,66	218,16	134,33	62,16	4,50
	V	**1 284,66**	424,41	424,41	IV	780,75	719,08	658,91	600,25	543,16	487,58
	VI	**1 320,91**	424,41	424,41							
4628,99	I,IV	**844,91**	424,66	424,66	I	719,91	601,08	488,33	381,75	281,25	186,83
	II	**787,25**	424,66	424,66	II	665,08	549,00	439,08	335,25	237,58	146,00
	III	**490,50**	424,66	424,66	III	396,83	306,33	218,83	134,83	62,66	4,83
	V	**1 285,66**	424,66	424,66	IV	781,66	719,91	659,75	601,08	543,91	488,33
	VI	**1 321,91**	424,66	424,66							
4631,99	I,IV	**845,75**	424,91	424,91	I	720,75	601,83	489,08	382,41	281,91	187,50
	II	**788,16**	424,91	424,91	II	665,91	549,83	439,83	335,91	238,16	146,58
	III	**491,16**	424,91	424,91	III	397,50	307,00	219,50	135,50	63,00	5,33
	V	**1 286,66**	424,91	424,91	IV	782,50	720,75	660,58	601,83	544,75	489,08
	VI	**1 323,00**	424,91	424,91							
4634,99	I,IV	**846,66**	425,25	425,25	I	721,66	602,66	489,91	383,16	282,58	188,16
	II	**789,08**	425,25	425,25	II	666,75	550,58	440,58	336,66	238,91	147,16
	III	**491,83**	425,25	425,25	III	398,16	307,66	220,00	136,00	63,50	5,66
	V	**1 287,75**	425,25	425,25	IV	783,41	721,66	661,41	602,66	545,50	489,91
	VI	**1 324,00**	425,25	425,25							
4637,99	I,IV	**847,58**	425,50	425,50	I	722,50	603,50	490,66	383,91	283,33	188,83
	II	**789,91**	425,50	425,50	II	667,58	551,41	441,33	337,41	239,58	147,83
	III	**492,50**	425,50	425,50	III	398,83	308,16	220,66	136,66	64,00	6,00
	V	**1 288,83**	425,50	425,50	IV	784,33	722,50	662,25	603,50	546,33	490,66
	VI	**1 325,08**	425,50	425,50							
4640,99	I,IV	**848,50**	425,75	425,75	I	723,41	604,33	491,41	384,66	284,00	189,50
	II	**790,83**	425,75	425,75	II	668,50	552,25	442,08	338,08	240,25	148,50
	III	**493,16**	425,75	425,75	III	399,50	308,83	221,33	137,16	64,50	6,33
	V	**1 289,83**	425,75	425,75	IV	785,16	723,41	663,08	604,33	547,16	491,41
	VI	**1 326,08**	425,75	425,75							
4643,99	I,IV	**849,41**	426,08	426,08	I	724,25	605,16	492,25	385,41	284,66	190,08
	II	**791,75**	426,08	426,08	II	669,33	553,00	442,83	338,83	240,91	149,08
	III	**493,83**	426,08	426,08	III	400,16	309,50	221,83	137,66	65,00	6,66
	V	**1 290,91**	426,08	426,08	IV	786,08	724,25	663,91	605,16	547,91	492,25
	VI	**1 327,16**	426,08	426,08							

* Zur LSt-Berechnung für privat versicherte Arbeitnehmer s. Beispiele **Vorbemerkung S. 4f.**
** Basisvorsorgepauschale KV und PV *** Typisierter Arbeitgeberzuschuss

Lohn/ Gehalt in € bis	Steuerklasse	Lohn-steuer*	BVSP**	TAGZ***	Steuerklasse	Bemessungsgrundlage für Kirchensteuer und Solidaritätszuschlag – Freibeträge für ... Kinder 0,5	1,0	1,5	2,0	2,5	3,0
4646,99	I,IV	**850,41**	426,33	426,33	I	725,16	606,00	493,00	386,16	285,41	190,75
	II	**792,66**	426,33	426,33	II	670,16	553,83	443,66	339,58	241,58	149,75
	III	**494,50**	426,33	426,33	III	400,83	310,16	222,50	138,33	65,33	7,16
	V	**1291,91**	426,33	426,33	IV	787,00	725,16	664,83	606,00	548,75	493,00
	VI	**1328,25**	426,33	426,33							
4649,99	I,IV	**851,33**	426,58	426,58	I	726,00	606,83	493,83	386,91	286,08	191,41
	II	**793,50**	426,58	426,58	II	671,00	554,66	444,41	340,25	242,25	150,41
	III	**495,16**	426,58	426,58	III	401,50	310,83	223,16	138,83	65,83	7,50
	V	**1293,00**	426,58	426,58	IV	787,91	726,00	665,66	606,83	549,58	493,83
	VI	**1329,25**	426,58	426,58							
4652,99	I,IV	**852,25**	426,83	426,83	I	726,91	607,66	494,58	387,66	286,83	192,08
	II	**794,41**	426,83	426,83	II	671,91	555,50	445,16	341,00	242,91	151,00
	III	**496,00**	426,83	426,83	III	402,16	311,33	223,83	139,50	66,33	7,83
	V	**1294,08**	426,83	426,83	IV	788,75	726,91	666,50	607,66	550,33	494,58
	VI	**1330,33**	426,83	426,83							
4655,99	I,IV	**853,16**	427,16	427,16	I	727,75	608,50	495,41	388,41	287,50	192,75
	II	**795,33**	427,16	427,16	II	672,75	556,25	445,91	341,75	243,66	151,66
	III	**496,66**	427,16	427,16	III	402,83	312,00	224,33	140,00	66,83	8,16
	V	**1295,08**	427,16	427,16	IV	789,66	727,75	667,33	608,50	551,16	495,41
	VI	**1331,33**	427,16	427,16							
4658,99	I,IV	**854,00**	427,41	427,41	I	728,58	609,33	496,16	389,08	288,16	193,33
	II	**796,16**	427,41	427,41	II	673,58	557,08	446,66	342,41	244,25	152,25
	III	**497,16**	427,41	427,41	III	403,33	312,66	225,00	140,50	67,33	8,50
	V	**1296,08**	427,41	427,41	IV	790,58	728,58	668,16	609,33	552,00	496,16
	VI	**1332,41**	427,41	427,41							
4661,99	I,IV	**854,91**	427,66	427,66	I	729,50	610,16	496,91	389,83	288,83	194,00
	II	**797,08**	427,66	427,66	II	674,41	557,91	447,41	343,16	245,00	152,91
	III	**498,00**	427,66	427,66	III	404,00	313,33	225,50	141,16	67,66	8,83
	V	**1297,16**	427,66	427,66	IV	791,41	729,50	669,08	610,16	552,75	496,91
	VI	**1333,41**	427,66	427,66							
4664,99	I,IV	**855,83**	428,00	428,00	I	730,33	611,00	497,75	390,58	289,58	194,66
	II	**798,00**	428,00	428,00	II	675,25	558,66	448,25	343,83	245,66	153,50
	III	**498,66**	428,00	428,00	III	404,66	314,00	226,16	141,66	68,16	9,33
	V	**1298,25**	428,00	428,00	IV	792,33	730,33	669,91	611,00	553,58	497,75
	VI	**1334,50**	428,00	428,00							
4667,99	I,IV	**856,75**	428,25	428,25	I	731,25	611,83	498,50	391,33	290,25	195,33
	II	**798,91**	428,25	428,25	II	676,16	559,50	449,00	344,58	246,33	154,16
	III	**499,33**	428,25	428,25	III	405,33	314,50	226,83	142,33	68,66	9,66
	V	**1299,25**	428,25	428,25	IV	793,25	731,25	670,75	611,83	554,41	498,50
	VI	**1335,50**	428,25	428,25							
4670,99	I,IV	**857,66**	428,50	428,50	I	732,08	612,66	499,33	392,08	291,00	196,00
	II	**799,83**	428,50	428,50	II	677,00	560,33	449,75	345,33	247,00	154,83
	III	**500,00**	428,50	428,50	III	406,00	315,16	227,33	142,83	69,16	10,00
	V	**1300,33**	428,50	428,50	IV	794,16	732,08	671,58	612,66	555,16	499,33
	VI	**1336,58**	428,50	428,50							
4673,99	I,IV	**858,58**	428,83	428,83	I	733,00	613,50	500,08	392,83	291,66	196,66
	II	**800,66**	428,83	428,83	II	677,83	561,16	450,50	346,08	247,66	155,41
	III	**500,66**	428,83	428,83	III	406,66	315,83	228,00	143,50	69,66	10,33
	V	**1301,33**	428,83	428,83	IV	795,00	733,00	672,50	613,50	556,00	500,08
	VI	**1337,66**	428,83	428,83							
4676,99	I,IV	**859,50**	429,08	429,08	I	733,83	614,33	500,83	393,58	292,41	197,33
	II	**801,58**	429,08	429,08	II	678,75	561,91	451,33	346,75	248,33	156,08
	III	**501,33**	429,08	429,08	III	407,33	316,50	228,66	144,00	70,16	10,83
	V	**1302,41**	429,08	429,08	IV	795,91	733,83	673,33	614,33	556,83	500,83
	VI	**1338,66**	429,08	429,08							
4679,99	I,IV	**860,50**	429,33	429,33	I	734,75	615,16	501,66	394,33	293,08	198,00
	II	**802,50**	429,33	429,33	II	679,58	562,75	452,08	347,50	249,08	156,75
	III	**502,00**	429,33	429,33	III	408,00	317,16	229,33	144,66	70,66	11,16
	V	**1303,50**	429,33	429,33	IV	796,83	734,75	674,16	615,16	557,66	501,66
	VI	**1339,75**	429,33	429,33							

* Zur LSt-Berechnung für privat versicherte Arbeitnehmer s. Beispiele **Vorbemerkung S. 4f.**
** Basisvorsorgepauschale KV und PV *** Typisierter Arbeitgeberzuschuss

Lohn/ Gehalt in € bis	Steuerklasse	Lohn- steuer*	BVSP**	TAGZ***	Steuerklasse	Bemessungsgrundlage für Kirchensteuer und Solidaritätszuschlag – Freibeträge für ... Kinder 0,5	**1,0**	1,5	**2,0**	2,5	**3,0**
4682,99	I,IV	**861,33**	429,58	429,58	I	735,58	615,91	502,41	395,00	293,75	198,58
	II	**803,41**	429,58	429,58	II	680,41	563,58	452,83	348,16	249,75	157,33
	III	**502,66**	429,58	429,58	III	408,66	317,83	229,83	145,16	71,00	11,50
	V	**1 304,50**	429,58	429,58	IV	797,66	735,58	675,00	615,91	558,41	502,41
	VI	**1 340,75**	429,58	429,58							
4685,99	I,IV	**862,25**	429,91	429,91	I	736,50	616,75	503,25	395,75	294,50	199,25
	II	**804,25**	429,91	429,91	II	681,25	564,33	453,58	348,91	250,41	158,00
	III	**503,33**	429,91	429,91	III	409,33	318,33	230,50	145,83	71,50	11,83
	V	**1 305,50**	429,91	429,91	IV	798,58	736,50	675,83	616,75	559,25	503,25
	VI	**1 341,75**	429,91	429,91							
4688,99	I,IV	**863,16**	430,16	430,16	I	737,33	617,58	504,00	396,50	295,16	199,91
	II	**805,16**	430,16	430,16	II	682,08	565,16	454,33	349,66	251,08	158,58
	III	**504,00**	430,16	430,16	III	410,00	319,00	231,16	146,33	72,00	12,16
	V	**1 306,58**	430,16	430,16	IV	799,50	737,33	676,75	617,58	560,08	504,00
	VI	**1 342,83**	430,16	430,16							
4691,99	I,IV	**864,08**	430,41	430,41	I	738,25	618,41	504,83	397,25	295,83	200,58
	II	**806,08**	430,41	430,41	II	683,00	566,00	455,08	350,41	251,75	159,25
	III	**504,83**	430,41	430,41	III	410,66	319,66	231,66	147,00	72,50	12,66
	V	**1 307,66**	430,41	430,41	IV	800,41	738,25	677,58	618,41	560,83	504,83
	VI	**1 343,91**	430,41	430,41							
4694,99	I,IV	**865,00**	430,75	430,75	I	739,08	619,25	505,58	398,00	296,58	201,25
	II	**807,00**	430,75	430,75	II	683,83	566,83	455,91	351,08	252,41	159,91
	III	**505,50**	430,75	430,75	III	411,33	320,33	232,33	147,50	73,00	13,00
	V	**1 308,66**	430,75	430,75	IV	801,33	739,08	678,41	619,25	561,66	505,58
	VI	**1 344,91**	430,75	430,75							
4697,99	I,IV	**866,00**	431,00	431,00	I	740,00	620,08	506,41	398,75	297,25	201,91
	II	**807,91**	431,00	431,00	II	684,66	567,58	456,66	351,83	253,16	160,58
	III	**506,16**	431,00	431,00	III	412,00	321,00	233,00	148,16	73,50	13,33
	V	**1 309,75**	431,00	431,00	IV	802,16	740,00	679,25	620,08	562,50	506,41
	VI	**1 346,00**	431,00	431,00							
4700,99	I,IV	**866,91**	431,25	431,25	I	740,83	620,91	507,16	399,50	298,00	202,58
	II	**808,75**	431,25	431,25	II	685,58	568,41	457,41	352,58	253,83	161,16
	III	**506,83**	431,25	431,25	III	412,66	321,66	233,66	148,66	74,00	13,83
	V	**1 310,75**	431,25	431,25	IV	803,08	740,83	680,16	620,91	563,33	507,16
	VI	**1 347,00**	431,25	431,25							
4703,99	I,IV	**867,83**	431,58	431,58	I	741,75	621,75	508,00	400,25	298,66	203,25
	II	**809,66**	431,58	431,58	II	686,41	569,25	458,16	353,25	254,50	161,83
	III	**507,50**	431,58	431,58	III	413,33	322,16	234,16	149,33	74,50	14,16
	V	**1 311,83**	431,58	431,58	IV	804,00	741,75	681,00	621,75	564,08	508,00
	VI	**1 348,08**	431,58	431,58							
4706,99	I,IV	**868,75**	431,83	431,83	I	742,58	622,66	508,75	401,00	299,41	203,91
	II	**810,58**	431,83	431,83	II	687,25	570,08	459,00	354,00	255,16	162,50
	III	**508,16**	431,83	431,83	III	414,00	322,83	234,83	149,83	74,83	14,50
	V	**1 312,91**	431,83	431,83	IV	804,91	742,58	681,83	622,66	564,91	508,75
	VI	**1 349,16**	431,83	431,83							
4709,99	I,IV	**869,58**	432,08	432,08	I	743,50	623,41	509,50	401,75	300,08	204,50
	II	**811,50**	432,08	432,08	II	688,08	570,83	459,75	354,75	255,83	163,08
	III	**508,83**	432,08	432,08	III	414,66	323,50	235,33	150,50	75,33	14,83
	V	**1 313,91**	432,08	432,08	IV	805,75	743,50	682,66	623,41	565,75	509,50
	VI	**1 350,16**	432,08	432,08							
4712,99	I,IV	**870,58**	432,41	432,41	I	744,33	624,25	510,33	402,50	300,75	205,16
	II	**812,41**	432,41	432,41	II	689,00	571,66	460,50	355,41	256,50	163,75
	III	**509,50**	432,41	432,41	III	415,33	324,16	236,00	151,00	75,83	15,16
	V	**1 314,91**	432,41	432,41	IV	806,66	744,33	683,58	624,25	566,50	510,33
	VI	**1 351,16**	432,41	432,41							
4715,99	I,IV	**871,50**	432,66	432,66	I	745,25	625,08	511,08	403,25	301,50	205,83
	II	**813,25**	432,66	432,66	II	689,83	572,50	461,25	356,16	257,25	164,33
	III	**510,16**	432,66	432,66	III	416,00	324,83	236,66	151,66	76,33	15,66
	V	**1 316,00**	432,66	432,66	IV	807,58	745,25	684,41	625,08	567,33	511,08
	VI	**1 352,25**	432,66	432,66							

* Zur LSt-Berechnung für privat versicherte Arbeitnehmer s. Beispiele **Vorbemerkung S. 4 f.**
** Basisvorsorgepauschale KV und PV *** Typisierter Arbeitgeberzuschuss

Lohn/ Gehalt in € bis	Steuerklasse	Lohn-steuer*	BVSP**	TAGZ***	Steuerklasse	Bemessungsgrundlage für Kirchensteuer und Solidaritätszuschlag – Freibeträge für ... Kinder 0,5	1,0	1,5	2,0	2,5	3,0
4718,99	I,IV	**872,41**	432,91	432,91	I	746,08	625,91	511,91	404,00	302,16	206,50
	II	**814,16**	432,91	432,91	II	690,66	573,33	462,08	356,91	257,91	165,00
	III	**510,83**	432,91	432,91	III	416,66	325,33	237,33	152,16	76,83	16,00
	V	**1 317,08**	432,91	432,91	IV	808,50	746,08	685,25	625,91	568,16	511,91
	VI	**1 353,33**	432,91	432,91							
4721,99	I,IV	**873,33**	433,16	433,16	I	747,00	626,75	512,66	404,75	302,91	207,16
	II	**815,08**	433,16	433,16	II	691,58	574,08	462,83	357,66	258,58	165,66
	III	**511,50**	433,16	433,16	III	417,33	326,00	237,83	152,83	77,33	16,33
	V	**1 318,08**	433,16	433,16	IV	809,41	747,00	686,08	626,75	569,00	512,66
	VI	**1 354,33**	433,16	433,16							
4724,99	I,IV	**874,25**	433,50	433,50	I	747,83	627,58	513,50	405,50	303,58	207,83
	II	**816,00**	433,50	433,50	II	692,41	574,91	463,58	358,33	259,25	166,33
	III	**512,16**	433,50	433,50	III	418,00	326,66	238,50	153,33	77,83	16,83
	V	**1 319,16**	433,50	433,50	IV	810,33	747,83	687,00	627,58	569,83	513,50
	VI	**1 355,41**	433,50	433,50							
4727,99	I,IV	**875,16**	433,75	433,75	I	748,75	628,50	514,25	406,25	304,33	208,50
	II	**816,91**	433,75	433,75	II	693,25	575,75	464,33	359,08	260,00	166,91
	III	**513,00**	433,75	433,75	III	418,66	327,33	239,16	154,00	78,33	17,16
	V	**1 320,16**	433,75	433,75	IV	811,16	748,75	687,83	628,50	570,58	514,25
	VI	**1 356,41**	433,75	433,75							
4730,99	I,IV	**876,08**	434,00	434,00	I	749,66	629,33	515,08	407,00	305,00	209,16
	II	**817,83**	434,00	434,00	II	694,16	576,58	465,16	359,83	260,66	167,58
	III	**513,66**	434,00	434,00	III	419,33	328,00	239,66	154,66	78,83	17,50
	V	**1 321,25**	434,00	434,00	IV	812,08	749,66	688,66	629,33	571,41	515,08
	VI	**1 357,50**	434,00	434,00							
4733,99	I,IV	**877,00**	434,33	434,33	I	750,50	630,16	515,91	407,75	305,75	209,83
	II	**818,75**	434,33	434,33	II	695,00	577,41	465,91	360,58	261,33	168,25
	III	**514,33**	434,33	434,33	III	420,00	328,66	240,33	155,16	79,33	18,00
	V	**1 322,33**	434,33	434,33	IV	813,00	750,50	689,58	630,16	572,25	515,91
	VI	**1 358,58**	434,33	434,33							
4736,99	I,IV	**877,91**	434,58	434,58	I	751,41	630,91	516,66	408,50	306,41	210,50
	II	**819,58**	434,58	434,58	II	695,83	578,16	466,66	361,25	262,00	168,83
	III	**515,00**	434,58	434,58	III	420,66	329,33	241,00	155,83	79,83	18,33
	V	**1 323,33**	434,58	434,58	IV	813,91	751,41	690,41	630,91	573,00	516,66
	VI	**1 359,58**	434,58	434,58							
4739,99	I,IV	**878,83**	434,83	434,83	I	752,25	631,75	517,41	409,25	307,08	211,16
	II	**820,50**	434,83	434,83	II	696,66	579,00	467,41	362,00	262,66	169,50
	III	**515,66**	434,83	434,83	III	421,33	329,83	241,66	156,33	80,33	18,66
	V	**1 324,33**	434,83	434,83	IV	814,75	752,25	691,25	631,75	573,83	517,41
	VI	**1 360,58**	434,83	434,83							
4742,99	I,IV	**879,75**	435,16	435,16	I	753,16	632,66	518,25	410,00	307,83	211,83
	II	**821,41**	435,16	435,16	II	697,58	579,83	468,25	362,75	263,41	170,16
	III	**516,33**	435,16	435,16	III	421,83	330,50	242,16	157,00	80,66	19,16
	V	**1 325,41**	435,16	435,16	IV	815,66	753,16	692,08	632,66	574,66	518,25
	VI	**1 361,66**	435,16	435,16							
4745,99	I,IV	**880,66**	435,41	435,41	I	754,00	633,50	519,00	410,75	308,50	212,50
	II	**822,33**	435,41	435,41	II	698,41	580,66	469,00	363,50	264,08	170,75
	III	**517,00**	435,41	435,41	III	422,50	331,16	242,83	157,50	81,16	19,50
	V	**1 326,50**	435,41	435,41	IV	816,58	754,00	693,00	633,50	575,50	519,00
	VI	**1 362,75**	435,41	435,41							
4748,99	I,IV	**881,66**	435,66	435,66	I	754,91	634,33	519,83	411,50	309,25	213,16
	II	**823,25**	435,66	435,66	II	699,25	581,50	469,75	364,16	264,75	171,41
	III	**517,66**	435,66	435,66	III	423,16	331,83	243,50	158,16	81,66	19,83
	V	**1 327,50**	435,66	435,66	IV	817,50	754,91	693,83	634,33	576,33	519,83
	VI	**1 363,75**	435,66	435,66							
4751,99	I,IV	**882,58**	435,91	435,91	I	755,83	635,16	520,66	412,25	309,91	213,83
	II	**824,16**	435,91	435,91	II	700,16	582,33	470,58	364,91	265,41	172,08
	III	**518,33**	435,91	435,91	III	423,83	332,50	244,16	158,83	82,16	20,33
	V	**1 328,58**	435,91	435,91	IV	818,41	755,83	694,75	635,16	577,08	520,66
	VI	**1 364,83**	435,91	435,91							

* Zur LSt-Berechnung für privat versicherte Arbeitnehmer s. Beispiele **Vorbemerkung S. 4f.**
** Basisvorsorgepauschale KV und PV *** Typisierter Arbeitgeberzuschuss

Lohn/ Gehalt in € bis	Steuerklasse	Lohn-steuer*	BVSP**	TAGZ***	Steuerklasse	Bemessungsgrundlage für Kirchensteuer und Solidaritätszuschlag – Freibeträge für ... Kinder 0,5	**1,0**	1,5	**2,0**	2,5	**3,0**
4754,99	I,IV	**883,50**	436,25	436,25	I	756,66	636,00	521,41	413,00	310,66	214,50
	II	**825,08**	436,25	436,25	II	701,00	583,08	471,33	365,66	266,16	172,75
	III	**519,16**	436,25	436,25	III	424,50	333,16	244,66	159,33	82,66	20,66
	V	**1329,58**	436,25	436,25	IV	819,33	756,66	695,58	636,00	577,91	521,41
	VI	**1365,83**	436,25	436,25							
4757,99	I,IV	**884,41**	436,50	436,50	I	757,58	636,83	522,25	413,75	311,33	215,16
	II	**825,91**	436,50	436,50	II	701,91	583,91	472,08	366,41	266,83	173,33
	III	**519,83**	436,50	436,50	III	425,16	333,83	245,33	160,00	83,16	21,00
	V	**1330,66**	436,50	436,50	IV	820,25	757,58	696,41	636,83	578,75	522,25
	VI	**1366,91**	436,50	436,50							
4760,99	I,IV	**885,33**	436,75	436,75	I	758,41	637,66	523,00	414,50	312,08	215,75
	II	**826,83**	436,75	436,75	II	702,75	584,75	472,83	367,08	267,50	174,00
	III	**520,50**	436,75	436,75	III	425,83	334,33	245,83	160,50	83,66	21,50
	V	**1331,66**	436,75	436,75	IV	821,08	758,41	697,25	637,66	579,58	523,00
	VI	**1367,91**	436,75	436,75							
4763,99	I,IV	**886,25**	437,08	437,08	I	759,33	638,50	523,83	415,25	312,75	216,41
	II	**827,75**	437,08	437,08	II	703,58	585,58	473,66	367,83	268,16	174,66
	III	**521,16**	437,08	437,08	III	426,50	335,00	246,50	161,16	84,16	21,83
	V	**1332,75**	437,08	437,08	IV	822,00	759,33	698,16	638,50	580,41	523,83
	VI	**1369,00**	437,08	437,08							
4766,99	I,IV	**887,16**	437,33	437,33	I	760,16	639,33	524,58	416,00	313,50	217,08
	II	**828,66**	437,33	437,33	II	704,41	586,33	474,41	368,58	268,91	175,25
	III	**521,83**	437,33	437,33	III	427,16	335,66	247,16	161,66	84,66	22,16
	V	**1333,75**	437,33	437,33	IV	822,91	760,16	699,00	639,33	581,16	524,58
	VI	**1370,00**	437,33	437,33							
4769,99	I,IV	**888,08**	437,58	437,58	I	761,08	640,16	525,41	416,75	314,16	217,75
	II	**829,58**	437,58	437,58	II	705,33	587,16	475,16	369,33	269,58	175,91
	III	**522,50**	437,58	437,58	III	427,83	336,33	247,83	162,33	85,16	22,66
	V	**1334,83**	437,58	437,58	IV	823,83	761,08	699,83	640,16	582,00	525,41
	VI	**1371,08**	437,58	437,58							
4772,99	I,IV	**889,08**	437,91	437,91	I	762,00	641,00	526,16	417,50	314,91	218,41
	II	**830,50**	437,91	437,91	II	706,16	588,00	476,00	370,08	270,25	176,58
	III	**523,16**	437,91	437,91	III	428,50	337,00	248,33	163,00	85,66	23,00
	V	**1335,91**	437,91	437,91	IV	824,75	762,00	700,75	641,00	582,83	526,16
	VI	**1372,16**	437,91	437,91							
4775,99	I,IV	**890,00**	438,16	438,16	I	762,83	641,83	527,00	418,25	315,58	219,08
	II	**831,41**	438,16	438,16	II	707,08	588,83	476,75	370,83	270,91	177,25
	III	**523,83**	438,16	438,16	III	429,16	337,50	249,00	163,50	86,16	23,33
	V	**1336,91**	438,16	438,16	IV	825,66	762,83	701,58	641,83	583,66	527,00
	VI	**1373,16**	438,16	438,16							
4778,99	I,IV	**890,91**	438,41	438,41	I	763,75	642,66	527,75	419,00	316,33	219,75
	II	**832,33**	438,41	438,41	II	707,91	589,66	477,50	371,50	271,66	177,91
	III	**524,50**	438,41	438,41	III	429,83	338,16	249,66	164,16	86,66	23,83
	V	**1338,00**	438,41	438,41	IV	826,58	763,75	702,50	642,66	584,50	527,75
	VI	**1374,25**	438,41	438,41							
4781,99	I,IV	**891,83**	438,66	438,66	I	764,66	643,58	528,58	419,75	317,00	220,41
	II	**833,16**	438,66	438,66	II	708,75	590,50	478,33	372,25	272,33	178,50
	III	**525,16**	438,66	438,66	III	430,50	338,83	250,33	164,66	87,16	24,16
	V	**1339,00**	438,66	438,66	IV	827,50	764,66	703,33	643,58	585,33	528,58
	VI	**1375,25**	438,66	438,66							
4784,99	I,IV	**892,75**	439,00	439,00	I	765,50	644,41	529,41	420,50	317,75	221,08
	II	**834,08**	439,00	439,00	II	709,66	591,33	479,08	373,00	273,00	179,16
	III	**526,00**	439,00	439,00	III	431,16	339,50	250,83	165,33	87,66	24,66
	V	**1340,08**	439,00	439,00	IV	828,41	765,50	704,16	644,41	586,16	529,41
	VI	**1376,33**	439,00	439,00							
4787,99	I,IV	**893,66**	439,25	439,25	I	766,41	645,25	530,16	421,25	318,41	221,75
	II	**835,00**	439,25	439,25	II	710,50	592,08	479,83	373,75	273,66	179,83
	III	**526,66**	439,25	439,25	III	431,83	340,16	251,50	166,00	88,16	25,00
	V	**1341,08**	439,25	439,25	IV	829,25	766,41	705,00	645,25	586,91	530,16
	VI	**1377,33**	439,25	439,25							

* Zur LSt-Berechnung für privat versicherte Arbeitnehmer s. Beispiele **Vorbemerkung S. 4 f.**
** Basisvorsorgepauschale KV und PV *** Typisierter Arbeitgeberzuschuss

Lohn/ Gehalt in € bis	Steuerklasse	Lohn-steuer*	BVSP**	TAGZ***	Steuerklasse	Bemessungsgrundlage für Kirchensteuer und Solidaritätszuschlag – Freibeträge für ... Kinder 0,5	1,0	1,5	2,0	2,5	3,0
4 790,99	I,IV	**894,58**	439,50	439,50	I	767,25	646,08	531,00	422,00	319,16	222,41
	II	**835,91**	439,50	439,50	II	711,33	592,91	480,66	374,41	274,41	180,50
	III	**527,33**	439,50	439,50	III	432,50	340,83	252,16	166,50	88,66	25,33
	V	**1 342,16**	439,50	439,50	IV	830,16	767,25	705,91	646,08	587,75	531,00
	VI	**1 378,41**	439,50	439,50							
4 793,99	I,IV	**895,50**	439,83	439,83	I	768,16	646,91	531,75	422,75	319,83	223,08
	II	**836,83**	439,83	439,83	II	712,25	593,75	481,41	375,16	275,08	181,08
	III	**528,00**	439,83	439,83	III	433,16	341,50	252,83	167,16	89,16	25,83
	V	**1 343,16**	439,83	439,83	IV	831,08	768,16	706,75	646,91	588,58	531,75
	VI	**1 379,41**	439,83	439,83							
4 796,99	I,IV	**896,50**	440,08	440,08	I	769,08	647,75	532,58	423,50	320,58	223,75
	II	**837,75**	440,08	440,08	II	713,08	594,58	482,16	375,91	275,75	181,75
	III	**528,66**	440,08	440,08	III	433,83	342,16	253,33	167,66	89,66	26,16
	V	**1 344,25**	440,08	440,08	IV	832,00	769,08	707,66	647,75	589,41	532,58
	VI	**1 380,50**	440,08	440,08							
4 799,99	I,IV	**897,41**	440,33	440,33	I	769,91	648,58	533,33	424,25	321,33	224,41
	II	**838,66**	440,33	440,33	II	714,00	595,41	483,00	376,66	276,50	182,41
	III	**529,33**	440,33	440,33	III	434,50	342,66	254,00	168,33	90,16	26,66
	V	**1 345,25**	440,33	440,33	IV	832,91	769,91	708,50	648,58	590,25	533,33
	VI	**1 381,58**	440,33	440,33							
4 802,99	I,IV	**898,33**	440,66	440,66	I	770,83	649,41	534,16	425,00	322,00	225,08
	II	**839,58**	440,66	440,66	II	714,83	596,25	483,75	377,41	277,16	183,08
	III	**530,00**	440,66	440,66	III	435,16	343,33	254,66	169,00	90,66	27,00
	V	**1 346,33**	440,66	440,66	IV	833,83	770,83	709,33	649,41	591,00	534,16
	VI	**1 382,58**	440,66	440,66							
4 805,99	I,IV	**899,25**	440,91	440,91	I	771,75	650,25	535,00	425,75	322,75	225,75
	II	**840,50**	440,91	440,91	II	715,75	597,08	484,58	378,16	277,83	183,75
	III	**530,83**	440,91	440,91	III	435,83	344,00	255,33	169,50	91,16	27,33
	V	**1 347,41**	440,91	440,91	IV	834,75	771,75	710,25	650,25	591,83	535,00
	VI	**1 383,66**	440,91	440,91							
4 808,99	I,IV	**900,16**	441,16	441,16	I	772,58	651,16	535,75	426,58	323,41	226,50
	II	**841,41**	441,16	441,16	II	716,58	597,91	485,33	378,91	278,58	184,33
	III	**531,50**	441,16	441,16	III	436,50	344,66	255,83	170,16	91,66	27,83
	V	**1 348,41**	441,16	441,16	IV	835,66	772,58	711,08	651,16	592,66	535,75
	VI	**1 384,66**	441,16	441,16							
4 811,99	I,IV	**901,16**	441,50	441,50	I	773,50	652,00	536,58	427,33	324,16	227,16
	II	**842,33**	441,50	441,50	II	717,41	598,75	486,08	379,58	279,25	185,00
	III	**532,16**	441,50	441,50	III	437,16	345,33	256,50	170,66	92,16	28,16
	V	**1 349,50**	441,50	441,50	IV	836,58	773,50	712,00	652,00	593,50	536,58
	VI	**1 385,75**	441,50	441,50							
4 814,99	I,IV	**902,08**	441,75	441,75	I	774,33	652,83	537,33	428,08	324,83	227,75
	II	**843,16**	441,75	441,75	II	718,33	599,50	486,83	380,33	279,91	185,66
	III	**532,83**	441,75	441,75	III	437,83	346,00	257,16	171,33	92,66	28,66
	V	**1 350,50**	441,75	441,75	IV	837,41	774,33	712,83	652,83	594,33	537,33
	VI	**1 386,75**	441,75	441,75							
4 817,99	I,IV	**903,00**	442,00	442,00	I	775,25	653,66	538,16	428,83	325,58	228,41
	II	**844,08**	442,00	442,00	II	719,16	600,33	487,66	381,08	280,66	186,33
	III	**533,50**	442,00	442,00	III	438,50	346,50	257,66	171,83	93,16	29,00
	V	**1 351,58**	442,00	442,00	IV	838,33	775,25	713,66	653,66	595,16	538,16
	VI	**1 387,83**	442,00	442,00							
4 820,99	I,IV	**903,91**	442,25	442,25	I	776,16	654,50	539,00	429,58	326,25	229,16
	II	**845,00**	442,25	442,25	II	720,00	601,16	488,41	381,83	281,33	186,91
	III	**534,16**	442,25	442,25	III	439,16	347,16	258,33	172,50	93,66	29,33
	V	**1 352,58**	442,25	442,25	IV	839,25	776,16	714,58	654,50	596,00	539,00
	VI	**1 388,83**	442,25	442,25							
4 823,99	I,IV	**904,83**	442,58	442,58	I	777,00	655,33	539,75	430,33	327,00	229,83
	II	**845,91**	442,58	442,58	II	720,91	602,00	489,25	382,58	282,00	187,58
	III	**534,83**	442,58	442,58	III	439,83	347,83	259,00	173,16	94,33	29,83
	V	**1 353,66**	442,58	442,58	IV	840,16	777,00	715,41	655,33	596,83	539,75
	VI	**1 389,91**	442,58	442,58							

* Zur LSt-Berechnung für privat versicherte Arbeitnehmer s. Beispiele **Vorbemerkung S. 4f.**
** Basisvorsorgepauschale KV und PV *** Typisierter Arbeitgeberzuschuss

Lohn/ Gehalt in € bis	Steuerklasse	Lohn-steuer*	BVSP**	TAGZ***	Steuerklasse	Bemessungsgrundlage für Kirchensteuer und Solidaritätszuschlag – Freibeträge für ... Kinder 0,5	**1,0**	1,5	**2,0**	2,5	**3,0**
4826,99	I,IV	**905,75**	442,83	442,83	I	777,91	656,16	540,58	431,08	327,75	230,50
	II	**846,83**	442,83	442,83	II	721,75	602,83	490,00	383,33	282,75	188,25
	III	**535,50**	442,83	442,83	III	440,50	348,50	259,66	173,66	94,83	30,16
	V	**1354,66**	442,83	442,83	IV	841,08	777,91	716,33	656,16	597,58	540,58
	VI	**1391,00**	442,83	442,83							
4829,99	I,IV	**906,75**	443,08	443,08	I	778,83	657,00	541,41	431,83	328,41	231,16
	II	**847,75**	443,08	443,08	II	722,66	603,66	490,83	384,08	283,41	188,91
	III	**536,16**	443,08	443,08	III	441,16	349,16	260,16	174,33	95,33	30,66
	V	**1355,75**	443,08	443,08	IV	842,00	778,83	717,16	657,00	598,41	541,41
	VI	**1392,00**	443,08	443,08							
4832,99	I,IV	**907,66**	443,41	443,41	I	779,75	657,91	542,16	432,58	329,16	231,83
	II	**848,66**	443,41	443,41	II	723,50	604,50	491,58	384,75	284,08	189,58
	III	**537,00**	443,41	443,41	III	441,83	349,83	260,83	175,00	95,83	31,00
	V	**1356,83**	443,41	443,41	IV	842,91	779,75	718,00	657,91	599,25	542,16
	VI	**1393,08**	443,41	443,41							
4835,99	I,IV	**908,58**	443,66	443,66	I	780,58	658,75	543,00	433,33	329,83	232,50
	II	**849,58**	443,66	443,66	II	724,41	605,33	492,33	385,50	284,83	190,25
	III	**537,66**	443,66	443,66	III	442,50	350,50	261,50	175,50	96,33	31,50
	V	**1357,83**	443,66	443,66	IV	843,83	780,58	718,91	658,75	600,08	543,00
	VI	**1394,08**	443,66	443,66							
4838,99	I,IV	**909,58**	443,83	443,83	I	781,50	659,58	543,83	434,16	330,58	233,16
	II	**850,58**	443,83	443,83	II	725,33	606,16	493,16	386,33	285,50	190,91
	III	**538,33**	443,83	443,83	III	443,16	351,16	262,16	176,16	96,83	31,83
	V	**1358,91**	443,83	443,83	IV	844,75	781,50	719,83	659,58	600,91	543,83
	VI	**1395,16**	443,83	443,83							
4841,99	I,IV	**910,58**	443,83	443,83	I	782,50	660,58	544,75	435,00	331,41	233,91
	II	**851,58**	443,83	443,83	II	726,25	607,08	494,08	387,08	286,33	191,58
	III	**539,16**	443,83	443,83	III	444,00	351,83	262,83	176,83	97,50	32,33
	V	**1360,08**	443,83	443,83	IV	845,75	782,50	720,75	660,58	601,83	544,75
	VI	**1396,33**	443,83	443,83							
4844,99	I,IV	**911,66**	443,83	443,83	I	783,50	661,50	545,66	435,83	332,25	234,66
	II	**852,58**	443,83	443,83	II	727,25	608,00	494,91	387,91	287,08	192,33
	III	**539,83**	443,83	443,83	III	444,66	352,50	263,50	177,50	98,00	32,83
	V	**1361,25**	443,83	443,83	IV	846,83	783,50	721,75	661,50	602,83	545,66
	VI	**1397,58**	443,83	443,83							
4847,99	I,IV	**912,66**	443,83	443,83	I	784,50	662,41	546,50	436,66	333,00	235,41
	II	**853,58**	443,83	443,83	II	728,25	608,91	495,83	388,75	287,83	193,08
	III	**540,66**	443,83	443,83	III	445,50	353,33	264,16	178,16	98,66	33,33
	V	**1362,41**	443,83	443,83	IV	847,83	784,50	722,75	662,41	603,75	546,50
	VI	**1398,66**	443,83	443,83							
4850,99	I,IV	**913,75**	443,83	443,83	I	785,50	663,41	547,41	437,58	333,83	236,16
	II	**854,66**	443,83	443,83	II	729,16	609,83	496,66	389,58	288,66	193,83
	III	**541,33**	443,83	443,83	III	446,16	354,00	264,83	178,83	99,16	33,66
	V	**1363,58**	443,83	443,83	IV	848,83	785,50	723,66	663,41	604,66	547,41
	VI	**1399,83**	443,83	443,83							
4853,99	I,IV	**914,75**	443,83	443,83	I	786,50	664,33	548,33	438,41	334,58	236,91
	II	**855,66**	443,83	443,83	II	730,16	610,75	497,50	390,41	289,41	194,50
	III	**542,16**	443,83	443,83	III	447,00	354,66	265,66	179,50	99,66	34,16
	V	**1364,75**	443,83	443,83	IV	849,83	786,50	724,66	664,33	605,58	548,33
	VI	**1401,00**	443,83	443,83							
4856,99	I,IV	**915,83**	443,83	443,83	I	787,50	665,25	549,16	439,25	335,41	237,66
	II	**856,66**	443,83	443,83	II	731,08	611,66	498,41	391,25	290,16	195,25
	III	**543,00**	443,83	443,83	III	447,66	355,50	266,33	180,16	100,33	34,66
	V	**1365,91**	443,83	443,83	IV	850,83	787,50	725,58	665,25	606,50	549,16
	VI	**1402,16**	443,83	443,83							
4859,99	I,IV	**916,83**	443,83	443,83	I	788,41	666,16	550,08	440,08	336,16	238,41
	II	**857,66**	443,83	443,83	II	732,08	612,58	499,25	392,08	290,91	196,00
	III	**543,66**	443,83	443,83	III	448,33	356,16	267,00	180,83	100,83	35,16
	V	**1367,08**	443,83	443,83	IV	851,83	788,41	726,58	666,16	607,33	550,08
	VI	**1403,33**	443,83	443,83							

* Zur LSt-Berechnung für privat versicherte Arbeitnehmer s. Beispiele **Vorbemerkung S. 4 f.**
** Basisvorsorgepauschale KV und PV *** Typisierter Arbeitgeberzuschuss

Lohn/ Gehalt in € bis	Steuerklasse	Lohn-steuer*	BVSP**	TAGZ***	Steuerklasse	Bemessungsgrundlage für Kirchensteuer und Solidaritätszuschlag					
						Freibeträge für ... Kinder					
						0,5	**1,0**	1,5	**2,0**	2,5	**3,0**
4862,99	I,IV	**917,91**	443,83	443,83	I	789,50	667,16	551,00	440,91	337,00	239,16
	II	**858,75**	443,83	443,83	II	733,08	613,58	500,16	392,91	291,75	196,75
	III	**544,50**	443,83	443,83	III	449,16	356,83	267,66	181,50	101,50	35,50
	V	**1368,25**	443,83	443,83	IV	852,91	789,50	727,58	667,16	608,33	551,00
	VI	**1404,50**	443,83	443,83							
4865,99	I,IV	**918,91**	443,83	443,83	I	790,41	668,08	551,91	441,75	337,83	239,91
	II	**859,75**	443,83	443,83	II	734,00	614,50	501,00	393,75	292,50	197,41
	III	**545,16**	443,83	443,83	III	449,83	357,66	268,33	182,16	102,00	36,00
	V	**1369,41**	443,83	443,83	IV	853,91	790,41	728,50	668,08	609,25	551,91
	VI	**1405,66**	443,83	443,83							
4868,99	I,IV	**920,00**	443,83	443,83	I	791,41	669,08	552,75	442,58	338,58	240,66
	II	**860,75**	443,83	443,83	II	735,00	615,41	501,91	394,50	293,25	198,16
	III	**546,00**	443,83	443,83	III	450,66	358,33	269,00	182,83	102,66	36,50
	V	**1370,58**	443,83	443,83	IV	854,91	791,41	729,50	669,08	610,16	552,75
	VI	**1406,83**	443,83	443,83							
4871,99	I,IV	**921,00**	443,83	443,83	I	792,41	670,00	553,66	443,50	339,41	241,41
	II	**861,75**	443,83	443,83	II	736,00	616,33	502,75	395,33	294,08	198,91
	III	**546,83**	443,83	443,83	III	451,33	359,00	269,66	183,50	103,16	37,00
	V	**1371,75**	443,83	443,83	IV	855,91	792,41	730,41	670,00	611,08	553,66
	VI	**1408,00**	443,83	443,83							
4874,99	I,IV	**922,00**	443,83	443,83	I	793,41	670,91	554,58	444,33	340,16	242,16
	II	**862,75**	443,83	443,83	II	736,91	617,25	503,66	396,16	294,83	199,58
	III	**547,50**	443,83	443,83	III	452,16	359,66	270,50	184,16	103,83	37,50
	V	**1372,83**	443,83	443,83	IV	857,00	793,41	731,41	670,91	612,00	554,58
	VI	**1409,16**	443,83	443,83							
4877,99	I,IV	**923,08**	443,83	443,83	I	794,41	671,91	555,50	445,16	341,00	242,91
	II	**863,83**	443,83	443,83	II	737,91	618,16	504,50	397,00	295,66	200,33
	III	**548,33**	443,83	443,83	III	452,83	360,50	271,16	184,83	104,33	37,83
	V	**1374,08**	443,83	443,83	IV	858,00	794,41	732,41	671,91	612,91	555,50
	VI	**1410,33**	443,83	443,83							
4880,99	I,IV	**924,16**	443,83	443,83	I	795,41	672,83	556,33	446,00	341,83	243,66
	II	**864,83**	443,83	443,83	II	738,91	619,08	505,41	397,83	296,41	201,08
	III	**549,00**	443,83	443,83	III	453,66	361,16	271,83	185,50	105,00	38,33
	V	**1375,25**	443,83	443,83	IV	859,00	795,41	733,33	672,83	613,83	556,33
	VI	**1411,50**	443,83	443,83							
4883,99	I,IV	**925,16**	443,83	443,83	I	796,41	673,75	557,25	446,83	342,58	244,41
	II	**865,83**	443,83	443,83	II	739,83	620,00	506,25	398,66	297,16	201,83
	III	**549,83**	443,83	443,83	III	454,33	361,83	272,50	186,16	105,50	38,83
	V	**1376,33**	443,83	443,83	IV	860,00	796,41	734,33	673,75	614,75	557,25
	VI	**1412,66**	443,83	443,83							
4886,99	I,IV	**926,25**	443,83	443,83	I	797,41	674,75	558,16	447,66	343,41	245,16
	II	**866,83**	443,83	443,83	II	740,83	620,91	507,16	399,50	297,91	202,58
	III	**550,66**	443,83	443,83	III	455,00	362,66	273,16	186,83	106,16	39,33
	V	**1377,50**	443,83	443,83	IV	861,08	797,41	735,33	674,75	615,66	558,16
	VI	**1413,75**	443,83	443,83							
4889,99	I,IV	**927,25**	443,83	443,83	I	798,41	675,66	559,08	448,58	344,16	245,91
	II	**867,83**	443,83	443,83	II	741,83	621,83	508,00	400,33	298,75	203,25
	III	**551,33**	443,83	443,83	III	455,83	363,33	274,00	187,50	106,66	39,83
	V	**1378,66**	443,83	443,83	IV	862,08	798,41	736,25	675,66	616,58	559,08
	VI	**1414,91**	443,83	443,83							
4892,99	I,IV	**928,33**	443,83	443,83	I	799,41	676,66	560,00	449,41	345,00	246,75
	II	**868,91**	443,83	443,83	II	742,83	622,83	508,91	401,16	299,50	204,00
	III	**552,16**	443,83	443,83	III	456,66	364,16	274,66	188,16	107,33	40,33
	V	**1379,83**	443,83	443,83	IV	863,08	799,41	737,25	676,66	617,50	560,00
	VI	**1416,16**	443,83	443,83							
4895,99	I,IV	**929,33**	443,83	443,83	I	800,41	677,58	560,83	450,25	345,83	247,50
	II	**869,91**	443,83	443,83	II	743,75	623,75	509,75	402,00	300,33	204,75
	III	**552,83**	443,83	443,83	III	457,33	364,83	275,33	188,83	107,83	40,66
	V	**1381,00**	443,83	443,83	IV	864,08	800,41	738,25	677,58	618,41	560,83
	VI	**1417,25**	443,83	443,83							

* Zur LSt-Berechnung für privat versicherte Arbeitnehmer s. Beispiele **Vorbemerkung S. 4 f.**
** Basisvorsorgepauschale KV und PV *** Typisierter Arbeitgeberzuschuss

Lohn/ Gehalt in € bis	Steuerklasse	Lohn-steuer*	BVSP**	TAGZ***	Steuerklasse	Bemessungsgrundlage für Kirchensteuer und Solidaritätszuschlag – Freibeträge für ... Kinder 0,5	**1,0**	1,5	**2,0**	2,5	**3,0**
4898,99	I,IV	**930,41**	443,83	443,83	I	801,41	678,50	561,75	451,08	346,58	248,25
	II	**870,91**	443,83	443,83	II	744,75	624,66	510,66	402,83	301,08	205,50
	III	**553,66**	443,83	443,83	III	458,00	365,50	276,00	189,50	108,50	41,16
	V	**1382,16**	443,83	443,83	IV	865,16	801,41	739,16	678,50	619,33	561,75
	VI	**1418,41**	443,83	443,83							
4901,99	I,IV	**931,41**	443,83	443,83	I	802,41	679,41	562,66	452,00	347,41	249,00
	II	**872,00**	443,83	443,83	II	745,66	625,58	511,50	403,66	301,83	206,16
	III	**554,50**	443,83	443,83	III	458,83	366,16	276,66	190,16	109,00	41,66
	V	**1383,33**	443,83	443,83	IV	866,16	802,41	740,16	679,41	620,25	562,66
	VI	**1419,58**	443,83	443,83							
4904,99	I,IV	**932,50**	443,83	443,83	I	803,41	680,41	563,58	452,83	348,16	249,75
	II	**873,00**	443,83	443,83	II	746,66	626,50	512,41	404,50	302,66	206,91
	III	**555,16**	443,83	443,83	III	459,50	367,00	277,33	191,00	109,66	42,16
	V	**1384,50**	443,83	443,83	IV	867,16	803,41	741,08	680,41	621,16	563,58
	VI	**1420,75**	443,83	443,83							
4907,99	I,IV	**933,50**	443,83	443,83	I	804,33	681,33	564,41	453,66	349,00	250,50
	II	**874,00**	443,83	443,83	II	747,66	627,41	513,25	405,25	303,41	207,66
	III	**556,00**	443,83	443,83	III	460,33	367,66	278,00	191,50	110,16	42,66
	V	**1385,66**	443,83	443,83	IV	868,16	804,33	742,08	681,33	622,08	564,41
	VI	**1421,91**	443,83	443,83							
4910,99	I,IV	**934,58**	443,83	443,83	I	805,41	682,33	565,33	454,50	349,83	251,25
	II	**875,08**	443,83	443,83	II	748,66	628,33	514,16	406,16	304,25	208,41
	III	**556,83**	443,83	443,83	III	461,00	368,33	278,83	192,33	110,83	43,16
	V	**1386,83**	443,83	443,83	IV	869,25	805,41	743,08	682,33	623,08	565,33
	VI	**1423,08**	443,83	443,83							
4913,99	I,IV	**935,66**	443,83	443,83	I	806,41	683,25	566,25	455,41	350,58	252,00
	II	**876,08**	443,83	443,83	II	749,58	629,25	515,08	407,00	305,00	209,16
	III	**557,50**	443,83	443,83	III	461,83	369,16	279,50	193,00	111,50	43,66
	V	**1388,00**	443,83	443,83	IV	870,25	806,41	744,08	683,25	624,00	566,25
	VI	**1424,25**	443,83	443,83							
4916,99	I,IV	**936,66**	443,83	443,83	I	807,41	684,16	567,16	456,25	351,41	252,75
	II	**877,08**	443,83	443,83	II	750,58	630,16	515,91	407,75	305,75	209,83
	III	**558,33**	443,83	443,83	III	462,50	369,83	280,16	193,66	112,00	44,00
	V	**1389,16**	443,83	443,83	IV	871,25	807,41	745,00	684,16	624,91	567,16
	VI	**1425,41**	443,83	443,83							
4919,99	I,IV	**937,75**	443,83	443,83	I	808,33	685,16	568,08	457,08	352,25	253,50
	II	**878,08**	443,83	443,83	II	751,58	631,08	516,83	408,58	306,58	210,58
	III	**559,00**	443,83	443,83	III	463,33	370,50	280,83	194,33	112,66	44,50
	V	**1390,33**	443,83	443,83	IV	872,25	808,33	746,00	685,16	625,83	568,08
	VI	**1426,58**	443,83	443,83							
4922,99	I,IV	**938,75**	443,83	443,83	I	809,33	686,08	568,91	457,91	353,00	254,25
	II	**879,16**	443,83	443,83	II	752,50	632,00	517,66	409,41	307,33	211,33
	III	**559,83**	443,83	443,83	III	464,00	371,33	281,50	195,00	113,16	45,00
	V	**1391,41**	443,83	443,83	IV	873,33	809,33	747,00	686,08	626,75	568,91
	VI	**1427,75**	443,83	443,83							
4925,99	I,IV	**939,83**	443,83	443,83	I	810,41	687,08	569,83	458,83	353,83	255,00
	II	**880,16**	443,83	443,83	II	753,50	633,00	518,58	410,33	308,16	212,08
	III	**560,66**	443,83	443,83	III	464,83	372,00	282,33	195,66	113,83	45,50
	V	**1392,66**	443,83	443,83	IV	874,33	810,41	748,00	687,08	627,66	569,83
	VI	**1428,91**	443,83	443,83							
4928,99	I,IV	**940,83**	443,83	443,83	I	811,41	688,00	570,75	459,66	354,66	255,75
	II	**881,16**	443,83	443,83	II	754,50	633,91	519,50	411,08	308,91	212,83
	III	**561,33**	443,83	443,83	III	465,50	372,66	283,00	196,33	114,50	46,00
	V	**1393,83**	443,83	443,83	IV	875,33	811,41	748,91	688,00	628,66	570,75
	VI	**1430,08**	443,83	443,83							
4931,99	I,IV	**941,91**	443,83	443,83	I	812,41	689,00	571,66	460,50	355,41	256,50
	II	**882,25**	443,83	443,83	II	755,50	634,83	520,33	411,91	309,66	213,58
	III	**562,16**	443,83	443,83	III	466,33	373,50	283,66	197,00	115,00	46,50
	V	**1394,91**	443,83	443,83	IV	876,41	812,41	749,91	689,00	629,58	571,66
	VI	**1431,25**	443,83	443,83							

* Zur LSt-Berechnung für privat versicherte Arbeitnehmer s. Beispiele **Vorbemerkung S. 4 f.**
** Basisvorsorgepauschale KV und PV *** Typisierter Arbeitgeberzuschuss

Lohn/ Gehalt in € bis	Steuerklasse	Lohn-steuer*	BVSP**	TAGZ***	Steuerklasse	Bemessungsgrundlage für Kirchensteuer und Solidaritätszuschlag					
						Freibeträge für ... Kinder					
						0,5	**1,0**	1,5	**2,0**	2,5	**3,0**
4934,99	I,IV	**942,91**	443,83	443,83	I	813,33	689,91	572,58	461,33	356,25	257,25
	II	**883,25**	443,83	443,83	II	756,41	635,75	521,25	412,75	310,50	214,25
	III	**563,00**	443,83	443,83	III	467,00	374,16	284,33	197,66	115,66	47,00
	V	**1396,08**	443,83	443,83	IV	877,41	813,33	750,91	689,91	630,50	572,58
	VI	**1432,33**	443,83	443,83							
4937,99	I,IV	**944,00**	443,83	443,83	I	814,33	690,83	573,50	462,16	357,08	258,00
	II	**884,25**	443,83	443,83	II	757,41	636,66	522,08	413,58	311,25	215,00
	III	**563,66**	443,83	443,83	III	467,66	374,83	285,00	198,33	116,16	47,50
	V	**1397,25**	443,83	443,83	IV	878,41	814,33	751,83	690,83	631,41	573,50
	VI	**1433,50**	443,83	443,83							
4940,99	I,IV	**945,08**	443,83	443,83	I	815,41	691,83	574,41	463,08	357,91	258,83
	II	**885,33**	443,83	443,83	II	758,41	637,66	523,00	414,50	312,08	215,75
	III	**564,50**	443,83	443,83	III	468,50	375,66	285,83	199,00	116,83	48,00
	V	**1398,41**	443,83	443,83	IV	879,50	815,41	752,83	691,83	632,33	574,41
	VI	**1434,75**	443,83	443,83							
4943,99	I,IV	**946,08**	443,83	443,83	I	816,41	692,75	575,33	463,91	358,66	259,58
	II	**886,33**	443,83	443,83	II	759,41	638,58	523,83	415,33	312,83	216,50
	III	**565,33**	443,83	443,83	III	469,33	376,33	286,50	199,66	117,50	48,50
	V	**1399,58**	443,83	443,83	IV	880,50	816,41	753,83	692,75	633,25	575,33
	VI	**1435,83**	443,83	443,83							
4946,99	I,IV	**947,16**	443,83	443,83	I	817,41	693,75	576,16	464,75	359,50	260,33
	II	**887,33**	443,83	443,83	II	760,33	639,50	524,75	416,16	313,58	217,25
	III	**566,00**	443,83	443,83	III	470,00	377,00	287,16	200,33	118,00	48,83
	V	**1400,75**	443,83	443,83	IV	881,50	817,41	754,83	693,75	634,16	576,16
	VI	**1437,00**	443,83	443,83							
4949,99	I,IV	**948,25**	443,83	443,83	I	818,41	694,66	577,08	465,66	360,33	261,08
	II	**888,41**	443,83	443,83	II	761,33	640,41	525,66	416,91	314,41	218,00
	III	**566,83**	443,83	443,83	III	470,83	377,83	287,83	201,00	118,66	49,33
	V	**1401,91**	443,83	443,83	IV	882,50	818,41	755,75	694,66	635,08	577,08
	VI	**1438,16**	443,83	443,83							
4952,99	I,IV	**949,25**	443,83	443,83	I	819,41	695,66	578,00	466,50	361,08	261,83
	II	**889,41**	443,83	443,83	II	762,33	641,33	526,50	417,75	315,16	218,75
	III	**567,50**	443,83	443,83	III	471,50	378,50	288,50	201,66	119,16	49,83
	V	**1403,08**	443,83	443,83	IV	883,58	819,41	756,75	695,66	636,08	578,00
	VI	**1439,33**	443,83	443,83							
4955,99	I,IV	**950,33**	443,83	443,83	I	820,41	696,58	578,91	467,33	361,91	262,58
	II	**890,41**	443,83	443,83	II	763,33	642,25	527,41	418,58	316,00	219,41
	III	**568,33**	443,83	443,83	III	472,16	379,16	289,33	202,33	119,83	50,33
	V	**1404,25**	443,83	443,83	IV	884,58	820,41	757,75	696,58	637,00	578,91
	VI	**1440,50**	443,83	443,83							
4958,99	I,IV	**951,41**	443,83	443,83	I	821,41	697,58	579,83	468,25	362,75	263,41
	II	**891,50**	443,83	443,83	II	764,33	643,25	528,33	419,50	316,75	220,16
	III	**569,16**	443,83	443,83	III	473,00	380,00	290,00	203,00	120,50	50,83
	V	**1405,41**	443,83	443,83	IV	885,66	821,41	758,75	697,58	637,91	579,83
	VI	**1441,66**	443,83	443,83							
4961,99	I,IV	**952,41**	443,83	443,83	I	822,41	698,50	580,75	469,08	363,58	264,16
	II	**892,50**	443,83	443,83	II	765,25	644,16	529,16	420,33	317,58	220,91
	III	**569,83**	443,83	443,83	III	473,66	380,66	290,66	203,66	121,00	51,33
	V	**1406,58**	443,83	443,83	IV	886,66	822,41	759,66	698,50	638,83	580,75
	VI	**1442,83**	443,83	443,83							
4964,99	I,IV	**953,50**	443,83	443,83	I	823,41	699,50	581,66	469,91	364,33	264,91
	II	**893,58**	443,83	443,83	II	766,25	645,08	530,08	421,16	318,33	221,66
	III	**570,66**	443,83	443,83	III	474,50	381,33	291,33	204,33	121,66	51,83
	V	**1407,75**	443,83	443,83	IV	887,66	823,41	760,66	699,50	639,75	581,66
	VI	**1444,00**	443,83	443,83							
4967,99	I,IV	**954,50**	443,83	443,83	I	824,41	700,41	582,50	470,75	365,16	265,66
	II	**894,58**	443,83	443,83	II	767,25	646,00	530,91	422,00	319,16	222,41
	III	**571,33**	443,83	443,83	III	475,16	382,16	292,00	205,00	122,33	52,33
	V	**1408,91**	443,83	443,83	IV	888,66	824,41	761,66	700,41	640,75	582,50
	VI	**1445,16**	443,83	443,83							

* Zur LSt-Berechnung für privat versicherte Arbeitnehmer s. Beispiele **Vorbemerkung S. 4f.**
** Basisvorsorgepauschale KV und PV *** Typisierter Arbeitgeberzuschuss

Lohn/ Gehalt in € bis	Steuerklasse	Lohn-steuer*	BVSP**	TAGZ***	Steuerklasse	Bemessungsgrundlage für Kirchensteuer und Solidaritätszuschlag					
						Freibeträge für ... Kinder					
						0,5	**1,0**	1,5	**2,0**	2,5	**3,0**
4970,99	I,IV	**955,58**	443,83	443,83	I	825,41	701,33	583,41	471,66	366,00	266,41
	II	**895,58**	443,83	443,83	II	768,25	646,91	531,83	422,83	319,91	223,16
	III	**572,16**	443,83	443,83	III	476,00	382,83	292,83	205,83	122,83	52,83
	V	**1410,00**	443,83	443,83	IV	889,75	825,41	762,58	701,33	641,66	583,41
	VI	**1446,33**	443,83	443,83							
4973,99	I,IV	**956,66**	443,83	443,83	I	826,41	702,33	584,33	472,50	366,83	267,16
	II	**896,66**	443,83	443,83	II	769,25	647,91	532,75	423,66	320,75	223,91
	III	**573,00**	443,83	443,83	III	476,83	383,66	293,50	206,50	123,50	53,33
	V	**1411,25**	443,83	443,83	IV	890,75	826,41	763,66	702,33	642,58	584,33
	VI	**1447,50**	443,83	443,83							
4976,99	I,IV	**957,66**	443,83	443,83	I	827,41	703,33	585,25	473,41	367,58	267,91
	II	**897,66**	443,83	443,83	II	770,16	648,83	533,58	424,50	321,50	224,66
	III	**573,66**	443,83	443,83	III	477,50	384,33	294,16	207,16	124,16	53,83
	V	**1412,41**	443,83	443,83	IV	891,83	827,41	764,58	703,33	643,50	585,25
	VI	**1448,66**	443,83	443,83							
4979,99	I,IV	**958,75**	443,83	443,83	I	828,41	704,25	586,16	474,25	368,41	268,75
	II	**898,75**	443,83	443,83	II	771,16	649,75	534,50	425,33	322,33	225,41
	III	**574,50**	443,83	443,83	III	478,16	385,00	294,83	207,83	124,83	54,33
	V	**1413,50**	443,83	443,83	IV	892,83	828,41	765,58	704,25	644,41	586,16
	VI	**1449,83**	443,83	443,83							
4982,99	I,IV	**959,83**	443,83	443,83	I	829,41	705,16	587,08	475,08	369,25	269,50
	II	**899,75**	443,83	443,83	II	772,16	650,75	535,41	426,16	323,08	226,08
	III	**575,33**	443,83	443,83	III	479,00	385,66	295,50	208,50	125,33	54,83
	V	**1414,66**	443,83	443,83	IV	893,83	829,41	766,58	705,16	645,41	587,08
	VI	**1450,91**	443,83	443,83							
4985,99	I,IV	**960,83**	443,83	443,83	I	830,41	706,16	588,00	475,91	370,00	270,25
	II	**900,75**	443,83	443,83	II	773,16	651,66	536,25	427,00	323,83	226,83
	III	**576,00**	443,83	443,83	III	479,66	386,50	296,33	209,16	126,00	55,33
	V	**1415,83**	443,83	443,83	IV	894,91	830,41	767,50	706,16	646,33	588,00
	VI	**1452,08**	443,83	443,83							
4988,99	I,IV	**961,91**	443,83	443,83	I	831,50	707,16	588,91	476,83	370,83	271,00
	II	**901,83**	443,83	443,83	II	774,16	652,58	537,16	427,83	324,66	227,66
	III	**576,83**	443,83	443,83	III	480,50	387,16	297,00	209,83	126,66	55,83
	V	**1417,00**	443,83	443,83	IV	895,91	831,50	768,58	707,16	647,25	588,91
	VI	**1453,33**	443,83	443,83							
4991,99	I,IV	**963,00**	443,83	443,83	I	832,50	708,08	589,83	477,66	371,66	271,75
	II	**902,83**	443,83	443,83	II	775,16	653,50	538,08	428,66	325,50	228,33
	III	**577,66**	443,83	443,83	III	481,16	388,00	297,66	210,50	127,16	56,33
	V	**1418,16**	443,83	443,83	IV	897,00	832,50	769,50	708,08	648,16	589,83
	VI	**1454,41**	443,83	443,83							
4994,99	I,IV	**964,00**	443,83	443,83	I	833,50	709,08	590,75	478,58	372,50	272,58
	II	**903,91**	443,83	443,83	II	776,08	654,50	538,91	429,50	326,25	229,08
	III	**578,33**	443,83	443,83	III	482,00	388,66	298,33	211,16	127,83	56,83
	V	**1419,33**	443,83	443,83	IV	898,00	833,50	770,50	709,08	649,16	590,75
	VI	**1455,58**	443,83	443,83							
4997,99	I,IV	**965,08**	443,83	443,83	I	834,50	710,00	591,66	479,41	373,33	273,33
	II	**904,91**	443,83	443,83	II	777,08	655,41	539,83	430,41	327,08	229,83
	III	**579,16**	443,83	443,83	III	482,66	389,33	299,00	211,83	128,50	57,33
	V	**1420,50**	443,83	443,83	IV	899,00	834,50	771,50	710,00	650,08	591,66
	VI	**1456,75**	443,83	443,83							
5000,99	I,IV	**966,16**	443,83	443,83	I	835,50	711,00	592,58	480,25	374,08	274,08
	II	**905,91**	443,83	443,83	II	778,08	656,33	540,75	431,25	327,83	230,58
	III	**580,00**	443,83	443,83	III	483,50	390,16	299,83	212,50	129,00	57,83
	V	**1421,66**	443,83	443,83	IV	900,08	835,50	772,41	711,00	651,00	592,58
	VI	**1457,91**	443,83	443,83							
5003,99	I,IV	**967,16**	443,83	443,83	I	836,50	711,91	593,50	481,16	374,91	274,83
	II	**907,00**	443,83	443,83	II	779,08	657,25	541,58	432,08	328,66	231,33
	III	**580,66**	443,83	443,83	III	484,16	390,83	300,50	213,16	129,66	58,33
	V	**1422,83**	443,83	443,83	IV	901,08	836,50	773,41	711,91	651,91	593,50
	VI	**1459,08**	443,83	443,83							

* Zur LSt-Berechnung für privat versicherte Arbeitnehmer s. Beispiele **Vorbemerkung S. 4f.**
** Basisvorsorgepauschale KV und PV *** Typisierter Arbeitgeberzuschuss

Lohn/ Gehalt in € bis	Steuerklasse	Lohn- steuer*	BVSP**	TAGZ***	Steuerklasse	Bemessungsgrundlage für Kirchensteuer und Solidaritätszuschlag – Freibeträge für ... Kinder 0,5	1,0	1,5	2,0	2,5	3,0
5006,99	I,IV	**968,25**	443,83	443,83	I	837,50	712,91	594,41	482,00	375,75	275,58
	II	**908,00**	443,83	443,83	II	780,08	658,25	542,50	432,91	329,41	232,08
	III	**581,50**	443,83	443,83	III	485,00	391,50	301,16	213,83	130,33	58,83
	V	**1424,00**	443,83	443,83	IV	902,16	837,50	774,41	712,91	652,91	594,41
	VI	**1460,25**	443,83	443,83							
5009,99	I,IV	**969,33**	443,83	443,83	I	838,50	713,83	595,33	482,91	376,58	276,41
	II	**909,08**	443,83	443,83	II	781,08	659,16	543,41	433,75	330,25	232,83
	III	**582,33**	443,83	443,83	III	485,83	392,33	301,83	214,50	131,00	59,33
	V	**1425,16**	443,83	443,83	IV	903,16	838,50	775,41	713,83	653,83	595,33
	VI	**1461,41**	443,83	443,83							
5012,99	I,IV	**970,41**	443,83	443,83	I	839,50	714,83	596,25	483,75	377,41	277,16
	II	**910,08**	443,83	443,83	II	782,00	660,08	544,25	434,58	331,00	233,58
	III	**583,00**	443,83	443,83	III	486,50	393,00	302,66	215,16	131,50	59,83
	V	**1426,33**	443,83	443,83	IV	904,16	839,50	776,41	714,83	654,75	596,25
	VI	**1462,58**	443,83	443,83							
5015,99	I,IV	**971,41**	443,83	443,83	I	840,58	715,75	597,08	484,58	378,16	277,91
	II	**911,16**	443,83	443,83	II	783,00	661,00	545,16	435,41	331,83	234,33
	III	**583,83**	443,83	443,83	III	487,33	393,66	303,33	216,00	132,16	60,33
	V	**1427,50**	443,83	443,83	IV	905,25	840,58	777,41	715,75	655,66	597,08
	VI	**1463,75**	443,83	443,83							
5018,99	I,IV	**972,50**	443,83	443,83	I	841,58	716,75	598,00	485,50	379,00	278,66
	II	**912,16**	443,83	443,83	II	784,00	662,00	546,08	436,25	332,58	235,08
	III	**584,50**	443,83	443,83	III	488,00	394,50	304,00	216,50	132,83	60,83
	V	**1428,66**	443,83	443,83	IV	906,25	841,58	778,33	716,75	656,58	598,00
	VI	**1464,91**	443,83	443,83							
5021,99	I,IV	**973,58**	443,83	443,83	I	842,58	717,75	599,00	486,33	379,83	279,50
	II	**913,25**	443,83	443,83	II	785,00	662,91	547,00	437,16	333,41	235,83
	III	**585,33**	443,83	443,83	III	488,66	395,16	304,66	217,33	133,50	61,50
	V	**1429,83**	443,83	443,83	IV	907,33	842,58	779,41	717,75	657,58	599,00
	VI	**1466,08**	443,83	443,83							
5024,99	I,IV	**974,66**	443,83	443,83	I	843,58	718,66	599,91	487,25	380,66	280,25
	II	**914,25**	443,83	443,83	II	786,00	663,83	547,83	438,00	334,25	236,58
	III	**586,16**	443,83	443,83	III	489,50	396,00	305,50	218,00	134,16	62,00
	V	**1431,00**	443,83	443,83	IV	908,33	843,58	780,33	718,66	658,50	599,91
	VI	**1467,25**	443,83	443,83							
5027,99	I,IV	**975,66**	443,83	443,83	I	844,58	719,66	600,83	488,08	381,50	281,00
	II	**915,33**	443,83	443,83	II	787,00	664,83	548,75	438,83	335,00	237,33
	III	**586,83**	443,83	443,83	III	490,16	396,66	306,16	218,66	134,66	62,50
	V	**1432,16**	443,83	443,83	IV	909,41	844,58	781,33	719,66	659,41	600,83
	VI	**1468,41**	443,83	443,83							
5030,99	I,IV	**976,75**	443,83	443,83	I	845,58	720,58	601,66	488,91	382,25	281,75
	II	**916,33**	443,83	443,83	II	788,00	665,75	549,66	439,66	335,83	238,08
	III	**587,66**	443,83	443,83	III	491,00	397,33	306,83	219,33	135,33	63,00
	V	**1433,25**	443,83	443,83	IV	910,41	845,58	782,33	720,58	660,41	601,66
	VI	**1469,50**	443,83	443,83							
5033,99	I,IV	**977,83**	443,83	443,83	I	846,58	721,58	602,58	489,83	383,08	282,50
	II	**917,33**	443,83	443,83	II	789,00	666,66	550,50	440,50	336,58	238,83
	III	**588,50**	443,83	443,83	III	491,66	398,16	307,50	220,00	136,00	63,50
	V	**1434,41**	443,83	443,83	IV	911,41	846,58	783,33	721,58	661,33	602,58
	VI	**1470,66**	443,83	443,83							
5036,99	I,IV	**978,91**	443,83	443,83	I	847,66	722,58	603,58	490,66	383,91	283,33
	II	**918,41**	443,83	443,83	II	790,00	667,66	551,41	441,33	337,41	239,58
	III	**589,16**	443,83	443,83	III	492,50	398,83	308,16	220,66	136,66	64,00
	V	**1435,66**	443,83	443,83	IV	912,50	847,66	784,33	722,58	662,25	603,58
	VI	**1471,91**	443,83	443,83							
5039,99	I,IV	**979,91**	443,83	443,83	I	848,66	723,50	604,50	491,58	384,75	284,08
	II	**919,50**	443,83	443,83	II	791,00	668,58	552,33	442,25	338,16	240,33
	III	**590,00**	443,83	443,83	III	493,33	399,66	309,00	221,33	137,16	64,50
	V	**1436,75**	443,83	443,83	IV	913,50	848,66	785,33	723,50	663,25	604,50
	VI	**1473,00**	443,83	443,83							

* Zur LSt-Berechnung für privat versicherte Arbeitnehmer s. Beispiele **Vorbemerkung S. 4f.**
** Basisvorsorgepauschale KV und PV *** Typisierter Arbeitgeberzuschuss

Lohn/ Gehalt in € bis	Steuerklasse	Lohn-steuer*	BVSP**	TAGZ***	Steuerklasse	Bemessungsgrundlage für Kirchensteuer und Solidaritätszuschlag					
						Freibeträge für ... Kinder					
						0,5	**1,0**	1,5	**2,0**	2,5	**3,0**
5042,99	I,IV	**981,00**	443,83	443,83	I	849,66	724,50	605,41	492,41	385,58	284,83
	II	**920,50**	443,83	443,83	II	791,91	669,50	553,25	443,08	339,00	241,08
	III	**590,83**	443,83	443,83	III	494,00	400,33	309,66	222,00	137,83	65,00
	V	**1437,91**	443,83	443,83	IV	914,58	849,66	786,33	724,50	664,16	605,41
	VI	**1474,16**	443,83	443,83							
5045,99	I,IV	**982,08**	443,83	443,83	I	850,66	725,41	606,33	493,25	386,41	285,66
	II	**921,50**	443,83	443,83	II	792,91	670,50	554,08	443,91	339,83	241,83
	III	**591,66**	443,83	443,83	III	494,83	401,00	310,33	222,66	138,50	65,50
	V	**1439,08**	443,83	443,83	IV	915,58	850,66	787,25	725,41	665,08	606,33
	VI	**1475,33**	443,83	443,83							
5048,99	I,IV	**983,08**	443,83	443,83	I	851,66	726,41	607,16	494,16	387,25	286,41
	II	**922,58**	443,83	443,83	II	793,91	671,41	555,00	444,75	340,58	242,58
	III	**592,33**	443,83	443,83	III	495,50	401,66	311,00	223,33	139,16	66,00
	V	**1440,25**	443,83	443,83	IV	916,66	851,66	788,25	726,41	666,00	607,16
	VI	**1476,50**	443,83	443,83							
5051,99	I,IV	**984,16**	443,83	443,83	I	852,66	727,33	608,08	495,00	388,00	287,16
	II	**923,58**	443,83	443,83	II	794,91	672,33	555,91	445,58	341,41	243,33
	III	**593,16**	443,83	443,83	III	496,33	402,50	311,83	224,16	139,83	66,66
	V	**1441,41**	443,83	443,83	IV	917,66	852,66	789,25	727,33	667,00	608,08
	VI	**1477,66**	443,83	443,83							
5054,99	I,IV	**985,25**	443,83	443,83	I	853,75	728,33	609,08	495,91	388,83	288,00
	II	**924,66**	443,83	443,83	II	795,91	673,33	556,83	446,41	342,16	244,08
	III	**594,00**	443,83	443,83	III	497,00	403,16	312,50	224,83	140,50	67,16
	V	**1442,58**	443,83	443,83	IV	918,75	853,75	790,25	728,33	667,91	609,08
	VI	**1478,83**	443,83	443,83							
5057,99	I,IV	**986,33**	443,83	443,83	I	854,75	729,33	610,00	496,75	389,66	288,75
	II	**925,75**	443,83	443,83	II	796,91	674,25	557,75	447,33	343,00	244,83
	III	**594,66**	443,83	443,83	III	497,83	404,00	313,16	225,50	141,00	67,66
	V	**1443,75**	443,83	443,83	IV	919,75	854,75	791,25	729,33	668,83	610,00
	VI	**1480,00**	443,83	443,83							
5060,99	I,IV	**987,41**	443,83	443,83	I	855,75	730,25	610,91	497,66	390,50	289,50
	II	**926,75**	443,83	443,83	II	797,91	675,16	558,58	448,16	343,83	245,58
	III	**595,50**	443,83	443,83	III	498,50	404,66	313,83	226,16	141,66	68,16
	V	**1444,91**	443,83	443,83	IV	920,83	855,75	792,25	730,25	669,83	610,91
	VI	**1481,16**	443,83	443,83							
5063,99	I,IV	**988,41**	443,83	443,83	I	856,75	731,25	611,83	498,50	391,33	290,25
	II	**927,75**	443,83	443,83	II	798,91	676,16	559,50	449,00	344,58	246,33
	III	**596,16**	443,83	443,83	III	499,33	405,33	314,50	226,83	142,33	68,66
	V	**1446,08**	443,83	443,83	IV	921,83	856,75	793,25	731,25	670,75	611,83
	VI	**1482,33**	443,83	443,83							
5066,99	I,IV	**989,50**	443,83	443,83	I	857,75	732,16	612,75	499,33	392,16	291,08
	II	**928,83**	443,83	443,83	II	799,91	677,08	560,41	449,83	345,41	247,08
	III	**597,00**	443,83	443,83	III	500,00	406,16	315,33	227,50	143,00	69,16
	V	**1447,25**	443,83	443,83	IV	922,91	857,75	794,25	732,16	671,66	612,75
	VI	**1483,50**	443,83	443,83							
5069,99	I,IV	**990,58**	443,83	443,83	I	858,83	733,16	613,66	500,25	393,00	291,83
	II	**929,91**	443,83	443,83	II	800,91	678,08	561,33	450,66	346,25	247,83
	III	**597,83**	443,83	443,83	III	500,83	406,83	316,00	228,16	143,66	69,83
	V	**1448,41**	443,83	443,83	IV	923,91	858,83	795,25	733,16	672,66	613,66
	VI	**1484,66**	443,83	443,83							
5072,99	I,IV	**991,66**	443,83	443,83	I	859,83	734,16	614,58	501,16	393,83	292,58
	II	**930,91**	443,83	443,83	II	801,91	679,00	562,25	451,58	347,00	248,58
	III	**598,66**	443,83	443,83	III	501,50	407,66	316,66	228,83	144,16	70,33
	V	**1449,58**	443,83	443,83	IV	925,00	859,83	796,25	734,16	673,58	614,58
	VI	**1485,83**	443,83	443,83							
5075,99	I,IV	**992,75**	443,83	443,83	I	860,83	735,08	615,50	502,00	394,66	293,41
	II	**932,00**	443,83	443,83	II	802,91	679,91	563,08	452,41	347,83	249,33
	III	**599,33**	443,83	443,83	III	502,33	408,33	317,50	229,50	144,83	70,83
	V	**1450,75**	443,83	443,83	IV	926,00	860,83	797,25	735,08	674,58	615,50
	VI	**1487,00**	443,83	443,83							

* Zur LSt-Berechnung für privat versicherte Arbeitnehmer s. Beispiele **Vorbemerkung S. 4f.**
** Basisvorsorgepauschale KV und PV *** Typisierter Arbeitgeberzuschuss

Lohn/ Gehalt in € bis	Steuerklasse	Lohn-steuer*	BVSP**	TAGZ***	Steuerklasse	Bemessungsgrundlage für Kirchensteuer und Solidaritätszuschlag – Freibeträge für ... Kinder 0,5	**1,0**	1,5	**2,0**	2,5	**3,0**
5078,99	I,IV	**993,75**	443,83	443,83	I	861,83	736,08	616,41	502,83	395,41	294,16
	II	**933,00**	443,83	443,83	II	803,91	680,91	564,00	453,25	348,58	250,08
	III	**600,16**	443,83	443,83	III	503,00	409,00	318,16	230,16	145,50	71,33
	V	**1451,83**	443,83	443,83	IV	927,08	861,83	798,25	736,08	675,50	616,41
	VI	**1488,16**	443,83	443,83							
5081,99	I,IV	**994,83**	443,83	443,83	I	862,91	737,08	617,33	503,75	396,25	294,91
	II	**934,08**	443,83	443,83	II	804,91	681,83	564,91	454,08	349,41	250,83
	III	**601,00**	443,83	443,83	III	503,83	409,83	318,83	230,83	146,16	71,83
	V	**1453,00**	443,83	443,83	IV	928,08	862,91	799,16	737,08	676,41	617,33
	VI	**1489,25**	443,83	443,83							
5084,99	I,IV	**995,91**	443,83	443,83	I	863,91	738,08	618,25	504,66	397,08	295,75
	II	**935,16**	443,83	443,83	II	805,91	682,83	565,83	455,00	350,25	251,58
	III	**601,66**	443,83	443,83	III	504,66	410,50	319,50	231,66	146,83	72,33
	V	**1454,25**	443,83	443,83	IV	929,16	863,91	800,25	738,08	677,41	618,25
	VI	**1490,50**	443,83	443,83							
5087,99	I,IV	**997,00**	443,83	443,83	I	864,91	739,00	619,16	505,50	397,91	296,50
	II	**936,16**	443,83	443,83	II	806,91	683,75	566,75	455,83	351,00	252,41
	III	**602,50**	443,83	443,83	III	505,33	411,33	320,16	232,33	147,50	72,83
	V	**1455,33**	443,83	443,83	IV	930,25	864,91	801,25	739,00	678,33	619,16
	VI	**1491,66**	443,83	443,83							
5090,99	I,IV	**998,08**	443,83	443,83	I	866,00	740,00	620,08	506,41	398,75	297,25
	II	**937,16**	443,83	443,83	II	807,91	684,66	567,58	456,66	351,83	253,16
	III	**603,33**	443,83	443,83	III	506,16	412,00	321,00	233,00	148,16	73,50
	V	**1456,50**	443,83	443,83	IV	931,25	866,00	802,16	740,00	679,25	620,08
	VI	**1492,75**	443,83	443,83							
5093,99	I,IV	**999,16**	443,83	443,83	I	867,00	740,91	621,00	507,25	399,58	298,08
	II	**938,25**	443,83	443,83	II	808,91	685,66	568,50	457,50	352,66	253,91
	III	**604,00**	443,83	443,83	III	506,83	412,66	321,66	233,66	148,83	74,00
	V	**1457,66**	443,83	443,83	IV	932,25	867,00	803,16	740,91	680,25	621,00
	VI	**1493,91**	443,83	443,83							
5096,99	I,IV	**1000,16**	443,83	443,83	I	868,00	741,91	621,91	508,08	400,41	298,83
	II	**939,33**	443,83	443,83	II	809,91	686,58	569,41	458,33	353,41	254,66
	III	**604,83**	443,83	443,83	III	507,66	413,50	322,33	234,33	149,50	74,50
	V	**1458,83**	443,83	443,83	IV	933,33	868,00	804,16	741,91	681,16	621,91
	VI	**1495,08**	443,83	443,83							
5099,99	I,IV	**1001,25**	443,83	443,83	I	869,00	742,91	622,91	509,00	401,25	299,58
	II	**940,33**	443,83	443,83	II	810,83	687,50	570,33	459,25	354,25	255,41
	III	**605,66**	443,83	443,83	III	508,33	414,16	323,00	235,00	150,00	75,00
	V	**1460,00**	443,83	443,83	IV	934,33	869,00	805,16	742,91	682,08	622,91
	VI	**1496,25**	443,83	443,83							
5102,99	I,IV	**1002,33**	443,83	443,83	I	870,08	743,91	623,83	509,91	402,08	300,41
	II	**941,41**	443,83	443,83	II	811,91	688,50	571,25	460,08	355,08	256,16
	III	**606,33**	443,83	443,83	III	509,16	415,00	323,83	235,66	150,66	75,66
	V	**1461,16**	443,83	443,83	IV	935,41	870,08	806,16	743,91	683,08	623,83
	VI	**1497,41**	443,83	443,83							
5105,99	I,IV	**1003,41**	443,83	443,83	I	871,08	744,83	624,75	510,75	402,91	301,16
	II	**942,41**	443,83	443,83	II	812,91	689,41	572,16	460,91	355,83	256,91
	III	**607,16**	443,83	443,83	III	509,83	415,66	324,50	236,33	151,33	76,16
	V	**1462,33**	443,83	443,83	IV	936,50	871,08	807,16	744,83	684,00	624,75
	VI	**1498,58**	443,83	443,83							
5108,99	I,IV	**1004,50**	443,83	443,83	I	872,08	745,83	625,66	511,66	403,75	301,91
	II	**943,50**	443,83	443,83	II	813,91	690,41	573,00	461,75	356,66	257,66
	III	**608,00**	443,83	443,83	III	510,66	416,33	325,16	237,00	152,00	76,66
	V	**1463,50**	443,83	443,83	IV	937,50	872,08	808,16	745,83	685,00	625,66
	VI	**1499,75**	443,83	443,83							
5111,99	I,IV	**1005,58**	443,83	443,83	I	873,08	746,75	626,58	512,50	404,58	302,75
	II	**944,50**	443,83	443,83	II	814,91	691,33	573,91	462,66	357,50	258,41
	III	**608,83**	443,83	443,83	III	511,33	417,16	326,00	237,83	152,66	77,16
	V	**1464,66**	443,83	443,83	IV	938,58	873,08	809,16	746,75	685,91	626,58
	VI	**1500,91**	443,83	443,83							

* Zur LSt-Berechnung für privat versicherte Arbeitnehmer s. Beispiele **Vorbemerkung S. 4 f.**
** Basisvorsorgepauschale KV und PV *** Typisierter Arbeitgeberzuschuss

Lohn/ Gehalt in € bis	Steuerklasse	Lohn- steuer*	BVSP**	TAGZ***	Steuerklasse	Bemessungsgrundlage für Kirchensteuer und Solidaritätszuschlag – Freibeträge für ... Kinder 0,5	**1,0**	1,5	**2,0**	2,5	**3,0**
5114,99	I,IV	**1006,58**	443,83	443,83	I	874,16	747,75	627,50	513,41	405,41	303,50
	II	**945,58**	443,83	443,83	II	815,91	692,33	574,83	463,50	358,25	259,16
	III	**609,50**	443,83	443,83	III	512,16	417,83	326,66	238,50	153,33	77,66
	V	**1465,83**	443,83	443,83	IV	939,58	874,16	810,16	747,75	686,83	627,50
	VI	**1502,08**	443,83	443,83							
5117,99	I,IV	**1007,75**	443,83	443,83	I	875,16	748,75	628,50	514,25	406,25	304,33
	II	**946,66**	443,83	443,83	II	816,91	693,25	575,75	464,33	359,08	260,00
	III	**610,33**	443,83	443,83	III	513,00	418,66	327,33	239,16	154,00	78,33
	V	**1467,00**	443,83	443,83	IV	940,66	875,16	811,16	748,75	687,83	628,50
	VI	**1503,25**	443,83	443,83							
5120,99	I,IV	**1008,75**	443,83	443,83	I	876,16	749,75	629,41	515,16	407,08	305,08
	II	**947,66**	443,83	443,83	II	817,91	694,25	576,66	465,25	359,91	260,75
	III	**611,16**	443,83	443,83	III	513,66	419,33	328,00	239,83	154,66	78,83
	V	**1468,16**	443,83	443,83	IV	941,75	876,16	812,16	749,75	688,75	629,41
	VI	**1504,41**	443,83	443,83							
5123,99	I,IV	**1009,83**	443,83	443,83	I	877,25	750,66	630,33	516,00	407,91	305,83
	II	**948,75**	443,83	443,83	II	818,91	695,16	577,58	466,08	360,75	261,50
	III	**611,83**	443,83	443,83	III	514,50	420,00	328,66	240,50	155,33	79,33
	V	**1469,33**	443,83	443,83	IV	942,75	877,25	813,16	750,66	689,75	630,33
	VI	**1505,58**	443,83	443,83							
5126,99	I,IV	**1010,91**	443,83	443,83	I	878,25	751,66	631,25	516,91	408,75	306,66
	II	**949,83**	443,83	443,83	II	819,91	696,08	578,50	466,91	361,50	262,25
	III	**612,66**	443,83	443,83	III	515,16	420,83	329,50	241,16	156,00	80,00
	V	**1470,41**	443,83	443,83	IV	943,83	878,25	814,16	751,66	690,66	631,25
	VI	**1506,75**	443,83	443,83							
5129,99	I,IV	**1012,00**	443,83	443,83	I	879,25	752,66	632,16	517,75	409,58	307,41
	II	**950,83**	443,83	443,83	II	820,91	697,08	579,33	467,75	362,33	263,00
	III	**613,50**	443,83	443,83	III	516,00	421,50	330,16	241,83	156,66	80,50
	V	**1471,58**	443,83	443,83	IV	944,83	879,25	815,16	752,66	691,66	632,16
	VI	**1507,83**	443,83	443,83							
5132,99	I,IV	**1013,08**	443,83	443,83	I	880,33	753,66	633,08	518,66	410,41	308,25
	II	**951,91**	443,83	443,83	II	821,91	698,08	580,33	468,66	363,16	263,75
	III	**614,16**	443,83	443,83	III	516,66	422,33	330,83	242,50	157,33	81,00
	V	**1472,83**	443,83	443,83	IV	945,91	880,33	816,25	753,66	692,58	633,08
	VI	**1509,08**	443,83	443,83							
5135,99	I,IV	**1014,16**	443,83	443,83	I	881,33	754,58	634,00	519,58	411,25	309,00
	II	**953,00**	443,83	443,83	II	822,91	699,00	581,16	469,50	364,00	264,50
	III	**615,00**	443,83	443,83	III	517,50	423,00	331,66	243,33	158,00	81,50
	V	**1473,91**	443,83	443,83	IV	947,00	881,33	817,16	754,58	693,58	634,00
	VI	**1510,25**	443,83	443,83							
5138,99	I,IV	**1015,25**	443,83	443,83	I	882,33	755,58	634,91	520,41	412,08	309,75
	II	**954,00**	443,83	443,83	II	823,91	699,91	582,08	470,33	364,75	265,25
	III	**615,83**	443,83	443,83	III	518,16	423,66	332,33	244,00	158,66	82,16
	V	**1475,08**	443,83	443,83	IV	948,00	882,33	818,16	755,58	694,50	634,91
	VI	**1511,33**	443,83	443,83							
5141,99	I,IV	**1016,33**	443,83	443,83	I	883,33	756,58	635,91	521,33	412,91	310,58
	II	**955,08**	443,83	443,83	II	824,91	700,91	583,00	471,25	365,58	266,08
	III	**616,66**	443,83	443,83	III	519,00	424,50	333,00	244,66	159,33	82,66
	V	**1476,25**	443,83	443,83	IV	949,08	883,33	819,16	756,58	695,41	635,91
	VI	**1512,50**	443,83	443,83							
5144,99	I,IV	**1017,33**	443,83	443,83	I	884,41	757,50	636,83	522,16	413,75	311,33
	II	**956,08**	443,83	443,83	II	825,91	701,83	583,91	472,08	366,41	266,83
	III	**617,33**	443,83	443,83	III	519,66	425,16	333,66	245,33	160,00	83,16
	V	**1477,41**	443,83	443,83	IV	950,08	884,41	820,16	757,50	696,41	636,83
	VI	**1513,66**	443,83	443,83							
5147,99	I,IV	**1018,41**	443,83	443,83	I	885,41	758,50	637,75	523,08	414,50	312,16
	II	**957,16**	443,83	443,83	II	826,91	702,83	584,83	472,91	367,16	267,58
	III	**618,16**	443,83	443,83	III	520,50	426,00	334,50	246,00	160,66	83,66
	V	**1478,58**	443,83	443,83	IV	951,16	885,41	821,16	758,50	697,33	637,75
	VI	**1514,83**	443,83	443,83							

* Zur LSt-Berechnung für privat versicherte Arbeitnehmer s. Beispiele **Vorbemerkung S. 4 f.**
** Basisvorsorgepauschale KV und PV *** Typisierter Arbeitgeberzuschuss

Lohn/ Gehalt in € bis	Steuerklasse	Lohnsteuer*	BVSP**	TAGZ***	Steuerklasse	Bemessungsgrundlage für Kirchensteuer und Solidaritätszuschlag – Freibeträge für ... Kinder 0,5	1,0	1,5	2,0	2,5	3,0
5150,99	I,IV	**1019,58**	443,83	443,83	I	886,50	759,50	638,66	524,00	415,41	312,91
	II	**958,25**	443,83	443,83	II	827,91	703,75	585,75	473,83	368,00	268,33
	III	**619,00**	443,83	443,83	III	521,33	426,66	335,16	246,66	161,33	84,33
	V	**1479,75**	443,83	443,83	IV	952,25	886,50	822,25	759,50	698,33	638,66
	VI	**1516,00**	443,83	443,83							
5153,99	I,IV	**1020,58**	443,83	443,83	I	887,50	760,50	639,58	524,83	416,25	313,75
	II	**959,33**	443,83	443,83	II	828,91	704,75	586,66	474,66	368,83	269,08
	III	**619,66**	443,83	443,83	III	522,00	427,33	335,83	247,33	162,00	84,83
	V	**1480,91**	443,83	443,83	IV	953,25	887,50	823,25	760,50	699,25	639,58
	VI	**1517,16**	443,83	443,83							
5156,99	I,IV	**1021,66**	443,83	443,83	I	888,50	761,50	640,50	525,75	417,08	314,50
	II	**960,33**	443,83	443,83	II	829,91	705,66	587,58	475,50	369,66	269,83
	III	**620,50**	443,83	443,83	III	522,83	428,16	336,66	248,00	162,66	85,33
	V	**1482,08**	443,83	443,83	IV	954,33	888,50	824,25	761,50	700,25	640,50
	VI	**1518,33**	443,83	443,83							
5159,99	I,IV	**1022,75**	443,83	443,83	I	889,50	762,41	641,50	526,58	417,91	315,25
	II	**961,41**	443,83	443,83	II	831,00	706,66	588,50	476,41	370,41	270,66
	III	**621,33**	443,83	443,83	III	523,50	428,83	337,33	248,66	163,16	86,00
	V	**1483,25**	443,83	443,83	IV	955,41	889,50	825,25	762,41	701,16	641,50
	VI	**1519,50**	443,83	443,83							
5162,99	I,IV	**1023,83**	443,83	443,83	I	890,58	763,41	642,41	527,50	418,75	316,08
	II	**962,41**	443,83	443,83	II	832,00	707,58	589,33	477,25	371,25	271,41
	III	**622,00**	443,83	443,83	III	524,33	429,66	338,00	249,50	164,00	86,50
	V	**1484,41**	443,83	443,83	IV	956,41	890,58	826,25	763,41	702,16	642,41
	VI	**1520,66**	443,83	443,83							
5165,99	I,IV	**1024,91**	443,83	443,83	I	891,58	764,41	643,33	528,41	419,58	316,83
	II	**963,50**	443,83	443,83	II	833,00	708,58	590,33	478,16	372,08	272,16
	III	**622,83**	443,83	443,83	III	525,16	430,33	338,66	250,16	164,66	87,00
	V	**1485,58**	443,83	443,83	IV	957,50	891,58	827,25	764,41	703,08	643,33
	VI	**1521,83**	443,83	443,83							
5168,99	I,IV	**1026,00**	443,83	443,83	I	892,66	765,41	644,25	529,25	420,41	317,66
	II	**964,58**	443,83	443,83	II	834,00	709,50	591,16	479,00	372,91	272,91
	III	**623,66**	443,83	443,83	III	525,83	431,16	339,50	250,83	165,33	87,66
	V	**1486,75**	443,83	443,83	IV	958,58	892,66	828,25	765,41	704,08	644,25
	VI	**1523,00**	443,83	443,83							
5171,99	I,IV	**1027,08**	443,83	443,83	I	893,66	766,41	645,25	530,16	421,25	318,41
	II	**965,66**	443,83	443,83	II	835,00	710,50	592,08	479,83	373,75	273,66
	III	**624,50**	443,83	443,83	III	526,66	431,83	340,16	251,50	166,00	88,16
	V	**1487,91**	443,83	443,83	IV	959,58	893,66	829,25	766,41	705,00	645,25
	VI	**1524,16**	443,83	443,83							
5174,99	I,IV	**1028,16**	443,83	443,83	I	894,66	767,33	646,16	531,08	422,08	319,25
	II	**966,66**	443,83	443,83	II	836,00	711,41	593,00	480,75	374,50	274,50
	III	**625,16**	443,83	443,83	III	527,33	432,50	340,83	252,16	166,50	88,66
	V	**1489,00**	443,83	443,83	IV	960,66	894,66	830,25	767,33	706,00	646,16
	VI	**1525,33**	443,83	443,83							
5177,99	I,IV	**1029,25**	443,83	443,83	I	895,75	768,33	647,08	531,91	422,91	320,00
	II	**967,75**	443,83	443,83	II	837,00	712,41	593,91	481,58	375,33	275,25
	III	**626,00**	443,83	443,83	III	528,16	433,33	341,50	252,83	167,33	89,33
	V	**1490,16**	443,83	443,83	IV	961,75	895,75	831,25	768,33	706,91	647,08
	VI	**1526,41**	443,83	443,83							
5180,99	I,IV	**1030,33**	443,83	443,83	I	896,75	769,33	648,00	532,83	423,75	320,83
	II	**968,83**	443,83	443,83	II	838,08	713,41	594,83	482,50	376,16	276,00
	III	**626,83**	443,83	443,83	III	529,00	434,00	342,33	253,66	168,00	89,83
	V	**1491,41**	443,83	443,83	IV	962,83	896,75	832,33	769,33	707,91	648,00
	VI	**1527,66**	443,83	443,83							
5183,99	I,IV	**1031,41**	443,83	443,83	I	897,83	770,33	649,00	533,75	424,58	321,58
	II	**969,83**	443,83	443,83	II	839,08	714,33	595,75	483,33	377,00	276,75
	III	**627,50**	443,83	443,83	III	529,66	434,83	343,00	254,33	168,50	90,33
	V	**1492,50**	443,83	443,83	IV	963,83	897,83	833,33	770,33	708,83	649,00
	VI	**1528,83**	443,83	443,83							

* Zur LSt-Berechnung für privat versicherte Arbeitnehmer s. Beispiele **Vorbemerkung S. 4 f.**
** Basisvorsorgepauschale KV und PV *** Typisierter Arbeitgeberzuschuss

Lohn/ Gehalt in € bis	Steuerklasse	Lohn-steuer*	BVSP**	TAGZ***	Steuerklasse	Bemessungsgrundlage für Kirchensteuer und Solidaritätszuschlag – Freibeträge für ... Kinder 0,5	1,0	1,5	2,0	2,5	3,0
5 186,99	I,IV	**1 032,50**	443,83	443,83	I	898,83	771,33	649,91	534,58	425,41	322,41
	II	**970,91**	443,83	443,83	II	840,08	715,33	596,66	484,16	377,83	277,58
	III	**628,33**	443,83	443,83	III	530,50	435,50	343,66	255,00	169,33	91,00
	V	**1 493,66**	443,83	443,83	IV	964,91	898,83	834,33	771,33	709,83	649,91
	VI	**1 529,91**	443,83	443,83							
5 189,99	I,IV	**1 033,58**	443,83	443,83	I	899,83	772,25	650,83	535,50	426,25	323,16
	II	**972,00**	443,83	443,83	II	841,08	716,25	597,58	485,00	378,58	278,33
	III	**629,16**	443,83	443,83	III	531,16	436,33	344,33	255,66	169,83	91,50
	V	**1 494,83**	443,83	443,83	IV	965,91	899,83	835,33	772,25	710,75	650,83
	VI	**1 531,08**	443,83	443,83							
5 192,99	I,IV	**1 034,66**	443,83	443,83	I	900,91	773,25	651,75	536,33	427,08	324,00
	II	**973,00**	443,83	443,83	II	842,08	717,25	598,50	485,91	379,41	279,08
	III	**630,00**	443,83	443,83	III	532,00	437,00	345,16	256,33	170,66	92,16
	V	**1 496,00**	443,83	443,83	IV	967,00	900,91	836,33	773,25	711,75	651,75
	VI	**1 532,25**	443,83	443,83							
5 195,99	I,IV	**1 035,75**	443,83	443,83	I	901,91	774,25	652,66	537,25	427,91	324,75
	II	**974,08**	443,83	443,83	II	843,08	718,16	599,41	486,75	380,25	279,83
	III	**630,66**	443,83	443,83	III	532,66	437,66	345,83	257,00	171,16	92,66
	V	**1 497,16**	443,83	443,83	IV	968,08	901,91	837,33	774,25	712,66	652,66
	VI	**1 533,41**	443,83	443,83							
5 198,99	I,IV	**1 036,83**	443,83	443,83	I	903,00	775,25	653,66	538,16	428,83	325,58
	II	**975,16**	443,83	443,83	II	844,08	719,16	600,33	487,66	381,08	280,66
	III	**631,50**	443,83	443,83	III	533,50	438,50	346,50	257,66	171,83	93,16
	V	**1 498,33**	443,83	443,83	IV	969,16	903,00	838,33	775,25	713,66	653,66
	VI	**1 534,58**	443,83	443,83							
5 201,99	I,IV	**1 037,91**	443,83	443,83	I	904,00	776,25	654,58	539,08	429,66	326,33
	II	**976,25**	443,83	443,83	II	845,08	720,16	601,25	488,50	381,91	281,41
	III	**632,33**	443,83	443,83	III	534,33	439,16	347,33	258,50	172,66	93,83
	V	**1 499,50**	443,83	443,83	IV	970,16	904,00	839,33	776,25	714,66	654,58
	VI	**1 535,75**	443,83	443,83							
5 204,99	I,IV	**1 039,00**	443,83	443,83	I	905,00	777,25	655,50	539,91	430,50	327,16
	II	**977,25**	443,83	443,83	II	846,16	721,08	602,16	489,41	382,75	282,16
	III	**633,00**	443,83	443,83	III	535,00	440,00	348,00	259,16	173,16	94,33
	V	**1 500,66**	443,83	443,83	IV	971,25	905,00	840,33	777,25	715,58	655,50
	VI	**1 536,91**	443,83	443,83							
5 207,99	I,IV	**1 040,08**	443,83	443,83	I	906,08	778,16	656,41	540,83	431,33	327,91
	II	**978,33**	443,83	443,83	II	847,16	722,08	603,08	490,25	383,50	282,91
	III	**633,83**	443,83	443,83	III	535,83	440,66	348,66	259,83	174,00	95,00
	V	**1 501,83**	443,83	443,83	IV	972,33	906,08	841,33	778,16	716,58	656,41
	VI	**1 538,08**	443,83	443,83							
5 210,99	I,IV	**1 041,16**	443,83	443,83	I	907,08	779,16	657,41	541,66	432,16	328,75
	II	**979,41**	443,83	443,83	II	848,16	723,00	604,00	491,08	384,33	283,66
	III	**634,66**	443,83	443,83	III	536,50	441,50	349,33	260,50	174,50	95,50
	V	**1 503,00**	443,83	443,83	IV	973,33	907,08	842,33	779,16	717,50	657,41
	VI	**1 539,25**	443,83	443,83							
5 213,99	I,IV	**1 042,25**	443,83	443,83	I	908,16	780,16	658,33	542,58	433,00	329,50
	II	**980,50**	443,83	443,83	II	849,16	724,00	604,91	492,00	385,16	284,50
	III	**635,50**	443,83	443,83	III	537,33	442,16	350,16	261,16	175,33	96,00
	V	**1 504,16**	443,83	443,83	IV	974,41	908,16	843,41	780,16	718,50	658,33
	VI	**1 540,41**	443,83	443,83							
5 216,99	I,IV	**1 043,33**	443,83	443,83	I	909,16	781,16	659,25	543,50	433,83	330,33
	II	**981,58**	443,83	443,83	II	850,16	725,00	605,83	492,83	386,00	285,25
	III	**636,33**	443,83	443,83	III	538,00	443,00	350,83	261,83	176,00	96,66
	V	**1 505,33**	443,83	443,83	IV	975,50	909,16	844,41	781,16	719,50	659,25
	VI	**1 541,58**	443,83	443,83							
5 219,99	I,IV	**1 044,41**	443,83	443,83	I	910,25	782,16	660,25	544,41	434,66	331,08
	II	**982,58**	443,83	443,83	II	851,16	725,91	606,75	493,75	386,83	286,00
	III	**637,00**	443,83	443,83	III	538,83	443,66	351,50	262,50	176,50	97,16
	V	**1 506,50**	443,83	443,83	IV	976,58	910,25	845,41	782,16	720,41	660,25
	VI	**1 542,75**	443,83	443,83							

* Zur LSt-Berechnung für privat versicherte Arbeitnehmer s. Beispiele **Vorbemerkung S. 4f.**
** Basisvorsorgepauschale KV und PV *** Typisierter Arbeitgeberzuschuss

Lohn/ Gehalt in € bis	Steuerklasse	Lohn-steuer*	BVSP**	TAGZ***	Steuerklasse	Bemessungsgrundlage für Kirchensteuer und Solidaritätszuschlag – Freibeträge für ... Kinder 0,5	1,0	1,5	2,0	2,5	3,0
5 222,99	I,IV	**1 045,50**	443,83	443,83	I	911,25	783,16	661,16	545,25	435,50	331,91
	II	**983,66**	443,83	443,83	II	852,25	726,91	607,66	494,58	387,66	286,83
	III	**637,83**	443,83	443,83	III	539,66	444,50	352,33	263,33	177,33	97,83
	V	**1 507,58**	443,83	443,83	IV	977,58	911,25	846,41	783,16	721,41	661,16
	VI	**1 543,91**	443,83	443,83							
5 225,99	I,IV	**1 046,58**	443,83	443,83	I	912,25	784,08	662,08	546,16	436,33	332,66
	II	**984,75**	443,83	443,83	II	853,25	727,83	608,58	495,50	388,41	287,58
	III	**638,66**	443,83	443,83	III	540,33	445,16	353,00	264,00	177,83	98,33
	V	**1 508,75**	443,83	443,83	IV	978,66	912,25	847,41	784,08	722,33	662,08
	VI	**1 545,00**	443,83	443,83							
5 228,99	I,IV	**1 047,66**	443,83	443,83	I	913,33	785,16	663,08	547,08	437,25	333,50
	II	**985,83**	443,83	443,83	II	854,25	728,83	609,50	496,33	389,33	288,33
	III	**639,33**	443,83	443,83	III	541,16	445,83	353,66	264,66	178,66	99,00
	V	**1 510,00**	443,83	443,83	IV	979,75	913,33	848,50	785,16	723,33	663,08
	VI	**1 546,25**	443,83	443,83							
5 231,99	I,IV	**1 048,75**	443,83	443,83	I	914,41	786,08	664,00	548,00	438,08	334,33
	II	**986,83**	443,83	443,83	II	855,25	729,83	610,41	497,25	390,08	289,16
	III	**640,16**	443,83	443,83	III	541,83	446,66	354,50	265,33	179,33	99,50
	V	**1 511,08**	443,83	443,83	IV	980,83	914,41	849,50	786,08	724,25	664,00
	VI	**1 547,41**	443,83	443,83							
5 234,99	I,IV	**1 049,83**	443,83	443,83	I	915,41	787,08	664,91	548,83	438,91	335,08
	II	**987,91**	443,83	443,83	II	856,25	730,75	611,33	498,08	390,91	289,91
	III	**641,00**	443,83	443,83	III	542,66	447,33	355,16	266,00	180,00	100,16
	V	**1 512,25**	443,83	443,83	IV	981,83	915,41	850,50	787,08	725,25	664,91
	VI	**1 548,50**	443,83	443,83							
5 237,99	I,IV	**1 050,91**	443,83	443,83	I	916,41	788,08	665,83	549,75	439,75	335,91
	II	**989,00**	443,83	443,83	II	857,33	731,75	612,25	498,91	391,75	290,66
	III	**641,83**	443,83	443,83	III	543,50	448,16	355,83	266,66	180,66	100,66
	V	**1 513,41**	443,83	443,83	IV	982,91	916,41	851,50	788,08	726,25	665,83
	VI	**1 549,66**	443,83	443,83							
5 240,99	I,IV	**1 052,00**	443,83	443,83	I	917,50	789,08	666,83	550,66	440,58	336,66
	II	**990,08**	443,83	443,83	II	858,33	732,66	613,16	499,83	392,58	291,41
	III	**642,50**	443,83	443,83	III	544,16	448,83	356,66	267,33	181,33	101,16
	V	**1 514,58**	443,83	443,83	IV	984,00	917,50	852,50	789,08	727,16	666,83
	VI	**1 550,83**	443,83	443,83							
5 243,99	I,IV	**1 053,08**	443,83	443,83	I	918,50	790,08	667,75	551,50	441,41	337,50
	II	**991,08**	443,83	443,83	II	859,33	733,66	614,08	500,66	393,41	292,25
	III	**643,33**	443,83	443,83	III	545,00	449,66	357,33	268,16	182,00	101,83
	V	**1 515,75**	443,83	443,83	IV	985,08	918,50	853,50	790,08	728,16	667,75
	VI	**1 552,00**	443,83	443,83							
5 246,99	I,IV	**1 054,25**	443,83	443,83	I	919,58	791,08	668,66	552,41	442,33	338,33
	II	**992,16**	443,83	443,83	II	860,33	734,66	615,08	501,58	394,25	293,00
	III	**644,16**	443,83	443,83	III	545,66	450,33	358,00	268,83	182,66	102,50
	V	**1 516,91**	443,83	443,83	IV	986,16	919,58	854,58	791,08	729,16	668,66
	VI	**1 553,16**	443,83	443,83							
5 249,99	I,IV	**1 055,33**	443,83	443,83	I	920,58	792,08	669,66	553,33	443,16	339,08
	II	**993,25**	443,83	443,83	II	861,41	735,58	616,00	502,41	395,08	293,75
	III	**645,00**	443,83	443,83	III	546,50	451,16	358,83	269,50	183,33	103,00
	V	**1 518,08**	443,83	443,83	IV	987,16	920,58	855,58	792,08	730,08	669,66
	VI	**1 554,33**	443,83	443,83							
5 252,99	I,IV	**1 056,41**	443,83	443,83	I	921,66	793,08	670,58	554,25	444,00	339,91
	II	**994,33**	443,83	443,83	II	862,41	736,58	616,91	503,33	395,91	294,58
	III	**645,66**	443,83	443,83	III	547,33	451,83	359,50	270,16	184,00	103,66
	V	**1 519,25**	443,83	443,83	IV	988,25	921,66	856,58	793,08	731,08	670,58
	VI	**1 555,50**	443,83	443,83							
5 255,99	I,IV	**1 057,50**	443,83	443,83	I	922,66	794,08	671,50	555,08	444,83	340,66
	II	**995,41**	443,83	443,83	II	863,41	737,58	617,83	504,16	396,66	295,33
	III	**646,50**	443,83	443,83	III	548,00	452,50	360,16	270,83	184,66	104,16
	V	**1 520,41**	443,83	443,83	IV	989,33	922,66	857,58	794,08	732,00	671,50
	VI	**1 556,66**	443,83	443,83							

* Zur LSt-Berechnung für privat versicherte Arbeitnehmer s. Beispiele **Vorbemerkung S. 4 f.**

** Basisvorsorgepauschale KV und PV *** Typisierter Arbeitgeberzuschuss

Lohn/ Gehalt in € bis	Steuerklasse	**Lohn-steuer***	BVSP**	TAGZ***	Steuerklasse	Bemessungsgrundlage für Kirchensteuer und Solidaritätszuschlag					
						Freibeträge für ... Kinder					
						0,5	**1,0**	1,5	**2,0**	2,5	**3,0**
5258,99	I,IV	**1058,58**	443,83	443,83	I	923,75	795,00	672,50	556,00	445,66	341,50
	II	**996,41**	443,83	443,83	II	864,41	738,50	618,75	505,08	397,50	296,08
	III	**647,33**	443,83	443,83	III	548,83	453,33	361,00	271,50	185,33	104,66
	V	**1521,58**	443,83	443,83	IV	990,33	923,75	858,58	795,00	733,00	672,50
	VI	**1557,83**	443,83	443,83							
5261,99	I,IV	**1059,66**	443,83	443,83	I	924,83	796,08	673,41	556,91	446,58	342,33
	II	**997,58**	443,83	443,83	II	865,50	739,50	619,66	506,00	398,33	296,91
	III	**648,16**	443,83	443,83	III	549,50	454,16	361,66	272,33	186,00	105,33
	V	**1522,75**	443,83	443,83	IV	991,50	924,83	859,66	796,08	734,00	673,41
	VI	**1559,00**	443,83	443,83							
5264,99	I,IV	**1060,75**	443,83	443,83	I	925,83	797,08	674,33	557,83	447,41	343,08
	II	**998,58**	443,83	443,83	II	866,50	740,50	620,58	506,83	399,16	297,66
	III	**648,83**	443,83	443,83	III	550,33	454,83	362,33	273,00	186,66	105,83
	V	**1523,91**	443,83	443,83	IV	992,50	925,83	860,66	797,08	734,91	674,33
	VI	**1560,16**	443,83	443,83							
5267,99	I,IV	**1061,83**	443,83	443,83	I	926,83	798,00	675,33	558,75	448,25	343,91
	II	**999,66**	443,83	443,83	II	867,50	741,41	621,50	507,66	400,00	298,41
	III	**649,66**	443,83	443,83	III	551,16	455,50	363,16	273,66	187,33	106,50
	V	**1525,08**	443,83	443,83	IV	993,58	926,83	861,66	798,00	735,91	675,33
	VI	**1561,33**	443,83	443,83							
5270,99	I,IV	**1062,91**	443,83	443,83	I	927,91	799,00	676,25	559,58	449,08	344,66
	II	**1000,75**	443,83	443,83	II	868,50	742,41	622,41	508,58	400,83	299,25
	III	**650,50**	443,83	443,83	III	551,83	456,33	363,83	274,33	188,00	107,00
	V	**1526,16**	443,83	443,83	IV	994,66	927,91	862,66	799,00	736,83	676,25
	VI	**1562,50**	443,83	443,83							
5273,99	I,IV	**1064,00**	443,83	443,83	I	928,91	800,00	677,16	560,50	449,91	345,50
	II	**1001,83**	443,83	443,83	II	869,50	743,41	623,33	509,41	401,66	300,00
	III	**651,33**	443,83	443,83	III	552,66	457,00	364,50	275,00	188,66	107,66
	V	**1527,33**	443,83	443,83	IV	995,75	928,91	863,75	800,00	737,83	677,16
	VI	**1563,58**	443,83	443,83							
5276,99	I,IV	**1065,16**	443,83	443,83	I	930,00	801,00	678,16	561,41	450,83	346,33
	II	**1002,91**	443,83	443,83	II	870,58	744,41	624,33	510,33	402,50	300,83
	III	**652,16**	443,83	443,83	III	553,50	457,83	365,33	275,83	189,33	108,33
	V	**1528,58**	443,83	443,83	IV	996,83	930,00	864,75	801,00	738,83	678,16
	VI	**1564,83**	443,83	443,83							
5279,99	I,IV	**1066,25**	443,83	443,83	I	931,08	802,00	679,08	562,33	451,66	347,08
	II	**1004,00**	443,83	443,83	II	871,58	745,33	625,25	511,25	403,33	301,58
	III	**652,83**	443,83	443,83	III	554,16	458,50	366,00	276,50	190,00	108,83
	V	**1529,66**	443,83	443,83	IV	997,83	931,08	865,75	802,00	739,83	679,08
	VI	**1566,00**	443,83	443,83							
5282,99	I,IV	**1067,33**	443,83	443,83	I	932,08	803,00	680,08	563,25	452,50	347,91
	II	**1005,00**	443,83	443,83	II	872,58	746,33	626,16	512,08	404,16	302,33
	III	**653,66**	443,83	443,83	III	555,00	459,33	366,66	277,16	190,66	109,50
	V	**1530,83**	443,83	443,83	IV	998,91	932,08	866,83	803,00	740,75	680,08
	VI	**1567,08**	443,83	443,83							
5285,99	I,IV	**1068,41**	443,83	443,83	I	933,16	804,00	681,00	564,08	453,33	348,66
	II	**1006,08**	443,83	443,83	II	873,66	747,25	627,08	513,00	405,00	303,16
	III	**654,50**	443,83	443,83	III	555,66	460,00	367,33	277,83	191,33	110,00
	V	**1532,00**	443,83	443,83	IV	1000,00	933,16	867,83	804,00	741,75	681,00
	VI	**1568,25**	443,83	443,83							
5288,99	I,IV	**1069,50**	443,83	443,83	I	934,16	805,00	681,91	565,00	454,16	349,50
	II	**1007,16**	443,83	443,83	II	874,66	748,25	628,00	513,83	405,83	303,91
	III	**655,16**	443,83	443,83	III	556,50	460,83	368,16	278,50	192,00	110,66
	V	**1533,16**	443,83	443,83	IV	1001,08	934,16	868,83	805,00	742,66	681,91
	VI	**1569,41**	443,83	443,83							
5291,99	I,IV	**1070,58**	443,83	443,83	I	935,25	806,00	682,91	565,91	455,08	350,33
	II	**1008,25**	443,83	443,83	II	875,66	749,25	628,91	514,75	406,66	304,66
	III	**656,00**	443,83	443,83	III	557,16	461,50	368,83	279,16	192,66	111,16
	V	**1534,33**	443,83	443,83	IV	1002,16	935,25	869,83	806,00	743,66	682,91
	VI	**1570,58**	443,83	443,83							

* Zur LSt-Berechnung für privat versicherte Arbeitnehmer s. Beispiele **Vorbemerkung S. 4f.**
** Basisvorsorgepauschale KV und PV *** Typisierter Arbeitgeberzuschuss

Lohn/ Gehalt in € bis	Steuerklasse	Lohn-steuer*	BVSP**	TAGZ***	Steuerklasse	Bemessungsgrundlage für Kirchensteuer und Solidaritätszuschlag – Freibeträge für ... Kinder 0,5	1,0	1,5	2,0	2,5	3,0
5 294,99	I,IV	**1 071,66**	443,83	443,83	I	936,33	807,00	683,83	566,83	455,91	351,16
	II	**1 009,33**	443,83	443,83	II	876,75	750,25	629,83	515,58	407,50	305,50
	III	**656,83**	443,83	443,83	III	558,00	462,33	369,50	280,00	193,33	111,83
	V	**1 535,50**	443,83	443,83	IV	1 003,25	936,33	870,91	807,00	744,66	683,83
	VI	**1 571,75**	443,83	443,83							
5 297,99	I,IV	**1 072,75**	443,83	443,83	I	937,33	808,00	684,83	567,75	456,75	351,91
	II	**1 010,41**	443,83	443,83	II	877,75	751,16	630,75	516,50	408,33	306,25
	III	**657,66**	443,83	443,83	III	558,83	463,00	370,33	280,66	194,00	112,50
	V	**1 536,66**	443,83	443,83	IV	1 004,33	937,33	871,91	808,00	745,66	684,83
	VI	**1 572,91**	443,83	443,83							
5 300,99	I,IV	**1 073,83**	443,83	443,83	I	938,41	809,00	685,75	568,58	457,58	352,75
	II	**1 011,50**	443,83	443,83	II	878,75	752,16	631,66	517,33	409,16	307,08
	III	**658,33**	443,83	443,83	III	559,50	463,66	371,00	281,33	194,66	113,00
	V	**1 537,83**	443,83	443,83	IV	1 005,33	938,41	872,91	809,00	746,58	685,75
	VI	**1 574,08**	443,83	443,83							
5 303,99	I,IV	**1 075,00**	443,83	443,83	I	939,41	810,00	686,66	569,50	458,50	353,50
	II	**1 012,50**	443,83	443,83	II	879,75	753,16	632,66	518,25	410,00	307,83
	III	**659,16**	443,83	443,83	III	560,33	464,50	371,66	282,00	195,33	113,66
	V	**1 539,00**	443,83	443,83	IV	1 006,41	939,41	873,91	810,00	747,58	686,66
	VI	**1 575,25**	443,83	443,83							
5 306,99	I,IV	**1 076,08**	443,83	443,83	I	940,50	811,00	687,66	570,41	459,33	354,33
	II	**1 013,58**	443,83	443,83	II	880,83	754,08	633,58	519,08	410,83	308,58
	III	**660,00**	443,83	443,83	III	561,00	465,16	372,50	282,66	196,00	114,16
	V	**1 540,16**	443,83	443,83	IV	1 007,50	940,50	875,00	811,00	748,58	687,66
	VI	**1 576,41**	443,83	443,83							
5 309,99	I,IV	**1 077,16**	443,83	443,83	I	941,50	812,00	688,58	571,33	460,16	355,16
	II	**1 014,75**	443,83	443,83	II	881,83	755,08	634,50	520,00	411,66	309,41
	III	**660,83**	443,83	443,83	III	561,83	466,00	373,16	283,33	196,66	114,83
	V	**1 541,33**	443,83	443,83	IV	1 008,58	941,50	876,00	812,00	749,58	688,58
	VI	**1 577,58**	443,83	443,83							
5 312,99	I,IV	**1 078,25**	443,83	443,83	I	942,58	813,00	689,58	572,25	461,08	356,00
	II	**1 015,75**	443,83	443,83	II	882,83	756,08	635,41	520,91	412,50	310,16
	III	**661,66**	443,83	443,83	III	562,66	466,66	373,83	284,16	197,33	115,50
	V	**1 542,50**	443,83	443,83	IV	1 009,66	942,58	877,00	813,00	750,50	689,58
	VI	**1 578,75**	443,83	443,83							
5 315,99	I,IV	**1 079,33**	443,83	443,83	I	943,58	814,00	690,50	573,16	461,91	356,75
	II	**1 016,83**	443,83	443,83	II	883,91	757,08	636,33	521,75	413,33	311,00
	III	**662,33**	443,83	443,83	III	563,33	467,50	374,66	284,83	198,00	116,00
	V	**1 543,66**	443,83	443,83	IV	1 010,75	943,58	878,08	814,00	751,50	690,50
	VI	**1 579,91**	443,83	443,83							
5 318,99	I,IV	**1 080,41**	443,83	443,83	I	944,66	815,00	691,50	574,00	462,75	357,58
	II	**1 017,91**	443,83	443,83	II	884,91	758,00	637,25	522,66	414,16	311,75
	III	**663,16**	443,83	443,83	III	564,16	468,16	375,33	285,50	198,66	116,66
	V	**1 544,75**	443,83	443,83	IV	1 011,83	944,66	879,08	815,00	752,50	691,50
	VI	**1 581,08**	443,83	443,83							
5 321,99	I,IV	**1 081,58**	443,83	443,83	I	945,75	816,00	692,41	574,91	463,58	358,33
	II	**1 019,00**	443,83	443,83	II	885,91	759,00	638,25	523,50	415,00	312,50
	III	**664,00**	443,83	443,83	III	565,00	469,00	376,00	286,16	199,33	117,16
	V	**1 545,91**	443,83	443,83	IV	1 012,83	945,75	880,08	816,00	753,41	692,41
	VI	**1 582,16**	443,83	443,83							
5 324,99	I,IV	**1 082,66**	443,83	443,83	I	946,75	817,00	693,41	575,83	464,50	359,16
	II	**1 020,08**	443,83	443,83	II	887,00	760,00	639,16	524,41	415,83	313,33
	III	**664,83**	443,83	443,83	III	565,66	469,66	376,83	286,83	200,16	117,83
	V	**1 547,16**	443,83	443,83	IV	1 014,00	946,75	881,16	817,00	754,41	693,41
	VI	**1 583,41**	443,83	443,83							
5 327,99	I,IV	**1 083,75**	443,83	443,83	I	947,83	818,00	694,33	576,75	465,33	360,00
	II	**1 021,16**	443,83	443,83	II	888,00	761,00	640,08	525,33	416,66	314,08
	III	**665,66**	443,83	443,83	III	566,50	470,50	377,50	287,66	200,83	118,50
	V	**1 548,25**	443,83	443,83	IV	1 015,00	947,83	882,16	818,00	755,41	694,33
	VI	**1 584,58**	443,83	443,83							

* Zur LSt-Berechnung für privat versicherte Arbeitnehmer s. Beispiele **Vorbemerkung S. 4 f.**
** Basisvorsorgepauschale KV und PV *** Typisierter Arbeitgeberzuschuss

Lohn/ Gehalt in € bis	Steuerklasse	Lohn- steuer*	BVSP**	TAGZ***	Steuerklasse	Bemessungsgrundlage für Kirchensteuer und Solidaritätszuschlag – Freibeträge für ... Kinder 0,5	**1,0**	1,5	**2,0**	2,5	**3,0**
5 330,99	I,IV	**1 084,83**	443,83	443,83	I	948,91	819,00	695,25	577,66	466,16	360,83
	II	**1 022,25**	443,83	443,83	II	889,08	762,00	641,00	526,16	417,50	314,91
	III	**666,33**	443,83	443,83	III	567,33	471,16	378,16	288,33	201,50	119,00
	V	**1 549,41**	443,83	443,83	IV	1 016,08	948,91	883,16	819,00	756,41	695,25
	VI	**1 585,66**	443,83	443,83							
5 333,99	I,IV	**1 085,91**	443,83	443,83	I	949,91	820,00	696,25	578,58	467,00	361,58
	II	**1 023,33**	443,83	443,83	II	890,08	762,91	641,91	527,08	418,33	315,66
	III	**667,16**	443,83	443,83	III	568,00	472,00	379,00	289,00	202,16	119,66
	V	**1 550,58**	443,83	443,83	IV	1 017,16	949,91	884,16	820,00	757,33	696,25
	VI	**1 586,83**	443,83	443,83							
5 336,99	I,IV	**1 087,08**	443,83	443,83	I	951,00	821,00	697,16	579,50	467,91	362,41
	II	**1 024,41**	443,83	443,83	II	891,08	763,91	642,83	527,91	419,16	316,50
	III	**668,00**	443,83	443,83	III	568,83	472,66	379,66	289,66	202,83	120,16
	V	**1 551,75**	443,83	443,83	IV	1 018,25	951,00	885,25	821,00	758,33	697,16
	VI	**1 588,00**	443,83	443,83							
5 339,99	I,IV	**1 088,16**	443,83	443,83	I	952,08	822,08	698,16	580,41	468,75	363,25
	II	**1 025,50**	443,83	443,83	II	892,16	764,91	643,83	528,83	420,00	317,25
	III	**668,83**	443,83	443,83	III	569,50	473,50	380,33	290,33	203,50	120,83
	V	**1 552,91**	443,83	443,83	IV	1 019,33	952,08	886,25	822,08	759,33	698,16
	VI	**1 589,16**	443,83	443,83							
5 342,99	I,IV	**1 089,25**	443,83	443,83	I	953,08	823,08	699,08	581,33	469,58	364,08
	II	**1 026,58**	443,83	443,83	II	893,16	765,91	644,75	529,75	420,83	318,08
	III	**669,50**	443,83	443,83	III	570,33	474,16	381,16	291,16	204,16	121,50
	V	**1 554,08**	443,83	443,83	IV	1 020,41	953,08	887,33	823,08	760,33	699,08
	VI	**1 590,33**	443,83	443,83							
5 345,99	I,IV	**1 090,33**	443,83	443,83	I	954,16	824,08	700,08	582,25	470,50	364,83
	II	**1 027,66**	443,83	443,83	II	894,16	766,91	645,66	530,58	421,66	318,83
	III	**670,33**	443,83	443,83	III	571,16	475,00	381,83	291,83	204,83	122,00
	V	**1 555,25**	443,83	443,83	IV	1 021,50	954,16	888,33	824,08	761,25	700,08
	VI	**1 591,50**	443,83	443,83							
5 348,99	I,IV	**1 091,50**	443,83	443,83	I	955,16	825,08	701,00	583,08	471,33	365,66
	II	**1 028,75**	443,83	443,83	II	895,25	767,83	646,58	531,50	422,50	319,66
	III	**671,16**	443,83	443,83	III	571,83	475,66	382,66	292,50	205,50	122,66
	V	**1 556,41**	443,83	443,83	IV	1 022,58	955,16	889,33	825,08	762,25	701,00
	VI	**1 592,66**	443,83	443,83							
5 351,99	I,IV	**1 092,58**	443,83	443,83	I	956,25	826,08	702,00	584,00	472,16	366,50
	II	**1 029,75**	443,83	443,83	II	896,25	768,83	647,58	532,41	423,33	320,41
	III	**672,00**	443,83	443,83	III	572,66	476,50	383,33	293,16	206,16	123,33
	V	**1 557,58**	443,83	443,83	IV	1 023,66	956,25	890,41	826,08	763,25	702,00
	VI	**1 593,83**	443,83	443,83							
5 354,99	I,IV	**1 093,66**	443,83	443,83	I	957,25	827,08	702,91	584,91	473,08	367,25
	II	**1 030,83**	443,83	443,83	II	897,25	769,83	648,50	533,25	424,16	321,16
	III	**672,83**	443,83	443,83	III	573,50	477,16	384,00	293,83	206,83	123,83
	V	**1 558,75**	443,83	443,83	IV	1 024,66	957,25	891,41	827,08	764,25	702,91
	VI	**1 595,00**	443,83	443,83							
5 357,99	I,IV	**1 094,75**	443,83	443,83	I	958,33	828,08	703,91	585,83	473,91	368,08
	II	**1 032,00**	443,83	443,83	II	898,33	770,83	649,41	534,16	425,00	322,00
	III	**673,50**	443,83	443,83	III	574,16	478,00	384,83	294,66	207,50	124,50
	V	**1 559,91**	443,83	443,83	IV	1 025,83	958,33	892,41	828,08	765,25	703,91
	VI	**1 596,16**	443,83	443,83							
5 360,99	I,IV	**1 095,91**	443,83	443,83	I	959,41	829,08	704,83	586,75	474,75	368,91
	II	**1 033,08**	443,83	443,83	II	899,33	771,83	650,33	535,08	425,83	322,83
	III	**674,33**	443,83	443,83	III	575,00	478,66	385,50	295,33	208,16	125,16
	V	**1 561,08**	443,83	443,83	IV	1 026,91	959,41	893,50	829,08	766,16	704,83
	VI	**1 597,33**	443,83	443,83							
5 363,99	I,IV	**1 097,00**	443,83	443,83	I	960,50	830,08	705,83	587,66	475,66	369,75
	II	**1 034,08**	443,83	443,83	II	900,41	772,75	651,33	535,91	426,66	323,58
	III	**675,16**	443,83	443,83	III	575,83	479,50	386,16	296,00	208,83	125,83
	V	**1 562,25**	443,83	443,83	IV	1 028,00	960,50	894,50	830,08	767,16	705,83
	VI	**1 598,50**	443,83	443,83							

* Zur LSt-Berechnung für privat versicherte Arbeitnehmer s. Beispiele **Vorbemerkung S. 4f.**
** Basisvorsorgepauschale KV und PV *** Typisierter Arbeitgeberzuschuss

Lohn/ Gehalt in € bis	Steuerklasse	Lohnsteuer*	BVSP**	TAGZ***	Steuerklasse	Bemessungsgrundlage für Kirchensteuer und Solidaritätszuschlag – Freibeträge für ... Kinder 0,5	1,0	1,5	2,0	2,5	3,0
5 366,99	I,IV	**1 098,08**	443,83	443,83	I	961,50	831,08	706,75	588,58	476,50	370,58
	II	**1 035,16**	443,83	443,83	II	901,41	773,75	652,25	536,83	427,50	324,33
	III	**676,00**	443,83	443,83	III	576,50	480,16	386,83	296,66	209,50	126,33
	V	**1 563,41**	443,83	443,83	IV	1 029,00	961,50	895,50	831,08	768,16	706,75
	VI	**1 599,66**	443,83	443,83							
5 369,99	I,IV	**1 099,16**	443,83	443,83	I	962,58	832,08	707,75	589,50	477,33	371,33
	II	**1 036,25**	443,83	443,83	II	902,41	774,75	653,16	537,75	428,33	325,16
	III	**676,66**	443,83	443,83	III	577,33	481,00	387,66	297,50	210,16	127,00
	V	**1 564,50**	443,83	443,83	IV	1 030,08	962,58	896,58	832,08	769,16	707,75
	VI	**1 600,75**	443,83	443,83							
5 372,99	I,IV	**1 100,33**	443,83	443,83	I	963,66	833,08	708,66	590,41	478,25	372,16
	II	**1 037,41**	443,83	443,83	II	903,50	775,75	654,16	538,58	429,25	326,00
	III	**677,50**	443,83	443,83	III	578,16	481,66	388,33	298,16	211,00	127,66
	V	**1 565,75**	443,83	443,83	IV	1 031,25	963,66	897,58	833,08	770,16	708,66
	VI	**1 602,00**	443,83	443,83							
5 375,99	I,IV	**1 101,41**	443,83	443,83	I	964,66	834,08	709,66	591,33	479,08	373,00
	II	**1 038,50**	443,83	443,83	II	904,50	776,75	655,08	539,50	430,08	326,75
	III	**678,33**	443,83	443,83	III	578,83	482,50	389,16	298,83	211,66	128,16
	V	**1 566,91**	443,83	443,83	IV	1 032,33	964,66	898,66	834,08	771,08	709,66
	VI	**1 603,16**	443,83	443,83							
5 378,99	I,IV	**1 102,50**	443,83	443,83	I	965,75	835,08	710,58	592,25	479,91	373,83
	II	**1 039,50**	443,83	443,83	II	905,58	777,75	656,00	540,41	430,91	327,58
	III	**679,16**	443,83	443,83	III	579,66	483,16	389,83	299,50	212,33	128,83
	V	**1 568,00**	443,83	443,83	IV	1 033,33	965,75	899,66	835,08	772,08	710,58
	VI	**1 604,25**	443,83	443,83							
5 381,99	I,IV	**1 103,58**	443,83	443,83	I	966,83	836,16	711,58	593,16	480,83	374,66
	II	**1 040,58**	443,83	443,83	II	906,58	778,66	656,91	541,25	431,75	328,33
	III	**680,00**	443,83	443,83	III	580,33	484,00	390,50	300,16	213,00	129,50
	V	**1 569,16**	443,83	443,83	IV	1 034,41	966,83	900,66	836,16	773,08	711,58
	VI	**1 605,41**	443,83	443,83							
5 384,99	I,IV	**1 104,75**	443,83	443,83	I	967,83	837,16	712,50	594,00	481,66	375,41
	II	**1 041,66**	443,83	443,83	II	907,66	779,66	657,83	542,16	432,58	329,16
	III	**680,66**	443,83	443,83	III	581,16	484,66	391,33	301,00	213,66	130,16
	V	**1 570,33**	443,83	443,83	IV	1 035,50	967,83	901,75	837,16	774,08	712,50
	VI	**1 606,58**	443,83	443,83							
5 387,99	I,IV	**1 105,83**	443,83	443,83	I	968,91	838,16	713,50	595,00	482,58	376,25
	II	**1 042,83**	443,83	443,83	II	908,66	780,66	658,83	543,08	433,41	329,91
	III	**681,50**	443,83	443,83	III	582,00	485,50	392,00	301,66	214,33	130,66
	V	**1 571,50**	443,83	443,83	IV	1 036,66	968,91	902,75	838,16	775,08	713,50
	VI	**1 607,75**	443,83	443,83							
5 390,99	I,IV	**1 106,91**	443,83	443,83	I	970,00	839,16	714,50	595,91	483,41	377,08
	II	**1 043,91**	443,83	443,83	II	909,75	781,66	659,75	544,00	434,25	330,75
	III	**682,33**	443,83	443,83	III	582,66	486,16	392,66	302,33	215,00	131,33
	V	**1 572,66**	443,83	443,83	IV	1 037,75	970,00	903,83	839,16	776,08	714,50
	VI	**1 608,91**	443,83	443,83							
5 393,99	I,IV	**1 108,08**	443,83	443,83	I	971,08	840,16	715,41	596,83	484,25	377,91
	II	**1 045,00**	443,83	443,83	II	910,75	782,66	660,66	544,83	435,16	331,50
	III	**683,16**	443,83	443,83	III	583,50	487,00	393,50	303,00	215,66	132,00
	V	**1 573,83**	443,83	443,83	IV	1 038,75	971,08	904,83	840,16	777,00	715,41
	VI	**1 610,08**	443,83	443,83							
5 396,99	I,IV	**1 109,16**	443,83	443,83	I	972,08	841,16	716,41	597,66	485,16	378,75
	II	**1 046,08**	443,83	443,83	II	911,75	783,66	661,66	545,75	436,00	332,33
	III	**684,00**	443,83	443,83	III	584,33	487,66	394,16	303,66	216,33	132,50
	V	**1 575,00**	443,83	443,83	IV	1 039,83	972,08	905,91	841,16	778,00	716,41
	VI	**1 611,25**	443,83	443,83							
5 399,99	I,IV	**1 110,25**	443,83	443,83	I	973,16	842,16	717,33	598,58	486,00	379,50
	II	**1 047,16**	443,83	443,83	II	912,83	784,66	662,58	546,66	436,83	333,08
	III	**684,66**	443,83	443,83	III	585,00	488,50	395,00	304,50	217,00	133,16
	V	**1 576,16**	443,83	443,83	IV	1 040,91	973,16	906,91	842,16	779,00	717,33
	VI	**1 612,41**	443,83	443,83							

* Zur LSt-Berechnung für privat versicherte Arbeitnehmer s. Beispiele **Vorbemerkung S. 4 f.**
** Basisvorsorgepauschale KV und PV *** Typisierter Arbeitgeberzuschuss

Lohn/ Gehalt in € bis	Steuerklasse	Lohn-steuer*	BVSP**	TAGZ***	Steuerklasse	Bemessungsgrundlage für Kirchensteuer und Solidaritätszuschlag – Freibeträge für ... Kinder 0,5	**1,0**	1,5	**2,0**	2,5	**3,0**
5402,99	I,IV	**1111,33**	443,83	443,83	I	974,25	843,16	718,33	599,50	486,83	380,33
	II	**1048,25**	443,83	443,83	II	913,83	785,58	663,50	547,50	437,66	333,91
	III	**685,50**	443,83	443,83	III	585,83	489,16	395,66	305,16	217,66	133,83
	V	**1577,33**	443,83	443,83	IV	1042,00	974,25	907,91	843,16	780,00	718,33
	VI	**1613,58**	443,83	443,83							
5405,99	I,IV	**1112,50**	443,83	443,83	I	975,33	844,25	719,25	600,50	487,75	381,16
	II	**1049,33**	443,83	443,83	II	914,91	786,66	664,50	548,41	438,50	334,75
	III	**686,33**	443,83	443,83	III	586,66	490,00	396,33	305,83	218,33	134,50
	V	**1578,50**	443,83	443,83	IV	1043,16	975,33	909,00	844,25	781,00	719,25
	VI	**1614,75**	443,83	443,83							
5408,99	I,IV	**1113,58**	443,83	443,83	I	976,33	845,25	720,25	601,33	488,58	382,00
	II	**1050,41**	443,83	443,83	II	915,91	787,58	665,41	549,33	439,33	335,50
	III	**687,16**	443,83	443,83	III	587,50	490,66	397,16	306,50	219,00	135,16
	V	**1579,66**	443,83	443,83	IV	1044,25	976,33	910,00	845,25	782,00	720,25
	VI	**1615,91**	443,83	443,83							
5411,99	I,IV	**1114,66**	443,83	443,83	I	977,41	846,25	721,16	602,25	489,50	382,83
	II	**1051,50**	443,83	443,83	II	917,00	788,58	666,33	550,16	440,16	336,33
	III	**688,00**	443,83	443,83	III	588,16	491,50	397,83	307,33	219,66	135,66
	V	**1580,83**	443,83	443,83	IV	1045,33	977,41	911,08	846,25	783,00	721,16
	VI	**1617,08**	443,83	443,83							
5414,99	I,IV	**1115,83**	443,83	443,83	I	978,50	847,25	722,16	603,16	490,33	383,58
	II	**1052,58**	443,83	443,83	II	918,00	789,58	667,25	551,08	441,00	337,08
	III	**688,83**	443,83	443,83	III	589,00	492,16	398,50	308,00	220,50	136,33
	V	**1582,00**	443,83	443,83	IV	1046,41	978,50	912,08	847,25	783,91	722,16
	VI	**1618,25**	443,83	443,83							
5417,99	I,IV	**1116,91**	443,83	443,83	I	979,50	848,25	723,16	604,08	491,25	384,41
	II	**1053,66**	443,83	443,83	II	919,08	790,58	668,25	552,00	441,91	337,91
	III	**689,50**	443,83	443,83	III	589,66	493,00	399,33	308,66	221,16	137,00
	V	**1583,08**	443,83	443,83	IV	1047,41	979,50	913,16	848,25	784,91	723,16
	VI	**1619,41**	443,83	443,83							
5420,99	I,IV	**1118,08**	443,83	443,83	I	980,58	849,33	724,08	605,08	492,08	385,25
	II	**1054,75**	443,83	443,83	II	920,08	791,58	669,16	552,91	442,75	338,75
	III	**690,33**	443,83	443,83	III	590,50	493,66	400,00	309,33	221,83	137,66
	V	**1584,33**	443,83	443,83	IV	1048,58	980,58	914,16	849,33	785,91	724,08
	VI	**1620,58**	443,83	443,83							
5423,99	I,IV	**1119,16**	443,83	443,83	I	981,66	850,33	725,08	606,00	493,00	386,08
	II	**1055,83**	443,83	443,83	II	921,16	792,58	670,16	553,83	443,58	339,50
	III	**691,16**	443,83	443,83	III	591,33	494,50	400,83	310,16	222,50	138,33
	V	**1585,50**	443,83	443,83	IV	1049,66	981,66	915,25	850,33	786,91	725,08
	VI	**1621,75**	443,83	443,83							
5426,99	I,IV	**1120,25**	443,83	443,83	I	982,75	851,33	726,00	606,83	493,83	386,91
	II	**1056,91**	443,83	443,83	II	922,16	793,58	671,08	554,66	444,41	340,33
	III	**692,00**	443,83	443,83	III	592,00	495,16	401,50	310,83	223,16	138,83
	V	**1586,58**	443,83	443,83	IV	1050,75	982,75	916,25	851,33	787,91	726,00
	VI	**1622,91**	443,83	443,83							
5429,99	I,IV	**1121,33**	443,83	443,83	I	983,75	852,33	727,00	607,75	494,66	387,75
	II	**1058,00**	443,83	443,83	II	923,25	794,58	672,00	555,58	445,25	341,08
	III	**692,83**	443,83	443,83	III	592,83	496,00	402,16	311,50	223,83	139,50
	V	**1587,75**	443,83	443,83	IV	1051,83	983,75	917,33	852,33	788,91	727,00
	VI	**1624,00**	443,83	443,83							
5432,99	I,IV	**1122,50**	443,83	443,83	I	984,83	853,33	728,00	608,66	495,58	388,58
	II	**1059,08**	443,83	443,83	II	924,25	795,58	672,91	556,50	446,08	341,91
	III	**693,50**	443,83	443,83	III	593,66	496,66	403,00	312,16	224,50	140,16
	V	**1588,91**	443,83	443,83	IV	1052,91	984,83	918,33	853,33	789,91	728,00
	VI	**1625,16**	443,83	443,83							
5435,99	I,IV	**1123,58**	443,83	443,83	I	985,91	854,41	728,91	609,66	496,41	389,41
	II	**1060,25**	443,83	443,83	II	925,33	796,58	673,91	557,41	447,00	342,75
	III	**694,33**	443,83	443,83	III	594,33	497,50	403,66	312,83	225,16	140,83
	V	**1590,08**	443,83	443,83	IV	1054,00	985,91	919,41	854,41	790,91	728,91
	VI	**1626,41**	443,83	443,83							

* Zur LSt-Berechnung für privat versicherte Arbeitnehmer s. Beispiele **Vorbemerkung S. 4f.**
** Basisvorsorgepauschale KV und PV *** Typisierter Arbeitgeberzuschuss

Lohn/ Gehalt in € bis	Steuerklasse	Lohn-steuer*	BVSP**	TAGZ***	Steuerklasse	Bemessungsgrundlage für Kirchensteuer und Solidaritätszuschlag – Freibeträge für ... Kinder 0,5	1,0	1,5	2,0	2,5	3,0
5438,99	I,IV	**1124,75**	443,83	443,83	I	987,00	855,41	729,91	610,58	497,33	390,25
	II	**1061,33**	443,83	443,83	II	926,33	797,58	674,83	558,25	447,83	343,50
	III	**695,16**	443,83	443,83	III	595,16	498,33	404,50	313,66	225,83	141,50
	V	**1591,25**	443,83	443,83	IV	1055,08	987,00	920,41	855,41	791,91	729,91
	VI	**1627,50**	443,83	443,83							
5441,99	I,IV	**1125,83**	443,83	443,83	I	988,08	856,41	730,91	611,50	498,16	391,00
	II	**1062,41**	443,83	443,83	II	927,41	798,58	675,83	559,16	448,66	344,33
	III	**696,00**	443,83	443,83	III	596,00	499,00	405,16	314,33	226,50	142,00
	V	**1592,41**	443,83	443,83	IV	1056,16	988,08	921,50	856,41	792,91	730,91
	VI	**1628,66**	443,83	443,83							
5444,99	I,IV	**1126,91**	443,83	443,83	I	989,08	857,41	731,83	612,41	499,08	391,83
	II	**1063,50**	443,83	443,83	II	928,41	799,50	676,75	560,08	449,50	345,08
	III	**696,83**	443,83	443,83	III	596,83	499,83	405,83	315,00	227,16	142,66
	V	**1593,58**	443,83	443,83	IV	1057,25	989,08	922,50	857,41	793,83	731,83
	VI	**1629,83**	443,83	443,83							
5447,99	I,IV	**1128,08**	443,83	443,83	I	990,16	858,41	732,83	613,33	499,91	392,66
	II	**1064,58**	443,83	443,83	II	929,50	800,50	677,66	561,00	450,33	345,91
	III	**697,50**	443,83	443,83	III	597,50	500,50	406,66	315,66	227,83	143,33
	V	**1594,75**	443,83	443,83	IV	1058,33	990,16	923,50	858,41	794,83	732,83
	VI	**1631,00**	443,83	443,83							
5450,99	I,IV	**1129,16**	443,83	443,83	I	991,25	859,41	733,75	614,25	500,83	393,50
	II	**1065,66**	443,83	443,83	II	930,50	801,50	678,66	561,83	451,25	346,66
	III	**698,33**	443,83	443,83	III	598,33	501,33	407,33	316,50	228,66	144,00
	V	**1595,91**	443,83	443,83	IV	1059,41	991,25	924,58	859,41	795,83	733,75
	VI	**1632,16**	443,83	443,83							
5453,99	I,IV	**1130,33**	443,83	443,83	I	992,33	860,50	734,75	615,16	501,66	394,33
	II	**1066,75**	443,83	443,83	II	931,58	802,50	679,58	562,75	452,08	347,50
	III	**699,16**	443,83	443,83	III	599,16	502,00	408,00	317,16	229,33	144,66
	V	**1597,08**	443,83	443,83	IV	1060,58	992,33	925,66	860,50	796,83	734,75
	VI	**1633,33**	443,83	443,83							
5456,99	I,IV	**1131,41**	443,83	443,83	I	993,41	861,50	735,75	616,08	502,58	395,16
	II	**1067,83**	443,83	443,83	II	932,66	803,50	680,50	563,66	452,91	348,33
	III	**700,00**	443,83	443,83	III	599,83	502,83	408,83	317,83	230,00	145,33
	V	**1598,25**	443,83	443,83	IV	1061,66	993,41	926,66	861,50	797,83	735,75
	VI	**1634,50**	443,83	443,83							
5459,99	I,IV	**1132,50**	443,83	443,83	I	994,50	862,50	736,66	617,00	503,41	396,00
	II	**1068,91**	443,83	443,83	II	933,66	804,50	681,50	564,58	453,75	349,08
	III	**700,83**	443,83	443,83	III	600,66	503,50	409,50	318,50	230,66	146,00
	V	**1599,41**	443,83	443,83	IV	1062,75	994,50	927,75	862,50	798,83	736,66
	VI	**1635,66**	443,83	443,83							
5462,99	I,IV	**1133,66**	443,83	443,83	I	995,50	863,50	737,66	617,91	504,33	396,83
	II	**1070,08**	443,83	443,83	II	934,75	805,50	682,41	565,50	454,66	349,91
	III	**701,66**	443,83	443,83	III	601,33	504,33	410,16	319,33	231,33	146,50
	V	**1600,58**	443,83	443,83	IV	1063,83	995,50	928,75	863,50	799,83	737,66
	VI	**1636,83**	443,83	443,83							
5465,99	I,IV	**1134,75**	443,83	443,83	I	996,58	864,58	738,66	618,83	505,16	397,58
	II	**1071,16**	443,83	443,83	II	935,75	806,50	683,33	566,33	455,50	350,75
	III	**702,33**	443,83	443,83	III	602,16	505,00	411,00	320,00	232,00	147,16
	V	**1601,66**	443,83	443,83	IV	1064,91	996,58	929,83	864,58	800,83	738,66
	VI	**1638,00**	443,83	443,83							
5468,99	I,IV	**1135,91**	443,83	443,83	I	997,66	865,58	739,66	619,75	506,08	398,50
	II	**1072,25**	443,83	443,83	II	936,83	807,50	684,33	567,25	456,33	351,58
	III	**703,16**	443,83	443,83	III	603,00	505,83	411,66	320,66	232,66	147,83
	V	**1602,91**	443,83	443,83	IV	1066,00	997,66	930,83	865,58	801,83	739,66
	VI	**1639,16**	443,83	443,83							
5471,99	I,IV	**1137,00**	443,83	443,83	I	998,75	866,58	740,58	620,66	506,91	399,25
	II	**1073,33**	443,83	443,83	II	937,83	808,50	685,33	568,16	457,16	352,33
	III	**704,00**	443,83	443,83	III	603,83	506,50	412,50	321,33	233,33	148,50
	V	**1604,08**	443,83	443,83	IV	1067,08	998,75	931,91	866,58	802,83	740,58
	VI	**1640,33**	443,83	443,83							

* Zur LSt-Berechnung für privat versicherte Arbeitnehmer s. Beispiele **Vorbemerkung S. 4f.**
** Basisvorsorgepauschale KV und PV *** Typisierter Arbeitgeberzuschuss

Lohn/ Gehalt in € bis	Steuerklasse	Lohn-steuer*	BVSP**	TAGZ***	Steuerklasse	Bemessungsgrundlage für Kirchensteuer und Solidaritätszuschlag – Freibeträge für ... Kinder 0,5	**1,0**	1,5	**2,0**	2,5	**3,0**
5474,99	I,IV	**1138,08**	443,83	443,83	I	999,83	867,58	741,58	621,58	507,83	400,08
	II	**1074,41**	443,83	443,83	II	938,91	809,50	686,25	569,08	458,08	353,16
	III	**704,83**	443,83	443,83	III	604,50	507,33	413,16	322,16	234,16	149,16
	V	**1605,16**	443,83	443,83	IV	1068,16	999,83	932,91	867,58	803,83	741,58
	VI	**1641,50**	443,83	443,83							
5477,99	I,IV	**1139,25**	443,83	443,83	I	1000,83	868,66	742,50	622,58	508,66	400,91
	II	**1075,50**	443,83	443,83	II	939,91	810,50	687,16	570,00	458,91	353,91
	III	**705,66**	443,83	443,83	III	605,33	508,00	413,83	322,83	234,66	149,83
	V	**1606,33**	443,83	443,83	IV	1069,25	1000,83	934,00	868,66	804,83	742,50
	VI	**1642,58**	443,83	443,83							
5480,99	I,IV	**1140,33**	443,83	443,83	I	1001,91	869,66	743,50	623,50	509,58	401,75
	II	**1076,58**	443,83	443,83	II	941,00	811,50	688,16	570,91	459,75	354,75
	III	**706,50**	443,83	443,83	III	606,16	508,83	414,66	323,50	235,50	150,50
	V	**1607,50**	443,83	443,83	IV	1070,33	1001,91	935,00	869,66	805,83	743,50
	VI	**1643,75**	443,83	443,83							
5483,99	I,IV	**1141,50**	443,83	443,83	I	1003,00	870,66	744,50	624,41	510,41	402,58
	II	**1077,75**	443,83	443,83	II	942,08	812,50	689,08	571,83	460,66	355,58
	III	**707,33**	443,83	443,83	III	607,00	509,66	415,33	324,16	236,16	151,16
	V	**1608,66**	443,83	443,83	IV	1071,50	1003,00	936,08	870,66	806,83	744,50
	VI	**1645,00**	443,83	443,83							
5486,99	I,IV	**1142,58**	443,83	443,83	I	1004,08	871,75	745,50	625,33	511,33	403,41
	II	**1078,83**	443,83	443,83	II	943,08	813,50	690,08	572,66	461,50	356,41
	III	**708,00**	443,83	443,83	III	607,66	510,33	416,16	325,00	236,83	151,33
	V	**1609,83**	443,83	443,83	IV	1072,58	1004,08	937,16	871,75	807,83	745,50
	VI	**1646,08**	443,83	443,83							
5489,99	I,IV	**1143,75**	443,83	443,83	I	1005,16	872,75	746,41	626,25	512,16	404,25
	II	**1079,91**	443,83	443,83	II	944,16	814,50	691,00	573,58	462,33	357,16
	III	**708,83**	443,83	443,83	III	608,50	511,16	416,83	325,66	237,50	152,50
	V	**1611,00**	443,83	443,83	IV	1073,66	1005,16	938,16	872,75	808,83	746,41
	VI	**1647,25**	443,83	443,83							
5492,99	I,IV	**1144,83**	443,83	443,83	I	1006,25	873,75	747,41	627,16	513,08	405,08
	II	**1081,00**	443,83	443,83	II	945,16	815,50	691,91	574,50	463,16	358,00
	III	**709,66**	443,83	443,83	III	609,16	511,83	417,50	326,33	238,16	153,16
	V	**1612,16**	443,83	443,83	IV	1074,75	1006,25	939,25	873,75	809,83	747,41
	VI	**1648,41**	443,83	443,83							
5495,99	I,IV	**1145,91**	443,83	443,83	I	1007,33	874,75	748,33	628,08	513,91	405,91
	II	**1082,08**	443,83	443,83	II	946,25	816,50	692,91	575,41	464,00	358,75
	III	**710,50**	443,83	443,83	III	610,00	512,66	418,33	327,00	238,83	153,83
	V	**1613,33**	443,83	443,83	IV	1075,83	1007,33	940,25	874,75	810,83	748,33
	VI	**1649,58**	443,83	443,83							
5498,99	I,IV	**1147,08**	443,83	443,83	I	1008,33	875,83	749,33	629,00	514,83	406,75
	II	**1083,16**	443,83	443,83	II	947,33	817,50	693,83	576,33	464,91	359,58
	III	**711,16**	443,83	443,83	III	610,83	513,33	419,00	327,83	239,50	154,33
	V	**1614,50**	443,83	443,83	IV	1076,91	1008,33	941,33	875,83	811,83	749,33
	VI	**1650,75**	443,83	443,83							
5501,99	I,IV	**1148,16**	443,83	443,83	I	1009,50	876,83	750,33	630,00	515,75	407,58
	II	**1084,33**	443,83	443,83	II	948,33	818,50	694,83	577,25	465,75	360,41
	III	**712,00**	443,83	443,83	III	611,66	514,16	419,83	328,50	240,16	155,00
	V	**1615,66**	443,83	443,83	IV	1078,08	1009,50	942,41	876,83	812,83	750,33
	VI	**1651,91**	443,83	443,83							
5504,99	I,IV	**1149,33**	443,83	443,83	I	1010,50	877,83	751,33	630,91	516,58	408,41
	II	**1085,41**	443,83	443,83	II	949,41	819,50	695,75	578,16	466,58	361,25
	III	**712,83**	443,83	443,83	III	612,33	515,00	420,50	329,16	241,00	155,66
	V	**1616,83**	443,83	443,83	IV	1079,16	1010,50	943,41	877,83	813,83	751,33
	VI	**1653,08**	443,83	443,83							
5507,99	I,IV	**1150,41**	443,83	443,83	I	1011,58	878,91	752,25	631,83	517,50	409,25
	II	**1086,50**	443,83	443,83	II	950,50	820,50	696,75	579,00	467,50	362,00
	III	**713,66**	443,83	443,83	III	613,16	515,66	421,33	329,83	241,66	156,33
	V	**1618,00**	443,83	443,83	IV	1080,25	1011,58	944,50	878,91	814,83	752,25
	VI	**1654,25**	443,83	443,83							

* Zur LSt-Berechnung für privat versicherte Arbeitnehmer s. Beispiele **Vorbemerkung S. 4 f.**
** Basisvorsorgepauschale KV und PV *** Typisierter Arbeitgeberzuschuss

Lohn/ Gehalt in € bis	Steuerklasse	Lohn-steuer*	BVSP**	TAGZ***	Steuerklasse	Bemessungsgrundlage für Kirchensteuer und Solidaritätszuschlag – Freibeträge für ... Kinder 0,5	1,0	1,5	2,0	2,5	3,0
5510,99	I,IV	**1151,58**	443,83	443,83	I	1012,66	879,91	753,25	632,75	518,33	410,08
	II	**1087,58**	443,83	443,83	II	951,50	821,50	697,66	579,91	468,33	362,83
	III	**714,50**	443,83	443,83	III	614,00	516,50	422,00	330,66	242,33	157,00
	V	**1619,16**	443,83	443,83	IV	1081,33	1012,66	945,50	879,91	815,83	753,25
	VI	**1655,41**	443,83	443,83							
5513,99	I,IV	**1152,66**	443,83	443,83	I	1013,75	880,91	754,25	633,66	519,25	410,91
	II	**1088,66**	443,83	443,83	II	952,58	822,50	698,58	580,83	469,16	363,66
	III	**715,33**	443,83	443,83	III	614,66	517,16	422,66	331,33	243,00	157,66
	V	**1620,25**	443,83	443,83	IV	1082,41	1013,75	946,58	880,91	816,83	754,25
	VI	**1656,58**	443,83	443,83							
5516,99	I,IV	**1153,83**	443,83	443,83	I	1014,83	882,00	755,25	634,58	520,08	411,75
	II	**1089,83**	443,83	443,83	II	953,66	823,58	699,58	581,75	470,08	364,50
	III	**716,16**	443,83	443,83	III	615,50	518,00	423,50	332,00	243,66	158,33
	V	**1621,50**	443,83	443,83	IV	1083,58	1014,83	947,66	882,00	817,83	755,25
	VI	**1657,75**	443,83	443,83							
5519,99	I,IV	**1154,91**	443,83	443,83	I	1015,91	883,00	756,25	635,58	521,00	412,58
	II	**1090,91**	443,83	443,83	II	954,66	824,58	700,58	582,66	470,91	365,25
	III	**717,00**	443,83	443,83	III	616,33	518,66	424,16	332,83	244,33	159,00
	V	**1622,66**	443,83	443,83	IV	1084,66	1015,91	948,66	883,00	818,83	756,25
	VI	**1658,91**	443,83	443,83							
5522,99	I,IV	**1156,08**	443,83	443,83	I	1017,00	884,00	757,16	636,50	521,91	413,41
	II	**1092,00**	443,83	443,83	II	955,75	825,58	701,50	583,58	471,75	366,08
	III	**717,66**	443,83	443,83	III	617,00	519,50	425,00	333,50	245,00	159,66
	V	**1623,75**	443,83	443,83	IV	1085,75	1017,00	949,75	884,00	819,83	757,16
	VI	**1660,08**	443,83	443,83							
5525,99	I,IV	**1157,16**	443,83	443,83	I	1018,08	885,08	758,16	637,41	522,75	414,25
	II	**1093,16**	443,83	443,83	II	956,75	826,58	702,50	584,50	472,66	366,91
	III	**718,50**	443,83	443,83	III	617,83	520,16	425,66	334,16	245,66	160,33
	V	**1624,91**	443,83	443,83	IV	1086,83	1018,08	950,75	885,08	820,83	758,16
	VI	**1661,16**	443,83	443,83							
5528,99	I,IV	**1158,33**	443,83	443,83	I	1019,08	886,08	759,16	638,33	523,66	415,08
	II	**1094,25**	443,83	443,83	II	957,83	827,58	703,41	585,41	473,50	367,66
	III	**719,33**	443,83	443,83	III	618,66	521,00	426,33	334,83	246,33	161,00
	V	**1626,08**	443,83	443,83	IV	1087,91	1019,08	951,83	886,08	821,83	759,16
	VI	**1662,33**	443,83	443,83							
5531,99	I,IV	**1159,41**	443,83	443,83	I	1020,25	887,08	760,16	639,25	524,50	415,91
	II	**1095,33**	443,83	443,83	II	958,91	828,58	704,41	586,33	474,33	368,50
	III	**720,16**	443,83	443,83	III	619,50	521,83	427,16	335,66	247,16	161,66
	V	**1627,25**	443,83	443,83	IV	1089,08	1020,25	952,91	887,08	822,83	760,16
	VI	**1663,58**	443,83	443,83							
5534,99	I,IV	**1160,58**	443,83	443,83	I	1021,33	888,16	761,08	640,16	525,41	416,75
	II	**1096,41**	443,83	443,83	II	960,00	829,58	705,33	587,25	475,25	369,33
	III	**721,00**	443,83	443,83	III	620,16	522,50	427,83	336,33	247,83	162,33
	V	**1628,41**	443,83	443,83	IV	1090,16	1021,33	953,91	888,16	823,83	761,08
	VI	**1664,66**	443,83	443,83							
5537,99	I,IV	**1161,66**	443,83	443,83	I	1022,33	889,16	762,08	641,16	526,33	417,58
	II	**1097,58**	443,83	443,83	II	961,00	830,58	706,33	588,16	476,08	370,16
	III	**721,83**	443,83	443,83	III	621,00	523,33	428,66	337,00	248,50	163,00
	V	**1629,58**	443,83	443,83	IV	1091,25	1022,33	955,00	889,16	824,83	762,08
	VI	**1665,83**	443,83	443,83							
5540,99	I,IV	**1162,83**	443,83	443,83	I	1023,41	890,16	763,08	642,08	527,16	418,41
	II	**1098,66**	443,83	443,83	II	962,08	831,58	707,25	589,00	476,91	371,00
	III	**722,66**	443,83	443,83	III	621,83	524,00	429,33	337,66	249,16	163,66
	V	**1630,75**	443,83	443,83	IV	1092,33	1023,41	956,08	890,16	825,83	763,08
	VI	**1667,00**	443,83	443,83							
5543,99	I,IV	**1163,91**	443,83	443,83	I	1024,50	891,25	764,00	643,00	528,08	419,25
	II	**1099,75**	443,83	443,83	II	963,08	832,58	708,25	589,91	477,83	371,75
	III	**723,33**	443,83	443,83	III	622,50	524,83	430,00	338,50	249,83	164,33
	V	**1631,91**	443,83	443,83	IV	1093,41	1024,50	957,08	891,25	826,83	764,00
	VI	**1668,16**	443,83	443,83							

* Zur LSt-Berechnung für privat versicherte Arbeitnehmer s. Beispiele **Vorbemerkung S. 4 f.**
** Basisvorsorgepauschale KV und PV *** Typisierter Arbeitgeberzuschuss

Lohn/ Gehalt in € bis	Steuerklasse	Lohn- steuer*	BVSP**	TAGZ***	Steuerklasse	Bemessungsgrundlage für Kirchensteuer und Solidaritätszuschlag – Freibeträge für ... Kinder 0,5	**1,0**	1,5	**2,0**	2,5	**3,0**
5 546,99	I,IV	**1 165,08**	443,83	443,83	I	1 025,58	892,25	765,00	643,91	528,91	420,08
	II	**1 100,83**	443,83	443,83	II	964,16	833,58	709,16	590,83	478,66	372,58
	III	**724,16**	443,83	443,83	III	623,33	525,50	430,83	339,16	250,50	165,00
	V	**1 633,08**	443,83	443,83	IV	1 094,58	1 025,58	958,16	892,25	827,83	765,00
	VI	**1 669,33**	443,83	443,83							
5 549,99	I,IV	**1 166,25**	443,83	443,83	I	1 026,66	893,33	766,00	644,83	529,83	420,91
	II	**1 102,00**	443,83	443,83	II	965,25	834,66	710,16	591,75	479,50	373,41
	III	**725,00**	443,83	443,83	III	624,16	526,33	431,66	339,83	251,33	165,66
	V	**1 634,25**	443,83	443,83	IV	1 095,66	1 026,66	959,25	893,33	828,91	766,00
	VI	**1 670,50**	443,83	443,83							
5 552,99	I,IV	**1 167,33**	443,83	443,83	I	1 027,75	894,33	767,00	645,83	530,75	421,75
	II	**1 103,08**	443,83	443,83	II	966,33	835,66	711,08	592,66	480,41	374,25
	III	**725,83**	443,83	443,83	III	625,00	527,00	432,33	340,66	252,00	166,33
	V	**1 635,41**	443,83	443,83	IV	1 096,75	1 027,75	960,25	894,33	829,91	767,00
	VI	**1 671,66**	443,83	443,83							
5 555,99	I,IV	**1 168,41**	443,83	443,83	I	1 028,83	895,33	768,00	646,75	531,58	422,58
	II	**1 104,16**	443,83	443,83	II	967,33	836,66	712,08	593,58	481,25	375,08
	III	**726,66**	443,83	443,83	III	625,66	527,83	433,00	341,33	252,66	167,00
	V	**1 636,58**	443,83	443,83	IV	1 097,91	1 028,83	961,33	895,33	830,91	768,00
	VI	**1 672,83**	443,83	443,83							
5 558,99	I,IV	**1 169,58**	443,83	443,83	I	1 029,91	896,33	768,91	647,66	532,50	423,41
	II	**1 105,25**	443,83	443,83	II	968,41	837,66	713,00	594,50	482,08	375,83
	III	**727,50**	443,83	443,83	III	626,50	528,66	433,83	342,00	253,33	167,66
	V	**1 637,75**	443,83	443,83	IV	1 099,00	1 029,91	962,41	896,33	831,91	768,91
	VI	**1 674,00**	443,83	443,83							
5 561,99	I,IV	**1 170,66**	443,83	443,83	I	1 031,00	897,41	769,91	648,58	533,33	424,25
	II	**1 106,41**	443,83	443,83	II	969,41	838,66	714,00	595,41	483,00	376,66
	III	**728,33**	443,83	443,83	III	627,33	529,33	434,50	342,66	254,00	168,33
	V	**1 638,83**	443,83	443,83	IV	1 100,08	1 031,00	963,41	897,41	832,91	769,91
	VI	**1 675,16**	443,83	443,83							
5 564,99	I,IV	**1 171,83**	443,83	443,83	I	1 032,08	898,50	770,91	649,58	534,25	425,16
	II	**1 107,50**	443,83	443,83	II	970,58	839,66	715,00	596,33	483,83	377,50
	III	**729,16**	443,83	443,83	III	628,16	530,16	435,33	343,50	254,66	169,00
	V	**1 640,08**	443,83	443,83	IV	1 101,25	1 032,08	964,50	898,50	833,91	770,91
	VI	**1 676,33**	443,83	443,83							
5 567,99	I,IV	**1 173,00**	443,83	443,83	I	1 033,16	899,50	771,91	650,50	535,16	426,00
	II	**1 108,58**	443,83	443,83	II	971,58	840,66	715,91	597,25	484,75	378,33
	III	**729,83**	443,83	443,83	III	628,83	530,83	436,00	344,16	255,33	169,66
	V	**1 641,25**	443,83	443,83	IV	1 102,33	1 033,16	965,58	899,50	834,91	771,91
	VI	**1 677,50**	443,83	443,83							
5 570,99	I,IV	**1 174,08**	443,83	443,83	I	1 034,25	900,50	772,91	651,41	536,08	426,83
	II	**1 109,75**	443,83	443,83	II	972,66	841,66	716,83	598,16	485,58	379,16
	III	**730,66**	443,83	443,83	III	629,66	531,66	436,83	344,83	256,16	170,33
	V	**1 642,33**	443,83	443,83	IV	1 103,41	1 034,25	966,58	900,50	835,91	772,91
	VI	**1 678,66**	443,83	443,83							
5 573,99	I,IV	**1 175,25**	443,83	443,83	I	1 035,33	901,58	773,91	652,33	536,91	427,66
	II	**1 110,83**	443,83	443,83	II	973,66	842,66	717,83	599,08	486,41	379,91
	III	**731,50**	443,83	443,83	III	630,50	532,33	437,50	345,50	256,83	171,00
	V	**1 643,50**	443,83	443,83	IV	1 104,50	1 035,33	967,66	901,58	836,91	773,91
	VI	**1 679,75**	443,83	443,83							
5 576,99	I,IV	**1 176,33**	443,83	443,83	I	1 036,41	902,58	774,83	653,25	537,83	428,50
	II	**1 111,91**	443,83	443,83	II	974,75	843,75	718,83	600,00	487,33	380,75
	III	**732,33**	443,83	443,83	III	631,16	533,16	438,16	346,33	257,50	171,66
	V	**1 644,66**	443,83	443,83	IV	1 105,58	1 036,41	968,75	902,58	837,91	774,83
	VI	**1 680,91**	443,83	443,83							
5 579,99	I,IV	**1 177,50**	443,83	443,83	I	1 037,50	903,66	775,91	654,25	538,75	429,33
	II	**1 113,08**	443,83	443,83	II	975,83	844,75	719,75	600,91	488,16	381,58
	III	**733,16**	443,83	443,83	III	632,00	534,00	439,00	347,00	258,16	172,33
	V	**1 645,83**	443,83	443,83	IV	1 106,75	1 037,50	969,83	903,66	839,00	775,91
	VI	**1 682,16**	443,83	443,83							

* Zur LSt-Berechnung für privat versicherte Arbeitnehmer s. Beispiele **Vorbemerkung S. 4 f.**
** Basisvorsorgepauschale KV und PV *** Typisierter Arbeitgeberzuschuss

Lohn/ Gehalt in € bis	Steuerklasse	Lohn-steuer*	BVSP**	TAGZ***	Steuerklasse	Bemessungsgrundlage für Kirchensteuer und Solidaritätszuschlag – Freibeträge für ... Kinder 0,5	1,0	1,5	2,0	2,5	3,0
5582,99	I,IV	**1178,66**	443,83	443,83	I	1038,58	904,66	776,83	655,16	539,58	430,16
	II	**1114,16**	443,83	443,83	II	976,91	845,75	720,75	601,83	489,08	382,41
	III	**734,00**	443,83	443,83	III	632,83	534,66	439,66	347,66	258,83	173,00
	V	**1647,00**	443,83	443,83	IV	1107,83	1038,58	970,83	904,66	840,00	776,83
	VI	**1683,25**	443,83	443,83							
5585,99	I,IV	**1179,75**	443,83	443,83	I	1039,66	905,66	777,83	656,08	540,50	431,00
	II	**1115,25**	443,83	443,83	II	978,00	846,75	721,66	602,75	489,91	383,25
	III	**734,83**	443,83	443,83	III	633,66	535,50	440,50	348,50	259,50	173,66
	V	**1648,16**	443,83	443,83	IV	1108,91	1039,66	971,91	905,66	841,00	777,83
	VI	**1684,41**	443,83	443,83							
5588,99	I,IV	**1180,91**	443,83	443,83	I	1040,75	906,75	778,83	657,00	541,41	431,83
	II	**1116,41**	443,83	443,83	II	979,00	847,75	722,66	603,66	490,83	384,08
	III	**735,50**	443,83	443,83	III	634,33	536,16	441,16	349,16	260,16	174,33
	V	**1649,33**	443,83	443,83	IV	1110,08	1040,75	973,00	906,75	842,00	778,83
	VI	**1685,58**	443,83	443,83							
5591,99	I,IV	**1182,00**	443,83	443,83	I	1041,83	907,75	779,83	658,00	542,25	432,66
	II	**1117,50**	443,83	443,83	II	980,08	848,75	723,58	604,58	491,66	384,83
	III	**736,33**	443,83	443,83	III	635,16	537,00	442,00	349,83	261,00	175,00
	V	**1650,50**	443,83	443,83	IV	1111,16	1041,83	974,00	907,75	843,00	779,83
	VI	**1686,75**	443,83	443,83							
5594,99	I,IV	**1183,16**	443,83	443,83	I	1042,91	908,75	780,75	658,91	543,16	433,50
	II	**1118,58**	443,83	443,83	II	981,16	849,83	724,58	605,50	492,50	385,66
	III	**737,16**	443,83	443,83	III	636,00	537,83	442,66	350,50	261,66	175,66
	V	**1651,66**	443,83	443,83	IV	1112,25	1042,91	975,08	908,75	844,00	780,75
	VI	**1687,91**	443,83	443,83							
5597,99	I,IV	**1184,33**	443,83	443,83	I	1044,00	909,83	781,83	659,83	544,08	434,41
	II	**1119,75**	443,83	443,83	II	982,25	850,83	725,58	606,41	493,41	386,50
	III	**738,00**	443,83	443,83	III	636,66	538,50	443,33	351,33	262,33	176,33
	V	**1652,83**	443,83	443,83	IV	1113,41	1044,00	976,16	909,83	845,08	781,83
	VI	**1689,08**	443,83	443,83							
5600,99	I,IV	**1185,41**	443,83	443,83	I	1045,08	910,91	782,75	660,83	544,91	435,25
	II	**1120,83**	443,83	443,83	II	983,25	851,83	726,50	607,33	494,25	387,33
	III	**738,83**	443,83	443,83	III	637,50	539,33	444,16	352,00	263,00	177,00
	V	**1654,00**	443,83	443,83	IV	1114,50	1045,08	977,25	910,91	846,08	782,75
	VI	**1690,25**	443,83	443,83							
5603,99	I,IV	**1186,58**	443,83	443,83	I	1046,16	911,91	783,75	661,75	545,83	436,08
	II	**1121,91**	443,83	443,83	II	984,33	852,83	727,50	608,25	495,16	388,16
	III	**739,66**	443,83	443,83	III	638,33	540,00	444,83	352,66	263,66	177,66
	V	**1655,16**	443,83	443,83	IV	1115,58	1046,16	978,25	911,91	847,08	783,75
	VI	**1691,41**	443,83	443,83							
5606,99	I,IV	**1187,66**	443,83	443,83	I	1047,25	912,91	784,75	662,66	546,75	436,91
	II	**1123,08**	443,83	443,83	II	985,41	853,83	728,41	609,16	496,00	389,00
	III	**740,50**	443,83	443,83	III	639,16	540,83	445,66	353,50	264,33	178,33
	V	**1656,33**	443,83	443,83	IV	1116,75	1047,25	979,33	912,91	848,08	784,75
	VI	**1692,58**	443,83	443,83							
5609,99	I,IV	**1188,83**	443,83	443,83	I	1048,33	914,00	785,75	663,58	547,58	437,75
	II	**1124,16**	443,83	443,83	II	986,41	854,91	729,41	610,08	496,91	389,75
	III	**741,16**	443,83	443,83	III	639,83	541,50	446,33	354,16	265,00	179,00
	V	**1657,41**	443,83	443,83	IV	1117,83	1048,33	980,41	914,00	849,08	785,75
	VI	**1693,75**	443,83	443,83							
5612,99	I,IV	**1190,00**	443,83	443,83	I	1049,41	915,00	786,75	664,58	548,50	438,58
	II	**1125,33**	443,83	443,83	II	987,58	855,91	730,41	611,00	497,75	390,66
	III	**742,00**	443,83	443,83	III	640,66	542,33	447,16	354,83	265,83	179,66
	V	**1658,66**	443,83	443,83	IV	1118,91	1049,41	981,50	915,00	850,16	786,75
	VI	**1694,91**	443,83	443,83							
5615,99	I,IV	**1191,08**	443,83	443,83	I	1050,50	916,08	787,75	665,50	549,41	439,41
	II	**1126,41**	443,83	443,83	II	988,58	856,91	731,41	611,91	498,66	391,41
	III	**742,83**	443,83	443,83	III	641,50	543,16	447,83	355,66	266,50	180,33
	V	**1659,83**	443,83	443,83	IV	1120,08	1050,50	982,50	916,08	851,16	787,75
	VI	**1696,08**	443,83	443,83							

* Zur LSt-Berechnung für privat versicherte Arbeitnehmer s. Beispiele **Vorbemerkung S. 4 f.**
** Basisvorsorgepauschale KV und PV *** Typisierter Arbeitgeberzuschuss

Lohn/ Gehalt in € bis	Steuerklasse	Lohn- steuer*	BVSP**	TAGZ***	Steuerklasse	Bemessungsgrundlage für Kirchensteuer und Solidaritätszuschlag – Freibeträge für ... Kinder 0,5	1,0	1,5	2,0	2,5	3,0
5 618,99	I,IV	**1 192,25**	443,83	443,83	I	1 051,58	917,08	788,75	666,41	550,33	440,33
	II	**1 127,50**	443,83	443,83	II	989,66	857,91	732,33	612,83	499,50	392,25
	III	**743,66**	443,83	443,83	III	642,33	543,83	448,50	356,33	267,16	181,00
	V	**1 660,91**	443,83	443,83	IV	1 121,16	1 051,58	983,58	917,08	852,16	788,75
	VI	**1 697,25**	443,83	443,83							
5 621,99	I,IV	**1 193,41**	443,83	443,83	I	1 052,66	918,16	789,75	667,41	551,16	441,16
	II	**1 128,58**	443,83	443,83	II	990,75	858,91	733,33	613,75	500,33	393,08
	III	**744,50**	443,83	443,83	III	643,00	544,66	449,33	357,00	267,83	181,66
	V	**1 662,08**	443,83	443,83	IV	1 122,25	1 052,66	984,66	918,16	853,16	789,75
	VI	**1 698,33**	443,83	443,83							
5 624,99	I,IV	**1 194,50**	443,83	443,83	I	1 053,75	919,16	790,66	668,33	552,08	442,00
	II	**1 129,75**	443,83	443,83	II	991,75	860,00	734,25	614,66	501,25	393,91
	III	**745,33**	443,83	443,83	III	643,83	545,33	450,00	357,83	268,50	182,33
	V	**1 663,25**	443,83	443,83	IV	1 123,41	1 053,75	985,75	919,16	854,16	790,66
	VI	**1 699,50**	443,83	443,83							
5 627,99	I,IV	**1 195,66**	443,83	443,83	I	1 054,91	920,25	791,75	669,33	553,00	442,83
	II	**1 130,83**	443,83	443,83	II	992,91	861,00	735,25	615,66	502,16	394,75
	III	**746,16**	443,83	443,83	III	644,66	546,16	450,83	358,50	269,16	183,00
	V	**1 664,41**	443,83	443,83	IV	1 124,50	1 054,91	986,83	920,25	855,25	791,75
	VI	**1 700,75**	443,83	443,83							
5 630,99	I,IV	**1 196,83**	443,83	443,83	I	1 056,00	921,25	792,66	670,25	553,91	443,66
	II	**1 132,00**	443,83	443,83	II	993,91	862,00	736,25	616,58	503,00	395,58
	III	**747,00**	443,83	443,83	III	645,50	547,00	451,50	359,16	270,00	183,66
	V	**1 665,58**	443,83	443,83	IV	1 125,66	1 056,00	987,83	921,25	856,25	792,66
	VI	**1 701,83**	443,83	443,83							
5 633,99	I,IV	**1 197,91**	443,83	443,83	I	1 057,08	922,33	793,66	671,16	554,83	444,50
	II	**1 133,08**	443,83	443,83	II	995,00	863,00	737,16	617,50	503,91	396,41
	III	**747,83**	443,83	443,83	III	646,16	547,66	452,33	360,00	270,66	184,33
	V	**1 666,75**	443,83	443,83	IV	1 126,75	1 057,08	988,91	922,33	857,25	793,66
	VI	**1 703,00**	443,83	443,83							
5 636,99	I,IV	**1 199,08**	443,83	443,83	I	1 058,16	923,33	794,66	672,08	555,66	445,41
	II	**1 134,16**	443,83	443,83	II	996,08	864,08	738,16	618,41	504,75	397,25
	III	**748,66**	443,83	443,83	III	647,00	548,50	453,00	360,66	271,33	185,00
	V	**1 667,91**	443,83	443,83	IV	1 127,83	1 058,16	990,00	923,33	858,25	794,66
	VI	**1 704,16**	443,83	443,83							
5 639,99	I,IV	**1 200,25**	443,83	443,83	I	1 059,25	924,41	795,66	673,08	556,58	446,25
	II	**1 135,33**	443,83	443,83	II	997,16	865,08	739,16	619,33	505,58	398,08
	III	**749,33**	443,83	443,83	III	647,83	549,33	453,83	361,33	272,00	185,66
	V	**1 669,08**	443,83	443,83	IV	1 129,00	1 059,25	991,08	924,41	859,25	795,66
	VI	**1 705,33**	443,83	443,83							
5 642,99	I,IV	**1 201,33**	443,83	443,83	I	1 060,33	925,41	796,66	674,00	557,50	447,08
	II	**1 136,41**	443,83	443,83	II	998,16	866,08	740,08	620,25	506,50	398,83
	III	**750,16**	443,83	443,83	III	648,66	550,00	454,50	362,16	272,66	186,33
	V	**1 670,25**	443,83	443,83	IV	1 130,08	1 060,33	992,08	925,41	860,25	796,66
	VI	**1 706,50**	443,83	443,83							
5 645,99	I,IV	**1 202,50**	443,83	443,83	I	1 061,41	926,50	797,66	675,00	558,41	447,91
	II	**1 137,58**	443,83	443,83	II	999,25	867,16	741,08	621,16	507,41	399,75
	III	**751,00**	443,83	443,83	III	649,50	550,83	455,33	362,83	273,50	187,00
	V	**1 671,41**	443,83	443,83	IV	1 131,25	1 061,41	993,16	926,50	861,33	797,66
	VI	**1 707,66**	443,83	443,83							
5 648,99	I,IV	**1 203,66**	443,83	443,83	I	1 062,50	927,50	798,66	675,91	559,25	448,75
	II	**1 138,66**	443,83	443,83	II	1 000,33	868,16	742,08	622,08	508,25	400,50
	III	**751,83**	443,83	443,83	III	650,16	551,50	456,00	363,50	274,16	187,66
	V	**1 672,58**	443,83	443,83	IV	1 132,33	1 062,50	994,25	927,50	862,33	798,66
	VI	**1 708,83**	443,83	443,83							
5 651,99	I,IV	**1 204,75**	443,83	443,83	I	1 063,58	928,58	799,66	676,83	560,16	449,66
	II	**1 139,83**	443,83	443,83	II	1 001,41	869,16	743,00	623,00	509,16	401,33
	III	**752,66**	443,83	443,83	III	651,00	552,33	456,83	364,33	274,83	188,33
	V	**1 673,75**	443,83	443,83	IV	1 133,41	1 063,58	995,33	928,58	863,33	799,66
	VI	**1 710,00**	443,83	443,83							

* Zur LSt-Berechnung für privat versicherte Arbeitnehmer s. Beispiele **Vorbemerkung S. 4 f.**
** Basisvorsorgepauschale KV und PV *** Typisierter Arbeitgeberzuschuss

Lohn/ Gehalt in € bis	Steuerklasse	Lohn-steuer*	BVSP**	TAGZ***	Steuerklasse	Bemessungsgrundlage für Kirchensteuer und Solidaritätszuschlag – Freibeträge für ... Kinder 0,5	1,0	1,5	2,0	2,5	3,0
5654,99	I,IV	**1205,91**	443,83	443,83	I	1064,66	929,58	800,66	677,83	561,08	450,50
	II	**1140,91**	443,83	443,83	II	1002,50	870,16	744,00	623,91	510,00	402,16
	III	**753,50**	443,83	443,83	III	651,83	553,16	457,50	365,00	275,50	189,00
	V	**1674,91**	443,83	443,83	IV	1134,58	1064,66	996,41	929,58	864,33	800,66
	VI	**1711,16**	443,83	443,83							
5657,99	I,IV	**1207,08**	443,83	443,83	I	1065,75	930,66	801,66	678,75	562,00	451,33
	II	**1142,00**	443,83	443,83	II	1003,58	871,16	745,00	624,83	510,83	403,00
	III	**754,33**	443,83	443,83	III	652,50	553,83	458,33	365,66	276,16	189,66
	V	**1676,00**	443,83	443,83	IV	1135,66	1065,75	997,41	930,66	865,41	801,66
	VI	**1712,33**	443,83	443,83							
5660,99	I,IV	**1208,25**	443,83	443,83	I	1066,91	931,75	802,66	679,75	562,91	452,16
	II	**1143,16**	443,83	443,83	II	1004,66	872,25	746,00	625,83	511,75	403,83
	III	**755,16**	443,83	443,83	III	653,33	554,66	459,00	366,50	276,83	190,50
	V	**1677,25**	443,83	443,83	IV	1136,83	1066,91	998,58	931,75	866,41	802,66
	VI	**1713,50**	443,83	443,83							
5663,99	I,IV	**1209,33**	443,83	443,83	I	1068,00	932,75	803,66	680,66	563,75	453,00
	II	**1144,25**	443,83	443,83	II	1005,75	873,25	746,91	626,75	512,66	404,66
	III	**756,00**	443,83	443,83	III	654,16	555,33	459,66	367,16	277,50	191,00
	V	**1678,41**	443,83	443,83	IV	1137,91	1068,00	999,58	932,75	867,41	803,66
	VI	**1714,66**	443,83	443,83							
5666,99	I,IV	**1210,50**	443,83	443,83	I	1069,08	933,83	804,66	681,58	564,66	453,91
	II	**1145,41**	443,83	443,83	II	1006,75	874,25	747,91	627,66	513,50	405,50
	III	**756,83**	443,83	443,83	III	655,00	556,16	460,50	367,83	278,33	191,83
	V	**1679,50**	443,83	443,83	IV	1139,00	1069,08	1000,66	933,83	868,41	804,66
	VI	**1715,83**	443,83	443,83							
5669,99	I,IV	**1211,66**	443,83	443,83	I	1070,16	934,83	805,66	682,58	565,58	454,75
	II	**1146,50**	443,83	443,83	II	1007,83	875,33	748,83	628,58	514,41	406,33
	III	**757,50**	443,83	443,83	III	655,66	557,00	461,16	368,50	279,00	192,33
	V	**1680,66**	443,83	443,83	IV	1140,16	1070,16	1001,75	934,83	869,50	805,66
	VI	**1716,91**	443,83	443,83							
5672,99	I,IV	**1212,75**	443,83	443,83	I	1071,25	935,91	806,58	683,50	566,50	455,58
	II	**1147,66**	443,83	443,83	II	1008,91	876,33	749,83	629,50	515,25	407,16
	III	**758,33**	443,83	443,83	III	656,50	557,66	462,00	369,33	279,66	193,16
	V	**1681,83**	443,83	443,83	IV	1141,25	1071,25	1002,83	935,91	870,50	806,58
	VI	**1718,08**	443,83	443,83							
5675,99	I,IV	**1213,91**	443,83	443,83	I	1072,41	936,91	807,66	684,50	567,41	456,41
	II	**1148,75**	443,83	443,83	II	1010,00	877,33	750,83	630,41	516,16	408,00
	III	**759,16**	443,83	443,83	III	657,33	558,50	462,66	370,00	280,33	193,83
	V	**1683,00**	443,83	443,83	IV	1142,41	1072,41	1003,91	936,91	871,50	807,66
	VI	**1719,33**	443,83	443,83							
5678,99	I,IV	**1215,08**	443,83	443,83	I	1073,50	938,00	808,66	685,41	568,33	457,33
	II	**1149,91**	443,83	443,83	II	1011,08	878,41	751,83	631,33	517,08	408,83
	III	**760,00**	443,83	443,83	III	658,16	559,33	463,50	370,66	281,00	194,50
	V	**1684,16**	443,83	443,83	IV	1143,50	1073,50	1005,00	938,00	872,58	808,66
	VI	**1720,41**	443,83	443,83							
5681,99	I,IV	**1216,25**	443,83	443,83	I	1074,58	939,00	809,66	686,33	569,16	458,16
	II	**1151,00**	443,83	443,83	II	1012,16	879,41	752,75	632,33	517,91	409,66
	III	**760,83**	443,83	443,83	III	659,00	560,00	464,16	371,50	281,83	195,16
	V	**1685,33**	443,83	443,83	IV	1144,66	1074,58	1006,00	939,00	873,58	809,66
	VI	**1721,58**	443,83	443,83							
5684,99	I,IV	**1217,33**	443,83	443,83	I	1075,66	940,08	810,66	687,33	570,08	459,00
	II	**1152,16**	443,83	443,83	II	1013,25	880,41	753,75	633,25	518,83	410,50
	III	**761,66**	443,83	443,83	III	659,66	560,83	465,00	372,16	282,50	195,83
	V	**1686,50**	443,83	443,83	IV	1145,75	1075,66	1007,08	940,08	874,58	810,66
	VI	**1722,75**	443,83	443,83							
5687,99	I,IV	**1218,50**	443,83	443,83	I	1076,75	941,08	811,58	688,25	571,00	459,83
	II	**1153,25**	443,83	443,83	II	1014,25	881,41	754,75	634,16	519,66	411,33
	III	**762,50**	443,83	443,83	III	660,50	561,50	465,66	372,83	283,16	196,50
	V	**1687,66**	443,83	443,83	IV	1146,83	1076,75	1008,16	941,08	875,58	811,58
	VI	**1723,91**	443,83	443,83							

* Zur LSt-Berechnung für privat versicherte Arbeitnehmer s. Beispiele **Vorbemerkung S. 4 f.**
** Basisvorsorgepauschale KV und PV *** Typisierter Arbeitgeberzuschuss

Lohn/ Gehalt in € bis	Steuerklasse	Lohn- steuer*	BVSP**	TAGZ***	Steuerklasse	Bemessungsgrundlage für Kirchensteuer und Solidaritätszuschlag					
						Freibeträge für ... Kinder					
						0,5	**1,0**	1,5	**2,0**	2,5	**3,0**
5690,99	I,IV	**1219,66**	443,83	443,83	I	1077,83	942,16	812,58	689,16	571,91	460,66
	II	**1154,33**	443,83	443,83	II	1015,33	882,50	755,66	635,08	520,58	412,16
	III	**763,33**	443,83	443,83	III	661,33	562,33	466,50	373,66	283,83	197,16
	V	**1688,83**	443,83	443,83	IV	1148,00	1077,83	1009,25	942,16	876,66	812,58
	VI	**1725,08**	443,83	443,83							
5693,99	I,IV	**1220,83**	443,83	443,83	I	1079,00	943,25	813,66	690,16	572,83	461,58
	II	**1155,50**	443,83	443,83	II	1016,50	883,50	756,75	636,00	521,41	413,00
	III	**764,16**	443,83	443,83	III	662,16	563,16	467,16	374,33	284,50	197,83
	V	**1690,00**	443,83	443,83	IV	1149,08	1079,00	1010,33	943,25	877,66	813,66
	VI	**1726,25**	443,83	443,83							
5696,99	I,IV	**1221,91**	443,83	443,83	I	1080,08	944,25	814,66	691,08	573,75	462,41
	II	**1156,66**	443,83	443,83	II	1017,50	884,58	757,66	636,91	522,33	413,83
	III	**765,00**	443,83	443,83	III	662,83	563,83	468,00	375,00	285,33	198,50
	V	**1691,16**	443,83	443,83	IV	1150,25	1080,08	1011,41	944,25	878,66	814,66
	VI	**1727,41**	443,83	443,83							
5699,99	I,IV	**1223,08**	443,83	443,83	I	1081,16	945,33	815,66	692,08	574,58	463,25
	II	**1157,75**	443,83	443,83	II	1018,58	885,58	758,66	637,83	523,16	414,66
	III	**765,83**	443,83	443,83	III	663,66	564,66	468,66	375,83	286,00	199,16
	V	**1692,33**	443,83	443,83	IV	1151,33	1081,16	1012,50	945,33	879,75	815,66
	VI	**1728,58**	443,83	443,83							
5702,99	I,IV	**1224,25**	443,83	443,83	I	1082,25	946,41	816,66	693,00	575,50	464,16
	II	**1158,91**	443,83	443,83	II	1019,66	886,58	759,66	638,83	524,08	415,50
	III	**766,66**	443,83	443,83	III	664,50	565,50	469,50	376,50	286,66	199,83
	V	**1693,50**	443,83	443,83	IV	1152,50	1082,25	1013,58	946,41	880,75	816,66
	VI	**1729,75**	443,83	443,83							
5705,99	I,IV	**1225,33**	443,83	443,83	I	1083,33	947,41	817,66	694,00	576,41	465,00
	II	**1160,00**	443,83	443,83	II	1020,75	887,58	760,58	639,75	525,00	416,33
	III	**767,33**	443,83	443,83	III	665,33	566,16	470,16	377,16	287,33	200,50
	V	**1694,66**	443,83	443,83	IV	1153,58	1083,33	1014,58	947,41	881,75	817,66
	VI	**1730,91**	443,83	443,83							
5708,99	I,IV	**1226,58**	443,83	443,83	I	1084,50	948,50	818,66	694,91	577,33	465,83
	II	**1161,16**	443,83	443,83	II	1021,83	888,66	761,58	640,66	525,83	417,16
	III	**768,16**	443,83	443,83	III	666,00	567,00	471,00	378,00	288,00	201,16
	V	**1695,83**	443,83	443,83	IV	1154,75	1084,50	1015,75	948,50	882,83	818,66
	VI	**1732,08**	443,83	443,83							
5711,99	I,IV	**1227,66**	443,83	443,83	I	1085,58	949,58	819,66	695,91	578,25	466,75
	II	**1162,25**	443,83	443,83	II	1022,91	889,66	762,58	641,58	526,75	418,00
	III	**769,00**	443,83	443,83	III	666,83	567,83	471,66	378,66	288,83	201,83
	V	**1697,00**	443,83	443,83	IV	1155,83	1085,58	1016,75	949,58	883,83	819,66
	VI	**1733,25**	443,83	443,83							
5714,99	I,IV	**1228,83**	443,83	443,83	I	1086,66	950,58	820,66	696,83	579,16	467,58
	II	**1163,41**	443,83	443,83	II	1024,00	890,75	763,58	642,50	527,66	418,83
	III	**769,83**	443,83	443,83	III	667,66	568,50	472,50	379,33	289,50	202,50
	V	**1698,16**	443,83	443,83	IV	1157,00	1086,66	1017,83	950,58	884,83	820,66
	VI	**1734,41**	443,83	443,83							
5717,99	I,IV	**1230,00**	443,83	443,83	I	1087,75	951,66	821,66	697,75	580,08	468,41
	II	**1164,50**	443,83	443,83	II	1025,08	891,75	764,58	643,50	528,50	419,66
	III	**770,66**	443,83	443,83	III	668,50	569,33	473,16	380,16	290,16	203,16
	V	**1699,25**	443,83	443,83	IV	1158,08	1087,75	1018,91	951,66	885,91	821,66
	VI	**1735,50**	443,83	443,83							
5720,99	I,IV	**1231,08**	443,83	443,83	I	1088,83	952,66	822,66	698,75	580,91	469,25
	II	**1165,66**	443,83	443,83	II	1026,16	892,75	765,50	644,41	529,41	420,50
	III	**771,50**	443,83	443,83	III	669,16	570,00	473,83	380,83	290,83	203,83
	V	**1700,41**	443,83	443,83	IV	1159,25	1088,83	1020,00	952,66	886,91	822,66
	VI	**1736,66**	443,83	443,83							
5723,99	I,IV	**1232,33**	443,83	443,83	I	1090,00	953,75	823,66	699,75	581,91	470,16
	II	**1166,75**	443,83	443,83	II	1027,25	893,83	766,50	645,33	530,33	421,33
	III	**772,33**	443,83	443,83	III	670,00	570,83	474,66	381,50	291,50	204,50
	V	**1701,66**	443,83	443,83	IV	1160,33	1090,00	1021,08	953,75	887,91	823,66
	VI	**1737,91**	443,83	443,83							

* Zur LSt-Berechnung für privat versicherte Arbeitnehmer s. Beispiele **Vorbemerkung S. 4f.**
** Basisvorsorgepauschale KV und PV *** Typisierter Arbeitgeberzuschuss

Lohn/ Gehalt in € bis	Steuerklasse	Lohn-steuer*	BVSP**	TAGZ***	Steuerklasse	Bemessungsgrundlage für Kirchensteuer und Solidaritätszuschlag					
						Freibeträge für ... Kinder					
						0,5	**1,0**	1,5	**2,0**	2,5	**3,0**
5 726,99	I,IV	**1 233,41**	443,83	443,83	I	1 091,08	954,83	824,66	700,66	582,75	471,00
	II	**1 167,91**	443,83	443,83	II	1 028,33	894,83	767,50	646,25	531,16	422,16
	III	**773,16**	443,83	443,83	III	670,83	571,66	475,50	382,33	292,33	205,33
	V	**1 702,75**	443,83	443,83	IV	1 161,50	1 091,08	1 022,16	954,83	889,00	824,66
	VI	**1 739,00**	443,83	443,83							
5 729,99	I,IV	**1 234,58**	443,83	443,83	I	1 092,16	955,83	825,66	701,58	583,66	471,91
	II	**1 169,00**	443,83	443,83	II	1 029,41	895,91	768,50	647,25	532,08	423,00
	III	**774,00**	443,83	443,83	III	671,66	572,33	476,16	383,00	293,00	205,83
	V	**1 703,91**	443,83	443,83	IV	1 162,58	1 092,16	1 023,25	955,83	890,00	825,66
	VI	**1 740,16**	443,83	443,83							
5 732,99	I,IV	**1 235,75**	443,83	443,83	I	1 093,25	956,91	826,66	702,58	584,58	472,75
	II	**1 170,16**	443,83	443,83	II	1 030,50	896,91	769,50	648,16	532,91	423,83
	III	**774,83**	443,83	443,83	III	672,50	573,16	477,00	383,83	293,66	206,66
	V	**1 705,08**	443,83	443,83	IV	1 163,75	1 093,25	1 024,33	956,91	891,00	826,66
	VI	**1 741,33**	443,83	443,83							
5 735,99	I,IV	**1 236,91**	443,83	443,83	I	1 094,33	957,91	827,66	703,50	585,50	473,58
	II	**1 171,25**	443,83	443,83	II	1 031,58	897,91	770,41	649,08	533,83	424,66
	III	**775,66**	443,83	443,83	III	673,16	573,83	477,66	384,50	294,33	207,33
	V	**1 706,25**	443,83	443,83	IV	1 164,83	1 094,33	1 025,41	957,91	892,08	827,66
	VI	**1 742,50**	443,83	443,83							
5 738,99	I,IV	**1 238,00**	443,83	443,83	I	1 095,41	959,00	828,66	704,50	586,41	474,41
	II	**1 172,41**	443,83	443,83	II	1 032,58	898,91	771,41	650,00	534,75	425,50
	III	**776,50**	443,83	443,83	III	674,00	574,66	478,50	385,16	295,00	208,00
	V	**1 707,41**	443,83	443,83	IV	1 166,00	1 095,41	1 026,50	959,00	893,08	828,66
	VI	**1 743,66**	443,83	443,83							
5 741,99	I,IV	**1 239,16**	443,83	443,83	I	1 096,58	960,08	829,75	705,50	587,33	475,33
	II	**1 173,58**	443,83	443,83	II	1 033,75	900,00	772,41	651,00	535,58	426,41
	III	**777,33**	443,83	443,83	III	674,83	575,50	479,16	386,00	295,83	208,66
	V	**1 708,58**	443,83	443,83	IV	1 167,16	1 096,58	1 027,58	960,08	894,16	829,75
	VI	**1 744,83**	443,83	443,83							
5 744,99	I,IV	**1 240,33**	443,83	443,83	I	1 097,66	961,16	830,75	706,41	588,25	476,16
	II	**1 174,66**	443,83	443,83	II	1 034,83	901,08	773,41	651,91	536,50	427,25
	III	**778,16**	443,83	443,83	III	675,66	576,16	480,00	386,66	296,50	209,33
	V	**1 709,75**	443,83	443,83	IV	1 168,25	1 097,66	1 028,66	961,16	895,16	830,75
	VI	**1 746,00**	443,83	443,83							
5 747,99	I,IV	**1 241,50**	443,83	443,83	I	1 098,75	962,16	831,75	707,33	589,16	477,08
	II	**1 175,83**	443,83	443,83	II	1 035,91	902,08	774,41	652,83	537,41	428,08
	III	**779,00**	443,83	443,83	III	676,50	577,00	480,66	387,33	297,16	210,00
	V	**1 710,91**	443,83	443,83	IV	1 169,33	1 098,75	1 029,75	962,16	896,16	831,75
	VI	**1 747,16**	443,83	443,83							
5 750,99	I,IV	**1 242,66**	443,83	443,83	I	1 099,91	963,25	832,75	708,33	590,08	477,91
	II	**1 176,91**	443,83	443,83	II	1 037,00	903,08	775,33	653,75	538,25	428,91
	III	**779,66**	443,83	443,83	III	677,16	577,83	481,33	388,16	297,83	210,66
	V	**1 712,08**	443,83	443,83	IV	1 170,50	1 099,91	1 030,83	963,25	897,25	832,75
	VI	**1 748,33**	443,83	443,83							
5 753,99	I,IV	**1 243,83**	443,83	443,83	I	1 101,00	964,25	833,75	709,25	591,00	478,75
	II	**1 178,08**	443,83	443,83	II	1 038,00	904,16	776,33	654,66	539,16	429,75
	III	**780,50**	443,83	443,83	III	678,00	578,50	482,16	388,83	298,50	211,33
	V	**1 713,25**	443,83	443,83	IV	1 171,58	1 101,00	1 031,83	964,25	898,25	833,75
	VI	**1 749,50**	443,83	443,83							
5 756,99	I,IV	**1 245,00**	443,83	443,83	I	1 102,08	965,33	834,75	710,25	591,91	479,66
	II	**1 179,25**	443,83	443,83	II	1 039,16	905,16	777,33	655,66	540,08	430,58
	III	**781,33**	443,83	443,83	III	678,83	579,33	483,00	389,66	299,33	212,00
	V	**1 714,41**	443,83	443,83	IV	1 172,75	1 102,08	1 033,00	965,33	899,33	834,75
	VI	**1 750,66**	443,83	443,83							
5 759,99	I,IV	**1 246,08**	443,83	443,83	I	1 103,25	966,41	835,75	711,25	592,83	480,50
	II	**1 180,33**	443,83	443,83	II	1 040,25	906,25	778,33	656,58	540,91	431,41
	III	**782,16**	443,83	443,83	III	679,66	580,16	483,66	390,33	300,00	212,66
	V	**1 715,58**	443,83	443,83	IV	1 173,91	1 103,25	1 034,08	966,41	900,33	835,75
	VI	**1 751,83**	443,83	443,83							

* Zur LSt-Berechnung für privat versicherte Arbeitnehmer s. Beispiele **Vorbemerkung S. 4f.**
** Basisvorsorgepauschale KV und PV *** Typisierter Arbeitgeberzuschuss

Lohn/ Gehalt in € bis	Steuerklasse	Lohn-steuer*	BVSP**	TAGZ***	Steuerklasse	Bemessungsgrundlage für Kirchensteuer und Solidaritätszuschlag – Freibeträge für ... Kinder 0,5	**1,0**	1,5	**2,0**	2,5	**3,0**
5 762,99	I,IV	**1 247,25**	443,83	443,83	I	1 104,33	967,50	836,75	712,16	593,75	481,33
	II	**1 181,50**	443,83	443,83	II	1 041,33	907,25	779,33	657,50	541,83	432,25
	III	**783,00**	443,83	443,83	III	680,50	581,00	484,50	391,00	300,66	213,33
	V	**1 716,75**	443,83	443,83	IV	1 175,00	1 104,33	1 035,16	967,50	901,33	836,75
	VI	**1 753,00**	443,83	443,83							
5 765,99	I,IV	**1 248,41**	443,83	443,83	I	1 105,41	968,50	837,75	713,16	594,58	482,25
	II	**1 182,58**	443,83	443,83	II	1 042,41	908,25	780,33	658,41	542,75	433,08
	III	**783,83**	443,83	443,83	III	681,16	581,66	485,16	391,66	301,33	214,00
	V	**1 717,83**	443,83	443,83	IV	1 176,16	1 105,41	1 036,16	968,50	902,41	837,75
	VI	**1 754,16**	443,83	443,83							
5 768,99	I,IV	**1 249,58**	443,83	443,83	I	1 106,50	969,58	838,75	714,08	595,50	483,08
	II	**1 183,75**	443,83	443,83	II	1 043,50	909,33	781,33	659,41	543,58	433,91
	III	**784,66**	443,83	443,83	III	682,00	582,50	486,00	392,50	302,00	214,66
	V	**1 719,00**	443,83	443,83	IV	1 177,25	1 106,50	1 037,25	969,58	903,41	838,75
	VI	**1 755,25**	443,83	443,83							
5 771,99	I,IV	**1 250,75**	443,83	443,83	I	1 107,66	970,66	839,83	715,08	596,50	484,00
	II	**1 184,91**	443,83	443,83	II	1 044,58	910,41	782,33	660,33	544,50	434,83
	III	**785,50**	443,83	443,83	III	682,83	583,33	486,66	393,16	302,83	215,50
	V	**1 720,25**	443,83	443,83	IV	1 178,41	1 107,66	1 038,41	970,66	904,50	839,83
	VI	**1 756,50**	443,83	443,83							
5 774,99	I,IV	**1 251,91**	443,83	443,83	I	1 108,75	971,75	840,83	716,00	597,33	484,83
	II	**1 186,00**	443,83	443,83	II	1 045,66	911,41	783,25	661,25	545,41	435,66
	III	**786,33**	443,83	443,83	III	683,66	584,00	487,50	394,00	303,50	216,16
	V	**1 721,33**	443,83	443,83	IV	1 179,58	1 108,75	1 039,50	971,75	905,50	840,83
	VI	**1 757,66**	443,83	443,83							
5 777,99	I,IV	**1 253,08**	443,83	443,83	I	1 109,83	972,75	841,83	717,00	598,25	485,66
	II	**1 187,16**	443,83	443,83	II	1 046,75	912,41	784,25	662,25	546,33	436,50
	III	**787,16**	443,83	443,83	III	684,50	584,83	488,16	394,66	304,16	216,83
	V	**1 722,50**	443,83	443,83	IV	1 180,66	1 109,83	1 040,58	972,75	906,50	841,83
	VI	**1 758,75**	443,83	443,83							
5 780,99	I,IV	**1 254,16**	443,83	443,83	I	1 111,00	973,83	842,83	717,91	599,16	486,58
	II	**1 188,25**	443,83	443,83	II	1 047,83	913,50	785,25	663,16	547,16	437,33
	III	**788,00**	443,83	443,83	III	685,16	585,50	489,00	395,33	304,83	217,50
	V	**1 723,66**	443,83	443,83	IV	1 181,83	1 111,00	1 041,66	973,83	907,58	842,83
	VI	**1 759,91**	443,83	443,83							
5 783,99	I,IV	**1 255,33**	443,83	443,83	I	1 112,08	974,91	843,83	718,91	600,08	487,41
	II	**1 189,41**	443,83	443,83	II	1 048,91	914,50	786,25	664,08	548,08	438,16
	III	**788,83**	443,83	443,83	III	686,00	586,33	489,66	396,16	305,66	218,16
	V	**1 724,83**	443,83	443,83	IV	1 182,91	1 112,08	1 042,75	974,91	908,58	843,83
	VI	**1 761,08**	443,83	443,83							
5 786,99	I,IV	**1 256,50**	443,83	443,83	I	1 113,16	975,91	844,83	719,83	601,00	488,25
	II	**1 190,50**	443,83	443,83	II	1 050,00	915,58	787,25	665,00	549,00	439,00
	III	**789,66**	443,83	443,83	III	686,83	587,16	490,50	396,83	306,33	218,83
	V	**1 726,00**	443,83	443,83	IV	1 184,08	1 113,16	1 043,75	975,91	909,66	844,83
	VI	**1 762,25**	443,83	443,83							
5 789,99	I,IV	**1 257,66**	443,83	443,83	I	1 114,33	977,00	845,91	720,83	601,91	489,16
	II	**1 191,66**	443,83	443,83	II	1 051,08	916,58	788,25	666,00	549,91	439,91
	III	**790,50**	443,83	443,83	III	687,66	587,83	491,16	397,50	307,00	219,50
	V	**1 727,16**	443,83	443,83	IV	1 185,25	1 114,33	1 044,91	977,00	910,66	845,91
	VI	**1 763,41**	443,83	443,83							
5 792,99	I,IV	**1 258,83**	443,83	443,83	I	1 115,41	978,08	846,91	721,83	602,83	490,00
	II	**1 192,83**	443,83	443,83	II	1 052,16	917,66	789,25	666,91	550,75	440,75
	III	**791,33**	443,83	443,83	III	688,50	588,66	492,00	398,33	307,66	220,16
	V	**1 728,33**	443,83	443,83	IV	1 186,33	1 115,41	1 046,00	978,08	911,75	846,91
	VI	**1 764,58**	443,83	443,83							
5 795,99	I,IV	**1 260,00**	443,83	443,83	I	1 116,50	979,16	847,91	722,75	603,75	490,91
	II	**1 194,00**	443,83	443,83	II	1 053,25	918,66	790,25	667,91	551,66	441,58
	III	**792,16**	443,83	443,83	III	689,16	589,50	492,66	399,00	308,33	220,83
	V	**1 729,50**	443,83	443,83	IV	1 187,50	1 116,50	1 047,08	979,16	912,75	847,91
	VI	**1 765,75**	443,83	443,83							

* Zur LSt-Berechnung für privat versicherte Arbeitnehmer s. Beispiele **Vorbemerkung S. 4 f.**
** Basisvorsorgepauschale KV und PV *** Typisierter Arbeitgeberzuschuss

Lohn/ Gehalt in € bis	Steuerklasse	Lohn- steuer*	BVSP**	TAGZ***	Steuerklasse	Bemessungsgrundlage für Kirchensteuer und Solidaritätszuschlag					
						Freibeträge für ... Kinder					
						0,5	**1,0**	1,5	**2,0**	2,5	**3,0**
5 798,99	I,IV	**1 261,16**	443,83	443,83	I	1 117,58	980,16	848,91	723,75	604,66	491,75
	II	**1 195,08**	443,83	443,83	II	1 054,33	919,75	791,16	668,83	552,58	442,41
	III	**793,00**	443,83	443,83	III	690,00	590,16	493,50	399,83	309,16	221,50
	V	**1 730,66**	443,83	443,83	IV	1 188,58	1 117,58	1 048,16	980,16	913,75	848,91
	VI	**1 766,91**	443,83	443,83							
5 801,99	I,IV	**1 262,33**	443,83	443,83	I	1 118,75	981,25	849,91	724,66	605,58	492,66
	II	**1 196,25**	443,83	443,83	II	1 055,41	920,75	792,16	669,75	553,41	443,25
	III	**793,66**	443,83	443,83	III	690,83	591,00	494,16	400,50	309,83	222,16
	V	**1 731,83**	443,83	443,83	IV	1 189,75	1 118,75	1 049,25	981,25	914,83	849,91
	VI	**1 768,08**	443,83	443,83							
5 804,99	I,IV	**1 263,50**	443,83	443,83	I	1 119,83	982,33	850,91	725,66	606,58	493,50
	II	**1 197,41**	443,83	443,83	II	1 056,58	921,83	793,16	670,75	554,33	444,16
	III	**794,66**	443,83	443,83	III	691,66	591,83	495,00	401,16	310,50	222,83
	V	**1 733,00**	443,83	443,83	IV	1 190,91	1 119,83	1 050,33	982,33	915,91	850,91
	VI	**1 769,25**	443,83	443,83							
5 807,99	I,IV	**1 264,66**	443,83	443,83	I	1 121,00	983,41	852,00	726,66	607,41	494,41
	II	**1 198,50**	443,83	443,83	II	1 057,66	922,83	794,16	671,66	555,25	445,00
	III	**795,50**	443,83	443,83	III	692,50	592,50	495,66	402,00	311,16	223,66
	V	**1 734,16**	443,83	443,83	IV	1 192,08	1 121,00	1 051,41	983,41	916,91	852,00
	VI	**1 770,41**	443,83	443,83							
5 810,99	I,IV	**1 265,83**	443,83	443,83	I	1 122,08	984,50	853,00	727,58	608,33	495,25
	II	**1 199,66**	443,83	443,83	II	1 058,75	923,91	795,16	672,58	556,16	445,83
	III	**796,16**	443,83	443,83	III	693,33	593,33	496,50	402,66	312,00	224,16
	V	**1 735,33**	443,83	443,83	IV	1 193,16	1 122,08	1 052,50	984,50	917,91	853,00
	VI	**1 771,58**	443,83	443,83							
5 813,99	I,IV	**1 267,00**	443,83	443,83	I	1 123,16	985,50	854,00	728,58	609,25	496,08
	II	**1 200,83**	443,83	443,83	II	1 059,83	924,91	796,16	673,58	557,00	446,66
	III	**797,16**	443,83	443,83	III	694,00	594,16	497,16	403,33	312,66	225,00
	V	**1 736,41**	443,83	443,83	IV	1 194,33	1 123,16	1 053,58	985,50	919,00	854,00
	VI	**1 772,75**	443,83	443,83							
5 816,99	I,IV	**1 268,08**	443,83	443,83	I	1 124,25	986,58	855,00	729,50	610,16	497,00
	II	**1 201,91**	443,83	443,83	II	1 060,91	926,00	797,16	674,50	557,91	447,50
	III	**797,83**	443,83	443,83	III	694,83	594,83	498,00	404,16	313,33	225,66
	V	**1 737,58**	443,83	443,83	IV	1 195,41	1 124,25	1 054,66	986,58	920,00	855,00
	VI	**1 773,83**	443,83	443,83							
5 819,99	I,IV	**1 269,33**	443,83	443,83	I	1 125,41	987,66	856,00	730,50	611,16	497,91
	II	**1 203,08**	443,83	443,83	II	1 062,00	927,00	798,16	675,41	558,83	448,33
	III	**798,66**	443,83	443,83	III	695,66	595,66	498,66	404,83	314,00	226,33
	V	**1 738,83**	443,83	443,83	IV	1 196,58	1 125,41	1 055,75	987,66	921,08	856,00
	VI	**1 775,08**	443,83	443,83							
5 822,99	I,IV	**1 270,50**	443,83	443,83	I	1 126,50	988,75	857,08	731,50	612,08	498,75
	II	**1 204,25**	443,83	443,83	II	1 063,08	928,08	799,16	676,41	559,75	449,25
	III	**799,50**	443,83	443,83	III	696,50	596,50	499,50	405,66	314,83	227,00
	V	**1 739,91**	443,83	443,83	IV	1 197,75	1 126,50	1 056,83	988,75	922,16	857,08
	VI	**1 776,25**	443,83	443,83							
5 825,99	I,IV	**1 271,58**	443,83	443,83	I	1 127,66	989,83	858,08	732,41	613,00	499,58
	II	**1 205,33**	443,83	443,83	II	1 064,16	929,08	800,16	677,33	560,66	450,08
	III	**800,33**	443,83	443,83	III	697,33	597,16	500,16	406,33	315,50	227,66
	V	**1 741,08**	443,83	443,83	IV	1 198,83	1 127,66	1 057,91	989,83	923,16	858,08
	VI	**1 777,33**	443,83	443,83							
5 828,99	I,IV	**1 272,75**	443,83	443,83	I	1 128,75	990,83	859,08	733,41	613,91	500,50
	II	**1 206,50**	443,83	443,83	II	1 065,25	930,16	801,16	678,25	561,50	450,91
	III	**801,16**	443,83	443,83	III	698,16	598,00	501,00	407,00	316,16	228,33
	V	**1 742,25**	443,83	443,83	IV	1 200,00	1 128,75	1 059,00	990,83	924,16	859,08
	VI	**1 778,50**	443,83	443,83							
5 831,99	I,IV	**1 273,91**	443,83	443,83	I	1 129,83	991,91	860,08	734,41	614,83	501,33
	II	**1 207,66**	443,83	443,83	II	1 066,33	931,16	802,16	679,25	562,41	451,75
	III	**802,00**	443,83	443,83	III	698,83	598,83	501,66	407,83	316,83	229,00
	V	**1 743,41**	443,83	443,83	IV	1 201,16	1 129,83	1 060,16	991,91	925,25	860,08
	VI	**1 779,66**	443,83	443,83							

* Zur LSt-Berechnung für privat versicherte Arbeitnehmer s. Beispiele **Vorbemerkung S. 4 f.**
** Basisvorsorgepauschale KV und PV *** Typisierter Arbeitgeberzuschuss

Lohn/ Gehalt in € bis	Steuerklasse	Lohnsteuer*	BVSP**	TAGZ***	Steuerklasse	Bemessungsgrundlage für Kirchensteuer und Solidaritätszuschlag – Freibeträge für ... Kinder 0,5	1,0	1,5	2,0	2,5	3,0
5 834,99	I,IV	**1 275,08**	443,83	443,83	I	1 131,00	993,00	861,08	735,33	615,75	502,25
	II	**1 208,75**	443,83	443,83	II	1 067,41	932,25	803,16	680,16	563,33	452,58
	III	**802,83**	443,83	443,83	III	699,66	599,50	502,50	408,50	317,66	229,66
	V	**1 744,58**	443,83	443,83	IV	1 202,25	1 131,00	1 061,25	993,00	926,25	861,08
	VI	**1 780,83**	443,83	443,83							
5 837,99	I,IV	**1 276,25**	443,83	443,83	I	1 132,08	994,08	862,16	736,33	616,66	503,08
	II	**1 209,91**	443,83	443,83	II	1 068,58	933,33	804,16	681,16	564,25	453,50
	III	**803,66**	443,83	443,83	III	700,50	600,33	503,33	409,33	318,33	230,50
	V	**1 745,75**	443,83	443,83	IV	1 203,41	1 132,08	1 062,33	994,08	927,33	862,16
	VI	**1 782,00**	443,83	443,83							
5 840,99	I,IV	**1 277,41**	443,83	443,83	I	1 133,25	995,16	863,16	737,33	617,58	504,00
	II	**1 211,08**	443,83	443,83	II	1 069,66	934,33	805,16	682,08	565,16	454,33
	III	**804,50**	443,83	443,83	III	701,33	601,16	504,00	410,00	319,00	231,00
	V	**1 746,91**	443,83	443,83	IV	1 204,58	1 133,25	1 063,41	995,16	928,41	863,16
	VI	**1 783,16**	443,83	443,83							
5 843,99	I,IV	**1 278,58**	443,83	443,83	I	1 134,33	996,16	864,16	738,25	618,50	504,83
	II	**1 212,25**	443,83	443,83	II	1 070,75	935,41	806,16	683,00	566,00	455,16
	III	**805,33**	443,83	443,83	III	702,16	602,00	504,83	410,66	319,66	231,83
	V	**1 748,08**	443,83	443,83	IV	1 205,75	1 134,33	1 064,50	996,16	929,41	864,16
	VI	**1 784,33**	443,83	443,83							
5 846,99	I,IV	**1 279,75**	443,83	443,83	I	1 135,41	997,25	865,16	739,25	619,41	505,75
	II	**1 213,33**	443,83	443,83	II	1 071,83	936,41	807,16	684,00	566,91	456,00
	III	**806,16**	443,83	443,83	III	702,83	602,66	505,50	411,50	320,33	232,50
	V	**1 749,25**	443,83	443,83	IV	1 206,83	1 135,41	1 065,58	997,25	930,50	865,16
	VI	**1 785,50**	443,83	443,83							
5 849,99	I,IV	**1 280,91**	443,83	443,83	I	1 136,58	998,33	866,16	740,25	620,33	506,58
	II	**1 214,50**	443,83	443,83	II	1 072,91	937,50	808,16	684,91	567,83	456,83
	III	**807,00**	443,83	443,83	III	703,66	603,50	506,33	412,16	321,16	233,16
	V	**1 750,41**	443,83	443,83	IV	1 208,00	1 136,58	1 066,66	998,33	931,50	866,16
	VI	**1 786,66**	443,83	443,83							
5 852,99	I,IV	**1 282,08**	443,83	443,83	I	1 137,75	999,41	867,25	741,25	621,25	507,50
	II	**1 215,66**	443,83	443,83	II	1 074,00	938,50	809,16	685,91	568,75	457,75
	III	**807,83**	443,83	443,83	III	704,50	604,33	507,00	413,00	321,83	233,83
	V	**1 751,58**	443,83	443,83	IV	1 209,16	1 137,75	1 067,83	999,41	932,58	867,25
	VI	**1 787,83**	443,83	443,83							
5 855,99	I,IV	**1 283,25**	443,83	443,83	I	1 138,83	1 000,50	868,25	742,16	622,16	508,33
	II	**1 216,83**	443,83	443,83	II	1 075,16	939,58	810,16	686,83	569,66	458,58
	III	**808,66**	443,83	443,83	III	705,33	605,00	507,83	413,66	322,50	234,50
	V	**1 752,75**	443,83	443,83	IV	1 210,25	1 138,83	1 068,91	1 000,50	933,58	868,25
	VI	**1 789,00**	443,83	443,83							
5 858,99	I,IV	**1 284,41**	443,83	443,83	I	1 139,91	1 001,58	869,25	743,16	623,16	509,25
	II	**1 217,91**	443,83	443,83	II	1 076,25	940,58	811,16	687,75	570,58	459,41
	III	**809,50**	443,83	443,83	III	706,16	605,83	508,66	414,33	323,33	235,16
	V	**1 753,91**	443,83	443,83	IV	1 211,41	1 139,91	1 070,00	1 001,58	934,66	869,25
	VI	**1 790,16**	443,83	443,83							
5 861,99	I,IV	**1 285,58**	443,83	443,83	I	1 141,08	1 002,58	870,33	744,08	624,08	510,08
	II	**1 219,08**	443,83	443,83	II	1 077,33	941,66	812,16	688,75	571,41	460,33
	III	**810,33**	443,83	443,83	III	707,00	606,66	509,33	415,16	324,00	235,83
	V	**1 755,00**	443,83	443,83	IV	1 212,58	1 141,08	1 071,08	1 002,58	935,66	870,33
	VI	**1 791,33**	443,83	443,83							
5 864,99	I,IV	**1 286,66**	443,83	443,83	I	1 142,16	1 003,66	871,33	745,08	625,00	511,00
	II	**1 220,25**	443,83	443,83	II	1 078,41	942,66	813,16	689,66	572,33	461,16
	III	**811,16**	443,83	443,83	III	707,66	607,33	510,16	415,83	324,66	236,50
	V	**1 756,16**	443,83	443,83	IV	1 213,66	1 142,16	1 072,16	1 003,66	936,75	871,33
	VI	**1 792,41**	443,83	443,83							
5 867,99	I,IV	**1 287,91**	443,83	443,83	I	1 143,33	1 004,75	872,33	746,08	625,91	511,91
	II	**1 221,41**	443,83	443,83	II	1 079,50	943,75	814,16	690,66	573,25	462,00
	III	**812,00**	443,83	443,83	III	708,50	608,16	510,83	416,66	325,33	237,33
	V	**1 757,41**	443,83	443,83	IV	1 214,83	1 143,33	1 073,25	1 004,75	937,83	872,33
	VI	**1 793,66**	443,83	443,83							

* Zur LSt-Berechnung für privat versicherte Arbeitnehmer s. Beispiele **Vorbemerkung S. 4 f.**
** Basisvorsorgepauschale KV und PV *** Typisierter Arbeitgeberzuschuss

Lohn/ Gehalt in € bis	Steuerklasse	Lohn-steuer*	BVSP**	TAGZ***	Steuerklasse	Bemessungsgrundlage für Kirchensteuer und Solidaritätszuschlag – Freibeträge für ... Kinder 0,5	**1,0**	1,5	**2,0**	2,5	**3,0**
5 870,99	I,IV	**1 289,08**	443,83	443,83	I	1 144,41	1 005,83	873,41	747,08	626,83	512,75
	II	**1 222,50**	443,83	443,83	II	1 080,58	944,83	815,16	691,58	574,16	462,83
	III	**812,83**	443,83	443,83	III	709,33	609,00	511,66	417,33	326,16	238,00
	V	**1 758,50**	443,83	443,83	IV	1 216,00	1 144,41	1 074,33	1 005,83	938,83	873,41
	VI	**1 794,83**	443,83	443,83							
5 873,99	I,IV	**1 290,16**	443,83	443,83	I	1 145,50	1 006,91	874,41	748,00	627,75	513,58
	II	**1 223,66**	443,83	443,83	II	1 081,75	945,83	816,16	692,58	575,08	463,75
	III	**813,66**	443,83	443,83	III	710,16	609,66	512,33	418,00	326,83	238,66
	V	**1 759,66**	443,83	443,83	IV	1 217,16	1 145,50	1 075,50	1 006,91	939,91	874,41
	VI	**1 795,91**	443,83	443,83							
5 876,99	I,IV	**1 291,33**	443,83	443,83	I	1 146,66	1 008,00	875,41	749,00	628,66	514,50
	II	**1 224,83**	443,83	443,83	II	1 082,83	946,91	817,16	693,50	576,00	464,58
	III	**814,50**	443,83	443,83	III	711,00	610,50	513,16	418,83	327,50	239,33
	V	**1 760,83**	443,83	443,83	IV	1 218,25	1 146,66	1 076,58	1 008,00	940,91	875,41
	VI	**1 797,08**	443,83	443,83							
5 879,99	I,IV	**1 292,50**	443,83	443,83	I	1 147,75	1 009,08	876,41	750,00	629,58	515,33
	II	**1 226,00**	443,83	443,83	II	1 083,91	948,00	818,16	694,41	576,91	465,41
	III	**815,33**	443,83	443,83	III	711,83	611,33	513,83	419,50	328,16	240,00
	V	**1 762,00**	443,83	443,83	IV	1 219,41	1 147,75	1 077,66	1 009,08	942,00	876,41
	VI	**1 798,25**	443,83	443,83							
5 882,99	I,IV	**1 293,66**	443,83	443,83	I	1 148,91	1 010,08	877,50	750,91	630,50	516,25
	II	**1 227,08**	443,83	443,83	II	1 085,00	949,00	819,16	695,41	577,75	466,25
	III	**816,16**	443,83	443,83	III	712,50	612,00	514,66	420,16	328,83	240,66
	V	**1 763,16**	443,83	443,83	IV	1 220,58	1 148,91	1 078,75	1 010,08	943,00	877,50
	VI	**1 799,41**	443,83	443,83							
5 885,99	I,IV	**1 294,83**	443,83	443,83	I	1 150,00	1 011,25	878,50	751,91	631,50	517,16
	II	**1 228,25**	443,83	443,83	II	1 086,08	950,08	820,16	696,41	578,75	467,16
	III	**817,00**	443,83	443,83	III	713,33	612,83	515,33	421,00	329,66	241,33
	V	**1 764,33**	443,83	443,83	IV	1 221,75	1 150,00	1 079,83	1 011,25	944,08	878,50
	VI	**1 800,58**	443,83	443,83							
5 888,99	I,IV	**1 296,00**	443,83	443,83	I	1 151,16	1 012,25	879,50	752,91	632,41	518,00
	II	**1 229,41**	443,83	443,83	II	1 087,25	951,16	821,16	697,33	579,58	468,00
	III	**817,83**	443,83	443,83	III	714,16	613,66	516,16	421,66	330,33	242,00
	V	**1 765,50**	443,83	443,83	IV	1 222,91	1 151,16	1 080,91	1 012,25	945,16	879,50
	VI	**1 801,75**	443,83	443,83							
5 891,99	I,IV	**1 297,16**	443,83	443,83	I	1 152,25	1 013,33	880,58	753,91	633,33	518,91
	II	**1 230,58**	443,83	443,83	II	1 088,33	952,16	822,16	698,25	580,50	468,83
	III	**818,66**	443,83	443,83	III	715,00	614,50	516,83	422,50	331,00	242,66
	V	**1 766,66**	443,83	443,83	IV	1 224,00	1 152,25	1 082,08	1 013,33	946,16	880,58
	VI	**1 802,91**	443,83	443,83							
5 894,99	I,IV	**1 298,33**	443,83	443,83	I	1 153,41	1 014,41	881,58	754,83	634,25	519,75
	II	**1 231,75**	443,83	443,83	II	1 089,41	953,25	823,16	699,25	581,41	469,75
	III	**819,50**	443,83	443,83	III	715,83	615,16	517,66	423,16	331,83	243,50
	V	**1 767,83**	443,83	443,83	IV	1 225,16	1 153,41	1 083,16	1 014,41	947,25	881,58
	VI	**1 804,08**	443,83	443,83							
5 897,99	I,IV	**1 299,50**	443,83	443,83	I	1 154,50	1 015,50	882,58	755,83	635,16	520,66
	II	**1 232,83**	443,83	443,83	II	1 090,50	954,25	824,16	700,16	582,33	470,58
	III	**820,33**	443,83	443,83	III	716,66	616,00	518,33	423,83	332,50	244,16
	V	**1 769,00**	443,83	443,83	IV	1 226,33	1 154,50	1 084,25	1 015,50	948,25	882,58
	VI	**1 805,25**	443,83	443,83							
5 900,99	I,IV	**1 300,66**	443,83	443,83	I	1 155,66	1 016,58	883,66	756,83	636,16	521,58
	II	**1 234,00**	443,83	443,83	II	1 091,66	955,33	825,16	701,16	583,25	471,50
	III	**821,16**	443,83	443,83	III	717,50	616,83	519,16	424,66	333,16	244,83
	V	**1 770,16**	443,83	443,83	IV	1 227,50	1 155,66	1 085,33	1 016,58	949,33	883,66
	VI	**1 806,41**	443,83	443,83							
5 903,99	I,IV	**1 301,83**	443,83	443,83	I	1 156,75	1 017,66	884,66	757,83	637,08	522,41
	II	**1 235,16**	443,83	443,83	II	1 092,75	956,41	826,16	702,08	584,16	472,33
	III	**822,00**	443,83	443,83	III	718,33	617,66	520,00	425,50	334,00	245,50
	V	**1 771,33**	443,83	443,83	IV	1 228,66	1 156,75	1 086,41	1 017,66	950,41	884,66
	VI	**1 807,58**	443,83	443,83							

* Zur LSt-Berechnung für privat versicherte Arbeitnehmer s. Beispiele **Vorbemerkung S. 4 f.**
** Basisvorsorgepauschale KV und PV *** Typisierter Arbeitgeberzuschuss

Lohn/ Gehalt in € bis	Steuerklasse	**Lohn-steuer***	BVSP**	TAGZ***	Steuerklasse	Bemessungsgrundlage für Kirchensteuer und Solidaritätszuschlag – Freibeträge für ... Kinder 0,5	**1,0**	1,5	**2,0**	2,5	**3,0**
5 906,99	I,IV	**1 303,00**	443,83	443,83	I	1 157,91	1 018,75	885,66	758,75	638,00	523,33
	II	**1 236,33**	443,83	443,83	II	1 093,83	957,41	827,16	703,08	585,08	473,16
	III	**822,83**	443,83	443,83	III	719,00	618,33	520,66	426,16	334,66	246,16
	V	**1 772,50**	443,83	443,83	IV	1 229,75	1 157,91	1 087,58	1 018,75	951,41	885,66
	VI	**1 808,75**	443,83	443,83							
5 909,99	I,IV	**1 304,16**	443,83	443,83	I	1 159,00	1 019,83	886,75	759,75	638,91	524,16
	II	**1 237,50**	443,83	443,83	II	1 094,91	958,50	828,16	704,00	586,00	474,00
	III	**823,66**	443,83	443,83	III	719,83	619,16	521,50	426,83	335,33	246,83
	V	**1 773,58**	443,83	443,83	IV	1 230,91	1 159,00	1 088,66	1 019,83	952,50	886,75
	VI	**1 809,91**	443,83	443,83							
5 912,99	I,IV	**1 305,25**	443,83	443,83	I	1 160,16	1 020,83	887,75	760,75	639,83	525,08
	II	**1 238,58**	443,83	443,83	II	1 096,00	959,58	829,16	705,00	586,83	474,91
	III	**824,50**	443,83	443,83	III	720,66	619,83	522,16	427,66	336,00	247,50
	V	**1 774,75**	443,83	443,83	IV	1 232,08	1 160,16	1 089,75	1 020,83	953,50	887,75
	VI	**1 811,00**	443,83	443,83							
5 915,99	I,IV	**1 306,50**	443,83	443,83	I	1 161,25	1 022,00	888,83	761,75	640,83	526,00
	II	**1 239,83**	443,83	443,83	II	1 097,16	960,66	830,25	705,91	587,83	475,75
	III	**825,33**	443,83	443,83	III	721,50	620,66	523,00	428,33	336,83	248,16
	V	**1 776,00**	443,83	443,83	IV	1 233,25	1 161,25	1 090,83	1 022,00	954,58	888,83
	VI	**1 812,25**	443,83	443,83							
5 918,99	I,IV	**1 307,66**	443,83	443,83	I	1 162,41	1 023,08	889,83	762,75	641,75	526,83
	II	**1 240,91**	443,83	443,83	II	1 098,25	961,66	831,25	706,91	588,66	476,66
	III	**826,16**	443,83	443,83	III	722,33	621,50	523,83	429,16	337,50	249,00
	V	**1 777,08**	443,83	443,83	IV	1 234,41	1 162,41	1 092,00	1 023,08	955,66	889,83
	VI	**1 813,41**	443,83	443,83							
5 921,99	I,IV	**1 308,75**	443,83	443,83	I	1 163,50	1 024,08	890,83	763,66	642,66	527,75
	II	**1 242,08**	443,83	443,83	II	1 099,33	962,75	832,25	707,83	589,58	477,50
	III	**827,00**	443,83	443,83	III	723,16	622,33	524,50	429,83	338,16	249,66
	V	**1 778,25**	443,83	443,83	IV	1 235,50	1 163,50	1 093,08	1 024,08	956,75	890,83
	VI	**1 814,50**	443,83	443,83							
5 924,99	I,IV	**1 309,91**	443,83	443,83	I	1 164,66	1 025,16	891,83	764,66	643,58	528,58
	II	**1 243,25**	443,83	443,83	II	1 100,41	963,75	833,25	708,83	590,50	478,33
	III	**827,83**	443,83	443,83	III	724,00	623,00	525,33	430,50	338,83	250,33
	V	**1 779,41**	443,83	443,83	IV	1 236,66	1 164,66	1 094,16	1 025,16	957,75	891,83
	VI	**1 815,66**	443,83	443,83							
5 927,99	I,IV	**1 311,08**	443,83	443,83	I	1 165,75	1 026,25	892,91	765,66	644,50	529,50
	II	**1 244,41**	443,83	443,83	II	1 101,58	964,83	834,25	709,75	591,41	479,16
	III	**828,66**	443,83	443,83	III	724,66	623,83	526,00	431,33	339,66	251,00
	V	**1 780,58**	443,83	443,83	IV	1 237,83	1 165,75	1 095,25	1 026,25	958,83	892,91
	VI	**1 816,83**	443,83	443,83							
5 930,99	I,IV	**1 312,25**	443,83	443,83	I	1 166,91	1 027,33	893,91	766,58	645,41	530,41
	II	**1 245,50**	443,83	443,83	II	1 102,66	965,91	835,25	710,75	592,33	480,08
	III	**829,50**	443,83	443,83	III	725,50	624,66	526,83	432,00	340,33	251,66
	V	**1 781,75**	443,83	443,83	IV	1 239,00	1 166,91	1 096,33	1 027,33	959,83	893,91
	VI	**1 818,00**	443,83	443,83							
5 933,99	I,IV	**1 313,41**	443,83	443,83	I	1 168,08	1 028,41	895,00	767,58	646,41	531,25
	II	**1 246,75**	443,83	443,83	II	1 103,75	967,00	836,25	711,75	593,25	480,91
	III	**830,33**	443,83	443,83	III	726,33	625,50	527,66	432,83	341,00	252,33
	V	**1 782,91**	443,83	443,83	IV	1 240,16	1 168,08	1 097,50	1 028,41	960,91	895,00
	VI	**1 819,16**	443,83	443,83							
5 936,99	I,IV	**1 314,58**	443,83	443,83	I	1 169,16	1 029,50	896,00	768,58	647,33	532,16
	II	**1 247,83**	443,83	443,83	II	1 104,91	968,00	837,25	712,66	594,16	481,83
	III	**831,16**	443,83	443,83	III	727,16	626,16	528,33	433,50	341,66	253,00
	V	**1 784,08**	443,83	443,83	IV	1 241,25	1 169,16	1 098,58	1 029,50	962,00	896,00
	VI	**1 820,33**	443,83	443,83							
5 939,99	I,IV	**1 315,75**	443,83	443,83	I	1 170,33	1 030,58	897,00	769,58	648,25	533,08
	II	**1 249,00**	443,83	443,83	II	1 106,00	969,08	838,25	713,66	595,08	482,66
	III	**832,00**	443,83	443,83	III	728,00	627,00	529,16	434,33	342,50	253,83
	V	**1 785,25**	443,83	443,83	IV	1 242,41	1 170,33	1 099,66	1 030,58	963,08	897,00
	VI	**1 821,50**	443,83	443,83							

* Zur LSt-Berechnung für privat versicherte Arbeitnehmer s. Beispiele **Vorbemerkung S. 4f.**
** Basisvorsorgepauschale KV und PV *** Typisierter Arbeitgeberzuschuss

Lohn/ Gehalt in € bis	Steuerklasse	Lohn-steuer*	BVSP**	TAGZ***	Steuerklasse	Bemessungsgrundlage für Kirchensteuer und Solidaritätszuschlag – Freibeträge für ... Kinder 0,5	1,0	1,5	2,0	2,5	3,0
5 942,99	I,IV	**1 316,91**	443,83	443,83	I	1 171,41	1 031,66	898,08	770,58	649,16	533,91
	II	**1 250,16**	443,83	443,83	II	1 107,08	970,16	839,33	714,58	596,00	483,50
	III	**832,83**	443,83	443,83	III	728,83	627,83	529,83	435,00	343,16	254,50
	V	**1 786,41**	443,83	443,83	IV	1 243,58	1 171,41	1 100,75	1 031,66	964,08	898,08
	VI	**1 822,66**	443,83	443,83							
5 945,99	I,IV	**1 318,08**	443,83	443,83	I	1 172,50	1 032,75	899,08	771,50	650,08	534,83
	II	**1 251,33**	443,83	443,83	II	1 108,16	971,16	840,33	715,50	596,91	484,41
	III	**833,66**	443,83	443,83	III	729,66	628,50	530,66	435,66	343,83	255,16
	V	**1 787,58**	443,83	443,83	IV	1 244,75	1 172,50	1 101,91	1 032,75	965,16	899,08
	VI	**1 823,83**	443,83	443,83							
5 948,99	I,IV	**1 319,25**	443,83	443,83	I	1 173,66	1 033,83	900,16	772,58	651,08	535,75
	II	**1 252,50**	443,83	443,83	II	1 109,33	972,25	841,33	716,50	597,83	485,25
	III	**834,50**	443,83	443,83	III	730,50	629,33	531,33	436,50	344,66	255,83
	V	**1 788,75**	443,83	443,83	IV	1 245,91	1 173,66	1 103,00	1 033,83	966,25	900,16
	VI	**1 825,00**	443,83	443,83							
5 951,99	I,IV	**1 320,41**	443,83	443,83	I	1 174,83	1 034,91	901,16	773,50	652,00	536,58
	II	**1 253,66**	443,83	443,83	II	1 110,41	973,33	842,33	717,50	598,75	486,16
	III	**835,33**	443,83	443,83	III	731,16	630,16	532,16	437,16	345,33	256,50
	V	**1 789,91**	443,83	443,83	IV	1 247,08	1 174,83	1 104,08	1 034,91	967,25	901,16
	VI	**1 826,16**	443,83	443,83							
5 954,99	I,IV	**1 321,58**	443,83	443,83	I	1 175,91	1 036,00	902,16	774,50	652,91	537,50
	II	**1 254,83**	443,83	443,83	II	1 111,50	974,41	843,33	718,41	599,66	487,00
	III	**836,16**	443,83	443,83	III	732,00	631,00	533,00	438,00	346,00	257,16
	V	**1 791,08**	443,83	443,83	IV	1 248,25	1 175,91	1 105,25	1 036,00	968,33	902,16
	VI	**1 827,33**	443,83	443,83							
5 957,99	I,IV	**1 322,75**	443,83	443,83	I	1 177,08	1 037,08	903,25	775,50	653,83	538,41
	II	**1 255,91**	443,83	443,83	II	1 112,66	975,41	844,33	719,41	600,58	487,83
	III	**837,00**	443,83	443,83	III	732,83	631,66	533,66	438,66	346,66	257,83
	V	**1 792,16**	443,83	443,83	IV	1 249,33	1 177,08	1 106,33	1 037,08	969,41	903,25
	VI	**1 828,50**	443,83	443,83							
5 960,99	I,IV	**1 323,83**	443,83	443,83	I	1 178,16	1 038,16	904,25	776,50	654,83	539,25
	II	**1 257,08**	443,83	443,83	II	1 113,75	976,50	845,33	720,33	601,50	488,75
	III	**837,83**	443,83	443,83	III	733,66	632,50	534,50	439,50	347,50	258,66
	V	**1 793,33**	443,83	443,83	IV	1 250,50	1 178,16	1 107,41	1 038,16	970,41	904,25
	VI	**1 829,58**	443,83	443,83							
5 963,99	I,IV	**1 325,08**	443,83	443,83	I	1 179,33	1 039,25	905,33	777,50	655,75	540,16
	II	**1 258,25**	443,83	443,83	II	1 114,83	977,58	846,41	721,33	602,41	489,58
	III	**838,66**	443,83	443,83	III	734,50	633,33	535,16	440,16	348,16	259,33
	V	**1 794,58**	443,83	443,83	IV	1 251,66	1 179,33	1 108,58	1 039,25	971,50	905,33
	VI	**1 830,83**	443,83	443,83							
5 966,99	I,IV	**1 326,25**	443,83	443,83	I	1 180,50	1 040,33	906,33	778,50	656,66	541,08
	II	**1 259,41**	443,83	443,83	II	1 116,00	978,66	847,41	722,33	603,33	490,50
	III	**839,50**	443,83	443,83	III	735,33	634,00	536,00	440,83	348,83	260,00
	V	**1 795,66**	443,83	443,83	IV	1 252,83	1 180,50	1 109,66	1 040,33	972,58	906,33
	VI	**1 832,00**	443,83	443,83							
5 969,99	I,IV	**1 327,33**	443,83	443,83	I	1 181,58	1 041,41	907,41	779,41	657,66	541,91
	II	**1 260,58**	443,83	443,83	II	1 117,08	979,66	848,41	723,25	604,25	491,33
	III	**840,33**	443,83	443,83	III	736,16	634,83	536,66	441,66	349,66	260,66
	V	**1 796,83**	443,83	443,83	IV	1 254,00	1 181,58	1 110,75	1 041,41	973,66	907,41
	VI	**1 833,08**	443,83	443,83							
5 972,99	I,IV	**1 328,50**	443,83	443,83	I	1 182,75	1 042,50	908,41	780,41	658,58	542,83
	II	**1 261,75**	443,83	443,83	II	1 118,16	980,75	849,41	724,25	605,16	492,16
	III	**841,16**	443,83	443,83	III	736,83	635,66	537,50	442,33	350,33	261,33
	V	**1 798,00**	443,83	443,83	IV	1 255,16	1 182,75	1 111,83	1 042,50	974,66	908,41
	VI	**1 834,25**	443,83	443,83							
5 975,99	I,IV	**1 329,66**	443,83	443,83	I	1 183,83	1 043,58	909,41	781,41	659,50	543,75
	II	**1 262,91**	443,83	443,83	II	1 119,33	981,83	850,41	725,16	606,08	493,08
	III	**842,00**	443,83	443,83	III	737,66	636,50	538,33	443,16	351,00	262,00
	V	**1 799,16**	443,83	443,83	IV	1 256,33	1 183,83	1 113,00	1 043,58	975,75	909,41
	VI	**1 835,41**	443,83	443,83							

* Zur LSt-Berechnung für privat versicherte Arbeitnehmer s. Beispiele **Vorbemerkung S. 4 f.**
** Basisvorsorgepauschale KV und PV *** Typisierter Arbeitgeberzuschuss

Lohn/ Gehalt in € bis	Steuerklasse	**Lohn-steuer***	BVSP**	TAGZ***	Steuerklasse	Bemessungsgrundlage für Kirchensteuer und Solidaritätszuschlag – Freibeträge für ... Kinder 0,5	**1,0**	1,5	**2,0**	2,5	**3,0**
5 978,99	I,IV	**1 330,83**	443,83	443,83	I	1 185,00	1 044,66	910,50	782,41	660,41	544,58
	II	**1 264,08**	443,83	443,83	II	1 120,41	982,83	851,41	726,16	607,00	493,91
	III	**842,83**	443,83	443,83	III	738,50	637,16	539,00	443,83	351,66	262,66
	V	**1 800,33**	443,83	443,83	IV	1 257,41	1 185,00	1 114,08	1 044,66	976,83	910,50
	VI	**1 836,58**	443,83	443,83							
5 981,99	I,IV	**1 332,00**	443,83	443,83	I	1 186,16	1 045,75	911,50	783,41	661,41	545,50
	II	**1 265,25**	443,83	443,83	II	1 121,50	983,91	852,50	727,16	607,91	494,83
	III	**843,66**	443,83	443,83	III	739,33	638,00	539,83	444,66	352,50	263,50
	V	**1 801,50**	443,83	443,83	IV	1 258,66	1 186,16	1 115,16	1 045,75	977,91	911,50
	VI	**1 837,75**	443,83	443,83							
5 984,99	I,IV	**1 333,16**	443,83	443,83	I	1 187,25	1 046,83	912,58	784,41	662,33	546,41
	II	**1 266,41**	443,83	443,83	II	1 122,66	985,00	853,50	728,08	608,83	495,66
	III	**844,50**	443,83	443,83	III	740,16	638,83	540,50	445,33	353,16	264,16
	V	**1 802,66**	443,83	443,83	IV	1 259,83	1 187,25	1 116,33	1 046,83	978,91	912,58
	VI	**1 838,91**	443,83	443,83							
5 987,99	I,IV	**1 334,33**	443,83	443,83	I	1 188,41	1 047,91	913,58	785,41	663,25	547,33
	II	**1 267,58**	443,83	443,83	II	1 123,75	986,08	854,50	729,08	609,75	496,58
	III	**845,33**	443,83	443,83	III	741,00	639,66	541,33	446,00	353,83	264,83
	V	**1 803,83**	443,83	443,83	IV	1 260,91	1 188,41	1 117,41	1 047,91	980,00	913,58
	VI	**1 840,08**	443,83	443,83							
5 990,99	I,IV	**1 335,50**	443,83	443,83	I	1 189,58	1 049,00	914,66	786,33	664,25	548,16
	II	**1 268,75**	443,83	443,83	II	1 124,83	987,16	855,50	730,00	610,66	497,41
	III	**846,16**	443,83	443,83	III	741,83	640,33	542,16	446,83	354,66	265,50
	V	**1 805,00**	443,83	443,83	IV	1 262,08	1 189,58	1 118,50	1 049,00	981,08	914,66
	VI	**1 841,25**	443,83	443,83							
5 993,99	I,IV	**1 336,66**	443,83	443,83	I	1 190,66	1 050,08	915,66	787,33	665,16	549,08
	II	**1 269,83**	443,83	443,83	II	1 126,00	988,16	856,50	731,00	611,58	498,33
	III	**847,00**	443,83	443,83	III	742,50	641,16	542,83	447,50	355,33	266,16
	V	**1 806,16**	443,83	443,83	IV	1 263,25	1 190,66	1 119,66	1 050,08	982,08	915,66
	VI	**1 842,41**	443,83	443,83							
5 996,99	I,IV	**1 337,83**	443,83	443,83	I	1 191,83	1 051,25	916,75	788,33	666,08	550,00
	II	**1 271,08**	443,83	443,83	II	1 127,08	989,25	857,58	732,00	612,50	499,16
	III	**847,83**	443,83	443,83	III	743,33	642,00	543,66	448,33	356,00	266,83
	V	**1 807,33**	443,83	443,83	IV	1 264,41	1 191,83	1 120,75	1 051,25	983,25	916,75
	VI	**1 843,58**	443,83	443,83							
5 999,99	I,IV	**1 339,00**	443,83	443,83	I	1 193,00	1 052,33	917,75	789,33	667,08	550,91
	II	**1 272,25**	443,83	443,83	II	1 128,25	990,33	858,58	732,91	613,41	500,08
	III	**848,83**	443,83	443,83	III	744,16	642,83	544,33	449,00	356,83	267,66
	V	**1 808,50**	443,83	443,83	IV	1 265,58	1 193,00	1 121,83	1 052,33	984,25	917,75
	VI	**1 844,75**	443,83	443,83							
6 002,99	I,IV	**1 340,16**	443,83	443,83	I	1 194,08	1 053,41	918,83	790,33	668,00	551,75
	II	**1 273,33**	443,83	443,83	II	1 129,33	991,41	859,58	733,91	614,33	500,91
	III	**849,50**	443,83	443,83	III	745,00	643,50	545,16	449,83	357,50	268,33
	V	**1 809,66**	443,83	443,83	IV	1 266,75	1 194,08	1 123,00	1 053,41	985,33	918,83
	VI	**1 845,91**	443,83	443,83							
6 005,99	I,IV	**1 341,33**	443,83	443,83	I	1 195,25	1 054,50	919,83	791,33	668,91	552,66
	II	**1 274,50**	443,83	443,83	II	1 130,41	992,50	860,58	734,91	615,25	501,83
	III	**850,50**	443,83	443,83	III	745,83	644,33	546,00	450,50	358,16	269,00
	V	**1 810,75**	443,83	443,83	IV	1 267,91	1 195,25	1 124,08	1 054,50	986,41	919,83
	VI	**1 847,08**	443,83	443,83							
6 008,99	I,IV	**1 342,41**	443,83	443,83	I	1 196,33	1 055,58	920,83	792,33	669,83	553,58
	II	**1 275,66**	443,83	443,83	II	1 131,58	993,50	861,66	735,83	616,16	502,66
	III	**851,16**	443,83	443,83	III	746,66	645,16	546,66	451,33	359,00	269,66
	V	**1 811,91**	443,83	443,83	IV	1 269,08	1 196,33	1 125,16	1 055,58	987,41	920,83
	VI	**1 848,16**	443,83	443,83							
6 011,99	I,IV	**1 343,66**	443,83	443,83	I	1 197,50	1 056,66	921,91	793,33	670,83	554,50
	II	**1 276,83**	443,83	443,83	II	1 132,66	994,58	862,66	736,83	617,16	503,58
	III	**852,16**	443,83	443,83	III	747,50	646,00	547,50	452,00	359,66	270,33
	V	**1 813,16**	443,83	443,83	IV	1 270,25	1 197,50	1 126,33	1 056,66	988,58	921,91
	VI	**1 849,41**	443,83	443,83							

* Zur LSt-Berechnung für privat versicherte Arbeitnehmer s. Beispiele **Vorbemerkung S. 4f.**
** Basisvorsorgepauschale KV und PV *** Typisierter Arbeitgeberzuschuss

Lohn/ Gehalt in € bis	Steuerklasse	Lohn-steuer*	BVSP**	TAGZ***	Steuerklasse	Bemessungsgrundlage für Kirchensteuer und Solidaritätszuschlag					
						Freibeträge für ... Kinder					
						0,5	**1,0**	1,5	**2,0**	2,5	**3,0**
6014,99	I,IV	**1344,83**	443,83	443,83	I	1198,66	1057,75	923,00	794,33	671,75	555,33
	II	**1278,00**	443,83	443,83	II	1133,83	995,66	863,66	737,83	618,08	504,41
	III	**853,00**	443,83	443,83	III	748,33	646,66	548,16	452,83	360,33	271,00
	V	**1814,25**	443,83	443,83	IV	1271,41	1198,66	1127,41	1057,75	989,58	923,00
	VI	**1850,58**	443,83	443,83							
6017,99	I,IV	**1345,91**	443,83	443,83	I	1199,83	1058,83	924,00	795,33	672,75	556,25
	II	**1279,16**	443,83	443,83	II	1134,91	996,75	864,66	738,75	619,00	505,33
	III	**853,83**	443,83	443,83	III	749,16	647,50	549,00	453,50	361,16	271,66
	V	**1815,41**	443,83	443,83	IV	1272,58	1199,83	1128,58	1058,83	990,66	924,00
	VI	**1851,66**	443,83	443,83							
6020,99	I,IV	**1347,08**	443,83	443,83	I	1200,91	1059,91	925,08	796,33	673,66	557,16
	II	**1280,33**	443,83	443,83	II	1136,00	997,83	865,75	739,75	619,91	506,16
	III	**854,66**	443,83	443,83	III	750,00	648,33	549,83	454,33	361,83	272,50
	V	**1816,58**	443,83	443,83	IV	1273,75	1200,91	1129,66	1059,91	991,75	925,08
	VI	**1852,83**	443,83	443,83							
6023,99	I,IV	**1348,25**	443,83	443,83	I	1202,08	1061,00	926,08	797,25	674,58	558,00
	II	**1281,50**	443,83	443,83	II	1137,16	998,83	866,75	740,75	620,83	507,00
	III	**855,50**	443,83	443,83	III	750,66	649,16	550,50	455,00	362,50	273,16
	V	**1817,75**	443,83	443,83	IV	1274,83	1202,08	1130,75	1061,00	992,75	926,08
	VI	**1854,00**	443,83	443,83							
6026,99	I,IV	**1349,41**	443,83	443,83	I	1203,16	1062,08	927,08	798,25	675,58	558,91
	II	**1282,66**	443,83	443,83	II	1138,25	999,91	867,75	741,66	621,75	507,91
	III	**856,33**	443,83	443,83	III	751,50	649,83	551,33	455,66	363,33	273,83
	V	**1818,91**	443,83	443,83	IV	1276,00	1203,16	1131,91	1062,08	993,83	927,08
	VI	**1855,16**	443,83	443,83							
6029,99	I,IV	**1350,58**	443,83	443,83	I	1204,33	1063,25	928,16	799,33	676,50	559,83
	II	**1283,83**	443,83	443,83	II	1139,41	1001,00	868,83	742,66	622,66	508,83
	III	**857,16**	443,83	443,83	III	752,33	650,66	552,00	456,50	364,00	274,50
	V	**1820,08**	443,83	443,83	IV	1277,25	1204,33	1133,00	1063,25	994,91	928,16
	VI	**1856,33**	443,83	443,83							
6032,99	I,IV	**1351,75**	443,83	443,83	I	1205,50	1064,33	929,25	800,25	677,41	560,75
	II	**1285,00**	443,83	443,83	II	1140,50	1002,08	869,83	743,66	623,58	509,66
	III	**858,00**	443,83	443,83	III	753,16	651,50	552,83	457,16	364,66	275,16
	V	**1821,25**	443,83	443,83	IV	1278,33	1205,50	1134,16	1064,33	996,00	929,25
	VI	**1857,50**	443,83	443,83							
6035,99	I,IV	**1352,91**	443,83	443,83	I	1206,66	1065,41	930,25	801,25	678,41	561,66
	II	**1286,16**	443,83	443,83	II	1141,58	1003,16	870,83	744,58	624,50	510,58
	III	**858,83**	443,83	443,83	III	754,00	652,33	553,66	458,00	365,50	276,00
	V	**1822,41**	443,83	443,83	IV	1279,50	1206,66	1135,25	1065,41	997,08	930,25
	VI	**1858,66**	443,83	443,83							
6038,99	I,IV	**1354,08**	443,83	443,83	I	1207,75	1066,50	931,33	802,25	679,33	562,50
	II	**1287,33**	443,83	443,83	II	1142,75	1004,25	871,83	745,58	625,41	511,41
	III	**859,66**	443,83	443,83	III	754,83	653,00	554,33	458,66	366,16	276,66
	V	**1823,58**	443,83	443,83	IV	1280,66	1207,75	1136,33	1066,50	998,16	931,33
	VI	**1859,83**	443,83	443,83							
6041,99	I,IV	**1355,25**	443,83	443,83	I	1208,91	1067,58	932,33	803,25	680,25	563,41
	II	**1288,41**	443,83	443,83	II	1143,83	1005,33	872,83	746,58	626,33	512,33
	III	**860,50**	443,83	443,83	III	755,66	653,83	555,16	459,50	366,83	277,33
	V	**1824,75**	443,83	443,83	IV	1281,83	1208,91	1137,50	1067,58	999,16	932,33
	VI	**1861,00**	443,83	443,83							
6044,99	I,IV	**1356,41**	443,83	443,83	I	1210,08	1068,66	933,41	804,25	681,25	564,33
	II	**1289,66**	443,83	443,83	II	1145,00	1006,41	873,91	747,58	627,33	513,16
	III	**861,33**	443,83	443,83	III	756,50	654,66	556,00	460,16	367,66	278,00
	V	**1825,91**	443,83	443,83	IV	1283,00	1210,08	1138,58	1068,66	1000,25	933,41
	VI	**1862,16**	443,83	443,83							
6047,99	I,IV	**1357,58**	443,83	443,83	I	1211,25	1069,75	934,50	805,25	682,16	565,25
	II	**1290,83**	443,83	443,83	II	1146,08	1007,50	874,91	748,50	628,25	514,08
	III	**862,16**	443,83	443,83	III	757,33	655,50	556,66	461,00	368,33	278,66
	V	**1827,08**	443,83	443,83	IV	1284,16	1211,25	1139,75	1069,75	1001,33	934,50
	VI	**1863,33**	443,83	443,83							

* Zur LSt-Berechnung für privat versicherte Arbeitnehmer s. Beispiele **Vorbemerkung S. 4f.**
** Basisvorsorgepauschale KV und PV *** Typisierter Arbeitgeberzuschuss

Lohn/ Gehalt in € bis	Steuerklasse	**Lohn-steuer***	BVSP**	TAGZ***	Steuerklasse	Bemessungsgrundlage für Kirchensteuer und Solidaritätszuschlag – Freibeträge für ... Kinder: 0,5	**1,0**	1,5	**2,0**	2,5	**3,0**
6050,99	I,IV	**1358,75**	443,83	443,83	I	1212,33	1070,83	935,50	806,25	683,16	566,16
	II	**1291,91**	443,83	443,83	II	1147,25	1008,50	875,91	749,50	629,16	514,91
	III	**863,00**	443,83	443,83	III	758,16	656,33	557,50	461,66	369,00	279,50
	V	**1828,25**	443,83	443,83	IV	1285,33	1212,33	1140,83	1070,83	1002,41	935,50
	VI	**1864,50**	443,83	443,83							
6053,99	I,IV	**1359,91**	443,83	443,83	I	1213,50	1071,91	936,58	807,25	684,08	567,08
	II	**1293,08**	443,83	443,83	II	1148,33	1009,58	877,00	750,50	630,08	515,83
	III	**863,83**	443,83	443,83	III	758,83	657,00	558,16	462,50	369,66	280,16
	V	**1829,41**	443,83	443,83	IV	1286,50	1213,50	1142,00	1071,91	1003,50	936,58
	VI	**1865,66**	443,83	443,83							
6056,99	I,IV	**1361,08**	443,83	443,83	I	1214,66	1073,08	937,58	808,25	685,00	567,91
	II	**1294,25**	443,83	443,83	II	1149,50	1010,66	878,00	751,41	631,00	516,66
	III	**864,66**	443,83	443,83	III	759,66	657,83	559,00	463,16	370,50	280,33
	V	**1830,50**	443,83	443,83	IV	1287,66	1214,66	1143,08	1073,08	1004,58	937,58
	VI	**1866,75**	443,83	443,83							
6059,99	I,IV	**1362,25**	443,83	443,83	I	1215,83	1074,16	938,66	809,25	686,00	568,83
	II	**1295,41**	443,83	443,83	II	1150,58	1011,75	879,00	752,41	631,91	517,58
	III	**865,50**	443,83	443,83	III	760,50	658,66	559,83	464,00	371,16	281,50
	V	**1831,75**	443,83	443,83	IV	1288,83	1215,83	1144,25	1074,16	1005,66	938,66
	VI	**1868,00**	443,83	443,83							
6062,99	I,IV	**1363,41**	443,83	443,83	I	1216,91	1075,25	939,66	810,25	686,91	569,75
	II	**1296,58**	443,83	443,83	II	1151,75	1012,83	880,08	753,41	632,91	518,50
	III	**866,33**	443,83	443,83	III	761,33	659,33	560,50	464,66	371,83	282,16
	V	**1832,91**	443,83	443,83	IV	1290,00	1216,91	1145,33	1075,25	1006,75	939,66
	VI	**1869,16**	443,83	443,83							
6065,99	I,IV	**1364,58**	443,83	443,83	I	1218,08	1076,33	940,75	811,25	687,91	570,66
	II	**1297,75**	443,83	443,83	II	1152,83	1013,91	881,08	754,41	633,83	519,33
	III	**867,33**	443,83	443,83	III	762,16	660,16	561,33	465,50	372,66	282,83
	V	**1834,00**	443,83	443,83	IV	1291,16	1218,08	1146,41	1076,33	1007,75	940,75
	VI	**1870,25**	443,83	443,83							
6068,99	I,IV	**1365,66**	443,83	443,83	I	1219,25	1077,41	941,75	812,25	688,83	571,58
	II	**1298,91**	443,83	443,83	II	1154,00	1015,00	882,08	755,33	634,75	520,25
	III	**868,00**	443,83	443,83	III	763,00	661,00	562,00	466,16	373,33	283,50
	V	**1835,16**	443,83	443,83	IV	1292,33	1219,25	1147,58	1077,41	1008,83	941,75
	VI	**1871,41**	443,83	443,83							
6071,99	I,IV	**1366,83**	443,83	443,83	I	1220,33	1078,50	942,83	813,25	689,83	572,50
	II	**1300,08**	443,83	443,83	II	1155,08	1016,00	883,08	756,33	635,66	521,08
	III	**869,00**	443,83	443,83	III	763,83	661,83	562,83	467,00	374,00	284,33
	V	**1836,33**	443,83	443,83	IV	1293,41	1220,33	1148,66	1078,50	1009,91	942,83
	VI	**1872,58**	443,83	443,83							
6074,99	I,IV	**1368,00**	443,83	443,83	I	1221,50	1079,66	943,91	814,25	690,75	573,33
	II	**1301,25**	443,83	443,83	II	1156,16	1017,08	884,16	757,33	636,58	522,00
	III	**869,66**	443,83	443,83	III	764,66	662,50	563,50	467,66	374,83	285,00
	V	**1837,50**	443,83	443,83	IV	1294,58	1221,50	1149,83	1079,66	1011,00	943,91
	VI	**1873,75**	443,83	443,83							
6077,99	I,IV	**1369,16**	443,83	443,83	I	1222,66	1080,75	944,91	815,25	691,75	574,25
	II	**1302,41**	443,83	443,83	II	1157,33	1018,25	885,16	758,33	637,50	522,91
	III	**870,66**	443,83	443,83	III	765,50	663,33	564,33	468,33	375,50	285,66
	V	**1838,66**	443,83	443,83	IV	1295,83	1222,66	1150,91	1080,75	1012,08	944,91
	VI	**1874,91**	443,83	443,83							
6080,99	I,IV	**1370,33**	443,83	443,83	I	1223,83	1081,83	946,00	816,25	692,66	575,16
	II	**1303,58**	443,83	443,83	II	1158,50	1019,25	886,25	759,25	638,50	523,75
	III	**871,50**	443,83	443,83	III	766,33	664,16	565,16	469,16	376,33	286,33
	V	**1839,83**	443,83	443,83	IV	1296,91	1223,83	1152,08	1081,83	1013,16	946,00
	VI	**1876,08**	443,83	443,83							
6083,99	I,IV	**1371,50**	443,83	443,83	I	1224,91	1082,91	947,00	817,25	693,58	576,08
	II	**1304,75**	443,83	443,83	II	1159,58	1020,33	887,25	760,25	639,41	524,66
	III	**872,33**	443,83	443,83	III	767,16	665,00	565,83	469,83	377,00	287,00
	V	**1841,00**	443,83	443,83	IV	1298,08	1224,91	1153,16	1082,91	1014,25	947,00
	VI	**1877,25**	443,83	443,83							

* Zur LSt-Berechnung für privat versicherte Arbeitnehmer s. Beispiele **Vorbemerkung S. 4f.**
** Basisvorsorgepauschale KV und PV *** Typisierter Arbeitgeberzuschuss

Lohn/ Gehalt in € bis	Steuerklasse	Lohn- steuer*	BVSP**	TAGZ***	Steuerklasse	Bemessungsgrundlage für Kirchensteuer und Solidaritätszuschlag					
						Freibeträge für ... Kinder					
						0,5	**1,0**	1,5	**2,0**	2,5	**3,0**
6086,99	I,IV	**1372,66**	443,83	443,83	I	1226,08	1084,00	948,08	818,25	694,58	577,00
	II	**1305,91**	443,83	443,83	II	1160,66	1021,41	888,25	761,25	640,33	525,50
	III	**873,16**	443,83	443,83	III	768,00	665,83	566,66	470,66	377,66	287,83
	V	**1842,16**	443,83	443,83	IV	1299,25	1226,08	1154,33	1084,00	1015,33	948,08
	VI	**1878,41**	443,83	443,83							
6089,99	I,IV	**1373,83**	443,83	443,83	I	1227,25	1085,16	949,16	819,25	695,50	577,91
	II	**1307,00**	443,83	443,83	II	1161,83	1022,50	889,25	762,16	641,25	526,41
	III	**874,00**	443,83	443,83	III	768,66	666,50	567,50	471,33	378,33	288,50
	V	**1843,33**	443,83	443,83	IV	1300,41	1227,25	1155,41	1085,16	1016,33	949,16
	VI	**1879,58**	443,83	443,83							
6092,99	I,IV	**1375,00**	443,83	443,83	I	1228,41	1086,25	950,25	820,25	696,50	578,83
	II	**1308,25**	443,83	443,83	II	1163,00	1023,58	890,33	763,25	642,16	527,33
	III	**874,83**	443,83	443,83	III	769,50	667,33	568,16	472,16	379,16	289,16
	V	**1844,50**	443,83	443,83	IV	1301,58	1228,41	1156,58	1086,25	1017,50	950,25
	VI	**1880,75**	443,83	443,83							
6095,99	I,IV	**1376,16**	443,83	443,83	I	1229,58	1087,33	951,25	821,25	697,41	579,75
	II	**1309,41**	443,83	443,83	II	1164,08	1024,66	891,33	764,16	643,16	528,16
	III	**875,66**	443,83	443,83	III	770,33	668,16	569,00	473,00	379,83	289,83
	V	**1845,66**	443,83	443,83	IV	1302,75	1229,58	1157,66	1087,33	1018,50	951,25
	VI	**1881,91**	443,83	443,83							
6098,99	I,IV	**1377,33**	443,83	443,83	I	1230,66	1088,41	952,33	822,25	698,41	580,58
	II	**1310,50**	443,83	443,83	II	1165,25	1025,75	892,41	765,16	644,08	529,08
	III	**876,50**	443,83	443,83	III	771,16	669,00	569,83	473,66	380,50	290,50
	V	**1846,83**	443,83	443,83	IV	1303,91	1230,66	1158,83	1088,41	1019,58	952,33
	VI	**1883,08**	443,83	443,83							
6101,99	I,IV	**1378,50**	443,83	443,83	I	1231,83	1089,50	953,33	823,25	699,33	581,50
	II	**1311,66**	443,83	443,83	II	1166,33	1026,83	893,41	766,16	645,00	529,91
	III	**877,33**	443,83	443,83	III	772,00	669,83	570,50	474,33	381,33	291,33
	V	**1848,00**	443,83	443,83	IV	1305,08	1231,83	1159,91	1089,50	1020,66	953,33
	VI	**1884,25**	443,83	443,83							
6104,99	I,IV	**1379,66**	443,83	443,83	I	1233,00	1090,66	954,41	824,25	700,33	582,41
	II	**1312,83**	443,83	443,83	II	1167,50	1027,91	894,41	767,08	645,91	530,83
	III	**878,16**	443,83	443,83	III	772,83	670,50	571,33	475,16	382,00	292,00
	V	**1849,08**	443,83	443,83	IV	1306,25	1233,00	1161,08	1090,66	1021,75	954,41
	VI	**1885,41**	443,83	443,83							
6107,99	I,IV	**1380,83**	443,83	443,83	I	1234,16	1091,75	955,50	825,33	701,25	583,33
	II	**1314,00**	443,83	443,83	II	1168,66	1029,00	895,50	768,16	646,83	531,75
	III	**879,00**	443,83	443,83	III	773,66	671,33	572,16	475,83	382,83	292,66
	V	**1850,33**	443,83	443,83	IV	1307,41	1234,16	1162,16	1091,75	1022,83	955,50
	VI	**1886,58**	443,83	443,83							
6110,99	I,IV	**1382,00**	443,83	443,83	I	1235,33	1092,83	956,50	826,33	702,25	584,25
	II	**1315,16**	443,83	443,83	II	1169,75	1030,08	896,50	769,08	647,83	532,58
	III	**880,00**	443,83	443,83	III	774,50	672,16	572,83	476,66	383,50	293,33
	V	**1851,50**	443,83	443,83	IV	1308,58	1235,33	1163,33	1092,83	1023,91	956,50
	VI	**1887,75**	443,83	443,83							
6113,99	I,IV	**1383,16**	443,83	443,83	I	1236,50	1093,91	957,58	827,33	703,16	585,16
	II	**1316,33**	443,83	443,83	II	1170,83	1031,16	897,58	770,08	648,75	533,50
	III	**880,66**	443,83	443,83	III	775,33	673,00	573,66	477,33	384,16	294,00
	V	**1852,58**	443,83	443,83	IV	1309,75	1236,50	1164,41	1093,91	1025,00	957,58
	VI	**1888,91**	443,83	443,83							
6116,99	I,IV	**1384,25**	443,83	443,83	I	1237,58	1095,08	958,58	828,33	704,16	586,08
	II	**1317,50**	443,83	443,83	II	1172,00	1032,25	898,58	771,08	649,66	534,41
	III	**881,66**	443,83	443,83	III	776,16	673,83	574,50	478,16	385,00	294,83
	V	**1853,75**	443,83	443,83	IV	1310,91	1237,58	1165,58	1095,08	1026,08	958,58
	VI	**1890,00**	443,83	443,83							
6119,99	I,IV	**1385,41**	443,83	443,83	I	1238,75	1096,16	959,66	829,33	705,08	587,00
	II	**1318,66**	443,83	443,83	II	1173,08	1033,33	899,58	772,08	650,58	535,25
	III	**882,50**	443,83	443,83	III	777,00	674,50	575,16	478,83	385,66	295,50
	V	**1854,91**	443,83	443,83	IV	1312,08	1238,75	1166,66	1096,16	1027,16	959,66
	VI	**1891,16**	443,83	443,83							

* Zur LSt-Berechnung für privat versicherte Arbeitnehmer s. Beispiele **Vorbemerkung S. 4f.**
** Basisvorsorgepauschale KV und PV *** Typisierter Arbeitgeberzuschuss

Lohn/ Gehalt in € bis	Steuerklasse	**Lohn-steuer***	BVSP**	TAGZ***	Steuerklasse	Bemessungsgrundlage für Kirchensteuer und Solidaritätszuschlag – Freibeträge für ... Kinder 0,5	**1,0**	1,5	**2,0**	2,5	**3,0**
6122,99	I,IV	**1386,58**	443,83	443,83	I	1239,91	1097,25	960,75	830,33	706,00	587,91
	II	**1319,83**	443,83	443,83	II	1174,25	1034,41	900,66	773,00	651,50	536,16
	III	**883,33**	443,83	443,83	III	777,83	675,33	576,00	479,66	386,33	296,16
	V	**1856,08**	443,83	443,83	IV	1313,16	1239,91	1167,83	1097,25	1028,25	960,75
	VI	**1892,33**	443,83	443,83							
6125,99	I,IV	**1387,75**	443,83	443,83	I	1241,08	1098,41	961,83	831,33	707,00	588,83
	II	**1321,00**	443,83	443,83	II	1175,41	1035,50	901,66	774,00	652,50	537,08
	III	**884,16**	443,83	443,83	III	778,66	676,16	576,83	480,33	387,16	296,83
	V	**1857,25**	443,83	443,83	IV	1314,41	1241,08	1169,00	1098,41	1029,33	961,83
	VI	**1893,50**	443,83	443,83							
6128,99	I,IV	**1388,91**	443,83	443,83	I	1242,25	1099,50	962,83	832,33	708,00	589,75
	II	**1322,16**	443,83	443,83	II	1176,50	1036,58	902,75	775,00	653,41	537,91
	III	**885,00**	443,83	443,83	III	779,50	677,00	577,50	481,16	387,83	297,66
	V	**1858,41**	443,83	443,83	IV	1315,58	1242,25	1170,08	1099,50	1030,41	962,83
	VI	**1894,66**	443,83	443,83							
6131,99	I,IV	**1390,08**	443,83	443,83	I	1243,33	1100,58	963,91	833,33	708,91	590,66
	II	**1323,33**	443,83	443,83	II	1177,66	1037,66	903,75	776,00	654,33	538,83
	III	**885,83**	443,83	443,83	III	780,33	677,83	578,33	481,83	388,50	298,33
	V	**1859,58**	443,83	443,83	IV	1316,66	1243,33	1171,25	1100,58	1031,50	963,91
	VI	**1895,83**	443,83	443,83							
6134,99	I,IV	**1391,25**	443,83	443,83	I	1244,50	1101,66	965,00	834,33	709,91	591,50
	II	**1324,50**	443,83	443,83	II	1178,75	1038,75	904,75	777,00	655,25	539,75
	III	**886,66**	443,83	443,83	III	781,00	678,50	579,00	482,66	389,33	299,00
	V	**1860,75**	443,83	443,83	IV	1317,83	1244,50	1172,33	1101,66	1032,58	965,00
	VI	**1897,00**	443,83	443,83							
6137,99	I,IV	**1392,41**	443,83	443,83	I	1245,66	1102,75	966,00	835,33	710,83	592,41
	II	**1325,58**	443,83	443,83	II	1179,91	1039,83	905,83	777,91	656,25	540,58
	III	**887,50**	443,83	443,83	III	781,83	679,33	579,83	483,33	390,00	299,66
	V	**1861,91**	443,83	443,83	IV	1319,00	1245,66	1173,50	1102,75	1033,66	966,00
	VI	**1898,16**	443,83	443,83							
6140,99	I,IV	**1393,58**	443,83	443,83	I	1246,83	1103,91	967,08	836,41	711,83	593,41
	II	**1326,83**	443,83	443,83	II	1181,08	1040,91	906,91	779,00	657,16	541,50
	III	**888,33**	443,83	443,83	III	782,83	680,16	580,66	484,16	390,83	300,50
	V	**1863,08**	443,83	443,83	IV	1320,16	1246,83	1174,58	1103,91	1034,75	967,08
	VI	**1899,33**	443,83	443,83							
6143,99	I,IV	**1394,75**	443,83	443,83	I	1248,00	1105,00	968,16	837,41	712,75	594,25
	II	**1328,00**	443,83	443,83	II	1182,16	1042,00	907,91	779,91	658,08	542,41
	III	**889,16**	443,83	443,83	III	783,50	681,00	581,33	484,83	391,50	301,16
	V	**1864,25**	443,83	443,83	IV	1321,33	1248,00	1175,75	1105,00	1035,83	968,16
	VI	**1900,50**	443,83	443,83							
6146,99	I,IV	**1395,91**	443,83	443,83	I	1249,16	1106,08	969,16	838,41	713,75	595,16
	II	**1329,08**	443,83	443,83	II	1183,33	1043,08	908,91	780,91	659,08	543,25
	III	**890,16**	443,83	443,83	III	784,33	681,83	582,16	485,66	392,16	301,83
	V	**1865,41**	443,83	443,83	IV	1322,50	1249,16	1176,83	1106,08	1036,91	969,16
	VI	**1901,66**	443,83	443,83							
6149,99	I,IV	**1397,08**	443,83	443,83	I	1250,33	1107,25	970,25	839,41	714,66	596,08
	II	**1330,25**	443,83	443,83	II	1184,41	1044,16	910,00	781,91	660,00	544,16
	III	**890,83**	443,83	443,83	III	785,16	682,50	583,00	486,33	392,83	302,50
	V	**1866,58**	443,83	443,83	IV	1323,66	1250,33	1178,00	1107,25	1038,00	970,25
	VI	**1902,83**	443,83	443,83							
6152,99	I,IV	**1398,25**	443,83	443,83	I	1251,41	1108,33	971,33	840,41	715,66	597,00
	II	**1331,41**	443,83	443,83	II	1185,58	1045,25	911,00	782,91	660,91	545,08
	III	**891,83**	443,83	443,83	III	786,00	683,33	583,66	487,16	393,66	303,16
	V	**1867,66**	443,83	443,83	IV	1324,83	1251,41	1179,08	1108,33	1039,08	971,33
	VI	**1904,00**	443,83	443,83							
6155,99	I,IV	**1399,41**	443,83	443,83	I	1252,66	1109,41	972,41	841,41	716,66	597,91
	II	**1332,58**	443,83	443,83	II	1186,75	1046,33	912,08	783,91	661,91	546,00
	III	**892,66**	443,83	443,83	III	786,83	684,16	584,50	488,00	394,33	304,00
	V	**1868,91**	443,83	443,83	IV	1326,00	1252,66	1180,25	1109,41	1040,16	972,41
	VI	**1905,16**	443,83	443,83							

* Zur LSt-Berechnung für privat versicherte Arbeitnehmer s. Beispiele **Vorbemerkung S. 4 f.**
** Basisvorsorgepauschale KV und PV *** Typisierter Arbeitgeberzuschuss

Lohn/ Gehalt in € bis	Steuerklasse	Lohn- steuer*	BVSP**	TAGZ***	Steuerklasse	Bemessungsgrundlage für Kirchensteuer und Solidaritätszuschlag					
						Freibeträge für ... Kinder					
						0,5	**1,0**	1,5	**2,0**	2,5	**3,0**
6158,99	I,IV	**1400,58**	443,83	443,83	I	1253,75	1110,58	973,41	842,50	717,58	598,83
	II	**1333,75**	443,83	443,83	II	1187,83	1047,41	913,08	784,91	662,83	546,83
	III	**893,50**	443,83	443,83	III	787,66	685,00	585,33	488,66	395,16	304,66
	V	**1870,08**	443,83	443,83	IV	1327,16	1253,75	1181,41	1110,58	1041,25	973,41
	VI	**1906,33**	443,83	443,83							
6161,99	I,IV	**1401,75**	443,83	443,83	I	1254,91	1111,66	974,50	843,50	718,58	599,75
	II	**1334,91**	443,83	443,83	II	1189,00	1048,50	914,16	785,91	663,75	547,75
	III	**894,33**	443,83	443,83	III	788,50	685,83	586,00	489,50	395,83	305,33
	V	**1871,16**	443,83	443,83	IV	1328,33	1254,91	1182,50	1111,66	1042,33	974,50
	VI	**1907,50**	443,83	443,83							
6164,99	I,IV	**1402,83**	443,83	443,83	I	1256,08	1112,75	975,58	844,50	719,50	600,66
	II	**1336,08**	443,83	443,83	II	1190,16	1049,58	915,16	786,83	664,66	548,66
	III	**895,16**	443,83	443,83	III	789,33	686,50	586,83	490,16	396,50	306,00
	V	**1872,33**	443,83	443,83	IV	1329,50	1256,08	1183,66	1112,75	1043,41	975,58
	VI	**1908,58**	443,83	443,83							
6167,99	I,IV	**1404,00**	443,83	443,83	I	1257,25	1113,83	976,58	845,50	720,50	601,58
	II	**1337,25**	443,83	443,83	II	1191,25	1050,66	916,16	787,83	665,66	549,50
	III	**896,00**	443,83	443,83	III	790,16	687,33	587,66	491,00	397,33	306,66
	V	**1873,50**	443,83	443,83	IV	1330,66	1257,25	1184,75	1113,83	1044,50	976,58
	VI	**1909,75**	443,83	443,83							
6170,99	I,IV	**1405,16**	443,83	443,83	I	1258,41	1115,00	977,66	846,50	721,41	602,50
	II	**1338,41**	443,83	443,83	II	1192,41	1051,75	917,25	788,83	666,58	550,41
	III	**896,83**	443,83	443,83	III	791,00	688,16	588,33	491,66	398,00	307,50
	V	**1874,66**	443,83	443,83	IV	1331,75	1258,41	1185,91	1115,00	1045,58	977,66
	VI	**1910,91**	443,83	443,83							
6173,99	I,IV	**1406,33**	443,83	443,83	I	1259,58	1116,08	978,75	847,50	722,41	603,41
	II	**1339,58**	443,83	443,83	II	1193,58	1052,83	918,33	789,83	667,50	551,33
	III	**897,66**	443,83	443,83	III	791,83	689,00	589,16	492,50	398,83	308,16
	V	**1875,83**	443,83	443,83	IV	1333,00	1259,58	1187,08	1116,08	1046,66	978,75
	VI	**1912,08**	443,83	443,83							
6176,99	I,IV	**1407,50**	443,83	443,83	I	1260,75	1117,25	979,83	848,50	723,41	604,33
	II	**1340,75**	443,83	443,83	II	1194,66	1053,91	919,33	790,83	668,50	552,25
	III	**898,66**	443,83	443,83	III	792,66	689,83	590,00	493,16	399,50	308,83
	V	**1877,00**	443,83	443,83	IV	1334,16	1260,75	1188,25	1117,25	1047,75	979,83
	VI	**1913,25**	443,83	443,83							
6179,99	I,IV	**1408,66**	443,83	443,83	I	1261,91	1118,33	980,83	849,58	724,33	605,25
	II	**1341,91**	443,83	443,83	II	1195,83	1055,00	920,33	791,83	669,41	553,08
	III	**899,33**	443,83	443,83	III	793,50	690,50	590,66	494,00	400,16	309,50
	V	**1878,16**	443,83	443,83	IV	1335,25	1261,91	1189,33	1118,33	1048,83	980,83
	VI	**1914,41**	443,83	443,83							
6182,99	I,IV	**1409,83**	443,83	443,83	I	1263,08	1119,41	981,91	850,58	725,33	606,16
	II	**1343,08**	443,83	443,83	II	1196,91	1056,08	921,41	792,83	670,33	554,00
	III	**900,33**	443,83	443,83	III	794,33	691,33	591,50	494,66	401,00	310,33
	V	**1879,33**	443,83	443,83	IV	1336,41	1263,08	1190,50	1119,41	1049,91	981,91
	VI	**1915,58**	443,83	443,83							
6185,99	I,IV	**1411,00**	443,83	443,83	I	1264,16	1120,50	983,00	851,58	726,25	607,08
	II	**1344,16**	443,83	443,83	II	1198,08	1057,16	922,41	793,83	671,33	554,91
	III	**901,16**	443,83	443,83	III	795,16	692,16	592,16	495,50	401,66	311,00
	V	**1880,50**	443,83	443,83	IV	1337,58	1264,16	1191,58	1120,50	1051,00	983,00
	VI	**1916,75**	443,83	443,83							
6188,99	I,IV	**1412,16**	443,83	443,83	I	1265,41	1121,66	984,08	852,58	727,25	608,00
	II	**1345,41**	443,83	443,83	II	1199,25	1058,33	923,50	794,83	672,25	555,83
	III	**902,00**	443,83	443,83	III	796,00	693,00	593,00	496,16	402,33	311,66
	V	**1881,66**	443,83	443,83	IV	1338,75	1265,41	1192,75	1121,66	1052,08	984,08
	VI	**1917,91**	443,83	443,83							
6191,99	I,IV	**1413,33**	443,83	443,83	I	1266,58	1122,75	985,16	853,58	728,25	608,91
	II	**1346,58**	443,83	443,83	II	1200,41	1059,41	924,58	795,83	673,16	556,75
	III	**902,83**	443,83	443,83	III	796,83	693,83	593,83	497,00	403,16	312,33
	V	**1882,83**	443,83	443,83	IV	1339,91	1266,58	1193,91	1122,75	1053,16	985,16
	VI	**1919,08**	443,83	443,83							

* Zur LSt-Berechnung für privat versicherte Arbeitnehmer s. Beispiele **Vorbemerkung S. 4f.**
** Basisvorsorgepauschale KV und PV *** Typisierter Arbeitgeberzuschuss

Lohn/ Gehalt in € bis	Steuerklasse	Lohn-steuer*	BVSP**	TAGZ***	Steuerklasse	Bemessungsgrundlage für Kirchensteuer und Solidaritätszuschlag – Freibeträge für ... Kinder 0,5	**1,0**	1,5	**2,0**	2,5	**3,0**
6194,99	I,IV	**1414,50**	443,83	443,83	I	1267,66	1123,91	986,16	854,66	729,16	609,83
	II	**1347,66**	443,83	443,83	II	1201,50	1060,50	925,58	796,83	674,16	557,58
	III	**903,66**	443,83	443,83	III	797,50	694,50	594,66	497,66	403,83	313,00
	V	**1884,00**	443,83	443,83	IV	1341,08	1267,66	1195,00	1123,91	1054,25	986,16
	VI	**1920,25**	443,83	443,83							
6197,99	I,IV	**1415,66**	443,83	443,83	I	1268,83	1125,00	987,25	855,66	730,16	610,75
	II	**1348,83**	443,83	443,83	II	1202,66	1061,58	926,58	797,83	675,08	558,50
	III	**904,50**	443,83	443,83	III	798,50	695,33	595,33	498,50	404,66	313,83
	V	**1885,16**	443,83	443,83	IV	1342,25	1268,83	1196,16	1125,00	1055,33	987,25
	VI	**1921,41**	443,83	443,83							
6200,99	I,IV	**1416,83**	443,83	443,83	I	1270,00	1126,08	988,33	856,66	731,08	611,66
	II	**1350,00**	443,83	443,83	II	1203,75	1062,66	927,66	798,75	676,00	559,41
	III	**905,33**	443,83	443,83	III	799,16	696,16	596,16	499,16	405,33	314,50
	V	**1886,25**	443,83	443,83	IV	1343,41	1270,00	1197,25	1126,08	1056,41	988,33
	VI	**1922,58**	443,83	443,83							
6203,99	I,IV	**1418,00**	443,83	443,83	I	1271,16	1127,25	989,41	857,66	732,08	612,66
	II	**1351,16**	443,83	443,83	II	1204,91	1063,75	928,75	799,83	677,00	560,33
	III	**906,16**	443,83	443,83	III	800,00	697,00	597,00	500,00	406,00	315,16
	V	**1887,50**	443,83	443,83	IV	1344,58	1271,16	1198,41	1127,25	1057,58	989,41
	VI	**1923,75**	443,83	443,83							
6206,99	I,IV	**1419,16**	443,83	443,83	I	1272,33	1128,33	990,50	858,75	733,08	613,58
	II	**1352,33**	443,83	443,83	II	1206,08	1064,83	929,75	800,83	677,91	561,25
	III	**907,16**	443,83	443,83	III	801,00	697,83	597,66	500,66	406,83	316,00
	V	**1888,66**	443,83	443,83	IV	1345,75	1272,33	1199,58	1128,33	1058,66	990,50
	VI	**1924,91**	443,83	443,83							
6209,99	I,IV	**1420,33**	443,83	443,83	I	1273,50	1129,50	991,50	859,75	734,00	614,50
	II	**1353,50**	443,83	443,83	II	1207,25	1065,91	930,83	801,75	678,91	562,08
	III	**908,00**	443,83	443,83	III	801,66	698,50	598,50	501,50	407,50	316,66
	V	**1889,75**	443,83	443,83	IV	1346,91	1273,50	1200,75	1129,50	1059,75	991,50
	VI	**1926,08**	443,83	443,83							
6212,99	I,IV	**1421,41**	443,83	443,83	I	1274,66	1130,58	992,58	860,75	735,00	615,41
	II	**1354,66**	443,83	443,83	II	1208,33	1067,00	931,83	802,75	679,83	563,00
	III	**908,83**	443,83	443,83	III	802,50	699,33	599,33	502,16	408,33	317,33
	V	**1890,91**	443,83	443,83	IV	1348,08	1274,66	1201,83	1130,58	1060,83	992,58
	VI	**1927,16**	443,83	443,83							
6215,99	I,IV	**1422,58**	443,83	443,83	I	1275,83	1131,66	993,66	861,75	736,00	616,33
	II	**1355,83**	443,83	443,83	II	1209,50	1068,16	932,91	803,75	680,75	563,91
	III	**909,66**	443,83	443,83	III	803,33	700,16	600,00	503,00	409,00	318,00
	V	**1892,08**	443,83	443,83	IV	1349,25	1275,83	1203,00	1131,66	1061,91	993,66
	VI	**1928,33**	443,83	443,83							
6218,99	I,IV	**1423,75**	443,83	443,83	I	1277,00	1132,83	994,75	862,75	736,91	617,25
	II	**1357,00**	443,83	443,83	II	1210,66	1069,25	933,91	804,75	681,75	564,75
	III	**910,50**	443,83	443,83	III	804,16	701,00	600,83	503,66	409,66	318,66
	V	**1893,25**	443,83	443,83	IV	1350,33	1277,00	1204,16	1132,83	1063,00	994,75
	VI	**1929,50**	443,83	443,83							
6221,99	I,IV	**1424,91**	443,83	443,83	I	1278,16	1133,91	995,83	863,83	737,91	618,16
	II	**1358,16**	443,83	443,83	II	1211,83	1070,33	935,00	805,75	682,66	565,75
	III	**911,33**	443,83	443,83	III	805,00	701,83	601,66	504,50	410,50	319,50
	V	**1894,41**	443,83	443,83	IV	1351,58	1278,16	1205,33	1133,91	1064,08	995,83
	VI	**1930,66**	443,83	443,83							
6224,99	I,IV	**1426,08**	443,83	443,83	I	1279,33	1135,08	996,83	864,83	738,91	619,08
	II	**1359,33**	443,83	443,83	II	1212,91	1071,41	936,00	806,75	683,66	566,58
	III	**912,16**	443,83	443,83	III	805,83	702,66	602,33	505,33	411,16	320,16
	V	**1895,58**	443,83	443,83	IV	1352,75	1279,33	1206,41	1135,08	1065,16	996,83
	VI	**1931,83**	443,83	443,83							
6227,99	I,IV	**1427,25**	443,83	443,83	I	1280,50	1136,16	997,91	865,83	739,83	620,00
	II	**1360,50**	443,83	443,83	II	1214,08	1072,50	937,08	807,75	684,58	567,50
	III	**913,00**	443,83	443,83	III	806,66	703,50	603,16	506,00	412,00	320,83
	V	**1896,75**	443,83	443,83	IV	1353,83	1280,50	1207,58	1136,16	1066,25	997,91
	VI	**1933,00**	443,83	443,83							

* Zur LSt-Berechnung für privat versicherte Arbeitnehmer s. Beispiele **Vorbemerkung S. 4 f.**
** Basisvorsorgepauschale KV und PV *** Typisierter Arbeitgeberzuschuss

Lohn/ Gehalt in € bis	Steuerklasse	Lohn-steuer*	BVSP**	TAGZ***	Steuerklasse	Bemessungsgrundlage für Kirchensteuer und Solidaritätszuschlag – Freibeträge für ... Kinder 0,5	**1,0**	1,5	**2,0**	2,5	**3,0**
6230,99	I,IV	**1428,41**	443,83	443,83	I	1281,66	1137,25	999,00	866,83	740,83	620,91
	II	**1361,66**	443,83	443,83	II	1215,25	1073,58	938,08	808,75	685,50	568,41
	III	**913,83**	443,83	443,83	III	807,50	704,16	604,00	506,83	412,66	321,50
	V	**1897,91**	443,83	443,83	IV	1355,00	1281,66	1208,66	1137,25	1067,33	999,00
	VI	**1934,16**	443,83	443,83							
6233,99	I,IV	**1429,58**	443,83	443,83	I	1282,75	1138,41	1000,08	867,83	741,83	621,83
	II	**1362,83**	443,83	443,83	II	1216,33	1074,66	939,16	809,75	686,50	569,33
	III	**914,83**	443,83	443,83	III	808,33	705,00	604,83	507,50	413,33	322,33
	V	**1899,08**	443,83	443,83	IV	1356,16	1282,75	1209,83	1138,41	1068,50	1000,08
	VI	**1935,33**	443,83	443,83							
6236,99	I,IV	**1430,75**	443,83	443,83	I	1284,00	1139,50	1001,16	868,91	742,83	622,83
	II	**1364,00**	443,83	443,83	II	1217,50	1075,83	940,25	810,75	687,41	570,25
	III	**915,66**	443,83	443,83	III	809,16	705,83	605,50	508,33	414,16	323,00
	V	**1900,25**	443,83	443,83	IV	1357,33	1284,00	1211,00	1139,50	1069,58	1001,16
	VI	**1936,50**	443,83	443,83							
6239,99	I,IV	**1431,91**	443,83	443,83	I	1285,16	1140,66	1002,25	869,91	743,75	623,75
	II	**1365,16**	443,83	443,83	II	1218,66	1076,91	941,25	811,75	688,41	571,16
	III	**916,50**	443,83	443,83	III	810,00	706,66	606,33	509,00	414,83	323,66
	V	**1901,41**	443,83	443,83	IV	1358,50	1285,16	1212,16	1140,66	1070,66	1002,25
	VI	**1937,66**	443,83	443,83							
6242,99	I,IV	**1433,08**	443,83	443,83	I	1286,25	1141,75	1003,33	870,91	744,75	624,66
	II	**1366,33**	443,83	443,83	II	1219,83	1078,00	942,33	812,75	689,33	572,00
	III	**917,33**	443,83	443,83	III	810,83	707,50	607,16	509,83	415,66	324,50
	V	**1902,58**	443,83	443,83	IV	1359,66	1286,25	1213,25	1141,75	1071,75	1003,33
	VI	**1938,83**	443,83	443,83							
6245,99	I,IV	**1434,25**	443,83	443,83	I	1287,41	1142,83	1004,33	872,00	745,66	625,58
	II	**1367,41**	443,83	443,83	II	1220,91	1079,08	943,33	813,75	690,25	572,91
	III	**918,16**	443,83	443,83	III	811,66	708,16	607,83	510,50	416,33	325,16
	V	**1903,75**	443,83	443,83	IV	1360,83	1287,41	1214,41	1142,83	1072,83	1004,33
	VI	**1940,00**	443,83	443,83							
6248,99	I,IV	**1435,41**	443,83	443,83	I	1288,58	1144,00	1005,41	873,00	746,66	626,50
	II	**1368,58**	443,83	443,83	II	1222,08	1080,16	944,41	814,75	691,25	573,83
	III	**919,00**	443,83	443,83	III	812,50	709,00	608,66	511,33	417,00	325,83
	V	**1904,83**	443,83	443,83	IV	1362,00	1288,58	1215,58	1144,00	1073,91	1005,41
	VI	**1941,16**	443,83	443,83							
6251,99	I,IV	**1436,58**	443,83	443,83	I	1289,75	1145,16	1006,50	874,00	747,66	627,41
	II	**1369,83**	443,83	443,83	II	1223,25	1081,33	945,50	815,75	692,16	574,75
	III	**920,00**	443,83	443,83	III	813,33	709,83	609,50	512,16	417,83	326,50
	V	**1906,08**	443,83	443,83	IV	1363,16	1289,75	1216,75	1145,16	1075,08	1006,50
	VI	**1942,33**	443,83	443,83							
6254,99	I,IV	**1437,75**	443,83	443,83	I	1290,91	1146,25	1007,58	875,08	748,66	628,33
	II	**1370,91**	443,83	443,83	II	1224,41	1082,41	946,50	816,75	693,16	575,66
	III	**920,66**	443,83	443,83	III	814,16	710,66	610,16	512,83	418,50	327,16
	V	**1907,25**	443,83	443,83	IV	1364,33	1290,91	1217,83	1146,25	1076,16	1007,58
	VI	**1943,50**	443,83	443,83							
6257,99	I,IV	**1438,91**	443,83	443,83	I	1292,08	1147,33	1008,66	876,08	749,58	629,25
	II	**1372,08**	443,83	443,83	II	1225,58	1083,50	947,58	817,75	694,08	576,58
	III	**921,66**	443,83	443,83	III	815,00	711,50	611,00	513,66	419,33	328,00
	V	**1908,33**	443,83	443,83	IV	1365,50	1292,08	1219,00	1147,33	1077,25	1008,66
	VI	**1944,66**	443,83	443,83							
6260,99	I,IV	**1440,00**	443,83	443,83	I	1293,25	1148,50	1009,75	877,08	750,58	630,16
	II	**1373,25**	443,83	443,83	II	1226,66	1084,58	948,66	818,75	695,08	577,41
	III	**922,50**	443,83	443,83	III	815,83	712,33	611,83	514,33	420,00	328,66
	V	**1909,50**	443,83	443,83	IV	1366,66	1293,25	1220,16	1148,50	1078,33	1009,75
	VI	**1945,75**	443,83	443,83							
6263,99	I,IV	**1441,16**	443,83	443,83	I	1294,41	1149,58	1010,75	878,08	751,58	631,08
	II	**1374,41**	443,83	443,83	II	1227,83	1085,66	949,66	819,75	696,00	578,33
	III	**923,33**	443,83	443,83	III	816,66	713,16	612,50	515,16	420,66	329,33
	V	**1910,66**	443,83	443,83	IV	1367,83	1294,41	1221,33	1149,58	1079,41	1010,75
	VI	**1946,91**	443,83	443,83							

* Zur LSt-Berechnung für privat versicherte Arbeitnehmer s. Beispiele **Vorbemerkung S. 4f.**
** Basisvorsorgepauschale KV und PV *** Typisierter Arbeitgeberzuschuss

Lohn/ Gehalt in € bis	Steuerklasse	Lohn-steuer*	BVSP**	TAGZ***	Steuerklasse	Bemessungsgrundlage für Kirchensteuer und Solidaritätszuschlag – Freibeträge für ... Kinder 0,5	**1,0**	1,5	**2,0**	2,5	**3,0**
6266,99	I,IV	**1442,33**	443,83	443,83	I	1295,58	1150,75	1011,83	879,16	752,50	632,00
	II	**1375,58**	443,83	443,83	II	1229,00	1086,75	950,75	820,75	696,91	579,25
	III	**924,16**	443,83	443,83	III	817,50	713,83	613,33	515,83	421,50	330,00
	V	**1911,83**	443,83	443,83	IV	1368,91	1295,58	1222,41	1150,75	1080,50	1011,83
	VI	**1948,08**	443,83	443,83							
6269,99	I,IV	**1443,50**	443,83	443,83	I	1296,75	1151,83	1013,00	880,16	753,50	633,00
	II	**1376,75**	443,83	443,83	II	1230,16	1087,91	951,83	821,83	697,91	580,16
	III	**925,00**	443,83	443,83	III	818,33	714,66	614,16	516,66	422,16	330,83
	V	**1913,00**	443,83	443,83	IV	1370,16	1296,75	1223,58	1151,83	1081,66	1013,00
	VI	**1949,25**	443,83	443,83							
6272,99	I,IV	**1444,66**	443,83	443,83	I	1297,91	1153,00	1014,00	881,16	754,50	633,91
	II	**1377,91**	443,83	443,83	II	1231,33	1089,00	952,83	822,83	698,91	581,08
	III	**925,83**	443,83	443,83	III	819,16	715,50	615,00	517,33	423,00	331,50
	V	**1914,16**	443,83	443,83	IV	1371,33	1297,91	1224,75	1153,00	1082,75	1014,00
	VI	**1950,41**	443,83	443,83							
6275,99	I,IV	**1445,83**	443,83	443,83	I	1299,08	1154,08	1015,08	882,25	755,50	634,83
	II	**1379,08**	443,83	443,83	II	1232,41	1090,08	953,91	823,83	699,83	582,00
	III	**926,66**	443,83	443,83	III	820,00	716,33	615,66	518,16	423,66	332,16
	V	**1915,33**	443,83	443,83	IV	1372,41	1299,08	1225,91	1154,08	1083,83	1015,08
	VI	**1951,58**	443,83	443,83							
6278,99	I,IV	**1447,00**	443,83	443,83	I	1300,25	1155,25	1016,16	883,25	756,41	635,75
	II	**1380,25**	443,83	443,83	II	1233,58	1091,16	954,91	824,83	700,75	582,91
	III	**927,66**	443,83	443,83	III	820,83	717,16	616,50	519,00	424,33	333,00
	V	**1916,50**	443,83	443,83	IV	1373,58	1300,25	1227,00	1155,25	1084,91	1016,16
	VI	**1952,75**	443,83	443,83							
6281,99	I,IV	**1448,16**	443,83	443,83	I	1301,33	1156,33	1017,25	884,25	757,41	636,66
	II	**1381,41**	443,83	443,83	II	1234,75	1092,33	956,00	825,83	701,75	583,83
	III	**928,50**	443,83	443,83	III	821,66	718,00	617,33	519,66	425,16	333,66
	V	**1917,66**	443,83	443,83	IV	1374,75	1301,33	1228,16	1156,33	1086,00	1017,25
	VI	**1953,91**	443,83	443,83							
6284,99	I,IV	**1449,33**	443,83	443,83	I	1302,58	1157,50	1018,33	885,33	758,41	637,66
	II	**1382,58**	443,83	443,83	II	1235,91	1093,41	957,08	826,83	702,75	584,75
	III	**929,33**	443,83	443,83	III	822,50	718,66	618,00	520,50	425,83	334,33
	V	**1918,83**	443,83	443,83	IV	1375,91	1302,58	1229,33	1157,50	1087,16	1018,33
	VI	**1955,08**	443,83	443,83							
6287,99	I,IV	**1450,50**	443,83	443,83	I	1303,75	1158,58	1019,41	886,33	759,41	638,58
	II	**1383,75**	443,83	443,83	II	1237,08	1094,50	958,08	827,83	703,66	585,66
	III	**930,16**	443,83	443,83	III	823,33	719,50	618,83	521,16	426,66	335,16
	V	**1920,00**	443,83	443,83	IV	1377,08	1303,75	1230,50	1158,58	1088,25	1019,41
	VI	**1956,25**	443,83	443,83							
6290,99	I,IV	**1451,66**	443,83	443,83	I	1304,83	1159,75	1020,50	887,33	760,33	639,50
	II	**1384,91**	443,83	443,83	II	1238,16	1095,58	959,16	828,83	704,58	586,50
	III	**931,00**	443,83	443,83	III	824,16	720,33	619,66	522,00	427,33	335,83
	V	**1921,16**	443,83	443,83	IV	1378,25	1304,83	1231,66	1159,75	1089,33	1020,50
	VI	**1957,41**	443,83	443,83							
6293,99	I,IV	**1452,83**	443,83	443,83	I	1306,00	1160,83	1021,58	888,41	761,33	640,41
	II	**1386,00**	443,83	443,83	II	1239,33	1096,75	960,25	829,83	705,58	587,41
	III	**931,83**	443,83	443,83	III	825,00	721,16	620,50	522,66	428,00	336,50
	V	**1922,33**	443,83	443,83	IV	1379,41	1306,00	1232,75	1160,83	1090,41	1021,58
	VI	**1958,58**	443,83	443,83							
6296,99	I,IV	**1454,00**	443,83	443,83	I	1307,16	1162,00	1022,66	889,41	762,33	641,33
	II	**1387,16**	443,83	443,83	II	1240,50	1097,83	961,25	830,83	706,50	588,33
	III	**932,66**	443,83	443,83	III	825,83	722,00	621,16	523,50	428,83	337,16
	V	**1923,41**	443,83	443,83	IV	1380,58	1307,16	1233,91	1162,00	1091,50	1022,66
	VI	**1959,75**	443,83	443,83							
6299,99	I,IV	**1455,16**	443,83	443,83	I	1308,33	1163,08	1023,75	890,50	763,33	642,33
	II	**1388,41**	443,83	443,83	II	1241,66	1098,91	962,33	831,83	707,50	589,25
	III	**933,66**	443,83	443,83	III	826,66	722,83	622,00	524,16	429,50	338,00
	V	**1924,66**	443,83	443,83	IV	1381,75	1308,33	1235,08	1163,08	1092,66	1023,75
	VI	**1960,91**	443,83	443,83							

* Zur LSt-Berechnung für privat versicherte Arbeitnehmer s. Beispiele **Vorbemerkung S. 4f.**
** Basisvorsorgepauschale KV und PV *** Typisierter Arbeitgeberzuschuss

Lohn/ Gehalt in € bis	Steuerklasse	Lohn-steuer*	BVSP**	TAGZ***	Steuerklasse	Bemessungsgrundlage für Kirchensteuer und Solidaritätszuschlag Freibeträge für ... Kinder 0,5	**1,0**	1,5	**2,0**	2,5	**3,0**
6 302,99	I,IV	**1 456,33**	443,83	443,83	I	1 309,50	1 164,25	1 024,83	891,50	764,33	643,25
	II	**1 389,50**	443,83	443,83	II	1 242,83	1 100,08	963,41	832,83	708,50	590,16
	III	**934,50**	443,83	443,83	III	827,50	723,66	622,83	525,00	430,33	338,66
	V	**1 925,83**	443,83	443,83	IV	1 382,91	1 309,50	1 236,25	1 164,25	1 093,75	1 024,83
	VI	**1 962,08**	443,83	443,83							
6 305,99	I,IV	**1 457,50**	443,83	443,83	I	1 310,66	1 165,33	1 025,91	892,50	765,25	644,16
	II	**1 390,66**	443,83	443,83	II	1 244,00	1 101,16	964,41	833,91	709,41	591,08
	III	**935,33**	443,83	443,83	III	828,33	724,33	623,50	525,66	431,00	339,33
	V	**1 926,91**	443,83	443,83	IV	1 384,08	1 310,66	1 237,41	1 165,33	1 094,83	1 025,91
	VI	**1 963,25**	443,83	443,83							
6 308,99	I,IV	**1 458,58**	443,83	443,83	I	1 311,83	1 166,50	1 026,91	893,58	766,25	645,08
	II	**1 391,83**	443,83	443,83	II	1 245,08	1 102,25	965,50	834,91	710,41	592,00
	III	**936,16**	443,83	443,83	III	829,16	725,16	624,33	526,50	431,83	340,00
	V	**1 928,08**	443,83	443,83	IV	1 385,25	1 311,83	1 238,58	1 166,50	1 095,91	1 026,91
	VI	**1 964,33**	443,83	443,83							
6 311,99	I,IV	**1 459,75**	443,83	443,83	I	1 313,00	1 167,58	1 028,00	894,58	767,25	646,00
	II	**1 393,00**	443,83	443,83	II	1 246,25	1 103,33	966,58	835,91	711,33	592,91
	III	**937,00**	443,83	443,83	III	830,00	726,00	625,16	527,33	432,50	340,83
	V	**1 929,25**	443,83	443,83	IV	1 386,41	1 313,00	1 239,66	1 167,58	1 097,08	1 028,00
	VI	**1 965,50**	443,83	443,83							
6 314,99	I,IV	**1 460,91**	443,83	443,83	I	1 314,16	1 168,75	1 029,08	895,58	768,25	646,91
	II	**1 394,16**	443,83	443,83	II	1 247,41	1 104,41	967,58	836,91	712,33	593,83
	III	**937,83**	443,83	443,83	III	830,83	726,83	625,83	528,00	433,16	341,50
	V	**1 930,41**	443,83	443,83	IV	1 387,50	1 314,16	1 240,83	1 168,75	1 098,16	1 029,08
	VI	**1 966,66**	443,83	443,83							
6 317,99	I,IV	**1 462,08**	443,83	443,83	I	1 315,33	1 169,91	1 030,16	896,66	769,25	647,91
	II	**1 395,33**	443,83	443,83	II	1 248,58	1 105,58	968,66	837,91	713,25	594,75
	III	**938,83**	443,83	443,83	III	831,66	727,66	626,66	528,83	434,00	342,16
	V	**1 931,58**	443,83	443,83	IV	1 388,75	1 315,33	1 242,00	1 169,91	1 099,25	1 030,16
	VI	**1 967,83**	443,83	443,83							
6 320,99	I,IV	**1 463,25**	443,83	443,83	I	1 316,50	1 171,00	1 031,25	897,66	770,16	648,83
	II	**1 396,50**	443,83	443,83	II	1 249,75	1 106,66	969,75	838,91	714,25	595,66
	III	**939,66**	443,83	443,83	III	832,50	728,50	627,50	529,50	434,66	342,83
	V	**1 932,75**	443,83	443,83	IV	1 389,91	1 316,50	1 243,16	1 171,00	1 100,41	1 031,25
	VI	**1 969,00**	443,83	443,83							
6 323,99	I,IV	**1 464,41**	443,83	443,83	I	1 317,66	1 172,16	1 032,33	898,75	771,16	649,75
	II	**1 397,66**	443,83	443,83	II	1 250,91	1 107,75	970,83	839,91	715,16	596,58
	III	**940,50**	443,83	443,83	III	833,33	729,33	628,33	530,33	435,50	343,66
	V	**1 933,91**	443,83	443,83	IV	1 391,00	1 317,66	1 244,33	1 172,16	1 101,50	1 032,33
	VI	**1 970,16**	443,83	443,83							
6 326,99	I,IV	**1 465,58**	443,83	443,83	I	1 318,83	1 173,25	1 033,41	899,75	772,16	650,75
	II	**1 398,83**	443,83	443,83	II	1 252,08	1 108,91	971,83	840,91	716,16	597,50
	III	**941,33**	443,83	443,83	III	834,16	730,00	629,00	531,00	436,16	344,33
	V	**1 935,08**	443,83	443,83	IV	1 392,16	1 318,83	1 245,50	1 173,25	1 102,58	1 033,41
	VI	**1 971,33**	443,83	443,83							
6 329,99	I,IV	**1 466,75**	443,83	443,83	I	1 319,91	1 174,41	1 034,50	900,75	773,16	651,66
	II	**1 400,00**	443,83	443,83	II	1 253,16	1 110,00	972,91	841,91	717,08	598,41
	III	**942,16**	443,83	443,83	III	835,00	730,83	629,83	531,83	437,00	345,00
	V	**1 936,25**	443,83	443,83	IV	1 393,33	1 319,91	1 246,58	1 174,41	1 103,66	1 034,50
	VI	**1 972,50**	443,83	443,83							
6 332,99	I,IV	**1 467,91**	443,83	443,83	I	1 321,16	1 175,50	1 035,58	901,83	774,16	652,58
	II	**1 401,16**	443,83	443,83	II	1 254,41	1 111,16	974,00	843,00	718,08	599,33
	III	**943,00**	443,83	443,83	III	835,83	731,66	630,66	532,66	437,66	345,83
	V	**1 937,41**	443,83	443,83	IV	1 394,50	1 321,16	1 247,83	1 175,50	1 104,83	1 035,58
	VI	**1 973,66**	443,83	443,83							
6 335,99	I,IV	**1 469,08**	443,83	443,83	I	1 322,33	1 176,66	1 036,66	902,83	775,16	653,50
	II	**1 402,33**	443,83	443,83	II	1 255,50	1 112,25	975,08	844,00	719,08	600,25
	III	**943,83**	443,83	443,83	III	836,66	732,50	631,50	533,33	438,33	346,50
	V	**1 938,58**	443,83	443,83	IV	1 395,66	1 322,33	1 248,91	1 176,66	1 105,91	1 036,66
	VI	**1 974,83**	443,83	443,83							

* Zur LSt-Berechnung für privat versicherte Arbeitnehmer s. Beispiele **Vorbemerkung S. 4 f.**
** Basisvorsorgepauschale KV und PV *** Typisierter Arbeitgeberzuschuss

Lohn/ Gehalt in € bis	Steuerklasse	Lohn- steuer*	BVSP**	TAGZ***	Steuerklasse	Bemessungsgrundlage für Kirchensteuer und Solidaritätszuschlag					
						Freibeträge für ... Kinder					
						0,5	**1,0**	1,5	**2,0**	2,5	**3,0**
6338,99	I,IV	**1470,25**	443,83	443,83	I	1323,41	1177,75	1037,75	903,91	776,08	654,50
	II	**1403,50**	443,83	443,83	II	1256,66	1113,33	976,08	845,00	720,00	601,16
	III	**944,83**	443,83	443,83	III	837,50	733,33	632,16	534,16	439,16	347,16
	V	**1939,75**	443,83	443,83	IV	1396,83	1323,41	1250,08	1177,75	1107,00	1037,75
	VI	**1976,00**	443,83	443,83							
6341,99	I,IV	**1471,41**	443,83	443,83	I	1324,58	1178,91	1038,83	904,91	777,08	655,41
	II	**1404,58**	443,83	443,83	II	1257,83	1114,41	977,16	846,00	721,00	602,08
	III	**945,66**	443,83	443,83	III	838,33	734,16	633,00	534,83	439,83	347,83
	V	**1940,91**	443,83	443,83	IV	1398,00	1324,58	1251,25	1178,91	1108,08	1038,83
	VI	**1977,16**	443,83	443,83							
6344,99	I,IV	**1472,58**	443,83	443,83	I	1325,75	1180,08	1039,91	905,91	778,08	656,33
	II	**1405,75**	443,83	443,83	II	1259,00	1115,50	978,25	847,00	721,91	603,00
	III	**946,50**	443,83	443,83	III	839,16	735,00	633,83	535,66	440,66	348,66
	V	**1942,00**	443,83	443,83	IV	1399,16	1325,75	1252,41	1180,08	1109,25	1039,91
	VI	**1978,33**	443,83	443,83							
6347,99	I,IV	**1473,75**	443,83	443,83	I	1326,91	1181,16	1041,08	907,00	779,08	657,33
	II	**1407,00**	443,83	443,83	II	1260,16	1116,66	979,33	848,08	722,91	603,91
	III	**947,33**	443,83	443,83	III	840,00	735,83	634,66	536,50	441,33	349,33
	V	**1943,25**	443,83	443,83	IV	1400,33	1326,91	1253,58	1181,16	1110,33	1041,08
	VI	**1979,50**	443,83	443,83							
6350,99	I,IV	**1474,91**	443,83	443,83	I	1328,08	1182,33	1042,08	908,00	780,08	658,25
	II	**1408,08**	443,83	443,83	II	1261,33	1117,75	980,33	849,08	723,91	604,83
	III	**948,16**	443,83	443,83	III	840,83	736,66	635,33	537,16	442,16	350,00
	V	**1944,41**	443,83	443,83	IV	1401,50	1328,08	1254,75	1182,33	1111,50	1042,08
	VI	**1980,66**	443,83	443,83							
6353,99	I,IV	**1476,08**	443,83	443,83	I	1329,25	1183,41	1043,16	909,08	781,08	659,16
	II	**1409,25**	443,83	443,83	II	1262,50	1118,91	981,41	850,08	724,83	605,75
	III	**949,16**	443,83	443,83	III	841,66	737,50	636,16	538,00	442,83	350,83
	V	**1945,50**	443,83	443,83	IV	1402,66	1329,25	1255,91	1183,41	1112,58	1043,16
	VI	**1981,83**	443,83	443,83							
6356,99	I,IV	**1477,16**	443,83	443,83	I	1330,41	1184,58	1044,25	910,08	782,00	660,08
	II	**1410,41**	443,83	443,83	II	1263,66	1120,00	982,50	851,08	725,83	606,66
	III	**950,00**	443,83	443,83	III	842,50	738,16	637,00	538,66	443,50	351,50
	V	**1946,66**	443,83	443,83	IV	1403,83	1330,41	1257,00	1184,58	1113,66	1044,25
	VI	**1982,91**	443,83	443,83							
6359,99	I,IV	**1478,33**	443,83	443,83	I	1331,58	1185,75	1045,33	911,16	783,00	661,00
	II	**1411,58**	443,83	443,83	II	1264,83	1121,08	983,50	852,08	726,75	607,58
	III	**950,83**	443,83	443,83	III	843,33	739,00	637,66	539,50	444,33	352,16
	V	**1947,83**	443,83	443,83	IV	1405,00	1331,58	1258,16	1185,75	1114,75	1045,33
	VI	**1984,08**	443,83	443,83							
6362,99	I,IV	**1479,58**	443,83	443,83	I	1332,75	1186,91	1046,50	912,16	784,00	662,00
	II	**1412,75**	443,83	443,83	II	1266,00	1122,25	984,66	853,16	727,75	608,50
	III	**951,66**	443,83	443,83	III	844,33	739,83	638,50	540,33	445,16	353,00
	V	**1949,00**	443,83	443,83	IV	1406,16	1332,75	1259,33	1186,91	1115,91	1046,50
	VI	**1985,33**	443,83	443,83							
6365,99	I,IV	**1480,66**	443,83	443,83	I	1333,91	1188,00	1047,58	913,25	785,00	662,91
	II	**1413,91**	443,83	443,83	II	1267,16	1123,33	985,66	854,16	728,75	609,41
	III	**952,50**	443,83	443,83	III	845,00	740,66	639,33	541,00	445,83	353,66
	V	**1950,16**	443,83	443,83	IV	1407,33	1333,91	1260,50	1188,00	1117,00	1047,58
	VI	**1986,41**	443,83	443,83							
6368,99	I,IV	**1481,83**	443,83	443,83	I	1335,08	1189,16	1048,66	914,25	786,00	663,83
	II	**1415,08**	443,83	443,83	II	1268,33	1124,41	986,75	855,16	729,66	610,33
	III	**953,33**	443,83	443,83	III	846,00	741,50	640,16	541,83	446,50	354,33
	V	**1951,33**	443,83	443,83	IV	1408,50	1335,08	1261,66	1189,16	1118,08	1048,66
	VI	**1987,58**	443,83	443,83							
6371,99	I,IV	**1483,00**	443,83	443,83	I	1336,25	1190,25	1049,75	915,33	787,00	664,83
	II	**1416,25**	443,83	443,83	II	1269,41	1125,58	987,83	856,16	730,66	611,25
	III	**954,16**	443,83	443,83	III	846,66	742,33	640,83	542,50	447,33	355,00
	V	**1952,50**	443,83	443,83	IV	1409,58	1336,25	1262,83	1190,25	1119,25	1049,75
	VI	**1988,75**	443,83	443,83							

* Zur LSt-Berechnung für privat versicherte Arbeitnehmer s. Beispiele **Vorbemerkung S. 4f.**
** Basisvorsorgepauschale KV und PV *** Typisierter Arbeitgeberzuschuss

Lohn/ Gehalt in € bis	Steuerklasse	Lohn-steuer*	BVSP**	TAGZ***	Steuerklasse	Bemessungsgrundlage für Kirchensteuer und Solidaritätszuschlag – Freibeträge für ... Kinder 0,5	1,0	1,5	2,0	2,5	3,0
6374,99	I,IV	**1484,16**	443,83	443,83	I	1337,41	1191,41	1050,83	916,33	788,00	665,75
	II	**1417,41**	443,83	443,83	II	1270,58	1126,66	988,83	857,16	731,58	612,16
	III	**955,16**	443,83	443,83	III	847,66	743,16	641,66	543,33	448,00	355,83
	V	**1953,66**	443,83	443,83	IV	1410,75	1337,41	1264,00	1191,41	1120,33	1050,83
	VI	**1989,91**	443,83	443,83							
6377,99	I,IV	**1485,33**	443,83	443,83	I	1338,50	1192,50	1051,91	917,33	789,00	666,66
	II	**1418,58**	443,83	443,83	II	1271,75	1127,75	989,91	858,16	732,58	613,08
	III	**956,00**	443,83	443,83	III	848,33	743,83	642,50	544,00	448,83	356,50
	V	**1954,83**	443,83	443,83	IV	1411,91	1338,50	1265,16	1192,50	1121,41	1051,91
	VI	**1991,08**	443,83	443,83							
6380,99	I,IV	**1486,50**	443,83	443,83	I	1339,75	1193,66	1053,00	918,41	790,00	667,66
	II	**1419,75**	443,83	443,83	II	1272,91	1128,91	991,00	859,25	733,58	614,00
	III	**956,83**	443,83	443,83	III	849,33	744,66	643,33	544,83	449,50	357,16
	V	**1956,00**	443,83	443,83	IV	1413,08	1339,75	1266,33	1193,66	1122,58	1053,00
	VI	**1992,25**	443,83	443,83							
6383,99	I,IV	**1487,66**	443,83	443,83	I	1340,91	1194,83	1054,08	919,50	791,00	668,58
	II	**1420,91**	443,83	443,83	II	1274,08	1130,00	992,08	860,25	734,50	614,91
	III	**957,66**	443,83	443,83	III	850,16	745,50	644,00	545,66	450,33	358,00
	V	**1957,16**	443,83	443,83	IV	1414,25	1340,91	1267,50	1194,83	1123,66	1054,08
	VI	**1993,41**	443,83	443,83							
6386,99	I,IV	**1488,83**	443,83	443,83	I	1342,00	1195,91	1055,16	920,50	791,91	669,50
	II	**1422,08**	443,83	443,83	II	1275,25	1131,16	993,16	861,25	735,50	615,83
	III	**958,50**	443,83	443,83	III	851,00	746,33	644,83	546,33	451,00	358,66
	V	**1958,33**	443,83	443,83	IV	1415,41	1342,00	1268,66	1195,91	1124,83	1055,16
	VI	**1994,58**	443,83	443,83							
6389,99	I,IV	**1490,00**	443,83	443,83	I	1343,16	1197,08	1056,25	921,50	792,91	670,50
	II	**1423,16**	443,83	443,83	II	1276,41	1132,25	994,16	862,25	736,50	616,75
	III	**959,50**	443,83	443,83	III	851,83	747,16	645,66	547,16	451,83	359,33
	V	**1959,50**	443,83	443,83	IV	1416,58	1343,16	1269,83	1197,08	1125,91	1056,25
	VI	**1995,75**	443,83	443,83							
6392,99	I,IV	**1491,16**	443,83	443,83	I	1344,33	1198,25	1057,33	922,58	793,91	671,41
	II	**1424,33**	443,83	443,83	II	1277,58	1133,33	995,25	863,25	737,41	617,66
	III	**960,33**	443,83	443,83	III	852,66	748,00	646,33	547,83	452,50	360,16
	V	**1960,66**	443,83	443,83	IV	1417,75	1344,33	1270,91	1198,25	1127,00	1057,33
	VI	**1996,91**	443,83	443,83							
6395,99	I,IV	**1492,33**	443,83	443,83	I	1345,50	1199,41	1058,41	923,66	794,91	672,41
	II	**1425,58**	443,83	443,83	II	1278,75	1134,50	996,33	864,33	738,41	618,66
	III	**961,16**	443,83	443,83	III	853,50	748,83	647,16	548,66	453,16	360,83
	V	**1961,83**	443,83	443,83	IV	1418,91	1345,50	1272,16	1199,41	1128,16	1058,41
	VI	**1998,08**	443,83	443,83							
6398,99	I,IV	**1493,50**	443,83	443,83	I	1346,66	1200,50	1059,50	924,66	795,91	673,33
	II	**1426,66**	443,83	443,83	II	1279,91	1135,58	997,41	865,33	739,41	619,58
	III	**962,00**	443,83	443,83	III	854,33	749,66	648,00	549,50	454,00	361,50
	V	**1963,00**	443,83	443,83	IV	1420,08	1346,66	1273,33	1200,50	1129,25	1059,50
	VI	**1999,25**	443,83	443,83							
6401,99	I,IV	**1494,66**	443,83	443,83	I	1347,83	1201,66	1060,58	925,75	796,91	674,25
	II	**1427,83**	443,83	443,83	II	1281,08	1136,75	998,50	866,33	740,33	620,50
	III	**962,83**	443,83	443,83	III	855,16	750,50	648,83	550,16	454,66	362,33
	V	**1964,16**	443,83	443,83	IV	1421,25	1347,83	1274,41	1201,66	1130,33	1060,58
	VI	**2000,41**	443,83	443,83							
6404,99	I,IV	**1495,83**	443,83	443,83	I	1349,00	1202,75	1061,66	926,75	797,91	675,16
	II	**1429,00**	443,83	443,83	II	1282,25	1137,83	999,58	867,41	741,33	621,41
	III	**963,83**	443,83	443,83	III	856,00	751,33	649,66	551,00	455,50	363,00
	V	**1965,25**	443,83	443,83	IV	1422,41	1349,00	1275,58	1202,75	1131,50	1061,66
	VI	**2001,50**	443,83	443,83							
6407,99	I,IV	**1496,91**	443,83	443,83	I	1350,16	1203,91	1062,75	927,75	798,91	676,16
	II	**1430,16**	443,83	443,83	II	1283,41	1138,91	1000,58	868,41	742,33	622,33
	III	**964,66**	443,83	443,83	III	856,83	752,00	650,33	551,83	456,16	363,66
	V	**1966,41**	443,83	443,83	IV	1423,58	1350,16	1276,75	1203,91	1132,58	1062,75
	VI	**2002,66**	443,83	443,83							

* Zur LSt-Berechnung für privat versicherte Arbeitnehmer s. Beispiele **Vorbemerkung S. 4f.**
** Basisvorsorgepauschale KV und PV *** Typisierter Arbeitgeberzuschuss

Lohn/ Gehalt in € bis	Steuerklasse	**Lohn- steuer***	BVSP**	TAGZ***	Steuerklasse	Bemessungsgrundlage für Kirchensteuer und Solidaritätszuschlag – Freibeträge für ... Kinder 0,5	**1,0**	1,5	**2,0**	2,5	**3,0**
6410,99	I,IV	**1498,16**	443,83	443,83	I	1351,33	1205,08	1063,91	928,83	799,91	677,08
	II	**1431,33**	443,83	443,83	II	1284,58	1140,08	1001,75	869,41	743,33	623,25
	III	**965,50**	443,83	443,83	III	857,66	752,83	651,16	552,50	457,00	364,50
	V	**1967,66**	443,83	443,83	IV	1424,75	1351,33	1277,91	1205,08	1133,75	1063,91
	VI	**2003,91**	443,83	443,83							
6413,99	I,IV	**1499,33**	443,83	443,83	I	1352,50	1206,25	1065,00	929,91	800,91	678,08
	II	**1432,50**	443,83	443,83	II	1285,75	1141,25	1002,75	870,41	744,25	624,16
	III	**966,33**	443,83	443,83	III	858,50	753,66	652,00	553,33	457,66	365,16
	V	**1968,75**	443,83	443,83	IV	1425,91	1352,50	1279,08	1206,25	1134,83	1065,00
	VI	**2005,00**	443,83	443,83							
6416,99	I,IV	**1500,41**	443,83	443,83	I	1353,66	1207,33	1066,08	930,91	801,91	679,00
	II	**1433,66**	443,83	443,83	II	1286,91	1142,33	1003,83	871,50	745,25	625,08
	III	**967,16**	443,83	443,83	III	859,33	754,50	652,83	554,00	458,50	365,83
	V	**1969,91**	443,83	443,83	IV	1427,08	1353,66	1280,25	1207,33	1135,91	1066,08
	VI	**2006,16**	443,83	443,83							
6419,99	I,IV	**1501,58**	443,83	443,83	I	1354,83	1208,50	1067,16	932,00	802,91	679,91
	II	**1434,83**	443,83	443,83	II	1288,00	1143,41	1004,91	872,50	746,16	626,00
	III	**968,16**	443,83	443,83	III	860,16	755,33	653,50	554,83	459,16	366,66
	V	**1971,08**	443,83	443,83	IV	1428,16	1354,83	1281,41	1208,50	1137,08	1067,16
	VI	**2007,33**	443,83	443,83							
6422,99	I,IV	**1502,75**	443,83	443,83	I	1356,00	1209,66	1068,25	933,00	803,91	680,91
	II	**1436,00**	443,83	443,83	II	1289,16	1144,58	1006,00	873,50	747,16	626,91
	III	**969,00**	443,83	443,83	III	861,00	756,16	654,33	555,66	459,83	367,33
	V	**1972,25**	443,83	443,83	IV	1429,33	1356,00	1282,58	1209,66	1138,16	1068,25
	VI	**2008,50**	443,83	443,83							
6425,99	I,IV	**1503,91**	443,83	443,83	I	1357,08	1210,75	1069,33	934,08	804,91	681,83
	II	**1437,16**	443,83	443,83	II	1290,33	1145,66	1007,00	874,50	748,16	627,83
	III	**969,83**	443,83	443,83	III	861,83	757,00	655,16	556,33	460,66	368,00
	V	**1973,41**	443,83	443,83	IV	1430,50	1357,08	1283,75	1210,75	1139,33	1069,33
	VI	**2009,66**	443,83	443,83							
6428,99	I,IV	**1505,08**	443,83	443,83	I	1358,33	1211,91	1070,50	935,16	805,91	682,83
	II	**1438,33**	443,83	443,83	II	1291,50	1146,83	1008,16	875,58	749,16	628,83
	III	**970,66**	443,83	443,83	III	862,66	757,83	656,00	557,16	461,50	368,83
	V	**1974,58**	443,83	443,83	IV	1431,66	1358,33	1284,91	1211,91	1140,41	1070,50
	VI	**2010,83**	443,83	443,83							
6431,99	I,IV	**1506,25**	443,83	443,83	I	1359,50	1213,08	1071,58	936,16	806,91	683,75
	II	**1439,50**	443,83	443,83	II	1292,66	1147,91	1009,16	876,58	750,08	629,75
	III	**971,50**	443,83	443,83	III	863,50	758,66	656,66	557,83	462,16	369,50
	V	**1975,75**	443,83	443,83	IV	1432,83	1359,50	1286,08	1213,08	1141,58	1071,58
	VI	**2012,00**	443,83	443,83							
6434,99	I,IV	**1507,41**	443,83	443,83	I	1360,58	1214,25	1072,66	937,16	807,91	684,66
	II	**1440,66**	443,83	443,83	II	1293,83	1149,08	1010,25	877,58	751,08	630,66
	III	**972,50**	443,83	443,83	III	864,33	759,50	657,50	558,66	463,00	370,16
	V	**1976,91**	443,83	443,83	IV	1434,00	1360,58	1287,25	1214,25	1142,66	1072,66
	VI	**2013,16**	443,83	443,83							
6437,99	I,IV	**1508,58**	443,83	443,83	I	1361,75	1215,33	1073,75	938,25	808,91	685,66
	II	**1441,75**	443,83	443,83	II	1295,00	1150,16	1011,33	878,66	752,08	631,58
	III	**973,33**	443,83	443,83	III	865,16	760,16	658,33	559,50	463,66	370,83
	V	**1978,08**	443,83	443,83	IV	1435,16	1361,75	1288,41	1215,33	1143,75	1073,75
	VI	**2014,33**	443,83	443,83							
6440,99	I,IV	**1509,75**	443,83	443,83	I	1362,91	1216,50	1074,83	939,33	809,91	686,58
	II	**1442,91**	443,83	443,83	II	1296,16	1151,25	1012,41	879,66	753,00	632,50
	III	**974,16**	443,83	443,83	III	866,16	761,00	659,16	560,16	464,33	371,66
	V	**1979,25**	443,83	443,83	IV	1436,33	1362,91	1289,50	1216,50	1144,91	1074,83
	VI	**2015,50**	443,83	443,83							
6443,99	I,IV	**1510,91**	443,83	443,83	I	1364,08	1217,66	1075,91	940,33	810,91	687,58
	II	**1444,16**	443,83	443,83	II	1297,33	1152,41	1013,50	880,66	754,00	633,50
	III	**975,00**	443,83	443,83	III	867,00	761,83	660,00	561,00	465,16	372,33
	V	**1980,41**	443,83	443,83	IV	1437,50	1364,08	1290,75	1217,66	1146,08	1075,91
	VI	**2016,66**	443,83	443,83							

* Zur LSt-Berechnung für privat versicherte Arbeitnehmer s. Beispiele **Vorbemerkung S. 4f.**
** Basisvorsorgepauschale KV und PV *** Typisierter Arbeitgeberzuschuss

Lohn/ Gehalt in € bis	Steuerklasse	Lohn-steuer*	BVSP**	TAGZ***	Steuerklasse	Bemessungsgrundlage für Kirchensteuer und Solidaritätszuschlag – Freibeträge für ... Kinder 0,5	1,0	1,5	2,0	2,5	3,0
6446,99	I,IV	**1512,08**	443,83	443,83	I	1365,25	1218,83	1077,08	941,41	811,91	688,50
	II	**1445,25**	443,83	443,83	II	1298,50	1153,58	1014,58	881,75	755,00	634,41
	III	**975,83**	443,83	443,83	III	867,83	762,66	660,66	561,83	465,83	373,00
	V	**1981,58**	443,83	443,83	IV	1438,66	1365,25	1291,91	1218,83	1147,16	1077,08
	VI	**2017,83**	443,83	443,83							
6449,99	I,IV	**1513,25**	443,83	443,83	I	1366,41	1219,91	1078,16	942,41	812,91	689,41
	II	**1446,41**	443,83	443,83	II	1299,66	1154,66	1015,66	882,75	756,00	635,33
	III	**976,83**	443,83	443,83	III	868,66	763,50	661,50	562,50	466,66	373,83
	V	**1982,75**	443,83	443,83	IV	1439,83	1366,41	1293,00	1219,91	1148,25	1078,16
	VI	**2019,00**	443,83	443,83							
6452,99	I,IV	**1514,41**	443,83	443,83	I	1367,58	1221,08	1079,25	943,50	813,91	690,41
	II	**1447,58**	443,83	443,83	II	1300,83	1155,75	1016,75	883,75	756,91	636,25
	III	**977,66**	443,83	443,83	III	869,50	764,33	662,33	563,33	467,33	374,50
	V	**1983,83**	443,83	443,83	IV	1441,00	1367,58	1294,16	1221,08	1149,41	1079,25
	VI	**2020,16**	443,83	443,83							
6455,99	I,IV	**1515,50**	443,83	443,83	I	1368,75	1222,25	1080,33	944,50	814,91	691,33
	II	**1448,75**	443,83	443,83	II	1302,00	1156,91	1017,75	884,83	757,91	637,16
	III	**978,50**	443,83	443,83	III	870,33	765,16	663,16	564,16	468,16	375,33
	V	**1985,00**	443,83	443,83	IV	1442,16	1368,75	1295,33	1222,25	1150,50	1080,33
	VI	**2021,25**	443,83	443,83							
6458,99	I,IV	**1516,75**	443,83	443,83	I	1369,91	1223,41	1081,41	945,58	815,91	692,33
	II	**1449,91**	443,83	443,83	II	1303,16	1158,08	1018,91	885,83	758,91	638,16
	III	**979,33**	443,83	443,83	III	871,16	766,00	664,00	564,83	468,83	376,00
	V	**1986,25**	443,83	443,83	IV	1443,33	1369,91	1296,50	1223,41	1151,66	1081,41
	VI	**2022,50**	443,83	443,83							
6461,99	I,IV	**1517,91**	443,83	443,83	I	1371,08	1224,58	1082,50	946,66	816,91	693,25
	II	**1451,08**	443,83	443,83	II	1304,33	1159,16	1020,00	886,83	759,91	639,08
	III	**980,16**	443,83	443,83	III	872,00	766,83	664,66	565,66	469,66	376,66
	V	**1987,33**	443,83	443,83	IV	1444,50	1371,08	1297,66	1224,58	1152,75	1082,50
	VI	**2023,66**	443,83	443,83							
6464,99	I,IV	**1519,00**	443,83	443,83	I	1372,25	1225,66	1083,66	947,66	817,91	694,25
	II	**1452,25**	443,83	443,83	II	1305,50	1160,33	1021,00	887,91	760,91	640,00
	III	**981,16**	443,83	443,83	III	872,83	767,66	665,50	566,50	470,33	377,50
	V	**1988,50**	443,83	443,83	IV	1445,66	1372,25	1298,83	1225,66	1153,91	1083,66
	VI	**2024,75**	443,83	443,83							
6467,99	I,IV	**1520,16**	443,83	443,83	I	1373,41	1226,83	1084,75	948,75	818,91	695,16
	II	**1453,41**	443,83	443,83	II	1306,58	1161,41	1022,08	888,91	761,83	640,91
	III	**982,00**	443,83	443,83	III	873,66	768,50	666,33	567,16	471,16	378,16
	V	**1989,66**	443,83	443,83	IV	1446,83	1373,41	1300,00	1226,83	1155,00	1084,75
	VI	**2025,91**	443,83	443,83							
6470,99	I,IV	**1521,33**	443,83	443,83	I	1374,58	1228,00	1085,83	949,83	819,91	696,08
	II	**1454,58**	443,83	443,83	II	1307,75	1162,50	1023,16	889,91	762,83	641,83
	III	**982,83**	443,83	443,83	III	874,50	769,33	667,16	568,00	471,83	378,83
	V	**1990,83**	443,83	443,83	IV	1447,91	1374,58	1301,16	1228,00	1156,16	1085,83
	VI	**2027,08**	443,83	443,83							
6473,99	I,IV	**1522,50**	443,83	443,83	I	1375,66	1229,08	1086,91	950,83	820,91	697,08
	II	**1455,75**	443,83	443,83	II	1308,91	1163,66	1024,25	891,00	763,83	642,75
	III	**983,66**	443,83	443,83	III	875,33	770,00	667,83	568,66	472,66	379,50
	V	**1992,00**	443,83	443,83	IV	1449,08	1375,66	1302,33	1229,08	1157,25	1086,91
	VI	**2028,25**	443,83	443,83							
6476,99	I,IV	**1523,66**	443,83	443,83	I	1376,91	1230,25	1088,08	951,91	821,91	698,08
	II	**1456,91**	443,83	443,83	II	1310,08	1164,83	1025,33	892,00	764,83	643,75
	III	**984,50**	443,83	443,83	III	876,16	770,83	668,66	569,50	473,33	380,33
	V	**1993,16**	443,83	443,83	IV	1450,33	1376,91	1303,50	1230,25	1158,41	1088,08
	VI	**2029,41**	443,83	443,83							
6479,99	I,IV	**1524,83**	443,83	443,83	I	1378,08	1231,41	1089,16	953,00	822,91	699,00
	II	**1458,08**	443,83	443,83	II	1311,25	1165,91	1026,41	893,08	765,75	644,66
	III	**985,50**	443,83	443,83	III	877,00	771,66	669,50	570,33	474,16	381,00
	V	**1994,33**	443,83	443,83	IV	1451,41	1378,08	1304,66	1231,41	1159,50	1089,16
	VI	**2030,58**	443,83	443,83							

* Zur LSt-Berechnung für privat versicherte Arbeitnehmer s. Beispiele **Vorbemerkung S. 4f.**
** Basisvorsorgepauschale KV und PV *** Typisierter Arbeitgeberzuschuss

Lohn/ Gehalt in € bis	Steuerklasse	Lohn-steuer*	BVSP**	TAGZ***	Steuerklasse	Bemessungsgrundlage für Kirchensteuer und Solidaritätszuschlag – Freibeträge für ... Kinder 0,5	**1,0**	1,5	**2,0**	2,5	**3,0**
6482,99	I,IV	**1526,00**	443,83	443,83	I	1379,16	1232,58	1090,25	954,00	823,91	699,91
	II	**1459,25**	443,83	443,83	II	1312,41	1167,08	1027,50	894,08	766,75	645,58
	III	**986,33**	443,83	443,83	III	877,83	772,50	670,33	571,00	474,83	381,83
	V	**1995,50**	443,83	443,83	IV	1452,58	1379,16	1305,83	1232,58	1160,66	1090,25
	VI	**2031,75**	443,83	443,83							
6485,99	I,IV	**1527,16**	443,83	443,83	I	1380,33	1233,75	1091,33	955,08	824,91	700,91
	II	**1460,33**	443,83	443,83	II	1313,58	1168,16	1028,58	895,08	767,75	646,50
	III	**987,16**	443,83	443,83	III	878,83	773,33	671,00	571,83	475,66	382,50
	V	**1996,66**	443,83	443,83	IV	1453,75	1380,33	1307,00	1233,75	1161,75	1091,33
	VI	**2032,91**	443,83	443,83							
6488,99	I,IV	**1528,33**	443,83	443,83	I	1381,50	1234,83	1092,41	956,08	825,91	701,83
	II	**1461,50**	443,83	443,83	II	1314,75	1169,33	1029,66	896,16	768,75	647,41
	III	**988,00**	443,83	443,83	III	879,50	774,16	671,83	572,50	476,33	383,16
	V	**1997,83**	443,83	443,83	IV	1454,91	1381,50	1308,08	1234,83	1162,91	1092,41
	VI	**2034,08**	443,83	443,83							
6491,99	I,IV	**1529,50**	443,83	443,83	I	1382,66	1236,08	1093,58	957,16	826,91	702,83
	II	**1462,75**	443,83	443,83	II	1315,91	1170,50	1030,75	897,16	769,75	648,41
	III	**989,00**	443,83	443,83	III	880,50	775,00	672,66	573,33	477,16	384,00
	V	**1999,00**	443,83	443,83	IV	1456,08	1382,66	1309,33	1236,08	1164,00	1093,58
	VI	**2035,25**	443,83	443,83							
6494,99	I,IV	**1530,66**	443,83	443,83	I	1383,83	1237,16	1094,66	958,25	827,91	703,75
	II	**1463,83**	443,83	443,83	II	1317,08	1171,58	1031,83	898,25	770,66	649,33
	III	**989,83**	443,83	443,83	III	881,33	775,83	673,50	574,16	477,83	384,66
	V	**2000,16**	443,83	443,83	IV	1457,25	1383,83	1310,50	1237,16	1165,16	1094,66
	VI	**2036,41**	443,83	443,83							
6497,99	I,IV	**1531,83**	443,83	443,83	I	1385,00	1238,33	1095,75	959,33	828,91	704,75
	II	**1465,00**	443,83	443,83	II	1318,25	1172,75	1032,91	899,25	771,66	650,25
	III	**990,66**	443,83	443,83	III	882,16	776,66	674,16	574,83	478,66	385,33
	V	**2001,33**	443,83	443,83	IV	1458,41	1385,00	1311,58	1238,33	1166,25	1095,75
	VI	**2037,58**	443,83	443,83							
6500,99	I,IV	**1533,00**	443,83	443,83	I	1386,16	1239,50	1096,83	960,33	829,91	705,66
	II	**1466,16**	443,83	443,83	II	1319,41	1173,83	1034,00	900,25	772,66	651,16
	III	**991,50**	443,83	443,83	III	883,00	777,50	675,00	575,66	479,33	386,16
	V	**2002,41**	443,83	443,83	IV	1459,58	1386,16	1312,75	1239,50	1167,41	1096,83
	VI	**2038,75**	443,83	443,83							
6503,99	I,IV	**1534,08**	443,83	443,83	I	1387,33	1240,66	1097,91	961,41	831,00	706,66
	II	**1467,33**	443,83	443,83	II	1320,58	1175,00	1035,08	901,33	773,66	652,08
	III	**992,33**	443,83	443,83	III	883,83	778,33	675,83	576,50	480,16	386,83
	V	**2003,58**	443,83	443,83	IV	1460,75	1387,33	1313,91	1240,66	1168,50	1097,91
	VI	**2039,83**	443,83	443,83							
6506,99	I,IV	**1535,33**	443,83	443,83	I	1388,50	1241,83	1099,08	962,50	832,00	707,66
	II	**1468,50**	443,83	443,83	II	1321,75	1176,08	1036,16	902,33	774,66	653,08
	III	**993,33**	443,83	443,83	III	884,66	779,16	676,66	577,16	480,83	387,50
	V	**2004,83**	443,83	443,83	IV	1461,91	1388,50	1315,08	1241,83	1169,66	1099,08
	VI	**2041,08**	443,83	443,83							
6509,99	I,IV	**1536,50**	443,83	443,83	I	1389,66	1242,91	1100,16	963,50	833,00	708,58
	II	**1469,66**	443,83	443,83	II	1322,91	1177,25	1037,25	903,41	775,66	654,00
	III	**994,16**	443,83	443,83	III	885,50	780,00	677,50	578,00	481,66	388,33
	V	**2005,91**	443,83	443,83	IV	1463,08	1389,66	1316,25	1242,91	1170,83	1100,16
	VI	**2042,25**	443,83	443,83							
6512,99	I,IV	**1537,58**	443,83	443,83	I	1390,83	1244,08	1101,25	964,58	834,00	709,50
	II	**1470,83**	443,83	443,83	II	1324,08	1178,33	1038,33	904,41	776,58	654,91
	III	**995,00**	443,83	443,83	III	886,33	780,83	678,16	578,83	482,33	389,00
	V	**2007,08**	443,83	443,83	IV	1464,25	1390,83	1317,41	1244,08	1171,91	1101,25
	VI	**2043,33**	443,83	443,83							
6515,99	I,IV	**1538,75**	443,83	443,83	I	1392,00	1245,25	1102,41	965,66	835,00	710,50
	II	**1472,00**	443,83	443,83	II	1325,16	1179,50	1039,41	905,41	777,58	655,91
	III	**995,83**	443,83	443,83	III	887,16	781,66	679,00	579,50	483,16	389,83
	V	**2008,25**	443,83	443,83	IV	1465,41	1392,00	1318,58	1245,25	1173,08	1102,41
	VI	**2044,50**	443,83	443,83							

* Zur LSt-Berechnung für privat versicherte Arbeitnehmer s. Beispiele **Vorbemerkung S. 4f.**
** Basisvorsorgepauschale KV und PV *** Typisierter Arbeitgeberzuschuss

Lohn/ Gehalt in € bis	Steuerklasse	Lohn-steuer*	BVSP**	TAGZ***	Steuerklasse	Bemessungsgrundlage für Kirchensteuer und Solidaritätszuschlag					
						Freibeträge für ... Kinder					
						0,5	**1,0**	1,5	**2,0**	2,5	**3,0**
6518,99	I,IV	**1539,91**	443,83	443,83	I	1393,16	1246,41	1103,50	966,66	836,00	711,41
	II	**1473,16**	443,83	443,83	II	1326,33	1180,58	1040,50	906,50	778,58	656,83
	III	**996,66**	443,83	443,83	III	888,00	782,33	679,83	580,33	483,83	390,50
	V	**2009,41**	443,83	443,83	IV	1466,50	1393,16	1319,75	1246,41	1174,16	1103,50
	VI	**2045,66**	443,83	443,83							
6521,99	I,IV	**1541,08**	443,83	443,83	I	1394,33	1247,58	1104,58	967,75	837,00	712,41
	II	**1474,33**	443,83	443,83	II	1327,50	1181,75	1041,58	907,50	779,58	657,75
	III	**997,66**	443,83	443,83	III	889,00	783,33	680,66	581,16	484,66	391,16
	V	**2010,58**	443,83	443,83	IV	1467,66	1394,33	1320,91	1247,58	1175,33	1104,58
	VI	**2046,83**	443,83	443,83							
6524,99	I,IV	**1542,25**	443,83	443,83	I	1395,50	1248,75	1105,75	968,83	838,08	713,41
	II	**1475,50**	443,83	443,83	II	1328,66	1182,91	1042,66	908,58	780,58	658,75
	III	**998,50**	443,83	443,83	III	889,83	784,16	681,50	581,83	485,33	392,00
	V	**2011,75**	443,83	443,83	IV	1468,91	1395,50	1322,08	1248,75	1176,50	1105,75
	VI	**2048,00**	443,83	443,83							
6527,99	I,IV	**1543,41**	443,83	443,83	I	1396,66	1249,91	1106,83	969,83	839,08	714,33
	II	**1476,66**	443,83	443,83	II	1329,83	1184,00	1043,75	909,58	781,58	659,66
	III	**999,33**	443,83	443,83	III	890,66	784,83	682,16	582,66	486,16	392,66
	V	**2012,91**	443,83	443,83	IV	1470,00	1396,66	1323,25	1249,91	1177,58	1106,83
	VI	**2049,16**	443,83	443,83							
6530,99	I,IV	**1544,58**	443,83	443,83	I	1397,83	1251,00	1107,91	970,91	840,08	715,33
	II	**1477,83**	443,83	443,83	II	1331,00	1185,16	1044,83	910,66	782,58	660,58
	III	**1000,33**	443,83	443,83	III	891,50	785,66	683,00	583,50	486,83	393,33
	V	**2014,08**	443,83	443,83	IV	1471,16	1397,83	1324,41	1251,00	1178,75	1107,91
	VI	**2050,33**	443,83	443,83							
6533,99	I,IV	**1545,75**	443,83	443,83	I	1398,91	1252,16	1109,00	972,00	841,08	716,25
	II	**1478,91**	443,83	443,83	II	1332,16	1186,33	1045,91	911,66	783,50	661,50
	III	**1001,16**	443,83	443,83	III	892,33	786,50	683,83	584,16	487,66	394,16
	V	**2015,25**	443,83	443,83	IV	1472,33	1398,91	1325,58	1252,16	1179,83	1109,00
	VI	**2051,50**	443,83	443,83							
6536,99	I,IV	**1546,91**	443,83	443,83	I	1400,08	1253,33	1110,08	973,00	842,08	717,25
	II	**1480,08**	443,83	443,83	II	1333,33	1187,41	1047,00	912,66	784,50	662,41
	III	**1002,00**	443,83	443,83	III	893,16	787,33	684,66	585,00	488,33	394,83
	V	**2016,41**	443,83	443,83	IV	1473,50	1400,08	1326,66	1253,33	1181,00	1110,08
	VI	**2052,66**	443,83	443,83							
6539,99	I,IV	**1548,08**	443,83	443,83	I	1401,33	1254,50	1111,25	974,08	843,08	718,25
	II	**1481,33**	443,83	443,83	II	1334,50	1188,58	1048,08	913,75	785,50	663,41
	III	**1002,83**	443,83	443,83	III	894,00	788,16	685,50	585,83	489,16	395,66
	V	**2017,58**	443,83	443,83	IV	1474,66	1401,33	1327,91	1254,50	1182,08	1111,25
	VI	**2053,83**	443,83	443,83							
6542,99	I,IV	**1549,25**	443,83	443,83	I	1402,41	1255,66	1112,33	975,16	844,08	719,16
	II	**1482,41**	443,83	443,83	II	1335,66	1189,75	1049,16	914,75	786,50	664,33
	III	**1003,66**	443,83	443,83	III	894,83	789,00	686,16	586,50	489,83	396,33
	V	**2018,75**	443,83	443,83	IV	1475,83	1402,41	1329,08	1255,66	1183,25	1112,33
	VI	**2055,00**	443,83	443,83							
6545,99	I,IV	**1550,41**	443,83	443,83	I	1403,58	1256,83	1113,50	976,25	845,08	720,16
	II	**1483,58**	443,83	443,83	II	1336,83	1190,83	1050,25	915,83	787,50	665,33
	III	**1004,66**	443,83	443,83	III	895,66	789,83	687,00	587,33	490,66	397,00
	V	**2019,91**	443,83	443,83	IV	1477,00	1403,58	1330,16	1256,83	1184,41	1113,50
	VI	**2056,16**	443,83	443,83							
6548,99	I,IV	**1551,58**	443,83	443,83	I	1404,75	1258,00	1114,58	977,25	846,16	721,08
	II	**1484,75**	443,83	443,83	II	1338,00	1192,00	1051,33	916,83	788,50	666,25
	III	**1005,50**	443,83	443,83	III	896,50	790,66	687,83	588,00	491,33	397,66
	V	**2021,00**	443,83	443,83	IV	1478,16	1404,75	1331,33	1258,00	1185,50	1114,58
	VI	**2057,33**	443,83	443,83							
6551,99	I,IV	**1552,66**	443,83	443,83	I	1405,91	1259,16	1115,66	978,33	847,16	722,08
	II	**1485,91**	443,83	443,83	II	1339,16	1193,08	1052,41	917,91	789,50	667,16
	III	**1006,33**	443,83	443,83	III	897,33	791,50	688,66	588,83	492,16	398,50
	V	**2022,16**	443,83	443,83	IV	1479,33	1405,91	1332,50	1259,16	1186,66	1115,66
	VI	**2058,41**	443,83	443,83							

* Zur LSt-Berechnung für privat versicherte Arbeitnehmer s. Beispiele **Vorbemerkung S. 4f.**
** Basisvorsorgepauschale KV und PV *** Typisierter Arbeitgeberzuschuss

Lohn/ Gehalt in € bis	Steuerklasse	Lohn- steuer*	BVSP**	TAGZ***	Steuerklasse	Bemessungsgrundlage für Kirchensteuer und Solidaritätszuschlag					
						Freibeträge für ... Kinder					
						0,5	**1,0**	1,5	**2,0**	2,5	**3,0**
6554,99	I,IV	**1553,91**	443,83	443,83	I	1407,08	1260,33	1116,83	979,41	848,16	723,00
	II	**1487,08**	443,83	443,83	II	1340,33	1194,25	1053,58	919,00	790,50	668,16
	III	**1007,33**	443,83	443,83	III	898,33	792,33	689,50	589,66	493,00	399,16
	V	**2023,41**	443,83	443,83	IV	1480,50	1407,08	1333,66	1260,33	1187,83	1116,83
	VI	**2059,66**	443,83	443,83							
6557,99	I,IV	**1555,08**	443,83	443,83	I	1408,25	1261,50	1117,91	980,50	849,16	724,00
	II	**1488,25**	443,83	443,83	II	1341,50	1195,41	1054,66	920,00	791,50	669,08
	III	**1008,16**	443,83	443,83	III	899,16	793,16	690,33	590,50	493,66	400,00
	V	**2024,50**	443,83	443,83	IV	1481,66	1408,25	1334,83	1261,50	1188,91	1117,91
	VI	**2060,83**	443,83	443,83							
6560,99	I,IV	**1556,16**	443,83	443,83	I	1409,41	1262,58	1119,00	981,58	850,16	725,00
	II	**1489,41**	443,83	443,83	II	1342,66	1196,50	1055,75	921,00	792,50	670,00
	III	**1009,00**	443,83	443,83	III	900,00	794,00	691,00	591,16	494,50	400,66
	V	**2025,66**	443,83	443,83	IV	1482,83	1409,41	1336,00	1262,58	1190,08	1119,00
	VI	**2061,91**	443,83	443,83							
6563,99	I,IV	**1557,33**	443,83	443,83	I	1410,58	1263,75	1120,16	982,58	851,16	725,91
	II	**1490,58**	443,83	443,83	II	1343,75	1197,66	1056,83	922,08	793,41	670,91
	III	**1009,83**	443,83	443,83	III	900,83	794,83	691,83	592,00	495,16	401,33
	V	**2026,83**	443,83	443,83	IV	1484,00	1410,58	1337,16	1263,75	1191,16	1120,16
	VI	**2063,08**	443,83	443,83							
6566,99	I,IV	**1558,50**	443,83	443,83	I	1411,75	1264,91	1121,25	983,66	852,25	726,91
	II	**1491,75**	443,83	443,83	II	1344,91	1198,83	1057,91	923,08	794,41	671,91
	III	**1010,83**	443,83	443,83	III	901,66	795,66	692,66	592,83	496,00	402,16
	V	**2028,00**	443,83	443,83	IV	1485,08	1411,75	1338,33	1264,91	1192,33	1121,25
	VI	**2064,25**	443,83	443,83							
6569,99	I,IV	**1559,66**	443,83	443,83	I	1412,91	1266,08	1122,33	984,75	853,25	727,83
	II	**1492,91**	443,83	443,83	II	1346,08	1199,91	1059,00	924,16	795,41	672,83
	III	**1011,66**	443,83	443,83	III	902,50	796,50	693,50	593,50	496,66	402,83
	V	**2029,16**	443,83	443,83	IV	1486,25	1412,91	1339,50	1266,08	1193,41	1122,33
	VI	**2065,41**	443,83	443,83							
6572,99	I,IV	**1560,83**	443,83	443,83	I	1414,08	1267,25	1123,50	985,83	854,25	728,83
	II	**1494,08**	443,83	443,83	II	1347,25	1201,08	1060,08	925,16	796,41	673,83
	III	**1012,50**	443,83	443,83	III	903,33	797,33	694,33	594,33	497,50	403,66
	V	**2030,33**	443,83	443,83	IV	1487,50	1414,08	1340,66	1267,25	1194,58	1123,50
	VI	**2066,58**	443,83	443,83							
6575,99	I,IV	**1562,00**	443,83	443,83	I	1415,25	1268,41	1124,58	986,83	855,25	729,83
	II	**1495,25**	443,83	443,83	II	1348,41	1202,25	1061,16	926,25	797,41	674,75
	III	**1013,33**	443,83	443,83	III	904,16	798,16	695,16	595,16	498,16	404,33
	V	**2031,50**	443,83	443,83	IV	1488,58	1415,25	1341,83	1268,41	1195,75	1124,58
	VI	**2067,75**	443,83	443,83							
6578,99	I,IV	**1563,16**	443,83	443,83	I	1416,41	1269,58	1125,66	987,91	856,25	730,75
	II	**1496,41**	443,83	443,83	II	1349,58	1203,33	1062,25	927,25	798,41	675,66
	III	**1014,16**	443,83	443,83	III	905,00	799,00	695,83	595,83	499,00	405,00
	V	**2032,66**	443,83	443,83	IV	1489,75	1416,41	1343,00	1269,58	1196,91	1125,66
	VI	**2068,91**	443,83	443,83							
6581,99	I,IV	**1564,33**	443,83	443,83	I	1417,50	1270,75	1126,83	989,00	857,33	731,75
	II	**1497,58**	443,83	443,83	II	1350,75	1204,50	1063,33	928,33	799,41	676,66
	III	**1015,16**	443,83	443,83	III	906,00	799,83	696,66	596,66	499,66	405,83
	V	**2033,83**	443,83	443,83	IV	1490,91	1417,50	1344,16	1270,75	1198,00	1126,83
	VI	**2070,08**	443,83	443,83							
6584,99	I,IV	**1565,50**	443,83	443,83	I	1418,66	1271,91	1127,91	990,08	858,33	732,66
	II	**1498,66**	443,83	443,83	II	1351,91	1205,66	1064,41	929,33	800,41	677,58
	III	**1016,00**	443,83	443,83	III	906,66	800,50	697,50	597,33	500,50	406,50
	V	**2035,00**	443,83	443,83	IV	1492,08	1418,66	1345,33	1271,91	1199,16	1127,91
	VI	**2071,25**	443,83	443,83							
6587,99	I,IV	**1566,66**	443,83	443,83	I	1419,91	1273,08	1129,08	991,16	859,33	733,66
	II	**1499,91**	443,83	443,83	II	1353,08	1206,83	1065,58	930,41	801,41	678,50
	III	**1016,83**	443,83	443,83	III	907,66	801,50	698,33	598,16	501,16	407,16
	V	**2036,16**	443,83	443,83	IV	1493,25	1419,91	1346,50	1273,08	1200,33	1129,08
	VI	**2072,41**	443,83	443,83							

* Zur LSt-Berechnung für privat versicherte Arbeitnehmer s. Beispiele **Vorbemerkung S. 4f.**
** Basisvorsorgepauschale KV und PV *** Typisierter Arbeitgeberzuschuss

Lohn/ Gehalt in € bis	Steuerklasse	Lohn-steuer*	BVSP**	TAGZ***	Steuerklasse	Bemessungsgrundlage für Kirchensteuer und Solidaritätszuschlag – Freibeträge für ... Kinder 0,5	1,0	1,5	2,0	2,5	3,0
6 590,99	I,IV	**1 567,83**	443,83	443,83	I	1 421,00	1 274,25	1 130,16	992,16	860,33	734,66
	II	**1 501,08**	443,83	443,83	II	1 354,25	1 207,91	1 066,66	931,50	802,41	679,50
	III	**1 017,83**	443,83	443,83	III	908,50	802,33	699,16	599,00	502,00	408,00
	V	**2 037,33**	443,83	443,83	IV	1 494,41	1 421,00	1 347,66	1 274,25	1 201,41	1 130,16
	VI	**2 073,58**	443,83	443,83							
6 593,99	I,IV	**1 569,00**	443,83	443,83	I	1 422,16	1 275,41	1 131,25	993,25	861,41	735,58
	II	**1 502,16**	443,83	443,83	II	1 355,41	1 209,08	1 067,75	932,50	803,41	680,41
	III	**1 018,66**	443,83	443,83	III	909,33	803,00	699,83	599,83	502,66	408,66
	V	**2 038,50**	443,83	443,83	IV	1 495,58	1 422,16	1 348,83	1 275,41	1 202,58	1 131,25
	VI	**2 074,75**	443,83	443,83							
6 596,99	I,IV	**1 570,16**	443,83	443,83	I	1 423,33	1 276,58	1 132,41	994,33	862,41	736,58
	II	**1 503,33**	443,83	443,83	II	1 356,58	1 210,25	1 068,83	933,58	804,41	681,33
	III	**1 019,50**	443,83	443,83	III	910,16	804,00	700,66	600,50	503,50	409,50
	V	**2 039,58**	443,83	443,83	IV	1 496,75	1 423,33	1 349,91	1 276,58	1 203,75	1 132,41
	VI	**2 075,91**	443,83	443,83							
6 599,99	I,IV	**1 571,25**	443,83	443,83	I	1 424,50	1 277,66	1 133,50	995,41	863,41	737,58
	II	**1 504,50**	443,83	443,83	II	1 357,75	1 211,33	1 069,91	934,58	805,41	682,33
	III	**1 020,33**	443,83	443,83	III	911,00	804,66	701,50	601,33	504,16	410,16
	V	**2 040,75**	443,83	443,83	IV	1 497,91	1 424,50	1 351,08	1 277,66	1 204,83	1 133,50
	VI	**2 077,00**	443,83	443,83							
6 602,99	I,IV	**1 572,50**	443,83	443,83	I	1 425,66	1 278,91	1 134,66	996,50	864,41	738,58
	II	**1 505,66**	443,83	443,83	II	1 358,91	1 212,50	1 071,00	935,66	806,41	683,25
	III	**1 021,33**	443,83	443,83	III	911,83	805,50	702,33	602,16	505,00	410,83
	V	**2 042,00**	443,83	443,83	IV	1 499,08	1 425,66	1 352,33	1 278,91	1 206,00	1 134,66
	VI	**2 078,25**	443,83	443,83							
6 605,99	I,IV	**1 573,66**	443,83	443,83	I	1 426,83	1 280,08	1 135,75	997,58	865,50	739,50
	II	**1 506,83**	443,83	443,83	II	1 360,08	1 213,66	1 072,08	936,66	807,41	684,25
	III	**1 022,16**	443,83	443,83	III	912,83	806,50	703,16	602,83	505,83	411,66
	V	**2 043,08**	443,83	443,83	IV	1 500,25	1 426,83	1 353,41	1 280,08	1 207,16	1 135,75
	VI	**2 079,41**	443,83	443,83							
6 608,99	I,IV	**1 574,75**	443,83	443,83	I	1 428,00	1 281,16	1 136,83	998,58	866,50	740,50
	II	**1 508,00**	443,83	443,83	II	1 361,25	1 214,83	1 073,25	937,75	808,41	685,16
	III	**1 023,00**	443,83	443,83	III	913,66	807,16	703,83	603,66	506,50	412,33
	V	**2 044,25**	443,83	443,83	IV	1 501,41	1 428,00	1 354,58	1 281,16	1 208,25	1 136,83
	VI	**2 080,50**	443,83	443,83							
6 611,99	I,IV	**1 575,91**	443,83	443,83	I	1 429,16	1 282,33	1 138,00	999,66	867,50	741,41
	II	**1 509,16**	443,83	443,83	II	1 362,33	1 215,91	1 074,33	938,75	809,41	686,08
	III	**1 023,83**	443,83	443,83	III	914,50	808,00	704,66	604,50	507,33	413,16
	V	**2 045,41**	443,83	443,83	IV	1 502,58	1 429,16	1 355,75	1 282,33	1 209,41	1 138,00
	VI	**2 081,66**	443,83	443,83							
6 614,99	I,IV	**1 577,08**	443,83	443,83	I	1 430,33	1 283,50	1 139,08	1 000,75	868,50	742,41
	II	**1 510,33**	443,83	443,83	II	1 363,50	1 217,08	1 075,41	939,83	810,41	687,08
	III	**1 024,83**	443,83	443,83	III	915,33	808,83	705,50	605,16	508,00	413,83
	V	**2 046,58**	443,83	443,83	IV	1 503,66	1 430,33	1 356,91	1 283,50	1 210,58	1 139,08
	VI	**2 082,83**	443,83	443,83							
6 617,99	I,IV	**1 578,25**	443,83	443,83	I	1 431,50	1 284,66	1 140,16	1 001,83	869,50	743,41
	II	**1 511,50**	443,83	443,83	II	1 364,66	1 218,25	1 076,50	940,83	811,41	688,00
	III	**1 025,66**	443,83	443,83	III	916,16	809,66	706,33	606,00	508,83	414,50
	V	**2 047,75**	443,83	443,83	IV	1 504,83	1 431,50	1 358,08	1 284,66	1 211,66	1 140,16
	VI	**2 084,00**	443,83	443,83							
6 620,99	I,IV	**1 579,41**	443,83	443,83	I	1 432,66	1 285,83	1 141,33	1 002,91	870,58	744,41
	II	**1 512,66**	443,83	443,83	II	1 365,83	1 219,41	1 077,58	941,91	812,41	689,00
	III	**1 026,50**	443,83	443,83	III	917,00	810,50	707,16	606,83	509,50	415,33
	V	**2 048,91**	443,83	443,83	IV	1 506,08	1 432,66	1 359,25	1 285,83	1 212,83	1 141,33
	VI	**2 085,16**	443,83	443,83							
6 623,99	I,IV	**1 580,58**	443,83	443,83	I	1 433,83	1 287,00	1 142,50	1 004,00	871,58	745,33
	II	**1 513,83**	443,83	443,83	II	1 367,00	1 220,50	1 078,66	943,00	813,41	689,91
	III	**1 027,33**	443,83	443,83	III	917,83	811,33	708,00	607,50	510,33	416,00
	V	**2 050,08**	443,83	443,83	IV	1 507,16	1 433,83	1 360,41	1 287,00	1 214,00	1 142,50
	VI	**2 086,33**	443,83	443,83							

* Zur LSt-Berechnung für privat versicherte Arbeitnehmer s. Beispiele **Vorbemerkung S. 4 f.**
** Basisvorsorgepauschale KV und PV *** Typisierter Arbeitgeberzuschuss

Lohn/ Gehalt in € bis	Steuerklasse	Lohn-steuer*	BVSP**	TAGZ***	Steuerklasse	Bemessungsgrundlage für Kirchensteuer und Solidaritätszuschlag – Freibeträge für ... Kinder 0,5	1,0	1,5	2,0	2,5	3,0
6626,99	I,IV	**1581,75**	443,83	443,83	I	1435,00	1288,16	1143,58	1005,00	872,58	746,33
	II	**1515,00**	443,83	443,83	II	1368,16	1221,66	1079,83	944,00	814,41	690,91
	III	**1028,33**	443,83	443,83	III	918,66	812,16	708,83	608,33	511,00	416,83
	V	**2051,25**	443,83	443,83	IV	1508,33	1435,00	1361,58	1288,16	1215,16	1143,58
	VI	**2087,50**	443,83	443,83							
6629,99	I,IV	**1582,91**	443,83	443,83	I	1436,08	1289,33	1144,66	1006,08	873,66	747,25
	II	**1516,16**	443,83	443,83	II	1369,33	1222,83	1080,91	945,08	815,41	691,83
	III	**1029,16**	443,83	443,83	III	919,50	813,00	709,50	609,16	511,83	417,50
	V	**2052,41**	443,83	443,83	IV	1509,50	1436,08	1362,75	1289,33	1216,25	1144,66
	VI	**2088,66**	443,83	443,83							
6632,99	I,IV	**1584,08**	443,83	443,83	I	1437,25	1290,50	1145,83	1007,16	874,66	748,25
	II	**1517,25**	443,83	443,83	II	1370,50	1223,91	1082,00	946,08	816,41	692,75
	III	**1030,00**	443,83	443,83	III	920,50	813,83	710,33	610,00	512,50	418,16
	V	**2053,58**	443,83	443,83	IV	1510,66	1437,25	1363,91	1290,50	1217,41	1145,83
	VI	**2089,83**	443,83	443,83							
6635,99	I,IV	**1585,25**	443,83	443,83	I	1438,50	1291,66	1146,91	1008,25	875,66	749,25
	II	**1518,50**	443,83	443,83	II	1371,66	1225,16	1083,08	947,16	817,41	693,75
	III	**1031,00**	443,83	443,83	III	921,33	814,66	711,16	610,66	513,33	419,00
	V	**2054,75**	443,83	443,83	IV	1511,83	1438,50	1365,08	1291,66	1218,58	1146,91
	VI	**2091,00**	443,83	443,83							
6638,99	I,IV	**1586,41**	443,83	443,83	I	1439,58	1292,83	1148,08	1009,33	876,75	750,25
	II	**1519,66**	443,83	443,83	II	1372,83	1226,25	1084,16	948,25	818,41	694,75
	III	**1031,83**	443,83	443,83	III	922,16	815,50	712,00	611,50	514,00	419,66
	V	**2055,91**	443,83	443,83	IV	1513,00	1439,58	1366,25	1292,83	1219,75	1148,08
	VI	**2092,16**	443,83	443,83							
6641,99	I,IV	**1587,58**	443,83	443,83	I	1440,75	1294,00	1149,16	1010,41	877,75	751,16
	II	**1520,75**	443,83	443,83	II	1374,00	1227,41	1085,25	949,25	819,41	695,66
	III	**1032,66**	443,83	443,83	III	923,00	816,33	712,83	612,33	514,83	420,50
	V	**2057,08**	443,83	443,83	IV	1514,16	1440,75	1367,41	1294,00	1220,91	1149,16
	VI	**2093,33**	443,83	443,83							
6644,99	I,IV	**1588,75**	443,83	443,83	I	1441,91	1295,16	1150,33	1011,50	878,75	752,16
	II	**1521,91**	443,83	443,83	II	1375,16	1228,58	1086,41	950,33	820,41	696,58
	III	**1033,50**	443,83	443,83	III	923,83	817,16	713,66	613,00	515,50	421,16
	V	**2058,16**	443,83	443,83	IV	1515,33	1441,91	1368,50	1295,16	1222,00	1150,33
	VI	**2094,50**	443,83	443,83							
6647,99	I,IV	**1589,83**	443,83	443,83	I	1443,08	1296,33	1151,41	1012,50	879,75	753,16
	II	**1523,08**	443,83	443,83	II	1376,33	1229,66	1087,50	951,41	821,41	697,58
	III	**1034,50**	443,83	443,83	III	924,66	818,00	714,33	613,83	516,33	421,83
	V	**2059,33**	443,83	443,83	IV	1516,50	1443,08	1369,66	1296,33	1223,16	1151,41
	VI	**2095,58**	443,83	443,83							
6650,99	I,IV	**1591,08**	443,83	443,83	I	1444,25	1297,50	1152,58	1013,66	880,83	754,16
	II	**1524,25**	443,83	443,83	II	1377,50	1230,91	1088,58	952,50	822,41	698,50
	III	**1035,33**	443,83	443,83	III	925,66	818,83	715,16	614,66	517,16	422,66
	V	**2060,58**	443,83	443,83	IV	1517,66	1444,25	1370,91	1297,50	1224,33	1152,58
	VI	**2096,83**	443,83	443,83							
6653,99	I,IV	**1592,25**	443,83	443,83	I	1445,41	1298,66	1153,66	1014,75	881,83	755,08
	II	**1525,41**	443,83	443,83	II	1378,66	1232,00	1089,66	953,50	823,41	699,50
	III	**1036,16**	443,83	443,83	III	926,50	819,66	716,00	615,33	517,83	423,33
	V	**2061,66**	443,83	443,83	IV	1518,83	1445,41	1372,00	1298,66	1225,50	1153,66
	VI	**2098,00**	443,83	443,83							
6656,99	I,IV	**1593,33**	443,83	443,83	I	1446,58	1299,83	1154,83	1015,75	882,83	756,08
	II	**1526,58**	443,83	443,83	II	1379,83	1233,16	1090,83	954,58	824,41	700,41
	III	**1037,16**	443,83	443,83	III	927,33	820,50	716,83	616,16	518,66	424,16
	V	**2062,83**	443,83	443,83	IV	1520,00	1446,58	1373,16	1299,83	1226,58	1154,83
	VI	**2099,08**	443,83	443,83							
6659,99	I,IV	**1594,50**	443,83	443,83	I	1447,75	1300,91	1155,91	1016,83	883,91	757,08
	II	**1527,75**	443,83	443,83	II	1380,91	1234,33	1091,91	955,58	825,41	701,41
	III	**1038,00**	443,83	443,83	III	928,16	821,33	717,66	617,00	519,33	424,83
	V	**2064,00**	443,83	443,83	IV	1521,16	1447,75	1374,33	1300,91	1227,75	1155,91
	VI	**2100,25**	443,83	443,83							

* Zur LSt-Berechnung für privat versicherte Arbeitnehmer s. Beispiele **Vorbemerkung S. 4 f.**
** Basisvorsorgepauschale KV und PV *** Typisierter Arbeitgeberzuschuss

Lohn/ Gehalt in € bis	Steuerklasse	Lohn-steuer*	BVSP**	TAGZ***	Steuerklasse	Bemessungsgrundlage für Kirchensteuer und Solidaritätszuschlag – Freibeträge für ... Kinder 0,5	1,0	1,5	2,0	2,5	3,0
6662,99	I,IV	**1595,66**	443,83	443,83	I	1448,91	1302,08	1157,08	1017,91	884,91	758,00
	II	**1528,91**	443,83	443,83	II	1382,08	1235,41	1093,00	956,66	826,41	702,33
	III	**1038,83**	443,83	443,83	III	929,00	822,16	718,50	617,83	520,16	425,66
	V	**2065,16**	443,83	443,83	IV	1522,25	1448,91	1375,50	1302,08	1228,91	1157,08
	VI	**2101,41**	443,83	443,83							
6665,99	I,IV	**1596,83**	443,83	443,83	I	1450,08	1303,25	1158,16	1019,00	885,91	759,00
	II	**1530,08**	443,83	443,83	II	1383,25	1236,58	1094,08	957,66	827,41	703,33
	III	**1039,66**	443,83	443,83	III	929,83	823,00	719,16	618,50	520,83	426,33
	V	**2066,33**	443,83	443,83	IV	1523,41	1450,08	1376,66	1303,25	1230,08	1158,16
	VI	**2102,58**	443,83	443,83							
6668,99	I,IV	**1598,00**	443,83	443,83	I	1451,25	1304,41	1159,33	1020,08	887,00	760,00
	II	**1531,25**	443,83	443,83	II	1384,41	1237,75	1095,25	958,75	828,50	704,25
	III	**1040,66**	443,83	443,83	III	930,66	823,83	720,00	619,33	521,66	427,00
	V	**2067,50**	443,83	443,83	IV	1524,66	1451,25	1377,83	1304,41	1231,25	1159,33
	VI	**2103,75**	443,83	443,83							
6671,99	I,IV	**1599,16**	443,83	443,83	I	1452,41	1305,58	1160,41	1021,16	888,00	761,00
	II	**1532,41**	443,83	443,83	II	1385,58	1238,91	1096,33	959,83	829,50	705,25
	III	**1041,50**	443,83	443,83	III	931,66	824,66	720,83	620,16	522,50	427,83
	V	**2068,66**	443,83	443,83	IV	1525,75	1452,41	1379,00	1305,58	1232,33	1160,41
	VI	**2104,91**	443,83	443,83							
6674,99	I,IV	**1600,33**	443,83	443,83	I	1453,58	1306,75	1161,58	1022,25	889,08	762,00
	II	**1533,58**	443,83	443,83	II	1386,75	1240,08	1097,41	960,91	830,50	706,16
	III	**1042,33**	443,83	443,83	III	932,33	825,50	721,66	620,83	523,16	428,50
	V	**2069,83**	443,83	443,83	IV	1526,91	1453,58	1380,16	1306,75	1233,50	1161,58
	VI	**2106,08**	443,83	443,83							
6677,99	I,IV	**1601,50**	443,83	443,83	I	1454,66	1307,91	1162,66	1023,33	890,08	762,91
	II	**1534,75**	443,83	443,83	II	1387,91	1241,25	1098,50	961,91	831,50	707,16
	III	**1043,33**	443,83	443,83	III	933,33	826,33	722,50	621,66	524,00	429,33
	V	**2071,00**	443,83	443,83	IV	1528,08	1454,66	1381,33	1307,91	1234,66	1162,66
	VI	**2107,25**	443,83	443,83							
6680,99	I,IV	**1602,66**	443,83	443,83	I	1455,83	1309,08	1163,83	1024,41	891,08	763,91
	II	**1535,83**	443,83	443,83	II	1389,08	1242,33	1099,58	963,00	832,50	708,08
	III	**1044,16**	443,83	443,83	III	934,16	827,16	723,33	622,50	524,66	430,00
	V	**2072,16**	443,83	443,83	IV	1529,25	1455,83	1382,50	1309,08	1235,83	1163,83
	VI	**2108,41**	443,83	443,83							
6683,99	I,IV	**1603,83**	443,83	443,83	I	1457,08	1310,25	1164,91	1025,50	892,16	764,91
	II	**1537,08**	443,83	443,83	II	1390,25	1243,58	1100,75	964,08	833,50	709,08
	III	**1045,00**	443,83	443,83	III	935,00	828,00	724,16	623,33	525,50	430,66
	V	**2073,33**	443,83	443,83	IV	1530,41	1457,08	1383,66	1310,25	1237,00	1164,91
	VI	**2109,58**	443,83	443,83							
6686,99	I,IV	**1605,00**	443,83	443,83	I	1458,16	1311,41	1166,08	1026,58	893,16	765,91
	II	**1538,25**	443,83	443,83	II	1391,41	1244,66	1101,83	965,08	834,50	710,00
	III	**1046,00**	443,83	443,83	III	935,83	828,83	725,00	624,00	526,33	431,50
	V	**2074,50**	443,83	443,83	IV	1531,58	1458,16	1384,83	1311,41	1238,16	1166,08
	VI	**2110,75**	443,83	443,83							
6689,99	I,IV	**1606,16**	443,83	443,83	I	1459,33	1312,58	1167,16	1027,66	894,16	766,91
	II	**1539,33**	443,83	443,83	II	1392,58	1245,83	1102,91	966,16	835,50	711,00
	III	**1046,83**	443,83	443,83	III	936,66	829,66	725,66	624,83	527,00	432,16
	V	**2075,66**	443,83	443,83	IV	1532,75	1459,33	1386,00	1312,58	1239,25	1167,16
	VI	**2111,91**	443,83	443,83							
6692,99	I,IV	**1607,33**	443,83	443,83	I	1460,50	1313,75	1168,33	1028,75	895,25	767,83
	II	**1540,50**	443,83	443,83	II	1393,75	1247,00	1104,08	967,25	836,50	711,91
	III	**1047,66**	443,83	443,83	III	937,66	830,50	726,50	625,66	527,83	433,00
	V	**2076,75**	443,83	443,83	IV	1533,91	1460,50	1387,08	1313,75	1240,41	1168,33
	VI	**2113,08**	443,83	443,83							
6695,99	I,IV	**1608,41**	443,83	443,83	I	1461,66	1314,91	1169,41	1029,75	896,25	768,83
	II	**1541,66**	443,83	443,83	II	1394,91	1248,16	1105,16	968,25	837,50	712,91
	III	**1048,50**	443,83	443,83	III	938,33	831,33	727,33	626,33	528,50	433,66
	V	**2077,91**	443,83	443,83	IV	1535,08	1461,66	1388,25	1314,91	1241,58	1169,41
	VI	**2114,16**	443,83	443,83							

* Zur LSt-Berechnung für privat versicherte Arbeitnehmer s. Beispiele **Vorbemerkung S. 4 f.**
** Basisvorsorgepauschale KV und PV *** Typisierter Arbeitgeberzuschuss

Lohn/ Gehalt in € bis	Steuerklasse	Lohn-steuer*	BVSP**	TAGZ***	Steuerklasse	Bemessungsgrundlage für Kirchensteuer und Solidaritätszuschlag – Freibeträge für ... Kinder 0,5	**1,0**	1,5	**2,0**	2,5	**3,0**
6698,99	I,IV	**1609,66**	443,83	443,83	I	1462,83	1316,08	1170,58	1030,91	897,33	769,83
West	II	**1542,83**	443,83	443,83	II	1396,08	1249,33	1106,25	969,33	838,58	713,91
	III	**1049,50**	443,83	443,83	III	939,33	832,16	728,16	627,16	529,33	434,50
	V	**2079,16**	443,83	443,83	IV	1536,25	1462,83	1389,50	1316,08	1242,75	1170,58
	VI	**2115,41**	443,83	443,83							
6698,99	I,IV	**1609,66**	443,83	443,83	I	1462,83	1316,08	1170,58	1030,91	897,33	769,83
Ost	II	**1542,83**	443,83	443,83	II	1396,08	1249,33	1106,25	969,33	838,58	713,91
	III	**1049,50**	443,83	443,83	III	939,33	832,16	728,16	627,16	529,33	434,50
	V	**2079,16**	443,83	443,83	IV	1536,25	1462,83	1389,50	1316,08	1242,75	1170,58
	VI	**2115,41**	443,83	443,83							
6701,99	I,IV	**1610,83**	443,83	443,83	I	1464,00	1317,25	1171,75	1032,00	898,33	770,83
West	II	**1544,00**	443,83	443,83	II	1397,25	1250,50	1107,41	970,41	839,58	714,83
	III	**1050,33**	443,83	443,83	III	940,16	833,00	729,00	628,00	530,00	435,16
	V	**2080,25**	443,83	443,83	IV	1537,41	1464,00	1390,58	1317,25	1243,91	1171,75
	VI	**2116,58**	443,83	443,83							
6701,99	I,IV	**1610,83**	443,83	443,83	I	1464,08	1317,33	1171,75	1032,00	898,41	770,91
Ost	II	**1544,08**	443,83	443,83	II	1397,33	1250,58	1107,41	970,50	839,66	714,91
	III	**1050,33**	443,83	443,83	III	940,16	833,16	729,00	628,00	530,16	435,16
	V	**2080,33**	443,83	443,83	IV	1537,50	1464,08	1390,66	1317,33	1244,00	1171,75
	VI	**2116,58**	443,83	443,83							
6704,99	I,IV	**1611,91**	443,83	443,83	I	1465,16	1318,41	1172,83	1033,08	899,33	771,83
West	II	**1545,16**	443,83	443,83	II	1398,41	1251,66	1108,50	971,50	840,58	715,83
	III	**1051,16**	443,83	443,83	III	941,00	833,83	729,83	628,83	530,83	435,83
	V	**2081,41**	443,83	443,83	IV	1538,58	1465,16	1391,75	1318,41	1245,08	1172,83
	VI	**2117,66**	443,83	443,83							
6704,99	I,IV	**1612,16**	443,83	443,83	I	1465,33	1318,58	1173,00	1033,16	899,50	771,91
Ost	II	**1545,33**	443,83	443,83	II	1398,58	1251,83	1108,66	971,66	840,75	715,91
	III	**1051,33**	443,83	443,83	III	941,16	834,00	730,00	628,83	531,00	436,00
	V	**2081,58**	443,83	443,83	IV	1538,75	1465,33	1391,91	1318,58	1245,25	1173,00
	VI	**2117,91**	443,83	443,83							
6707,99	I,IV	**1613,08**	443,83	443,83	I	1466,33	1319,50	1174,00	1034,08	900,41	772,75
West	II	**1546,33**	443,83	443,83	II	1399,58	1252,75	1109,58	972,50	841,58	716,75
	III	**1052,16**	443,83	443,83	III	941,83	834,66	730,66	629,50	531,66	436,66
	V	**2082,58**	443,83	443,83	IV	1539,75	1466,33	1392,91	1319,50	1246,16	1174,00
	VI	**2118,83**	443,83	443,83							
6707,99	I,IV	**1613,41**	443,83	443,83	I	1466,58	1319,83	1174,25	1034,41	900,66	773,00
Ost	II	**1546,58**	443,83	443,83	II	1399,83	1253,08	1109,83	972,75	841,83	717,00
	III	**1052,33**	443,83	443,83	III	942,16	835,00	730,83	629,83	531,83	436,83
	V	**2082,91**	443,83	443,83	IV	1540,00	1466,58	1393,16	1319,83	1246,50	1174,25
	VI	**2119,16**	443,83	443,83							
6710,99	I,IV	**1614,25**	443,83	443,83	I	1467,50	1320,66	1175,08	1035,16	901,41	773,75
West	II	**1547,50**	443,83	443,83	II	1400,66	1253,91	1110,66	973,58	842,58	717,75
	III	**1053,00**	443,83	443,83	III	942,66	835,50	731,33	630,33	532,33	437,33
	V	**2083,75**	443,83	443,83	IV	1540,83	1467,50	1394,08	1320,66	1247,33	1175,08
	VI	**2120,00**	443,83	443,83							
6710,99	I,IV	**1614,66**	443,83	443,83	I	1467,83	1321,08	1175,50	1035,58	901,75	774,08
Ost	II	**1547,83**	443,83	443,83	II	1401,08	1254,33	1111,08	973,91	842,91	718,00
	III	**1053,33**	443,83	443,83	III	943,00	835,83	731,66	630,66	532,66	437,66
	V	**2084,16**	443,83	443,83	IV	1541,25	1467,83	1394,50	1321,08	1247,75	1175,50
	VI	**2120,41**	443,83	443,83							
6713,99	I,IV	**1615,41**	443,83	443,83	I	1468,66	1321,83	1176,25	1036,25	902,41	774,75
West	II	**1548,66**	443,83	443,83	II	1401,83	1255,08	1111,83	974,66	843,58	718,66
	III	**1053,83**	443,83	443,83	III	943,66	836,33	732,16	631,16	533,16	438,16
	V	**2084,91**	443,83	443,83	IV	1542,00	1468,66	1395,25	1321,83	1248,50	1176,25
	VI	**2121,16**	443,83	443,83							
6713,99	I,IV	**1615,91**	443,83	443,83	I	1469,08	1322,33	1176,66	1036,75	902,91	775,16
Ost	II	**1549,16**	443,83	443,83	II	1402,33	1255,58	1112,25	975,08	844,00	719,08
	III	**1054,16**	443,83	443,83	III	944,00	836,66	732,50	631,50	533,50	438,50
	V	**2085,41**	443,83	443,83	IV	1542,50	1469,08	1395,75	1322,33	1249,00	1176,66
	VI	**2121,66**	443,83	443,83							

* Zur LSt-Berechnung für privat versicherte Arbeitnehmer s. Beispiele **Vorbemerkung S. 4f.**
** Basisvorsorgepauschale KV und PV *** Typisierter Arbeitgeberzuschuss

Lohn/ Gehalt in € bis	Steuerklasse	Lohn- steuer*	BVSP**	TAGZ***	Steuerklasse	Bemessungsgrundlage für Kirchensteuer und Solidaritätszuschlag – Freibeträge für ... Kinder 0,5	1,0	1,5	2,0	2,5	3,0
6716,99 West	I,IV	**1616,58**	443,83	443,83	I	1469,83	1323,00	1177,41	1037,41	903,50	775,75
	II	**1549,83**	443,83	443,83	II	1403,08	1256,25	1112,91	975,75	844,66	719,66
	III	**1054,83**	443,83	443,83	III	944,50	837,16	733,00	632,00	533,83	438,83
	V	**2086,08**	443,83	443,83	IV	1543,25	1469,83	1396,41	1323,00	1249,66	1177,41
	VI	**2122,33**	443,83	443,83							
6716,99 Ost	I,IV	**1617,16**	443,83	443,83	I	1470,41	1323,58	1177,91	1037,91	904,00	776,25
	II	**1550,41**	443,83	443,83	II	1403,58	1256,83	1113,50	976,25	845,08	720,16
	III	**1055,16**	443,83	443,83	III	944,83	837,66	733,50	632,33	534,33	439,16
	V	**2086,66**	443,83	443,83	IV	1543,75	1470,41	1397,00	1323,58	1250,25	1177,91
	VI	**2122,91**	443,83	443,83							
6719,99 West	I,IV	**1617,75**	443,83	443,83	I	1471,00	1324,16	1178,50	1038,50	904,50	776,75
	II	**1551,00**	443,83	443,83	II	1404,16	1257,41	1114,00	976,75	845,66	720,58
	III	**1055,66**	443,83	443,83	III	945,33	838,00	733,83	632,66	534,66	439,66
	V	**2087,25**	443,83	443,83	IV	1544,33	1471,00	1397,58	1324,16	1250,83	1178,50
	VI	**2123,50**	443,83	443,83							
6719,99 Ost	I,IV	**1618,41**	443,83	443,83	I	1471,66	1324,83	1179,16	1039,08	905,16	777,33
	II	**1551,66**	443,83	443,83	II	1404,83	1258,08	1114,66	977,41	846,25	721,16
	III	**1056,16**	443,83	443,83	III	945,83	838,50	734,33	633,16	535,00	440,00
	V	**2087,91**	443,83	443,83	IV	1545,00	1471,66	1398,25	1324,83	1251,50	1179,16
	VI	**2124,16**	443,83	443,83							
6722,99 West	I,IV	**1618,91**	443,83	443,83	I	1472,16	1325,33	1179,66	1039,50	905,58	777,75
	II	**1552,16**	443,83	443,83	II	1405,33	1258,58	1115,16	977,83	846,66	721,58
	III	**1056,50**	443,83	443,83	III	946,16	838,83	734,66	633,50	535,33	440,33
	V	**2088,41**	443,83	443,83	IV	1545,50	1472,16	1398,75	1325,33	1252,00	1179,66
	VI	**2124,66**	443,83	443,83							
6722,99 Ost	I,IV	**1619,66**	443,83	443,83	I	1472,91	1326,08	1180,41	1040,25	906,25	778,33
	II	**1552,91**	443,83	443,83	II	1406,08	1259,33	1115,91	978,50	847,33	722,25
	III	**1057,16**	443,83	443,83	III	946,83	839,50	735,16	634,00	535,83	440,83
	V	**2089,16**	443,83	443,83	IV	1546,33	1472,91	1399,50	1326,08	1252,75	1180,41
	VI	**2125,41**	443,83	443,83							
6725,99 West	I,IV	**1620,08**	443,83	443,83	I	1473,25	1326,50	1180,75	1040,58	906,58	778,66
	II	**1553,33**	443,83	443,83	II	1406,50	1259,75	1116,25	978,91	847,66	722,58
	III	**1057,33**	443,83	443,83	III	947,00	839,66	735,50	634,33	536,16	441,00
	V	**2089,58**	443,83	443,83	IV	1546,66	1473,25	1399,91	1326,50	1253,16	1180,75
	VI	**2125,83**	443,83	443,83							
6725,99 Ost	I,IV	**1620,91**	443,83	443,83	I	1474,16	1327,33	1181,58	1041,41	907,41	779,41
	II	**1554,16**	443,83	443,83	II	1407,41	1260,58	1117,08	979,66	848,41	723,25
	III	**1058,16**	443,83	443,83	III	947,66	840,33	736,16	634,83	536,66	441,66
	V	**2090,41**	443,83	443,83	IV	1547,58	1474,16	1400,75	1327,33	1254,00	1181,58
	VI	**2126,66**	443,83	443,83							
6728,99 West	I,IV	**1621,25**	443,83	443,83	I	1474,41	1327,66	1181,91	1041,66	907,66	779,66
	II	**1554,41**	443,83	443,83	II	1407,66	1260,91	1117,33	979,91	848,66	723,50
	III	**1058,33**	443,83	443,83	III	947,83	840,50	736,33	635,00	537,00	441,83
	V	**2090,75**	443,83	443,83	IV	1547,83	1474,41	1401,08	1327,66	1254,25	1181,91
	VI	**2127,00**	443,83	443,83							
6728,99 Ost	I,IV	**1622,25**	443,83	443,83	I	1475,41	1328,66	1182,83	1042,58	908,50	780,50
	II	**1555,41**	443,83	443,83	II	1408,66	1261,83	1118,25	980,83	849,50	724,33
	III	**1059,00**	443,83	443,83	III	948,66	841,33	737,00	635,66	537,50	442,50
	V	**2091,66**	443,83	443,83	IV	1548,83	1475,41	1402,00	1328,66	1255,25	1182,83
	VI	**2128,00**	443,83	443,83							
6731,99 West	I,IV	**1622,41**	443,83	443,83	I	1475,66	1328,83	1183,08	1042,83	908,66	780,66
	II	**1555,66**	443,83	443,83	II	1408,83	1262,08	1118,50	981,00	849,66	724,50
	III	**1059,16**	443,83	443,83	III	948,83	841,50	737,16	635,83	537,66	442,66
	V	**2091,91**	443,83	443,83	IV	1549,00	1475,66	1402,25	1328,83	1255,50	1183,08
	VI	**2128,16**	443,83	443,83							
6731,99 Ost	I,IV	**1623,50**	443,83	443,83	I	1476,66	1329,91	1184,08	1043,75	909,66	781,58
	II	**1556,66**	443,83	443,83	II	1409,91	1263,08	1119,50	982,00	850,58	725,33
	III	**1060,00**	443,83	443,83	III	949,50	842,16	737,83	636,66	538,33	443,33
	V	**2093,00**	443,83	443,83	IV	1550,08	1476,66	1403,25	1329,91	1256,50	1184,08
	VI	**2129,25**	443,83	443,83							

* Zur LSt-Berechnung für privat versicherte Arbeitnehmer s. Beispiele **Vorbemerkung S. 4 f.**
** Basisvorsorgepauschale KV und PV *** Typisierter Arbeitgeberzuschuss

Lohn/ Gehalt in € bis	Steuerklasse	Lohn-steuer*	BVSP**	TAGZ***	Steuerklasse	Bemessungsgrundlage für Kirchensteuer und Solidaritätszuschlag – Freibeträge für ... Kinder 0,5	1,0	1,5	2,0	2,5	3,0
6734,99	I,IV	**1623,58**	443,83	443,83	I	1476,75	1330,00	1184,16	1043,91	909,75	781,66
West	II	**1556,83**	443,83	443,83	II	1410,00	1263,25	1119,58	982,08	850,75	725,41
	III	**1060,00**	443,83	443,83	III	949,66	842,16	737,83	636,66	538,50	443,33
	V	**2093,08**	443,83	443,83	IV	1550,16	1476,75	1403,41	1330,00	1256,58	1184,16
	VI	**2129,33**	443,83	443,83							
6734,99	I,IV	**1624,75**	443,83	443,83	I	1477,91	1331,16	1185,33	1045,00	910,75	782,66
Ost	II	**1557,91**	443,83	443,83	II	1411,16	1264,33	1120,66	983,16	851,75	726,41
	III	**1061,00**	443,83	443,83	III	950,50	843,16	738,66	637,50	539,16	444,00
	V	**2094,25**	443,83	443,83	IV	1551,33	1477,91	1404,58	1331,16	1257,75	1185,33
	VI	**2130,50**	443,83	443,83							
6737,99	I,IV	**1624,75**	443,83	443,83	I	1477,91	1331,16	1185,33	1045,00	910,75	782,66
West	II	**1557,91**	443,83	443,83	II	1411,16	1264,33	1120,66	983,16	851,75	726,41
	III	**1061,00**	443,83	443,83	III	950,50	843,16	738,66	637,50	539,16	444,00
	V	**2094,25**	443,83	443,83	IV	1551,33	1477,91	1404,58	1331,16	1257,75	1185,33
	VI	**2130,50**	443,83	443,83							
6737,99	I,IV	**1626,00**	443,83	443,83	I	1479,16	1332,41	1186,50	1046,16	911,91	783,75
Ost	II	**1559,25**	443,83	443,83	II	1412,41	1265,66	1121,91	984,33	852,83	727,50
	III	**1062,00**	443,83	443,83	III	951,50	844,00	739,66	638,33	540,00	444,83
	V	**2095,50**	443,83	443,83	IV	1552,58	1479,16	1405,83	1332,41	1259,00	1186,50
	VI	**2131,75**	443,83	443,83							
6740,99	I,IV	**1625,91**	443,83	443,83	I	1479,08	1332,33	1186,41	1046,08	911,75	783,66
West	II	**1559,08**	443,83	443,83	II	1412,33	1265,50	1121,83	984,16	852,75	727,41
	III	**1061,83**	443,83	443,83	III	951,33	843,83	739,50	638,16	540,00	444,83
	V	**2095,41**	443,83	443,83	IV	1552,50	1479,08	1405,66	1332,33	1258,91	1186,41
	VI	**2131,66**	443,83	443,83							
6740,99	I,IV	**1627,25**	443,83	443,83	I	1480,50	1333,66	1187,75	1047,33	913,00	784,83
Ost	II	**1560,50**	443,83	443,83	II	1413,66	1266,91	1123,08	985,50	853,91	728,50
	III	**1062,83**	443,83	443,83	III	952,33	844,83	740,50	639,16	540,83	445,66
	V	**2096,75**	443,83	443,83	IV	1553,83	1480,50	1407,08	1333,66	1260,25	1187,75
	VI	**2133,00**	443,83	443,83							
6743,99	I,IV	**1627,08**	443,83	443,83	I	1480,25	1333,50	1187,58	1047,16	912,83	784,66
West	II	**1560,25**	443,83	443,83	II	1413,50	1266,66	1122,91	985,25	853,75	728,33
	III	**1062,66**	443,83	443,83	III	952,16	844,83	740,33	639,00	540,83	445,50
	V	**2096,50**	443,83	443,83	IV	1553,66	1480,25	1406,83	1333,50	1260,08	1187,58
	VI	**2132,75**	443,83	443,83							
6743,99	I,IV	**1628,50**	443,83	443,83	I	1481,75	1334,91	1189,00	1048,50	914,16	785,91
Ost	II	**1561,75**	443,83	443,83	II	1414,91	1268,16	1124,33	986,58	855,00	729,58
	III	**1063,83**	443,83	443,83	III	953,33	845,83	741,33	640,00	541,66	446,50
	V	**2098,00**	443,83	443,83	IV	1555,08	1481,75	1408,33	1334,91	1261,50	1189,00
	VI	**2134,25**	443,83	443,83							
6746,99	I,IV	**1628,25**	443,83	443,83	I	1481,41	1334,66	1188,75	1048,25	913,91	785,66
West	II	**1561,41**	443,83	443,83	II	1414,66	1267,83	1124,08	986,33	854,75	729,33
	III	**1063,66**	443,83	443,83	III	953,16	845,66	741,16	639,83	541,50	446,33
	V	**2097,75**	443,83	443,83	IV	1554,83	1481,41	1408,08	1334,66	1261,25	1188,75
	VI	**2134,00**	443,83	443,83							
6746,99	I,IV	**1629,75**	443,83	443,83	I	1483,00	1336,16	1190,25	1049,66	915,25	787,00
Ost	II	**1563,00**	443,83	443,83	II	1416,16	1269,41	1125,50	987,75	856,16	730,58
	III	**1064,83**	443,83	443,83	III	954,16	846,66	742,33	640,83	542,50	447,33
	V	**2099,25**	443,83	443,83	IV	1556,41	1483,00	1409,58	1336,16	1262,83	1190,25
	VI	**2135,50**	443,83	443,83							
6749,99	I,IV	**1629,41**	443,83	443,83	I	1482,58	1335,83	1189,83	1049,33	914,91	786,66
West	II	**1562,58**	443,83	443,83	II	1415,83	1269,00	1125,16	987,41	855,83	730,33
	III	**1064,50**	443,83	443,83	III	954,00	846,50	742,00	640,66	542,33	447,00
	V	**2098,91**	443,83	443,83	IV	1556,00	1482,58	1409,16	1335,83	1262,41	1189,83
	VI	**2135,16**	443,83	443,83							
6749,99	I,IV	**1631,00**	443,83	443,83	I	1484,25	1337,41	1191,50	1050,83	916,41	788,00
Ost	II	**1564,25**	443,83	443,83	II	1417,50	1270,66	1126,75	988,91	857,25	731,66
	III	**1065,83**	443,83	443,83	III	955,16	847,66	743,16	641,66	543,33	448,16
	V	**2100,50**	443,83	443,83	IV	1557,66	1484,25	1410,83	1337,41	1264,08	1191,50
	VI	**2136,75**	443,83	443,83							

* Zur LSt-Berechnung für privat versicherte Arbeitnehmer s. Beispiele **Vorbemerkung S. 4f.**
** Basisvorsorgepauschale KV und PV *** Typisierter Arbeitgeberzuschuss

Lohn/ Gehalt in € bis	Steuerklasse	Lohn-steuer*	BVSP**	TAGZ***	Steuerklasse	Bemessungsgrundlage für Kirchensteuer und Solidaritätszuschlag – Freibeträge für ... Kinder 0,5	1,0	1,5	2,0	2,5	3,0
6 752,99 West	I,IV	**1 630,58**	443,83	443,83	I	1 483,75	1 337,00	1 191,00	1 050,41	915,91	787,58
	II	**1 563,75**	443,83	443,83	II	1 417,00	1 270,16	1 126,25	988,50	856,83	731,25
	III	**1 065,33**	443,83	443,83	III	954,83	847,33	742,83	641,33	543,00	447,83
	V	**2 100,00**	443,83	443,83	IV	1 557,16	1 483,75	1 410,33	1 337,00	1 263,58	1 191,00
	VI	**2 136,25**	443,83	443,83							
6 752,99 Ost	I,IV	**1 632,33**	443,83	443,83	I	1 485,50	1 338,75	1 192,66	1 052,08	917,50	789,08
	II	**1 565,50**	443,83	443,83	II	1 418,75	1 271,91	1 127,91	990,08	858,33	732,75
	III	**1 066,66**	443,83	443,83	III	956,16	848,50	744,00	642,66	544,16	448,83
	V	**2 101,75**	443,83	443,83	IV	1 558,91	1 485,50	1 412,08	1 338,75	1 265,33	1 192,66
	VI	**2 138,00**	443,83	443,83							
6 755,99 West	I,IV	**1 631,66**	443,83	443,83	I	1 484,91	1 338,08	1 192,08	1 051,50	917,00	788,58
	II	**1 564,91**	443,83	443,83	II	1 418,16	1 271,33	1 127,41	989,50	857,83	732,25
	III	**1 066,33**	443,83	443,83	III	955,66	848,16	743,66	642,16	543,83	448,50
	V	**2 101,16**	443,83	443,83	IV	1 558,33	1 484,91	1 411,50	1 338,08	1 264,75	1 192,08
	VI	**2 137,41**	443,83	443,83							
6 755,99 Ost	I,IV	**1 633,58**	443,83	443,83	I	1 486,75	1 340,00	1 193,91	1 053,25	918,66	790,16
	II	**1 566,75**	443,83	443,83	II	1 420,00	1 273,16	1 129,16	991,25	859,41	733,75
	III	**1 067,66**	443,83	443,83	III	957,00	849,50	745,00	643,50	545,00	449,66
	V	**2 103,00**	443,83	443,83	IV	1 560,16	1 486,75	1 413,33	1 340,00	1 266,58	1 193,91
	VI	**2 139,33**	443,83	443,83							
6 758,99 West	I,IV	**1 632,83**	443,83	443,83	I	1 486,08	1 339,25	1 193,25	1 052,58	918,00	789,58
	II	**1 566,08**	443,83	443,83	II	1 419,25	1 272,50	1 128,50	990,58	858,83	733,16
	III	**1 067,16**	443,83	443,83	III	956,50	849,00	744,50	643,00	544,66	449,33
	V	**2 102,33**	443,83	443,83	IV	1 559,41	1 486,08	1 412,66	1 339,25	1 265,91	1 193,25
	VI	**2 138,58**	443,83	443,83							
6 758,99 Ost	I,IV	**1 634,83**	443,83	443,83	I	1 488,00	1 341,25	1 195,16	1 054,41	919,75	791,25
	II	**1 568,00**	443,83	443,83	II	1 421,25	1 274,41	1 130,33	992,41	860,58	734,83
	III	**1 068,66**	443,83	443,83	III	958,00	850,33	745,83	644,33	545,83	450,50
	V	**2 104,33**	443,83	443,83	IV	1 561,41	1 488,00	1 414,66	1 341,25	1 267,83	1 195,16
	VI	**2 140,58**	443,83	443,83							
6 761,99 West	I,IV	**1 634,00**	443,83	443,83	I	1 487,25	1 340,41	1 194,41	1 053,66	919,08	790,58
	II	**1 567,25**	443,83	443,83	II	1 420,41	1 273,66	1 129,58	991,66	859,83	734,16
	III	**1 068,00**	443,83	443,83	III	957,33	849,83	745,16	643,66	545,33	450,00
	V	**2 103,50**	443,83	443,83	IV	1 560,58	1 487,25	1 413,83	1 340,41	1 267,00	1 194,41
	VI	**2 139,75**	443,83	443,83							
6 761,99 Ost	I,IV	**1 636,08**	443,83	443,83	I	1 489,25	1 342,50	1 196,41	1 055,58	920,91	792,33
	II	**1 569,33**	443,83	443,83	II	1 422,50	1 275,75	1 131,58	993,58	861,66	735,91
	III	**1 069,66**	443,83	443,83	III	959,00	851,33	746,66	645,16	546,66	451,33
	V	**2 105,58**	443,83	443,83	IV	1 562,66	1 489,25	1 415,91	1 342,50	1 269,08	1 196,41
	VI	**2 141,83**	443,83	443,83							
6 764,99 West	I,IV	**1 635,16**	443,83	443,83	I	1 488,41	1 341,58	1 195,58	1 054,75	920,08	791,58
	II	**1 568,41**	443,83	443,83	II	1 421,66	1 274,83	1 130,75	992,75	860,91	735,16
	III	**1 069,00**	443,83	443,83	III	958,16	850,66	746,00	644,50	546,16	450,66
	V	**2 104,66**	443,83	443,83	IV	1 561,83	1 488,41	1 415,00	1 341,58	1 268,25	1 195,58
	VI	**2 140,91**	443,83	443,83							
6 764,99 Ost	I,IV	**1 637,33**	443,83	443,83	I	1 490,58	1 343,75	1 197,66	1 056,75	922,00	793,41
	II	**1 570,58**	443,83	443,83	II	1 423,75	1 277,00	1 132,83	994,75	862,75	736,91
	III	**1 070,66**	443,83	443,83	III	959,83	852,16	747,50	646,00	547,50	452,16
	V	**2 106,83**	443,83	443,83	IV	1 563,91	1 490,58	1 417,16	1 343,75	1 270,33	1 197,66
	VI	**2 143,08**	443,83	443,83							
6 767,99 West	I,IV	**1 636,33**	443,83	443,83	I	1 489,58	1 342,75	1 196,66	1 055,83	921,16	792,58
	II	**1 569,58**	443,83	443,83	II	1 422,75	1 276,00	1 131,83	993,83	861,91	736,08
	III	**1 069,83**	443,83	443,83	III	959,16	851,50	746,83	645,33	546,83	451,50
	V	**2 105,83**	443,83	443,83	IV	1 562,91	1 489,58	1 416,16	1 342,75	1 269,41	1 196,66
	VI	**2 142,08**	443,83	443,83							
6 767,99 Ost	I,IV	**1 638,58**	443,83	443,83	I	1 491,83	1 345,00	1 198,83	1 057,91	923,16	794,50
	II	**1 571,83**	443,83	443,83	II	1 425,00	1 278,25	1 134,00	995,91	863,83	738,00
	III	**1 071,50**	443,83	443,83	III	960,83	853,16	748,50	646,83	548,33	453,00
	V	**2 108,08**	443,83	443,83	IV	1 565,16	1 491,83	1 418,41	1 345,00	1 271,58	1 198,83
	VI	**2 144,33**	443,83	443,83							

* Zur LSt-Berechnung für privat versicherte Arbeitnehmer s. Beispiele **Vorbemerkung S. 4 f.**
** Basisvorsorgepauschale KV und PV *** Typisierter Arbeitgeberzuschuss

Lohn/ Gehalt in € bis	Steuerklasse	Lohn-steuer*	BVSP**	TAGZ***	Steuerklasse	Bemessungsgrundlage für Kirchensteuer und Solidaritätszuschlag – Freibeträge für ... Kinder 0,5	**1,0**	1,5	**2,0**	2,5	**3,0**
6770,99	I,IV	**1637,50**	443,83	443,83	I	1490,75	1343,91	1197,83	1056,91	922,16	793,58
West	II	**1570,75**	443,83	443,83	II	1423,91	1277,16	1133,00	994,91	862,91	737,08
	III	**1070,66**	443,83	443,83	III	960,00	852,33	747,66	646,16	547,66	452,16
	V	**2107,00**	443,83	443,83	IV	1564,08	1490,75	1417,33	1343,91	1270,50	1197,83
	VI	**2143,25**	443,83	443,83							
6770,99	I,IV	**1639,83**	443,83	443,83	I	1493,08	1346,25	1200,08	1059,16	924,33	795,58
Ost	II	**1573,08**	443,83	443,83	II	1426,25	1279,50	1135,25	997,00	865,00	739,00
	III	**1072,50**	443,83	443,83	III	961,66	854,00	749,33	647,66	549,16	453,66
	V	**2109,33**	443,83	443,83	IV	1566,41	1493,08	1419,66	1346,25	1272,91	1200,08
	VI	**2145,58**	443,83	443,83							
6773,99	I,IV	**1638,66**	443,83	443,83	I	1491,83	1345,08	1198,91	1058,00	923,25	794,58
West	II	**1571,91**	443,83	443,83	II	1425,08	1278,33	1134,08	995,91	863,91	738,08
	III	**1071,66**	443,83	443,83	III	960,83	853,16	748,50	647,00	548,50	453,00
	V	**2108,16**	443,83	443,83	IV	1565,25	1491,83	1418,50	1345,08	1271,66	1198,91
	VI	**2144,41**	443,83	443,83							
6773,99	I,IV	**1641,08**	443,83	443,83	I	1494,33	1347,50	1201,33	1060,33	925,41	796,66
Ost	II	**1574,33**	443,83	443,83	II	1427,58	1280,75	1136,41	998,16	866,08	740,08
	III	**1073,50**	443,83	443,83	III	962,66	855,00	750,16	648,66	550,00	454,50
	V	**2110,58**	443,83	443,83	IV	1567,75	1494,33	1420,91	1347,50	1274,16	1201,33
	VI	**2146,83**	443,83	443,83							
6776,99	I,IV	**1639,83**	443,83	443,83	I	1493,00	1346,25	1200,08	1059,08	924,25	795.58
West	II	**1573,00**	443,83	443,83	II	1426,25	1279,41	1135,16	997,00	864,91	739 00
	III	**1072,50**	443,83	443,83	III	961,66	854,00	749,33	647,66	549,16	453 66
	V	**2109,33**	443,83	443,83	IV	1566,41	1493,00	1419,66	1346,25	1272,83	1200,08
	VI	**2145,58**	443,83	443,83							
6776,99	I,IV	**1642,33**	443,83	443,83	I	1495,58	1348,83	1202,58	1061,50	926,58	797,75
Ost	II	**1575,58**	443,83	443,83	II	1428,83	1282,00	1137,66	999,33	867,16	741,16
	III	**1074,50**	443,83	443,83	III	963,66	855,83	751,16	649,50	550,83	455,33
	V	**2111,83**	443,83	443,83	IV	1569,00	1495,58	1422,16	1348,83	1275,41	1202,58
	VI	**2148,08**	443,83	443,83							
6779,99	I,IV	**1641,00**	443,83	443,83	I	1494,25	1347,41	1201,25	1060,25	925,33	796,58
West	II	**1574,25**	443,83	443,83	II	1427,41	1280,66	1136,33	998,08	866,00	740,00
	III	**1073,33**	443,83	443,83	III	962,50	854,83	750,16	648,50	550,00	454,50
	V	**2110,50**	443,83	443,83	IV	1567,58	1494,25	1420,83	1347,41	1274,00	1201,25
	VI	**2146,75**	443,83	443,83							
6779,99	I,IV	**1643,66**	443,83	443,83	I	1496,83	1350,08	1203,83	1062,66	927,66	798,83
Ost	II	**1576,83**	443,83	443,83	II	1430,08	1283,25	1138,83	1000,50	868,33	742,16
	III	**1075,50**	443,83	443,83	III	964,50	856,66	752,00	650,33	551,66	456,16
	V	**2113,08**	443,83	443,83	IV	1570,25	1496,83	1423,41	1350,08	1276,66	1203,83
	VI	**2149,41**	443,83	443,83							
6782,99	I,IV	**1642,16**	443,83	443,83	I	1495,33	1348,58	1202,33	1061,33	926,33	797,58
West	II	**1575,41**	443,83	443,83	II	1428,58	1281,83	1137,41	999,16	867,00	741,00
	III	**1074,33**	443,83	443,83	III	963,50	855,66	751,00	649,33	550,66	455,16
	V	**2111,66**	443,83	443,83	IV	1568,75	1495,33	1422,00	1348,58	1275,16	1202,33
	VI	**2147,91**	443,83	443,83							
6782,99	I,IV	**1644,91**	443,83	443,83	I	1498,08	1351,33	1205,08	1063,91	928,83	799,91
Ost	II	**1578,08**	443,83	443,83	II	1431,33	1284,50	1140,08	1001,66	869,41	743,25
	III	**1076,33**	443,83	443,83	III	965,50	857,66	752,83	651,16	552,50	457,00
	V	**2114,41**	443,83	443,83	IV	1571,50	1498,08	1424,66	1351,33	1277,91	1205,08
	VI	**2150,66**	443,83	443,83							
6785,99	I,IV	**1643,33**	443,83	443,83	I	1496,50	1349,75	1203,50	1062,41	927,41	798,58
West	II	**1576,50**	443,83	443,83	II	1429,75	1282,91	1138,58	1000,25	868,00	741,91
	III	**1075,16**	443,83	443,83	III	964,33	856,50	751,83	650,16	551,50	456,00
	V	**2112,83**	443,83	443,83	IV	1569,91	1496,50	1423,16	1349,75	1276,33	1203,50
	VI	**2149,08**	443,83	443,83							
6785,99	I,IV	**1646,16**	443,83	443,83	I	1499,33	1352,58	1206,33	1065,08	929,91	801,00
Ost	II	**1579,33**	443,83	443,83	II	1432,58	1285,83	1141,25	1002,83	870,50	744,33
	III	**1077,33**	443,83	443,83	III	966,50	858,50	753,83	652,00	553,33	457,83
	V	**2115,66**	443,83	443,83	IV	1572,75	1499,33	1426,00	1352,58	1279,16	1206,33
	VI	**2151,91**	443,83	443,83							

* Zur LSt-Berechnung für privat versicherte Arbeitnehmer s. Beispiele **Vorbemerkung S. 4f.**
** Basisvorsorgepauschale KV und PV *** Typisierter Arbeitgeberzuschuss

Lohn/ Gehalt in € bis	Steuerklasse	Lohn-steuer*	BVSP**	TAGZ***	Steuerklasse	Bemessungsgrundlage für Kirchensteuer und Solidaritätszuschlag Freibeträge für ... Kinder 0,5	1,0	1,5	2,0	2,5	3,0
6788,99 West	I,IV	**1644,50**	443,83	443,83	I	1497,66	1350,91	1204,66	1063,50	928,41	799,50
	II	**1577,66**	443,83	443,83	II	1430,91	1284,08	1139,66	1001,25	869,00	742,91
	III	**1076,00**	443,83	443,83	III	965,16	857,33	752,66	650,83	552,33	456,66
	V	**2114,00**	443,83	443,83	IV	1571,08	1497,66	1424,25	1350,91	1277,50	1204,66
	VI	**2150,25**	443,83	443,83							
6788,99 Ost	I,IV	**1647,41**	443,83	443,83	I	1500,58	1353,83	1207,50	1066,25	931,08	802,08
	II	**1580,66**	443,83	443,83	II	1433,83	1287,08	1142,50	1004,00	871,66	745,41
	III	**1078,33**	443,83	443,83	III	967,33	859,50	754,66	652,83	554,16	458,50
	V	**2116,91**	443,83	443,83	IV	1574,00	1500,58	1427,25	1353,83	1280,41	1207,50
	VI	**2153,16**	443,83	443,83							
6791,99 West	I,IV	**1645,66**	443,83	443,83	I	1498,83	1352,08	1205,75	1064,58	929,50	800,50
	II	**1578,83**	443,83	443,83	II	1432,08	1285,25	1140,75	1002,33	870,08	743,91
	III	**1077,00**	443,83	443,83	III	966,00	858,16	753,33	651,66	553,00	457,33
	V	**2115,08**	443,83	443,83	IV	1572,25	1498,83	1425,41	1352,08	1278,66	1205,75
	VI	**2151,41**	443,83	443,83							
6791,99 Ost	I,IV	**1648,66**	443,83	443,83	I	1501,91	1355,08	1208,75	1067,41	932,25	803,16
	II	**1581,91**	443,83	443,83	II	1435,08	1288,33	1143,75	1005,16	872,75	746,41
	III	**1079,33**	443,83	443,83	III	968,33	860,33	755,50	653,83	555,00	459,33
	V	**2118,16**	443,83	443,83	IV	1575,25	1501,91	1428,50	1355,08	1281,66	1208,75
	VI	**2154,41**	443,83	443,83							
6794,99 West	I,IV	**1646,83**	443,83	443,83	I	1500,00	1353,25	1206,91	1065,66	930,58	801,58
	II	**1580,00**	443,83	443,83	II	1433,25	1286,41	1141,91	1003,41	871,08	744,91
	III	**1077,83**	443,83	443,83	III	966,83	859,00	754,16	652,50	553,83	458,16
	V	**2116,33**	443,83	443,83	IV	1573,41	1500,00	1426,66	1353,25	1279,83	1206,91
	VI	**2152,58**	443,83	443,83							
6794,99 Ost	I,IV	**1649,91**	443,83	443,83	I	1503,16	1356,33	1210,00	1068,58	933,33	804,25
	II	**1583,16**	443,83	443,83	II	1436,33	1289,58	1144,91	1006,33	873,83	747,50
	III	**1080,16**	443,83	443,83	III	969,16	861,33	756,50	654,66	555,83	460,16
	V	**2119,41**	443,83	443,83	IV	1576,50	1503,16	1429,75	1356,33	1282,91	1210,00
	VI	**2155,66**	443,83	443,83							
6797,99 West	I,IV	**1648,00**	443,83	443,83	I	1501,16	1354,41	1208,08	1066,75	931,58	802,50
	II	**1581,16**	443,83	443,83	II	1434,41	1287,58	1143,00	1004,50	872,08	745,83
	III	**1078,66**	443,83	443,83	III	967,83	859,83	755,00	653,33	554,50	459,00
	V	**2117,50**	443,83	443,83	IV	1574,58	1501,16	1427,75	1354,41	1281,00	1208,08
	VI	**2153,75**	443,83	443,83							
6797,99 Ost	I,IV	**1651,16**	443,83	443,83	I	1504,41	1357,58	1211,25	1069,83	934,50	805,33
	II	**1584,41**	443,83	443,83	II	1437,58	1290,83	1146,16	1007,50	875,00	748,58
	III	**1081,16**	443,83	443,83	III	970,16	862,16	757,33	655,50	556,66	461,00
	V	**2120,66**	443,83	443,83	IV	1577,83	1504,41	1431,00	1357,58	1284,25	1211,25
	VI	**2156,91**	443,83	443,83							
6800,99 West	I,IV	**1649,16**	443,83	443,83	I	1502,33	1355,58	1209,25	1067,83	932,66	803,50
	II	**1582,33**	443,83	443,83	II	1435,58	1288,75	1144,16	1005,58	873,16	746,83
	III	**1079,66**	443,83	443,83	III	968,66	860,66	755,83	654,00	555,33	459,66
	V	**2118,58**	443,83	443,83	IV	1575,75	1502,33	1428,91	1355,58	1282,16	1209,25
	VI	**2154,91**	443,83	443,83							
6800,99 Ost	I,IV	**1652,41**	443,83	443,83	I	1505,66	1358,83	1212,50	1071,00	935,66	806,41
	II	**1585,66**	443,83	443,83	II	1438,91	1292,08	1147,33	1008,66	876,08	749,58
	III	**1082,16**	443,83	443,83	III	971,16	863,16	758,16	656,33	557,50	461,83
	V	**2121,91**	443,83	443,83	IV	1579,08	1505,66	1432,25	1358,83	1285,50	1212,50
	VI	**2158,16**	443,83	443,83							
6803,99 West	I,IV	**1650,25**	443,83	443,83	I	1503,50	1356,66	1210,33	1068,91	933,66	804,50
	II	**1583,50**	443,83	443,83	II	1436,75	1289,91	1145,25	1006,66	874,16	747,75
	III	**1080,50**	443,83	443,83	III	969,50	861,50	756,66	654,83	556,16	460,33
	V	**2119,75**	443,83	443,83	IV	1576,91	1503,50	1430,08	1356,66	1283,33	1210,33
	VI	**2156,00**	443,83	443,83							
6803,99 Ost	I,IV	**1653,75**	443,83	443,83	I	1506,91	1360,16	1213,75	1072,16	936,75	807,50
	II	**1586,91**	443,83	443,83	II	1440,16	1293,33	1148,58	1009,83	877,16	750,66
	III	**1083,16**	443,83	443,83	III	972,00	864,00	759,16	657,16	558,33	462,66
	V	**2123,16**	443,83	443,83	IV	1580,33	1506,91	1433,50	1360,16	1286,75	1213,75
	VI	**2159,50**	443,83	443,83							

* Zur LSt-Berechnung für privat versicherte Arbeitnehmer s. Beispiele **Vorbemerkung S. 4f.**
** Basisvorsorgepauschale KV und PV *** Typisierter Arbeitgeberzuschuss

Lohn/ Gehalt in € bis	Steuerklasse	Lohn-steuer*	BVSP**	TAGZ***	Steuerklasse	Bemessungsgrundlage für Kirchensteuer und Solidaritätszuschlag – Freibeträge für ... Kinder 0,5	**1,0**	1,5	**2,0**	2,5	**3,0**
6806,99	I,IV	**1651,41**	443,83	443,83	I	1504,66	1357,83	1211,50	1070,08	934,75	805,50
West	II	**1584,66**	443,83	443,83	II	1437,83	1291,08	1146,41	1007,75	875,16	748,75
	III	**1081,33**	443,83	443,83	III	970,33	862,33	757,50	655,66	556,83	461,16
	V	**2120,91**	443,83	443,83	IV	1578,08	1504,66	1431,25	1357,83	1284,50	1211,50
	VI	**2157,16**	443,83	443,83							
6806,99	I,IV	**1655,00**	443,83	443,83	I	1508,16	1361,41	1215,00	1073,41	937,91	808,58
Ost	II	**1588,16**	443,83	443,83	II	1441,41	1294,58	1149,83	1011,00	878,33	751,75
	III	**1084,16**	443,83	443,83	III	973,00	865,00	760,00	658,00	559,16	463,50
	V	**2124,50**	443,83	443,83	IV	1581,58	1508,16	1434,75	1361,41	1288,00	1215,00
	VI	**2160,75**	443,83	443,83							
6809,99	I,IV	**1652,58**	443,83	443,83	I	1505,83	1359,00	1212,66	1071,16	935,75	806,50
West	II	**1585,83**	443,83	443,83	II	1439,00	1292,25	1147,50	1008,75	876,16	749,75
	III	**1082,33**	443,83	443,83	III	971,16	863,16	758,33	656,50	557,66	461,83
	V	**2122,08**	443,83	443,83	IV	1579,16	1505,83	1432,41	1359,00	1285,58	1212,66
	VI	**2158,33**	443,83	443,83							
6809,99	I,IV	**1656,25**	443,83	443,83	I	1509,41	1362,66	1216,25	1074,58	939,00	809,66
Ost	II	**1589,41**	443,83	443,83	II	1442,66	1295,83	1151,00	1012,16	879,41	752,75
	III	**1085,00**	443,83	443,83	III	974,00	865,83	760,83	659,00	560,00	464,16
	V	**2125,75**	443,83	443,83	IV	1582,83	1509,41	1436,08	1362,66	1289,25	1216,25
	VI	**2162,00**	443,83	443,83							
6812,99	I,IV	**1653,75**	443,83	443,83	I	1507,00	1360,16	1213,83	1072,25	936,83	807,50
West	II	**1587,00**	443,83	443,83	II	1440,25	1293,41	1148,66	1009,91	877,25	750,75
	III	**1083,16**	443,83	443,83	III	972,16	864,16	759,16	657,33	558,50	462,66
	V	**2123,25**	443,83	443,83	IV	1580,41	1507,00	1433,58	1360,16	1286,83	1213,83
	VI	**2159,50**	443,83	443,83							
6812,99	I,IV	**1657,50**	443,83	443,83	I	1510,66	1363,91	1217,50	1075,75	940,16	810,75
Ost	II	**1590,75**	443,83	443,83	II	1443,91	1297,16	1152,25	1013,33	880,50	753,83
	III	**1086,00**	443,83	443,83	III	974,83	866,83	761,83	659,83	560,83	465,00
	V	**2127,00**	443,83	443,83	IV	1584,08	1510,66	1437,33	1363,91	1290,50	1217,50
	VI	**2163,25**	443,83	443,83							
6815,99	I,IV	**1654,91**	443,83	443,83	I	1508,16	1361,33	1214,91	1073,33	937,83	808,50
West	II	**1588,16**	443,83	443,83	II	1441,33	1294,58	1149,75	1010,91	878,25	751,66
	III	**1084,00**	443,83	443,83	III	973,00	865,00	760,00	658,00	559,16	463,33
	V	**2124,41**	443,83	443,83	IV	1581,58	1508,16	1434,75	1361,33	1288,00	1214,91
	VI	**2160,66**	443,83	443,83							
6815,99	I,IV	**1658,75**	443,83	443,83	I	1512,00	1365,16	1218,66	1076,91	941,33	811,83
Ost	II	**1592,00**	443,83	443,83	II	1445,16	1298,41	1153,41	1014,50	881,66	754,91
	III	**1087,00**	443,83	443,83	III	975,83	867,66	762,66	660,66	561,66	465,83
	V	**2128,25**	443,83	443,83	IV	1585,33	1512,00	1438,58	1365,16	1291,75	1218,66
	VI	**2164,50**	443,83	443,83							
6818,99	I,IV	**1656,08**	443,83	443,83	I	1509,33	1362,50	1216,08	1074,41	938,91	809,50
West	II	**1589,33**	443,83	443,83	II	1442,50	1295,75	1150,91	1012,00	879,25	752,66
	III	**1085,00**	443,83	443,83	III	973,83	865,83	760,83	658,83	560,00	464,16
	V	**2125,58**	443,83	443,83	IV	1582,66	1509,33	1435,91	1362,50	1289,08	1216,08
	VI	**2161,83**	443,83	443,83							
6818,99	I,IV	**1660,00**	443,83	443,83	I	1513,25	1366,41	1219,91	1078,16	942,41	812,91
Ost	II	**1593,25**	443,83	443,83	II	1446,41	1299,66	1154,66	1015,66	882,75	756,00
	III	**1088,00**	443,83	443,83	III	976,83	868,66	763,50	661,50	562,50	466,66
	V	**2129,50**	443,83	443,83	IV	1586,58	1513,25	1439,83	1366,41	1293,00	1219,91
	VI	**2165,75**	443,83	443,83							
6821,99	I,IV	**1657,25**	443,83	443,83	I	1510,41	1363,66	1217,25	1075,50	939,91	810,50
West	II	**1590,50**	443,83	443,83	II	1443,66	1296,91	1152,00	1013,08	880,33	753,66
	III	**1085,83**	443,83	443,83	III	974,66	866,66	761,50	659,66	560,66	464,83
	V	**2126,75**	443,83	443,83	IV	1583,83	1510,41	1437,08	1363,66	1290,25	1217,25
	VI	**2163,00**	443,83	443,83							
6821,99	I,IV	**1661,25**	443,83	443,83	I	1514,50	1367,66	1221,16	1079,33	943,58	814,00
Ost	II	**1594,50**	443,83	443,83	II	1447,66	1300,91	1155,91	1016,83	883,83	757,00
	III	**1089,00**	443,83	443,83	III	977,66	869,50	764,50	662,33	563,33	467,50
	V	**2130,75**	443,83	443,83	IV	1587,91	1514,50	1441,08	1367,66	1294,33	1221,16
	VI	**2167,00**	443,83	443,83							

* Zur LSt-Berechnung für privat versicherte Arbeitnehmer s. Beispiele **Vorbemerkung S. 4f.**
** Basisvorsorgepauschale KV und PV *** Typisierter Arbeitgeberzuschuss

Lohn/ Gehalt in € bis	Steuerklasse	Lohn-steuer*	BVSP**	TAGZ***	Steuerklasse	Bemessungsgrundlage für Kirchensteuer und Solidaritätszuschlag – Freibeträge für ... Kinder 0,5	1,0	1,5	2,0	2,5	3,0
6824,99	I,IV	**1658,41**	443,83	443,83	I	1511,58	1364,83	1218,33	1076,58	941,00	811,50
West	II	**1591,58**	443,83	443,83	II	1444,83	1298,08	1153,08	1014,16	881,33	754,58
	III	**1086,66**	443,83	443,83	III	975,50	867,50	762,33	660,50	561,50	465,66
	V	**2127,91**	443,83	443,83	IV	1585,00	1511,58	1438,25	1364,83	1291,41	1218,33
	VI	**2164,16**	443,83	443,83							
6824,99	I,IV	**1662,50**	443,83	443,83	I	1515,75	1368,91	1222,41	1080,50	944,75	815,08
Ost	II	**1595,75**	443,83	443,83	II	1449,00	1302,16	1157,08	1018,00	885,00	758,08
	III	**1089,83**	443,83	443,83	III	978,66	870,50	765,33	663,16	564,16	468,33
	V	**2132,00**	443,83	443,83	IV	1589,16	1515,75	1442,33	1368,91	1295,58	1222,41
	VI	**2168,25**	443,83	443,83							
6827,99	I,IV	**1659,58**	443,83	443,83	I	1512,83	1366,00	1219,50	1077,75	942,08	812,50
West	II	**1592,83**	443,83	443,83	II	1446,00	1299,25	1154,25	1015,25	882,41	755,58
	III	**1087,66**	443,83	443,83	III	976,50	868,33	763,16	661,16	562,33	466,33
	V	**2129,08**	443,83	443,83	IV	1586,16	1512,83	1439,41	1366,00	1292,58	1219,50
	VI	**2165,33**	443,83	443,83							
6827,99	I,IV	**1663,83**	443,83	443,83	I	1517,00	1370,25	1223,66	1081,75	945,83	816,16
Ost	II	**1597,00**	443,83	443,83	II	1450,25	1303,41	1158,33	1019,16	886,08	759,16
	III	**1090,83**	443,83	443,83	III	979,66	871,33	766,16	664,16	565,00	469,16
	V	**2133,25**	443,83	443,83	IV	1590,41	1517,00	1443,58	1370,25	1296,83	1223,66
	VI	**2169,50**	443,83	443,83							
6830,99	I,IV	**1660,75**	443,83	443,83	I	1513,91	1367,16	1220,66	1078,83	943,08	813,50
West	II	**1594,00**	443,83	443,83	II	1447,16	1300,41	1155,41	1016,33	883,41	756,58
	III	**1088,50**	443,83	443,83	III	977,33	869,16	764,00	662,00	563,00	467,16
	V	**2130,25**	443,83	443,83	IV	1587,33	1513,91	1440,58	1367,16	1293,75	1220,66
	VI	**2166,50**	443,83	443,83							
6830,99	I,IV	**1665,08**	443,83	443,83	I	1518,25	1371,50	1224,91	1082,91	947,00	817,25
Ost	II	**1598,25**	443,83	443,83	II	1451,50	1304,66	1159,58	1020,33	887,25	760,25
	III	**1091,83**	443,83	443,83	III	980,50	872,33	767,16	665,00	565,83	469,83
	V	**2134,50**	443,83	443,83	IV	1591,66	1518,25	1444,83	1371,50	1298,08	1224,91
	VI	**2170,83**	443,83	443,83							
6833,99	I,IV	**1661,91**	443,83	443,83	I	1515,08	1368,33	1221,83	1079,91	944,16	814,50
West	II	**1595,08**	443,83	443,83	II	1448,33	1301,58	1156,50	1017,41	884,41	757,58
	III	**1089,50**	443,83	443,83	III	978,16	870,00	764,83	662,83	563,83	467,83
	V	**2131,41**	443,83	443,83	IV	1588,50	1515,08	1441,75	1368,33	1294,91	1221,83
	VI	**2167,66**	443,83	443,83							
6833,99	I,IV	**1666,33**	443,83	443,83	I	1519,50	1372,75	1226,16	1084,08	948,16	818,33
Ost	II	**1599,50**	443,83	443,83	II	1452,75	1305,91	1160,75	1021,50	888,33	761,25
	III	**1092,83**	443,83	443,83	III	981,50	873,16	768,00	665,83	566,66	470,66
	V	**2135,83**	443,83	443,83	IV	1592,91	1519,50	1446,16	1372,75	1299,33	1226,16
	VI	**2172,08**	443,83	443,83							
6836,99	I,IV	**1663,08**	443,83	443,83	I	1516,25	1369,50	1222,91	1081,00	945,16	815,50
West	II	**1596,25**	443,83	443,83	II	1449,50	1302,66	1157,58	1018,50	885,41	758,50
	III	**1090,33**	443,83	443,83	III	979,00	870,83	765,66	663,50	564,50	468,66
	V	**2132,58**	443,83	443,83	IV	1589,66	1516,25	1442,83	1369,50	1296,08	1222,91
	VI	**2168,83**	443,83	443,83							
6836,99	I,IV	**1667,58**	443,83	443,83	I	1520,75	1374,00	1227,41	1085,25	949,25	819,41
Ost	II	**1600,83**	443,83	443,83	II	1454,00	1307,25	1162,00	1022,66	889,41	762,33
	III	**1093,83**	443,83	443,83	III	982,50	874,16	768,83	666,66	567,50	471,50
	V	**2137,08**	443,83	443,83	IV	1594,16	1520,75	1447,41	1374,00	1300,58	1227,41
	VI	**2173,33**	443,83	443,83							
6839,99	I,IV	**1664,25**	443,83	443,83	I	1517,41	1370,66	1224,08	1082,08	946,25	816,50
West	II	**1597,41**	443,83	443,83	II	1450,66	1303,83	1158,75	1019,58	886,50	759,50
	III	**1091,16**	443,83	443,83	III	979,83	871,66	766,50	664,33	565,33	469,33
	V	**2133,66**	443,83	443,83	IV	1590,83	1517,41	1444,00	1370,66	1297,25	1224,08
	VI	**2170,00**	443,83	443,83							
6839,99	I,IV	**1668,83**	443,83	443,83	I	1522,08	1375,25	1228,66	1086,50	950,41	820,50
Ost	II	**1602,08**	443,83	443,83	II	1455,25	1308,50	1163,25	1023,83	890,58	763,41
	III	**1094,83**	443,83	443,83	III	983,33	875,00	769,83	667,50	568,50	472,33
	V	**2138,33**	443,83	443,83	IV	1595,41	1522,08	1448,66	1375,25	1301,83	1228,66
	VI	**2174,58**	443,83	443,83							

* Zur LSt-Berechnung für privat versicherte Arbeitnehmer s. Beispiele **Vorbemerkung S. 4f.**
** Basisvorsorgepauschale KV und PV *** Typisierter Arbeitgeberzuschuss

Lohn/ Gehalt in € bis	Steuerklasse	Lohn- steuer*	BVSP**	TAGZ***	Steuerklasse	Bemessungsgrundlage für Kirchensteuer und Solidaritätszuschlag					
						Freibeträge für ... Kinder					
						0,5	**1,0**	1,5	**2,0**	2,5	**3,0**
6 842,99 West	I,IV	**1 665,41**	443,83	443,83	I	1 518,58	1 371,83	1 225,25	1 083,25	947,33	817,50
	II	**1 598,58**	443,83	443,83	II	1 451,83	1 305,08	1 159,91	1 020,66	887,50	760,50
	III	**1 092,16**	443,83	443,83	III	980,83	872,50	767,33	665,16	566,16	470,16
	V	**2 134,91**	443,83	443,83	IV	1 592,00	1 518,58	1 445,25	1 371,83	1 298,41	1 225,25
	VI	**2 171,16**	443,83	443,83							
6 842,99 Ost	I,IV	**1 670,08**	443,83	443,83	I	1 523,33	1 376,50	1 229,91	1 087,66	951,58	821,58
	II	**1 603,33**	443,83	443,83	II	1 456,50	1 309,75	1 164,41	1 025,00	891,66	764,50
	III	**1 095,66**	443,83	443,83	III	984,33	876,00	770,66	668,50	569,33	473,16
	V	**2 139,58**	443,83	443,83	IV	1 596,66	1 523,33	1 449,91	1 376,50	1 303,08	1 229,91
	VI	**2 175,83**	443,83	443,83							
6 845,99 West	I,IV	**1 666,58**	443,83	443,83	I	1 519,75	1 373,00	1 226,41	1 084,33	948,33	818,50
	II	**1 599,75**	443,83	443,83	II	1 453,00	1 306,16	1 161,00	1 021,75	888,58	761,50
	III	**1 093,00**	443,83	443,83	III	981,66	873,33	768,16	666,00	566,83	470,83
	V	**2 136,08**	443,83	443,83	IV	1 593,16	1 519,75	1 446,33	1 373,00	1 299,58	1 226,41
	VI	**2 172,33**	443,83	443,83							
6 845,99 Ost	I,IV	**1 671,33**	443,83	443,83	I	1 524,58	1 377,75	1 231,16	1 088,83	952,75	822,66
	II	**1 604,58**	443,83	443,83	II	1 457,75	1 311,00	1 165,66	1 026,16	892,83	765,58
	III	**1 096,66**	443,83	443,83	III	985,33	876,83	771,50	669,33	570,16	474,00
	V	**2 140,83**	443,83	443,83	IV	1 597,91	1 524,58	1 451,16	1 377,75	1 304,41	1 231,16
	VI	**2 177,08**	443,83	443,83							
6 848,99 West	I,IV	**1 667,75**	443,83	443,83	I	1 520,91	1 374,16	1 227,58	1 085,41	949,41	819,50
	II	**1 600,91**	443,83	443,83	II	1 454,16	1 307,33	1 162,16	1 022,75	889,58	762,50
	III	**1 093,83**	443,83	443,83	III	982,50	874,16	769,00	666,83	567,66	471,66
	V	**2 137,16**	443,83	443,83	IV	1 594,33	1 520,91	1 447,50	1 374,16	1 300,75	1 227,58
	VI	**2 173,50**	443,83	443,83							
6 848,99 Ost	I,IV	**1 672,58**	443,83	443,83	I	1 525,83	1 379,00	1 232,41	1 090,08	953,83	823,75
	II	**1 605,83**	443,83	443,83	II	1 459,08	1 312,25	1 166,91	1 027,33	893,91	766,58
	III	**1 097,66**	443,83	443,83	III	986,16	877,83	772,50	670,16	571,00	474,83
	V	**2 142,08**	443,83	443,83	IV	1 599,25	1 525,83	1 452,41	1 379,00	1 305,66	1 232,41
	VI	**2 178,33**	443,83	443,83							
6 851,99 West	I,IV	**1 668,83**	443,83	443,83	I	1 522,08	1 375,25	1 228,66	1 086,50	950,50	820,50
	II	**1 602,08**	443,83	443,83	II	1 455,33	1 308,50	1 163,25	1 023,83	890,58	763,41
	III	**1 094,83**	443,83	443,83	III	983,33	875,00	769,83	667,50	568,50	472,33
	V	**2 138,33**	443,83	443,83	IV	1 595,50	1 522,08	1 448,66	1 375,25	1 301,91	1 228,66
	VI	**2 174,58**	443,83	443,83							
6 851,99 Ost	I,IV	**1 673,83**	443,83	443,83	I	1 527,08	1 380,33	1 233,66	1 091,25	955,00	824,83
	II	**1 607,08**	443,83	443,83	II	1 460,33	1 313,50	1 168,08	1 028,50	895,00	767,66
	III	**1 098,66**	443,83	443,83	III	987,16	878,66	773,33	671,00	571,83	475,50
	V	**2 143,33**	443,83	443,83	IV	1 600,50	1 527,08	1 453,66	1 380,33	1 306,91	1 233,66
	VI	**2 179,58**	443,83	443,83							
6 854,99 West	I,IV	**1 670,00**	443,83	443,83	I	1 523,25	1 376,41	1 229,83	1 087,58	951,50	821,50
	II	**1 603,25**	443,83	443,83	II	1 456,41	1 309,66	1 164,41	1 024,91	891,58	764,41
	III	**1 095,66**	443,83	443,83	III	984,33	875,83	770,66	668,33	569,16	473,16
	V	**2 139,50**	443,83	443,83	IV	1 596,66	1 523,25	1 449,83	1 376,41	1 303,08	1 229,83
	VI	**2 175,75**	443,83	443,83							
6 854,99 Ost	I,IV	**1 675,16**	443,83	443,83	I	1 528,33	1 381,58	1 234,91	1 092,50	956,16	825,91
	II	**1 608,33**	443,83	443,83	II	1 461,58	1 314,75	1 169,33	1 029,66	896,16	768,75
	III	**1 099,66**	443,83	443,83	III	988,16	879,66	774,16	671,83	572,66	476,33
	V	**2 144,58**	443,83	443,83	IV	1 601,75	1 528,33	1 454,91	1 381,58	1 308,16	1 234,91
	VI	**2 180,91**	443,83	443,83							
6 857,99 West	I,IV	**1 671,16**	443,83	443,83	I	1 524,41	1 377,58	1 231,00	1 088,66	952,58	822,50
	II	**1 604,41**	443,83	443,83	II	1 457,58	1 310,83	1 165,50	1 026,00	892,66	765,41
	III	**1 096,50**	443,83	443,83	III	985,16	876,66	771,33	669,16	570,00	473,83
	V	**2 140,66**	443,83	443,83	IV	1 597,75	1 524,41	1 451,00	1 377,58	1 304,16	1 231,00
	VI	**2 176,91**	443,83	443,83							
6 857,99 Ost	I,IV	**1 676,41**	443,83	443,83	I	1 529,58	1 382,83	1 236,16	1 093,66	957,25	827,08
	II	**1 609,58**	443,83	443,83	II	1 462,83	1 316,00	1 170,58	1 030,83	897,25	769,83
	III	**1 100,50**	443,83	443,83	III	989,00	880,50	775,16	672,83	573,50	477,16
	V	**2 145,91**	443,83	443,83	IV	1 603,00	1 529,58	1 456,16	1 382,83	1 309,41	1 236,16
	VI	**2 182,16**	443,83	443,83							

* Zur LSt-Berechnung für privat versicherte Arbeitnehmer s. Beispiele **Vorbemerkung S. 4f.**
** Basisvorsorgepauschale KV und PV *** Typisierter Arbeitgeberzuschuss

Lohn/ Gehalt in € bis	Steuerklasse	Lohn- steuer*	BVSP**	TAGZ***	Steuerklasse	Bemessungsgrundlage für Kirchensteuer und Solidaritätszuschlag					
						Freibeträge für ... Kinder					
						0,5	**1,0**	1,5	**2,0**	2,5	**3,0**
6860,99 West	I,IV	**1672,33**	443,83	443,83	I	1525,58	1378,75	1232,16	1089,83	953,66	823,58
	II	**1605,53**	443,83	443,83	II	1458,83	1312,00	1166,66	1027,08	893,66	766,41
	III	**1097,50**	443,83	443,83	III	986,00	877,66	772,16	670,00	570,66	474,66
	V	**2141,83**	443,83	443,83	IV	1599,00	1525,58	1452,16	1378,75	1305,41	1232,16
	VI	**2178,08**	443,83	443,83							
6860,99 Ost	I,IV	**1677,66**	443,83	443,83	I	1530,83	1384,08	1237,41	1094,83	958,41	828,16
	II	**1610,83**	443,83	443,83	II	1464,08	1317,33	1171,75	1032,00	898,41	770,91
	III	**1101,50**	443,83	443,83	III	990,00	881,50	776,00	673,66	574,33	478,00
	V	**2147,16**	443,83	443,83	IV	1604,25	1530,83	1457,50	1384,08	1310,66	1237,41
	VI	**2183,41**	443,83	443,83							
6863,99 West	I,IV	**1673,50**	443,83	443,83	I	1526,75	1379,91	1233,33	1090,91	954,66	824,58
	II	**1606,75**	443,83	443,83	II	1459,91	1313,16	1167,75	1028,16	894,75	767,41
	III	**1098,33**	443,83	443,83	III	986,83	878,50	773,16	670,83	571,50	475,33
	V	**2143,00**	443,83	443,83	IV	1600,16	1526,75	1453,33	1379,91	1306,58	1233,33
	VI	**2179,25**	443,83	443,83							
6863,99 Ost	I,IV	**1678,91**	443,83	443,83	I	1532,08	1385,33	1238,66	1096,08	959,58	829,25
	II	**1612,16**	443,83	443,83	II	1465,33	1318,58	1173,00	1033,16	899,50	771,91
	III	**1102,50**	443,83	443,83	III	991,00	882,33	776,83	674,50	575,16	478,83
	V	**2148,41**	443,83	443,83	IV	1605,50	1532,08	1458,75	1385,33	1311,91	1238,66
	VI	**2184,66**	443,83	443,83							
6866,99 West	I,IV	**1674,66**	443,83	443,83	I	1527,91	1381,08	1234,41	1092,00	955,75	825,58
	II	**1607,91**	443,83	443,83	II	1461,08	1314,33	1168,91	1029,25	895,75	768,33
	III	**1099,16**	443,83	443,83	III	987,66	879,33	773,83	671,50	572,33	476,00
	V	**2144,16**	443,83	443,83	IV	1601,25	1527,91	1454,50	1381,08	1307,66	1234,41
	VI	**2180,41**	443,83	443,83							
6866,99 Ost	I,IV	**1680,16**	443,83	443,83	I	1533,41	1386,58	1239,91	1097,25	960,75	830,33
	II	**1613,41**	443,83	443,83	II	1466,58	1319,83	1174,25	1034,41	900,66	773,00
	III	**1103,50**	443,83	443,83	III	991,83	883,33	777,83	675,33	576,00	479,66
	V	**2149,66**	443,83	443,83	IV	1606,75	1533,41	1460,00	1386,58	1313,16	1239,91
	VI	**2185,91**	443,83	443,83							
6869,99 West	I,IV	**1675,83**	443,83	443,83	I	1529,08	1382,25	1235,58	1093,16	956,75	826,58
	II	**1609,08**	443,83	443,83	II	1462,25	1315,50	1170,00	1030,33	896,75	769,33
	III	**1100,16**	443,83	443,83	III	988,66	880,16	774,66	672,33	573,00	476,83
	V	**2145,33**	443,83	443,83	IV	1602,41	1529,08	1455,66	1382,25	1308,83	1235,58
	VI	**2181,58**	443,83	443,83							
6869,99 Ost	I,IV	**1681,41**	443,83	443,83	I	1534,66	1387,83	1241,16	1098,41	961,83	831,41
	II	**1614,66**	443,83	443,83	II	1467,83	1321,08	1175,50	1035,58	901,75	774,08
	III	**1104,50**	443,83	443,83	III	992,83	884,16	778,66	676,16	576,83	480,50
	V	**2150,91**	443,83	443,83	IV	1608,00	1534,66	1461,25	1387,83	1314,41	1241,16
	VI	**2187,16**	443,83	443,83							
6872,99 West	I,IV	**1677,00**	443,83	443,83	I	1530,16	1383,41	1236,75	1094,25	957,83	827,58
	II	**1610,16**	443,83	443,83	II	1463,41	1316,66	1171,16	1031,41	897,83	770,33
	III	**1101,00**	443,83	443,83	III	989,50	881,00	775,50	673,16	573,83	477,50
	V	**2146,50**	443,83	443,83	IV	1603,58	1530,16	1456,83	1383,41	1310,00	1236,75
	VI	**2182,75**	443,83	443,83							
6872,99 Ost	I,IV	**1682,66**	443,83	443,83	I	1535,91	1389,08	1242,41	1099,66	963,00	832,50
	II	**1615,91**	443,83	443,83	II	1469,08	1322,33	1176,66	1036,75	902,91	775,16
	III	**1105,50**	443,83	443,83	III	993,83	885,16	779,50	677,00	577,66	481,33
	V	**2152,16**	443,83	443,83	IV	1609,33	1535,91	1462,50	1389,08	1315,75	1242,41
	VI	**2188,41**	443,83	443,83							
6875,99 West	I,IV	**1678,16**	443,83	443,83	I	1531,41	1384,58	1237,91	1095,33	958,91	828,58
	II	**1611,41**	443,83	443,83	II	1464,58	1317,83	1172,33	1032,50	898,83	771,33
	III	**1102,00**	443,83	443,83	III	990,33	881,83	776,33	674,00	574,66	478,33
	V	**2147,66**	443,83	443,83	IV	1604,75	1531,41	1458,00	1384,58	1311,16	1237,91
	VI	**2183,91**	443,83	443,83							
6875,99 Ost	I,IV	**1683,91**	443,83	443,83	I	1537,16	1390,33	1243,66	1100,83	964,16	833,58
	II	**1617,16**	443,83	443,83	II	1470,41	1323,58	1177,91	1037,91	904,00	776,25
	III	**1106,33**	443,83	443,83	III	994,66	886,00	780,50	678,00	578,50	482,16
	V	**2153,41**	443,83	443,83	IV	1610,58	1537,16	1463,75	1390,33	1317,00	1243,66
	VI	**2189,66**	443,83	443,83							

* Zur LSt-Berechnung für privat versicherte Arbeitnehmer s. Beispiele **Vorbemerkung S. 4f.**
** Basisvorsorgepauschale KV und PV *** Typisierter Arbeitgeberzuschuss

Lohn/ Gehalt in € bis	Steuerklasse	Lohn-steuer*	BVSP**	TAGZ***	Steuerklasse	Bemessungsgrundlage für Kirchensteuer und Solidaritätszuschlag – Freibeträge für ... Kinder 0,5	**1,0**	1,5	**2,0**	2,5	**3,0**
6878,99 West	I,IV	**1679,33**	443,83	443,83	I	1532,58	1385,75	1239,08	1096,41	960,00	829,58
	II	**1612,58**	443,83	443,83	II	1465,75	1319,00	1173,41	1033,58	899,91	772,33
	III	**1102,83**	443,83	443,83	III	991,16	882,66	777,16	674,83	575,33	479,16
	V	**2148,83**	443,83	443,83	IV	1605,91	1532,58	1459,16	1385,75	1312,33	1239,08
	VI	**2185,08**	443,83	443,83							
6878,99 Ost	I,IV	**1685,25**	443,83	443,83	I	1538,41	1391,66	1244,91	1102,08	965,33	834,66
	II	**1618,41**	443,83	443,83	II	1471,66	1324,83	1179,16	1039,08	905,16	777,33
	III	**1107,33**	443,83	443,83	III	995,66	887,00	781,33	678,83	579,33	482,83
	V	**2154,66**	443,83	443,83	IV	1611,83	1538,41	1465,00	1391,66	1318,25	1244,91
	VI	**2191,00**	443,83	443,83							
6881,99 West	I,IV	**1680,50**	443,83	443,83	I	1533,66	1386,91	1240,25	1097,58	961,00	830,58
	II	**1613,66**	443,83	443,83	II	1466,91	1320,16	1174,58	1034,66	900,91	773,25
	III	**1103,66**	443,83	443,83	III	992,00	883,50	778,00	675,50	576,16	479,83
	V	**2150,00**	443,83	443,83	IV	1607,08	1533,66	1460,33	1386,91	1313,50	1240,25
	VI	**2186,25**	443,83	443,83							
6881,99 Ost	I,IV	**1686,50**	443,83	443,83	I	1539,66	1392,91	1246,16	1103,25	966,41	835,83
	II	**1619,66**	443,83	443,83	II	1472,91	1326,08	1180,41	1040,25	906,25	778,33
	III	**1108,33**	443,83	443,83	III	996,66	887,83	782,33	679,66	580,16	483,66
	V	**2156,00**	443,83	443,83	IV	1613,08	1539,66	1466,25	1392,91	1319,50	1246,16
	VI	**2192,25**	443,83	443,83							
6884,99 West	I,IV	**1681,66**	443,83	443,83	I	1534,83	1388,08	1241,33	1098,66	962,08	831,58
	II	**1614,83**	443,83	443,83	II	1468,08	1321,25	1175,66	1035,75	901,91	774,25
	III	**1104,66**	443,83	443,83	III	993,00	884,33	778,83	676,33	577,00	480,66
	V	**2151,16**	443,83	443,83	IV	1608,25	1534,83	1461,41	1388,08	1314,66	1241,33
	VI	**2187,41**	443,83	443,83							
6884,99 Ost	I,IV	**1687,75**	443,83	443,83	I	1540,91	1394,16	1247,41	1104,41	967,58	836,91
	II	**1620,91**	443,83	443,83	II	1474,16	1327,33	1181,58	1041,41	907,41	779,41
	III	**1109,33**	443,83	443,83	III	997,50	888,83	783,16	680,50	581,00	484,50
	V	**2157,25**	443,83	443,83	IV	1614,33	1540,91	1467,58	1394,16	1320,75	1247,41
	VI	**2193,50**	443,83	443,83							
6887,99 West	I,IV	**1682,83**	443,83	443,83	I	1536,00	1389,25	1242,50	1099,75	963,08	832,58
	II	**1616,00**	443,83	443,83	II	1469,25	1322,41	1176,83	1036,83	903,00	775,25
	III	**1105,50**	443,83	443,83	III	993,83	885,16	779,66	677,16	577,66	481,33
	V	**2152,25**	443,83	443,83	IV	1609,41	1536,00	1462,58	1389,25	1315,83	1242,50
	VI	**2188,58**	443,83	443,83							
6887,99 Ost	I,IV	**1689,00**	443,83	443,83	I	1542,16	1395,41	1248,66	1105,66	968,75	838,00
	II	**1622,25**	443,83	443,83	II	1475,41	1328,66	1182,83	1042,58	908,50	780,50
	III	**1110,33**	443,83	443,83	III	998,50	889,66	784,00	681,50	581,83	485,33
	V	**2158,50**	443,83	443,83	IV	1615,58	1542,16	1468,83	1395,41	1322,00	1248,66
	VI	**2194,75**	443,83	443,83							
6890,99 West	I,IV	**1684,00**	443,83	443,83	I	1537,16	1390,41	1243,66	1100,91	964,16	833,66
	II	**1617,16**	443,83	443,83	II	1470,41	1323,66	1178,00	1037,91	904,00	776,25
	III	**1106,33**	443,83	443,83	III	994,66	886,00	780,50	678,00	578,50	482,16
	V	**2153,50**	443,83	443,83	IV	1610,58	1537,16	1463,83	1390,41	1317,00	1243,66
	VI	**2189,75**	443,83	443,83							
6890,99 Ost	I,IV	**1690,25**	443,83	443,83	I	1543,50	1396,66	1249,91	1106,83	969,91	839,08
	II	**1623,50**	443,83	443,83	II	1476,66	1329,91	1184,08	1043,75	909,66	781,58
	III	**1111,33**	443,83	443,83	III	999,50	890,66	785,00	682,33	582,66	486,16
	V	**2159,75**	443,83	443,83	IV	1616,83	1543,50	1470,08	1396,66	1323,25	1249,91
	VI	**2196,00**	443,83	443,83							
6893,99 West	I,IV	**1685,16**	443,83	443,83	I	1538,33	1391,58	1244,83	1102,00	965,25	834,66
	II	**1618,33**	443,83	443,83	II	1471,58	1324,75	1179,08	1039,00	905,08	777,25
	III	**1107,33**	443,83	443,83	III	995,66	887,00	781,33	678,83	579,33	482,83
	V	**2154,66**	443,83	443,83	IV	1611,75	1538,33	1464,91	1391,58	1318,16	1244,83
	VI	**2190,91**	443,83	443,83							
6893,99 Ost	I,IV	**1691,50**	443,83	443,83	I	1544,75	1397,91	1251,16	1108,08	971,08	840,16
	II	**1624,75**	443,83	443,83	II	1477,91	1331,16	1185,33	1045,00	910,75	782,66
	III	**1112,16**	443,83	443,83	III	1000,33	891,50	785,83	683,16	583,50	487,00
	V	**2161,00**	443,83	443,83	IV	1618,08	1544,75	1471,33	1397,91	1324,50	1251,16
	VI	**2197,25**	443,83	443,83							

* Zur LSt-Berechnung für privat versicherte Arbeitnehmer s. Beispiele **Vorbemerkung S. 4f.**
** Basisvorsorgepauschale KV und PV *** Typisierter Arbeitgeberzuschuss

Lohn/ Gehalt in € bis	Steuerklasse	Lohn-steuer*	BVSP**	TAGZ***	Steuerklasse	Bemessungsgrundlage für Kirchensteuer und Solidaritätszuschlag – Freibeträge für ... Kinder 0,5	1,0	1,5	2,0	2,5	3,0
6896,99 West	I,IV	**1686,33**	443,83	443,83	I	1539,50	1392,75	1246,00	1103,08	966,33	835,66
	II	**1619,50**	443,83	443,83	II	1472,75	1325,91	1180,25	1040,08	906,08	778,25
	III	**1108,16**	443,83	443,83	III	996,50	887,66	782,16	679,50	580,00	483,66
	V	**2155,75**	443,83	443,83	IV	1612,91	1539,50	1466,08	1392,75	1319,33	1246,00
	VI	**2192,08**	443,83	443,83							
6896,99 Ost	I,IV	**1692,75**	443,83	443,83	I	1546,00	1399,16	1252,41	1109,25	972,16	841,25
	II	**1626,00**	443,83	443,83	II	1479,16	1332,41	1186,50	1046,16	911,91	783,75
	III	**1113,16**	443,83	443,83	III	1001,33	892,50	786,66	684,00	584,33	487,83
	V	**2162,25**	443,83	443,83	IV	1619,41	1546,00	1472,58	1399,16	1325,83	1252,41
	VI	**2198,50**	443,83	443,83							
6899,99 West	I,IV	**1687,41**	443,83	443,83	I	1540,66	1393,83	1247,16	1104,16	967,33	836,66
	II	**1620,66**	443,83	443,83	II	1473,91	1327,08	1181,33	1041,16	907,16	779,16
	III	**1109,16**	443,83	443,83	III	997,33	888,66	783,00	680,33	580,83	484,33
	V	**2156,91**	443,83	443,83	IV	1614,08	1540,66	1467,25	1393,83	1320,50	1247,16
	VI	**2193,16**	443,83	443,83							
6899,99 Ost	I,IV	**1694,00**	443,83	443,83	I	1547,25	1400,41	1253,66	1110,41	973,33	842,33
	II	**1627,25**	443,83	443,83	II	1480,50	1333,66	1187,75	1047,33	913,00	784,83
	III	**1114,16**	443,83	443,83	III	1002,33	893,50	787,66	684,83	585,16	488,66
	V	**2163,50**	443,83	443,83	IV	1620,66	1547,25	1473,83	1400,41	1327,08	1253,66
	VI	**2199,75**	443,83	443,83							
6902,99 West	I,IV	**1688,58**	443,83	443,83	I	1541,83	1395,00	1248,25	1105,25	968,41	837,66
	II	**1621,83**	443,83	443,83	II	1475,00	1328,25	1182,50	1042,25	908,16	780,16
	III	**1110,00**	443,83	443,83	III	998,16	889,50	783,66	681,16	581,50	485,00
	V	**2158,08**	443,83	443,83	IV	1615,25	1541,83	1468,41	1395,00	1321,66	1248,25
	VI	**2194,33**	443,83	443,83							
6902,99 Ost	I,IV	**1695,33**	443,83	443,83	I	1548,50	1401,75	1254,91	1111,66	974,50	843,50
	II	**1628,50**	443,83	443,83	II	1481,75	1334,91	1189,00	1048,50	914,16	785,91
	III	**1115,16**	443,83	443,83	III	1003,16	894,33	788,50	685,83	586,00	489,50
	V	**2164,75**	443,83	443,83	IV	1621,91	1548,50	1475,08	1401,75	1328,33	1254,91
	VI	**2201,00**	443,83	443,83							
6905,99 West	I,IV	**1689,75**	443,83	443,83	I	1543,00	1396,16	1249,41	1106,41	969,41	838,66
	II	**1623,00**	443,83	443,83	II	1476,16	1329,41	1183,58	1043,33	909,16	781,16
	III	**1110,83**	443,83	443,83	III	999,00	890,33	784,66	682,00	582,33	485,83
	V	**2159,25**	443,83	443,83	IV	1616,33	1543,00	1469,58	1396,16	1322,75	1249,41
	VI	**2195,50**	443,83	443,83							
6905,99 Ost	I,IV	**1696,58**	443,83	443,83	I	1549,75	1403,00	1256,16	1112,83	975,66	844,58
	II	**1629,75**	443,83	443,83	II	1483,00	1336,16	1190,25	1049,66	915,25	787,00
	III	**1116,16**	443,83	443,83	III	1004,16	895,33	789,33	686,66	586,83	490,16
	V	**2166,00**	443,83	443,83	IV	1623,16	1549,75	1476,33	1403,00	1329,58	1256,16
	VI	**2202,33**	443,83	443,83							
6908,99 West	I,IV	**1690,91**	443,83	443,83	I	1544,16	1397,33	1250,58	1107,50	970,58	839,66
	II	**1624,16**	443,83	443,83	II	1477,41	1330,58	1184,75	1044,41	910,25	782,16
	III	**1111,83**	443,83	443,83	III	1000,00	891,16	785,50	682,83	583,16	486,66
	V	**2160,41**	443,83	443,83	IV	1617,58	1544,16	1470,75	1397,33	1324,00	1250,58
	VI	**2196,66**	443,83	443,83							
6908,99 Ost	I,IV	**1697,83**	443,83	443,83	I	1551,00	1404,25	1257,41	1114,08	976,83	845,66
	II	**1631,00**	443,83	443,83	II	1484,25	1337,41	1191,50	1050,83	916,41	788,00
	III	**1117,16**	443,83	443,83	III	1005,16	896,16	790,33	687,50	587,66	491,00
	V	**2167,33**	443,83	443,83	IV	1624,41	1551,00	1477,66	1404,25	1330,83	1257,41
	VI	**2203,58**	443,83	443,83							
6911,99 West	I,IV	**1692,08**	443,83	443,83	I	1545,33	1398,50	1251,75	1108,58	971,58	840,66
	II	**1625,33**	443,83	443,83	II	1478,50	1331,75	1185,91	1045,50	911,25	783,16
	III	**1112,66**	443,83	443,83	III	1000,83	892,00	786,16	683,50	583,83	487,33
	V	**2161,58**	443,83	443,83	IV	1618,75	1545,33	1471,91	1398,50	1325,16	1251,75
	VI	**2197,83**	443,83	443,83							
6911,99 Ost	I,IV	**1699,08**	443,83	443,83	I	1552,25	1405,50	1258,75	1115,25	978,00	846,75
	II	**1632,33**	443,83	443,83	II	1485,50	1338,75	1192,66	1052,08	917,50	789,08
	III	**1118,16**	443,83	443,83	III	1006,00	897,16	791,16	688,33	588,66	491,83
	V	**2168,58**	443,83	443,83	IV	1625,66	1552,25	1478,91	1405,50	1332,08	1258,75
	VI	**2204,83**	443,83	443,83							

* Zur LSt-Berechnung für privat versicherte Arbeitnehmer s. Beispiele **Vorbemerkung S. 4f.**
** Basisvorsorgepauschale KV und PV *** Typisierter Arbeitgeberzuschuss

Lohn/ Gehalt in € bis	Steuerklasse	Lohn-steuer*	BVSP**	TAGZ***	Steuerklasse	Bemessungsgrundlage für Kirchensteuer und Solidaritätszuschlag – Freibeträge für ... Kinder 0,5	1,0	1,5	2,0	2,5	3,0
6914,99	I,IV	**1693,25**	443,83	443,83	I	1546,50	1399,66	1252,91	1109,75	972,66	841,66
West	II	**1626,50**	443,83	443,83	II	1479,66	1332,91	1187,00	1046,58	912,33	784,16
	III	**1113,66**	443,83	443,83	III	1001,66	892,83	787,00	684,33	584,66	488,16
	V	**2162,75**	443,83	443,83	IV	1619,83	1546,50	1473,08	1399,66	1326,25	1252,91
	VI	**2199,00**	443,83	443,83							
6914,99	I,IV	**1700,33**	443,83	443,83	I	1553,58	1406,75	1260,00	1116,50	979,08	847,83
Ost	II	**1633,58**	443,83	443,83	II	1486,75	1340,00	1193,91	1053,25	918,66	790,16
	III	**1119,00**	443,83	443,83	III	1007,00	898,00	792,16	689,16	589,50	492,66
	V	**2169,83**	443,83	443,83	IV	1626,91	1553,58	1480,16	1406,75	1333,33	1260,00
	VI	**2206,08**	443,83	443,83							
6917,99	I,IV	**1694,41**	443,83	443,83	I	1547,66	1400,83	1254,08	1110,83	973,66	842,66
West	II	**1627,66**	443,83	443,83	II	1480,83	1334,08	1188,16	1047,66	913,33	785,16
	III	**1114,50**	443,83	443,83	III	1002,50	893,66	787,83	685,16	585,50	488,83
	V	**2163,91**	443,83	443,83	IV	1621,00	1547,66	1474,25	1400,83	1327,41	1254,08
	VI	**2200,16**	443,83	443,83							
6917,99	I,IV	**1701,58**	443,83	443,83	I	1554,83	1408,00	1261,25	1117,66	980,25	849,00
Ost	II	**1634,83**	443,83	443,83	II	1488,00	1341,25	1195,16	1054,41	919,75	791,25
	III	**1120,00**	443,83	443,83	III	1008,00	899,00	793,00	690,16	590,33	493,50
	V	**2171,08**	443,83	443,83	IV	1628,16	1554,83	1481,41	1408,00	1334,58	1261,25
	VI	**2207,33**	443,83	443,83							
6920,99	I,IV	**1695,58**	443,83	443,83	I	1548,75	1402,00	1255,25	1111,91	974,75	843,75
West	II	**1628,83**	443,83	443,83	II	1482,00	1335,25	1189,25	1048,75	914,41	786,08
	III	**1115,33**	443,83	443,83	III	1003,50	894,50	788,66	686,00	586,33	489,66
	V	**2165,08**	443,83	443,83	IV	1622,16	1548,75	1475,41	1402,00	1328,58	1255,25
	VI	**2201,33**	443,83	443,83							
6920,99	I,IV	**1702,83**	443,83	443,83	I	1556,08	1409,25	1262,50	1118,91	981,41	850,08
Ost	II	**1636,08**	443,83	443,83	II	1489,25	1342,50	1196,41	1055,58	920,91	792,33
	III	**1121,00**	443,83	443,83	III	1008,83	899,83	793,83	691,00	591,16	494,33
	V	**2172,33**	443,83	443,83	IV	1629,41	1556,08	1482,66	1409,25	1335,91	1262,50
	VI	**2208,58**	443,83	443,83							
6923,99	I,IV	**1696,75**	443,83	443,83	I	1550,00	1403,16	1256,41	1113,08	975,83	844,75
West	II	**1630,00**	443,83	443,83	II	1483,16	1336,41	1190,41	1049,91	915,41	787,16
	III	**1116,33**	443,83	443,83	III	1004,33	895,33	789,50	686,83	587,00	490,33
	V	**2166,25**	443,83	443,83	IV	1623,33	1550,00	1476,58	1403,16	1329,75	1256,41
	VI	**2202,50**	443,83	443,83							
6923,99	I,IV	**1704,08**	443,83	443,83	I	1557,33	1410,50	1263,75	1120,08	982,58	851,16
Ost	II	**1637,33**	443,83	443,83	II	1490,58	1343,75	1197,66	1056,75	922,00	793,41
	III	**1122,00**	443,83	443,83	III	1009,83	900,83	794,83	691,83	592,00	495,16
	V	**2173,58**	443,83	443,83	IV	1630,75	1557,33	1483,91	1410,50	1337,16	1263,75
	VI	**2209,83**	443,83	443,83							
6926,99	I,IV	**1697,91**	443,83	443,83	I	1551,16	1404,33	1257,58	1114,16	976,91	845,75
West	II	**1631,16**	443,83	443,83	II	1484,33	1337,58	1191,58	1051,00	916,50	788,08
	III	**1117,16**	443,83	443,83	III	1005,16	896,16	790,33	687,50	587,83	491,16
	V	**2167,41**	443,83	443,83	IV	1624,50	1551,16	1477,75	1404,33	1330,91	1257,58
	VI	**2203,66**	443,83	443,83							
6926,99	I,IV	**1705,33**	443,83	443,83	I	1558,58	1411,83	1265,00	1121,33	983,75	852,25
Ost	II	**1638,58**	443,83	443,83	II	1491,83	1345,00	1198,83	1057,91	923,16	794,50
	III	**1123,00**	443,83	443,83	III	1010,83	901,66	795,66	692,66	592,83	496,00
	V	**2174,83**	443,83	443,83	IV	1632,00	1558,58	1485,16	1411,83	1338,41	1265,00
	VI	**2211,08**	443,83	443,83							
6929,99	I,IV	**1699,08**	443,83	443,83	I	1552,25	1405,50	1258,75	1115,25	978,00	846,75
West	II	**1632,33**	443,83	443,83	II	1485,50	1338,75	1192,66	1052,08	917,50	789,08
	III	**1118,16**	443,83	443,83	III	1006,00	897,16	791,16	688,33	588,66	491,83
	V	**2168,58**	443,83	443,83	IV	1625,66	1552,25	1478,91	1405,50	1332,08	1258,75
	VI	**2204,83**	443,83	443,83							
6929,99	I,IV	**1706,66**	443,83	443,83	I	1559,83	1413,08	1266,25	1122,50	984,91	853,41
Ost	II	**1639,83**	443,83	443,83	II	1493,08	1346,25	1200,08	1059,16	924,33	795,58
	III	**1124,00**	443,83	443,83	III	1011,83	902,66	796,66	693,66	593,66	496,83
	V	**2176,08**	443,83	443,83	IV	1633,25	1559,83	1486,41	1413,08	1339,66	1266,25
	VI	**2212,41**	443,83	443,83							

* Zur LSt-Berechnung für privat versicherte Arbeitnehmer s. Beispiele **Vorbemerkung S. 4f.**
** Basisvorsorgepauschale KV und PV *** Typisierter Arbeitgeberzuschuss

Lohn/ Gehalt in € bis	Steuerklasse	Lohn-steuer*	BVSP**	TAGZ***	Steuerklasse	Bemessungsgrundlage für Kirchensteuer und Solidaritätszuschlag – Freibeträge für ... Kinder 0,5	1,0	1,5	2,0	2,5	3,0
6932,99 West	I,IV	**1700,25**	443,83	443,83	I	1553,41	1406,66	1259,83	1116,41	979,00	847,75
	II	**1633,41**	443,83	443,83	II	1486,66	1339,83	1193,83	1053,16	918,58	790,08
	III	**1119,00**	443,83	443,83	III	1006,83	898,00	792,00	689,16	589,33	492,66
	V	**2169,75**	443,83	443,83	IV	1626,83	1553,41	1480,08	1406,66	1333,25	1259,83
	VI	**2206,00**	443,83	443,83							
6932,99 Ost	I,IV	**1707,91**	443,83	443,83	I	1561,08	1414,33	1267,50	1123,75	986,00	854,50
	II	**1641,08**	443,83	443,83	II	1494,33	1347,50	1201,33	1060,33	925,41	796,66
	III	**1124,83**	443,83	443,83	III	1012,66	903,50	797,50	694,50	594,50	497,66
	V	**2177,41**	443,83	443,83	IV	1634,50	1561,08	1487,66	1414,33	1340,91	1267,50
	VI	**2213,66**	443,83	443,83							
6935,99 West	I,IV	**1701,41**	443,83	443,83	I	1554,58	1407,83	1261,00	1117,50	980,08	848,75
	II	**1634,58**	443,83	443,83	II	1487,83	1341,00	1195,00	1054,25	919,58	791,08
	III	**1119,83**	443,83	443,83	III	1007,83	898,83	792,83	690,00	590,16	493,33
	V	**2170,83**	443,83	443,83	IV	1628,00	1554,58	1481,16	1407,83	1334,41	1261,00
	VI	**2207,16**	443,83	443,83							
6935,99 Ost	I,IV	**1709,16**	443,83	443,83	I	1562,33	1415,58	1268,75	1124,91	987,16	855,58
	II	**1642,33**	443,83	443,83	II	1495,58	1348,83	1202,58	1061,50	926,58	797,75
	III	**1125,83**	443,83	443,83	III	1013,66	904,50	798,33	695,33	595,33	498,50
	V	**2178,66**	443,83	443,83	IV	1635,75	1562,33	1489,00	1415,58	1342,16	1268,75
	VI	**2214,91**	443,83	443,83							
6938,99 West	I,IV	**1702,58**	443,83	443,83	I	1555,75	1409,00	1262,16	1118,58	981,16	849,83
	II	**1635,83**	443,83	443,83	II	1489,00	1342,25	1196,16	1055,33	920,66	792,08
	III	**1120,83**	443,83	443,83	III	1008,66	899,66	793,66	690,83	591,00	494,16
	V	**2172,08**	443,83	443,83	IV	1629,16	1555,75	1482,41	1409,00	1335,58	1262,16
	VI	**2208,33**	443,83	443,83							
6938,99 Ost	I,IV	**1710,41**	443,83	443,83	I	1563,58	1416,83	1270,08	1126,16	988,33	856,66
	II	**1643,66**	443,83	443,83	II	1496,83	1350,08	1203,83	1062,66	927,66	798,83
	III	**1126,83**	443,83	443,83	III	1014,66	905,33	799,33	696,16	596,16	499,16
	V	**2179,91**	443,83	443,83	IV	1637,00	1563,58	1490,25	1416,83	1343,41	1270,08
	VI	**2216,16**	443,83	443,83							
6941,99 West	I,IV	**1703,75**	443,83	443,83	I	1556,91	1410,16	1263,33	1119,75	982,25	850,83
	II	**1636,91**	443,83	443,83	II	1490,16	1343,33	1197,25	1056,41	921,66	793,08
	III	**1121,66**	443,83	443,83	III	1009,50	900,50	794,50	691,50	591,66	494,83
	V	**2173,25**	443,83	443,83	IV	1630,33	1556,91	1483,58	1410,16	1336,75	1263,33
	VI	**2209,50**	443,83	443,83							
6941,99 Ost	I,IV	**1711,66**	443,83	443,83	I	1564,91	1418,08	1271,33	1127,33	989,50	857,75
	II	**1644,91**	443,83	443,83	II	1498,08	1351,33	1205,08	1063,91	928,83	799,91
	III	**1127,83**	443,83	443,83	III	1015,50	906,33	800,16	697,00	597,00	500,00
	V	**2181,16**	443,83	443,83	IV	1638,25	1564,91	1491,50	1418,08	1344,66	1271,33
	VI	**2217,41**	443,83	443,83							
6944,99 West	I,IV	**1704,91**	443,83	443,83	I	1558,08	1411,33	1264,50	1120,83	983,25	851,83
	II	**1638,08**	443,83	443,83	II	1491,33	1344,50	1198,41	1057,50	922,75	794,08
	III	**1122,50**	443,83	443,83	III	1010,50	901,33	795,33	692,33	592,50	495,66
	V	**2174,33**	443,83	443,83	IV	1631,50	1558,08	1484,66	1411,33	1337,91	1264,50
	VI	**2210,66**	443,83	443,83							
6944,99 Ost	I,IV	**1712,91**	443,83	443,83	I	1566,16	1419,33	1272,58	1128,58	990,66	858,91
	II	**1646,16**	443,83	443,83	II	1499,33	1352,58	1206,33	1065,08	929,91	801,00
	III	**1128,83**	443,83	443,83	III	1016,50	907,33	801,00	698,00	597,83	500,83
	V	**2182,41**	443,83	443,83	IV	1639,50	1566,16	1492,75	1419,33	1345,91	1272,58
	VI	**2218,66**	443,83	443,83							
6947,99 West	I,IV	**1706,00**	443,83	443,83	I	1559,25	1412,41	1265,66	1121,91	984,33	852,83
	II	**1639,25**	443,83	443,83	II	1492,50	1345,66	1199,50	1058,58	923,75	795,08
	III	**1123,50**	443,83	443,83	III	1011,33	902,16	796,16	693,16	593,16	496,33
	V	**2175,50**	443,83	443,83	IV	1632,66	1559,25	1485,83	1412,41	1339,08	1265,66
	VI	**2211,75**	443,83	443,83							
6947,99 Ost	I,IV	**1714,16**	443,83	443,83	I	1567,41	1420,58	1273,83	1129,75	991,83	860,00
	II	**1647,41**	443,83	443,83	II	1500,58	1353,83	1207,50	1066,25	931,08	802,08
	III	**1129,83**	443,83	443,83	III	1017,50	908,16	802,00	698,83	598,66	501,66
	V	**2183,66**	443,83	443,83	IV	1640,83	1567,41	1494,00	1420,58	1347,25	1273,83
	VI	**2219,91**	443,83	443,83							

* Zur LSt-Berechnung für privat versicherte Arbeitnehmer s. Beispiele **Vorbemerkung S. 4f.**
** Basisvorsorgepauschale KV und PV *** Typisierter Arbeitgeberzuschuss

Lohn/ Gehalt in € bis	Steuerklasse	Lohn-steuer*	BVSP**	TAGZ***	Steuerklasse	Bemessungsgrundlage für Kirchensteuer und Solidaritätszuschlag					
						Freibeträge für ... Kinder					
						0,5	**1,0**	1,5	**2,0**	2,5	**3,0**
6950,99 West	I,IV	**1707,16**	443,83	443,83	I	1560,41	1413,58	1266,83	1123,08	985,41	853,83
	II	**1640,41**	443,83	443,83	II	1493,58	1346,83	1200,66	1059,66	924,83	796,08
	III	**1124,33**	443,83	443,83	III	1012,16	903,00	797,00	694,00	594,00	497,16
	V	**2176,66**	443,83	443,83	IV	1633,83	1560,41	1487,00	1413,58	1340,25	1266,83
	VI	**2212,91**	443,83	443,83							
6950,99 Ost	I,IV	**1715,41**	443,83	443,83	I	1568,66	1421,83	1275,08	1131,00	993,00	861,08
	II	**1648,66**	443,83	443,83	II	1501,91	1355,08	1208,75	1067,41	932,25	803,16
	III	**1130,83**	443,83	443,83	III	1018,33	909,16	802,83	699,66	599,50	502,50
	V	**2184,91**	443,83	443,83	IV	1642,08	1568,66	1495,25	1421,83	1348,50	1275,08
	VI	**2221,16**	443,83	443,83							
6953,99 West	I,IV	**1708,33**	443,83	443,83	I	1561,58	1414,75	1268,00	1124,16	986,41	854,91
	II	**1641,58**	443,83	443,83	II	1494,75	1348,00	1201,75	1060,75	925,83	797,08
	III	**1125,16**	443,83	443,83	III	1013,00	903,83	797,83	694,83	594,83	497,83
	V	**2177,83**	443,83	443,83	IV	1634,91	1561,58	1488,16	1414,75	1341,33	1268,00
	VI	**2214,08**	443,83	443,83							
6953,99 Ost	I,IV	**1716,75**	443,83	443,83	I	1569,91	1423,16	1276,33	1132,16	994,16	862,25
	II	**1649,91**	443,83	443,83	II	1503,16	1356,33	1210,00	1068,58	933,33	804,25
	III	**1131,83**	443,83	443,83	III	1019,33	910,00	803,83	700,50	600,50	503,33
	V	**2186,16**	443,83	443,83	IV	1643,33	1569,91	1496,50	1423,16	1349,75	1276,33
	VI	**2222,50**	443,83	443,83							
6956,99 West	I,IV	**1709,50**	443,83	443,83	I	1562,75	1415,91	1269,16	1125,33	987,58	855,91
	II	**1642,75**	443,83	443,83	II	1496,00	1349,16	1202,91	1061,83	926,91	798,08
	III	**1126,16**	443,83	443,83	III	1014,00	904,66	798,66	695,50	595,50	498,66
	V	**2179,00**	443,83	443,83	IV	1636,16	1562,75	1489,33	1415,91	1342,58	1269,16
	VI	**2215,25**	443,83	443,83							
6956,99 Ost	I,IV	**1718,00**	443,83	443,83	I	1571,16	1424,41	1277,58	1133,41	995,33	863,33
	II	**1651,16**	443,83	443,83	II	1504,41	1357,58	1211,25	1069,83	934,50	805,33
	III	**1132,66**	443,83	443,83	III	1020,33	911,00	804,66	701,50	601,33	504,16
	V	**2187,50**	443,83	443,83	IV	1644,58	1571,16	1497,75	1424,41	1351,00	1277,58
	VI	**2223,75**	443,83	443,83							
6959,99 West	I,IV	**1710,66**	443,83	443,83	I	1563,91	1417,08	1270,33	1126,41	988,58	856,91
	II	**1643,91**	443,83	443,83	II	1497,08	1350,33	1204,08	1062,91	927,91	799,08
	III	**1127,16**	443,83	443,83	III	1014,83	905,66	799,50	696,33	596,33	499,50
	V	**2180,16**	443,83	443,83	IV	1637,33	1563,91	1490,50	1417,08	1343,75	1270,33
	VI	**2216,41**	443,83	443,83							
6959,99 Ost	I,IV	**1719,25**	443,83	443,83	I	1572,41	1425,66	1278,83	1134,58	996,41	864,41
	II	**1652,41**	443,83	443,83	II	1505,66	1358,83	1212,50	1071,00	935,66	806,41
	III	**1133,66**	443,83	443,83	III	1021,33	911,83	805,50	702,33	602,16	505,00
	V	**2188,75**	443,83	443,83	IV	1645,83	1572,41	1499,08	1425,66	1352,25	1278,83
	VI	**2225,00**	443,83	443,83							
6962,99 West	I,IV	**1711,83**	443,83	443,83	I	1565,08	1418,25	1271,50	1127,50	989,66	857,91
	II	**1645,08**	443,83	443,83	II	1498,25	1351,50	1205,25	1064,08	929,00	800,08
	III	**1128,00**	443,83	443,83	III	1015,66	906,50	800,33	697,16	597,16	500,16
	V	**2181,33**	443,83	443,83	IV	1638,41	1565,08	1491,66	1418,25	1344,83	1271,50
	VI	**2217,58**	443,83	443,83							
6962,99 Ost	I,IV	**1720,50**	443,83	443,83	I	1573,66	1426,91	1280,08	1135,83	997,58	865,50
	II	**1653,75**	443,83	443,83	II	1506,91	1360,16	1213,75	1072,16	936,75	807,50
	III	**1134,66**	443,83	443,83	III	1022,16	912,83	806,50	703,16	603,00	505,83
	V	**2190,00**	443,83	443,83	IV	1647,08	1573,66	1500,33	1426,91	1353,50	1280,08
	VI	**2226,25**	443,83	443,83							
6965,99 West	I,IV	**1713,00**	443,83	443,83	I	1566,25	1419,41	1272,66	1128,58	990,75	858,91
	II	**1646,25**	443,83	443,83	II	1499,41	1352,66	1206,33	1065,16	930,00	801,00
	III	**1128,83**	443,83	443,83	III	1016,50	907,33	801,16	698,00	598,00	501,00
	V	**2182,50**	443,83	443,83	IV	1639,58	1566,25	1492,83	1419,41	1346,00	1272,66
	VI	**2218,75**	443,83	443,83							
6965,99 Ost	I,IV	**1721,75**	443,83	443,83	I	1575,00	1428,16	1281,41	1137,00	998,75	866,66
	II	**1655,00**	443,83	443,83	II	1508,16	1361,41	1215,00	1073,41	937,91	808,58
	III	**1135,66**	443,83	443,83	III	1023,16	913,66	807,33	704,00	603,83	506,66
	V	**2191,25**	443,83	443,83	IV	1648,33	1575,00	1501,58	1428,16	1354,75	1281,41
	VI	**2227,50**	443,83	443,83							

* Zur LSt-Berechnung für privat versicherte Arbeitnehmer s. Beispiele **Vorbemerkung S. 4f.**
** Basisvorsorgepauschale KV und PV *** Typisierter Arbeitgeberzuschuss

Lohn/ Gehalt in € bis	Steuerklasse	Lohn- steuer*	BVSP**	TAGZ***	Steuerklasse	Bemessungsgrundlage für Kirchensteuer und Solidaritätszuschlag					
						Freibeträge für ... Kinder					
						0,5	**1,0**	1,5	**2,0**	2,5	**3,0**
6968,99	I,IV	**1714,16**	443,83	443,83	I	1567,33	1420,58	1273,75	1129,75	991,75	860,00
West	II	**1647,41**	443,83	443,83	II	1500,58	1353,83	1207,50	1066,25	931,08	802,00
	III	**1129,66**	443,83	443,83	III	1017,33	908,16	802,00	698,83	598,66	501,66
	V	**2183,66**	443,83	443,83	IV	1640,75	1567,33	1494,00	1420,58	1347,16	1273,75
	VI	**2219,91**	443,83	443,83							
6968,99	I,IV	**1723,00**	443,83	443,83	I	1576,25	1429,41	1282,66	1138,25	999,91	867,75
Ost	II	**1656,25**	443,83	443,83	II	1509,41	1362,66	1216,25	1074,58	939,00	809,66
	III	**1136,66**	443,83	443,83	III	1024,16	914,66	808,33	705,00	604,66	507,50
	V	**2192,50**	443,83	443,83	IV	1649,58	1576,25	1502,83	1429,41	1356,00	1282,66
	VI	**2228,75**	443,83	443,83							
6971,99	I,IV	**1715,33**	443,83	443,83	I	1568,58	1421,75	1275,00	1130,83	992,91	861,00
West	II	**1648,58**	443,83	443,83	II	1501,75	1355,00	1208,66	1067,33	932,16	803,08
	III	**1130,66**	443,83	443,83	III	1018,33	909,00	802,83	699,66	599,50	502,50
	V	**2184,83**	443,83	443,83	IV	1641,91	1568,58	1495,16	1421,75	1348,33	1275,00
	VI	**2221,08**	443,83	443,83							
6971,99	I,IV	**1724,25**	443,83	443,83	I	1577,50	1430,66	1283,91	1139,50	1001,08	868,83
Ost	II	**1657,50**	443,83	443,83	II	1510,66	1363,91	1217,50	1075,75	940,16	810,75
	III	**1137,66**	443,83	443,83	III	1025,00	915,66	809,16	705,83	605,50	508,33
	V	**2193,75**	443,83	443,83	IV	1650,91	1577,50	1504,08	1430,66	1357,33	1283,91
	VI	**2230,00**	443,83	443,83							
6974,99	I,IV	**1716,50**	443,83	443,83	I	1569,75	1422,91	1276,16	1132,00	993,91	862,00
West	II	**1649,75**	443,83	443,83	II	1502,91	1356,16	1209,83	1068,41	933,16	804,00
	III	**1131,66**	443,83	443,83	III	1019,16	909,83	803,66	700,50	600,33	503,16
	V	**2186,00**	443,83	443,83	IV	1643,08	1569,75	1496,33	1422,91	1349,50	1276,16
	VI	**2222,25**	443,83	443,83							
6974,99	I,IV	**1725,50**	443,83	443,83	I	1578,75	1431,91	1285,16	1140,66	1002,25	870,00
Ost	II	**1658,75**	443,83	443,83	II	1512,00	1365,16	1218,66	1076,91	941,33	811,83
	III	**1138,66**	443,83	443,83	III	1026,00	916,50	810,00	706,66	606,33	509,16
	V	**2195,00**	443,83	443,83	IV	1652,16	1578,75	1505,33	1431,91	1358,58	1285,16
	VI	**2231,25**	443,83	443,83							
6977,99	I,IV	**1717,66**	443,83	443,83	I	1570,83	1424,08	1277,25	1133,08	995,00	863,00
West	II	**1650,91**	443,83	443,83	II	1504,08	1357,33	1210,91	1069,50	934,25	805,00
	III	**1132,50**	443,83	443,83	III	1020,00	910,66	804,50	701,16	601,00	504,00
	V	**2187,16**	443,83	443,83	IV	1644,25	1570,83	1497,50	1424,08	1350,66	1277,25
	VI	**2223,41**	443,83	443,83							
6977,99	I,IV	**1726,83**	443,83	443,83	I	1580,00	1433,25	1286,41	1141,91	1003,41	871,08
Ost	II	**1660,00**	443,83	443,83	II	1513,25	1366,41	1219,91	1078,16	942,41	812,91
	III	**1139,66**	443,83	443,83	III	1027,00	917,50	811,00	707,50	607,16	509,83
	V	**2196,25**	443,83	443,83	IV	1653,41	1580,00	1506,58	1433,25	1359,83	1286,41
	VI	**2232,50**	443,83	443,83							
6980,99	I,IV	**1718,83**	443,83	443,83	I	1572,00	1425,25	1278,41	1134,16	996,08	864,08
West	II	**1652,00**	443,83	443,83	II	1505,25	1358,41	1212,08	1070,58	935,25	806,00
	III	**1133,33**	443,83	443,83	III	1021,00	911,50	805,33	702,00	601,83	504,66
	V	**2188,33**	443,83	443,83	IV	1645,41	1572,00	1498,66	1425,25	1351,83	1278,41
	VI	**2224,58**	443,83	443,83							
6980,99	I,IV	**1728,08**	443,83	443,83	I	1581,25	1434,50	1287,66	1143,08	1004,58	872,16
Ost	II	**1661,25**	443,83	443,83	II	1514,50	1367,66	1221,16	1079,33	943,58	814,00
	III	**1140,50**	443,83	443,83	III	1028,00	918,33	811,83	708,50	608,00	510,66
	V	**2197,50**	443,83	443,83	IV	1654,66	1581,25	1507,83	1434,50	1361,08	1287,66
	VI	**2233,83**	443,83	443,83							
6983,99	I,IV	**1720,00**	443,83	443,83	I	1573,16	1426,41	1279,58	1135,33	997,16	865,08
West	II	**1653,16**	443,83	443,83	II	1506,41	1359,58	1213,25	1071,66	936,33	807,00
	III	**1134,33**	443,83	443,83	III	1021,83	912,33	806,00	702,83	602,66	505,50
	V	**2189,41**	443,83	443,83	IV	1646,58	1573,16	1499,75	1426,41	1353,00	1279,58
	VI	**2225,75**	443,83	443,83							
6983,99	I,IV	**1729,33**	443,83	443,83	I	1582,50	1435,75	1288,91	1144,33	1005,75	873,33
Ost	II	**1662,50**	443,83	443,83	II	1515,75	1368,91	1222,41	1080,50	944,75	815,08
	III	**1141,50**	443,83	443,83	III	1028,83	919,33	812,83	709,33	608,83	511,50
	V	**2198,83**	443,83	443,83	IV	1655,91	1582,50	1509,16	1435,75	1362,33	1288,91
	VI	**2235,08**	443,83	443,83							

* Zur LSt-Berechnung für privat versicherte Arbeitnehmer s. Beispiele **Vorbemerkung S. 4f.**
** Basisvorsorgepauschale KV und PV *** Typisierter Arbeitgeberzuschuss

Lohn/ Gehalt in € bis	Steuerklasse	Lohn-steuer*	BVSP**	TAGZ***	Steuerklasse	Bemessungsgrundlage für Kirchensteuer und Solidaritätszuschlag – Freibeträge für ... Kinder 0,5	1,0	1,5	2,0	2,5	3,0
6986,99 West	I,IV	**1721,16**	443,83	443,83	I	1574,33	1427,58	1280,75	1136,50	998,25	866,08
	II	**1654,41**	443,83	443,83	II	1507,58	1360,83	1214,41	1072,83	937,33	808,00
	III	**1135,16**	443,83	443,83	III	1022,66	913,33	807,00	703,66	603,33	506,16
	V	**2190,66**	443,83	443,83	IV	1647,75	1574,33	1501,00	1427,58	1354,16	1280,75
	VI	**2226,91**	443,83	443,83							
6986,99 Ost	I,IV	**1730,58**	443,83	443,83	I	1583,75	1437,00	1290,16	1145,50	1006,91	874,41
	II	**1663,83**	443,83	443,83	II	1517,00	1370,25	1223,66	1081,75	945,83	816,16
	III	**1142,50**	443,83	443,83	III	1029,83	920,16	813,66	710,16	609,66	512,33
	V	**2200,08**	443,83	443,83	IV	1657,16	1583,75	1510,41	1437,00	1363,58	1290,16
	VI	**2236,33**	443,83	443,83							
6989,99 West	I,IV	**1722,33**	443,83	443,83	I	1575,50	1428,75	1281,91	1137,58	999,25	867,16
	II	**1655,50**	443,83	443,83	II	1508,75	1361,91	1215,50	1073,91	938,41	809,00
	III	**1136,16**	443,83	443,83	III	1023,66	914,16	807,83	704,50	604,16	507,00
	V	**2191,83**	443,83	443,83	IV	1648,91	1575,50	1502,16	1428,75	1355,33	1281,91
	VI	**2228,08**	443,83	443,83							
6989,99 Ost	I,IV	**1731,83**	443,83	443,83	I	1585,08	1438,25	1291,50	1146,75	1008,08	875,50
	II	**1665,08**	443,83	443,83	II	1518,25	1371,50	1224,91	1082,91	947,00	817,25
	III	**1143,50**	443,83	443,83	III	1030,83	921,16	814,50	711,00	610,66	513,16
	V	**2201,33**	443,83	443,83	IV	1658,41	1585,08	1511,66	1438,25	1364,83	1291,50
	VI	**2237,58**	443,83	443,83							
6992,99 West	I,IV	**1723,50**	443,83	443,83	I	1576,66	1429,91	1283,08	1138,66	1000,33	868,16
	II	**1656,66**	443,83	443,83	II	1509,91	1363,08	1216,66	1075,00	939,41	810,00
	III	**1137,00**	443,83	443,83	III	1024,50	915,00	808,50	705,16	605,00	507,66
	V	**2192,91**	443,83	443,83	IV	1650,08	1576,66	1503,25	1429,91	1356,50	1283,08
	VI	**2229,25**	443,83	443,83							
6992,99 Ost	I,IV	**1733,08**	443,83	443,83	I	1586,33	1439,50	1292,75	1148,00	1009,25	876,66
	II	**1666,33**	443,83	443,83	II	1519,50	1372,75	1226,16	1084,08	948,16	818,33
	III	**1144,50**	443,83	443,83	III	1031,83	922,16	815,50	712,00	611,50	514,00
	V	**2202,58**	443,83	443,83	IV	1659,66	1586,33	1512,91	1439,50	1366,08	1292,75
	VI	**2238,83**	443,83	443,83							
6995,99 West	I,IV	**1724,58**	443,83	443,83	I	1577,83	1431,08	1284,25	1139,83	1001,41	869,16
	II	**1657,83**	443,83	443,83	II	1511,08	1364,25	1217,83	1076,08	940,50	811,00
	III	**1137,83**	443,83	443,83	III	1025,33	915,83	809,50	706,00	605,66	508,50
	V	**2194,08**	443,83	443,83	IV	1651,25	1577,83	1504,41	1431,08	1357,66	1284,25
	VI	**2230,33**	443,83	443,83							
6995,99 Ost	I,IV	**1734,33**	443,83	443,83	I	1587,58	1440,75	1294,00	1149,16	1010,41	877,75
	II	**1667,58**	443,83	443,83	II	1520,75	1374,00	1227,41	1085,25	949,25	819,41
	III	**1145,50**	443,83	443,83	III	1032,66	923,00	816,33	712,83	612,33	514,83
	V	**2203,83**	443,83	443,83	IV	1660,91	1587,58	1514,16	1440,75	1367,41	1294,00
	VI	**2240,08**	443,83	443,83							
6998,99 West	I,IV	**1725,75**	443,83	443,83	I	1579,00	1432,16	1285,41	1140,91	1002,50	870,16
	II	**1659,00**	443,83	443,83	II	1512,16	1365,41	1218,91	1077,16	941,50	812,00
	III	**1138,83**	443,83	443,83	III	1026,16	916,66	810,16	706,83	606,50	509,16
	V	**2195,25**	443,83	443,83	IV	1652,41	1579,00	1505,58	1432,16	1358,83	1285,41
	VI	**2231,50**	443,83	443,83							
6998,99 Ost	I,IV	**1735,58**	443,83	443,83	I	1588,83	1442,00	1295,25	1150,41	1011,58	878,83
	II	**1668,83**	443,83	443,83	II	1522,08	1375,25	1228,66	1086,50	950,41	820,50
	III	**1146,50**	443,83	443,83	III	1033,66	924,00	817,33	713,66	613,16	515,66
	V	**2205,08**	443,83	443,83	IV	1662,25	1588,83	1515,41	1442,00	1368,66	1295,25
	VI	**2241,33**	443,83	443,83							
7001,99 West	I,IV	**1726,91**	443,83	443,83	I	1580,16	1433,33	1286,58	1142,00	1003,58	871,16
	II	**1660,16**	443,83	443,83	II	1513,33	1366,58	1220,08	1078,25	942,58	813,00
	III	**1139,66**	443,83	443,83	III	1027,16	917,50	811,00	707,66	607,33	510,00
	V	**2196,41**	443,83	443,83	IV	1653,50	1580,16	1506,75	1433,33	1359,91	1286,58
	VI	**2232,66**	443,83	443,83							
7001,99 Ost	I,IV	**1736,83**	443,83	443,83	I	1590,08	1443,33	1296,50	1151,58	1012,75	880,00
	II	**1670,08**	443,83	443,83	II	1523,33	1376,50	1229,91	1087,66	951,58	821,58
	III	**1147,50**	443,83	443,83	III	1034,66	924,83	818,16	714,50	614,00	516,50
	V	**2206,33**	443,83	443,83	IV	1663,50	1590,08	1516,66	1443,33	1369,91	1296,50
	VI	**2242,58**	443,83	443,83							

* Zur LSt-Berechnung für privat versicherte Arbeitnehmer s. Beispiele **Vorbemerkung S. 4f.**
** Basisvorsorgepauschale KV und PV *** Typisierter Arbeitgeberzuschuss

Lohn/ Gehalt in € bis	Steuerklasse	Lohn-steuer*	BVSP**	TAGZ***	Steuerklasse	Bemessungsgrundlage für Kirchensteuer und Solidaritätszuschlag – Freibeträge für ... Kinder 0,5	1,0	1,5	2,0	2,5	3,0
7 004,99	I,IV	**1 728,08**	443,83	443,83	I	1 581,33	1 434,58	1 287,75	1 143,16	1 004,66	872,25
West	II	**1 661,33**	443,83	443,83	II	1 514,58	1 367,75	1 221,25	1 079,41	943,66	814,00
	III	**1 140,66**	443,83	443,83	III	1 028,00	918,50	812,00	708,50	608,16	510,83
	V	**2 197,58**	443,83	443,83	IV	1 654,75	1 581,33	1 507,91	1 434,58	1 361,16	1 287,75
	VI	**2 233,83**	443,83	443,83							
7 004,99	I,IV	**1 738,16**	443,83	443,83	I	1 591,33	1 444,58	1 297,75	1 152,83	1 013,91	881,08
Ost	II	**1 671,33**	443,83	443,83	II	1 524,58	1 377,75	1 231,16	1 088,83	952,75	822,66
	III	**1 148,33**	443,83	443,83	III	1 035,50	925,83	819,16	715,50	614,83	517,33
	V	**2 207,58**	443,83	443,83	IV	1 664,75	1 591,33	1 517,91	1 444,58	1 371,16	1 297,75
	VI	**2 243,91**	443,83	443,83							
7 007,99	I,IV	**1 729,25**	443,83	443,83	I	1 582,50	1 435,66	1 288,91	1 144,25	1 005,75	873,25
West	II	**1 662,50**	443,83	443,83	II	1 515,66	1 368,91	1 222,41	1 080,50	944,66	815,00
	III	**1 141,50**	443,83	443,83	III	1 028,83	919,16	812,66	709,33	608,83	511,50
	V	**2 198,75**	443,83	443,83	IV	1 655,91	1 582,50	1 509,08	1 435,66	1 362,33	1 288,91
	VI	**2 235,00**	443,83	443,83							
7 007,99	I,IV	**1 739,41**	443,83	443,83	I	1 592,58	1 445,83	1 299,00	1 154,08	1 015,08	882,16
Ost	II	**1 672,58**	443,83	443,83	II	1 525,83	1 379,00	1 232,41	1 090,08	953,83	823,75
	III	**1 149,33**	443,83	443,83	III	1 036,50	926,66	820,00	716,33	615,66	518,16
	V	**2 208,91**	443,83	443,83	IV	1 666,00	1 592,58	1 519,16	1 445,83	1 372,41	1 299,00
	VI	**2 245,16**	443,83	443,83							
7 010,99	I,IV	**1 730,41**	443,83	443,83	I	1 583,66	1 436,83	1 290,08	1 145,41	1 006,75	874,25
West	II	**1 663,66**	443,83	443,83	II	1 516,83	1 370,08	1 223,50	1 081,58	945,75	816,00
	III	**1 142,33**	443,83	443,83	III	1 029,66	920,16	813,50	710,00	609,66	512,33
	V	**2 199,91**	443,83	443,83	IV	1 657,00	1 583,66	1 510,25	1 436,83	1 363,41	1 290,08
	VI	**2 236,16**	443,83	443,83							
7 010,99	I,IV	**1 740,66**	443,83	443,83	I	1 593,83	1 447,08	1 300,25	1 155,25	1 016,25	883,33
Ost	II	**1 673,83**	443,83	443,83	II	1 527,08	1 380,33	1 233,66	1 091,25	955,00	824,83
	III	**1 150,33**	443,83	443,83	III	1 037,50	927,66	820,83	717,16	616,50	519,00
	V	**2 210,16**	443,83	443,83	IV	1 667,25	1 593,83	1 520,50	1 447,08	1 373,66	1 300,25
	VI	**2 246,41**	443,83	443,83							
7 013,99	I,IV	**1 731,58**	443,83	443,83	I	1 584,83	1 438,00	1 291,25	1 146,50	1 007,83	875,33
West	II	**1 664,83**	443,83	443,83	II	1 518,00	1 371,25	1 224,66	1 082,66	946,75	817,00
	III	**1 143,33**	443,83	443,83	III	1 030,66	921,00	814,33	710,83	610,33	513,00
	V	**2 201,08**	443,83	443,83	IV	1 658,16	1 584,83	1 511,41	1 438,00	1 364,58	1 291,25
	VI	**2 237,33**	443,83	443,83							
7 013,99	I,IV	**1 741,91**	443,83	443,83	I	1 595,08	1 448,33	1 301,58	1 156,50	1 017,41	884,41
Ost	II	**1 675,16**	443,83	443,83	II	1 528,33	1 381,58	1 234,91	1 092,50	956,16	825,91
	III	**1 151,33**	443,83	443,83	III	1 038,50	928,66	821,83	718,00	617,33	519,83
	V	**2 211,41**	443,83	443,83	IV	1 668,50	1 595,08	1 521,75	1 448,33	1 374,91	1 301,58
	VI	**2 247,66**	443,83	443,83							
7 016,99	I,IV	**1 732,75**	443,83	443,83	I	1 585,91	1 439,16	1 292,33	1 147,66	1 008,91	876,33
West	II	**1 666,00**	443,83	443,83	II	1 519,16	1 372,41	1 225,83	1 083,75	947,83	818,00
	III	**1 144,16**	443,83	443,83	III	1 031,50	921,83	815,16	711,66	611,16	513,83
	V	**2 202,25**	443,83	443,83	IV	1 659,33	1 585,91	1 512,58	1 439,16	1 365,75	1 292,33
	VI	**2 238,50**	443,83	443,83							
7 016,99	I,IV	**1 743,16**	443,83	443,83	I	1 596,41	1 449,58	1 302,83	1 157,75	1 018,58	885,50
Ost	II	**1 676,41**	443,83	443,83	II	1 529,58	1 382,83	1 236,16	1 093,66	957,25	827,08
	III	**1 152,33**	443,83	443,83	III	1 039,33	929,50	822,66	719,00	618,16	520,66
	V	**2 212,66**	443,83	443,83	IV	1 669,75	1 596,41	1 523,00	1 449,58	1 376,16	1 302,83
	VI	**2 248,91**	443,83	443,83							
7 019,99	I,IV	**1 733,91**	443,83	443,83	I	1 587,16	1 440,33	1 293,58	1 148,75	1 010,00	877,33
West	II	**1 667,16**	443,83	443,83	II	1 520,33	1 373,58	1 227,00	1 084,91	948,91	819,08
	III	**1 145,16**	443,83	443,83	III	1 032,33	922,66	816,00	712,50	612,00	514,50
	V	**2 203,41**	443,83	443,83	IV	1 660,50	1 587,16	1 513,75	1 440,33	1 366,91	1 293,58
	VI	**2 239,66**	443,83	443,83							
7 019,99	I,IV	**1 744,41**	443,83	443,83	I	1 597,66	1 450,83	1 304,08	1 158,91	1 019,75	886,66
Ost	II	**1 677,66**	443,83	443,83	II	1 530,83	1 384,08	1 237,41	1 094,83	958,41	828,16
	III	**1 153,33**	443,83	443,83	III	1 040,33	930,50	823,66	719,83	619,16	521,50
	V	**2 213,91**	443,83	443,83	IV	1 671,00	1 597,66	1 524,25	1 450,83	1 377,41	1 304,08
	VI	**2 250,16**	443,83	443,83							

* Zur LSt-Berechnung für privat versicherte Arbeitnehmer s. Beispiele **Vorbemerkung S. 4f.**
** Basisvorsorgepauschale KV und PV *** Typisierter Arbeitgeberzuschuss

Lohn/ Gehalt in € bis	Steuerklasse	Lohnsteuer*	BVSP**	TAGZ***	Steuerklasse	Bemessungsgrundlage für Kirchensteuer und Solidaritätszuschlag – Freibeträge für ... Kinder 0,5	1,0	1,5	2,0	2,5	3,0
7022,99 West	I,IV	**1735,08**	443,83	443,83	I	1588,33	1441,50	1294,75	1149,91	1011,08	878,41
	II	**1668,33**	443,83	443,83	II	1521,50	1374,75	1228,16	1086,00	949,91	820,08
	III	**1146,00**	443,83	443,83	III	1033,16	923,50	816,83	713,33	612,83	515,33
	V	**2204,58**	443,83	443,83	IV	1661,66	1588,33	1514,91	1441,50	1368,08	1294,75
	VI	**2240,83**	443,83	443,83							
7022,99 Ost	I,IV	**1745,66**	443,83	443,83	I	1598,91	1452,08	1305,33	1160,16	1020,91	887,75
	II	**1678,91**	443,83	443,83	II	1532,08	1385,33	1238,66	1096,08	959,58	829,25
	III	**1154,33**	443,83	443,83	III	1041,33	931,33	824,50	720,66	620,00	522,33
	V	**2215,16**	443,83	443,83	IV	1672,33	1598,91	1525,50	1452,08	1378,75	1305,33
	VI	**2251,41**	443,83	443,83							
7025,99 West	I,IV	**1736,25**	443,83	443,83	I	1589,41	1442,66	1295,83	1151,00	1012,16	879,41
	II	**1669,50**	443,83	443,83	II	1522,66	1375,91	1229,25	1087,08	951,00	821,08
	III	**1147,00**	443,83	443,83	III	1034,16	924,33	817,66	714,16	613,50	516,00
	V	**2205,75**	443,83	443,83	IV	1662,83	1589,41	1516,08	1442,66	1369,25	1295,83
	VI	**2242,00**	443,83	443,83							
7025,99 Ost	I,IV	**1746,91**	443,83	443,83	I	1600,16	1453,33	1306,58	1161,41	1022,08	888,91
	II	**1680,16**	443,83	443,83	II	1533,41	1386,58	1239,91	1097,25	960,75	830,33
	III	**1155,33**	443,83	443,83	III	1042,33	932,33	825,33	721,50	620,83	523,16
	V	**2216,41**	443,83	443,83	IV	1673,58	1600,16	1526,75	1453,33	1380,00	1306,58
	VI	**2252,66**	443,83	443,83							
7028,99 West	I,IV	**1737,41**	443,83	443,83	I	1590,58	1443,83	1297,00	1152,16	1013,25	880,41
	II	**1670,58**	443,83	443,83	II	1523,83	1377,00	1230,41	1088,16	952,08	822,08
	III	**1147,83**	443,83	443,83	III	1035,00	925,16	818,50	714,83	614,33	516,83
	V	**2206,91**	443,83	443,83	IV	1664,00	1590,58	1517,25	1443,83	1370,41	1297,00
	VI	**2243,16**	443,83	443,83							
7028,99 Ost	I,IV	**1748,25**	443,83	443,83	I	1601,41	1454,66	1307,83	1162,58	1023,25	890,00
	II	**1681,41**	443,83	443,83	II	1534,66	1387,83	1241,16	1098,41	961,83	831,41
	III	**1156,33**	443,83	443,83	III	1043,16	933,16	826,33	722,50	621,66	523,83
	V	**2217,66**	443,83	443,83	IV	1674,83	1601,41	1528,00	1454,66	1381,25	1307,83
	VI	**2254,00**	443,83	443,83							
7031,99 West	I,IV	**1738,58**	443,83	443,83	I	1591,75	1445,00	1298,16	1153,25	1014,25	881,41
	II	**1671,75**	443,83	443,83	II	1525,00	1378,16	1231,58	1089,25	953,08	823,08
	III	**1148,66**	443,83	443,83	III	1035,83	926,16	819,33	715,66	615,16	517,66
	V	**2208,00**	443,83	443,83	IV	1665,16	1591,75	1518,33	1445,00	1371,58	1298,16
	VI	**2244,33**	443,83	443,83							
7031,99 Ost	I,IV	**1749,50**	443,83	443,83	I	1602,66	1455,91	1309,08	1163,83	1024,41	891,08
	II	**1682,66**	443,83	443,83	II	1535,91	1389,08	1242,41	1099,66	963,00	832,50
	III	**1157,33**	443,83	443,83	III	1044,16	934,16	827,16	723,33	622,50	524,66
	V	**2219,00**	443,83	443,83	IV	1676,08	1602,66	1529,25	1455,91	1382,50	1309,08
	VI	**2255,25**	443,83	443,83							
7034,99 West	I,IV	**1739,75**	443,83	443,83	I	1592,91	1446,16	1299,33	1154,41	1015,41	882,50
	II	**1673,00**	443,83	443,83	II	1526,16	1379,41	1232,75	1090,41	954,16	824,08
	III	**1149,66**	443,83	443,83	III	1036,83	927,00	820,16	716,50	616,00	518,33
	V	**2209,25**	443,83	443,83	IV	1666,33	1592,91	1519,58	1446,16	1372,75	1299,33
	VI	**2245,50**	443,83	443,83							
7034,99 Ost	I,IV	**1750,75**	443,83	443,83	I	1603,91	1457,16	1310,33	1165,08	1025,58	892,25
	II	**1683,91**	443,83	443,83	II	1537,16	1390,33	1243,66	1100,83	964,16	833,58
	III	**1158,16**	443,83	443,83	III	1045,16	935,16	828,16	724,16	623,33	525,50
	V	**2220,25**	443,83	443,83	IV	1677,33	1603,91	1530,58	1457,16	1383,75	1310,33
	VI	**2256,50**	443,83	443,83							
7037,99 West	I,IV	**1740,91**	443,83	443,83	I	1594,08	1447,33	1300,50	1155,50	1016,50	883,50
	II	**1674,08**	443,83	443,83	II	1527,33	1380,50	1233,91	1091,50	955,25	825,08
	III	**1150,50**	443,83	443,83	III	1037,66	927,83	821,00	717,33	616,66	519,16
	V	**2210,41**	443,83	443,83	IV	1667,50	1594,08	1520,75	1447,33	1373,91	1300,50
	VI	**2246,66**	443,83	443,83							
7037,99 Ost	I,IV	**1752,00**	443,83	443,83	I	1605,16	1458,41	1311,58	1166,25	1026,75	893,33
	II	**1685,25**	443,83	443,83	II	1538,41	1391,66	1244,91	1102,08	965,33	834,66
	III	**1159,16**	443,83	443,83	III	1046,16	936,00	829,00	725,16	624,16	526,33
	V	**2221,50**	443,83	443,83	IV	1678,58	1605,16	1531,83	1458,41	1385,00	1311,58
	VI	**2257,75**	443,83	443,83							

* Zur LSt-Berechnung für privat versicherte Arbeitnehmer s. Beispiele **Vorbemerkung S. 4f.**
** Basisvorsorgepauschale KV und PV *** Typisierter Arbeitgeberzuschuss

Lohn/ Gehalt in € bis	Steuerklasse	Lohn-steuer*	BVSP**	TAGZ***	Steuerklasse	Bemessungsgrundlage für Kirchensteuer und Solidaritätszuschlag – Freibeträge für ... Kinder 0,5	1,0	1,5	2,0	2,5	3,0
7040,99 West	I,IV	**1742,08**	443,83	443,83	I	1595,25	1448,50	1301,66	1156,66	1017,50	884,58
	II	**1675,25**	443,83	443,83	II	1528,50	1381,66	1235,00	1092,58	956,25	826,08
	III	**1151,50**	443,83	443,83	III	1038,50	928,66	821,83	718,16	617,50	519,83
	V	**2211,50**	443,83	443,83	IV	1668,66	1595,25	1521,83	1448,50	1375,08	1301,66
	VI	**2247,83**	443,83	443,83							
7040,99 Ost	I,IV	**1753,25**	443,83	443,83	I	1606,50	1459,66	1312,91	1167,50	1027,91	894,50
	II	**1686,50**	443,83	443,83	II	1539,66	1392,91	1246,16	1103,25	966,41	835,83
	III	**1160,16**	443,83	443,83	III	1047,00	937,00	830,00	726,00	625,00	527,16
	V	**2222,75**	443,83	443,83	IV	1679,83	1606,50	1533,08	1459,66	1386,25	1312,91
	VI	**2259,00**	443,83	443,83							
7043,99 West	I,IV	**1743,16**	443,83	443,83	I	1596,41	1449,66	1302,83	1157,75	1018,58	885,58
	II	**1676,41**	443,83	443,83	II	1529,66	1382,83	1236,16	1093,66	957,33	827,08
	III	**1152,33**	443,83	443,83	III	1039,33	929,50	822,66	719,00	618,16	520,66
	V	**2212,66**	443,83	443,83	IV	1669,83	1596,41	1523,00	1449,66	1376,25	1302,83
	VI	**2248,91**	443,83	443,83							
7043,99 Ost	I,IV	**1754,50**	443,83	443,83	I	1607,75	1460,91	1314,16	1168,75	1029,08	895,58
	II	**1687,75**	443,83	443,83	II	1540,91	1394,16	1247,41	1104,41	967,58	836,91
	III	**1161,16**	443,83	443,83	III	1048,00	937,83	830,83	726,83	625,83	528,00
	V	**2224,00**	443,83	443,83	IV	1681,08	1607,75	1534,33	1460,91	1387,50	1314,16
	VI	**2260,25**	443,83	443,83							
7046,99 West	I,IV	**1744,33**	443,83	443,83	I	1597,58	1450,75	1304,00	1158,91	1019,66	886,58
	II	**1677,58**	443,83	443,83	II	1530,83	1384,00	1237,33	1094,75	958,33	828,08
	III	**1153,33**	443,83	443,83	III	1040,33	930,33	823,50	719,83	619,00	521,33
	V	**2213,83**	443,83	443,83	IV	1671,00	1597,58	1524,16	1450,75	1377,41	1304,00
	VI	**2250,08**	443,83	443,83							
7046,99 Ost	I,IV	**1755,75**	443,83	443,83	I	1609,00	1462,16	1315,41	1169,91	1030,25	896,75
	II	**1689,00**	443,83	443,83	II	1542,16	1395,41	1248,66	1105,66	968,75	838,00
	III	**1162,16**	443,83	443,83	III	1049,00	938,83	831,66	727,66	626,83	528,83
	V	**2225,25**	443,83	443,83	IV	1682,41	1609,00	1535,58	1462,16	1388,83	1315,41
	VI	**2261,50**	443,83	443,83							
7049,99 West	I,IV	**1745,50**	443,83	443,83	I	1598,75	1451,91	1305,16	1160,00	1020,75	887,58
	II	**1678,75**	443,83	443,83	II	1531,91	1385,16	1238,50	1095,91	959,41	829,08
	III	**1154,16**	443,83	443,83	III	1041,16	931,16	824,33	720,50	619,83	522,16
	V	**2215,00**	443,83	443,83	IV	1672,08	1598,75	1525,33	1451,91	1378,58	1305,16
	VI	**2251,25**	443,83	443,83							
7049,99 Ost	I,IV	**1757,00**	443,83	443,83	I	1610,25	1463,41	1316,66	1171,16	1031,41	897,83
	II	**1690,25**	443,83	443,83	II	1543,50	1396,66	1249,91	1106,83	969,91	839,08
	III	**1163,16**	443,83	443,83	III	1050,00	939,83	832,66	728,66	627,66	529,66
	V	**2226,50**	443,83	443,83	IV	1683,66	1610,25	1536,83	1463,41	1390,08	1316,66
	VI	**2262,75**	443,83	443,83							
7052,99 West	I,IV	**1746,66**	443,83	443,83	I	1599,91	1453,16	1306,33	1161,16	1021,83	888,66
	II	**1679,91**	443,83	443,83	II	1533,16	1386,33	1239,66	1097,00	960,50	830,08
	III	**1155,00**	443,83	443,83	III	1042,00	932,16	825,16	721,33	620,66	522,83
	V	**2216,16**	443,83	443,83	IV	1673,33	1599,91	1526,50	1453,16	1379,75	1306,33
	VI	**2252,41**	443,83	443,83							
7052,99 Ost	I,IV	**1758,33**	443,83	443,83	I	1611,50	1464,75	1317,91	1172,41	1032,58	898,91
	II	**1691,50**	443,83	443,83	II	1544,75	1397,91	1251,16	1108,08	971,08	840,16
	III	**1164,16**	443,83	443,83	III	1050,83	940,66	833,50	729,50	628,50	530,50
	V	**2227,75**	443,83	443,83	IV	1684,91	1611,50	1538,08	1464,75	1391,33	1317,91
	VI	**2264,00**	443,83	443,83							
7055,99 West	I,IV	**1747,83**	443,83	443,83	I	1601,08	1454,25	1307,50	1162,25	1022,91	889,66
	II	**1681,08**	443,83	443,83	II	1534,33	1387,50	1240,83	1098,08	961,58	831,08
	III	**1156,00**	443,83	443,83	III	1043,00	933,00	826,00	722,16	621,33	523,66
	V	**2217,33**	443,83	443,83	IV	1674,50	1601,08	1527,66	1454,25	1380,91	1307,50
	VI	**2253,58**	443,83	443,83							
7055,99 Ost	I,IV	**1759,58**	443,83	443,83	I	1612,75	1466,00	1319,16	1173,66	1033,83	900,08
	II	**1692,75**	443,83	443,83	II	1546,00	1399,16	1252,41	1109,25	972,16	841,25
	III	**1165,16**	443,83	443,83	III	1051,83	941,66	834,50	730,33	629,33	531,33
	V	**2229,00**	443,83	443,83	IV	1686,16	1612,75	1539,33	1466,00	1392,58	1319,16
	VI	**2265,33**	443,83	443,83							

* Zur LSt-Berechnung für privat versicherte Arbeitnehmer s. Beispiele **Vorbemerkung S. 4 f.**
** Basisvorsorgepauschale KV und PV *** Typisierter Arbeitgeberzuschuss

Lohn/ Gehalt in € bis	Steuerklasse	Lohn-steuer*	BVSP**	TAGZ***	Steuerklasse	Bemessungsgrundlage für Kirchensteuer und Solidaritätszuschlag – Freibeträge für ... Kinder 0,5	**1,0**	1,5	**2,0**	2,5	**3,0**
7058,99 West	I,IV	**1749,00**	443,83	443,83	I	1602,25	1455,41	1308,66	1163,41	1024,00	890,75
	II	**1682,25**	443,83	443,83	II	1535,41	1388,66	1241,91	1099,25	962,58	832,08
	III	**1156,83**	443,83	443,83	III	1043,83	933,83	826,83	723,00	622,16	524,50
	V	**2218,50**	443,83	443,83	IV	1675,58	1602,25	1528,83	1455,41	1382,08	1308,66
	VI	**2254,75**	443,83	443,83							
7058,99 Ost	I,IV	**1760,83**	443,83	443,83	I	1614,00	1467,25	1320,41	1174,83	1035,00	901,16
	II	**1694,00**	443,83	443,83	II	1547,25	1400,41	1253,66	1110,41	973,33	842,33
	III	**1166,16**	443,83	443,83	III	1052,83	942,50	835,33	731,16	630,16	532,16
	V	**2230,33**	443,83	443,83	IV	1687,41	1614,00	1540,66	1467,25	1393,83	1320,41
	VI	**2266,58**	443,83	443,83							
7061,99 West	I,IV	**1750,16**	443,83	443,83	I	1603,41	1456,58	1309,83	1164,50	1025,08	891,75
	II	**1683,41**	443,83	443,83	II	1536,58	1389,83	1243,08	1100,33	963,66	833,08
	III	**1157,83**	443,83	443,83	III	1044,66	934,66	827,66	723,83	623,00	525,16
	V	**2219,66**	443,83	443,83	IV	1676,75	1603,41	1530,00	1456,58	1383,16	1309,83
	VI	**2255,91**	443,83	443,83							
7061,99 Ost	I,IV	**1762,08**	443,83	443,83	I	1615,25	1468,50	1321,66	1176,08	1036,16	902,33
	II	**1695,33**	443,83	443,83	II	1548,50	1401,75	1254,91	1111,66	974,50	843,50
	III	**1167,16**	443,83	443,83	III	1053,83	943,50	836,33	732,16	631,00	533,00
	V	**2231,58**	443,83	443,83	IV	1688,66	1615,25	1541,91	1468,50	1395,08	1321,66
	VI	**2267,83**	443,83	443,83							
7064,99 West	I,IV	**1751,33**	443,83	443,83	I	1604,50	1457,75	1310,91	1165,66	1026,16	892,75
	II	**1684,58**	443,83	443,83	II	1537,75	1391,00	1244,25	1101,41	964,66	834,08
	III	**1158,66**	443,83	443,83	III	1045,50	935,50	828,50	724,66	623,66	526,00
	V	**2220,83**	443,83	443,83	IV	1677,91	1604,50	1531,16	1457,75	1384,33	1310,91
	VI	**2257,08**	443,83	443,83							
7064,99 Ost	I,IV	**1763,33**	443,83	443,83	I	1616,58	1469,75	1323,00	1177,33	1037,33	903,41
	II	**1696,58**	443,83	443,83	II	1549,75	1403,00	1256,16	1112,83	975,66	844,58
	III	**1168,16**	443,83	443,83	III	1054,66	944,50	837,16	733,00	631,83	533,83
	V	**2232,83**	443,83	443,83	IV	1689,91	1616,58	1543,16	1469,75	1396,33	1323,00
	VI	**2269,08**	443,83	443,83							
7067,99 West	I,IV	**1752,50**	443,83	443,83	I	1605,75	1458,91	1312,16	1166,75	1027,25	893,83
	II	**1685,75**	443,83	443,83	II	1538,91	1392,16	1245,41	1102,58	965,75	835,16
	III	**1159,66**	443,83	443,83	III	1046,50	936,33	829,33	725,50	624,50	526,66
	V	**2222,00**	443,83	443,83	IV	1679,08	1605,75	1532,33	1458,91	1385,58	1312,16
	VI	**2258,25**	443,83	443,83							
7067,99 Ost	I,IV	**1764,58**	443,83	443,83	I	1617,83	1471,00	1324,25	1178,50	1038,50	904,58
	II	**1697,83**	443,83	443,83	II	1551,00	1404,25	1257,41	1114,08	976,83	845,66
	III	**1169,00**	443,83	443,83	III	1055,66	945,33	838,16	733,83	632,66	534,66
	V	**2234,08**	443,83	443,83	IV	1691,16	1617,83	1544,41	1471,00	1397,58	1324,25
	VI	**2270,33**	443,83	443,83							
7070,99 West	I,IV	**1753,66**	443,83	443,83	I	1606,91	1460,08	1313,33	1167,91	1028,33	894,83
	II	**1686,91**	443,83	443,83	II	1540,08	1393,33	1246,58	1103,66	966,83	836,16
	III	**1160,50**	443,83	443,83	III	1047,33	937,33	830,16	726,33	625,33	527,50
	V	**2223,16**	443,83	443,83	IV	1680,25	1606,91	1533,50	1460,08	1386,66	1313,33
	VI	**2259,41**	443,83	443,83							
7070,99 Ost	I,IV	**1765,83**	443,83	443,83	I	1619,08	1472,25	1325,50	1179,75	1039,66	905,66
	II	**1699,08**	443,83	443,83	II	1552,25	1405,50	1258,75	1115,25	978,00	846,75
	III	**1170,00**	443,83	443,83	III	1056,66	946,33	839,00	734,83	633,66	535,50
	V	**2235,33**	443,83	443,83	IV	1692,41	1619,08	1545,66	1472,25	1398,91	1325,50
	VI	**2271,58**	443,83	443,83							
7073,99 West	I,IV	**1754,83**	443,83	443,83	I	1608,00	1461,25	1314,41	1169,00	1029,41	895,91
	II	**1688,08**	443,83	443,83	II	1541,25	1394,50	1247,75	1104,75	967,91	837,16
	III	**1161,33**	443,83	443,83	III	1048,16	938,16	831,00	727,00	626,16	528,16
	V	**2224,33**	443,83	443,83	IV	1681,41	1608,00	1534,66	1461,25	1387,83	1314,41
	VI	**2260,58**	443,83	443,83							
7073,99 Ost	I,IV	**1767,08**	443,83	443,83	I	1620,33	1473,50	1326,75	1181,00	1040,83	906,83
	II	**1700,33**	443,83	443,83	II	1553,58	1406,75	1260,00	1116,50	979,08	847,83
	III	**1171,00**	443,83	443,83	III	1057,66	947,16	839,83	735,66	634,50	536,33
	V	**2236,58**	443,83	443,83	IV	1693,75	1620,33	1546,91	1473,50	1400,16	1326,75
	VI	**2272,83**	443,83	443,83							

* Zur LSt-Berechnung für privat versicherte Arbeitnehmer s. Beispiele **Vorbemerkung S. 4f.**
** Basisvorsorgepauschale KV und PV *** Typisierter Arbeitgeberzuschuss

Lohn/ Gehalt in € bis	Steuerklasse	Lohn-steuer*	BVSP**	TAGZ***	Steuerklasse	Bemessungsgrundlage für Kirchensteuer und Solidaritätszuschlag – Freibeträge für ... Kinder: 0,5	1,0	1,5	2,0	2,5	3,0
7076,99 West	I,IV	**1756,00**	443,83	443,83	I	1609,16	1462,41	1315,58	1170,16	1030,50	896,91
	II	**1689,16**	443,83	443,83	II	1542,41	1395,58	1248,83	1105,83	968,91	838,16
	III	**1162,33**	443,83	443,83	III	1049,16	939,00	831,83	727,83	626,83	529,00
	V	**2225,50**	443,83	443,83	IV	1682,58	1609,16	1535,83	1462,41	1389,00	1315,58
	VI	**2261,75**	443,83	443,83							
7076,99 Ost	I,IV	**1768,33**	443,83	443,83	I	1621,58	1474,83	1328,00	1182,25	1042,00	907,91
	II	**1701,58**	443,83	443,83	II	1554,83	1408,00	1261,25	1117,66	980,25	849,00
	III	**1172,00**	443,83	443,83	III	1058,50	948,16	840,83	736,50	635,33	537,16
	V	**2237,83**	443,83	443,83	IV	1695,00	1621,58	1548,16	1474,83	1401,41	1328,00
	VI	**2274,08**	443,83	443,83							
7079,99 West	I,IV	**1757,16**	443,83	443,83	I	1610,33	1463,58	1316,75	1171,25	1031,58	897,91
	II	**1690,33**	443,83	443,83	II	1543,58	1396,75	1250,00	1106,91	970,00	839,16
	III	**1163,16**	443,83	443,83	III	1050,00	939,83	832,66	728,66	627,66	529,66
	V	**2226,66**	443,83	443,83	IV	1683,75	1610,33	1536,91	1463,58	1390,16	1316,75
	VI	**2262,91**	443,83	443,83							
7079,99 Ost	I,IV	**1769,66**	443,83	443,83	I	1622,83	1476,08	1329,25	1183,41	1043,16	909,08
	II	**1702,83**	443,83	443,83	II	1556,08	1409,25	1262,50	1118,91	981,41	850,08
	III	**1173,00**	443,83	443,83	III	1059,50	949,16	841,66	737,50	636,16	538,00
	V	**2239,08**	443,83	443,83	IV	1696,25	1622,83	1549,41	1476,08	1402,66	1329,25
	VI	**2275,41**	443,83	443,83							
7082,99 West	I,IV	**1758,33**	443,83	443,83	I	1611,50	1464,75	1317,91	1172,41	1032,66	899,00
	II	**1691,58**	443,83	443,83	II	1544,75	1398,00	1251,16	1108,08	971,08	840,16
	III	**1164,16**	443,83	443,83	III	1050,83	940,66	833,50	729,50	628,50	530,50
	V	**2227,83**	443,83	443,83	IV	1684,91	1611,50	1538,16	1464,75	1391,33	1317,91
	VI	**2264,08**	443,83	443,83							
7082,99 Ost	I,IV	**1770,91**	443,83	443,83	I	1624,08	1477,33	1330,50	1184,66	1044,41	910,16
	II	**1704,08**	443,83	443,83	II	1557,33	1410,50	1263,75	1120,08	982,58	851,16
	III	**1174,00**	443,83	443,83	III	1060,50	950,00	842,66	738,33	637,00	538,83
	V	**2240,41**	443,83	443,83	IV	1697,50	1624,08	1550,66	1477,33	1403,91	1330,50
	VI	**2276,66**	443,83	443,83							
7085,99 West	I,IV	**1759,50**	443,83	443,83	I	1612,66	1465,91	1319,08	1173,58	1033,75	900,00
	II	**1692,66**	443,83	443,83	II	1545,91	1399,08	1252,33	1109,16	972,16	841,25
	III	**1165,00**	443,83	443,83	III	1051,83	941,50	834,50	730,33	629,33	531,33
	V	**2229,00**	443,83	443,83	IV	1686,08	1612,66	1539,33	1465,91	1392,50	1319,08
	VI	**2265,25**	443,83	443,83							
7085,99 Ost	I,IV	**1772,16**	443,83	443,83	I	1625,33	1478,58	1331,75	1185,91	1045,58	911,33
	II	**1705,33**	443,83	443,83	II	1558,58	1411,83	1265,00	1121,33	983,75	852,25
	III	**1175,00**	443,83	443,83	III	1061,50	951,00	843,50	739,16	637,83	539,66
	V	**2241,66**	443,83	443,83	IV	1698,75	1625,33	1552,00	1478,58	1405,16	1331,75
	VI	**2277,91**	443,83	443,83							
7088,99 West	I,IV	**1760,66**	443,83	443,83	I	1613,83	1467,08	1320,25	1174,66	1034,83	901,08
	II	**1693,83**	443,83	443,83	II	1547,08	1400,25	1253,50	1110,25	973,16	842,25
	III	**1166,00**	443,83	443,83	III	1052,66	942,33	835,16	731,16	630,00	532,00
	V	**2230,16**	443,83	443,83	IV	1687,25	1613,83	1540,41	1467,08	1393,66	1320,25
	VI	**2266,41**	443,83	443,83							
7088,99 Ost	I,IV	**1773,41**	443,83	443,83	I	1626,58	1479,83	1333,08	1187,16	1046,75	912,41
	II	**1706,66**	443,83	443,83	II	1559,83	1413,08	1266,25	1122,50	984,91	853,41
	III	**1176,00**	443,83	443,83	III	1062,33	951,83	844,50	740,00	638,66	540,50
	V	**2242,91**	443,83	443,83	IV	1700,00	1626,58	1553,25	1479,83	1406,41	1333,08
	VI	**2279,16**	443,83	443,83							
7091,99 West	I,IV	**1761,83**	443,83	443,83	I	1615,00	1468,25	1321,41	1175,83	1035,91	902,08
	II	**1695,00**	443,83	443,83	II	1548,25	1401,41	1254,66	1111,41	974,25	843,25
	III	**1166,83**	443,83	443,83	III	1053,50	943,33	836,00	732,00	630,83	532,83
	V	**2231,25**	443,83	443,83	IV	1688,41	1615,00	1541,58	1468,25	1394,83	1321,41
	VI	**2267,50**	443,83	443,83							
7091,99 Ost	I,IV	**1774,66**	443,83	443,83	I	1627,91	1481,08	1334,33	1188,41	1047,91	913,58
	II	**1707,91**	443,83	443,83	II	1561,08	1414,33	1267,50	1123,75	986,00	854,50
	III	**1177,00**	443,83	443,83	III	1063,33	952,83	845,33	741,00	639,66	541,33
	V	**2244,16**	443,83	443,83	IV	1701,25	1627,91	1554,50	1481,08	1407,66	1334,33
	VI	**2280,41**	443,83	443,83							

* Zur LSt-Berechnung für privat versicherte Arbeitnehmer s. Beispiele **Vorbemerkung S. 4f.**
** Basisvorsorgepauschale KV und PV *** Typisierter Arbeitgeberzuschuss

Lohn/ Gehalt in € bis	Steuerklasse	Lohn- steuer*	BVSP**	TAGZ***	Steuerklasse	Bemessungsgrundlage für Kirchensteuer und Solidaritätszuschlag					
						Freibeträge für ... Kinder					
						0,5	**1,0**	1,5	**2,0**	2,5	**3,0**
7094,99	I,IV	**1762,91**	443,83	443,83	I	1616,16	1469,33	1322,58	1176,91	1037,00	903,08
West	II	**1696,16**	443,83	443,83	II	1549,41	1402,58	1255,83	1112,50	975,33	844,25
	III	**1167,83**	443,83	443,83	III	1054,33	944,16	836,83	732,66	631,66	533,50
	V	**2232,41**	443,83	443,83	IV	1689,58	1616,16	1542,75	1469,33	1396,00	1322,58
	VI	**2268,66**	443,83	443,83							
7094,99	I,IV	**1775,91**	443,83	443,83	I	1629,16	1482,33	1335,58	1189,58	1049,08	914,66
Ost	II	**1709,16**	443,83	443,83	II	1562,33	1415,58	1268,75	1124,91	987,16	855,58
	III	**1178,00**	443,83	443,83	III	1064,33	953,83	846,33	741,83	640,50	542,16
	V	**2245,41**	443,83	443,83	IV	1702,50	1629,16	1555,75	1482,33	1408,91	1335,58
	VI	**2281,66**	443,83	443,83							
7097,99	I,IV	**1764,08**	443,83	443,83	I	1617,33	1470,50	1323,75	1178,08	1038,00	904,16
West	II	**1697,33**	443,83	443,83	II	1550,50	1403,75	1257,00	1113,58	976,33	845,25
	III	**1168,66**	443,83	443,83	III	1055,33	945,00	837,66	733,50	632,50	534,33
	V	**2233,58**	443,83	443,83	IV	1690,66	1617,33	1543,91	1470,50	1397,16	1323,75
	VI	**2269,83**	443,83	443,83							
7097,99	I,IV	**1777,16**	443,83	443,83	I	1630,41	1483,58	1336,83	1190,83	1050,25	915,83
Ost	II	**1710,41**	443,83	443,83	II	1563,58	1416,83	1270,08	1126,16	988,33	856,66
	III	**1179,00**	443,83	443,83	III	1065,33	954,66	847,16	742,66	641,33	543,00
	V	**2246,66**	443,83	443,83	IV	1703,83	1630,41	1557,00	1483,58	1410,25	1336,83
	VI	**2282,91**	443,83	443,83							
7100,99	I,IV	**1765,33**	443,83	443,83	I	1618,50	1471,75	1324,91	1179,25	1039,16	905,25
West	II	**1698,58**	443,83	443,83	II	1551,75	1405,00	1258,16	1114,75	977,50	846,33
	III	**1169,66**	443,83	443,83	III	1056,16	945,83	838,66	734,33	633,16	535,16
	V	**2234,83**	443,83	443,83	IV	1691,91	1618,50	1545,16	1471,75	1398,33	1324,91
	VI	**2271,08**	443,83	443,83							
7100,99	I,IV	**1778,41**	443,83	443,83	I	1631,66	1484,83	1338,08	1192,08	1051,41	916,91
Ost	II	**1711,66**	443,83	443,83	II	1564,91	1418,08	1271,33	1127,33	989,50	857,75
	III	**1180,00**	443,83	443,83	III	1066,33	955,66	848,16	743,66	642,16	543,83
	V	**2247,91**	443,83	443,83	IV	1705,08	1631,66	1558,25	1484,83	1411,50	1338,08
	VI	**2284,16**	443,83	443,83							
7103,99	I,IV	**1766,58**	443,83	443,83	I	1619,83	1473,00	1326,25	1180,50	1040,33	906,33
West	II	**1699,83**	443,83	443,83	II	1553,00	1406,25	1259,41	1116,00	978,66	847,41
	III	**1170,66**	443,83	443,83	III	1057,16	946,83	839,50	735,33	634,00	536,00
	V	**2236,08**	443,83	443,83	IV	1693,16	1619,83	1546,41	1473,00	1399,58	1326,25
	VI	**2272,33**	443,83	443,83							
7103,99	I,IV	**1779,75**	443,83	443,83	I	1632,91	1486,16	1339,33	1193,33	1052,66	918,08
Ost	II	**1712,91**	443,83	443,83	II	1566,16	1419,33	1272,58	1128,58	990,66	858,91
	III	**1181,00**	443,83	443,83	III	1067,16	956,66	849,00	744,50	643,00	544,66
	V	**2249,16**	443,83	443,83	IV	1706,33	1632,91	1559,50	1486,16	1412,75	1339,33
	VI	**2285,50**	443,83	443,83							
7106,99	I,IV	**1767,83**	443,83	443,83	I	1621,08	1474,25	1327,50	1181,75	1041,50	907,50
West	II	**1701,08**	443,83	443,83	II	1554,25	1407,50	1260,66	1117,16	979,75	848,50
	III	**1171,66**	443,83	443,83	III	1058,16	947,66	840,33	736,16	635,00	536,83
	V	**2237,33**	443,83	443,83	IV	1694,41	1621,08	1547,66	1474,25	1400,83	1327,50
	VI	**2273,58**	443,83	443,83							
7106,99	I,IV	**1781,00**	443,83	443,83	I	1634,16	1487,41	1340,58	1194,58	1053,83	919,25
Ost	II	**1714,16**	443,83	443,83	II	1567,41	1420,58	1273,83	1129,75	991,83	860,00
	III	**1182,00**	443,83	443,83	III	1068,16	957,50	849,83	745,33	643,83	545,50
	V	**2250,50**	443,83	443,83	IV	1707,58	1634,16	1560,75	1487,41	1414,00	1340,58
	VI	**2286,75**	443,83	443,83							
7109,99	I,IV	**1769,08**	443,83	443,83	I	1622,33	1475,50	1328,75	1182,91	1042,75	908,58
West	II	**1702,33**	443,83	443,83	II	1555,50	1408,75	1262,00	1118,41	980,91	849,58
	III	**1172,66**	443,83	443,83	III	1059,16	948,66	841,33	737,00	635,83	537,66
	V	**2238,58**	443,83	443,83	IV	1695,75	1622,33	1548,91	1475,50	1402,16	1328,75
	VI	**2274,83**	443,83	443,83							
7109,99	I,IV	**1782,25**	443,83	443,83	I	1635,41	1488,66	1341,83	1195,75	1055,00	920,33
Ost	II	**1715,41**	443,83	443,83	II	1568,66	1421,83	1275,08	1131,00	993,00	861,08
	III	**1182,83**	443,83	443,83	III	1069,16	958,50	850,83	746,33	644,66	546,33
	V	**2251,75**	443,83	443,83	IV	1708,83	1635,41	1562,08	1488,66	1415,25	1341,83
	VI	**2288,00**	443,83	443,83							

* Zur LSt-Berechnung für privat versicherte Arbeitnehmer s. Beispiele **Vorbemerkung S. 4f.**
** Basisvorsorgepauschale KV und PV *** Typisierter Arbeitgeberzuschuss

Lohn/ Gehalt in € bis	Steuerklasse	Lohn-steuer*	BVSP**	TAGZ***	Steuerklasse	Bemessungsgrundlage für Kirchensteuer und Solidaritätszuschlag — Freibeträge für ... Kinder 0,5	1,0	1,5	2,0	2,5	3,0
7112,99 West	I,IV	**1770,33**	443,83	443,83	I	1623,58	1476,75	1330,00	1184,16	1043,91	909,75
	II	**1703,58**	443,83	443,83	II	1556,83	1410,00	1263,25	1119,58	982,08	850,75
	III	**1173,50**	443,83	443,83	III	1060,00	949,66	842,16	737,83	636,66	538,50
	V	**2239,83**	443,83	443,83	IV	1697,00	1623,58	1550,16	1476,75	1403,41	1330,00
	VI	**2276,08**	443,83	443,83							
7112,99 Ost	I,IV	**1783,50**	443,83	443,83	I	1636,66	1489,91	1343,08	1197,00	1056,16	921,50
	II	**1716,75**	443,83	443,83	II	1569,91	1423,16	1276,33	1132,16	994,16	862,25
	III	**1183,83**	443,83	443,83	III	1070,16	959,33	851,66	747,16	645,66	547,16
	V	**2253,00**	443,83	443,83	IV	1710,08	1636,66	1563,33	1489,91	1416,50	1343,08
	VI	**2289,25**	443,83	443,83							
7115,99 West	I,IV	**1771,66**	443,83	443,83	I	1624,83	1478,08	1331,25	1185,41	1045,08	910,83
	II	**1704,83**	443,83	443,83	II	1558,08	1411,25	1264,50	1120,83	983,25	851,83
	III	**1174,50**	443,83	443,83	III	1061,00	950,50	843,16	738,83	637,50	539,33
	V	**2241,08**	443,83	443,83	IV	1698,25	1624,83	1551,41	1478,08	1404,66	1331,25
	VI	**2277,41**	443,83	443,83							
7115,99 Ost	I,IV	**1784,75**	443,83	443,83	I	1638,00	1491,16	1344,41	1198,25	1057,33	922,58
	II	**1718,00**	443,83	443,83	II	1571,16	1424,41	1277,58	1133,41	995,33	863,33
	III	**1184,83**	443,83	443,83	III	1071,00	960,33	852,66	748,00	646,50	548,00
	V	**2254,25**	443,83	443,83	IV	1711,33	1638,00	1564,58	1491,16	1417,75	1344,41
	VI	**2290,50**	443,83	443,83							
7118,99 West	I,IV	**1772,91**	443,83	443,83	I	1626,08	1479,33	1332,50	1186,66	1046,25	912,00
	II	**1706,08**	443,83	443,83	II	1559,33	1412,50	1265,75	1122,00	984,41	852,91
	III	**1175,50**	443,83	443,83	III	1062,00	951,50	844,00	739,66	638,33	540,16
	V	**2242,41**	443,83	443,83	IV	1699,50	1626,08	1552,66	1479,33	1405,91	1332,50
	VI	**2278,66**	443,83	443,83							
7118,99 Ost	I,IV	**1786,00**	443,83	443,83	I	1639,25	1492,41	1345,66	1199,50	1058,58	923,75
	II	**1719,25**	443,83	443,83	II	1572,41	1425,66	1278,83	1134,58	996,41	864,41
	III	**1185,83**	443,83	443,83	III	1072,00	961,33	853,50	748,83	647,33	548,83
	V	**2255,50**	443,83	443,83	IV	1712,58	1639,25	1565,83	1492,41	1419,00	1345,66
	VI	**2291,75**	443,83	443,83							
7121,99 West	I,IV	**1774,16**	443,83	443,83	I	1627,33	1480,58	1333,75	1187,83	1047,41	913,08
	II	**1707,33**	443,83	443,83	II	1560,58	1413,75	1267,00	1123,25	985,58	854,00
	III	**1176,50**	443,83	443,83	III	1063,00	952,50	845,00	740,50	639,16	541,00
	V	**2243,66**	443,83	443,83	IV	1700,75	1627,33	1554,00	1480,58	1407,16	1333,75
	VI	**2279,91**	443,83	443,83							
7121,99 Ost	I,IV	**1787,25**	443,83	443,83	I	1640,50	1493,66	1346,91	1200,75	1059,75	924,83
	II	**1720,50**	443,83	443,83	II	1573,66	1426,91	1280,08	1135,83	997,58	865,50
	III	**1186,83**	443,83	443,83	III	1073,00	962,16	854,50	749,83	648,16	549,66
	V	**2256,75**	443,83	443,83	IV	1713,91	1640,50	1567,08	1493,66	1420,33	1346,91
	VI	**2293,00**	443,83	443,83							
7124,99 West	I,IV	**1775,41**	443,83	443,83	I	1628,58	1481,83	1335,00	1189,08	1048,58	914,25
	II	**1708,66**	443,83	443,83	II	1561,83	1415,08	1268,25	1124,41	986,75	855,08
	III	**1177,50**	443,83	443,83	III	1063,83	953,33	845,83	741,50	640,00	541,83
	V	**2244,91**	443,83	443,83	IV	1702,00	1628,58	1555,25	1481,83	1408,41	1335,00
	VI	**2281,16**	443,83	443,83							
7124,99 Ost	I,IV	**1788,50**	443,83	443,83	I	1641,75	1494,91	1348,16	1202,00	1060,91	926,00
	II	**1721,75**	443,83	443,83	II	1575,00	1428,16	1281,41	1137,00	998,75	866,66
	III	**1187,83**	443,83	443,83	III	1074,00	963,16	855,33	750,66	649,00	550,50
	V	**2258,00**	443,83	443,83	IV	1715,16	1641,75	1568,33	1494,91	1421,58	1348,16
	VI	**2294,25**	443,83	443,83							
7127,99 West	I,IV	**1776,66**	443,83	443,83	I	1629,91	1483,08	1336,33	1190,33	1049,75	915,33
	II	**1709,91**	443,83	443,83	II	1563,08	1416,33	1269,50	1125,66	987,83	856,25
	III	**1178,50**	443,83	443,83	III	1064,83	954,33	846,83	742,33	641,00	542,66
	V	**2246,16**	443,83	443,83	IV	1703,25	1629,91	1556,50	1483,08	1409,66	1336,33
	VI	**2282,41**	443,83	443,83							
7127,99 Ost	I,IV	**1789,83**	443,83	443,83	I	1643,00	1496,25	1349,41	1203,16	1062,08	927,08
	II	**1723,00**	443,83	443,83	II	1576,25	1429,41	1282,66	1138,25	999,91	867,75
	III	**1188,83**	443,83	443,83	III	1075,00	964,16	856,33	751,50	649,83	551,33
	V	**2259,25**	443,83	443,83	IV	1716,41	1643,00	1569,58	1496,25	1422,83	1349,41
	VI	**2295,50**	443,83	443,83							

* Zur LSt-Berechnung für privat versicherte Arbeitnehmer s. Beispiele **Vorbemerkung S. 4f.**
** Basisvorsorgepauschale KV und PV *** Typisierter Arbeitgeberzuschuss

Lohn/ Gehalt in € bis	Steuerklasse	Lohn-steuer*	BVSP**	TAGZ***	Steuerklasse	Bemessungsgrundlage für Kirchensteuer und Solidaritätszuschlag – Freibeträge für ... Kinder 0,5	1,0	1,5	2,0	2,5	3,0
7130,99 West	I,IV	**1777,91**	443,83	443,83	I	1631,16	1484,33	1337,58	1191,58	1051,00	916,50
	II	**1711,16**	443,83	443,83	II	1564,33	1417,58	1270,75	1126,83	989,00	857,33
	III	**1179,50**	443,83	443,83	III	1065,83	955,16	847,66	743,16	641,83	543,50
	V	**2247,41**	443,83	443,83	IV	1704,50	1631,16	1557,75	1484,33	1410,91	1337,58
	VI	**2283,66**	443,83	443,83							
7130,99 Ost	I,IV	**1791,08**	443,83	443,83	I	1644,25	1497,50	1350,66	1204,41	1063,25	928,25
	II	**1724,25**	443,83	443,83	II	1577,50	1430,66	1283,91	1139,50	1001,08	868,83
	III	**1189,83**	443,83	443,83	III	1075,83	965,00	857,16	752,50	650,83	552,16
	V	**2260,50**	443,83	443,83	IV	1717,66	1644,25	1570,83	1497,50	1424,08	1350,66
	VI	**2296,83**	443,83	443,83							
7133,99 West	I,IV	**1779,16**	443,83	443,83	I	1632,41	1485,58	1338,83	1192,83	1052,16	917,58
	II	**1712,41**	443,83	443,83	II	1565,58	1418,83	1272,00	1128,08	990,16	858,41
	III	**1180,50**	443,83	443,83	III	1066,83	956,16	848,66	744,16	642,66	544,33
	V	**2248,66**	443,83	443,83	IV	1705,83	1632,41	1559,00	1485,58	1412,25	1338,83
	VI	**2284,91**	443,83	443,83							
7133,99 Ost	I,IV	**1792,33**	443,83	443,83	I	1645,50	1498,75	1351,91	1205,66	1064,50	929,41
	II	**1725,50**	443,83	443,83	II	1578,75	1431,91	1285,16	1140,66	1002,25	870,00
	III	**1190,83**	443,83	443,83	III	1076,83	966,00	858,16	753,33	651,66	553,00
	V	**2261,83**	443,83	443,83	IV	1718,91	1645,50	1572,16	1498,75	1425,33	1351,91
	VI	**2298,08**	443,83	443,83							
7136,99 West	I,IV	**1780,41**	443,83	443,83	I	1633,66	1486,83	1340,08	1194,00	1053,33	918,75
	II	**1713,66**	443,83	443,83	II	1566,91	1420,08	1273,33	1129,25	991,33	859,50
	III	**1181,50**	443,83	443,83	III	1067,83	957,16	849,50	745,00	643,50	545,16
	V	**2249,91**	443,83	443,83	IV	1707,08	1633,66	1560,25	1486,83	1413,50	1340,08
	VI	**2286,16**	443,83	443,83							
7136,99 Ost	I,IV	**1793,58**	443,83	443,83	I	1646,75	1500,00	1353,16	1206,91	1065,66	930,50
	II	**1726,83**	443,83	443,83	II	1580,00	1433,25	1286,41	1141,91	1003,41	871,08
	III	**1191,83**	443,83	443,83	III	1077,83	966,83	859,00	754,16	652,50	553,83
	V	**2263,08**	443,83	443,83	IV	1720,16	1646,75	1573,41	1500,00	1426,58	1353,16
	VI	**2299,33**	443,83	443,83							
7139,99 West	I,IV	**1781,66**	443,83	443,83	I	1634,91	1488,16	1341,33	1195,25	1054,50	919,83
	II	**1714,91**	443,83	443,83	II	1568,16	1421,33	1274,58	1130,50	992,50	860,66
	III	**1182,50**	443,83	443,83	III	1068,66	958,00	850,50	745,83	644,33	546,00
	V	**2251,16**	443,83	443,83	IV	1708,33	1634,91	1561,50	1488,16	1414,75	1341,33
	VI	**2287,41**	443,83	443,83							
7139,99 Ost	I,IV	**1794,83**	443,83	443,83	I	1648,08	1501,25	1354,50	1208,16	1066,83	931,66
	II	**1728,08**	443,83	443,83	II	1581,25	1434,50	1287,66	1143,08	1004,58	872,16
	III	**1192,83**	443,83	443,83	III	1078,83	967,83	860,00	755,16	653,33	554,66
	V	**2264,33**	443,83	443,83	IV	1721,41	1648,08	1574,66	1501,25	1427,83	1354,50
	VI	**2300,58**	443,83	443,83							
7142,99 West	I,IV	**1783,00**	443,83	443,83	I	1636,16	1489,41	1342,58	1196,50	1055,66	921,00
	II	**1716,16**	443,83	443,83	II	1569,41	1422,58	1275,83	1131,66	993,66	861,75
	III	**1183,50**	443,83	443,83	III	1069,66	959,00	851,33	746,66	645,16	546,83
	V	**2252,41**	443,83	443,83	IV	1709,58	1636,16	1562,75	1489,41	1416,00	1342,58
	VI	**2288,75**	443,83	443,83							
7142,99 Ost	I,IV	**1796,08**	443,83	443,83	I	1649,33	1502,50	1355,75	1209,41	1068,00	932,83
	II	**1729,33**	443,83	443,83	II	1582,50	1435,75	1288,91	1144,33	1005,75	873,33
	III	**1193,83**	443,83	443,83	III	1079,83	968,83	860,83	756,00	654,16	555,50
	V	**2265,58**	443,83	443,83	IV	1722,66	1649,33	1575,91	1502,50	1429,08	1355,75
	VI	**2301,83**	443,83	443,83							
7145,99 West	I,IV	**1784,25**	443,83	443,83	I	1637,41	1490,66	1343,83	1197,75	1056,83	922,16
	II	**1717,41**	443,83	443,83	II	1570,66	1423,83	1277,08	1132,91	994,83	862,83
	III	**1184,50**	443,83	443,83	III	1070,66	959,83	852,16	747,66	646,00	547,66
	V	**2253,75**	443,83	443,83	IV	1710,83	1637,41	1564,08	1490,66	1417,25	1343,83
	VI	**2290,00**	443,83	443,83							
7145,99 Ost	I,IV	**1797,33**	443,83	443,83	I	1650,58	1503,75	1357,00	1210,66	1069,25	933,91
	II	**1730,58**	443,83	443,83	II	1583,75	1437,00	1290,16	1145,50	1006,91	874,41
	III	**1194,83**	443,83	443,83	III	1080,66	969,66	861,83	756,83	655,00	556,33
	V	**2266,83**	443,83	443,83	IV	1723,91	1650,58	1577,16	1503,75	1430,41	1357,00
	VI	**2303,08**	443,83	443,83							

* Zur LSt-Berechnung für privat versicherte Arbeitnehmer s. Beispiele **Vorbemerkung S. 4f.**
** Basisvorsorgepauschale KV und PV *** Typisierter Arbeitgeberzuschuss

Lohn/ Gehalt in € bis	Steuerklasse	Lohn-steuer*	BVSP**	TAGZ***	Steuerklasse	Bemessungsgrundlage für Kirchensteuer und Solidaritätszuschlag					
						Freibeträge für ... Kinder					
						0,5	**1,0**	1,5	**2,0**	2,5	**3,0**
7148,99	I,IV	**1785,50**	443,83	443,83	I	1638,66	1491,91	1345,08	1199,00	1058,08	923,25
West	II	**1718,66**	443,83	443,83	II	1571,91	1425,16	1278,33	1134,08	996,00	864,00
	III	**1185,50**	443,83	443,83	III	1071,66	960,83	853,16	748,50	647,00	548,50
	V	**2255,00**	443,83	443,83	IV	1712,08	1638,66	1565,33	1491,91	1418,50	1345,08
	VI	**2291,25**	443,83	443,83							
7148,99	I,IV	**1798,58**	443,83	443,83	I	1651,83	1505,00	1358,25	1211,83	1070,41	935,08
Ost	II	**1731,83**	443,83	443,83	II	1585,08	1438,25	1291,50	1146,75	1008,08	875,50
	III	**1195,83**	443,83	443,83	III	1081,66	970,66	862,66	757,83	656,00	557,16
	V	**2268,08**	443,83	443,83	IV	1725,25	1651,83	1578,41	1505,00	1431,66	1358,25
	VI	**2304,33**	443,83	443,83							
7151,99	I,IV	**1786,75**	443,83	443,83	I	1639,91	1493,16	1346,41	1200,25	1059,25	924,41
West	II	**1720,00**	443,83	443,83	II	1573,16	1426,41	1279,58	1135,33	997,16	865,08
	III	**1186,50**	443,83	443,83	III	1072,50	961,83	854,00	749,33	647,83	549,33
	V	**2256,25**	443,83	443,83	IV	1713,33	1639,91	1566,58	1493,16	1419,75	1346,41
	VI	**2292,50**	443,83	443,83							
7151,99	I,IV	**1799,83**	443,83	443,83	I	1653,08	1506,33	1359,50	1213,08	1071,58	936,16
Ost	II	**1733,08**	443,83	443,83	II	1586,33	1439,50	1292,75	1148,00	1009,25	876,66
	III	**1196,83**	443,83	443,83	III	1082,66	971,66	863,66	758,66	656,83	558,00
	V	**2269,33**	443,83	443,83	IV	1726,50	1653,08	1579,66	1506,33	1432,91	1359,50
	VI	**2305,58**	443,83	443,83							
7154,99	I,IV	**1788,00**	443,83	443,83	I	1641,25	1494,41	1347,66	1201,41	1060,41	925,50
West	II	**1721,25**	443,83	443,83	II	1574,41	1427,66	1280,83	1136,50	998,33	866,16
	III	**1187,50**	443,83	443,83	III	1073,50	962,66	855,00	750,33	648,66	550,16
	V	**2257,50**	443,83	443,83	IV	1714,58	1641,25	1567,83	1494,41	1421,00	1347,66
	VI	**2293,75**	443,83	443,83							
7154,99	I,IV	**1801,16**	443,83	443,83	I	1654,33	1507,58	1360,75	1214,33	1072,75	937,33
Ost	II	**1734,33**	443,83	443,83	II	1587,58	1440,75	1294,00	1149,16	1010,41	877,75
	III	**1197,83**	443,83	443,83	III	1083,66	972,50	864,50	759,50	657,66	558,83
	V	**2270,58**	443,83	443,83	IV	1727,75	1654,33	1580,91	1507,58	1434,16	1360,75
	VI	**2306,91**	443,83	443,83							
7157,99	I,IV	**1789,25**	443,83	443,83	I	1642,50	1495,66	1348,91	1202,66	1061,58	926,66
West	II	**1722,50**	443,83	443,83	II	1575,66	1428,91	1282,08	1137,75	999,41	867,25
	III	**1188,33**	443,83	443,83	III	1074,50	963,66	855,83	751,16	649,50	551,00
	V	**2258,75**	443,83	443,83	IV	1715,83	1642,50	1569,08	1495,66	1422,33	1348,91
	VI	**2295,00**	443,83	443,83							
7157,99	I,IV	**1802,41**	443,83	443,83	I	1655,58	1508,83	1362,00	1215,58	1074,00	938,50
Ost	II	**1735,58**	443,83	443,83	II	1588,83	1442,00	1295,25	1150,41	1011,58	878,83
	III	**1198,83**	443,83	443,83	III	1084,66	973,50	865,50	760,50	658,50	559,66
	V	**2271,91**	443,83	443,83	IV	1729,00	1655,58	1582,16	1508,83	1435,41	1362,00
	VI	**2308,16**	443,83	443,83							
7160,99	I,IV	**1790,50**	443,83	443,83	I	1643,75	1496,91	1350,16	1203,91	1062,75	927,75
West	II	**1723,75**	443,83	443,83	II	1576,91	1430,16	1283,41	1138,91	1000,58	868,41
	III	**1189,33**	443,83	443,83	III	1075,50	964,66	856,83	752,00	650,33	551,83
	V	**2260,00**	443,83	443,83	IV	1717,16	1643,75	1570,33	1496,91	1423,58	1350,16
	VI	**2296,25**	443,83	443,83							
7160,99	I,IV	**1803,66**	443,83	443,83	I	1656,83	1510,08	1363,25	1216,83	1075,16	939,58
Ost	II	**1736,83**	443,83	443,83	II	1590,08	1443,33	1296,50	1151,58	1012,75	880,00
	III	**1199,83**	443,83	443,83	III	1085,50	974,50	866,33	761,33	659,33	560,50
	V	**2273,16**	443,83	443,83	IV	1730,25	1656,83	1583,50	1510,08	1436,66	1363,25
	VI	**2309,41**	443,83	443,83							
7163,99	I,IV	**1791,75**	443,83	443,83	I	1645,00	1498,16	1351,41	1205,16	1064,00	928,91
West	II	**1725,00**	443,83	443,83	II	1578,25	1431,41	1284,66	1140,16	1001,75	869,50
	III	**1190,33**	443,83	443,83	III	1076,50	965,50	857,66	753,00	651,16	552,66
	V	**2261,25**	443,83	443,83	IV	1718,41	1645,00	1571,58	1498,16	1424,83	1351,41
	VI	**2297,50**	443,83	443,83							
7163,99	I,IV	**1804,91**	443,83	443,83	I	1658,08	1511,33	1364,58	1218,08	1076,33	940,75
Ost	II	**1738,16**	443,83	443,83	II	1591,33	1444,58	1297,75	1152,83	1013,91	881,08
	III	**1200,83**	443,83	443,83	III	1086,50	975,33	867,33	762,16	660,16	561,33
	V	**2274,41**	443,83	443,83	IV	1731,50	1658,08	1584,75	1511,33	1437,91	1364,58
	VI	**2310,66**	443,83	443,83							

* Zur LSt-Berechnung für privat versicherte Arbeitnehmer s. Beispiele **Vorbemerkung S. 4f.**
** Basisvorsorgepauschale KV und PV *** Typisierter Arbeitgeberzuschuss

Lohn/ Gehalt in € bis	Steuerklasse	Lohn- steuer*	BVSP**	TAGZ***	Steuerklasse	Bemessungsgrundlage für Kirchensteuer und Solidaritätszuschlag – Freibeträge für ... Kinder 0,5	1,0	1,5	2,0	2,5	3,0
7166,99	I,IV	**1793,08**	443,83	443,83	I	1646,25	1499,50	1352,66	1206,41	1065,16	930,08
West	II	**1726,25**	443,83	443,83	II	1579,50	1432,66	1285,91	1141,41	1002,91	870,58
	III	**1191,33**	443,83	443,83	III	1077,33	966,50	858,66	753,83	652,16	553,50
	V	**2262,50**	443,83	443,83	IV	1719,66	1646,25	1572,83	1499,50	1426,08	1352,66
	VI	**2298,83**	443,83	443,83							
7166,99	I,IV	**1806,16**	443,83	443,83	I	1659,41	1512,58	1365,83	1219,33	1077,58	941,91
Ost	II	**1739,41**	443,83	443,83	II	1592,58	1445,83	1299,00	1154,08	1015,08	882,16
	III	**1201,66**	443,83	443,83	III	1087,50	976,33	868,16	763,16	661,16	562,16
	V	**2275,66**	443,83	443,83	IV	1732,75	1659,41	1586,00	1512,58	1439,16	1365,83
	VI	**2311,91**	443,83	443,83							
7169,99	I,IV	**1794,33**	443,83	443,83	I	1647,50	1500,75	1353,91	1207,66	1066,33	931,16
West	II	**1727,50**	443,83	443,83	II	1580,75	1433,91	1287,16	1142,58	1004,08	871,75
	III	**1192,33**	443,83	443,83	III	1078,33	967,50	859,50	754,66	653,00	554,33
	V	**2263,83**	443,83	443,83	IV	1720,91	1647,50	1574,08	1500,75	1427,33	1353,91
	VI	**2300,08**	443,83	443,83							
7169,99	I,IV	**1807,41**	443,83	443,83	I	1660,66	1513,83	1367,08	1220,58	1078,75	943,00
Ost	II	**1740,66**	443,83	443,83	II	1593,83	1447,08	1300,25	1155,25	1016,25	883,33
	III	**1202,66**	443,83	443,83	III	1088,50	977,16	869,16	764,00	662,00	563,00
	V	**2276,91**	443,83	443,83	IV	1734,00	1660,66	1587,25	1513,83	1440,41	1367,08
	VI	**2313,16**	443,83	443,83							
7172,99	I,IV	**1795,58**	443,83	443,83	I	1648,75	1502,00	1355,16	1208,83	1067,50	932,33
West	II	**1728,75**	443,83	443,83	II	1582,00	1435,16	1288,41	1143,83	1005,25	872,83
	III	**1193,33**	443,83	443,83	III	1079,33	968,33	860,50	755,66	653,83	555,16
	V	**2265,08**	443,83	443,83	IV	1722,16	1648,75	1575,41	1502,00	1428,58	1355,16
	VI	**2301,33**	443,83	443,83							
7172,99	I,IV	**1808,66**	443,83	443,83	I	1661,91	1515,08	1368,33	1221,83	1079,91	944,16
Ost	II	**1741,91**	443,83	443,83	II	1595,08	1448,33	1301,58	1156,50	1017,41	884,41
	III	**1203,66**	443,83	443,83	III	1089,50	978,16	870,00	764,83	662,83	563,83
	V	**2278,16**	443,83	443,83	IV	1735,33	1661,91	1588,50	1515,08	1441,75	1368,33
	VI	**2314,41**	443,83	443,83							
7175,99	I,IV	**1796,83**	443,83	443,83	I	1650,00	1503,25	1356,41	1210,08	1068,75	933,41
West	II	**1730,08**	443,83	443,83	II	1583,25	1436,50	1289,66	1145,00	1006,41	873,91
	III	**1194,33**	443,83	443,83	III	1080,33	969,33	861,33	756,50	654,66	556,00
	V	**2266,33**	443,83	443,83	IV	1723,41	1650,00	1576,66	1503,25	1429,83	1356,41
	VI	**2302,58**	443,83	443,83							
7175,99	I,IV	**1809,91**	443,83	443,83	I	1663,16	1516,33	1369,58	1223,08	1081,08	945,33
Ost	II	**1743,16**	443,83	443,83	II	1596,41	1449,58	1302,83	1157,75	1018,58	885,50
	III	**1204,66**	443,83	443,83	III	1090,33	979,16	870,83	765,83	663,66	564,66
	V	**2279,41**	443,83	443,83	IV	1736,58	1663,16	1589,75	1516,33	1443,00	1369,58
	VI	**2315,66**	443,83	443,83							
7178,99	I,IV	**1798,08**	443,83	443,83	I	1651,33	1504,50	1357,75	1211,33	1069,91	934,58
West	II	**1731,33**	443,83	443,83	II	1584,50	1437,75	1290,91	1146,25	1007,58	875,08
	III	**1195,33**	443,83	443,83	III	1081,33	970,16	862,33	757,33	655,50	556,83
	V	**2267,58**	443,83	443,83	IV	1724,66	1651,33	1577,91	1504,50	1431,08	1357,75
	VI	**2303,83**	443,83	443,83							
7178,99	I,IV	**1811,25**	443,83	443,83	I	1664,41	1517,66	1370,83	1224,33	1082,33	946,41
Ost	II	**1744,41**	443,83	443,83	II	1597,66	1450,83	1304,08	1158,91	1019,75	886,66
	III	**1205,66**	443,83	443,83	III	1091,33	980,00	871,83	766,66	664,50	565,50
	V	**2280,66**	443,83	443,83	IV	1737,83	1664,41	1591,00	1517,66	1444,25	1370,83
	VI	**2317,00**	443,83	443,83							
7181,99	I,IV	**1799,33**	443,83	443,83	I	1652,58	1505,75	1359,00	1212,58	1071,08	935,75
West	II	**1732,58**	443,83	443,83	II	1585,75	1439,00	1292,16	1147,50	1008,75	876,16
	III	**1196,33**	443,83	443,83	III	1082,16	971,16	863,16	758,33	656,33	557,66
	V	**2268,83**	443,83	443,83	IV	1725,91	1652,58	1579,16	1505,75	1432,33	1359,00
	VI	**2305,08**	443,83	443,83							
7181,99	I,IV	**1812,50**	443,83	443,83	I	1665,66	1518,91	1372,08	1225,58	1083,50	947,58
Ost	II	**1745,66**	443,83	443,83	II	1598,91	1452,08	1305,33	1160,16	1020,91	887,75
	III	**1206,66**	443,83	443,83	III	1092,33	981,00	872,66	767,50	665,33	566,33
	V	**2282,00**	443,83	443,83	IV	1739,08	1665,66	1592,25	1518,91	1445,50	1372,08
	VI	**2318,25**	443,83	443,83							

* Zur LSt-Berechnung für privat versicherte Arbeitnehmer s. Beispiele **Vorbemerkung S. 4 f.**
** Basisvorsorgepauschale KV und PV *** Typisierter Arbeitgeberzuschuss

Lohn/ Gehalt in € bis	Steuerklasse	Lohn- steuer*	BVSP**	TAGZ***	Steuerklasse	Bemessungsgrundlage für Kirchensteuer und Solidaritätszuschlag – Freibeträge für ... Kinder 0,5	1,0	1,5	2,0	2,5	3,0
7184,99 West	I,IV	**1800,58**	443,83	443,83	I	1653,83	1507,00	1360,25	1213,83	1072,25	936,83
	II	**1733,83**	443,83	443,83	II	1587,00	1440,25	1293,41	1148,66	1009,91	877,25
	III	**1197,33**	443,83	443,83	III	1083,16	972,16	864,16	759,16	657,33	558,50
	V	**2270,08**	443,83	443,83	IV	1727,25	1653,83	1580,41	1507,00	1433,66	1360,25
	VI	**2306,33**	443,83	443,83							
7184,99 Ost	I,IV	**1813,75**	443,83	443,83	I	1666,91	1520,16	1373,33	1226,75	1084,66	948,75
	II	**1746,91**	443,83	443,83	II	1600,16	1453,33	1306,58	1161,41	1022,08	888,91
	III	**1207,66**	443,83	443,83	III	1093,33	982,00	873,66	768,50	666,33	567,16
	V	**2283,25**	443,83	443,83	IV	1740,33	1666,91	1593,58	1520,16	1446,75	1373,33
	VI	**2319,50**	443,83	443,83							
7187,99 West	I,IV	**1801,83**	443,83	443,83	I	1655,08	1508,25	1361,50	1215,08	1073,50	938,00
	II	**1735,08**	443,83	443,83	II	1588,33	1441,50	1294,75	1149,91	1011,08	878,41
	III	**1198,33**	443,83	443,83	III	1084,16	973,00	865,00	760,00	658,16	559,33
	V	**2271,33**	443,83	443,83	IV	1728,50	1655,08	1581,66	1508,25	1434,91	1361,50
	VI	**2307,58**	443,83	443,83							
7187,99 Ost	I,IV	**1815,00**	443,83	443,83	I	1668,16	1521,41	1374,58	1228,00	1085,91	949,83
	II	**1748,25**	443,83	443,83	II	1601,41	1454,66	1307,83	1162,58	1023,25	890,00
	III	**1208,66**	443,83	443,83	III	1094,33	982,83	874,50	769,33	667,16	568,00
	V	**2284,50**	443,83	443,83	IV	1741,58	1668,16	1594,83	1521,41	1448,00	1374,58
	VI	**2320,75**	443,83	443,83							
7190,99 West	I,IV	**1803,16**	443,83	443,83	I	1656,33	1509,58	1362,75	1216,33	1074,66	939,16
	II	**1736,33**	443,83	443,83	II	1589,58	1442,75	1296,00	1151,08	1012,25	879,50
	III	**1199,33**	443,83	443,83	III	1085,16	974,00	866,00	761,00	659,00	560,16
	V	**2272,58**	443,83	443,83	IV	1729,75	1656,33	1582,91	1509,58	1436,16	1362,75
	VI	**2308,91**	443,83	443,83							
7190,99 Ost	I,IV	**1816,25**	443,83	443,83	I	1669,50	1522,66	1375,91	1229,25	1087,08	951,00
	II	**1749,50**	443,83	443,83	II	1602,66	1455,91	1309,08	1163,83	1024,41	891,08
	III	**1209,66**	443,83	443,83	III	1095,16	983,83	875,50	770,16	668,00	568,83
	V	**2285,75**	443,83	443,83	IV	1742,83	1669,50	1596,08	1522,66	1449,25	1375,91
	VI	**2322,00**	443,83	443,83							
7193,99 West	I,IV	**1804,41**	443,83	443,83	I	1657,58	1510,83	1364,00	1217,58	1075,83	940,25
	II	**1737,58**	443,83	443,83	II	1590,83	1444,00	1297,25	1152,33	1013,41	880,58
	III	**1200,33**	443,83	443,83	III	1086,16	975,00	866,83	761,83	659,83	561,00
	V	**2273,91**	443,83	443,83	IV	1731,00	1657,58	1584,16	1510,83	1437,41	1364,00
	VI	**2310,16**	443,83	443,83							
7193,99 Ost	I,IV	**1817,50**	443,83	443,83	I	1670,75	1523,91	1377,16	1230,50	1088,25	952,16
	II	**1750,75**	443,83	443,83	II	1603,91	1457,16	1310,33	1165,08	1025,58	892,25
	III	**1210,66**	443,83	443,83	III	1096,16	984,83	876,33	771,16	668,83	569,66
	V	**2287,00**	443,83	443,83	IV	1744,08	1670,75	1597,33	1523,91	1450,50	1377,16
	VI	**2323,25**	443,83	443,83							
7196,99 West	I,IV	**1805,66**	443,83	443,83	I	1658,83	1512,08	1365,25	1218,83	1077,08	941,41
	II	**1738,83**	443,83	443,83	II	1592,08	1445,25	1298,50	1153,58	1014,58	881,75
	III	**1201,33**	443,83	443,83	III	1087,00	975,83	867,83	762,66	660,66	561,83
	V	**2275,16**	443,83	443,83	IV	1732,25	1658,83	1585,50	1512,08	1438,66	1365,25
	VI	**2311,41**	443,83	443,83							
7196,99 Ost	I,IV	**1818,75**	443,83	443,83	I	1672,00	1525,16	1378,41	1231,75	1089,50	953,25
	II	**1752,00**	443,83	443,83	II	1605,16	1458,41	1311,58	1166,25	1026,75	893,33
	III	**1211,66**	443,83	443,83	III	1097,16	985,66	877,33	772,00	669,66	570,50
	V	**2288,25**	443,83	443,83	IV	1745,41	1672,00	1598,58	1525,16	1451,83	1378,41
	VI	**2324,50**	443,83	443,83							
7199,99 West	I,IV	**1806,91**	443,83	443,83	I	1660,08	1513,33	1366,50	1220,08	1078,25	942,58
	II	**1740,16**	443,83	443,83	II	1593,33	1446,58	1299,75	1154,75	1015,75	882,83
	III	**1202,33**	443,83	443,83	III	1088,00	976,83	868,66	763,66	661,50	562,66
	V	**2276,41**	443,83	443,83	IV	1733,50	1660,08	1586,75	1513,33	1439,91	1366,50
	VI	**2312,66**	443,83	443,83							
7199,99 Ost	I,IV	**1820,00**	443,83	443,83	I	1673,25	1526,41	1379,66	1233,00	1090,66	954,41
	II	**1753,25**	443,83	443,83	II	1606,50	1459,66	1312,91	1167,50	1027,91	894,50
	III	**1212,66**	443,83	443,83	III	1098,16	986,66	878,16	772,83	670,66	571,33
	V	**2289,50**	443,83	443,83	IV	1746,66	1673,25	1599,83	1526,41	1453,08	1379,66
	VI	**2325,75**	443,83	443,83							

* Zur LSt-Berechnung für privat versicherte Arbeitnehmer s. Beispiele **Vorbemerkung S. 4f.**
** Basisvorsorgepauschale KV und PV *** Typisierter Arbeitgeberzuschuss

Lohn/ Gehalt in € bis	Steuerklasse	Lohn-steuer*	BVSP**	TAGZ***	Steuerklasse	Bemessungsgrundlage für Kirchensteuer und Solidaritätszuschlag – Freibeträge für … Kinder 0,5	**1,0**	1,5	**2,0**	2,5	**3,0**
7 202,99 West	I,IV	**1 808,16**	443,83	443,83	I	1 661,41	1 514,58	1 367,83	1 221,33	1 079,41	943,66
	II	**1 741,41**	443,83	443,83	II	1 594,58	1 447,83	1 301,00	1 156,00	1 016,91	883,91
	III	**1 203,33**	443,83	443,83	III	1 089,00	977,83	869,66	764,50	662,50	563,50
	V	**2 277,66**	443,83	443,83	IV	1 734,75	1 661,41	1 588,00	1 514,58	1 441,16	1 367,83
	VI	**2 313,91**	443,83	443,83							
7 202,99 Ost	I,IV	**1 821,33**	443,83	443,83	I	1 674,50	1 527,75	1 380,91	1 234,25	1 091,83	955,58
	II	**1 754,50**	443,83	443,83	II	1 607,75	1 460,91	1 314,16	1 168,75	1 029,08	895,58
	III	**1 213,66**	443,83	443,83	III	1 099,16	987,66	879,16	773,83	671,50	572,16
	V	**2 290,75**	443,83	443,83	IV	1 747,91	1 674,50	1 601,08	1 527,75	1 454,33	1 380,91
	VI	**2 327,00**	443,83	443,83							
7 205,99 West	I,IV	**1 809,41**	443,83	443,83	I	1 662,66	1 515,83	1 369,08	1 222,50	1 080,58	944,83
	II	**1 742,66**	443,83	443,83	II	1 595,83	1 449,08	1 302,25	1 157,25	1 018,08	885,08
	III	**1 204,33**	443,83	443,83	III	1 090,00	978,66	870,50	765,33	663,33	564,33
	V	**2 278,91**	443,83	443,83	IV	1 736,00	1 662,66	1 589,25	1 515,83	1 442,41	1 369,08
	VI	**2 315,16**	443,83	443,83							
7 205,99 Ost	I,IV	**1 822,58**	443,83	443,83	I	1 675,75	1 529,00	1 382,16	1 235,50	1 093,08	956,75
	II	**1 755,75**	443,83	443,83	II	1 609,00	1 462,16	1 315,41	1 169,91	1 030,25	896,75
	III	**1 214,66**	443,83	443,83	III	1 100,16	988,50	880,16	774,66	672,33	573,00
	V	**2 292,00**	443,83	443,83	IV	1 749,16	1 675,75	1 602,33	1 529,00	1 455,58	1 382,16
	VI	**2 328,33**	443,83	443,83							
7 208,99 West	I,IV	**1 810,66**	443,83	443,83	I	1 663,91	1 517,08	1 370,33	1 223,75	1 081,83	946,00
	II	**1 743,91**	443,83	443,83	II	1 597,08	1 450,33	1 303,50	1 158,41	1 019,25	886,16
	III	**1 205,33**	443,83	443,83	III	1 091,00	979,66	871,50	766,33	664,16	565,16
	V	**2 280,16**	443,83	443,83	IV	1 737,33	1 663,91	1 590,50	1 517,08	1 443,75	1 370,33
	VI	**2 316,41**	443,83	443,83							
7 208,99 Ost	I,IV	**1 823,83**	443,83	443,83	I	1 677,00	1 530,25	1 383,41	1 236,75	1 094,25	957,83
	II	**1 757,00**	443,83	443,83	II	1 610,25	1 463,41	1 316,66	1 171,16	1 031,41	897,83
	III	**1 215,66**	443,83	443,83	III	1 101,00	989,50	881,00	775,50	673,16	573,83
	V	**2 293,33**	443,83	443,83	IV	1 750,41	1 677,00	1 603,66	1 530,25	1 456,83	1 383,41
	VI	**2 329,58**	443,83	443,83							
7 211,99 West	I,IV	**1 811,91**	443,83	443,83	I	1 665,16	1 518,33	1 371,58	1 225,00	1 083,00	947,08
	II	**1 745,16**	443,83	443,83	II	1 598,41	1 451,58	1 304,83	1 159,66	1 020,41	887,33
	III	**1 206,33**	443,83	443,83	III	1 091,83	980,66	872,33	767,16	665,00	566,00
	V	**2 281,41**	443,83	443,83	IV	1 738,58	1 665,16	1 591,75	1 518,33	1 445,00	1 371,58
	VI	**2 317,66**	443,83	443,83							
7 211,99 Ost	I,IV	**1 825,08**	443,83	443,83	I	1 678,25	1 531,50	1 384,66	1 238,00	1 095,41	959,00
	II	**1 758,33**	443,83	443,83	II	1 611,50	1 464,75	1 317,91	1 172,41	1 032,58	898,91
	III	**1 216,66**	443,83	443,83	III	1 102,00	990,50	882,00	776,50	674,00	574,66
	V	**2 294,58**	443,83	443,83	IV	1 751,66	1 678,25	1 604,91	1 531,50	1 458,08	1 384,66
	VI	**2 330,83**	443,83	443,83							
7 214,99 West	I,IV	**1 813,16**	443,83	443,83	I	1 666,41	1 519,66	1 372,83	1 226,25	1 084,16	948,25
	II	**1 746,41**	443,83	443,83	II	1 599,66	1 452,83	1 306,08	1 160,91	1 021,58	888,41
	III	**1 207,33**	443,83	443,83	III	1 092,83	981,50	873,33	768,00	665,83	566,83
	V	**2 282,66**	443,83	443,83	IV	1 739,83	1 666,41	1 593,00	1 519,66	1 446,25	1 372,83
	VI	**2 318,91**	443,83	443,83							
7 214,99 Ost	I,IV	**1 826,33**	443,83	443,83	I	1 679,58	1 532,75	1 386,00	1 239,25	1 096,66	960,16
	II	**1 759,58**	443,83	443,83	II	1 612,75	1 466,00	1 319,16	1 173,66	1 033,83	900,08
	III	**1 217,66**	443,83	443,83	III	1 103,00	991,33	882,83	777,33	675,00	575,50
	V	**2 295,83**	443,83	443,83	IV	1 752,91	1 679,58	1 606,16	1 532,75	1 459,33	1 386,00
	VI	**2 332,08**	443,83	443,83							
7 217,99 West	I,IV	**1 814,50**	443,83	443,83	I	1 667,66	1 520,91	1 374,08	1 227,50	1 085,41	949,41
	II	**1 747,66**	443,83	443,83	II	1 600,91	1 454,08	1 307,33	1 162,08	1 022,75	889,50
	III	**1 208,33**	443,83	443,83	III	1 093,83	982,50	874,16	769,00	666,66	567,66
	V	**2 283,91**	443,83	443,83	IV	1 741,08	1 667,66	1 594,25	1 520,91	1 447,50	1 374,08
	VI	**2 320,25**	443,83	443,83							
7 217,99 Ost	I,IV	**1 827,58**	443,83	443,83	I	1 680,83	1 534,00	1 387,25	1 240,50	1 097,83	961,33
	II	**1 760,83**	443,83	443,83	II	1 614,00	1 467,25	1 320,41	1 174,83	1 035,00	901,16
	III	**1 218,66**	443,83	443,83	III	1 104,00	992,33	883,83	778,16	675,83	576,33
	V	**2 297,08**	443,83	443,83	IV	1 754,16	1 680,83	1 607,41	1 534,00	1 460,58	1 387,25
	VI	**2 333,33**	443,83	443,83							

* Zur LSt-Berechnung für privat versicherte Arbeitnehmer s. Beispiele **Vorbemerkung S. 4 f.**
** Basisvorsorgepauschale KV und PV *** Typisierter Arbeitgeberzuschuss

Lohn/ Gehalt in € bis	Steuerklasse	Lohn- steuer*	BVSP**	TAGZ***	Steuerklasse	Bemessungsgrundlage für Kirchensteuer und Solidaritätszuschlag					
						Freibeträge für ... Kinder					
						0,5	**1,0**	1,5	**2,0**	2,5	**3,0**
7220,99 West	I,IV	**1815,75**	443,83	443,83	I	1668,91	1522,16	1375,33	1228,75	1086,58	950,50
	II	**1748,91**	443,83	443,83	II	1602,16	1455,33	1308,58	1163,33	1023,91	890,66
	III	**1209,33**	443,83	443,83	III	1094,83	983,50	875,16	769,83	667,66	568,50
	V	**2285,25**	443,83	443,83	IV	1742,33	1668,91	1595,58	1522,16	1448,75	1375,33
	VI	**2321,50**	443,83	443,83							
7220,99 Ost	I,IV	**1828,83**	443,83	443,83	I	1682,08	1535,25	1388,50	1241,75	1099,08	962,41
	II	**1762,08**	443,83	443,83	II	1615,25	1468,50	1321,66	1176,08	1036,16	902,33
	III	**1219,66**	443,83	443,83	III	1105,00	993,33	884,66	779,16	676,66	577,16
	V	**2298,33**	443,83	443,83	IV	1755,41	1682,08	1608,66	1535,25	1461,91	1388,50
	VI	**2334,58**	443,83	443,83							
7223,99 West	I,IV	**1817,00**	443,83	443,83	I	1670,16	1523,41	1376,58	1230,00	1087,75	951,66
	II	**1750,16**	443,83	443,83	II	1603,41	1456,66	1309,83	1164,58	1025,08	891,75
	III	**1210,33**	443,83	443,83	III	1095,83	984,33	876,00	770,66	668,50	569,33
	V	**2286,50**	443,83	443,83	IV	1743,58	1670,16	1596,83	1523,41	1450,00	1376,58
	VI	**2322,75**	443,83	443,83							
7223,99 Ost	I,IV	**1830,08**	443,83	443,83	I	1683,33	1536,50	1389,75	1243,00	1100,25	963,58
	II	**1763,33**	443,83	443,83	II	1616,58	1469,75	1323,00	1177,33	1037,33	903,41
	III	**1220,66**	443,83	443,83	III	1106,00	994,16	885,66	780,00	677,50	578,00
	V	**2299,58**	443,83	443,83	IV	1756,75	1683,33	1609,91	1536,50	1463,16	1389,75
	VI	**2335,83**	443,83	443,83							
7226,99 West	I,IV	**1818,25**	443,83	443,83	I	1671,41	1524,66	1377,91	1231,25	1089,00	952,83
	II	**1751,50**	443,83	443,83	II	1604,66	1457,91	1311,08	1165,75	1026,25	892,91
	III	**1211,33**	443,83	443,83	III	1096,83	985,33	877,00	771,66	669,33	570,16
	V	**2287,75**	443,83	443,83	IV	1744,83	1671,41	1598,08	1524,66	1451,25	1377,91
	VI	**2324,00**	443,83	443,83							
7226,99 Ost	I,IV	**1831,33**	443,83	443,83	I	1684,58	1537,83	1391,00	1244,25	1101,41	964,75
	II	**1764,58**	443,83	443,83	II	1617,83	1471,00	1324,25	1178,50	1038,50	904,58
	III	**1221,66**	443,83	443,83	III	1106,83	995,16	886,50	781,00	678,33	578,83
	V	**2300,83**	443,83	443,83	IV	1758,00	1684,58	1611,16	1537,83	1464,41	1391,00
	VI	**2337,08**	443,83	443,83							
7229,99 West	I,IV	**1819,50**	443,83	443,83	I	1672,75	1525,91	1379,16	1232,50	1090,16	953,91
	II	**1752,75**	443,83	443,83	II	1605,91	1459,16	1312,33	1167,00	1027,41	894,00
	III	**1212,33**	443,83	443,83	III	1097,66	986,33	877,83	772,50	670,16	571,00
	V	**2289,00**	443,83	443,83	IV	1746,08	1672,75	1599,33	1525,91	1452,50	1379,16
	VI	**2325,25**	443,83	443,83							
7229,99 Ost	I,IV	**1832,66**	443,83	443,83	I	1685,83	1539,08	1392,25	1245,50	1102,66	965,91
	II	**1765,83**	443,83	443,83	II	1619,08	1472,25	1325,50	1179,75	1039,66	905,66
	III	**1222,66**	443,83	443,83	III	1107,83	996,16	887,50	781,83	679,33	579,83
	V	**2302,08**	443,83	443,83	IV	1759,25	1685,83	1612,41	1539,08	1465,66	1392,25
	VI	**2338,41**	443,83	443,83							
7232,99 West	I,IV	**1820,75**	443,83	443,83	I	1674,00	1527,16	1380,41	1233,75	1091,33	955,08
	II	**1754,00**	443,83	443,83	II	1607,16	1460,41	1313,58	1168,25	1028,58	895,16
	III	**1213,16**	443,83	443,83	III	1098,66	987,16	878,83	773,33	671,00	571,83
	V	**2290,25**	443,83	443,83	IV	1747,33	1674,00	1600,58	1527,16	1453,83	1380,41
	VI	**2326,50**	443,83	443,83							
7232,99 Ost	I,IV	**1833,91**	443,83	443,83	I	1687,08	1540,33	1393,50	1246,75	1103,83	967,00
	II	**1767,08**	443,83	443,83	II	1620,33	1473,50	1326,75	1181,00	1040,83	906,83
	III	**1223,66**	443,83	443,83	III	1108,83	997,00	888,33	782,66	680,16	580,66
	V	**2303,41**	443,83	443,83	IV	1760,50	1687,08	1613,66	1540,33	1466,91	1393,50
	VI	**2339,66**	443,83	443,83							
7235,99 West	I,IV	**1822,00**	443,83	443,83	I	1675,25	1528,41	1381,66	1235,00	1092,58	956,25
	II	**1755,25**	443,83	443,83	II	1608,41	1461,66	1314,91	1169,41	1029,75	896,25
	III	**1214,16**	443,83	443,83	III	1099,66	988,16	879,66	774,33	672,00	572,66
	V	**2291,50**	443,83	443,83	IV	1748,66	1675,25	1601,83	1528,41	1455,08	1381,66
	VI	**2327,75**	443,83	443,83							
7235,99 Ost	I,IV	**1835,16**	443,83	443,83	I	1688,33	1541,58	1394,75	1248,00	1105,08	968,16
	II	**1768,33**	443,83	443,83	II	1621,58	1474,83	1328,00	1182,25	1042,00	907,91
	III	**1224,66**	443,83	443,83	III	1109,83	998,00	889,33	783,66	681,00	581,50
	V	**2304,66**	443,83	443,83	IV	1761,75	1688,33	1615,00	1541,58	1468,16	1394,75
	VI	**2340,91**	443,83	443,83							

* Zur LSt-Berechnung für privat versicherte Arbeitnehmer s. Beispiele **Vorbemerkung S. 4 f.**
** Basisvorsorgepauschale KV und PV *** Typisierter Arbeitgeberzuschuss

Lohn/ Gehalt in € bis	Steuerklasse	Lohn-steuer*	BVSP**	TAGZ***	Steuerklasse	Bemessungsgrundlage für Kirchensteuer und Solidaritätszuschlag					
						Freibeträge für ... Kinder					
						0,5	**1,0**	1,5	**2,0**	2,5	**3,0**
7 238,99 West	I,IV	**1 823,25**	443,83	443,83	I	1 676,50	1 529,66	1 382,91	1 236,25	1 093,75	957,41
	II	**1 756,50**	443,83	443,83	II	1 609,75	1 462,91	1 316,16	1 170,66	1 030,91	897,33
	III	**1 215,16**	443,83	443,83	III	1 100,66	989,00	880,66	775,16	672,83	573,50
	V	**2 292,75**	443,83	443,83	IV	1 749,91	1 676,50	1 603,08	1 529,66	1 456,33	1 382,91
	VI	**2 329,00**	443,83	443,83							
7 238,99 Ost	I,IV	**1 836,41**	443,83	443,83	I	1 689,58	1 542,83	1 396,08	1 249,33	1 106,25	969,33
	II	**1 769,66**	443,83	443,83	II	1 622,83	1 476,08	1 329,25	1 183,41	1 043,16	909,08
	III	**1 225,66**	443,83	443,83	III	1 110,83	999,00	890,16	784,50	681,83	582,33
	V	**2 305,91**	443,83	443,83	IV	1 763,00	1 689,58	1 616,25	1 542,83	1 469,41	1 396,08
	VI	**2 342,16**	443,83	443,83							
7 241,99 West	I,IV	**1 824,58**	443,83	443,83	I	1 677,75	1 531,00	1 384,16	1 237,50	1 094,91	958,50
	II	**1 757,75**	443,83	443,83	II	1 611,00	1 464,16	1 317,41	1 171,91	1 032,16	898,50
	III	**1 216,16**	443,83	443,83	III	1 101,66	990,00	881,50	776,00	673,66	574,33
	V	**2 294,00**	443,83	443,83	IV	1 751,16	1 677,75	1 604,33	1 531,00	1 457,58	1 384,16
	VI	**2 330,33**	443,83	443,83							
7 241,99 Ost	I,IV	**1 837,66**	443,83	443,83	I	1 690,91	1 544,08	1 397,33	1 250,58	1 107,41	970,50
	II	**1 770,91**	443,83	443,83	II	1 624,08	1 477,33	1 330,50	1 184,66	1 044,41	910,16
	III	**1 226,66**	443,83	443,83	III	1 111,83	999,83	891,16	785,33	682,66	583,16
	V	**2 307,16**	443,83	443,83	IV	1 764,25	1 690,91	1 617,50	1 544,08	1 470,66	1 397,33
	VI	**2 343,41**	443,83	443,83							
7 244,99 West	I,IV	**1 825,83**	443,83	443,83	I	1 679,00	1 532,25	1 385,41	1 238,75	1 096,16	959,66
	II	**1 759,00**	443,83	443,83	II	1 612,25	1 465,41	1 318,66	1 173,08	1 033,33	899,58
	III	**1 217,16**	443,83	443,83	III	1 102,50	991,00	882,50	777,00	674,50	575,16
	V	**2 295,33**	443,83	443,83	IV	1 752,41	1 679,00	1 605,58	1 532,25	1 458,83	1 385,41
	VI	**2 331,58**	443,83	443,83							
7 244,99 Ost	I,IV	**1 838,91**	443,83	443,83	I	1 692,16	1 545,33	1 398,58	1 251,83	1 108,66	971,66
	II	**1 772,16**	443,83	443,83	II	1 625,33	1 478,58	1 331,75	1 185,91	1 045,58	911,33
	III	**1 227,66**	443,83	443,83	III	1 112,66	1 000,83	892,00	786,33	683,66	584,00
	V	**2 308,41**	443,83	443,83	IV	1 765,50	1 692,16	1 618,75	1 545,33	1 471,91	1 398,58
	VI	**2 344,66**	443,83	443,83							
7 247,99 West	I,IV	**1 827,08**	443,83	443,83	I	1 680,25	1 533,50	1 386,66	1 240,00	1 097,33	960,83
	II	**1 760,25**	443,83	443,83	II	1 613,50	1 466,66	1 319,91	1 174,33	1 034,50	900,75
	III	**1 218,16**	443,83	443,83	III	1 103,50	991,83	883,33	777,83	675,33	576,00
	V	**2 296,58**	443,83	443,83	IV	1 753,66	1 680,25	1 606,91	1 533,50	1 460,08	1 386,66
	VI	**2 332,83**	443,83	443,83							
7 247,99 Ost	I,IV	**1 840,16**	443,83	443,83	I	1 693,41	1 546,58	1 399,83	1 253,08	1 109,83	972,75
	II	**1 773,41**	443,83	443,83	II	1 626,58	1 479,83	1 333,08	1 187,16	1 046,75	912,41
	III	**1 228,66**	443,83	443,83	III	1 113,66	1 001,83	893,00	787,16	684,50	584,83
	V	**2 309,66**	443,83	443,83	IV	1 766,83	1 693,41	1 620,00	1 546,58	1 473,25	1 399,83
	VI	**2 345,91**	443,83	443,83							
7 250,99 West	I,IV	**1 828,33**	443,83	443,83	I	1 681,50	1 534,75	1 387,91	1 241,25	1 098,58	962,00
	II	**1 761,58**	443,83	443,83	II	1 614,75	1 468,00	1 321,16	1 175,58	1 035,66	901,83
	III	**1 219,16**	443,83	443,83	III	1 104,50	992,83	884,33	778,66	676,33	576,83
	V	**2 297,83**	443,83	443,83	IV	1 754,91	1 681,50	1 608,16	1 534,75	1 461,33	1 387,91
	VI	**2 334,08**	443,83	443,83							
7 250,99 Ost	I,IV	**1 841,41**	443,83	443,83	I	1 694,66	1 547,83	1 401,08	1 254,33	1 111,08	973,91
	II	**1 774,66**	443,83	443,83	II	1 627,91	1 481,08	1 334,33	1 188,41	1 047,91	913,58
	III	**1 229,66**	443,83	443,83	III	1 114,66	1 002,66	893,83	788,00	685,33	585,66
	V	**2 310,91**	443,83	443,83	IV	1 768,08	1 694,66	1 621,25	1 547,83	1 474,50	1 401,08
	VI	**2 347,16**	443,83	443,83							
7 253,99 West	I,IV	**1 829,58**	443,83	443,83	I	1 682,83	1 536,00	1 389,25	1 242,50	1 099,75	963,08
	II	**1 762,83**	443,83	443,83	II	1 616,00	1 469,25	1 322,41	1 176,83	1 036,83	903,00
	III	**1 220,16**	443,83	443,83	III	1 105,50	993,83	885,16	779,66	677,16	577,66
	V	**2 299,08**	443,83	443,83	IV	1 756,16	1 682,83	1 609,41	1 536,00	1 462,58	1 389,25
	VI	**2 335,33**	443,83	443,83							
7 253,99 Ost	I,IV	**1 842,75**	443,83	443,83	I	1 695,91	1 549,16	1 402,33	1 255,58	1 112,25	975,08
	II	**1 775,91**	443,83	443,83	II	1 629,16	1 482,33	1 335,58	1 189,58	1 049,08	914,66
	III	**1 230,66**	443,83	443,83	III	1 115,66	1 003,66	894,83	789,00	686,16	586,50
	V	**2 312,16**	443,83	443,83	IV	1 769,33	1 695,91	1 622,50	1 549,16	1 475,75	1 402,33
	VI	**2 348,50**	443,83	443,83							

* Zur LSt-Berechnung für privat versicherte Arbeitnehmer s. Beispiele **Vorbemerkung S. 4 f.**
** Basisvorsorgepauschale KV und PV *** Typisierter Arbeitgeberzuschuss

Lohn/ Gehalt in € bis	Steuerklasse	Lohn-steuer*	BVSP**	TAGZ***	Steuerklasse	Bemessungsgrundlage für Kirchensteuer und Solidaritätszuschlag – Freibeträge für ... Kinder 0,5	1,0	1,5	2,0	2,5	3,0
7256,99	I,IV	**1830,83**	443,83	443,83	I	1684,08	1537,25	1390,50	1243,75	1100,91	964,25
West	II	**1764,08**	443,83	443,83	II	1617,25	1470,50	1323,66	1178,00	1038,00	904,08
	III	**1221,16**	443,83	443,83	III	1106,50	994,83	886,16	780,50	678,00	578,50
	V	**2300,33**	443,83	443,83	IV	1757,41	1684,08	1610,66	1537,25	1463,83	1390,50
	VI	**2336,58**	443,83	443,83							
7256,99	I,IV	**1844,00**	443,83	443,83	I	1697,16	1550,41	1403,58	1256,83	1113,50	976,25
Ost	II	**1777,16**	443,83	443,83	II	1630,41	1483,58	1336,83	1190,83	1050,25	915,83
	III	**1231,66**	443,83	443,83	III	1116,66	1004,66	895,66	789,83	687,00	587,33
	V	**2313,50**	443,83	443,83	IV	1770,58	1697,16	1623,75	1550,41	1477,00	1403,58
	VI	**2349,75**	443,83	443,83							
7259,99	I,IV	**1832,08**	443,83	443,83	I	1685,33	1538,50	1391,75	1245,00	1102,16	965,41
West	II	**1765,33**	443,83	443,83	II	1618,50	1471,75	1324,91	1179,25	1039,16	905,25
	III	**1222,16**	443,83	443,83	III	1107,50	995,66	887,00	781,33	678,83	579,33
	V	**2301,58**	443,83	443,83	IV	1758,75	1685,33	1611,91	1538,50	1465,16	1391,75
	VI	**2337,83**	443,83	443,83							
7259,99	I,IV	**1845,25**	443,83	443,83	I	1698,41	1551,66	1404,83	1258,08	1114,66	977,41
Ost	II	**1778,41**	443,83	443,83	II	1631,66	1484,83	1338,08	1192,08	1051,41	916,91
	III	**1232,66**	443,83	443,83	III	1117,66	1005,66	896,66	790,83	688,00	588,16
	V	**2314,75**	443,83	443,83	IV	1771,83	1698,41	1625,08	1551,66	1478,25	1404,83
	VI	**2351,00**	443,83	443,83							
7262,99	I,IV	**1833,33**	443,83	443,83	I	1686,58	1539,75	1393,00	1246,25	1103,33	966,58
West	II	**1766,58**	443,83	443,83	II	1619,83	1473,00	1326,25	1180,50	1040,33	906,33
	III	**1223,16**	443,83	443,83	III	1108,33	996,66	888,00	782,33	679,66	580,16
	V	**2302,83**	443,83	443,83	IV	1760,00	1686,58	1613,16	1539,75	1466,41	1393,00
	VI	**2339,08**	443,83	443,83							
7262,99	I,IV	**1846,50**	443,83	443,83	I	1699,66	1552,91	1406,08	1259,33	1115,91	978,50
Ost	II	**1779,75**	443,83	443,83	II	1632,91	1486,16	1339,33	1193,33	1052,66	918,08
	III	**1233,66**	443,83	443,83	III	1118,50	1006,50	897,50	791,66	688,83	589,00
	V	**2316,00**	443,83	443,83	IV	1773,08	1699,66	1626,33	1552,91	1479,50	1406,08
	VI	**2352,25**	443,83	443,83							
7265,99	I,IV	**1834,66**	443,83	443,83	I	1687,83	1541,08	1394,25	1247,50	1104,58	967,66
West	II	**1767,83**	443,83	443,83	II	1621,08	1474,25	1327,50	1181,75	1041,50	907,50
	III	**1224,16**	443,83	443,83	III	1109,33	997,66	888,83	783,16	680,66	581,00
	V	**2304,08**	443,83	443,83	IV	1761,25	1687,83	1614,41	1541,08	1467,66	1394,25
	VI	**2340,41**	443,83	443,83							
7265,99	I,IV	**1847,75**	443,83	443,83	I	1701,00	1554,16	1407,41	1260,58	1117,08	979,66
Ost	II	**1781,00**	443,83	443,83	II	1634,16	1487,41	1340,58	1194,58	1053,83	919,25
	III	**1234,66**	443,83	443,83	III	1119,50	1007,50	898,50	792,50	689,66	589,83
	V	**2317,25**	443,83	443,83	IV	1774,33	1701,00	1627,58	1554,16	1480,75	1407,41
	VI	**2353,50**	443,83	443,83							
7268,99	I,IV	**1835,91**	443,83	443,83	I	1689,08	1542,33	1395,50	1248,75	1105,75	968,83
West	II	**1769,08**	443,83	443,83	II	1622,33	1475,50	1328,75	1182,91	1042,75	908,58
	III	**1225,16**	443,83	443,83	III	1110,33	998,50	889,83	784,16	681,50	581,83
	V	**2305,41**	443,83	443,83	IV	1762,50	1689,08	1615,66	1542,33	1468,91	1395,50
	VI	**2341,66**	443,83	443,83							
7268,99	I,IV	**1849,00**	443,83	443,83	I	1702,25	1555,41	1408,66	1261,83	1118,25	980,83
Ost	II	**1782,25**	443,83	443,83	II	1635,41	1488,66	1341,83	1195,75	1055,00	920,33
	III	**1235,66**	443,83	443,83	III	1120,50	1008,50	899,33	793,50	690,50	590,66
	V	**2318,50**	443,83	443,83	IV	1775,58	1702,25	1628,83	1555,41	1482,00	1408,66
	VI	**2354,75**	443,83	443,83							
7271,99	I,IV	**1837,16**	443,83	443,83	I	1690,33	1543,58	1396,75	1250,00	1106,91	970,00
West	II	**1770,33**	443,83	443,83	II	1623,58	1476,75	1330,00	1184,16	1043,91	909,75
	III	**1226,16**	443,83	443,83	III	1111,33	999,50	890,66	785,00	682,33	582,66
	V	**2306,66**	443,83	443,83	IV	1763,75	1690,33	1617,00	1543,58	1470,16	1396,75
	VI	**2342,91**	443,83	443,83							
7271,99	I,IV	**1850,25**	443,83	443,83	I	1703,50	1556,66	1409,91	1263,08	1119,50	982,00
Ost	II	**1783,50**	443,83	443,83	II	1636,66	1489,91	1343,08	1197,00	1056,16	921,50
	III	**1236,66**	443,83	443,83	III	1121,50	1009,33	900,33	794,33	691,33	591,50
	V	**2319,75**	443,83	443,83	IV	1776,91	1703,50	1630,08	1556,66	1483,33	1409,91
	VI	**2356,00**	443,83	443,83							

* Zur LSt-Berechnung für privat versicherte Arbeitnehmer s. Beispiele **Vorbemerkung S. 4f.**
** Basisvorsorgepauschale KV und PV *** Typisierter Arbeitgeberzuschuss

Lohn/ Gehalt in € bis	Steuerklasse	Lohn-steuer*	BVSP**	TAGZ***	Steuerklasse	Bemessungsgrundlage für Kirchensteuer und Solidaritätszuschlag – Freibeträge für ... Kinder 0,5	**1,0**	1,5	**2,0**	2,5	**3,0**
7 274,99	I,IV	**1 838,41**	443,83	443,83	I	1 691,58	1 544,83	1 398,00	1 251,25	1 108,16	971,16
West	II	**1 771,66**	443,83	443,83	II	1 624,83	1 478,08	1 331,25	1 185,41	1 045,08	910,83
	III	**1 227,16**	443,83	443,83	III	1 112,33	1 000,50	891,66	785,83	683,16	583,66
	V	**2 307,91**	443,83	443,83	IV	1 765,00	1 691,58	1 618,25	1 544,83	1 471,41	1 398,00
	VI	**2 344,16**	443,83	443,83							
7 274,99	I,IV	**1 851,50**	443,83	443,83	I	1 704,75	1 557,91	1 411,16	1 264,33	1 120,66	983,16
Ost	II	**1 784,75**	443,83	443,83	II	1 638,00	1 491,16	1 344,41	1 198,25	1 057,33	922,58
	III	**1 237,66**	443,83	443,83	III	1 122,50	1 010,33	901,33	795,16	692,33	592,33
	V	**2 321,00**	443,83	443,83	IV	1 778,16	1 704,75	1 631,33	1 557,91	1 484,58	1 411,16
	VI	**2 357,25**	443,83	443,83							
7 277,99	I,IV	**1 839,66**	443,83	443,83	I	1 692,91	1 546,08	1 399,33	1 252,50	1 109,33	972,33
West	II	**1 772,91**	443,83	443,83	II	1 626,08	1 479,33	1 332,50	1 186,66	1 046,25	912,00
	III	**1 228,16**	443,83	443,83	III	1 113,33	1 001,33	892,50	786,83	684,00	584,50
	V	**2 309,16**	443,83	443,83	IV	1 766,25	1 692,91	1 619,50	1 546,08	1 472,66	1 399,33
	VI	**2 345,41**	443,83	443,83							
7 277,99	I,IV	**1 852,83**	443,83	443,83	I	1 706,00	1 559,25	1 412,41	1 265,66	1 121,91	984,33
Ost	II	**1 786,00**	443,83	443,83	II	1 639,25	1 492,41	1 345,66	1 199,50	1 058,58	923,75
	III	**1 238,66**	443,83	443,83	III	1 123,50	1 011,33	902,16	796,16	693,16	593,16
	V	**2 322,25**	443,83	443,83	IV	1 779,41	1 706,00	1 632,58	1 559,25	1 485,83	1 412,41
	VI	**2 358,50**	443,83	443,83							
7 280,99	I,IV	**1 840,91**	443,83	443,83	I	1 694,16	1 547,33	1 400,58	1 253,75	1 110,58	973,41
West	II	**1 774,16**	443,83	443,83	II	1 627,33	1 480,58	1 333,75	1 187,83	1 047,41	913,08
	III	**1 229,16**	443,83	443,83	III	1 114,16	1 002,33	893,50	787,66	685,00	585,33
	V	**2 310,41**	443,83	443,83	IV	1 767,50	1 694,16	1 620,75	1 547,33	1 473,91	1 400,58
	VI	**2 346,66**	443,83	443,83							
7 280,99	I,IV	**1 854,08**	443,83	443,83	I	1 707,25	1 560,50	1 413,66	1 266,91	1 123,08	985,50
Ost	II	**1 787,25**	443,83	443,83	II	1 640,50	1 493,66	1 346,91	1 200,75	1 059,75	924,83
	III	**1 239,66**	443,83	443,83	III	1 124,50	1 012,16	903,16	797,00	694,00	594,00
	V	**2 323,50**	443,83	443,83	IV	1 780,66	1 707,25	1 633,83	1 560,50	1 487,08	1 413,66
	VI	**2 359,83**	443,83	443,83							
7 283,99	I,IV	**1 842,16**	443,83	443,83	I	1 695,41	1 548,58	1 401,83	1 255,08	1 111,75	974,58
West	II	**1 775,41**	443,83	443,83	II	1 628,58	1 481,83	1 335,00	1 189,08	1 048,58	914,25
	III	**1 230,16**	443,83	443,83	III	1 115,16	1 003,33	894,33	788,50	685,83	586,16
	V	**2 311,66**	443,83	443,83	IV	1 768,83	1 695,41	1 622,00	1 548,58	1 475,25	1 401,83
	VI	**2 347,91**	443,83	443,83							
7 283,99	I,IV	**1 855,33**	443,83	443,83	I	1 708,50	1 561,75	1 414,91	1 268,16	1 124,33	986,58
Ost	II	**1 788,50**	443,83	443,83	II	1 641,75	1 494,91	1 348,16	1 202,00	1 060,91	926,00
	III	**1 240,66**	443,83	443,83	III	1 125,33	1 013,16	904,00	798,00	694,83	595,00
	V	**2 324,83**	443,83	443,83	IV	1 781,91	1 708,50	1 635,16	1 561,75	1 488,33	1 414,91
	VI	**2 361,08**	443,83	443,83							
7 286,99	I,IV	**1 843,41**	443,83	443,83	I	1 696,66	1 549,83	1 403,08	1 256,33	1 113,00	975,75
West	II	**1 776,66**	443,83	443,83	II	1 629,91	1 483,08	1 336,33	1 190,33	1 049,75	915,33
	III	**1 231,16**	443,83	443,83	III	1 116,16	1 004,16	895,33	789,50	686,66	587,00
	V	**2 312,91**	443,83	443,83	IV	1 770,08	1 696,66	1 623,25	1 549,83	1 476,50	1 403,08
	VI	**2 349,16**	443,83	443,83							
7 286,99	I,IV	**1 856,58**	443,83	443,83	I	1 709,75	1 563,00	1 416,16	1 269,41	1 125,50	987,75
Ost	II	**1 789,83**	443,83	443,83	II	1 643,00	1 496,25	1 349,41	1 203,16	1 062,08	927,08
	III	**1 241,66**	443,83	443,83	III	1 126,33	1 014,16	905,00	798,83	695,83	595,83
	V	**2 326,08**	443,83	443,83	IV	1 783,16	1 709,75	1 636,41	1 563,00	1 489,58	1 416,16
	VI	**2 362,33**	443,83	443,83							
7 289,99	I,IV	**1 844,66**	443,83	443,83	I	1 697,91	1 551,16	1 404,33	1 257,58	1 114,16	976,91
West	II	**1 777,91**	443,83	443,83	II	1 631,16	1 484,33	1 337,58	1 191,58	1 051,00	916,50
	III	**1 232,16**	443,83	443,83	III	1 117,16	1 005,16	896,16	790,33	687,50	587,83
	V	**2 314,16**	443,83	443,83	IV	1 771,33	1 697,91	1 624,50	1 551,16	1 477,75	1 404,33
	VI	**2 350,41**	443,83	443,83							
7 289,99	I,IV	**1 857,83**	443,83	443,83	I	1 711,08	1 564,25	1 417,50	1 270,66	1 126,75	988,91
Ost	II	**1 791,08**	443,83	443,83	II	1 644,25	1 497,50	1 350,66	1 204,41	1 063,25	928,25
	III	**1 242,66**	443,83	443,83	III	1 127,33	1 015,16	905,83	799,66	696,66	596,66
	V	**2 327,33**	443,83	443,83	IV	1 784,41	1 711,08	1 637,66	1 564,25	1 490,83	1 417,50
	VI	**2 363,58**	443,83	443,83							

* Zur LSt-Berechnung für privat versicherte Arbeitnehmer s. Beispiele **Vorbemerkung S. 4 f.**
** Basisvorsorgepauschale KV und PV *** Typisierter Arbeitgeberzuschuss

Lohn/ Gehalt in € bis	Steuerklasse	Lohn-steuer*	BVSP**	TAGZ***	Steuerklasse	Bemessungsgrundlage für Kirchensteuer und Solidaritätszuschlag					
						Freibeträge für ... Kinder					
						0,5	**1,0**	1,5	**2,0**	2,5	**3,0**
7 292,99 West	I,IV	**1 846,00**	443,83	443,83	I	1 699,16	1 552,41	1 405,58	1 258,83	1 115,33	978,08
	II	**1 779,16**	443,83	443,83	II	1 632,41	1 485,58	1 338,83	1 192,83	1 052,16	917,58
	III	**1 233,16**	443,83	443,83	III	1 118,16	1 006,16	897,16	791,33	688,50	588,66
	V	**2 315,41**	443,83	443,83	IV	1 772,58	1 699,16	1 625,75	1 552,41	1 479,00	1 405,58
	VI	**2 351,75**	443,83	443,83							
7 292,99 Ost	I,IV	**1 859,08**	443,83	443,83	I	1 712,33	1 565,50	1 418,75	1 271,91	1 127,91	990,08
	II	**1 792,33**	443,83	443,83	II	1 645,50	1 498,75	1 351,91	1 205,66	1 064,50	929,41
	III	**1 243,66**	443,83	443,83	III	1 128,33	1 016,00	906,83	800,66	697,50	597,50
	V	**2 328,58**	443,83	443,83	IV	1 785,66	1 712,33	1 638,91	1 565,50	1 492,08	1 418,75
	VI	**2 364,83**	443,83	443,83							
7 295,99 West	I,IV	**1 847,25**	443,83	443,83	I	1 700,41	1 553,66	1 406,83	1 260,08	1 116,58	979,16
	II	**1 780,41**	443,83	443,83	II	1 633,66	1 486,83	1 340,08	1 194,00	1 053,33	918,75
	III	**1 234,16**	443,83	443,83	III	1 119,16	1 007,00	898,00	792,16	689,33	589,50
	V	**2 316,75**	443,83	443,83	IV	1 773,83	1 700,41	1 627,08	1 553,66	1 480,25	1 406,83
	VI	**2 353,00**	443,83	443,83							
7 295,99 Ost	I,IV	**1 860,33**	443,83	443,83	I	1 713,58	1 566,75	1 420,00	1 273,16	1 129,16	991,25
	II	**1 793,58**	443,83	443,83	II	1 646,75	1 500,00	1 353,16	1 206,91	1 065,66	930,50
	III	**1 244,66**	443,83	443,83	III	1 129,33	1 017,00	907,66	801,50	698,33	598,33
	V	**2 329,83**	443,83	443,83	IV	1 786,91	1 713,58	1 640,16	1 566,75	1 493,41	1 420,00
	VI	**2 366,08**	443,83	443,83							
7 298,99 West	I,IV	**1 848,50**	443,83	443,83	I	1 701,66	1 554,91	1 408,08	1 261,33	1 117,75	980,33
	II	**1 781,66**	443,83	443,83	II	1 634,91	1 488,16	1 341,33	1 195,25	1 054,50	919,83
	III	**1 235,16**	443,83	443,83	III	1 120,16	1 008,00	899,00	793,00	690,16	590,33
	V	**2 318,00**	443,83	443,83	IV	1 775,08	1 701,66	1 628,33	1 554,91	1 481,50	1 408,08
	VI	**2 354,25**	443,83	443,83							
7 298,99 Ost	I,IV	**1 861,58**	443,83	443,83	I	1 714,83	1 568,00	1 421,25	1 274,41	1 130,33	992,41
	II	**1 794,83**	443,83	443,83	II	1 648,08	1 501,25	1 354,50	1 208,16	1 066,83	931,66
	III	**1 245,66**	443,83	443,83	III	1 130,33	1 018,00	908,66	802,50	699,33	599,16
	V	**2 331,08**	443,83	443,83	IV	1 788,25	1 714,83	1 641,41	1 568,00	1 494,66	1 421,25
	VI	**2 367,33**	443,83	443,83							
7 301,99 West	I,IV	**1 849,75**	443,83	443,83	I	1 702,91	1 556,16	1 409,41	1 262,58	1 119,00	981,50
	II	**1 783,00**	443,83	443,83	II	1 636,16	1 489,41	1 342,58	1 196,50	1 055,66	921,00
	III	**1 236,16**	443,83	443,83	III	1 121,00	1 009,00	900,00	794,00	691,00	591,16
	V	**2 319,25**	443,83	443,83	IV	1 776,33	1 702,91	1 629,58	1 556,16	1 482,75	1 409,41
	VI	**2 355,50**	443,83	443,83							
7 301,99 Ost	I,IV	**1 862,83**	443,83	443,83	I	1 716,08	1 569,33	1 422,50	1 275,75	1 131,58	993,58
	II	**1 796,08**	443,83	443,83	II	1 649,33	1 502,50	1 355,75	1 209,41	1 068,00	932,83
	III	**1 246,66**	443,83	443,83	III	1 131,33	1 018,83	909,50	803,33	700,16	600,00
	V	**2 332,33**	443,83	443,83	IV	1 789,50	1 716,08	1 642,66	1 569,33	1 495,91	1 422,50
	VI	**2 368,58**	443,83	443,83							
7 304,99 West	I,IV	**1 851,00**	443,83	443,83	I	1 704,25	1 557,41	1 410,66	1 263,83	1 120,16	982,66
	II	**1 784,25**	443,83	443,83	II	1 637,41	1 490,66	1 343,83	1 197,75	1 056,83	922,16
	III	**1 237,16**	443,83	443,83	III	1 122,00	1 009,83	900,83	794,83	691,83	592,00
	V	**2 320,50**	443,83	443,83	IV	1 777,58	1 704,25	1 630,83	1 557,41	1 484,00	1 410,66
	VI	**2 356,75**	443,83	443,83							
7 304,99 Ost	I,IV	**1 864,16**	443,83	443,83	I	1 717,33	1 570,58	1 423,75	1 277,00	1 132,83	994,75
	II	**1 797,33**	443,83	443,83	II	1 650,58	1 503,75	1 357,00	1 210,66	1 069,25	933,91
	III	**1 247,66**	443,83	443,83	III	1 132,16	1 019,83	910,50	804,16	701,00	600,83
	V	**2 333,58**	443,83	443,83	IV	1 790,75	1 717,33	1 643,91	1 570,58	1 497,16	1 423,75
	VI	**2 369,91**	443,83	443,83							
7 307,99 West	I, V	**1 852,25**	443,83	443,83	I	1 705,50	1 558,66	1 411,91	1 265,08	1 121,41	983,83
	II	**1 785,50**	443,83	443,83	II	1 638,66	1 491,91	1 345,08	1 199,00	1 058,08	923,25
	III	**1 238,16**	443,83	443,83	III	1 123,00	1 010,83	901,83	795,66	692,83	592,83
	V	**2 321,75**	443,83	443,83	IV	1 778,83	1 705,50	1 632,08	1 558,66	1 485,33	1 411,91
	VI	**2 358,00**	443,83	443,83							
7 307,99 Ost	I,IV	**1 865,41**	443,83	443,83	I	1 718,58	1 571,83	1 425,00	1 278,25	1 134,00	995,91
	II	**1 798,58**	443,83	443,83	II	1 651,83	1 505,00	1 358,25	1 211,83	1 070,41	935,08
	III	**1 248,66**	443,83	443,83	III	1 133,16	1 020,83	911,50	805,16	701,83	601,66
	V	**2 334,91**	443,83	443,83	IV	1 792,00	1 718,58	1 645,16	1 571,83	1 498,41	1 425,00
	VI	**2 371,16**	443,83	443,83							

* Zur LSt-Berechnung für privat versicherte Arbeitnehmer s. Beispiele **Vorbemerkung S. 4 f.**
** Basisvorsorgepauschale KV und PV *** Typisierter Arbeitgeberzuschuss

Lohn/ Gehalt in € bis	Steuerklasse	Lohn-steuer*	BVSP**	TAGZ***	Steuerklasse	Bemessungsgrundlage für Kirchensteuer und Solidaritätszuschlag – Freibeträge für ... Kinder 0,5	1,0	1,5	2,0	2,5	3,0
7 310,99	I,IV	**1 853,50**	443,83	443,83	I	1 706,75	1 559,91	1 413,16	1 266,33	1 122,58	985,00
West	II	**1 786,75**	443,83	443,83	II	1 639,91	1 493,16	1 346,41	1 200,25	1 059,25	924,41
	III	**1 239,16**	443,83	443,83	III	1 124,00	1 011,83	902,66	796,66	693,66	593,66
	V	**2 323,00**	443,83	443,83	IV	1 780,16	1 706,75	1 633,33	1 559,91	1 486,58	1 413,16
	VI	**2 359,25**	443,83	443,83							
7 310,99	I,IV	**1 866,66**	443,83	443,83	I	1 719,83	1 573,08	1 426,25	1 279,50	1 135,25	997,00
Ost	II	**1 799,83**	443,83	443,83	II	1 653,08	1 506,33	1 359,50	1 213,08	1 071,58	936,16
	III	**1 249,66**	443,83	443,83	III	1 134,16	1 021,66	912,33	806,00	702,66	602,50
	V	**2 336,16**	443,83	443,83	IV	1 793,25	1 719,83	1 646,50	1 573,08	1 499,66	1 426,25
	VI	**2 372,41**	443,83	443,83							
7 313,99	I,IV	**1 854,75**	443,83	443,83	I	1 708,00	1 561,16	1 414,41	1 267,66	1 123,83	986,16
West	II	**1 788,00**	443,83	443,83	II	1 641,25	1 494,41	1 347,66	1 201,41	1 060,41	925,50
	III	**1 240,16**	443,83	443,83	III	1 125,00	1 012,83	903,66	797,50	694,50	594,50
	V	**2 324,25**	443,83	443,83	IV	1 781,41	1 708,00	1 634,58	1 561,16	1 487,83	1 414,41
	VI	**2 360,50**	443,83	443,83							
7 313,99	I,IV	**1 867,91**	443,83	443,83	I	1 721,08	1 574,33	1 427,58	1 280,75	1 136,41	998,16
Ost	II	**1 801,16**	443,83	443,83	II	1 654,33	1 507,58	1 360,75	1 214,33	1 072,75	937,33
	III	**1 250,66**	443,83	443,83	III	1 135,16	1 022,66	913,33	807,00	703,66	603,33
	V	**2 337,41**	443,83	443,83	IV	1 794,50	1 721,08	1 647,75	1 574,33	1 500,91	1 427,58
	VI	**2 373,66**	443,83	443,83							
7 316,99	I,IV	**1 856,08**	443,83	443,83	I	1 709,25	1 562,50	1 415,66	1 268,91	1 125,00	987,25
West	II	**1 789,25**	443,83	443,83	II	1 642,50	1 495,66	1 348,91	1 202,66	1 061,58	926,66
	III	**1 241,16**	443,83	443,83	III	1 126,00	1 013,66	904,50	798,50	695,33	595,33
	V	**2 325,50**	443,83	443,83	IV	1 782,66	1 709,25	1 635,83	1 562,50	1 489,08	1 415,66
	VI	**2 361,83**	443,83	443,83							
7 316,99	I,IV	**1 869,16**	443,83	443,83	I	1 722,41	1 575,58	1 428,83	1 282,00	1 137,66	999,33
Ost	II	**1 802,41**	443,83	443,83	II	1 655,58	1 508,83	1 362,00	1 215,58	1 074,00	938,50
	III	**1 251,66**	443,83	443,83	III	1 136,16	1 023,66	914,16	807,83	704,50	604,16
	V	**2 338,66**	443,83	443,83	IV	1 795,75	1 722,41	1 649,00	1 575,58	1 502,16	1 428,83
	VI	**2 374,91**	443,83	443,83							
7 319,99	I,IV	**1 857,33**	443,83	443,83	I	1 710,50	1 563,75	1 416,91	1 270,16	1 126,25	988,41
West	II	**1 790,50**	443,83	443,83	II	1 643,75	1 496,91	1 350,16	1 203,91	1 062,75	927,75
	III	**1 242,16**	443,83	443,83	III	1 127,00	1 014,66	905,50	799,33	696,33	596,16
	V	**2 326,83**	443,83	443,83	IV	1 783,91	1 710,50	1 637,08	1 563,75	1 490,33	1 416,91
	VI	**2 363,08**	443,83	443,83							
7 319,99	I,IV	**1 870,41**	443,83	443,83	I	1 723,66	1 576,83	1 430,08	1 283,25	1 138,83	1 000,50
Ost	II	**1 803,66**	443,83	443,83	II	1 656,83	1 510,08	1 363,25	1 216,83	1 075,16	939,58
	III	**1 252,66**	443,83	443,83	III	1 137,16	1 024,66	915,16	808,66	705,33	605,00
	V	**2 339,91**	443,83	443,83	IV	1 797,00	1 723,66	1 650,25	1 576,83	1 503,41	1 430,08
	VI	**2 376,16**	443,83	443,83							
7 322,99	I,IV	**1 858,58**	443,83	443,83	I	1 711,75	1 565,00	1 418,16	1 271,41	1 127,41	989,58
West	II	**1 791,75**	443,83	443,83	II	1 645,00	1 498,16	1 351,41	1 205,16	1 064,00	928,91
	III	**1 243,16**	443,83	443,83	III	1 127,83	1 015,66	906,33	800,16	697,16	597,16
	V	**2 328,08**	443,83	443,83	IV	1 785,16	1 711,75	1 638,41	1 565,00	1 491,58	1 418,16
	VI	**2 364,33**	443,83	443,83							
7 322,99	I,IV	**1 871,66**	443,83	443,83	I	1 724,91	1 578,08	1 431,33	1 284,50	1 140,08	1 001,66
Ost	II	**1 804,91**	443,83	443,83	II	1 658,08	1 511,33	1 364,58	1 218,08	1 076,33	940,75
	III	**1 253,66**	443,83	443,83	III	1 138,16	1 025,50	916,00	809,66	706,16	606,00
	V	**2 341,16**	443,83	443,83	IV	1 798,33	1 724,91	1 651,50	1 578,08	1 504,75	1 431,33
	VI	**2 377,41**	443,83	443,83							
7 325,99	I,IV	**1 859,83**	443,83	443,83	I	1 713,00	1 566,25	1 419,41	1 272,66	1 128,66	990,75
West	II	**1 793,08**	443,83	443,83	II	1 646,25	1 499,50	1 352,66	1 206,41	1 065,16	930,08
	III	**1 244,16**	443,83	443,83	III	1 128,83	1 016,50	907,33	801,16	698,00	598,00
	V	**2 329,33**	443,83	443,83	IV	1 786,41	1 713,00	1 639,66	1 566,25	1 492,83	1 419,41
	VI	**2 365,58**	443,83	443,83							
7 325,99	I,IV	**1 872,91**	443,83	443,83	I	1 726,16	1 579,33	1 432,58	1 285,83	1 141,25	1 002,83
Ost	II	**1 806,16**	443,83	443,83	II	1 659,41	1 512,58	1 365,83	1 219,33	1 077,58	941,91
	III	**1 254,66**	443,83	443,83	III	1 139,16	1 026,50	917,00	810,50	707,16	606,83
	V	**2 342,41**	443,83	443,83	IV	1 799,58	1 726,16	1 652,75	1 579,33	1 506,00	1 432,58
	VI	**2 378,66**	443,83	443,83							

* Zur LSt-Berechnung für privat versicherte Arbeitnehmer s. Beispiele **Vorbemerkung S. 4 f.**
** Basisvorsorgepauschale KV und PV *** Typisierter Arbeitgeberzuschuss

Lohn/ Gehalt in € bis	Steuerklasse	Lohn-steuer*	BVSP**	TAGZ***	Steuerklasse	Bemessungsgrundlage für Kirchensteuer und Solidaritätszuschlag					
						Freibeträge für ... Kinder					
						0,5	**1,0**	1,5	**2,0**	2,5	**3,0**
7 328,99	I,IV	**1 861,08**	443,83	443,83	I	1 714,33	1 567,50	1 420,75	1 273,91	1 129,83	991,91
West	II	**1 794,33**	443,83	443,83	II	1 647,50	1 500,75	1 353,91	1 207,66	1 066,33	931,16
	III	**1 245,33**	443,83	443,83	III	1 129,83	1 017,50	908,16	802,00	698,83	598,83
	V	**2 330,58**	443,83	443,83	IV	1 787,66	1 714,33	1 640,91	1 567,50	1 494,08	1 420,75
	VI	**2 366,83**	443,83	443,83							
7 328,99	I,IV	**1 874,25**	443,83	443,83	I	1 727,41	1 580,66	1 433,83	1 287,08	1 142,50	1 004,00
Ost	II	**1 807,41**	443,83	443,83	II	1 660,66	1 513,83	1 367,08	1 220,58	1 078,75	943,00
	III	**1 255,66**	443,83	443,83	III	1 140,00	1 027,50	917,83	811,50	708,00	607,66
	V	**2 343,66**	443,83	443,83	IV	1 800,83	1 727,41	1 654,00	1 580,66	1 507,25	1 433,83
	VI	**2 380,00**	443,83	443,83							
7 331,99	I,IV	**1 862,33**	443,83	443,83	I	1 715,58	1 568,75	1 422,00	1 275,16	1 131,08	993,08
West	II	**1 795,58**	443,83	443,83	II	1 648,75	1 502,00	1 355,16	1 208,83	1 067,50	932,33
	III	**1 246,33**	443,83	443,83	III	1 130,83	1 018,50	909,16	803,00	699,66	599,66
	V	**2 331,83**	443,83	443,83	IV	1 788,91	1 715,58	1 642,16	1 568,75	1 495,33	1 422,00
	VI	**2 368,08**	443,83	443,83							
7 331,99	I,IV	**1 875,50**	443,83	443,83	I	1 728,66	1 581,91	1 435,08	1 288,33	1 143,75	1 005,16
Ost	II	**1 808,66**	443,83	443,83	II	1 661,91	1 515,08	1 368,33	1 221,83	1 079,91	944,16
	III	**1 256,83**	443,83	443,83	III	1 141,00	1 028,33	918,83	812,33	708,83	608,50
	V	**2 345,00**	443,83	443,83	IV	1 802,08	1 728,66	1 655,25	1 581,91	1 508,50	1 435,08
	VI	**2 381,25**	443,83	443,83							
7 334,99	I,IV	**1 863,58**	443,83	443,83	I	1 716,83	1 570,00	1 423,25	1 276,41	1 132,25	994,25
West	II	**1 796,83**	443,83	443,83	II	1 650,00	1 503,25	1 356,41	1 210,08	1 068,75	933,41
	III	**1 247,33**	443,83	443,83	III	1 131,83	1 019,50	910,16	803,83	700,66	600,50
	V	**2 333,08**	443,83	443,83	IV	1 790,25	1 716,83	1 643,41	1 570,00	1 496,66	1 423,25
	VI	**2 369,33**	443,83	443,83							
7 334,99	I,IV	**1 876,75**	443,83	443,83	I	1 729,91	1 583,16	1 436,33	1 289,58	1 144,91	1 006,33
Ost	II	**1 809,91**	443,83	443,83	II	1 663,16	1 516,33	1 369,58	1 223,08	1 081,08	945,33
	III	**1 257,83**	443,83	443,83	III	1 142,00	1 029,33	919,83	813,16	709,66	609,33
	V	**2 346,25**	443,83	443,83	IV	1 803,33	1 729,91	1 656,58	1 583,16	1 509,75	1 436,33
	VI	**2 382,50**	443,83	443,83							
7 337,99	I,IV	**1 864,83**	443,83	443,83	I	1 718,08	1 571,25	1 424,50	1 277,66	1 133,50	995,41
West	II	**1 798,08**	443,83	443,83	II	1 651,33	1 504,50	1 357,75	1 211,33	1 069,91	934,58
	III	**1 248,33**	443,83	443,83	III	1 132,83	1 020,33	911,00	804,66	701,50	601,33
	V	**2 334,33**	443,83	443,83	IV	1 791,50	1 718,08	1 644,66	1 571,25	1 497,91	1 424,50
	VI	**2 370,58**	443,83	443,83							
7 337,99	I,IV	**1 878,00**	443,83	443,83	I	1 731,16	1 584,41	1 437,58	1 290,83	1 146,16	1 007,50
Ost	II	**1 811,25**	443,83	443,83	II	1 664,41	1 517,66	1 370,83	1 224,33	1 082,33	946,41
	III	**1 258,83**	443,83	443,83	III	1 143,00	1 030,33	920,66	814,16	710,66	610,16
	V	**2 347,50**	443,83	443,83	IV	1 804,58	1 731,16	1 657,83	1 584,41	1 511,00	1 437,58
	VI	**2 383,75**	443,83	443,83							
7 340,99	I,IV	**1 866,16**	443,83	443,83	I	1 719,33	1 572,58	1 425,75	1 279,00	1 134,75	996,58
West	II	**1 799,33**	443,83	443,83	II	1 652,58	1 505,75	1 359,00	1 212,58	1 071,08	935,75
	III	**1 249,33**	443,83	443,83	III	1 133,83	1 021,33	912,00	805,66	702,33	602,16
	V	**2 335,58**	443,83	443,83	IV	1 792,75	1 719,33	1 645,91	1 572,58	1 499,16	1 425,75
	VI	**2 371,91**	443,83	443,83							
7 340,99	I,IV	**1 879,25**	443,83	443,83	I	1 732,50	1 585,66	1 438,91	1 292,08	1 147,33	1 008,66
Ost	II	**1 812,50**	443,83	443,83	II	1 665,66	1 518,91	1 372,08	1 225,58	1 083,50	947,58
	III	**1 259,83**	443,83	443,83	III	1 144,00	1 031,33	921,66	815,00	711,50	611,00
	V	**2 348,75**	443,83	443,83	IV	1 805,83	1 732,50	1 659,08	1 585,66	1 512,25	1 438,91
	VI	**2 385,00**	443,83	443,83							
7 343,99	I,IV	**1 867,41**	443,83	443,83	I	1 720,58	1 573,83	1 427,00	1 280,25	1 135,91	997,75
West	II	**1 800,58**	443,83	443,83	II	1 653,83	1 507,00	1 360,25	1 213,83	1 072,25	936,83
	III	**1 250,33**	443,83	443,83	III	1 134,66	1 022,33	912,83	806,50	703,16	603,00
	V	**2 336,91**	443,83	443,83	IV	1 794,00	1 720,58	1 647,16	1 573,83	1 500,41	1 427,00
	VI	**2 373,16**	443,83	443,83							
7 343,99	I,IV	**1 880,50**	443,83	443,83	I	1 733,75	1 586,91	1 440,16	1 293,33	1 148,58	1 009,83
Ost	II	**1 813,75**	443,83	443,83	II	1 666,91	1 520,16	1 373,33	1 226,75	1 084,66	948,75
	III	**1 260,83**	443,83	443,83	III	1 145,00	1 032,16	922,50	816,00	712,33	611,83
	V	**2 350,00**	443,83	443,83	IV	1 807,08	1 733,75	1 660,33	1 586,91	1 513,50	1 440,16
	VI	**2 386,25**	443,83	443,83							

* Zur LSt-Berechnung für privat versicherte Arbeitnehmer s. Beispiele **Vorbemerkung S. 4f.**
** Basisvorsorgepauschale KV und PV *** Typisierter Arbeitgeberzuschuss

Lohn/ Gehalt in € bis	Steuerklasse	Lohn-steuer*	BVSP**	TAGZ***	Steuerklasse	Bemessungsgrundlage für Kirchensteuer und Solidaritätszuschlag – Freibeträge für ... Kinder 0,5	**1,0**	1,5	**2,0**	2,5	**3,0**
7 346,99	I,IV	**1 868,66**	443,83	443,83	I	1 721,83	1 575,08	1 428,25	1 281,50	1 137,16	998,83
West	II	**1 801,83**	443,83	443,83	II	1 655,08	1 508,25	1 361,50	1 215,08	1 073,50	938,00
	III	**1 251,33**	443,83	443,83	III	1 135,66	1 023,16	913,83	807,50	704,16	603,83
	V	**2 338,16**	443,83	443,83	IV	1 795,25	1 721,83	1 648,50	1 575,08	1 501,66	1 428,25
	VI	**2 374,41**	443,83	443,83							
7 346,99	I,IV	**1 881,75**	443,83	443,83	I	1 735,00	1 588,16	1 441,41	1 294,58	1 149,83	1 011,00
Ost	II	**1 815,00**	443,83	443,83	II	1 668,16	1 521,41	1 374,58	1 228,00	1 085,91	949,83
	III	**1 261,83**	443,83	443,83	III	1 146,00	1 033,16	923,50	816,83	713,16	612,66
	V	**2 351,25**	443,83	443,83	IV	1 808,41	1 735,00	1 661,58	1 588,16	1 514,83	1 441,41
	VI	**2 387,50**	443,83	443,83							
7 349,99	I,IV	**1 869,91**	443,83	443,83	I	1 723,08	1 576,33	1 429,50	1 282,75	1 138,33	1 000,00
West	II	**1 803,16**	443,83	443,83	II	1 656,33	1 509,58	1 362,75	1 216,33	1 074,66	939,16
	III	**1 252,33**	443,83	443,83	III	1 136,66	1 024,16	914,66	808,33	705,00	604,66
	V	**2 339,41**	443,83	443,83	IV	1 796,50	1 723,08	1 649,75	1 576,33	1 502,91	1 429,50
	VI	**2 375,66**	443,83	443,83							
7 349,99	I,IV	**1 883,00**	443,83	443,83	I	1 736,25	1 589,41	1 442,66	1 295,83	1 151,00	1 012,16
Ost	II	**1 816,25**	443,83	443,83	II	1 669,50	1 522,66	1 375,91	1 229,25	1 087,08	951,00
	III	**1 262,83**	443,83	443,83	III	1 147,00	1 034,16	924,33	817,66	714,16	613,50
	V	**2 352,50**	443,83	443,83	IV	1 809,66	1 736,25	1 662,83	1 589,41	1 516,08	1 442,66
	VI	**2 388,75**	443,83	443,83							
7 352,99	I,IV	**1 871,16**	443,83	443,83	I	1 724,41	1 577,58	1 430,83	1 284,00	1 139,58	1 001,16
West	II	**1 804,41**	443,83	443,83	II	1 657,58	1 510,83	1 364,00	1 217,58	1 075,83	940,25
	III	**1 253,33**	443,83	443,83	III	1 137,66	1 025,16	915,66	809,16	705,83	605,50
	V	**2 340,66**	443,83	443,83	IV	1 797,75	1 724,41	1 651,00	1 577,58	1 504,16	1 430,83
	VI	**2 376,91**	443,83	443,83							
7 352,99	I,IV	**1 884,33**	443,83	443,83	I	1 737,50	1 590,75	1 443,91	1 297,16	1 152,25	1 013,33
Ost	II	**1 817,50**	443,83	443,83	II	1 670,75	1 523,91	1 377,16	1 230,50	1 088,25	952,16
	III	**1 263,83**	443,83	443,83	III	1 148,00	1 035,16	925,33	818,66	715,00	614,50
	V	**2 353,75**	443,83	443,83	IV	1 810,91	1 737,50	1 664,08	1 590,75	1 517,33	1 443,91
	VI	**2 390,00**	443,83	443,83							
7 355,99	I,IV	**1 872,41**	443,83	443,83	I	1 725,66	1 578,83	1 432,08	1 285,25	1 140,75	1 002,33
West	II	**1 805,66**	443,83	443,83	II	1 658,83	1 512,08	1 365,25	1 218,83	1 077,08	941,41
	III	**1 254,33**	443,83	443,83	III	1 138,66	1 026,16	916,50	810,16	706,66	606,33
	V	**2 341,91**	443,83	443,83	IV	1 799,00	1 725,66	1 652,25	1 578,83	1 505,41	1 432,08
	VI	**2 378,16**	443,83	443,83							
7 355,99	I,IV	**1 885,58**	443,83	443,83	I	1 738,75	1 592,00	1 445,16	1 298,41	1 153,41	1 014,50
Ost	II	**1 818,75**	443,83	443,83	II	1 672,00	1 525,16	1 378,41	1 231,75	1 089,50	953,25
	III	**1 264,83**	443,83	443,83	III	1 148,83	1 036,00	926,33	819,50	715,83	615,33
	V	**2 355,00**	443,83	443,83	IV	1 812,16	1 738,75	1 665,33	1 592,00	1 518,58	1 445,16
	VI	**2 391,33**	443,83	443,83							
7 358,99	I,IV	**1 873,66**	443,83	443,83	I	1 726,91	1 580,08	1 433,33	1 286,50	1 142,00	1 003,50
West	II	**1 806,91**	443,83	443,83	II	1 660,08	1 513,33	1 366,50	1 220,08	1 078,25	942,58
	III	**1 255,33**	443,83	443,83	III	1 139,66	1 027,00	917,50	811,00	707,66	607,16
	V	**2 343,16**	443,83	443,83	IV	1 800,33	1 726,91	1 653,50	1 580,08	1 506,75	1 433,33
	VI	**2 379,41**	443,83	443,83							
7 358,99	I,IV	**1 886,83**	443,83	443,83	I	1 740,00	1 593,25	1 446,41	1 299,66	1 154,66	1 015,66
Ost	II	**1 820,00**	443,83	443,83	II	1 673,25	1 526,41	1 379,66	1 233,00	1 090,66	954,41
	III	**1 265,83**	443,83	443,83	III	1 149,83	1 037,00	927,16	820,50	716,66	616,16
	V	**2 356,33**	443,83	443,83	IV	1 813,41	1 740,00	1 666,66	1 593,25	1 519,83	1 446,41
	VI	**2 392,58**	443,83	443,83							
7 361,99	I,IV	**1 874,91**	443,83	443,83	I	1 728,16	1 581,33	1 434,58	1 287,75	1 143,16	1 004,66
West	II	**1 808,16**	443,83	443,83	II	1 661,41	1 514,58	1 367,83	1 221,33	1 079,41	943,66
	III	**1 256,33**	443,83	443,83	III	1 140,66	1 028,00	918,50	812,00	708,50	608,16
	V	**2 344,41**	443,83	443,83	IV	1 801,58	1 728,16	1 654,75	1 581,33	1 508,00	1 434,58
	VI	**2 380,66**	443,83	443,83							
7 361,99	I,IV	**1 888,08**	443,83	443,83	I	1 741,25	1 594,50	1 447,66	1 300,91	1 155,91	1 016,83
Ost	II	**1 821,33**	443,83	443,83	II	1 674,50	1 527,75	1 380,91	1 234,25	1 091,83	955,58
	III	**1 266,83**	443,83	443,83	III	1 150,83	1 038,00	928,16	821,33	717,66	617,00
	V	**2 357,58**	443,83	443,83	IV	1 814,66	1 741,25	1 667,91	1 594,50	1 521,08	1 447,66
	VI	**2 393,83**	443,83	443,83							

* Zur LSt-Berechnung für privat versicherte Arbeitnehmer s. Beispiele **Vorbemerkung S. 4f.**
** Basisvorsorgepauschale KV und PV *** Typisierter Arbeitgeberzuschuss

Lohn/ Gehalt in € bis	Steuerklasse	Lohn-steuer*	BVSP**	TAGZ***	Steuerklasse	Bemessungsgrundlage für Kirchensteuer und Solidaritätszuschlag – Freibeträge für ... Kinder 0,5	**1,0**	1,5	**2,0**	2,5	**3,0**
7364,99	I,IV	**1876,16**	443,83	443,83	I	1729,41	1582,66	1435,83	1289,08	1144,41	1005,83
West	II	**1809,41**	443,83	443,83	II	1662,66	1515,83	1369,08	1222,50	1080,58	944,83
	III	**1257,33**	443,83	443,83	III	1141,66	1029,00	919,33	812,83	709,33	609,00
	V	**2345,66**	443,83	443,83	IV	1802,83	1729,41	1656,00	1582,66	1509,25	1435,83
	VI	**2381,91**	443,83	443,83							
7364,99	I,IV	**1889,33**	443,83	443,83	I	1742,58	1595,75	1449,00	1302,16	1157,08	1018,00
Ost	II	**1822,58**	443,83	443,83	II	1675,75	1529,00	1382,16	1235,50	1093,08	956,75
	III	**1267,83**	443,83	443,83	III	1151,83	1039,00	929,00	822,16	718,50	617,83
	V	**2358,83**	443,83	443,83	IV	1815,91	1742,58	1669,16	1595,75	1522,33	1449,00
	VI	**2395,08**	443,83	443,83							
7367,99	I,IV	**1877,50**	443,83	443,83	I	1730,66	1583,91	1437,08	1290,33	1145,66	1007,00
West	II	**1810,66**	443,83	443,83	II	1663,91	1517,08	1370,33	1223,75	1081,83	946,00
	III	**1258,33**	443,83	443,83	III	1142,50	1029,83	920,33	813,66	710,16	609,83
	V	**2346,91**	443,83	443,83	IV	1804,08	1730,66	1657,25	1583,91	1510,50	1437,08
	VI	**2383,25**	443,83	443,83							
7367,99	I,IV	**1890,58**	443,83	443,83	I	1743,83	1597,00	1450,25	1303,41	1158,33	1019,16
Ost	II	**1823,83**	443,83	443,83	II	1677,00	1530,25	1383,41	1236,75	1094,25	957,83
	III	**1268,83**	443,83	443,83	III	1152,83	1039,83	930,00	823,16	719,33	618,66
	V	**2360,08**	443,83	443,83	IV	1817,16	1743,83	1670,41	1597,00	1523,58	1450,25
	VI	**2396,33**	443,83	443,83							
7370,99	I,IV	**1878,75**	443,83	443,83	I	1731,91	1585,16	1438,33	1291,58	1146,83	1008,16
West	II	**1811,91**	443,83	443,83	II	1665,16	1518,33	1371,58	1225,00	1083,00	947,08
	III	**1259,33**	443,83	443,83	III	1143,50	1030,83	921,16	814,66	711,16	610,66
	V	**2348,25**	443,83	443,83	IV	1805,33	1731,91	1658,58	1585,16	1511,75	1438,33
	VI	**2384,50**	443,83	443,83							
7370,99	I,IV	**1891,83**	443,83	443,83	I	1745,08	1598,25	1451,50	1304,66	1159,58	1020,33
Ost	II	**1825,08**	443,83	443,83	II	1678,25	1531,50	1384,66	1238,00	1095,41	959,00
	III	**1269,83**	443,83	443,83	III	1153,83	1040,83	930,83	824,00	720,33	619,50
	V	**2361,33**	443,83	443,83	IV	1818,41	1745,08	1671,66	1598,25	1524,91	1451,50
	VI	**2397,58**	443,83	443,83							
7373,99	I,IV	**1880,00**	443,83	443,83	I	1733,16	1586,41	1439,58	1292,83	1148,08	1009,33
West	II	**1813,16**	443,83	443,83	II	1666,41	1519,66	1372,83	1226,25	1084,16	948,25
	III	**1260,33**	443,83	443,83	III	1144,50	1031,83	922,16	815,50	712,00	611,50
	V	**2349,50**	443,83	443,83	IV	1806,58	1733,16	1659,83	1586,41	1513,00	1439,58
	VI	**2385,75**	443,83	443,83							
7373,99	I,IV	**1893,08**	443,83	443,83	I	1746,33	1599,50	1452,75	1305,91	1160,75	1021,50
Ost	II	**1826,33**	443,83	443,83	II	1679,58	1532,75	1386,00	1239,25	1096,66	960,16
	III	**1270,83**	443,83	443,83	III	1154,83	1041,83	931,83	825,00	721,16	620,33
	V	**2362,58**	443,83	443,83	IV	1819,75	1746,33	1672,91	1599,50	1526,16	1452,75
	VI	**2398,83**	443,83	443,83							
7376,99	I,IV	**1881,25**	443,83	443,83	I	1734,41	1587,66	1440,91	1294,08	1149,25	1010,50
West	II	**1814,50**	443,83	443,83	II	1667,66	1520,91	1374,08	1227,50	1085,41	949,41
	III	**1261,33**	443,83	443,83	III	1145,50	1032,83	923,00	816,50	712,83	612,33
	V	**2350,75**	443,83	443,83	IV	1807,83	1734,41	1661,08	1587,66	1514,25	1440,91
	VI	**2387,00**	443,83	443,83							
7376,99	I,IV	**1894,33**	443,83	443,83	I	1747,58	1600,83	1454,00	1307,25	1162,00	1022,66
Ost	II	**1827,58**	443,83	443,83	II	1680,83	1534,00	1387,25	1240,50	1097,83	961,33
	III	**1271,83**	443,83	443,83	III	1155,83	1042,66	932,83	825,83	722,00	621,16
	V	**2363,83**	443,83	443,83	IV	1821,00	1747,58	1674,16	1600,83	1527,41	1454,00
	VI	**2400,08**	443,83	443,83							
7379,99	I,IV	**1882,50**	443,83	443,83	I	1735,75	1588,91	1442,16	1295,33	1150,50	1011,66
West	II	**1815,75**	443,83	443,83	II	1668,91	1522,16	1375,33	1228,75	1086,58	950,50
	III	**1262,33**	443,83	443,83	III	1146,50	1033,66	924,00	817,33	713,66	613,16
	V	**2352,00**	443,83	443,83	IV	1809,08	1735,75	1662,33	1588,91	1515,50	1442,16
	VI	**2388,25**	443,83	443,83							
7379,99	I,IV	**1895,66**	443,83	443,83	I	1748,83	1602,08	1455,25	1308,50	1163,25	1023,83
Ost	II	**1828,83**	443,83	443,83	II	1682,08	1535,25	1388,50	1241,75	1099,08	962,41
	III	**1272,83**	443,83	443,83	III	1156,83	1043,66	933,66	826,83	722,83	622,00
	V	**2365,08**	443,83	443,83	IV	1822,25	1748,83	1675,41	1602,08	1528,66	1455,25
	VI	**2401,41**	443,83	443,83							

* Zur LSt-Berechnung für privat versicherte Arbeitnehmer s. Beispiele **Vorbemerkung S. 4f.**
** Basisvorsorgepauschale KV und PV *** Typisierter Arbeitgeberzuschuss

Lohn/ Gehalt in € bis	Steuerklasse	Lohn-steuer*	BVSP**	TAGZ***	Steuerklasse	Bemessungsgrundlage für Kirchensteuer und Solidaritätszuschlag					
						Freibeträge für ... Kinder					
						0,5	**1,0**	1,5	**2,0**	2,5	**3,0**
7 382,99	I,IV	**1 883,75**	443,83	443,83	I	1 737,00	1 590,16	1 443,41	1 296,58	1 151,75	1 012,83
West	II	**1 817,00**	443,83	443,83	II	1 670,16	1 523,41	1 376,58	1 230,00	1 087,75	951,66
	III	**1 263,33**	443,83	443,83	III	1 147,50	1 034,66	925,00	818,16	714,66	614,00
	V	**2 353,25**	443,83	443,83	IV	1 810,33	1 737,00	1 663,58	1 590,16	1 516,83	1 443,41
	VI	**2 389,50**	443,83	443,83							
7 382,99	I,IV	**1 896,91**	443,83	443,83	I	1 750,08	1 603,33	1 456,50	1 309,75	1 164,41	1 025,00
Ost	II	**1 830,08**	443,83	443,83	II	1 683,33	1 536,50	1 389,75	1 243,00	1 100,25	963,58
	III	**1 273,83**	443,83	443,83	III	1 157,66	1 044,66	934,66	827,66	723,83	623,00
	V	**2 366,41**	443,83	443,83	IV	1 823,50	1 750,08	1 676,66	1 603,33	1 529,91	1 456,50
	VI	**2 402,66**	443,83	443,83							
7 385,99	I,IV	**1 885,00**	443,83	443,83	I	1 738,25	1 591,41	1 444,66	1 297,83	1 152,91	1 014,00
West	II	**1 818,25**	443,83	443,83	II	1 671,41	1 524,66	1 377,91	1 231,25	1 089,00	952,83
	III	**1 264,33**	443,83	443,83	III	1 148,50	1 035,66	925,83	819,16	715,50	614,83
	V	**2 354,50**	443,83	443,83	IV	1 811,66	1 738,25	1 664,83	1 591,41	1 518,08	1 444,66
	VI	**2 390,75**	443,83	443,83							
7 385,99	I,IV	**1 898,16**	443,83	443,83	I	1 751,33	1 604,58	1 457,75	1 311,00	1 165,66	1 026,16
Ost	II	**1 831,33**	443,83	443,83	II	1 684,58	1 537,83	1 391,00	1 244,25	1 101,41	964,75
	III	**1 274,83**	443,83	443,83	III	1 158,66	1 045,66	935,50	828,50	724,66	623,83
	V	**2 367,66**	443,83	443,83	IV	1 824,75	1 751,33	1 678,00	1 604,58	1 531,16	1 457,75
	VI	**2 403,91**	443,83	443,83							
7 388,99	I,IV	**1 886,25**	443,83	443,83	I	1 739,50	1 592,66	1 445,91	1 299,16	1 154,16	1 015,16
West	II	**1 819,50**	443,83	443,83	II	1 672,75	1 525,91	1 379,16	1 232,50	1 090,16	953,91
	III	**1 265,33**	443,83	443,83	III	1 149,50	1 036,50	926,83	820,00	716,33	615,66
	V	**2 355,75**	443,83	443,83	IV	1 812,91	1 739,50	1 666,08	1 592,66	1 519,33	1 445,91
	VI	**2 392,00**	443,83	443,83							
7 388,99	I,IV	**1 899,41**	443,83	443,83	I	1 752,58	1 605,83	1 459,08	1 312,25	1 166,91	1 027,33
Ost	II	**1 832,66**	443,83	443,83	II	1 685,83	1 539,08	1 392,25	1 245,50	1 102,66	965,91
	III	**1 275,83**	443,83	443,83	III	1 159,66	1 046,50	936,50	829,50	725,50	624,66
	V	**2 368,91**	443,83	443,83	IV	1 826,00	1 752,58	1 679,25	1 605,83	1 532,41	1 459,08
	VI	**2 405,16**	443,83	443,83							
7 391,99	I,IV	**1 887,58**	443,83	443,83	I	1 740,75	1 594,00	1 447,16	1 300,41	1 155,41	1 016,33
West	II	**1 820,75**	443,83	443,83	II	1 674,00	1 527,16	1 380,41	1 233,75	1 091,33	955,08
	III	**1 266,33**	443,83	443,83	III	1 150,50	1 037,50	927,66	821,00	717,16	616,66
	V	**2 357,00**	443,83	443,83	IV	1 814,16	1 740,75	1 667,33	1 594,00	1 520,58	1 447,16
	VI	**2 393,33**	443,83	443,83							
7 391,99	I,IV	**1 900,66**	443,83	443,83	I	1 753,91	1 607,08	1 460,33	1 313,50	1 168,08	1 028,50
Ost	II	**1 833,91**	443,83	443,83	II	1 687,08	1 540,33	1 393,50	1 246,75	1 103,83	967,00
	III	**1 277,00**	443,83	443,83	III	1 160,66	1 047,50	937,50	830,33	726,33	625,50
	V	**2 370,16**	443,83	443,83	IV	1 827,25	1 753,91	1 680,50	1 607,08	1 533,66	1 460,33
	VI	**2 406,41**	443,83	443,83							
7 394,99	I,IV	**1 888,83**	443,83	443,83	I	1 742,00	1 595,25	1 448,41	1 301,66	1 156,58	1 017,50
West	II	**1 822,00**	443,83	443,83	II	1 675,25	1 528,41	1 381,66	1 235,00	1 092,58	956,25
	III	**1 267,33**	443,83	443,83	III	1 151,33	1 038,50	928,66	821,83	718,16	617,50
	V	**2 358,33**	443,83	443,83	IV	1 815,41	1 742,00	1 668,58	1 595,25	1 521,83	1 448,41
	VI	**2 394,58**	443,83	443,83							
7 394,99	I,IV	**1 901,91**	443,83	443,83	I	1 755,16	1 608,33	1 461,58	1 314,75	1 169,33	1 029,66
Ost	II	**1 835,16**	443,83	443,83	II	1 688,33	1 541,58	1 394,75	1 248,00	1 105,08	968,16
	III	**1 278,00**	443,83	443,83	III	1 161,66	1 048,50	938,33	831,33	727,33	626,33
	V	**2 371,41**	443,83	443,83	IV	1 828,50	1 755,16	1 681,75	1 608,33	1 534,91	1 461,58
	VI	**2 407,66**	443,83	443,83							
7 397,99	I,IV	**1 890,08**	443,83	443,83	I	1 743,25	1 596,50	1 449,66	1 302,91	1 157,83	1 018,66
West	II	**1 823,25**	443,83	443,83	II	1 676,50	1 529,66	1 382,91	1 236,25	1 093,75	957,41
	III	**1 268,33**	443,83	443,83	III	1 152,33	1 039,50	929,50	822,66	719,00	618,33
	V	**2 359,58**	443,83	443,83	IV	1 816,66	1 743,25	1 669,91	1 596,50	1 523,08	1 449,66
	VI	**2 395,83**	443,83	443,83							
7 397,99	I,IV	**1 903,16**	443,83	443,83	I	1 756,41	1 609,58	1 462,83	1 316,00	1 170,58	1 030,83
Ost	II	**1 836,41**	443,83	443,83	II	1 689,58	1 542,83	1 396,08	1 249,33	1 106,25	969,33
	III	**1 279,00**	443,83	443,83	III	1 162,66	1 049,50	939,33	832,16	728,16	627,16
	V	**2 372,66**	443,83	443,83	IV	1 829,83	1 756,41	1 683,00	1 609,58	1 536,25	1 462,83
	VI	**2 408,91**	443,83	443,83							

* Zur LSt-Berechnung für privat versicherte Arbeitnehmer s. Beispiele **Vorbemerkung S. 4 f.**
** Basisvorsorgepauschale KV und PV *** Typisierter Arbeitgeberzuschuss

Lohn/ Gehalt in € bis	Steuerklasse	Lohn-steuer*	BVSP**	TAGZ***	Steuerklasse	Bemessungsgrundlage für Kirchensteuer und Solidaritätszuschlag – Freibeträge für ... Kinder 0,5	1,0	1,5	2,0	2,5	3,0
7400,99 West	I,IV	**1891,33**	443,83	443,83	I	1744,50	1597,75	1450,91	1304,16	1159,08	1019,83
	II	**1824,58**	443,83	443,83	II	1677,75	1531,00	1384,16	1237,50	1094,91	958,50
	III	**1269,33**	443,83	443,83	III	1153,33	1040,33	930,50	823,66	719,83	619,16
	V	**2360,83**	443,83	443,83	IV	1817,91	1744,50	1671,16	1597,75	1524,33	1450,91
	VI	**2397,08**	443,83	443,83							
7400,99 Ost	I,IV	**1904,41**	443,83	443,83	I	1757,66	1610,83	1464,08	1317,33	1171,75	1032,00
	II	**1837,66**	443,83	443,83	II	1690,91	1544,08	1397,33	1250,58	1107,41	970,50
	III	**1280,00**	443,83	443,83	III	1163,66	1050,33	940,16	833,16	729,00	628,00
	V	**2373,91**	443,83	443,83	IV	1831,08	1757,66	1684,25	1610,83	1537,50	1464,08
	VI	**2410,16**	443,83	443,83							
7403,99 West	I,IV	**1892,58**	443,83	443,83	I	1745,83	1599,00	1452,25	1305,41	1160,25	1021,00
	II	**1825,83**	443,83	443,83	II	1679,00	1532,25	1385,41	1238,75	1096,16	959,66
	III	**1270,33**	443,83	443,83	III	1154,33	1041,33	931,50	824,50	720,66	620,00
	V	**2362,08**	443,83	443,83	IV	1819,16	1745,83	1672,41	1599,00	1525,58	1452,25
	VI	**2398,33**	443,83	443,83							
7403,99 Ost	I,IV	**1905,75**	443,83	443,83	I	1758,91	1612,16	1465,33	1318,58	1173,00	1033,16
	II	**1838,91**	443,83	443,83	II	1692,16	1545,33	1398,58	1251,83	1108,66	971,66
	III	**1281,00**	443,83	443,83	III	1164,66	1051,33	941,16	834,00	730,00	628,83
	V	**2375,16**	443,83	443,83	IV	1832,33	1758,91	1685,50	1612,16	1538,75	1465,33
	VI	**2411,50**	443,83	443,83							
7406,99 West	I,IV	**1893,83**	443,83	443,83	I	1747,08	1600,25	1453,50	1306,66	1161,50	1022,16
	II	**1827,08**	443,83	443,83	II	1680,25	1533,50	1386,66	1240,00	1097,33	960,83
	III	**1271,50**	443,83	443,83	III	1155,33	1042,33	932,33	825,50	721,66	620,83
	V	**2363,33**	443,83	443,83	IV	1820,41	1747,08	1673,66	1600,25	1526,83	1453,50
	VI	**2399,58**	443,83	443,83							
7406,99 Ost	I,IV	**1907,00**	443,83	443,83	I	1760,16	1613,41	1466,58	1319,83	1174,25	1034,41
	II	**1840,16**	443,83	443,83	II	1693,41	1546,58	1399,83	1253,08	1109,83	972,75
	III	**1282,00**	443,83	443,83	III	1165,66	1052,33	942,16	835,00	730,83	629,83
	V	**2376,50**	443,83	443,83	IV	1833,58	1760,16	1686,75	1613,41	1540,00	1466,58
	VI	**2412,75**	443,83	443,83							
7409,99 West	I,IV	**1895,08**	443,83	443,83	I	1748,33	1601,50	1454,75	1307,91	1162,75	1023,33
	II	**1828,33**	443,83	443,83	II	1681,50	1534,75	1387,91	1241,25	1098,58	962,00
	III	**1272,50**	443,83	443,83	III	1156,33	1043,33	933,33	826,33	722,50	621,66
	V	**2364,58**	443,83	443,83	IV	1821,75	1748,33	1674,91	1601,50	1528,16	1454,75
	VI	**2400,83**	443,83	443,83							
7409,99 Ost	I,IV	**1908,25**	443,83	443,83	I	1761,41	1614,66	1467,83	1321,08	1175,50	1035,58
	II	**1841,41**	443,83	443,83	II	1694,66	1547,83	1401,08	1254,33	1111,08	973,91
	III	**1283,00**	443,83	443,83	III	1166,66	1053,33	943,00	835,83	731,66	630,66
	V	**2377,75**	443,83	443,83	IV	1834,83	1761,41	1688,08	1614,66	1541,25	1467,83
	VI	**2414,00**	443,83	443,83							
7412,99 West	I,IV	**1896,33**	443,83	443,83	I	1749,58	1602,75	1456,00	1309,16	1163,91	1024,50
	II	**1829,58**	443,83	443,83	II	1682,83	1536,00	1389,25	1242,50	1099,75	963,08
	III	**1273,50**	443,83	443,83	III	1157,33	1044,16	934,16	827,33	723,33	622,50
	V	**2365,83**	443,83	443,83	IV	1823,00	1749,58	1676,16	1602,75	1529,41	1456,00
	VI	**2402,08**	443,83	443,83							
7412,99 Ost	I,IV	**1909,50**	443,83	443,83	I	1762,66	1615,91	1469,08	1322,33	1176,66	1036,75
	II	**1842,75**	443,83	443,83	II	1695,91	1549,16	1402,33	1255,58	1112,25	975,08
	III	**1284,00**	443,83	443,83	III	1167,66	1054,16	944,00	836,66	732,50	631,50
	V	**2379,00**	443,83	443,83	IV	1836,08	1762,66	1689,33	1615,91	1542,50	1469,08
	V	**2415,25**	443,83	443,83							
7415,99 West	I,IV	**1897,66**	443,83	443,83	I	1750,83	1604,08	1457,25	1310,50	1165,16	1025,66
	II	**1830,83**	443,83	443,83	II	1684,08	1537,25	1390,50	1243,75	1100,91	964,25
	III	**1274,50**	443,83	443,83	III	1158,33	1045,16	935,16	828,16	724,33	623,33
	V	**2367,08**	443,83	443,83	IV	1824,25	1750,83	1677,41	1604,08	1530,66	1457,25
	VI	**2403,41**	443,83	443,83							
7415,99 Ost	I,IV	**1910,75**	443,83	443,83	I	1764,00	1617,16	1470,41	1323,58	1177,91	1037,91
	II	**1844,00**	443,83	443,83	II	1697,16	1550,41	1403,58	1256,83	1113,50	976,25
	II	**1285,00**	443,83	443,83	III	1168,50	1055,16	944,83	837,66	733,50	632,33
	V	**2380,25**	443,83	443,83	IV	1837,33	1764,00	1690,58	1617,16	1543,75	1470,41
	VI	**2416,50**	443,83	443,83							

* Zur LSt-Berechnung für privat versicherte Arbeitnehmer s. Beispiele **Vorbemerkung S. 4f.**
** Basisvorsorgepauschale KV und PV *** Typisierter Arbeitgeberzuschuss

Lohn/ Gehalt in € bis	Steuerklasse	Lohn-steuer*	BVSP**	TAGZ***	Steuerklasse	Bemessungsgrundlage für Kirchensteuer und Solidaritätszuschlag – Freibeträge für ... Kinder 0,5	1,0	1,5	2,0	2,5	3,0
7418,99	I,IV	**1898,91**	443,83	443,83	I	1752,08	1605,33	1458,50	1311,75	1166,41	1026,83
West	II	**1832,08**	443,83	443,83	II	1685,33	1538,50	1391,75	1245,00	1102,16	965,41
	III	**1275,50**	443,83	443,83	III	1159,33	1046,16	936,16	829,00	725,16	624,33
	V	**2368,41**	443,83	443,83	IV	1825,50	1752,08	1678,66	1605,33	1531,91	1458,50
	VI	**2404,66**	443,83	443,83							
7418,99	I,IV	**1912,00**	443,83	443,83	I	1765,25	1618,41	1471,66	1324,83	1179,16	1039,08
Ost	II	**1845,25**	443,83	443,83	II	1698,41	1551,66	1404,83	1258,08	1114,66	977,41
	III	**1286,00**	443,83	443,83	III	1169,50	1056,16	945,83	838,50	734,33	633,16
	V	**2381,50**	443,83	443,83	IV	1838,58	1765,25	1691,83	1618,41	1545,00	1471,66
	VI	**2417,75**	443,83	443,83							
7421,99	I,IV	**1900,16**	443,83	443,83	I	1753,33	1606,58	1459,75	1313,00	1167,58	1028,00
West	II	**1833,33**	443,83	443,83	II	1686,58	1539,75	1393,00	1246,25	1103,33	966,58
	III	**1276,50**	443,83	443,83	III	1160,33	1047,16	937,00	830,00	726,00	625,16
	V	**2369,66**	443,83	443,83	IV	1826,75	1753,33	1680,00	1606,58	1533,16	1459,75
	VI	**2405,91**	443,83	443,83							
7421,99	I,IV	**1913,25**	443,83	443,83	I	1766,50	1619,66	1472,91	1326,08	1180,41	1040,25
Ost	II	**1846,50**	443,83	443,83	II	1699,66	1552,91	1406,08	1259,33	1115,91	978,50
	III	**1287,00**	443,83	443,83	III	1170,50	1057,16	946,83	839,50	735,16	634,00
	V	**2382,75**	443,83	443,83	IV	1839,91	1766,50	1693,08	1619,66	1546,33	1472,91
	VI	**2419,00**	443,83	443,83							
7424,99	I,IV	**1901,41**	443,83	443,83	I	1754,58	1607,83	1461,00	1314,25	1168,83	1029,16
West	II	**1834,66**	443,83	443,83	II	1687,83	1541,08	1394,25	1247,50	1104,58	967,66
	III	**1277,50**	443,83	443,83	III	1161,16	1048,00	938,00	830,83	726,83	626,00
	V	**2370,91**	443,83	443,83	IV	1828,00	1754,58	1681,25	1607,83	1534,41	1461,00
	VI	**2407,16**	443,83	443,83							
7424,99	I,IV	**1914,50**	443,83	443,83	I	1767,75	1620,91	1474,16	1327,33	1181,58	1041,41
Ost	II	**1847,75**	443,83	443,83	II	1701,00	1554,16	1407,41	1260,58	1117,08	979,66
	III	**1288,00**	443,83	443,83	III	1171,50	1058,16	947,66	840,33	736,16	634,83
	V	**2384,00**	443,83	443,83	IV	1841,16	1767,75	1694,33	1620,91	1547,58	1474,16
	VI	**2420,25**	443,83	443,83							
7427,99	I,IV	**1902,66**	443,83	443,83	I	1755,91	1609,08	1462,33	1315,50	1170,08	1030,33
West	II	**1835,91**	443,83	443,83	II	1689,08	1542,33	1395,50	1248,75	1105,75	968,83
	III	**1278,50**	443,83	443,83	III	1162,16	1049,00	938,83	831,83	727,83	626,83
	V	**2372,16**	443,83	443,83	IV	1829,25	1755,91	1682,50	1609,08	1535,66	1462,33
	VI	**2408,41**	443,83	443,83							
7427,99	I,IV	**1915,83**	443,83	443,83	I	1769,00	1622,25	1475,41	1328,66	1182,83	1042,58
Ost	II	**1849,00**	443,83	443,83	II	1702,25	1555,41	1408,66	1261,83	1118,25	980,83
	III	**1289,00**	443,83	443,83	III	1172,50	1059,00	948,66	841,33	737,00	635,66
	V	**2385,25**	443,83	443,83	IV	1842,41	1769,00	1695,58	1622,25	1548,83	1475,41
	VI	**2421,50**	443,83	443,83							
7430,99	I,IV	**1903,91**	443,83	443,83	I	1757,16	1610,33	1463,58	1316,75	1171,25	1031,58
West	II	**1837,16**	443,83	443,83	II	1690,33	1543,58	1396,75	1250,00	1106,91	970,00
	III	**1279,50**	443,83	443,83	III	1163,16	1050,00	939,83	832,66	728,66	627,66
	V	**2373,41**	443,83	443,83	IV	1830,50	1757,16	1683,75	1610,33	1536,91	1463,58
	VI	**2409,66**	443,83	443,83							
7430,99	I,IV	**1917,08**	443,83	443,83	I	1770,25	1623,50	1476,66	1329,91	1184,08	1043,75
Ost	II	**1850,25**	443,83	443,83	II	1703,50	1556,66	1409,91	1263,08	1119,50	982,00
	III	**1290,16**	443,83	443,83	III	1173,50	1060,00	949,50	842,16	737,83	636,66
	V	**2386,50**	443,83	443,83	IV	1843,66	1770,25	1696,83	1623,50	1550,08	1476,66
	VI	**2422,83**	443,83	443,83							
7433,99	I,IV	**1905,16**	443,83	443,83	I	1758,41	1611,58	1464,83	1318,00	1172,50	1032,75
West	II	**1838,41**	443,83	443,83	II	1691,58	1544,83	1398,00	1251,25	1108,16	971,16
	III	**1280,50**	443,83	443,83	III	1164,16	1051,00	940,66	833,66	729,50	628,50
	V	**2374,66**	443,83	443,83	IV	1831,83	1758,41	1685,00	1611,58	1538,25	1464,83
	VI	**2410,91**	443,83	443,83							
7433,99	I,IV	**1918,33**	443,83	443,83	I	1771,50	1624,75	1477,91	1331,16	1185,33	1045,00
Ost	II	**1851,50**	443,83	443,83	II	1704,75	1557,91	1411,16	1264,33	1120,66	983,16
	III	**1291,16**	443,83	443,83	III	1174,50	1061,00	950,50	843,16	738,66	637,50
	V	**2387,83**	443,83	443,83	IV	1844,91	1771,50	1698,16	1624,75	1551,33	1477,91
	VI	**2424,08**	443,83	443,83							

* Zur LSt-Berechnung für privat versicherte Arbeitnehmer s. Beispiele **Vorbemerkung S. 4 f.**
** Basisvorsorgepauschale KV und PV *** Typisierter Arbeitgeberzuschuss

Lohn/ Gehalt in € bis	Steuerklasse	Lohn-steuer*	BVSP**	TAGZ***	Steuerklasse	Bemessungsgrundlage für Kirchensteuer und Solidaritätszuschlag – Freibeträge für ... Kinder 0,5	**1,0**	1,5	**2,0**	2,5	**3,0**
7436,99 West	I,IV	**1906,41**	443,83	443,83	I	1759,66	1612,83	1466,08	1319,25	1173,75	1033,91
	II	**1839,66**	443,83	443,83	II	1692,91	1546,08	1399,33	1252,50	1109,33	972,33
	III	**1281,50**	443,83	443,83	III	1165,16	1051,83	941,66	834,50	730,50	629,33
	V	**2375,91**	443,83	443,83	IV	1833,08	1759,66	1686,25	1612,83	1539,50	1466,08
	VI	**2412,16**	443,83	443,83							
7436,99 Ost	I,IV	**1919,58**	443,83	443,83	I	1772,75	1626,00	1479,16	1332,41	1186,50	1046,16
	II	**1852,83**	443,83	443,83	II	1706,00	1559,25	1412,41	1265,66	1121,91	984,33
	III	**1292,16**	443,83	443,83	III	1175,50	1062,00	951,50	844,00	739,66	638,33
	V	**2389,08**	443,83	443,83	IV	1846,16	1772,75	1699,41	1626,00	1552,58	1479,16
	VI	**2425,33**	443,83	443,83							
7439,99 West	I,IV	**1907,66**	443,83	443,83	I	1760,91	1614,16	1467,33	1320,58	1175,00	1035,08
	II	**1840,91**	443,83	443,83	II	1694,16	1547,33	1400,58	1253,75	1110,58	973,41
	III	**1282,50**	443,83	443,83	III	1166,16	1052,83	942,66	835,50	731,33	630,16
	V	**2377,16**	443,83	443,83	IV	1834,33	1760,91	1687,50	1614,16	1540,75	1467,33
	VI	**2413,41**	443,83	443,83							
7439,99 Ost	I,IV	**1920,83**	443,83	443,83	I	1774,08	1627,25	1480,50	1333,66	1187,75	1047,33
	II	**1854,08**	443,83	443,83	II	1707,25	1560,50	1413,66	1266,91	1123,08	985,50
	III	**1293,16**	443,83	443,83	III	1176,50	1062,83	952,33	844,83	740,50	639,16
	V	**2390,33**	443,83	443,83	IV	1847,41	1774,08	1700,66	1627,25	1553,83	1480,50
	VI	**2426,58**	443,83	443,83							
7442,99 West	I,IV	**1909,00**	443,83	443,83	I	1762,16	1615,41	1468,58	1321,83	1176,16	1036,25
	II	**1842,16**	443,83	443,83	II	1695,41	1548,58	1401,83	1255,08	1111,75	974,58
	III	**1283,50**	443,83	443,83	III	1167,16	1053,83	943,50	836,33	732,16	631,16
	V	**2378,41**	443,83	443,83	IV	1835,58	1762,16	1688,75	1615,41	1542,00	1468,58
	VI	**2414,75**	443,83	443,83							
7442,99 Ost	I,IV	**1922,08**	443,83	443,83	I	1775,33	1628,50	1481,75	1334,91	1189,00	1048,50
	II	**1855,33**	443,83	443,83	II	1708,50	1561,75	1414,91	1268,16	1124,33	986,58
	III	**1294,16**	443,83	443,83	III	1177,50	1063,83	953,33	845,83	741,33	640,00
	V	**2391,58**	443,83	443,83	IV	1848,66	1775,33	1701,91	1628,50	1555,08	1481,75
	VI	**2427,83**	443,83	443,83							
7445,99 West	I,IV	**1910,25**	443,83	443,83	I	1763,41	1616,66	1469,83	1323,08	1177,41	1037,41
	II	**1843,41**	443,83	443,83	II	1696,66	1549,83	1403,08	1256,33	1113,00	975,75
	III	**1284,50**	443,83	443,83	III	1168,16	1054,83	944,50	837,16	733,00	632,00
	V	**2379,75**	443,83	443,83	IV	1836,83	1763,41	1690,08	1616,66	1543,25	1469,83
	VI	**2416,00**	443,83	443,83							
7445,99 Ost	I,IV	**1923,33**	443,83	443,83	I	1776,58	1629,75	1483,00	1336,16	1190,25	1049,66
	II	**1856,58**	443,83	443,83	II	1709,75	1563,00	1416,16	1269,41	1125,50	987,75
	III	**1295,16**	443,83	443,83	III	1178,50	1064,83	954,16	846,66	742,33	640,83
	V	**2392,83**	443,83	443,83	IV	1849,91	1776,58	1703,16	1629,75	1556,41	1483,00
	VI	**2429,08**	443,83	443,83							
7448,99 West	I,IV	**1911,50**	443,83	443,83	I	1764,66	1617,91	1471,08	1324,33	1178,66	1038,58
	II	**1844,66**	443,83	443,83	II	1697,91	1551,16	1404,33	1257,58	1114,16	976,91
	III	**1285,50**	443,83	443,83	III	1169,16	1055,66	945,33	838,16	734,00	632,83
	V	**2381,00**	443,83	443,83	IV	1838,08	1764,66	1691,33	1617,91	1544,50	1471,08
	VI	**2417,25**	443,83	443,83							
7448,99 Ost	I,IV	**1924,58**	443,83	443,83	I	1777,83	1631,00	1484,25	1337,41	1191,50	1050,83
	II	**1857,83**	443,83	443,83	II	1711,08	1564,25	1417,50	1270,66	1126,75	988,91
	III	**1296,16**	443,83	443,83	III	1179,50	1065,83	955,16	847,66	743,16	641,66
	V	**2394,08**	443,83	443,83	IV	1851,25	1777,83	1704,41	1631,00	1557,66	1484,25
	VI	**2430,33**	443,83	443,83							
7451,99 West	I,IV	**1912,75**	443,83	443,83	I	1765,91	1619,16	1472,41	1325,58	1179,83	1039,75
	II	**1846,00**	443,83	443,83	II	1699,16	1552,41	1405,58	1258,83	1115,33	978,08
	III	**1286,66**	443,83	443,83	III	1170,16	1056,66	946,33	839,00	734,83	633,66
	V	**2382,25**	443,83	443,83	IV	1839,33	1765,91	1692,58	1619,16	1545,75	1472,41
	VI	**2418,50**	443,83	443,83							
7451,99 Ost	I,IV	**1925,83**	443,83	443,83	I	1779,08	1632,33	1485,50	1338,75	1192,66	1052,08
	II	**1859,08**	443,83	443,83	II	1712,33	1565,50	1418,75	1271,91	1127,91	990,08
	III	**1297,16**	443,83	443,83	III	1180,50	1066,66	956,16	848,50	744,00	642,66
	V	**2395,33**	443,83	443,83	IV	1852,50	1779,08	1705,66	1632,33	1558,91	1485,50
	VI	**2431,58**	443,83	443,83							

* Zur LSt-Berechnung für privat versicherte Arbeitnehmer s. Beispiele **Vorbemerkung S. 4f.**
** Basisvorsorgepauschale KV und PV *** Typisierter Arbeitgeberzuschuss

Lohn/ Gehalt in € bis	Steuerklasse	Lohn-steuer*	BVSP**	TAGZ***	Steuerklasse	Bemessungsgrundlage für Kirchensteuer und Solidaritätszuschlag – Freibeträge für ... Kinder 0,5	1,0	1,5	2,0	2,5	3,0
7454,99 West	I,IV	**1914,00**	443,83	443,83	I	1767,25	1620,41	1473,66	1326,83	1181,08	1040,91
	II	**1847,25**	443,83	443,83	II	1700,41	1553,66	1406,83	1260,08	1116,58	979,16
	III	**1287,66**	443,83	443,83	III	1171,16	1057,66	947,33	840,00	735,66	634,50
	V	**2383,50**	443,83	443,83	IV	1840,58	1767,25	1693,83	1620,41	1547,00	1473,66
	VI	**2419,75**	443,83	443,83							
7454,99 Ost	I,IV	**1927,16**	443,83	443,83	I	1780,33	1633,58	1486,75	1340,00	1193,91	1053,25
	II	**1860,33**	443,83	443,83	II	1713,58	1566,75	1420,00	1273,16	1129,16	991,25
	III	**1298,16**	443,83	443,83	III	1181,50	1067,66	957,00	849,50	745,00	643,50
	V	**2396,58**	443,83	443,83	IV	1853,75	1780,33	1706,91	1633,58	1560,16	1486,75
	VI	**2432,91**	443,83	443,83							
7457,99 West	I,IV	**1915,25**	443,83	443,83	I	1768,50	1621,66	1474,91	1328,08	1182,33	1042,08
	II	**1848,50**	443,83	443,83	II	1701,66	1554,91	1408,08	1261,33	1117,75	980,33
	III	**1288,66**	443,83	443,83	III	1172,16	1058,66	948,16	840,83	736,66	635,33
	V	**2384,75**	443,83	443,83	IV	1841,83	1768,50	1695,08	1621,66	1548,33	1474,91
	VI	**2421,00**	443,83	443,83							
7457,99 Ost	I,IV	**1928,41**	443,83	443,83	I	1781,58	1634,83	1488,00	1341,25	1195,16	1054,41
	II	**1861,58**	443,83	443,83	II	1714,83	1568,00	1421,25	1274,41	1130,33	992,41
	III	**1299,16**	443,83	443,83	III	1182,33	1068,66	958,00	850,33	745,83	644,33
	V	**2397,91**	443,83	443,83	IV	1855,00	1781,58	1708,16	1634,83	1561,41	1488,00
	VI	**2434,16**	443,83	443,83							
7460,99 West	I,IV	**1916,50**	443,83	443,83	I	1769,75	1622,91	1476,16	1329,33	1183,58	1043,33
	II	**1849,75**	443,83	443,83	II	1702,91	1556,16	1409,41	1262,58	1119,00	981,50
	III	**1289,66**	443,83	443,83	III	1173,00	1059,50	949,16	841,83	737,50	636,16
	V	**2386,00**	443,83	443,83	IV	1843,16	1769,75	1696,33	1622,91	1549,58	1476,16
	VI	**2422,25**	443,83	443,83							
7460,99 Ost	I,IV	**1929,66**	443,83	443,83	I	1782,83	1636,08	1489,25	1342,50	1196,41	1055,58
	II	**1862,83**	443,83	443,83	II	1716,08	1569,33	1422,50	1275,75	1131,58	993,58
	III	**1300,16**	443,83	443,83	III	1183,33	1069,66	959,00	851,33	746,66	645,16
	V	**2399,16**	443,83	443,83	IV	1856,25	1782,83	1709,50	1636,08	1562,66	1489,25
	VI	**2435,41**	443,83	443,83							
7463,99 West	I,IV	**1917,75**	443,83	443,83	I	1771,00	1624,16	1477,41	1330,66	1184,75	1044,50
	II	**1851,00**	443,83	443,83	II	1704,25	1557,41	1410,66	1263,83	1120,16	982,66
	III	**1290,66**	443,83	443,83	III	1174,00	1060,50	950,16	842,66	738,33	637,00
	V	**2387,25**	443,83	443,83	IV	1844,41	1771,00	1697,58	1624,16	1550,83	1477,41
	VI	**2423,50**	443,83	443,83							
7463,99 Ost	I,IV	**1930,91**	443,83	443,83	I	1784,08	1637,33	1490,58	1343,75	1197,66	1056,75
	II	**1864,16**	443,83	443,83	II	1717,33	1570,58	1423,75	1277,00	1132,83	994,75
	III	**1301,16**	443,83	443,83	III	1184,33	1070,66	959,83	852,16	747,50	646,00
	V	**2400,41**	443,83	443,83	IV	1857,50	1784,08	1710,75	1637,33	1563,91	1490,58
	VI	**2436,66**	443,83	443,83							
7466,99 West	I,IV	**1919,08**	443,83	443,83	I	1772,25	1625,50	1478,66	1331,91	1186,00	1045,66
	II	**1852,25**	443,83	443,83	II	1705,50	1558,66	1411,91	1265,08	1121,41	983,83
	III	**1291,66**	443,83	443,83	III	1175,00	1061,50	951,00	843,66	739,16	638,00
	V	**2388,50**	443,83	443,83	IV	1845,66	1772,25	1698,83	1625,50	1552,08	1478,66
	VI	**2424,83**	443,83	443,83							
7466,99 Ost	I,IV	**1932,16**	443,83	443,83	I	1785,41	1638,58	1491,83	1345,00	1198,83	1057,91
	II	**1865,41**	443,83	443,83	II	1718,58	1571,83	1425,00	1278,25	1134,00	995,91
	III	**1302,33**	443,83	443,83	III	1185,33	1071,50	960,83	853,16	748,50	646,83
	V	**2401,66**	443,83	443,83	IV	1858,75	1785,41	1712,00	1638,58	1565,16	1491,83
	VI	**2437,91**	443,83	443,83							
7469,99 West	I,IV	**1920,33**	443,83	443,83	I	1773,50	1626,75	1479,91	1333,16	1187,25	1046,83
	II	**1853,50**	443,83	443,83	II	1706,75	1559,91	1413,16	1266,33	1122,58	985,00
	III	**1292,66**	443,83	443,83	III	1176,00	1062,50	952,00	844,50	740,16	638,83
	V	**2389,83**	443,83	443,83	IV	1846,91	1773,50	1700,08	1626,75	1553,33	1479,91
	VI	**2426,08**	443,83	443,83							
7469,99 Ost	I,IV	**1933,41**	443,83	443,83	I	1786,66	1639,83	1493,08	1346,25	1200,08	1059,16
	II	**1866,66**	443,83	443,83	II	1719,83	1573,08	1426,25	1279,50	1135,25	997,00
	III	**1303,33**	443,83	443,83	III	1186,33	1072,50	961,66	854,00	749,33	647,66
	V	**2402,91**	443,83	443,83	IV	1860,00	1786,66	1713,25	1639,83	1566,41	1493,08
	VI	**2439,16**	443,83	443,83							

* Zur LSt-Berechnung für privat versicherte Arbeitnehmer s. Beispiele **Vorbemerkung S. 4f.**
** Basisvorsorgepauschale KV und PV *** Typisierter Arbeitgeberzuschuss

Lohn/ Gehalt in € bis	Steuerklasse	Lohn-steuer*	BVSP**	TAGZ***	Steuerklasse	Bemessungsgrundlage für Kirchensteuer und Solidaritätszuschlag					
						Freibeträge für ... Kinder					
						0,5	**1,0**	1,5	**2,0**	2,5	**3,0**
7472,99	I,IV	**1921,58**	443,83	443,83	I	1774,75	1628,00	1481,16	1334,41	1188,50	1048,00
West	II	**1854,75**	443,83	443,83	II	1708,00	1561,16	1414,41	1267,66	1123,83	986,16
	III	**1293,66**	443,83	443,83	III	1177,00	1063,50	952,83	845,33	741,00	639,66
	V	**2391,08**	443,83	443,83	IV	1848,16	1774,75	1701,41	1628,00	1554,58	1481,16
	VI	**2427,33**	443,83	443,83							
7472,99	I,IV	**1934,66**	443,83	443,83	I	1787,91	1641,08	1494,33	1347,50	1201,33	1060,33
Ost	II	**1867,91**	443,83	443,83	II	1721,08	1574,33	1427,58	1280,75	1136,41	998,16
	III	**1304,33**	443,83	443,83	III	1187,33	1073,50	962,66	855,00	750,16	648,66
	V	**2404,16**	443,83	443,83	IV	1861,33	1787,91	1714,50	1641,08	1567,75	1494,33
	VI	**2440,41**	443,83	443,83							
7475,99	I,IV	**1922,83**	443,83	443,83	I	1776,00	1629,25	1482,41	1335,66	1189,75	1049,16
West	II	**1856,08**	443,83	443,83	II	1709,25	1562,50	1415,66	1268,91	1125,00	987,25
	III	**1294,66**	443,83	443,83	III	1178,00	1064,33	953,83	846,33	741,83	640,50
	V	**2392,33**	443,83	443,83	IV	1849,41	1776,00	1702,66	1629,25	1555,83	1482,41
	VI	**2428,58**	443,83	443,83							
7475,99	I,IV	**1935,91**	443,83	443,83	I	1789,16	1642,33	1495,58	1348,83	1202,58	1061,50
Ost	II	**1869,16**	443,83	443,83	II	1722,41	1575,58	1428,83	1282,00	1137,66	999,33
	III	**1305,33**	443,83	443,83	III	1188,33	1074,50	963,66	855,83	751,16	649,50
	V	**2405,41**	443,83	443,83	IV	1862,58	1789,16	1715,75	1642,33	1569,00	1495,58
	VI	**2441,66**	443,83	443,83							
7478,99	I,IV	**1924,08**	443,83	443,83	I	1777,33	1630,50	1483,75	1336,91	1190,91	1050,33
West	II	**1857,33**	443,83	443,83	II	1710,50	1563,75	1416,91	1270,16	1126,25	988,41
	III	**1295,66**	443,83	443,83	III	1179,00	1065,33	954,83	847,16	742,83	641,33
	V	**2393,58**	443,83	443,83	IV	1850,66	1777,33	1703,91	1630,50	1557,08	1483,75
	VI	**2429,83**	443,83	443,83							
7478,99	I,IV	**1937,25**	443,83	443,83	I	1790,41	1643,66	1496,83	1350,08	1203,83	1062,66
Ost	II	**1870,41**	443,83	443,83	II	1723,66	1576,83	1430,08	1283,25	1138,83	1000,50
	III	**1306,33**	443,83	443,83	III	1189,33	1075,50	964,50	856,66	752,00	650,33
	V	**2406,66**	443,83	443,83	IV	1863,83	1790,41	1717,00	1643,66	1570,25	1496,83
	VI	**2443,00**	443,83	443,83							
7481,99	I,IV	**1925,33**	443,83	443,83	I	1778,58	1631,75	1485,00	1338,16	1192,16	1051,58
West	II	**1858,58**	443,83	443,83	II	1711,75	1565,00	1418,16	1271,41	1127,41	989,58
	III	**1296,66**	443,83	443,83	III	1180,00	1066,33	955,66	848,16	743,66	642,16
	V	**2394,83**	443,83	443,83	IV	1851,91	1778,58	1705,16	1631,75	1558,33	1485,00
	VI	**2431,08**	443,83	443,83							
7481,99	I,IV	**1938,50**	443,83	443,83	I	1791,66	1644,91	1498,08	1351,33	1205,08	1063,91
Ost	II	**1871,66**	443,83	443,83	II	1724,91	1578,08	1431,33	1284,50	1140,08	1001,66
	III	**1307,33**	443,83	443,83	III	1190,33	1076,33	965,50	857,66	752,83	651,16
	V	**2408,00**	443,83	443,83	IV	1865,08	1791,66	1718,25	1644,91	1571,50	1498,08
	VI	**2444,25**	443,83	443,83							
7484,99	I,IV	**1926,58**	443,83	443,83	I	1779,83	1633,00	1486,25	1339,41	1193,41	1052,75
West	II	**1859,83**	443,83	443,83	II	1713,00	1566,25	1419,41	1272,66	1128,66	990,75
	III	**1297,66**	443,83	443,83	III	1181,00	1067,33	956,66	849,00	744,50	643,00
	V	**2396,08**	443,83	443,83	IV	1853,25	1779,83	1706,41	1633,00	1559,66	1486,25
	VI	**2432,33**	443,83	443,83							
7484,99	I,IV	**1939,75**	443,83	443,83	I	1792,91	1646,16	1499,33	1352,58	1206,33	1065,08
Ost	II	**1872,91**	443,83	443,83	II	1726,16	1579,33	1432,58	1285,83	1141,25	1002,83
	III	**1308,33**	443,83	443,83	III	1191,33	1077,33	966,50	858,50	753,83	652,00
	V	**2409,25**	443,83	443,83	IV	1866,33	1792,91	1719,58	1646,16	1572,75	1499,33
	VI	**2445,50**	443,83	443,83							
7487,99	I,IV	**1927,83**	443,83	443,83	I	1781,08	1634,25	1487,50	1340,66	1194,66	1053,91
West	II	**1861,08**	443,83	443,83	II	1714,33	1567,50	1420,75	1273,91	1129,83	991,91
	III	**1298,83**	443,83	443,83	III	1182,00	1068,16	957,50	850,00	745,50	644,00
	V	**2397,33**	443,83	443,83	IV	1854,50	1781,08	1707,66	1634,25	1560,91	1487,50
	VI	**2433,58**	443,83	443,83							
7487,99	I,IV	**1941,00**	443,83	443,83	I	1794,16	1647,41	1500,58	1353,83	1207,50	1066,25
Ost	II	**1874,25**	443,83	443,83	II	1727,41	1580,66	1433,83	1287,08	1142,50	1004,00
	III	**1309,33**	443,83	443,83	III	1192,33	1078,33	967,33	859,50	754,66	652,83
	V	**2410,50**	443,83	443,83	IV	1867,58	1794,16	1720,83	1647,41	1574,00	1500,58
	VI	**2446,75**	443,83	443,83							

* Zur LSt-Berechnung für privat versicherte Arbeitnehmer s. Beispiele **Vorbemerkung S. 4f.**
** Basisvorsorgepauschale KV und PV *** Typisierter Arbeitgeberzuschuss

Lohn/ Gehalt in € bis	Steuerklasse	Lohn-steuer*	BVSP**	TAGZ***	Steuerklasse	Bemessungsgrundlage für Kirchensteuer und Solidaritätszuschlag – Freibeträge für ... Kinder 0,5	**1,0**	1,5	**2,0**	2,5	**3,0**
7490,99	I,IV	**1929,16**	443,83	443,83	I	1782,33	1635,58	1488,75	1342,00	1195,91	1055,08
West	II	**1862,33**	443,83	443,83	II	1715,58	1568,75	1422,00	1275,16	1131,08	993,08
	III	**1299,83**	443,83	443,83	III	1183,00	1069,16	958,50	850,83	746,33	644,83
	V	**2398,58**	443,83	443,83	IV	1855,75	1782,33	1708,91	1635,58	1562,16	1488,75
	VI	**2434,91**	443,83	443,83							
7490,99	I,IV	**1942,25**	443,83	443,83	I	1795,50	1648,66	1501,91	1355,08	1208,75	1067,41
Ost	II	**1875,50**	443,83	443,83	II	1728,66	1581,91	1435,08	1288,33	1143,75	1005,16
	III	**1310,33**	443,83	443,83	III	1193,33	1079,33	968,33	860,33	755,50	653,83
	V	**2411,75**	443,83	443,83	IV	1868,83	1795,50	1722,08	1648,66	1575,25	1501,91
	VI	**2448,00**	443,83	443,83							
7493,99	I,IV	**1930,41**	443,83	443,83	I	1783,58	1636,83	1490,00	1343,25	1197,08	1056,25
West	II	**1863,58**	443,83	443,83	II	1716,83	1570,00	1423,25	1276,41	1132,25	994,25
	III	**1300,83**	443,83	443,83	III	1184,00	1070,16	959,50	851,83	747,16	645,66
	V	**2399,91**	443,83	443,83	IV	1857,00	1783,58	1710,16	1636,83	1563,41	1490,00
	VI	**2436,16**	443,83	443,83							
7493,99	I,IV	**1943,50**	443,83	443,83	I	1796,75	1649,91	1503,16	1356,33	1210,00	1068,58
Ost	II	**1876,75**	443,83	443,83	II	1729,91	1583,16	1436,33	1289,58	1144,91	1006,33
	III	**1311,50**	443,83	443,83	III	1194,33	1080,16	969,16	861,33	756,50	654,66
	V	**2413,00**	443,83	443,83	IV	1870,08	1796,75	1723,33	1649,91	1576,50	1503,16
	VI	**2449,25**	443,83	443,83							
7496,99	I,IV	**1931,66**	443,83	443,83	I	1784,83	1638,08	1491,25	1344,50	1198,33	1057,50
West	II	**1864,83**	443,83	443,83	II	1718,08	1571,25	1424,50	1277,66	1133,50	995,41
	III	**1301,83**	443,83	443,83	III	1185,00	1071,16	960,33	852,66	748,00	646,50
	V	**2401,16**	443,83	443,83	IV	1858,25	1784,83	1711,50	1638,08	1564,66	1491,25
	VI	**2437,41**	443,83	443,83							
7496,99	I,IV	**1944,75**	443,83	443,83	I	1798,00	1651,16	1504,41	1357,58	1211,25	1069,83
Ost	II	**1878,00**	443,83	443,83	II	1731,16	1584,41	1437,58	1290,83	1146,16	1007,50
	III	**1312,50**	443,83	443,83	III	1195,33	1081,16	970,16	862,16	757,33	655,50
	V	**2414,25**	443,83	443,83	IV	1871,41	1798,00	1724,58	1651,16	1577,83	1504,41
	VI	**2450,50**	443,83	443,83							
7499,99	I,IV	**1932,91**	443,83	443,83	I	1786,08	1639,33	1492,50	1345,75	1199,58	1058,66
West	II	**1866,16**	443,83	443,83	II	1719,33	1572,58	1425,75	1279,00	1134,75	996,58
	III	**1302,83**	443,83	443,83	III	1186,00	1072,16	961,33	853,66	749,00	647,33
	V	**2402,41**	443,83	443,83	IV	1859,50	1786,08	1712,75	1639,33	1565,91	1492,50
	VI	**2438,66**	443,83	443,83							
7499,99	I,IV	**1946,00**	443,83	443,83	I	1799,25	1652,41	1505,66	1358,83	1212,50	1071,00
Ost	II	**1879,25**	443,83	443,83	II	1732,50	1585,66	1438,91	1292,08	1147,33	1008,66
	III	**1313,50**	443,83	443,83	III	1196,33	1082,16	971,16	863,16	758,16	656,33
	V	**2415,50**	443,83	443,83	IV	1872,66	1799,25	1725,83	1652,41	1579,08	1505,66
	VI	**2451,75**	443,83	443,83							
7502,99	I,IV	**1934,16**	443,83	443,83	I	1787,41	1640,58	1493,83	1347,00	1200,83	1059,83
West	II	**1867,41**	443,83	443,83	II	1720,58	1573,83	1427,00	1280,25	1135,91	997,75
	III	**1303,83**	443,83	443,83	III	1187,00	1073,00	962,33	854,50	749,83	648,16
	V	**2403,66**	443,83	443,83	IV	1860,75	1787,41	1714,00	1640,58	1567,16	1493,83
	VI	**2439,91**	443,83	443,83							
7502,99	I,IV	**1947,33**	443,83	443,83	I	1800,50	1653,75	1506,91	1360,16	1213,75	1072,16
Ost	II	**1880,50**	443,83	443,83	II	1733,75	1586,91	1440,16	1293,33	1148,58	1009,83
	III	**1314,50**	443,83	443,83	III	1197,33	1083,16	972,00	864,00	759,16	657,16
	V	**2416,75**	443,83	443,83	IV	1873,91	1800,50	1727,08	1653,75	1580,33	1506,91
	VI	**2453,00**	443,83	443,83							
7505,99	I,IV	**1935,41**	443,83	443,83	I	1788,66	1641,83	1495,08	1348,25	1202,08	1061,00
West	II	**1868,66**	443,83	443,83	II	1721,83	1575,08	1428,25	1281,50	1137,16	998,83
	III	**1304,83**	443,83	443,83	III	1187,83	1074,00	963,16	855,50	750,66	649,16
	V	**2404,91**	443,83	443,83	IV	1862,00	1788,66	1715,25	1641,83	1568,41	1495,08
	VI	**2441,16**	443,83	443,83							
7505,99	I,IV	**1948,58**	443,83	443,83	I	1801,75	1655,00	1508,16	1361,41	1215,00	1073,41
Ost	II	**1881,75**	443,83	443,83	II	1735,00	1588,16	1441,41	1294,58	1149,83	1011,00
	III	**1315,50**	443,83	443,83	III	1198,33	1084,16	973,00	865,00	760,00	658,00
	V	**2418,00**	443,83	443,83	IV	1875,16	1801,75	1728,33	1655,00	1581,58	1508,16
	VI	**2454,33**	443,83	443,83							

* Zur LSt-Berechnung für privat versicherte Arbeitnehmer s. Beispiele **Vorbemerkung S. 4f.**
** Basisvorsorgepauschale KV und PV *** Typisierter Arbeitgeberzuschuss

Lohn/ Gehalt in € bis	Steuerklasse	Lohn-steuer*	BVSP**	TAGZ***	Steuerklasse	0,5	1,0	1,5	2,0	2,5	3,0
						Bemessungsgrundlage für Kirchensteuer und Solidaritätszuschlag – Freibeträge für ... Kinder					
7508,99 West	I,IV	**1936,66**	443,83	443,83	I	1789,91	1643,08	1496,33	1349,50	1203,33	1062,16
	II	**1869,91**	443,83	443,83	II	1723,08	1576,33	1429,50	1282,75	1138,33	1000,00
	III	**1305,83**	443,83	443,83	III	1188,83	1075,00	964,16	856,33	751,66	650,00
	V	**2406,16**	443,83	443,83	IV	1863,33	1789,91	1716,50	1643,08	1569,75	1496,33
	VI	**2442,41**	443,83	443,83							
7508,99 Ost	I,IV	**1949,83**	443,83	443,83	I	1803,00	1656,25	1509,41	1362,66	1216,25	1074,58
	II	**1883,00**	443,83	443,83	II	1736,25	1589,41	1442,66	1295,83	1151,00	1012,16
	III	**1316,50**	443,83	443,83	III	1199,33	1085,00	974,00	865,83	760,83	659,00
	V	**2419,33**	443,83	443,83	IV	1876,41	1803,00	1729,66	1656,25	1582,83	1509,41
	VI	**2455,58**	443,83	443,83							
7511,99 West	I,IV	**1937,91**	443,83	443,83	I	1791,16	1644,33	1497,58	1350,75	1204,50	1063,41
	II	**1871,16**	443,83	443,83	II	1724,41	1577,58	1430,83	1284,00	1139,58	1001,16
	III	**1306,83**	443,83	443,83	III	1189,83	1076,00	965,00	857,33	752,50	650,83
	V	**2407,41**	443,83	443,83	IV	1864,58	1791,16	1717,75	1644,33	1571,00	1497,58
	VI	**2443,66**	443,83	443,83							
7511,99 Ost	I,IV	**1951,08**	443,83	443,83	I	1804,25	1657,50	1510,66	1363,91	1217,50	1075,75
	II	**1884,33**	443,83	443,83	II	1737,50	1590,75	1443,91	1297,16	1152,25	1013,33
	III	**1317,50**	443,83	443,83	III	1200,33	1086,00	974,83	866,83	761,83	659,83
	V	**2420,58**	443,83	443,83	IV	1877,66	1804,25	1730,91	1657,50	1584,08	1510,66
	VI	**2456,83**	443,83	443,83							
7514,99 West	I,IV	**1939,16**	443,83	443,83	I	1792,41	1645,66	1498,83	1352,08	1205,75	1064,58
	II	**1872,41**	443,83	443,83	II	1725,66	1578,83	1432,08	1285,25	1140,75	1002,33
	III	**1307,83**	443,83	443,83	III	1190,83	1077,00	966,00	858,16	753,33	651,66
	V	**2408,66**	443,83	443,83	IV	1865,83	1792,41	1719,00	1645,66	1572,25	1498,83
	VI	**2444,91**	443,83	443,83							
7514,99 Ost	I,IV	**1952,33**	443,83	443,83	I	1805,58	1658,75	1512,00	1365,16	1218,66	1076,91
	II	**1885,58**	443,83	443,83	II	1738,75	1592,00	1445,16	1298,41	1153,41	1014,50
	III	**1318,50**	443,83	443,83	III	1201,33	1087,00	975,83	867,66	762,66	660,66
	V	**2421,83**	443,83	443,83	IV	1878,91	1805,58	1732,16	1658,75	1585,33	1512,00
	VI	**2458,08**	443,83	443,83							
7517,99 West	I,IV	**1940,50**	443,83	443,83	I	1793,66	1646,91	1500,08	1353,33	1207,00	1065,75
	II	**1873,66**	443,83	443,83	II	1726,91	1580,08	1433,33	1286,50	1142,00	1003,50
	III	**1309,00**	443,83	443,83	III	1191,83	1077,83	967,00	859,00	754,33	652,50
	V	**2409,91**	443,83	443,83	IV	1867,08	1793,66	1720,25	1646,91	1573,50	1500,08
	VI	**2446,25**	443,83	443,83							
7517,99 Ost	I,IV	**1953,58**	443,83	443,83	I	1806,83	1660,00	1513,25	1366,41	1219,91	1078,16
	II	**1886,83**	443,83	443,83	II	1740,00	1593,25	1446,41	1299,66	1154,66	1015,66
	III	**1319,50**	443,83	443,83	III	1202,16	1088,00	976,83	868,66	763,50	661,50
	V	**2423,08**	443,83	443,83	IV	1880,16	1806,83	1733,41	1660,00	1586,58	1513,25
	VI	**2459,33**	443,83	443,83							
7520,99 West	I,IV	**1941,75**	443,83	443,83	I	1794,91	1648,16	1501,33	1354,58	1208,25	1066,91
	II	**1874,91**	443,83	443,83	II	1728,16	1581,33	1434,58	1287,75	1143,16	1004,66
	III	**1310,00**	443,83	443,83	III	1192,83	1078,83	967,83	860,00	755,16	653,33
	V	**2411,25**	443,83	443,83	IV	1868,33	1794,91	1721,58	1648,16	1574,75	1501,33
	VI	**2447,50**	443,83	443,83							
7520,99 Ost	I,IV	**1954,83**	443,83	443,83	I	1808,08	1661,25	1514,50	1367,66	1221,16	1079,33
	II	**1888,08**	443,83	443,83	II	1741,25	1594,50	1447,66	1300,91	1155,91	1016,83
	III	**1320,66**	443,83	443,83	III	1203,16	1089,00	977,66	869,50	764,50	662,33
	V	**2424,33**	443,83	443,83	IV	1881,41	1808,08	1734,66	1661,25	1587,91	1514,50
	VI	**2460,58**	443,83	443,83							
7523,99 West	I,IV	**1943,00**	443,83	443,83	I	1796,16	1649,41	1502,58	1355,83	1209,50	1068,16
	II	**1876,16**	443,83	443,83	II	1729,41	1582,66	1435,83	1289,08	1144,41	1005,83
	III	**1311,00**	443,83	443,83	III	1193,83	1079,83	968,83	860,83	756,00	654,16
	V	**2412,50**	443,83	443,83	IV	1869,58	1796,16	1722,83	1649,41	1576,00	1502,58
	VI	**2448,75**	443,83	443,83							
7523,99 Ost	I,IV	**1956,08**	443,83	443,83	I	1809,33	1662,50	1515,75	1368,91	1222,41	1080,50
	II	**1889,33**	443,83	443,83	II	1742,58	1595,75	1449,00	1302,16	1157,08	1018,00
	III	**1321,66**	443,83	443,83	III	1204,16	1089,83	978,66	870,50	765,33	663,16
	V	**2425,58**	443,83	443,83	IV	1882,75	1809,33	1735,91	1662,50	1589,16	1515,75
	VI	**2461,83**	443,83	443,83							

* Zur LSt-Berechnung für privat versicherte Arbeitnehmer s. Beispiele **Vorbemerkung S. 4f.**
** Basisvorsorgepauschale KV und PV *** Typisierter Arbeitgeberzuschuss

Lohn/ Gehalt in € bis	Steuerklasse	Lohn-steuer*	BVSP**	TAGZ***	Steuerklasse	Bemessungsgrundlage für Kirchensteuer und Solidaritätszuschlag — Freibeträge für ... Kinder 0,5	**1,0**	1,5	**2,0**	2,5	**3,0**
7526,99	I,IV	**1944,25**	443,83	443,83	I	1797,41	1650,66	1503,91	1357,08	1210,75	1069,33
West	II	**1877,50**	443,83	443,83	II	1730,66	1583,91	1437,08	1290,33	1145,66	1007,00
	III	**1312,00**	443,83	443,83	III	1194,83	1080,83	969,83	861,83	757,00	655,16
	V	**2413,75**	443,83	443,83	IV	1870,83	1797,41	1724,08	1650,66	1577,25	1503,91
	VI	**2450,00**	443,83	443,83							
7526,99	I,IV	**1957,33**	443,83	443,83	I	1810,58	1663,83	1517,00	1370,25	1223,66	1081,75
Ost	II	**1890,58**	443,83	443,83	II	1743,83	1597,00	1450,25	1303,41	1158,33	1019,16
	III	**1322,66**	443,83	443,83	III	1205,16	1090,83	979,66	871,33	766,16	664,16
	V	**2426,83**	443,83	443,83	IV	1884,00	1810,58	1737,16	1663,83	1590,41	1517,00
	VI	**2463,08**	443,83	443,83							
7529,99	I,IV	**1945,50**	443,83	443,83	I	1798,75	1651,91	1505,16	1358,33	1212,00	1070,50
West	II	**1878,75**	443,83	443,83	II	1731,91	1585,16	1438,33	1291,58	1146,83	1008,16
	III	**1313,00**	443,83	443,83	III	1195,83	1081,66	970,66	862,66	757,83	656,00
	V	**2415,00**	443,83	443,83	IV	1872,08	1798,75	1725,33	1651,91	1578,50	1505,16
	VI	**2451,25**	443,83	443,83							
7529,99	I,IV	**1958,66**	443,83	443,83	I	1811,83	1665,08	1518,25	1371,50	1224,91	1082,91
Ost	II	**1891,83**	443,83	443,83	II	1745,08	1598,25	1451,50	1304,66	1159,58	1020,33
	III	**1323,66**	443,83	443,83	III	1206,16	1091,83	980,50	872,33	767,16	665,00
	V	**2428,08**	443,83	443,83	IV	1885,25	1811,83	1738,41	1665,08	1591,66	1518,25
	VI	**2464,41**	443,83	443,83							
7532,99	I,IV	**1946,75**	443,83	443,83	I	1800,00	1653,16	1506,41	1359,58	1213,25	1071,66
West	II	**1880,00**	443,83	443,83	II	1733,16	1586,41	1439,58	1292,83	1148,08	1009,33
	III	**1314,00**	443,83	443,83	III	1196,83	1082,66	971,66	863,66	758,66	656,83
	V	**2416,25**	443,83	443,83	IV	1873,33	1800,00	1726,58	1653,16	1579,83	1506,41
	VI	**2452,50**	443,83	443,83							
7532,99	I,IV	**1959,91**	443,83	443,83	I	1813,08	1666,33	1519,50	1372,75	1226,16	1084,08
Ost	II	**1893,08**	443,83	443,83	II	1746,33	1599,50	1452,75	1305,91	1160,75	1021,50
	III	**1324,66**	443,83	443,83	III	1207,16	1092,83	981,50	873,16	768,00	665,83
	V	**2429,41**	443,83	443,83	IV	1886,50	1813,08	1739,66	1666,33	1592,91	1519,50
	VI	**2465,66**	443,83	443,83							
7535,99	I,IV	**1948,00**	443,83	443,83	I	1801,25	1654,41	1507,66	1360,83	1214,41	1072,91
West	II	**1881,25**	443,83	443,83	II	1734,41	1587,66	1440,91	1294,08	1149,25	1010,50
	III	**1315,00**	443,83	443,83	III	1197,83	1083,66	972,66	864,50	759,66	657,66
	V	**2417,50**	443,83	443,83	IV	1874,66	1801,25	1727,83	1654,41	1581,08	1507,66
	VI	**2453,75**	443,83	443,83							
7535,99	I,IV	**1961,16**	443,83	443,83	I	1814,33	1667,58	1520,75	1374,00	1227,41	1085,25
Ost	II	**1894,33**	443,83	443,83	II	1747,58	1600,83	1454,00	1307,25	1162,00	1022,66
	III	**1325,66**	443,83	443,83	III	1208,16	1093,83	982,50	874,16	768,83	666,66
	V	**2430,66**	443,83	443,83	IV	1887,75	1814,33	1741,00	1667,58	1594,16	1520,75
	VI	**2466,91**	443,83	443,83							
7538,99	I,IV	**1949,25**	443,83	443,83	I	1802,50	1655,66	1508,91	1362,16	1215,66	1074,08
West	II	**1882,50**	443,83	443,83	II	1735,75	1588,91	1442,16	1295,33	1150,50	1011,66
	III	**1316,00**	443,83	443,83	III	1198,83	1084,66	973,50	865,50	760,50	658,50
	V	**2418,75**	443,83	443,83	IV	1875,91	1802,50	1729,08	1655,66	1582,33	1508,91
	VI	**2455,00**	443,83	443,83							
7538,99	I,IV	**1962,41**	443,83	443,83	I	1815,58	1668,83	1522,08	1375,25	1228,66	1086,50
Ost	II	**1895,66**	443,83	443,83	II	1748,83	1602,08	1455,25	1308,50	1163,25	1023,83
	III	**1326,66**	443,83	443,83	III	1209,16	1094,83	983,33	875,00	769,83	667,50
	V	**2431,91**	443,83	443,83	IV	1889,00	1815,58	1742,25	1668,83	1595,41	1522,08
	VI	**2468,16**	443,83	443,83							
7541,99	I,IV	**1950,58**	443,83	443,83	I	1803,75	1657,00	1510,16	1363,41	1216,91	1075,25
West	II	**1883,75**	443,83	443,83	II	1737,00	1590,16	1443,41	1296,58	1151,75	1012,83
	III	**1317,00**	443,83	443,83	III	1199,83	1085,66	974,50	866,33	761,33	659,33
	V	**2420,00**	443,83	443,83	IV	1877,16	1803,75	1730,33	1657,00	1583,58	1510,16
	VI	**2456,33**	443,83	443,83							
7541,99	I,IV	**1963,66**	443,83	443,83	I	1816,91	1670,08	1523,33	1376,50	1229,91	1087,66
Ost	II	**1896,91**	443,83	443,83	II	1750,08	1603,33	1456,50	1309,75	1164,41	1025,00
	III	**1327,66**	443,83	443,83	III	1210,16	1095,66	984,33	876,00	770,66	668,50
	V	**2433,16**	443,83	443,83	IV	1890,25	1816,91	1743,50	1670,08	1596,66	1523,33
	VI	**2469,41**	443,83	443,83							

* Zur LSt-Berechnung für privat versicherte Arbeitnehmer s. Beispiele **Vorbemerkung S. 4f.**
** Basisvorsorgepauschale KV und PV *** Typisierter Arbeitgeberzuschuss

Lohn/ Gehalt in € bis	Steuerklasse	Lohn-steuer*	BVSP**	TAGZ***	Steuerklasse	Bemessungsgrundlage für Kirchensteuer und Solidaritätszuschlag – Freibeträge für ... Kinder 0,5	1,0	1,5	2,0	2,5	3,0
7544,99 West	I,IV	**1951,83**	443,83	443,83	I	1805,00	1658,25	1511,41	1364,66	1218,16	1076,41
	II	**1885,00**	443,83	443,83	II	1738,25	1591,41	1444,66	1297,83	1152,91	1014,00
	III	**1318,16**	443,83	443,83	III	1200,83	1086,50	975,33	867,33	762,33	660,33
	V	**2421,33**	443,83	443,83	IV	1878,41	1805,00	1731,58	1658,25	1584,83	1511,41
	VI	**2457,58**	443,83	443,83							
7544,99 Ost	I,IV	**1964,91**	443,83	443,83	I	1818,16	1671,33	1524,58	1377,75	1231,16	1088,83
	II	**1898,16**	443,83	443,83	II	1751,33	1604,58	1457,75	1311,00	1165,66	1026,16
	III	**1328,83**	443,83	443,83	III	1211,16	1096,66	985,33	876,83	771,50	669,33
	V	**2434,41**	443,83	443,83	IV	1891,50	1818,16	1744,75	1671,33	1597,91	1524,58
	VI	**2470,66**	443,83	443,83							
7547,99 West	I,IV	**1953,08**	443,83	443,83	I	1806,25	1659,50	1512,66	1365,91	1219,41	1077,66
	II	**1886,25**	443,83	443,83	II	1739,50	1592,66	1445,91	1299,16	1154,16	1015,16
	III	**1319,16**	443,83	443,83	III	1201,83	1087,50	976,33	868,16	763,16	661,16
	V	**2422,58**	443,83	443,83	IV	1879,66	1806,25	1732,91	1659,50	1586,08	1512,66
	VI	**2458,83**	443,83	443,83							
7547,99 Ost	I,IV	**1966,16**	443,83	443,83	I	1819,41	1672,58	1525,83	1379,00	1232,41	1090,08
	II	**1899,41**	443,83	443,83	II	1752,58	1605,83	1459,08	1312,25	1166,91	1027,33
	III	**1329,83**	443,83	443,83	III	1212,16	1097,66	986,16	877,83	772,50	670,16
	V	**2435,66**	443,83	443,83	IV	1892,83	1819,41	1746,00	1672,58	1599,25	1525,83
	VI	**2471,91**	443,83	443,83							
7550,99 West	I,IV	**1954,33**	443,83	443,83	I	1807,50	1660,75	1513,91	1367,16	1220,66	1078,83
	II	**1887,58**	443,83	443,83	II	1740,75	1594,00	1447,16	1300,41	1155,41	1016,33
	III	**1320,16**	443,83	443,83	III	1202,83	1088,50	977,33	869,16	764,00	662,00
	V	**2423,83**	443,83	443,83	IV	1880,91	1807,50	1734,16	1660,75	1587,33	1513,91
	VI	**2460,08**	443,83	443,83							
7550,99 Ost	I,IV	**1967,41**	443,83	443,83	I	1820,66	1673,83	1527,08	1380,33	1233,66	1091,25
	II	**1900,66**	443,83	443,83	II	1753,91	1607,08	1460,33	1313,50	1168,08	1028,50
	III	**1330,83**	443,83	443,83	III	1213,16	1098,66	987,16	878,66	773,33	671,00
	V	**2436,91**	443,83	443,83	IV	1894,08	1820,66	1747,25	1673,83	1600,50	1527,08
	VI	**2473,16**	443,83	443,83							
7553,99 West	I,IV	**1955,58**	443,83	443,83	I	1808,83	1662,00	1515,25	1368,41	1221,91	1080,00
	II	**1888,83**	443,83	443,83	II	1742,00	1595,25	1448,41	1301,66	1156,58	1017,50
	III	**1321,16**	443,83	443,83	III	1203,83	1089,50	978,16	870,00	765,00	662,83
	V	**2425,08**	443,83	443,83	IV	1882,16	1808,83	1735,41	1662,00	1588,58	1515,25
	VI	**2461,33**	443,83	443,83							
7553,99 Ost	I,IV	**1968,75**	443,83	443,83	I	1821,91	1675,16	1528,33	1381,58	1234,91	1092,50
	II	**1901,91**	443,83	443,83	II	1755,16	1608,33	1461,58	1314,75	1169,33	1029,66
	III	**1331,83**	443,83	443,83	III	1214,16	1099,66	988,16	879,66	774,16	671,83
	V	**2438,16**	443,83	443,83	IV	1895,33	1821,91	1748,50	1675,16	1601,75	1528,33
	VI	**2474,50**	443,83	443,83							
7556,99 West	I,IV	**1956,83**	443,83	443,83	I	1810,08	1663,25	1516,50	1369,66	1223,16	1081,25
	II	**1890,08**	443,83	443,83	II	1743,25	1596,50	1449,66	1302,91	1157,83	1018,66
	III	**1322,16**	443,83	443,83	III	1204,83	1090,50	979,16	871,00	765,83	663,66
	V	**2426,33**	443,83	443,83	IV	1883,41	1810,08	1736,66	1663,25	1589,83	1516,50
	VI	**2462,58**	443,83	443,83							
7556,99 Ost	I,IV	**1970,00**	443,83	443,83	I	1823,16	1676,41	1529,58	1382,83	1236,16	1093,66
	II	**1903,16**	443,83	443,83	II	1756,41	1609,58	1462,83	1316,00	1170,58	1030,83
	III	**1332,83**	443,83	443,83	III	1215,16	1100,50	989,00	880,50	775,16	672,83
	V	**2439,50**	443,83	443,83	IV	1896,58	1823,16	1749,75	1676,41	1603,00	1529,58
	VI	**2475,75**	443,83	443,83							
7559,99 West	I,IV	**1958,08**	443,83	443,83	I	1811,33	1664,50	1517,75	1370,91	1224,41	1082,41
	II	**1891,33**	443,83	443,83	II	1744,50	1597,75	1450,91	1304,16	1159,08	1019,83
	III	**1323,16**	443,83	443,83	III	1205,83	1091,50	980,16	871,83	766,66	664,66
	V	**2427,58**	443,83	443,83	IV	1884,75	1811,33	1737,91	1664,50	1591,16	1517,75
	VI	**2463,83**	443,83	443,83							
7559,99 Ost	I,IV	**1971,25**	443,83	443,83	I	1824,41	1677,66	1530,83	1384,08	1237,41	1094,83
	II	**1904,41**	443,83	443,83	II	1757,66	1610,83	1464,08	1317,33	1171,75	1032,00
	III	**1333,83**	443,83	443,83	III	1216,16	1101,50	990,00	881,50	776,00	673,66
	V	**2440,75**	443,83	443,83	IV	1897,83	1824,41	1751,08	1677,66	1604,25	1530,83
	VI	**2477,00**	443,83	443,83							

* Zur LSt-Berechnung für privat versicherte Arbeitnehmer s. Beispiele **Vorbemerkung S. 4f.**
** Basisvorsorgepauschale KV und PV *** Typisierter Arbeitgeberzuschuss

Lohn/ Gehalt in € bis	Steuerklasse	Lohnsteuer*	BVSP**	TAGZ***	Steuerklasse	Bemessungsgrundlage für Kirchensteuer und Solidaritätszuschlag – Freibeträge für ... Kinder 0,5	**1,0**	1,5	**2,0**	2,5	**3,0**
7562,99	I,IV	**1959,33**	443,83	443,83	I	1812,58	1665,75	1519,00	1372,16	1225,66	1083,58
West	II	**1892,58**	443,83	443,83	II	1745,83	1599,00	1452,25	1305,41	1160,25	1021,00
	III	**1324,16**	443,83	443,83	III	1206,83	1092,33	981,00	872,83	767,66	665,50
	V	**2428,83**	443,83	443,83	IV	1886,00	1812,58	1739,16	1665,75	1592,41	1519,00
	VI	**2465,08**	443,83	443,83							
7562,99	I,IV	**1972,50**	443,83	443,83	I	1825,66	1678,91	1532,08	1385,33	1238,66	1096,08
Ost	II	**1905,75**	443,83	443,83	II	1758,91	1612,16	1465,33	1318,58	1173,00	1033,16
	III	**1334,83**	443,83	443,83	III	1217,16	1102,50	991,00	882,33	776,83	674,50
	V	**2442,00**	443,83	443,83	IV	1899,08	1825,66	1752,33	1678,91	1605,50	1532,08
	VI	**2478,25**	443,83	443,83							
7565,99	I,IV	**1960,66**	443,83	443,83	I	1813,83	1667,08	1520,25	1373,50	1226,91	1084,83
West	II	**1893,83**	443,83	443,83	II	1747,08	1600,25	1453,50	1306,66	1161,50	1022,16
	III	**1325,16**	443,83	443,83	III	1207,83	1093,33	982,00	873,66	768,50	666,33
	V	**2430,08**	443,83	443,83	IV	1887,25	1813,83	1740,41	1667,08	1593,66	1520,25
	VI	**2466,41**	443,83	443,83							
7565,99	I,IV	**1973,75**	443,83	443,83	I	1827,00	1680,16	1533,41	1386,58	1239,91	1097,25
Ost	II	**1907,00**	443,83	443,83	II	1760,16	1613,41	1466,58	1319,83	1174,25	1034,41
	III	**1336,00**	443,83	443,83	III	1218,16	1103,50	991,83	883,33	777,83	675,33
	V	**2443,25**	443,83	443,83	IV	1900,33	1827,00	1753,58	1680,16	1606,75	1533,41
	VI	**2479,50**	443,83	443,83							
7568,99	I,IV	**1961,91**	443,83	443,83	I	1815,08	1668,33	1521,50	1374,75	1228,16	1086,00
West	II	**1895,08**	443,83	443,83	II	1748,33	1601,50	1454,75	1307,91	1162,75	1023,33
	III	**1326,33**	443,83	443,83	III	1208,83	1094,33	983,00	874,66	769,33	667,16
	V	**2431,41**	443,83	443,83	IV	1888,50	1815,08	1741,66	1668,33	1594,91	1521,50
	VI	**2467,66**	443,83	443,83							
7568,99	I,IV	**1975,00**	443,83	443,83	I	1828,25	1681,41	1534,66	1387,83	1241,16	1098,41
Ost	II	**1908,25**	443,83	443,83	II	1761,41	1614,66	1467,83	1321,08	1175,50	1035,58
	III	**1337,00**	443,83	443,83	III	1219,16	1104,50	992,83	884,16	778,66	676,16
	V	**2444,50**	443,83	443,83	IV	1901,58	1828,25	1754,83	1681,41	1608,00	1534,66
	VI	**2480,75**	443,83	443,83							
7571,99	I,IV	**1963,16**	443,83	443,83	I	1816,33	1669,58	1522,75	1376,00	1229,41	1087,16
West	II	**1896,33**	443,83	443,83	II	1749,58	1602,75	1456,00	1309,16	1163,91	1024,50
	III	**1327,33**	443,83	443,83	III	1209,83	1095,33	983,83	875,50	770,33	668,00
	V	**2432,66**	443,83	443,83	IV	1889,75	1816,33	1743,00	1669,58	1596,16	1522,75
	VI	**2468,91**	443,83	443,83							
7571,99	I,IV	**1976,25**	443,83	443,83	I	1829,50	1682,66	1535,91	1389,08	1242,41	1099,66
Ost	II	**1909,50**	443,83	443,83	II	1762,66	1615,91	1469,08	1322,33	1176,66	1036,75
	III	**1338,00**	443,83	443,83	III	1220,16	1105,50	993,83	885,16	779,50	677,00
	V	**2445,75**	443,83	443,83	IV	1902,91	1829,50	1756,08	1682,66	1609,33	1535,91
	VI	**2482,00**	443,83	443,83							
7574,99	I,IV	**1964,41**	443,83	443,83	I	1817,58	1670,83	1524,00	1377,25	1230,66	1088,41
West	II	**1897,66**	443,83	443,83	II	1750,83	1604,08	1457,25	1310,50	1165,16	1025,66
	III	**1328,33**	443,83	443,83	III	1210,83	1096,33	984,83	876,50	771,16	668,83
	V	**2433,91**	443,83	443,83	IV	1891,00	1817,58	1744,25	1670,83	1597,41	1524,00
	VI	**2470,16**	443,83	443,83							
7574,99	I,IV	**1977,50**	443,83	443,83	I	1830,75	1683,91	1537,16	1390,33	1243,66	1100,83
Ost	II	**1910,75**	443,83	443,83	II	1764,00	1617,16	1470,41	1323,58	1177,91	1037,91
	III	**1339,00**	443,83	443,83	III	1221,16	1106,33	994,66	886,00	780,50	678,00
	V	**2447,00**	443,83	443,83	IV	1904,16	1830,75	1757,33	1683,91	1610,58	1537,16
	VI	**2483,25**	443,83	443,83							
7577,99	I,IV	**1965,66**	443,83	443,83	I	1818,91	1672,08	1525,33	1378,50	1231,91	1089,58
West	II	**1898,91**	443,83	443,83	II	1752,08	1605,33	1458,50	1311,75	1166,41	1026,83
	III	**1329,33**	443,83	443,83	III	1211,83	1097,16	985,83	877,33	772,00	669,83
	V	**2435,16**	443,83	443,83	IV	1892,25	1818,91	1745,50	1672,08	1598,66	1525,33
	VI	**2471,41**	443,83	443,83							
7577,99	I,IV	**1978,83**	443,83	443,83	I	1832,00	1685,25	1538,41	1391,66	1244,91	1102,08
Ost	II	**1912,00**	443,83	443,83	II	1765,25	1618,41	1471,66	1324,83	1179,16	1039,08
	III	**1340,00**	443,83	443,83	III	1222,16	1107,33	995,66	887,00	781,33	678,83
	V	**2448,25**	443,83	443,83	IV	1905,41	1832,00	1758,58	1685,25	1611,83	1538,41
	VI	**2484,50**	443,83	443,83							

* Zur LSt-Berechnung für privat versicherte Arbeitnehmer s. Beispiele **Vorbemerkung S. 4f.**
** Basisvorsorgepauschale KV und PV   *** Typisierter Arbeitgeberzuschuss

Lohn/ Gehalt in € bis	Steuerklasse	Lohn-steuer*	BVSP**	TAGZ***	Steuerklasse	Bemessungsgrundlage für Kirchensteuer und Solidaritätszuschlag					
						Freibeträge für ... Kinder					
						0,5	**1,0**	1,5	**2,0**	2,5	**3,0**
7580,99	I,IV	**1966,91**	443,83	443,83	I	1820,16	1673,33	1526,58	1379,75	1233,16	1090,75
West	II	**1900,16**	443,83	443,83	II	1753,33	1606,58	1459,75	1313,00	1167,58	1028,00
	III	**1330,33**	443,83	443,83	III	1212,83	1098,16	986,66	878,33	773,00	670,66
	V	**2436,41**	443,83	443,83	IV	1893,50	1820,16	1746,75	1673,33	1599,91	1526,58
	VI	**2472,66**	443,83	443,83							
7580,99	I,IV	**1980,08**	443,83	443,83	I	1833,25	1686,50	1539,66	1392,91	1246,16	1103,25
Ost	II	**1913,25**	443,83	443,83	II	1766,50	1619,66	1472,91	1326,08	1180,41	1040,25
	III	**1341,00**	443,83	443,83	III	1223,16	1108,33	996,66	887,83	782,33	679,66
	V	**2449,50**	443,83	443,83	IV	1906,66	1833,25	1759,83	1686,50	1613,08	1539,66
	VI	**2485,83**	443,83	443,83							
7583,99	I,IV	**1968,16**	443,83	443,83	I	1821,41	1674,58	1527,83	1381,00	1234,41	1092,00
West	II	**1901,41**	443,83	443,83	II	1754,58	1607,83	1461,00	1314,25	1168,83	1029,16
	III	**1331,33**	443,83	443,83	III	1213,66	1099,16	987,66	879,16	773,83	671,50
	V	**2437,66**	443,83	443,83	IV	1894,83	1821,41	1748,00	1674,58	1601,25	1527,83
	VI	**2473,91**	443,83	443,83							
7583,99	I,IV	**1981,33**	443,83	443,83	I	1834,50	1687,75	1540,91	1394,16	1247,41	1104,41
Ost	II	**1914,50**	443,83	443,83	II	1767,75	1620,91	1474,16	1327,33	1181,58	1041,41
	III	**1342,00**	443,83	443,83	III	1224,16	1109,33	997,50	888,83	783,16	680,50
	V	**2450,83**	443,83	443,83	IV	1907,91	1834,50	1761,16	1687,75	1614,33	1540,91
	VI	**2487,08**	443,83	443,83							
7586,99	I,IV	**1969,41**	443,83	443,83	I	1822,66	1675,83	1529,08	1382,25	1235,66	1093,16
West	II	**1902,66**	443,83	443,83	II	1755,91	1609,08	1462,33	1315,50	1170,08	1030,33
	III	**1332,33**	443,83	443,83	III	1214,66	1100,16	988,66	880,16	774,66	672,33
	V	**2438,91**	443,83	443,83	IV	1896,08	1822,66	1749,25	1675,83	1602,50	1529,08
	VI	**2475,16**	443,83	443,83							
7586,99	I,IV	**1982,58**	443,83	443,83	I	1835,75	1689,00	1542,16	1395,41	1248,66	1105,66
Ost	II	**1915,83**	443,83	443,83	II	1769,00	1622,25	1475,41	1328,66	1182,83	1042,58
	III	**1343,16**	443,83	443,83	III	1225,16	1110,33	998,50	889,66	784,00	681,50
	V	**2452,08**	443,83	443,83	IV	1909,16	1835,75	1762,41	1689,00	1615,58	1542,16
	VI	**2488,33**	443,83	443,83							
7589,99	I,IV	**1970,66**	443,83	443,83	I	1823,91	1677,16	1530,33	1383,58	1236,91	1094,33
West	II	**1903,91**	443,83	443,83	II	1757,16	1610,33	1463,58	1316,75	1171,25	1031,58
	III	**1333,50**	443,83	443,83	III	1215,66	1101,16	989,50	881,00	775,66	673,16
	V	**2440,16**	443,83	443,83	IV	1897,33	1823,91	1750,50	1677,16	1603,75	1530,33
	VI	**2476,41**	443,83	443,83							
7589,99	I,IV	**1983,83**	443,83	443,83	I	1837,08	1690,25	1543,50	1396,66	1249,91	1106,83
Ost	II	**1917,08**	443,83	443,83	II	1770,25	1623,50	1476,66	1329,91	1184,08	1043,75
	III	**1344,16**	443,83	443,83	III	1226,16	1111,33	999,50	890,66	785,00	682,33
	V	**2453,33**	443,83	443,83	IV	1910,41	1837,08	1763,66	1690,25	1616,83	1543,50
	VI	**2489,58**	443,83	443,83							
7592,99	I,IV	**1972,00**	443,83	443,83	I	1825,16	1678,41	1531,58	1384,83	1238,16	1095,58
West	II	**1905,16**	443,83	443,83	II	1758,41	1611,58	1464,83	1318,00	1172,50	1032,75
	III	**1334,50**	443,83	443,83	III	1216,66	1102,16	990,50	882,00	776,50	674,16
	V	**2441,41**	443,83	443,83	IV	1898,58	1825,16	1751,75	1678,41	1605,00	1531,58
	VI	**2477,75**	443,83	443,83							
7592,99	I,IV	**1985,08**	443,83	443,83	I	1838,33	1691,50	1544,75	1397,91	1251,16	1108,08
Ost	II	**1918,33**	443,83	443,83	II	1771,50	1624,75	1477,91	1331,16	1185,33	1045,00
	III	**1345,16**	443,83	443,83	III	1227,16	1112,16	1000,33	891,50	785,83	683,16
	V	**2454,58**	443,83	443,83	IV	1911,66	1838,33	1764,91	1691,50	1618,08	1544,75
	VI	**2490,83**	443,83	443,83							
7595,99	I,IV	**1973,25**	443,83	443,83	I	1826,41	1679,66	1532,83	1386,08	1239,41	1096,75
West	II	**1906,41**	443,83	443,83	II	1759,66	1612,83	1466,08	1319,25	1173,75	1033,91
	III	**1335,50**	443,83	443,83	III	1217,66	1103,00	991,50	882,83	777,33	675,00
	V	**2442,75**	443,83	443,83	IV	1899,83	1826,41	1753,08	1679,66	1606,25	1532,83
	VI	**2479,00**	443,83	443,83							
7595,99	I,IV	**1986,33**	443,83	443,83	I	1839,58	1692,75	1546,00	1399,16	1252,41	1109,25
Ost	II	**1919,58**	443,83	443,83	II	1772,75	1626,00	1479,16	1332,41	1186,50	1046,16
	III	**1346,16**	443,83	443,83	III	1228,16	1113,16	1001,33	892,50	786,66	684,00
	V	**2455,83**	443,83	443,83	IV	1912,91	1839,58	1766,16	1692,75	1619,41	1546,00
	VI	**2492,08**	443,83	443,83							

* Zur LSt-Berechnung für privat versicherte Arbeitnehmer s. Beispiele **Vorbemerkung S. 4f.**
** Basisvorsorgepauschale KV und PV *** Typisierter Arbeitgeberzuschuss

Lohn/ Gehalt in € bis	Steuerklasse	Lohn-steuer*	BVSP**	TAGZ***	Steuerklasse	Bemessungsgrundlage für Kirchensteuer und Solidaritätszuschlag – Freibeträge für ... Kinder 0,5	**1,0**	1,5	**2,0**	2,5	**3,0**
7 598,99	I,IV	**1 974,50**	443,83	443,83	I	1 827,66	1 680,91	1 534,08	1 387,33	1 240,66	1 097,91
West	II	**1 907,66**	443,83	443,83	II	1 760,91	1 614,16	1 467,33	1 320,58	1 175,00	1 035,08
	III	**1 336,50**	443,83	443,83	III	1 218,66	1 104,00	992,33	883,83	778,33	675,83
	V	**2 444,00**	443,83	443,83	IV	1 901,08	1 827,66	1 754,33	1 680,91	1 607,50	1 534,08
	VI	**2 480,25**	443,83	443,83							
7 598,99	I,IV	**1 987,58**	443,83	443,83	I	1 840,83	1 694,00	1 547,25	1 400,41	1 253,66	1 110,41
Ost	II	**1 920,83**	443,83	443,83	II	1 774,08	1 627,25	1 480,50	1 333,66	1 187,75	1 047,33
	III	**1 347,16**	443,83	443,83	III	1 229,16	1 114,16	1 002,33	893,50	787,66	684,83
	V	**2 457,08**	443,83	443,83	IV	1 914,25	1 840,83	1 767,41	1 694,00	1 620,66	1 547,25
	VI	**2 493,33**	443,83	443,83							
7 601,99	I,IV	**1 975,75**	443,83	443,83	I	1 828,91	1 682,16	1 535,41	1 388,58	1 241,91	1 099,16
West	II	**1 909,00**	443,83	443,83	II	1 762,16	1 615,41	1 468,58	1 321,83	1 176,16	1 036,25
	III	**1 337,50**	443,83	443,83	III	1 219,66	1 105,00	993,33	884,66	779,16	676,66
	V	**2 445,25**	443,83	443,83	IV	1 902,33	1 828,91	1 755,58	1 682,16	1 608,75	1 535,41
	VI	**2 481,50**	443,83	443,83							
7 601,99	I,IV	**1 988,83**	443,83	443,83	I	1 842,08	1 695,33	1 548,50	1 401,75	1 254,91	1 111,66
Ost	II	**1 922,08**	443,83	443,83	II	1 775,33	1 628,50	1 481,75	1 334,91	1 189,00	1 048,50
	III	**1 348,16**	443,83	443,83	III	1 230,16	1 115,16	1 003,16	894,33	788,50	685,83
	V	**2 458,33**	443,83	443,83	IV	1 915,50	1 842,08	1 768,66	1 695,33	1 621,91	1 548,50
	VI	**2 494,58**	443,83	443,83							
7 604,99	I,IV	**1 977,00**	443,83	443,83	I	1 830,25	1 683,41	1 536,66	1 389,83	1 243,16	1 100,33
West	II	**1 910,25**	443,83	443,83	II	1 763,41	1 616,66	1 469,83	1 323,08	1 177,41	1 037,41
	III	**1 338,50**	443,83	443,83	III	1 220,66	1 106,00	994,33	885,66	780,00	677,50
	V	**2 446,50**	443,83	443,83	IV	1 903,58	1 830,25	1 756,83	1 683,41	1 610,00	1 536,66
	VI	**2 482,75**	443,83	443,83							
7 604,99	I,IV	**1 990,16**	443,83	443,83	I	1 843,33	1 696,58	1 549,75	1 403,00	1 256,16	1 112,83
Ost	II	**1 923,33**	443,83	443,83	II	1 776,58	1 629,75	1 483,00	1 336,16	1 190,25	1 049,66
	III	**1 349,33**	443,83	443,83	III	1 231,16	1 116,16	1 004,16	895,33	789,33	686,66
	V	**2 459,58**	443,83	443,83	IV	1 916,75	1 843,33	1 769,91	1 696,58	1 623,16	1 549,75
	VI	**2 495,91**	443,83	443,83							
7 607,99	I,IV	**1 978,25**	443,83	443,83	I	1 831,50	1 684,66	1 537,91	1 391,08	1 244,41	1 101,58
West	II	**1 911,50**	443,83	443,83	II	1 764,66	1 617,91	1 471,08	1 324,33	1 178,66	1 038,58
	III	**1 339,50**	443,83	443,83	III	1 221,66	1 107,00	995,16	886,50	781,00	678,50
	V	**2 447,75**	443,83	443,83	IV	1 904,83	1 831,50	1 758,08	1 684,66	1 611,33	1 537,91
	VI	**2 484,00**	443,83	443,83							
7 607,99	I,IV	**1 991,41**	443,83	443,83	I	1 844,58	1 697,83	1 551,00	1 404,25	1 257,41	1 114,08
Ost	II	**1 924,58**	443,83	443,83	II	1 777,83	1 631,00	1 484,25	1 337,41	1 191,50	1 050,83
	III	**1 350,33**	443,83	443,83	III	1 232,16	1 117,16	1 005,16	896,16	790,33	687,50
	V	**2 460,91**	443,83	443,83	IV	1 918,00	1 844,58	1 771,16	1 697,83	1 624,41	1 551,00
	VI	**2 497,16**	443,83	443,83							
7 610,99	I,IV	**1 979,50**	443,83	443,83	I	1 832,75	1 685,91	1 539,16	1 392,33	1 245,66	1 102,75
West	II	**1 912,75**	443,83	443,83	II	1 765,91	1 619,16	1 472,41	1 325,58	1 179,83	1 039,75
	III	**1 340,66**	443,83	443,83	III	1 222,66	1 108,00	996,16	887,50	781,83	679,33
	V	**2 449,00**	443,83	443,83	IV	1 906,16	1 832,75	1 759,33	1 685,91	1 612,58	1 539,16
	VI	**2 485,25**	443,83	443,83							
7 610,99	I,IV	**1 992,66**	443,83	443,83	I	1 845,83	1 699,08	1 552,25	1 405,50	1 258,75	1 115,25
Ost	II	**1 925,83**	443,83	443,83	II	1 779,08	1 632,33	1 485,50	1 338,75	1 192,66	1 052,08
	III	**1 351,33**	443,83	443,83	III	1 233,16	1 118,16	1 006,00	897,16	791,16	688,33
	V	**2 462,16**	443,83	443,83	IV	1 919,25	1 845,83	1 772,50	1 699,08	1 625,66	1 552,25
	VI	**2 498,41**	443,83	443,83							
7 613,99	I,IV	**1 980,75**	443,83	443,83	I	1 834,00	1 687,16	1 540,41	1 393,66	1 246,91	1 103,91
West	II	**1 914,00**	443,83	443,83	II	1 767,25	1 620,41	1 473,66	1 326,83	1 181,08	1 040,91
	III	**1 341,66**	443,83	443,83	III	1 223,66	1 108,83	997,16	888,33	782,83	680,16
	V	**2 450,25**	443,83	443,83	IV	1 907,41	1 834,00	1 760,58	1 687,16	1 613,83	1 540,41
	VI	**2 486,50**	443,83	443,83							
7 613,99	I,IV	**1 993,91**	443,83	443,83	I	1 847,08	1 700,33	1 553,58	1 406,75	1 260,00	1 116,50
Ost	II	**1 927,16**	443,83	443,83	II	1 780,33	1 633,58	1 486,75	1 340,00	1 193,91	1 053,25
	III	**1 352,33**	443,83	443,83	III	1 234,16	1 119,00	1 007,00	898,00	792,16	689,16
	V	**2 463,41**	443,83	443,83	IV	1 920,50	1 847,08	1 773,75	1 700,33	1 626,91	1 553,58
	VI	**2 499,66**	443,83	443,83							

* Zur LSt-Berechnung für privat versicherte Arbeitnehmer s. Beispiele **Vorbemerkung S. 4f.**
** Basisvorsorgepauschale KV und PV *** Typisierter Arbeitgeberzuschuss

Lohn/ Gehalt in € bis	Steuerklasse	Lohn-steuer*	BVSP**	TAGZ***	Steuerklasse	Bemessungsgrundlage für Kirchensteuer und Solidaritätszuschlag – Freibeträge für ... Kinder 0,5	1,0	1,5	2,0	2,5	3,0
7616,99 West	I,IV	**1982,08**	443,83	443,83	I	1835,25	1688,50	1541,66	1394,91	1248,16	1105,16
	II	**1915,25**	443,83	443,83	II	1768,50	1621,66	1474,91	1328,08	1182,33	1042,08
	III	**1342,66**	443,83	443,83	III	1224,66	1109,83	998,00	889,33	783,66	681,00
	V	**2451,50**	443,83	443,83	IV	1908,66	1835,25	1761,83	1688,50	1615,08	1541,66
	VI	**2487,83**	443,83	443,83							
7616,99 Ost	I,IV	**1995,16**	443,83	443,83	I	1848,41	1701,58	1554,83	1408,00	1261,25	1117,66
	II	**1928,41**	443,83	443,83	II	1781,58	1634,83	1488,00	1341,25	1195,16	1054,41
	III	**1353,33**	443,83	443,83	III	1235,16	1120,00	1008,00	899,00	793,00	690,16
	V	**2464,66**	443,83	443,83	IV	1921,75	1848,41	1775,00	1701,58	1628,16	1554,83
	VI	**2500,91**	443,83	443,83							
7619,99 West	I,IV	**1983,33**	443,83	443,83	I	1836,50	1689,75	1542,91	1396,16	1249,41	1106,33
	II	**1916,50**	443,83	443,83	II	1769,75	1622,91	1476,16	1329,33	1183,58	1043,33
	III	**1343,66**	443,83	443,83	III	1225,66	1110,83	999,00	890,16	784,50	681,83
	V	**2452,83**	443,83	443,83	IV	1909,91	1836,50	1763,08	1689,75	1616,33	1542,91
	VI	**2489,08**	443,83	443,83							
7619,99 Ost	I,IV	**1996,41**	443,83	443,83	I	1849,66	1702,83	1556,08	1409,25	1262,50	1118,91
	II	**1929,66**	443,83	443,83	II	1782,83	1636,08	1489,25	1342,50	1196,41	1055,58
	III	**1354,33**	443,83	443,83	III	1236,16	1121,00	1008,83	899,83	793,83	691,00
	V	**2465,91**	443,83	443,83	IV	1923,00	1849,66	1776,25	1702,83	1629,41	1556,08
	VI	**2502,16**	443,83	443,83							
7622,99 West	I,IV	**1984,58**	443,83	443,83	I	1837,75	1691,00	1544,16	1397,41	1250,66	1107,58
	II	**1917,75**	443,83	443,83	II	1771,00	1624,16	1477,41	1330,66	1184,75	1044,50
	III	**1344,66**	443,83	443,83	III	1226,66	1111,83	1000,00	891,16	785,50	682,83
	V	**2454,08**	443,83	443,83	IV	1911,16	1837,75	1764,41	1691,00	1617,58	1544,16
	VI	**2490,33**	443,83	443,83							
7622,99 Ost	I,IV	**1997,66**	443,83	443,83	I	1850,91	1704,08	1557,33	1410,50	1263,75	1120,08
	II	**1930,91**	443,83	443,83	II	1784,08	1637,33	1490,58	1343,75	1197,66	1056,75
	III	**1355,50**	443,83	443,83	III	1237,16	1122,00	1009,83	900,83	794,83	691,83
	V	**2467,16**	443,83	443,83	IV	1924,33	1850,91	1777,50	1704,08	1630,75	1557,33
	VI	**2503,41**	443,83	443,83							
7625,99 West	I,IV	**1985,83**	443,83	443,83	I	1839,00	1692,25	1545,41	1398,66	1251,91	1108,75
	II	**1919,08**	443,83	443,83	II	1772,25	1625,50	1478,66	1331,91	1186,00	1045,66
	III	**1345,66**	443,83	443,83	III	1227,66	1112,83	1000,83	892,16	786,33	683,66
	V	**2455,33**	443,83	443,83	IV	1912,41	1839,00	1765,66	1692,25	1618,83	1545,41
	VI	**2491,58**	443,83	443,83							
7625,99 Ost	I,IV	**1998,91**	443,83	443,83	I	1852,16	1705,33	1558,58	1411,83	1265,00	1121,33
	II	**1932,16**	443,83	443,83	II	1785,41	1638,58	1491,83	1345,00	1198,83	1057,91
	III	**1356,50**	443,83	443,83	III	1238,16	1123,00	1010,83	901,66	795,66	692,66
	V	**2468,41**	443,83	443,83	IV	1925,58	1852,16	1778,75	1705,33	1632,00	1558,58
	VI	**2504,66**	443,83	443,83							
7628,99 West	I,IV	**1987,08**	443,83	443,83	I	1840,33	1693,50	1546,75	1399,91	1253,16	1109,91
	II	**1920,33**	443,83	443,83	II	1773,50	1626,75	1479,91	1333,16	1187,25	1046,83
	III	**1346,66**	443,83	443,83	III	1228,66	1113,83	1001,83	893,00	787,16	684,50
	V	**2456,58**	443,83	443,83	IV	1913,66	1840,33	1766,91	1693,50	1620,08	1546,75
	VI	**2492,83**	443,83	443,83							
7628,99 Ost	I,IV	**2000,25**	443,83	443,83	I	1853,41	1706,66	1559,83	1413,08	1266,25	1122,50
	II	**1933,41**	443,83	443,83	II	1786,66	1639,83	1493,08	1346,25	1200,08	1059,16
	III	**1357,50**	443,83	443,83	III	1239,16	1124,00	1011,83	902,66	796,66	693,66
	V	**2469,66**	443,83	443,83	IV	1926,83	1853,41	1780,00	1706,66	1633,25	1559,83
	VI	**2506,00**	443,83	443,83							
7631,99 West	I,IV	**1988,33**	443,83	443,83	I	1841,58	1694,75	1548,00	1401,16	1254,41	1111,16
	II	**1921,58**	443,83	443,83	II	1774,75	1628,00	1481,16	1334,41	1188,50	1048,00
	III	**1347,83**	443,83	443,83	III	1229,66	1114,66	1002,83	894,00	788,16	685,33
	V	**2457,83**	443,83	443,83	IV	1914,91	1841,58	1768,16	1694,75	1621,33	1548,00
	V	**2494,08**	443,83	443,83							
7631,99 Ost	I,IV	**2001,50**	443,83	443,83	I	1854,66	1707,91	1561,08	1414,33	1267,50	1123,75
	II	**1934,66**	443,83	443,83	II	1787,91	1641,08	1494,33	1347,50	1201,33	1060,33
	III	**1358,50**	443,83	443,83	III	1240,16	1124,83	1012,66	903,50	797,50	694,50
	V	**2471,00**	443,83	443,83	IV	1928,08	1854,66	1781,25	1707,91	1634,50	1561,08
	VI	**2507,25**	443,83	443,83							

* Zur LSt-Berechnung für privat versicherte Arbeitnehmer s. Beispiele **Vorbemerkung S. 4 f.**
** Basisvorsorgepauschale KV und PV *** Typisierter Arbeitgeberzuschuss

Lohn/ Gehalt in € bis	Steuerklasse	**Lohn-steuer***	BVSP**	TAGZ***	Steuerklasse	Bemessungsgrundlage für Kirchensteuer und Solidaritätszuschlag – Freibeträge für ... Kinder 0,5	**1,0**	1,5	**2,0**	2,5	**3,0**
7634,99 West	I,IV	**1989,58**	443,83	443,83	I	1842,83	1696,00	1549,25	1402,41	1255,66	1112,33
	II	**1922,83**	443,83	443,83	II	1776,00	1629,25	1482,41	1335,66	1189,75	1049,16
	III	**1348,83**	443,83	443,83	III	1230,66	1115,66	1003,66	894,83	789,00	686,16
	V	**2459,08**	443,83	443,83	IV	1916,25	1842,83	1769,41	1696,00	1622,66	1549,25
	VI	**2495,33**	443,83	443,83							
7634,99 Ost	I,IV	**2002,75**	443,83	443,83	I	1855,91	1709,16	1562,33	1415,58	1268,75	1124,91
	II	**1935,91**	443,83	443,83	II	1789,16	1642,33	1495,58	1348,83	1202,58	1061,50
	III	**1359,50**	443,83	443,83	III	1241,16	1125,83	1013,66	904,50	798,33	695,33
	V	**2472,25**	443,83	443,83	IV	1929,33	1855,91	1782,58	1709,16	1635,75	1562,33
	VI	**2508,50**	443,83	443,83							
7637,99 West	I,IV	**1990,83**	443,83	443,83	I	1844,08	1697,25	1550,50	1403,66	1256,91	1113,58
	II	**1924,08**	443,83	443,83	II	1777,33	1630,50	1483,75	1336,91	1190,91	1050,33
	III	**1349,83**	443,83	443,83	III	1231,66	1116,66	1004,66	895,83	789,83	687,16
	V	**2460,33**	443,83	443,83	IV	1917,50	1844,08	1770,66	1697,25	1623,91	1550,50
	VI	**2496,58**	443,83	443,83							
7637,99 Ost	I,IV	**2004,00**	443,83	443,83	I	1857,16	1710,41	1563,58	1416,83	1270,08	1126,16
	II	**1937,25**	443,83	443,83	II	1790,41	1643,66	1496,83	1350,08	1203,83	1062,66
	III	**1360,50**	443,83	443,83	III	1242,16	1126,83	1014,66	905,33	799,33	696,16
	V	**2473,50**	443,83	443,83	IV	1930,58	1857,16	1783,83	1710,41	1637,00	1563,58
	VI	**2509,75**	443,83	443,83							
7640,99 West	I,IV	**1992,16**	443,83	443,83	I	1845,33	1698,58	1551,75	1405,00	1258,16	1114,75
	II	**1925,33**	443,83	443,83	II	1778,58	1631,75	1485,00	1338,16	1192,16	1051,58
	III	**1350,83**	443,83	443,83	III	1232,66	1117,66	1005,66	896,66	790,83	688,00
	V	**2461,58**	443,83	443,83	IV	1918,75	1845,33	1771,91	1698,58	1625,16	1551,75
	VI	**2497,91**	443,83	443,83							
7640,99 Ost	I,IV	**2005,25**	443,83	443,83	I	1858,50	1711,66	1564,91	1418,08	1271,33	1127,33
	II	**1938,50**	443,83	443,83	II	1791,66	1644,91	1498,08	1351,33	1205,08	1063,91
	III	**1361,66**	443,83	443,83	III	1243,16	1127,83	1015,50	906,33	800,16	697,00
	V	**2474,75**	443,83	443,83	IV	1931,83	1858,50	1785,08	1711,66	1638,25	1564,91
	VI	**2511,00**	443,83	443,83							
7643,99 West	I,IV	**1993,41**	443,83	443,83	I	1846,58	1699,83	1553,00	1406,25	1259,41	1116,00
	II	**1926,58**	443,83	443,83	II	1779,83	1633,00	1486,25	1339,41	1193,41	1052,75
	III	**1351,83**	443,83	443,83	III	1233,66	1118,66	1006,66	897,66	791,66	688,83
	V	**2462,91**	443,83	443,83	IV	1920,00	1846,58	1773,16	1699,83	1626,41	1553,00
	VI	**2499,16**	443,83	443,83							
7643,99 Ost	I,IV	**2006,50**	443,83	443,83	I	1859,75	1712,91	1566,16	1419,33	1272,58	1128,58
	II	**1939,75**	443,83	443,83	II	1792,91	1646,16	1499,33	1352,58	1206,33	1065,08
	III	**1362,66**	443,83	443,83	III	1244,16	1128,83	1016,50	907,33	801,00	698,00
	V	**2476,00**	443,83	443,83	IV	1933,08	1859,75	1786,33	1712,91	1639,50	1566,16
	VI	**2512,25**	443,83	443,83							
7646,99 West	I,IV	**1994,66**	443,83	443,83	I	1847,83	1701,08	1554,25	1407,50	1260,66	1117,16
	II	**1927,83**	443,83	443,83	II	1781,08	1634,25	1487,50	1340,66	1194,66	1053,91
	III	**1352,83**	443,83	443,83	III	1234,66	1119,66	1007,50	898,50	792,66	689,66
	V	**2464,16**	443,83	443,83	IV	1921,25	1847,83	1774,50	1701,08	1627,66	1554,25
	VI	**2500,41**	443,83	443,83							
7646,99 Ost	I,IV	**2007,75**	443,83	443,83	I	1861,00	1714,16	1567,41	1420,58	1273,83	1129,75
	II	**1941,00**	443,83	443,83	II	1794,16	1647,41	1500,58	1353,83	1207,50	1066,25
	III	**1363,66**	443,83	443,83	III	1245,16	1129,83	1017,50	908,16	802,00	698,83
	V	**2477,25**	443,83	443,83	IV	1934,41	1861,00	1787,58	1714,16	1640,83	1567,41
	VI	**2513,50**	443,83	443,83							
7649,99 West	I,IV	**1995,91**	443,83	443,83	I	1849,08	1702,33	1555,50	1408,75	1262,00	1118,41
	II	**1929,16**	443,83	443,83	II	1782,33	1635,58	1488,75	1342,00	1195,91	1055,08
	III	**1354,00**	443,83	443,83	III	1235,66	1120,50	1008,50	899,50	793,50	690,66
	V	**2465,41**	443,83	443,83	IV	1922,50	1849,08	1775,75	1702,33	1628,91	1555,50
	VI	**2501,66**	443,83	443,83							
7649,99 Ost	I,IV	**2009,00**	443,83	443,83	I	1862,25	1715,41	1568,66	1421,83	1275,08	1131,00
	II	**1942,25**	443,83	443,83	II	1795,50	1648,66	1501,91	1355,08	1208,75	1067,41
	III	**1364,66**	443,83	443,83	III	1246,16	1130,83	1018,33	909,16	802,83	699,66
	V	**2478,50**	443,83	443,83	IV	1935,66	1862,25	1788,83	1715,41	1642,08	1568,66
	VI	**2514,75**	443,83	443,83							

* Zur LSt-Berechnung für privat versicherte Arbeitnehmer s. Beispiele **Vorbemerkung S. 4 f.**
** Basisvorsorgepauschale KV und PV *** Typisierter Arbeitgeberzuschuss

Lohn/ Gehalt in € bis	Steuerklasse	Lohn- steuer*	BVSP**	TAGZ***	Steuerklasse	Bemessungsgrundlage für Kirchensteuer und Solidaritätszuschlag					
						Freibeträge für ... Kinder					
						0,5	**1,0**	1,5	**2,0**	2,5	**3,0**
7 652,99	I,IV	**1 997,16**	443,83	443,83	I	1 850,41	1 703,58	1 556,83	1 410,00	1 263,25	1 119,58
West	II	**1 930,41**	443,83	443,83	II	1 783,58	1 636,83	1 490,00	1 343,25	1 197,08	1 056,25
	III	**1 355,00**	443,83	443,83	III	1 236,66	1 121,50	1 009,50	900,33	794,33	691,50
	V	**2 466,66**	443,83	443,83	IV	1 923,75	1 850,41	1 777,00	1 703,58	1 630,16	1 556,83
	VI	**2 502,91**	443,83	443,83							
7 652,99	I,IV	**2 010,33**	443,83	443,83	I	1 863,50	1 716,75	1 569,91	1 423,16	1 276,33	1 132,16
Ost	II	**1 943,50**	443,83	443,83	II	1 796,75	1 649,91	1 503,16	1 356,33	1 210,00	1 068,58
	III	**1 365,66**	443,83	443,83	III	1 247,16	1 131,83	1 019,33	910,00	803,83	700,50
	V	**2 479,75**	443,83	443,83	IV	1 936,91	1 863,50	1 790,08	1 716,75	1 643,33	1 569,91
	VI	**2 516,00**	443,83	443,83							
7 655,99	I,IV	**1 998,41**	443,83	443,83	I	1 851,66	1 704,83	1 558,08	1 411,25	1 264,50	1 120,83
West	II	**1 931,66**	443,83	443,83	II	1 784,83	1 638,08	1 491,25	1 344,50	1 198,33	1 057,50
	III	**1 356,00**	443,83	443,83	III	1 237,66	1 122,50	1 010,33	901,33	795,33	692,33
	V	**2 467,91**	443,83	443,83	IV	1 925,00	1 851,66	1 778,25	1 704,83	1 631,41	1 558,08
	VI	**2 504,16**	443,83	443,83							
7 655,99	I,IV	**2 011,58**	443,83	443,83	I	1 864,75	1 718,00	1 571,16	1 424,41	1 277,58	1 133,41
Ost	II	**1 944,75**	443,83	443,83	II	1 798,00	1 651,16	1 504,41	1 357,58	1 211,25	1 069,83
	III	**1 366,66**	443,83	443,83	III	1 248,16	1 132,66	1 020,33	911,00	804,66	701,50
	V	**2 481,00**	443,83	443,83	IV	1 938,16	1 864,75	1 791,33	1 718,00	1 644,58	1 571,16
	VI	**2 517,33**	443,83	443,83							
7 658,99	I,IV	**1 999,66**	443,83	443,83	I	1 852,91	1 706,08	1 559,33	1 412,50	1 265,75	1 122,00
West	II	**1 932,91**	443,83	443,83	II	1 786,08	1 639,33	1 492,50	1 345,75	1 199,58	1 058,66
	III	**1 357,00**	443,83	443,83	III	1 238,66	1 123,50	1 011,33	902,16	796,16	693,16
	V	**2 469,16**	443,83	443,83	IV	1 926,33	1 852,91	1 779,50	1 706,08	1 632,75	1 559,33
	VI	**2 505,41**	443,83	443,83							
7 658,99	I,IV	**2 012,83**	443,83	443,83	I	1 866,00	1 719,25	1 572,41	1 425,66	1 278,83	1 134,58
Ost	II	**1 946,00**	443,83	443,83	II	1 799,25	1 652,41	1 505,66	1 358,83	1 212,50	1 071,00
	III	**1 367,83**	443,83	443,83	III	1 249,16	1 133,66	1 021,33	911,83	805,50	702,33
	V	**2 482,33**	443,83	443,83	IV	1 939,41	1 866,00	1 792,66	1 719,25	1 645,83	1 572,41
	VI	**2 518,58**	443,83	443,83							
7 661,99	I,IV	**2 000,91**	443,83	443,83	I	1 854,16	1 707,33	1 560,58	1 413,75	1 267,00	1 123,25
West	II	**1 934,16**	443,83	443,83	II	1 787,41	1 640,58	1 493,83	1 347,00	1 200,83	1 059,83
	III	**1 358,00**	443,83	443,83	III	1 239,66	1 124,50	1 012,33	903,16	797,16	694,00
	V	**2 470,41**	443,83	443,83	IV	1 927,58	1 854,16	1 780,75	1 707,33	1 634,00	1 560,58
	VI	**2 506,66**	443,83	443,83							
7 661,99	I,IV	**2 014,08**	443,83	443,83	I	1 867,25	1 720,50	1 573,66	1 426,91	1 280,08	1 135,83
Ost	II	**1 947,33**	443,83	443,83	II	1 800,50	1 653,75	1 506,91	1 360,16	1 213,75	1 072,16
	III	**1 368,83**	443,83	443,83	III	1 250,16	1 134,66	1 022,16	912,83	806,50	703,16
	V	**2 483,58**	443,83	443,83	IV	1 940,66	1 867,25	1 793,91	1 720,50	1 647,08	1 573,66
	VI	**2 519,83**	443,83	443,83							
7 664,99	I,IV	**2 002,16**	443,83	443,83	I	1 855,41	1 708,66	1 561,83	1 415,08	1 268,25	1 124,41
West	II	**1 935,41**	443,83	443,83	II	1 788,66	1 641,83	1 495,08	1 348,25	1 202,08	1 061,00
	III	**1 359,00**	443,83	443,83	III	1 240,66	1 125,50	1 013,16	904,00	798,00	695,00
	V	**2 471,66**	443,83	443,83	IV	1 928,83	1 855,41	1 782,00	1 708,66	1 635,25	1 561,83
	VI	**2 507,91**	443,83	443,83							
7 664,99	I,IV	**2 015,33**	443,83	443,83	I	1 868,58	1 721,75	1 575,00	1 428,16	1 281,41	1 137,00
Ost	II	**1 948,58**	443,83	443,83	II	1 801,75	1 655,00	1 508,16	1 361,41	1 215,00	1 073,41
	III	**1 369,83**	443,83	443,83	III	1 251,16	1 135,66	1 023,16	913,66	807,33	704,00
	V	**2 484,83**	443,83	443,83	IV	1 941,91	1 868,58	1 795,16	1 721,75	1 648,33	1 575,00
	VI	**2 521,08**	443,83	443,83							
7 667,99	I,IV	**2 003,50**	443,83	443,83	I	1 856,66	1 709,91	1 563,08	1 416,33	1 269,50	1 125,66
West	II	**1 936,66**	443,83	443,83	II	1 789,91	1 643,08	1 496,33	1 349,50	1 203,33	1 062,16
	III	**1 360,16**	443,83	443,83	III	1 241,66	1 126,50	1 014,16	905,00	798,83	695,83
	V	**2 472,91**	443,83	443,83	IV	1 930,08	1 856,66	1 783,25	1 709,91	1 636,50	1 563,08
	VI	**2 509,25**	443,83	443,83							
7 667,99	I,IV	**2 016,58**	443,83	443,83	I	1 869,83	1 723,00	1 576,25	1 429,41	1 282,66	1 138,25
Ost	II	**1 949,83**	443,83	443,83	II	1 803,00	1 656,25	1 509,41	1 362,66	1 216,25	1 074,58
	III	**1 370,83**	443,83	443,83	III	1 252,16	1 136,66	1 024,16	914,66	808,33	705,00
	V	**2 486,08**	443,83	443,83	IV	1 943,16	1 869,83	1 796,41	1 723,00	1 649,58	1 576,25
	VI	**2 522,33**	443,83	443,83							

* Zur LSt-Berechnung für privat versicherte Arbeitnehmer s. Beispiele **Vorbemerkung S. 4f.**
** Basisvorsorgepauschale KV und PV *** Typisierter Arbeitgeberzuschuss

Lohn/ Gehalt in € bis	Steuerklasse	Lohn-steuer*	BVSP**	TAGZ***	Steuerklasse	Bemessungsgrundlage für Kirchensteuer und Solidaritätszuschlag – Freibeträge für ... Kinder 0,5	**1,0**	1,5	**2,0**	2,5	**3,0**
7670,99 West	I,IV	**2004,75**	443,83	443,83	I	1857,91	1711,16	1564,33	1417,58	1270,75	1126,83
	II	**1937,91**	443,83	443,83	II	1791,16	1644,33	1497,58	1350,75	1204,50	1063,41
	III	**1361,16**	443,83	443,83	III	1242,66	1127,33	1015,16	906,00	799,83	696,66
	V	**2474,25**	443,83	443,83	IV	1931,33	1857,91	1784,58	1711,16	1637,75	1564,33
	VI	**2510,50**	443,83	443,83							
7670,99 Ost	I,IV	**2017,83**	443,83	443,83	I	1871,08	1724,25	1577,50	1430,66	1283,91	1139,50
	II	**1951,08**	443,83	443,83	II	1804,25	1657,50	1510,66	1363,91	1217,50	1075,75
	III	**1371,83**	443,83	443,83	III	1253,16	1137,66	1025,00	915,66	809,16	705,83
	V	**2487,33**	443,83	443,83	IV	1944,41	1871,08	1797,66	1724,25	1650,91	1577,50
	VI	**2523,58**	443,83	443,83							
7673,99 West	I,IV	**2006,00**	443,83	443,83	I	1859,16	1712,41	1565,58	1418,83	1272,00	1128,08
	II	**1939,16**	443,83	443,83	II	1792,41	1645,66	1498,83	1352,08	1205,75	1064,58
	III	**1362,16**	443,83	443,83	III	1243,66	1128,33	1016,16	906,83	800,66	697,50
	V	**2475,50**	443,83	443,83	IV	1932,58	1859,16	1785,83	1712,41	1639,00	1565,58
	VI	**2511,75**	443,83	443,83							
7673,99 Ost	I,IV	**2019,08**	443,83	443,83	I	1872,33	1725,50	1578,75	1431,91	1285,16	1140,66
	II	**1952,33**	443,83	443,83	II	1805,58	1658,75	1512,00	1365,16	1218,66	1076,91
	III	**1373,00**	443,83	443,83	III	1254,16	1138,66	1026,00	916,50	810,00	706,66
	V	**2488,58**	443,83	443,83	IV	1945,75	1872,33	1798,91	1725,50	1652,16	1578,75
	VI	**2524,83**	443,83	443,83							
7676,99 West	I,IV	**2007,25**	443,83	443,83	I	1860,41	1713,66	1566,91	1420,08	1273,33	1129,25
	II	**1940,50**	443,83	443,83	II	1793,66	1646,91	1500,08	1353,33	1207,00	1065,75
	III	**1363,16**	443,83	443,83	III	1244,83	1129,33	1017,00	907,83	801,50	698,50
	V	**2476,75**	443,83	443,83	IV	1933,83	1860,41	1787,08	1713,66	1640,25	1566,91
	VI	**2513,00**	443,83	443,83							
7676,99 Ost	I,IV	**2020,33**	443,83	443,83	I	1873,58	1726,83	1580,00	1433,25	1286,41	1141,91
	II	**1953,58**	443,83	443,83	II	1806,83	1660,00	1513,25	1366,41	1219,91	1078,16
	III	**1374,00**	443,83	443,83	III	1255,16	1139,66	1027,00	917,50	811,00	707,50
	V	**2489,83**	443,83	443,83	IV	1947,00	1873,58	1800,16	1726,83	1653,41	1580,00
	VI	**2526,08**	443,83	443,83							
7679,99 West	I,IV	**2008,50**	443,83	443,83	I	1861,75	1714,91	1568,16	1421,33	1274,58	1130,50
	II	**1941,75**	443,83	443,83	II	1794,91	1648,16	1501,33	1354,58	1208,25	1066,91
	III	**1364,16**	443,83	443,83	III	1245,83	1130,33	1018,00	908,66	802,50	699,33
	V	**2478,00**	443,83	443,83	IV	1935,08	1861,75	1788,33	1714,91	1641,50	1568,16
	VI	**2514,25**	443,83	443,83							
7679,99 Ost	I,IV	**2021,66**	443,83	443,83	I	1874,83	1728,08	1581,25	1434,50	1287,66	1143,08
	II	**1954,83**	443,83	443,83	II	1808,08	1661,25	1514,50	1367,66	1221,16	1079,33
	III	**1375,00**	443,83	443,83	III	1256,33	1140,50	1028,00	918,33	811,83	708,50
	V	**2491,08**	443,83	443,83	IV	1948,25	1874,83	1801,41	1728,08	1654,66	1581,25
	VI	**2527,41**	443,83	443,83							
7682,99 West	I,IV	**2009,75**	443,83	443,83	I	1863,00	1716,16	1569,41	1422,58	1275,83	1131,66
	II	**1943,00**	443,83	443,83	II	1796,16	1649,41	1502,58	1355,83	1209,50	1068,16
	III	**1365,33**	443,83	443,83	III	1246,83	1131,33	1019,00	909,66	803,33	700,16
	V	**2479,25**	443,83	443,83	IV	1936,33	1863,00	1789,58	1716,16	1642,83	1569,41
	VI	**2515,50**	443,83	443,83							
7682,99 Ost	I,IV	**2022,91**	443,83	443,83	I	1876,08	1729,33	1582,50	1435,75	1288,91	1144,33
	II	**1956,08**	443,83	443,83	II	1809,33	1662,50	1515,75	1368,91	1222,41	1080,50
	III	**1376,00**	443,83	443,83	III	1257,33	1141,50	1028,83	919,33	812,83	709,33
	V	**2492,41**	443,83	443,83	IV	1949,50	1876,08	1802,66	1729,33	1655,91	1582,50
	VI	**2528,66**	443,83	443,83							
7685,99 West	I,IV	**2011,00**	443,83	443,83	I	1864,25	1717,41	1570,66	1423,83	1277,08	1132,91
	II	**1944,25**	443,83	443,83	II	1797,41	1650,66	1503,91	1357,08	1210,75	1069,33
	III	**1366,33**	443,83	443,83	III	1247,83	1132,33	1019,83	910,50	804,33	701,00
	V	**2480,50**	443,83	443,83	IV	1937,66	1864,25	1790,83	1717,41	1644,08	1570,66
	VI	**2516,75**	443,83	443,83							
7685,99 Ost	I,IV	**2024,16**	443,83	443,83	I	1877,33	1730,58	1583,75	1437,00	1290,16	1145,50
	II	**1957,33**	443,83	443,83	II	1810,58	1663,83	1517,00	1370,25	1223,66	1081,75
	III	**1377,00**	443,83	443,83	III	1258,33	1142,50	1029,83	920,16	813,66	710,16
	V	**2493,66**	443,83	443,83	IV	1950,75	1877,33	1804,00	1730,58	1657,16	1583,75
	VI	**2529,91**	443,83	443,83							

* Zur LSt-Berechnung für privat versicherte Arbeitnehmer s. Beispiele **Vorbemerkung S. 4f.**
** Basisvorsorgepauschale KV und PV *** Typisierter Arbeitgeberzuschuss

Lohn/ Gehalt in € bis	Steuerklasse	Lohn-steuer*	BVSP**	TAGZ***	Steuerklasse	Bemessungsgrundlage für Kirchensteuer und Solidaritätszuschlag – Freibeträge für ... Kinder 0,5	1,0	1,5	2,0	2,5	3,0
7688,99 West	I,IV	**2012,25**	443,83	443,83	I	1865,50	1718,66	1571,91	1425,16	1278,33	1134,08
	II	**1945,50**	443,83	443,83	II	1798,75	1651,91	1505,16	1358,33	1212,00	1070,50
	III	**1367,33**	443,83	443,83	III	1248,83	1133,33	1020,83	911,50	805,16	702,00
	V	**2481,75**	443,83	443,83	IV	1938,91	1865,50	1792,08	1718,66	1645,33	1571,91
	VI	**2518,00**	443,83	443,83							
7688,99 Ost	I,IV	**2025,41**	443,83	443,83	I	1878,58	1731,83	1585,08	1438,25	1291,50	1146,75
	II	**1958,66**	443,83	443,83	II	1811,83	1665,08	1518,25	1371,50	1224,91	1082,91
	III	**1378,16**	443,83	443,83	III	1259,33	1143,50	1030,83	921,16	814,50	711,00
	V	**2494,91**	443,83	443,83	IV	1952,00	1878,58	1805,25	1731,83	1658,41	1585,08
	VI	**2531,16**	443,83	443,83							
7691,99 West	I,IV	**2013,58**	443,83	443,83	I	1866,75	1720,00	1573,16	1426,41	1279,58	1135,33
	II	**1946,75**	443,83	443,83	II	1800,00	1653,16	1506,41	1359,58	1213,25	1071,66
	III	**1368,33**	443,83	443,83	III	1249,83	1134,33	1021,83	912,33	806,00	702,83
	V	**2483,00**	443,83	443,83	IV	1940,16	1866,75	1793,33	1720,00	1646,58	1573,16
	VI	**2519,33**	443,83	443,83							
7691,99 Ost	I,IV	**2026,66**	443,83	443,83	I	1879,91	1733,08	1586,33	1439,50	1292,75	1148,00
	II	**1959,91**	443,83	443,83	II	1813,08	1666,33	1519,50	1372,75	1226,16	1084,08
	III	**1379,16**	443,83	443,83	III	1260,33	1144,50	1031,83	922,16	815,50	712,00
	V	**2496,16**	443,83	443,83	IV	1953,25	1879,91	1806,50	1733,08	1659,66	1586,33
	VI	**2532,41**	443,83	443,83							
7694,99 West	I,IV	**2014,83**	443,83	443,83	I	1868,00	1721,25	1574,41	1427,66	1280,83	1136,50
	II	**1948,00**	443,83	443,83	II	1801,25	1654,41	1507,66	1360,83	1214,41	1072,91
	III	**1369,33**	443,83	443,83	III	1250,83	1135,16	1022,66	913,33	807,00	703,66
	V	**2484,33**	443,83	443,83	IV	1941,41	1868,00	1794,58	1721,25	1647,83	1574,41
	VI	**2520,58**	443,83	443,83							
7694,99 Ost	I,IV	**2027,91**	443,83	443,83	I	1881,16	1734,33	1587,58	1440,75	1294,00	1149,16
	II	**1961,16**	443,83	443,83	II	1814,33	1667,58	1520,75	1374,00	1227,41	1085,25
	III	**1380,16**	443,83	443,83	III	1261,33	1145,50	1032,66	923,00	816,33	712,83
	V	**2497,41**	443,83	443,83	IV	1954,50	1881,16	1807,75	1734,33	1660,91	1587,58
	VI	**2533,66**	443,83	443,83							
7697,99 West	I,IV	**2016,08**	443,83	443,83	I	1869,25	1722,50	1575,66	1428,91	1282,08	1137,75
	II	**1949,25**	443,83	443,83	II	1802,50	1655,66	1508,91	1362,16	1215,66	1074,08
	III	**1370,33**	443,83	443,83	III	1251,83	1136,16	1023,66	914,33	807,83	704,50
	V	**2485,58**	443,83	443,83	IV	1942,66	1869,25	1795,91	1722,50	1649,08	1575,66
	VI	**2521,83**	443,83	443,83							
7697,99 Ost	I,IV	**2029,16**	443,83	443,83	I	1882,41	1735,58	1588,83	1442,00	1295,25	1150,41
	II	**1962,41**	443,83	443,83	II	1815,58	1668,83	1522,08	1375,25	1228,66	1086,50
	III	**1381,16**	443,83	443,83	III	1262,33	1146,50	1033,66	924,00	817,33	713,66
	V	**2498,66**	443,83	443,83	IV	1955,83	1882,41	1809,00	1735,58	1662,25	1588,83
	VI	**2534,91**	443,83	443,83							
7700,99 West	I,IV	**2017,33**	443,83	443,83	I	1870,50	1723,75	1576,91	1430,16	1283,41	1138,91
	II	**1950,58**	443,83	443,83	II	1803,75	1657,00	1510,16	1363,41	1216,91	1075,25
	III	**1371,50**	443,83	443,83	III	1252,83	1137,16	1024,66	915,16	808,83	705,50
	V	**2486,83**	443,83	443,83	IV	1943,91	1870,50	1797,16	1723,75	1650,33	1576,91
	VI	**2523,08**	443,83	443,83							
7700,99 Ost	I,IV	**2030,41**	443,83	443,83	I	1883,66	1736,83	1590,08	1443,33	1296,50	1151,58
	II	**1963,66**	443,83	443,83	II	1816,91	1670,08	1523,33	1376,50	1229,91	1087,66
	III	**1382,16**	443,83	443,83	III	1263,33	1147,50	1034,66	924,83	818,16	714,50
	V	**2499,91**	443,83	443,83	IV	1957,08	1883,66	1810,25	1736,83	1663,50	1590,08
	VI	**2536,16**	443,83	443,83							
7703,99 West	I,IV	**2018,58**	443,83	443,83	I	1871,83	1725,00	1578,25	1431,41	1284,66	1140,16
	II	**1951,83**	443,83	443,83	II	1805,00	1658,25	1511,41	1364,66	1218,16	1076,41
	III	**1372,50**	443,83	443,83	III	1253,83	1138,16	1025,66	916,16	809,66	706,33
	V	**2488,08**	443,83	443,83	IV	1945,16	1871,83	1798,41	1725,00	1651,58	1578,25
	VI	**2524,33**	443,83	443,83							
7703,99 Ost	I,IV	**2031,75**	443,83	443,83	I	1884,91	1738,16	1591,33	1444,58	1297,75	1152,83
	II	**1964,91**	443,83	443,83	II	1818,16	1671,33	1524,58	1377,75	1231,16	1088,83
	III	**1383,33**	443,83	443,83	III	1264,33	1148,33	1035,50	925,83	819,16	715,50
	V	**2501,16**	443,83	443,83	IV	1958,33	1884,91	1811,50	1738,16	1664,75	1591,33
	VI	**2537,50**	443,83	443,83							

* Zur LSt-Berechnung für privat versicherte Arbeitnehmer s. Beispiele **Vorbemerkung S. 4f.**
** Basisvorsorgepauschale KV und PV *** Typisierter Arbeitgeberzuschuss

Lohn/ Gehalt in € bis	Steuerklasse	Lohn-steuer*	BVSP**	TAGZ***	Steuerklasse	Bemessungsgrundlage für Kirchensteuer und Solidaritätszuschlag – Freibeträge für ... Kinder 0,5	**1,0**	1,5	**2,0**	2,5	**3,0**
7706,99 West	I,IV	**2019,83**	443,83	443,83	I	1873,08	1726,25	1579,50	1432,66	1285,91	1141,41
	II	**1953,08**	443,83	443,83	II	1806,25	1659,50	1512,66	1365,91	1219,41	1077,66
	III	**1373,50**	443,83	443,83	III	1254,83	1139,16	1026,50	917,00	810,50	707,16
	V	**2489,33**	443,83	443,83	IV	1946,41	1873,08	1799,66	1726,25	1652,83	1579,50
	VI	**2525,58**	443,83	443,83							
7706,99 Ost	I,IV	**2033,00**	443,83	443,83	I	1886,16	1739,41	1592,58	1445,83	1299,00	1154,08
	II	**1966,16**	443,83	443,83	II	1819,41	1672,58	1525,83	1379,00	1232,41	1090,08
	III	**1384,33**	443,83	443,83	III	1265,33	1149,33	1036,50	926,66	820,00	716,33
	V	**2502,50**	443,83	443,83	IV	1959,58	1886,16	1812,75	1739,41	1666,00	1592,58
	VI	**2538,75**	443,83	443,83							
7709,99 West	I,IV	**2021,08**	443,83	443,83	I	1874,33	1727,50	1580,75	1433,91	1287,16	1142,58
	II	**1954,33**	443,83	443,83	II	1807,50	1660,75	1513,91	1367,16	1220,66	1078,83
	III	**1374,50**	443,83	443,83	III	1255,83	1140,16	1027,50	918,00	811,50	708,00
	V	**2490,58**	443,83	443,83	IV	1947,75	1874,33	1800,91	1727,50	1654,16	1580,75
	VI	**2526,83**	443,83	443,83							
7709,99 Ost	I,IV	**2034,25**	443,83	443,83	I	1887,41	1740,66	1593,83	1447,08	1300,25	1155,25
	II	**1967,41**	443,83	443,83	II	1820,66	1673,83	1527,08	1380,33	1233,66	1091,25
	III	**1385,33**	443,83	443,83	III	1266,33	1150,33	1037,50	927,66	820,83	717,16
	V	**2503,75**	443,83	443,83	IV	1960,83	1887,41	1814,08	1740,66	1667,25	1593,83
	VI	**2540,00**	443,83	443,83							
7712,99 West	I,IV	**2022,33**	443,83	443,83	I	1875,58	1728,75	1582,00	1435,16	1288,41	1143,83
	II	**1955,58**	443,83	443,83	II	1808,83	1662,00	1515,25	1368,41	1221,91	1080,00
	III	**1375,50**	443,83	443,83	III	1256,83	1141,16	1028,50	918,83	812,33	708,83
	V	**2491,83**	443,83	443,83	IV	1949,00	1875,58	1802,16	1728,75	1655,41	1582,00
	VI	**2528,08**	443,83	443,83							
7712,99 Ost	I,IV	**2035,50**	443,83	443,83	I	1888,66	1741,91	1595,08	1448,33	1301,58	1156,50
	II	**1968,75**	443,83	443,83	II	1821,91	1675,16	1528,33	1381,58	1234,91	1092,50
	III	**1386,33**	443,83	443,83	III	1267,33	1151,33	1038,50	928,66	821,83	718,00
	V	**2505,00**	443,83	443,83	IV	1962,08	1888,66	1815,33	1741,91	1668,50	1595,08
	VI	**2541,25**	443,83	443,83							
7715,99 West	I,IV	**2023,66**	443,83	443,83	I	1876,83	1730,08	1583,25	1436,50	1289,66	1145,00
	II	**1956,83**	443,83	443,83	II	1810,08	1663,25	1516,50	1369,66	1223,16	1081,25
	III	**1376,66**	443,83	443,83	III	1257,83	1142,16	1029,50	919,83	813,33	709,83
	V	**2493,08**	443,83	443,83	IV	1950,25	1876,83	1803,41	1730,08	1656,66	1583,25
	VI	**2529,41**	443,83	443,83							
7715,99 Ost	I,IV	**2036,75**	443,83	443,83	I	1890,00	1743,16	1596,41	1449,58	1302,83	1157,75
	II	**1970,00**	443,83	443,83	II	1823,16	1676,41	1529,58	1382,83	1236,16	1093,66
	III	**1387,33**	443,83	443,83	III	1268,33	1152,33	1039,33	929,50	822,66	719,00
	V	**2506,25**	443,83	443,83	IV	1963,33	1890,00	1816,58	1743,16	1669,75	1596,41
	VI	**2542,50**	443,83	443,83							
7718,99 West	I,IV	**2024,91**	443,83	443,83	I	1878,08	1731,33	1584,50	1437,75	1290,91	1146,25
	II	**1958,08**	443,83	443,83	II	1811,33	1664,50	1517,75	1370,91	1224,41	1082,41
	III	**1377,66**	443,83	443,83	III	1258,83	1143,00	1030,33	920,66	814,16	710,66
	V	**2494,41**	443,83	443,83	IV	1951,50	1878,08	1804,66	1731,33	1657,91	1584,50
	VI	**2530,66**	443,83	443,83							
7718,99 Ost	I,IV	**2038,00**	443,83	443,83	I	1891,25	1744,41	1597,66	1450,83	1304,08	1158,91
	II	**1971,25**	443,83	443,83	II	1824,41	1677,66	1530,83	1384,08	1237,41	1094,83
	III	**1388,50**	443,83	443,83	III	1269,33	1153,33	1040,33	930,50	823,66	719,83
	V	**2507,50**	443,83	443,83	IV	1964,58	1891,25	1817,83	1744,41	1671,00	1597,66
	VI	**2543,75**	443,83	443,83							
7721,99 West	I,IV	**2026,16**	443,83	443,83	I	1879,33	1732,58	1585,75	1439,00	1292,16	1147,50
	II	**1959,33**	443,83	443,83	II	1812,58	1665,75	1519,00	1372,16	1225,66	1083,58
	III	**1378,66**	443,83	443,83	III	1259,83	1144,00	1031,33	921,66	815,00	711,50
	V	**2495,66**	443,83	443,83	IV	1952,75	1879,33	1806,00	1732,58	1659,16	1585,75
	VI	**2531,91**	443,83	443,83							
7721,99 Ost	I,IV	**2039,25**	443,83	443,83	I	1892,50	1745,66	1598,91	1452,08	1305,33	1160,16
	II	**1972,50**	443,83	443,83	II	1825,66	1678,91	1532,08	1385,33	1238,66	1096,08
	III	**1389,50**	443,83	443,83	III	1270,33	1154,33	1041,33	931,33	824,50	720,66
	V	**2508,75**	443,83	443,83	IV	1965,91	1892,50	1819,08	1745,66	1672,33	1598,91
	VI	**2545,00**	443,83	443,83							

* Zur LSt-Berechnung für privat versicherte Arbeitnehmer s. Beispiele **Vorbemerkung S. 4 f.**
** Basisvorsorgepauschale KV und PV *** Typisierter Arbeitgeberzuschuss

Lohn/ Gehalt in € bis	Steuerklasse	Lohn-steuer*	BVSP**	TAGZ***	Steuerklasse	Bemessungsgrundlage für Kirchensteuer und Solidaritätszuschlag – Freibeträge für ... Kinder 0,5	1,0	1,5	2,0	2,5	3,0
7724,99	I,IV	**2027,41**	443,83	443,83	I	1880,58	1733,83	1587,00	1440,25	1293,41	1148,66
West	II	**1960,66**	443,83	443,83	II	1813,83	1667,08	1520,25	1373,50	1226,91	1084,83
	III	**1379,66**	443,83	443,83	III	1260,83	1145,00	1032,33	922,66	816,00	712,33
	V	**2496,91**	443,83	443,83	IV	1954,00	1880,58	1807,25	1733,83	1660,41	1587,00
	VI	**2533,16**	443,83	443,83							
7724,99	I,IV	**2040,50**	443,83	443,83	I	1893,75	1746,91	1600,16	1453,33	1306,58	1161,41
Ost	II	**1973,75**	443,83	443,83	II	1827,00	1680,16	1533,41	1386,58	1239,91	1097,25
	III	**1390,50**	443,83	443,83	III	1271,33	1155,33	1042,33	932,33	825,33	721,50
	V	**2510,00**	443,83	443,83	IV	1967,16	1893,75	1820,33	1746,91	1673,58	1600,16
	VI	**2546,25**	443,83	443,83							
7727,99	I,IV	**2028,66**	443,83	443,83	I	1881,91	1735,08	1588,33	1441,50	1294,75	1149,91
West	II	**1961,91**	443,83	443,83	II	1815,08	1668,33	1521,50	1374,75	1228,16	1086,00
	III	**1380,66**	443,83	443,83	III	1261,83	1146,00	1033,16	923,50	816,83	713,33
	V	**2498,16**	443,83	443,83	IV	1955,25	1881,91	1808,50	1735,08	1661,66	1588,33
	VI	**2534,41**	443,83	443,83							
7727,99	I,IV	**2041,83**	443,83	443,83	I	1895,00	1748,25	1601,41	1454,66	1307,83	1162,58
Ost	II	**1975,00**	443,83	443,83	II	1828,25	1681,41	1534,66	1387,83	1241,16	1098,41
	III	**1391,50**	443,83	443,83	III	1272,33	1156,33	1043,16	933,16	826,33	722,50
	V	**2511,25**	443,83	443,83	IV	1968,41	1895,00	1821,58	1748,25	1674,83	1601,41
	VI	**2547,50**	443,83	443,83							
7730,99	I,IV	**2029,91**	443,83	443,83	I	1883,16	1736,33	1589,58	1442,75	1296,00	1151,08
West	II	**1963,16**	443,83	443,83	II	1816,33	1669,58	1522,75	1376,00	1229,41	1087,16
	III	**1381,83**	443,83	443,83	III	1262,83	1147,00	1034,16	924,50	817,83	714,16
	V	**2499,41**	443,83	443,83	IV	1956,50	1883,16	1809,75	1736,33	1662,91	1589,58
	VI	**2535,66**	443,83	443,83							
7730,99	I,IV	**2043,08**	443,83	443,83	I	1896,25	1749,50	1602,66	1455,91	1309,08	1163,83
Ost	II	**1976,25**	443,83	443,83	II	1829,50	1682,66	1535,91	1389,08	1242,41	1099,66
	III	**1392,50**	443,83	443,83	III	1273,33	1157,33	1044,16	934,16	827,16	723,33
	V	**2512,50**	443,83	443,83	IV	1969,66	1896,25	1822,83	1749,50	1676,08	1602,66
	VI	**2548,83**	443,83	443,83							
7733,99	I,IV	**2031,16**	443,83	443,83	I	1884,41	1737,58	1590,83	1444,00	1297,25	1152,33
West	II	**1964,41**	443,83	443,83	II	1817,58	1670,83	1524,00	1377,25	1230,66	1088,41
	III	**1382,83**	443,83	443,83	III	1263,83	1148,00	1035,16	925,33	818,66	715,00
	V	**2500,66**	443,83	443,83	IV	1957,83	1884,41	1811,00	1737,58	1664,25	1590,83
	VI	**2536,91**	443,83	443,83							
7733,99	I,IV	**2044,33**	443,83	443,83	I	1897,50	1750,75	1603,91	1457,16	1310,33	1165,08
Ost	II	**1977,50**	443,83	443,83	II	1830,75	1683,91	1537,16	1390,33	1243,66	1100,83
	III	**1393,66**	443,83	443,83	III	1274,33	1158,16	1045,16	935,16	828,16	724,16
	V	**2513,83**	443,83	443,83	IV	1970,91	1897,50	1824,16	1750,75	1677,33	1603,91
	VI	**2550,08**	443,83	443,83							
7736,99	I,IV	**2032,41**	443,83	443,83	I	1885,66	1738,83	1592,08	1445,25	1298,50	1153,58
West	II	**1965,66**	443,83	443,83	II	1818,91	1672,08	1525,33	1378,50	1231,91	1089,58
	III	**1383,83**	443,83	443,83	III	1264,83	1149,00	1036,16	926,33	819,66	716,00
	V	**2501,91**	443,83	443,83	IV	1959,08	1885,66	1812,25	1738,83	1665,50	1592,08
	VI	**2538,16**	443,83	443,83							
7736,99	I,IV	**2045,58**	443,83	443,83	I	1898,75	1752,00	1605,16	1458,41	1311,58	1166,25
Ost	II	**1978,83**	443,83	443,83	II	1832,00	1685,25	1538,41	1391,66	1244,91	1102,08
	III	**1394,66**	443,83	443,83	III	1275,33	1159,16	1046,16	936,00	829,00	725,16
	V	**2515,08**	443,83	443,83	IV	1972,16	1898,75	1825,41	1752,00	1678,58	1605,16
	VI	**2551,33**	443,83	443,83							
7739,99	I,IV	**2033,66**	443,83	443,83	I	1886,91	1740,16	1593,33	1446,58	1299,75	1154,75
West	II	**1966,91**	443,83	443,83	II	1820,16	1673,33	1526,58	1379,75	1233,16	1090,75
	III	**1384,83**	443,83	443,83	III	1265,83	1150,00	1037,00	927,16	820,50	716,83
	V	**2503,16**	443,83	443,83	IV	1960,33	1886,91	1813,50	1740,16	1666,75	1593,33
	VI	**2539,41**	443,83	443,83							
7739,99	I,IV	**2046,83**	443,83	443,83	I	1900,08	1753,25	1606,50	1459,66	1312,91	1167,50
Ost	II	**1980,08**	443,83	443,83	II	1833,25	1686,50	1539,66	1392,91	1246,16	1103,25
	III	**1395,66**	443,83	443,83	III	1276,50	1160,16	1047,00	937,00	830,00	726,00
	V	**2516,33**	443,83	443,83	IV	1973,41	1900,08	1826,66	1753,25	1679,83	1606,50
	VI	**2552,58**	443,83	443,83							

* Zur LSt-Berechnung für privat versicherte Arbeitnehmer s. Beispiele **Vorbemerkung S. 4f.**
** Basisvorsorgepauschale KV und PV *** Typisierter Arbeitgeberzuschuss

Lohn/ Gehalt in € bis	Steuerklasse	Lohn- steuer*	BVSP**	TAGZ***	Steuerklasse	Bemessungsgrundlage für Kirchensteuer und Solidaritätszuschlag					
						Freibeträge für ... Kinder					
						0,5	**1,0**	1,5	**2,0**	2,5	**3,0**
7742,99	I,IV	**2035,00**	443,83	443,83	I	1888,16	1741,41	1594,58	1447,83	1301,00	1156,00
West	II	**1968,16**	443,83	443,83	II	1821,41	1674,58	1527,83	1381,00	1234,41	1092,00
	III	**1385,83**	443,83	443,83	III	1266,83	1151,00	1038,00	928,16	821,33	717,66
	V	**2504,41**	443,83	443,83	IV	1961,58	1888,16	1814,75	1741,41	1668,00	1594,58
	VI	**2540,75**	443,83	443,83							
7742,99	I,IV	**2048,08**	443,83	443,83	I	1901,33	1754,50	1607,75	1460,91	1314,16	1168,75
Ost	II	**1981,33**	443,83	443,83	II	1834,50	1687,75	1540,91	1394,16	1247,41	1104,41
	III	**1396,66**	443,83	443,83	III	1277,50	1161,16	1048,00	937,83	830,83	726,83
	V	**2517,58**	443,83	443,83	IV	1974,66	1901,33	1827,91	1754,50	1681,08	1607,75
	VI	**2553,83**	443,83	443,83							
7745,99	I,IV	**2036,25**	443,83	443,83	I	1889,41	1742,66	1595,83	1449,08	1302,25	1157,25
West	II	**1969,41**	443,83	443,83	II	1822,66	1675,83	1529,08	1382,25	1235,66	1093,16
	III	**1387,00**	443,83	443,83	III	1267,83	1151,83	1039,00	929,16	822,33	718,50
	V	**2505,75**	443,83	443,83	IV	1962,83	1889,41	1816,08	1742,66	1669,25	1595,83
	VI	**2542,00**	443,83	443,83							
7745,99	I,IV	**2049,33**	443,83	443,83	I	1902,58	1755,75	1609,00	1462,16	1315,41	1169,91
Ost	II	**1982,58**	443,83	443,83	II	1835,75	1689,00	1542,16	1395,41	1248,66	1105,66
	III	**1397,83**	443,83	443,83	III	1278,50	1162,16	1049,00	938,83	831,66	727,66
	V	**2518,83**	443,83	443,83	IV	1975,91	1902,58	1829,16	1755,75	1682,41	1609,00
	VI	**2555,08**	443,83	443,83							
7748,99	I,IV	**2037,50**	443,83	443,83	I	1890,66	1743,91	1597,08	1450,33	1303,50	1158,41
West	II	**1970,66**	443,83	443,83	II	1823,91	1677,16	1530,33	1383,58	1236,91	1094,33
	III	**1388,00**	443,83	443,83	III	1268,83	1152,83	1040,00	930,00	823,16	719,50
	V	**2507,00**	443,83	443,83	IV	1964,08	1890,66	1817,33	1743,91	1670,50	1597,08
	VI	**2543,25**	443,83	443,83							
7748,99	I,IV	**2050,58**	443,83	443,83	I	1903,83	1757,00	1610,25	1463,41	1316,66	1171,16
Ost	II	**1983,83**	443,83	443,83	II	1837,08	1690,25	1543,50	1396,66	1249,91	1106,83
	III	**1398,83**	443,83	443,83	III	1279,50	1163,16	1050,00	939,83	832,66	728,66
	V	**2520,08**	443,83	443,83	IV	1977,25	1903,83	1830,41	1757,00	1683,66	1610,25
	VI	**2556,33**	443,83	443,83							
7751,99	I,IV	**2038,75**	443,83	443,83	I	1891,91	1745,16	1598,41	1451,58	1304,83	1159,66
West	II	**1972,00**	443,83	443,83	II	1825,16	1678,41	1531,58	1384,83	1238,16	1095,58
	III	**1389,00**	443,83	443,83	III	1269,83	1153,83	1040,83	931,00	824,16	720,33
	V	**2508,25**	443,83	443,83	IV	1965,33	1891,91	1818,58	1745,16	1671,75	1598,41
	VI	**2544,50**	443,83	443,83							
7751,99	I,IV	**2051,83**	443,83	443,83	I	1905,08	1758,33	1611,50	1464,75	1317,91	1172,41
Ost	II	**1985,08**	443,83	443,83	II	1838,33	1691,50	1544,75	1397,91	1251,16	1108,08
	III	**1399,83**	443,83	443,83	III	1280,50	1164,16	1050,83	940,66	833,50	729,50
	V	**2521,33**	443,83	443,83	IV	1978,50	1905,08	1831,66	1758,33	1684,91	1611,50
	VI	**2557,58**	443,83	443,83							
7754,99	I,IV	**2040,00**	443,83	443,83	I	1893,25	1746,41	1599,66	1452,83	1306,08	1160,91
West	II	**1973,25**	443,83	443,83	II	1826,41	1679,66	1532,83	1386,08	1239,41	1096,75
	III	**1390,00**	443,83	443,83	III	1271,00	1154,83	1041,83	931,83	825,00	721,16
	V	**2509,50**	443,83	443,83	IV	1966,58	1893,25	1819,83	1746,41	1673,00	1599,66
	VI	**2545,75**	443,83	443,83							
7754,99	I,IV	**2053,16**	443,83	443,83	I	1906,33	1759,58	1612,75	1466,00	1319,16	1173,66
Ost	II	**1986,33**	443,83	443,83	II	1839,58	1692,75	1546,00	1399,16	1252,41	1109,25
	III	**1400,83**	443,83	443,83	III	1281,50	1165,16	1051,83	941,66	834,50	730,33
	V	**2522,58**	443,83	443,83	IV	1979,75	1906,33	1832,91	1759,58	1686,16	1612,75
	VI	**2558,91**	443,83	443,83							
7757,99	I,IV	**2041,25**	443,83	443,83	I	1894,50	1747,66	1600,91	1454,08	1307,33	1162,08
West	II	**1974,50**	443,83	443,83	II	1827,66	1680,91	1534,08	1387,33	1240,66	1097,91
	III	**1391,16**	443,83	443,83	III	1272,00	1155,83	1042,83	932,83	825,83	722,00
	V	**2510,75**	443,83	443,83	IV	1967,83	1894,50	1821,08	1747,66	1674,33	1600,91
	VI	**2547,00**	443,83	443,83							
7757,99	I,IV	**2054,41**	443,83	443,83	I	1907,58	1760,83	1614,00	1467,25	1320,41	1174,83
Ost	II	**1987,58**	443,83	443,83	II	1840,83	1694,00	1547,25	1400,41	1253,66	1110,41
	III	**1402,00**	443,83	443,83	III	1282,50	1166,16	1052,83	942,50	835,33	731,16
	V	**2523,91**	443,83	443,83	IV	1981,00	1907,58	1834,16	1760,83	1687,41	1614,00
	VI	**2560,16**	443,83	443,83							

* Zur LSt-Berechnung für privat versicherte Arbeitnehmer s. Beispiele **Vorbemerkung S. 4f.**
** Basisvorsorgepauschale KV und PV *** Typisierter Arbeitgeberzuschuss

Lohn/ Gehalt in € bis	Steuerklasse	Lohn-steuer*	BVSP**	TAGZ***	Steuerklasse	Bemessungsgrundlage für Kirchensteuer und Solidaritätszuschlag – Freibeträge für ... Kinder 0,5	1,0	1,5	2,0	2,5	3,0
7760,99 West	I,IV	**2042,50**	443,83	443,83	I	1895,75	1748,91	1602,16	1455,33	1308,58	1163,33
	II	**1975,75**	443,83	443,83	II	1828,91	1682,16	1535,41	1388,58	1241,91	1099,16
	III	**1392,16**	443,83	443,83	III	1273,00	1156,83	1043,83	933,83	826,83	723,00
	V	**2512,00**	443,83	443,83	IV	1969,16	1895,75	1822,33	1748,91	1675,58	1602,16
	VI	**2548,25**	443,83	443,83							
7760,99 Ost	I,IV	**2055,66**	443,83	443,83	I	1908,83	1762,08	1615,25	1468,50	1321,66	1176,08
	II	**1988,83**	443,83	443,83	II	1842,08	1695,33	1548,50	1401,75	1254,91	1111,66
	III	**1403,00**	443,83	443,83	III	1283,50	1167,16	1053,83	943,50	836,33	732,16
	V	**2525,16**	443,83	443,83	IV	1982,25	1908,83	1835,50	1762,08	1688,66	1615,25
	VI	**2561,41**	443,83	443,83							
7763,99 West	I,IV	**2043,75**	443,83	443,83	I	1897,00	1750,16	1603,41	1456,66	1309,83	1164,58
	II	**1977,00**	443,83	443,83	II	1830,25	1683,41	1536,66	1389,83	1243,16	1100,33
	III	**1393,16**	443,83	443,83	III	1274,00	1157,83	1044,66	934,66	827,66	723,83
	V	**2513,25**	443,83	443,83	IV	1970,41	1897,00	1823,58	1750,16	1676,83	1603,41
	VI	**2549,50**	443,83	443,83							
7763,99 Ost	I,IV	**2056,91**	443,83	443,83	I	1910,08	1763,33	1616,58	1469,75	1323,00	1177,33
	II	**1990,16**	443,83	443,83	II	1843,33	1696,58	1549,75	1403,00	1256,16	1112,83
	III	**1404,00**	443,83	443,83	III	1284,50	1168,16	1054,66	944,50	837,16	733,00
	V	**2526,41**	443,83	443,83	IV	1983,50	1910,08	1836,75	1763,33	1689,91	1616,58
	VI	**2562,66**	443,83	443,83							
7766,99 West	I,IV	**2045,08**	443,83	443,83	I	1898,25	1751,50	1604,66	1457,91	1311,08	1165,75
	II	**1978,25**	443,83	443,83	II	1831,50	1684,66	1537,91	1391,08	1244,41	1101,58
	III	**1394,16**	443,83	443,83	III	1275,00	1158,83	1045,66	935,66	828,66	724,66
	V	**2514,50**	443,83	443,83	IV	1971,66	1898,25	1824,83	1751,50	1678,08	1604,66
	VI	**2550,83**	443,83	443,83							
7766,99 Ost	I,IV	**2058,16**	443,83	443,83	I	1911,41	1764,58	1617,83	1471,00	1324,25	1178,50
	II	**1991,41**	443,83	443,83	II	1844,58	1697,83	1551,00	1404,25	1257,41	1114,08
	III	**1405,00**	443,83	443,83	III	1285,50	1169,00	1055,66	945,33	838,16	733,83
	V	**2527,66**	443,83	443,83	IV	1984,75	1911,41	1838,00	1764,58	1691,16	1617,83
	VI	**2563,91**	443,83	443,83							
7769,99 West	I,IV	**2046,33**	443,83	443,83	I	1899,50	1752,75	1605,91	1459,16	1312,33	1167,00
	II	**1979,50**	443,83	443,83	II	1832,75	1685,91	1539,16	1392,33	1245,66	1102,75
	III	**1395,16**	443,83	443,83	III	1276,00	1159,83	1046,66	936,50	829,50	725,50
	V	**2515,83**	443,83	443,83	IV	1972,91	1899,50	1826,08	1752,75	1679,33	1605,91
	VI	**2552,08**	443,83	443,83							
7769,99 Ost	I,IV	**2059,41**	443,83	443,83	I	1912,66	1765,83	1619,08	1472,25	1325,50	1179,75
	II	**1992,66**	443,83	443,83	II	1845,83	1699,08	1552,25	1405,50	1258,75	1115,25
	III	**1406,00**	443,83	443,83	III	1286,50	1170,00	1056,66	946,33	839,00	734,83
	V	**2528,91**	443,83	443,83	IV	1986,00	1912,66	1839,25	1765,83	1692,41	1619,08
	VI	**2565,16**	443,83	443,83							
7772,99 West	I,IV	**2047,58**	443,83	443,83	I	1900,75	1754,00	1607,16	1460,41	1313,58	1168,25
	II	**1980,75**	443,83	443,83	II	1834,00	1687,16	1540,41	1393,66	1246,91	1103,91
	III	**1396,33**	443,83	443,83	III	1277,00	1160,83	1047,66	937,50	830,50	726,50
	V	**2517,08**	443,83	443,83	IV	1974,16	1900,75	1827,41	1754,00	1680,58	1607,16
	VI	**2553,33**	443,83	443,83							
7772,99 Ost	I,IV	**2060,66**	443,83	443,83	I	1913,91	1767,08	1620,33	1473,50	1326,75	1181,00
	II	**1993,91**	443,83	443,83	II	1847,08	1700,33	1553,58	1406,75	1260,00	1116,50
	III	**1407,16**	443,83	443,83	III	1287,50	1171,00	1057,66	947,16	839,83	735,66
	V	**2530,16**	443,83	443,83	IV	1987,33	1913,91	1840,50	1767,08	1693,75	1620,33
	VI	**2566,41**	443,83	443,83							
7775,99 West	I,IV	**2048,83**	443,83	443,83	I	1902,00	1755,25	1608,41	1461,66	1314,91	1169,41
	II	**1982,08**	443,83	443,83	II	1835,25	1688,50	1541,66	1394,91	1248,16	1105,16
	III	**1397,33**	443,83	443,83	III	1278,00	1161,66	1048,50	938,33	831,33	727,33
	V	**2518,33**	443,83	443,83	IV	1975,41	1902,00	1828,66	1755,25	1681,83	1608,41
	VI	**2554,58**	443,83	443,83							
7775,99 Ost	I,IV	**2061,91**	443,83	443,83	I	1915,16	1768,33	1621,58	1474,83	1328,00	1182,25
	II	**1995,16**	443,83	443,83	II	1848,41	1701,58	1554,83	1408,00	1261,25	1117,66
	III	**1408,16**	443,83	443,83	III	1288,50	1172,00	1058,50	948,16	840,83	736,50
	V	**2531,41**	443,83	443,83	IV	1988,58	1915,16	1841,75	1768,33	1695,00	1621,58
	VI	**2567,66**	443,83	443,83							

* Zur LSt-Berechnung für privat versicherte Arbeitnehmer s. Beispiele **Vorbemerkung S. 4 f.**
** Basisvorsorgepauschale KV und PV *** Typisierter Arbeitgeberzuschuss

Für handschriftliche Notizen

Für handschriftliche Notizen

Für handschriftliche Notizen

Für handschriftliche Notizen

Für handschriftliche Notizen

Für handschriftliche Notizen

Für handschriftliche Notizen

Für handschriftliche Notizen

Für handschriftliche Notizen

Für handschriftliche Notizen

Für handschriftliche Notizen

Für handschriftliche Notizen

Für handschriftliche Notizen

Für handschriftliche Notizen

Für handschriftliche Notizen

Für handschriftliche Notizen